Dostojewskij
Erzählungen

Fjodor M. Dostojewskij
Erzählungen

Parkland Verlag Stuttgart

Vollständige Ausgabe sämtlicher Erzählungen.
Aus dem Russischen übertragen von Fritz Bennewitz,
Josef Hahn, Arthur Luther und Erwin Walter.

ISBN 3-88059-061-3

Schutzumschlag und Einband Dieter Seebe, Stuttgart.

Herr Prochartschin

Erzählung

Im dunkelsten und bescheidensten Winkel der Wohnung Ustinja Fjodorownas wohnte Semjon Iwanowitsch Prochartschin, ein schon älterer, wohlgesinnter und dem Trunke abholder Mann. Da Herr Prochartschin bei seinem niedrigen Rang nur ein kleines, seinen dienstlichen Fähigkeiten entsprechendes Gehalt bezog, konnte seine Wirtin Ustinja Fjodorowna von ihm nicht mehr als fünf Rubel monatlich für das Quartier verlangen. Es hieß zwar, daß sie es aus Berechnung tat, aber wie dem auch sein mochte, Herr Prochartschin wurde – allen seinen Verleumdern zum Trotz – sogar ihr Favorit, natürlich nur in des Wortes edelster und anständigster Bedeutung. Es muß gesagt werden, daß Ustinja Fjodorowna, eine recht würdige und füllige Dame, die eine große Vorliebe für Fleischspeisen und Kaffee hatte und daher nur mit Mühe die Fastenzeit einhalten konnte, mehrere Untermieter beherbergte, die weit mehr, sogar doppelt soviel wie Semjon Iwanowitsch zahlten, aber – da sie nicht so friedfertig, ja alle ohne Ausnahme sogar »arge Spötter« in bezug auf ihr trauriges Frauenschicksal und ihre Hilflosigkeit waren – tief in ihrer guten Meinung gesunken waren, so daß diese Herren, hätten sie nicht so gut für ihre Unterkunft gezahlt, bald an die Luft gesetzt und in ihrer Wohnung nie und nimmer geduldet worden wären. Zu ihrem erklärten Favoriten wurde Semjon Iwanowitsch, als man einen gewissen braven Mann auf den Wolkawer Friedhof geschafft hatte, der wegen seiner Leidenschaft für den Alkohol aus dem Dienst entlassen oder, besser gesagt, gejagt worden war. Dieser Verkannte und Ausgestoßene hatte sich trotz einem (seiner Behauptung nach wegen großer Tapferkeit) ausgeschlagenen Auge und einem ebenfalls bei irgendeiner großen Heldentat gebrochenen Bein der vollkommensten Zuneigung Ustinja Fjodorownas erfreut, deren sie überhaupt fähig war, und hätte wahrscheinlich noch lange das Amt ihres treuesten Hausgenossen und Hausfreundes bekleidet, wenn er sich nicht eines schönen Tages in der beklagenswertesten Weise zu Tode getrunken hätte. Dieses ereignete sich noch in Peski, als Ustinja Fjodorowna nur drei Untermieter hatte, von denen Herr Prochartschin allein die Übersiedlung in das neue Quartier mitmachte, wo das Unternehmen auf größerem Fuß mit ungefähr zehn neuen Mietern fortgesetzt wurde.

Ob nun Herr Prochartschin allein seine Unzulänglichkeiten hatte oder seine Gefährten ebenfalls mit solchen behaftet waren – es kam von beiden Seiten von allem Anfang an zu keiner rechten Harmonie. Es sei bemerkt, daß alle neuen Mieter Ustinja Fjodorownas wie Brüder miteinander lebten. Einige waren Kollegen im Amt; alle verspielten abwechselnd am Ersten des Monats untereinander ihr Gehalt im Pharao, Preferance und Bezique; alle liebten es, sich in frohen Stunden in die rauschenden Freuden des Lebens zu stürzen; alle redeten bisweilen gern von erhabenen Dingen, und obgleich es in diesem Fall selten ohne kleine Streitigkeiten ablief, wurde doch das allgemeine Einvernehmen durch solche Zwischenfälle nicht gestört, denn die ganze Gesellschaft kannte keine Vorurteile. Von den Mietern waren besonders bemerkenswert: Mark Iwanowitsch, ein kluger und belesener Mann; ferner Herr Oplewanjew; dann Herr Prepolowenko, auch ein bescheidener und gutmütiger Mensch; dann war da noch ein gewisser Sinowij Prokofjewitsch, der sich das Ziel gesteckt hatte, unbedingt in die höchsten Gesellschaftskreise zu gelangen; schließlich der Schreiber Okeanow, der seinerzeit Semjon Iwanowitsch beinahe den Rang des Favoriten abgelaufen hätte; dann noch ein anderer Schreiber namens Sudbin; Kantarew, ein Mann von dunkler Herkunft, und noch etliche andere. Aber zu allen diesen Leuten konnte Semjon Iwanowitsch in kein freundschaftliches Verhältnis kommen. Böses wünschte ihm natürlich niemand, zumal ihm anfänglich alle Gerechtigkeit widerfahren ließen und nach Mark Iwanowitschs Worten zu der Ansicht kamen, daß Prochartschin ein guter und friedlicher Mensch sei, freilich ohne weltmännische Manieren, aber ehrlich und ohne Falsch; natürlich habe er auch seine Fehler, und wenn er einmal unter seinen Charaktereigenschaften leiden müsse, dann nur deshalb, weil es ihm an Selbstbewußtsein mangle. Und nicht nur das: der auf solche Weise seines Selbstbewußtseins beraubte Herr Prochartschin konnte zwar weder durch seine Gestalt noch durch seine Manieren irgend jemanden zu einer für ihn vorteilhaften Meinung veranlassen (worauf es die Spötter am meisten abgesehen haben), doch über sein Äußeres hielt man sich nicht weiter auf, als wäre gar nichts dabei; Mark Iwanowitsch, als kluger Mann, nahm Semjon Iwanowitsch in aller Form in Schutz, indem er sehr geschickt in einer schönen, blumenreichen Rede auseinandersetzte, daß Prochartschin doch schließlich ein bejahrter und solider Mensch sei und die Zeit jugendlicher Romantik längst hinter ihm liege. Wenn sich Semjon Iwanowitsch also mit den Leuten nicht einleben konnte, so war es ganz allein seine eigene Schuld.

Das erste, was allen auffiel, war zweifellos der Geiz und die Ungefälligkeit Semjon Iwanowitschs. Dies wurde sofort bemerkt und zur Kenntnis genommen, denn Semjon Iwanowitsch borgte zum Beispiel nie jemandem aushilfsweise seine Teekanne, und wäre es auch nur auf ganz kurze Zeit; das war um so unberechtigter, als er selbst kaum jemals Tee trank; wenn er aber das Bedürfnis danach empfand, trank er einen recht wohlschmeckenden Aufguß von Wiesenblumen und einigen heilsamen Kräutern, von denen er stets einen ganzen Vorrat hatte. Übrigens aß er auch gar nicht so, wie es die Gewohnheit der anderen Mieter war. Er erlaubte es sich zum Beispiel nie, das ganze Mittagessen zu verzehren, das seinen Gefährten täglich von Ustinja Fjodorowna serviert wurde. Ein Mittagessen kostete einen halben Rubel. Semjon Iwanowitsch gab nie mehr als fünfundzwanzig Kopeken aus und überschritt diese Summe nie, weshalb er entweder nur eine Portion Suppe mit Piroggen oder nur Rindfleisch nahm. Meistens aber aß er weder Suppe noch Rindfleisch, sondern nur ein Stückchen Schwarzbrot mit Quark und Zwiebeln, mit Salzgurken oder sonstigen Zulagen, was unvergleichlich billiger war; und nur dann, wenn er es nicht mehr aushalten konnte, kehrte er wieder zu seinen halben Portionen zurück . . .

Hier muß der Erzähler gestehen, daß er nie gewagt hätte, von so kleinlichen, niedrigen und sogar heiklen Einzelheiten zu reden, die manchen Liebhaber des erhabenen Stils sogar verletzen dürften, wenn sich nicht gerade aus diesen Einzelheiten eine Eigentümlichkeit, ein Hauptcharakterzug unseres Helden zusammensetzte. Herr Prochartschin war nämlich bei weitem nicht so arm, daß er sich – wie er des öftern beteuerte – nicht einmal genügende und sättigende Nahrung hätte erlauben können, sondern tat – ohne die Schande oder die Vorurteile der Menschen zu fürchten – das Gegenteil, nur um seinen seltsamen Neigungen zu frönen, aus Geiz und unnützer Vorsicht, was sich übrigens später noch deutlicher zeigen wird. Wir werden uns aber hüten, den Leser mit einer Schilderung aller Launen Semjon Iwanowitschs zu langweilen; wir unterlassen sogar die interessante und komische Beschreibung aller seiner Kleidungsstücke und würden, hätten wir nicht die präzise Aussage Ustinja Fjodorownas, auch die Tatsache unerwähnt lassen, daß Semjon Iwanowitsch sich sein Lebtag nicht dazu entschließen konnte, seine Wäsche zum Waschen zu geben; oder wenn er sich doch einmal entschloß, geschah es so selten, daß man in der Zwischenzeit vergessen konnte, daß Semjon Iwanowitsch überhaupt Wäsche besaß. Die Aussage seiner Wirtin aber lautete, daß Semjon Iwanowitsch, das kleine Täubchen, Gott wärme seine arme Seele, zwanzig Jahre lang in einem Winkel bei ihr gefault habe, ohne sich zu schämen, denn er habe während der ganzen Zeit seines Erdenwallens nicht nur dauernd und beharrlich Socken, Taschentücher und ähnliche Gegenstände gemieden, sondern Ustinja Fjodorowna habe auch dank der Schadhaftigkeit des alten Wandschirmes beobachten können, daß er, das Täubchen, nichts gehabt habe, womit er seinen weißen Leib hätte bedecken können.

Solche Gerüchte verbreiteten sich erst nach dem Tod Semjon Iwanowitschs, denn zu seinen Lebzeiten (und darin lag eine der wichtigsten Ursachen des Unfriedens) konnte er es nicht leiden, wenn jemand, trotz den freundschaftlichsten Beziehungen, seine neugierige Nase in seinen Winkel steckte, und sei es auch nur durch die Löcher des alten Schirmes. Er war ein sehr mürrischer, schweigsamer und für eine müßige Unterhaltung ganz unbrauchbarer Mensch. Er liebte keinerlei Ratgeber, Fürwitzige duldete er ebensowenig, und Spötter sowie herablassende Ratgeber pflegte er auf der Stelle zurechtzuweisen und zu beschämen – und damit war es aus. »Du dummer Junge, ein Windbeutel bist du, aber kein Ratgeber, jawohl; guck zuerst, Verehrtester, in deine eigene Tasche und zähle lieber nach, wieviel Fäden in deinen Fußlappen sind, jawohl!« Semjon Iwanowitsch war ein einfacher Mann und redete alle mit du an. Ebenso konnte er es nicht leiden, wenn jemand, der seinen Charakter kannte, aus purer Ungezogenheit anfing, ihn zu bedrängen und mit Fragen zu belästigen, was er eigentlich in seiner Truhe liegen habe ... Semjon Iwanowitsch hatte nämlich eine Truhe. Diese

Truhe stand unter seinem Bett und wurde wie ein Augapfel behütet; und obgleich alle wußten, daß sie außer alten Lappen, zwei oder drei Paar vertretenen Stiefeln und sonstigem Kram und Schund nichts enthielt, schätzte Herr Prochartschin sein Eigentum doch sehr hoch, und man hatte sogar gehört, daß er einmal, unzufrieden mit seinem alten, aber noch recht starken Schloß, davon gesprochen hatte, sich ein neues von besonderer, deutscher Arbeit anzuschaffen, mit verschiedenen Kniffen und einer einschnappenden Feder. Als Sinowij Prokofjewitsch einmal, von seiner Torheit verblendet, den ganz unpassenden und groben Gedanken verlauten ließ, daß Semjon Iwanowitsch in seiner Truhe wohl die Ersparnisse, die er seinen Nachkommen zu hinterlassen gedenke, verberge und zurücklege, sahen sich alle Anwesenden gezwungen, angesichts der außerordentlichen Wirkung dieser Taktlosigkeit Sinowij Prokofjewitschs zu erstarren. Zuerst konnte Herr Prochartschin auf einen so unverschämten und groben Angriff gar keine passende Entgegnung finden. Lange Zeit entströmten seinen Lippen nur Worte ohne jeden Zusammenhang, bis man endlich begriff, daß Semjon Iwanowitsch erstens Sinowij Prokofjewitsch eine längst vergangene, häßliche Geschichte vorwarf; danach erfuhren sie, daß Semjon Iwanowitsch dem Sinowij Prokofjewitsch gleichsam prophezeite, daß er nie in höheren Gesellschaftskreisen Aufnahme finden und daß ihn der Schneider, dem er noch seinen Anzug schulde, demnächst verprügeln, unbedingt verprügeln werde – und zwar deshalb, weil das »Bürschchen« so lange nicht zahle. »Und dieses Bürschchen bist du«, fügte Semjon Iwanowitsch hinzu. »Du Bürschchen willst Fähnrich bei den Husaren werden, einen Fliegenpilz esse ich, daß du es nicht wirst, sondern daß man dich Bürschchen, wenn die Obrigkeit von allem erfährt, am Kragen packt und zum Schreiber macht. So wird es kommen, denk an mich, Bürschchen!« Dann beruhigte sich Semjon Iwanowitsch, aber nachdem er fünf Stunden still dagelegen hatte, fing er plötzlich zu aller Erstaunen, als wenn ihm etwas Neues eingefallen wäre, erst leise für sich und dann zu Sinowij Prokofjewitsch gewendet, mit den Vorwürfen und Scheltworten von vorne an. Aber auch damit war die Sache noch nicht ganz zu Ende, und als am Abend Mark Iwanowitsch und Prepolowenko einen Tee arrangierten, zu dem sie den Schreiber Okeanow einluden, kroch Semjon Iwanowitsch plötzlich aus dem Bett, setzte sich zu ihnen und fing, nachdem er seine zwanzig oder fünfzehn Kopeken bezahlt, unter dem Vorwand, daß er jetzt Lust bekommen habe, Tee zu trinken, noch einmal an, weitläufig auf die Materie einzugehen und darzulegen, daß ein armer Mensch eben nur ein armer Mensch sei und weiter nichts und daß er als armer Mensch unmöglich Ersparnisse machen könne. Hierauf gab Herr Prochartschin – lediglich deshalb, weil gerade die Rede davon war – die Erklärung ab, daß er ein armer Mann sei; noch vorgestern habe er bei dem frechen Kerl einen Rubel borgen wollen, wolle es aber jetzt nicht mehr tun, damit sich das Bürschchen nicht rühme, daß er, wo sein Gehalt doch so gering wäre, daß man das Essen kaum damit bezahlen könne, noch anderen aushelfen müsse; und daß er, der arme Kerl – wie sie ihn da sitzen sähen –, noch seiner Schwägerin monatlich fünf Rubel nach Twer schicke und daß, wenn er der Schwägerin nach Twer die fünf Rubel nicht schicken würde, diese Schwägerin sterben müßte, und daß sich Semjon Iwanowitsch, wenn die unterstützungsbedürftige Schwägerin stürbe, sich längst einen neuen Anzug leisten könnte ... Und Semjon Iwanowitsch sprach noch lange und weitläufig vom armen Menschen, von Rubeln und Schwägerinnen und wiederholte, um seine Zuhörer völlig zu überzeugen, immer dasselbe, bis er schließlich den Faden verlor, verstummte und erst drei Tage später, als es niemandem einfiel, ihn daran zu erinnern, und alle ihn schon vergessen hatten, als Schluß der ganzen Sache wie beiläufig hinzufügte, daß man Sinowij Prokofjewitsch, dem frechen Kerl, ginge er zu den Husaren, im Krieg ein Bein abhauen und als Ersatz für das Bein einen Stelzfuß geben würde; und dann würde er, Sinowij Prokofjewitsch, betteln gehen und sagen: »Guter Mann, Semjon Iwanowitsch, gib mir ein Stückchen Brot!« Aber Semjon Iwanowitsch würde ihm kein Brot geben und den tollen Kerl, den Sinowij Prokofjewitsch, gar nicht anschauen. Dann möge er zusehen, wo er bleibe.

Dies alles schien, wie es ja auch nicht anders sein konnte, den anderen sehr interessant und zugleich wunder wie spaßhaft. Ohne viel zu überlegen, taten sich alle Mieter unserer Wirtin zu weiteren Forschungen zusammen und beschlossen – einzig und allein aus Neugier –, vereint und entschieden gegen Semjon Iwanowitsch vorzugehen. Und da Herr Prochartschin selbst in letzter Zeit, das heißt, seitdem er wieder angefangen hatte, an ihrer Geselligkeit teilzunehmen, auch seinerseits überall gern herumschnüffelte, nach allem fragte und sehr neugierig geworden zu sein schien, was er vermutlich aus irgendwelchen geheimen Gründen tat, bahnten sich die Beziehungen der beiden feindlichen Parteien ohne besondere Vorbereitungen und ohne überflüssige Anstrengung an, gleichsam durch Zufall und wie von selbst. Zur Aufnahme der Beziehungen hatte Semjon Iwanowitsch immer sein eigenes, besonderes, ziemlich schlaues und übrigens recht kompliziertes Manöver in Bereitschaft, das der Leser zum Teil schon kennt. Er kroch um die Zeit, da gewöhnlich Tee getrunken wurde, von seinem Lager, und wenn er sah, daß sich die anderen zur Bereitung dieses Getränkes irgendwo in einer Gruppe versammelt hatten, trat er, wie es sich für einen bescheidenen, klugen und freundlichen Menschen schickt, zu ihnen, bezahlte seine obligaten zwanzig Kopeken und erklärte, sich beteiligen zu wollen. Nun zwinkerte sich das junge Volk zu, und wenn man sich auf diese Weise gegen Semjon Iwanowitsch verschworen hatte, begann man zuerst ein wohlanständiges und ernsthaftes Gespräch. Dann legte sich der eine oder andere etwas schärfer ins Zeug und erzählte – scheinbar in ganz harmloser Absicht – verschiedene Neuigkeiten, meistens erlogene und ganz unwahrscheinliche Geschichten. So zum Beispiel wollte jemand heute gehört haben, wie Seine Exzellenz zu Demid Wasiljewitsch selbst geäußert habe, daß seiner Meinung nach die verheirateten Beamten viel solider und zur Beförderung geeigneter seien als die unverheirateten; denn die Sanftmütigen lernten in der Ehe noch viele gute Eigenschaften dazu, und daher wolle er, der Erzähler nämlich, um schneller vorwärtszukommen, sobald als möglich mit irgendeiner Fewronja Prokofjewna in den Ehestand treten. Oder man erzählte, es sei vielen aus ihrem Kreis unangenehm aufgefallen, daß sie gar kein weltmännisches Benehmen und keine feinen Manieren hätten, infolgedessen auch in Damengesellschaft keinen Erfolg haben könnten, weshalb zur Beseitigung dieses Übelstandes sofort ein Abzug von ihrem Gehalt gemacht und für die erzielte Summe in einem eigens dazu eingerichteten Saal Kurse abgehalten werden sollten, in denen man das Tanzen lernen sowie alle äußeren Kennzeichen vornehmer Gesinnung, feines Benehmen, Höflichkeit, Ehrfurcht vor älteren Personen, Charakterfestigkeit, ein gutes dankbares Herz und feine Manieren erwerben könne. Dann sagten sie wieder, daß eine Verfügung bevorstehe, nach welcher gewisse Beamte, von den ältesten angefangen, um sofort gebildet zu werden, sich einem Examen in verschiedenen Fächern unterziehen müßten, und daß auf diese Weise, fügte der Erzähler hinzu, vieles an den Tag kommen würde und gewisse Leute ihre Karten aufdecken müßten – mit einem Wort, es wurden tausenderlei unsinnige Geschichten dieser Art erzählt. Zum Schein taten alle, als glaubten sie es, mischten sich ins Gespräch, stellten Fragen und zogen Schlüsse auf ihr eigenes Schicksal; einige machten ein trauriges Gesicht, schüttelten den Kopf und fragten überall um Rat, als wüßten sie nicht, was sie anfangen sollten, falls sie auch davon betroffen würden. Es ist selbstverständlich, daß auch ein weniger gutmütiger, sanfter Mensch als Herr Prochartschin die Fassung verloren hätte und von solchem allgemeinen Geschwätz ganz verwirrt geworden wäre. Außerdem aber sprach alles dafür, daß Semjon Iwanowitsch außerordentlich schwer von Begriff und unfähig war, einen neuen, seinem Verstand ungewohnten Gedanken zu erfassen, so daß er, wenn er zum Beispiel etwas Neues erfuhr, erst eine Weile daran herumkauen und herumwürgen, den Sinn suchen, sich irren und verwirren mußte, ehe es ihm endlich gelang, die Sache zu begreifen; aber auch das geschah auf eine ganz sonderbare, nur ihm eigene Art und Weise ... Man entdeckte bei solchen Gelegenheiten an Semjon Iwanowitsch plötzlich allerlei interessante, bisher nie geahnte Eigenschaften ... So ging das Gerede und Geschwätz weiter, bis es eines schönen Tages – schön abgerundet und mit verschiedenen Ausschmückungen – auch seinen Weg in die Kanzlei fand. Die Wirkung wurde noch dadurch verstärkt, daß Herr Prochartschin, der seit undenklichen Zeiten stets das gleiche Aussehen gezeigt hatte, plötzlich ohne jede Veranlassung seine Physiognomie änderte: sein Gesicht bekam einen unruhigen Ausdruck, der Blick ward unstet, scheu und etwas argwöhnisch; er schlich unruhig umher, schrak oft zusammen, horchte ängstlich auf – und zu all diesen neuen Eigenschaften kam endlich noch der leidenschaftliche Trieb hinzu, immer und überall die Wahrheit herauszuschnüffeln. Sein Wahrheitsdrang ging endlich so weit, daß er es zweimal riskierte, sich über die Wahrscheinlichkeit der ihm täglich dutzendweise aufgetischten Neuigkeiten bei Demid Wasiljewitsch selber zu erkundigen, und wenn wir hier von den Folgen schweigen, die dieser kühne Schritt für Semjon Iwanowitsch hatte, so geschieht es aus keinem andern Grund als aus herzlicher Besorgnis um seinen guten Ruf. So kam man schließlich zur

Überzeugung, daß er ein Menschenfeind sei und die guten Sitten der Gesellschaft verachte. Man fand ferner, daß er viel phantastische Züge besitze, und damit hatte man nicht so unrecht; denn mehr als einmal hatte man beobachten können, wie Semjon Iwanowitsch alles ringsum zu vergessen schien, mit weitgeöffnetem Mund und in die Luft erhobener Feder wie erstarrt oder versteinert dasaß und dabei eher dem Schatten eines vernünftigen Wesens als einem wirklichen vernünftigen Wesen glich. Nicht selten kam es vor, daß irgendeiner von den unschuldig vor sich hindösenden Herren plötzlich seinem scheuen, trüben und wie suchenden Blick begegnete, unter diesem Blick zu zittern begann, von Angst gepackt wurde und auf sein wichtiges Schriftstück einen Tintenklecks machte oder ein Wort an die falsche Stelle setzte. Das unziemliche Benehmen Semjon Iwanowitschs verwirrte und beleidigte alle wahrhaft anständigen Menschen ... Schließlich konnte niemand länger an der phantastischen Gedankenrichtung Semjon Iwanowitschs zweifeln, als sich eines schönen Tages in der Kanzlei das Gerücht verbreitete, Herr Prochartschin habe sogar Demid Wasiljewitsch selbst erschreckt, da er sich bei einer Begegnung mit ihm auf dem Korridor so seltsam und merkwürdig benommen habe, daß Demid Wasiljewitsch entsetzt zurückgeprallt sei. Das Gerücht von diesem seinem Verbrechen gelangte schließlich auch bis zu Semjon Iwanowitsch selber. Kaum hatte er es erfahren, als er sogleich aufstand, vorsichtig zwischen Tischen und Stühlen hindurchschritt, den Flur erreichte, eigenhändig seinen Mantel herunterholte, ihn anzog, hinausging und – auf unbestimmte Zeit verschwand. Ob er Angst bekommen hatte oder ob ihn etwas anderes dazu bewog, wissen wir nicht, aber er war weder daheim noch in der Kanzlei längere Zeit aufzufinden ...

Wir wollen das Schicksal Semjon Iwanowitschs nicht direkt aus seinen phantastischen Neigungen ableiten; wir können aber nicht umhin, den Leser darauf aufmerksam zu machen, daß unser Held kein Weltmann, sondern ein sanfter, stiller Mensch war, der, ehe er in diese Gesellschaft geriet, ganz einsam und zurückgezogen gelebt hatte und durch sein schweigsames, beinahe schon geheimnisvolles Wesen aufgefallen war. Denn während seines ganzen letzten Aufenthaltes in Peski hatte er auf dem Bett hinter dem Schirm gelegen, geschwiegen und keinerlei Umgang gepflogen. Seine beiden alten Mitbewohner hatten geradeso gelebt wie er: beide taten auch sehr geheimnisvoll und lagen fünfzehn Jahre lang hinter ihren Bettschirmen. In dieser patriarchalischen Abgeschiedenheit gingen die glücklichen, traumbefangenen Tage und Stunden dahin, und da ringsum ebenfalls alles in gewohnter Reihenfolge und Ordnung verlief, konnten sich weder Semjon Iwanowitsch noch Ustinja Fjodorowna genau erinnern, wann eigentlich das Schicksal sie zusammengeführt hatte. »Vielleicht sind es zehn Jahre, vielleicht schon fünfzehn, am Ende gar schon fünfundzwanzig«, sagte sie manchmal zu ihren neuen Mietern, »seit er sich, das Täubchen, bei mir niederließ, Gott wärme seine arme Seele.« Und darum ist es ganz begreiflich, daß der an Gesellschaft nicht gewohnte Held unserer Geschichte höchst unangenehm überrascht war, als er sich genau vor einem Jahr, solide und bescheiden, wie er war, plötzlich inmitten einer lärmenden, unruhigen Bande eines ganzen Dutzends junger Leute, seiner neuen Mitbewohner und Kameraden, befand.

Semjon Iwanowitschs Verschwinden rief keine geringe Verwirrung im ganzen Haus hervor. Erstens war er der Favorit; zweitens erwies es sich, daß sein Paß, den die Wirtin zur Aufbewahrung erhalten hatte, verlorengegangen war. Ustinja Fjodorowna heulte, wozu sie in allen kritischen Situationen ihre Zuflucht nahm; zwei Tage lang machte sie den Mietern bittere Vorwürfe; sie jammerte, daß man ihren Mieter wie ein Küchlein gehetzt und daß ihn »alle diese bösen Spötter« zugrunde gerichtet hätten; und drittens jagte sie alle hinaus, den Flüchtling zu suchen und, koste es, was es wolle, tot oder lebendig wieder herbeizuschaffen. Am Abend erschien als erster der Scheiber Sudbin und meldete, daß er seine Spur entdeckt habe, daß er den Flüchtling auf dem Trödlermarkt und an anderen Orten gesehen habe, ihm nachgegangen sei, dicht neben ihm gestanden, aber es nicht gewagt habe, ihn anzureden, und daß er sich auch bei dem Brand des Hauses in der Schiefen Gasse ganz in seiner Nähe befunden habe. Eine halbe Stunde später erschienen Okeanow und Kantarew und bestätigten die Aussagen Subdins Wort für Wort: auch sie hätten ganz nahe vor ihm gestanden, wären keine zehn Schritt weit hinter ihm hergegangen, hätten aber auch nicht gewagt, ihn anzusprechen, jedoch beide bemerkt, daß sich Semjon Iwanowitsch in Gesellschaft des versoffenen Bettlers befunden habe. Schließlich trafen auch die anderen Untermieter ein, und als sie sich alles genau angehört hatten, kamen sie zu dem Schluß, daß Prochartschin nicht weit sein könne und bald erscheinen müsse; daß er mit dem versoffenen Bettler ging, hätten sie aber alle schon früher gewußt. Der versoffene Bettler war ein ganz verkommener, wilder, verlogener Mensch, und aus allem ging hervor, daß er Semjon Iwanowitsch verführt hatte. Er war nämlich genau eine Woche vor dem Verschwinden Semjon Iwanowitschs mit seinem Genossen Remnew erschienen, hatte eine Zeitlang eine Schlafstelle innegehabt, dabei erzählt, daß er für die Wahrheit leide, daß er früher im Landkreis gedient habe, daß ein Revisor über sie »hergefallen« sei, daß er um der Wahrheit willen samt seinen Kollegen aus dem Amt geflogen sei, daß er nach Petersburg gefahren und Porfirij Grigorjewitsch zu Füßen gefallen sei, daß man ihn durch dessen Vermittlung in einer Kanzlei untergebracht habe, daß er aber auf das grausame Betreiben seines Schicksals hin auch von dort wieder entfernt worden sei, während man die Kanzlei selbst aufgelöst und neugebildet habe; in den neugebildeten Beamtenetat habe er aber nicht wieder aufgenommen werden können: einmal wegen seiner Unfähigkeit zum Beamtendienst, andererseits wegen seiner besondern Befähigung für etwas anderes, das mit dem Dienst nichts zu tun hatte, ferner seiner großen Wahrheitsliebe wegen und endlich noch infolge der Intrigen seiner Feinde. Zum Schluß seiner Erzählung, in deren Verlauf Herr Simowejkin seinen strengen und unrasierten Freund Remnew wiederholt geküßt hatte, verbeugte er sich vor allen im Zimmer Befindlichen der Reihe nach bis zur Erde, wobei er selbst die Magd Awdotja nicht vergaß, nannte alle seine Wohltäter, erklärte, ein ganz unwürdiger, aufdringlicher, gemeiner, wilder und dummer Mensch zu sein, und bat die guten Leute, ihm sein bejammernswertes Los und seine Unvernunft nicht nachzutragen. Nachdem er so um Schutz gefleht hatte, erwies sich Herr Simowejkin als Spaßmacher, wurde sehr vergnügt, küßte Ustinja Fjodorownas Händchen, ungeachtet ihrer bescheidenen Versicherung, daß sie eine derbe, nichts weniger als adelige Hand habe, und versprach, am Abend der Gesellschaft sein Talent in einem bemerkenswerten Charaktertanz zu zeigen. Aber schon am nächsten Tag endigte die Geschichte für ihn in der allerbetrüblichsten Weise. Ob sich nun der Charaktertanz als gar zu charakteristisch erwiesen oder ob er Ustinja Fjodorowna nach ihren eigenen Worten blamiert und hereingelegt hatte, während sie doch »mit Jaroslaw Iljitsch bekannt war und, hätte sie nur gewollt, längst die Frau eines Oberoffiziers sein« könnte – jedenfalls mußte Simowejkin sich wieder auf die Strümpfe machen. Er ging, kehrte wieder zurück, wurde wieder mit Schimpf und Schande hinausgejagt, erwarb bei der Gelegenheit die Teilnahme und Gunst Semjon Iwanowitschs, erleichterte ihn nebenbei um eine neue Hose und war nun wieder als Verführer Semjon Iwanowitschs aufgetaucht.

Kaum hatte die Wirtin erfahren, daß Semjon Iwanowitsch gesund und am Leben war und sie den verlorenen Paß nicht mehr zu suchen brauchte, hörte sie unverzüglich zu jammern auf und beruhigte sich. Gleichzeitig beschlossen einige Mieter, dem Flüchtling einen feierlichen Empfang zu bereiten; sie rückten den Schirm ein wenig vom Bett des Verschwundenen ab, zerdrückten Kissen und Decke, nahmen die schon erwähnte Truhe und stellten sie am Fußende des Bettes hin, auf das Bett aber legten sie »die Schwägerin«, das heißt eine Puppe, die sie aus einem alten Tuch der Wirtin, einer Haube und einem Schlafrock hergestellt hatten, die aber der wirklichen Schwägerin so ähnlich sah, daß man sich sehr leicht täuschen konnte. Als das Werk vollendet war, setzten sie sich hin und warteten, um Semjon Iwanowitsch bei seinem Erscheinen sofort zu melden, daß die Schwägerin aus der Provinz gekommen sei und sich hinter dem Schirm zur Ruhe gelegt habe, die Arme. Man wartete und wartete – vergeblich! Mark Iwanowitsch hatte bereits sein halbes Monatsgehalt an die Mieter Prepolowenko und Kantarew verloren; Okeanows Nase war schon ganz rot und dick geworden vom Nasenspiel und Kümmelblättchen; die Magd Awdotja hatte schon ausgeschlafen und schon zweimal aufstehen wollen, um Holz zu holen und die Öfen zu heizen; und an Sinowij Prokofjewitsch war bald kein trockener Faden mehr, so oft war er hinausgelaufen, um nach Semjon Iwanowitsch auszuschauen; aber noch immer wollte sich niemand zeigen, weder Semjon Iwanowitsch noch der versoffene Bettler. Schließlich gingen alle zu Bett und ließen die Schwägerin für alle Fälle hinter dem Schirm liegen; erst um vier Uhr morgens ertönte ein Klopfen an der Pforte, dafür aber so kräftig, daß es die Wartenden für die schweren Mühen reichlich entschädigte, die sie auf sich genommen hatten. Ja, das war er selbst, Semjon Iwanowitsch, Herr Prochartschin, aber in einer derartigen Verfassung, daß alle vor Staunen aufschrien und niemand an die Schwägerin dachte. Der Verschwundene war bewußtlos. Ihn führte oder, besser gesagt, trug fast ein ganz durchnäßter und durchfrorener, zerlumpter Droschkenkutscher auf seiner Schulter. Auf die Fragen der Wirtin, wo der Bedauernswerte sich einen solchen Rausch angetrunken habe, antwortete der Kutscher: »Er hat nicht getrunken, nicht das kleinste Tröpfchen; das kann ich dir versichern, aber es wird wohl eine Ohnmacht sein oder ein Starrkrampf, oder der Schlag hat ihn gerührt.« Man fing an, ihn zu untersuchen, und lehnte ihn dazu der Bequemlichkeit halber an den Ofen, und es erwies sich, daß wirklich von Trunkenheit nicht die Spur vorhanden war und auch der Schlag ihn nicht gerührt hatte, sondern daß es sich um ein anderes Übel handeln mußte, denn Semjon Iwanowitsch gab keinen Laut von sich, zitterte nur wie im Fieber, klappte mit den Augen, indem er sie ratlos bald auf den einen, bald auf den anderen der in merkwürdigen Nachtgewändern steckenden Zuschauer richtete. Man fragte darauf den Kutscher, wo er ihn herhabe. »Von Leuten aus Kolomna«, antwortete er, »der Teufel mag wissen, wer sie waren, vielleicht Herrschaften, aber bummelnde, lustige Herrschaften; die haben ihn mir so abgeliefert; ob sie sich nun geprügelt haben oder ob er Krämpfe hat – Gott mag wissen, was da gewesen ist; aber die Herrschaften waren gute, lustige Leute!« Sie nahmen Semjon Iwanowitsch, hoben ihn noch einmal auf ein Paar kräftige Schultern und trugen ihn auf sein Bett. Als er sich im Bett zurechtlegen wollte, neben sich die Schwägerin fühlte und zugleich mit den Füßen gegen seine geliebte Truhe stieß, schrie er wie ein Verrückter auf, hockte sich hin und versuchte zitternd und bebend, mit den Händen scharrend und den Körper hin und her werfend, den ganzen Raum des Bettes einzunehmen, wobei die funkelnden, seltsam entschlossenen Blicke, die er allen Anwesenden zuwarf, zu sagen schienen, daß er eher sterben wolle, als irgend jemandem auch nur das mindeste von seinem armseligen Besitztum überlassen.

So lag Semjon Iwanowitsch zwei oder drei Tage lang hinter seinem Schirm verborgen und von der ganzen Welt und all ihren müßigen Aufregungen abgeschlossen. Selbstverständlich hatten ihn die andern schon am nächsten Morgen vergessen. Die Zeit ging indes ihren Gang, eine Stunde folgte der anderen, ein Tag dem anderen. Wilde Träume und Fieberphantasien hielten das schwere, glühende Haupt des Kranken umfangen, aber er lag ganz still da, klagte nicht und stöhnte nicht; im

Gegenteil, er rührte sich kaum, schwieg trotzig und drückte sich fest in seine Kissen, wie ein Hase sich erschreckt an die Erde schmiegt, wenn er die Jäger hört. Zu gewissen Stunden herrschte im Quartier ein anhaltende, melancholische Stille – ein Zeichen, daß alle Mieter an die Arbeit gegangen waren; dann konnte Semjon Iwanowitsch, wenn er erwachte, nach Belieben seinen Trübsinn zerstreuen, indem er auf das nahe Rascheln in der Küche horchte, wo die Wirtin tätig war, oder auf das gleichmäßige Klappern der abgetretenen Schuhe der Magd Awdotja, die ächzend und stöhnend in allen Zimmern fegte, wischte und Ordnung machte. Ganze Stunden vergingen auf diese Weise: schläfrig, träge, langweilig, trübselig – wie das Wasser, das laut und gleichmäßig in der Küche in den Zuber tropfte. Endlich kamen die Mieter nach Hause, einzeln oder in Gruppen, und Semjon Iwanowitsch konnte deutlich hören, wie sie auf das Wetter schimpften, zu essen verlangten, lärmten, rauchten, sich zankten, wieder vertrugen, Karten spielten und mit den Tassen klapperten, wenn sie sich zum Teetrinken versammelten. Semjon Iwanowitsch machte dann wohl ganz mechanisch den Versuch aufzustehen, um sich ordnungsgemäß an der Bereitung des Getränkes zu beteiligen, aber er verlor sofort wieder das Bewußtsein und träumte, daß er schon längst am Teetisch sitze, an allem teilnehme, sich unterhalte und daß Sinowij Prokofjewitsch es schon wieder fertiggebracht habe, ein Projekt über Schwägerinnen und die sittlichen Verpflichtungen verschiedener guter Leute ihnen gegenüber in die Unterhaltung einzuflechten. Nun wollte Semjon Iwanowitsch sich verteidigen und etwas erwidern, aber der mit einemmal aus jedem Mund ertönende Satz in machtvoller Amtssprache: »Es ist wiederholt bemerkt worden ...« schnitt alle seine Erwiderungen endgültig ab, so daß Semjon Iwanowitsch nichts Besseres einfiel, als von neuem davon zu träumen, daß heute der Erste des Monats sei und daß er aus der Kanzlei seine Rubelchen erhalten müsse. Auf der Treppe wickelte er sie, nachdem er sich schnell und scheu umgesehen hatte, aus dem Papier und beeilte sich, so schnell wie möglich die Hälfte seines wohlverdienten Lohnes abzuzählen und im Stiefel verschwinden zu lassen; darauf beschloß er, gleichfalls noch auf der Treppe, unbekümmert darum, daß er in Wirklichkeit doch im Bett lag und im Traum handelte, sobald er nach Hause zurückgekehrt sei, unverzüglich seiner Wirtin den ihr gebührenden Betrag für Essen und

Wohnung zu entrichten, darauf noch einiges unbedingt Notwendige einzukaufen und allen denen, die es wissen sollten, scheinbar zufällig und ohne besondere Absicht zu sagen, daß ihm wieder einmal ein Abzug vom Gehalt gemacht worden sei, daß ihm infolgedessen fast nichts übriggeblieben sei und er also auch der Schwägerin nichts schicken könne; dabei würde sich auch die Gelegenheit ergeben, die Schwägerin lebhaft zu bedauern, morgen und übermorgen viel über sie zu erzählen und dann vielleicht nach etwa zehn Tagen noch einmal wie beiläufig ihre Armut zu erwähnen, damit es die Gefährten nicht vergäßen. Als er diesen Entschluß gefaßt hatte, bemerkte er, daß Andrej Jefimowitsch, ein kleiner, schweigsamer, kahlköpfiger Mensch, dessen Platz in der Kanzlei durch drei Zimmer vom Sitzplatz Semjon Iwanowitschs getrennt war und der im Lauf von zwanzig Jahren nie ein Wort mit ihm gewechselt hatte, auch auf der Treppe stand, sein Geld zählte, den Kopf schüttelte und zu ihm sagte: »Ja, das liebe Geld! Hast du keins, hast du auch nichts zu fressen«, setzte er rauh hinzu und schloß, indem er die Treppe hinabging, schon auf der Vortreppe: »Und ich, mein Herr, habe sieben Mäuler zu füttern.« Dann wies der kahlköpfige Mensch, der vermutlich auch mitnichten bemerkte, daß er wie ein Gespenst – keineswegs echt und real – wirkte, eine Elle und eine Spanne über den Fußboden, machte eine niedergleitende Handbewegung und murmelte, daß sein Ältester schon ins Gymnasium gehe; darauf blickte er Semjon Iwanowitsch ungehalten an, als ob ausgerechnet Herr Prochartschin dran schuld wäre, daß er ganze sieben Mäuler sattzumachen hatte, zog sich den Hut über die Augen, schüttelte seinen Mantel, wandte sich nach links und verschwand. Semjon Iwanowitsch war äußerst erschrocken, und obgleich er völlig von seiner Unschuld bezüglich der unangenehmen Anhäufung von sieben Mäulern unter einem Dach überzeugt war, kam es doch so heraus, daß daran niemand anders schuld sein könne als er, Semjon Iwanowitsch. Erschrocken lief er davon, da es ihm schien, daß der kahlköpfige Herr zurückkam, ihn einholte, abtastete und ihm sein ganzes Gehalt abnehmen wollte, wobei er sich auf die unanfechtbare Zahl von sieben Mäulern berief und energisch jede etwa bestehende Verpflichtung Semjon Iwanowitschs irgendwelchen Schwägerinnen gegenüber in Abrede stellte. Herr Prochartschin rannte, rannte, schnappte nach Luft ... und neben ihm lief eine große Menge Leute, und alle klimperten sie mit ihrem Gehalt in den hinteren Taschen ihrer dürftigen Fracks. Endlich schien die ganze Stadt zusammengelaufen zu sein, die Hörner der Feuerwehr ertönten, und ganze Menschenwogen trugen ihn fast auf den Schultern zu jenem Brandherd, den er neulich in Gesellschaft jenes versoffenen Bettlers betrachtet hatte. Der Säufer – alias Herr Simowejkin – befand sich schon dort, kam Semjon Iwanowitsch entgegen, bemühte sich ungemein um ihn, nahm ihn bei der Hand und führte ihn in das dichteste Gedränge. Und genauso wie damals in Wirklichkeit tobte und lärmte eine unabsehbare Menge um sie herum, die zwischen den zwei Brücken den ganzen Kai der Fontanka und alle benachbarten Straßen und Gassen besetzt hatte; und genauso wie damals wurde Semjon Iwanowitsch mit dem Trunkenbold hinter irgendeinen Zaun gedrängt, wo sie wie in einer Zange auf einem riesigen Holzhof voller Zuschauer, die sich von den Straßen, vom Trödlermarkt und von allen benachbarten Häusern, Gasthäusern und Kneipen versammelt hatten, zusammengequetscht wurden. Semjon Iwanowitsch sah und fühlte alles genauso wie damals. Im Wirbelsturm der Fieberphantasien huschten an ihm verschiedene seltsame Gesichter vorbei. Er erinnerte sich an einzelne von ihnen. Eines davon war jener allen so außerordentlich imponierende Herr von einem Klafter Höhe und mit dem ellenlangen Schnauzbart, der bei dem Brand hinter Semjon Iwanowitschs Rücken gestanden und ihm Ermahnungen erteilt hatte, als unser Held seinerseits, in einer Anwandlung von Begeisterung, mit seinen Beinchen zu strampeln begann, als wollte er auf diese Weise der heldenhaften Arbeit der Feuerwehr applaudieren, die er von seinem erhöhten Platz ausgezeichnet sah. Das andere Gesicht war jener stramme Kerl, von dem unser Held mit einem tüchtigen Rippenstoß vom Zaun zurückgedrängt worden war, als er gerade drauf und dran war hinüberzuklettern, vielleicht um jemanden zu retten. Es huschte an ihm auch die Gestalt jenes Greises mit dem hämorrhoidalen Gesicht, in dem abgetragenen, mit etwas Undefinierbarem gegürteten, wattierten Chalat vorüber, der vor dem Ausbruch des Feuers in den Laden gegangen war, um Zwieback und Tabak für seinen Untermieter zu besorgen, und sich nun mit der Milchkanne und einem Viertelpfundpaket in den Händen durch die Menge in das Haus zu zwängen versuchte, wo gerade seine Frau, seine Tochter und dreißig und ein halber Rubel in einer Ecke des

Federbetts verbrannten. Am deutlichsten aber erschien ihm jenes arme, sündige Weib, von dem er schon so oft während seiner Krankheit geträumt hatte; es erschien ihm, wie es damals ausgesehen hatte, in Bastschuhen, an der Krücke, mit einer geflochtenen Bütte auf dem Rücken und in Lumpen. Sie schrie lauter als die Feuerwehr und das Volk, fuchtelte mit der Krücke und den Armen und erzählte, daß sie ihre eigenen Kinder irgendwo hinausgeworfen und sie bei dieser Gelegenheit zwei Fünfer verloren hätte. Kinder und Fünfer, Fünfer und Kinder gerieten auf ihrer Zunge in ein heilloses, unverständliches Durcheinander, weshalb alle sie stehen ließen, nachdem sie sich vergebens bemüht hatten, etwas zu begreifen. Aber das Weib hörte nicht auf, sondern schrie, heulte und fuchtelte mit den Armen, ohne sich anscheinend weder um den Brand zu kümmern, zu dem sie von der Menge auf der Straße mitgerissen worden war, noch um das ganze Volk, das sich um sie drängte, noch um das Unglück anderer Leute oder gar um die Feuerbrände und Funken, die alles herumstehende Volk zu pudern anfingen. Schließlich merkte Herr Prochartschin, daß ihn allmählich Entsetzen erfaßte, denn er merkte deutlich, daß dies alles nicht ohne Grund geschah und ihm nicht ungestraft durchgehen werde. Und in der Tat, nicht weit von ihm kletterte irgendein Bauer in einem zerlumpten, mit nichts gegürteten Armäck, mit angesengten Haaren und Bart auf einen Holzstoß und fing an, alle Welt auf Semjon Iwanowitsch aufmerksam zu machen. Die Menge wurde dichter und dichter, der Mann schrie, und plötzlich erinnerte sich Herr Prochartschin, starr vor Entsetzen, daß der Bauer derselbe Droschkenkutscher war, den er vor genau fünf Jahren auf die unmenschlichste Weise geprellt hatte, indem er nämlich ohne Bezahlung abgesprungen und in ein Haustor geschlüpft war und so schnell Reißaus genommen hatte, als liefe er barfuß über glühende Herdplatten. Der verzweifelte Herr Prochartschin wollte sprechen, schreien, aber seine Stimme versagte. Er fühlte, wie ihn die ganze erregte Menge gleich einer bunten Schlange umschlang, drückte und würgte. Er machte eine ungeheure Anstrengung und – erwachte. Da sah er, daß er brannte, daß seine Ecke brannte, es brannte sein Schirm, das ganze Quartier brannte samt Ustinja Fjodorowna und allen ihren Untermietern, sein Bett brannte, das Kissen, die Decke, die Truhe und schließlich sein kostbares Federbett. Semjon Iwanowitsch sprang auf, umklammerte das Federbett und rannte davon, indem er es hinter sich herzerrte. Doch im Zimmer der Hausfrau, wohin unser Held ohne jeglichen Anstand barfuß und im Hemd gestürzt war, wurde er ergriffen, überwältigt und siegreich zurück hinter seinen Schirm getragen, der übrigens gar nicht brannte, es brannte vielmehr Semjon Iwanowitschs Kopf, und man legte ihn wieder ins Bett. Ebenso legt der zerlumpte, unrasierte und grobe Puppen- und Leierkastenspieler seinen Pulcinello in ein passendes Kästchen, wenn dieser genug gepoltert, alle verprügelt, seine Seele dem Teufel verschrieben hat und endlich bis zur nächsten Vorstellung sein Dasein in einer Truhe zusammen mit dem nämlichen Teufel, mit dem Mohren, mit Petruschkà, mit Mamsell Katerina und deren glücklichem Liebhaber, dem Polizeikapitän, fristen muß.

Alsbald drängten sich alle, alt und jung, um Semjon Iwanowitsch, sie standen in engem Kreis um sein Bett herum und richteten ihre erwartungsvollen Gesichter auf den Kranken. Dieser kam unterdessen zu sich, aber aus Scham oder sonst einem Grund fing er plötzlich an, aus Leibeskräften seine Decke über sich zu ziehen, da er wahrscheinlich der Neugierde der teilnahmsvollen Zuschauer entgehen wollte. Endlich brach Mark Iwanowitsch als erster das Schweigen, und als vernünftiger Mann begann er, Semjon Iwanowitsch ganz sanft zuzureden, daß er sich völlig beruhigen müsse, daß es häßlich und unpassend sei, krank zu sein, daß dergleichen nur kleine Kinder täten, daß er unbedingt gesund werden und dann wieder in den Dienst gehen müsse. Mark Iwanowitsch schloß mit einem Scherz, indem er sagte, daß die Kranken nicht ihr volles Gehalt bekämen, und da er genau wisse, daß die Aussichten auf Beförderung sehr gering seien, brächte seiner Ansicht nach ein solcher Zustand zum mindesten keinen großen, wirklichen Nutzen. Mit einem Wort, es war zu sehen, daß alle an Semjon Iwanowitschs Schicksal lebhaften Anteil nahmen und aufrichtig betrübt waren. Er dagegen blieb mit unglaublicher Verstocktheit in seinem Bett liegen, schwieg und zog sich trotzig die Decke immer weiter über den Kopf. Mark Iwanowitsch dagegen hielt sich noch keineswegs für besiegt, und nachdem er sich ein Herz gefaßt hatte, sagte er wieder etwas recht Zärtliches zu Semjon Iwanowitsch, denn er wußte, daß man so und nicht anders mit Kranken umgehen müsse; Semjon Iwanowitsch ließ sich aber nicht rühren; im Gegenteil, er knurrte plötzlich etwas mit mißtrauischer Miene zwischen den Zähnen und schielte in ganz feindseliger Weise unter der Stirn hervor nach rechts und nach links, als wollte er mit seinen Blicken alle teilnahmsvollen Zuschauer in Staub verwandeln. Da galt es, nicht länger zu zögern: Mark Iwanowitsch hielt es nicht mehr aus, und da er sah, daß sich hier ein Mensch einfach sein Ehrenwort gegeben hatte, trotzig zu sein, erklärte er tief gekränkt und erzürnt, geradeheraus und ohne süße Umschreibungen, daß es hohe Zeit sei aufzustehen, daß man genug auf der faulen Haut herumgelegen habe und daß es für einen Mann dumm, unanständig und beleidigend sei, Tag und Nacht von Bränden, Schwägerinnen, Trunkenbolden, Schlössern, Truhen und weiß der Teufel von was noch allem zu brüllen, denn wenn Semjon Iwanowitsch selber nicht schlafen wolle, so dürfe er doch andere nicht daran hindern, und daß er sich das gefälligst hinter die Ohren schreiben möge! Die Rede verfehlte ihre Wirkung nicht, denn Semjon Iwanowitsch wandte sich sogleich an den Redner und erklärte mit Entschiedenheit, wenn auch mit noch schwacher und heiserer Stimme: »Du, Bürschlein, schweig! Du Klugschwätzer, Mauldrescher du! Hör, alter Stiefel! bist etwa ein Fürst, was? Verstehst du, was ich zu dir sage?« Als Mark Iwanowitsch dieses hörte, fuhr er auf, aber da er sah, daß er es mit einem Kranken zu tun hatte, verzichtete er großmütig darauf, den Gekränkten zu spielen, ja er versuchte sogar, ihm ins Gewissen zu reden, fiel aber auch damit herein, denn Semjon Iwanowitsch erklärte sofort, daß er sich verbitte, zum Narren gehalten zu werden, und daß Mark Iwanowitsch seine Verslein vergeblich gedichtet habe. Es erfolgte ein minutenlanges Schweigen; endlich erklärte Mark Iwanowitsch, der sich von seinem Staunen etwas erholt hatte, geradeheraus, klar, in wohlgesetzten Worten und nicht ohne Überzeugungskraft, daß Semjon Iwanowitsch doch wissen müßte, daß er sich unter anständigen Menschen befinde, und: »Mein Herr, Sie müssen begreifen, wie man mit anständigen Menschen umgeht.« Mark Iwanowitsch verstand es, sich bei der Gelegenheit blumenreich auszudrücken, und erteilte seinen Zuhörern gern gute Lehren. Semjon Iwanowitsch dagegen sprach und handelte, wohl infolge seiner langjährigen Gewohnheit zu schweigen, mehr abgehackt und sprunghaft, und außerdem, wenn es ihm zum Beispiel einmal widerfuhr, daß er einen langen Satz sagen mußte, schien – je weiter er sich in diesen vertiefte – jedes Wort noch ein zweites zu gebären, das zweite sogleich bei seiner Geburt ein drittes, das dritte ein viertes und so weiter, so daß sich der ganze Mund mit ihnen füllte, er sich verschluckte und die angesammelten Wörter schließlich in höchst malerischer Unordnung herausgeflogen kamen. Das war der Grund, weshalb Semjon Iwanowitsch, der doch ein gescheiter Mann war, mitunter so schrecklichen Unsinn redete. »Du lügst«, antwortete er jetzt. »Ein Schlingel, ein bummelfreudiges Bürschlein bist du! Wenn du erst den Bettelsack auf dem Rücken hast, wirst du anders reden, du Freidenker, du Herumtreiber. Da hast du was, du Versemacher!«

»Reden Sie etwa immer noch im Fieber, Semjon Iwanowitsch?«

»Hör mich an«, erwiderte Semjon Iwanowitsch, »ein Dummkopf phantasiert, ein Säufer phantasiert, ein Hund phantasiert, der Weise aber ist dem Verständigen gefällig. Du – hör mich an – verstehst von Geschäften nichts, du liederlicher Kerl, du Gelehrter, du gedrucktes Buch! Ehe du es begreifst, wirst du verbrannt sein! Gar nicht merken wirst du es, wie der Kopf dir abbrennt – da, hast du die Geschichte gehört?«

»Ja ... das heißt, wie denn ... also ... wie meinen Sie das denn, Semjon Iwanowitsch, daß mir der Kopf abbrennen soll ...?«

Mark Iwanowitsch sprach nicht weiter, denn alle sahen nun deutlich, daß Semjon Iwanowitsch noch nicht bei Verstand war und phantasierte; nur die Hausfrau hielt es nicht aus und bemerkte sogleich, daß jenes Haus in der Krummen Gasse unlängst eines kahlköpfigen Mädchens wegen abgebrannt sei; daß das kahlköpfige Mädchen dort gewohnt habe; das habe die Kerze angezündet und die Kammer in Brand gesteckt, was aber bei ihr nicht passieren könne, und daß ihre Mieter um ihr Hab und Gut keine Sorge zu haben brauchten.

»Ja, aber Semjon Iwanowitsch!« schrie ganz außer sich Sinowij Prokofjewitsch, indem er der Wirtin ins Wort fiel. »Semjon Iwanowitsch, sind Sie denn wirklich ein so altmodischer, törichter Mensch, daß Sie glauben, wir machen noch immer Witze über Ihre Schwägerin oder über das Examen im Tanzen? Ist es etwa so? Glauben Sie das wirklich?«

»Na, jetzt höre einmal«, erwiderte unser Held, indem er sich unter Aufbietung seiner letzten Kräfte im Bett aufrichtete und endgültig über die Zuschauer in Wut geriet, »wer ist ein Narr? Du bist ein Narr, ein Hund ist ein Narr, der närrische Mensch, aber auf deinen Befehl, mein Herr, treibe ich noch keine Narreteien. Hör mich an, du grünes Bürschchen, ich bin nicht dein Diener, mein Herr!«

Semjon Iwanowitsch wollte noch etwas hinzufügen, fiel aber kraftlos auf das Bett zurück. Die Zuschauer standen verlegen herum, alle sperrten die Mäuler auf, denn es begann ihnen jetzt zu dämmern, was Semjon Iwanowitsch in die Krone gefahren war, und sie wußten nur nicht, was sie tun sollten; plötzlich knarrte die Küchentür, öffnete sich, und der versoffene Bettler – alias Herr Simowejkin – steckte vorsichtig den Kopf herein und beschnupperte seiner Gewohnheit nach vorsichtig die Gegend. Es war, als hätte man ihn erwartet; alle winkten ihm gleichzeitig zu, schneller zu gehen, und Simowejkin drängte sich hocherfreut, ohne seinen Mantel abzulegen, eilfertig und mit großer Bereitwilligkeit an Semjon Iwanowitschs Bett heran.

Es war zu erkennen, daß Simowejkin die ganze Nacht mit Wachen und irgendwelchen schweren Arbeiten verbracht hatte. Die rechte Seite seines Gesichtes war mit irgend etwas verklebt; die geschwollenen Augenlider waren feucht von seinen tränenden Augen; der Frack und alle seine Kleider waren zerrissen, wobei die ganze linke Seite der Kleider noch mit irgendeiner höchst üblen Flüssigkeit bespritzt war, vielleicht mit Schlamm aus irgendeiner Pfütze. Unter dem Arm trug er eine Geige, die er in irgend jemands Auftrag verkaufen sollte. Man hatte sich augenscheinlich nicht geirrt, als man ihn zu Hilfe rief, denn er wandte sich sofort, nachdem er gesehen, was los war, dem tobsüchtigen Semjon Iwanowitsch zu, und zwar mit der Miene eines Menschen, der sich seiner Überlegenheit bewußt ist und den ganzen Sachverhalt kennt, und sagte: »He, Senka, steh auf! Heda, Senka, weiser Prochartschin, nimm Vernunft an! Sonst reiße ich dich herunter, wenn du zu frech wirst; nicht frech werden!« Diese kurze, doch kräftige Rede setzte die Anwesenden in Erstaunen; noch mehr aber staunten alle, als sie bemerkten, wie Semjon Iwanowitsch, sowie er dies alles vernahm und dies Gesicht vor sich sah, derartig eingeschüchtert ward und in solche Verlegenheit und Angst geriet, daß er kaum hörbar und nur zwischen den Zähnen eine unerläßliche Erwiderung zu murmeln wagte. »Du Unglücklicher, geh weg«, sagte er, »du Unseliger, du Dieb! Hörst du, hast du verstanden? Du großes Tier, du Fürst, du Trumpfas!«

»Nein, mein Lieber«, antwortete Simowejkin unter Bewahrung all seiner Geistesgegenwart gedehnt, »so ist es nicht recht, kluger Bruder Prochartschin, du prochartschinischer Mensch!« fuhr Simowejkin fort, indem er Semjon Iwanowitsch ein wenig parodierte und mit Befriedigung die Runde überflog. »Nicht frech werden! Sei friedlich, Senka, sei still, sonst zeige ich dich an, alles erzähle ich von dir, mein liebes Brüderlein, verstehst du mich?«

Semjon Iwanowitsch schien alles verstanden zu haben, denn er zuckte zusammen, als er den Schluß der Rede vernahm, und fing an, sich schnell und mit ängstlicher Miene nach allen Seiten umzusehen. Zufrieden mit dem Eindruck, wollte Herr Simowejkin fortfahren, doch Mark Iwanowitsch kam seinem Redeschwall sogleich zuvor, und, den Moment benutzend, da Semjon Iwanowitsch verstummt und anscheinend ganz beruhigt war, hielt er dem Unruhigen eine lange, weise Rede, daß es erstens nutzlos sei, »solche Gedanken zu hegen, wie sie jetzt in seinem Kopf umgingen, zweitens nicht nur nutzlos, sondern auch schädlich; und endlich nicht nur schädlich, sondern sogar höchst unsittlich; und die Folge von allem ist, daß Semjon Iwanowitsch andere dadurch in Versuchung führt und ein schlechtes Beispiel gibt«. Von dieser Rede versprachen sie sich jede heilsame Wirkung. Zudem war Semjon Iwanowitsch jetzt ganz sanft und widersprach maßvoll. Es entspann sich ein bescheidener Streit. Man wandte sich brüderlich an den Kranken und versuchte zu erfahren, was ihn denn so eingeschüchtert habe. Semjon Iwanowitsch antwortete, aber zweideutig. Sie widersprachen ihm; Semjon Iwanowitsch widersprach. Sie widersprachen sich beiderseits noch einmal, aber da mischten sich schon alle ein, alt und jung, denn die Rede war plötzlich auf einen so wunderbaren und seltsamen Gegenstand gekommen, daß keiner wußte, wie er alles ausdrücken sollte. Der Streit ging allmählich in Ungeduld über, die Ungeduld in Geschrei, das Geschrei in Tränen, und Mark Iwanowitsch ging schließlich mit wutschäumendem Munde fort und erklärte, daß er bisher noch keinen so verbohrten Menschen gesehen habe. Oplewanjew spuckte aus, Okeanow erschrak, Sinowij Prokofjewitsch flennte, während Ustinja Fjodorowna lauthals plärrte und wehklagte, daß ein Mieter verscheide und verrückt geworden sei, daß er so jung und ohne Paß sterben müsse, ohne sich ausgesprochen zu haben, während sie – ein armes Waisenmädchen – für alles büßen müsse. Mit einem Wort, alle erkannten, daß ihre Saat gut gewesen, daß alles, was auch immer sie gesät hatten, hundertfach aufgegangen war, daß der Boden ergiebig gewesen und daß es in ihrer Gesellschaft gelungen war, Semjon Iwanowitsch den Kopf nach allen Regeln der Kunst zu verdrehen, so daß er sich nie mehr würde zurechtsetzen lassen. Alle verstummten, denn als die teilnehmenden Freunde sahen, daß Semjon Iwanowitsch ganz eingeschüchtert war, wurden sie selber schüchtern.

»Wie!« schrie Mark Iwanowitsch, »warum fürchten Sie sich denn? Wovon sind Sie so verdreht worden? Wer kümmert sich denn um Sie, mein Herr? Haben Sie das Recht, sich zu fürchten? Wer sind Sie? Was sind Sie? Eine Null, mein Herr, ein runder Pfannkuchen, das sind Sie! Worauf pochen Sie? Weil auf der Straße ein Weib überfahren wurde, müssen auch Sie überfahren werden? Ein Betrunkener hat auf seine Tasche nicht aufgepaßt, gleich soll man auch Ihnen den Rockzipfel abschneiden? Ein Haus ist abgebrannt, da soll auch Ihnen der Kopf abbrennen – ja? Ist es so, mein Herr? Ist es so, Väterchen? Ja?«

»Du, du, du bist dumm!« murmelte Semjon Iwanowitsch. »Man wird dir die Nase abbeißen, und du wirst sie selber mit Brot essen, ohne es zu merken . . .«

»Ein Stiefel, ein dummer Stiefel«, schrie Mark Iwanowitsch, ohne hinzuhören; »ein stiefeldummer Mensch bin ich, meinetwegen. Ich muß aber auch kein Examen machen, nicht heiraten oder in die Tanzstunde gehen; unter mir, mein Herr, wird der Fußboden schon nicht zusammenbrechen. He, Väterchen? Sie zittern um Ihre Stellung? Wird der Boden unter Ihnen durchbrechen, he?«

»Was? Wird man etwa dich fragen? Geschlossen wird – und basta!«

»Nein. Was wird geschlossen?! Was meinen Sie damit, he?«

»Den Säufer hat man an die Luft gesetzt . . .«

»An die Luft gesetzt! Dafür ist er ein Säufer, aber Sie und ich, wir sind Menschen!«

»Na ja, Menschen. Sie aber steht da und ist weg . . .«

»Nein! Wer denn sie?«

»Na, sie, die Kanzlei . . . die Kan-ze-lei!!!«

»Na, sind Sie aber ein törichter Mensch! Sie ist doch nötig, diese Kanzlei . . .«

»Sie ist nötig, hörst du; heute ist sie nötig, morgen ist sie nötig, aber übermorgen vielleicht ist sie plötzlich dahin und nicht mehr nötig. Da habe ich mal eine Geschichte gehört...«

»Aber Sie bekommen doch ein Jahresgehalt! Ach, Sie Thomas, sind Sie ein Thomas, Sie ungläubiger Mensch! Man wird doch auch Ihr Dienstalter an einer anderen Stelle in Betracht ziehen ...«

»Gehalt? Ich habe mein Gehalt aufgefressen, Diebe kommen, nehmen mir mein Geld; aber ich habe doch eine Schwägerin, hörst du? Eine Schwägerin! Du Plagegeist ...«

»Die Schwägerin. Aber Mensch ...«

»Mensch; ich bin ein Mensch, aber du, ein Belesener, bist dumm; hörst du, ein dummer Stiefel, ein stiefeldummer Mensch bist du – jawohl! Ich sage das nicht wegen deiner dummen Witze; es ist eben so eine Stelle, die kann plötzlich genommen und eingezogen werden! Und Demid, hörst du, Demid Wasiljewitsch sagt, daß die Stelle eingezogen wird...«

»Ach, Sie mit Ihrem Demid! Das ist doch eine Sünde, so zu reden, denn ...«

»Ja, bums und basta, und du sitzt ohne Stellung da; geh mir damit vom Leib ...«

»Sie flunkern ja einfach, oder Sie sind ganz verrückt geworden! Sagen Sie uns einfach: Was ist passiert? Gestehen Sie es nur ein, wenn Sie was auf dem Gewissen haben! Sie brauchen sich nicht zu schämen. Verrückt geworden, Väterchen, wie?«

»Er ist verrückt geworden! hat den Verstand verloren!« tönte es ringsum, und alle rangen verzweifelt die Hände, während die Hausfrau Mark Iwanowitsch mit beiden Armen umschlungen hielt, damit er nicht etwa Semjon Iwanowitsch zerreißen möchte. »Du Heide, du heidnische Seele, du Weiser!« flehte Simowejkin. »Senka, du hilfloser Mensch, du sanftmütiger, lieblicher! Du bist einfältig, du bist tugendhaft ... hast du es gehört? Das kommt alles von deiner Tugend; ich aber bin wild und dumm, ein Almosenempfänger bin ich! Und doch hat dieser gute Mensch mich nicht verlassen, nicht wahr? Er erweist mir die schuldige Ehre! Ihm und der Hausfrau sei Dank; siehst du, ich verneige mich vor dir bis zur Erde – hier, sieh mal! Eine Pflicht, eine schuldige Pflicht erfülle ich, Hausmütterchen!«

Hier machte Simowejkin tatsächlich und dazu noch mit einer gewissen pedantischen Würde ringsum Verbeugungen bis auf die Erde. Darauf wollte Semjon Iwanowitsch seine

Rede wieder fortsetzen, aber diesmal ließ man es nicht zu; alle umringten ihn, flehten, beschworen und trösteten und erreichten schließlich, daß Semjon Iwanowitsch ganz beschämt war und mit schwacher Stimme bat, eine Erklärung abgeben zu dürfen.

»Nun, laßt es sein, es ist gut«, sagte er, »ich bin sanftmütig und friedlich, hörst du, und tugendhaft, ergeben und treu. Mein Blut, weißt du, den letzten Tropfen, hör mich an! du Lausejunge, Trumpfas ... gebe ich für diese Stellung. Ich bin doch arm; wenn man sie mir nimmt, hör mich an, du Haupttrumpf – schweig jetzt und versteh mich –, nimmt man sie mir, dann ... Sie ist da, Bruder, und dann ist sie nicht mehr da ... Verstehst du? Dann muß ich, Bruder, mit dem Bettelsack ... hörst du?«

»Senka!« heulte Simowejkin ganz außer sich, so daß er jetzt mit seiner Stimme den ganzen Lärm übertönte, der sich erhoben hatte. »Du Freidenker! Gleich werde ich dich anzeigen! Was tust du? Wer bist du? Ein Bummler, was, ein Schafskopf? Den Bummler, den Schafskopf, hörst du, entläßt man ohne Abschied von seinem Posten. Aber dich?!«

»Es ist aber so ...«

»Was ist so? Werde du mal mit ihm fertig!«

»Mit wem fertig?«

»Er ist frei, ich bin frei; wenn man aber lügt und lügt, dann ...«

»Was dann?«

»Dann ist man ein Freidenker!«

»Frei–den–ker! Senka, du ein Freidenker!!«

»Halt!« schrie Herr Prochartschin, indem er mit der Hand abwinkte und das sich erhebende Geschrei unterbrach, »das meine ich nicht ... Begreife doch, begreife doch nur, du Schafskopf: ich bin friedlich, heute friedlich, morgen friedlich, aber dann bin ich unfriedlich, grob; sie drücken dir eine Rübe in die Hand – und hinaus mit dem Freidenker!«

»Ja, was sind Sie denn?« donnerte schließlich Mark Iwanowitsch, indem er vom Stuhl aufsprang, auf den er sich gesetzt hatte, um auszuruhen, und lief in höchster Erregung, am ganzen Leib zitternd vor Ärger und Wut, ans Bett. »Was sind Sie? Ein Schafskopf sind Sie! Goldne Tressen, nichts zu fressen! Sind Sie etwa allein auf dieser Welt? Ist die Welt für Sie gemacht? Sind Sie etwa gar ein Napoleon? Was sind Sie? Wer sind Sie? Napoleon, he? Napoleon – ja oder nein?«

Aber Herr Prochartschin antwortete auf diese Fragen nicht mehr. Ob er sich nun schämte, ein Napoleon zu sein, oder sich scheute, eine so große Verantwortung auf sich zu nehmen – nein, er konnte weder streiten noch zur Sache reden ... Es trat die Krisis in der Krankheit ein. Kleine Tränen tropften plötzlich aus seinen in Fieberglut glänzenden grauen Augen. Mit den knochigen, von der Krankheit abgemagerten Händen bedeckte er sein glühendes Haupt, richtete sich im Bett auf und fing schluchzend an zu beteuern, daß er ganz arm sei, daß er ein so unglücklicher, einfältiger Mensch sei, daß er dumm und unwissend sei, daß alle guten Leute ihm verzeihen, ihn beschützen, verteidigen, speisen und tränken und im Unglück nicht verlassen möchten – und so weiß Gott, was Semjon Iwanowitsch noch alles zusammenredete. Während er so wehklagte, schaute er sich in wilder Angst nach allen Seiten um, als erwarte er, daß mindestens gleich die Decke einstürzen oder der Boden unter ihm einbrechen würde. Alle empfanden Mitleid beim Anblick des Armen, und allen wurde das Herz weich. Die Wirtin heulte wie ein altes Weib, wehklagte über ihre Verwaistheit und legte den Kranken eigenhändig in seinem Bett zurecht. Mark Iwanowitsch, der einsah, wie unnütz es gewesen war, Napoleons Schatten zu bemühen, verfiel augenblicklich in Gutmütigkeit und begann, auch Hilfe zu leisten. Die andern, die ihrerseits auch etwas tun wollten, boten Himbeerschnaps an, indem sie sagten, daß er unverzüglich und gegen alles helfe und daß er dem Kranken sehr wohltun würde; doch Simowejkin widerlegte sie alle mit der Behauptung, daß es in diesem Fall nichts Besseres gebe als die Einverleibung eines kräftigen Kamillenabsuds. Was Simowij Prokofjewitsch anbetraf, so schluchzte er, weil er ein weiches Herz besaß, und vergoß Tränen der Reue, weil er Semjon Iwanowitsch mit allerlei Lügengeschichten so in Schrecken versetzt hatte; und in Anbetracht der letzten Worte des Kranken, daß er ganz arm sei und man ihn speisen solle, beschloß er, sofort eine Spendenaktion ins Leben zu rufen, die sich einstweilen auf die Untermieter beschränken sollte. Alle schrien och und ach, allen war es weh und bitter zumute, und alle wunderten sich darüber, wie es möglich war, einen Menschen auf solche Weise zu verängstigen. Und wovon war der so verängstigt? Es wäre noch zu verstehen gewesen, wenn er eine hohe Stellung innegehabt, eine Frau besessen, Kinder erzogen hätte; es wäre zu verstehen gewesen, wenn man ihn vor irgendein Gericht gefordert hätte, aber es handelte sich um einen ganz windigen Menschen mit einer einzigen Truhe mit deutschem Schloß, der über zwanzig Jahre lang hinter seinem Schirm zugebracht, geschwiegen, die Welt und ihren Jammer nicht gekannt, geknausert hatte – und da fiel es diesem Menschen plötzlich ein, sich von einem albernen, törichten Wort den Kopf völlig verdrehen zu lassen, sich darüber zu entsetzen, daß das Leben auf der Welt so schwer sei ... Und der Mensch überlegte sich gar nicht, daß es für alle schwer war! »Würde er nur das in Betracht ziehen«, sprach Okeanow später, »daß alle es schwer haben, so hätte dieser Mensch seinen Verstand behalten, aufgehört, Torheiten zu begehen, und hätte das Seinige getan, wie es sich gehört.« Den ganzen Tag war von nichts anderem die Rede als von Semjon Iwanowitsch. Man kam oft zu ihm, erkundigte sich nach seinem Befinden, tröstete ihn; doch gegen Abend war es ihm nicht mehr um Tröstungen zu tun. Der Arme begann heftig zu phantasieren, zu fiebern; er verlor die Besinnung, so daß man fast schon um den Doktor schicken wollte; die Mieter kamen alle überein und gaben sich gegenseitig das Versprechen, Semjon Iwanowitsch abwechselnd die ganze Nacht über zu bewachen und zu beruhigen und, wenn ihm etwas zustoßen sollte, sofort alle zu wecken. Um nicht einzuschlafen, setzte man sich zum Kartenspiel, während man den Kranken dem Brüderlein Trunkenbold überließ, der schon den ganzen Tag über in der Wohnung am Bett des Kranken geblieben war und gebeten hatte, übernachten zu dürfen. Da das Spiel kaum um Geld ging und keinerlei Interesse wachrief, wurde es bald langweilig. Sie hörten mit dem Spiel auf, stritten sich dann ein Weilchen über irgend etwas, lärmten und stampften noch ein wenig umher, begaben sich endlich in ihre Ecken, riefen sich noch lange ärgerliche Bemerkungen zu und unterhielten sich miteinander, und da plötzlich alle zornig wurden, wollten sie nicht mehr wachen und schliefen ein. Bald herrschte in allen Ecken eine Stille wie in einem einsamen Keller – Keller um so mehr, als auch die entsetzlichste Kälte herrschte. Einer der letzten, die einschliefen, war Okeanow, »und« – so erzählte er nachher – »im Traum, und wenn nicht, dann war es Wirklichkeit, aber es schien mir, daß neben mir, es muß schon gegen Morgen gewesen sein, sich zwei Menschen unterhielten«. Okeanow erzählte, daß er Simowejkin erkannt habe, daß Simowejkin seinen alten Freund Remnew neben ihm geweckt habe und daß sie lange miteinander geflüstert hätten; dann sei Simowejkin hinausgegangen und man habe gehört, wie er versucht habe, die Küchentür mit dem Schlüssel aufzusperren. Der Schlüssel aber – so beteuerte später die Wirtin – habe unter ihrem Kopfkissen gelegen und sei in dieser Nacht verschwunden. Endlich, berichtete Okeanow weiter, habe es ihm geschienen, als ob die zwei zum Kranken hinter den Wandschirm gegangen wären und dort die Kerze angezündet hätten. »Mehr«, sagte er, »weiß ich nicht, die Augen fielen mir zu, und ich erwachte erst zugleich mit allen andern, als alle, die in den Ecken waren, gleichzeitig aus ihren Betten sprangen, denn hinter dem Schirm hervor ertönte ein solcher Schrei, daß er einen Toten hätte erwecken müssen.« Zugleich schien es vielen, als würde die Kerze hinter dem Schirm ausgelöscht. Es erhob sich ein furchtbares Durcheinander, allen stand das Herz still; man stürzte dem Schrei nach, aber in demselben Augenblick erhob sich hinter dem Schirm Gepolter, Geschrei, Gefluche und Geraufe. Man machte Licht und sah, daß Simowejkin und Remnew miteinander rauften, daß sie einander lästerten und beschimpften; als man sie aber anleuchtete, schrie der eine: »Nicht ich bin's, sondern der Räuber da!« Der andere aber, nämlich Simowejkin, schrie: »Nicht anrühren, ich bin unschuldig, gleich schwöre ich's.« Beide hatten kein menschliches Aussehen mehr; aber im ersten Augenblick kümmerte niemand sich um sie; denn der Kranke befand sich nicht mehr auf seinem bisherigen Platz hinter dem Schirm. Man trennte die Kämpfenden sogleich, zerrte sie fort und sah, daß Herr Prochartschin unter dem Bett lag, und zwar in vollständiger Bewußtlosigkeit, die Decke und das Kissen mit sich gerissen hatte, so daß auf dem Bett nur die nackte, altersschwache und speckige Matratze liegengeblieben war, denn ein Leintuch hatte es nie auf ihr gegeben. Man zog Semjon Iwanowitsch hervor, bettete ihn auf die Matratze, bemerkte jedoch sofort, daß nicht mehr viel zu machen und daß er schon völlig am Ende war; seine Hände waren schon am Erstarren, er selbst hielt sich kaum noch. Man beugte sich über ihn; er zitterte immerhin noch leise und bebte am ganzen Körper, die Hände suchten noch nach etwas zu greifen, die Zunge bewegte sich nicht mehr, aber die Augen zwinkerten noch, ganz auf dieselbe Weise, wie angeblich ein noch warmer, blutüberströmter Kopf noch zwinkert, der eben unter dem Beil des Henkers gefallen ist.

Allmählich wurde er stiller und stiller; auch die Todeszuckungen und -krämpfe hörten auf; Herr Prochartschin streckte die Beine aus und folgte seinen guten Werken und seinen Sünden nach. Hatte sich Semjon Iwanowitsch vor etwas erschreckt, hatte er einen bösen Traum gehabt, wie Remnew später versicherte, oder war irgendein anderes Unheil geschehen? Niemand wußte es. Die Dinge lagen nur so, daß, wenn jetzt der Exekutor in eigener Person im Quartier erschienen wäre und Semjon Iwanowitsch wegen Freidenkerei, liederlichen Lebenswandels und Trunksucht seine Dienstentlassung verkündet hätte, ja selbst wenn durch die andere Tür ein altes Bettelweib gekommen wäre und sich für die Schwägerin Semjon Iwanowitschs ausgegeben hätte oder gar wenn Semjon Iwanowitsch auf der Stelle eine Gratifikation von zweihundert Rubel erhalten hätte oder das Haus in Brand geraten wäre und Semjon Iwanowitschs Haupt Feuer gefaßt hätte, er bei allen diesen Nachrichten vermutlich keinen Finger mehr gerührt hätte. Während man langsam das erste starre Staunen überwand, während die Anwesenden die Gabe des Wortes wiedergewannen und sich in ein wildes Durcheinander von Vermutungen, Zweifeln und Geschrei stürzten, während Ustinja Fjodorowna die Truhe unter dem Bett hervorzog und unter dem Kissen, unter der Matratze und sogar in den Stiefeln Semjon Iwanowitschs suchte, während man Remnew und Simowejkin ins Verhör nahm, fand der Mieter Okeanow, der bisher der beschränkteste, sanfteste und stillste unter den Hausgenossen war, plötzlich seine Geistesgegenwart wieder, verfiel auf seine Begabungen und Talente, packte seine Mütze und schlüpfte in aller Stille zur Tür hinaus. Und als die Schrecken der Anarchie in der bisher so friedlichen Ecke zuletzt ihren Höhepunkt erreicht hatten, öffnete sich die Tür, und unvermutet, wie der Schnee aufs Haupt fällt, erschien zuerst ein Herr von würdevollem Äußeren mit strengem, aber unzufriedenem Gesicht und hinter ihm Jaroslaw Iljitsch und hinter Jaroslaw Iljitsch sein Gefolge und alle, die noch dazugehörten, und hinter allen der verstörte Herr Okeanow. Der strenge Herr von würdevollem Äußeren schritt geradewegs auf Semjon Iwanowitsch zu, betastete ihn, schnitt eine Grimasse, zuckte die Achseln und erklärte, was alle schon wußten, daß nämlich der Tote schon gestorben sei, wobei er seinerseits nur noch hinzufügte, daß dasselbe im Schlaf vor einigen Tagen einem sehr geachteten und großen

Herrn zugestoßen sei, der sich ebenfalls gepackt habe und gestorben sei. Darauf entfernte sich der Herr mit der würdevollen, aber unzufriedenen Miene wieder vom Bett, sagte, daß man ihn unnütz bemüht habe, und ging hinaus. Sofort nahm Jaroslaw Iljitsch dessen Platz ein, wobei Simowejkin und Remnew den richtigen Händen überliefert wurden, fragte diesen und jenen aus, bemächtigte sich geschickt der Truhe, welche die Hausfrau schon zu verstecken versucht hatte, stellte die Stiefel auf ihren Platz, nachdem er gesehen, daß sie ganz zerrissen und nichts mehr wert waren, verlangte das Kopfkissen zurück, rief Okeanow, fragte nach dem Schlüssel zur Truhe, der sich in der Tasche des versoffenen Bettlers fand, und öffnete in Gegenwart der versammelten Zeugen feierlich den Nachlaß Semjon Iwanowitschs. Alles wurde sichtbar: zwei Lappen, ein Paar Socken, ein halbes Taschentuch, ein alter Hut, einige Knöpfe, alte Stiefelsohlen und Stiefelschäfte, mit einem Wort: Wunder, Zunder und Plunder, das heißt allerlei Kram, Gelumpe, Lucht und Krempel, der nach Moder roch; brauchbar war nur das deutsche Vorhängeschloß. Man rief Okeanow und führte eine strenge Unterhaltung mit ihm, aber Okeanow war bereit, einen Eid abzulegen. Man verlangte das Kissen und untersuchte es: es war zwar außergewöhnlich schmutzig, doch in allen anderen Beziehungen glich es völlig einem Kissen. Man machte sich an die Matratze, wollte sie etwas emporheben, und als man eben noch nachdenklich zauderte, schlug plötzlich ganz unerwartet etwas Schweres, Klingendes auf den Fußboden. Man bückte sich, tastete umher und fand ein in Papier gewickeltes Päckchen, in dem Päckchen aber zehn Silberrubel. »Hehehe!« sagte Jaroslaw Iljitsch und wies auf eine zerrissene Stelle in der Matratze, aus der Haare und Watte heraushingen. Man untersuchte die zerrissene Stelle und überzeugte sich, daß sie eben erst mit einem Messer gemacht worden und etwa einen halben Arschin lang war; man steckte die Hand in das Loch und zog das Küchenmesser der Wirtin hervor, das wahrscheinlich in der Eile dorthin gesteckt und mit dem die Matratze aufgeschnitten worden war. Kaum hatte Jaroslaw Iljitsch das Messer aus der zerrissenen Stelle gezogen und sein »Hehehe!« gesagt, als auch schon ein zweites Päckchen herausfiel; dann kollerten noch zwei einzelne Fünfzigkopekenstücke, ein Fünfundzwanzigkopekenstück, etliche kleinere Münzen und ein riesiges altes Fünfkopekenstück heraus. Alle diese Münzen wurden sofort mit den Händen aufgefangen. Man sah ein, daß es praktisch sein würde, die Matratze ganz aufzutrennen. Man verlangte also nach einer Schere ...

Indes beleuchtete der heruntergebrannte Talgstummel eine für den Beobachter äußerst fesselnde Szene. Ungefähr zehn Mieter gruppierten sich in den malerischsten Kostümen um das Bett, alle zerzaust, ungewaschen, unrasiert, verschlafen, wie sie aus dem Schlaf erwacht waren. Einzelne waren sehr bleich, anderen stand der Schweiß auf der Stirn, einige schüttelte der Frost, andere wieder das Fieber. Die Hausfrau, ganz verblödet, stand still, mit gefalteten Händen, und harrte der Gnaden Jaroslaw Iljitschs. Von oben, hinter dem Ofen hervor, lugten in ängstlicher Neugier die Köpfe der Magd Awdotja und der Lieblingskatze der Hausfrau; ringsumher lagen umgestürzte oder zerbrochene Wandschirme; die weitgeöffnete Truhe zeigte ihren wenig edlen Inhalt; die Decke, das Kissen lagen, mit Flocken aus der Matratze bestreut, umher, und endlich schimmerte auf dem dreibeinigen Holztisch das langsam anwachsende Häufchen silberner und anderer Münzen. Allein Semjon Iwanowitsch bewahrte seine Kaltblütigkeit, lag friedlich auf seinem Bett und empfand augenscheinlich gar nicht, daß man ihn ausplünderte. Als man eine Schere gebracht hatte und der Gehilfe Jaroslaw Iljitschs, um sich gefällig zu erweisen, ein wenig ungestüm an der Matratze zerrte, um sie unter dem Rücken ihres Eigentümers bequemer hervorzuziehen, machte Semjon Iwanowitsch, dem Höflichkeit nicht fremd war, ein wenig Platz, indem er sich auf eine Seite rollte und den Suchenden den Rücken zuwandte. Dann, beim zweiten Stoß, drehte er sich ganz mit dem Gesicht nach unten, und zu guter Letzt rückte er noch weiter fort, und weil das letzte Seitenbrett am Bett fehlte, plumpste er plötzlich ganz unerwartet mit dem Kopf nach unten auf den Fußboden, wobei er den Blicken nur noch zwei knochige, hagere, bläuliche Beine wies, die sich in die Höhe reckten wie zwei Äste eines verbrannten Baumes. Da Herr Prochartschin an diesem Morgen nun schon zum zweitenmal unter seinem Bett vorsprach, so erweckte er sofort Verdacht, und einige der Mieter unter Anführung Sinowij Prokofjewitschs krochen unter das Bett, um nachzusehen, ob nicht auch dort noch etwas versteckt sei. Doch die Suchenden stießen sich nur umsonst die Köpfe ein, und da Jaroslaw Iljitsch sie auch noch anschrie und ihnen befahl, Semjon Iwanowitsch unverzüglich aus seiner mißlichen Lage zu befreien, so nahmen zwei der Vernünftigsten je ein Bein in beide Hände, zogen den plötzlichen Kapitalisten ans Licht Gottes und legten ihn quer aufs Bett. Indessen flogen Flocken und Fetzen ringsumher, der Haufen Silber wuchs – und o Gott! was es da nicht alles gab ... Edle, würdige Silberrubel, solide, harte Eineinhalbrubelstücke, gute, hübsche Halbrubelstücke, plebejische Viertelrubel- und Zwanzigkopekenstücke, sogar nicht vielversprechendes Altweiberkleingeld wie silberne Zehner und Fünfer – alles in besondere Papierchen gewickelt, in der methodischsten und solidesten Ordnung. Es gab auch Seltenheiten: zwei Medaillen, ein Napoleondor und eine unbekannte, aber sehr seltene Münze ... Auch einige Rubelchen wiesen Beziehungen zum tiefen Altertum auf; es gab abgewetzte und schartige elisabethanische Rubel, deutsche Kreuzer, petrinische Münzen und katharinische; da waren auch verschiedene, heutzutage überaus seltene Münzen, alte Fünfzehnkopekenstücke, durchbohrt, um in den Ohren getragen zu werden, alle völlig abgewetzt, doch mit den vorschriftsmäßigen Resten der Prägung; sogar Kupfergeld war da, aber schon ganz grün und verrostet. Sie fanden auch ein rotes Steinchen – mehr aber nicht. Als schließlich die ganze Sezierung beendet, die Hülle der Matratze mehrfach ausgeschüttelt war und man festgestellt hatte, daß nichts mehr drin klimperte, wurde alles Geld auf den Tisch gelegt und gezählt. Auf den ersten Blick hätte man sich täuschen lassen und es geradezu auf eine Million schätzen können – so gewaltig war der Haufen!

Aber es war keine Million, wenn sich auch eine überaus bedeutende Summe ergab – genau zweitausendvierhundertsiebenundneunzig Rubel und fünfzig Kopeken, so daß – wäre gestern die Sammlung Sinowij Prokofjewitschs zustande gekommen – alles vielleicht genau zweitausendfünfhundert Rubel ergeben hätte. Man packte das Geld ein, legte ein Siegel an die Truhe des Verstorbenen, hörte die Klagen der Hausfrau an und sagte ihr, wann und wohin sie eine Eingabe wegen der Mietrückstände des Verstorbenen einzureichen habe. Die Zeugen mußten ihre Unterschrift unter das Protokoll setzen; irgend jemand erwähnte auch die Schwägerin; aber nachdem man sich überzeugt hatte, daß die Schwägerin in einem gewissen Sinn nur ein Mythos war, das heißt eine Ausgeburt der unvollkommenen Phantasie Semjon Iwanowitschs, deretwegen man dem Verstorbenen dem Vernehmen nach des öfteren Vorwürfe gemacht hatte, so gab man diese Idee als unnütz, schädlich und dem guten Namen des Herrn Prochartschin abträglich auf, und damit war die Sache erledigt. Als der erste Schrecken vorüber war, als alle ihren Verstand in die Hände genommen und gesehen hatten, was eigentlich der Tote gewesen war, beruhigten sich alle, wurden still und fingen an, einander mißtrauisch zu betrachten. Einige nahmen sich die Handlungsweise Semjon Iwanowitschs sehr zu Herzen und schienen sogar etwas beleidigt... Ein solches Kapital! Soviel hatte der Mensch zusammengeschleppt! Mark Iwanowitsch, der nie seine Geistesgegenwart verlor, begann sogleich zu erklären, warum Semjon Iwanowitsch so plötzlich in Schrecken geraten war, aber niemand hörte ihm zu. Sinowij Prokofjewitsch war sehr nachdenklich, Okeanow hatte ein wenig getrunken, die andern drängten sich dichter zusammen, während das kleine Männlein Kantarew, das sich durch eine Spatzennase auszeichnete, gegen Abend auszog, nachdem er überaus sorgfältig alle seine Trühlein und Bündelchen zugeklebt und verschnürt hatte, indem er allen Neugierigen kühl erklärte, daß die Zeiten schlecht seien und daß er hier mehr zahlen müsse, als in seiner Tasche vorhanden sei. Die Hauswirtin heulte ohne Unterlaß und wehklagte und verfluchte Semjon Iwanowitsch dafür, daß er ihr Waisentum gekränkt habe. Sie erkundigte sich bei Mark Iwanowitsch, warum der Verstorbene sein Geld eigentlich nicht in die Sparkasse getragen habe. »Weil er einfältig war, Mütterchen; sein Verstand reichte dazu nicht aus«, antwortete Mark Iwanowitsch.

»Na, Sie sind ebenso einfältig, Mütterchen«, fiel Okeanow ein; »zwanzig Jahre hat der Mann bei Ihnen gelebt, von einem Nasenstüber hat er sich umwerfen lassen, und Sie haben Ihre Krautsuppe gekocht und keine Zeit gehabt! Ach Mütterchen . . .!«

»Ach, du junges Blut!« fuhr die Hausfrau fort. »Wozu diese Sparkasse? Hätte er mir seine Groschen gebracht und gesagt: ‚Nimm das, liebe Ustinja, da hast du eine milde Gabe, und nun bekoche mich jungen Mann dafür ordentlich, solange mich das Mütterchen kühle Erde trägt‘ – vor dem Heiligenbild kann ich's schwören: ich hätte ihn gespeist und getränkt und gepflegt. Ach, so ein Sünder, so ein Betrüger! Betrogen, zum Narren gemacht hat er mich arme Waise!«

Man trat wieder an Semjon Iwanowitschs Bett. Jetzt lag er da, wie es sich gehört, in seinem besten, übrigens auch einzigen Anzug, das knochige Kinn in der Halsbinde versteckt, die ein wenig ungeschickt gebunden war, sauber gewaschen, gekämmt, aber nicht recht rasiert, da sich in keiner einzigen Ecke ein Rasiermesser gefunden hatte; das einzige, das Sinowij Prokofjewitsch gehört hatte, war schon im vorigen Jahr schartig geworden und auf dem Trödelmarkt vorteilhaft verkauft worden. Alle übrigen gingen zum Barbier. Die Unordnung war noch nicht ganz beseitigt. Der zerbrochene Wandschirm lag noch da, und die gestörte Einsamkeit Semjon Iwanowitschs war gleichsam ein Wahrzeichen, daß der Tod den Vorhang von all unseren Geheimnissen, Intrigen und Machenschaften reißt. Der Inhalt der Matratze, den man ebenfalls noch nicht fortgeräumt hatte, lag in dichten Haufen ringsum. Diesen so plötzlich verödeten Winkel hätte ein Dichter recht passend mit dem zerstörten Nest einer »geschäftigen« Schwalbe vergleichen können: alles zerrissen und zerstört von einem Sturm, die Jungen samt der Mutter erschlagen und ihr warmes Bettchen von Flaum, Federchen und Wolle ringsumher verweht... Übrigens glich Semjon Iwanowitsch eher einem alten Egoisten und diebischen Spatz. Er war jetzt verstummt, schien sich geduckt zu haben, als wäre er an allem unschuldig, als hätte nicht er all die Streiche gemacht, um alle guten Leute zum Narren zu halten und an der Nase herumzuführen – ohne Scham und ohne Gewissen, auf die allerunanständigste Weise. Er hörte nun nicht mehr das Schluchzen und die Klagen seiner verwaisten und beleidigten Wirtin. Im Gegenteil, als erfahrener, gerissener Kapitalist, der selbst im Sarg keine Minute hätte untätig verbringen wollen, schien er ganz mit irgendwelchen spekulativen Berechnungen beschäftigt zu sein. Sein Gesicht hatte den Ausdruck tiefen Sinnens angenommen, die Lippen waren bedeutsam geschlossen, wie man sich das bei Lebzeiten Semjon Iwanowitschs nie hätte vorstellen können. Er schien plötzlich gescheit geworden zu sein. Das rechte Äuglein war schelmisch zugekniffen: es sah aus, als wollte Semjon Iwanowitsch noch etwas sagen, etwas mitteilen, sich erklären, ohne viel Zeit zu verlieren und möglichst rasch, zumal die Geschäfte drängten und er sich nicht mehr lange aufhalten konnte ... Und es war, als hörte man: »Was fällt dir denn ein? Hör doch auf, dummes Weib! Heule nicht! Schlaf dich aus, Mutter, hörst du? Ich bin doch tot! Jetzt brauche ich nichts mehr, wahrhaftig nicht! Schön ist es, so zu liegen ... Ich wollte eigentlich, hörst du, gar nicht darüber sprechen. O Weib, du bist ein Trumpf, ein Trumpfas bist du, versteh mich; er ist tot – wie aber, wenn nun mit einemmal – das heißt, von Rechts wegen ist das wohl gar nicht möglich, aber es könnte vielleicht doch so sein – wenn er nun gar nicht gestorben wäre, wenn ich nun wieder aufstehe, du? Was wird dann geschehen, he?«

Roman in neun Briefen

1

Pjotr Iwanowitsch an Iwan Petrowitsch

Sehr geehrter Herr und teuerster Freund Iwan Petrowitsch!

Seit drei Tagen schon, teuerster Freund, mache ich, sozusagen, Jagd auf Sie, da ich in einer äußerst wichtigen Angelegenheit mit Ihnen zu sprechen habe, und treffe Sie nirgends. Meine Frau hat gestern abend während unseres Besuchs bei Semjon Alexejewitsch – übrigens im Scherz – von euch gesagt, daß aus Ihnen und Tatjana Petrowna ein Paar unruhiger Geister geworden seien. Noch keine drei Monate, daß Sie verheiratet sind, und schon vernachlässigen Sie Ihre häuslichen Penaten. Wir haben alle sehr darüber gelacht – selbstverständlich aus herzlicher Zuneigung zu Ihnen –, aber Scherz beiseite, mein Teuerster, was haben Sie mir da für Mühe gemacht! Da sagt mir Semjon Alexejewitsch, ob Sie nicht im Klub der Vereinigten Gesellschaft auf dem Ball wären. Ich lasse also meine Frau bei Semjon Alexejewitschs Gattin und fliege in die Vereinigte Gesellschaft. Es ist zum Lachen und zum Weinen! Stellen Sie sich mal meine Situation vor: Ich auf dem Ball – und allein, ohne Frau! Iwan Andrejitsch, der mich in der Garderobe traf und mich allein sah, zog daraus sogleich Schlüsse (der Bösewicht!) auf meine außerordentliche Leidenschaft für Tanzgesellschaften, ergriff meinen Arm und wollte mich schon mit Gewalt in ein Tanzlokal schleppen, wobei er behauptete, daß es ihm in der Vereinigten Gesellschaft zu eng sei, daß seine reckenhafte Seele sich nirgends entfalten könne und daß er schon Kopfweh von Patschuli und Resedaparfüms habe. Ich finde also weder Sie noch Tatjana Petrowna. Iwan Andrejitsch versichert mich aber und schwört, daß Sie im Alexandratheater bei »Verstand schafft Leiden« wären.

Ich fliege ins Alexandratheater: auch da sind Sie nicht. Heute früh hoffte ich Sie bei Tschistogonow zu finden, aber auch dort waren Sie nicht. Tschistogonow schickte mich zu Parepalkin – dasselbe! Mit einem Wort, ich rackerte mich völlig ab; urteilen Sie selber, wie ich mich abgehetzt habe. Und nun schreibe ich Ihnen. Was bleibt mir noch übrig? Meine Angelegenheit ist durchaus keine literarische – Sie verstehen mich; es wäre mir äußerst wünschenswert, mich mit Ihnen Aug in Aug auseinanderzusetzen, und zwar sobald als möglich, und darum bitte ich Sie, mit Tatjana Petrowna heute zu mir zum Tee und zu einer abendlichen Plauderei zu kommen. Meine Anna Michailowna wird über Ihren Besuch ebenfalls höchst erfreut sein. Sie werden mich dadurch, wie man sagt, bis ans Grab verpflichten.

Übrigens, mein teuerster Freund – da ich schon zur Feder gegriffen habe, soll es nicht bei einer Zeile bleiben –, sehe ich mich jetzt gezwungen, Sie teils zu tadeln und sogar zu schelten, mein ehrenwertester Freund, wegen eines offensichtlich ganz unschuldigen Streiches, den Sie mir zum Trotz gespielt haben ... Sie Bösewicht, Sie gewissenloser Mensch! Etwa seit Mitte des vergangenen Monats bringen Sie einen Ihrer Bekannten in mein Haus, nämlich Jewgenij Nikolajewitsch, und geben ihm Ihre, auch für mich – versteht sich – heilige freundschaftliche Empfehlung mit. Ich freue mich über die Gelegenheit, empfange den jungen Mann mit offenen Armen – und lege zugleich damit meinen Kopf in die Schlinge! Schlinge ist vielleicht zuviel gesagt, jedenfalls wurde es, was man so einen netten Spaß nennt. Mich auf nähere Erläuterungen einzulassen habe ich jetzt keine Zeit, schriftlich läßt es sich auch schlecht machen, ich richte nur die untertänigste Bitte an Sie, mein boshafter Freund und Gönner, ob es nicht möglich wäre, dem jungen Mann, natürlich in delikatester Weise, sozusagen in Parenthese, ganz leise ins Ohr zu flüstern, daß es in der Hauptstadt noch mehr Häuser außer dem unseren gibt. Ich halte es nicht mehr aus, Väterchen! Ich falle Ihnen zu Füßen, wie unser Freund Simoniewicz sagt. Sehen wir uns wieder, werde ich Ihnen alles erzählen. Ich meine es nicht in dem Sinn, daß der junge Mann zum Beispiel durch sein Auftreten oder seine geistigen Eigenschaften nicht einnehmend wäre oder sich sonst in irgendeiner Weise was zuschulden kommen ließe. Im Gegenteil, er ist ein sehr lieber und netter junger Mann; aber warten Sie nur, bis wir uns sehen; indes flüstern Sie es ihm zu, wenn Sie ihm begegnen sollten – um Gottes willen, mein Verehrtester! Ich würde es selbst tun, aber Sie kennen doch meinen Charakter: ich bringe es nicht fertig. Sie haben ihn empfohlen. Im übrigen werden wir uns heute abend in jedem Fall ausführlicher erklären. Und nun auf Wiedersehen. Ich verbleibe und so weiter.

P. S. Unser Kleiner kränkelt schon seit einer Woche, und es geht ihm von Tag zu Tag schlechter. Die Zähnchen machen ihm zu schaffen; sie brechen durch. Meine Frau hätschelt ihn und macht sich Sorgen, die Arme. Kommen Sie. Sie würden uns wirklich eine Freude bereiten damit, mein teuerster Freund.

2

Iwan Petrowitsch an Pjotr Iwanowitsch

Sehr geehrter Peter Iwanowitsch!

Ich erhalte gestern Ihren Brief, lese ihn und begreife nichts. Sie suchen mich Gott weiß wo überall – und ich bin einfach zu Hause. Bis zehn Uhr warte ich auf Iwan Iwanowitsch Tolakonow. Dann nehme ich meine Frau, miete eine Droschke, gebe Geld aus und erscheine bei Ihnen ungefähr gegen halb sieben. Sie sind nicht zu Hause, Ihre Gattin empfängt uns. Ich warte bis halb elf auf Sie; länger ist es mir nicht möglich. Ich nehme meine Frau, gebe Geld aus, miete eine Droschke, schaffe sie nach Hause und begebe mich selbst zu Parepalkins, in der Hoffnung, Sie dort zu finden, verrechne mich aber wiederum. Ich fahre wieder heim, schlafe die ganze Nacht nicht, rege mich auf, am Morgen fahre ich dreimal zu Ihnen, um neun, um zehn und um elf Uhr, gebe dreimal Geld aus, miete Droschken, und Sie drehen mir wieder eine lange Nase.

Ich lese abermals Ihren Brief und wundere mich. Sie schreiben von Jewgenij Nikolajewitsch, bitten mich, ihm etwas zuzuflüstern, und geben keine Gründe dafür an! Ich lobe Ihre Vorsicht, aber Papier und Papier ist zweierlei, und ich gebe wichtige Papiere nicht meiner Frau zum Lockenwickeln. Ich kann einfach nicht begreifen, in welchem Sinn Sie mir dies alles zu schreiben beliebten. Wenn es übrigens soweit gekommen ist, begreife ich nicht, warum ich mich in diese Sache hineinmischen soll. Ich pflege meine Nase nicht in jeden Dreck zu stecken. Sie können ihm doch selbst das Haus verbieten; ich sehe nur, daß ich mich Ihnen kurz und deutlich erklären muß, und dazu haben wir keine Zeit zu verlieren. Ich bin in der Klemme und weiß nicht, was ich tun soll, wenn Sie Ihre Verabredungen weiterhin nicht einhalten. Ich habe eine Reise vor mir, und Reisen kostet Geld; und dazu jammert meine Frau noch, ich soll ihr einen Samtkapot nach der neuesten Mode nähen lassen. Was Jewgenij Nikolajewitsch anbetrifft, so beeile ich mich, Ihnen mitzuteilen: noch gestern habe ich, ohne Zeit zu verlieren, genaue Erkundigungen über ihn eingezogen, als ich bei Pawel Semjonowitsch Parepalkin war. Er hat seine fünfhundert Seelen im Gouvernement Jaroslawe und hat Aussicht, von seiner Großmutter noch dreihundert Seelen in der Gegend von Moskau zu erben. Wieviel bares Geld er hat, weiß ich nicht, aber ich nehme an, daß Sie das besser wissen werden. Ich bitte Sie, mir endgültig einen Treffpunkt für unsere Aussprache bestimmen zu wollen. Sie haben gestern Iwan Andrejewitsch getroffen und schreiben, daß er Ihnen mitgeteilt habe, daß ich mit meiner Frau im Alexandratheater gewesen wäre. Ich sage Ihnen, daß er lügt und daß man ihm in solchen Fällen um so weniger Glauben schenken kann, als er vor drei Tagen erst seine Großmutter um achthundert Papierrubel geprellt hat. Hiermit habe ich die Ehre, mich Ihnen zu empfehlen.

P. S. Meine Frau ist schwanger geworden; außerdem ist sie schreckhaft und leidet öfter an Melancholie. Bei Theatervorstellungen wird aber manchmal geschossen und mit Maschinen künstlich Donner gemacht. Und da ich meine Frau zu erschrecken fürchte, führe ich sie nicht ins Theater. Selber habe ich jedoch an Theatervorstellungen keine große Freude.

3

Pjotr Iwanowitsch an Iwan Petrowitsch

Mein teuerster Freund Iwan Petrowitsch!

Verzeihung, tausendmal Verzeihung, aber ich eile, mich zu rechtfertigen! Gestern um sechs Uhr, und gerade zur gleichen Zeit, als wir mit aufrichtiger Herzensteilnahme euer gedachten, kam ein Eilbote von meinem Onkel Stepan Alexejewitsch mit der Nachricht, daß es der Tante schlecht gehe. Um meine Frau nicht zu erschrecken, sagte ich ihr kein Wort, pretextierte eine andere sehr wichtige Angelegenheit und fuhr zum Haus meiner Tante. Ich fand sie kaum noch am Leben. Genau um fünf Uhr hatte sie der Schlag getroffen, schon das dritte Mal in zwei Jahren. Karl Fjodorowitsch, ihr Hausarzt, erklärte, daß sie wohl kaum noch die nächste Nacht überleben würde. Stellen Sie sich die Situation vor, teuerster Freund. Die ganze Nacht in Sorgen und Kummer auf den Beinen! Erst gegen Morgen legte ich mich, entkräftet von all den körperlichen und seelischen Anstrengungen, bei ihnen ein wenig auf den Diwan, vergaß zu sagen, daß man mich rechtzeitig wecken sollte, und erwachte um halb zwölf. Der Tante ging es besser. Ich fuhr zu meiner Frau; die Arme war durch das Warten auf mich ganz aufgelöst. Ich nahm in aller Eile etwas zu mir, umarmte meinen Kleinen, beruhigte meine Frau und begab mich zu Ihnen. Sie waren nicht zu Hause. Ich fand aber Jewgenij Nikolajewitsch bei Ihnen vor. Ich begab mich nach Hause, ergriff die Feder – und schreibe Ihnen jetzt. Grollen und zürnen Sie mir nicht, mein aufrichtiger Freund! Schlagen Sie mich, hauen Sie dem Sünder das Haupt vom Rumpf, aber berauben Sie ihn nicht Ihres Wohlwollens! Von Ihrer Gattin habe ich erfahren, daß Sie heute abend bei Slawjanows sein werden. Auch ich komme bestimmt hin. Ich erwarte Sie mit der größten Ungeduld. Einstweilen verbleibe ich und so weiter.

P. S. Unser Kleiner bringt uns richtig zur Verzweiflung. Karl Fjodorowitsch hat ihm Rhabarber verschrieben. Er stöhnt, gestern erkannte er niemanden. Heute erkennt er uns wieder und plappert immer Papa, Mama, bubu ... Meine Frau ist den ganzen Morgen in Tränen aufgelöst.

4

Iwan Petrowitsch an Pjotr Iwanowitsch

Sehr geehrter Pjotr Iwanowitsch!

Ich schreibe Ihnen in Ihrem Zimmer, an Ihrem Schreibtisch; ehe ich aber zur Feder griff, habe ich über zweieinhalb Stunden auf Sie gewartet. Jetzt erlauben Sie mir aber, Pjotr Iwanowitsch, Ihnen meine unverblümte Meinung über diese häßliche Angelegenheit zu sagen. Aus Ihrem letzten Brief schloß ich, daß man Sie bei Slawjanows erwarte, Sie bestellen mich dorthin, ich erscheine, sitze fünf Stunden herum, aber Sie kamen nicht. Soll ich mich etwa vor den Leuten zum Narren machen? Ich verbitte mir das, sehr geehrter Herr ... Heute morgen begebe ich mich zu Ihnen, in der Hoffnung, Sie anzutreffen, um es nicht zu machen wie gewisse verlogene

Leute, die einen Menschen weiß Gott wo überall suchen, während man ihn zu jeder anständig gewählten Zeit daheim antreffen kann. Daheim aber war keine Spur von Ihnen zu finden. Ich weiß nicht, was mich noch zurückhält, Ihnen jetzt die bittere Wahrheit zu sagen. Ich sage nur so viel, daß Sie anscheinend wegen bestimmter Abmachungen zwischen uns den Rückzieher machen wollen. Und jetzt, wo mir die Sache anfängt klarzuwerden, muß ich gestehen, daß mich die Schlauheit Ihrer Geisteshaltung außerordentlich wundert. Ich sehe jetzt klar, daß Sie Ihre wenig wohlwollenden Absichten schon seit längerer Zeit nähren. Als Beweis für diese meine Vermutung dient mir der Umstand, daß Sie sich noch in der vorigen Woche auf ganz unverantwortliche Weise Ihren an mich adressierten Brief angeeignet haben, in dem Sie selbst, wenn auch ziemlich dunkel und verworren, unsere Vereinbarungen in einer Ihnen zur Genüge bekannten Angelegenheit ausgesprochen haben. Sie fürchten alle Dokumente, vernichten sie und halten mich zum Narren. Ich lasse mich aber nicht zum Narren halten, denn für einen solchen hat mich bis jetzt noch niemand gehalten, und alle haben sich bisher bezüglich solcher Angelegenheiten nur gut über mich geäußert. Mir gehen die Augen auf. Sie wollen mich irreführen, meinen Verdacht auf Jewgenij Nikolajewitsch lenken, und während ich, mit Ihrem noch heute unerklärlichen Brief vom Siebten dieses Monats in der Hand, versuche, mich mit Ihnen auszusprechen, verstecken Sie sich vor mir oder setzen vorgetäuschte Zusammenkünfte an. Glauben Sie etwa, geehrter Herr, daß ich nicht imstande bin, dies alles zu begreifen? Sie versprechen mir, sich überaus erkenntlich zu zeigen für Ihnen wohlbekannte Dienste, für die Beschaffung von Empfehlungen verschiedener Personen, aber statt dessen wissen Sie es, weiß Gott wie, so einzurichten, daß ich Ihnen größere Summen Geldes ohne Schuldschein borge, wie es noch in der vorigen Woche der Fall war. Jetzt aber, wo Sie im Besitz des Geldes sind, verstecken Sie sich und leugnen noch meine Ihnen bezüglich Jewgenij Nikolajewitschs erwiesenen Dienste. Sie rechnen wahrscheinlich auf meine baldige Abreise nach Simbirsk und glauben, daß wir mit Ihnen nicht fertig werden. Ich erkläre Ihnen aber hiermit feierlich und bekräftige dieses noch mit meinem heiligen Ehrenwort, daß ich nun erst recht entschlossen bin, meinetwegen noch zwei Monate länger in Petersburg zu bleiben, um meinen Willen durchzusetzen, mein Ziel zu erreichen und Sie aufzufinden! Wir verstehen es auch, andern Leuten einen Possen zu spielen! Abschließend erkläre ich Ihnen, daß, wenn Sie nicht noch heute eine befriedigende Aussprache mit mir herbeiführen, und zwar zuerst auf schriftliche und dann auf mündliche Weise, also Aug in Auge, und in Ihrem Brief nicht von neuem alle zwischen uns festgelegten Bedingungen niederlegen und sich schließlich kurz und bündig über Ihren Verdacht in bezug auf Jewgenij Nikolajewitsch äußern, ich mich genötigt sehen werde, meine Zuflucht zu Mitteln zu nehmen, die Ihnen außerordentlich unangenehm sein dürften und mir selbst zuwider.

Ich erlaube mir hiermit und so weiter.

5

Pjotr Iwanowitsch an Iwan Petrowitsch

11. November

Mein liebster, teuerster Freund Iwan Petrowitsch!

Ihr Brief hat mich in tiefster Seele betrübt. Und Sie, mein teurer, doch, ach, so ungerechter Freund, schämen sich nicht, mit Ihrem besten Gönner so umzugehen. Sich so, ohne die Sache aufgeklärt zu haben, zu übereilen und mich mit so beleidigenden Verdächtigungen zu kränken?! Aber ich beeile mich, auf Ihre Anschuldigungen zu antworten. Sie haben mich gestern nicht zu Hause angetroffen, Iwan Petrowitsch, weil ich plötzlich und ganz unerwartet an das Bett einer Sterbenden gerufen wurde. Tante Jewfimija Nikolajewna ist gestern um elf Uhr abends zur ewigen Ruhe eingegangen. Nach allgemeinem Familienbeschluß wurde ich zum Arrangeur der ganzen Toten- und Trauerfeierlichkeiten bestimmt. Es gab so viel zu tun, daß es mir heute morgen unmöglich war, Sie zu sehen oder Sie auch nur durch einige Zeilen in Kenntnis zu setzen. Ich leide unendlich unter dem zwischen uns entstandenen Mißverständnis. Meine Worte über Jewgenij Nikolajewitsch, die ich nur beiläufig und im Scherz ausgesprochen habe, haben Sie ganz falsch verstanden und der ganzen Sache einen mich tief beleidigenden Sinn gegeben. Sie erwähnen das Geld und drücken Ihre Besorgnis deswegen aus! Aber ich bin ohne Umschweife bereit, allen Ihren Wünschen und Ihrer Forderung nachzukommen, wenn ich auch nicht umhin kann, Sie hier beiläufig daran zu erinnern, daß mir das Geld, dreihundertfünfzig Rubel in Silber, von Ihnen in der vergangenen Woche unter gewissen Bedingungen überlassen wurde und nicht geliehen ist. In letzterem Fall würde unbedingt ein Schuldschein existieren. Ich erlasse es mir, Erklärungen über die anderen Punkte Ihres Briefes abzugeben. Ich sehe darin ein Mißverständnis, sehe darin Ihre gewohnte Übereiltheit, Heftigkeit und Geradheit. Ich weiß, daß Ihre Gutherzigkeit und Ihr offener Charakter es Ihnen verbieten, einen Zweifel in Ihrem Herzen zu hegen, und daß Sie schließlich als erster mir die Hand entgegenstrecken werden. Sie irren sich, Iwan Petrowitsch, Sie irren sich außerordentlich.

Ungeachtet dessen, daß mich Ihr Brief tief verletzt hat, wäre ich als erster und noch heute bereit, mit dem Bekenntnis meiner Schuld bei Ihnen zu erscheinen, aber ich befinde mich seit dem gestrigen Tag in solchen Scherereien, daß ich jetzt völlig erschlagen bin und kaum auf den Füßen stehen kann. Um das Unheil vollzumachen, hat sich meine Frau zu Bett gelegt; es ist eine ernste Krankheit zu befürchten. Was den Kleinen anbetrifft, geht es ihm, Gott sei Dank, besser. Aber ich lege die Feder hin ... die Pflichten rufen, und es sind ihrer eine ganze Menge. Erlauben Sie mir, hochgeschätzter Freund ... und so weiter.

6

Iwan Petrowitsch an Pjotr Iwanowitsch

14. November

Sehr geehrter Herr Pjotr Iwanowitsch!

Ich habe drei Tage gewartet; ich war bemüht, sie nutzbringend anzuwenden – trotzdem habe ich in der Überzeugung, daß Höflichkeit und Anstand die höchste Zierde eines jeden Menschen sind, seit meinem letzten Schreiben an Sie vom 10. dieses Monats Sie in keiner Weise, weder durch Worte noch durch Taten, an mich erinnert, um Ihnen Gelegenheit zu geben, ungestört Ihre Christenpflicht der Tante gegenüber zu erfüllen, teils aber auch deshalb, weil ich zu etlichen Erwägungen und Nachforschungen in der Ihnen wohlbekannten Angelegenheit Zeit brauchte. Jetzt aber beeile ich mich, Ihnen meinen Standpunkt endgültig und aufs entschiedenste klarzumachen.

Ich gestehe offen, daß ich beim Lesen Ihrer beiden ersten Briefe allen Ernstes meinte, Sie verstünden nicht, was ich will; darum vor allem suchte ich Sie persönlich zu sprechen und eine Erklärung Aug in Auge herbeizuführen, fürchtete die Feder und beschuldigte mich der Unklarheit meines schriftlichen Gedankenausdrucks. Es ist Ihnen bekannt, daß ich keine Erziehung und guten Sitten habe und hohltönende Phrasendrescherei vermeide, weil ich auf Grund bitterer Erfahrungen schließlich erkannte, wie trügerisch oft das Äußere ist und daß sich unter Blüten manchmal die Schlange verbirgt. Aber Sie haben mich verstanden; nur haben Sie mir nicht so geantwortet, wie es sich gehört, weil Sie sich in der Treulosigkeit Ihrer Seele von Anfang an vorgenommen hatten, Ihr Ehrenwort zu brechen und die zwischen uns bestehenden freundschaftlichen Beziehungen zu lösen. Dies haben Sie zur Genüge durch Ihr niederträchtiges Benehmen mir gegenüber in letzter Zeit bewiesen, ein Benehmen, das meine Interessen stark geschädigt hat, das ich nicht erwartet hatte und bis zu dieser Minute nicht glauben wollte; denn bezaubert zu Beginn unserer Bekanntschaft von Ihren klugen Manieren, der Feinheit Ihres Benehmens, Ihren Kenntnissen und den Vorteilen, die ich durch den Verkehr mit Ihnen zu haben hoffte, glaubte ich einen aufrichtigen Freund, Bruder und Gönner gefunden zu haben. Nun aber habe ich klar erkannt, daß es viele Menschen gibt, die unter einem listigen und blendenden Äußeren Gift in ihrem Busen verbergen, die ihren Verstand zum Schaden ihrer Nächsten und zu unverzeihlichem Betrug verwenden und daher Feder und Papier scheuen und zugleich ihre Redegewandtheit nicht zum Wohl des Nächsten und des Vaterlandes, sondern zum Einschläfern und Benebeln der Vernunft jener benutzen, die sich mit ihnen auf Geschäfte und Absprachen eingelassen haben. Ihre Lügenhaftigkeit mir gegenüber, sehr geehrter Herr, geht deutlich aus Nachstehendem hervor.

Erstens haben Sie, sehr geehrter Herr, als ich Ihnen in meinem Brief in klaren, deutlichen Ausdrücken meine Lage auseinandersetzte und Sie gleichzeitig in meinem ersten Brief fragte, was Sie eigentlich mit Ihren dunklen Bemerkungen und Andeutungen vor allem hinsichtlich Jewgenij Nikolajewitschs meinten, sich eines vollkommenen Schweigens befleißigt und – nachdem Sie erst Verdacht und Zweifel in mir erregt hatten – sich seelenruhig um die Sache gedrückt. Dann, nachdem Sie mit mir Sachen aufgeführt haben, die man in anständigen Worten nicht wiedergeben kann, schrieben Sie plötzlich, daß ich Sie gekränkt habe! Wie belieben Sie derlei zu nennen, mein sehr geehrter Herr? Dann, als jeder Augenblick kostbar für mich war und als Sie mich zwangen, Ihnen durch die ganze Hauptstadt nachzulaufen, schrieben Sie mir unter der Maske der Freundschaft Briefe, in denen Sie sich absichtlich über unsere Angelegenheit ausschwiegen, dagegen von ganz nebensächlichen Dingen redeten; nämlich von den Krankheiten Ihrer in jedem Fall von mir hochgeschätzten Gattin, von Ihrem Kleinen, dem der Arzt Rhabarber verschrieben habe und bei dem infolgedessen ein Zahn durchgebrochen sei. Alle diese Dinge erwähnten Sie in jedem Ihrer Briefe mit einer niederträchtigen und für mich beleidigenden Regelmäßigkeit. Ich gebe natürlich zu, daß die Leiden seines leiblichen Kindes das Herz eines Vaters zerreißen, aber wozu davon gerade dann reden, wenn es sich nicht darum, sondern um etwas viel Wichtigeres und Interessanteres handelt? Ich habe geschwiegen und gelitten; jetzt, wo die Frist abgelaufen ist, halte ich es für meine Pflicht, mich zu erklären. Schließlich, nachdem Sie mich mehrfach durch lügnerische Anberaumung von Zusammenkünften treulos hintergangen haben, lassen Sie mich augenscheinlich die Rolle Ihres Narren und Possenreißers spielen, was zu sein ich aber nie gesonnen war. Darauf, nachdem Sie mich wiederholt zu sich eingeladen und natürlich wieder an der Nase herumgeführt haben, teilen Sie mir mit, daß Sie zu Ihrer leidenden Tante gerufen worden seien, welche genau um fünf Uhr einen Schlaganfall gehabt haben soll, und beschreiben auch dies alles mit schamloser Ausführlichkeit. Glücklicherweise, mein sehr geehrter Herr, ist es mir gelungen, in diesen drei Tagen Erkundigungen einzuziehen, welche ergeben haben, daß Ihre Tante den Schlaganfall schon am Vorabend des Achten dieses Monats kurz vor Mitternacht erlitten hat. Daraus geht hervor, daß Sie die Heiligkeit verwandtschaftlicher Beziehungen dazu benutzten, ganz unbeteiligte Personen zu betrügen. Schließlich erzählen Sie in Ihrem letzten Brief vom Tod Ihrer Tante, der genau zur gleichen Zeit stattgefunden haben soll, als ich zur Besprechung der bewußten Angelegenheiten zu Ihnen kommen sollte, und hier übersteigt die Gemeinheit Ihrer Behauptungen und Erfindungen jedes Maß von Glaubwürdigkeit, denn auf Grund genauer Erkundigungen, die ich dank einem höchst glücklichen

Zufall vorzunehmen imstande war, habe ich noch rechtzeitig erfahren, daß Ihre Tante genau vierundzwanzig Stunden *nach* der von Ihnen in Ihrem Brief so gottlos angegebenen Frist ihres Ablebens gestorben ist. Ich käme nie zu Ende, wollte ich alle Punkte aufzählen, an denen ich Ihre Treulosigkeit mir gegenüber nachweisen kann. Für einen unparteiischen Beobachter genügt schon, daß Sie mich in jedem Ihrer Briefe Ihren aufrichtigen Freund nennen und mir allerlei schmeichelhafte Namen geben, was Sie, meiner Ansicht nach, zu keinem anderen Zweck getan haben, als um mein Gewissen einzulullen.

Ich komme nunmehr zu Ihrem schlimmsten Treubruch und Betrug an meiner Person, der vornehmlich in Ihrem beharrlichen Schweigen in letzter Zeit über all das besteht, was unsere gemeinsamen Interessen betrifft, dem gottlosen Raub jenes Briefes, in dem Sie, wenn auch dunkel und mir nicht ganz verständlich, die zwischen uns bestehenden Abmachungen und Vereinbarungen dargelegt haben, der wahrhaft barbarischen, gewaltsamen leihweisen Besitzergreifung von dreihundertfünfzig Rubel in Silber, die Sie mir ohne Schuldschein als sogenannter Teilhaber abgenommen haben; und schließlich in der niederträchtigen Verleumdung unsers gemeinsamen Bekannten Jewgenij Nikolajewitsch. Ich sehe jetzt klar und deutlich, daß Sie mir beweisen wollten, daß man von ihm – mit Verlaub zu sagen – wie von einem Ziegenbock weder Milch noch Junge haben könne und daß er selber weder dies noch das, weder Fisch noch Fleisch sei, was Sie ihm auch in Ihrem Brief vom Sechsten dieses Monats als Fehler anrechnen. Ich kenne aber Jewgenij Nikolajewitsch als bescheidenen, ehrenhaften Jüngling; dadurch gewinnt er die Herzen, erwirbt sich und verdient die Achtung der Welt. Es ist mir auch bekannt, daß Sie jeden Abend im Lauf von zwei Wochen einige zehn, ja manchmal sogar hundert Rubel in Silber in Ihre Tasche gesteckt haben, um Jewgenij Nikolajewitsch die Bank zu halten. Jetzt wollen Sie das alles ableugnen und mir nicht nur nicht für meine Bemühungen danken, sondern Sie haben sich sogar mein eigenes Geld auf Nimmerwiedersehen angeeignet, indem Sie mich vorerst durch die Aussicht, Ihr Geschäftsteilhaber werden zu können, lockten und mir verschiedene Vorteile vorgaukelten, die mir daraus erwachsen würden. Nachdem Sie sich auf die gesetzwidrigste Weise in den Besitz meines und Jewgenij Nikolajewitschs Geldes gesetzt haben, wollen Sie sich um den Dank drücken und greifen in dieser Absicht zur Verleumdung, durch die Sie in gewissenlosester Weise einen Menschen in meinen Augen anzuschwärzen suchen, den ich mit viel Mühe und Anstrengung bei Ihnen eingeführt habe. Sie selbst aber sind, ganz im Gegenteil, nach Aussage von Freunden bis auf den heutigen Tag ein Herz und eine Seele mit ihm und geben ihn vor aller Welt als Ihren besten Freund aus, obgleich es in der Welt wohl kaum einen solchen Dummkopf gibt, der nicht sofort erraten hätte, worauf alle Ihre Absichten gerichtet sind und was Ihre freundschaftlichen und herzlichen Gefühle zu bedeuten haben. Ich sage, sie haben Betrug, Treulosigkeit, Verrat an Sitte und Menschenrecht, Gottlosigkeit und Laster zu bedeuten. Ich stelle mich selber als Beispiel und Beweis dafür auf. Womit habe ich Sie beleidigt, und weshalb verfahren Sie mit mir in dieser unerhörten Art und Weise?

Ich schließe diesen Brief. Ich habe mich erklärt. Und nun mein letztes Wort! Wenn Sie, mein sehr geehrter Herr, nicht sofort nach Empfang dieser Zeilen erstens die von mir empfangene Summe von dreihundertfünfzig Rubel in Silber zurückerstatten und zweitens alle anderen mir nach Ihren Versprechungen noch zukommenden Beträge, werde ich alle zu Gebote stehenden Mittel ergreifen, um deren Rückgabe – und sei es mit offener Gewalt – zu erzwingen, oder, drittens, meine Zuflucht zu den Gesetzen nehmen; und schließlich erkläre ich Ihnen, daß ich im Besitz einiger Beweisstücke bin, die, wenn sie in den Händen Ihres ganz ergebenen Dieners und Verehrers bleiben, Sie in den Augen der ganzen Welt kompromittieren, ja vernichten könnten.

Hiermit verbleibe ich und so weiter.

7

Pjotr Iwanowitsch an Iwan Petrowitsch

15. November

Iwan Petrowitsch!

Als ich Ihr bäurisch grobes und zugleich merkwürdiges Schreiben erhielt, war ich im ersten Augenblick geneigt, es in Stücke zu zerreißen, dann aber habe ich es als Merkwürdigkeit aufbewahrt. Im übrigen bedaure ich herzlich die zwischen uns entstandenen Mißverständnisse und Unannehmlichkeiten. Ich wollte Ihnen gar nicht antworten. Aber die Notwendigkeit zwingt mich dazu.

Durch diese Zeilen bin ich nämlich gezwungen, Ihnen mitzuteilen, daß es mir sehr unangenehm wäre, Sie jemals wieder in meinem Hause sehen zu müssen, desgleichen meiner Frau; sie hat eine zarte Gesundheit, und der Geruch von Teer ist schädlich für sie.

Meine Frau sendet Ihrer Gattin das ihr geliehene Buch »Don Quichotte de la Mancha« mit Dank zurück. Was Ihre Galoschen betrifft, die Sie bei Ihrem letzten Besuch bei uns vergessen haben wollen, so muß ich Ihnen zu meinem Bedauern mitteilen, daß wir sie nirgends gefunden haben. Sie werden einstweilen weiter gesucht; sollten sie aber nicht aufzufinden sein, werde ich Ihnen neue kaufen.

Im übrigen habe ich die Ehre und so weiter.

8

Am sechzehnten November erhält Pjotr Iwanowitsch mit der Stadtpost zwei an ihn adressierte Briefe. Er reißt den ersten Umschlag auf und entnimmt ihm einen nachlässig zusammengefalteten Zettel auf blaßrosa Papier. Die Hand seiner Frau. An Jewgenij Nikolajewitsch adressiert, vom 2. November. Weiter enthält der Umschlag nichts. Pjotr Iwanowitsch liest:

»Lieber Eugène! Gestern war es mir ganz unmöglich. Mein Mann war den ganzen Abend zu Hause. Komm morgen bestimmt pünktlich um elf Uhr. Um halb elf fährt mein Mann nach Zarskoje Selo und kommt erst nach Mitternacht heim. Ich habe mich die ganze Nacht so geärgert. Ich danke Dir für die Nachrichten und Brieflein. Was für ein Haufen Papier! Hat sie das wirklich alles vollgeschrieben? Übrigens ist der Stil nicht übel. Ich danke Dir; ich sehe, daß Du mich liebst. Sei nicht böse wegen gestern und komme um Gottes willen morgen. A.«

Pjotr Iwanowitsch entsiegelt den zweiten Brief.

»Pjotr Iwanowitsch! Mein Fuß hätte auch ohnedies Ihr Haus nie wieder betreten; Sie haben nur unnützerweise das gute Briefpapier verschmiert.

Nächste Woche reise ich nach Simbirsk, als unschätzbarer Freund und liebenswerter Bruder wird Jewgenij Nikolajewitsch bei Ihnen bleiben; ich wünsche Ihnen viel Erfolg, und wegen der Galoschen beunruhigen Sie sich nicht.«

9

Am siebzehnten November erhält Iwan Petrowitsch mit der Stadtpost zwei an ihn gerichtete Briefe. Er reißt den ersten Umschlag auf und entnimmt ihm einen nachlässig und flüchtig geschriebenen Zettel. Die Hand seiner Frau; adressiert an Jewgenij Nikolajewitsch, vom 4. August. Weiter enthält der Umschlag nichts. Iwan Petrowitsch liest:

»Leben Sie wohl, leben Sie wohl, Jewgenij Nikolajewitsch! Gott segne Sie auch für dieses. Werden Sie glücklich, aber mir ist ein bitteres Los zugefallen! Es ist schrecklich! Doch Sie wollten es nicht anders. Wäre die Tante nicht gewesen, ich hätte mich Ihnen anvertraut. Lachen Sie weder über mich noch über die Tante. Morgen werden wir getraut. Tantchen ist so froh, daß sich ein guter Mann gefunden hat, der mich ohne Aussteuer nimmt. Ich habe ihn heute zum erstenmal genau angesehen. Er scheint ein guter Mann zu sein. Man drängt mich. Leben Sie wohl, leben Sie wohl ... mein Täubchen! Denken Sie manchmal an mich; ich werde Sie nie vergessen. Leben Sie wohl. Ich unterschreibe auch diesen letzten Brief wie den ersten ... wissen Sie noch? Tatjana.«

Der zweite Brief lautete folgendermaßen:

»Iwan Petrowitsch! Morgen sollen Sie ein Paar neue Galoschen erhalten; ich bin es nicht gewöhnt, anderen Leuten etwas aus der Tasche zu ziehen; ebensowenig liebe ich es, allerlei alte Lumpen und Fetzen auf den Straßen aufzulesen.

Jewgenij Nikolajewitsch reist in einigen Tagen in Geschäften seines Onkels nach Simbirsk und bittet mich, ihm einen Reisegefährten ausfindig zu machen. Haben Sie vielleicht Lust?«

Die Hauswirtin

Erzählung

Erster Teil

1

Ordynow hatte endlich beschlossen, das Quartier zu wechseln. Seine Hauswirtin, eine sehr arme, bejahrte Beamtenwitwe, bei der er ein Zimmer gemietet hatte, war unvorhergesehener Umstände halber aus Petersburg irgendwohin in die Provinz zu Verwandten gereist, ohne den Ersten, den Termin ihrer Miete, abzuwarten. Der junge Mann, der bis zu seinem bestimmten Termin in der Wohnung blieb, dachte mit Bedauern an seinen alten Winkel und war verdrießlich, weil er ihn verlassen mußte; er war arm, während das Quartier teuer war. Am Tag nach der Abreise seiner Wirtin nahm er seine Mütze und schlenderte durch die Petersburger Gassen, wobei er alle Anschläge, die an die Haustore genagelt waren, beachtete, und suchte nach einem recht schwarzen, bevölkerten und kapitalen Haus, wo es am leichtesten war, den nötigen Winkel bei irgendeinem armen Bewohner zu finden.

Er suchte schon lange und sehr fleißig, doch alsbald wurde er von neuen, fast unbekannten Empfindungen heimgesucht. Er begann um sich zu blicken, anfangs zerstreut und nachlässig, dann aufmerksamer und schließlich mit großer Neugierde. Die Menge und das Straßenleben, der Lärm, der Verkehr, die Neuheit der Gegenstände, die Neuheit der Lage – dieses ganze kleinliche Leben und alltägliche Treiben, das einen tätigen, beschäftigten Petersburger längst langweilt, da er sein Leben lang fruchtlos, aber emsig nach Mitteln sucht, um irgendwo in einem warmen Nest, das er sich durch Arbeit, Schweiß und verschiedene andere Mittel erworben hat, zur Ruhe zu kommen und stille zu werden –, diese ganze abgeschmackte Prosa und Langweile erweckten in ihm, im Gegenteil, eine gewisse stillfreudige, lichte Empfindung. Seine blassen Wangen bedeckten sich allmählich mit einer leichten Röte, die Augen schienen in neuer Hoffnung aufzuleuchten, und er atmete gierig und tief die kalte frische Luft ein. Ihm wurde ungewöhnlich leicht zumute.

Er hatte immer ein stilles, völlig einsames Leben geführt. Als er vor drei Jahren seinen akademischen Grad erlangt hatte und halbwegs selbständig geworden war, ging er zu einem alten Mann, den er bisher nur vom Hörensagen gekannt hatte, und wartete lange, bis der livrierte Kammerdiener sich bereit fand, ihn ein zweites Mal anzumelden. Dann trat er in einen hohen, dunklen, öden und äußerst langweiligen Saal, wie man sie noch in altertümlichen, von der Zeit verschont gebliebenen Familien- und Herrschaftshäusern findet, und erblickte ein mit Orden behängtes, mit weißem Haar verziertes altes Männlein, den Freund und Amtsgenossen seines Vaters und seinen Vormund. Das alte Männlein händigte ihm ein Häufchen Geld aus. Die Summe erwies sich als sehr gering; es war der Rest des schuldenhalber unter den Hammer gekommenen urgroßväterlichen Anwesens. Ordynow trat sein Erbe gleichgültig an, verabschiedete sich für immer von seinem Vormund und trat auf die Straße hinaus. Es war ein kalter, düsterer Herbstabend; der junge Mann war in Gedanken versunken, und eine unbestimmte Schwermut bedrückte sein Herz. Seine Augen brannten; er fieberte und empfand abwechselnd Frost und Hitze. Er berechnete unterwegs, daß er mit seinen Mitteln zwei bis drei Jahre leben konnte, mit dem Hunger halbpart sogar vier. Es dunkelte, Regen nieselte. Er mietete den ersten besten Winkel und zog eine Stunde später ein. Dort zog er sich gleichsam in ein Kloster zurück und schloß sich gleichsam von der Welt ab. Nach zwei Jahren war er völlig menschenscheu geworden.

Er war vereinsamt, ohne es zu merken; es kam ihm vorläufig gar nicht in den Sinn, daß es noch ein anderes Leben gab – ein lautes, lärmendes, ewig bewegtes, ewig wechselndes, ewig lockendes und stets, ob früher oder später, unentrinnbares. Er mußte freilich davon gehört haben, aber er kannte es nicht und hatte es nie gesucht. Von Kindheit an lebte er ausschließlich für sich; jetzt hatte sich diese Ausschließlichkeit festgesetzt. Er wurde von der tiefsten, unersättlichsten Leidenschaft verzehrt, die das ganze Leben des Menschen verschlingt und solchen Wesen wie Ordynow nicht ein Winkelchen im Bereich einer praktischen irdischen Tätigkeit zuteilt. Diese Leidenschaft war die Wissenschaft. Sie verzehrte vorläufig seine Jugend, vergiftete mit einem langsam wirkenden, berauschenden Gift seine nächtliche Ruhe, raubte ihm die gesunde Nahrung und die frische Luft, die in seinem dumpfigen Winkel niemals zu finden war; aber Ordynow wollte das im Rausch seiner Leidenschaft nicht bemerken. Er war jung und verlangte vorläufig nichts weiter. Seine Leidenschaft hatte ihn dem äußeren Leben gegenüber zum Kind und für alle Zeiten unfähig gemacht, gewisse gute Leute zu veranlassen, ihm aus dem Weg zu gehen, wenn es einmal nötig sein sollte, um sich zwischen ihnen wenigstens einen bescheidenen Winkel abzugrenzen. Die Wissenschaft anderer, geschickter Leute ist bares Kapital; Ordynows Leidenschaft war eine gegen ihn gerichtete Waffe.

In ihm lebte mehr unbewußter Drang als die logisch klare Erkenntnis der Notwendigkeit, zu lernen und zu wissen, und so verhielt er sich auch zu jeder anderen, auch der geringsten Tätigkeit, die ihn bisher beschäftigt hatte. Er galt schon im kindlichen Alter als Sonderling und war seinen Kameraden nicht ähnlich. Seine Eltern hatte er nicht gekannt; von seinen Kameraden hatte er wegen seines sonderbaren, ungeselligen Charakters Unmenschlichkeiten und Grobheiten zu erdulden, wodurch er tatsächlich menschenscheu und mürrisch wurde, bis er sich allmählich ganz von den Menschen abschloß. In seinen einsamen Beschäftigungen aber war niemals, auch jetzt nicht, irgendeine Ordnung oder ein bestimmtes System zu finden; in ihm lebte jetzt nur die erste Begeisterung, die erste Glut, das erste Fieber des Künstlers. Er schuf sich selbst ein System; es entwickelte sich mit den Jahren, und in seiner Seele entstand nach und nach der vorderhand noch dunkle, unklare, aber irgendwie wunderbar freudespendende Umriß einer Idee, fleischgeworden in einer neuen, durchscheinenden Form, und diese Form bat, aus seiner Seele befreit zu werden, indem sie diese Seele folterte. Er empfand noch zaghaft ihre Originalität, Wahrheit und Ursprünglichkeit; der schöpferische Trieb hatte sich schon seiner Kräfte bemächtigt; er nahm Gestalt an und erstarkte. Doch der Tag der vollen Verkörperung und Vollendung war noch weit, vielleicht sehr weit entfernt, vielleicht ganz unerreichbar!

Jetzt ging er durch die Straßen wie ein Fremder, wie ein Einsiedler, der unerwartet aus seiner stummen Wüste in eine laute und lärmende Stadt gekommen ist. Alles erschien ihm neu und seltsam. Aber er war dieser Welt, die um ihn her brodelte und brandete, so fremd, daß er nicht einmal daran dachte, sich über seine seltsame Empfindung zu wundern. Er schien seine Menschenscheu gar nicht zu bemerken; im Gegenteil, ein freudiges Gefühl ergriff ihn, ein Rausch, wie einen Hungrigen, dem man nach langem Fasten zu essen und zu trinken gibt; obschon es natürlich merkwürdig war, daß eine so geringfügige Neuigkeit wie ein Quartierwechsel einen Petersburger, selbst einen Ordynow, benebeln und aufregen konnte; es ist freilich auch wahr, daß es ihm bisher beinahe noch nie zugefallen war, in Geschäften auszugehen.

Immer mehr gefiel es ihm, durch die Straßen zu schlendern. Er begaffte alles wie ein Flanierer.

Doch auch jetzt blieb er seinem innersten Wesen treu und las in dem vor ihm ausgebreiteten, grellfarbigen Bild wie in einem Buch zwischen den Zeilen. Alles verblüffte ihn; es entging ihm kein einziger Eindruck, und er sah mit nachdenklichem Blick in die Gesichter der Vorübergehenden, beobachtete die Physiognomie alles dessen, was ihn umgab, lauschte neugierig auf die Reden des Volkes, als wollte er an alledem seine Schlüsse nachprüfen, die er in der Stille einsamer Nächte gezogen hatte. Oft verblüffte ihn irgendeine Kleinigkeit, erzeugte eine Idee, und er empfand zum erstenmal Verdruß darüber, daß er sich so lebendig in seiner Zelle begraben hatte. Hier ging alles schneller; sein Puls schlug voll und rasch, sein Geist, niedergedrückt durch Einsamkeit und nur geschärft und gesteigert durch angestrengte, exaltierte Tätigkeit, arbeitete jetzt schnell, ruhig und kühn. Zudem wollte er sich unbewußt auch selber irgendwie in dieses ihm so fremde Leben hineindrängen, das er bisher nur mit dem Instinkt des Künstlers gekannt oder, besser gesagt, nur richtig vorausgeahnt hatte. Sein Herz begann unwillkürlich vor Sehnsucht nach Liebe und Mitgefühl zu schlagen. Er betrachtete die Menschen, die an ihm vorbeigingen, aufmerksamer; aber die Menschen waren fremd, sorgenvoll und nachdenklich ... Und allmählich begann Ordynows Sorglosigkeit von selbst zu schwinden; die Wirklichkeit drückte ihn bereits nieder, flößte ihm eine unwillkürliche, ehrfürchtige Angst ein. Er begann vor dem Ansturm der neuen, ihm bisher unbekannten Eindrücke zu ermüden, wie ein Kranker, der zum erstenmal freudig von seinem Lager aufgestanden ist und durch das Licht, den Glanz, den Wirbel des Lebens, den Lärm und die Buntheit der an ihm vorüberflutenden Menge benebelt, verwirrt und schwindlig wieder zusammenbricht. Es wurde ihm bange und traurig zumute. Er fürchtete für sein ganzes Leben, für seine ganze

Tätigkeit und sogar für seine Zukunft. Ein neuer Gedanke raubte ihm die Ruhe. Es kam ihm plötzlich in den Sinn, daß er sein Leben lang einsam gewesen war, daß niemand ihn liebte und daß es ihm selbst niemals geglückt war zu lieben. Manche von den Vorübergehenden, mit denen er im Anfang seiner Wanderungen zufällig ins Gespräch kam, blickten ihn grob und seltsam an. Er sah, daß man ihn für einen Verrückten hielt oder für einen originellen Kauz, was übrigens völlig richtig war. Es fiel ihm ein, daß sich schon immer alle in seiner Gegenwart bedrückt gefühlt hatten, daß ihn bereits in der Kindheit alle wegen seines nachdenklichen, eigensinnigen Charakters gemieden hatten, daß das Mitgefühl, das in ihm lebte, das den anderen aber niemals als sittlich gleichwertig empfand, sich bei ihm nur schwer, gedrückt und den anderen kaum bemerkbar offenbarte, was ihn schon als Kind gequält hatte, weil er den anderen Kindern, seinen Altersgenossen, niemals ähnlich gewesen war. Jetzt besann er sich darauf und entdeckte, daß er schon immer von allen verlassen und übergangen worden war.

Ganz unmerklich war er in ein vom Zentrum weit entferntes Ende Petersburgs geraten. Nachdem er in einem einsamen Gasthaus recht und schlecht gegessen hatte, begann er wieder in den Straßen umherzustreifen. Er ging wieder durch viele Straßen und Plätze. Hinter ihnen erstreckten sich lange gelbe und graue Zäune, begegneten ihm ganz baufällige Hütten statt reicher Häuser und gleichzeitig damit kolossale, scheußliche, verrußte, rote Fabrikgebäude mit hohen Schornsteinen. Überall war es menschenleer und öde; alles blickte düster und feindselig drein; wenigstens schien es Ordynow so. Es war schon Abend. Durch eine lange Gasse gelangte er auf einen Platz, auf dem eine Pfarrkirche stand.

Er ging zerstreut hinein. Der Gottesdienst war eben zu Ende; die Kirche war beinahe ganz leer, nur zwei alte Weiber knieten noch am Eingang. Der Kirchendiener, ein weißhaariges, altes Männchen, löschte die Kerzen aus. Die Strahlen der untergehenden Sonne ergossen sich in einem breiten Strom von oben durch das schmale Fenster der Kuppel und tauchten einen der Nebenaltäre in ein Meer von Licht; aber sie wurden immer schwächer, und je dichter die Finsternis unter der Wölbung der Kirche wurde, um so greller blitzten hier und da die vergoldeten Heiligenbilder, beschienen von dem flackernden Schein der Ampeln und Kerzen. In einem Anfall tieferregender Trauer und Niedergeschlagenheit lehnte sich Ordynow im finstersten Winkel der Kirche an die Wand und vergaß sich für einen Augenblick. Er kam zu sich, als der gemessene, dumpfe Schritt zweier eingetretener Kirchenbesucher unter der Wölbung der Kirche ertönte. Er hob die Augen, und eine unaussprechliche Neugierde bemächtigte sich seiner bei dem Anblick der beiden Ankömmlinge. Es waren ein Greis und eine junge Frau. Der Greis war von hohem Wuchs, noch aufrecht und rüstig, doch mager und krankhaft blaß. Dem Aussehen nach konnte man ihn für einen von weither zugereisten Kaufmann halten. Er trug einen langen, schwarzen, offenbar feiertäglichen, pelzgefütterten Kaftan, den er vorn aufgeschlagen hatte. Unter dem Kaftan war irgendein anderes langschößiges russisches Kleidungsstück zu sehen, das von oben bis unten fest zugeknöpft war. Der nackte Hals war nachlässig mit einem leuchtend roten Tuch umwunden; in den Händen hielt er eine Pelzmütze. Ein langer, dünner, leichtergrauter Bart fiel ihm auf die Brust, und unter den überhängenden, finsteren Brauen blitzte ein feuriger, fiebrig entflammter, hochmütiger, scharfer Blick. Die Frau mochte zwanzig Jahre alt sein und war von wunderbarer Schönheit. Sie hatte ein teures, blaues, mit Pelz verbrämtes Mäntelchen an, und ihr Kopf war mit einem weißen Atlastuch bedeckt, das unter dem Kinn festgebunden war. Sie ging mit gesenkten Augen, und ein gewisser nachdenklicher Ernst, der über ihrer ganzen Gestalt lag, spiegelte sich scharf und traurig auf dem süßen Umriß der kindlichzarten und sanften Linien ihres Gesichts wider. Es war etwas Seltsames an diesem ungleichen Paar.

Der Greis blieb inmitten der Kirche stehen und verbeugte sich nach allen vier Seiten, obwohl die Kirche vollständig leer war; dasselbe tat seine Begleiterin. Dann nahm er sie bei der Hand und führte sie zu dem großen Bild der örtlichen Gottesmutter, zu deren Ehren die Kirche errichtet war, das über dem Altar in einem blendenden Lichtermeer, das sich in der goldenen, mit kostbaren Edelsteinen geschmückten Einfassung spiegelte, strahlte. Der als letzter in der Kirche zurückgebliebene Kirchendiener grüßte den Greis ehrerbietig; dieser nickte ihm mit dem Kopf zu. Die Frau fiel vor der Ikone nieder. Der Greis ergriff das Ende der Decke, die über das Fußgestell der Ikone hinabhing, und verhüllte ihren Kopf. Ein dumpfes Schluchzen ertönte in der Kirche.

Ordynow war durch die Feierlichkeit dieser ganzen Szene

betroffen und wartete ungeduldig auf deren Beendigung. Nach ungefähr zwei Minuten hob die Frau den Kopf, und wieder beleuchtete der grelle Schein der Ampel ihr wunderschönes Gesicht. Ordynow zuckte zusammen und machte einen Schritt vorwärts. Sie hatte dem Greis schon die Hand gereicht, und beide gingen leise aus der Kirche. Tränen funkelten in ihren dunkelblauen Augen, die von langen, in dem milchweißen Gesicht glänzenden Wimpern umrahmt waren, und liefen über die erblaßten Wangen. Auf ihren Lippen zitterte ein Lächeln; aber auf dem Gesicht waren die Spuren einer kindlichen Furcht und eines geheimnisvollen Grauens bemerkbar. Sie schmiegte sich schüchtern an den Greis, und man sah, daß sie vor Erregung zitterte.

Betroffen, aufgepeitscht von einem unbewußt wonnigen und hartnäckigen Gefühl, folgte ihnen Ordynow schnell und kreuzte in der Kirchenvorhalle ihren Weg. Der Greis blickte ihn feindselig und finster an; auch sie warf einen Blick auf ihn, aber ohne Neugierde und zerstreut, als ob ein anderer, abliegender Gedanke sie beschäftigte. Ordynow ging ihnen nach, ohne sein Tun selbst zu begreifen. Es war schon ganz dunkel; er folgte in einiger Entfernung. Der Greis und die junge Frau gingen auf eine große, breite, schmutzige Straße voller Gewerbetreibender, Mehlbuden und Einkehrhöfe hinaus, die gradewegs zum Schlagbaum führte, und bogen dann in eine schmale lange Gasse mit langen Zäunen zu beiden Seiten ein, um schließlich auf die riesige verrußte Mauer eines vierstöckigen kapitalen Hauses zu stoßen, durch dessen Durchlaßtore man in eine ebenfalls große und bevölkerte Straße gelangen konnte. Sie näherten sich schon dem Haus; plötzlich drehte sich der Greis um und schaute Ordynow ungeduldig an. Der junge Mann blieb wie angewurzelt stehen; sein Benehmen kam ihm selber sonderbar vor. Der Greis schaute sich noch einmal um, als ob er sich versichern wollte, ob seine Drohung gewirkt hatte, und dann betraten beide, er und die junge Frau, durch das schmale Tor den Hof des Hauses. Ordynow kehrte um.

Er war in der unangenehmsten Gemütsverfassung und ärgerte sich über sich selber, weil er überlegte, daß er einen Tag unnötig verloren, sich unnötig ermüdet und als Dreingabe mit einer Dummheit geendet hatte, indem er einem mehr als gewöhnlichen Vorgang den Sinn eines ganzen Abenteuers beigemessen hatte.

So verdrießlich er am Morgen auch über seine Vereinsamung gewesen, lag es doch in seiner Natur, vor allem zu fliehen, was ihn zerstreuen, verblüffen und in seiner äußeren, nicht inneren künstlerischen Welt erschüttern konnte. Jetzt gedachte er mit Wehmut und mit einer Art Reue seines ungestörten Winkels; dann befiel ihn Kummer und Sorge über seine unentschiedene Lage, über die bevorstehenden Scherereien, und zugleich wurde er ärgerlich, daß ihn eine solche Nichtigkeit beschäftigen konnte. Schließlich erreichte er spät am Abend müde und außerstande, zwei Gedanken miteinander zu verbinden, sein Quartier und nahm mit Staunen wahr, daß er, ohne es zu bemerken, an dem Haus, in dem er wohnte, vorübergegangen war. Verblüfft schüttelte er den Kopf über seine Zerstreutheit, schrieb sie seiner Müdigkeit zu, stieg die Treppe hinauf und erreichte endlich sein Zimmer unter dem Dachboden. Dort zündete er eine Kerze an – und im selben Augenblick stieg grell das Bild der weinenden Frau in seiner Phantasie auf. So brennend, so stark war dieser Eindruck, so liebevoll ließ sein Herz die sanften, stillen Züge ihres Gesichts wieder erstehen, wie es von geheimnisvoller Rührung und Grauen erschüttert, von Tränen der Wonne oder kindlicher Reue überströmt war, daß seine Augen trübe wurden und ein Feuer ihm durch alle Glieder zu rinnen schien. Doch diese Erscheinung währte nicht lange. Nach der Begeisterung trat Überlegung ein, dann Unwille und endlich eine kraftlose Wut. Ohne sich auszukleiden, wickelte er sich in seine Bettdecke und warf sich auf sein hartes Lager . . .

Ordynow erwachte am anderen Morgen recht spät in einer gereizten, verzagten und niedergedrückten Stimmung, machte sich rasch fertig, zwang sich beinahe mit Gewalt dazu, an seine alltäglichen Sorgen zu denken, und machte sich in einer seiner gestrigen Wanderung entgegengesetzten Richtung auf den Weg; endlich fand er ein Quartier im Zimmerchen eines armen Deutschen namens Spieß, der mit seiner Tochter Tinchen zusammenlebte. Nachdem Spieß eine Anzahlung erhalten hatte, entfernte er sofort den Aushängezettel, der am Tor angeschlagen war und die Mieter anlocken sollte, lobte Ordynow wegen seiner Liebe zu den Wissenschaften und versprach ihm, sich eifrig seiner anzunehmen. Ordynow teilte ihm mit, daß er am Abend einziehen werde. Von dort wollte er nach Hause gehen, überlegte es sich aber anders und schlug den Weg nach der anderen Seite ein; sein Mut kehrte zurück, und er lächelte innerlich selbst über seine Neugierde. In seiner Ungeduld kam ihm der Weg außerordentlich lang vor; endlich hatte er die Kirche, in der er gestern abend gewesen war, erreicht. Es wurde gerade die Mittagsmesse abgehalten. Er suchte sich einen Platz, von dem aus er fast alle Andächtigen sehen konnte; doch diejenigen, die er suchte, waren nicht da. Nach langem Warten ging er errötend fort. Hartnäckig kämpfte er ein unwillkürliches Gefühl in sich nieder, hartnäckig und gewaltsam suchte er den Gang seiner Gedanken zu ändern. Er dachte an die täglichen Bedürfnisse des Lebens und erinnerte sich, daß es Zeit sei, Mittag zu essen, und da er tatsächlich Hunger verspürte, ging er in dasselbe Gasthaus, in dem er gestern gewesen war. Später erinnerte er sich nicht mehr, wann er wieder gegangen war. Lange und unbewußt irrte er durch die Straßen, durch belebte und menschenleere Gassen und gelangte schließlich in eine entlegene Gegend, wo es keine Stadt mehr gab und wo sich herbstlich gelbe Felder erstreckten; er erwachte aus seinem Sinnen, als ihm die tödliche Stille mit einem neuen, schon lange nicht mehr empfundenen Eindruck zusetzte. Der Tag war trocken und frostig, wie so oft im Petersburger Oktober. Unweit von ihm stand eine Hütte; daneben zwei Heuschober; ein kleines, steilrippiges Pferdchen mit gesenktem Kopf und hängender Lippe stand ohne Geschirr neben einem zweirädrigen Wagen und schien über etwas nachzudenken. Ein Hofhund nagte neben einem zerbrochenen Rad knurrend an einem Knochen, und ein dreijähriges Kind im bloßen Hemdchen kraute sich den weißen, struppigen Kopf und blickte staunend auf den hierher verschlagenen einsamen Herrn aus der Stadt. Hinter der Hütte zogen sich Felder und Gemüsegärten hin. Am Rand des blauen Himmels dunkelten Wälder, und auf der entgegengesetzten Seite zogen Schneewolken herauf, als müßten sie eine Schar Zugvögel vor sich hertreiben, die, ohne einen Schrei, einer nach dem anderen, am Himmel dahinflogen. Alles war still und feierlich traurig, erfüllt von einer beklommenen, geheimnisvollen Erwartung ... Ordynow ging weiter und weiter, aber die Einöde bedrückte ihn nur. Er kehrte in die Stadt zurück, aus der ihm plötzlich das laute Dröhnen der Kirchenglocken entgegentönte, die zum Abendgottesdienst riefen, verdoppelte seine Schritte und betrat nach einiger Zeit wieder die ihm seit dem gestrigen Abend so wohlbekannte Kirche.

Seine Unbekannte war bereits dort.

Sie kniete in der Menge der Andächtigen dicht am Eingang. Ordynow zwängte sich durch die dichte Menge der Bettler, alter Weiber in Lumpen, Kranker und Krüppel, die an der Kirchentür auf milde Gaben warteten, und kniete neben seiner Unbekannten nieder. Ihre Kleider streiften die seinen, und er hörte den stockenden Atem, der ihrem Mund entflog und ein heißes Gebet flüsterte. Ihre Gesichtszüge waren wie auch gestern von dem Gefühl einer grenzenlosen Frömmigkeit bewegt, und die Tränen rannen und trockneten wieder auf ihren heißen Wangen, als wollten sie ein furchtbares Verbrechen wegwaschen. An dem Platz, wo sie beide knieten, war es völlig dunkel, und ab und zu beleuchtete die trübe Flamme der Ampel, die von dem durch das schmal geöffnete Fenster eindringenden Wind bewegt wurde, mit einem flakkernden Schein ihr Gesicht, von dem sich jeder Zug dem Gedächtnis des Jünglings einprägte, seinen Blick trübte und sein Herz in einem dumpfen, unerträglichen Schmerz erzittern machte. Doch diese Qual hatte auch ihre eigene, verzückte Wonne. Schließlich konnte er es nicht mehr aushalten; seine ganze Brust zitterte und füllte sich in einem Augenblick mit einem unbewußten süßen Drang, und er neigte aufschluchzend seinen fiebernden Kopf auf die kalten Fliesen der Kirche. Er empfand und fühlte nichts außer dem Schmerz in seinem Herzen, das in süßen Qualen erstarb.

Ob sich nun diese außerordentliche Eindrucksfähigkeit, diese Hüllenlosigkeit und Unbeschütztheit des Gefühls durch die Einsamkeit entwickelt hatte, ob sich diese Heftigkeit des Herzens, das endlich bereit war, zu zerreißen oder sich zu ergießen, in dem qualvollen, schwülen und hoffnungslosen Schweigen langer schlafloser Nächte, inmitten unbewußter Bedrängnisse und ungeduldiger Geisteserschütterungen vorbereitet hatte oder ob einfach die Zeit für diesen feierlichen Augenblick plötzlich gekommen war – und es mußte so sein, wie sich an einem heißen, dumpfen Tag der Himmel plötzlich verfinstert und ein Gewitter sich mit Feuer und Wasser über die lechzende Erde ergießt, Regentropfen an die smaragdgrünen Zweige hängt, das Gras und die Felder niederdrückt, die zarten Blumenkelche zu Boden schlägt, damit nachher bei den ersten Strahlen der Sonne alles sich wieder neu belebe, ihr zustrebe, ihr in den Himmel entgegendränge, um ihr feierlich seinen herrlichen süßen Weihrauch zu senden und sich an seinem erneuten Leben zu erfreuen und zu frohlocken – genug,

Ordynow hätte jetzt nicht einmal darüber nachzudenken vermocht, was mit ihm vorging: er war sich seiner selbst kaum bewußt ...

Er bemerkte kaum, daß der Gottesdienst beendet war, und kam erst zu sich, als er seiner Unbekannten durch die sich am Eingang stauende Menge nachdrängte. Hin und wieder begegnete ihm ihr erstaunter und heller Blick. Sie mußte fortwährend wegen des hinausströmenden Volkes stehenbleiben und wandte sich mehr als einmal nach ihm um; man sah, daß ihr Staunen immer größer wurde, und plötzlich errötete sie, wie von Flammenglut übergossen. In diesem Augenblick tauchte aus der Menge wieder der Greis von gestern auf und nahm sie bei der Hand. Ordynow begegnete wieder seinem galligen und spöttischen Blick, und eine seltsame Wut preßte ihm plötzlich das Herz zusammen. Schließlich verlor er sie in der Dunkelheit aus den Augen; da stürzte er mit einer unnatürlichen Anstrengung vorwärts und verließ die Kirche. Doch die frische Abendluft vermochte ihn nicht zu erquicken: der Atem sperrte und preßte sich in seiner Brust, und sein Herz begann langsam und stark zu klopfen, als wollte es ihm die Brust sprengen. Endlich sah er, daß er seine Unbekannten wirklich verloren hatte; sie waren weder auf der Straße noch in der Nebengasse zu erblicken. Aber in Ordynows Kopf war schon ein Gedanke entstanden, hatte sich einer jener entschiedenen, sonderbaren Pläne zurechtgelegt, die zwar immer wahnwitzig sind, dafür aber fast immer gelingen und in ähnlichen Fällen ausgeführt werden; am folgenden Morgen um acht Uhr ging er von der Gasse auf das Haus zu und betrat den schmalen, schmutzigen und unreinen Hinterhof, der eine Art Müllgrube für das Haus zu sein schien. Der mit irgendeiner Arbeit beschäftigte Hausknecht blieb stehen, stützte sich mit dem Kinn auf den Stiel seiner Schaufel, musterte Ordynow vom Kopf bis zu den Füßen und fragte ihn, was er wolle.

Der Hausknecht war ein junger Bursche von etwa fünfundzwanzig Jahren mit einem außergewöhnlich alt aussehenden Gesicht, verrunzelt, klein, ein Tatare von Geburt.

»Ich suche ein Quartier«, antwortete Ordynow ungeduldig.

»Was für eins?« fragte der Hausknecht lächelnd. Er sah Ordynow so an, als ob er seine ganze Angelegenheit kennte.

»Ein Zimmer als Untermieter«, antwortete Ordynow.

»Auf jenem Hofe ist keins zu haben«, antwortete der Tatare rätselhaft.

»Und hier?«

»Auch hier nicht.« Damit nahm der Hausknecht seine Schaufel wieder zur Hand.

»Vielleicht wird mir doch jemand eins überlassen«, sagte Ordynow und gab dem Knecht einen Zehner.

Der Tatare blickte Ordynow an, nahm das Geldstück, griff wieder zur Schaufel und erklärte nach einigem Schweigen: »Nein, hier ist kein Quartier zu haben.«

Aber der junge Mann hörte nicht mehr auf ihn; er ging über verfaulte, schwankende Bretter, die über einer Pfütze lagen, zu dem einzigen, schwarzen, schmutzigen Eingang, der aus dem Nebengebäude in den Hof führte und in der Pfütze zu ertrinken schien. Im unteren Stock wohnte ein armer Sargtischler. Nachdem Ordynow an dessen geistvoller Werkstatt vorübergegangen war, stieg er auf einer halbzerbrochenen, glitschigen Wendeltreppe in das obere Stockwerk, tastete in der Dunkelheit nach einer starken, schweren Tür, die mit zerlumptem Bastgeflecht beschlagen war, fand das Schloß und drückte die Tür auf. Er hatte sich nicht geirrt. Vor ihm stand der ihm bekannte Greis und sah ihn forschend, mit äußerster Verwunderung an.

»Was willst du?« fragte er kurz und beinahe flüsternd.

»Ist hier ein Quartier zu vermieten?« fragt Ordynow, der fast alles vergessen hatte, was er sagen wollte. Er hatte über die Schulter des Greises hinweg seine Unbekannte erspäht.

Der Greis wollte schweigend die Tür schließen und Ordynow hinausdrängen.

»Hier ist ein Quartier zu vermieten«, ertönte plötzlich die freundliche Stimme der jungen Frau.

Der Greis gab die Tür frei.

»Ich brauche nur einen Winkel«, sagte Ordynow, schnell in das Zimmer eintretend, und wandte sich an die Schöne.

Aber er blieb verblüfft und wie angewurzelt stehen, als er auf seine zukünftigen Hauswirte blickte; vor seinen Augen spielte sich eine stumme, bestürzende Szene ab. Der Greis war totenblaß, als wollte er die Besinnung verlieren. Er starrte die Frau mit einem bleiernen, unbeweglichen, durchdringenden Blick an. Sie war anfangs auch erblaßt; dann aber schoß ihr plötzlich das Blut in die Wangen, und ihre Augen blitzten seltsam auf. Sie führte Ordynow in eine andere Kammer.

Die ganze Wohnung bestand aus einem ziemlich geräumigen Zimmer, das durch zwei Bretterwände in drei Teile geteilt war; aus dem Hausflur gelangte man sogleich in ein schmales, dunkles Vorzimmer; geradeaus führte eine Tür hinter die Zwischenwand, offenbar in den Schlafraum der Wirtsleute. Rechts gelangte man durch das Vorzimmer in das Zimmer, das zu vermieten war. Es war schmal und eng, durch die Zwischenwand an zwei niedrige Fenster gedrückt. Es war mit den in jedem Hauswesen unbedingt notwendigen Gegenständen verrammelt und verstellt; alles war armselig, eng, aber recht sauber. Die Einrichtung bestand in einem einfachen weißen Tisch, zwei einfachen Rohrstühlen und Bänken zu beiden Seiten der Wand. Auf einem Wandbrett in der Ecke stand ein großes, altertümliches, goldverziertes Heiligenbild, vor dem eine Ampel brannte. In dem abzugebenden Zimmer und zum Teil noch im Vorzimmer stand ein gewaltiger, plumper russischer Ofen. Es war klar, daß man zu dritt in einer solchen Wohnung nicht leben konnte.

Sie begannen zu verhandeln, aber unzusammenhängend und einander kaum verstehend. Ordynow stand zwei Schritte von ihr entfernt und hörte ihr Herz klopfen; er sah, daß sie vor Aufregung und scheint's auch vor Angst zitterte. Endlich wurden sie handelseinig. Der junge Mann erklärte, daß er gleich umziehen werde, und blickte dabei den Hausherrn an. Der Greis stand in der Tür, immer noch bleich; doch ein stilles, sogar nachdenkliches Lächeln umspielte seine Lippen. Als er Ordynows Blick begegnete, zog er wieder die Augenbrauen zusammen.

»Hast du einen Paß?« fragte er plötzlich mit lauter und schroffer Stimme, indem er die Tür in den Flur öffnete.

»Ja«, antwortete Ordynow ein wenig betroffen.

»Wer bist du?«

»Wasilij Ordynow, Edelmann, kein Beamter, habe meine eigenen Arbeiten«, antwortete er, den Ton des Alten nachahmend.

»Ich auch«, antwortete der Greis. »Ich bin Ilja Murin, Kleinbürger. Genügt dir das? Geh ...«

Nach einer Stunde war Ordynow in seinem neuen Quartier angelangt, zu seiner eigenen und zu seines Deutschen Verwunderung, der bereits samt seinem demütigen Tinchen den Verdacht zu schöpfen begann, daß sein zufälliger Mieter ihn betrogen habe. Ordynow begriff aber selbst nicht, wie das alles geschehen war, und er wollte es auch nicht begreifen ...

2

Sein Herz schlug so heftig, daß ihm grün vor den Augen wurde und sein Kopf sich drehte. Mechanisch beschäftigte er sich mit der Unterbringung seiner armseligen Habe im neuen Quartier, schnürte ein Bündel mit allerhand unentbehrlichem Gut auf, öffnete einen Koffer mit Büchern und legte sie auf den Tisch; aber bald glitt ihm diese Arbeit aus den Händen. Die Begegnung mit der jungen Frau, deren Bild fortwährend vor seinen Augen strahlte, hatte ihn erregt und sein ganzes Sein erschüttert, sein Herz mit einer so unbezwingbaren, krampfhaften Begeisterung erfüllt – so viel Glück war plötzlich in sein armseliges Leben gekommen, daß sich seine Sinne verdunkelten und sein Atem vor Sehnsucht und Verwirrung stockte. Er nahm seinen Paß und brachte ihn dem Hauswirt in der Hoffnung, einen Blick auf sie werfen zu können. Doch Murin machte die Tür kaum auf, nahm ihm das Papier ab, sagte: »Es ist gut, lebe in Frieden«, und schloß sich wieder in seinem Zimmer ein. Ein unangenehmes Gefühl bemächtigte sich Ordynows. Er wußte nicht warum, aber es war ihm peinlich, diesen Greis anzusehen. In seinem Blick lag etwas Verächtliches und Boshaftes. Doch der unangenehme Eindruck verflog bald. Schon drei Tage lebte Ordynow wie in einem Wirbelsturm im Vergleich zu der früheren Windstille seines Lebens; aber er konnte nicht überlegen und fürchtete sich sogar davor. Alles hatte sich verwirrt und verheddert in seinem Dasein; er fühlte dumpf, daß sein ganzes Leben gleichsam in zwei Stücke gebrochen war; ein einziger Drang, eine einzige Erwartung hatten sich seiner bemächtigt, und kein anderer Gedanke vermochte ihn abzulenken.

Voller Zweifel kehrte er in sein Zimmer zurück. Dort mühte sich am Ofen, in dem das Essen bereitet wurde, ein altes, gebücktes Weib ab, das so schmutzig und in so widerliche Lumpen gehüllt war, daß es einem weh tat, sie anzusehen. Sie schien sehr böse zu sein und brummte zuweilen, mit den Lippen zischelnd, irgend etwas vor sich hin. Es war die Magd seiner Hauswirte. Ordynow versuchte ein Gespräch mit ihr anzuknüpfen, doch sie schwieg zu allem, offenbar aus Bosheit. Endlich kam die Zeit des Mittagessens heran; die Alte nahm die Kohlsuppe, die Piroggen und das Rindfleisch aus dem Ofen und brachte es den Hausleuten. Dasselbe brachte sie auch Ordynow. Nach dem Mittagessen trat in der Wohnung Totenstille ein.

Ordynow nahm ein Buch zur Hand und blätterte lange darin herum, wobei er sich bemühte, einen Sinn in dem, was er schon mehrere Male gelesen, zu finden. Ungeduldig warf er das Buch weg und versuchte wiederum, seine Habseligkeiten zu ordnen; endlich nahm er die Mütze, zog den Mantel an und ging auf die Straße hinaus. Er ging ins Blaue hinein, ohne den Weg zu beachten, und bemühte sich nach Möglichkeit, seinen Geist zu konzentrieren, seine zerrütteten Gedanken zu sammeln und sich wenigstens einigermaßen über seine Lage klarzuwerden. Doch die Anstrengung verursachte ihm nur Leiden und Qualen. Hitze und Frost suchten ihn abwechselnd heim, und hin und wieder begann sein Herz plötzlich so zu hämmern, daß er sich an eine Mauer lehnen mußte. Nein, lieber sterben, dachte er, »lieber sterben«, flüsterte er mit glühenden, zitternden Lippen, ohne darüber nachzudenken, was er sagte. Er ging sehr lange; endlich spürte er, daß er bis auf die Haut durchnäßt war, und da er jetzt erst bemerkte, daß es in Strömen regnete, kehrte er nach Hause zurück. Unweit des Hauses entdeckte er den Hausknecht. Es schien ihm, daß der Tatare ihn einige Zeit scharf und neugierig betrachtete und erst seines Weges ging, als er bemerkte, daß er gesehen worden war.

»Sei mir gegrüßt«, sagte Ordynow, ihn einholend. »Wie heißt du?«

»Hausknecht heiße ich«, antwortete dieser zähnebleckend.

»Bist du hier schon lange Hausknecht?«

»Schon lange.«

»Ist mein Wirt Kleinbürger?«

»Kleinbürger, wenn er so sagt.«

»Was macht er?«

»Er ist krank; er lebt, betet zu Gott – das ist alles.«

»Ist das seine Frau?«

»Welche Frau?«

»Die mit ihm lebt?«

»Seine Fra–au, wenn er so sagt. Leb wohl, Herr.«

Der Tatare lüftete die Mütze und verschwand in seiner Höhle.

Ordynow betrat sein Quartier. Die Alte öffnete ihm zischelnd und vor sich hinbrummend die Tür, klinkte sie wieder ein und kroch auf den Ofen, auf dem sie ihr Leben beschloß. Es dämmerte bereits. Ordynow ging, um Licht zu holen, und bemerkte, daß die Tür zu seinen Wirtsleuten abgeschlossen war. Er rief nach der Alten, die, auf den Ellbogen gestützt, dalag und vom Ofen aus scharf beobachtete, was er denn am Schloß der Wirtsleute zu tun habe; sie warf ihm schweigend eine Schachtel Streichhölzer hin. Er ging in sein Zimmer zurück und begann zum hundertstenmal, seine Sachen und Bücher zu ordnen. Doch schließlich setzte er sich, immer noch nicht begreifend, was mit ihm vorging, auf eine Bank und glaubte einzuschlafen. Von Zeit zu Zeit kam er zu sich und merkte, daß sein Schlaf kein Schlaf, sondern ein quälendes, krankhaftes Sichvergessen war. Er hörte, wie die Tür knarrte, wie sie aufging, und erriet, daß seine Hauswirte vom Abendgottesdienst zurückgekommen waren. Hier fuhr es ihm durch den Sinn, daß er aus irgendeinem Grund zu ihnen gehen müsse. Er erhob sich, und es schien ihm, als ginge er bereits zu ihnen, aber er trat fehl und fiel auf einen Haufen Brennholz, den die Alte mitten im Zimmer hingeworfen hatte. Er verlor völlig die Besinnung, und als er nach langer, langer Zeit die Augen öffnete, bemerkte er zu seinem Erstaunen, daß er angekleidet auf derselben Bank lag und daß sich das wunderbar schöne Gesicht einer Frau, wie von stillen, mütterlichen Tränen benetzt, in zärtlicher Sorge über ihn neigte. Er spürte, daß man ihm ein Kissen unter den Kopf schob, ihn mit etwas Warmem bedeckte und sich eine zarte Hand auf seine heiße Stirn legte. Er wollte danken, er wollte diese Hand ergreifen, sie an seine verdorrten Lippen führen, sie mit Tränen benetzen und sie küssen, küssen eine Ewigkeit lang. Er wollte ihr viel sagen, aber was – wußte er selbst nicht; er wollte in diesem Augenblick sterben. Doch seine Arme waren wie von Blei und bewegten sich nicht; er schien stumm geworden und spürte nur, wie sein Blut in allen Adern raste, als wollte es ihn im Bett emporheben. Jemand reichte ihm Wasser ... Schließlich verlor er die Besinnung.

Er erwachte am Morgen gegen acht Uhr. Die Sonne sandte ihre Strahlen in goldenen Garben durch die grünen, mattgewordenen Fensterscheiben seines Zimmers; eine freudige Empfindung liebkoste alle Glieder des Kranken. Er war ruhig, still und grenzenlos glücklich. Es kam ihm vor, als ob soeben jemand zu seinen Häupten gestanden hätte. Er erwachte und suchte dieses unsichtbare Wesen sorgsam um sich her; er hatte das Verlangen, seinen Freund zu umarmen und zum erstenmal im Leben zu sagen: Ich wünsche dir einen guten Tag, mein Lieber!

»Du schläfst aber lange«, sagte eine zärtliche Frauenstimme. Ordynow schaute sich um, und das Gesicht seiner schönen Hauswirtin neigte sich mit einem freundlichen und sonnenhellen Lächeln zu ihm.

»Wie lange du krank warst«, sagte sie, »genug jetzt, steh auf; warum beraubst du dich der Freiheit? Die Freiheit ist süßer als Brot, schöner als die Sonne. Steh auf, mein Täubchen, steh auf!«

Ordynow ergriff ihre Hand und drückte sie fest. Er glaubte noch immer zu träumen.

»Warte, ich habe dir Tee bereitet. Willst du Tee? Nimm doch; es wird dir besser werden. Ich war selber krank und weiß das.«

»Ja, gib mir zu trinken«, sagte Ordynow mit schwacher Stimme und stand auf. Er war noch sehr schwach. Frostschauer liefen ihm über den Rücken, alle Glieder taten ihm weh und waren wie zerschlagen. Aber in seinem Herzen war es hell, und die Strahlen der Sonne schienen ihn mit einer feierlichen, hellen Freude zu erwärmen. Er fühlte, daß ein neues, starkes, unbekanntes Leben für ihn begann. Ein leichter Schwindel befiel ihn.

»Du heißt doch Wasilij?« fragte sie. »Vielleicht habe ich mich verhört, aber mir scheint, der Hausherr hat dich gestern so genannt.«

»Ja, Wasilij. Und wie heißt du?« fragte Ordynow, sich ihr nähernd, aber er konnte kaum auf den Füßen stehen. Er schwankte. Sie ergriff seine Hände und fing an zu lachen.

»Ich heiße Katerina«, sagte sie, ihn mit ihren großen, klaren, blauen Augen anblickend. Sie hielten einander an den Händen.

»Du willst mir etwas sagen?« fragte sie endlich.

»Ich weiß nicht«, antwortete Ordynow. Sein Blick trübte sich.

»Sieh mal, wie du bist. Genug, mein Täubchen, genug; sei nicht traurig, gräm dich nicht; setz dich in die Sonne an den Tisch; sitz ruhig, und geh mir nicht nach«, fügte sie hinzu, als sie sah, daß der junge Mann eine Bewegung machte, als wollte er sie zurückhalten, »ich komme gleich selber zu dir zurück; du wirst noch Zeit haben, dich an mir satt zu sehen.«

Nach einer Minute brachte sie den Tee, stellte ihn auf den Tisch und setzte sich Ordynow gegenüber.

»Da, trink«, sagte sie. »Tut dir der Kopf weh?«

»Nein, jetzt tut er mir nicht weh«, antwortete er. »Ich weiß nicht, vielleicht tut er auch weh ... ich will nicht ... genug, genug ... Ich weiß nicht, was mit mir ist«, sagte er, nach Atem ringend, und fand endlich ihre Hand. »Bleib hier, geh nicht fort von mir; gib, gib mir wieder deine Hand ... Es wird mir dunkel vor den Augen; ich sehe dich an wie die Sonne«, sagte er, als risse er sich die Worte vom Herzen los, und erstarb vor Wonne, während er sie aussprach. Ein Schluchzen schnürte ihm die Kehle zusammen.

»Du Armer! Du hast wohl noch nie mit einem guten Menschen zusammengelebt. Du bist mutterseelenallein; hast du keine Verwandten?«

»Niemand; ich bin allein ... macht nichts, mag es so sein! Jetzt ist mir besser ... jetzt ist mir gut!« sagte Ordynow wie im Fieber. Das Zimmer schien sich um ihn zu drehen.

»Ich habe selber viele Jahre lang keine Menschen gesehen. Du siehst mich so an ...« murmelte sie nach einem minutenlangen Schweigen.

»Nun ... wie denn?«

»Es ist, als ob meine Augen dich wärmten! Weißt du, wenn man jemanden liebhat ... Ich habe dich beim ersten Wort in mein Herz geschlossen. Wenn du krank wirst, werde ich dich wieder pflegen. Aber sei nicht krank, nein. Wenn du aufstehst, werden wir wie Bruder und Schwester leben. Willst du? Es ist doch schwer, eine Schwester zu erwerben, wenn Gott einem durch Geburt keine gegeben hat.«

»Wer bist du? Woher stammst du?« fragte Ordynow mit schwacher Stimme.

»Ich bin keine Hiesige ... Wozu brauchst du das zu wissen? Weißt du, die Leute erzählen, wie die zwölf Brüder im finstern Wald lebten und wie sich ein schönes Mädchen in jenem Walde verirrte. Sie kam zu ihnen und räumte im Hause alles auf, ihre Liebe waltete über allem. Als die Brüder heimkehrten, erkannten sie, daß die Schwester einen Tag lang bei ihnen zu Gast geweilt hatte. Sie riefen nach ihr, sie ging zu ihnen hinaus. Sie nannten sie ihre Schwester, schenkten ihr die Freiheit, und sie war allen gleich zugetan. Kennst du das Märchen?«

»Ich kenne es«, flüsterte Ordynow.

»Es ist schön zu leben. Lebst du gern auf Erden?«

»Ja, ja; lange leben, ewig leben«, antwortete Ordynow.

»Ich weiß nicht«, sagte Katerina nachdenklich, »ich würde mir auch den Tod wünschen. Es ist zwar schön, zu leben und gute Menschen zu lieben, aber ... Sieh, du bist wieder weiß geworden wie Kreide!«

»Ja, mir schwindelt ...«

»Warte, ich bringe dir mein Bett und ein anderes Kissen; ich will dir hier aufbetten. Weißt du, dir wird von mir träumen; die Krankheit wird vergehen. Unsere Alte ist auch krank ...«

Sie sprach noch, während sie bereits das Bett herrichtete, und sah von Zeit zu Zeit über die Schulter lächelnd auf Ordynow.

»Wieviel Bücher du hast!« sagte sie, den Koffer wegrückend.

Sie trat auf ihn zu, ergriff ihn mit der rechten Hand, führte ihn zum Bett, legte ihn nieder und deckte ihn zu.

»Es heißt, daß Bücher den Menschen verderben«, sagte sie, den Kopf nachdenklich schüttelnd. »Liest du gern in den Büchern?«

»Ja«, antwortete Ordynow, der nicht wußte, ob er schlief oder wachte. Er drückte Katerinas Hand stärker, um sich zu überzeugen, daß er nicht schlief.

»Mein Hausherr hat viele Bücher; so wie diese da! Er sagt, daß es fromme sind. Er liest mir immer vor. Ich werde sie dir später zeigen; du wirst mir dann erzählen, was er mir aus ihnen vorliest.«

»Ja, das werde ich«, flüsterte Ordynow, sie unausgesetzt betrachtend.

»Betest du gerne?« fragte sie nach kurzem Schweigen. »Weißt du was? Ich fürchte mich immer, fürchte mich immer ...«

Sie sprach nicht zu Ende, es schien, daß sie über etwas nachdachte. Ordynow führte endlich ihre Hand an seine Lippen.

»Warum küßt du meine Hand?« Ihre Wangen röteten sich leicht. »Na, küsse sie«, fuhr sie fort und reichte ihm lachend beide Hände. Dann machte sie die eine los und legte sie auf seine heiße Stirn, dann fing sie an, seine Haare zu ordnen und glattzustreichen. Sie errötete immer mehr; endlich kauerte sie neben dem Bett nieder und schmiegte ihre Wange an die seine; ihr warmer, feuchter Atem umfächelte sein Gesicht ...

Plötzlich fühlte Ordynow, daß ein Strom heißer Tränen aus ihren Augen stürzte und wie geschmolzenes Blei auf seine Wangen fiel. Er wurde immer schwächer; er konnte seine Hand nicht mehr rühren. In diesem Augenblick ertönte ein Klopfen an der Türe und klirrte der Riegel. Ordynow konnte noch hören, wie der Greis, sein Hauswirt, hinter den Verschlag trat. Dann hörte er, wie Katerina sich erhob, wie sie ohne Hast und ohne Verlegenheit seine Bücher nahm, und merkte, wie sie ihn beim Fortgehen bekreuzigte; er schloß die Augen. Plötzlich brannte ein heißer, langer Kuß auf seinen fiebernden Lippen, als ob ihm jemand ein Messer ins Herz gestoßen hätte. Er schrie leise auf und verlor die Besinnung . . .

Dann begann für ihn ein seltsames Leben.

Mitunter, in Augenblicken getrübten Bewußtseins, schoß ihm durch den Sinn, daß er verurteilt sei, in einem langen, endlosen Traum voll seltsamer, unfruchtbarer Aufregungen, Kämpfe und Leiden zu leben. Entsetzt versuchte er sich gegen diesen verhängnisvollen Fatalismus, der ihn knechtete, aufzulehnen, wurde jedoch in Augenblicken des angestrengtesten, verzweifelten Kampfes von einer unsichtbaren Macht wieder besiegt und spürte deutlich, wie er von neuem das Gedächtnis verlor, wie sich von neuem eine undurchdringliche, bodenlose Finsternis vor ihm auftat, und hörte, wie er sich mit einem Aufschrei der Seelenangst und Verzweiflung hineinstürzte. Hin und wieder tauchten Augenblicke eines unerträglichen, vernichtenden Glücks vor ihm auf, wie stets, wenn die Lebenskraft sich im ganzen menschlichen Körper krampfhaft verstärkt, das Vergangene sich klärt, der gegenwärtige lichte Augenblick in Feierlichkeit und Frohsinn erklingt und man im Wachen von der ungewissen Zukunft träumt; wenn eine unaussprechliche Hoffnung wie lebenspendender Tau auf die Seele fällt; wenn man vor Begeisterung aufschreien möchte; wenn man fühlt, daß der Leib gegen einen solchen Druck der Empfindungen ohnmächtig ist, daß der ganze Faden des Daseins zerreißt, und wenn man zugleich sein ganzes Leben zu der Wiedergeburt und der Auferstehung beglückwünscht. Manchmal verfiel er wieder in Bewußtlosigkeit, und dann wiederholte sich alles, was in den letzten Tagen mit ihm geschehen war, und durchkreuzte sein Hirn wie ein unruhiger, aufrührerischer Bienenschwarm; doch die Gesichte stellten sich ihm in seltsamer, geheimnisvoller Gestalt dar. Zuweilen vergaß der Kranke, was mit ihm war, und wunderte sich, daß er sich nicht in seinem alten Quartier und bei seiner alten Hauswirtin befand. Er konnte nicht begreifen, weshalb die alte Frau nicht, wie sie das gewöhnlich in der späten Dämmerstunde zu tun pflegte, an den erlöschenden Ofen trat, welcher die ganze dunkle Ecke des Zimmers von Zeit zu Zeit mit einem schwachen, flackernden Feuerschein übergoß und in Erwartung des völligen Erlöschens nach alter Gewohnheit ihre knochigen, zitternden Hände an der ersterbenden Flamme wärmte, wobei sie immer etwas vor sich hinschwatzte und flüsterte und mitunter zweifelnd ihren sonderbaren Mieter betrachtete, den sie wegen seines langen Sitzens über den Büchern für verrückt hielt. Dann erinnerte er sich, daß er ein anderes Quartier bezogen hatte; aber wie das geschehen, was mit ihm vorgegangen war und warum er hatte umziehen müssen, wußte er nicht, obwohl sein ganzer Geist in einem ununterbrochenen, unaufhaltsamen Drang erbebte ... Aber was rief ihn, was quälte ihn, wer hatte diese unerträgliche Flamme, die ihn erstickte und sein Blut aussaugte, in ihm entfacht? Das wußte er wiederum nicht und konnte sich nicht darauf besinnen. Oft haschte er mit den Händen gierig nach einem Schatten, oft hörte er das Geräusch von nahen, leichten Schritten an seinem Bett und ein Flüstern zärtlicher, liebkosender Worte, süß wie Musik; irgend jemandes feuchter, stockender Atem huschte über sein Antlitz, und sein ganzes Sein wurde von Liebe erschüttert; irgend jemandes heiße Tränen brannten auf seinen fiebernden Wangen, und plötzlich saugte sich ein langer zärtlicher Kuß in seine Lippen; dann verging sein Leben in unauslöschlicher Qual; das ganze Sein, die ganze Welt schien stillzustehen, für Jahrhunderte um ihn herum gestorben zu sein und sich als lange, tausendjährige Nacht auf alles herabzusenken ...

Dann schienen die zarten, ungetrübt vergangenen Jahre der frühesten Kindheit wieder zu erstehen mit ihrem hellen Frohsinn, ihrem unaussprechlichen Glück, mit dem ersten süßen Staunen über das Leben, mit ganzen Schwärmen lichter Geister, die aus jeder Blume, die er pflückte, emporflogen, auf der saftigen grünen Wiese vor dem kleinen, mit Akazien umstandenen Häuschen mit ihm spielten, ihm aus dem kristallklaren, unübersehbaren See zulächelten, an dessen Ufern er stundenlang saß und zuhörte, wie eine Welle nach der anderen anschlug, Geister, die ihn mit ihren leise rauschenden

Flügeln umfächelten, ihn liebevoll in helle, farbige Träume einlullten, wenn sich seine Mutter über seine Wiege beugte, ihn bekreuzigte, küßte und ihn mit einem leisen Wiegenliedchen in langen, sorglosen Nächten in den Schlaf sang. Doch da erschien plötzlich ein anderes Wesen, das ihn mit unkindlichem Grauen erfüllte und das erste, langsam wirkende Gift des Kummers und der Tränen in seine Seele träufelte; er fühlte dunkel, wie ein unbekannter Greis alle seine künftigen Jahre in seiner Gewalt hielt, und konnte erbebend seine Augen nicht von ihm wenden. Der böse Greis folgte ihm überall hin. Er schaute unter jedem Strauch im Wäldchen hervor und nickte ihm heuchlerisch mit dem Kopf zu, lachte und neckte ihn, verwandelte sich in jede Puppe des Kindes, schnitt in dessen Händchen Gesichter und kicherte wie ein böser, garstiger Gnom; er hetzte jeden seiner unmenschlichen Schulkameraden auf ihn oder lugte, wenn er sich neben die Kleinen auf die Schulbank setzte, aus jedem Buchstaben der Grammatik hervor und schnitt Fratzen. Dann setzte sich der böse Greis während des Schlafs an das Kopfende seines Bettes ... Er verjagte die Scharen der lichten Geister, die seine Wege mit goldenen und saphirblauen Flügeln umrauschten, er führte seine arme Mutter für immer von ihm fort und raunte ihm nächtelang ein langes, wunderbares Märchen zu, das dem Herzen des Kindes unverständlich war, es aber mit Entsetzen und einer unkindlichen Leidenschaft quälte und erregte. Aber der böse Greis hörte nicht auf sein Schluchzen und sein Flehen und fuhr fort, auf ihn einzureden, bis er in Erstarrung und Bewußtlosigkeit verfiel. Dann wachte das Kind plötzlich als Mann auf; ganze Jahre waren unsichtbar und unhörbar über ihm dahingegangen. Er wurde sich plötzlich seiner wahren Lage bewußt, begriff plötzlich, daß er einsam und weltfremd war, allein in einem fremden Winkel, unter geheimnisvollen, verdächtigen Menschen, unter Feinden, die sich in den Ecken seines dunklen Zimmers versammelten und flüsterten und dem alten Weib zunickten, das vor dem Feuer kauerte, seine greisenhaften, zitternden Hände wärmte und auf ihn deutete. Verwirrung und Unruhe überfielen ihn; er wollte immer erfahren, wer diese Menschen waren, warum sie sich hier befanden, warum er sich selbst in diesem Zimmer aufhielt, und erriet, daß er sich in eine dunkle Räuberhöhle verirrt hatte, in die er durch etwas Gewaltiges, aber Unbekanntes hineingezerrt worden war, ohne vorher gemerkt zu haben, wer und welcher Art die Bewohner des Hauses und wer seine Wirtsleute waren. Ein Verdacht begann ihn zu quälen – und plötzlich fing mitten im nächtlichen Dunkel wieder das geflüsterte lange Märchen an; es war eine alte Frau, die ihren weißhaarigen Kopf vor dem verlöschenden Feuer hin und her wiegte und leise, kaum hörbar vor sich hin zu erzählen begann. Aber – und wieder überfiel ihn das Entsetzen: das Märchen nahm vor ihm Gestalt und Form an. Er sah, wie alles, angefangen von seinen kindlichen, verworrenen Träumen, alle seine Gedanken und Phantasien, alles, was er im Leben erlebt hatte, alles, was er aus Büchern geschöpft, alles, was er längst vergessen hatte, lebendig wurde, sich ineinanderfügte, Gestalt annahm, in kolossalen Formen und Gebilden vor ihm stand, ihn umgab und umschwärmte. Er sah, wie zauberhafte, üppige Gärten vor seinen Augen entstanden, wie ganze Städte erbaut wurden und zerfielen, wie ganze Friedhöfe ihm ihre Toten entgegensandten, die von neuem zu leben begannen, wie ganze Stämme und Völker vor seinen Augen erschienen, geboren wurden und starben, wie endlich jetzt, an seinem Krankenlager, jeder seiner Gedanken Gestalt annahm, wie jeder körperlose Traum beinahe im Augenblick seiner Zeugung Form gewann; wie er endlich nicht mehr in körperlosen Ideen dachte, sondern in ganzen Welten, ganzen Schöpfungen, wie er in dieser seltsamen, unermeßlichen, unendlichen Welt wie ein Staubkörnchen dahinjagte und wie dieses ganze Leben ihn mit seiner aufrührerischen Unabhängigkeit niederbeugte, bedrückte und ihn mit seiner ewigen, unendlichen Ironie verfolgte. Er fühlte, wie er starb, in Staub und Asche zerfiel – ohne Auferstehung, für alle Ewigkeit; er wollte fliehen, aber im ganzen Weltall war nicht ein Winkel, der ihn hätte verbergen können. Schließlich spannte er in einem Anfall von Verzweiflung all seine Kräfte an, schrie auf und erwachte.

Er erwachte, von kaltem, eisigem Schweiß übergossen. Um ihn herum herrschte Totenstille; es war tiefe Nacht. Aber es war ihm noch immer, als dauerte dieses wundersame Märchen irgendwo fort, als trüge jemandes heisere Stimme tatsächlich eine lange Erzählung über etwas ihm Wohlbekanntes vor. Er hörte reden von dunklen Wäldern, von verwegenen Räubern, von irgendeinem tapferen Recken, wenn nicht gar von Stenka Rasin selbst, von lustigen Trinkbrüdern und Barkenknechten, von einem schönen Mädchen und vom Mütterchen Wolga. War das ein Märchen? Hörte er es im Wachen? Eine ganze Stunde lag er mit offenen Augen da, ohne ein Glied zu rühren, in qualvoller Erstarrung. Endlich erhob er sich vorsichtig und fühlte voller Freud , daß seine Kraft durch die grausame Krankheit nicht erschöpft war. Der Fieberwahn war geschwunden, die Wirklichkeit begann. Er bemerkte, daß er noch immer so gekleidet war wie bei seinem Gespräch mit Katerina und daß folglich seit jenem Morgen, da sie ihn verlassen, noch nicht viel Zeit verstrichen war. Das Feuer der Entschlossenheit durchrann seine Adern. Er tastete mechanisch mit den Händen nach einem großen Nagel, der zu irgendeinem Zweck oben in der Zwischenwand, an der man sein Bett aufgestellt hatte, eingeschlagen war; er hängte sich mit seinem ganzen Körper daran und erreichte so eine Ritze, aus der ein kaum merklicher Lichtschein in sein Zimmer drang. Er legte sein Auge an die Öffnung und blickte, vor Aufregung kaum atmend, hindurch.

In der Ecke der Kammer seiner Wirtsleute stand ein Bett, vor dem Bett ein Tisch, mit einem Teppich bedeckt und mit Büchern altertümlichen Formats übersät, in Einbänden, die an geistliche Bücher erinnerten. In der Ecke stand ein ebenso altertümliches Heiligenbild wie in seinem Zimmer; vor dem Heiligenbild brannte eine Ampel, auf dem Bett lag der Greis Murin, krank, von Leiden erschöpft, bleich wie Leinwand, mit einer Pelzdecke zugedeckt. Auf seinen Knien lag ein aufgeschlagenes Buch. Auf der Bank neben dem Bett lag Katerina, hatte mit einem Arm die Brust des Greises umfaßt und ihren Kopf auf seine Schulter gesenkt. Sie sah mit aufmerksamem, kindlich erstauntem Blick zu ihm auf und schien mit einer unstillbaren Neugierde, vor Erwartung vergehend, dem zu lauschen, was Murin ihr erzählte. Zuweilen schwoll die Stimme des Erzählers an, sein blasses Gesicht belebte sich; er runzelte die Augenbrauen, seine Augen funkelten, und Katerina schien vor Angst und Aufregung zu erblassen. Dann zeigte sich etwas wie ein Lächeln auf dem Gesicht des Greises, und Katerina begann leise zu lachen. Zuweilen blitzten Tränen in ihren Augen auf; dann streichelte der Greis ihr zärtlich den Kopf wie einem Kind, und sie umfaßte ihn noch enger mit ihrem entblößten, schneeweiß glänzenden Arm und schmiegte sich noch liebevoller an seine Brust.

Zeitweise dachte Ordynow, daß alles noch ein Traum sei, er war sogar überzeugt davon; doch das Blut stieg ihm zu

Kopf, und die angespannten Adern pochten schmerzhaft in seinen Schläfen. Er ließ den Nagel los, stand vom Bett auf und ging schwankend wie ein Nachtwandler, ohne sein Verlangen, das wie Feuer in seinem Blut brannte, selbst zu verstehen, an die Tür seiner Wirtsleute und stieß kräftig dagegen; der verrostete Riegel flog heraus, und er stand plötzlich unter Lärm und Krachen mitten im Schlafzimmer seiner Vermieter. Er sah, wie Katerina hochfuhr und zusammenzuckte, wie die Augen des Greises unter den schwer zusammengezogenen Brauen böse aufblitzten und wie plötzlich die Wut sein ganzes Gesicht verzerrte. Er sah, wie der Greis, ohne ihn aus den Augen zu lassen, mit tastender Hand hastig nach seinem Gewehr suchte, das an der Wand hing; dann sah er, wie die Gewehrmündung aufblitzte, die von unsicherer, vor Wut zitternder Hand gerade auf seine Brust gerichtet war ... Es krachte der Schuß, dann erscholl ein wilder, beinahe unmenschlicher Schrei, und als der Rauch verflogen war, bot sich Ordynow ein furchtbarer Anblick dar. Er beugte sich, am ganzen Körper zitternd, über den Greis. Murin lag am Boden; er wand sich in Krämpfen, sein Gesicht war von Schmerzen entstellt, und Schaum zeigte sich auf seinen verzerrten Lippen. Ordynow erriet, daß der Unglückliche einen sehr heftigen Anfall von Fallsucht hatte. Zusammen mit Katerina stürzte er herbei, ihm zu helfen ...

3

Die ganze Nacht verging in Unruhe. Am nächsten Morgen verließ Ordynow früh das Haus, trotz der Schwäche und dem Fieber, das ihn noch immer nicht verlassen hatte. Im Hof begegnete er wieder dem Hausknecht. Dieses Mal lüftete der Tatare schon von weitem seine Mütze und schaute ihn neugierig an. Dann griff er, als ob er sich besänne, zu seinem Besen und sah den langsam näherkommenden Ordynow von der Seite an.

»Nun? hast du in der Nacht nichts gehört?« fragte Ordynow.

»Ja, ich habe es gehört.«

»Was ist das für ein Mensch? Wer ist es?«

»Du hast selber gemietet, mußt es auch selber wissen; ich bin hier fremd.«

»Wirst du wohl endlich reden!« schrie Ordynow, außer sich in einem Anfall krankhafter Gereiztheit.

»Was hab ich denn gemacht? Du bist schuld – du hast die Einwohner erschreckt. Unten lebt ein Sargtischler; er ist taub, aber er hat alles gehört, auch sein Weib ist taub und hat es auch gehört. Und auf dem andern Hof, obwohl es weit ist, hat man's auch gehört. So ist's. Ich werde zum Aufseher gehen.«

»Ich gehe schon selber hin«, antwortete Ordynow und wandte sich dem Tor zu.

»Mach, was du willst; hast selber gemietet ... Barin, Barin, warte!«

Ordynow sah sich um; der Hausknecht griff höflich an seine Mütze.

»Nun?«

»Wenn du dahin gehst, geh ich zum Hauswirt.«

»Nun, und?«

»Zieh lieber aus.«

»Du bist dumm«, sagte Ordynow und wandte sich wieder zum Gehen.

»Barin, Barin, warte!« Der Hausknecht griff wieder an die Mütze und grinste.

»Höre, Barin: halte dein Herz fest; warum verfolgst du einen Armen? Einen Armen zu verfolgen ist eine Sünde, Gott verbietet es, hörst du?«

»So höre denn auch du: hier, nimm das. Nun, wer ist er denn?«

»Wer er ist?«

»Ja.«

»Ich sage es auch ohne Geld.«

Da nahm der Tatare seinen Besen, fuhr ein-, zweimal damit herum, blieb dann stehen und sah Ordynow aufmerksam und würdevoll an.

»Du bist ein guter Barin. Aber wenn du mit einem guten Menschen nicht zusammenleben willst, mach, was du willst; das sage ich dir.«

Hier schaute ihn der Tatare noch bedeutungsvoller an und griff, als wäre er in Ärger geraten, wieder zu seinem Besen. Schließlich gab er sich den Anschein, als hätte er etwas fertiggebracht, trat geheimnisvoll und mit einer sehr ausdrucksvollen Bewegung an Ordynow heran und sagte: »Er ist so!«

»Wie? Was?«

»Er hat keinen Verstand.«

»Was?«

»Er ist fortgeflogen! ja! fortgeflogen!« wiederholte er in einem noch geheimnisvolleren Ton. »Er ist krank. Er hatte eine Barke, eine große, und noch eine zweite und eine dritte, sie haben die Wolga befahren, ich bin selbst von der Wolga her; auch eine Fabrik hat er gehabt, die ist abgebrannt, und er ist ohne Kopf.«

»Ist er verrückt?«

»Nein ... nein ...« antwortete der Tatare mit Nachdruck. »Nicht verrückt. Er ist ein kluger Mann. Er weiß alles, er hat viele Bücher gelesen, gelesen, gelesen, immerwährend gelesen und anderen Leuten die Wahrheit gesagt. So war's. Und da kamen sie: zwei Rubel, drei Rubel, vierzig Rubel, aber willst du nicht, läßt du's bleiben; er sieht ins Buch, findet, was er braucht, und sagt die Wahrheit. Aber das Geld muß auf den Tisch, sofort auf den Tisch – ohne Geld gibt's nichts!«

Hier fing der Tatare, im Überschwang des Herzens an Murins Interessen teilnehmend, sogar zu lachen an.

»Wie denn, hat er gezaubert, jemandem gewahrsagt?«

»Hm ...« brummte der Tatar, rasch mit dem Kopf nikkend, »er hat die Wahrheit gesagt. Er betet zu Gott, betet viel. Aber dann kommt es manchmal so über ihn.«

Der Tatare wiederholte seine vielsagende Handbewegung.

In diesem Augenblick rief ihn jemand vom andern Hof her an, und gleich darauf wurde ein kleiner, gebückter, grauhaariger Mensch in einem Schafpelz sichtbar. Er ging krächzend, stolpernd, blickte zu Boden und flüsterte etwas vor sich hin. Man konnte glauben, daß das Alter ihm den Verstand geraubt habe.

»Der Hausherr, der Hausherr!« flüsterte der Knecht hastig, nickte Ordynow flüchtig mit dem Kopf zu, riß seine Mütze herunter und stürzte laufend auf den Greis zu, dessen Gesicht Ordynow bekannt vorkam; wenigstens war er ihm vor nicht allzu langer Zeit irgendwo begegnet. Er sagte sich übrigens, daß dabei nichts Erstaunliches sei, und verließ den Hof. Der Hausknecht schien ihm ein Schurke und ein Frechling ersten Ranges zu sein. Der Tagedieb, hat geradezu mit mir gehandelt! dachte er. Weiß Gott, was dahintersteckt.

Das sagte er bereits auf der Straße.

Allmählich gewannen andere Gedanken die Oberhand.

Was er nun sah, wirkte unangenehm; der Tag war grau und kalt, der Schnee staubte. Der junge Mann spürte, wie sich die Fieberschauer von neuem seiner bemächtigten, er hatte auch die Empfindung, daß der Boden unter ihm zu schwanken begann. Plötzlich wünschte ihm eine bekannte Stimme in einem unangenehm süßlichen, knarrenden Tenor guten Morgen

»Jaroslaw Iljitsch!« sagte Ordynow.

Vor ihm stand ein rüstiger, rotwangiger Mann von ungefähr dreißig Jahren, nicht groß von Wuchs, mit grauen fettglänzenden Äuglein und einem Lächeln, gekleidet ... wie Jaroslaw Iljitsch immer gekleidet war, und streckte ihm in der liebenswürdigsten Weise die Hand entgegen. Ordynow war mit Jaroslaw Iljitsch genau vor einem Jahr ganz zufällig, beinahe auf der Straße bekannt geworden. Diese sehr flüchtige Bekanntschaft bewirkte – abgesehen vom Zufall – Jaroslaw Iljitschs außergewöhnliche Neigung, überall gute, edle, vor allem gebildete und zum mindesten durch Talent und gute Umgangsformen der höchsten Gesellschaft angehörungswürdige Menschen ausfindig zu machen. Obgleich Jaroslaw Iljitsch einen außergewöhnlich süßen Tenor besaß, so kam doch, sogar in Gesprächen mit seinen aufrichtigsten Freunden, in der Klangfarbe seiner Stimme etwas ungewöhnlich Helles, Mächtiges und Gebieterisches zum Vorschein, das keinerlei Widerspruch duldete und vielleicht die Folge einer Angewohnheit war.

»Wie kommen Sie hierher?« rief Jaroslaw Iljitsch mit dem Ausdruck aufrichtiger, begeisterter Freude.

»Ich wohne hier.«

»Schon lange?« fuhr Jaroslaw Iljitsch fort, den Ton immer höher und höher schraubend. »Das habe ich ja gar nicht gewußt! Ich bin ja Ihr Nachbar! Ich wohne jetzt in dem hiesigen Viertel. Ich bin schon seit einem Monat aus dem Gouvernement Rjasan zurück. So habe ich Sie also gefangen, mein alter und edelster Freund!« Und Jaroslaw Iljitsch lachte auf die gutmütigste Weise.

»Sergejew!« rief er begeistert. »Erwarte mich bei Tarasow; daß aber die Säcke ohne mich nicht angerührt werden. Und mache dem Olsufjewschen Hausknecht Beine; sag ihm, daß er sofort im Kontor erscheinen soll. Ich komme in einer Stunde ...«

Nachdem er diesen Befehl irgend jemandem in aller Eile

erteilt hatte, nahm der feinfühlige Jaroslaw Iljitsch Ordynow unter den Arm und führte ihn in das nächste Gasthaus.

»Ich werde mich nicht eher beruhigen, als bis wir nach einer so langen Trennung ein paar Wörtlein ganz unter uns ausgetauscht haben. Nun, womit beschäftigen Sie sich?« setzte er beinahe ehrfurchtsvoll hinzu und ließ die Stimme geheimnisvoll sinken. »Immer noch mitten in den Wissenschaften?«

»Ja, genau wie früher«, antwortete Ordynow, dem ein leuchtender Gedanke durch den Sinn schoß.

»Edel, Wasilij Michailowitsch, sehr edel!« Hier drückte Jaroslaw Iljitsch Ordynow kräftig die Hand. »Sie werden eine Zierde unserer Gesellschaft werden. Gebe Ihnen Gott ein gutes Gelingen bei Ihren Unternehmen ... Gott! wie freue ich mich, daß ich Sie getroffen habe! Wie oft habe ich an Sie gedacht, wie oft habe ich gesagt: Wo mag er wohl sein, unser guter, großmütiger, geistreicher Wasilij Michailowitsch?«

Sie nahmen in einem Einzelzimmer Platz. Jaroslaw Iljitsch bestellte einen Imbiß, ließ Branntwein bringen und sah Ordynow gefühlvoll an.

»Ich habe in der Zwischenzeit viel gelesen«, begann er mit schüchterner, ein wenig einschmeichelnder Stimme. »Ich habe den ganzen Puschkin gelesen ...«

Ordynow sah ihn zerstreut an.

»Erstaunliche Darstellungen menschlicher Leidenschaft! Aber vor allen Dingen erlauben Sie mir, Ihnen zu danken. Sie haben so viel für mich getan, indem Sie mir die vornehme Art gerechter Denkungsweise einflößten ...«

»Ich bitte Sie!«

»Nein, erlauben Sie! Ich lasse jedem gern Gerechtigkeit widerfahren und bin stolz darauf, daß wenigstens dieses Gefühl in mir noch nicht erstorben ist.«

»Ich bitte Sie, Sie sind ungerecht gegen sich selbst, und ich ... wirklich ...«

»Nein, ich bin durchaus gerecht«, widersprach Jaroslaw Iljitsch mit ungewöhnlichem Eifer. »Was bin ich im Vergleich zu Ihnen? Nicht wahr?«

»Ach, mein Gott!«

»Jawohl ...«

Darauf folgte Schweigen.

»Ich habe, Ihrem Rat folgend, viele unwürdige Bekanntschaften abgebrochen und habe teilweise die Roheit meiner

Gewohnheiten gemildert«, begann Jaroslaw Iljitsch von neuem mit einer etwas zaghaften und einschmeichelnden Stimme. »Ich sitze in meiner freien Zeit meistenteils zu Hause; am Abend lese ich irgendein nützliches Buch und ... ich hege den einzigen Wunsch, Wasilij Michailowitsch, dem Vaterland wenigstens einen meinen Kräften entsprechenden Nutzen zu bringen ...«

»Ich habe Sie immer für einen sehr edlen Menschen gehalten, Jaroslaw Iljitsch.«

»Sie träufeln immer Balsam ... edler junger Mann ...«

Jaroslaw Iljitsch drückte Ordynow begeistert die Hand.

»Sie trinken nicht?« bemerkte er, nachdem seine Erregung sich etwas gelegt hatte.

»Ich kann nicht, ich bin krank.«

»Krank? In der Tat? Seit wann? Wie, auf welche Weise erkrankten Sie? Wenn Sie wünschen, werde ich dafür sorgen ... welcher Arzt behandelt Sie? Wenn Sie wünschen, will ich es sofort unserm Hausarzt melden. Ich will selbst, persönlich, zu ihm laufen. Er ist ein sehr erfahrener Mann.«

Jaroslaw Iljitsch griff bereits nach seinem Hut.

»Ich danke verbindlichst. Ich lasse mich nicht behandeln und liebe die Ärzte nicht ...«

»Was Sie nicht sagen? Darf man denn das? Doch dieser ist ein äußerst geschickter Mann«, fuhr Jaroslaw Iljitsch flehentlich fort, »unlängst – gestatten Sie mir, Ihnen das zu erzählen, teurer Wasilij Michailowitsch – kommt ein armer Schlosser zu ihm: ‚Ich habe mir da‘, sagte er, ‚die Hand mit einem Werkzeug verletzt; kurieren Sie mich ...‘ Semjon Pafnutjitsch sah, daß dem Armen der Brand drohte, er ergriff Maßnahmen, um das infizierte Glied abzuschneiden. Er tat es in meiner Gegenwart, aber er führte das so aus, auf eine so vorneh ... das heißt, eine so entzückende Weise, daß ich gestehen muß, wenn nicht das Mitleid mit der leidenden Menschheit wäre, so wäre es angenehm gewesen zuzusehen, einfach aus Neugierde. Aber wo und wie geruhten Sie krank zu werden?«

»Bei meinem Umzug in das neue Quartier ... Ich bin eben erst aufgestanden.«

»Aber Sie sind noch recht leidend und sollten nicht ausgehen. Also wohnen Sie nicht mehr dort, wo Sie früher gewohnt haben? Was hat Sie denn veranlaßt auszuziehen?«

»Meine Wirtin hat Petersburg verlassen.«

»Domna Sawischna? Wirklich? ... Eine gute, wahrhaft

edle alte Frau! Wissen Sie, ich habe für sie beinahe die Achtung eines Sohnes empfunden. Etwas Erhabenes aus Urgroßväterzeiten leuchtete aus diesem beinahe erloschenen Leben; bei ihrem Anblick glaubte man die Verkörperung unserer grauen, erhabenen Altväterzeit vor sich zu sehen . . . das heißt aus diesem . . . es liegt da, wissen Sie, so was Poetisches drin . . .« schloß Jaroslaw Iljitsch, ganz schüchtern geworden, und wurde rot bis über die Ohren.

»Ja, sie war eine gute Frau.«

»Aber gestatten Sie mir, zu erfahren, wo Sie sich jetzt niedergelassen haben?«

»Nicht weit von hier, im Haus von Koschmarow.«

»Ich kenne ihn. Ein majestätischer Alter! Ich bin, das wage ich zu sagen, beinahe sein intimer Freund. Ein edler Greis!«

Jaroslaw Iljitschs Lippen zitterten fast vor freudiger Rührung. Er bestellte sich noch einen Schnaps und eine Pfeife.

»Wollen Sie selber mieten?«

»Nein, bei einem Wohnungsinhaber.«

»Wer ist es? Vielleicht kenne ich ihn auch.«

»Murin, der Kleinbürger; ein Greis von stattlichem Wuchs . . .«

»Murin, Murin . . . Gestatten Sie, das ist doch im Hinterhof, über dem Sargtischler?«

»Ja, ja, ganz recht, im Hinterhof.«

»Hm . . . können Sie da ruhig leben?«

»Ich bin ja eben erst eingezogen.«

»Hm . . . ich wollte nur sagen, hm . . . übrigens, haben Sie nichts Besonderes gemerkt?«

»Wirklich . . .«

»Das heißt, ich bin überzeugt, daß Sie es da gut haben werden, falls Sie mit der Unterkunft zufrieden sind . . . Ich sage es auch nicht deshalb, ich möchte Sie nur warnen; da ich aber Ihren Charakter kenne . . . Wie kommt Ihnen dieser alte Kleinbürger vor?«

»Er scheint ein ganz kranker Mann zu sein.«

»Ja, er ist sehr leidend . . . Aber haben Sie sonst nichts weiter bemerkt? Haben Sie mit ihm gesprochen?«

»Sehr wenig; er ist so scheu und gallig.«

»Hm . . .« Jaroslaw Iljitsch versank in Nachdenken.

»Ein unglücklicher Mensch!« sagte er nach einigem Schweigen.

»So?«

»Ja, ein unglücklicher und zugleich ein bis zur Unglaublichkeit sonderbarer und interessanter Mensch. Übrigens, wenn er Sie nicht weiter beunruhigt ... Entschuldigen Sie, wenn ich meine Aufmerksamkeit auf solch einen Gegenstand gelenkt habe, aber ich war neugierig ...«

»Und wahrhaftig, Sie haben auch meine Neugierde geweckt ... Ich möchte sehr gerne wissen, wer er ist. Da ich nun bei ihm lebe ...«

»Sehen Sie; dieser Mensch soll früher sehr reich gewesen sein. Er betrieb Handelsgeschäfte, wie Sie wahrscheinlich schon gehört haben. Infolge verschiedener unglücklicher Umstände verarmte er; der Sturm hat ihm einige vollbeladene Barken zerschlagen. Seine Fabrik, die anscheinend ein naher und geliebter Verwandter verwaltete, ist auch von einem unglücklichen Geschick heimgesucht worden und abgebrannt, wobei sein Verwandter in den Flammen umkam. Sie müssen gestehen, daß das ein furchtbarer Verlust war! Damals soll Murin, so erzählt man, einer beklagenswerten Melancholie verfallen sein; man fürchtete für seinen Verstand, und tatsächlich zeigte er sich bei einem Streit mit einem andern Kaufmann, der auch Barken auf der Wolga besaß, plötzlich von einer so merkwürdigen und unerwarteten Seite, daß man das ganze Vorkommnis seiner heftigen Sinnesverwirrung zuschrieb, was ich auch ohne weiteres glaube. Ich habe von einigen seiner Sonderbarkeiten Ausführliches gehört. Schließlich ereignete sich ein sehr seltsamer, sozusagen verhängnisvoller Umstand, den man nicht anders denn als einen feindlichen Einfluß des erzürnten Schicksals deuten kann.«

»Was?« fragte Ordynow.

»Er soll in einem krankhaften Anfall von Irrsinn einen Anschlag auf das Leben eines jungen Kaufmanns verübt haben, den er früher außerordentlich liebte. Als er nach seinem Anfall zur Besinnung kam, war er so erschüttert, daß er sich das Leben nehmen wollte; wenigstens erzählt man so. Ich weiß nicht genau, was nachher geschah, es ist nur bekannt, daß er dann mehrere Jahre Kirchenbuße tat ... Aber was ist Ihnen, Wasilij Michailowitsch, ermüdet meine schlichte Erzählung Sie nicht zu sehr?«

»O nein, um Gottes willen ... Sie sagen, daß er Kirchenbuße tat ... Aber er ist nicht allein.«

»Das weiß ich nicht. Man sagt, daß er allein war. Wenigstens ist niemand anders in die Geschichte verwickelt gewesen. Übrigens habe ich nichts Weiteres gehört; ich weiß nur ...«

»Nun?«

»Ich weiß nur – das heißt, ich habe eigentlich nicht im Sinn, etwas Besonderes hinzuzufügen ... ich will nur sagen, daß, wenn Sie an ihm etwas Ungewöhnliches bemerken, etwas, was über das gewöhnliche Niveau der Dinge hinausgeht, so ist das alles nur als eine Folge der Unglücksfälle zu betrachten, die ihn, einer nach dem andern, heimgesucht haben ...«

»Ja, er ist so gottesfürchtig, ein großer Frömmler.«

»Ich glaube nicht, Wasilij Michailowitsch; er hat soviel gelitten; ich glaube, er ist reinen Herzens.«

»Aber jetzt ist er doch nicht verrückt; er ist gesund.«

»O nein, nein; dafür kann ich einstehen, ich bin bereit, es zu beschwören; er besitzt die volle Herrschaft über seine geistigen Fähigkeiten. Er ist nur, wie Sie nebenbei so trefflich bemerkten, ein großer Sonderling und sehr gottesfürchtig. Er ist ein sehr kluger Mann. Er redet gewandt, kühn und sehr schlau. Man sieht noch die Spuren des vergangenen, bewegten Lebens auf seinem Gesicht. Ein interessanter Mensch und außerordentlich belesen.«

»Er liest, scheint mir, lauter heilige Bücher.«

»Ja, er ist ein Mystiker.«

»Was?«

»Ein Mystiker. Aber das sage ich Ihnen ganz im Vertrauen. Ebenso vertraulich will ich Ihnen mitteilen, daß er einige Zeit unter strenger Aufsicht stand. Dieser Mensch hatte einen furchtbaren Einfluß auf alle, die zu ihm kamen.«

»Welchen denn?«

»Sie werden es nicht glauben; sehen Sie: damals lebte er noch nicht in diesem Stadtviertel; Alexander Ignatjewitsch, ein Ehrenbürger und vornehmer Mann, der allgemeine Achtung genoß, besuchte ihn aus Neugierde mit irgendeinem Leutnant. Sie kamen zu ihm; man empfing sie, und der seltsame Mensch begann ihnen prüfend ins Gesicht zu blicken. Er sah für gewöhnlich alle so prüfend an, wenn er sich bereit fand, ihnen nützlich zu sein; im entgegengesetzten Fall schickte er die Besucher zurück und – sagt man – sogar sehr unhöflich. Er fragte seine Besucher: ‚Was wünschen Sie, meine Herren?' – ‚So und so', antwortete Alexander Ignatjewitsch, ‚Ihre Gabe kann Ihnen das auch ohne unser Dazutun sagen.' – ‚Darf ich bitten', sagte er, ‚mir ins andere Zimmer zu folgen?' Hier bezeichnete er gerade denjenigen von den beiden, der ihn brauchte. Alexander Ignatjewitsch hat nicht erzählt, was später mit ihm vorgegangen ist, aber er kam bleich wie der Tod von dort zurück. Dasselbe widerfuhr einer vornehmen Dame der besten Gesellschaft: auch sie kam bleich wie der Tod, in Tränen aufgelöst und voller Staunen über seine Prophezeiung und seine Beredsamkeit, von ihm heraus.«

»Seltsam. Und jetzt beschäftigt er sich nicht mehr damit?«

»Es ist auf das strengste verboten. Es gab da ganz wunderbare Beispiele. Ein junger Kornett, die Blüte und Hoffnung einer hochgestellten Familie, sah ihn an und lächelte. ‚Warum lachst du?' fragte der Greis erzürnt, ‚in drei Tagen wirst du selber so sein!' und er legte die Arme übers Kreuz, durch diese Bewegung einen Toten darstellend.«

»Nun?«

»Ich wage nicht, es zu glauben, aber es heißt, daß die Prophezeiung eintraf. Er besitzt diese Gabe, Wasilij Michailowitsch ... Sie belieben, über meine harmlose Erzählung zu lächeln. Ich weiß, daß Sie mir in der Aufklärung weit voraus sind; aber ich glaube ihm: er ist kein Scharlatan. Puschkin selbst erwähnt etwas Ähnliches in seinen Werken.«

»Hm! Ich will Ihnen nicht widersprechen. Mir scheint, Sie sagten, er lebe nicht allein?«

»Ich weiß nicht, ich glaube ... seine Tochter ist bei ihm.«

»Seine Tochter?«

»Ja, oder vielleicht seine Frau; ich weiß, daß irgendeine Frau mit ihm lebt. Ich sah sie flüchtig und habe ihr keine Aufmerksamkeit geschenkt.«

»Hm! Seltsam ...«

Der junge Mann versank in Nachdenken, Jaroslaw Iljitsch in zärtliche Betrachtungen. Er war gerührt, weil er seinen alten Freund wiedersah und weil er seine interessante Geschichte so befriedigend erzählt hatte. Er saß da, ohne die Augen von Wasilij Michailowitsch zu wenden, und rauchte seine Pfeife; mit einemmal aber sprang er auf und lief unruhig hin und her.

»Die Stunde ist um, und ich habe es vergessen! Liebster Wasilij Michailowitsch, ich danke meinem Schicksal noch einmal, daß es uns zusammengeführt hat, aber für mich wird es jetzt Zeit. Würden Sie mir gestatten, Sie in Ihrer gelehrten Behausung zu besuchen?«

»Machen Sie mir das Vergnügen, ich werde mich sehr freuen. Ich will Sie auch besuchen, wenn ich Zeit finde.«

»Darf ich der angenehmen Botschaft Glauben schenken? Sie werden mich verbinden, unsagbar verbinden! Sie glauben gar nicht, in welch ein Entzücken Sie mich versetzt haben!«

Sie verließen das Gasthaus. Sergejew kam ihnen bereits entgegengelaufen und meldete Jaroslaw Iljitsch hastig, daß William Emeljanowitsch vorbeizufahren geruhe. In der Tat erschienen in der Perspektive zwei flinke Pferde, die vor eine flotte Droschke gespannt waren. Besonders bemerkenswert was das außergewöhnliche Deichselpferd. Jaroslaw Iljitsch preßte die Hand seines besten Freundes wie in einem Schraubstock zusammen, griff an den Hut und lief der heranfliegenden Droschke entgegen. Unterwegs wandte er sich noch zweimal um und nickte Ordynow abschiednehmend zu.

Ordynow empfand eine solche Müdigkeit, eine solche Kraftlosigkeit in allen Gliedern, daß er die Beine kaum schleppen konnte. Irgendwie erreichte er seine Wohnung. Im Tor begegnete er wieder dem Hausknecht, der seinen Abschied von Jaroslaw Iljitsch aufmerksam beobachtet hatte und ihm schon von weitem allerlei einladende Zeichen machte. Doch der junge Mann ging an ihm vorüber. In der Wohnungstür stieß er mit einer kleinen grauen Gestalt zusammen, die mit zu Boden gesenkten Augen im Begriff stand, Murins Wohnung zu verlassen.

»Herrgott, verzeihe mir meine Sünden!« flüsterte das kleine Männlein, das mit der Elastizität eines Pfropfens zur Seite sprang.

»Habe ich Sie nicht gestoßen?«

»Nein, ich danke untertänigst für Ihre Aufmerksamkeit ... O Gott, o Gott!«

Das stille Menschlein begann behutsam die Treppe hinunterzusteigen, wobei es krächzte, stöhnte und etwas Erbauliches vor sich hinmurmelte. Es war der Hausbesitzer, vor dem der Hausknecht so erschrocken war. Ordynow erinnerte sich erst jetzt, daß er ihn zum erstenmal bei seinem Umzug hier bei Murin gesehen hatte.

Er fühlte, daß er gereizt und erschüttert war; er wußte, daß seine Phantasie und Eindrucksfähigkeit bis zum äußersten angespannt waren, und beschloß, sich selber nicht zu trauen. Nach und nach verfiel er in eine Art Erstarrung. Auf seine Brust legte sich ein schweres, drückendes Gefühl. Sein

Herz tat ihm weh, als ob es ganz von Wunden zerrissen wäre, und die ganze Seele war von dumpfen, nie versiegenden Tränen erfüllt.

Er sank wieder auf das Bett nieder, das sie ihm zurechtgemacht hatte, und begann von neuem zu lauschen. Er hörte zweierlei Atemzüge: einen schweren, krankhaften, abgerissenen und einen leisen, aber ungleichen und gewissermaßen erregten, als ob dort ein Herz in ein und demselben Streben und in ein und derselben Leidenschaft schlüge. Er hörte zuweilen das Knistern ihres Kleides, das leichte Geräusch ihrer leisen, weichen Schritte, und selbst dieses leise Geräusch ihres Fußes hallte als dumpfer, qualvoll süßer Schmerz in seinem Herzen wider. Schließlich glaubte er Schluchzen zu hören, einen unruhigen Seufzer und endlich wieder ihr Gebet. Er wußte, daß sie vor dem Heiligenbild kniete und die Hände in rasender Verzweiflung rang ... Wer ist sie denn? Für wen bittet sie? Welch ausweglose Leidenschaft verwirrt ihr Herz? Warum tut es so weh und härmt es sich und ergießt sich in so heißen, hoffnungslosen Tränen?

Er rief sich ihre Worte ins Gedächtnis zurück. Alles, was sie ihm gesagt hatte, tönte noch wie Musik in seinen Ohren, und sein Herz antwortete liebevoll mit dumpfen schweren Schlägen auf jede Erinnerung, auf jedes ihrer andächtig wiederholten Worte ... Einen Augenblick lang fuhr es ihm durch den Sinn, daß er dies alles nur im Traum gesehen hatte. Aber im selben Augenblick schwand sein ganzes Sein in einem ohnmächtigen Gram dahin, als der Eindruck ihres heißen Atems, ihrer Worte, ihres Kusses sich seiner Vorstellungskraft von neuem einprägten. Er schloß die Augen und schlummerte ein. Irgendwo schlug eine Uhr; es war spät geworden, die Dämmerung brach herein.

Plötzlich war ihm, als beugte sie sich wieder über ihn, als blickte sie ihm ins Antlitz mit ihren wunderbar klaren Augen, die von den funkelnden Tränen einer ungetrübten, hellen Freude feucht waren, still und klar wie die türkisblaue unendliche Himmelskuppel an einem heißen Tag. In einer solchen feierlichen Ruhe strahlte ihr Gesicht, in einer solchen Verheißung endloser Seligkeit leuchtete ihr Lächeln, in einem solchen Mitgefühl, in einem solchen kindlichen Entzücken neigte sie sich auf seine Schulter, daß sich seiner entkräfteten Brust ein Stöhnen der Freude entrang. Sie wollte ihm etwas sagen; sie vertraute ihm freundschaftlich etwas an. Wieder schien eine herzzerreißende Musik sein Gehör zu betäuben. Er sog gierig die von ihrem nahen Atem erwärmte, elektrisierte Luft ein. Er streckte sehnsüchtig die Arme aus, seufzte, öffnete die Augen . . . Sie stand vor ihm, über sein Gesicht gebeugt, wie vor Schrecken erblaßt, in Tränen aufgelöst, und zitterte vor Erregung. Sie sagte etwas zu ihm, flehte ihn um etwas an und rang und wand ihre halbentblößten Arme. Er umwand sie in seinen Umarmungen, sie erbebte an seiner Brust . . .

Zweiter Teil

1

»Was hast du? Was ist dir?« fragte Ordynow, als er völlig zu sich gekommen war, sie aber noch immer in seiner starken und heißen Umarmung an sich preßte. »Was ist dir, Katerina? Was ist dir, meine Liebste?«

Sie schluchzte leise, schlug die Augen nieder und verbarg ihr glühendes Gesicht an seiner Brust. Sie konnte noch lange nicht reden und zitterte wie vor Schreck.

»Ich weiß nicht, ich weiß nicht«, begann sie endlich atemlos, stockend, mit kaum vernehmlicher Stimme und vermochte die Worte kaum auszusprechen, »ich kann mich nicht besinnen, wie ich zu dir hereingekommen bin . . .« Sie schmiegte sich noch enger, mit noch größerer Heftigkeit an ihn und küßte ihm mit unbezwingbarer, krampfhafter Leidenschaft die Schultern, die Hände, die Brust; endlich schlug sie wie in Verzweiflung die Hände vor das Gesicht, fiel auf die Knie und barg ihren Kopf in seinen Schoß. Als Ordynow in unaussprechlicher Seelenangst sie ungeduldig aufhob und neben sich setzte, entbrannte Schamröte auf ihrem ganzen Gesicht, ihre Augen flehten um Gnade, und das sich mühsam auf die Lippen stehlende Lächeln vermochte die unbändige Gewalt einer neuen Empfindung kaum niederzuzwingen. Sie schien jetzt von neuem über etwas erschrocken zu sein, stieß ihn mißtrauisch von sich, sah ihn kaum an und antwortete ängstlich und flüsternd mit gesenktem Kopf auf seine hastigen Fragen.

»Du hast vielleicht einen bösen Traum gehabt«, sprach Ordynow, »vielleicht ist dir etwas im Traum erschienen . . .

Ja? vielleicht hat er dich erschreckt? ... Er phantasiert und ist nicht bei Sinnen. Vielleicht hat er etwas gesagt, was du nicht hören solltest? ... Hast du etwas gehört? Ja?«

»Nein, ich habe nicht geschlafen«, antwortete Katerina und zwang ihre Erregung gewaltsam nieder. »Der Schlaf ist nicht zu mir gekommen. Er schwieg die ganze Zeit und rief mich nur einmal zu sich. Ich ging zu ihm, rief ihn an, sprach zu ihm; mir wurde unheimlich; er wachte nicht auf und hörte mich nicht. Er ist schwer krank, Gott helfe ihm! Da wurde mein Herz von Kummer befallen, von bitterem Kummer! Ich betete und betete, und da kam das eben über mich.«

»Genug, Katerina, genug, mein Leben, genug. Das ist noch der Schrecken von gestern ...«

»Nein, ich war gestern nicht erschrocken!«

»Überkommt dich das zuweilen?«

»Ja, das kommt vor.« Und sie zitterte am ganzen Leib und schmiegte sich wieder ängstlich an ihn wie ein Kind. »Siehst du«, sagte sie, ihr Schluchzen unterbrechend, »ich bin nicht umsonst zu dir gekommen, nicht umsonst fiel es mir schwer, allein zu bleiben«, wiederholte sie und drückte dankbar seine Hände. »Genug denn, vergieße keine Tränen mehr über fremdes Leid! Spare sie dir auf bis zu dem dunklen Tag, wenn es dir selbst, dem Einsamen, schwer ums Herz sein und niemand bei dir sein wird! ... Höre, hast du ein Liebchen gehabt?«

»Nein ... ich kannte vor dir keine einzige ...«

»Vor mir? ... nennst du mich dein Liebchen?«

Sie sah ihn plötzlich wie erstaunt an, wollte etwas sagen; doch dann wurde sie ruhig und schlug die Augen nieder. Allmählich wurde ihr Gesicht wieder von einer plötzlich entbrannten Röte übergossen; ihre Augen leuchteten heller durch die vergossenen, an den Wimpern noch nicht getrockneten Tränen, und er sah, daß ihr eine Frage auf den Lippen zitterte. Sie blickte ihn zweimal mit schelmischer Verschämtheit an und schlug dann plötzlich die Augen wieder zu Boden.

»Nein, nicht mir ist's beschieden, dein erstes Liebchen zu sein«, sagte sie. »Nein, nein«, wiederholte sie, den Kopf schüttelnd und versank in Nachdenken, während ein Lächeln sich wieder leise in ihr Antlitz stahl. »Nein«, sagte sie endlich lachend, »nicht ich werde dein Liebchen sein, mein Guter.«

Sie sah ihn an, und plötzlich drückte ihr Gesicht so viel Wehmut aus, eine so trostlose Trauer erschütterte mit einemmal alle ihre Züge, die Verzweiflung quoll so unerwartet aus ihrem Herzen hervor, daß Ordynows Geist von einem unbegreiflichen, krankhaften Gefühl des Mitleids mit einem unbekannten Schmerz ergriffen wurde und er sie mit unaussprechlicher Qual ansah.

»Höre, was ich dir sagen werde«, sprach sie mit herzerschütternder Stimme, drückte seine Finger zwischen den ihren und versuchte ihr Schluchzen gewaltsam zu unterdrücken. »Höre mir gut zu, meine Freude. Bezähme dein Herz und liebe mich nicht so, wie du mich jetzt liebst. Es wird dir leichter zumute sein, dein Herz wird leichter und freudiger werden, und du wirst dich vor einem grausamen Feind bewahren und eine liebe Schwester gewinnen. Ich werde zu dir kommen, wenn du willst, ich werde dich liebkosen und mich nicht schämen, daß ich dir nähergetreten bin. Ich war doch zwei Tage lang bei dir, als du schwerkrank darniederlagst! Erkenne deine Schwester! Wir haben uns nicht umsonst verbrüdert, nicht umsonst habe ich unter Tränen für dich zur Mutter Gottes gebetet! Du findest keine zweite solche! Du magst die ganze Welt durchwandern, den ganzen Erdkreis erkennen – du findest keine zweite solche Geliebte, falls dein Herz nach einer Geliebten verlangt. Ich will dich heiß lieben, immer so lieben wie jetzt und darum lieben, weil deine Seele rein und licht und ganz durchsichtig ist; weil ich, als ich dich zum erstenmal sah, sofort erkannte, daß du meines Hauses Gast bist, ein erwünschter Gast, und daß du dich uns nicht umsonst aufgedrängt hast; ich will dich lieben, weil deine Augen, wenn du einen ansiehst, Liebe spenden und von deinem Herzen künden, und wenn sie etwas sagen, so weiß ich gleich alles, was du auf dem Herzen hast, und deshalb möchte ich dir mein Leben für deine Liebe hingeben, meine Freiheit, weil es süß ist, selbst als Sklavin dem anzugehören, dessen Herz man gefunden hat ... Allein mein Leben ist nicht mein eigen, sondern in fremder Hand, und mein Wille ist gebunden! So nimm mich denn als Schwester hin, und sei selbst mein Bruder, und schließe mich in dein Herz, wenn Gram und böse Krankheit mich wieder befallen! Nur mußt du es so machen, daß ich mich nicht zu schämen brauche, zu dir zu kommen und mit dir eine lange Nacht zu verbringen, wie jetzt eben. Hast du mich gehört? Hast du mir dein Herz erschlossen? Hat dein Verstand erfaßt, wovon ich zu dir sprach?«

Sie wollte noch etwas sagen, blickte zu ihm auf, legte ihm die Hand auf die Schulter und sank endlich kraftlos an seine Brust. Ihre Stimme erstarb in einem krampfartigen, leidenschaftlichen Schluchzen, ihr Busen wogte, und ihr Gesicht flammte auf wie die Abendröte.

»Du mein Leben!« flüsterte Ordynow; sein Blick trübte sich, und sein Atem stockte. »Du meine Wonne!« sagte er, ohne sich seiner eigenen Reden bewußt zu sein, ohne sich selbst zu verstehen, zitternd vor Angst, daß ein einziger Hauch den Zauber zerstören könnte, alles zerstören, was mit ihm vorgegangen und was er eher für eine Vision als für Wirklichkeit hielt; so nebelhaft erschien ihm alles! »Ich kenne, ich verstehe dich nicht, ich entsinne mich nicht dessen, was du mir jetzt alles gesagt hast, mein Verstand verfinstert sich, das Herz tut mir weh in der Brust, du meine Herrscherin! ...«

Seine Stimme stockte wieder vor Erregung. Sie schmiegte sich immer fester, immer enger, immer heißer an ihn. Er erhob sich von seinem Platz und fiel, seiner nicht mehr Herr, zerschlagen, kraftlos vor Entzücken auf die Knie. Seiner Brust entrang sich endlich unter Schmerzen ein krampfhaftes Schluchzen, und die Stimme, die unmittelbar aus dem Herzen kam, erzitterte wie eine Saite von der Fülle einer nie geahnten Begeisterung und Glückseligkeit.

»Wer bist du, wer bist du, meine Liebste? Woher kommst du, mein Täubchen?« sagte er, sein Schluchzen gewaltsam unterdrückend, »aus welchen himmlischen Gefilden bist du in meinen Himmel geflogen? Mir ist, als ob ein Traum mich umfinge; ich kann nicht an dich glauben. Mach mir keinen Vorwurf ... laß mich aussprechen, laß mich dir alles, alles sagen ... Ich wollte schon längst sprechen ... Wer bist du, wer bist du, meine Freude? ... Wie hast du mein Herz gefunden? Erzähle es mir; bist du schon lange mein Schwesterchen? ... Erzähle mir alles von dir, wo du jetzt gewesen bist – erzähle, wie der Ort hieß, wo du lebtest, was du dort zuerst liebgewannst, worüber du dich freutest und wonach du dich sehntest ... War die Luft dort warm, der Himmel rein? ... Wer war dir dort lieb, wer waren sie, die dich vor mir geliebt haben, zu wem hat dich deine Seele zuerst hingezogen? ... Hattest du eine Mutter, und hat sie dich als Kind liebkost, oder hast du dich gleich mir einsam nach dem Leben gesehnt? Sprich, warst du immer so, wie du jetzt bist? Was träumte dir, worüber hast du das Schicksal befragt, was hat sich erfüllt und was nicht – sag alles . . . Wer war der erste, um den dein jungfräuliches Herz litt, und wofür gabst du es hin? Sprich, was soll ich dir für dein Herz geben, was soll ich dir für dich geben? . . . Sage mir, mein Liebchen, meine Welt, mein Schwesterchen, sage mir, womit soll ich mir dein Herz verdienen?«

Seine Stimme versagte abermals, und er senkte den Kopf. Aber als er die Augen hob, ließ ein stummes Entsetzen sein ganzes Wesen mit einemmal zu Eis erstarren, und seine Haare sträubten sich.

Katerina saß da, bleich wie Leinwand. Sie schaute in die Luft, ihre Lippen waren blau wie bei einer Toten und die Augen von einem stummen, qualvollen Leid verdunkelt. Sie stand langsam auf, ging zwei Schritte vorwärts und fiel mit einem durchdringenden Schluchzen vor dem Heiligenbild nieder ... Abgerissene, unklare Worte entrangen sich ihrer Brust ... Sie verlor die Besinnung. Ordynow, vor Schreck bis ins Innerste erschüttert, hob sie auf und trug sie auf sein Bett; er stand über sie gebeugt da, ohne sich seiner selbst bewußt zu sein. Nach einer Minute öffnete sie die Augen, setzte sich im Bett auf, blickte um sich und ergriff seine Hand. Sie zog ihn an sich, bemühte sich, mit den noch immer blassen Lippen etwas zu flüstern, aber die Stimme versagte ihr immer noch den Dienst. Endlich brach sie in einen Strom von Tränen aus; die heißen Tropfen brannten wie Feuer auf Ordynows erkalteter Hand.

»Schwer, schwer ist mir ums Herz; meine letzte Stunde naht!« stammelte sie endlich, in aussichtsloser Qual wehklagend.

Sie bemühte sich, noch etwas zu sagen, aber ihre versteinerte Zunge konnte kein Wort hervorbringen. Sie sah Ordynow, der sie nicht verstand, verzweifelt an. Er neigte sich näher zu ihr und lauschte ... Endlich vernahm er ihre deutlich geflüsterten Worte: »Ich bin behext, man hat mich behext, man hat mich zugrunde gerichtet.«

Ordynow hob den Kopf und sah sie mit wilder Bestürzung an. Ein widerwärtiger Gedanke fuhr ihm durch den Sinn. Katerina sah, wie sich sein Gesicht krampfhaft und schmerzlich zusammenzog.

»Ja! behext«, fuhr sie fort, »mich hat ein böser Mensch behext – er ist mein Verderber! ... Ich habe ihm meine Seele verkauft ... Warum, warum hast du meine Mutter genannt? Warum mußt du mich quälen? Gott, Gott wird dein Richter sein!«

Einen Augenblick später begann sie zu weinen; Ordynows Herz schlug und schmerzte in tödlichem Gram.

»Er sagt«, flüsterte sie mit verhaltener, geheimnisvoller Stimme, »daß er nach seinem Tod meine sündige Seele holen wird ... Ich bin sein, ich habe ihm meine Seele verkauft ... Er hat mich gequält, hat mir aus Büchern vorgelesen ... Da, sieh, sieh sein Buch! Hier ist sein Buch. Er sagt, daß ich eine Todsünde begangen hätte ... Sieh nur, sieh ...«

Und sie zeigte ihm ein Buch; Ordynow hatte nicht bemerkt, wo es hergekommen war. Er nahm es mechanisch entgegen; es war mit der Hand geschrieben wie die alten Raskolniki-Bücher, die er früher einmal gesehen hatte. Aber jetzt war er außerstande, etwas anzusehen oder seine Aufmerksamkeit auf irgend etwas anderes zu richten. Das Buch entfiel seinen Händen. Er umarmte Katerina sanft und versuchte, sie wieder zur Vernunft zu bringen.

»Genug, genug!« sagte er, »man hat dich erschreckt; ich bin bei dir; ruh bei mir aus, meine Teure, meine Liebe, meine Welt!«

»Du weißt nichts, gar nichts«, sagte sie, seine Hände fest zusammenpressend. »Ich bin immer so! ... Ich fürchte mich immer ... Laß es gut sein, quäle mich nicht mehr!«

»Ich gehe dann zu ihm«, begann sie nach einer Minute wieder und schöpfte Atem. »Manchmal bespricht er mich einfach mit seinen Worten, ein andermal nimmt er sein Buch, das allergrößte, und liest mir daraus vor. Er liest immer so grausame, harte Dinge! Ich weiß nicht, was es ist, und verstehe auch nicht jedes Wort; aber mich packt das Grauen, und wenn ich dann auf seine Stimme horche, so ist es, als spräche nicht er, sondern irgendein anderer, ein Böser, den man durch nichts erweichen, durch keine Bitten bewegen kann, und mir wird das Herz so schwer, so schwer, es brennt ... Es ist dann schlimmer, als wenn die Seelenangst beginnt!«

»Geh nicht mehr zu ihm! Warum gehst du denn zu ihm?« fragte Ordynow, der sich seiner Worte kaum bewußt war.

»Warum bin ich zu dir gekommen? Frage – ich weiß auch das nicht ... Aber er sagt mir immer: Bete, bete! Manchmal stehe ich in der finsteren Nacht auf und bete lange, stundenlang; der Schlaf will mich oft übermannen, aber die Angst weckt mich auf, weckt mich immer wieder, und dann scheint es mir immer, daß sich ein Gewitter um mich herum zusammenbraut, daß es mir schlecht gehen muß, daß mich die Bösen zerreißen und zu Tode quälen werden, daß die Heiligen keine Gnade mit mir haben und mich nicht vor dem grausamen Leid retten werden. Die ganze Seele will es mir zerreißen, es ist, als ob der ganze Körper sich in Tränen auflösen wollte ... Da fange ich wieder an zu beten, zu beten, und ich bete so lange, bis die Himmelskönigin auf der Ikone liebevoll auf mich herniederblickt. Dann stehe ich auf und gehe schlafen wie eine Zerschlagene; manchmal schlafe ich auf dem Fußboden ein, auf den Knien vor der Ikone. Dann wacht er mitunter auf, ruft mich zu sich, liebkost, streichelt, tröstet mich, und mir wird leichter zumute, und ich fürchte mich nicht mehr; mag kommen, was da will. Er ist mächtig! Sein Wort ist gewaltig!«

»Aber welch ein Unheil, welch ein Unheil schwebt über dir?« Und Ordynow rang die Hände in Verzweiflung.

Katerina wurde leichenblaß. Sie schaute ihn wie eine zum Tode Verurteilte an, die auf keine Begnadigung hofft.

»Über mir? ... Ich bin eine verfluchte Tochter, eine Seelenmörderin; meine Mutter hat mich verflucht! Ich habe meine leibliche Mutter umgebracht!«

Ordynow umarmte sie wortlos. Sie schmiegte sich zitternd an ihn. Er fühlte, wie ein krampfhaftes Zittern über ihren ganzen Körper lief; es war, als wollte sich ihre Seele von ihrem Leib trennen.

»Ich habe sie in die feuchte Erde eingegraben«, sagte sie, ganz im Banne ihrer unruhevollen Erinnerungen und der Bilder aus der nicht gutzumachenden Vergangenheit, »ich wollte schon längst sprechen, er hat es mir immer verboten, mit Bitten, mit Vorwürfen, mit harten Worten, aber zuweilen weckt er selber mein Leid in mir, als ob er mein Feind und Widersacher wäre. Aber mir kommt alles – wie auch jetzt –, alles kommt mir wieder in den Sinn ... Höre, höre mir zu! Das ist schon lange her, sehr lange, und ich erinnere mich nicht, wann es war, aber es steht noch vor mir, als ob es gestern geschehen wäre, wie der gestrige Traum, der die ganze Nacht an meinem Herzen gesogen hat. Kummer läßt die Zeit doppelt lang erscheinen. Komm, setz dich neben mich; ich will dir mein ganzes Leid erzählen; zerschmettere mich, die Verfluchte, durch der Mutter Fluch ... Ich liefere dir mein Leben aus ...«

Ordynow wollte sie zurückhalten, doch sie faltete die Hände, als ob sie seine Liebe um Aufmerksamkeit anflehte, und begann von neuem mit noch größerer Unruhe zu sprechen. Ihre Erzählung war zusammenhanglos, in ihren Worten klang der Sturm ihrer Seele wider, aber Ordynow verstand alles, weil ihr Leben sein Leben geworden war, ihr Leid sein Leid und weil sein Feind bereits offen vor ihm stand, sich in jedem ihrer Worte vor seinen Augen verkörperte und wuchs, mit einer schier unerschöpflichen Kraft auf sein Herz zu drücken schien und seines Zornes spottete. Sein Blut wogte, überflutete sein Herz und verwirrte seine Gedanken. Der böse Alte aus seinen Träumen (Ordynow glaubte fest daran) stand deutlich vor ihm.

»Es war eine Nacht wie heute«, begann Katerina, »nur noch grausiger, und der Wind heulte in unserem Wald, wie ich es noch nie vernommen hatte ... oder weil in dieser Nacht mein Verderben bereits begann! Unter unserm Fenster brach eine Eiche zusammen, aber zu uns kam ein alter, weißhaariger Greis, ein Bettler, und er sagte, daß er diese Eiche schon als Kind gekannt habe und daß sie schon damals so gewesen sei wie jetzt, wo der Wind sie übermannt hatte ... In derselben Nacht – ich weiß es noch wie heute! – zertrümmerte der Sturm meinem Vater die Barken auf dem Fluß, und krank wie er war, fuhr er dorthin, als die Fischer mit der Meldung zu uns in die Fabrik gelaufen kamen. Ich saß mit der Mutter allein zu Hause, ich schlummerte, sie härmte sich wegen irgend etwas und weinte bitterlich ... ja, ich wußte warum! Sie war vor kurzem krank gewesen, war blaß und sagte mir immerfort, ich solle ihr das Totenhemd bereiten ... Plötzlich hörten wir um Mitternacht ans Tor klopfen; ich sprang auf, das Blut strömte mir zum Herzen; die Mutter schrie auf ... Ich sah sie nicht an, ich fürchtete mich, ich nahm die Laterne und ging selbst, das Tor aufzusperren ... Das war *er*! Mir wurde bange, weil mir immer bange wurde, wenn er kam, und das war schon seit meiner Kindheit so, seitdem das Bewußtsein in mir wach geworden! Damals hatte er noch keine weißen Haare, sein Bart war schwarz wie Pech, die Augen glühten wie Kohlen, und bis dahin hatte er mich noch nie zärtlich angesehen. Er fragte: ‚Ist die Mutter zu Hause?' Ich schloß die Pforte und antwortete ihm, daß der Vater nicht zu Hause sei. Er sagte: ‚Das weiß ich', und plötzlich sah er mich an, sah mich so an ... zum erstenmal sah er mich so an. Ich ging weiter, er blieb stehen. ‚Warum gehst du nicht?' – ‚Ich denke nach.' Wir betraten das Zimmer. ‚Warum sagst du, der Vater sei nicht zu Hause, wenn ich frage, ob die Mutter zu Hause sei?' Ich schwieg ... Meine Mutter war starr – dann stürzte sie zu ihm hin ... Er blickte kaum auf – ich sah alles. Er war ganz naß, durchgefroren; der Sturm hatte ihn zwanzig Werst weit gejagt – aber woher er kam und wo er sich aufhielt, das habe weder ich noch die Mutter jemals gewußt; wir hatten ihn schon neun Wochen lang nicht gesehen ... Er warf seine Mütze hin, zog die Handschuhe aus – er betete weder vor den Heiligenbildern, noch grüßte er uns Hauswirte – und setzte sich ans Feuer ...«

Katerina fuhr sich mit der Hand über das Gesicht, als bedrückte und hemmte sie etwas, nach einer Minute jedoch hob sie den Kopf wieder und begann von neuem.

»Er fing an, mit der Mutter tatarisch zu sprechen. Meine Mutter konnte es, ich verstand kein Wort. Früher hatte man mich fortgeschickt, wenn er kam; aber jetzt wagte die Mutter ihrem leiblichen Kind kein Wort zu sagen. Der Böse hatte meine Seele gekauft, und ich blickte prahlerisch die Mutter an. Ich sah, daß sie mich betrachteten, von mir redeten; sie fing an zu weinen; da sah ich, wie er nach seinem Messer griff, aber es war nicht das erstemal, daß er in meiner Gegenwart zum Messer griff, wenn er mit der Mutter sprach. Ich stand auf und faßte ihn am Gürtel, ich wollte ihm sein unreines Messer entreißen. Er knirschte mit den Zähnen, schrie auf und wollte mich zurückstoßen. Er traf mich in die Brust, aber er konnte mich nicht wegstoßen. Ich glaubte, auf der Stelle sterben zu müssen, es wurde mir dunkel vor den Augen, ich fiel zu Boden – aber ich schrie nicht auf. Ich hatte noch so viel Kraft, um zu sehen, wie er seinen Gürtel abnahm, den Ärmel an der Hand hochstreifte, mit der er mich geschlagen hatte, sein Messer herausnahm und mir reichte: ‚Da, nimm es, schneide sie weg, halte dich schadlos an ihr, in dem Maße, wie ich dich beleidigt habe, und ich, der Stolze, will mich dafür bis zur Erde vor dir verneigen.' Ich legte das Messer weg; das Blut drohte mich zu ersticken, ich schaute ihn nicht an. Ich erinnere mich, daß ich lächelte, ohne die Lippen zu öffnen, und ich blickte meiner Mutter gerade in die traurigen Augen. Ich sah sie drohend an, und das schamlose Lachen wich nicht von meinen Lippen; aber meine Mutter saß da, blaß, halb tot ...«

Ordynow hörte mit angestrengter Aufmerksamkeit ihrer unzusammenhängenden Erzählung zu. Allmählich legte sich ihre Erregung; ihre Rede wurde ruhiger; die Erinnerungen hatten das arme Weib ganz mit sich fortgerissen und schaukelten ihr Leid auf ihrem uferlosen Meer.

»Er nahm seine Mütze, ohne zu grüßen. Ich griff wieder nach der Laterne, um ihn an Stelle der Mutter zu begleiten, die ihm, trotz ihrer Krankheit, folgen wollte. Wir kamen bis an das Tor, ich schwieg, öffnete ihm das Pförtchen, jagte die Hunde weg. Da sehe ich: er nimmt die Mütze ab und verneigt sich vor mir. Ich sehe, wie er vorn aus seinem Rock ein rotes Saffiankästchen herausnimmt und das Schloß öffnet; da liegen echte Perlen – mir zum Geschenk. ‚Ich kenne in der Vorstadt eine Schöne', sagt er, ‚ihr wollte ich sie zum Geschenk machen. Ich habe sie aber nicht zu ihr gebracht. Nimm sie, schönes Mädchen, pflege deine Schönheit, zertritt sie meinetwegen mit dem Fuß, aber nimm sie.' Ich nahm sie, aber ich wollte sie nicht mit dem Fuß zertreten, soviel Ehre wollte ich ihm nicht antun, sondern ich nahm sie voller Bosheit und Tücke, sagte aber kein Wort, weshalb ich sie nahm. Ich ging ins Haus und stellte sie auf den Tisch vor die Mutter hin – deswegen hatte ich sie auch genommen. Die Mutter schwieg eine Weile, weiß wie ein Tuch, als hätte sie Angst, mit mir zu sprechen. ‚Was ist das, Katja?' Ich aber antwortete ihr: ‚Das hat der Kaufmann für dich mitgebracht, Mutter, ich weiß nichts.' Ich sah, wie ihr die Tränen kamen, der Atem versagte. ‚Nicht für mich, Katja, nicht für mich, böse Tochter, nicht für mich.' Ich entsinne mich, wie bitter sie das sagte, so bitter, als hätte sie ihre ganze Seele herausgeweint. Ich hob die Augen, wollte mich ihr zu Füßen werfen, doch da flüsterte der Böse mir plötzlich zu: ‚Nun, wenn sie nicht für dich sind, so wahrscheinlich für den Vater; ihm will ich sie geben, wenn er zurückkommt. Ich werde sagen: Kaufleute sind hier gewesen, haben ihre Ware vergessen ...' Da brach sie plötzlich in Tränen aus ... ‚Ich sage es ihm selbst, was für Kaufleute hier waren und welche Ware sie holen wollten ... Ich werde ihm sagen, wessen Tochter du bist, du Gottlose! Du bist jetzt nicht mehr meine Tochter, du bist eine falsche Schlange! Du bist mein verfluchtes Kind!' Ich schwieg, es wollten mir keine Tränen kommen ... Ach! es war, als ob alles in mir gestorben wäre ... Ich ging in mein Zimmer und horchte die ganze Nacht auf den Sturm und legte mir beim Sturmgeheul meine Gedanken zurecht.

So gingen fünf Tage dahin. Nach fünf Tagen, gegen Abend, kehrte der Vater heim, finster und böse, die Krankheit hatte ihn unterwegs niedergeworfen. Ich sah, daß seine Hand verbunden war, und begriff, daß der Feind seinen Weg gekreuzt hatte; der Feind hatte seine Kraft erschöpft und die Krankheit über ihn geschickt. Ich wußte auch, wer sein Feind war, ich wußte alles. Er sprach kein Wort mit der Mutter, fragte nicht nach mir, rief alle Leute zusammen, befahl, die Fabrik stillzulegen und das Haus vor dem bösen Blick zu bewahren. Mein Herz fühlte sofort, daß es bei uns im Hause nicht gut stand. Wir warteten, die Nacht brach an, auch eine stürmische Nacht, und Unruhe befiel meine Seele. Ich öffnete das Fenster – mein Gesicht brannte, die Augen weinten, das unruhige Herz glühte. Ich selbst war wie im Feuer: es zog mich fort aus meiner Kammer, weit fort, an das Ende der Welt, wo Blitz und Sturm geboren werden. Meine jungfräuliche Brust wogte auf und ab ... plötzlich, es war schon spät – ich mochte eingeschlummert sein oder ein Nebel hatte sich mir auf die Seele gesenkt und sie mit einemmal verwirrt –, höre ich an mein Fenster klopfen: ‚Mach auf!‘ Ich sehe, wie ein Mensch an einem Strick zu meinem Fenster heraufsteigt. Ich erkannte sofort, wer der Gast war, öffnete das Fenster und ließ ihn in meine einsame Kammer herein. Das war *er*! Er nahm die Mütze nicht ab, setzte sich auf die Bank, war ganz atemlos, als ob man ihn verfolgt hätte. Ich stellte mich in die Ecke und fühlte, daß ich ganz blaß wurde. ‚Ist der Vater zu Hause?‘ – ‚Ja.‘ – ‚Und die Mutter?‘ – ‚Die Mutter ist auch zu Hause.‘ – ‚Schweig jetzt; hörst du etwas?‘ – ‚Ja.‘ – ‚Was?‘ – ‚Einen Pfiff unter dem Fenster!‘ – ‚Nun, willst du, schöne Jungfrau, jetzt des Feindes Haupt gewinnen, den Vater herbeirufen und meine Seele verderben? Ich will mich deinem Mädchenwillen nicht entziehen; hier ist auch ein Strick, binde mich, wenn dein Herz dir befiehlt, für die Kränkung Genugtuung zu verlangen.‘ Ich schwieg. ‚Wie steht's? Sag ein Wort, du meine Freude.‘ – ‚Was willst du?‘ – ‚Ich will einen Feind aus der Welt schaffen, eine alte Geliebte glücklich loswerden und eine junge, neue, wie du es bist, schönes Mädchen, von Herzen begrüßen ...‘ Ich fing an zu lachen; ich weiß selbst nicht, wie seine unreine Rede mir bis ins Herz dringen konnte. ‚So laß mich denn, schönes Mädchen, hinuntergehen, meinem Herzen Luft machen, den Wirten einen Gruß entbieten.‘ Ich zitterte am ganzen Leib, die Zähne schlugen mir aufeinander, aber das Herz war wie glühendes Eisen. Ich ging, machte ihm die Tür auf, ließ ihn in das Haus ein, murmelte nur auf der Schwelle, meine ganze Kraft zusammenraffend: ‚Da! Nimm deine Perlen, und bringe mir niemals wieder ein Geschenk!‘ Und ich warf ihm das Kästchen nach.«

Katerina hielt inne, um Atem zu schöpfen; bald schrak sie zusammen und wurde bleich wie Papier, bald stieg ihr das Blut wieder in den Kopf, und jetzt, da sie schwieg, brannten ihre Wangen wie Feuer, die Augen blitzten durch die Tränen, und ein schwerer, stockender Atem bewegte ihren Busen. Doch plötzlich erblaßte sie von neuem, ihre Stimme senkte sich und zitterte unruhevoll und traurig.

»Dann war ich allein, und mir war, als würde ich vom Sturm geschüttelt. Plötzlich höre ich Geschrei, auf dem Hof laufen Leute nach der Fabrik, man ruft: ‚Die Fabrik brennt.‘ Ich versteckte mich, alle liefen aus dem Haus; ich blieb mit der Mutter allein zurück. Ich wußte, daß sie vom Leben Abschied nahm und den dritten Tag auf dem Sterbebett lag, ich wußte es, ich verfluchte Tochter! ... Da hörte ich unter meiner Kammer einen Schrei, einen schwachen Schrei, wie ihn ein Kind ausstößt, das im Traum erschrickt, und dann wurde es ganz still. Ich löschte das Licht, erstarrte zu Eis, verbarg mein Gesicht in den Händen, fürchtete um mich zu blicken. Plötzlich hörte ich Geschrei in meiner Nähe – die Leute kamen von der Fabrik zurückgelaufen. Ich hängte mich zum Fenster hinaus: da sehe ich, wie sie meinen Vater tot heimbringen, ich höre, wie sie untereinander sprechen: ‚Er ist fehlgetreten, ist von der Leiter in den glühenden Kessel gefallen; der Böse hat ihn wohl hineingestoßen.‘ Ich fiel auf das Bett, wartete, selbst ganz erstarrt, und wußte nicht, worauf und auf wen ich wartete; aber schwer war mein Herz in dieser Stunde. Ich weiß nicht mehr, wie lange ich wartete; ich weiß nur, daß ich plötzlich schwankte, mein Kopf wurde schwer, der Rauch biß mir die Augen aus; und ich freute mich, daß mein Verderben nahe war! Plötzlich spürte ich, wie mich jemand an den Schultern emporhob. Ich sah, soweit ich sehen konnte: er stand vor mir, ganz versengt, und sein Kaftan, der sich ganz heiß anfühlte, rauchte.

‚Ich bin dich holen gekommen, schönes Mädchen, entführe

mich aus dem Unheil, wie du mich vorher ins Unheil gelockt hast; ich habe meine Seele deinetwegen zugrunde gerichtet. Ich werde diese verfluchte Nacht niemals hinwegbeten! Es sei denn, wir beten zusammen!' Er lachte, der arge Mensch! ‚Zeige mir', sagte er, ‚wie ich von hier hinauskomme, ohne gesehen zu werden!' Ich nahm ihn an der Hand und zog ihn mit. Wir schritten durch den Gang – die Schlüssel hatte ich bei mir –, ich öffnete die Tür zur Vorratskammer und zeigte ihm das Fenster. Unser Fenster in den Garten. Er hob mich auf seine mächtigen Arme, umarmte mich und sprang mit mir aus dem Fenster. Wir liefen Hand in Hand, liefen lange. Da sahen wir einen dichten, dunklen Wald vor uns. Er horchte: ‚Die Verfolger sind hinter uns her, Katja! Die Verfolger sind hinter uns her, schönes Mädchen, doch nicht in dieser Stunde sollen wir unser Leben lassen! Küsse mich, meine Schöne; auf die Liebe und ein ewiges Glück.' – ‚Aber warum sind deine Hände voll Blut?' – ‚Meine Hände sind voll Blut, meine Teure? Ich habe eure Hunde geschlachtet, sie bellten zu sehr auf den späten Gast. Komm!' Wir liefen weiter; auf dem Pfad vor uns Väterchens Pferd! Es hatte die Zügel zerrissen und war aus dem Stall gelaufen; es wollte wohl nicht verbrennen! ‚Katja, setz dich zu mir! Unser Gott hat uns Hilfe gesandt!' Ich schwieg. ‚Oder willst du nicht? Ich bin doch kein Ungläubiger, nicht der Böse! Wenn du willst, werde ich mich bekreuzigen!' Und er machte das Kreuzzeichen. Ich setzte mich zu ihm aufs Pferd, schmiegte mich an ihn und vergaß an seiner Brust alles, als ob ein Schlaf mich befallen hätte; als ich zu mir kam, standen wir vor einem breiten, breiten Fluß. Er stieg ab, hob mich vom Pferd und ging in das Schilfrohr: dort hatte er sein Boot versteckt. Wir stiegen ein. ‚Nun, leb wohl, braves Roß, such dir einen neuen Herrn, die alten verlassen dich alle!' Ich stürzte zu Vaters Pferd hin und umarmte es heftig zum Abschied. Dann stiegen wir ein, er griff zu den Rudern, und im Nu waren die Ufer nicht mehr zu sehen. Und als das Ufer nicht mehr zu sehen war, legte er die Ruder hin und sah sich auf dem ganzen Wasser um.

‚Sei mir gegrüßt', murmelte er, ‚mein Mütterchen, mein stürmischer Fluß, du Tränke der Menschen Gottes und mein Ernährer! Sag mir, hast du all mein Gut gehütet in meiner Abwesenheit, sind meine Waren unversehrt?' Ich schwieg und schlug die Augen nieder: mein Gesicht brannte vor Scham wie Feuer. Er sprach weiter: ‚Und magst du mir alles genommen haben, Stürmische, Unersättliche, hättest du mir nur gelobt, meine kostbare Perle zu hüten und zu hätscheln! Laß nur ein Wörtchen fallen, schönes Mädchen, erstrahle als Sonne im Sturm, verjage die dunkle Nacht durch dein Licht!' Er sagte es und lächelte selbst darüber; sein Herz brannte nach mir, doch sein Lächeln wollte ich vor Scham nicht dulden; ich wollte ein Wort sagen, doch ich war zaghaft und schwieg. ‚Nun, mag's so sein!' antwortete er auf meine schüchternen Gedanken, sprach wie im Leid, als ob das Leid ihn selbst gepackt hätte. ‚Mit Gewalt kann man wohl nichts erreichen. Gott sei mit dir, du Stolze, mein Täubchen, schönstes Mädchen! Ich sehe, dein Haß gegen mich ist groß, oder ich erscheine deinen hellen Augen wenig liebenswert.' Ich hörte ihm zu, und Zorn packte mich, Zorn aus Liebe packte mich; ich bezwang mein Herz und murmelte: ‚Ob du mir lieb oder unlieb bist, das soll ich wohl selbst nicht wissen, sondern sicherlich eine andere, eine Unverständige, Schamlose, die ihre jungfräuliche Kammer in dunkler Nacht geschändet, ihre Seele für eine Todsünde verkauft und ihr ungestümes Herz nicht bezwungen hat! Das wissen meine heißen Tränen und der, welcher sich mit fremdem Unglück diebisch brüstet, über ein Mädchenherz spottet!' Das sagte ich, doch ich konnte nicht an mich halten und begann zu weinen ... Er schwieg eine Weile, sah mich dann so an, daß ich wie ein Blatt erzitterte. ‚So höre denn', sagte er zu mir, ‚schönes Mädchen', und seine Augen glühten so seltsam, ‚ich sage dir kein müßiges Wort, sondern ich will dir ein großes Wort geben: Wieviel Glück du mir schenkst, soviel werde ich auch dein Herr sein, aber wenn du mich einmal nicht mehr lieben wirst – dann sage es nicht, verliere kein Wort, bemühe dich nicht, sondern bewege nur deine Zobelbrauen, winke mit deinem dunklen Auge, rühre nur den kleinen Finger, und ich gebe dir deine Liebe und deine goldene Freiheit zurück, nur wird dann, meine stolze, unwiderstehliche Schöne, auch mein Leben sein Ende finden!' Da lächelte mein ganzes Fleisch über seine Worte ...«

Hier unterbrach Katerinas tiefe Erregung die Erzählung; sie schöpfte Atem, lächelte über einen neuen Gedanken und wollte fortfahren, doch plötzlich begegnete ihr funkelnder Blick Ordynows flammenden Augen, die unverwandt auf sie geheftet waren. Sie zuckte zusammen, wollte etwas sagen, aber das Blut strömte ihr ins Gesicht ... Wie von Sinnen bedeckte sie ihr Gesicht mit den Händen und warf sich auf die

Kissen. In Ordynow erzitterte alles. Ein quälendes Gefühl, eine unfaßbare, unerträgliche Verwirrung ergoß sich wie Gift in alle seine Adern und wuchs bei jedem Wort von Katerinas Erzählung. Ein aussichtsloser Drang, eine gierige, unerträgliche Leidenschaft hatte seine Gedanken erfaßt, trübte sein Gefühl. Aber zugleich bedrückte eine schwere, unendliche Trauer sein Herz immer mehr und heftiger. Mitunter wollte er Katerina zurufen, daß sie schweigen solle, wollte sich ihr zu Füßen werfen und sie unter Tränen anflehen, ihm seine früheren Liebesqualen, seinen früheren unklaren, reinen Drang wiederzugeben, und es tat ihm leid um seine längst getrockneten Tränen. Das Herz tat ihm weh, es blutete unter Schmerzen und schenkte seiner verwundeten Seele keine Tränen. Er verstand nicht, was Katerina ihm sagte, und seine Liebe erschrak vor dem Gefühl, welches das arme Weib erregte. Er verfluchte seine Leidenschaft in diesem Augenblick: sie raubte ihm den Atem, quälte ihn, und er spürte, wie statt des Blutes geschmolzenes Blei durch seine Adern rann.

»Ach, nicht darin liegt mein Kummer«, sagte Katerina, plötzlich den Kopf hebend, »nicht in dem, was ich dir jetzt sagte, liegt mein Leid«, fuhr sie mit einer Stimme fort, die von einem neuen unerwarteten Gefühl wie Erz erklang, während ihre ganze Seele vor verborgenen, ungeweinten Tränen bersten wollte; »nicht darin besteht mein Gram, meine Qual, meine Sorge! Was, was liegt mir an meiner Mutter, obwohl ich in der ganzen Welt keine zweite Mutter mehr gewinnen werde! Was liegt mir daran, daß sie mich in ihrer schweren letzten Stunde verflucht hat! Was liegt mir an meinem früheren goldenen Leben, an meinem warmen Stübchen, an meiner Mädchenfreiheit! Was liegt mir daran, daß ich mich dem Bösen verkauft, meine Seele dem Verderber preisgegeben, für das Glück ewige Sünde eingehandelt habe! Ach, nicht darin liegt mein Unglück, obwohl mein Verderben auch dadurch groß ist! Aber *das* ist bitter und bricht mir das Herz, daß ich seine entehrte Sklavin bin, daß meine Schmach und Schande mir selber, mir Schamlosen, lieb ist, daß das gierige Herz dieses Leides gerne gedenkt, als ob es Glück und Freude wäre – darin liegt mein Unglück, daß das Herz keine Kraft hat, keinen Zorn über seine Kränkung empfindet! . . .«

Der Atem stockte dem armen Weib in der Brust, und ein krampfhaftes, hysterisches Schluchzen schnitt ihr das Wort ab. Heißer, stoßweiser Atem versengte ihr die Lippen, die Brust wogte heftig auf und ab, und ihre Augen blitzten in einem unerklärlichen Unwillen. Doch ihr Gesicht wurde in diesem Augenblick von solch einem Zauber vergoldet, jeder Zug, jeder Muskel erzitterte in solch einem leidenschaftlichen Ansturm von Glück, in solch einer nicht zu ertragenden, unerhörten Schönheit, daß Ordynows schwarze Gedanken mit einem Schlag erloschen und die reine Trauer in seiner Brust verstummte. Es drängte sein Herz, sich an ihr Herz zu schmiegen und sich gemeinsam mit diesem leidenschaftlich und in sinnloser Erregung zu vergessen, in Übereinstimmung mit dem gleichen Sturm, mit dem gleichen Ausbruch zu schlagen und mit ihm zusammen zu vergehen. Katerina begegnete Ordynows trübem Blick und lächelte so, daß ein verdoppelter Feuerstrom sein Herz überflutete. Er konnte sich kaum noch auf sich selbst besinnen.

»Hab Mitleid mit mir, schone mich!« flüsterte er ihr zu, seine zitternde Stimme zurückhaltend, neigte sich über sie, legte die Hand auf ihre Schulter und sah ihr nah, so nah in die Augen, daß sein und ihr Atem in eins zusammenströmten. »Du hast mich zugrunde gerichtet. Ich kenne dein Leid nicht, und meine Seele hat sich verwirrt ... Was kümmert es mich, worum dein Herz weint! Sag, was du willst ... ich werde es tun. Geh mit mir, komm, bringe mich nicht um, töte mich nicht ...«

Katerina starrte ihn regungslos an; die Tränen auf ihren brennenden Wangen waren versiegt. Sie wollte ihn unterbrechen, nahm ihn bei der Hand, wollte selbst etwas sagen und schien nicht die rechten Worte zu finden. Ein seltsames Lächeln zeigte sich langsam auf ihren Lippen, als lauerte ein Lachen dahinter.

»Ich habe dir noch nicht alles erzählt«, sagte sie endlich mit stockender Stimme. »Ich will dir noch mehr erzählen. Aber wirst du auch, wirst du auch hören auf mich, du heißes Herz? Höre auf deine Schwester! Du kennst ihren grausamen Schmerz noch zu wenig! Ich würde dir gerne erzählen, wie ich das erste Jahr mit ihm verlebte, doch ich will's nicht tun ... Ein Jahr verstrich, da fuhr er mit seinen Genossen flußabwärts, ich aber blieb bei seiner Pflegemutter im Hafen, um auf ihn zu warten. Ich wartete einen Monat lang und einen zweiten, da begegnete ich in der Vorstadt einem jungen Kaufmann, sah ihn an und erinnerte mich meiner früheren goldenen Jahre. ‚Geliebte, Schwester!' sagte er, nachdem ich zwei Worte mit ihm gewechselt hatte, ,ich bin Aljoscha, dein Auserkorener, dir vom Schicksal Bestimmter, unsere Eltern haben uns schon als Kinder mit Worten verlobt. Du hast mich vergessen, erinnere dich nur, ich stamme aus eurer Gegend ...' – ,Was spricht man über mich in eurer Gegend?' – ,Das Volk sagt, du seist unehrlich geworden, hättest die jungfräuliche Scham vergessen, dich mit einem Räuber und Seelenmörder eingelassen', sagte Aljoscha lachend zu mir. – ,Und was hast du über mich gesagt?' – ,Vieles wollte ich dir sagen, als ich hierherfuhr', und sein Herz wurde unruhig, ,vieles wollte ich sagen, doch jetzt, da ich dich gesehen habe, ist meine Seele erstorben; du hast mich behext!' sagte er. ,Kaufe auch meine Seele, nimm sie, spotte über mein Herz, über meine Liebe, du schönes Mädchen! Ich bin jetzt verwaist, bin mein eigener Herr, und auch meine Seele gehört mir und keinem Fremden. Ich habe sie niemandem verkauft, wie eine andere das getan hat, die ihr Andenken ausgelöscht hat! Mein Herz ist nicht käuflich, das gebe ich umsonst her, das scheint eine einträgliche Sache zu sein!' Ich lachte darüber, doch er sprach nicht nur einmal, nicht zweimal mit mir, er lebte schon einen Monat lang in unserer Siedlung, hatte seine Waren im Stich gelassen, seine Leute fortgeschickt und war mutterseelenallein. Ich hatte Mitleid mit seinen Waisentränen. Da sagte ich eines Morgens zu ihm: ,Aljoscha, erwarte mich bei Einbruch der Nacht unterhalb des Hafen; wir wollen in deine Heimat fahren! Ich bin meines armseligen Lebens überdrüssig.' Die Nacht kam, ich schnürte mein Bündel, und die Seele tat mir weh, mein Herz bebte und zuckte. Da, sehe ich, kommt mein Hausherr – unerwartet, unangemeldet. ,Sei mir gegrüßt; gehen wir; auf dem Fluß wird es Sturm geben; es ist keine Zeit zu verlieren.' Ich folgte ihm; wir kamen an den Fluß, es war aber weit bis zu den Unseren. Da sehen wir: am Ufer liegt ein Boot, und ein bekannter Ruderer sitzt darin, als ob er auf jemanden wartete. ,Sei mir gegrüßt, Aljoscha, Gott helfe dir! Wie? Oder hast du dich im Hafen verspätet und willst zu deinen Schiffen? Rudere mich, guter Mensch, und meine Hausfrau zu den Unsern in unsere Heimat. Ich habe mein Boot aufgegeben, und schwimmen kann ich nicht so weit.' – ,Setz dich', antwortete Aljoscha, und meine Seele blutete, als ich seine Stimme vernahm. ,Steige mit deiner Hausfrau ein; der Wind ist für alle da, und in meinem Terem wird auch für euch Platz sein.' Wir stiegen ein; die Nacht war dunkel, die Sterne hielten sich verborgen, der Wind heulte, die Wellen türmten sich, und wir waren schon eine Werst vom Ufer entfernt. Alle drei schwiegen wir.

‚Sturm!' sagte mein Hausherr. ‚Und nichts Gutes wird der Sturm bringen! Ich habe mein Lebtag noch keinen solchen Sturm auf dem Fluß erlebt wie diesen, der gleich losbrechen wird! Unser Boot wird schwer zu kämpfen haben! Es wird drei nicht tragen können!' – ‚Ja, das wird es nicht können, einer von uns scheint überzählig zu sein', antwortete Aljoscha, und seine Stimme bebte wie eine Saite. ‚Nun, wie denn, Aljoscha? Ich habe dich als kleines Kind gekannt, war mit deinem Vater verbrüdert, Salz und Brot haben wir zusammen geteilt – sag mir, Aljoscha, kannst du ohne Boot das Ufer erreichen, oder würdest du für nichts und wieder nichts deine Seele verderben?' – ‚Ich würde es nicht erreichen.' – ‚Aber würdest du, guter Mensch, wenn das Schicksal es so fügte, daß du Wasser schlucken müßtest, es dann erreichen?' – ‚Ich würde es nicht erreichen, meine Seele würde ihr Ende finden, der stürmische Fluß würde mich nicht hinübertragen!' – ‚So höre jetzt du, Katerina, meine kostbare Perle! Ich entsinne mich genau solch einer Nacht, nur gingen damals die Wellen nicht hoch, die Sterne glänzten, und der Mond schien ... Ich will dich nur einfach fragen: Hast du sie nicht vergessen?' – ‚Ich habe sie nicht vergessen', sprach ich. ‚Und wenn du die Nacht nicht vergessen hast, so hast du wohl auch die Abmachung nicht vergessen, wie ein wackerer Bursche ein schönes Mädchen unterwies, ihre Freiheit von dem Ungeliebten zurückzuverlangen – wie?' – ‚Nein, ich habe auch das nicht vergessen', sagte ich mehr tot als lebendig. ‚Ah, du hast es nicht vergessen! Jetzt aber ist unser Boot zu schwer. Ist da vielleicht für einen die Zeit gekommen? Sage, meine Liebe, sage, mein Täubchen, gurre auf Taubenart dein zärtliches Wort ...'

Ich habe mein Wort damals nicht gesagt!« flüsterte Katerina erblassend ... Sie kam nicht zu Ende.

»Katerina!« ertönte über ihnen eine dumpfe, heisere Stimme.

Ordynow fuhr zusammen. In der Tür stand Murin. Er war kaum mit einer Pelzdecke bedeckt, totenblaß und schaute beide mit einem schier wahnsinnigen Blick an. Katerina erblaßte immer mehr und schaute ihn ebenfalls regungslos und wie verzaubert an.

»Komm zu mir, Katerina!« flüsterte der Kranke kaum vernehmlich und verließ das Zimmer. Katerina starrte regungslos in die Luft, als ob der Greis immer noch vor ihr stünde. Aber plötzlich trat ihr das Blut in die Wangen, und sie erhob sich langsam vom Bett. Ordynow erinnerte sich ihrer ersten Begegnung.

»Also bis morgen, meine Tränen!« sagte sie und lächelte seltsam, »bis morgen! Vergiß nicht, wo ich stehengeblieben bin: ‚Wähle einen von beiden: wer ist dir lieb, wer unlieb, schönes Mädchen?' Wirst du daran denken, willst du eine Nacht lang warten?« wiederholte sie, legte ihm ihre Hände auf die Schultern und sah ihn zärtlich an.

»Katerina, geh nicht zu ihm, stürze dich nicht ins Verderben! Er ist wahnsinnig!« flüsterte Ordynow, um sie zitternd.

»Katerina!« ließ sich die Stimme hinter der Zwischenwand vernehmen.

»Was denn? Du denkst wohl, er bringt mich um?« antwortete Katerina lachend. »Gute Nacht, mein geliebtes Herz, mein zärtlicher Täuber, mein teurer Bruder!« sagte sie und drückte seinen Kopf zärtlich an ihre Brust; plötzlich benetzten Tränen ihr Gesicht. »Das sind die letzten Tränen. Schlafe dein Leid aus, mein Geliebter, erwache morgen zur Freude.« Und sie küßte ihn leidenschaftlich.

»Katerina! Katerina!« flüsterte Ordynow, fiel vor ihr auf die Knie und wollte sie zurückhalten. »Katerina!«

Sie wandte sich um, nickte ihm lächelnd zu und ging aus dem Zimmer. Ordynow hörte, wie sie bei Murin eintrat; er hielt den Atem an, horchte, doch er vernahm keinen Laut mehr. Der Alte schwieg, vielleicht hatte er auch wieder die Besinnung verloren ... Er wollte dorthin, zu ihr gehen, doch die Füße versagten ihm den Dienst ... Seine Kräfte verließen ihn, und er sank auf das Bett hin.

2

Als er erwachte, konnte er sich lange nicht besinnen, wie spät es sein mochte, ob der Morgen oder der Abend dämmerte: im Zimmer war es immer noch dunkel. Er konnte nicht bestimmen, wie lange er geschlafen hatte, aber er fühlte, daß sein Schlaf ein krankhafter gewesen war. Sich erinnernd, fuhr er sich mit der Hand über das Gesicht, als wollte er den Schlaf und die nächtlichen Erscheinungen verscheuchen. Als er jedoch aufstehen wollte, fühlte er, daß sein ganzer Körper wie zerschlagen war und die ermüdeten Glieder ihren Dienst versagten. Sein Kopf schmerzte, ihn schwindelte, und sein ganzer Körper wurde bald von Schüttelfrost, bald von Flammen gepeinigt. Zusammen mit dem Bewußtsein kehrte auch das Gedächtnis zurück, und sein Herz zuckte zusammen, als er in der Erinnerung in einem einzigen Augenblick die ganze vergangene Nacht durchlebte. Sein Herz schlug als Antwort auf seine Grübeleien so heftig, seine Empfindungen waren so heiß und frisch, als ob nicht eine Nacht, nicht lange Stunden, sondern kaum eine Minute seit Katerinas Weggang verstrichen wäre. Er spürte, daß seine Augen von den vergossenen Tränen noch nicht trocken waren – oder waren neue, frische Tränen wie Quellen seinem heißen Herzen entsprungen? Und seltsam! Seine Qualen erschienen ihm sogar süß, obwohl er mit seinem ganzen Sein dumpf empfand, daß er eine solche Vergewaltigung nicht länger ertragen konnte. Es kam der Augenblick, da er beinahe den Tod herannahen fühlte und bereit war, ihn wie einen lichten Gast zu begrüßen: so intensiv waren die Eindrücke, die er empfing, in so gewaltigem Drang war nach dem Erwachen seine Leidenschaft wieder emporgelodert, ein so wildes Entzücken hatte seine Seele ergriffen, daß das Leben, beschleunigt durch die angespannte Tätigkeit, bereit war, zu reißen, zu vergehen, sich im Nu aufzulösen und auf ewig zu erlöschen. Fast in dem gleichen Augenblick, gleichsam als Antwort auf seine Pein, als Antwort auf sein erbebendes Herz, ertönte Katerinas tiefe, silberne Stimme – vertraut wie jene innere Musik, die der menschlichen Seele in Stunden der Freude am Leben, in Stunden ungetrübten Glücks so vertraut klingt. Ganz dicht neben ihm, fast ihm zu Häupten, ertönte ein Lied, anfangs leise und wehmütig ... Die Stimme hob sich bald, bald senkte sie sich, krampfhaft erlöschend, gleichsam in sich zerschmelzend und die eigene wilde Qual des unersättlichen, zurückgedrängten, im sehnsüchtigen Herzen gefangengehaltenen Verlangens zärtlich liebkosend. Dann wieder erging es sich in Nachtigallentrillern, und zitternd, in nicht mehr zu bändigender Leidenschaft lodernd, zerrann es in ein ganzes Meer von Entzücken, in ein Meer gewaltiger Töne, grenzenlos, wie der erste Augenblick seliger Liebe. Ordynow unterschied auch Worte: sie waren schlicht, innig, vor langer Zeit von einem ehrlichen, ruhigen, reinen und seiner selbst bewußten Empfinden geschaffen. Doch er vergaß sie wieder, er hörte nur die Töne. Durch die schlichte, naive Melodie des Liedes leuchteten ihm andere Worte entgegen, widerhallend von dem ganzen Sehnen, das seine Brust erfüllte, antwortend auf die geheimsten, ihm selbst unbewußten Windungen seiner Leidenschaft, die deutlich, sein ganzes Bewußtsein erleuchtend, von *ihr* kündeten. Bald hörte er das erste Aufstöhnen eines in Leidenschaft hoffnungslos ersterbenden Herzens, bald das Frohlocken des Willens und des Geistes, der seine Ketten zerbrochen und sich licht und frei in das grenzenlose Meer ungehemmter Liebe gestürzt hat; bald hörte er den ersten Schwur der Geliebten mit der zarten Verschämtheit wegen des ersten Errötens im Gesicht, mit den Bitten, mit den Tränen, mit dem geheimnisvollen, schüchternen Flüstern; bald das stolze, der eigenen Kraft frohe Verlangen der Bacchantin, die ohne Hülle, ohne Geheimnis, mit strahlendem Lachen die trunkenen Augen umherschweifen läßt ...

Ordynow vermochte das Ende des Liedes nicht abzuwarten und stand auf. Das Lied verstummte sofort.

»Ein guter Morgen und ein guter Tag sind vergangen, mein Liebster!« ertönte Katerinas Stimme, »ich wünsche dir einen guten Abend! Steh auf, komm zu uns, wach auf zu lichter Freude; wir erwarten dich, ich und mein Hausherr, beide gute Leute, die deinem Willen gehorchen, lösche den Haß durch Liebe, falls dein Herz noch immer gekränkt ist und weh tut. Sage uns ein freundliches Wort! ...«

Ordynow hatte bereits bei ihrem ersten Ruf sein Zimmer verlassen und begriff kaum, daß er das Zimmer seiner Wirtsleute betrat. Die Tür tat sich vor ihm auf, und das goldene Lächeln seiner wundersamen Hauswirtin leuchtete ihm hell wie die Sonne entgegen. In diesem Augenblick sah und hörte er nichts anderes außer ihr. In einem Augenblick floß sein ganzes Leben, seine ganze Freude in seinem Herzen in eins zusammen – in die lichte Gestalt seiner Katerina.

»Zwei Himmelsröten sind hingegangen«, sagte sie, ihm ihre Hände reichend, »seit wir Abschied voneinander genommen haben, die zweite erlischt soeben, sieh nur durchs Fenster. Wie die zwei Himmelsröten der Seele eines schönen Mädchens«, sagte Katerina lachend, »die eine macht das Gesicht in der ersten Scham erröten, wenn das einsame Mädchenherz im Busen zum erstenmal spricht, die zweite brennt wie eine

Flamme, wenn das schöne Mädchen die erste Scham vergißt, sie bedrückt die Brust und treibt das rote Blut in die Wangen ... Komm, tritt in unser Haus ein, braver Bursche! Warum stehst du an der Schwelle? Ehre dir und Liebe und der Gruß des Hausherrn!«

Mit einem wie Musik klingenden Lachen nahm sie Ordynow bei der Hand und führte ihn in das Zimmer. Bangen beschlich sein Herz. In einem Augenblick und für einen Augenblick war die ganze Flamme, das ganze Feuer, das in seiner Brust loderte, wie verglommen und erloschen. Er schlug die Augen verwirrt nieder und scheute sich, sie anzusehen. Er fühlte, daß sie so wunderbar schön war, daß sein Herz ihren sengenden Blick nicht ertragen konnte. Noch nie hatte er seine Katerina so gesehen. Lachen und Freude leuchteten zum erstenmal auf ihrem Antlitz und hatten die Tränen der Trauer an ihren dunklen Wimpern getrocknet. Seine Hand zitterte in ihrer Hand. Und wenn er die Augen erhoben hätte, so hätte er gesehen, daß Katerina mit einem triumphierenden Lächeln ihre hellen Augen auf sein Gesicht heftete, das durch Verwirrung und Leidenschaft verfinstert war.

»Steh doch auf, Alter!« sagte sie endlich, als käme sie selbst erst jetzt zur Besinnung, »sag dem Gast ein freundliches Wort. Ein Gast ist wie ein leiblicher Bruder! Steh doch auf, du unbeugsames, halsstarriges Alterchen, steh auf, verneige dich, nimm den Gast bei seinen weißen Händen, setz ihn an den Tisch!«

Ordynow hob die Augen und schien jetzt erst klar zu sehen. Erst jetzt dachte er an Murin. Die Augen des Greises, die im Bangen der Todesnähe gleichsam erloschen waren, sahen ihn starr an; und er erinnerte sich mit schmerzender Seele dieses Blickes, der ihn das letztemal unter den überhängenden schwarzen, zusammengezogenen Brauen wie auch jetzt in Zorn und Trauer angeblitzt hatte. Ein leichter Schwindel befiel ihn. Er blickte um sich und erfaßte erst jetzt alles deutlich und genau. Murin lag noch immer auf dem Bett, war aber beinahe angekleidet und schien am Morgen bereits aufgestanden und schon ausgegangen zu sein. Um den Hals war – wie auch früher – ein rotes Tuch geschlungen, an den Füßen hatte er Pantoffeln. Die Krankheit war anscheinend vorbei, nur das Gesicht war noch furchtbar blaß und gelb. Katerina stand neben dem Bett, hatte die Hand auf den Tisch gestützt und sah sie beide aufmerksam an. Aber das freundliche Lächeln wich nicht von ihrem Gesicht. Es schien, daß alles auf ihren Wunsch geschehen war.

»Ja! das bist du«, sagte Murin, richtete sich auf und setzte sich aufs Bett. »Du bist mein Mieter. Ich bin schuldig vor dir, Barin, habe mich versündigt und dich beleidigt, habe dir neulich mit dem Gewehr einen Streich gespielt. Wer konnte wissen, daß auch du von der schwarzen Krankheit heimgesucht wirst? Denn bei mir kommt das vor«, fügte er mit heiserer, krankhafter Stimme hinzu, zog die Brauen zusammen und wandte seine Augen unwillkürlich von Ordynow ab. »Wenn das Unglück kommt, klopft es nicht vorher an das Tor, es schleicht sich wie ein Dieb heran! Ich habe auch ihr neulich beinahe das Messer in die Brust gestoßen«, setzte er hinzu und deutete mit dem Kopf auf Katerina. »Ich bin krank, Krämpfe kommen über mich, nun, und damit laß es gut sein. Nimm Platz, sei unser Gast.«

Ordynow betrachtete ihn noch immer aufmerksam.

»Setz dich doch, setz dich!« schrie der Greis ungeduldig. »Setz dich, wenn es ihr so genehm ist! Ihr habt euch doch verbrüdert wie leibliche Geschwister! Habt euch liebgewonnen wie Liebesleute.«

Ordynow nahm Platz.

»Sieh mal, was für ein Schwesterchen«, fuhr der Alte lachend fort und zeigte zwei Reihen weißer, unversehrter Zähne. »Liebt euch, meine Teuren! Hast du ein schönes Schwesterchen, Barin? Sprich, antworte mir! Da, sieh doch, wie ihre Wangen in Flammen stehen. So blick dich doch um, erweise der Schönen Ehre vor der ganzen Welt! Zeige, daß dein Herz ihretwegen weh tut!«

Ordynow runzelte die Stirn und sah den Alten zornig an. Der zuckte unter seinem Blick zusammen. Eine blinde Wut kochte in Ordynows Brust. Mit einem gewissen tierischen Instinkt witterte er den Todfeind neben sich. Er konnte selbst nicht begreifen, was mit ihm vorging, der Verstand versagte ihm den Dienst.

»Schau nicht her!« ertönte eine Stimme hinter ihm. Ordynow sah sich um.

»Schau nicht her, sieh nicht her, sage ich, wenn dich der Teufel aufhetzt, habe Mitleid mit deinem Liebchen«, sprach Katerina lachend und legte ihm plötzlich von hinten ihre Hände über die Augen. Dann zog sie ihre Hände sofort wieder zurück und verbarg selbst ihr Gesicht. Doch die Röte ihres

Antlitzes schien durch die Finger hindurchzuschimmern. Sie ließ die Hände sinken und versuchte, selber wie in Flammen getaucht, hell und furchtlos dem Lachen der Männer und ihren neugierigen Blicken zu begegnen. Doch beide sahen sie schweigend an – Ordynow mit einer Art von liebendem Staunen, als ob eine so furchtbare Schönheit zum erstenmal sein Herz durchbohrt hätte, der Alte aufmerksam und kalt. Nichts drückte sich in seinem blassen Gesicht aus, nur die Lippen wurden blau und zitterten leicht.

Katerina trat zum Tisch, lachte nicht mehr, räumte Bücher, Papiere, Tintenfaß, alles, was auf dem Tisch lag, zusammen und legte alles auf das Fenster. Sie atmete rasch, stoßweise und zog hin und wieder die Luft gierig ein, als ob ihr irgend etwas das Herz beengte. Ihr voller Busen hob und senkte sich schwer wie ans Ufer schlagende Wellen. Sie schlug die Augen nieder, und die pechschwarzen Wimpern glänzten wie spitze Nadeln auf ihren hellen Wangen ...

»Zarenjungfrau!« sagte der Alte.

»Meine Herrscherin!« flüsterte Ordynow, am ganzen Leibe erbebend. Er fühlte den Blick des Alten auf sich und besann sich; wie ein Blitz zuckte dieser Blick für einen Moment auf – gierig, böse, verächtlich, kalt. Ordynow wollte sich von seinem Platz erheben, aber eine unsichtbare Macht schien seine Füße zu fesseln. Er setzte sich wieder. Ab und zu drückte er seine Hand, als traute er der Wirklichkeit nicht. Ein Alb schien ihn zu drücken, ein schmerzlicher, krankhafter Traum schien noch immer auf seinen Augen zu liegen. Aber seltsam! er wünschte nicht zu erwachen.

Katerina nahm den alten Teppich vom Tisch, schloß dann eine Truhe auf, entnahm ihr ein kostbares Tischtuch, das mit leuchtend bunter Seide und Gold bestickt war, und deckte es auf den Tisch. Dann nahm sie einen altertümlichen, massiv silbernen Ständer aus dem Schrank, stellte ihn in die Mitte des Tisches und löste drei silberne Trinkschalen von ihm ab – eine für den Hausherrn, eine für den Gast und eine für sich, dann sah sie den Alten und den Gast mit einem feierlichen, nachdenklichen Blick an.

»Welcher von uns ist dem anderen lieb oder nicht lieb?« sagte sie. »Wer dem anderen nicht lieb ist, der ist es mir und wird seine Schale mit mir leeren. Mir aber ist jeder von euch lieb wie ein Blutsverwandter: so wollen wir denn alle zusammen auf Liebe und Eintracht trinken!«

»Trinken und die schwarzen Gedanken im Wein ertränken!« sagte der Alte mit veränderter Stimme. »Schenk ein, Katerina!«

»Befiehlst du, daß ich auch dir einschenke?« fragte Katerina und sah Ordynow an.

Ordynow schob seine Schale schweigend hin.

»Halt! Wer sich etwas wünscht und an etwas denkt, der soll seinen Wunsch erfüllt sehen!« sagte der Alte, seine Schale erhebend.

Die Schalen klangen aneinander, und alle tranken.

»Jetzt wollen wir miteinander trinken, Alter!« sagte Katerina, sich an den Hausherrn wendend. »Laß uns trinken, wenn dein Herz von Zärtlichkeit für mich erfüllt ist! Laß uns auf unser vergangenes Glück trinken, laß uns den vergangenen Jahren einen Gruß senden, laß uns mit dem Herzen und in Liebe dem Glück unseren Gruß entbieten! Laß dir einschenken, wenn dein Herz für mich schlägt!«

»Dein Wein ist stark, mein Täubchen, und du selbst netzest nur deine Lippen damit!« sagte der Alte lachend und hielt ihr von neuem seine Schale hin.

»Jawohl, ich will nur daran nippen, du aber trink bis zur Neige! ... Leben heißt schwere Gedanken nach sich schleppen, Alter; doch von den schweren Gedanken tut das Herz weh! Die Gedanken kommen vom Leid, die Gedanken rufen das Leid, aber im Glück lebt man ohne Gedanken! Trink, Alter! Ertränke deine Gedanken!«

»Es muß sich viel Leid in dir angehäuft haben, wenn du dich so dagegen wappnest! Du willst wohl mit einemmal ein Ende machen, meine weiße Taube! Ich trinke mit dir, Katja! Hast auch du ein Leid, Barin, wenn du die Frage gestattest?«

»Was da ist, ist nur für mich da«, flüsterte Ordynow, ohne den Blick von Katerina zu wenden.

»Hast du es gehört, Alter? Auch ich habe mich selber lange nicht gekannt, war meiner nicht bewußt, doch als die Zeit kam, da habe ich alles erkannt, alles begriffen. Ich habe alles, was vergangen war, mit unersättlicher Seele von neuem durchlebt.«

»Ja, es ist bitter, wenn man nur noch im Vergangenen aufzuleben beginnt«, sagte der Alte nachdenklich. »Das Vergangene ist wie Wein, der ausgetrunken ist! Was liegt am vergangenen Glück? Wenn der Rock abgetragen ist, so wirft man ihn weg ...«

»Man braucht einen neuen«, unterbrach ihn Katerina und lachte gezwungen, während zwei große Tränen wie Diamanten an ihren glänzenden Wimpern hingen. »Ein Menschenalter durchlebt man nicht in einem Augenblick, und ein Mädchenherz ist lebhaft, mit ihm hält man schwer Schritt. Verstanden, Alter? Schau, ich habe in deinem Becher meine Träne begraben!«

»Und hast du dein Leid für viel Glück gekauft?« fragte Ordynow, und seine Stimme bebte vor Erregung.

»Es scheint, Herr, daß du viel von dem deinen zu verkaufen hast«, antwortete der Greis, »weil du ungefragt dich einmischst.« Und er lachte boshaft und lautlos und sah Ordynow herausfordernd an.

»Wofür ich's verkauft habe, das habe ich bekommen«, antwortete Katerina, und ihre Stimme klang unzufrieden und gekränkt. »Dem einen scheint es viel, dem andern wenig. Der eine will alles hergeben, ist aber nichts zu holen, der andere verspricht nichts, aber das gehorsame Herz folgt ihm nach! Du aber schilt den Menschen nicht«, sagte sie und blickte Ordynow traurig an, »der eine Mensch ist so, der andere so, und es ist, als wüßte man, warum die Seele nach dem einen verlangt! Schenk deine Schale voll, Alter! Trink auf das Glück deiner geliebten Tochter, deiner sanften, demütigen Sklavin, so wie sie im Anfang war, als sie dich kennenlernte. Heb deine Schale!«

»So mag es sein! Fülle auch die deine!« sagte der Greis und langte nach dem Wein.

»Halt, Alter! Warte mit dem Trinken, laß mich erst ein Wort sagen!«

Katerina stützte ihre Arme auf den Tisch und sah mit brennendem, leidenschaftlichem Blick dem Alten prüfend in die Augen. Eine seltsame Entschlossenheit leuchtete aus ihren Augen. Aber alle ihre Bewegungen waren unruhig, ihre Gesten schroff, unvermittelt, rasch. Sie war wie von Feuer durchglüht und wunderbar anzusehen. Denn ihre Schönheit schien mit ihrer Erregung, mit ihrer Lebhaftigkeit zu wachsen. Aus den halbgeöffneten, lächelnden Lippen, die zwei Reihen weißer Zähne, gleichmäßig wie Perlen, sehen ließen, strömten hastige Atemzüge, die ihre Nasenflügel leicht hoben. Die Brust wogte; der Zopf, dreimal im Nacken aufgebunden, war nachlässig auf das linke Ohr gesunken und bedeckte einen Teil ihrer heißen Wange. Leichter Schweiß perlte an ihren Schläfen.

»Sage mir wahr, Alter! Sage mir wahr, mein Teurer, sage mir wahr, ehe du deinen Verstand ertränkst! Da hast du meine weiße Hand! Nicht umsonst haben dich bei uns die Leute einen Hexenmeister genannt. Du hast aus Büchern gelernt und kennst alle schwarzen Künste! Schau denn her, Alter, und verkünde mir mein trauriges Schicksal; aber paß auf, lüge nicht! Nun, sag, wie du es selbst weißt – wird deine Tochter Glück haben, oder wirst du ihr nicht verzeihen und ihr nur ein böses, gramvolles Schicksal auf den Weg mitgeben? Sag, werde ich einen warmen Winkel finden, in dem ich leben kann, oder werde ich, einem Zugvogel gleich, in alle Ewigkeit meinen Platz unter guten Leuten suchen wie eine Verwaiste? Sag mir, wer ist mein Feind, wer wird mir Liebe schenken, wer sinnt Böses gegen mich? Sag mir, wird mein junges, heißes Herz in Ewigkeit allein sein und vor der Zeit verstummen oder ein ihm gleiches finden und in freudigem Einklang mit ihm schlagen ... bis zu neuem Leid! Sag mir auch wahr, Alterchen, in welchem blauen Himmel, hinter welchen fernen Meeren und Wäldern mein lichter Falke wohnt und ob er wohl scharf nach seinem Falkenweibchen ausschaut und voller Liebe wartet, ob er mich heftig lieben wird, ob er bald aufhören wird, mich zu lieben, ob er mich betrügen wird oder nicht? Und wenn du schon dabei bist, so sage gleich alles auf einmal, Alterchen: werden wir zwei uns hier noch lange die Zeit verkürzen, in unserem kargen Winkel sitzen und in schwarzen Büchern lesen? Wann kommt die Zeit, Alter, da ich mich tief vor dir verneige, im Guten von dir Abschied nehme; da ich dir für deine Gastfreundschaft danke, daß du mich gespeist, getränkt und mir Märchen erzählt hast? ... Aber sieh zu, sag die ganze Wahrheit, lüge nicht; die Zeit ist gekommen, steh ein für dich!«

Ihre Erregung nahm mit jedem Wort immer mehr zu, bis ihre Stimme plötzlich abbrach, als ob ein Wirbelsturm ihr Herz mit fortrisse. Ihre Augen blitzten, ihre Oberlippe zitterte leicht. Man fühlte, wie sich in jedem ihrer Worte ein böser Spott versteckte, aber in ihrem Lachen schienen Tränen zu klingen. Sie beugte sich über den Tisch zu dem Greis und blickte ihm scharf, mit gieriger Aufmerksamkeit in die trübe gewordenen Augen. Ordynow hörte, wie ihr Herz plötzlich anfing zu klopfen, als sie ihre Rede beendet hatte; er schrie bei ihrem Anblick vor Entzücken auf und wollte sich von der Bank erheben. Doch ein flüchtiger Blick des Greises schmiedete ihn an seinen Platz. Ein seltsames Gemisch von Verachtung, Spott, ungeduldiger, ärgerlicher Unruhe und zugleich eine böse, listige Neugierde funkelten aus diesem flüchtigen, vorübergleitenden Blick, vor dem Ordynow jedesmal zusammenschrak und der sein Herz jedesmal mit Galle, Unwillen und kraftlosem Zorn erfüllte.

Nachdenklich und mit einer Art trauriger Neugierde blickte der Greis seine Katerina an. Sein Herz war verwundet, das böse Wort war gesprochen. Aber er zuckte mit keiner Wimper. Er lächelte nur, als sie geendet hatte.

»Vieles willst du mit einemmal erfahren, mein flügge gewordenes, mein erwachtes Vögelchen! So fülle denn schnell meine tiefe Schale; laß uns zuerst auf unsere Trennung trinken und auf die schöne Freiheit; sonst könnte ich durch jemandes schwarze unreine Augen meinen Wunsch verderben! Der Teufel ist stark! Leicht verfällt man der Sünde!«

Er hob seine Schale und leerte sie. Je mehr er trank, desto bleicher wurde er. Seine Augen wurden rot wie Kohlen. Man sah, daß ihr fiebriger Glanz und die plötzliche Totenblässe des Gesichts einen baldigen neuen Anfall seiner Krankheit ankündigten. Der Wein aber war stark, so daß sich Ordynows Augen schon nach einem Becher mehr und mehr trübten. Sein fieberhaft entzündetes Blut ließ sich nicht mehr bändigen: es überflutete sein Herz, trübte und verwirrte seinen Verstand. Seine Unruhe wurde stärker und stärker. Er schenkte sich nochmals ein und nippte, ohne zu wissen, was er tat, wie er seiner wachsenden Erregung Herr werden sollte, und das Blut begann noch wilder durch seine Adern zu rasen. Er war wie im Fieber und vermochte selbst mit gespanntester Aufmerksamkeit kaum mehr zu verfolgen, was zwischen seinen sonderbaren Wirtsleuten vorging.

Der Alte stieß seine silberne Schale klingend auf den Tisch.

»Schenk ein, Katerina!« rief er. »Schenk noch einmal ein, böse Tochter, schenk ein bis zum Umfallen. Leg deinen Alten zur Ruhe, und laß es genug sein mit ihm! So ist's recht, schenk ein, schenk mir ein, meine Schöne! Laß uns miteinander trinken! Warum hast du denn so wenig getrunken? Oder habe ich es nicht gesehen ...«

Katerina antwortete ihm etwas, aber Ordynow verstand nicht, was es eigentlich war: der Greis ließ sie nicht ausreden; er packte sie an der Hand, als ob er nicht mehr die Kraft besäße, alles zurückzuhalten, was seine Brust beengte. Sein

Gesicht war blaß, die Augen trübten sich und flammten gleich darauf wieder in grellem Glanz auf. Die erblaßten Lippen zitterten, und mit ungleicher, verwirrter Stimme, aus der zuweilen eine seltsame Begeisterung hervorleuchtete, sprach er zu ihr: »Gib mir dein Händchen, Schöne! Ich will dir wahrsagen, dir die ganze Wahrheit deuten. Ich bin wahrhaftig ein Hexenmeister; du hast dich nicht geirrt, Katerina! Dein goldenes Herzchen hat wohl die Wahrheit gesagt, daß ich allein es bezaubern kann, und ich will die Wahrheit vor ihm, dem Einfachen, Unschlauen, nicht verbergen! Nur eines hast du nicht erkannt: nicht an mir, dem Hexenmeister, ist es, dich Vernunft zu lehren! Die Vernunft gilt dem Mädchen nichts! Es hört die ganze Wahrheit und tut dann so, als wüßte es nichts, als hätte es nichts gehört! Sein Kopf ist eine listige Schlange, mag auch das Herz von Tränen überfließen! Sie findet ihren Weg selbst, windet sich durch das Leid hindurch, weiß ihren schlauen Willen zu wahren! Manchmal erreicht sie es mit dem Verstand, aber wo der Verstand es nicht vermag, verwirrt sie durch ihre Schönheit, berauscht sie den Verstand mit ihrem schwarzen Auge! Die Schönheit bricht die Kraft; selbst ein eisernes Herz schmilzt. Ob dich wohl Trauer und Leid heimsuchen werden? Schwer liegt das Leid auf dem Menschen! Aber ein schwaches Herz sucht kein Unglück heim. Das Unglück sucht ein starkes Herz, es vergießt heimlich blutige Tränen, es drängt sich mit seiner Schande den Leuten nicht auf! Dein Leid aber, Mädchen, ist wie die Spur im Sand: der Regen verwäscht sie, die Sonne trocknet sie, der wilde Wind trägt sie fort, verweht sie! Ich will dir noch etwas sagen, die Zukunft deuten: wer dich liebgewinnt, dem wirst du als Sklavin folgen, wirst selber deinen Willen binden, ihn zum Pfand geben und kannst ihn dann nicht zurückgewinnen. Du wirst es nicht verstehen, zur rechten Zeit deine Liebe erkalten zu lassen; du säst ein Korn, doch dein Verderber erntet es mit voller Ähre! Mein zärtliches Kind, mein goldenes Köpfchen, du hast dein Perlentränchen in meinem Becher begraben, hast es aber bei der einen nicht bewenden lassen und gleich hundert vergossen, hast ein schönes Wort fallen lassen und dich mit deinem Leid gebrüstet! Und du sollst um dieses Tränchen, dieses himmlische Tautröpfchen, jammern und trauern! Deine Perlenträne wird dir mit Wucherzinsen zurückgegeben werden in einer langen Nacht; in einer traurigen Nacht, wenn böser Kummer, unreine Gedanken dich quälen – dann wird auf dein heißes Herz, immer noch auf dieses Tränlein, eines anderen Träne fallen: eine blutige, keine warme, sondern wie geschmolzenes Blei, deine weiße Brust bis aufs Blut verbrennen, und bis zum Morgen, einem langen, trüben Morgen, wie er an regnerischen Tagen kommt, wirst du in deinem Bettchen dich wälzen, dein rotes Blut verströmen, und deine frische Wunde wird bis zum nächsten Morgen nicht verheilen! Schenk mir ein, Katerina, schenk ein, meine Taube, schenk mir ein für den weisen Rat; und weiter lohnt es nicht, Worte zu verlieren ...«

Seine Stimme wurde schwach und zitterte: es war, als wollte ein Schluchzen aus seiner Brust hervorbrechen ... Er goß sich Wein ein und leerte die neue Schale gierig; dann schlug er von neuem mit der Schale auf den Tisch. Sein trüber Blick flammte noch einmal auf.

»Ah! leb, wie es sich leben läßt!« rief er. »Was vergangen ist, das schüttelt man ab! Schenk mir ein, schenk ein, kredenze mir die schwere Schale, daß sie mir den wilden Kopf von den Schultern reiße, daß die ganze Seele in mir erstarre. Leg mich nieder zur langen Nacht ohne Morgen, daß mir das Bewußtsein für immer schwindet. Was vertrunken ist, ist versunken! Die Ware ist beim Kaufmann wohl dumpf geworden, hat zu lange gelegen, und nun gibt er sie umsonst her! Aber aus freiem Willen hätte sie der Kaufmann nicht unter dem Preis verkauft, feindliches Blut wäre geflossen, und auch unschuldiges Blut wäre vergossen worden, und jener Käufer hätte seine verlorene Seele noch als Zuwaage dreingegeben! Schenk ein, schenk mir noch ein, Katerina!«

Aber seine Hand, die den Becher hielt, schien abgestorben zu sein und bewegte sich nicht; er atmete schwer und mühsam, sein Kopf sank willenlos herab. Zum letztenmal durchbohrte ein trüber Blick Ordynow, aber dann erlosch auch dieser Blick, und die Lider sanken herab, als wären sie aus Blei. Todesblässe breitete sich über sein Antlitz ... Eine Zeitlang bewegten sich und zuckten seine Lippen noch, als wollten sie noch etwas murmeln – und plötzlich hing eine heiße, große Träne an seinen Wimpern, löste sich und rann langsam über die bleiche Wange ... Ordynow konnte sich nicht länger beherrschen. Er erhob sich und ging schwankend einen Schritt vorwärts, trat auf Katerina zu und ergriff ihre Hand; aber sie blickte ihn nicht einmal an, als hätte sie ihn überhaupt nicht bemerkt und nicht erkannt ...

Sie schien auch nahe daran zu sein, das Bewußtsein zu verlieren, als ob ein einziger Gedanke, eine einzige unverrückbare Idee sie ganz hingerissen hätte. Sie sank auf die Brust des schlafenden Greises nieder, umschlang mit ihrem weißen Arm seinen Hals und blickte ihn unverwandt, wie an ihn geschmiedet, mit feurigem, entzündetem Blicke an. Sie schien es gar nicht zu bemerken, daß Ordynow ihr Hand erfaßt hatte. Endlich wandte sie den Kopf nach ihm um und sah ihn mit einem langen, durchdringenden Blick an. Sie schien ihn endlich verstanden zu haben, und ein schweres, erstauntes Lächeln, wie vom Schmerz herausgepreßt, trat auf ihre Lippen...

»Geh, geh fort«, flüsterte sie, »du bist betrunken und böse! Du bist mir kein Gast!« Darauf wandte sie sich wieder zu dem Alten und heftete ihre Augen von neuem auf ihn.

Sie schien jeden seiner Atemzüge zu hüten und hätschelte seinen Schlaf mit ihren Blicken. Es war, als fürchtete sie zu atmen und hielte ihr aufwallendes Herz zurück. Und so viel fanatische, verzückte Liebe lag in ihrem Blick, daß Ordynows Geist mit einem Schlag von Verzweiflung, Raserei und unendlichem Zorn gepackt wurde.

»Katerina! Katerina!« rief er, ihre Hand wie in einem Schraubstock zusammenpressend.

Ein schmerzliches Zucken lief über ihr Gesicht; sie hob wieder den Kopf und blickte ihn so spöttisch, so verächtlich herausfordernd an, daß er sich kaum auf den Füßen halten konnte. Dann zeigte sie auf den schlafenden Alten und blickte, als wäre der ganze Spott seines Feindes in ihre Augen übergegangen, Ordynow wieder mit einem peinigenden, eisigen Blick an.

»Wie? Er wird dich wohl töten?« sagte Ordynow außer sich vor Wut.

Ein Dämon schien ihm ins Ohr zu flüstern, daß er sie verstanden habe... Und sein ganzes Herz lachte über Katerinas eigensinnigen Gedanken.

»Ich kaufe dich, meine Schöne, deinem Kaufmann ab, wenn du meine Seele brauchst! Er bringt dich schon nicht um!...«

Das starre Lachen, das Ordynows ganzes Wesen gefrieren ließ, schwand nicht von Katerinas Gesicht. Der maßlose Spott zerriß sein Herz. Kaum noch seiner bewußt, stützte er den Arm gegen die Wand und nahm das altertümliche, kostbare

Messer des Greises vom Nagel. Etwas wie Erstaunen drückte sich in Katerinas Miene aus; aber zugleich schienen sich Zorn und Verachtung zum zweitenmal in ihren Augen zu spiegeln. Ordynow wurde bei ihrem Anblick übel ... Er fühlte, wie jemand seine willenlose Hand zu einer Wahnsinnstat aufstachelte; er zog das Messer aus der Scheide ... Katerina verfolgte seine Bewegungen unbeweglich, beinahe atemlos ...

Er blickte auf den Greis ...

In diesem Augenblick schien es ihm, daß das eine Auge des Alten sich langsam öffnete und ihn lachend ansah. Ihre Blicke begegneten sich. Einige Minuten sah Ordynow ihn unbeweglich an ... Und dann glaubte er das ganze Gesicht des Alten lachen zu sehen; das teuflische, eisige, tötende Gelächter füllte schließlich das ganze Zimmer. Ein widerlicher, schwarzer Gedanke kroch wie eine Schlange durch Ordynows Hirn. Er erbebte, das Messer entglitt seiner Hand und fiel klirrend zu Boden. Katerina schrie auf, als erwachte sie aus tiefer Vergessenheit, aus einem Albdruck, aus einem schweren, unabweislichen Traumgesicht ... Der Greis erhob sich bleich und langsam von seinem Bett und schleuderte das Messer mit dem Fuß zornig in eine Ecke des Zimmers; Katerina stand blaß, erstarrt, regungslos da, ihre Augen schlossen sich; ein dumpfer, unerträglicher Schmerz sprach aus ihren Zügen; sie schlug die Hände vor das Gesicht und fiel mit einem herzzerreißenden Schrei, beinahe leblos, dem Greis zu Füßen ...

»Aljoscha! Aljoscha!« entrang es sich ihrer beengten Brust. Der Greis umfaßte sie mit mächtigen Armen und erdrückte sie schier an seiner Brust. Doch als sie ihr Haupt an seinem Herzen verbarg, lachte jedes Fältchen im Gesicht des Greises mit einem so unverhüllten, schamlosen Lachen, daß Ordynows ganzes Sein von Entsetzen erfaßt wurde. Betrug, Berechnung, kalte, eifersüchtige Tyrannei und Entsetzen über das arme, zerrissene Herz – das war es, was er aus diesem schamlosen, alle Hüllen abwerfenden Lachen heraushörte.

3

Als Ordynow am folgenden Tag gegen acht Uhr morgens blaß, aufgeregt, kaum zur Besinnung gekommen von der gestrigen Unruhe, die Tür bei Jaroslaw Iljitsch öffnete, zu dem er – übrigens – gekommen war, ohne selber zu wissen warum, prallte er verblüfft zurück und blieb wie angewurzelt an der Schwelle stehen, denn im Zimmer befand sich – Murin. Der Greis war noch bleicher als Ordynow und schien sich infolge seiner Krankheit kaum auf den Füßen zu halten; er wollte sich aber nicht setzen, trotz allen Aufforderungen des durch diesen Besuch höchst beglückten Jaroslaw Iljitsch. Jaroslaw Iljitsch schrie bei Ordynows Anblick auch auf, aber seine Freude schwand beinahe in demselben Augenblick, und auf halbem Weg zwischen dem Tisch und dem nächststehenden Stuhl überfiel ihn völlig überraschend eine gewisse Verwirrung. Es war offensichtlich, daß er nicht wußte, was er sagen und was er tun sollte, und er sah die ganze Unziemlichkeit, in einem solchen beschwerlichen Augenblick dazustehen, den Gast, allein wie er war, abseits stehenzulassen und an seinem Tschibuk zu saugen, völlig ein, aber nichtsdestoweniger (so stark war seine Verwirrung) zog er doch mit allen Kräften und sogar mit einer gewissen Begeisterung an seinem Tschibuk. Ordynow trat endlich in das Zimmer. Er warf einen flüchtigen Blick auf Murin. Etwas wie das gestrige böse Lächeln, das Ordynow auch jetzt noch vor Entrüstung erbeben ließ, glitt über das Gesicht des Greises, aber alle Feindseligkeit verschwand sofort, und sein Gesicht nahm eine völlig unzugängliche und verschlossene Miene an. Er machte eine außerordentlich tiefe Verbeugung vor seinem Mieter ... Diese ganze Szene ließ Ordynow endlich zu Bewußtsein kommen. Er sah Jaroslaw Iljitsch scharf an, als wollte er in die Sachlage eindringen. Jaroslaw Iljitsch wurde unruhig und betreten.

»Treten Sie näher, treten Sie näher«, murmelte er endlich, »treten Sie näher, teuerster Wasilij Michailowitsch, erfreuen Sie uns durch Ihren Eintritt und drücken Sie Ihren Stempel ... auf alle diese alltäglichen Dinge ...« sagte Jaroslaw Iljitsch, mit der Hand in eine Ecke des Zimmers deutend und errötend wie eine vollerblühte Rose; dann verlor er den Faden, wurde verlegen, und, ärgerlich, daß seine erhabene Phrase nicht zu Ende gekommen und umsonst wie eine Seifenblase zerplatzt war, rückte er mit Donnergepolter einen Stuhl mitten ins Zimmer.

»Ich will Sie nicht stören, Jaroslaw Iljitsch, ich wollte ... für zwei Minuten ...«

»Aber ich bitte Sie! Wie könnten Sie mich stören, Wasilij Michailowitsch! Aber ... darf ich Ihnen ein Täßchen Tee anbieten? He! Bedienung ... Ich bin überzeugt, daß auch Sie ein zweites Täßchen nicht ausschlagen werden!«

Murin nickte mit dem Kopf und gab auf diese Weise zu verstehen, daß er durchaus nicht abgeneigt sei.

Jaroslaw Iljitsch schrie die eingetretene Bedienung an und befahl in strengstem Ton, noch drei Glas Tee zu bringen, dann setzte er sich neben Ordynow. Eine Zeitlang drehte er seinen Kopf hin und her wie ein Gipskätzchen, bald nach rechts, bald nach links, von Murin zu Ordynow und von Ordynow zu Murin. Seine Lage war äußerst unangenehm. Er wollte offenbar etwas seiner Meinung nach sehr Heikles sagen – wenigstens für die eine Partei. Aber trotz allen Anstrengungen konnte er kein Wort herausbringen ... Ordynow schien auch im Zweifel zu sein. Es kam ein Augenblick, da sie plötzlich beide zugleich zu reden anfingen ... Der schweigsame Murin, der sie beide neugierig betrachtete, öffnete langsam den Mund und zeigte alle seine Zähne bis auf den letzten.

»Ich bin gekommen, um Ihnen mitzuteilen«, begann Ordynow plötzlich, »daß ich wegen eines sehr unangenehmen Umstandes gezwungen bin, mein Quartier aufzugeben und ...«

»Stellen Sie sich vor, welch ein merkwürdiger Zufall!« unterbrach ihn Jaroslaw Iljitsch plötzlich. »Ich muß gestehen, ich war außer mir vor Staunen, als dieser ehrwürdige Greis mir heute früh Ihren Entschluß mitteilte. Aber ...«

»Er hat es Ihnen mitgeteilt?« fragte Ordynow verblüfft und schaute Murin an.

Murin strich über seinen Bart und lachte in den Ärmel hinein.

»Jawohl«, fuhr Jaroslaw Iljitsch fort, »übrigens kann ich mich auch irren. Aber das sage ich ganz offen, für Sie – ich kann mit meiner Ehre dafür eintreten –, für Sie war nichts Beleidigendes in den Worten dieses ehrwürdigen Greises ...«

Hier errötete Jaroslaw Iljitsch und unterdrückte seine Aufregung gewaltsam. Murin, der sich anscheinend endlich zur Genüge an der Verlegenheit des Hauswirtes und des Gastes geweidet hatte, machte einen Schritt vorwärts.

»Ich habe deswegen, Euer Wohlgeboren«, begann er mit einer höflichen Verbeugung gegen Ordynow, »Seine Wohlgeboren Ihretwegen ein wenig zu belästigen gewagt. Es kommt so heraus, Herr – Sie wissen ja selbst – ich und die Hausfrau, das heißt, wir würden uns ja von ganzer Seele und von Herzen freuen und hätten nicht gewagt, ein Wort zu sagen, aber was habe ich denn für ein Leben, das wissen und sehen Sie ja selbst, mein Herr! Wahrhaftig, unser Herrgott erhält ja nur unser Leben, dafür beten wir auch zu seinem heiligen Willen; aber sonst sehen Sie ja selbst, Herr, soll ich vielleicht heulen und jammern?« Murin fuhr wieder mit dem Ärmel über den Bart.

Ordynow wurde beinahe übel.

»Ja, ja, ich habe es Ihnen ja selbst von ihm erzählt: er ist krank, das heißt dieses Malheur ... das heißt, ich wollte mich französisch ausdrücken, aber, entschuldigen Sie, das Französische ist mir nicht so geläufig, das heißt ...«

»Ja ...«

»Ja, das heißt ...«

Ordynow und Jaroslaw Iljitsch machten voreinander, jeder von seinem Stuhl aus und ein wenig seitwärts, eine halbe Verbeugung, und beide verbargen den auftauchenden Zweifel hinter einem entschuldigenden Lachen. Der nüchterne Jaroslaw Iljitsch faßte sich sofort wieder.

»Ich habe diesen ehrwürdigen Mann übrigens genau ausgefragt«, begann er, »er sagte mir, daß die Krankheit jener Frau ...«

Hier wünschte der empfindliche Jaroslaw Iljitsch wahrscheinlich ein leichtes Bedenken zu verbergen, das wiederum in seinem Gesicht aufgetaucht war, und wandte sich rasch, mit einem fragenden Blick, Murin zu.

»Ja, unserer Wirtin ...«

Der delikate Jaroslaw Iljitsch bestand nicht darauf.

»Der Hauswirtin, das heißt Ihrer früheren Hauswirtin, ich weiß wirklich ... Nun ja! Sehen Sie wohl, sie ist eine kranke Frau. Sie sagt, daß sie Sie stört ... bei Ihrer Arbeit, ja, und er selber ... Sie haben einen sehr wichtigen Umstand vor mir verheimlicht, Wasilij Michailowitsch!«

»Welchen?«

»Wegen des Gewehrs«, bemerkte Jaroslaw Iljitsch flüsternd und im nachsichtigsten Ton, und der millionste Teil eines Vorwurfs tönte zart in seinem freundlichen Tenor. »Aber«, fügte er eilig hinzu, »ich weiß alles, er hat mir alles erzählt, und Sie haben edel gehandelt, indem Sie ihm seine unfreiwillige Schuld Ihnen gegenüber verziehen haben. Ich schwöre, daß ich Tränen in seinen Augen gesehen habe!«

Jaroslaw Iljitsch errötete von neuem; seine Augen leuchteten auf, und er drehte sich gefühlvoll auf seinem Stuhl um.

»Ich, das heißt wir, mein Herr, Euer Wohlgeboren, das heißt icn, zum Beispiel gesagt, und auch meine Hausfrau, beten für Sie zu Gott«, begann Murin, indem er sich an Ordynow wandte, während Jaroslaw Iljitsch seine gewohnte Erregung niederkämpfte, und sah ihn prüfend an. »Sie wissen es ja selbst, Herr, sie ist ein krankes, dummes Weib; mich selber tragen meine Füße kaum ...«

»Ich bin ja bereit«, sagte Ordynow ungeduldig, »lassen Sie es gut sein, ich bitte Sie, meinetwegen sofort!«

»Nein, Herr, das heißt, wir sind durch Ihre Güte sehr beglückt« – Murin verbeugte sich ganz tief –, »ich wollte nicht davon reden, Herr, ich wollte nur ein paar Worte sagen – sie ist beinahe verwandt mit mir, Herr, das heißt, ganz weitläufig, wie man sagt, eine entfernte Nichte der Schwägerin meiner Schwester ... Nehmen Sie dieses Wort nicht übel, Herr, wir sind ungebildete Leute. Und sie ist von Kindheit an so! Ihr Köpfchen ist krank, hitzig, sie ist im Wald aufgewachsen, als Bäuerin, immer zwischen Barkenknechten und Holzhändlern; und da brannte ihr Haus nieder; ihre Mutter, Herr, ist mit verbrannt; ihr Vater hat den Verstand darüber verloren, und sie ... weiß Gott, was sie Ihnen vorerzählt hat ... Ich mische mich da nicht mehr hinein, aber sie ist in Moskau von einem chi–chir–ruggischen Konzilium untersucht worden ... das heißt, Herr, sie ist ganz krank, das ist's! Ich allein bin ihr noch geblieben, mit mir lebt sie denn auch. Wir leben, beten zu Gott, hoffen auf die höchste Macht, ich handle ihr auch in nichts mehr zuwider ...«

Ordynow wechselte die Farbe. Jaroslaw Iljitsch sah bald den einen, bald den anderen an.

»Ich rede ja auch nicht davon, Herr ... nein!« verbesserte sich Murin und wiegte den Kopf bedächtig hin und her, »sie ist, beispielsweise gesagt, so ein Wind, so ein Wirbelsturm, sie hat so einen verliebten, wilden Kopf, immer will sie nur einen lieben Freund – entschuldigen Sie, daß ich das sage – und eine Liebe im Herzen haben; das ist ihr Sparren. Ich suche sie durch Märchen zu beschwichtigen, das heißt, soweit das eben geht. Ich habe es ja gesehen, Herr, wie sie – verzeihen Sie mein dummes Wort, Herr«, fuhr Murin fort, indem er sich verneigte und mit dem Ärmel über seinen Bart fuhr, »wie sie, beispielsweise gesagt, mit Ihnen Bekanntschaft schloß.

Sie, das heißt, Euer Durchlaucht haben, beispielsweise gesagt, sich betreffs der Liebe bei ihr anzuschmiegen gewünscht ...«

Jaroslaw Iljitsch fuhr auf und sah Murin vorwurfsvoll an. Ordynow konnte kaum auf dem Stuhl stille sitzen.

»Nein ... das heißt, Herr, ich sage nicht das Richtige ... ich habe das in meiner Einfalt gesagt, Herr, ich bin ein Bauer, hänge von Ihrem Willen ab ... natürlich, wir sind ungelehrte Leute, Herr, wir sind Ihre Diener«, setzte er, sich tief verbeugend, hinzu, »aber wie ich mit meiner Frau für Sie zu Gott beten werde! ... Was wollen wir denn? Wenn wir nur satt und gesund sind, dann murren wir nicht. Was soll ich denn tun, Herr, von selbst den Kopf in die Schlinge stecken, oder was sonst? Sie wissen es selbst, Herr, das ist eine natürliche Sache, haben Sie Mitleid mit uns; denn wie sollte das sein, Herr, wenn sie noch einen Geliebten hätte! ... Verzeihen Sie das grobe Wort, Herr ... ich bin ein Bauer, Herr, Sie aber ein Barin ... Sie, Herr, Euer Durchlaucht sind ein junger, stolzer, hitziger Mann, sie dagegen, Herr, das wissen Sie ja selbst, ist ein junges, unverständiges Kind – da ist's nicht weit bis zur Sünde! Sie ist ein kerniges, rotwangiges, liebes Weib, mich alten Mann aber plagt immer die Krankheit. Nun, was? Der Teufel hat wohl Euer Gnaden aufgestachelt! Ich suche sie immer durch Märchen zu beruhigen, wirklich zu beruhigen! Aber wie ich mit meiner Frau für Euer Gnaden beten würde! So innig beten! Und was liegt Ihnen an ihr, Durchlaucht, sie ist zwar ein liebes Weib, aber doch nur eine Bäuerin, ein ungewaschenes Weib, ein dummer Dorfteufel, nur mir, dem Bauern, ebenbürtig! Ihnen, Herr, steht es beispielsweise nicht an, sich mit Bauernweibern abzugeben! Aber wie wir für Euer Gnaden zu Gott beten würden, so innig beten!«

Hier verneigte sich Murin tief, ganz tief, richtete seinen gebeugten Rücken lange nicht auf und strich sich mit dem Ärmel über den Bart. Jaroslaw Iljitsch wußte kaum, wo er stand.

»Ja, dieser gute Mann«, bemerkte er ganz verwirrt, »sprach mir von gewissen, zwischen Ihnen bestehenden Unstimmigkeiten; ich wage es nicht zu glauben, Wasilij Michailowitsch ... Ich habe gehört, daß Sie noch immer krank sind«, unterbrach er sich rasch mit vor Erregung tränenden Augen und sah Ordynow in grenzenloser Verlegenheit an.

»Jawohl ... Wieviel bin ich Ihnen schuldig?« fragte Ordynow den Alten rasch.

»Was denken Sie, Väterchen Barin? Genug davon. Wir sind doch keine Christusverkäufer. Warum wollen Sie uns kränken, Herr? Sie sollten sich schämen, Herr; wodurch haben ich und meine Ehegattin Sie beleidigt? Ich bitte Sie!«

»Aber das ist doch eigentlich merkwürdig, mein Freund; er hat doch bei Ihnen gemietet; fühlen Sie denn nicht, daß Sie ihn durch Ihre Weigerung kränken?« mischte sich Jaroslaw Iljitsch ein, der es für seine Pflicht hielt, Murin die ganze Seltsamkeit und Kitzlichkeit seines Vorgehens zu zeigen.

»Aber ich bitte Sie, Väterchen! Was wollen Sie denn, Herr? Ich bitte Sie! Haben wir denn Ihrer Ehre nicht genuggetan? Wir haben uns doch bemüht, so bemüht, sind förmlich aus der Haut gefahren, ich bitte Sie! Lassen Sie es gut sein, Herr; Christus wird sich Ihrer erbarmen! Sind wir denn Ungläubige? Er hätte bei uns wohnen, unser bäuerliches Essen mit uns teilen, bei uns krank liegen können, wir hätten nichts gesagt und ... nicht ein Wörtchen verloren; doch der Böse hat ihn verwirrt, ich bin ein kränklicher Mensch, auch meine Hausfrau ist kränklich – was soll man da machen! Es wäre niemand dagewesen, Sie zu bedienen, sonst aber wären wir so froh gewesen, von Herzen froh. Und wie ich mit meiner Frau für Euer Gnaden zu Gott beten würde, das heißt, so innig beten!«

Murin verneigte sich bis zur Erde. Tränen drängten sich aus Jaroslaw Iljitschs begeisterten Augen. Er blickte Ordynow verzückt an.

»Sehen Sie doch, welch ein edler Zug! Welch eine heilige Gastfreundschaft ruht doch über dem russischen Volk!«

Ordynow sah Jaroslaw Iljitsch mit wildem Blick an. Er war fast entsetzt ... und musterte ihn vom Kopf bis zum Fuß.

»Ja, wahrhaftig, Herr, gerade die Gastfreundschaft schätzen wir, das heißt, wie wir sie schätzen, Herr!« fiel Murin ein und bedeckte seinen Bart mit dem ganzen Ärmel. »Wirklich, jetzt kommt mir ein Gedanke: wenn Sie doch unser Gast sein wollten, Herr, bei Gott, wenn Sie unser Gast sein wollten«, fuhr er, an Ordynow herantretend, fort, »und auch ich, Herr, würde nichts sagen; ein, zwei Tage, und ich würde wirklich nichts sagen. Aber die Sünde hat uns arg aufgestachelt, meine Hausfrau ist krank! Ach, wenn die Hausfrau nicht wäre! Wenn, zum Beispiel, ich allein wäre: wie würde ich Euer Gnaden dienen, wie hätte ich Sie gepflegt, das heißt, so gepflegt! Wen sollten wir denn auch pflegen, wenn nicht Euer

Gnaden? Ich hätte Sie geheilt, wahrhaftig geheilt, ich kenne ein Mittel ... Sie sollten wirklich ein paar Tage bei uns bleiben, Herr, bei Gott, das ist ein großes Wort, Sie sollten unser Gast sein!«

»In der Tat, gibt es nicht irgendein Mittel?« bemerkte Jaroslaw Iljitsch ... und kam nicht zu Ende.

Ordynow hatte unrecht gehabt, als er kurz vorher Jaroslaw Iljitsch in staunender Empörung vom Kopf bis zu den Füßen angesehen hatte. Er war selbstverständlich der ehrlichste und edelste Mensch auf der Welt, aber er hatte jetzt alles begriffen, und seine Lage war, offen gestanden, überaus schwierig! Er wäre gern, wie man das so nennt, vor Lachen geborsten. Wäre Jaroslaw Iljitsch jetzt mit Ordynow allein gewesen – zwei solche Freunde! –, hätte er es natürlich nicht ausgehalten und sich einer unmäßigen Heiterkeit hingegeben. Auf jeden Fall hätte er das sehr vornehm gemacht, Ordynows Hand nachher mit Gefühl gedrückt, ihm aufrichtig und mit Recht versichert, daß er nun doppelte Hochachtung für ihn empfinde und ihn auf jeden Fall entschuldige ... und schließlich dürfe man der Jugend gegenüber wohl ein Auge zudrücken. Jetzt aber befand er sich bei seiner bekannten Feinfühligkeit in einer sehr schwierigen Lage und wußte kaum, wo er sich verbergen sollte ...

»Ein Mittel, das heißt eine Arznei!« fiel Murin ein, dessen ganzes Gesicht bei Jaroslaw Iljitschs ungeschicktem Ausruf gezuckt hatte. »Ich, das heißt, Herr, würde in meiner bäuerlichen Dummheit folgendes sagen«, fuhr er fort, indem er noch einen Schritt vorwärts machte, »Sie haben zuviel Bücher gelesen, Herr! Ich würde sagen, Sie sind zu klug geworden; Ihnen ist, wie man bei uns in Rußland nach Bauernart sagt, Geist und Verstand stehengeblieben ...«

»Genug!« sagte Jaroslaw Iljitsch streng.

»Ich gehe«, sagte Ordynow, »ich danke Ihnen, Jaroslaw Iljitsch; ich komme bestimmt zu Ihnen«, antwortete er auf die verdoppelten Höflichkeitsbezeigungen Jaroslaw Iljitschs, der nicht mehr die Kraft hatte, ihn zurückzuhalten. »Leben Sie wohl, leben Sie wohl ...«

»Leben Sie wohl, Euer Wohlgeboren; leben Sie wohl, Herr; vergessen Sie uns nicht, besuchen Sie uns arme Sünder.«

Ordynow hörte nichts mehr. Er verließ das Zimmer wie ein halb Irrsinniger.

Er konnte es nicht mehr aushalten; er war wie erschlagen;

sein Bewußtsein erstarrte. Er fühlte dumpf, daß die Krankheit ihn würgte, aber eine kalte Verzweiflung griff in seiner Seele Platz, und er empfand nur, daß irgendein dumpfer Schmerz seine Brust drückte, quälte und aussaugte. Er wollte in diesem Augenblick sterben. Seine Beine versagten, er setzte sich an einem Zaun nieder und beachtete weder die vorübergehenden Menschen noch die Volksmenge, die sich um ihn scharte, noch die Zurufe und Fragen der ihn umringenden Neugierigen. Doch plötzlich ertönte aus dem Stimmengewirr Murins Stimme neben ihm. Ordynow hob den Kopf. Der Greis stand tatsächlich vor ihm; sein blasses Gesicht war ernst und nachdenklich. Das war jetzt ein ganz anderer Mensch als jener, der ihn bei Jaroslaw Iljitsch so roh verhöhnt hatte. Ordynow erhob sich, Murin nahm ihn bei der Hand und führte ihn aus der Menge ...

»Du mußt noch deine Habseligkeiten mitnehmen«, sagte er, Ordynow von der Seite ansehend. »Sei nicht traurig, Herr!« rief er aus, »du bist jung, wozu denn trauern!«

Ordynow antwortete nicht.

»Bist du gekränkt, Barin? Die Wut hat dich wohl gepackt ... aber ganz ohne Grund; jeder schützt sein Gut!«

»Ich kenne euch nicht«, sagte Ordynow, »ich will eure Geheimnisse nicht wissen. Aber sie! sie ...« murmelte er, und Tränen strömten in Bächen aus seinen Augen. Der Wind riß eine Träne nach der andern von seinen Wangen ... Ordynow wischte sie mit der Hand weg. Seine Gesten, der Blick, die unwillkürlichen Bewegungen seiner blau gewordenen Lippen – alles deutete eine nahende Sinnesverwirrung an.

»Ich habe es dir schon erklärt«, sagte Murin, die Augenbrauen zusammenziehend, »sie ist verrückt! Wodurch und wie sie ihren Verstand verloren hat ... wozu brauchst du das zu wissen? Nur mir ist sie so teuer! Ich habe sie mehr als mein Leben liebgewonnen und trete sie niemandem ab. Verstehst du jetzt?«

In Ordynows Augen blitzte ein Feuer auf.

»Aber warum habe ich ... warum habe ich jetzt gleichsam mein Leben verloren? Warum tut denn *mein* Herz weh? Warum mußte ich Katerina kennenlernen?«

»Warum?« Murin lächelte und wurde nachdenklich. »Warum? Ich weiß selbst nicht warum«, brachte er endlich heraus. »Der Frauen Wesen ist keine Meerestiefe, willst du es erkennen, erkennst du es, aber es ist schlau, zäh, lebhaft! Na, sozusagen, nimm's heraus und schau's dir an. Ich glaube wirklich, Herr, sie wollte mit Ihnen von mir fortgehen«, fuhr er nachdenklich fort. »Der Alte ist ihr zuwider geworden, sie hat alles mit ihm erlebt, soweit es zu erleben war! Sie haben ihr schon von allem Anfang an arg gut gefallen! Vielleicht ist es auch gleichgültig, ob Sie es waren oder ein anderer ... Ich stehe ihr ja nicht im Weg; wünschte sie Vogelmilch, verschaffte ich ihr auch Vogelmilch; erschüfe selbst einen solchen Vogel, wenn es keinen solchen Vogel gäbe! Sie ist eitel! Sie träumt von Freiheit und weiß doch selber nicht, wonach es ihr Herz gelüstet. Und da erwies es sich, daß es besser ist, beim Alten zu bleiben! Ach, Herr! Du bist noch arg jung! Dein Herz ist noch heiß wie das eines verlassenen Mädchens, das seine Tränen mit dem Ärmel wegwischt! Merk dir's, Herr: ein schwacher Mensch kann sich nicht allein halten! Gib ihm nur alles – er kommt von selbst wieder und gibt dir's zurück; gib ihm die halbe Erdkugel zu Besitz, versuch es – was denkst du wohl? Er versteckt sich in einem Schuh, so klein macht er sich! Gib einem schwachen Menschen die Freiheit – er fesselt sie selber und bringt sie zurück. Einem dummen Herzen bringt auch die Freiheit keinen Nutzen! Wer so geartet ist, der wird mit dem Leben nicht fertig! Ich sage dir das alles nur so – du bist noch arg jung! Was bist du mir? Du warst da und bist gegangen – du oder ein anderer, das ist ganz gleich. Ich wußte es von vornherein, daß es damit enden würde. Aber man darf nicht widersprechen! Man darf kein Wort dagegen sagen, wenn man sein Glück bewahren will. Denn weißt du, Herr«, fuhr Murin fort zu philosophieren, »das wird alles nur so hingesprochen, denn was gibt es nicht? Im Ärger greift so einer zum Messer oder geht auch unbewaffnet mit bloßen Händen auf dich los wie ein Hammel und beißt dem Feind die Gurgel mit den Zähnen durch; wenn man dir aber das Messer in die Hand drückt und dein Feind entblößt selber seine breite Brust vor dir, da wirst du wohl zurücktreten!«

Sie kamen in den Hof. Der Tatare hatte Murin schon von weitem bemerkt, nahm die Mütze vor ihm ab und blickte Ordynow listig und forschend an.

»Ist die Mutter zu Hause?« rief Murin ihm zu.

»Jawohl.«

»Sag ihr, daß sie ihm helfen soll, seine Habseligkeiten fortzuschaffen. Und du geh auch mit, rühr dich!«

Sie stiegen die Treppe hinauf. Das alte Weib, das bei Murin diente und sich tatsächlich als die Mutter des Hausknechts erwies, machte sich mit den Sachen des scheidenden Mieters zu schaffen und band sie brummend in ein großes Bündel zusammen.

»Warte ein wenig; ich bringe dir noch etwas von deinen Sachen, es ist noch einiges drin geblieben . . .«

Murin ging in sein Zimmer. Nach einer Minute kam er zurück und brachte Ordynow ein mit bunter Seide und Wolle reich gesticktes Kissen – es war dasselbe, das ihm Katerina unter den Kopf gelegt hatte, als er krank geworden war.

»Das schickt sie dir«, sagte Murin. »Und jetzt geh deiner Wege, aber sieh zu, treibe dich nicht hier herum«, fügte er halblaut in väterlich ermahnendem Ton hinzu, »sonst geht es dir schlecht!«

Man sah, daß er seinen Mieter nicht kränken wollte. Doch als er einen letzten Blick auf ihn warf, flammte unwillkürlich der Ausdruck maßloser Wut in seinen Zügen auf. Fast mit Ekel schloß er die Tür hinter Ordynow.

Zwei Stunden später zog Ordynow bei dem Deutschen Spieß ein. Tinchen stieß bei seinem Anblick einen Ruf der Verwunderung aus. Sie fragte ihn sofort nach seinem Befinden, und als sie erfuhr, worum es sich handelte, machte sie sich unverzüglich daran, ihn zu kurieren. Der alte Deutsche erzählte seinem Mieter selbstzufrieden, daß er soeben zum Tor gehen wollte, um den Aushängezettel von neuem anzukleben, weil die durch das Handgeld bezahlten Mietstage grade heute auf die Kopeke genau zu Ende gegangen seien. Wobei die Alte nicht unterlassen konnte, begeistert die deutsche Genauigkeit und Ehrlichkeit zu loben. Am selben Tage wurde Ordynow krank und konnte erst nach drei Monaten das Bett verlassen.

Nach und nach gesundete er und konnte wieder ausgehen. Das Leben bei dem Deutschen war eintönig und ruhig. Der Deutsche hatte keine besonderen Gewohnheiten; das hübsche Tinchen war, ohne die Sittlichkeit zu verletzen, zu allem bereit, was man von ihr verlangte, aber das Leben schien für Ordynow für alle Ewigkeit seinen Reiz verloren zu haben! Er war grüblerisch und reizbar geworden; seine Empfindlichkeit nahm krankhafte Züge an, und er verfiel unbewußt in eine böse, hartnäckige Schwermut. Er rührte zuweilen wochenlang kein Buch an. Die Zukunft war ihm verschlossen, sein Geld ging zur Neige, und er hatte die Hände vor der Zeit sinken lassen; er dachte nicht einmal an die Zukunft. Zuweilen tauchten sein einstiger heißer Wissensdurst, das einstige Feuer, die einstigen, von ihm selbst entworfenen Bilder grell aus der Vergangenheit vor ihm auf, aber sie minderten und erstickten nur seine Energie. Der Gedanke wurde nicht in die Tat umgesetzt. Die schöpferische Phantasie war zum Stillstehen gekommen. Es schien, daß alle diese Bilder in seinen Vorstellungen absichtlich ins Riesengroße wuchsen, um über seine, ihres eigenen Schöpfers Schwäche zu lachen. In düsteren Augenblicken drängte sich ihm unwillkürlich der Vergleich zwischen sich und jenem prahlerischen Zauberlehrling auf, der seinem Meister ein Wort abgelauscht und dem Besen befohlen hatte, Wasser zu holen, und nun darin selber ertrank, weil er vergessen hatte, wie er ihm das Aufhören befehlen sollte. Vielleicht hatte sich in ihm eine ganze, originale, selbständige Idee verkörpert. Vielleicht war es ihm bestimmt gewesen, ein Meister der Wissenschaft zu werden. Wenigstens hatte er früher selbst daran geglaubt. Und aufrichtiger Glaube ist schon ein Pfand für die Zukunft. Doch jetzt lachte er in manchen Augenblicken selbst über seine blinde Überzeugung und – kam keinen Schritt vorwärts.

Vor einem halben Jahr hatte er die wohlgestalte Skizze eines Werkes erlebt, geformt und zu Papier gebracht, auf die er, jung wie er war, in nichtschöpferischen Augenblicken seine wesentlichsten Hoffnungen setzte. Das Werk bezog sich auf die Kirchengeschichte, und die wärmsten, glühendsten Ideen waren aus seiner Feder geflossen. Jetzt überlas er diesen Entwurf, arbeitete ihn um, dachte über ihn nach, las, stöberte allerhand auf und verwarf seinen Plan schließlich, ohne etwas auf den Trümmern aufzubauen. Aber etwas, das an Mystik, Fatalismus, geheime Weisheit erinnerte, begann sich seiner Seele zu bemächtigen. Der Unglückliche empfand seine Leiden und bat Gott um Heilung. Die russische Aufwärterin seines deutschen Hauswirts, eine gottesfürchtige alte Frau, erzählte mit Genuß, wie ihr frommer Mieter betete und wie er stundenlang wie leblos auf dem Fußboden in der Kirche lag ...

Er sprach mit niemandem ein Wort über sein Erlebnis. Aber manchmal, besonders in der Dämmerstunde, um die Zeit, wenn das Dröhnen der Kirchenglocken ihn an jenen Augenblick erinnerte, da seine Brust zum erstenmal von einem bis dahin nicht gekannten Gefühl gezittert und gebebt hatte, da er im Gotteshaus neben ihr niedergekniet war und, alles um sich vergessend, nur gehört hatte, wie ihr zaghaftes Herz klopfte, da er die neue lichte Hoffnung, die in seinem einsamen Leben auftauchte, mit Tränen der Begeisterung und Freude benetzte – dann erhob sich ein Sturm in seiner für immer wunden Seele; dann erbebte sein Geist, und die Qualen der Liebe flammten von neuem glühend in seiner Brust auf; dann schmerzte sein Herz vor Trauer und Leidenschaft, und seine Liebe schien mit seiner Traurigkeit zu wachsen. Oft saß er, sich selbst und das alltägliche Leben und alles in der Welt vergessend, stundenlang auf demselben Platz, einsam, niedergeschlagen, schüttelte hoffnungslos den Kopf, vergoß Tränen und flüsterte vor sich hin: »Katerina! Mein herzliebstes Täubchen! Mein einsames Schwesterchen ...«

Ein häßlicher Gedanke begann ihn mehr und mehr zu quälen, verfolgte ihn mit stets wachsender Gewalt und verdichtete sich mit jedem Tag zu größerer Wahrscheinlichkeit und schließlich zur Wirklichkeit. Es schien ihm (und er glaubte schließlich selbst an alles), es schien ihm, daß Katerinas Verstand unversehrt war, daß Murin aber in gewissem Sinn recht gehabt hatte, wenn er sie ein schwaches Herz nannte. Es schien ihm, daß irgendein Geheimnis sie mit dem Greis verband, daß aber Katerina, ohne sich des Verbrechens bewußt zu sein, wie ein unschuldiges Täubchen in seine Gewalt geraten war. Wer waren sie? Er wußte es nicht. Aber er träumte unausgesetzt von der tiefen, hoffnungslosen Knechtung des armen schutzlosen Geschöpfes; und sein Herz empörte sich und zitterte vor ohnmächtigem Unwillen in seiner Brust. Es schien ihm, daß den erschrockenen Augen der plötzlich sehend gewordenen Seele ihr eigener Fall heimtückisch vorgeführt wurde, daß man das arme, *schwache* Herz hinterlistig quälte, die Wahrheit vor ihr verdrehte, mit Absicht, wo es möglich war, ihre Blindheit unterstützte, den unerfahrenen Neigungen ihres stürmischen, verwirrten Herzens listig schmeichelte und allmählich ihrer freien und freiheitsdurstigen Seele, die schließlich keiner Auflehnung, keines freien Aufschwungs in das wahre Leben mehr fähig war, die Flügel stutzte ...

Nach und nach wurde Ordynow noch menschenscheuer als früher, wobei ihn seine deutschen Wirtsleute, um ihnen Gerechtigkeit widerfahren zu lassen, keineswegs störten. Er ging gerne lange, ohne ein Ziel, in den Straßen umher. Er wählte hierzu mit Vorliebe die Dämmerstunde und zum Ort seiner Wanderung öde, abgelegene Plätze, die selten von irgend jemandem aufgesucht wurden. An einem unfreundlichen, ungesunden Frühlingsabend traf er in einem dieser öden Winkel Jaroslaw Iljitsch.

Jaroslaw Iljitsch war sichtlich abgemagert, seine freundlichen Augen waren glanzlos, und er selbst schien eine große Enttäuschung erfahren zu haben. Er jagte atemlos in irgendeiner Angelegenheit umher, die keinen Aufschub duldete, war durchnäßt, beschmutzt, und ein Regentropfen wollte in geradezu phantastischer Weise schon den ganzen Abend seine durchaus anständige, jetzt aber blau angelaufene Nase nicht verlassen. Zudem hatte er sich einen Backenbart stehen lassen. Dieser Backenbart und auch der Umstand, daß Jaroslaw Iljitsch ihn so ansah, als ob er einer Begegnung mit seinem alten Bekannten ausweichen wollte, verblüfften Ordynow geradezu ... Merkwürdig! Sein Herz fühlte sich sogar verwundet und gekränkt, obgleich es bis jetzt noch nie nach dem Mitgefühl anderer verlangt hatte. Ihm war einfach der frühere Mensch angenehmer gewesen, der schlicht, gutmütig, naiv – entschließen wir uns endlich, es offen zuzugeben –, ein wenig dumm war, aber ohne Absicht, sich ernüchtern zu lassen und etwas gescheiter zu werden. Und es ist unangenehm, wenn ein *dummer* Mensch, den wir vorher vielleicht gerade seiner Dummheit wegen liebten, *plötzlich klug wird*, entschieden unangenehm. Übrigens verschwand das Mißtrauen, mit dem er Ordynow ansah, sofort wieder. Bei all seiner Enttäuschung hatte ihn seine alte Natur, mit welcher der Mensch bekanntlich ins Grab steigt, nicht verlassen, und er drängte sich mit Genuß, so wie er war, in Ordynows Freundesseele. Zuerst bemerkte er, daß er sehr viel zu tun habe, dann, daß sie sich lange nicht gesehen hätten; aber plötzlich nahm das Gespräch wieder eine seltsame Wendung. Jaroslaw Iljitsch sprach über die Lügenhaftigkeit der Menschen im allgemeinen, über die Unbeständigkeit der Güter dieser Welt, über die Eitelkeit aller Bemühungen, unterließ es auch nicht – allerdings nur im Vorübergehen und sogar mehr denn gleichgültig –, Puschkin zu erwähnen, gedachte mit einem gewissen Zynismus einiger guter Bekannter und machte zum Schluß sogar eine Anspielung auf die Falschheit und Tücke derjenigen, die sich in der Gesellschaft unsere Freunde nennen, während eine aufrichtige Freundschaft in der Welt von Anbeginn nicht zu finden war. Mit einem Wort, Jaroslaw Iljitsch war klüger geworden. Ordynow widersprach ihm in nichts, aber eine unsagbare, qualvolle Trauer bemächtigte sich seiner: ihm war, als ob er seinen besten Freund begraben hätte.

»Ach! Stellen Sie sich vor, ich hätte beinahe ganz vergessen, Ihnen das zu erzählen«, sagte Jaroslaw Iljitsch plötzlich, als wäre ihm etwas äußerst Interessantes eingefallen. »Bei uns hat sich etwas Neues zugetragen! Ich will es Ihnen als Geheimnis anvertrauen. Erinnern Sie sich des Hauses, in dem Sie gewohnt haben?«

Ordynow schrak zusammen und erblaßte.

»So stellen Sie sich vor, in diesem Haus ist unlängst eine ganze Diebsgesellschaft aufgedeckt worden, das heißt, mein Herr, eine ganze Bande, ein Diebsnest; alle möglichen Schmuggler, Gauner, was weiß ich! Ein paar hat man gefangen, nach den anderen fahndet man noch; die strengsten Befehle sind ergangen! Und können Sie sich vorstellen: erinnern Sie sich des Hausbesitzers? Ein gottesfürchtiger, ehrwürdiger, dem Anschein nach vornehmer Mann ...«

»Nun?«

»Beurteilen Sie nach alledem die ganze Menschheit! Er war der Anführer dieser ganzen Rotte, ihr Oberhaupt. Klingt das nicht ungereimt?«

Jaroslaw Iljitsch sprach mit Gefühl und verurteilte wegen dieses einen die ganze Menschheit, weil ein Jaroslaw Iljitsch gar nicht anders handeln kann; das liegt in seinem Charakter.

»Aber die anderen? Und Murin?« brachte Ordynow flüsternd hervor.

»Ach Murin, Murin! Nein, das ist ein edler, ehrwürdiger Greis ... Aber, gestatten Sie, Sie bringen neues Licht ...«

»Wie denn? Gehörte er auch zur Bande?«

Ordynows Herz wollte die Brust vor Ungeduld zersprengen.

»Übrigens, was sagen Sie denn ...« fügte Jaroslaw Iljitsch hinzu, seine bleiernen Augen prüfend auf Ordynow richtend – ein Zeichen, daß er überlegte. »Murin konnte nicht unter ihnen sein. Genau drei Wochen vorher war er mit seiner Frau in die Heimat gereist, nach seinem alten Wohnort ... Ich habe es von dem Hausknecht erfahren ... Von diesem jungen Tataren, erinnern Sie sich?«

Polsunkow

Ich fing an, diesen Menschen zu beobachten. Sogar in seinem Äußeren lag etwas Besonderes, das einen, so zerstreut man auch sein mochte, unwillkürlich veranlaßte, den Blick forschend auf ihn zu heften und alsbald in ein nicht enden wollendes Gelächter auszubrechen. So erging es auch mir. Ich muß bemerken, daß die Äuglein dieses kleinen Herrn so beweglich waren, oder vielmehr, daß er selbst so sehr dem Magnetismus jedes auf ihn gerichteten Blickes nachgab, daß er beinahe instinktiv erriet, wenn ihn jemand beobachtete, und sich sofort nach seinem Beobachter umwandte und dessen Blick voller Unruhe analysierte. Diese ewige Beweglichkeit und Behendigkeit machte ihn entschieden einer Wetterfahne ähnlich. Und merkwürdig! Er schien sich vor Spott zu fürchten, während er sein Brot beinahe nur damit erwarb, daß er den Allerweltsnarren spielte und seinen Kopf gehorsam zu jedem Nasenstüber hinhielt, den er in moralischem und sogar in physischem Sinn empfing, je nachdem, in was für einer Gesellschaft er sich befand. Freiwillige Narren sind nicht einmal bemitleidenswert. Aber ich bemerkte sofort, daß dieses seltsame Geschöpf, dieser komische Mensch durchaus kein berufsmäßiger Hanswurst war. Es haftete ihm immerhin noch etwas Vornehmes an. Seine Unruhe, seine ewige krankhafte Angst um seine Person sprachen zu seinen Gunsten. Ich hatte den Eindruck, daß sein Wunsch, jemandem zu Gefallen zu sein, eher seinem guten Herzen als dem Gedanken an materiellen Vorteil entsprang. Er gestattete mit Vergnügen, daß man aus vollem Hals über ihn lachte, ihm auf die unanständigste Weise ins Gesicht lachte, aber zugleich – und ich kann das beschwören – nagte und blutete ihm das Herz bei dem Gedanken, daß seine Zuhörer so unedel und hartherzig sein konnten und fähig waren, nicht über Tatsachen, sondern über ihn zu lachen, über sein ganzes Wesen, sein Herz, seinen Kopf, über sein Äußeres, über sein ganzes Fleisch und Blut. Ich bin überzeugt, daß er in solchen Augenblicken die ganze Dummheit seiner Lage empfand; aber jeder Protest erstarb sofort in seiner Brust, obwohl er unbedingt jedesmal auf die großmütigste Weise rege wurde. Ich bin überzeugt, daß dies alles nur aus Gutherzigkeit geschah und durchaus nicht wegen des materiellen Nachteils, mit Püffen fortgejagt zu werden und kein Geld geborgt zu erhalten. Dieser Herr pumpte nämlich ewig Geld, das heißt, er bat in dieser Form um ein Almosen, wenn er genügend Possen gerissen, alle auf seine Kosten zum Lachen gebracht hatte und fühlte, daß er nun gewissermaßen das Recht erworben hatte zu pumpen. Aber, mein Gott! Was war das für eine Anleihe! Und mit welcher Miene setzte er sie ins Werk! Ich hatte gar nicht ahnen können, daß auf einer so kleinen Fläche wie dem runzligen, eckigen Gesicht dieses Menschleins gleichzeitig so viele verschiedenartige Grimassen, so viele seltsame verschiedenartige Empfindungen, so viele der allermörderischsten Ausdrücke Platz finden konnten. Was gab es da nicht alles! Scham, geheuchelte Frechheit, Unwille mit fliegender Röte im Gesicht, Zorn, Verzagtheit wegen eines Mißerfolgs, Bitten um Verzeihung, weil er gewagt hatte, jemanden zu belästigen, Bewußtsein der eigenen Würde und völlige Erkenntnis der eigenen Nichtigkeit – alle diese Empfindungen zuckten wie Blitze über sein Gesicht. Ganze sechs Jahre hatte er sich auf diese Weise auf Gottes Welt durchgeschlagen und bis jetzt noch nicht die richtige Haltung für den interessanten Augenblick der Anleihe gefunden. Es versteht sich von selbst, daß er niemals hartherzig und bis zum äußersten gemein werden konnte. Dazu war sein Herz zu beweglich, zu heiß! Ich sage sogar noch mehr: meiner Meinung nach war er der ehrlichste und vornehmste Mensch auf Erden, der nur eine kleine Schwäche hatte: auf den ersten Befehl hin gutmütig und selbstlos eine Gemeinheit zu begehen, nur um seinem Nächsten einen Gefallen zu tun. Mit einem Wort, er war das, was man einen völligen Waschlappen nennt. Am lächerlichsten war der Umstand, daß er fast genauso gekleidet war wie alle anderen, nicht schlechter, nicht besser, sauber, sogar mit einer gewissen Gewähltheit und Neigung zur Gediegenheit und eigenen Würde. Diese äußere Gleichheit neben der inneren Ungleichheit, seine Besorgtheit um sich selbst und zugleich seine unausgesetzte Selbsterniedrigung – alles das zusammen bildete einen auffallenden Gegensatz und war des Spottes und des Mitleids wert. Wenn er von Herzen überzeugt gewesen wäre (was ihm trotz allen schlimmen Erfahrungen jeden Augenblick widerfuhr), daß alle seine Zuhörer die besten Menschen der Welt seien, die nur über die komische

Tatsache und nicht über seine verdammte Persönlichkeit lachen, so hätte er mit Vergnügen seinen Frack abgelegt, hätte ihn irgendwie verkehrt angezogen und wäre in diesem Aufzug, anderen zum Gefallen und sich selbst zum Genuß, in den Straßen herumgegangen, nur um seine Gönner zum Lachen zu bringen und ihnen allen ein Vergnügen zu bereiten. Aber zur Ebenbürtigkeit konnte er sich nie und durch nichts emporschwingen. Noch ein Zug. Dieser Sonderling war ehrgeizig und hatte, wenn keine Gefahr drohte, sogar Anfälle von Großmut. Man mußte sehen und hören, wie er mitunter, ohne sich selbst zu schonen, also mit einem Risiko, das schier an Heroismus grenzte, es verstand, sich an einen *Gönner* heranzumachen, wenn dieser ihn bis zum äußersten gereizt hatte. Aber das waren nur Augenblicke ... Mit einem Wort, er war ein Märtyrer im vollsten Sinn des Wortes, aber der allerunnützeste und folglich der allerlächerlichste Märtyrer.

Unter den Gästen war ein allgemeiner Streit entbrannt. Plötzlich sah ich, wie mein Sonderling vom Stuhl aufsprang und aus voller Kraft zu schreien anfing, ihm allein das Wort zu lassen.

»Hören Sie zu«, flüsterte mir der Hausherr zu. »Er erzählt zuweilen die seltsamsten Dinge ... Interessiert er Sie?«

Ich nickte mit dem Kopf und drängte mich zwischen die Menge.

Tatsächlich erregte der Anblick des anständig gekleideten Herrn, der auf einen Stuhl gesprungen war und aus voller Kraft schrie, die allgemeine Aufmerksamkeit. Viele, die den Sonderling nicht kannten, sahen sich verblüfft an, die anderen lachten aus vollem Hals.

»Ich kenne Fedosej Nikolajewitsch! Ich kenne Fedosej Nikolajewitsch besser als alle anderen!« schrie der Kauz von seiner Erhöhung herab. »Meine Herrschaften, gestatten Sie mir, Ihnen etwas zu erzählen. Ich kann von Fedosej Nikolajewitsch sehr schön erzählen. Ich kenne eine Geschichte – die ist wundervoll ...«

»Erzählen Sie, Osip Michailowitsch, erzählen Sie!«

»Erzähle!!!«

»So hören Sie denn ...«

»Hört, hört!!!«

»Ich beginne; aber, meine Herren, das ist eine ganz eigentümliche Geschichte ...«

»Schon gut, schon gut!«

»Das ist eine komische Geschichte.«

»Sehr gut, ausgezeichnet, herrlich! Zur Sache!«

»Es ist eine Episode aus dem Leben Ihres ergebensten ...«

»Nun, wozu haben Sie sich bemüht zu erklären, daß sie komisch sei?«

»Und sogar ein wenig tragisch!«

»Ah???«

»Mit einem Wort, diese Geschichte, die Ihnen allen das Glück verschafft, mir jetzt zuzuhören, meine Herrschaften, diese Geschichte, durch die ich in eine für mich so *interessante* Gesellschaft geraten bin ...«

»Ohne Wortspiele!«

»Diese Geschichte ...«

»Mit einem Wort, diese Geschichte – lassen Sie doch Ihre Präambeln –, diese Geschichte, die etwas *wert* ist«, bemerkte ein blonder, schnurrbärtiger Herr mit rauher Stimme, steckte die Hand in die Tasche seines Gehrocks und zog wie von ungefähr seinen Geldbeutel statt des Taschentuchs heraus.

»Diese Geschichte, meine Herren, die zu erleben ich manchem von Ihnen gegönnt hätte, diese Geschichte endlich, die schuld daran war, daß ich nicht geheiratet habe ...«

»Geheiratet! ... Eine Frau! ... Polsunkow wollte heiraten!!«

»Ich gestehe, ich möchte jetzt Madame Polsunkowa sehen!«

»Gestatten Sie mir, mich dafür zu interessieren, wie die verflossene Madame Polsunkowa hieß«, piepste ein Jüngling, sich zu dem Erzähler durchdrängend.

»Also das erste Kapitel, meine Herren: Es war genau vor sechs Jahren, im Frühling, am einunddreißigsten März – merken Sie sich das Datum, meine Herren, am Abend vor ...«

»Dem ersten April!« rief ein Jüngling mit gebrannten Locken.

»Sie sind außerordentlich findig. Es war Abend. Die Dämmerung sank auf die Kreisstadt N. herab, der Mond wollte aufgehen ... nun, und so weiter, alles, wie es sich gehört. Also, in der spätesten Dämmerstunde ging auch ich ganz still aus meiner Wohnung fort, nachdem ich mich von meiner verschlossenen, inzwischen verstorbenen Großmutter verabschiedet hatte. Verzeihen Sie, meine Herren, daß ich einen so modernen Ausdruck gebrauche, den ich bei meinem letzten Besuch bei Nikolaj Nikolajewitsch gehört habe. Aber meine

Großmutter war wirklich vollständig *verschlossen*: sie war blind, stumm, taub, dumm – alles, was Sie wollen ... Ich gestehe, ich war in höchster Aufregung, ich hatte mir eine große Sache vorgenommen; mein Herzchen klopfte wie bei einem kleinen Kätzchen, wenn es von einer knochigen Pranke am Kragen gepackt wird.«

»Gestatten Sie, Monsieur Polsunkow!«

»Was steht zu Diensten?«

»Erzählen Sie einfacher; geben Sie sich, bitte, nicht soviel Mühe.«

»Zu Befehl«, antwortete Osip Michailowitsch ein wenig verlegen. »Ich betrat Fedosej Nikolajewitschs ... ehrlich erworbenes Häuschen. Fedosej Nikolajewitsch war bekanntlich kein Kollege, sondern gewissermaßen mein Vorgesetzter. Ich wurde gemeldet und sofort ins Kabinett geführt. Ich sehe es noch wie heute: ein fast ganz, ganz dunkles Zimmer, und niemand brachte Kerzen. Da sah ich Fedosej Nikolajewitsch eintreten. Wir blieben auch so in der Finsternis stehen ...«

»Was ist denn da zwischen Ihnen vorgegangen?« fragte ein Offizier.

»Was meinen Sie wohl?« fragte Polsunkow und wandte sich rasch mit krampfhaft zuckendem Gesicht an den Jüngling mit den gebrannten Locken.

»Also, meine Herren, da begab sich ein höchst merkwürdiger Umstand. Das heißt, Merkwürdiges gab es überhaupt nichts dabei, es war, was man ein alltägliches Vorkommnis nennt – ich nahm ganz einfach ein Paket Papiere aus meiner Tasche, während er ebenfalls ein Paket Papiere aus der seinen nahm, allerdings staatliche ...«

»Banknoten?«

»Jawohl, Banknoten; und wir tauschten sie gegenseitig aus.«

»Ich wette, daß es da nach Bestechungsgeldern roch«, bemerkte ein gediegen gekleideter und glattgeschorener junger Herr.

»Nach Bestechungsgeldern, jawohl!« fiel Polsunkow ein. »Ach!

> Wär ich auch ein Liberaler,
> Wie ich viele schon gesehn!

Wenn es Ihnen als Beamten in der Provinz auch so erginge, daß Sie Ihre Hände nicht ... am häuslichen Herd erwärmen könnten ... Deshalb sagt ja auch ein Dichter:

Der Rauch des Vaterlandes ist angenehm und süß! Unsere Heimat, meine Herren, ist unsere Mutter, unsere leibliche Mutter, wir sind ihre Kinder, deshalb saugen wir auch an ihr ...«

Es erhob sich ein allgemeines Gelächter.

»Aber glauben Sie mir, meine Herrschaften, ich habe niemals Bestechungsgelder genommen«, sagte Polsunkow und sah die ganze Versammlung mißtrauisch an.

Seine Worte gingen in einem homerischen, nicht enden wollenden Lachen aller Anwesenden unter.

»Dem ist wirklich so, meine Herren ...«

Doch da hielt er inne und fuhr fort, alle mit einem seltsamen Gesichtsausdruck zu betrachten. Vielleicht – wer kann das wissen – kam es ihm in diesem Augenblick in den Sinn, daß er ehrlicher als viele in dieser ehrenwerten Gesellschaft sein mochte ... Der ernste Ausdruck verschwand nicht von seinem Gesicht, bis die allgemeine Heiterkeit sich gelegt hatte.

»Also«, begann Polsunkow, nachdem sich alle beruhigt hatten, »obwohl ich niemals Bestechungsgelder genommen habe, so muß ich mich in diesem Fall dennoch schuldig bekennen. Ich steckte das Bestechungsgeld ... von einem bestechlichen Menschen ... in die Tasche, das heißt, ich hatte so verschiedene Papierchen in meinen Händen. Wenn ich die an jemanden geschickt hätte, so wäre es Fedosej Nikolajewitsch schlecht ergangen.«

»Er hat sie also eingelöst?«

»Eingelöst, jawohl.«

»Hat er viel dafür gegeben?«

»Er gab so viel, daß manch einer in unserer Zeit sein Gewissen, sein ganzes Gewissen mit allen Variationen dafür verkauft hätte ... wenn man ihm nur etwas dafür gegeben hätte. Mich aber überlief es siedendheiß, als ich das Geld in meine Tasche steckte. Ich weiß wirklich nicht, wie mir da immer geschieht, meine Herren – aber ich bin weder tot noch lebendig, bewege die Lippen, meine Beine zittern, ich fühle mich schuldig, schuldig, durch und durch schuldig, ich mache mir ein Gewissen daraus, ich bin bereit, Fedosej Nikolajewitsch um Verzeihung zu bitten ...«

»Nun und? hat er denn verziehen?«

»Ich habe ihn ja gar nicht darum gebeten ... Ich sage nur, daß mir damals so zumute war, das heißt, ich habe ein heißes Herz. Ich sehe, daß er mir gerade in die Augen blickt.

‚Sie fürchten Gott nicht, Osip Michailowitsch', sagte er.

Nun, was soll man da machen? Ich breitete anstandshalber meine Arme aus, neigte den Kopf zur Seite. ‚Weshalb', sagte ich, ‚fürchte ich denn Gott nicht, Fedosej Nikolajewitsch? ...' Das sagte ich auch nur so, anstandshalber ... wäre aber am liebsten in den Boden gesunken.

‚Da Sie so lange ein Freund unseres Hauses gewesen sind, ich kann sagen, ein Sohn ... und wer weiß, was im Himmel beschlossen war, Osip Michailowitsch. Und was geschieht nun? Eine Denunziation vorzubereiten, eine Denunziation, und gerade jetzt ... Was soll man da noch von den Menschen denken, Osip Michailowitsch?'

Und, meine Herren, was für eine Predigt er mir hielt! ‚Nein', sagte er, ‚sagen Sie mir, was soll man von den Menschen denken, Osip Michailowitsch?' Was, denke ich, soll man denken! Wissen Sie, es kitzelte mich im Hals, meine Stimme zitterte, und da ich meine schlechten Gewohnheiten kannte, griff ich nach dem Hut ...

‚Wohin wollen Sie denn, Osip Michailowitsch? Könnten Sie denn wirklich am Vorabend eines solchen Tages ... Können Sie auch jetzt noch grollen? Was habe ich Ihnen eigentlich getan?'

‚Fedosej Nikolajewitsch', sagte ich, ‚Fedosej Nikolajewitsch!'

Nun, mit einem Wort, ich zerfloß, meine Herren, ich zerfloß wie nasser Zucker. Und doch! Das Paket mit den Banknoten, das in meiner Tasche lag, auch das schien zu schreien: Du Undankbarer, du Räuber, du verfluchter Dieb! – als ob es fünf Pud schwer gewesen wäre, so zog es mich herunter! ... Und wenn es wirklich fünf Pud schwer gewesen wäre?

‚Ich sehe', sagte Fedosej Nikolajewitsch, ‚ich sehe Ihre Reue ... Sie wissen, morgen ist ...'

‚Der Tag der Maria von Ägypten ...'

‚Nun, weine nicht', sagte Fedosej Nikolajewitsch, ‚laß gut sein: hast gesündigt und Buße getan! Komm! Vielleicht', sagte er, ‚gelingt es mir, Sie wieder auf den Weg der Wahrheit zu bringen ... Vielleicht werden meine bescheidenen Penaten' – ich erinnere mich genau: Penaten, so hat er sich ausgedrückt, der Räuber – ‚Ihr verhärtet ... ich sage nicht verhärtetes ... Ihr verirrtes Herz wieder erwärmen ...'

Er nahm mich bei der Hand, meine Herren, und führte mich zu den Seinen. Mir lief es eiskalt über den Rücken. Ich bebte!

Ich dachte, mit welcher Miene soll ich jetzt vor sie treten ... Denn Sie müssen wissen, meine Herren ... wie soll ich sagen, hier war so eine kitzlige Sache!«

»Am Ende gar Frau Polsunkowa?«

»Marja Fedosejewna, jawohl – aber es war ihr wohl nicht beschieden, diese Frau zu werden, als welche Sie sie eben bezeichneten, sie hat diese Ehre nicht erlebt! Denn sehen Sie, Fedosej Nikolajewitsch hatte ganz recht, wenn er sagte, daß ich in seinem Haus beinahe als Sohn betrachtet wurde. So war es auch vor einem halben Jahr gewesen, als ein verabschiedeter Junker, Michailo Maksimowitsch Dwigailow mit Namen, noch lebte. Er war jedoch nach Gottes Willen gestorben, hatte es aber immer auf die lange Bank geschoben, sein Testament zu machen; so kam es denn auch, daß es nachher unter keiner Bank gefunden werden konnte.«

»Ufff!!!«

»Nun, das tut nichts, da ist nichts zu machen, meine Herren, entschuldigen Sie, ich habe mich versprochen – mein Späßchen ist zwar schlecht, aber das würde noch nichts ausmachen, daß es schlecht ist – die Sache war noch viel schlechter, als ich sozusagen mit einer Null in der Perspektive dasaß, weil der verabschiedete Junker, obgleich man mich nicht zu ihm ins Haus ließ – er lebte auf großem Fuß, während er lange Finger hatte –, mich auch als seinen leiblichen Sohn betrachtete, und vielleicht war das kein Irrtum.«

»Aha!!«

»Jawohl, so ist's! Nun, und da fingen sie bei Fedosej Nikolajewitsch an, die Nase über mich zu rümpfen. Ich bemerkte es wohl, nahm mich lange zusammen, aber plötzlich kam hier zu meinem Unglück – aber vielleicht auch zu meinem Glück! – wie der Schnee über Nacht ein Remonteoffizier in unser Städtchen gesprengt. Es ist wohl wahr, sein Amt war ein recht bewegliches, leichtes, kavalleristisches ... nur nistete er sich bei Fedosej Nikolajewitsch so fest ein – nun, mit einem Wort, er setzte sich fest wie ein Mörser! Ich versuchte es infolge meines feigen Charakters auf Schleichwegen und von der Seite her. ‚So und so', sagte ich, ‚Fedosej Nikolajewitsch, warum kränken Sie mich! Ich bin doch gewissermaßen fast Ihr Sohn ... Wie lange soll ich denn auf Ihren väterlichen Segen warten ...' Da fing er an mir zu antworten, meine Herren! Nun, er sagte mir ein ganzes Poem in zwölf Gesängen und in Versen her, ich hörte nur zu, leckte mir die Lippen und breitete die Arme vor Wonne aus, aber Sinn hatte es nicht für einen Groschen, das heißt, man begriff den Sinn nicht, verstand nichts, stand da wie der Narr aller Narren, er benebelte einen, schlängelte sich wie ein Aal, drehte sich hin und her; nun, das ist eben Talent, einfach Talent, eine besondere Gabe, daß einen die Angst packte. Ich stürzte nach allen Seiten, dahin und dorthin! schleppte Romanzen herbei, kam mit Konfekt angefahren, riß Kalauer, seufzte und stöhnte, sagte: ‚Mein Herzchen schmerzt, schmerzt von Amor', weinte und machte heimliche Geständnisse. Der Mensch ist ja so dumm! Ich hatte ja vom Küster nicht nachprüfen lassen, daß ich dreißig Jahre alt war ... I wo! Ich wollte es schlau anfangen! Doch nein! Meine Sache hatte keinen Erfolg, ringsum wurde gelacht und gespottet – nun, und da packte mich der Zorn, er schnürte mir die Gurgel zusammen! Ich machte mich aus dem Staube, betrat das Haus mit keinem Fuß mehr, dachte, dachte – und verfiel plötzlich auf die Angeberei! Nun, ich handelte da gemein, wollte meinen Freund verraten, ich bekenne es, es war viel Material vorhanden, und solch ein feines Materialchen, eine kapitale Sache! Sie brachte mir tausendfünfhundert Rubel in Silber ein, als ich sie zusammen mit der Anzeige in Banknoten umtauschte!«

»Ach! Das also war das Bestechungsgeld!«

»Ja, Herr, das war das Bestechungsgeld; da hat dieser käufliche Mensch hart büßen müssen. War ja auch keine Sünde, wahrhaftig nicht! Nun, so will ich denn wieder fortfahren. Er schleppte mich, falls Sie sich noch zu erinnern belieben, mehr tot als lebendig an den Teetisch. Man empfängt mich: alle scheinen gekränkt zu sein, das heißt nicht gerade gekränkt – aber so tief bekümmert, daß es geradezu ... Nun, sie waren vernichtet, ganz vernichtet, aber dabei strahlte eine so hohe Würde aus allen Mienen, Gediegenheit in allen Blikken, so etwas Väterliches, gewissermaßen Verwandtschaftliches ... der verlorene Sohn war zu ihnen zurückgekehrt – darauf ging's hinaus! Man setzte mich an den Teetisch, und was denken Sie? ich schien selber einen Samowar in der Brust zu haben, es kochte in mir, aber die Füße wurden immer eisiger. Ich war ganz klein geworden, hatte den Mut verloren! Marja Fominischna, seine Gemahlin, die Hofrätin, jetzt ist sie Kollegienrätin, sagte beim ersten Wort gleich du zu mir: ‚Warum bist du denn so mager geworden, Väterchen?' sagte sie. ‚Das ist nun mal so, ich kränkle, Marja Fominischna', sagte ich. Meine Stimme zitterte dabei. Da sagte sie so mir nichts, dir nichts, wahrscheinlich hatte sie schon längst darauf gewartet, mir das anzudrehen, die Giftnatter: ‚Man sieht', sagte sie, ‚daß das Gewissen deiner Seele nicht angemessen ist, Osip Michailowitsch, leiblicher Vater. Du unser Salz und Brot', sagte sie, ‚unser verwandtschaftliches Gefühl hat nach dir geschrien. Meine blutigen Tränen sind um dich geflossen!' Bei Gott, so sagte sie, so hat sie gegen das Gewissen geredet. Was kommt's ihr drauf an! Sie hat noch ganz andere Dinge auf dem Kerbholz, das tolle Frauenzimmer. Dabei saß sie da und schenkte Tee ein. Geh du mal auf den Markt, mein Täubchen, dachte ich, da würdest du alle Weiber überschreien. So eine war sie, unsere Hofrätin! Aber da kam zu meinem Unglück ihre Tochter Marja Fedosejewna in ihrer ganzen Unschuld herein, ein bißchen blaß, die Äuglein waren wie von Tränen gerötet – und um mich Dummkopf war es auf der Stelle geschehen. Nachher stellte sich heraus, daß sie ihre Tränchen wegen des Remonteoffiziers vergossen hatte! Der war ausgerissen, hatte sich heimlich aus dem Staube gemacht, denn, wissen Sie, wahrscheinlich – es ist jetzt an der Zeit, davon zu reden – war es für ihn an der Zeit abzureisen, die Frist war verstrichen; nicht etwa gerade die gesetzliche Frist, aber ... Sie verstehen schon ... Die teuren Eltern wurden es später erst gewahr, sie erfuhren dann das ganze Geheimnis, aber was war da zu machen, sie haben das Unglück vertuscht – ihr Haus erhielt einen Zuwachs! ... Nun, da war nichts zu machen, als ich sie ansah, war's um mich geschehen, ganz einfach geschehen, ich schielte nach meinem Hut, wollte ihn ergreifen und mich schnell aus dem Staube machen; doch es ging nicht: sie hatten meinen Hut verschwinden lassen ... Ich wollte schon, ich gestehe es, ohne Hut ... Nun, dachte ich – doch nein, sie hatten den Riegel vor die Türe geschoben, und dann begann ein freundschaftliches Gelächter, Augenzwinkern, Anbändeln, ich wurde verlegen, log was vor, fing an, von Liebe zu reden. Da setzte sich mein Täubchen ans Klavier und sang mit betrübtem Tonfall das Lied vom Husaren, der sich auf den Säbel stützt – mein Himmel! ‚Nun', sagte Fedosej Nikolajewitsch, ‚alles ist vergessen, komm, komm ... in meine Arme!' Und ich sank so, wie ich war, mit dem Gesicht an seine Weste. ‚Mein Wohltäter, mein Vater', sagte ich und zerfloß in heißen Tränen! Mein Gott, was dann losbrach! Er weinte, seine Frau weinte, Maschenka weinte ... da war noch so eine

Semmelblonde dabei, die weinte auch ... aus allen Ecken krochen die Kinder hervor ... der Herr hatte sein Haus reich gesegnet ... auch die heulten – wie viele Tränen, das heißt wieviel Rührung da war, eine solche Freude, der verlorene Sohn war wiedergefunden, als ob ein Soldat in die Heimat zurückgekehrt wäre! Dann kam die Bewirtung, man machte Pfänderspiele: ‚Oh, wie es weh tut!' – ‚Was tut weh?' – ‚Das Herz.' – ‚Um wen?' Sie errötete, mein Täubchen. Ich trank mit dem Alten ein Pünschlein – sie scharwenzelten um mich herum, wickelten mich vollständig in Honig ein ...

Ich kehrte zu meiner Großmutter zurück. In meinem Kopf drehte sich alles; auf dem ganzen Heimweg lachte ich vor mich hin, ging zwei geschlagene Stunden lang in meiner Kammer auf und ab, weckte die alte Frau auf, verkündete ihr mein Glück. ‚Hat er dir denn auch Geld gegeben, der Räuber?' – ‚Er hat es mir gegeben, Großmutter; ja, ja, meine Teure, er hat es mir gegeben, es ist uns in den Schoß gefallen, nun öffne alle Tore!' – ‚Nun, jetzt kannst du auch heiraten', sagte mir die Alte, ‚meine Gebete sind also erhört worden!' Ich weckte Sofron. ‚Sofron', sagte ich, ‚nimm mir die Stiefel ab.' Sofron zog mir die Stiefel von den Füßen. ‚Nun, Sofroscha! Gratuliere mir jetzt, küsse mich! Ich heirate, Brüderchen, ganz einfach, ich heirate, betrinke dich morgen, vergnüge dich, mein Herz', sagte ich, ‚dein Barin heiratet!' Und mein Herz lachte und sprang vor Vergnügen ... Ich war schon im Begriff einzuschlafen; nein, es ließ mir keine Ruhe, ich setzte mich wieder auf und fing an zu denken. Plötzlich schießt es mir durch den Sinn: morgen ist ja der erste April, ein so heller, lustiger Tag, was könnte man da wohl unternehmen? Und da habe ich mir auch was ausgedacht! Jawohl, meine Herren, ich stand vom Bett auf, zündete eine Kerze an und setzte mich, so wie ich war, an meinen Schreibtisch, das heißt, ich geriet ganz außer mir, ganz aus dem Häuschen – Sie wissen doch, meine Herren, wie das ist, wenn ein Mensch aus dem Häuschen gerät. Ich tauchte mit dem ganzen Kopf in den Dreck, meine Lieben! Es gibt solche Charaktere: sie nehmen dir das eine weg, und du gibst ihnen auch noch das andere: da habt ihr's, nehmt auch das noch! Sie schlagen dich auf die Wange, und du hältst ihnen vor lauter Freude den ganzen Rücken hin. Sie versuchen dann, dich wie einen Hund mit einem Kringel herbeizulocken, du aber umarmst sie von ganzem Herzen und aus ganzer Seele mit deinen dummen Pfoten – und dann geht's ans Ablecken! Ebenso ist es ja auch jetzt, meine Herren! Ich sehe ja, wie Sie lachen und miteinander tuscheln! Später, wenn ich Ihnen mein ganzes Geheimnis erzählt habe, werden Sie sich über mich lustig machen, mich fortjagen, und doch erzähle ich es Ihnen und rede und rede! Nun, wer hat es mir befohlen! Wer veranlaßt mich dazu! Wer steht hinter meinem Rücken und flüstert mir zu: Rede, rede und erzähle! Und doch rede ich und erzähle, stehle mich Ihnen ins Herz, als ob Sie zum Beispiel alle meine leiblichen Brüder, meine Busenfreunde wären ... ach, ach ...«

Das Gelächter, das sich nach und nach in allen Ecken erhob, übertönte schließlich die Stimme des Erzählers, der tatsächlich in eine Art Begeisterung geraten war, vollständig; er hielt inne, ließ seine Augen ein paar Minuten lang über die Versammlung schweifen, machte dann plötzlich, als würde er durch einen Wirbelwind fortgerissen, eine abwehrende Handbewegung, fing selber an zu lachen, als fände er seine Lage in der Tat komisch, und begann von neuem zu erzählen.

»Ich habe in jener Nacht kaum geschlafen, meine Herrschaften; die ganze Nacht habe ich Papier beschrieben; denn sehen Sie, ich hatte mir folgendes Stücklein ausgedacht! Ach, meine Herren! ich muß mich schämen, wenn ich nur daran denke! Und wenn das nur in der Nacht geschehen wäre: dann hätte ich mich eben in der Betrunkenheit geirrt, Unsinn gefaselt, was zusammengelogen – aber nein! Ich wachte in aller Morgenfrühe auf, hatte im ganzen vielleicht ein, zwei Stündlein geschlafen und machte mich wieder dran. Ich kleidete mich an, wusch mich, brannte und pomadisierte mein Haar, zog den neuen Frack an und begab mich geradenwegs auf das Fest zu Fedosej Nikolajewitsch, das Papier aber hielt ich im Hut versteckt. Er empfing mich abermals mit ausgebreiteten Armen und rief mich wiederum an seine väterliche Weste. Ich nahm eine würdevolle Haltung an, das gestrige Erlebnis ging mir noch immer im Kopf herum. Ich trat einen Schritt zurück. ‚Nein', sagte ich, ‚Fedosej Nikolajewitsch, hier, wenn es Ihnen genehm ist, lesen Sie dieses Papier' – und ich überreichte ihm ein Gesuch. Und wissen Sie, was in dem Gesuch stand? Da stand: Aus diesem und jenem Grunde bittet ein gewisser Osip Michailowitsch aus dem Dienst entlassen zu werden, und unter diese Bitte hatte ich meinen vollen Titel gesetzt! Das hatte ich mir ausgedacht! Herrgott! Ich hätte mir nichts Klügeres ausdenken können! Heute ist der erste April, da will ich mir spaßeshalber den Anschein geben, daß ich die Kränkung noch nicht überwunden habe, daß ich mich in der Nacht eines andern besonnen und mich aufgebläht habe, daß ich mich jetzt noch beleidigter fühle als vorher. Da habt ihr's, meine teuren Wohltäter! Ich will weder von euch noch von eurer Tochter etwas wissen; das Geld habe ich gestern in die Tasche gesteckt, ich bin jetzt aller Sorgen ledig, da habt ihr nun mein Entlassungsgesuch. Ich will nicht unter einem solchen Vorgesetzten wie Fedosej Nikolajewitsch dienen! Ich will an eine andere Stelle versetzt werden, und dann seht zu, dann werde ich meine Anklageschrift einreichen. So einen gemeinen Kerl wollte ich spielen, ich glaubte sie damit zu erschrecken! Da hatte ich mir ein feines Schreckmittel ausgedacht! Wie? Das war doch fein, meine Herren? Das heißt, mein Herz hatte sich seit dem gestrigen Abend zu sehr bei ihnen eingeschmeichelt, da wollte ich denn einen familiären Spaß loslassen, mich über Fedosej Nikolajewitschs väterliches Herz lustig machen ...

Er nahm mein Papier, faltete es auseinander, und ich sah, wie sein ganzes Gesicht in Bewegung geriet. ‚Wie denn, Osip Michailowitsch?' Ich aber antwortete wie ein Spaßmacher: ‚April! April! Prost Fest, Fedosej Nikolajewitsch!' Also wirklich, ganz wie ein Bengel, der sich heimlich hinter dem Lehnstuhl der Großmutter versteckt und ihr dann plötzlich aus vollem Halse uff! in die Ohren schreit, um sie zu erschrecken! Ja ... ja, ich schäme mich geradezu weiterzuerzählen, meine Herren. Nein, nein! ich werde nicht weitererzählen!«

»Aber nein, was geschah denn weiter?«

»Nein, nein, erzählen Sie! Nein, so erzählen Sie doch weiter!« tönte es von allen Seiten.

»Da erhob sich ein Gerede und ein Geklatsche, ein Oh und Ach! Ich sei ein Schalk und ein Spaßmacher und hätte sie alle erschreckt, nun, und da wurde so viel Süßes gesagt, daß ich mich geradezu schämte, dastand und voller Schrecken dachte: Wie kann ein solcher Sünder an einem so heiligen Ort geduldet werden. ‚Nun, mein Teurer', piepste die Hofrätin, ‚du hast mich so erschreckt, daß mir die Beine jetzt noch zittern, sie wollen mich kaum tragen. Ich bin wie eine Halbverrückte zu Mascha gelaufen: ›Maschenka‹, sagte ich, ›was soll nun aus uns werden! Sieh mal, als was sich *der Deinige* entpuppt! Da habe ich mich versündigt, mein Teurer, verzeih mir altem Weib schon, ich habe mich blamiert! Nun, denke ich, wie er gestern von uns fortging, da ist er spät nach Hause gekommen und hat nachgedacht, und vielleicht ist es ihm da so vorgekommen, daß wir ihm gestern absichtlich so den Hof gemacht haben, um ihn zu umgarnen. Die Sinne vergingen mir vor Schreck. Laß gut sein, Maschenka, brauchst mir nicht fortwährend zuzuzwinkern, Osip Michailowitsch ist uns kein Fremder, und ich bin doch deine Mutter, ich werde nichts Schlechtes sagen! Gott sei Dank, ich lebe nicht erst zwanzig Jahre auf Erden, sondern ganze fünfundvierzig . . .‹'

Nun, meine Herren! Da bin ich ihr beinahe zu Füßen gefallen! Man fing wieder an zu weinen, das Abküssen ging wieder los. Und nun begannen allerhand Späßchen! Auch Fedosej Nikolajewitsch hatte sich zum ersten April einen Scherz auszudenken geruht! Er sagte, ein Wundervogel mit einem Brillantenschnabel sei ihm zugeflogen und habe einen Brief im Schnabel gebracht! Er wollte die anderen foppen – was da gelacht wurde! Was da für eine Rührung herrschte! Pfui! Es ist sogar beschämend, das zu erzählen!

Nun, meine Gönner, jetzt dauert meine Geschichte nicht mehr lange! Wir verlebten so ein, zwei, drei Tage, es verging eine Woche; ich war schon erklärter Bräutigam! Jawohl! Die Ringe waren bestellt, der Tag war schon festgesetzt, sie wollten die Verlobung nur noch nicht bekanntgeben, weil sie auf den Revisor warteten. Ich konnte die Ankunft des Revisors kaum erwarten, weil mein Glück von ihm abhing. Wenn wir den doch schneller loswerden möchten, dachte ich; Fedosej Nikolajewitsch aber hatte im stillen vor lauter Freude die ganze Arbeit auf mich abgewälzt; ich mußte Rechnungen und Berichte schreiben, Bücher nachprüfen, Abschlüsse machen – und siehe da: es zeigte sich überall eine furchtbare Unordnung, ein heilloser Wirrwarr, überall gab's Haken und Hindernisse! Nun, denke ich, da will ich mich mal für mein Schwiegerväterchen tüchtig ins Zeug legen! Denn er kränkelte die ganze Zeit, irgendeine Krankheit hatte ihn heimgesucht, und es ging ihm von Tag zu Tag schlechter. Ich selber war dünn geworden wie ein Streichholz, konnte des Nachts nicht schlafen und fürchtete umzufallen. Aber ich führte die Sache glücklich zu Ende! Ich habe ihm bis zur bestimmten Frist herausgeholfen! Plötzlich schickt man einen Eilboten nach mir. Ich solle schnell kommen, Fedosej Nikolajewitsch gehe es schlecht! Ich stürzte Hals über Kopf hin – was gibt's? Ich sehe: da sitzt mein Fedosej Nikolajewitsch mit Essigumschlägen auf dem Kopf, krümmt sich, krächzt und stöhnt: ‚Oh und ah! Mein Teurer, mein Liebster', sagte er, ‚ich sterbe, wem soll ich euch denn überlassen, meine Kinder!' Die Frau kam mit allen Kindern dazu, Maschenka zerfloß in Tränen – und ich selber fing auch an zu greinen! ‚Doch nein', sagte er, ‚Gott wird barmherzig sein, Er wird euch nicht meiner Sünden wegen heimsuchen!' Hier entließ er sie alle, befahl mir, die Tür hinter ihnen abzuschließen, und wir blieben allein, unter vier Augen. ‚Ich habe eine Bitte an dich!' – ‚Welche denn?' – ‚So und so, mein Brüderchen, ich habe selbst auf dem Totenbett keine Ruhe, ich bin ganz in Not geraten!' – ‚Wie denn das?' Das Blut stieg mir zu Kopf, und die Stimme versagte mir. ‚Ja, so ist's, Brüderchen, ich habe von meinem Eigenen in die Staatskasse einzahlen müssen; für das allgemeine Wohl ist mir nichts zu teuer! Mein eigenes Leben schone ich nicht! Denke nur ja nicht! Es tut mir weh, daß Verleumder mich vor dir angeschwärzt haben ... Du warst auf Abwege geraten, der Kummer hat seitdem mein Haar gebleicht. Der Revisor sitzt mir im Nacken, und bei Matwejew ist ein Fehlbetrag von siebentausend Rubel, ich bin dafür verantwortlich ... wer denn sonst! Mich wird man zur Verantwortung ziehen, Bruder: Warum hast du nicht aufgepaßt! Was kann man von Matwejew verlangen! Der hat ohnedies schon genug auf dem Kerbholz; man kann doch dem armen Kerl nicht noch mit dem Schusterhammer zusetzen.' – Ihr Heiligen, denke ich, ist das ein Gerechter! Ist das eine Seele! Er aber sagt: ‚Ich will das Geld nicht von dem nehmen, was ich meiner Tochter zur Mitgift bestimmt habe; das ist heiliges Geld! Ich habe eigenes Geld, das ist wohl wahr, aber es ist verborgt, ich kann es nicht gleich zusammenkriegen!' Da stürzte ich bums! so wie ich war, vor ihm auf die Knie. ‚Mein Wohltäter', schrie ich, ‚ich habe dich gekränkt, beleidigt, Verleumder haben falsche Berichte über dich verfaßt, vernichte mich nicht ganz, nimm dein Geld zurück!' Er sieht mich an, Tränen fließen aus seinen Augen. ‚Das habe ich von dir erwartet, mein Sohn, steh auf! Damals habe ich dir um der Tränen meiner Tochter willen verziehen! Jetzt verzeiht dir auch mein Herz! Du hast meine Wunden geheilt! Ich segne dich bis in alle Ewigkeit!' Nun, meine Herren, nachdem er mich gesegnet hatte, lief ich, was das Zeug hielt, nach Hause und brachte ihm das Geld: ‚Das ist alles, Väterchen, ich habe nur fünfzig Rubel ausgegeben!' – ‚Nun, das macht nichts', sagte er, ‚man muß das jetzt nicht so genau nehmen; die Zeit drängt, schreib eine Eingabe mit zurückgestelltem Datum, daß du in Not geraten bist und fünfzig Rubel von deinem Gehalt im voraus erbittest. Das werde ich dann den Vorgesetzten zeigen, daß es dir im voraus bezahlt worden ist . . .' Nun, meine Herren, was meinen Sie? Ich habe die Eingabe wirklich geschrieben!«

»Nun, und was dann? wie endete denn die Geschichte?«

»Sobald ich die Eingabe geschrieben hatte, meine Herren, endete die Sache folgendermaßen. Am nächsten Tag, ganz früh am Morgen, erhalte ich ein Paket mit einem staatlichen Siegel. Ich sehe nach – und was erhalte ich? Meine Entlassung! Das heißt, ich soll mein Amt niederlegen, alle Rechnungen abschließen und selber gehen, wohin ich will!«

»Wie denn das?«

»Ja, meine Herren, auch ich schrie aus vollem Hals: ‚Wie das!' Es dröhnte mir in den Ohren! Ich dachte, er hätte das in aller Einfalt getan, aber nein, der Revisor war bereits in der Stadt angekommen. Mein Herz zuckte zusammen! Nun, dachte ich, das ist nicht ohne Grund geschehen! Und wie ich stand und ging, lief ich zu Fedosej Nikolajewitsch. ‚Was ist denn das?' sagte ich. ‚Was denn', sagte er. ‚Hier, die Entlassung!' – ‚Was für eine Entlassung?' – ‚Nun, das hier?' – ‚Nun, was denn? Das ist eben eine Entlassungsurkunde! Jawohl!' – ‚Ja, wie denn, habe ich das etwa gewünscht?' – ‚Etwa nicht? Sie haben doch um Ihre Entlassung gebeten, am ersten April haben Sie Ihr Gesuch eingereicht.' Ich hatte das Papier nicht zurückverlangt! ‚Fedosej Nikolajewitsch, höre ich denn Sie mit meinen Ohren, sehe ich denn Sie mit meinen Augen!' – ‚Jawohl, mich, aber was soll das?' – ‚Mein Herr und Gott!' – ‚Es tut mir leid, mein Herr, sehr, sehr leid, daß Sie beschlossen haben, den Dienst so früh zu verlassen! Ein junger Mann muß dienen, aber bei Ihnen, mein Herr, hat sich der Wind im Kopf verfangen. Was das Zeugnis betrifft, können Sie ganz ruhig sein; ich werde mich schon darum bemühen. Sie haben sich ja immer so gut gehalten!' – ‚Ich habe damals doch nur gescherzt, Fedosej Nikolajewitsch, ich wollte ja gar nicht, ich habe das Papier doch nur zu Ihrer väterlichen . . . so . . .' – ‚Was heißt – so? Was heißt gescherzt, mein Herr? Treibt man denn mit solchen Papieren Scherz? Für solche Scherze können Sie noch einmal nach Sibirien kommen. Leben Sie jetzt wohl, ich habe keine Zeit; der Revisor ist da, die Pflicht im Dienst geht allem vor; Sie können faulenzen, aber wir müssen über der Arbeit sitzen. Ich will Ihnen schon ein entsprechendes Zeugnis ausstellen. Und noch eins: Ich habe Matwejews Haus erstanden, wir ziehen in diesen Tagen um, also hoffe ich, daß ich nicht das Vergnügen haben werde, Sie zum Einstand bei mir zu sehen. Viel Glück auf den Weg!' Ich rannte, so schnell ich konnte, nach Hause: ‚Großmutter, wir sind zugrunde gerichtet!' Da heulte sie los, die Ärmste! Und dann sehen wir einen Burschen von Fedosej Nikolajewitsch kommen, mit einem Briefchen und einem Käfig, und in dem Käfig sitzt ein Star! Ich hatte ihr damals aus der Fülle des Herzens einen Star geschenkt; in dem Brief aber stand: *‚Erster April'*, und weiter nichts. So, meine Herrn, war die Sache; was sagen Sie nun dazu?«

»Nun, was denn, was war denn weiter???«

»Was weiter? Ich bin Fedosej Nikolajewitsch noch einmal begegnet, ich wollte ihm ins Gesicht sagen: Schuft . . .«

»Nun?«

»Es ist mir nicht über die Lippen gegangen, meine Herren!«

Das schwache Herz

Erzählung

Unter demselben Dach, im selben Quartier, im selben vierten Stock wohnten zwei junge Beamte, Arkadij Iwanowitsch Nefedewitsch und Wasja Schumkow ... Der Verfasser fühlt sich natürlich verpflichtet, dem Leser zu erklären, warum der eine Held mit seinem vollen, der andere dagegen nur mit seinem verkleinerten Namen bezeichnet wird, wenn auch beispielsweise nur deshalb, auf daß man eine solche Ausdrucksweise nicht für unschicklich und zum Teil familiär halte. Aber zu diesem Zweck wäre es unerläßlich, vorsorglich Rang und Alter und Titel und Amt zu erklären und zu schildern und schließlich auch die Charaktere der handelnden Personen; da es aber viele Schriftsteller gibt, die genauso anfangen, möchte der Autor dieser Erzählung einzig deshalb, um jenen nicht zu gleichen (das heißt, wie manche vielleicht sagen werden, infolge seiner grenzenlosen Selbstgefälligkeit), gleich mit der Handlung selbst beginnen. Nach Beendigung dieser Vorrede fängt er also an.

Gestern, am Vorabend des Neuen Jahres, gegen sechs Uhr abends, kam Schumkow nach Hause. Arkadij Iwanowitsch, der auf dem Bett gelegen hatte, erwachte und blinzelte mit einem halben Auge zu seinem Freund hinüber. Er sah, daß dieser seinen besten Zivilanzug und ein sauberes Vorhemd angelegt hatte. Das setzte ihn natürlich in Erstaunen. Wohin könnte Wasja in diesem Staat gegangen sein? Er hat auch nicht zu Hause zu Mittag gegessen! Schumkow zündete indes eine Kerze an, und Arkadij Iwanowitsch erriet unverzüglich, daß sein Freund sich anschickte, ihn auf unerwartete Weise zu wecken. In der Tat räusperte sich Wasja zweimal, ging zweimal durchs Zimmer und ließ endlich ganz unvermutet die Pfeife fallen, die er soeben im Winkel hinter dem Ofen zu stopfen begonnen hatte. Arkadij Iwanowitsch unterdrückte ein Auflachen.

»Wasja, laß deine Schlauheiten!« sagte er.

»Arkascha, du schläfst nicht?«

»Genau kann ich es dir nicht sagen; aber mir ist, als ob ich nicht schliefe.«

»Ach, Arkascha! Sei mir gegrüßt, Täubchen! Nun, Bruder, nun, Bruder! Du weißt nicht, was ich dir sagen will!«

»Allerdings weiß ich das nicht. Komm doch näher.«

Wasja schien nur darauf gewartet zu haben und trat sofort ans Bett heran, ohne natürlich auf irgendeine Hinterlist Arkadij Iwanowitschs gefaßt zu sein. Dieser packte ihn äußerst geschickt am Arm, drehte ihn um, warf sich über ihn und nahm sein Opfer gehörig in die Presse, wie man sagt, was dem lustigen Arkadij Iwanowitsch übrigens ein außerordentliches Vergnügen zu machen schien.

»Hab ich dich!« schrie er, »hab ich dich!«

»Arkascha, Arkascha, was machst du? Laß mich um Gottes willen los! Mein Frack wird ganz schmutzig!«

»Ach was! Wozu brauchst du einen Frack? Warum bist du so leichtgläubig, daß du selbst ins Netz läufst? Sag, wohin du gegangen bist, wo du gespeist hast!«

»Arkascha, laß mich los, um Gottes willen!«

»Wo hast du gespeist?«

»Das wollte ich dir ja gerade erzählen!«

»Also erzähle!«

»Laß mich zuerst los!«

»Nun gerade nicht! Ich lasse dich nicht eher los, als bis du mir alles erzählt hast!«

»Arkascha, Arkascha! Verstehst du denn nicht, daß das ganz unmöglich ist?« schrie der schwächliche Wasja und mühte sich vergeblich, sich aus den kräftigen Klauen seines Feindes zu befreien. »Es gibt doch Dinge . . .«

»Was für Dinge?«

»Dinge, über die man in solcher Lage nicht reden kann, ohne seiner Würde Abbruch zu tun! Das geht einfach nicht! Es würde lächerlich wirken – und hier geht es keineswegs um eine lächerliche, sondern um eine wichtige Sache.«

»Ach was, wichtig! Das denkst du dir nur aus! Erzähle mir die Geschichte so, daß ich darüber lachen muß; so sollst du sie erzählen; etwas Wichtiges mag ich nicht; was wärst du dann für ein Freund? Sag mir also, was für ein Freund du sein willst, he?«

»Arkadij, bei Gott, es geht nicht!«

»Ich will nichts hören . . .«

»Nun, Arkascha!« begann Wasja, quer auf dem Bett liegend und mit allen Kräften bemüht, seinen Worten möglichst viel Gewicht zu verleihen. »Ich will es dir sagen, Arkascha, nur . . .«

»Nun?«

»Nun, ich habe mich verlobt!«

Ohne ein weiteres überflüssiges Wort zu sagen, nahm Arkadij Iwanowitsch Wasja schweigend auf den Arm wie ein kleines Kind, obgleich Wasja keineswegs klein, sondern ziemlich groß, wenn auch mager war, und trug ihn überaus geschickt von der einen Ecke des Zimmers in die andere, wobei er tat, als wollte er ihn in den Schlaf wiegen.

»Nun will ich dich einmal trockenlegen, Bräutigam«, sagte er. Aber als er sah, daß Wasja regungslos in seinen Armen lag und kein Wort sprach, besann er sich sofort und kam zur Einsicht, daß er den Spaß offenbar zu weit getrieben hatte; er stellte den Freund mitten im Zimmer auf die Beine und küßte ihn auf die herzlichste und freundschaftlichste Weise auf die Wange.

»Du bist mir doch nicht böse, Wasja?«

»Hör einmal, Arkascha . . .«

»Nun, weil morgen Neujahr ist.«

»Ich sage auch gar nichts; aber weshalb bist du so verrückt, Kerl noch einmal. Wie oft habe ich dir gesagt: Arkascha, es ist bei Gott nicht witzig, ganz und gar nicht witzig.«

»Nun, bist du mir böse?«

»Ich sage doch gar nichts; über wen habe ich mich jemals schon geärgert! Aber du hast mich betrübt, verstehst du?«

»Wieso betrübt? Wodurch?«

»Ich kam zu dir als Freund, mit vollem Herzen, wollte vor dir meine Seele ausschütten, dir von meinem Glück erzählen . . .«

»Was für ein Glück denn? Warum redest du denn nicht?«

»Nun, ich heirate doch!« erwiderte Wasja ärgerlich, weil er in der Tat etwas aufgebracht war.

»Du? Du heiratest? Also ist es wahr?« schrie Arkascha aus vollem Hals. »Nein, nein . . . Was soll denn das heißen? Das sagt er mir, und die Tränen rinnen ihm über die Wangen! . . . Wasja, du mein Wasjuk, mein Söhnchen, hör doch auf! Ist das wirklich wahr?« Und Arkadij Iwanowitsch stürzte sich aufs neue mit seinen Umarmungen auf ihn.

»Nun, verstehst du auch, weshalb es so gekommen ist?« sagte Wasja. »Du bist doch gut, du bist mein Freund, ich weiß es. Ich komme mit dieser Freude zu dir, in glühender Begeisterung – und plötzlich, während ich diese ganze Freude des Herzens, diese ganze Begeisterung ausschütten will, liege ich zappelnd quer über dem Bett, aller Würde bar ... Verstehst du, Arkascha«, fuhr Wasja lachend fort, »das sah doch gar zu komisch aus! Nun, ich gehörte in diesem Augenblick nicht ganz mir selber. Ich konnte diese Angelegenheit nicht entwürdigen ... Du hättest mich fragen sollen: Wie heißt sie? Ich schwöre dir, eher hätte ich mich selber getötet als dir den Namen genannt.«

»Aber, Wasja, warum hast du denn geschwiegen? Hättest du mir das früher gesagt, so hätte ich auf alle Narrenspossen verzichtet!« rief Arkadij Iwanowitsch in ehrlicher Verzweiflung.

»Nun, genug davon, genug! Ich meinte nur ... Du weißt doch, woher das alles kommt – nur daher, weil ich ein so gutes Herz habe. Da ärgere ich mich nun, daß ich es dir nicht sagen konnte, wie ich gewünscht hatte: dich erfreuen, dir ein Vergnügen machen, alles schön erzählen, dich geziemend einweihen ... Wahrhaftig, Arkascha, ich habe dich so lieb, daß, wenn du nicht wärst, ich wahrscheinlich überhaupt nicht heiraten würde und gar nicht auf dieser Welt leben könnte!«

Arkadij Iwanowitsch, der außergewöhnlich empfindsam war, lachte und weinte, als er Wasja so reden hörte. Wasja auch. Beide stürzten einander wieder in die Arme und vergaßen alles Vorgefallene.

»Wie kam, wie kam es denn? Erzähle mir alles, Wasja! Nichts für ungut, Freund, aber ich bin verblüfft, völlig verblüfft; wie wenn ein Donnerschlag mich getroffen hätte, bei Gott! Nicht doch, Bruder, du hast dir das alles ausgedacht, bei Gott, alles ausgedacht und zusammengelogen!« schrie Arkadij Iwanowitsch und blickte sogar Wasja mit unverhohlenem Zweifel ins Gesicht, doch als er in den Zügen des Freundes die strahlende Bestätigung der unwiderruflichen Absicht, möglichst bald zu heiraten, las, warf er sich aufs Bett und schlug vor Begeisterung Purzelbäume, daß die Wände zitterten.

»Wasja, setz dich hierher!« schrie er, nachdem er sich endlich auf dem Bett zurechtgesetzt hatte.

»Ich weiß nicht, Bruder, ich weiß tatsächlich nicht, womit ich anfangen soll.«

Beide blickten einander in freudiger Erregung an.

»Wer ist sie, Wasja?«

»Lisa Artemjewa!« sagte Wasja mit vor Glück geschwächter Stimme.

»Wirklich?«

»Nun, ich habe dir doch die Ohren vollgesummt von ihr, aber später habe ich aufgehört damit, und du hast es nicht einmal gemerkt. Ach, Arkascha, wie schwer fiel es mir, die Sache vor dir geheimzuhalten! Aber ich fürchtete mich zu reden, ich fürchtete mich! Ich dachte, alles könnte zunichte werden, und ich war doch so verliebt, Arkascha! Mein Gott, mein Gott! Siehst du, das ist die Geschichte«, fing er an, stockte aber jeden Augenblick wieder vor Erregung, »sie hatte schon einen Bräutigam, vor einem Jahr, und plötzlich wurde er irgendwohin abkommandiert. Ich kannte ihn auch – so ein junger Mann, Gott mit ihm! Nun, er schrieb ihr nicht mehr, schien verschwunden zu sein. Sie warteten und warteten; was konnte das nur bedeuten? Mit einemmal, vor vier Monaten, kommt er verheiratet in die Stadt zurück und setzt nicht mehr den Fuß über ihre Schwelle. Roh! Gemein! Und niemand da, der für sie eintreten könnte. Sie weinte und weinte, die Arme ... und da habe ich mich in sie verliebt. Das heißt, ich war schon lange, immer verliebt in sie! Da fing ich an, sie zu trösten, ging hin und ging immer öfter hin ... nun, ich weiß wirklich nicht, wie das gekommen ist, aber auch sie gewann mich lieb. Vor einer Woche hielt ich es nicht mehr aus, begann zu weinen und zu heulen und sagte ihr alles – nun! daß ich sie liebte – mit einem Wort alles ... ‚Ich bin auch bereit, Sie zu lieben, Wasilij Petrowitsch, aber ich bin ein armes Mädchen, treiben Sie keinen Spott mit mir; ich wage es kaum noch, jemanden zu lieben!' Nun, Bruder, verstehst du! verstehst du? ... Wir haben uns gleich das Wort gegeben und dann verlobt; ich dachte und grübelte, überlegte hin und her und sprach: Wie es Mamachen sagen? Sie sprach: ‚Das ist schwierig, warten Sie noch ein wenig; sie fürchtet sich; jetzt wird sie mich vielleicht noch gar nicht hergeben wollen'; und dabei weinte sie. Da habe ich heute, ohne ihr vorher etwas zu sagen, alles der Alten gestanden. Lisanka fiel vor ihr nieder, ich auch ... nun, sie hat uns gesegnet. Arkascha! Arkascha! Du mein Täubchen! Wir wollen alle zusammen wohnen! Nein! Ich trenne mich um keinen Preis von dir.«

»Wasja, ich sehe dich an, aber ich kann es nicht glauben, bei Gott, irgendwie glaube ich es nicht, ich schwöre es dir. Es kommt mir immer so vor ... Hör mal, wie kannst du denn so ohne weiteres heiraten? Wie habe ich nichts davon gewußt? Wahrhaftig, Wasja, ich will es dir bekennen, ich denke selber auch ans Heiraten; aber wenn du jetzt heiratest, dann bleibt es sich ja gleich! Nun, sollst glücklich werden, sollst glücklich werden!«

»Ach, Bruder, ich habe ein so seliges Gefühl im Herzen, mir ist so leicht ...« sagte Wasja, stand auf und ging erregt im Zimmer umher. »Nicht wahr? Nicht wahr? Du empfindest doch dasselbe? Wir werden natürlich arm leben, aber wir werden glücklich sein! Das ist doch keine Chimäre: unser Glück ist doch keine Geschichte, die im Buche steht – wir werden tatsächlich glücklich sein!«

»Wasja, Wasja, hör mich an!«

»Was?« fragte Wasja und blieb vor Arkadij Iwanowitsch stehen.

»Mir ist etwas eingefallen; aber wahrhaftig, ich fürchte mich, es dir zu sagen! ... Verzeih mir, aber du mußt meine Zweifel lösen. Wovon willst du denn leben? Ich bin begeistert, daß du heiratest, natürlich begeistert, und kann mich kaum beherrschen, aber – wovon willst du leben? He?«

»Ach mein Gott, mein Gott! Wie du nur bist, Arkascha!« sagte Wasja und musterte Nefedewitsch höchst erstaunt. »Wie kommst du darauf? Sogar die Alte, nicht einmal die hat sich zwei Minuten bedacht, als ich ihr alles klar dargelegt hatte. Frag doch, wovon sie bisher gelebt haben! Fünfhundert Rubel jährlich für drei Personen: das ist die ganze Pension ihres verstorbenen Vaters. Davon leben die Alte und Lisa und noch ein Brüderlein, für das noch Schulgeld davon bezahlt werden muß. So leben die! Da sind doch wir beide Kapitalisten! Ich habe doch manches gute Jahr, warte einen Augenblick ... an die siebenhundert Rubel gehabt.«

»Hör zu, Wasja; du entschuldigst mich; ich denke doch, bei Gott, ich denke ja nur daran, daß alles recht gut und schön wird, aber ... was für siebenhundert? Nur dreihundert ...«

»Dreihundert! Und Julian Mastakowitsch? Hast du den vergessen?«

»Julian Mastakowitsch? Das ist doch eine unsichere Sache, Bruder! Das ist doch etwas anderes als dreihundert Rubel festes Jahresgehalt, wo jeder Rubel ein treuer Freund ist. Julian Mastakowitsch ... nun ja, freilich, er ist gewiß ein bedeutender Mann, ich verehre ihn, verstehe ihn, mag er auch noch so hoch stehen, und – bei Gott! – ich liebe ihn auch, weil er dich so gern hat und dich für deine Arbeit bezahlt, obgleich er es nicht nötig hätte, sondern einfach einen Beamten dazu kommandieren könnte, aber du wirst doch zugeben müssen, Wasja ... Hör mich an: ich rede doch kein dummes Zeug; ich gebe zu, daß eine Handschrift wie deine in ganz Petersburg nicht mehr zu finden ist, daran ist nicht zu rütteln«, schloß Nefedewitsch nicht ohne Begeisterung, »aber plötzlich, Gott bewahre! gefällst du ihm nicht mehr, plötzlich entsprichst du ihm nicht mehr, plötzlich hat er keine Arbeit mehr, plötzlich nimmt er einen anderen – na, und schließlich kann nicht wenig passieren! Julian Mastakowitsch war da und ist fortgeschwommen, Wasja ...«

»Hör mal, Arkascha, dann könnte ja ebensogut die Decke über uns einstürzen ...«

»Nun, freilich, freilich ... ich meinte ja auch nur ...«

»Nein, höre, höre mich an. Siehst du: wie sollte er schon darauf kommen, mich zu entlassen? ... Nein, höre mich nur an, höre mich an. Ich erfülle alle seine Aufträge gewissenhaft; er ist doch so gut, er hat mir erst heute wieder, Arkascha, fünfzig Rubel in Silber gegeben.«

»Wirklich, Wasja? Eine Gratifikation?«

»Ach was, Gratifikation! Aus seiner eigenen Tasche! Er sagte: ‚Du hast schon fünf Monate kein Geld bekommen, Bruder! Willst du, dann nimm's. Ich danke dir', sagte er, ‚ich danke dir; ich bin zufrieden' ... Bei Gott! ‚Du sollst nicht umsonst bei mir arbeiten', sagte er. Wahrhaftig! Genauso hat er es gesagt! Mir kamen die Tränen, Arkascha! O Gott, o Gott!«

»Höre, Wasja, hast du die Abschriften fertig?«

»Nein ... noch nicht.«

»Wa ... sinka! Mein Engel! Was hast du sonst getan?«

»Höre, Arkadij, ich habe noch zwei Tage Zeit ...«

»Wieso hast du nichts abgeschrieben?«

»Ja, siehst du, siehst du ... Du schaust mich so verzweifelt an, daß sich mir das Herz im Leibe umdreht! Was ist schon dabei? Du erschreckst mich immer so! Schreist auf einmal: ‚Ah! Ah! Ah!!' Überlege doch! Was ist denn dabei? Nun, ich mach's schon fertig, bei Gott, ich mach's fertig ...«

»Und wenn du nicht fertig wirst?« schrie Arkadij und sprang auf. »Und er hat dir heute eine Gratifikation gegeben! Und du willst heiraten ... Ai, ai, ai!«

»Tut nichts, tut nichts«, rief Schumkow, »ich setze mich gleich an die Arbeit, diesen Augenblick! Macht nichts!«

»Wie konntest du das nur außer acht lassen, Wasjutka?«

»Ach, Arkascha! ach, wäre ich denn sitzen geblieben? Hätte ich's denn ausgehalten? Ich konnte doch kaum in der Kanzlei sitzen; konnte mein Herz kaum bändigen ... Ach, ach! Nun will ich heute die Nacht durch sitzen und morgen die Nacht durch sitzen und übermorgen noch – und dann krieg ich's fertig.«

»Ist noch viel übrig?«

»Störe mich nicht, um Gottes willen, störe mich nicht, schweig ...«

Arkadij Iwanowitsch näherte sich auf den Zehenspitzen dem Bett und setzte sich. Dann wollte er plötzlich aufstehen, nötigte sich aber sitzen zu bleiben, als er sich erinnerte, daß er stören könnte, obgleich ihm das Sitzen sehr schwerfiel. Man sah ihm an, daß die Nachricht ihn ganz aus dem Häuschen gebracht hatte und daß die erste Begeisterung noch nicht verraucht war. Er schaute Wasja Schumkow an, der schaute ihn an, lächelte, drohte ihm mit dem Finger, runzelte dann schrecklich die Brauen, als ob darin die ganze Kraft und der ganze Erfolg seiner Arbeit bestünde, und richtete den Blick starr auf seine Papiere.

Auch er schien seiner Erregung noch nicht Herr geworden zu sein, wechselte die Federn, drehte sich auf seinem Stuhl hin und her, fing wieder an zu schreiben, aber seine Hand zitterte und versagte ihm den Dienst.

»Arkascha! Ich habe ihnen auch von dir erzählt«, rief er plötzlich, als hätte er sich eben daran erinnert.

»Ja?« rief Arkadij. »Und ich wollte dich eben danach fragen. Nun?«

»Nun! ach ja, ich werde dir später alles erzählen! Da, bei Gott, ich bin selber schuld, mir ist ganz entfallen, daß ich nicht eher sprechen wollte, als bis ich vier Bogen fertig geschrieben habe, aber da dachte ich an dich und an sie. Ich kann nicht ordentlich schreiben, Bruder: immer muß ich an euch denken ...« Wasja lächelte.

Ein kurzes Schweigen folgte.

»Pfui! was für eine schlechte Feder!« schrie Schumkow und warf sie ärgerlich auf den Tisch. Er nahm eine andere.

»Wasja! höre, ein Wort noch ...«

»Nun? schnell und zum letztenmal.«

»Hast du noch viel?«

»Ach, Bruder ...« Wasja zog ein so finsteres Gesicht, als gäbe es auf der Welt nichts Schrecklicheres und Niederschmetternderes als diese Frage. »Viel, furchtbar viel.«

»Weißt du, ich habe eine Idee ...«

»Nun?«

»Nein, nein, schon vorbei, schreib nur.«

»Nun, was denn, was?«

»Es ist jetzt sieben Uhr, Wasja!«

Dabei lächelte Nefedewitsch und zwinkerte Wasja schelmisch zu, allerdings mit einer gewissen Zaghaftigkeit, da er nicht wußte, wie der Freund es aufnehmen würde.

»Weißt du was?«

»Um Gottes willen, was denn?«

»Weißt du was? Du bist erregt, du wirst nicht viel arbeiten können ... Warte, warte, warte, warte – ich sehe, ich sehe – hör mich an!« sagte Nefedewitsch, sprang begeistert vom Bett und setzte alle seine Kräfte dran, um den widersprechenden Wasja zu unterbrechen und dessen Einwände zu beseitigen. »Vor allem mußt du dich beruhigen, mußt deinen Verstand zusammenraffen, nicht wahr?«

»Arkascha, Arkascha!« schrie Wasja aufspringend, »ich will die ganze Nacht sitzen bleiben, bei Gott, die ganze Nacht!«

»Ja, ja! Aber gegen Morgen schläfst du ein ...«

»Ich schlafe nicht ein! Nie und nimmer schlafe ich ein ...«

»Nein, das geht nicht, das geht nicht; natürlich mußt du schlafen, um fünf legst du dich hin, um acht wecke ich dich. Morgen ist Feiertag; da setzt du dich hin und schreibst den ganzen Tag ... Dann noch die Nacht und ... Hast du noch viel zu schreiben?«

»Da sieh!«

Wasja zeigte ihm, zitternd vor Begeisterung und Erwartung, das Heft.

»Da!«

»Hör mal, Bruder, das ist doch gar nicht soviel ...«

»Mein Teurer, dort liegt auch noch etwas«, sagte Wasja und blickte Nefedewitsch schüchtern an, als hinge es von ihm ab, ob er gehen dürfe oder nicht.

»Wieviel?«

»Zwei ... Bogen.«

»Nun, das geht noch! Also, hör zu! Das kriegen wir schon fertig, bei Gott, das schaffen wir!«

»Arkascha!«

»Wasja! höre zu! Heute, am Vorabend des Neuen Jahres, versammeln sich alle familienweise, nur wir sind heimatlos und verlassen . . . Ach, Wasja!«

Nefedewitsch umarmte Wasja und drückte ihn in seinen Löwenumarmungen zusammen.

»Abgemacht, Arkadij!«

»Wasja, ich wollte ja nur davon reden. Siehst du, Wasjuk, meine Bärentatze. Hör mich an! hör mich an! Wir . . .«

Arkadij blieb mit offenem Mund stehen, weil er vor Begeisterung nicht sprechen konnte. Wasja hielt ihn an den Schultern, sah ihm in die Augen und bewegte die Lippen, wie wenn er an seiner Statt den Satz zu Ende sprechen wollte.

»Nun!« sagte er endlich.

»Stelle mich heute vor!«

»Arkadij! Wir gehen zu ihnen Tee trinken! Weißt du was? weißt du was? Wir bleiben aber nicht bis zum Neuen Jahr bei ihnen sitzen, sondern gehen früher fort!« rief Wasja in echter Begeisterung.

»Das heißt zwei Stunden, nicht mehr und nicht weniger!«

»Und dann Trennung bis zu der Stunde, wo ich mit der Abschrift fertig bin!«

»Wasjuk!«

»Arkadij!«

In drei Minuten war Arkadij mit seiner Toilette fertig. Wasja brauchte sich nur abzubürsten, da er seinen Frack gar nicht abgelegt hatte: mit solchem Eifer war er an seine Arbeit gegangen.

Sie eilten auf die Straße hinaus, einer froher als der andere. Ihr Weg führte von der Petersburger Seite nach Kolomna. Arkadij Iwanowitsch ging mit großen energischen Schritten dahin, so daß man schon an seinem Gang erkennen konnte, wie sehr er sich über das Glück des immer seligeren Wasja freute. Wasja trippelte mit kleinen Schritten neben ihm her, ohne freilich seine Würde zu vergessen. Im Gegenteil, Arkadij Iwanowitsch hatte ihn noch nie in einem für ihn günstigeren Licht gesehen. Er schätzte ihn in diesem Augenblick sogar etwas höher ein, und das bewußte körperliche Gebrechen Wasjas, von dem der Leser noch gar nichts weiß (er war etwas schief gewachsen), das in Arkadij Iwanowitschs gutem Herzen stets ein inniges Mitleid wachrief, trug jetzt noch mehr zu der tiefen Rührung bei, die sein Freund in diesem Augenblick besonders stark empfand und deren Wasja selbstverständlich in jeder Hinsicht würdig war. Arkadij Iwanowitsch wollte sogar vor Seligkeit weinen, bezwang sich aber.

»Wohin, Wasja, wohin? Hier ist es doch näher!« schrie er, als er sah, daß Wasja in den Wosnesenskij-Prospekt einbiegen wollte.

»Sei still, Arkascha, sei still ...«

»Wirklich, hier ist es näher, Wasja.«

»Arkascha! Weißt du was?« sagte Wasja geheimnisvoll, mit vor Freude zitternder Stimme, »weißt du was? Ich möchte Lisanka ein Geschenk mitbringen ...«

»Was denn?«

»Hier an der Ecke, Bruder, ist der Laden von Madame Leroux, ein prächtiges Geschäft.«

»Also?«

»Ein Häubchen, Freund, ein Häubchen! Heute habe ich ein ganz entzückendes Häubchen gesehen. Ich erkundigte mich danach. Manon Lescaut heißt die Fasson, sagten sie – ein Wunder! Kirschrote Bänder ... und wenn es nicht zu teuer ist ... Aber wenn es auch teuer ist, Arkascha!«

»Du bist größer als alle Dichter, Wasja! Gehen wir!«

Sie beschleunigten ihre Schritte, und nach zwei Minuten betraten sie das Geschäft. Es empfing sie eine schwarzäugige Französin mit Hängelocken, die beim ersten Blick auf ihre Kunden sogleich fröhlich und glücklich wurde wie diese selber – ja, sogar noch glücklicher, wenn man so sagen darf. Wasja war nahe daran, Madame Leroux vor Entzücken zu küssen.

»Arkascha!« sagte er halblaut, nachdem er einen flüchtigen Blick auf all das Herrliche und Große geworfen hatte, das auf hölzernen Stöcken auf dem riesigen Ladentisch stand. »Wunderbar! Was ist das? Und das? Dies da zum Beispiel, das ist ein Bonbon, siehst du?« flüsterte Wasja, auf ein sehr nettes Häubchen zeigend, das ganz am Rande stand, aber keineswegs jenes war, welches er kaufen wollte: an diesem anderen, berühmten, richtigen, das auf dem entgegengesetzten Tischende stand, hatte er sich schon aus der Ferne kaum satt sehen können und es mit den Augen verschlungen. Er starrte es so an, daß man denken konnte, irgend jemand wollte es nehmen und stehlen oder das Häubchen wollte selbst von seinem Platz in die Luft fliegen, nur damit es Wasja nicht bekomme.

»Da«, sagte Arkadij Iwanowitsch und zeigte auf ein Häubchen, »das scheint mir das netteste zu sein.«

»Wirklich, Arkascha! Das macht dir Ehre! Ich empfinde geradezu Hochachtung vor deinem guten Geschmack«, sagte Wasja, hinterlistig mit dem Mitgefühl seines Herzens vor Arkascha prahlend, »eine Pracht dein Häubchen, aber komm einmal hierher.«

»Welches findest du schöner, Bruder?«

»Schau einmal da her!«

»Dieses?« sagte Arkadij zweifelnd.

Doch als Wasja, außerstande, sich noch weiter zu beherrschen, das Häubchen vom Stock riß, von dem es sich scheint's plötzlich aus freiem Willen zu lösen schien, als wäre es über einen so guten Käufer besonders erfreut und hätte nur auf ihn so lange gewartet, als seine Bändchen, Rüschen und Spitzen knisterten, da entrang sich der mächtigen Brust Arkadij Iwanowitschs ein plötzlicher Schrei des Entzückens. Sogar Madame Leroux, die ihre Würde und ihre Überlegenheit in Geschmacksfragen die ganze Zeit über zu wahren gewußt hatte und nur aus Nachsicht schwieg, belohnte Wasja mit einem beifälligen Lächeln, so daß alles an ihr, ihr Blick, ihre Gesten und dieses Lächeln, gleichzeitig zu sagen schien: Ja! Sie haben es getroffen und sind des Glückes wert, das Ihnen bevorsteht.

»Wie es kokettiert hat, kokettiert hat in seiner Einsamkeit!« rief Wasja, seine ganze Liebe auf das nette Häubchen übertragend. »Hat sich absichtlich versteckt, der Schelm, das Täubchen!« Und er küßte es, das heißt die Luft, die ihn umgab, weil er fürchtete, den kostbaren Schatz selbst zu berühren.

»So halten wahres Verdienst und wahre Tugend sich verborgen«, sagte Arkadij begeistert, indem er zum Spaß einen Satz aus einer witzigen Zeitung hersagte, die er heute früh gelesen hatte. »Nun, Wasja, was meinst du?«

»Vivat, Arkascha! Du bist ja heute so witzig, du wirst bei den Damen *Furore* machen, wie sie es nennen, das kann ich dir voraussagen! Madame Leroux, Madame Leroux!«

»Was steht zu Diensten?«

»Täubchen Madame Leroux!«

Madame Leroux blickte Arkadij Iwanowitsch an und lächelte nachsichtig.

»Sie werden es mir nicht glauben, wie ich Sie in diesem

Augenblick anbete ... Gestatten Sie mir, Ihnen einen Kuß zu geben!«

Und Wasja küßte die Putzmacherin.

Man mußte wahrhaftig einen Augenblick lang seine ganze Würde zusammenraffen, um sich gegenüber so einem Tunichtgut nichts zu vergeben. Aber ich behaupte, daß man dazu auch die ganze angeborene, ungekünstelte Liebenswürdigkeit und Grazie besitzen muß, mit der Madame Leroux die Begeisterung Wasjas aufnahm. Sie nahm ihm seine Kühnheit nicht übel, und wie klug, wie graziös wußte sie sich in dieser Situation zu benehmen! Konnte man dem guten Wasja böse sein?

»Madame Leroux, was kostet das Häubchen?«

»Das da – fünf Silberrubel«, antwortete sie, sich rechtfertigend, mit einem neuen Lächeln.

»Und das, Madame Leroux?« sagte Arkadij Iwanowitsch, auf das von ihm gewählte Häubchen zeigend.

»Das kostet acht Silberrubel!«

»Aber ich bitte Sie! Sagen Sie doch selbst, Madame Leroux, nun – welches von beiden ist hübscher, netter, graziöser, welches ist Ihnen ähnlicher?«

»Jenes dort ist reicher geschmückt, doch Ihre Wahl – c'est plus coquet!«

»Dann nehmen wir es auch!«

Madame Leroux nahm ein Blatt ganz, ganz dünnen Papieres, steckte es mit einer Nadel zusammen, und das Papier mit dem eingewickelten Häubchen schien leichter geworden zu sein als vorher ohne Häubchen. Wasja nahm das Paket vorsichtig in die Hand, wagte kaum zu atmen, verabschiedete sich von Madame Leroux, sagte ihr noch etwas sehr Liebenswürdiges und verließ das Geschäft.

»Ich bin ein Viveur, Arkascha, ich bin zum Viveur geboren!« rief Wasja, geschüttelt von einem lautlosen, bebenden, hysterischen Lachen, und wich allen Passanten aus, die er plötzlich alle eines beabsichtigten Attentats auf sein kostbares Häubchen bezichtigte.

»Höre, Arkadij, hör mich an!« begann er einen Augenblick später, und etwas Feierliches, etwas unsagbar Liebevolles klang aus seiner Stimme. »Arkadij, ich bin so glücklich, so glücklich!«

»Wasenka! Und wie glücklich bin erst ich, mein Täubchen!«

»Nein, Arkascha, nein! deine Liebe zu mir ist grenzenlos,

das weiß ich! Du kannst aber nicht den hundertsten Teil von dem empfinden, was ich in diesem Augenblick fühle! Mein Herz ist so voll, so voll! Arkascha! Ich bin dieses Glückes nicht wert! Ich fühle, ich spüre es. Wofür dies alles?« sagte er mit einer Stimme, in der verhaltene Tränen zitterten. »Was habe ich denn getan, sag es mir doch! Sieh nur, wieviel Menschen es auf der Welt gibt, wieviel Tränen, wieviel Kummer, wieviel Alltagsleben ohne Feiertag! Und ich! Mich liebt ein Mädchen, mich ... Aber du wirst sie gleich selbst sehen, selbst dieses edle Herz würdigen können! Ich bin in einem niederen Stand geboren, jetzt habe ich ein Amt und feste Einkünfte, ein Gehalt. Ich wurde mit einem körperlichen Gebrechen geboren, bin etwas schief – und sie hat mich liebgewonnen, wie ich bin! Heute war Julian Mastakowitsch so freundlich, so aufmerksam, so höflich; er spricht sonst selten mit mir, aber heute trat er auf mich zu und sagte: ‚Nun, Wasja' – bei Gott, er nannte mich Wasja –, ‚du wirst wohl bummeln an den Feiertagen, he?' Und dabei lachte er. ‚Daraus wird wohl nicht viel werden, Euer Hochwohlgeboren, ich habe zu tun.' Doch dann faßte ich plötzlich Mut und sagte: ‚Etwas lustig sein werde ich wohl auch, Euer Hochwohlgeboren!' Bei Gott, das habe ich gesagt. Da gab er mir das Geld, dann sagte er noch zwei Worte zu mir. Ich fing an zu weinen, bei Gott, Bruder, konnte mich der Tränen nicht erwehren, und auch er schien gerührt. Er klopfte mir auf die Schulter und sagte: ‚So sollst du immer fühlen, Wasja, immer fühlen, wie du jetzt fühlst' ...«

Wasja schwieg einen Augenblick. Arkadij Iwanowitsch wandte sich ab und wischte ebenfalls eine Träne mit der Faust weg.

»Und dann, und dann ...« fuhr Wasja fort. »Ich habe es dir noch nie gesagt, Arkadij ... Arkadij! Du machst mich so glücklich mit deiner Freundschaft, ohne dich könnte ich gar nicht in dieser Welt leben ... Nein, nein, kein Wort, Arkascha! Laß mich deine Hand drücken! Laß ... mich ... dir ... dan ... ken ...« Wasja konnte wieder nicht weiter.

Arkadij Iwanowitsch wollte seinem Freunde gradewegs um den Hals fallen, aber da sie gerade die Straße überquerten und fast unmittelbar vor ihren Ohren der winselnde Ruf ertönte: »Vor–se–hen!« so stürzten beide erschreckt und aufgeregt im Laufschritt auf das Trottoir zurück. Arkadij Iwanowitsch war darüber sogar erfreut. Er erklärte sich den überschwenglichen Dankbarkeitserguß Wasjas nur durch den ausschließlichen Charakter dieses Augenblicks. Er selbst aber ärgerte sich. Er fühlte, daß er bisher wenig für Wasja getan hatte! Er hatte sich sogar geschämt, als sich Wasja wegen einer solchen Kleinigkeit zu bedanken begann. Aber noch lag das ganze Leben vor ihnen, und Arkadij Iwanowitsch atmete wieder freier.

Man hatte sie wirklich nicht mehr erwartet! Der Beweis – sie saßen schon beim Tee! Aber wahrhaftig, manchmal ist ein alter Mensch scharfsichtiger als die Jugend, und dazu noch was für eine Jugend! Lisanka hatte allen Ernstes versichert, daß er nicht mehr kommen würde: »Er kommt nicht mehr, Mamachen; mein Herz spürt, daß er nicht kommt!« Die Mama jedoch behauptete, daß ihr Herz im Gegenteil fühle, daß er ganz bestimmt kommen werde, daß er es zu Hause nicht aushalten werde; er hätte ja auch keinen Dienst mehr und morgen wäre Neujahr! Lisanka erwartete sie auch nicht, als sie öffnen ging – glaubte ihren Augen nicht und empfing sie, wobei ihr der Atem stockte und das Herzchen klopfte wie bei einem gefangenen Vöglein, über und über rot wie eine Kirsche, der sie überhaupt schrecklich ähnlich war. Mein Gott, was für eine Überraschung! Was für ein freudiges Ach von ihren Lippen kam! »Du Betrüger! Du mein Täubchen!« rief sie aus und schlang ihre Arme um Wasjas Hals ... Aber stellt euch ihre Verwunderung und ihre Verlegenheit vor: dicht hinter Wasja, als wollte er sich verstecken, stand etwas außer Fassung Arkadij Iwanowitsch. Wir müssen gestehen, daß er Frauen gegenüber ein wenig unbeholfen war, sogar sehr unbeholfen, einmal passierte es ihm sogar, daß ... Doch davon später. Versetzt euch dennoch in seine Lage: daran war nichts Komisches; er stand im Vorzimmer, im Mantel und in Überschuhen, eine Mütze mit Ohrenklappen auf dem Kopf, die er allerdings schleunigst herunterriß, ganz eingemummelt in einen häßlichen, gelben Strickschal, der des größeren Effektes wegen noch hinten zu einer Schleife gebunden war. Dies alles mußte aufgewickelt, so schnell als möglich abgelegt werden, in vorteilhaftester Gestalt erscheinen, denn es gibt keinen Menschen auf der Welt, der nicht in vorteilhaftester Gestalt erscheinen möchte! Und nun dieser Wasja, dieser schlimme, unerträgliche, zugleich aber auch liebe, herzensgute Wasja, wenn auch letzten Endes doch unerträgliche, erbarmungslose Wasja. »Da, Lisanka!« schrie er, »hast du meinen Arkadij.

Welchen? Nun, meinen besten Freund, umarme ihn, küsse ihn. Lisanka, küß ihn als erste, wenn du ihn später besser kennengelernt hast, wirst du ihn von selbst küssen ...« Nun? Ich frage, was sollte Arkadij Iwanowitsch tun? Er hatte erst den halben Schal abgewickelt! Wahrhaftig, ich muß mich manchmal für dieses begeisterte Gebaren Wasjas fast schämen. Es ist allerdings ein Beweis seines guten Herzens, aber ... es wirkt peinlich, unschön!

Endlich traten beide ein. Die Alte war unsäglich erfreut, Arkadij Iwanowitsch kennenzulernen: sie habe soviel von ihm gehört, sie ... Aber sie kam nicht zu Ende. Ein freudiges »Ach!« das hell durch das ganze Zimmer erscholl, ließ sie mitten im Satz innehalten. Mein Gott! Lisanka stand vor dem überraschend ausgewickelten Häubchen, hatte ganz naiv die Händchen gefaltet und lächelte, lächelte ... Ach Gott, warum hatte Madame Leroux nicht noch ein schöneres Häubchen!

Aber, mein Gott, wo könnten Sie ein schöneres Häubchen suchen? Das geht schon zu weit! Wo wäre ein schöneres zu finden? Ich rede ganz ernst. Mich macht diese Undankbarkeit der Verliebten etwas unwillig und empört mich sogar ein wenig. Nun, seht doch selber, Herrschaften, seht doch selber, was es Schöneres geben kann als so ein Amor-Häubchen! Nun, betrachtet es einmal ... Aber nein, nein, meine Vorwürfe sind ungerecht; alle sind schon einverstanden mit mir. Das war nur eine momentane Verwirrung, eine Spiegelfechterei, die Hitzigkeit der Gefühle; ich bin bereit, ihnen zu verzeihen ... Aber schaut dafür nur hin ... Entschuldigt, Herrschaften, ich rede immer von dem Häubchen: ein federleichtes Tüllgebilde, ein breites kirschfarbenes Band, mit Spitzen besetzt, verläuft zwischen dem Tüll und den Rüschen, und hinten zwei lange breite Bänder, die etwas unterhalb des Genicks auf die Schultern fallen ... Man muß das ganze Häubchen etwas tiefer ins Genick schieben ... Seht nur! Nun, ich bitte euch, schaut doch nur hin ... Aber ihr schaut ja gar nicht hin, wie ich sehe ... Euch scheint alles gleichgültig zu sein! Ihr schaut auf die andere Seite ... Seht doch, wie zwei große, große, perlengleiche Tränen im Nu in den pechschwarzen Äuglein aufgestiegen sind, wie sie einen Augenblick an den langen Wimpern zittern und dann auf das kunstvolle Gebilde der Madame Leroux fallen, das mehr aus Luft als aus Tüll zu bestehen scheint ... Und wieder ärgere ich mich: diese zwei Tränen galten doch fast überhaupt nicht dem Häubchen! ... Nein! Meiner Ansicht nach muß man einen solchen Gegenstand kaltblütig schenken. Nur dann kann man ihn nach Gebühr würdigen! Mir geht es immer noch um das Häubchen, Herrschaften!

Man setzte sich. Wasja neben Lisanka, die Alte neben Arkadij Iwanowitsch. Ein Gespräch kam in Gang, und Arkadij Iwanowitsch zeigte sich von seiner besten Seite. Es freut mich, ihm Gerechtigkeit widerfahren zu lassen. Man hätte es kaum erwartet von ihm. Nach ein paar Worten über Wasja redete er sehr hübsch von Julian Mastakowitsch, dessen Wohltäter. Und er redete so klug, so klug, daß das Thema in einer Stunde noch nicht erschöpft war. Man mußte hören, mit wieviel Geschick, mit wieviel Takt Arkadij Iwanowitsch gewisse Eigentümlichkeiten Julian Mastakowitschs berührte, die in unmittelbarer oder mittelbarer Beziehung zu Wasja standen. Dafür war die Alte auch bezaubert, richtig bezaubert; sie gab es selbst zu, sie zog Wasja absichtlich beiseite und sagte ihm, daß sein Freund ein vorzüglicher, liebenswürdiger junger Mann, vor allem jedoch ein ernster, solider junger Mann sei. Wasja hätte vor Seligkeit fast laut aufgelacht. Er dachte daran, wie der solide Arkascha ihn eine Viertelstunde lang auf dem Bett gewälzt hatte! Dann zwinkerte die Alte Wasja zu und bat ihn, ihr leise und vorsichtig ins Nebenzimmer zu folgen. Es muß zugegeben werden, daß sie an Lisanka verhältnismäßig schlecht handelte: sie verriet ihre Tochter natürlich aus Gefühlsüberschwang, indem sie Wasja heimlich das Geschenk zeigen wollte, mit dem Lisanka ihn zu Neujahr zu überraschen gedachte. Es war eine mit Perlen, Gold und einem entzückenden Muster gestickte Brieftasche: auf der einen Seite war überaus natürlich ein Hirsch abgebildet, der in gestrecktem Lauf dahinstürmte – und so ähnlich, so schön! Auf der anderen Seite war das Porträt eines berühmten Generals, ebenfalls ganz ausgezeichnet und überaus ähnlich dargestellt. Ich spreche gar nicht über Wasjas Begeisterung. Indes war auch im Saal die Zeit nicht umsonst verstrichen. Lisanka ging geradewegs auf Arkadij Iwanowitsch zu. Sie faßte seine beiden Hände und dankte ihm, und Arkadij Iwanowitsch erriet, daß dieser Dank auch dem teuren Wasja galt. Lisanka war sogar tief gerührt: sie habe gehört, daß Arkadij Iwanowitsch ein so treuer Freund ihres Bräutigams sei, ihn so lobe, so für ihn sorge, ihn auf Schritt und Tritt mit heilsamen Ratschlägen begleite, daß sie gar nicht wüßte, wie sie ihm danken sollte, jedoch hoffe, daß Arkadij auch sie wenigstens halb so liebgewinnen werde, wie er Wasja liebe. Dann fragte sie, ob Wasja für seine Gesundheit sorge, äußerte einige Befürchtungen wegen der außerordentlichen Hitzigkeit seines Charakters, seiner mangelhaften Menschenkenntnis und seiner unpraktischen Natur, sagte, daß sie mit der Zeit in religiöser Hinsicht auf ihn achten, ihn beschützen und seine Geschicke gängeln werde und daß sie endlich hoffe, daß auch Arkadij Iwanowitsch sie nicht nur nicht verlassen, sondern sogar bei ihnen wohnen werde.

»Wir werden zu dritt wie ein Mensch sein!« rief sie in naiver Begeisterung aus.

Aber es war Zeit zu gehen. Versteht sich, daß sie die Gäste zum Bleiben nötigten, aber Wasja erklärte kurz und bündig, daß es nicht ginge. Arkadij Iwanowitsch stimmte ihm bei. Man fragte natürlich nach dem Grund, und so ward alsbald bekannt, daß Wasja von Julian Mastakowitsch eine dringende, große Arbeit anvertraut worden war, die bis übermorgen früh fertig sein müßte, aber nicht nur nicht fertig, sondern ganz vernachlässigt worden sei. Mamachen stöhnte auf, als sie das hörte, während Lisanka einfach erschrak, unruhig wurde und Wasja sogar hinausjagte. Der letzte Kuß wurde dadurch nicht beeinträchtigt; er dauerte zwar nicht so lange wie der erste, war aber heißer und kräftiger. Endlich trennte man sich, und die beiden Freunde eilten nach Hause.

Kaum waren sie auf der Straße, begannen sie einander ihre Eindrücke anzuvertrauen. Anders konnte es auch gar nicht sein, denn Arkadij Iwanowitsch war verliebt, sterblich verliebt in Lisanka! Und wem hätte er das anvertrauen sollen, wenn nicht dem Glückspilz Wasja? Das tat er auch; er genierte sich ganz und gar nicht und gestand Wasja sofort alles. Wasja lachte furchtbar und war hocherfreut, bemerkte sogar, daß das gar nicht übel sei und daß sie nun noch bessere Freunde werden müßten. »Du hast mich verstanden, Wasja!« sagte Arkadij Iwanowitsch, »ja! ich liebe sie so wie dich! Sie wird mein Engel sein wie der deine, denn euer Glück wird sich auch über mich ergießen und auch mich erwärmen. Sie wird auch meine Hausfrau sein, Wasja; in ihren Händen wird mein Glück liegen; mag sie über mich verfügen wie über dich! Ja, meine Freundschaft für dich ist Freundschaft auch für sie;

ihr seid für mich jetzt untrennbar. Ich werde jetzt zwei Wesen wie dich haben statt wie bisher nur eines ...« Arkadij verstummte im Übermaß der Gefühle; Wasja aber war von seinen Worten aufs tiefste erschüttert. Er hätte dergleichen Bekenntnisse von Arkadij nie erwartet. Arkadij war kein Redner, er schwärmte auch sonst nicht; nun aber gab er sich auf einmal den heitersten, schönsten und kühnsten Träumen hin! »Wie werde ich euch beide behüten, für euch sorgen!« fing er wieder an. »Erstens werde ich alle deine Kinder aus der Taufe heben, Wasja; alle ohne Ausnahme; zweitens, Wasja, müssen wir auch für die Zukunft sorgen! Es müssen Möbel gekauft, es muß eine Wohnung gemietet werden, so daß jeder, sie und du und ich, sein eigenes Winkelchen hat. Weißt du, Wasja, ich will gleich morgen laufen und mir die Zettel an den Haustüren ansehen. Drei ... nein, zwei Zimmer, mehr brauchen wir nicht. Ich glaube sogar, Wasja, daß ich heute Unsinn geredet habe, das Geld muß reichen! Wie auch nicht! Ich habe ihr in die Äuglein geschaut und sogleich überschlagen, daß es reichen wird. Alles für sie! Oh, wie werden wir arbeiten! Jetzt kann man's schon wagen, Wasja, und fünfundzwanzig Rubel Miete zahlen. Auf die Wohnung kommt es vor allem an, Bruder! Schöne Zimmer ... dann ist der Mensch froh und träumt von den herrlichsten Dingen! Zweitens aber muß Lisanka unser gemeinsamer Kassierer sein: Keine leichtsinnige Kopeke! Daß ich jetzt ins Wirtshaus laufen sollte! Wofür hältst du mich eigentlich? Nie und nimmer! Und dann gibt's Gehaltszulagen und Gratifikationen, denn wir werden tüchtige Beamte sein und fleißig arbeiten, oh! arbeiten, wie die Ochsen pflügen ... Na, stell dir vor« – Arkadijs Stimme wurde leise vor Zufriedenheit –, »auf einmal gibt's ganz unerwartet fünfundzwanzig oder dreißig Rubel Gratifikation! ... Jede solche Gratifikation bedeutet ein Häubchen, ein Tüchlein, ein Paar Strümpfchen! Sie muß mir unbedingt einen Schal stricken; sieh nur, wie häßlich meiner ist: gelb, schmutzig, er hätte mich heute fast ins Unglück gestürzt! Du bist aber auch gut, Wasja! Du stellst mich vor, und ich stehe in dem Kummet da ... Doch das ist alles Nebensache! Ich möchte dir nur sagen, daß ich alles Silber auf mich nehme! Ich werde euch doch ein Geschenk machen müssen – das ist einfach Ehrensache! ... Meiner Gratifikation werde ich doch nicht verlustig gehen; soll etwa Skorochodow das Geld bekommen? Bei dem langhalsigen Kranich wird es nicht lang in der Tasche liegen! Ich kaufe euch silberne Löffel und schöne Messer, Bruder – keine silbernen Messer natürlich, aber ausgezeichnete Messer –, und eine Weste, das heißt eine Weste für mich – und werde dein Brautführer sein! Aber du mußt dich jetzt zusammennehmen, Verehrtester, ordentlich zusammennehmen; ich werde heute und morgen und die ganze Nacht mit dem Stock hinter dir stehen und dich zur Arbeit antreiben: Schreib, schreib, Bruder, schneller! Und dann gehen wir am Abend wieder hinüber und sind beide glücklich! Dann spielen wir Lotto! So werden wir die Abende verbringen – oh, herrlich! Pfui Teufel! Wie ärgerlich, daß ich dir nicht helfen kann. Am liebsten nähme ich es und schriebe alles, alles für dich ... Warum müssen auch unsere Handschriften so verschieden sein?«

»Ja«, erwiderte Wasja. »Ja! Ich muß mich beeilen. Ich glaube, es ist jetzt elf Uhr. Ich muß mich beeilen ... An die Arbeit!«

Und Wasja, der die ganze Zeit bald gelächelt und bald versucht hatte, den Gefühlserguß seines Freundes durch irgendeine begeisterte Äußerung des Entzückens zu unterbrechen, mit einem Wort, sich sehr animiert gezeigt hatte, wurde nach diesen Worten ganz still, redete nicht mehr und rannte geradezu die Straße entlang. Es war, als hätte ein finsterer Gedanke seinen glühenden Kopf plötzlich zu Eis erstarren lassen; es war, als zöge sich sein Herz zusammen.

Arkadij Iwanowitsch wurde sogar unruhig; auf seine drängenden Fragen erhielt er fast gar keine Antworten von Wasja, der ihn mit einem oder zwei Worten und manchmal auch nur mit einem häufig in keinem Bezug zur Sache stehenden Ausruf abfertigte. »Was ist dir, Wasja?« schrie er endlich, ihm atemlos nachlaufend. »Bist du wirklich so unruhig?« – »Ach, Bruder, laß das Geschwätz«, erwiderte Wasja fast ärgerlich. »Nicht den Mut verlieren, Wasja«, unterbrach ihn Arkadij, »ich habe schon erlebt, daß du viel mehr in kürzerer Frist geschrieben hast ... Was willst du? Du bist einfach ein Talent! Im äußersten Fall kannst du die Feder beschleunigen, die Abschriften werden ja nicht lithographiert. Du schaffst es schon ... Das einzige ist, daß du jetzt erregt und zerstreut bist, deshalb fällt dir auch die Arbeit schwer ...« Wasja antwortete gar nicht oder brummte nur etwas vor sich hin, und sie liefen in großer Aufregung nach Hause.

Wasja setzte sich sofort an seine Schreiberei. Arkadij Iwanowitsch beruhigte sich und verstummte, zog sich leise aus und legte sich zu Bett, ohne Wasja aus den Augen zu lassen. Die Angst überkam ihn. Was ist los mit ihm? sagte er bei sich, während er Wasjas blaß gewordenes Gesicht, seine entzündeten Augen und seine in jeder Bewegung zum Ausdruck kommende Unruhe beobachtete. Sogar seine Hand zitterte ... Pfui, wirklich! Sollte ich ihm nicht raten, zwei Stunden zu schlafen? Dann verschliefe er seine Gereiztheit. Wasja hatte eben eine Seite fertiggeschrieben, hob den Blick, sah zufällig zu Arkadij hinüber, schlug aber sofort die Augen nieder und griff nach seiner Feder.

»Hör mal, Wasja«, fing Arkadij Iwanowitsch plötzlich an, »wäre es nicht besser für dich, ein bißchen zu schlafen? Schau, du bist wie im Fieber ...«

Wasja sah den Freund ärgerlich, ja geradezu ergrimmt an und gab keine Antwort.

»Hör, Wasja! Was geht vor mit dir?«

Wasja bedachte sich sofort.

»Sollten wir nicht Tee trinken, Arkascha?« fragte er.

»Wieso? Warum?«

»Das gibt Kraft. Ich will nicht schlafen und werde nicht schlafen! Ich muß schreiben. Jetzt aber würde ich mich beim Tee etwas erholen und über den schweren Augenblick hinwegkommen.«

»Famos, Bruder Wasja, herrlich! Gerade dies wollte ich dir auch vorschlagen. Ich wundere mich nur, daß es mir nicht gleich eingefallen ist. Aber weißt du was? Mawra steht nicht auf, wird um keinen Preis zu wecken sein ...«

»Ja ...«

»Unsinn, macht nichts!« schrie Arkadij und sprang barfuß aus dem Bett. »Ich stelle selbst den Samowar auf! Das wäre nicht das erste Mal!«

Arkadij Iwanowitsch lief in die Küche und machte sich mit dem Samowar zu schaffen; Wasja schrieb weiter. Arkadij Iwanowitsch kleidete sich an und lief auch noch zum Bäcker, damit Wasja sich für die nächtliche Arbeit ordentlich stärken könne. Nach einer Viertelstunde stand der Samowar auf dem Tisch. Die Freunde tranken Tee, aber ein Gespräch wollte nicht in Gang kommen. Wasja war zerstreut.

»Ja«, sagte er endlich, wie zu sich kommend, »morgen müssen wir gratulieren gehen ...«

»Das brauchst du nicht.«

»Nein, Bruder, ich muß«, sagte Wasja.

»Ach was, ich trage dich überall mit ein ... was willst du! Arbeite morgen. Heute kannst du bis etwa fünf Uhr sitzen, wie ich dir schon gesagt habe, dann schläfst du ein wenig. Wie würdest du sonst morgen aussehen? Ich wecke dich pünktlich um acht Uhr.«

»Geht es denn, daß du meinen Namen einschreibst?« sagte Wasja, schon halb einverstanden.

»Warum denn nicht? So machen es alle ...«

»Ich habe Angst ...«

»Ja, wovor denn?«

»Weißt du, bei den anderen macht es nichts, aber Julian Mastakowitsch ... Er ist doch mein Wohltäter, Arkascha ... Wenn er die fremde Handschrift bemerkt ...«

»Bemerkt? Du bist mir der rechte, Wasja! Wie soll er es denn bemerken? ... Du weißt doch, daß ich deine Unterschrift genau kopieren kann, sogar den Schnörkel mache ich ganz so wie du. Bei Gott! Du kannst ganz ruhig sein. Kein Mensch merkt was!«

Wasja antwortete nicht und trank schnell sein Glas aus ... Dann schüttelte er zweifelnd den Kopf.

»Wasja, Täubchen! Wenn uns das gelänge! Aber was hast du, Wasja? Du erschreckst mich! Weißt du, Wasja, ich gehe nicht wieder zu Bett! Ich schlafe doch nicht mehr ein. Zeig mir doch, wieviel du noch zu schreiben hast.«

Wasja sah ihn so an, daß sich Arkadij das Herz im Leibe umdrehte und seine Zunge versagte.

»Wasja! Was hast du? Warum siehst du mich so an?«

»Arkadij, ich will morgen doch selbst zu Julian Mastakowitsch gehen.«

»Nun, wie du willst!« sagte Arkadij, ihn in banger Erwartung anstarrend.

»Ich bitte dich, Wasja, schreib etwas schneller! Ich rate dir nichts Schlimmes, bei Gott! Wie oft hat Julian Mastakowitsch gesagt, daß ihm vor allem die Deutlichkeit deiner Schrift gefällt! Nur Skoroplochin will die Schrift noch so schön haben, daß sie als Vorlage gebraucht werden kann, damit er ein Blättchen mausen kann, um es seinen Kindern als Schreibvorlage heimzubringen ... als ob er sich keine kaufen könnte, der Klotz! Julian Mastakowitsch will aber nur eines: Deutlichkeit, Deutlichkeit und nochmals Deutlichkeit! ... Was plagst du dich denn? Wahrhaftig, Wasja, ich weiß gar nicht, wie ich mit dir reden soll ... Mir ist geradezu bange ... Du bringst mich noch um mit deinem traurigen Gesicht.«

»Tut nichts, tut nichts!« sagte Wasja und fiel ermattet auf seinen Stuhl zurück. Arkadij erschrak.

»Soll ich dir Wasser bringen? Wasja! Wasja!«

»Laß nur«, sagte Wasja, seine Hand drückend. »Das hat nichts zu bedeuten. Mir wurde plötzlich so traurig zumute, Arkadij. Ich wüßte selbst nicht zu sagen, warum. Rede lieber von anderen Dingen, ermahne mich nicht immer ...«

»Beruhige dich, um Gottes willen, beruhige dich, Wasja! Du wirst fertig, bei Gott, du wirst fertig! Und wenn du nicht fertig bist, ist es auch kein Unglück! Das ist doch kein Verbrechen.«

»Arkadij«, sagte Wasja und sah den Freund so bedeutungsvoll an, daß dieser richtig erschrak, denn noch nie war Wasja so aufgeregt gewesen. »Wäre ich allein auf mich gestellt, wie früher ... Nein! Das wollte ich nicht sagen ... Ich möchte dir als meinem Freunde bekennen ... Aber warum soll ich dich aufregen? Siehst du, Arkadij, dem einen ist viel gegeben, der andere muß sich bescheiden – wie ich. Wenn nun jemand von dir verlangte, du solltest dich ihm erkenntlich zeigen, und du wärst dazu nicht imstande?«

»Wasja, ich verstehe dich nicht!«

»Ich war nie undankbar«, sagte Wasja leise, wie zu sich selber. »Wenn ich aber nicht imstande bin, alles auszusprechen, was ich empfinde, so ist das ... Es sieht so aus, als wäre ich wirklich undankbar, Arkadij, und das tötet mich ...«

»Was ist denn dabei? Ist das dein ganzer Dank, daß du die Abschrift rechtzeitig ablieferst? Denk doch über deine eigenen Worte nach, Wasja! Äußert sich Dank in dieser Weise?«

Wasja verstummte plötzlich und sah Arkadij mit großen Augen an, als hätte sein unerwartetes Argument alle seine Zweifel verscheucht. Er lächelte sogar, machte aber sofort wieder ein nachdenkliches Gesicht. Arkadij war sehr erfreut, denn er sah in diesem Lächeln ein Zeichen, daß alle Furcht überwunden war, und deutete die Unruhe, die gleich wieder aus Wasjas Gesicht sprach, als Entschluß, es nun besser zu machen.

»Wenn du zwischendurch aufwachst, Arkascha«, sagte Wasja, »wirf immer einen Blick nach mir. Sollte ich über der Arbeit einschlafen, wäre das ein großes Unglück. Ich setze mich nun wieder an meine Papiere ... Arkascha!«

»Ja?«

»Nein, ich meinte nur ... ich wollte nur ...«

Wasja setzte sich und schrieb schweigend. Arkadij legte sich schlafen. Keiner von beiden hatte ein Wort über die Kolomensker gesagt. Vielleicht fühlten sie beide, daß sie etwas leichtsinnig gewesen waren. Arkadij schlief alsbald ein, immer noch in Sorge um Wasja. Zu seiner Verwunderung erwachte er pünktlich um halb acht Uhr morgens. Wasja schlief auf seinem Stuhl, die Feder in der Hand, bleich und matt. Das Licht war niedergebrannt. In der Küche machte sich Mawra mit dem Samowar zu schaffen.

»Wasja, Wasja!« rief Arkadij erschrocken. »Wann hast du dich schlafen gelegt?«

Wasja öffnete die Augen und sprang auf.

»Ach«, sagte er, »ich bin eingeschlafen.«

Er sah sofort nach seinen Papieren – alles war in Ordnung: kein Tintenfleck, kein Talgfleck von der Kerze war daraufgefallen.

»Ich muß gegen sechs Uhr eingeschlafen sein«, sagte Wasja. »Wie kalt es nachts ist! Wollen wir jetzt Tee trinken, und dann muß ich wieder ...«

»Bist du wieder etwas zu Kräften gekommen?«

»Ja, ja, mir ist jetzt ganz gut.«

»Prosit Neujahr, Bruder Wasja!«

»Viel Glück, Bruder, viel Glück!«

Sie umarmten sich. Wasjas Kinn zitterte, seine Augen waren feucht. Arkadij Iwanowitsch schwieg. Ihm war traurig zumute. Beide tranken eilig ihren Tee aus ...

»Arkadij! Ich habe beschlossen, selbst zu Julian Mastakowitsch zu gehen.«

»Er wird es wirklich nicht merken ...«

»Ich habe fast Gewissensbisse, Bruder ...«

»Bedenke doch, daß du ihm zuliebe dasitzt und dich plagst! Wahrhaftig ... Und dann, weißt du, möchte ich noch dorthin gehen.«

»Wohin?« fragte Wasja.

»Zu den Artemjews. Ich will ihnen deine und meine Neujahrswünsche überbringen.«

»Mein Täubchen, Lieber du! Nun, dann bleibe ich hier. Das hast du gut ausgedacht, wie ich sehe. Ich will hier auch arbeiten und nicht faulenzen! Warte einen Augenblick. Ich will schnell noch ein paar Zeilen an sie schreiben.«

»Schreibe nur, Bruder, du hast Zeit. Ich muß mich noch waschen, rasieren, meinen Frack bürsten. Ach, Wasja, wie glücklich und zufrieden wollen wir sein! Umarme mich, Wasja!«

»Ach, wenn doch . . . Bruder!«

»Wohnt der Herr Beamte Schumkow hier?« erklang eine Kinderstimme auf der Treppe.

»Hier, Väterchen, hier«, sagte Mawra, den Gast einlassend.

»Was gibt's?« schrie Wasja, vom Stuhl aufspringend und ins Vorzimmer stürzend. »Du bist es, Petja?«

»Seien Sie mir gegrüßt! Ich habe die Ehre, Ihnen zum Neuen Jahr zu gratulieren, Wasilij Petrowitsch«, sagte ein hübscher, schwarzlockiger Junge von etwa zehn Jahren. »Meine Schwester läßt Sie grüßen und Mama auch. Die Schwester hat mir noch befohlen, Sie in ihrem Namen zu küssen . . .«

Wasja hob den Boten auf seinen Armen empor und drückte einen langen, begeisterten, honigsüßen Kuß auf seine Lippen, die denen Lisankas sehr ähnlich waren.

»Küsse ihn, Arkadij«, sagte er, den Jungen Arkadij hinhaltend, und Petja gelangte, ohne den Boden zu berühren, sofort in die kräftigen und im vollen Sinne des Wortes heißen Arme Arkadijs.

»Willst du Tee, mein Täubchen?«

»Danke ergebenst. Wir haben schon getrunken. Wir sind heute schon sehr früh aufgestanden. Die Unseren sind zur Mittagsmesse gegangen. Die Schwester hat mich zwei Stunden lang gekämmt, mir Locken eingelegt, mich gewaschen, meine Hose genäht, denn ich habe sie gestern zerrissen, als ich mit Sascha auf der Straße Schneeball spielte.«

»Na, na, na!«

»Na, sie hat mich richtig herausgeputzt für diesen Gang zu Ihnen. Endlich hat sie mich noch pomadisiert, und dann hat sie mich halb totgeküßt. ‚Geh zu Wasja', sagte sie, ‚wünsche ihm Glück, frage ihn, ob er zufrieden sei, ob er gut geschlafen habe.' Und noch etwas sollte ich fragen . . . Ja, richtig! Ob Sie mit der Sache fertig wären, wegen der Sie gestern . . . Was war das doch? . . . Ach, ich habe es mir ja aufgeschrieben«, sagte der Junge und zog einen Zettel aus der Tasche. »Ja, so war es: wegen der Sie gestern so beunruhigt waren.«

»Sie wird fertig! Ganz bestimmt! Das kannst du ihr sagen! Ich gebe mein Ehrenwort drauf!«

»Und noch was... Ach! wie konnte ich es nur vergessen! Die Schwester schickt Ihnen noch ein Briefchen und ein Geschenk! Das hätte ich fast vergessen Ihnen abzugeben!«

»Mein Gott! Ach, du mein Täubchen ... Wo ... wo ist es denn? Da! Ah! Sieh doch, Arkadij, sieh doch, was sie mir schreibt! Das Täubchen, das Täubchen! Ich habe gestern bei ihr eine Brieftasche für mich gesehen; sie ist fertig, und nun schreibt sie: ‚Ich schicke Ihnen eine Locke von meinem Haar, und das andere bekommen Sie auch noch.' Schau her, Arkadij, schau her!«

Und in heller Begeisterung zeigte Wasja Arkadij Iwanowitsch eine Locke dichtesten, schwärzesten Haares gegen das Licht; dann küßte er sie heiß und schob sie in die Brusttasche, möglichst nahe ans Herz.

»Wasja! Ich lasse dir ein Medaillon machen für diese Locke!« sagte Arkadij Iwanowitsch entschieden.

»Bei uns gibt es heute Kalbsbraten und morgen gebackenes Hirn; Mama will auch Biskuits backen ... Hirsebrei gibt es nicht«, sagte der Junge, nachdem er überlegt hatte, wie er seinen Bericht abschließen könnte.

»Was für ein reizendes Bübchen!« rief Arkadij Iwanowitsch. »Wasja, du bist der glücklichste aller Sterblichen!«

Der Knabe hatte seinen Tee ausgetrunken, das Briefchen in Empfang genommen und ging munter und glücklich von dannen.

»Nun, Bruder«, fing Arkadij Iwanowitsch erfreut an, »sieh doch, wie gut sich alles macht! Alles renkt sich ein! Nur keine unnötige Furcht und Sorge! Vorwärts! Bring deine Arbeit zu Ende, Wasja! Um zwei bin ich wieder zu Hause. Ich fahre zu ihnen, dann zu Julian Mastakowitsch.«

»Nun, leb wohl, Bruder, leb wohl... Ach, wenn ich doch... Nun, schon gut, schon gut, geh«, sagte Wasja, »ich werde doch nicht zu Julian Mastakowitsch gehen.«

»Auf Wiedersehen!«

»Noch eins, Bruder, warte ... Sag ihnen ... nun, alles was dir einfällt ... Küsse sie in meinem Namen ... Und nachher erzählst du mir alles ...«

»Na, na, schon gut – man kennt euch ja! Es ist das Glück, das euch schüttelt und beutelt! Das war eine Überraschung! Man erkennt dich seit gestern gar nicht mehr ... Du hast die gestrigen Eindrücke noch nicht überwunden. Aber nun Schluß! Halte dich stramm, Täubchen Wasja! Auf Wiedersehen!«

Endlich trennten sich die Freunde. Den ganzen Morgen war Arkadij Iwanowitsch zerstreut und dachte nur an Wasja. Er kannte dessen schwachen, reizbaren Charakter. Das Glück hat ihn ganz aus dem Gleichgewicht gebracht, ich habe es gleich gemerkt, sagte er zu sich selbst. »Mein Gott! Er hat auch mich wehmütig gestimmt. Und wie dieser Mensch jede Kleinigkeit zur Tragödie aufbauscht! So ein Hitzkopf! Ach, ich muß ihn retten! Ich muß ihn retten!« sagte Arkadij, ohne zu merken, daß er selbst die kleinen häuslichen Unstimmigkeiten schon zum großen Unheil aufgebauscht hatte. Erst gegen elf Uhr erschien er im Vorzimmer Julian Mastakowitschs, um seinen bescheidenen Namen der langen Reihe ehrenwerter Persönlichkeiten beizufügen, die sich im Portierstübchen auf einem Blatt bekleckst en und ringsum verschmierten Papiers eingetragen hatten. Wie groß aber war sein Erstaunen, als er die eigenhändige Unterschrift Wasja Schumkows erblickte! Das verblüffte ihn. Was geht in ihm vor? dachte er. Arkadij Iwanowitsch, der schon wieder Hoffnung geschöpft hatte, ging ganz verstört hinaus. In der Tat, es braute sich Unheil zusammen; aber wo und was für eins?

Nach Kolomna kam er voll finsterer Gedanken, war anfangs ganz zerstreut, und als er mit Lisanka gesprochen, ging er mit Tränen in den Augen fort, denn er hatte wirklich Angst um Wasja. Nach Hause ging es im Laufschritt; an der Newa stieß er fast mit Wasja zusammen. Auch dieser war in größter Eile.

»Wohin?« schrie Arkadij Iwanowitsch.

Wasja blieb wie ein ertappter Verbrecher stehen.

»Ich ... Bruder ... ich wollte etwas spazierengehen.«

»Hast du es nicht ausgehalten, mußt du nach Kolomna? Ach, Wasja, Wasja! Warum bist du zu Julian Mastakowitsch gegangen?«

Wasja antwortete nicht, machte eine abwehrende Handbewegung und sagte: »Arkadij! Ich weiß nicht, was mit mir vorgeht ... Ich ...«

»Laß doch, Wasja, laß doch! Ich weiß, was das ist. Beruhige dich! Du bist noch von gestern erregt und erschüttert! Bedenke: wie soll ein Mensch mit alledem fertig werden? Alle haben dich lieb, alle sorgen sich um dich, deine Arbeit schreitet vorwärts, du bringst sie fertig, ganz bestimmt bringst du sie fertig, ich weiß es! Du quälst dich mit törichten Phantasien, siehst Schreckgespenster.«

»Nein, nein, durchaus nicht ...«

»Erinnere dich, Wasja: du hast schon Ähnliches erlebt. Damals, als du Beamtenrang erhieltest, hast du vor Glück und vor Dankbarkeit deinen ganzen Eifer verloren und eine ganze Woche lang deine Arbeit nur verdorben. Ebenso steht es jetzt mit dir ...«

»Ja, ja, Arkadij. Jetzt liegen die Dinge aber anders, ganz anders ...«

»Wieso anders? Ich bitte dich! Die Sache ist vielleicht gar nicht so eilig, und du plagst dich so ab ...«

»Tut nichts, tut nichts, das ist nicht so schlimm. Komm nur.«

»Wo willst du hin? Nach Hause oder zu ihnen?«

»Nein, Bruder, mit was für einem Gesicht würde ich denn vor sie hintreten? Ich habe mir's überlegt. Ich hielt es nur allein nicht mehr aus. Jetzt, wo du wieder da bist, will ich gleich schreiben. Komm!«

Sie gingen eine Zeitlang schweigend nebeneinander. Wasja hatte es sehr eilig.

»Warum fragst du nicht nach ihnen?« sagte Arkadij.

»Ach ja! Nun, wie war's denn, Arkascha?«

»Wasja! Wie siehst du aus?«

»Tut nichts, tut nichts! Erzähle mir alles, Arkascha!« sagte Wasja mit flehender Stimme, als wollte er allen weiteren Erklärungen aus dem Wege gehen. Arkadij Iwanowitsch seufzte. Er war ratlos.

Der Bericht über die Kolomensker heiterte Wasja auf. Er wurde sogar gesprächig. Die Freunde aßen zu Mittag. Die Alte hatte Arkadij Iwanowitschs Tasche mit Biskuits vollgestopft, und die Freunde wurden beim Essen vergnügt. Nach Mittag wollte Wasja etwas schlummern, um dann die ganze Nacht durch zu schreiben. Er legte sich tatsächlich hin. Am Morgen hatte Arkadij eine Einladung zum Nachmittagstee erhalten, die er nicht ablehnen konnte. So trennten sich die Freunde. Arkadij war entschlossen, bald zurückzukommen, wenn möglich schon um acht Uhr. Die drei Stunden der Trennung schienen drei Jahre zu währen. Endlich machte er sich frei und stürmte zu Wasja. Als er ins Zimmer trat, fand er alles dunkel vor. Wasja war nicht zu Hause. Er fragte Mawra. Diese sagte, Wasja habe die ganze Zeit geschrieben und gar nicht geschlafen, dann sei er im Zimmer auf und ab gegangen und dann – vor etwa einer Stunde – plötzlich ausgegangen. Er habe nach einer halben Stunde wiederkommen wollen. »Wenn Arkadij Iwanowitsch nach Hause kommt«, schloß Mawra, »dann, Alte, sag ihm, ich sei spazierengegangen. Drei- oder viermal hat er mir das vorgesprochen!«

Er ist bei den Artemjews, dachte Arkadij und schüttelte den Kopf.

Eine Minute danach sprang er auf, von einer plötzlichen Hoffnung belebt. Er ist fertig, dachte er, das ist alles. Er konnte es nicht aushalten und ist zu ihnen gelaufen. Aber nein! Er hätte doch auf mich gewartet ... Ich will sehen, wie weit er gekommen ist.

Er zündete eine Kerze an und stürzte an Wasjas Schreibtisch. Die Arbeit war vorangekommen und mußte bald fertig sein. Arkadij Iwanowitsch wollte noch weitersuchen, aber da trat plötzlich Wasja ein.

»Ah! Du bist hier?« rief er, vor Schreck zusammenzuckend.

Arkadij Iwanowitsch schwieg. Er hatte nicht den Mut, Wasja zu fragen. Dieser senkte die Augen und blätterte schweigend in den Papieren. Endlich begegneten sich ihre Blicke. Wasjas Augen waren so flehentlich, bittend, verzagt, daß Arkadij zusammenfuhr, als dieser Blick ihn traf. Sein Herz erbebte und floß über.

»Wasja, mein Bruder, was hast du? Was hast du?« rief er, auf ihn zustürzend und ihn in seine Arme pressend. »Erkläre dich! Ich verstehe dich und deinen Kummer nicht! Was hast du, mein armer Märtyrer? Was? Sag mir alles offen und ehrlich! Es ist unmöglich, daß nur diese Sache allein ...«

Wasja preßte sich fest an ihn und konnte kein Wort hervorbringen. Sein Atem stockte.

»Genug, Wasja, genug! Was tut's denn, wenn du nicht fertig wirst? Ich verstehe dich nicht! Sage mir, was dich quält! Siehst du wohl, ich könnte für dich ... Ach, mein Gott, mein Gott!« sagte er, im Zimmer auf und ab gehend und nach allem greifend, was ihm gerade in die Hände kam, als wollte er sofort ein Heilmittel für Wasja finden. »Ich will morgen statt deiner zu Julian Mastakowitsch gehen, will ihn bitten, ihn anflehen, noch einen Tag zu warten. Ich will ihm alles, alles erklären, wenn dich das so quält ...«

»Gott rette dich!« schrie Wasja und wurde weiß wie die Wand. Er konnte kaum stehen.

»Wasja! Wasja!«

Wasja kam zu sich. Seine Lippen zitterten; er wollte etwas sagen, drückte aber nur schweigend und krampfhaft Arkadijs Hand. Seine Hand war kalt. Arkadij stand vor ihm in schmerzlicher und qualvoller Erwartung. Wasja blickte wieder zu ihm auf.

»Wasja! Gott sei dir gnädig, Wasja! Du zerreißt mir das Herz, mein Freund, mein lieber Freund!«

Tränen strömten aus Wasjas Augen; er warf sich an Arkadijs Brust.

»Ich habe dich betrogen, Arkadij!« sagte er. »Ich habe dich betrogen! Vergib mir! Vergib mir! Ich habe deine Freundschaft getäuscht ...«

»Was, was heißt das, Wasja? Was ist geschehen?« fragte Arkadij, nun ganz entsetzt.

»Da!!«

Und Wasja riß mit einer verzweifelten Geste sechs dicke Hefte aus der Schublade, ähnlich jenen, die er abschrieb, und warf sie auf den Tisch.

»Was ist das?«

»Das alles soll bis übermorgen fertig sein! Ich habe noch kein Viertel abgeschrieben! ... Frage nicht, frage nicht ... wie das gekommen ist!« sagte Wasja und erzählte sogleich, was ihn so gequält hatte. »Arkadij, mein Freund! Ich weiß nicht, was mit mir war. Ich erwache wie aus einem Traum. Drei Wochen habe ich verloren ... Ich ... ich ... ging immer zu ihr ... Mein Herz tat mir weh ... die Ungewißheit quälte mich ... ich konnte nicht schreiben. Ich dachte nicht einmal ans Schreiben. Jetzt erst, wo das Glück gekommen ist, bin ich wieder erwacht.«

»Wasja!« fing Arkadij Iwanowitsch sehr energisch an. »Wasja! Ich will dich retten! Ich verstehe alles. Damit ist nicht zu spaßen. Aber ich will dich retten. Höre, hör mich an: ich gehe morgen zu Julian Mastakowitsch ... Schüttle nicht den Kopf, höre mich an! Ich erzähle ihm alles, wie es war. Laß mich das für dich tun. Ich will ihm alles erklären! Ich bin zu allem bereit! Ich erzähle ihm, wie verzweifelt du bist, wie du dich quälst!«

»Weißt du, daß du mich damit umbringst?« sagte Wasja, ganz bleich vor Entsetzen.

Arkadij Iwanowitsch wollte ebenfalls erbleichen, bedachte sich aber und begann laut zu lachen.

»Weiter nichts? Weiter nichts?« sagte er. »Erbarme dich,

Wasja! Schämst du dich gar nicht? Hör mich doch an! Ich sehe, daß ich dich betrübt habe. Aber ich verstehe dich, ich weiß, was in dir vorgeht. Wir wohnen doch schon fünf Jahre zusammen! Du bist ein guter, zarter Mensch, aber schwach, unverzeihlich schwach. Das hat sogar Lisaweta Michailowna schon gemerkt. Zudem bist du ein Träumer, und das ist auch nicht gut; man kann leicht ganz aus dem Geleise kommen, Bruder! Höre mich an, ich weiß, was du willst! Du möchtest zum Beispiel, daß Julian Mastakowitsch außer sich gerät vor Freude und vor lauter Freude, daß du heiratest, am Ende gar noch einen Ball gibt ... Halt, halt! Du verziehst das Gesicht! Siehst du, du bist schon durch dieses eine Wort Julian Mastakowitschs wegen gekränkt! Ich lasse ihn ja schon in Ruhe. Ich verehre ihn ja selbst ebenso wie du. Aber du wirst mir nicht ausreden können, daß du wünschest, es möge keinen Unglücklichen auf der Welt geben, wenn du heiratest ... Ja, Bruder, das mußt du zugeben! Du wünschest zum Beispiel, ich, dein bester Freund, möchte plötzlich hunderttausend Rubel Kapital haben; alle, die auf der Welt einander Feind sind, möchten sich plötzlich mir nichts, dir nichts versöhnen, einander vor Freude auf offener Straße umarmen und dann zu dir auf Besuch kommen! Lieber, lieber Freund! Ich spotte nicht, es ist wirklich so. Du hast mir dies alles schon oft in verschiedenen Formen geschildert. Weil du glücklich bist, möchtest du, daß alle, alle ohne Ausnahme, mit einemmal auch glücklich seien. Es tut dir weh, allein glücklich zu sein! Darum willst du jetzt mit allen Kräften dieses Glückes würdig sein und noch, um dein Gewissen zu beschwichtigen, irgendeine Heldentat vollbringen! Nun, ich verstehe, daß du geneigt bist, dich deswegen zu martern, weil du, statt dich fleißig, geschickt ... ja, sagen wir auch: dankbar zu zeigen, dir eine Unterlassung zuschulden kommen ließest! Der Gedanke schreckt dich, daß Julian Mastakowitsch die Stirn runzeln, vielleicht gar zürnen könnte, wenn er sieht, daß du die Hoffnung, die er in dich setzte, nicht ganz erfüllt hast. Dir ist es schmerzlich, zu denken, daß dein Wohltäter dir Vorwürfe machen könnte – und in was für einem Augenblick! Da dein Herz von Freude erfüllt ist und du nicht weißt, wem du deine Dankesgefühle ausschütten sollst ... Ist es nicht so, wie?«

Arkadij Iwanowitsch, der die letzten Worte mit zitternder Stimme gesprochen hatte, verstummte und holte tief Atem.

Wasja sah seinen Freund liebevoll an. Ein Lächeln glitt über seine Lippen. Sogar etwas wie Hoffnung schien sein Gesicht zu beleben.

»Höre«, fing Arkadij wieder an, von neuer Hoffnung beflügelt, »es ist durchaus nicht nötig, daß Julian Mastakowitsch dir sein Wohlwollen entzieht. Das fürchtest du doch, mein Täubchen? Nicht wahr? Handelt es sich nur darum, so will ich«, sagte Arkadij und sprang auf, »mich für dich opfern. Ich fahre morgen zu Julian Mastakowitsch ... Widersprich nicht! Du machst aus deinem Versehen ein Verbrechen, Wasja! Julian Mastakowitsch ist großmütig und gnädig und ganz anders geartet als du! Er wird uns beide anhören und uns aus der Not helfen. Nun? Bist du jetzt ruhig?«

Wasja drückte mit Tränen in den Augen Arkadijs Hand.

»Laß nur, Arkadij, laß nur«, sagte er, »die Sache ist entschieden. Ich bin nicht fertig geworden – und damit gut. Es ging nun mal nicht anders. Und du brauchst nicht hingehen; ich selbst will ihm alles erzählen, ich selbst will zu ihm hingehen. Ich bin jetzt ganz ruhig; nur geh nicht, geh nicht zu ihm ... Höre ...«

»Wasja, mein Lieber!« rief Arkadij erfreut. »Ich habe mich nach deinen Worten gerichtet! Es freut mich, daß du dich eines Besseren besonnen hast und wieder Mut faßt! Was auch kommen möge, ich stehe zu dir! Denk daran! Ich sehe, dich quält, daß ich mit Julian Mastakowitsch reden könnte – sei ruhig, ich sage ihm kein Wort, du sollst selbst mit ihm sprechen. Du gehst also morgen hin ... oder nein! Du gehst nicht hin, du bleibst hier und schreibst weiter, verstehst du? Und ich erfahre unterdessen, ob die Sache sehr eilt oder nicht, ob sie zum Termin abgeliefert werden muß oder nicht und was geschieht, wenn du den Termin nicht einhältst. Dann komme ich wieder zu dir ... Siehst du, siehst du! Nun haben wir wieder Hoffnung! Denke dir nur, daß die Sache nicht eilt – und du hast gewonnen. Julian Mastakowitsch mahnt vielleicht gar nicht, und dann bist du gerettet.«

Wasja schüttelte zweifelnd den Kopf. Aber sein dankbarer Blick war unverwandt auf den Freund gerichtet.

»Nun, genug, genug! Ich bin so schwach, so müde«, sagte er mit stockendem Atem, »ich möchte selbst nicht mehr daran denken. Nun, reden wir von andern Dingen. Siehst du, ich werde jetzt überhaupt nichts mehr schreiben, oder höchstens noch zwei Seiten, bis zum nächsten Punkt, sozusagen. Höre ... ich wollte dich schon lange fragen: woher kennst du mich eigentlich so gut?«

Tränen fielen aus Wasjas Augen auf Arkadijs Hand.

»Wenn du wüßtest, wie lieb ich dich habe, Wasja, würdest du so nicht fragen.«

»Ja, ja, Arkadij, ich weiß das nicht, weil ... weil ... ich weiß nicht, wofür du mich so liebhaben könntest ... Und weißt du, Arkadij, daß sogar deine Liebe mich quälte? Weißt du, daß ich unzählige Male, besonders beim Schlafengehen, wenn ich an dich dachte – denn ich denke vor dem Einschlafen immer an dich –, daß ich Tränen vergossen habe und daß mein Herz gebebt hat, weil ... weil ... Nun eben, weil du mich so liebtest und ich meinem Herzen nicht Luft machen, dir in keiner Weise danken konnte ...«

»Siehst du, Wasja, siehst du, wie du bist! Du bist ganz außer Fassung«, sagte Arkadij, dessen Herz in diesem Augenblick unsagbar weh tat und der an die gestrige Szene auf der Straße dachte.

»Laß doch! Du willst, daß ich mich beruhige, und dabei war ich noch nie so ruhig und glücklich wie heute! Weißt du ... Ich möchte dir alles erzählen, aber ich fürchte dich noch mehr zu betrüben ... Du bist immer gleich so betrübt und schreist mich an, und das macht mir angst. Sieh doch, wie ich zittere, ich weiß gar nicht, warum ... Ich möchte dir nämlich folgendes sagen: Mir ist, als hätte ich mich selbst früher nicht gekannt – jawohl! Und auch die anderen habe ich erst gestern kennengelernt! Ich habe es nie richtig gefühlt, nie richtig geschätzt. Mein Herz war verhärtet ... Wie ist das nur möglich, daß ich keinem, keinem auf der Welt etwas Gutes getan habe, einfach weil ich es gar nicht konnte. Sogar mein Aussehen ist häßlich ... Und alle waren gut zu mir! Du als erster! Das sehe ich! Und ich habe geschwiegen zu allem, immer nur geschwiegen!«

»Hör auf, Wasja!«

»Nicht doch, Arkascha! Es ist doch so! Und ich will doch ...«, sagte Wasja mit tränenerstickter Stimme. »Ich sprach gestern von Julian Mastakowitsch. Du weißt selbst, daß er streng und grob ist, sogar dir hat er ein paarmal Vorhaltungen gemacht; zu mir aber war er gestern freundlich, scherzte mit mir und zeigte mir sein gutes Herz, das er vor allen weise verbirgt ...«

»Nun, Wasja? Das zeigt doch nur, daß du deines Glückes würdig bist.«

»Ach, Arkascha! Wie gern brächte ich diese ganze Sache zum Abschluß ... Nein, ich vernichte mein Glück! Ich habe so eine Ahnung! Nein, nicht durch diese Schreiberei«, sagte er hastig, als er bemerkte, daß Arkadij nach dem dicken Aktenhaufen auf dem Tisch schielte, »das hat nichts zu sagen. Das sind erledigte Sachen ... Ich ... war heute dort, Arkascha, bei ihnen ... bin aber nicht hineingegangen. Mir war so schwer ums Herz, so bitter! Ich stand nur vor der Tür. Sie spielte Klavier, ich hörte zu. Siehst du, Arkadij«, sagte er, die Stimme dämpfend, »ich wagte nicht einzutreten.«

»Wasja, was hast du? Du siehst mich so seltsam an!«

»Ich? Nichts! Mir ist nicht ganz wohl; meine Knie zittern. Das kommt davon, daß ich des Nachts gesessen bin. Ja! Mir schwimmt es vor den Augen. Hier, hier ...«

Er zeigte auf sein Herz. Dann fiel er in Ohnmacht.

Als er zu sich kam, wollte Arkadij Gewaltmaßnahmen ergreifen. Er wollte ihn zwingen, sich ins Bett zu legen. Wasja weigerte sich energisch. Er weinte, rang die Hände, wollte schreiben, wollte durchaus noch zwei Seiten zu Ende bringen. Um ihn nicht zu sehr aufzuregen, erlaubte ihm Arkadij, die Papiere vorzunehmen.

»Siehst du«, sagte Wasja, sich an den Tisch setzend, »ich habe eine Idee! Ich habe eine Hoffnung!«

Er lächelte Arkadij zu, und sein bleiches Gesicht schien wirklich von einem Hoffnungsstrahl belebt.

»Folgendes: ich bringe ihm übermorgen nicht alles hin. Von dem Rest sage ich, daß er verbrannt, daß er vom Wasser durchweicht wäre, daß ich ihn verloren hätte ... kurz, ich wäre nicht fertig geworden, lügen kann ich nicht. Ich will ihm alles erklären, weißt du? Ich will ihm alles erklären; ich will ihm sagen: so und so, ich konnte nicht ... ich will ihm von meiner Liebe erzählen; er hat selbst unlängst geheiratet, er wird mich verstehen! Ich will es ihm natürlich ganz ehrerbietig, ganz demütig sagen; er wird meine Tränen sehen, sie werden ihn rühren ...«

»Ja, versteht sich, geh hin, geh zu ihm, erkläre ihm alles ... Dazu bedarf es aber gar keiner Tränen! Wozu? Wahrhaftig, Wasja, du hast auch mir angst gemacht.«

»Ja, ich will zu ihm gehen. Und jetzt laß mich schreiben,

laß mich schreiben, Arkascha. Ich tue keinem was, ich will nur schreiben.«

Arkadij warf sich aufs Bett. Er traute Wasja nicht, Wasja war zu allem fähig. Um Vergebung bitten! Warum? Weshalb? Es handelte sich gar nicht darum! Es handelte sich nur darum, daß Wasja seine Pflicht nicht erfüllt hatte, daß Wasja sich *vor sich selbst* schuldig fühlte; sich seinem Schicksal gegenüber schuldig fühlte, daß Wasja von seinem Glück überwältigt, erschüttert war und sich für unwürdig hielt und daß er schließlich nur nach einem Vorwand suchte, um die Sache so auszulegen, und daß er sich seit gestern von seiner großen Überraschung noch nicht erholt hatte. So ist es! dachte Arkadij Iwanowitsch. Ich muß ihn retten, muß ihn mit sich selber versöhnen. Er schaufelt sich sein Grab. Er grübelte und überlegte und beschloß endlich, morgen zu Julian Mastakowitsch zu gehen und ihm alles zu erzählen.

Wasja saß und schrieb. Arkadij Iwanowitsch legte sich todmüde aufs Bett, um noch einmal über die Sache nachzudenken, und erwachte im Morgengrauen.

»Ei zum Teufel! Schon wieder!« rief er, als er Wasja erblickte, der am Tisch saß und schrieb.

Arkadij eilte zu ihm, umfaßte ihn und legte ihn gewaltsam zu Bett. Wasja lächelte; die Augen fielen ihm vor Müdigkeit zu. Er konnte kaum sprechen.

»Ich wollte schon selbst zu Bett gehen«, sagte er. »Weißt du, Arkadij, ich habe eine Idee! Ich werde fertig! Ich habe meine Feder *beschleunigt*! Aber länger sitzen konnte ich nicht mehr. Wecke mich um acht Uhr!«

Er sprach nicht zu Ende und schlief wie erschlagen ein.

»Mawra!« flüsterte Arkadij Iwanowitsch Marfa zu, die den Tee brachte. »Er hat gebeten, ihn nach einer Stunde zu wecken. Das darf in keinem Fall geschehen. Mag er meinetwegen bis zehn Uhr schlafen, verstehst du?«

»Jawohl, Väterchen Barin.«

»Mach kein Essen, klappere nicht mit dem Brennholz, mach überhaupt keinen Lärm, sonst wehe dir! Wenn er nach mir fragt, sagst du ihm, ich sei in den Dienst gegangen, verstehst du?«

»Ich verstehe, Väterchen Barin! Mag er sich nach Herzenslust ausschlafen! Ich freue mich über den Schlaf des Barin und hüte des Barins Gut. Wenn ich vorhin die Tasse zerbrochen habe und Sie mich deswegen gescholten haben, so hab ich das nicht getan, sondern die Katze. Ich hatte nicht aufgepaßt! ‚Fort mit dir, du verdammtes Vieh!' hab ich gesagt.«

»Pst! Pst! Ganz still!«

Arkadij Iwanowitsch begleitete Mawra in die Küche, ließ sich den Schlüssel geben und sperrte die Alte ein. Dann ging er in den Dienst. Unterwegs überlegte er, wie er vor Julian Mastakowitsch erscheinen sollte, ob es sich schicken würde, ob es nicht als Dreistigkeit ausgelegt werden könnte.

Im Amt erschien er mit schüchterner Miene und erkundigte sich schüchtern, ob Seine Hochwohlgeboren schon da seien; es hieß: nein, und heute käme er überhaupt nicht. Arkadij wollte zu ihm in die Wohnung, dann fiel ihm aber noch rechtzeitig ein, daß, wenn Julian Mastakowitsch nicht ins Amt gekommen sei, er wohl zu Hause beschäftigt sein würde. So blieb er im Amt. Die Dienststunden dünkten ihn endlos. Beiläufig erkundigte er sich nach Schumkows Auftrag. Aber keiner wußte etwas davon. Man wußte nur, daß Julian Mastakowitsch ihm häufig Sonderaufträge gab; worin diese aber bestanden, konnte keiner sagen. Endlich schlug es drei, und Arkadij Iwanowitsch stürmte davon. Im Vorzimmer hielt ihn ein Schreiber an und berichtete, Wasilij Petrowitsch Schumkow sei dagewesen, so zwischen zwölf und eins, und habe gefragt, ob Arkadij Iwanowitsch da sei und ob Julian Mastakowitsch erschienen sei. Als Arkadij das hörte, nahm er eine Droschke und kam ganz außer sich vor Schmerz zu Hause an.

Schumkow war zu Hause. Er ging in großer Erregung im Zimmer auf und ab. Als er seinen Freund erblickte, schien er sich etwas zusammenzunehmen und seine Unruhe verbergen zu wollen. Er setzte sich schweigend an seine Schreiberei. Es schien, als wollte er den Fragen seines Freundes aus dem Wege gehen, als fühlte er sich durch sie belästigt, als hätte er einen eigenen Entschluß gefaßt, über den er aber nicht reden wollte, weil man sich selbst auf Freunde nicht mehr verlassen könne. Das bedrückte Arkadij, und ein schwerer, stechender Schmerz durchdrang sein Herz. Er setzte sich auf das Bett und schlug ein Buch auf, das einzige, das er besaß, und ließ kein Auge von dem armen Wasja. Doch Wasja schwieg hartnäckig und hob den Kopf nicht. So vergingen mehrere Stunden, und Arkadijs Qualen erreichten den Höhepunkt. Endlich, gegen elf Uhr nachts, hob Wasja den Kopf und sah den Freund mit stumpfem, starrem Blick an. Arkadij wartete.

Zwei oder drei Minuten vergingen. Wasja schwieg. »Wasja!« rief Arkadij. Wasja antwortete nicht. »Wasja!« wiederholte er und sprang vom Bett auf. »Wasja, was ist dir? Was hast du?« rief er und eilte auf ihn zu. Wasja hob den Kopf und sah ihn wieder mit demselben starren, stumpfen Blick an. Er ist vom Starrkrampf befallen! dachte Arkadij, vor Schreck am ganzen Leibe zitternd. Er packte die Wasserkaraffe, richtete Wasja auf, goß ihm Wasser auf den Kopf, benetzte ihm die Schläfe, rieb seine Hände in den seinigen – und Wasja kam zu sich. »Wasja! Wasja!« rief Arkadij und brach in Tränen aus. »Wasja, richte dich nicht zugrunde! Denk doch an ...« Er konnte nicht weiterreden und preßte den Freund heiß in seine Arme. Ein tiefer Schmerz schien über Wasjas Gesicht zu laufen; er rieb sich die Stirn, faßte sich an den Kopf, als fürchtete er, daß er zerspringen könnte.

»Ich weiß nicht, was mit mir ist«, sagte er endlich, »ich habe mich scheint's überarbeitet. Schon gut, schon gut! Hör auf, Arkadij, sei nicht traurig!« wiederholte er, ihn mit schmerzlichem, mattem Blick ansehend. »Warum regst du dich auf? Schon gut!«

»Du, du tröstest mich noch!« rief Arkadij, dessen Herz zerspringen wollte. »Wasja«, sagte er endlich, »lege dich hin, schlafe ein wenig! Nicht wahr? Quäle dich nicht unnütz! Du kannst später wieder arbeiten.«

»Ja, ja«, murmelte Wasja, »du hast recht. Ich will mich hinlegen. Gut. Siehst du, ich wollte fertig werden ... Aber ich habe mir's überlegt. Ja ...«

Und Arkadij schleppte ihn aufs Bett.

»Höre, Wasja«, sagte er fest, »die Sache muß irgendwie zum Abschluß kommen. Sag mir, was du davon hältst.«

»Ach!« sagte Wasja, machte eine schwache, abwehrende Bewegung mit der Hand und drehte den Kopf weg.

»Nicht doch, Wasja! Entscheide dich! Ich will nicht dein Mörder sein! Ich kann nicht mehr schweigen. Du schläfst nicht ein, wenn du keinen Entschluß gefaßt hast, ich weiß es.«

»Wie du willst, wie du willst«, sagte Wasja geheimnisvoll.

Er gibt nach, dachte Arkadij Iwanowitsch.

»Hör auf mich, Wasja«, sagte er, »erinnere dich an das, was ich dir gesagt habe, und ich rette dich morgen: morgen entscheide ich dein Schicksal! Ach was, Schicksal! Du hast mich so erschreckt, Wasja, daß ich anfange, deine Worte zu gebrauchen! Was heißt Schicksal? Einfach Lächerlichkeiten, Lappalien! Du willst das Wohlwollen, die Liebe, wenn du so willst, Julian Mastakowitschs nicht verlieren, jawohl! Und du wirst sie nicht verlieren, glaube mir! Ich ...«

Arkadij Iwanowitsch hätte noch lange geredet, aber Wasja fiel ihm ins Wort. Er richtete sich auf dem Bett auf, schlang beide Arme um den Hals seines Freundes und küßte ihn.

»Genug!« sagte er mit schwacher Stimme. »Genug! kein Wort mehr davon!« Und er drehte sich wieder mit dem Gesicht zur Wand.

Mein Gott! dachte Arkadij. Mein Gott! Was hat er nur? Er ist ganz von Sinnen! Was kann er für einen Entschluß gefaßt haben? Er richtet sich zugrunde.

Arkadij blickte verzweifelt auf seinen Freund.

Wenn er krank würde, dachte Arkadij, wäre es vielleicht besser. Mit der Krankheit würde auch die Sorge schwinden, und dann könnte man die Sache trefflich ordnen. Aber was schwatze ich da? O mein Gott und Herr ...

Inzwischen schien Wasja eingeschlummert zu sein. Arkadij Iwanowitsch freute sich. Ein gutes Zeichen! dachte er. Er beschloß, die ganze Nacht bei ihm zu wachen. Doch Wasja schlief sehr unruhig. Er zuckte alle Augenblicke zusammen, warf sich auf seinem Bett hin und her und öffnete mehrmals die Augen. Endlich gewann die Ermüdung die Oberhand; er schlief ganz fest ein. Es war gegen zwei Uhr früh, als Arkadij Iwanowitsch, den Ellenbogen auf den Tisch gestützt, auf seinem Stuhl einschlummerte.

Sein Schlaf war unruhig und seltsam. Es schien ihm stets, als schliefe er gar nicht und als läge Wasja wie vorher auf dem Bett. Aber sonderbar! Es schien ihm, als verstellte sich Wasja, als betrüge er ihn sogar, stünde ganz leise auf, beobachtete ihn und schliche sich dann zum Schreibtisch. Ein brennender Schmerz preßte Arkadijs Herz zusammen; er war ärgerlich und traurig, und es tat ihm weh zu sehen, daß Wasja ihm mißtraute, daß er etwas heimlich vor ihm tun wollte. Er wollte ihn packen, schreien, ihn auf das Bett zurücktragen ... Dann schrie Wasja in seinen Armen auf, und was er zum Bett hintrug, war nur ein starrer Leichnam. Kalter Schweiß trat auf Arkadijs Stirn, sein Herz schlug heftig. Er öffnete die Augen und erwachte. Wasja saß vor ihm am Tisch und schrieb.

Arkadij traute seinen Augen nicht und blickte auf das Bett; Wasja lag nicht darin. Arkadij sprang noch unter dem Einfluß seiner Traumgesichte entsetzt auf. Wasja rührte sich nicht. Er schrieb eifrig. Plötzlich bemerkte Arkadij mit Entsetzen, daß Wasja die trockene Feder über das Papier führte, ganz weiße Blätter umwendete und eilte, eilte, um das Papier vollzukriegen, als ginge das Werk ganz ausgezeichnet und erfolgreich vonstatten. Nein, das ist kein Starrkrampf! dachte Arkadij Iwanowitsch und erbebte am ganzen Leib. »Wasja, Wasja! gib Antwort!« rief er und faßte ihn an den Schultern. Doch Wasja schwieg und fuhr nach wie vor mit der trockenen Feder über das weiße Papier.

»Endlich habe ich meine Feder *beschleunigt*«, sagte er, ohne den Kopf zu heben.

Arkadij entriß ihm die Feder. Wasja ließ den Arm sinken, richtete den Blick auf Arkadij, strich sich mit wehmütig schmerzvollem Ausdruck mit der Hand über die Stirn, als wollte er eine schwere, bleierne Last fortnehmen, die sein ganzes Wesen bedrückte, und ließ leise, wie in Gedanken, den Kopf auf die Brust sinken.

»Wasja, Wasja!« rief Arkadij Iwanowitsch verzweifelt. »Wasja!«

Nach einer Minute blickte Wasja ihn an. Die Tränen standen ihm in seinen großen blauen Augen, und aus dem bleichen, sanften Gesicht sprach namenlose Qual . . . Er murmelte etwas.

»Was? Was?« rief Arkadij, sich über ihn beugend.

»Wofür? Wofür das?« flüsterte Wasja. »Wofür? Was habe ich getan?«

»Wasja! Was ist dir? Was fürchtest du, Wasja?« schrie Arkadij und rang verzweifelt die Hände.

»Warum muß ich nun Soldat werden?« sagte Wasja, seinem Freunde gerade in die Augen blickend. »Warum? Was habe ich getan?«

Arkadijs Haar sträubte sich vor Entsetzen. Er konnte es nicht glauben. Er stand wie erschlagen vor dem Freund.

Nach einer Minute kam er zu sich. »Es ist nichts, es muß gleich vorübergehen«, sagte er leise, ganz bleich, mit zitternden, bläulichen Lippen, und begann sich hastig anzuziehen. Er wollte geradeswegs zum Arzt laufen. Plötzlich rief Wasja ihn an. Arkadij stürzte auf ihn zu und umarmte ihn wie eine Mutter, der man ihr geliebtes Kind rauben will . . .

»Arkadij, Arkadij! Sag es niemandem! Hörst du? Es ist nun einmal mein Schicksal! Ich will es allein tragen . . .«

»Was redest du? Was redest du? Komm zur Besinnung, Wasja!«

Wasja seufzte, und leise Tränen flossen über seine Wangen.

»Warum denn sie töten? Woran, woran ist sie denn schuld ...« murmelte er mit bewegter, herzzerreißender Stimme. »Meine Sünde ist es, meine Sünde ...«

Er schwieg einen Augenblick.

»Leb wohl, meine Geliebte! Leb wohl, meine Geliebte!« flüsterte er, seinen armen Kopf schüttelnd. Arkadij zuckte zusammen, fuhr auf und wollte zum Arzt laufen ... »Gehen wir! Es ist Zeit!« rief Wasja, durch diese Bewegung Arkadijs fortgerissen. »Gehen wir, Bruder, gehen wir; ich bin bereit! Du sollst mich begleiten!« Er verstummte und sah Arkadij mit einem verzweifelten, mißtrauischen Blick an.

»Wasja, geh nicht mit mir, um Gottes willen nicht! Erwarte mich hier! Ich komme sogleich, sogleich wieder zurück zu dir!« sagte Arkadij Iwanowitsch, der selber schon den Kopf verlor, und griff nach seiner Mütze, um zum Arzt zu laufen. Wasja setzte sich sofort; er war still und gehorsam, nur in seinen Augen brannte eine verzweifelte Entschlossenheit. Arkadij kehrte um, nahm das aufgeklappte Federmesser vom Tisch, warf noch einen letzten Blick auf den Armen und lief aus der Wohnung.

Es war zwischen sieben und acht Uhr. Das Licht hatte schon längst die Dämmerung aus dem Zimmer verscheucht.

Er fand niemanden. Er lief schon eine Stunde. Alle Ärzte, deren Adressen er durch die Hausknechte erfuhr, indem er fragte, ob nicht in dem Haus irgendein Arzt wohne, waren schon fortgefahren: entweder in den Dienst oder in privaten Angelegenheiten. Einer hatte gerade Sprechstunde. Der fragte den Diener, der ihm Nefedewitsch meldete, lange und eingehend aus, wer, wie und was er sei, woher er komme, um welche Sache es sich handle und was für äußere Kennzeichen der frühe Besucher aufzuweisen habe – und erklärte dann, daß es nicht möglich sei, daß er zu viel zu tun habe und daß man derartige Kranke gleich ins Krankenhaus schaffen müsse.

Niedergeschmettert, erschüttert, ließ Arkadij, der einen solchen Erfolg am wenigsten erwartet hatte, alles im Stich, pfiff auf alle Ärzte der Welt und eilte in größter Sorge um seinen Freund nach Hause. Er stürzte in die Wohnung. Mawra scheuerte den Fußboden, als ob nichts geschehen wäre, richtete

Späne her und traf Anstalten, den Ofen zu heizen. Er in das Zimmer – von Wasja keine Spur! Er war ausgegangen.

Wohin kann der Unglückliche gegangen sein? dachte Arkadij, starr vor Entsetzen. Er fragte Mawra aus. Sie wußte nichts, sie hatte weder gesehen noch gehört, daß er ausgegangen war – erbarme dich seiner, Herr! Nefedewitsch stürzte zu den Kolomenskern.

Ihm war, weiß Gott warum, der Gedanke gekommen, daß er dort sein könnte.

Es war schon gegen zehn Uhr, als er dort anlangte. Man hatte ihn nicht erwartet, wußte und ahnte nichts. Er stand erschrocken, aufgeregt vor ihnen und fragte, wo Wasja sei. Der Alten knickten die Beine ein; sie ließ sich auf den Diwan fallen. Lisanka zitterte vor Angst und begann ihn über das Vorgefallene auszufragen. Was sollte er sagen? Arkadij Iwanowitsch erledigte die Sache in aller Eile, indem er schnell eine Geschichte erfand, die ihm natürlich keiner glaubte, und lief davon, alle in großer Angst und Sorge zurücklassend. Er rannte in seine Kanzlei, um wenigstens nicht zu spät zu kommen und dort Mitteilung zu machen, daß sofort Maßregeln ergriffen würden. Unterwegs fiel ihm ein, daß Wasja bei Julian Mastakowitsch sein könnte. Das war das Wahrscheinlichste; Arkadij hatte schon vorher, ehe er zu den Kolomenskern lief, daran gedacht. Als er am Haus Seiner Hochwohlgeboren vorbeifuhr, wollte er anhalten lassen, befahl aber sogleich wieder, die Fahrt fortzusetzen. Er beschloß, erst in Erfahrung zu bringen, ob er im Amt sei, und erst, wenn er ihn dort nicht finde, vor Seiner Hochwohlgeboren zu erscheinen – wenigstens in der Funktion eines Rapporteurs über Wasjas Befinden. Irgend jemand mußte das doch tun.

Schon im Empfangszimmer umringten ihn die jüngeren Kollegen, die meist in derselben Rangklasse waren wie er, und fragten alle, was mit Wasja geschehen sei. Sie erzählten alle gleichzeitig, daß Wasja den Verstand verloren habe und glaube, daß man ihn zum Soldaten machen wolle, weil er seine Dienstpflicht nicht erfüllt habe. Arkadij Iwanowitsch antwortete nach allen Seiten, oder richtiger gesagt, antwortete niemandem etwas Genaues, sondern eilte in die inneren Gemächer. Unterwegs erfuhr er, daß sich Wasja im Zimmer von Julian Mastakowitsch befinde, daß alle dorthin gegangen seien und daß auch Esper Iwanowitsch dort sei. Einer von den älteren Beamten fragte ihn, wohin er gehe und was er wolle. Ohne den Frager zu erkennen, murmelte er etwas von Wasja und ging geradewegs in das Zimmer des Vorgesetzten. Von dort hörte man schon die Stimme Julian Mastakowitschs. »Wohin?« fragte ihn jemand vor der Tür. Arkadij Iwanowitsch geriet ein wenig außer Fassung; er wollte schon umkehren, da sah er durch die halbgeöffnete Tür seinen armen Wasja. Er machte die Tür ganz auf und drängte sich ins Zimmer. Dort herrschten Aufregung und Verwirrung, denn Julian Mastakowitsch schien sehr betrübt zu sein. Um ihn herum standen alle höheren Beamten, redeten erregt miteinander, konnten sich aber zu nichts entschließen. Etwas abseits stand Wasja. Arkadij stockte das Blut in den Adern, als er den Freund sah. Wasja stand bleich und mit erhobenem Kopf da, stramm, wie an einem Faden hochgehalten, und die Hand an der Hosennaht. Er sah Julian Mastakowitsch gerade in die Augen. Arkadij wurde sofort bemerkt, und einer von den Herren, der wußte, daß er Wasjas Stubengenosse war, meldete ihn bei Seiner Hochwohlgeboren. Man ließ Arkadij vor. Er wollte eben auf die an ihn gerichteten Fragen antworten, als er jedoch auf dem Gesicht des Vorgesetzten den Ausdruck innigsten Mitleids sah, fing er an zu zittern und brach in Tränen aus wie ein Kind. Er tat noch mehr: er stürzte auf Julian Mastakowitsch zu, faßte dessen Hand, drückte sie an seine Augen und benetzte sie mit seinen Tränen, so daß Seine Hochwohlgeboren selbst gezwungen war, die Hand zurückzuziehen. Er machte mit ihr eine schnelle Bewegung und sagte zu Arkadij: »Schon gut, schon gut, mein Lieber! Ich sehe, daß du ein gutes Herz hast!« Arkadij schluchzte und warf allen flehende Blicke zu. Es war ihm, als seien alle Brüder seines armen Wasja, als müßten alle mit ihm weinen und leiden.

»Wie, wie ist das nur gekommen?« fragte Julian Mastakowitsch, »wie hat er den Verstand verloren?«

»Aus Dank–bar–keit!« konnte Arkadij nur hervorbringen.

Alle hörten diese Antwort mit Staunen, und allen kam sie seltsam und unglaublich vor. Wie kann ein Mensch aus Dankbarkeit verrückt werden? Arkadij erklärte es, so gut er konnte.

»Mein Gott, wie traurig!« sagte Julian Mastakowitsch endlich. »Und der ihm erteilte Auftrag war gar nicht so wichtig und vor allem keineswegs eilig. Um nichts und wieder nichts muß der arme Mensch zugrunde gehen! Man wird ihn wegschaffen müssen ...« Da wandte sich Julian Mastakowitsch wieder an Arkadij und fragte ihn aus. »Er bittet«, sagte er, auf Wasja zeigend, »einem gewissen jungen Mädchen nichts zu sagen. Das ist wohl seine Braut?«

Arkadij erklärte den Zusammenhang. Inzwischen schien Wasja über irgend etwas nachzudenken; er sah aus, als wollte er sich mit der größten Anstrengung auf etwas sehr Wichtiges, Notwendiges besinnen, was ihm in diesem Augenblick sehr zunutze kommen könnte. Ab und zu blickte er leidend um sich, als könnte ihn jemand an das Vergessene erinnern. Er heftete seine Augen auf Arkadij. Dann leuchtete plötzlich etwas wie Hoffnung in seinen Augen auf, er rührte sich mit dem linken Fuß von der Stelle, machte drei Schritte, so geschickt er nur konnte, und stampfte sogar mit dem rechten Stiefel auf, wie es die Soldaten tun, wenn sie auf einen sie heranrufenden Offizier zugehen. Alle warteten, was kommen werde.

»Ich habe ein körperliches Gebrechen, Euer Wohlgeboren, bin schwächlich und klein, daher zum Militärdienst untauglich«, sagte er und stockte.

Da spürten alle im Zimmer Anwesenden, daß es ihnen das Herz zusammendrückte, und ein so fester Charakter Julian Mastakowitsch auch war – jetzt floß auch aus seinem Auge eine Träne. »Führt ihn weg«, sagte er mit einer abwehrenden Geste.

»Kanonenfutter«, sagte Wasja halblaut, machte linksum kehrt und ging aus dem Zimmer. Alle, die sein Schicksal interessierte, stürzten ihm nach. Arkadij drängte sich zwischen die anderen. Wasja wurde im Vorzimmer in Erwartung einer Verfügung und eines Wagens, der ihn ins Krankenhaus bringen sollte, zum Niedersitzen gezwungen. Er saß schweigend da und schien überaus besorgt zu sein. Wen er erkannte, dem nickte er zu, als wollte er von ihm Abschied nehmen. Er blickte jeden Augenblick nach der Tür und wartete, daß es heißen würde: Nun ist's Zeit! Rings um ihn bildete sich ein enger Kreis; alle schüttelten die Köpfe, alle bedauerten ihn. Viele waren tief betroffen von dieser Geschichte, die im Nu überall bekanntgeworden war; einige disputierten, andere bedauerten und lobten Wasja, nannten ihn einen bescheidenen, stillen, vielversprechenden jungen Mann, erzählten, wie wißbegierig er gewesen sei, wie er immer habe lernen wollen und um seine Bildung bemüht gewesen sei.

»Durch eigene Kraft hat er sich aus niederem Stand emporgearbeitet!« sagte jemand. Mit Rührung sprach man von dem Wohlwollen, das Seine Hochwohlgeboren ihm entgegenbrachte. Einige versuchten zu erklären, wie es Wasja in den Kopf gekommen sei und wie er darüber den Verstand verloren habe, daß er unter die Soldaten müsse, wenn er seine Arbeit nicht rechtzeitig vollende. Sie sagten, daß der arme Kerl noch vor kurzem dem Kleinbürgerstand angehört habe und nur dank dem Eintreten Julian Mastakowitschs, der sein Talent, seinen Gehorsam und seine Sanftmut zu würdigen gewußt, den ersten Rang erhalten habe. Mit einem Wort, es gab sehr viel Äußerungen und Meinungen. Besonders erschüttert zeigte sich ein sehr kleingewachsener näherer Kollege Wasja Schumkows. Er war durchaus kein ganz junger Mensch mehr, sondern mochte schon etwa dreißig Jahre alt sein. Er war bleich wie ein Leintuch, zitterte am ganzen Leib und lächelte seltsam, vielleicht weil jeder Skandal, jede aufregende Szene dem unbeteiligten Zuschauer Angst, zugleich aber auch eine gewisse Freude bereitet. Er lief fortwährend um den engen Kreis herum, der sich um Schumkow drängte, und da er sehr klein war, stellte er sich auf die Zehenspitzen, faßte jeden, der ihm in den Weg kam, am Rockknopf, das heißt natürlich nur Herren, die er am Knopf fassen durfte, sagte, daß er wisse, woher das komme, das sei keine Kleinigkeit, sondern eine wichtige Sache, die man nicht so links liegen lassen dürfe; dann stellte er sich wieder auf die Zehenspitzen, flüsterte dem Zuhörer etwas ins Ohr, nickte ein paarmal mit dem Kopf und lief weiter. Endlich ging alles zu Ende: es erschienen der Hausdiener und ein Heilgehilfe aus dem Krankenhaus, gingen auf Wasja zu und sagten ihm, daß er nun fahren müsse. Er sprang auf und ging mit ihnen hinaus, wobei er fortwährend um sich schaute. Er suchte jemanden mit den Augen. »Wasja! Wasja!« rief Arkadij Iwanowitsch schluchzend. Wasja blieb stehen, und Arkadij drängte sich zu ihm durch. Sie fielen sich zum letztenmal in die Arme und drückten sich fest aneinander ... Es war ein trauriger Anblick! Ein nur eingebildetes Unglück machte beide schluchzen! Worüber weinten sie? Wo war das Unglück? Warum konnten sie einander nicht verstehen?

»Da, da, nimm! Verwahre das«, sagte Wasja und drückte Arkadij ein schönes, in Papier gewickeltes Päckchen in die Hand. »Sie nehmen es mir fort! Bring es mir später, bring es mir; bewahre es auf ...« Wasja sprach nicht zu Ende, man rief ihn fort. Er lief die Treppe hinunter und nickte allen zum Abschied zu. Verzweiflung sprach aus seinem Gesicht. Endlich hatte man ihn in den Wagen gesetzt und fuhr ihn fort. Arkadij öffnete hastig das Päckchen: es enthielt die schwarze Haarlocke Lisas, von der sich Schumkow nie getrennt hatte. Heiße Tränen stürzten aus Arkadijs Augen. »Ach, die arme Lisa!«

Nach Dienstschluß ging er zu den Kolomenskern. Nicht zu sagen, was dort los war! Sogar Petja, der kleine Petja, der nicht ganz verstand, was eigentlich mit dem guten Wasja geschehen war, verkroch sich in einen Winkel, legte die Händchen vors Gesicht und weinte aus tiefstem Kinderherzen. Es war schon ganz finster, als Arkadij wieder nach Hause ging. Als er zur Newa kam, blieb er für einen Augenblick stehen und warf einen durchdringenden Blick den Fluß entlang in die rauchige, frostig-trübe Ferne, die plötzlich von dem letzten Purpur einer blutigen Abendröte, die am nebeligen Himmel erlosch, übergossen wurde. Die Nacht sank auf die Stadt herab, und die ganze unübersehbare, von gefrorenem Schnee geschwellte Fläche der Newa mit den letzten auf ihr spielenden Sonnenblitzen wurde plötzlich mit Myriaden funkelnder Reifnadeln überschüttet. Es mochten zwanzig Grad Kälte sein ... Eisiger Dampf stieg von den gehetzten Pferden, von den laufenden Menschen auf. Die zusammengepreßte Luft zitterte beim leistesten Ton, und gleich Riesen erhoben sich von allen Dächern beider Ufer die Rauchsäulen und stiegen zum kalten Himmel empor, sich unterwegs verflechtend und wieder lösend, so daß es aussah, als wüchsen neue Gebäude über den alten empor, als entstünde eine neue Stadt in der Luft ... Diese ganze Welt mit all ihren Bewohnern, den starken und den schwachen, mit all ihren Wohnhäusern, den Hütten der Armen und den goldstrotzenden Palästen, glich in dieser Dämmerstunde einem phantastischen Zaubertraum, der sofort verschwinden und als Rauchwolke am dunkelblauen Himmel verflattern mußte. Ein seltsamer Gedanke überkam den verwaisten Freund des armen Wasja. Er zuckte zusammen, und über sein Herz schien sich in diesem Augenblick gleichsam ein heißer Blutstrom zu ergießen, der plötzlich unter dem Drang eines mächtigen, ihm bisher unbekannten Gefühls aufgewallt war. Es war ihm, als verstünde er jetzt erst diese ganze Erregung, als wüßte er jetzt, warum sein armer Wasja, der sein Glück nicht ertragen konnte, wahnsinnig geworden war. Seine Lippen zitterten, seine Augen blitzten, er erbleichte, und es war ihm, als offenbarte sich ihm in diesem Augenblick etwas ganz Neues ...

Er wurde bange und scheu und verlor seine alte Heiterkeit vollständig. Seine Wohnung wurde ihm verhaßt – er mietete eine andere. Zu den Kolomenskern wollte er nicht gehen, konnte es auch nicht. Nach zwei Jahren sah er Lisa in der Kirche. Sie war schon verheiratet; hinter ihr stand eine Amme mit einem Brustkind. Sie begrüßten sich und scheuten sich lange, von der Vergangenheit zu sprechen. Lisa sagte, daß sie gottlob sehr glücklich, auch nicht arm und ihr Mann ein braver Mensch sei, der sie liebe ... Aber plötzlich, mitten in ihrer Rede, füllten ihre Augen sich mit Tränen, ihre Stimme versagte, sie wandte sich ab und beugte sich über ein Betpult, um ihren Schmerz vor den Menschen zu verbergen.

Der Christbaum und die Hochzeit

Aus den Aufzeichnungen eines Unbekannten

Kürzlich sah ich eine Hochzeit ... aber nein! Ich will lieber von einem Christbaum erzählen. Die Hochzeit war schön; sie hat mir sehr gefallen, aber die andere Begebenheit ist schöner. Ich weiß nicht, wieso mir bei der Erinnerung an diese Hochzeit der Christbaum einfällt. Es trug sich so zu. Vor genau fünf Jahren wurde ich am Vorabend des Neuen Jahres zu einem Kinderball eingeladen. Der Gastgeber war eine bekannte Persönlichkeit mit Beziehungen, Bekanntschaften und Intrigen, so daß man annehmen konnte, daß dieser Kinderball nur ein Vorwand für die Eltern sei, um zusammenzukommen und gewisse interessante Dinge in harmloser, scheinbar unbeabsichtigterweise zu besprechen. Ich war ein Außenstehender; Gesprächsstoff hatte ich keinen, und so verbrachte ich den Abend ziemlich ungestört. Es war noch ein Herr da, der scheint's weder Namen noch Rang hatte und gleich mir nur zufällig in dieses allgemeine Familienglück geraten war ... Er stach mir vor allen anderen in die Augen. Er war ein großer hagerer Mann, sehr ernst, sehr gut gekleidet. Aber man sah ihm an, daß ihm wenig an dem Vergnügen und Familienglück gelegen war; wenn er in eine Ecke ging, hörte er sofort auf zu lächeln und runzelte die dichten, schwarzen Brauen. Bekannte hatte er außer dem Hausherrn keine lebende Seele auf dem Ball. Man sah ihm an, daß er sich schrecklich langweilte, aber daß er tapfer bis zum Schluß die Rolle eines animierten und glücklichen Menschen spielte. Ich erfuhr später, daß dieser Herr aus der Provinz sei, der irgendeine entscheidende, halsbrecherische Angelegenheit in der Hauptstadt zu erledigen habe, unserem Gastgeber einen Empfehlungsbrief gebracht habe, dieser ihn keineswegs gerne unterstütze und ihn nur aus Höflichkeit zu einem Kinderball eingeladen habe. Karten wurden nicht gespielt, Zigarren wurden ihm nicht angeboten, ins Gespräch ließ sich niemand ein mit ihm, da man den Vogel vielleicht schon von weitem an den Federn erkannte, und so blieb dem Herrn nichts weiter übrig, als den ganzen Abend, um die Hände irgendwie zu beschäftigen, seinen Backenbart zu streichen. Backenbart hatte er tatsächlich einen sehr schönen. Aber er strich ihn mit einer Sorgfalt, daß man, wenn man ihn beobachtete, tatsächlich annehmen konnte, es sei zunächst nur dieser Backenbart dagewesen und erst später ein Herr dazugeschaffen worden, um ihn zu streichen.

Außer dieser Gestalt, die in der oben beschriebenen Weise an dem Familienglück des Hausherrn teilnahm, der fünf dicke muntere Knaben hatte, gefiel mir noch ein anderer Herr. Dieser war jedoch von ganz anderem Typus. Er war eine Persönlichkeit. Er hieß Julian Mastakowitsch. Vom ersten Augenblick an konnte man sehen, daß er ein geachteter Gast war und zum Hausherrn in demselben Verhältnis stand wie dieser zu dem Herrn, der sich den Backenbart strich. Der Hausherr und dessen Frau sagten ihm eine Menge Liebenswürdigkeiten, bemühten sich um ihn, nötigten ihn zum Essen und Trinken, stellten ihm zur Empfehlung ihre Gäste vor, während sie ihn selber niemandem vorstellten. Ich bemerkte, wie im Auge des Gastgebers eine Träne erglänzte, als Julian Mastakowitsch sagte, er habe seine Zeit selten auf so angenehme Weise verbracht wie heute. Mir wurde die Gegenwart einer so hochgestellten Persönlichkeit nachgerade unheimlich, und daher ging ich, nachdem ich mich eine Weile über die Kinder gefreut hatte, in den kleinen Salon, der völlig menschenleer war, und setzte mich in den Efeuwinkel der Hausfrau, der fast die Hälfte des Zimmers einnahm.

Die Kinder waren lieb bis zur Unwahrscheinlichkeit und wollten entschieden nicht den »Großen« ähnlich sein, ungeachtet aller Vorstellungen der Gouvernanten und Muhmen. Sie hatten im Nu den Christbaum bis zum letzten Konfekt geplündert und bereits Zeit gefunden, die Hälfte der Spielsachen zu zerbrechen, ehe sie überhaupt wußten, welches ihnen gehörte. Besonders hübsch war ein schwarzäugiger Knabe mit einem Lockenkopf, der mich fortwährend mit seinem Holzgewehr zu erschießen drohte. Doch am meisten fiel mir seine Schwester auf, ein Mädchen von etwa elf Jahren, lieblich wie ein Amor, ein stilles, nachdenkliches, blasses Kind mit großen träumerischen, etwas vorstehenden Augen. Die Kinder hatten es irgendwie gekränkt, und deshalb zog es sich in denselben kleinen Salon zurück, in dem ich saß, und machte sich in einem Winkel mit seiner Puppe zu schaffen. Die Gäste zeigten respektvoll auf einen reichen Branntweinpächter, ihren Vater, und jemand bemerkte flüsternd, daß schon dreihunderttausend Rubel Mitgift für sie zurückgelegt seien. Ich sah mich um und konnte feststellen, wer sich so für diese Angelegenheit interessierte. Mein Blick fiel auf Julian Mastakowitsch, der, die Hände auf dem Rücken verschränkt und den Kopf ein wenig zur Seite geneigt, dem Geschwätz dieser Herrschaften mit gespannter Aufmerksamkeit zuhörte. Dann konnte ich nicht umhin, die Weisheit der Gastgeber zu bewundern, die in der Verteilung der Geschenke unter die Kinder zum Ausdruck kam. Dies Mädchen, das schon eine Mitgift von dreihunderttausend Rubel hatte, bekam eine äußerst kostbare Puppe. Dann folgten wertmindere Geschenke – genau im Verhältnis zum verminderten Rang der Eltern aller dieser glücklichen Kinder. Schließlich bekam das letzte Kind, ein etwa zehnjähriger, magerer, kleiner, sommersprossiger, rothaariger Junge, nichts als ein Buch mit Geschichten, in denen von der Größe der Natur, von Tränen der Rührung und ähnlichen Dingen die Rede war, ohne Bilder, ja sogar ohne Titelvignette. Es war der Sohn der Gouvernante der Kinder unseres Gastgebers, einer sehr armen Witwe, ein äußerst verschüchterter und ängstlicher Knabe. Bekleidet war er mit einer Jacke aus armseligem Nankingstoff. Als er sein Buch erhalten hatte, ging er lange um die anderen Geschenke herum; er hätte schrecklich gerne mit den anderen Kindern gespielt, getraute sich aber nicht; man sah ihm an, daß er seine Lage schon fühlte und verstand. Ich beobachte Kinder sehr gerne. Sehr interessant ist ihre erste selbständige Betätigung im Leben. Ich bemerkte, daß der rothaarige Junge so sehr von den reichen Geschenken der anderen Kinder bezaubert war, vor allem vom Theater, bei dem er durchaus irgendeine Rolle spielen wollte, daß er sogar zu kriechen beschloß. Er lächelte und spielte mit den anderen Kindern, er schenkte seinen Apfel einem dicken Knaben, der einen ganzen Sack voll Naschwerk hatte, und ließ sogar einen auf seinem Rücken reiten, nur damit man ihn nicht vom Theater wegtreibe. Aber eine Minute später wurde er von einem unartigen Schlingel gründlich verprügelt. Das arme Kind wagte nicht zu weinen. Da erschien die Gouvernante, seine Mutter, und befahl ihm, die anderen Kinder beim Spielen nicht zu stören. Das Kind begab sich in denselben Salon, in welchem das Mädchen war. Es ließ ihn zu sich heran, und beide begannen mit Eifer die kostbare Puppe zu putzen.

Ich saß schon seit einer halben Stunde in dem Efeuwinkel und war über dem Geschwätz des rothaarigen Jungen und der Schönen mit den dreihunderttausend Rubel Mitgift fast eingeschlafen, als Julian Mastakowitsch ins Zimmer trat. Er hatte sich die skandalöse Zankerei der Kinder zunutze gemacht und war leise aus dem Saal geschlichen. Ich hatte bemerkt, daß er eine Minute vorher mit dem Vater der künftigen glänzenden Partie sehr lebhaft gesprochen hatte. Er hatte den Herrn eben erst kennengelernt und unterhielt sich mit ihm sehr eingehend über den Vorzug des Dienstes in einem Ressort gegenüber dem in einem anderen. Jetzt stand er sinnend da und schien etwas an den Fingern abzuzählen.

»Dreihundert ... dreihundert ...« flüsterte er. »Elf ... zwölf ... dreizehn ... sechzehn! Noch fünf Jahre! Nehmen wir vier Prozent an – zwölf mal fünf ist sechzig; zu diesen sechzig kommen also ... sagen wir in fünf Jahren – vierhundert. Also ... aber er rechnet ja nicht mit vier Prozent, der Schuft! Er nimmt vielleicht acht, wo nicht gar zehn Prozent. Nun, also fünfhunderttausend werden es sicher; dazu kommt dann ein kleiner Überschuß als Nadelgeld ... Hm ...«

Er brach seine Betrachtung ab, schneuzte sich und wollte schon aus dem Zimmer gehen, als er plötzlich das kleine Mädchen erblickte und stehenblieb. Mich sah er hinter den Pflanzenkübeln nicht. Er schien mir sehr erregt zu sein. Ob nun die Ergebnisse seiner Berechnungen so auf ihn wirkten oder etwas anderes – er rieb sich die Hände und konnte nicht ruhig stehen. Diese Erregung stieg bis zum non plus ultra, als er stehenblieb und einen zweiten entschiedenen Blick auf die künftige Partie warf. Dann wollte er einen Schritt vorwärts machen, sah sich aber erst im Zimmer um. Dann ging er auf den Zehenspitzen, wie wenn er sich schuldig fühlte, auf das Kind zu. Er lächelte die Kleine an, beugte sich über sie und küßte sie auf den Scheitel. Sie war auf den Überfall nicht gefaßt gewesen und schrie erschreckt auf.

»Was machen Sie denn hier, mein liebes Kind?« fragte er flüsternd, sich umschauend und der Kleinen die Wange tätschelnd.

»Wir spielen ...«

»Ah! Mit dem da?« Julian Mastakowitsch warf einen schrägen Blick auf den Knaben.

»Du solltest doch in den Saal gehen, mein Lieber«, sagte er zu ihm.

Der Knabe schwieg und sah ihn mit weitgeöffneten Augen an. Julian Mastakowitsch sah sich wieder im Kreis um und beugte sich zu dem kleinen Mädchen.

»Was haben Sie denn da, mein liebes Kind? Wohl eine Puppe?« fragte er.

»Eine Puppe«, sagte die Kleine und runzelte etwas verlegen die Stirn.

»Eine Puppe ... Und wissen Sie, liebes Kind, woraus diese Puppe gemacht ist?«

»Ich weiß nicht«, sagte das Mädchen leise und mit traurig gesenktem Köpfchen.

»Aus Lappen, mein Herzchen. Du solltest doch in den Saal zu deinen Kameraden gehen, mein Junge«, sagte Julian Mastakowitsch und sah das Kind streng an. Das Mädchen und der Knabe machten erschrockene Gesichter und faßten sich an den Händen. Sie wollten sich nicht trennen.

»Und wissen Sie, warum man Ihnen die Puppe geschenkt hat?« fragte Julian Mastakowitsch, die Stimme immer mehr senkend.

»Ich weiß nicht.«

»Deshalb, weil Sie die ganze Woche ein liebes und artiges Kind gewesen sind.«

Hier sah sich Julian Mastakowitsch in höchster Aufregung wieder um und fragte, die Stimme noch mehr senkend, ganz leise, kaum hörbar, zitternd vor Erregung und Ungeduld: »Und werden Sie mich auch liebhaben, gutes Kind, wenn ich zu Ihren Eltern auf Besuch komme?«

Nachdem Julian Mastakowitsch das gesagt hatte, wollte er das liebe Mädchen noch einmal küssen, aber der rothaarige Knabe, der sah, daß es anfangen wollte zu weinen, faßte es an der Hand und fing aus reiner Teilnahme für sie auch zu weinen an. Julian Mastakowitsch wurde ernsthaft böse.

»Geh fort, geh fort von hier, geh fort!« rief er dem Knaben zu. »Geh in den Saal! Geh hin zu deinen Kameraden!«

»Nein, nicht nötig, nicht nötig! Gehen Sie fort!« sagte das Mädchen, »lassen Sie ihn in Ruhe! Lassen Sie ihn in Ruhe!« sagte sie, nun schon fast weinend.

Jemand erschien in der Tür. Julian Mastakowitsch richtete sofort seinen majestätischen Korpus auf und erschrak. Aber der rothaarige Knabe erschrak noch mehr als Julian Mastakowitsch. Er ließ das Mädchen stehen und schlich leise an der Wand entlang aus dem Salon ins Speisezimmer. Um keinen

Verdacht zu wecken, begab sich Julian Mastakowitsch ebenfalls ins Speisezimmer. Er war rot wie ein Krebs, und als er einen Blick in den Spiegel warf, schien er sich vor sich selbst zu schämen. Es war ihm vielleicht peinlich, daß er so hitzig und so ungeduldig gewesen war. Vielleicht hatte ihn beim Abzählen an den Fingern das Ergebnis so verblüfft, so bezaubert und begeistert, daß er bei all seiner Würde und Solidität beschloß, wie ein Bube zu handeln und seine Beute ohne weiteres zu apportieren, obgleich diese Beute ihm frühestens in fünf Jahren wirklich zufallen konnte. Ich folgte dem ehrenwerten Mann ins Speisezimmer und gewahrte ein seltsames Schauspiel. Julian Mastakowitsch, ganz rot vor Wut und Ärger, drang auf den armen Knaben ein, der vor Angst nicht wußte, wo er hinsollte, und sich immer weiter zurückzog.

»Geh weg! Was machst du hier? Geh weg, du Taugenichts! Du willst wohl Obst stehlen, wie? Hinaus mit dir, du Taugenichts, hinaus, du Rotznase! Geh zu deinen Kameraden!«

Der entsetzte Knabe entschloß sich in seiner Angst zu einem verzweifelten Mittel und versuchte unter den Tisch zu kriechen. Da zog sein Verfolger in äußerster Wut sein langes Batisttuch aus der Tasche und trieb den Jungen damit unter dem Tisch hervor. Es muß gesagt werden, daß Julian Mastakowitsch etwas dick war. Er war ein satter, rotbackiger, rundlicher Mann mit einem netten Bäuchlein und dicken Oberschenkeln, festgefügt wie eine kräftige Walnuß. Er war in Schweiß geraten, ganz rot im Gesicht und schnaufte. Schließlich geriet er fast in Raserei, so groß war in ihm das Gefühl der Empörung und vielleicht auch (wer weiß es?) seiner Eifersucht! Ich fing aus vollem Hals zu lachen an. Julian Mastakowitsch drehte sich um und geriet, ungeachtet seiner ganzen Würde, in Verlegenheit. In diesem Augenblick kam aus der gegenüberliegenden Tür der Hausherr. Der Knabe kroch unter dem Tisch hervor und wischte sich Knie und Ellenbogen. Julian Mastakowitsch beeilte sich, sein Taschentuch an die Nase zu halten, das er an einem Zipfel in der Hand hielt.

Der Hausherr sah uns drei etwas befremdet an; doch als Mann von Welt, der das Leben kennt und es von einem ernsten Standpunkt aus betrachtet, nutzte er sofort die Gelegenheit aus, daß er seinen Gast allein antraf.

»Das ist jener Knabe«, fing er an, auf den kleinen Rotkopf zeigend, »für den Sie zu bitten ich die Ehre hatte . . .«

»Ah!« sagte Julian Mastakowitsch, der noch nicht ganz zu sich gekommen war.

»Der Sohn der Erzieherin meiner Kinder«, fuhr der Hausherr in bittendem Ton fort, »eine arme Frau, Witwe, Gattin eines ehrenwerten Beamten; und daher ... wenn es irgend möglich ist, Julian Mastakowitsch ...«

»Ach nein, nein«, schrie Julian Mastakowitsch hastig, »nein, entschuldigen Sie, Filipp Alexejewitsch, aber das geht wirklich nicht. Ich habe mich erkundigt, es sind keine Vakanzen vorhanden, und wenn es auch eine gäbe, so sind doch schon ein Dutzend Kandidaten da, die viel mehr Rechte darauf haben als er ... Bedaure sehr, aber ...«

»Schade«, sagte der Hausherr, »es ist ein so stiller, bescheidener Knabe ...«

»Ein ziemlicher Schlingel, wie ich bemerkt zu haben glaube«, sagte Julian Mastakowitsch, und sein Mund verzog sich hysterisch. »Geh zu deinen Altersgenossen, Knabe, was stehst du da!« sagte er, sich an das Kind wendend.

Hier konnte er sich anscheinend nicht mehr beherrschen und schielte mit einem Auge zu mir herüber. Ich konnte mich auch nicht beherrschen und lachte ihm schallend ins Gesicht. Julian Mastakowitsch drehte sich sofort weg und fragte den Hausherrn ziemlich laut, so daß ich es hören konnte, wer dieser sonderbare junge Mensch sei. Sie fingen an zu flüstern und gingen zusammen aus dem Zimmer. Ich sah dann, wie Julian Mastakowitsch dem Hausherrn mit ungläubiger Miene zuhörte und den Kopf schüttelte.

Nachdem ich mich sattgelacht hatte, ging ich in den Saal zurück. Da stand der große Mann, umringt von Vätern und Müttern, dem Hausherrn und seiner Gattin, und redete eifrig auf eine Dame ein, der man ihn eben vorgestellt hatte. Die Dame hielt das kleine Mädchen an der Hand, mit dem Julian Mastakowitsch vor zehn Minuten die Szene im Salon gehabt hatte. Jetzt erging er sich in entzückten Lobpreisungen der Schönheit, der Talente, der Grazie und der Wohlerzogenheit des lieben Kindes. Er bewarb sich ganz offenkundig um die Gunst der Mama. Die Mutter hörte ihm fast mit Tränen der Rührung zu. Die Lippen des Vaters lächelten. Der Hausherr freute sich über die allgemeine Freude. Sogar alle Gäste bekundeten ihre Teilnahme, selbst die Spiele der Kinder stockten, um die Unterhaltung nicht zu stören. Die ganze Luft war mit Ehrerbietung durchtränkt. Ich hörte später, wie die bis ins tiefste Herz gerührte Mama des interessanten Mädchens Julian Mastakowitsch in den gewähltesten Ausdrücken aufforderte, ihrem Haus die Ehre seines hochgeschätzten Besuches zu erweisen; ich hörte, mit welcher unverhohlenen Freude Julian Mastakowitsch die Einladung annahm und wie dann die Gäste, dem Anstand gehorchend, nach verschiedenen Seiten auseinandergingen, sich in ergreifenden Lobreden auf den Branntweinpächter, seine Frau, das kleine Mädchen und besonders Julian Mastakowitsch überschlugen.

»Ist dieser Herr verheiratet?« fragte ich beinahe laut einen meiner Bekannten, der ganz nahe bei Julian Mastakowitsch stand.

Julian Mastakowitsch warf mir einen prüfenden, zornigen Blick zu.

»Nein!« erwiderte mein Bekannter, tief betrübt über die Ungeschicklichkeit, die ich mit voller Absicht begangen hatte.

Kürzlich ging ich an der Kirche zu *** vorüber; die Menge und die Wagen setzten mich in Erstaunen. Ringsum wurde von einer Hochzeit gesprochen. Es war ein trüber Tag, es begann schon zu frieren; ich drängte mich mit der Menge in die Kirche hinein und erblickte den Bräutigam. Es war ein kleiner, rundlicher, satter Mann mit einem Bäuchlein und ordenbehangen. Er lief umher, tat geschäftig und gab Weisungen. Endlich erhob sich ein Gemurmel: die Braut kam angefahren. Ich drängte mich durch die Menge und erblickte eine zauberhafte Schönheit, für die kaum der erste Frühling angebrochen war. Aber die Schöne war bleich und traurig. Sie blickte zerstreut um sich; es schien mir sogar, als wären ihre Augen noch feucht von den soeben vergossenen Tränen. Die antike Strenge jeder Linie ihres Gesichts verlieh ihrer Schönheit eine ganz besondere Würde und Feierlichkeit. Aber durch diese Würde und Feierlichkeit, durch diese Wehmut schimmerte noch die ursprüngliche kindliche, unschuldige Wesensart; es sprach daraus etwas unsagbar Naives, Ungefestigtes, Junges, das durch sich selbst, ohne Worte, um Erbarmen zu flehen schien.

Es hieß, sie sei erst sechzehn Jahre alt. Ich sah den Bräutigam genauer an und erkannte plötzlich Julian Mastakowitsch, den ich seit fünf Jahren nicht mehr gesehen hatte. Ich warf einen Blick auf die Braut . . . Mein Gott! Ich beeilte mich, aus der Kirche hinauszukommen. In der Menge wurde davon geredet, daß die Braut sehr reich sei, daß sie eine Mitgift von fünfhunderttausend Rubel erhalte ... dazu noch ein beträchtliches Nadelgeld ...

Die Rechnung hat also glänzend gestimmt! dachte ich, als ich mich auf die Straße gedrängt hatte ...

Netotschka Neswanowa

1

An meinen Vater erinnere ich mich nicht. Er starb, als ich zwei Jahre alt war. Meine Mutter verheiratete sich dann wieder. Diese zweite Ehe brachte ihr viel Kummer, obgleich sie aus Liebe geheiratet hatte. Mein Stiefvater war Musikant. Sein Schicksal war seltsam. Er war der rätselhafteste Mensch, den ich je kennengelernt habe. Er prägte sich zu deutlich den ersten Erinnerungen meiner Kindheit ein, so deutlich, daß diese Eindrücke mein ganzes Leben beeinflußten. Vor allem, um meine Erzählung verständlich zu machen, will ich hier seine Biographie anführen. Alles, was ich jetzt erzählen werde, habe ich erst später von dem berühmten Geiger B. erfahren, einem Kameraden und engen Freund meines Stiefvaters von Jugend auf.

Mein Stiefvater hieß Jefimow. Er war in dem Dorf eines sehr reichen Gutsbesitzers geboren als der Sohn eines armen Musikanten, der nach langen Irrfahrten auf dem Anwesen jenes Gutsherrn seßhaft und von ihm für das Hausorchester engagiert wurde. Der Gutsbesitzer führte ein Leben großen Stils und war ein leidenschaftlicher Liebhaber der Musik. Man erzählte von ihm, er habe sich eines Tages, obgleich er sonst aus seinem Dorf nicht einmal nach Moskau fuhr, plötzlich entschlossen, in einen ausländischen Badeort zu reisen, wohlgemerkt nur für einige Wochen und ausschließlich zu dem Zweck, einen berühmten Geiger zu hören, der Zeitungsmeldungen zufolge in dem Badeort drei Konzerte geben wollte. Er hatte ein ordentliches Orchester, auf das er fast alle seine Einkünfte verwendete. In dieses Orchester trat mein Stiefvater als Klarinettist ein. Er war zweiundzwanzig Jahre alt, als er mit einem seltsamen Menschen bekannt wurde. In jenem Kreis lebte ein reicher Graf, der sich mit dem Unterhalt eines Haustheaters zugrunde richtete. Dieser Graf hatte den Kapellmeister seines Orchesters, einen Italiener, wegen schlechter Lebensführung entlassen. Der Kapellmeister war wirklich ein übler Mensch. Nach seiner Entlassung sank er von Stufe zu Stufe, lungerte in den Dorfschenken herum, betrank sich und bettelte sogar hin und wieder, bis niemand mehr im ganzen Gouvernement ihn anstellen wollte. Mit diesem Menschen hatte mein Stiefvater sich angefreundet. Der Bund war unerklärlich und seltsam, da niemand bemerkte, daß mein Stiefvater, durch das böse Beispiel seines Kameraden veranlaßt, sein Benehmen geändert hätte. Sogar der Gutsherr, der ihm zunächst den Verkehr mit dem Italiener verboten hatte, sah später durch die Finger. Schließlich starb der Kapellmeister ganz plötzlich. Bauern fanden ihn eines Morgens im Graben am Dorfwehr. Eine Untersuchung ergab, daß er einem Schlaganfall erlegen war. Seine Habe war im Gewahrsam meines Stiefvaters, der sofort Beweise erbrachte, daß er ein volles Recht darauf besaß, dieses Erbe anzutreten. Der Verstorbene hatte einen eigenhändig geschriebenen Zettel hinterlassen, auf dem er für den Fall seines Todes Jefimow zu seinem Erben bestimmte. Die Hinterlassenschaft bestand aus einem schwarzen Frack, den der Verstorbene sorgsam geschont hatte, wohl in der Hoffnung, doch noch einmal eine Stelle zu erhalten, und aus einer dem Anschein nach ziemlich gewöhnlichen Geige. Niemand machte meinem Stiefvater diese Erbschaft streitig. Aber einige Zeit danach erschien der erste Geiger des gräflichen Orchesters beim Gutsbesitzer mit einem Brief vom Grafen. In diesem Brief bat, ja bettelte der Graf Jefimow, ihm die ihm vom Italiener hinterlassene Geige zu verkaufen, da er sie gern für sein Orchester erworben hätte. Er bot dreitausend Rubel und fügte hinzu, er habe Jegor Jefimow schon mehrfach aufgefordert, zu ihm zu kommen, um den Handel abzuschließen; der habe sich aber beharrlich geweigert. Der Graf schloß mit dem Hinweis, daß die Summe dem Wert der Geige entspreche und nicht knauserig bemessen sei und daß er in Jefimows Weigerung den ihn beleidigenden Verdacht erblicke, als wollte er die Einfalt und Unkenntnis des derzeitigen Besitzers der Geige mißbrauchen, und deshalb bäte er den Gutsbesitzer, ihm den Kopf zurechtzusetzen.

Der Gutsbesitzer ließ sofort meinen Stiefvater rufen.

»Warum willst du die Geige nicht verkaufen?« fragte er ihn. »Du brauchst sie nicht. Man gibt dir dreitausend Rubel; das ist ein ordentlicher Preis, und du handelst töricht, wenn du meinst, du würdest mehr bekommen. Der Graf wird dich doch nicht betrügen!«

Jefimow erwiderte, er werde selber nicht zu dem Grafen hingehen, würde er aber hingeschickt, so würde er sich dem

Befehl des Herrn fügen; er werde dem Grafen die Geige nicht verkaufen, würde man sie ihm aber mit Gewalt nehmen, so würde er sich wiederum dem Befehl des Herrn fügen.

Es war offenbar, daß er mit dieser Antwort die empfindlichste Stelle im Charakter des Gutsbesitzers berührte. Die Sache bestand darin, daß dieser immer mit Stolz davon gesprochen hatte, er wisse schon, wie er seine Musikanten zu behandeln habe, weil sie alle ohne Ausnahme wirkliche Künstler seien, so daß sein Orchester nicht nur das gräfliche übertreffe, sondern auch hinter dem hauptstädtischen nicht zurückstehe.

»Gut«, antwortete der Gutsbesitzer. »Ich werde den Grafen wissen lassen, daß du die Geige nicht verkaufen willst, weil du eben nicht willst, weil es dein volles Recht ist, die Geige zu verkaufen oder nicht zu verkaufen. Verstehst du? Nun aber frage ich selbst dich: Wozu brauchst du die Geige? Dein Instrument ist die Klarinette, obgleich du ein schlechter Klarinettist bist. Tritt die Geige mir ab! Ich werde dir dreitausend Rubel geben. Wer hätte gedacht, daß das Instrument so wertvoll ist!«

Jefimow lächelte.

»Nein, Herr, ich werde sie auch Ihnen nicht verkaufen!« antwortete er. »Freilich, wenn Sie befehlen ...«

»Ja, dränge ich dich etwa, zwinge ich dich etwa!?« schrie der Gutsbesitzer, der um so mehr außer sich war, als dieses ganze Zwiegespräch in Gegenwart des gräflichen Musikers vor sich ging, der aus dieser Szene äußerst ungünstige Schlüsse auf die Stellung aller bei dem Gutsbesitzer angestellten Musikanten ziehen mochte.

»Scher dich fort, du Undankbarer, und lasse dich ja nicht wieder blicken! Was wäre ohne mich aus dir und deiner Klarinette geworden, die du nicht einmal spielen kannst? Ich verpflege dich, kleide dich, gebe dir ein Gehalt. Ich erlaube dir, eine anständige Lebenshaltung als Künstler zu führen, aber du hast dafür kein Verständnis und kein Empfinden. Scher dich fort und reize mich nicht durch deine Gegenwart!«

Der Gutsbesitzer jagte alle fort, die ihn ärgerten, weil er für sich selbst und seinen Jähzorn fürchtete; aber um nichts in der Welt hätte er zu hart mit einem »Künstler« verfahren mögen, wie er seine Musikanten nannte.

Der Handel kam nicht zustande, und damit schien die Sache abgetan zu sein, als plötzlich einen Monat später der Geiger des Grafen etwas höchst Verdrießliches tat: er reichte gegen meinen Stiefvater eine Anzeige ein, in welcher er bewies, daß mein Stiefvater am Tod des Italieners schuldig sei und ihn aus Habsucht umgebracht habe, um dessen reiche Erbschaft anzutreten. Er bewies, daß das Testament dem Italiener gewaltsam entlockt worden sei, und erbot sich, Zeugen für seine Beschuldigungen beizubringen. Weder die Bitten noch die Ermahnungen des Grafen und des Gutsbesitzers, der sich für meinen Stiefvater verwandte, vermochten den Denunzianten in seiner Absicht irrezumachen. Man wies ihn darauf hin, daß die medizinische Untersuchung des Leichnams des verstorbenen Kapellmeisters ordnungsgemäß erfolgt sei und der Denunziant entgegen aller Wahrscheinlichkeit handle, vielleicht aus persönlicher Bosheit und aus Ärger darüber, daß es ihm nicht gelang, das wertvolle Instrument zu erhalten, das man für ihn kaufen wollte. Der Musikant blieb bei seinen Angaben, schwur, daß er die Wahrheit sage, behauptete, der Schlaganfall habe nicht auf Trunkenheit, sondern auf Vergiftung beruht, und forderte eine erneute Untersuchung. Auf den ersten Blick schien seine Behauptung wahr zu sein. Es versteht sich, daß man der Gerechtigkeit ihren Lauf ließ. Man nahm Jefimow fest und schickte ihn in das Stadtgefängnis. Der Prozeß begann und erregte das Interesse des ganzen Gouvernements. Er nahm einen sehr schnellen Verlauf und endete damit, daß der Musikant einer falschen Angabe für schuldig befunden wurde. Er wurde zur gerechten Strafe verurteilt, blieb aber bis zuletzt bei seinen Angaben und beteuerte, im Recht zu sein. Schließlich gestand er jedoch, daß er keinerlei Beweise habe und die von ihm vorgebrachten Behauptungen erfunden seien, daß er sich vielmehr von seinem Gefühl und seinen Vermutungen habe leiten lassen, weil er bis zu der Zeit, wo die zweite Untersuchung eingeleitet wurde und die formelle Unschuld Jefimows zutage trat, fest davon überzeugt gewesen sei, daß Jefimow an dem Tod des unglücklichen Kapellmeisters schuld sei, wenn er ihn vielleicht auch nicht vergiftet, sondern auf eine andere Art und Weise umgebracht habe. Es kam aber nicht dazu, das gegen ihn ausgesprochene Urteil zu vollstrecken: er erkrankte plötzlich an einer Gehirnentzündung, verlor den Verstand und starb im Lazarett des Gefängnisses.

Während des ganzen Prozesses zeigte sich der Gutsbesitzer von der vornehmsten Seite. Er nahm sich meines Stiefvaters so an, als wäre dieser sein eigener Sohn. Einige Male suchte er ihn im Gefängnis auf, um ihn zu trösten, schenkte ihm Geld, brachte ihm die besten Zigarren, weil er wußte, daß Jefimow gern rauchte, und als mein Stiefvater freigesprochen wurde, gab er dem ganzen Orchester ein Fest. Der Gutsbesitzer betrachtete Jefimows Angelegenheit als eine das ganze Orchester betreffende Angelegenheit, weil er auf die einwandfreie Lebensführung seiner Musikanten mindestens ebensoviel Gewicht legte wie auf ihre Begabung. Ein ganzes Jahr war vergangen, als sich plötzlich im Gouvernement das Gerücht verbreitete, ein berühmter Geiger, ein Franzose, sei angekommen und beabsichtige, auf der Durchreise einige Konzerte zu geben. Der Gutsbesitzer bemühte sich sogleich, auf irgendeine Weise zu erreichen, daß der berühmte Künstler seine Gastfreundschaft annehme. Die Sache ging nach Wunsch; der Franzose versprach zu kommen. Alles war vorbereitet für seine Ankunft, fast der ganze Kreis war eingeladen, aber plötzlich nahm alles einen anderen Verlauf.

Eines Morgens meldete man, daß Jefimow verschwunden sei. Man stellte Untersuchungen an, fand aber nicht die geringste Spur. Das Orchester war in einer höchst peinlichen Lage – es fehlte die Klarinette –, als plötzlich drei Tage nach Jefimows Verschwinden der Gutsbesitzer von dem Franzosen einen Brief erhielt, worin dieser die Einladung in hochmütigen Worten zurückwies und in versteckter Form zu verstehen gab, daß er in Zukunft außerordentlich vorsichtig in seinen Beziehungen zu Herren sein werde, die sich ein eigenes Orchester hielten, zumal es verletzend sei, ein wirkliches Talent unter der Verantwortung eines Menschen zu sehen, der dessen Wert nicht zu schätzen wisse, und daß schließlich das Beispiel Jefimows, eines wirklichen Künstlers und des besten Geigers, den er überhaupt in Rußland angetroffen, ein hinreichender Beweis für die Richtigkeit seiner Worte sei.

Beim Lesen dieses Briefes geriet der Gutsbesitzer in äußerste Verwunderung. Er fühlte sich in die Tiefen seiner Seele hinein verletzt. Wie? Jefimow, derselbe Jefimow, dessen er sich so angenommen, dem er so viel Gutes erwiesen hatte, dieser Jefimow verleumdete ihn so gemein, so gewissenlos vor einem Künstler von europäischem Ruf, vor eben jenem Mann, dessen Meinung er so schätzte? Und schließlich war der Brief in einer anderen Beziehung unerklärlich: es wurde darin behauptet, daß Jefimow ein Künstler von wirklichem Talent sei, daß er ein Geiger sei und daß man es nicht verstanden habe, sein Talent zu schätzen, sondern ihn gezwungen habe, ein anderes Instrument zu spielen. Dies alles versetzte den Gutzbesitzer in solche Verwunderung, daß er sofort beschloß, in die Stadt zu fahren, um sich mit dem Franzosen auszusprechen. Da erhielt er plötzlich von dem Grafen einige Zeilen, worin dieser ihn einlud, ihn sofort zu besuchen, und ihn gleichzeitig wissen ließ, daß er die ganze Geschichte kenne, daß der durchreisende Künstler augenblicklich bei ihm sei, und zwar zusammen mit Jefimow, und daß er – erstaunt über dessen Frechheit und Verleumdung – befohlen habe, diesen festzuhalten, und daß schließlich die Anwesenheit des Gutsbesitzers unerläßlich sei, weil Jefimows Beschuldigungen sogar den Grafen selbst beträfen. Die Angelegenheit sei von äußerster Wichtigkeit und müsse auf das schnellste geklärt werden.

Der Gutsbesitzer begab sich alsbald zum Grafen, wurde sogleich mit dem Franzosen bekannt gemacht und erklärte ihm die ganze Geschichte meines Stiefvaters, wobei er hinzufügte, er habe nie ein so gewaltiges Talent in Jefimow gesehen, der sich bei ihm im Gegenteil bisher als recht schlechter Klarinettist erwiesen habe; überhaupt höre er zum erstenmal in seinem Leben, daß der Musikant, der ihn verlassen habe, ein Geiger sei. Im übrigen sei Jefimow ein freier Mensch, der durchaus über sich verfügen könne und jederzeit das Recht gehabt hätte, seine Dienste aufzugeben, wenn er sich wirklich unterdrückt gefühlt hätte. Der Franzose war verdutzt. Man holte Jefimow – und man konnte ihn kaum wiedererkennen. Er benahm sich hochmütig, antwortete spöttisch und beharrte auf der Richtigkeit dessen, was er dem Franzosen gesagt hatte. Dies alles reizte den Grafen aufs äußerste, der meinem Stiefvater ins Gesicht sagte, daß er ein Taugenichts und Verleumder und der schimpflichsten Bestrafung würdig sei.

»Regen Sie sich nicht auf, Euer Durchlaucht, ich kenne Sie zur Genüge und nur zu gut«, antwortete mein Stiefvater. »Ihnen hätte ich es zu verdanken gehabt, wenn ich vor Gericht bestraft worden wäre, ich weiß, auf wessen Antrieb Alexej Nikiforytsch, Ihr früherer Musikant, mich denunziert hat.«

Der Graf war außer sich vor Zorn, als er diese schreckliche Beschuldigung vernahm. Er konnte sich kaum beherrschen, aber ein zufällig im Saal anwesender Beamter, der in einer anderen Angelegenheit beim Grafen weilte, erklärte, daß er dies alles nicht so hingehen lassen könne und daß Jefimows beleidigende Grobheit eine bewußte falsche Beschuldigung darstelle, eine Verleumdung, und er ergebenst bitte, Jefimow sofort im Hause des Grafen festnehmen zu lassen. Der Franzose gab seiner hellen Entrüstung Ausdruck und erklärte, daß er so schwarzen Undank nicht begreife. Da erwiderte mein Stiefvater jähzornig, daß ihm Bestrafung, Gericht und ein neuer Strafprozeß lieber seien als das Leben, das er bisher geführt habe als Angehöriger des gutsherrlichen Orchesters, ohne die Möglichkeit, früher aus ihm herauszukommen, weil er ja so bitter arm sei. Mit diesen Worten verließ er zusammen mit den ihn arretierenden Leuten den Saal. Man schloß ihn in einem abgelegenen Zimmer des Hauses ein und drohte ihm, ihn morgen in die Stadt zu bringen.

Um Mitternacht öffnete sich die Tür zu dem Zimmer des Verhafteten. Der Gutsbesitzer trat ein. Er war in Schlafrock und Pantoffeln und hielt eine brennende Laterne in der Hand. Offenbar hatte er nicht einschlafen können, und quälende Unruhe hatte ihn veranlaßt, zu solcher Stunde das Bett zu verlassen. Jefimow schlief nicht und blickte den Eintretenden erstaunt an. Der stellte die Laterne auf den Boden und setzte sich in tiefer Erregung ihm gegenüber auf einen Stuhl.

»Jegor!« sagte er zu ihm, »warum hast du mir das angetan?«

Jefimow antwortete nicht. Der Gutsbesitzer wiederholte seine Frage, und ein tiefes Gefühl, ein seltsamer Kummer klang aus seinen Worten.

»Weiß Gott, warum ich Ihnen das antat, Herr!« antwortete mein Stiefvater schließlich mit einer verächtlichen Handbewegung. »Wahrscheinlich hat mich der Teufel verführt! Ich weiß selbst nicht, wer mich zu alledem anstiftet. Nun, ich konnte nicht mehr leben bei Ihnen, ich konnte nicht mehr ... Der Teufel selbst muß mich getrieben haben!«

»Jegor!« begann der Gutsbesitzer von neuem, »komm zu mir zurück! Ich will alles vergessen, dir alles verzeihen. Höre! Du sollst der erste unter meinen Musikanten werden. Ich will dir ein unvergleichlich höheres Gehalt zahlen.«

»Nein, Herr, nein, sprechen Sie nicht davon, ich könnte nicht mehr. Ich sage Ihnen, der Teufel hat mich umgarnt, ich würde Ihnen das Haus anzünden, wenn ich bliebe. Hin und wieder wandelt mich solche Angst an, daß ich denke, es wäre besser, ich wäre nicht geboren! Zur Zeit kann ich für mich nicht einstehen, darum ist es auch für Sie besser, Herr, Sie lassen mich. Dies alles ist seit der Zeit, da sich jener Teufel mit mir verbrüderte ...«

»Wer?« fragte der Gutsbesitzer.

»Nun, der so verreckte wie ein Hund, der Italiener, von dem alle Welt sich zurückzog.«

»Er war es wohl auch, Jegor, der dich Geige spielen lehrte?«

»Ja! Viel hat er mir zu meinem Verderben beigebracht. Es wäre besser gewesen, ich hätte ihn nie gesehen.«

»Er war wohl ein Meister auf der Geige, Jegor?«

»Nein, er selbst konnte wenig, war aber ein guter Lehrer. Ich habe mich selber ausgebildet; er hat es mir nur gezeigt. Wäre mir doch lieber die Hand verdorrt, als daß ich das gelernt hätte! Ich weiß jetzt selbst nicht, was ich will. Sie fragen, Herr: ‚Jegorka! was willst du? Alles kann ich dir geben' – und ich, Herr, kann Ihnen kein Wort zur Antwort sagen. Nein, es ist besser, Herr, Sie lassen mich, ich werde später sprechen. Sonst stelle ich etwas an, daß ich sehr weit fortgeschickt werde – und dann ist alles aus!«

»Jegor!« sagte der Gutsbesitzer, nachdem er eine Minute geschwiegen hatte. »Ich lasse dich so nicht von mir. Wenn du nicht in meinen Diensten bleiben willst, so geh; du bist ein freier Mann, ich kann dich nicht halten; aber ich gehe jetzt nicht fort von dir. Spiel mir etwas auf deiner Geige, Jegor, spiel, um Gottes willen, spiel! Ich befehle dir nichts, versteh mich recht, ich zwinge dich nicht; ich flehe dich unter Tränen an, spiele mir das vor, Jegoruschka, um Gottes willen, was du dem Franzosen vorgespielt hast. Tu mir den Gefallen! Du bist ein Starrkopf, ich bin ein Starrkopf; auch ich habe Charakter, Jegoruschka! Ich begreife dich, begreife auch mich. Ich mag nicht mehr leben, wenn du mir nicht freiwillig und gern vorspielst, was du vor dem Franzosen spieltest.«

»Nun, mag es sein!« sagte Jefimow. »Ich habe freilich gelobt, Herr, niemals vor Ihnen zu spielen, aber Sie haben mein Herz umgestimmt. Ich will Ihnen jetzt vorspielen, aber zum ersten und letzten Mal, und später, Herr, werden Sie mich nie und nirgends mehr hören, auch wenn Sie mir tausend Rubel versprechen.«

Damit nahm er seine Geige und begann seine Variationen

über russische Volkslieder zu spielen. B. sagte, daß diese Variationen sein erstes und sein bestes Stück auf der Geige gewesen seien und daß er nie mehr etwas so gut und so beseelt gespielt habe. Der Gutsbesitzer, der ohnehin Musik nicht gleichgültig hören konnte, weinte laut. Als das Spiel zu Ende war, stand er vom Stuhl auf, zog dreihundert Rubel aus der Tasche, reichte sie meinem Stiefvater und sagte: »Jetzt geh, Jegor, ich werde dich hinauslassen und alles mit dem Grafen regeln. Aber höre: komm mir nie mehr unter die Augen. Vor dir liegt die weite Welt, aber wenn wir einander je wieder begegnen, wird es für dich und mich schlimm sein. Nun leb wohl ... Halt, noch einen Rat will ich dir mitgeben, nur einen: trink nicht, sondern lerne, lerne immer, werde nicht hochmütig! Ich spreche zu dir, wie dein eigener Vater zu dir sprechen würde. Gib acht! Ich wiederhole dir: lerne und meide das Schnapsglas, denn fängst du einmal an, vor Kummer zu trinken – und Kummer wirst du viel haben –, dann ist alles aus, dann geht alles zum Teufel, und du verreckst vielleicht selbst einmal irgendwo im Graben wie einst dein Italiener. Nun, jetzt leb wohl ... halt, küsse mich!«

Sie küßten sich, und dann ging mein Stiefvater hinaus, hinaus in die Freiheit.

Kaum hatte er die Freiheit erlangt, als er sich sofort daranmachte, in der nächsten Kreisstadt seine dreihundert Rubel zu verjubeln, wobei er sich gleichzeitig an eine höchst minderwertige, schmutzige Gesellschaft verkommener Menschen anschloß. Die Sache endete damit, daß er bettelarm und ohne Hilfe allein zurückblieb und gezwungen war, in das klägliche Orchester eines wandernden Provinztheaters als erster und einziger Geiger einzutreten. Das alles stimmte nun gar nicht zu seinen ursprünglichen Absichten, denen zufolge er möglichst bald nach Petersburg gehen wollte, um dort zu studieren, sich eine gute Stelle zu verschaffen und sich zu einem Künstler auszubilden. Aber das Leben in dem kleinen Orchester gefiel ihm nicht. Mein Stiefvater zankte oft mit dem Impresario des Wandertheaters und verließ ihn schließlich. Doch ließ er den Mut ganz sinken und entschloß sich sogar zu einem Verzweiflungsschritt, der seinen Stolz tief verletzte. Er schrieb unserem Gutsbesitzer einen Brief, setzte ihm seine Lage auseinander und bat ihn um Geld. Der Brief war ziemlich selbstbewußt abgefaßt, aber eine Antwort erfolgte nicht. Da schrieb er einen zweiten Brief, in welchem er in den demütigsten Ausdrücken den Gutsbesitzer seinen Wohltäter und einen wahren Kenner der Künste nannte und ihn erneut um Unterstützung bat. Endlich kam eine Antwort. Der Gutsbesitzer schickte hundert Rubel und einige von der Hand seines Kammerdieners geschriebene Zeilen, in denen er ersuchte, ihn künftig mit allen Bitten zu verschonen. Als mein Stiefvater dieses Geld erhielt, wollte er sich sogleich nach Petersburg begeben, doch nachdem er seine Schulden bezahlt hatte, blieb so wenig Geld übrig, daß an eine Reise nicht zu denken war. Er blieb wieder in der Provinz, trat von neuem in ein Provinzorchester ein, konnte es dann wieder nicht aushalten und verlebte, von Ort zu Ort ziehend, in der ständigen Illusion, irgendwie in Bälde nach Petersburg zu kommen, volle sechs Jahre in der Provinz. Schließlich ergriff ihn das Entsetzen. Voller Verzweiflung bemerkte er, wie sehr sein Talent abgenommen hatte unter den ständigen Entbehrungen seiner ungeordneten, armseligen Lebensweise. Eines Morgens ließ er seinen Impresario im Stich, nahm seine Geige und kam fast bettelnd nach Petersburg. Er fand in einer Dachkammer Unterkunft und traf hier zum erstenmal mit B. zusammen, der eben aus Deutschland gekommen war und sich ebenfalls eine Karriere aufzubauen gedachte. Sie wurden bald Freunde, und B. gedenkt noch heute mit tiefem Gefühl der ersten Tage ihrer Bekanntschaft. Beide waren jung, beide hegten die gleichen Hoffnungen, beide hatten ein und dasselbe Ziel. Aber B. war noch in der ersten Jugendblüte, er hatte noch wenig Entbehrungen und Kummer durchgemacht; außerdem war er vor allem ein Deutscher und ging unbeirrbar, systematisch, in voller Kenntnis seiner Kräfte und fast schon im voraus berechnend, was aus ihm werden würde, auf sein Ziel los – während sein Kamerad schon dreißig Jahre alt, müde und verbraucht war, alle Geduld verloren und seine gesunden Jugendkräfte in jenen sieben Jahren, wo er genötigt war, um des lieben Brotes willen sich an Provinztheatern und in gutsherrlichen Orchestern herumzuschlagen, verloren hatte. Es hielt ihn nur die eine ewige, unverrückbare Idee aufrecht, doch einmal aus seiner abscheulichen Lage herauszukommen, Geld zusammenzusparen und nach Petersburg zu gelangen. Aber diese Idee war dunkel und unklar, eine Art unwiderstehlichen inneren Dranges, der schließlich mit den Jahren seine ursprüngliche Klarheit selbst in Jefimows Augen verloren hatte, und als er wirklich in Petersburg war, handelte er fast unbewußt, nach der ewigen, alten Gewohnheit seines ständigen Sehnens und Plänemachens, und wußte nun eigentlich selbst nicht, was er in der Hauptstadt beginnen sollte. Seine Begeisterung war verkrampft, gallig – wie ein Anfall, als wollte er sich durch diese Begeisterung selbst belügen und sich einreden, daß noch seine frühere Kraft, seine frühere Glut, sein früherer Schwung vorhanden seien. Dieser ständige Enthusiasmus riß den kühlen, methodischen B. fort; er ließ sich blenden und huldigte meinem Stiefvater wie einem künftigen großen musikalischen Genie. Anders hätte er sich die Zukunft seines Kameraden nicht vorstellen können. Aber bald gingen B. die Augen auf, und er erriet alles. Er sah klar, daß diese ganze ruckhafte Art, Hitze und Unrast nichts anderes waren als unbewußte Verzweiflung aus der Erkenntnis des verlorenen Talents; daß dieses Talent vielleicht überhaupt nie so bedeutend gewesen sei und es viel Selbstverblendung, unberechtigten Dünkel, angeborene Selbstsicherheit und grenzenlose Träumereien, grenzenlose Phantastereien über das eigene Genie gegeben habe.

»Aber«, so erzählte B., »ich konnte die seltsame Natur meines Kameraden nur bewundern. Vor mir vollzog sich der verzweifelte, fieberhafte Kampf zwischen einem krampfhaft gespannten Streben und unklarer Ohnmacht. Der Unglückliche hatte volle sieben Jahre seine Befriedigung im Träumen von künftigem Ruhm gefunden und darüber nicht gemerkt, wie sehr er sich dem Wesen unserer Kunst entfremdete und daß ihm sogar die grundlegende Technik abhanden kam. Dabei entstanden in seiner wirren Phantasie alle Augenblicke die großartigsten Pläne für die Zukunft. Nicht nur, daß er ein erstklassiges Genie sein wollte, einer der ersten Geiger in der Welt; nicht nur, daß er sich schon für ein solches Genie hielt – er wollte auch noch Komponist werden, obwohl er nichts vom Kontrapunkt verstand. Am meisten aber wunderte ich mich darüber«, fügte B. hinzu, »daß in diesem Menschen bei aller seiner Kraftlosigkeit, bei der völlig unzureichenden Kenntnis der Technik seiner Kunst doch ein so tiefes und klares, man kann sagen, instinktives Kunstempfinden lebte. So stark fühlte und erlebte er Kunst in sich selbst, daß es kein Wunder ist, wenn er sich über sein eigenes Ich irrte und sich nicht so sehr für einen tief empfindenden Kunstkritiker als für einen Hohepriester der Kunst, für ein Genie hielt. Hin und wieder gelang es ihm, in seiner groben, einfachen Sprache, der alle Wissenschaftlichkeit fremd war, so tiefe Wahrheiten zu sagen, daß ich sprachlos war und nicht verstehen konnte, wie er dies alles erraten hatte, obwohl er doch nie etwas gelesen, nie etwas gelernt hatte, und ich habe ihm«, fügte B. hinzu, »und seinen Ratschlägen für meine eigene Entwicklung viel zu danken. Freilich war ich«, fuhr er fort, »über mich selbst ganz beruhigt. Auch ich liebte meine Kunst leidenschaftlich, obwohl ich von Beginn meiner Laufbahn an wußte, daß mir das Höchste nicht gegeben war, daß ich in dem wahrsten Sinn des Wortes ein Kärrner in der Kunst bleiben würde; doch andererseits bin ich stolz darauf, daß ich nicht wie ein fauler Knecht das, was mir die Natur mitgab, verkümmern ließ, sondern im Gegenteil hundertfältig entwickelte, und wenn man die Reinheit meines Spieles lobt und meine ausgefeilte Technik bewundert, so verdanke ich das alles meiner unaufhörlichen, unermüdlichen Arbeit, der klaren Erkenntnis meiner Kräfte, der freiwilligen Selbstentsagung und dem steten Ankämpfen gegen Eigendünkel, verfrühte Selbstzufriedenheit und Trägheit als den natürlichen Folgen der Selbstzufriedenheit.«

B. versuchte nun seinerseits, seinem Kameraden, dem er sich erst so untergeordnet hatte, Ratschläge zu erteilen, erreichte aber damit nichts anderes, als daß er ihn erbitterte. Es trat eine Entfremdung zwischen ihnen ein. Bald bemerkte B., daß sein Kamerad immer häufiger von Teilnahmslosigkeit, Kummer und Verdrossenheit befallen wurde, daß die Anfälle von Begeisterung immer seltener wurden und daß die Folge von allem eine finstere, scheue Niedergeschlagenheit war. Schließlich begann Jefimow sogar seine Geige zu vernachlässigen und rührte sie wochenlang nicht an. Nun war der völlige Zusammenbruch nicht mehr fern, und bald fiel der Unglückliche allen möglichen Lastern anheim. Wovor der Gutsbesitzer ihn gewarnt hatte, das trat wirklich ein: er ergab sich hemmungslos dem Trunk. B. sah diese Wandlung mit Entsetzen; seine Ratschläge waren aber zwecklos, ja er fürchtete sich sogar, ihm Vorhaltungen zu machen. Allmählich wurde Jefimow immer zynischer: er schämte sich nicht, auf B's. Kosten zu leben, und tat dabei noch so, als hätte er ein volles Anrecht darauf. Inzwischen gingen die Mittel für den Lebensunterhalt aus; B. hielt sich dadurch über Wasser, daß er Stunden gab oder auf den Abendgesellschaften bei Kaufleuten, Deutschen und armen Beamten spielte, die zwar nicht viel, aber doch immerhin etwas bezahlten. Jefimow wollte offenbar die kümmerliche Lage seines Kameraden nicht bemerken; er benahm sich ihm gegenüber mürrisch und würdigte ihn wochenlang keines Wortes. Einmal bemerkte B. ganz flüchtig, daß es ihm nicht schaden würde, seine Geige nicht gar so zu vernachlässigen, damit er sein Instrument nicht ganz und gar verlerne. Da geriet Jefimow ganz außer sich und erklärte, nun erst recht seine Geige nicht mehr anrühren zu wollen, wobei er so tat, als ob irgend jemand ihn auf den Knien darum anflehte. Ein anderes Mal brauchte B. einen Partner, um auf einer Abendgesellschaft zu spielen, und forderte Jefimow dazu auf. Diese Aufforderung versetzte Jefimow vollends in Wut. Er erklärte aufgebracht, daß er kein Straßenmusiker sei und nicht so tief sinken werde wie B. und die hohe Kunst nicht dadurch zu erniedrigen gedächte, vor gemeinen Handwerkern zu spielen, die von seinem Spiel und seinem Talent nichts verstünden. B. erwiderte darauf keine Silbe, aber als Jefimow nach dem Fortgang seines Freundes, der sich in die Abendgesellschaft begeben hatte, über die Aufforderung nachdachte, kam es ihm vor, als sei das alles nur eine Anspielung darauf, daß er auf B.'s Kosten lebe, als wolle sein Kamerad ihm zu verstehen geben, daß auch er versuchen sollte, Geld zu verdienen. Als B. zurückkehrte, machte ihm Jefimow alsbald Vorwürfe wegen der Schmutzigkeit seines Benehmens und erklärte ihm, nicht eine Minute länger mit ihm zusammen leben zu wollen. Er verschwand tatsächlich auf etwa zwei Tage, aber am dritten war er wieder da, als ob nichts geschehen wäre, und setzte wieder sein früheres Leben fort.

Nur die bisherige Gewohnheit der Freundschaft und dazu noch das Mitleid, das B. mit dem zugrunde gehenden Menschen empfand, hielten ihn von dem Entschluß ab, so ein sinnloses Leben aufzugeben und sich für immer von seinem Kameraden zu trennen. Schließlich kamen sie doch auseinander. Das Glück war B. hold; er hatte einflußreiche Gönner erworben, und es gelang ihm, ein glänzendes Konzert zu geben. Zu jener Zeit war er bereits ein hervorragender Künstler, und bald verschaffte ihm seine schnell zunehmende Berühmtheit eine Stelle im Orchester der Oper, wo er sich alsbald seinen wohlverdienten Erfolg sicherte. Als er von Jefimow Abschied nahm, gab er ihm Geld und flehte ihn unter Tränen an, auf den rechten Weg zurückzukehren. B. kann auch heute nicht ohne besondere Rührung an ihn zurückdenken. Die Bekanntschaft mit Jefimow war einer der tiefsten Eindrücke seiner Jugendjahre. Zusammen hatten sie ihre Laufbahn begonnen und enge Freundschaft miteinander geschlossen, wobei gerade die Seltsamkeiten Jefimows sowie seine groben, abstoßenden Mängel ihn um so fester mit B. verbanden. B. verstand ihn, durchschaute ihn und fühlte im voraus, wie alles enden würde. Beim Abschied umarmten sie einander – und beide weinten. Dann sagte Jefimow unter Tränen und Schluchzen, er sei ein dem Unglück verfallener Mensch, er wisse dies schon lange, aber erkenne erst jetzt klar, daß er verloren sei.

»Ich habe kein Talent!« schloß er totenblaß.

B. war tief erschüttert.

»Höre, Jegor Petrowitsch«, sagte er zu ihm. »Was tust du mit dir? Du richtest dich nur durch deine Schlaffheit zugrunde; du hast weder Ausdauer noch Mannhaftigkeit. Jetzt sagst du in einem Anfall von Verzweiflung, du hättest kein Talent. Das ist nicht wahr, du hast Talent, ich versichere es dir, du hast es. Das sehe ich schon allein daran, wie du die Kunst im tiefsten Innern empfindest und verstehst. Das will ich dir aus deinem ganzen Leben beweisen. Du selbst hast mir von deinem früheren Leben erzählt. Auch damals hat dich unbewußt dieselbe Verzweiflung überkommen. Damals hat dein erster Lehrer, jener wunderliche Mensch, von dem du mir soviel erzählt hast, zuerst in dir die Liebe zur Kunst geweckt und dein Talent ans Licht gebracht. Du empfandest es damals ebenso stark und tief, wie du es jetzt empfindest. Aber du wußtest selbst nicht, was mit dir vorging. Du warst nicht gern im Haus des Gutsbesitzers, wußtest aber selbst nicht, was du wolltest. Dein Lehrer starb zu früh. Er ließ dich mit einem nur unklaren Streben zurück und erklärte dir vor allem nicht dein eigenes Ich. Du fühltest, daß du eine andere, geräumigere Straße brauchst, daß dir andere Ziele gesetzt sind, du verstandest aber nicht, wie du es anfangen mußtest, und in deinem Ärger begannst du deine ganze Umgebung zu hassen. Deine sechs Jahre der Armut und der Entbehrung sind nicht vergebens gewesen; du hast gearbeitet, hast nachgedacht, hast dich und deine Kraft einschätzen gelernt, verstehst jetzt etwas von Kunst und kennst deine Berufung. Mein Freund, Geduld und Mannhaftigkeit braucht man. Dich erwartet ein beneidenswerteres Schicksal als mich:

du bist hundertmal mehr Künstler als ich; aber möchte Gott dir auch nur den zehnten Teil meiner Ausdauer geben. Lerne, aber trinke nicht, wie dir einst dein wackerer Gutsbesitzer sagte, und – vor allem – fange noch einmal ganz von vorn an, mit dem Abc! Was quält dich eigentlich? Die Armut, die Entbehrung? Doch Armut und Entbehrung bilden den Künstler. Sie sind unlöslich mit seinen Anfängen verbunden. Es braucht dich noch niemand, niemand kennt und will dich; so ist der Lauf der Welt. Aber warte nur, es wird nicht lange dauern, dann wird die Welt wissen, welche Begabung in dir steckt. Neid, kleinliche Niedertracht und insbesondere die Dummheit werden noch stärker als die Armut auf dir lasten. Talent bedarf der Anteilnahme, will verstanden sein; und du wirst sehen, was für Leute dich umdrängen, sobald du auch nur ein wenig deinem Ziel näher kommst. Sie werden für nichts achten und mit Verachtung auf alles herabblicken, was du mit Mühsal, Entbehrungen, Hunger und schlaflosen Nächten erarbeitet hast. Sie werden dich nicht ermutigen, nicht trösten, deine zukünftigen Kameraden; sie werden dich nicht aufmerksam machen auf das, was gut und wahr an dir ist, sondern mit hämischer Freude jeden Fehler, den du machst, vermerken, besonders auf das hinweisen, was schlecht an dir ist, und unter dem Anschein der Kaltblütigkeit und der Verachtung dir gegenüber wie ein Fest jeden deiner Fehler – als ob es jemanden ohne Fehler gäbe – feiern. Du bist selbstbewußt, oft zur Unzeit hochmütig, kannst leicht einen eingebildeten Kerl beleidigen – und schon ist das Unglück da: du bist allein, ihrer sind viele. Sie werden dich mit ihren Nadelstichen quälen. Selbst ich fange an, dies zu erfahren. Aber laß dich nicht entmutigen! Du bist noch nicht so arm, du kannst leben, verachte niedrige Arbeit nicht. Hack Holz, wie ich es auf den Abendgesellschaften bei jenen armen Handwerksleuten getan habe. Aber du bist ungeduldig, bist krankhaft ungeduldig, du kannst nicht einfach sein, du klügelst zuviel, grübelst zuviel, mutest deinem Kopf zuviel Arbeit zu, bist mit Worten keck, aber feige, wenn du den Geigenbogen in die Hand nehmen sollst! Du bist selbstgefällig und besitzt zuwenig Tapferkeit. Also sei tapfer, warte, lerne, und wenn du nicht deiner eigenen Kraft traust, so gehe auf gut Glück voran. In dir steckt Feuer, steckt Gefühl. Vielleicht wirst du ans Ziel gelangen; wenn dir das aber nicht gelingt, so gehe trotzdem auf gut Glück los. Dabei kannst du in keinem Fall verlieren, während der Gewinn gewaltig groß sein wird. Ja, Bruder, unser ‚auf gut Glück' ist eine große Sache.«

Jefimow hörte seinem früheren Kameraden mit tiefem Empfinden zu. Doch je länger er zuhörte, um so mehr wich die Blässe auf seinen Wangen, sie röteten sich lebhaft, und in seinen Augen funkelte das ungewohnte Feuer des Mutes und der Hoffnung. Bald ging dieser edle Wagemut in Selbstbewußtsein über, dann in seine gewöhnliche Frechheit, und als schließlich B. mit seiner Ermahnung zu Ende war, hörte Jefimow nur noch zerstreut und ungeduldig zu. Gleichwohl drückte er ihm warm die Hand, bedankte sich, um dann mit dem bei ihm üblichen, unvermittelten Übergang von tiefster Zerknirschung und Selbsterniedrigung zu äußerster Selbstüberhebung und Unverschämtheit hochmütig zu erklären, sein Freund solle sich wegen seines Schicksals keine Sorgen machen, er wisse schon selbst, wie er sich sein Leben aufzubauen habe, zumal er in kurzer Zeit sich Gönner zu verschaffen und ein Konzert zu geben hoffe, und dann würden ihm auch Ruhm und Geld zu gleicher Zeit zufallen. B. zuckte die Achseln, widersprach aber seinem früheren Kameraden nicht, und sie schieden, wenn auch natürlich nicht für lange Zeit. Jefimow verjubelte sogleich das ihm gegebene Geld, bekam ein zweites, viertes, zehntes Mal wieder welches, bis schließlich B. die Geduld verlor und ihn nicht mehr vorließ. Von da an verlor er ihn ganz aus den Augen.

Einige Jahre waren vergangen. Eines Tages stieß B., als er von einer Probe nach Hause gehen wollte, in einer kleinen Gasse vor der Tür einer schmutzigen Kneipe mit einem schäbig gekleideten, betrunkenen Mann zusammen, der ihn bei seinem Namen rief. Es war Jefimow. Er hatte sich sehr verändert, sein Gesicht war gelb und aufgedunsen. Es war zu sehen, wie das regellose Leben ihm seinen unauslöschbaren Stempel aufgedrückt hatte. B. war außerordentlich erfreut und ließ sich, ehe sie noch zwei Worte miteinander hatten wechseln können, von ihm in die Kneipe hineinziehen. Dort betrachtete er in einem abgelegenen, kleinen, verräucherten Zimmer seinen Kameraden etwas näher. Er war fast mit Lumpen und schlechten Stiefeln bekleidet; das zerdrückte Vorhemd war mit Schnaps begossen. Seine Haare wurden grau und schütter.

»Wie geht es dir, wo bist du jetzt?« fragte B.

Jefimow war verlegen und anfangs sogar schüchtern und

gab so zusammenhanglose und stoßweise Antworten, daß B. schon glaubte, er hätte einen Verrückten vor sich. Endlich gestand Jefimow, daß er nicht sprechen könne, wenn man ihm keinen Schnaps gebe, und daß er in dieser Kneipe seit langem keinen Kredit mehr habe. Während er dies sagte, wurde er ganz rot, obwohl er sich mit kühnen Gesten zu ermutigen versuchte; es kam aber Widerliches, Gekünsteltes, Aufdringliches heraus, so daß alles sehr traurig war und in dem guten B. Mitleid erweckte, der sah, daß alle seine Befürchtungen sich erfüllt hatten. Gleichwohl ließ er Schnaps bringen. Jefimows Gesicht verwandelte sich vor Dankbarkeit, und er vergaß sich so weit, daß er mit Tränen in den Augen seinem Wohltäter die Hand küssen wollte. Nach dem Mittagessen erfuhr B. zu seinem größten Erstaunen, daß der Unglückliche verheiratet war. Noch größer war seine Verwunderung, als er vernahm, daß die Frau an seinem Unglück und Kummer schuld sei und die Heirat sein Talent völlig ertötet habe.

»Wieso das?« fragte B.

»Siehst du, Bruder, jetzt habe ich schon seit zwei Jahren die Geige nicht angerührt«, antwortete Jefimow. »Sie ist ein Weib, eine Köchin, eine ungebildete grobe Frau. Der Kuckuck soll sie holen ... Wir raufen nur, sonst tun wir überhaupt nichts.«

»Warum hast du sie dann geheiratet?«

»Ich hatte nichts zu essen; ich lernte sie kennen; sie besaß tausend Rubel: ich heiratete sie Hals über Kopf. Sie war bis über die Ohren in mich verliebt. Sie warf sich mir an den Hals. Der Teufel muß sie geritten haben! Das Geld wurde verlebt, vertrunken, Bruder – und was heißt Talent! Alles ist hin!«

B. sah sofort, daß Jefimow sich vor ihm zu rechtfertigen suchte.

»Ich habe alles hingeworfen, alles hingeworfen«, fügte er hinzu. Dann erklärte er ihm, daß er in der letzten Zeit schon fast die Vollendung auf der Geige erreicht habe, so daß selbst B., der doch einer der besten Geiger in der ganzen Stadt sei, ihm nicht die Schuhriemen auflösen könnte, wenn er es auch wollte.

»Wenn die Sache so stand«, sagte B. verwundert, »hättest du dir vielleicht eine Stelle suchen sollen!«

»Es lohnt sich nicht«, sagte Jefimow abwinkend. »Wer von euch versteht schon etwas! Was könnt ihr denn? Einen

Schmarren könnt ihr! Eine Tanzmelodie zu irgendeinem Ballett herunterfiedeln, das könnt ihr! Wirklich gute Geiger habt ihr nicht gesehen und nicht gehört! Was soll man sich mit euch verplempern! Bleibt ihr für euch, bleibt, wo ihr hingehört!«

Hier machte Jefimow von neuem eine abwehrende Handbewegung und schaukelte auf dem Stuhl, weil er schon erheblich betrunken war. Dann lud er B. ein, mit ihm in seine Wohnung zu kommen; der lehnte zunächst ab, ließ sich aber seine Adresse geben und versprach ihm, am nächsten Tag zu kommen. Jefimow, der nun indessen gesättigt war, sah seinen früheren Kameraden spöttisch an und versuchte auf alle mögliche Weise, ihn herauszufordern. Als sie aber aufbrachen, packte er B.s prächtigen Pelz und half ihm wie der Untergebene dem Vorgesetzten beim Anziehen. Als sie durch das vorderste Zimmer kamen, blieb er stehen und stellte B. dem Wirt und den Gästen als den ersten und einzigen Geiger der ganzen Hauptstadt vor. Mit einem Wort, er benahm sich in diesem Augenblick höchst schmutzig.

B. besuchte ihn wirklich am folgenden Morgen auf dem Dachboden, wo wir zu jener Zeit in äußerster Armut in einem Zimmer lebten. Ich war damals vier Jahre alt, und es war gerade zwei Jahre her, daß meine Mutter Jefimow geheiratet hatte. Sie war eine unglückliche Frau. Früher war sie Gouvernante gewesen, hatte eine ausgezeichnete Erziehung genossen und war ein hübsches Mädchen gewesen, hatte dann aber aus Armut einen alten Beamten, meinen Vater, geheiratet. Sie lebte mit ihm nur ein Jahr. Mein Vater starb plötzlich, die karge Erbschaft wurde unter seinen Erben geteilt, meine Mutter blieb mit mir allein zurück, mit einer kleinen Summe Geldes, die auf ihren Anteil gefallen war. Wieder Gouvernante zu werden, mit einem kleinen Kind auf den Armen, war schwer. Da traf sie durch irgendeinen Zufall mit Jefimow zusammen und verliebte sich aufrichtig in ihn. Sie war eine Schwärmerin, eine Träumerin, sah in Jefimow ein Genie und glaubte seinen hochtrabenden Redensarten von einer glänzenden Zukunft; ihrer Einbildungskraft schmeichelte das ruhmvolle Los, Stütze und Helferin eines genialen Menschen zu sein, und sie heiratete ihn. Doch nach dem ersten Monat ihrer Ehe zerrannen alle ihre Träume und Hoffnungen, und vor ihr stand die traurige Wirklichkeit. Jefimow, der vielleicht tatsächlich nur deshalb geheiratet hatte, weil meine Mutter tausend Rubel besaß, legte, sobald das Geld durchgebracht war, die Hände in den Schoß und erklärte jedem, der es hören wollte, als freute er sich über diesen Vorwand, daß die Ehe sein Talent erstickt habe, daß es ihm unmöglich sei, in einem dumpfen Zimmer, Aug in Auge mit der hungernden Familie zu arbeiten, daß hier Musik und Gesang nicht gedeihen könnten und daß ihm das Geschick schon bei der Geburt ein derartiges Unglück bestimmt habe. Es war, als glaubte er selbst an die Richtigkeit seiner Klagen und freute er sich über die neue Ausrede. Es schien, als suchte dieses unglückliche, verkommene Talent von sich aus nach einem äußeren Vorwand, auf den er alle Mißerfolge, alle Not abschieben könnte. Unmöglich aber war es für ihn, sich den schrecklichen Gedanken ganz zu eigen zu machen, daß er schon längst und für immer für die Kunst verloren sei. Krampfhaft kämpfte er gegen diese niederschmetternde Erkenntnis wie gegen einen quälenden Albdruck an, und als ihn schließlich doch die Wirklichkeit überwältigte, als ihm für Minuten die Augen aufgingen, da fühlte er, daß er nahe daran war, vor Entsetzen den Verstand zu verlieren. Er konnte sich nicht leicht von der Vorstellung losreißen, die so lange sein Leben ausgemacht hatte, und glaubte bis zum letzten Augenblick, daß es noch nicht zu spät sei. In Stunden des Zweifels ergab er sich dem Trunk, der seine Sinne umnebelte und seinen Kummer verscheuchte. Schließlich wußte er vielleicht selbst nicht, wie unentbehrlich ihm seine Frau damals war. Sie war eine lebende Ausrede, und tatsächlich hatte sich mein Stiefvater gewissermaßen in die fixe Idee verrannt, daß nach dem Tod seiner Frau, *die ihn zugrunde gerichtet hatte*, alles wieder in Ordnung kommen werde. Meine arme Mutter verstand ihn nicht. Als echte Träumerin konnte sie nicht den ersten Schritt der feindlichen Wirklichkeit ertragen. Sie wurde jähzornig, gallig, zanksüchtig und stritt sich alle Augenblicke mit ihrem Mann herum, der irgendwie ein Ergötzen daran fand, sie zu quälen und auf Arbeit zu schicken. Aber die Verblendung meines Stiefvaters, seine Zwangsvorstellungen und seine Verstiegenheit machten ihn nahezu gefühllos, unmenschlich. Er lachte nur und schwur, bis zum Tod seiner Frau nie mehr eine Geige in die Hand zu nehmen, was er ihr mit grausamer Offenherzigkeit erklärte. Meine Mutter, die ihn trotz allem bis zu ihrer Todesstunde leidenschaftlich liebte, hielt dieses Leben nicht aus. Sie war ständig krank, ständig leidend, lebte in ständiger Aufregung, und außer diesem ganzen Kummer fiel ihr allein noch die Sorge um die Ernährung der Familie zu. Sie fing an zu kochen und einen Mittagstisch für Passanten zu eröffnen, aber ihr Mann schleppte ihr heimlich alles Geld fort, und sie war oft gezwungen, ihren Kunden anstatt des bestellten Essens das Geschirr leer zurückzuschicken. Als B. uns besuchte, war sie gerade damit beschäftigt, Wäsche zu waschen und alte Kleider aufzufärben. Damit nämlich fristeten wir unser Dachstubenleben.

Die Armut unserer Familie entsetzte B.

»Höre, was du da sagst, ist alles Unsinn«, sagte er zu meinem Stiefvater. »Wer vernichtet hier dein Talent? Deine Frau ernährt dich, und was tust du?«

»Nichts!« antwortete mein Stiefvater.

Aber B. kannte noch nicht alle Nöte meiner Mutter. Oft brachte ihr Mann ganze Scharen verschiedener Bummler und Krakeeler nach Hause, und dann war erst recht die Hölle los.

B. sprach lange auf seinen ehemaligen Kameraden ein; schließlich erklärte er ihm, wenn er sich nicht bessern wolle, würde er ihm nicht mehr helfen; sagte ihm ohne Umschweife, daß er ihm deswegen kein Geld geben werde, weil er es doch nur vertrinke, und bat ihn schließlich, ihm etwas auf der Geige vorzuspielen, damit er sehen könne, wie ihm zu helfen sei. Als mein Stiefvater die Geige holen ging, wollte B. meiner Mutter heimlich Geld zustecken, aber sie nahm es nicht. Es wäre das erste Mal gewesen, daß sie eine Gabe angenommen hätte! Da gab B. es mir, und die unglückliche Frau zerfloß in Tränen. Mein Stiefvater brachte die Geige, aber bat zuvor um Schnaps, weil er sonst nicht spielen könne. Man ließ Wodka holen. Er trank und fing an, im Zimmer auf und ab zu gehen.

»Ich will dir aus Freundschaft etwas aus meinen eigenen Werken vorspielen«, sagte er zu B. und zog ein dickes verstaubtes Heft aus der Kommode hervor.

»Das habe ich alles selbst geschrieben«, fuhr er fort und zeigte dabei auf das Heft. »Du wirst schon sehen! Das, Bruder, ist nicht eure Ballettmusik.«

B. überflog schweigend einige Seiten; dann schlug er Noten auf, die er gerade bei sich hatte, und bat meinen Stiefvater, seine eigenen Werke beiseite zu lassen und etwas von dem, was er selbst mitgebracht hatte, zu spielen.

Mein Stiefvater war etwas beleidigt, da er aber befürchtete, den neuen Gönner zu verlieren, kam er der Aufforderung nach. B. sah sofort, daß sein früherer Kamerad tatsächlich während ihrer Trennung viel gearbeitet hatte und vorangekommen war, obgleich er damit prahlte, seit seiner Heirat kein Instrument in die Hand genommen zu haben. Man mußte die Freude meiner Mutter sehen. Sie blickte ihren Mann an und war wieder stolz auf ihn. Aufrichtig erfreut, beschloß der gutmütige B., meinen Stiefvater unterzubringen. Er hatte schon damals einflußreiche Verbindungen und begann sofort, seinen armen Kameraden zu empfehlen und anzupreisen, nachdem er ihm das Wort abgenommen hatte, daß er sich gut aufführen werde. Einstweilen kleidete er ihn auf seine Kosten gut ein und stellte ihn einigen berühmten Leuten vor, von denen der Posten abhing, den er ihm verschaffen wollte. Es stellte sich heraus, daß Jefimow nur mit Worten so stolz getan hatte, während er in Wirklichkeit die Vorschläge seines alten Freundes offenbar voller Freuden annahm. B. erzählte, er habe sich all der Schmeicheleien und kriecherischen Unterwürfigkeit geschämt, mit der mein Stiefvater ihn bei guter Laune zu halten versuchte aus Furcht, seine Protektion zu verlieren. Er begriff, daß man ihn wieder auf den rechten Weg bringen wollte, und hörte sogar auf zu trinken. Endlich verschaffte man ihm wirklich eine Stelle im Orchester eines Theaters. Er bestand die Prüfung gut, weil er in einem Monat emsigen Fleißes alles, was er in einundeinhalb Jahren des Nichtstuns vergessen hatte, wieder einholte. Er versprach, auch weiterhin tüchtig zu studieren und seinen neuen Obliegenheiten pünktlich und genau nachzukommen. Doch die Lage unserer Familie verbesserte sich keineswegs. Der Stiefvater gab der Mutter auch nicht eine Kopeke von seinem Gehalt, verbrauchte alles selbst, aß und trank gut mit seinen neuen Freunden, von denen sich alsbald ein ganzer Kreis zusammenfand. Er verkehrte hauptsächlich mit Theaterangestellten, Choristen, Statisten, kurz mit Leuten, unter denen er sich aufspielen konnte, ging aber Menschen von wirklichem Talent aus dem Weg. Es gelang ihm, sich unter seinesgleichen Hochachtung zu verschaffen, wobei er ihnen sogleich erklärte, ein verkannter Mensch zu sein, ein Mensch mit großem Talent, den seine Frau verderbe, während ihr Kapellmeister von Musik nichts verstünde. Er lachte über die Solisten des Orchesters, über die Wahl der inszenierten Stücke und schließlich über die Komponisten der gespielten Opern selbst. Zuletzt begann er, eine neue Musiktheorie aufzustellen, mit einem Wort, er machte sich beim ganzen Orchester verhaßt, überwarf sich mit seinen Kollegen und dem Kapellmeister, wurde gegen den Intendanten unverschämt und zog sich den Ruf eines besonders unruhigen, verbohrten und gleichzeitig unfähigen Menschen zu, bis er allen unerträglich wurde.

Und tatsächlich war es höchst merkwürdig zu sehen, wie ein so unbedeutender Mensch, ein so schlechter, nutzloser Angestellter und lustloser Musikant gleichzeitig mit so gewaltigen Ansprüchen, mit solchen Prahlereien und in einem so scharfen Ton auftreten konnte.

Es endete damit, daß mein Stiefvater sich mit B. stritt, sich eine erbärmliche Klatschgeschichte ausdachte und sie überall als augenfällige Wahrheit in Umlauf setzte. Nach halbjährigem unregelmäßigem Dienst wurde er wegen Unzuverlässigkeit und Trunksucht aus dem Orchester entlassen. Aber so schnell gab er seine Stelle nicht auf. Bald sah man ihn wieder in seinen früheren Lumpen, weil er seine guten Kleider schon wieder verkauft und versetzt hatte. Er suchte seine bisherigen Kollegen auf, ob sie einen solchen Gast nun gern sahen oder nicht, verbreitete allerhand Klatsch, schwatzte Unsinn, weinte über sein Leben und forderte alle auf, sein diebisches Weib anzuschauen. Natürlich fanden sich Zuhörer, es fanden sich auch Leute, die sich freuten, den fortgejagten Kollegen betrunken zu machen und ihn zu veranlassen, dummes Zeug zu reden. Bei alledem sprach er doch immer geistreich und scharfsinnig und durchsetzte seine Rede mit bissiger Galle und allerlei zynischen Bemerkungen, die einer gewissen Art von Zuhörern sehr behagten. Man behandelte ihn als schwachsinnigen Possenreißer, den man aus Übermut gern veranlaßt, Unsinn zu schwatzen. Man reizte ihn auch gern damit, daß man in seiner Gegenwart von irgendeinem neu zugereisten Geiger sprach. Wenn Jefimow so etwas hörte, verwandelte sich sein Gesichtsausdruck, er wurde kleinlaut, erkundigte sich, wer und welches Talent angekommen sei, und wurde sofort auf dessen Ruhm eifersüchtig. Wie es scheint, begann erst damals seine wirkliche, systematische Verrücktheit – die Zwangsvorstellung, er sei der erste Geiger, wenigstens in Petersburg, nur sei er vom Schicksal verfolgt und gedemütigt und infolge von mancherlei Intrigen unverstanden und unbekannt. Letzteres schmeichelte ihm sogar, denn es gibt Charaktere, die sich äußerst gern für gekränkt und unterdrückt halten, laut darüber sich beklagen oder im stillen sich damit trösten, indem sie sich vor ihrer eigenen verkannten Größe verneigen. Alle Petersburger Geiger kannte er sehr genau, und es gab seiner Meinung nach keinen unter ihnen, der sich mit ihm hätte messen können. Kenner und Dilettanten, welche die Gewohnheiten des unglücklichen Verrückten kannten, unterhielten sich gern in seiner Gegenwart über irgendeinen bekannten talentierten Geiger, um ihn zum Reden zu bringen. Sie liebten seine Bosheit, scharfen Bemerkungen, sachkundigen, treffenden Urteile, wenn er das Spiel seiner fingierten Nebenbuhler kritisierte. Oft verstand man ihn nicht, war jedoch überzeugt, daß niemand in der Welt es verstünde, so geschickt und scharf wie er die zeitgenössischen Musikgrößen zu karikieren. Sogar die Künstler selbst, über die er sich in dieser Weise lustig machte, fürchteten sich etwas vor ihm, weil sie seinen ätzenden Witz kannten, sich der Treffsicherheit seiner Angriffe bewußt waren und der Gerechtigkeit seines Urteils in allen Fällen, wo Tadel angebracht war. Allmählich gewöhnte man sich daran, ihn in den Gängen des Theaters und hinter den Kulissen zu sehen. Die Bediensteten ließen ihn ungehindert passieren, als wäre er eine unerläßliche Persönlichkeit, und er wurde eine Art Haus-Thersites.

Dieses Leben führte er zwei, drei Jahre; doch zu guter Letzt wurde er allen auch in dieser letzten Rolle über. Es folgte die formelle Vertreibung, und in den letzten zwei Jahren seines Lebens war mein Stiefvater wie vom Erdboden verschwunden. Man sah ihn nirgends mehr. B. freilich traf ihn zweimal, aber in so kläglichem Aufzug, daß sein Mitleid noch einmal über den Abscheu siegte. Er rief meinen Stiefvater an, der aber fühlte sich beleidigt, tat, als habe er nicht gehört, drückte seinen alten verbeulten Hut tief in die Augen und ging weiter. Schließlich wurde B. am Morgen eines hohen Feiertages gemeldet, daß sein früherer Kamerad Jefimow da sei, um zu gratulieren. B. ging zu ihm hinaus. Jefimow war betrunken, begann sich außerordentlich tief, fast bis auf den Erdboden zu verbeugen, bewegte etwas die Lippen und wollte durchaus nicht eintreten. Der Sinn dessen, was er durch sein Benehmen andeuten wollte, dürfte wohl gewesen sein, daß talentlose Leute »wie unsereiner mit einem so berühmten Mann, wie Sie einer sind«, nicht zu verkehren hätten. »Für uns kleine Leute genügt auch das Lakaienzimmer, um zum hohen Feiertag zu gratulieren! Wir verneigen uns und verschwinden wieder.« Kurz gesagt, sein Benehmen war schmierig, dumm und empörend widerlich. Dann bekam B. ihn sehr lange nicht zu sehen, bis zu jener Katastrophe, welche dies traurige, krankhafte, unklare Leben entschied. Sie vollzog sich auf seltsame Weise. Diese Katastrophe steht in engem Zusammenhang nicht nur mit den ersten Eindrücken meiner Kindheit, sondern auch mit meinem ganzen Leben und spielte sich folgendermaßen ab ... Doch zuvor muß ich erzählen, welcher Art meine Kindheit war und was in meinem Leben dieser Mensch zu bedeuten hatte, der quälend meine ersten Jugendeindrücke beherrschte und den Tod meiner armen Mutter verschuldete.

2

Ich beginne mich sehr spät zu erinnern, erst seit dem neunten Lebensjahr. Ich weiß nicht, wieso alles, was ich vor jenem Jahre erlebte, in mir keinen klaren Eindruck hinterließ, an den ich mich jetzt erinnern könnte. Aber von der Mitte meines neunten Lebensjahres an steht alles klar in meinem Gedächtnis, Tag für Tag, ohne Lücke, als hätte sich alles, was sich danach ereignete, erst gestern abgespielt. Freilich kann ich mich wie im Traum auf manches aus früherer Zeit besinnen: auf die ewig brennende Lampe bei dem alten Heiligenbild in der dunklen Ecke; dann darauf, wie mich einmal ein Pferd auf der Straße umstieß, weswegen ich, wie man mir später sagte, drei Monate lang krank lag; ferner darauf, wie ich während jener Krankheit eines Nachts an der Seite meiner Mutter, mit der ich zusammen schlief, erwachte, wie ich plötzlich in Angst geriet vor meinen krankhaften Träumen, der nächtlichen Stille und den in der Ecke nagenden Mäusen und vor Angst die ganze Nacht zitterte und mich unter der Bettdecke verkroch, es aber nicht wagte, die Mutter aufzuwecken, woraus ich den Schluß ziehe, daß ich sie mehr als die Angst fürchtete. Doch von jener Minute an, da ich plötzlich zum Bewußtsein meiner selbst kam, entwickelte ich mich unerwartet schnell, und viele völlig unkindliche Dinge wurden für mich schrecklich verständlich. Alles lag klar vor mir, alles begriff ich außerordentlich schnell. Die Zeit, mit der meine klaren Erinnerungen einsetzen, hinterließ in mir scharfe und traurige Eindrücke; diese Eindrücke wiederholten sich dann jeden Tag und wurden jeden Tag stärker; sie warfen ein dunkles und seltsames Kolorit auf das ganze Leben, auf die ganze Zeit meines Lebens bei den Eltern und damit auf meine ganze Kindheit.

Jetzt scheint mir, daß ich damals plötzlich wie aus einem tiefen Traum erwachte, wiewohl es natürlich damals nichts Verwunderliches für mich hatte. Ich befand mich plötzlich in einem großen, stickigen und unsauberen Zimmer mit niederer Decke. Die Wände waren mit schmutziggrauer Farbe gestrichen; in der Ecke stand ein riesiger russischer Ofen; die Fenster gingen auf die Straße hinaus oder, besser gesagt, auf das Dach des gegenüberliegenden Hauses und waren niedrig, breit wie Luken. Die Fensterbretter waren so weit vom Fußboden entfernt, daß ich, wie ich mich erinnere, einen Stuhl oder eine Bank hinschieben mußte, ehe ich zum Fensterbrett gelangen konnte, auf dem ich gern saß, wenn niemand zu Hause war. Von unserer Wohnung aus konnte man die halbe Stadt sehen; wir wohnten unter dem Dach in einer sechsstöckigen Mietskaserne. Unser ganzes Mobiliar bestand aus den Resten eines mit Wachstuch bezogenen Diwans, der verstaubt und abgenutzt war, aus einem einfachen weißen Tisch, zwei Stühlen, dem Bett meiner Mutter, einem Schränkchen in der Ecke, einer Kommode, die ständig schief stand, und einem zerrissenen papiernen Bettschirm.

Ich erinnere mich, daß es dämmerte; alles war in Unordnung und lag durcheinander: Bürsten, Lappen, unser hölzernes Geschirr, eine zerbrochene Flasche, ich weiß nicht, was sonst noch alles. Ich erinnere mich, daß meine Mutter sehr erregt war und über irgend etwas weinte. Mein Stiefvater saß in der Ecke in seinem zerrissenen Rock, den er immer trug. Er gab ihr eine höhnische Antwort, die sie noch mehr aufbrachte, und dann flogen wieder Bürsten und Geschirr auf den Boden. Ich fing an zu weinen und zu schreien und stürzte auf beide zu. Ich war in schrecklicher Angst und umschlang meinen Vater, um ihn zu beschützen. Gott weiß, weshalb es mir schien, daß meine Mutter ihm umsonst zürnte und er unschuldig war. Ich wollte sie um Verzeihung für ihn bitten, um seinetwillen jede beliebige Strafe auf mich nehmen. Ich hatte eine entsetzliche Angst vor meiner Mutter und nahm an, daß auch alle anderen Menschen sich so vor ihr fürchteten. Meine Mutter war anfangs überrascht, dann nahm sie mich bei der Hand und zog mich hinter den Bettschirm. Ich stieß mit dem Arm ziemlich schmerzhaft ans Bett; doch die Angst war größer als der Schmerz, und ich verzog nicht einmal das Gesicht. Ich erinnere mich noch, daß die Mutter in bitterem, heftigem Ton meinem Vater etwas zurief (ich werde ihn von jetzt ab in dieser Erzählung als meinen Vater bezeichnen, weil ich erst viel später erfuhr, daß er nicht mein leiblicher Vater war) und dabei auf mich zeigte. Diese ganze Szene dauerte etwa zwei Stunden; und ich bemühte mich, zitternd vor Erwartung, mit allen Kräften zu erfahren, wie alles ausgehen würde. Schließlich verstummte der Streit, und meine Mutter ging irgendwohin. Da rief mich mein Vater zu sich, küßte mich, streichelte mir den Kopf, setzte mich auf seine Knie, und ich lehnte mich fest und zärtlich an seine Brust. Das war wohl die erste Liebkosung des Vaters; vielleicht erinnere ich mich gerade seit dieser Zeit so genau an alles. Ich empfand auch, wie ich mir die Freundlichkeit meines Vaters dadurch verdient hatte, daß ich für ihn eingetreten war, und da kam mir wahrscheinlich auch zum erstenmal der Gedanke, daß er viel Kummer von meiner Mutter zu erleiden und zu erdulden habe. Seitdem haftete dieser Gedanke für immer in meiner Seele und erregte mich mit jedem Tag mehr.

In jener Minute erwachte in mir eine grenzenlose Liebe zu meinem Vater, aber eine absonderliche, gleichsam unkindliche Liebe. Ich kann sagen, daß es eher ein mitleidiges, *mütterliches* Gefühl war, wenn eine solche Bezeichnung meiner Liebe für ein Kind nicht etwas lächerlich wäre. Mein Vater kam mir so bemitleidenswert, so unter Verfolgungen leidend, so bedrückt, so schwer geprüft vor, daß es mir als etwas Unverständliches, Unnatürliches vorgekommen wäre, hätte ich ihn nicht bis zur Sinnlosigkeit zu lieben, zu trösten, zu umschmeicheln und ihn aus allen Kräften zu unterstützen. Aber noch heute kann ich nicht verstehen, wie es mir in den Kopf kommen konnte, daß mein Vater ein solcher Lazarus und der unglücklichste Mensch auf der Welt sein könnte! Wer hatte mir das aufgedrängt? Wie hätte ich als Kind überhaupt sein persönliches Mißgeschick richtig verstehen können? Und doch verstand ich es, wenn ich mir auch alles in meiner Phantasie umdeutete; aber bis heute kann ich mir nicht vorstellen, wie dieser Eindruck in mir entstand. Vielleicht war meine Mutter zu streng gegen mich, und ich wandte mich deshalb meinem Vater zu, als einem Wesen, das nach meiner Meinung mit mir gleichzeitig zu leiden hatte.

Ich erzählte schon von meinem ersten Erwachen aus den kindlichen Träumen und von meiner ersten Regung im Leben. Mein Herz war gleich vom ersten Augenblick an verletzt worden, und mit unaufhaltsamer, reißender Schnelligkeit begann meine Entwicklung. Ich konnte mich nicht mehr mit äußeren Eindrücken abfinden. Ich begann nachzudenken, zu grübeln, zu beobachten; aber diese Beobachtung setzte so unnatürlich früh ein, daß meine Einbildungskraft alles auf ihre eigene Art umsetzen mußte und ich mich plötzlich in einer besonderen Welt befand. Alles um mich herum fing an, jenem Zaubermärchen zu gleichen, das mein Vater mir oft erzählt hatte und das ich damals nicht umhinkonnte als lautere Wahrheit hinzunehmen. Es entstanden seltsame Begriffe. Ich erkannte sehr wohl, wußte aber nicht, wie es geschah, daß ich in einer recht merkwürdigen Familie lebte und daß meine Eltern in keiner Weise jenen Leuten ähnlich waren, wie ich sie damals gelegentlich traf. Weshalb, dachte ich, weshalb sehe ich andere Leute, die schon äußerlich anders als meine Eltern sind? Weshalb bemerkte ich auf den Gesichtern anderer Leute fröhliches Lachen, und weshalb bedrückte es mich, daß in unserem Winkel niemand lachte oder fröhlich war? Welche Kraft, welche Ursache veranlaßte mich, ein neunjähriges Kind, so aufmerksam jedes Wort jener Leute zu beachten und wahrzunehmen, die ich zufällig bei uns auf der Treppe oder auf der Straße traf, wenn ich abends, meine Lumpen mit dem alten Umhang der Mutter bedeckend, in irgendeinen Laden ging, um für ein paar Kupfermünzen Zucker, Tee oder Brot einzukaufen? Ich verstand und weiß doch nicht wie, daß in unserem Winkel ein steter, unerträglicher Kummer herrschte. Ich zerbrach mir den Kopf, um zu erraten, warum das so sei, und weiß nicht, wer mir half, dies Rätsel auf meine Art zu lösen. Ich gab meiner Mutter die Schuld, hielt sie für den bösen Geist meines Vaters und kann nur wieder sagen: Ich verstehe nicht, wie eine so ungeheuerliche Vorstellung in meinem Hirn entstehen konnte. Und je mehr ich mich an den Vater anschloß, desto mehr haßte ich meine Mutter. Noch heute bereitet mir die Erinnerung daran tiefen, heißen Schmerz. Aber da war noch ein anderer Fall, der mehr noch als der erste meine seltsame Zuneigung zu meinem Vater entwickelte. Einmal schickte mich meine Mutter in der zehnten Abendstunde in ein Geschäft, um Hefe zu kaufen, während mein Vater nicht daheim war. Auf dem Rückweg fiel ich auf der Straße hin und verschüttete alles, was im Töpfchen war. Mein erster Gedanke war, wie böse meine Mutter darüber werden würde! Gleichzeitig fühlte ich einen entsetzlichen Schmerz im linken Arm und vermochte nicht, mich zu erheben. Die Leute blieben um mich herum stehen; eine alte Frau wollte mich aufrichten, aber ein vorübergehender Knabe schlug mich mit einem Schlüssel auf den Kopf. Schließlich brachte man mich wieder auf die Beine, ich klaubte die Scherben des zerbrochnen Topfes zusammen und ging schwankend weiter, wobei ich mich kaum auf den Füßen halten konnte. Plötzlich erblickte ich meinen Vater. Er stand inmitten einer Menschenmenge vor einem eleganten Haus, das dem unsrigen gegenüberlag. Dieses Haus gehörte hochstehenden Leuten und war festlich erleuchtet; an der Freitreppe fuhren viele Equipagen vor, und durch die Fenster drang Musik auf die Straße. Ich zog meinen Vater am Rockschoß, zeigte ihm weinend den zerbrochenen Topf und sagte, daß ich mich vor der Mutter fürchtete. Ich war überzeugt, daß er sich meiner annehmen werde. Aber weshalb war ich überzeugt, wer hatte es mir beigebracht, wer hatte mich gelehrt, daß er mich mehr liebte als meine Mutter? Warum näherte ich mich ihm ohne Furcht? Er nahm mich bei der Hand, fing an mich zu trösten, sagte dann, daß er mir etwas zeigen wolle, und hob mich auf seine Arme. Ich konnte nichts sehen, weil er mich an dem verwundeten Arm gepackt hatte und es mir schrecklich weh tat; aber ich schrie nicht, aus Furcht, ihn zu erzürnen. Er fragte mich fortwährend, ob ich etwas sähe. Ich bemühte mich, ihm entgegenkommend zu antworten, und sagte, ich sähe rote Vorhänge. Als er mich aber auf die andere Seite der Straße hinübertragen wollte, näher an das Haus heran, da fing ich plötzlich – ich weiß nicht warum – an zu weinen, schlang meinen Arm um ihn und bat ihn, mich schnell zur Mutter zu bringen. Ich erinnere mich, daß damals die Liebkosungen meines Vaters etwas Bedrückendes für mich hatten, und ich konnte es nicht ertragen, daß die eine von den beiden Personen, die ich so gern lieben wollte, freundlich und liebevoll zu mir war, während ich zu der anderen nicht hinzugehen wagte und mich vor ihr fürchtete. Aber meine Mutter ärgerte sich fast nicht und schickte mich schlafen. Ich erinnere mich, daß der Schmerz im Arm immer heftiger wurde und daß ich zuletzt stark fieberte. Aber ich war überglücklich bei dem Gedanken, daß alles noch einmal so gut abgelaufen war, und diese ganze Nacht träumte ich von dem Nachbarhaus mit den roten Vorhängen.

Als ich dann am nächsten Tag erwachte, war mein erster Gedanke und meine erste Sorge das Haus mit den roten Vorhängen. Kaum war meine Mutter zur Tür hinaus, kletterte ich auf das Fensterbrett und begann das Haus zu betrachten. Schon lange hatte dieses Haus meine kindliche Neugier erregt. Besonders gern betrachtete ich es am Abend, wenn in der Straße die Lichter angezündet wurden und wie Purpur hinter den gewaltigen Fensterscheiben des hellerleuchteten Hauses die Gardinen mit einem blutroten Schein zu leuchten begannen. Vor der Auffahrt fuhren fast immer prächtige Equipagen mit herrlichen, stolzen Pferden vor, und alles erregte meine lebhafteste Aufmerksamkeit: das Geschrei, das Hin und Her an der Auffahrt und die farbigen Laternen der Wagen mit den geputzten Damen, die angefahren kamen. Alles nahm in meiner kindlichen Vorstellung etwas königlich Prächtiges und märchenhaft Zauberisches an. Jetzt gar, nachdem ich meinen Vater vor dem fremden Haus getroffen hatte, wurde dieses für mich doppelt wunderbar und interessant. Jetzt entstanden in meiner gereizten Phantasie seltsame Begriffe und Vorstellungen. Ich wundere mich auch nicht, daß ich unter so seltsamen Leuten, wie mein Vater und meine Mutter es waren, selbst zu einem merkwürdigen, phantastischen Kind wurde. Mir fiel besonders der Gegensatz zwischen ihren beiden Charakteren auf. Mich bewegte zum Beispiel der Gedanke, daß sich die Mutter ständig mit unserer armseligen Wirtschaft abmühte und plagte und dem Vater stets vorhielt, daß auf ihren Schultern allein die ganze Last liege, und ich legte mir unwillkürlich die Frage vor: Warum hilft der Vater ihr gar nicht, warum lebt er wie ein Fremder in unserem Haus? Einige Worte der Mutter halfen meinem Verständnis nach, und ich erfuhr zu meiner Verwunderung, daß mein Vater ein Künstler (dieses Wort behielt ich im Gedächtnis), ein Mensch mit Talent sei, und in meiner Phantasie entstand gleich die Vorstellung, daß ein Künstler ein ganz besonderer Mensch sei, ganz unähnlich anderen Leuten. Vielleicht hatte gerade das Benehmen meines Vaters mich auf diese Gedanken gebracht; vielleicht hatte ich auch etwas gehört, was meinem Gedächtnis entfallen ist; jedenfalls verstand ich seltsamerweise den Sinn einer Äußerung meines Vaters, die er einmal in meiner Gegenwart mit besonderem Nachdruck tat. Diese Worte besagten, daß die Zeit kommen werde, wo auch er nicht mehr in Armut leben, sondern vielmehr selbst ein vornehmer und reicher Herr sein werde und daß er schließlich neu aufleben werde, wenn die Mutter tot sei. Ich erinnere mich noch, wie entsetzt ich zunächst über diese Worte war. Ich konnte es im Zimmer nicht aushalten, sondern lief auf unseren kalten Flur hinaus, stützte mich dort mit den Ellenbogen auf das Fensterbrett, verbarg das Gesicht in meinen Händen und begann zu schluchzen. Als ich dann aber eine Weile über das Ganze nachgedacht und mich an den entsetzlichen Wunsch meines Vaters gewöhnt hatte, kam mir plötzlich meine Phantasie zu Hilfe. Ich konnte mich einfach nicht lange mit etwas Unbekanntem herumquälen und mußte unbedingt bald zu irgendeiner Klarheit kommen. Und siehe da – ich weiß nicht, wie es ursprünglich begann, aber zu guter Letzt blieb ich dabei, daß mein Vater, wenn meine Mutter tot sei, dieses erbärmliche Quartier verlassen und mit mir woanders hinziehen würde. Wohin aber, davon konnte ich mir bis zuletzt keine deutliche Vorstellung machen. Ich weiß nur, daß alles, womit ich unseren zukünftigen Aufenthaltsort verschönern könnte (ich war überzeugt, daß wir beide zusammen fortgehen würden), daß alles Glänzende, Prunkvolle, Prächtige, was meine Phantasie sich nur vorstellen konnte, in diesen Träumen verwirklicht wurde. Mir schien, daß wir sofort reich sein würden; ich würde dann nicht mehr zum Einkaufen in die Läden geschickt werden, was mir sehr schwerfiel, weil mich jedesmal die Kinder aus dem Nachbarhaus hänselten, wenn ich auf die Straße kam, und davor fürchtete ich mich schrecklich, besonders wenn ich Milch oder Öl trug, denn ich wußte, daß es mir schlecht ergehen würde, wenn ich etwas verschüttete. Ferner stand in meinen Träumen fest, daß mein Vater sich sogleich schöne Kleider bestellen, daß wir in ein prächtiges Haus ziehen würden – und da kam nun jenes reiche Haus mit den roten Vorhängen und mein Zusammentreffen mit dem Vater eben vor jenem Haus, dessen Herrlichkeit er mir zeigen wollte, meiner Phantasie zu Hilfe. Und damit hatte sich in meinen Zukunftsplänen zusammengereimt, daß wir miteinander in jenes Haus ziehen, in einem ewigen Feiertag und in einer ewigen Seligkeit leben würden. Seitdem blickte ich abends mit gespannter

Neugier vom Fenster auf dies für mich so zauberhafte Haus, erinnerte mich der Auffahrt der Equipagen, erinnerte mich der Gäste, die so prächtig gekleidet waren, wie ich es noch nie gesehen hatte; ich hörte die Klänge der lieblichen Musik wieder, die ich damals vernommen hatte; ich betrachtete die Schatten der Menschen, die hinter den verhängten Fenstern vorbeihuschten, ich versuchte zu erraten, was dort vor sich ging – und stets schien es mir, daß dort das Paradies und ewiger Festtag sei. Ich haßte unsere armselige Wohnung, die Lumpen, in denen ich umherlief, und als mich die Mutter einmal ausschalt und mir befahl, vom Fenster wegzugehen, auf das ich mich wieder einmal gesetzt hatte, schoß mir plötzlich durch den Kopf, daß sie mein Hinstarren auf das Haus deshalb nicht wünschte, weil ihr unser zukünftiges Glück unangenehm sei und sie es uns nicht gönne ... Den ganzen Abend über beobachtete ich meine Mutter aufmerksam und mißtrauisch.

Wie konnte nur in mir eine solche Erbitterung gegen ein ewig leidendes Wesen wie meine Mutter entstehen! Erst jetzt verstehe ich ihr entbehrungsreiches Leben und kann ohne Leid im Herzen nicht an diese Märtyrerin denken. Selbst damals in jener dunklen Epoche meiner seltsamen Kindheit, in der Epoche der unnatürlichen Entwicklung meines ersten Lebens krampfte sich oft mein Herz vor Schmerz und Mitleid zusammen – und Unruhe, Verwirrung und Zweifel ergriffen meine Seele. Schon damals regte sich in mir das Gewissen, und oft empfand ich voll Pein und Qual die Ungerechtigkeit gegen meine Mutter. Wir waren nun aber einander fremd geworden, und ich erinnere mich nicht, daß ich sie auch nur einmal gestreichelt hätte. Jetzt erlebe ich es oft, daß die unbedeutendsten Erinnerungen meine Seele verwunden und erschüttern. Einmal, erinnere ich mich (freilich ist das, was ich jetzt erzählen will, kleinlich, nichtig, unbedeutend, aber gerade derartige Erinnerungen quälen mich in besonderer Weise und haben sich peinigender als alles andere meinem Gedächtnis eingeprägt), eines Abends also, da mein Vater nicht zu Hause war, wollte mich meine Mutter ins Geschäft schicken, um Tee und Zucker zu kaufen; aber sie überlegte und konnte sich nicht entschließen und zählte laut die Kupfermünzen – die karge Summe, über die sie verfügte. Sie zählte, glaube ich, schon eine halbe Stunde und kam doch nicht zu Ende damit, zumal sie damals öfters, wohl aus Kummer, für einige

Minuten in einen Zustand der Denkunfähigkeit verfiel. Dann sprach sie immer, erinnere ich mich, vor sich hin und zählte leise und gemessen, als spräche sie unbewußt; Lippen und Wangen waren blaß, die Hände zitterten ständig, und sie wiegte ständig den Kopf, als wäre sie allein.

»Nein, es ist nicht nötig!« sagte sie und sah mich an. »Ich werde mich lieber schlafen legen. Und du? Gehst du auch schlafen, Netotschka?«

Ich schwieg; da hob sie meinen Kopf hoch und sah mich so ruhig, so freundlich an, ihr Gesicht strahlte und leuchtete von einem so mütterlichen Lächeln, daß mir das Herz weh tat und heftig zu schlagen begann. Außerdem hatte sie mich Netotschka genannt, was bedeutete, daß sie mich in diesem Augenblick sehr liebhatte. Diese Beziehung hatte sie nämlich selbst durch die zärtliche Verkleinerung meines Namens Anna zu Netotschka gebildet, und wenn sie mich so nannte, so bedeutete das, daß sie zärtlich sein wollte. Ich war gerührt, wollte sie gern umarmen, mich an sie schmiegen und mit ihr zusammen weinen. Da streichelte mir die Ärmste lange den Kopf – vielleicht schon ganz mechanisch, ohne daran zu denken, daß sie mich überhaupt liebkoste, und wiederholte immer nur: »Mein liebes Kind, Annette, Netotschka!« Die Tränen traten mir in die Augen, aber ich beherrschte mich und hielt mich zurück. Ich weigerte mich, ihr meine Gefühle zu zeigen, obgleich sie darunter litt. Ja, das konnte keine natürliche Verhärtung sein. Sie konnte mich nicht lediglich dadurch gegen sich aufgebracht haben, daß sie streng zu mir war. Nein! Mich hatte die phantastische, exklusive Liebe zu meinem Vater verdorben. Manchmal wachte ich mitten in der Nacht auf meiner Lagerstatt im Winkel unter der kalten Decke auf meiner kurzen Unterlage auf, und dann wurde mir immer ganz unheimlich zumute. Im Halbschlaf dachte ich daran, wie ich noch unlängst, als ich kleiner war, mit meiner Mutter zusammen geschlafen und mich weniger gefürchtet hatte, wenn ich in der Nacht aufwachte; ich brauchte mich dann nur an sie zu schmiegen, die Augen zu schließen, sie fest zu umarmen, um dann sofort wieder einzuschlafen. Trotz allem fühlte ich, daß ich nicht anders konnte als sie im stillen lieben. Später bemerkte ich, daß viele Kinder unnatürlich gefühllos sind und, wenn sie jemand lieben, diesen ausschließlich lieben. So war es auch mit mir.

Manchmal herrschte in unserem Winkel wochenlang

Totenstille. Meine Eltern waren es müde geworden, sich zu zanken, und ich lebte dann zwischen ihnen wie früher, immer schweigsam, immer nachdenklich, immer gedrückt und ständig in meinen Träumen nach etwas Unbekanntem verlangend. Wenn ich die beiden aufmerksam betrachtete, verstand ich durchaus ihr Verhältnis zueinander; ich verstand ihre dumpfe, ständige Feindschaft, verstand ihren Kummer und den ganzen Bodensatz des unordentlichen Lebens, der sich in unserem Winkel eingenistet hatte. Freilich verstand ich nicht das Verhältnis von Ursache und Wirkung, sondern verstand nur insoweit, als ich überhaupt begreifen konnte. Wenn ich an langen Winterabenden in irgendeiner Ecke hockte, beobachtete ich stundenlang gierig meine Eltern, betrachtete aufmerksam das Gesicht meines Vaters und bemühte mich zu erraten, woran er wohl dachte und was ihn so beschäftigte. Dann wieder überraschte und erschreckte mich die Mutter. Sie ging, ohne müde zu werden, stundenlang im Zimmer hin und her, oft sogar des Nachts, wenn ihre Schlaflosigkeit sie quälte, ging vor sich hinmurmelnd auf und ab, als wäre sie nur allein im Zimmer, warf bald die Arme umher, kreuzte sie bald über der Brust, rang bald die Hände vor entsetzlichem, nie endenwollendem Leid. Manchmal flossen ihr die Tränen über das Gesicht, Tränen, deren sie sich oft wohl selbst nicht bewußt war, da sie zeitweilig selbstvergessen vor sich hinstarrte. Sie litt an einer sehr schweren Krankheit, die sie aber völlig vernachlässigte.

Ich erinnere mich, daß mir meine Einsamkeit und meine Schweigsamkeit, die ich nicht zu brechen wagte, immer schwerer fielen. Schon ein ganzes Jahr lebte ich dieses Leben, dachte nach, träumte und quälte mich im stillen mit unbekannten, unklaren Plänen, die oft im Nu in mir hochgeschossen. Ich wurde scheu wie das Wild im Wald. Endlich bemerkte es mein Vater, rief mich zu sich und fragte, warum ich ihn so unverwandt ansähe. Ich weiß nicht mehr, was ich antwortete, ich erinnere mich aber, daß er über etwas nachdachte, mich ansah und sagte, er werde am nächsten Tag eine Fibel mitbringen und mir das Lesen beibringen. Ich erwartete diese Fibel ungeduldig und träumte die ganze Nacht davon, obwohl ich nur recht unklar wußte, was eine Fibel ist. Am anderen Tag endlich fing mein Vater tatsächlich an, mich zu unterrichten. Nach wenigen Worten schon wußte ich, worauf es ankam, ich lernte rasch und leicht, da ich wußte, daß ihm das lieb war. Dies war die glücklichste Zeit meines damaligen Lebens. Wenn er mich wegen meiner Auffassungsgabe lobte, mich streichelte und küßte, fing ich sofort vor Entzücken an zu weinen. Allmählich gewann mich mein Vater lieb; ich wagte es schon, mit ihm zu sprechen, und oft verplauderte ich mit ihm ganze Stunden, ohne müde zu werden, obgleich ich manchmal nicht ein Wort von dem, was er zu mir sagte, verstand; denn andererseits früchtete ich ihn auch, fürchtete, er möchte denken, daß ich mich bei ihm langweilte, und darum bemühte ich mich aus allen Kräften, ihm zu zeigen, daß ich alles verstünde. Schließlich wurde es ihm zur Gewohnheit, sich abends mit mir hinzusetzen. Sobald es anfing zu dämmern und er nach Hause kam, ging ich sogleich mit meiner Fibel zu ihm. Er setzte sich mir gegenüber auf eine Bank und las mir nach der Stunde aus einem Büchlein vor. Ich verstand nicht, was er las, lachte aber unaufhörlich, weil ich dachte, ihm dadurch eine große Freude zu bereiten. Tatsächlich gewann ich ihn dadurch für mich, und es stimmte ihn heiter, mich lachen zu sehen. Zu jener Zeit fing er eines Tages nach der Stunde an, mir ein Märchen zu erzählen. Es war das erste Märchen, das ich zu hören bekam. Ich saß wie verzaubert da, brannte vor Ungeduld, während ich der Erzählung folgte, wähnte mich beim Zuhören im Paradies und war am Ende der Erzählung außer mir vor Entzücken. Nicht, daß das Märchen auf mich gewirkt hätte – nein, aber ich hielt es für die Wirklichkeit und ließ meiner üppigen Phantasie die Zügel schießen und vermengte sofort Wahrheit und Dichtung. Sofort erschien auch in meiner Einbildung das Haus mit den roten Vorhängen; ferner – unbegreiflich, auf welche Weise – erschienen als handelnde Personen sowohl der Vater, der mir selbst das Märchen erzählt hatte, als auch die Mutter, die uns beide hindern wollte, in eine unbekannte Ferne zu ziehen; und schließlich, oder besser gesagt, vor allen Dingen war auch ich da mit meinen wunderbaren Träumen und meinem phantastischen Kopf voll wilder, unmöglicher Spukgebilde – und dies alles vermischte sich in meinem Geist so, daß bald ein unentwirrbares Chaos herrschte und ich für einige Zeit jeden Halt und jedes Gefühl für das Wirkliche und Tatsächliche verlor und in irgendeiner anderen Welt lebte. Damals starb ich schier vor Ungeduld, mit meinem Vater von dem zu sprechen, was uns später erwarte, was er selbst erhoffe und wohin er uns beide führen werde, wenn wir endlich unsere Dachkammer verließen. Ich war meinerseits davon überzeugt, daß alles sehr bald geschehen würde, doch wie und in welcher Form es geschehen würde, das wußte ich nicht und quälte mich nur selbst, während ich mir darüber den Kopf zerbrach. Manchmal – und zwar meistens abends – schien es mir, daß mein Vater mir sogleich verstohlen zublinzeln und mich auf den Flur hinausführen würde; dann wollte ich wie beiläufig, ungesehen von der Mutter, meine Fibel und unser Bild, einen kümmerlichen Steindruck, der seit undenklichen Zeiten ohne Rahmen an der Wand hing und den ich auf alle Fälle mitzunehmen beschlossen hatte, zu mir stecken; mein Vater und ich würden dann in aller Stille irgendwohin entfliehen, so daß wir nie mehr nach Hause zur Mutter zurückkehren würden. Einmal, als die Mutter nicht zu Hause war, nützte ich einen Augenblick, als der Vater besonders lustig war – und das war meist der Fall, wenn er etwas getrunken hatte –, ging auf ihn zu und begann mit ihm zu reden in der Absicht, die Rede auf mein heiligstes Thema zu bringen. Endlich erreichte ich, daß er lachte; ich umarmte ihn fest und begann mit zitterndem Herzen und voller Angst, als wollte ich von irgend etwas Geheimnisvollem und Entsetzlichem reden, zusammenhanglos und mich ständig verheddernd zu fragen, wohin wir gehen würden und wann schon, was wir mitnehmen, wie wir leben würden, und zu guter Letzt, ob wir in das Haus mit den roten Vorhängen ziehen würden.

»Ein Haus? Rote Vorhänge? Was ist das? Was faselst du da, du Dumme?«

Noch mehr verwirrt als vorher fing ich an, ihm die Sache zu erklären, daß wir beide, wenn die Mutter stürbe, nicht mehr auf dem Dachboden leben würden, daß er mich dann irgendwohin führen würde, wo wir beide reich und glücklich sein sollten; und ich versicherte ihm, daß er mir dies alles versprochen habe. Als ich ihm das versicherte, war ich selber fest davon überzeugt, daß mein Vater tatsächlich früher von alledem gesprochen habe, jedenfalls schien es mir so.

»Die Mutter? Tot? Wenn die Mutter stirbt?« erwiderte er, wobei er mich erstaunt ansah, seine dichten, schon ergrauenden Augenbrauen zusammenzog und sein Gesicht etwas veränderte. »Was redest du, Armes, Dummes . . .«

Und er begann mich zu schelten und redete mir lange zu,

daß ich dumm sei und nichts verstünde ... und ich weiß nicht, was er noch alles sagte, jedenfalls war er sehr ärgerlich.

Ich verstand kein Wort von seinen Vorwürfen, verstand nicht, wie schmerzlich es für ihn sein mußte, daß ich seinen Worten gelauscht, die er der Mutter im Zorn und aus tiefster Sehnsucht zugerufen, sie mir gemerkt und soviel über sie nachgedacht hatte. Wie er damals auch schon sein mochte, wie stark auch seine eigenen Phantastereien sein mochten – nichtsdestoweniger: dies alles mußte ihn aufregen. Obgleich ich überhaupt nicht verstand, weswegen er so böse war, wurde mir doch schwer und bang zumute; ich begann zu weinen; alles, was uns erwartete, kam mir so wichtig vor, daß ich – ein dummes Kind – es nicht hätte wagen dürfen, davon zu sprechen oder darüber nachzudenken. Außerdem fühlte ich, obgleich ich keines seiner Worte verstand, doch dunkel, daß ich meine Mutter beleidigt hatte. Furcht und Entsetzen überfielen mich, und Zweifel schlichen sich in meine Seele. Als er nun sah, daß ich weinte und mich quälte, begann er mich zu trösten, trocknete mir mit dem Ärmel die Tränen ab und befahl mir, nicht zu weinen. Aber wir blieben noch eine ganze Zeit schweigend sitzen; er blickte finster drein und schien über etwas nachzudenken, dann fing er von neuem an, mit mir zu reden; aber wie sehr ich auch meine Aufmerksamkeit anstrengte, blieb mir doch alles, was er sagte, völlig unverständlich. Aus einigen Worten dieser Unterredung, die ich bis heute im Gedächtnis behalten habe, schließe ich, daß er mir erklärte, wer er eigentlich sei, was für ein großer Künstler, wie niemand ihn verstehe und welch hervorragendes Talent er sei. Ich erinnere mich noch, daß er mich fragte, ob ich verstanden hätte, und daß er, als er natürlich eine bejahende Antwort erhalten, fragte, ob er Talent habe. Als ich erwiderte, daß er Talent habe, lächelte er leise, weil es ihm wohl selber komisch vorkam, daß er über einen für ihn so ernsthaften Gegenstand mit mir sprach. Unser Gespräch wurde durch die Ankunft Karl Fjodorowitschs unterbrochen, und ich lachte und wurde fröhlich, als mein Vater auf ihn zeigte und sagte: »Siehst du, Karl Fjodorowitsch hat für keinen Groschen Talent.«

Dieser Karl Fjodorowitsch war eine höchst merkwürdige Person. Ich hatte damals noch so wenig Menschen gesehen, daß ich ihn nie vergessen könnte. So steht er denn noch jetzt klar vor mir. Er war ein Deutscher namens Meier, in Deutschland geboren, und war nach Rußland gekommen, um in das Petersburger Ballettkorps einzutreten. Aber er war ein sehr schlechter Tänzer, so daß er nicht einmal als Figurant zu gebrauchen war und im Theater als Statist verwendet wurde. Er spielte verschiedene stumme Rollen im Gefolge des Fortinbras oder war einer jener Ritter Veronas, die alle gleichzeitig, zwanzig Mann stark, ihre Pappdolche hochhoben und riefen: »Wir sterben für den König.« Doch es gab keinen Schauspieler auf der Welt, der seinen Rollen so leidenschaftlich ergeben war wie dieser Karl Fjodorowitsch. Das größte Unglück und Leid seines Lebens war, daß er nicht beim Ballett ankommen konnte. Die Ballettkunst stellte er über alle Künste der Welt und war ihr auf seine Weise so ergeben wie mein Vater dem Geigenspiel. Er kannte meinen Vater seit der Zeit, da sie beide zusammen am Theater gewesen waren, und seitdem wich der ehemalige Statist nicht mehr von seiner Seite. Sie sahen sich ziemlich häufig, und beide weinten über ihr klägliches Geschick und vor allem darüber, daß die Welt sie so verkannte. Der Deutsche war der gefühlvollste und zärtlichste Mensch von der Welt und brachte meinem Vater eine tiefe, innige, selbstlose Freundschaft entgegen; mein Vater dagegen schien nicht sehr an ihm zu hängen und duldete ihn nur in der Zahl seiner Bekannten, weil er sonst niemanden hatte. Außerdem konnte mein Vater bei seiner Exklusivität nicht begreifen, daß die Ballettkunst auch eine Kunst sei, womit er den armen Deutschen bis zu Tränen kränkte. Da er dessen schwache Seite kannte, berührte er sie absichtlich und lachte den unglücklichen Karl Fjodorowitsch einfach aus, wenn jener bei dem Versuch, ihm das Gegenteil zu beweisen, sich ereiferte und außer sich geriet. Später hörte ich viel über diesen Karl Fjodorowitsch durch B., der ihn das Nürnberger Stehaufmännchen zu nennen pflegte. B. erzählte sehr viel von dessen Freundschaft mit meinem Vater; unter anderem seien sie oft zusammen ausgegangen, hätten ein wenig getrunken und dann gemeinsam über ihr Schicksal geweint und über ihre Verkennung. Ich erinnere mich noch ihrer Zusammenkünfte, ich kann mich auch noch darauf besinnen, wie ich selbst, wenn ich die beiden Sonderlinge ansah, weinen mußte, ohne zu wissen warum. Das geschah immer, wenn die Mutter nicht zu Hause war. Der Deutsche fürchtete sie nämlich und blieb stets draußen auf dem Flur stehen und wartete, bis irgend jemand herauskam; erfuhr er dann, daß die Mutter zu Hause sei, lief er eilends die Treppe hinab. Er brachte stets einige deutsche Gedichte mit, begeisterte sich, las sie uns beiden laut vor und deklamierte sie dann, wobei er sie in sein gebrochenes Russisch übersetzte, um sie uns verständlich zu machen. Das belustigte meinen Vater sehr, und auch ich lachte mitunter, daß mir die Tränen kamen. Einmal aber hatten sie ein russisches Werk bekommen, das sie beide in ungewöhnliche Begeisterung versetzte, so daß sie es dann fast immer lasen, wenn sie zusammenkamen. Ich erinnere mich, daß es sich um ein Versdrama eines bekannten russischen Schriftstellers handelte. Die ersten Zeilen dieses Buches prägten sich mir so fest ein, daß ich es nach einigen Jahren, als es mir zufällig in die Hand kam, ohne Mühe erkannte. In diesem Drama war von dem Unglück eines großen Künstlers die Rede, eines gewissen Gennaro oder Giacomo, der auf einer Seite ausrief: »Ich bin verkannt!« und auf der nächsten: »Ich bin anerkannt!« oder: »Ich habe kein Talent!« und dann wieder einige Zeilen weiter: »Ich habe Talent.« Alles endete sehr traurig. Dieses Drama war in Wirklichkeit ein höchst törichtes Werk, aber, o Wunder! es wirkte in der naivsten, tragischsten Art auf die beiden Leser, die in dem Haupthelden einen Verwandten sahen. Ich erinnere mich, daß Karl Fjodorowitsch manchmal so hingerissen war, daß er vom Stuhl aufsprang, in die entgegengesetzte Ecke des Zimmers lief und meinen Vater und mich, die er »Mademoiselle« nannte, innig, flehentlich, ja mit Tränen in den Augen bat, sogleich, auf der Stelle, zwischen seinem Schicksal und dem Publikum Schiedsrichter zu sein. Dann fing er sofort an zu tanzen, führte verschiedene Pas aus und rief uns zu, ihm sofort zu sagen, ob er ein Künstler sei oder nicht und ob es eine Möglichkeit gäbe, das Gegenteil zu sagen, nämlich: daß er kein Talent habe. Mein Vater wurde sogleich heiter und blinzelte mir verstohlen zu, als wollte er mich darauf aufmerksam machen, daß er sich sogleich einen Hauptspaß mit dem Deutschen erlauben würde. Mir wurde schrecklich lächerlich zumute, aber mein Vater drohte mit dem Finger, und ich nahm mich zusammen, obwohl ich vor Lachen ersticken wollte. Ich muß sogar jetzt noch, bei der bloßen Vorstellung, unwillkürlich lachen. Als wäre es heute, sehe ich den armen Karl Fjodorowitsch vor mir. Er war von höchst kleinem Wuchs, außerordentlich schmächtig, schon ergraut, hatte eine rote Hakennase, an der immer Tabakspuren zu sehen waren, sowie verkrüppelte krumme Beine. Dabei aber war er auf ihren schönen Wuchs sehr stolz und suchte sie durch seine Beinkleider zur Geltung zu bringen. Wenn er nach dem letzten Sprung in Position stehen blieb, die Arme nach uns ausstreckte und dabei lächelte, wie die Tänzer auf der Bühne am Ende ihrer Pas zu lächeln pflegen, bewahrte mein Vater für einige Augenblicke Stillschweigen, als könnte er sich noch nicht entschließen, ein Urteil auszusprechen, und ließ absichtlich den verkannten Tänzer in seiner Position verharren, so daß der auf einem Bein von einer Seite auf die andere schwankte und mit allen Kräften das Gleichgewicht zu halten versuchte. Zu guter Letzt sah mein Vater mich mit todernster Miene an, als ob er mich auffordern wollte, unparteiische Zeugin des Urteils zu sein, und zugleich richteten sich auch die schüchtern flehenden Blicke des Tänzers auf mich.

»Nein, Karl Fjodorowitsch, du schaffst es nicht!« sagte mein Vater schließlich, wobei er so tat, als wäre es ihm selbst unangenehm, die bittere Wahrheit zu sagen. Dann entrang sich der Brust Karl Fjodorowitschs ein ehrliches Stöhnen; aber sofort faßte er neuen Mut, bat uns von neuem mit hastigen Gebärden um Aufmerksamkeit, beteuerte, daß er nicht nach dem richtigen System getanzt habe, und flehte uns an, noch einmal zu urteilen. Dann lief er von neuem in die andere Ecke und sprang manchmal so eifrig, daß er mit dem Kopf die Decke berührte und sich weh tat; aber er ertrug den Schmerz heroisch wie ein Spartaner, blieb abermals in Position stehen, streckte uns wieder die zitternden Arme entgegen und bat abermals um ein Urteil über sein Schicksal. Aber mein Vater war unerbittlich und antwortete düster wie vorher: »Nein, Karl Fjodorowitsch, es ist offenbar dein Verhängnis, du schaffst es nicht!«

Dann konnte ich es nicht mehr aushalten und brach in ein schallendes Gelächter aus, und nach mir auch mein Vater. Karl Fjodorowitsch merkte endlich, daß er gefoppt wurde, errötete vor Unwillen und sagte mit Tränen in den Augen und mit tiefer, wenn auch komischer Empfindung, die jetzt aufrichtiges Mitleid mit ihm auslöste, zu meinem Vater: »Du bist ein falscher Freund!«

Dann griff er nach seinem Hut und stürzte davon, wobei er hoch und heilig schwor, nie wiederzukommen. Aber diese Zusicherungen waren nicht von langer Dauer, einige Tage später erschien er wieder bei uns, von neuem begann das Lesen des berühmten Dramas, von neuem flossen Tränen, und dann bat uns der naive Karl Fjodorowitsch von neuem, zwischen dem Geschick und den Menschen Schiedsrichter zu sein, nur flehte er uns an, diesmal ehrlich zu urteilen, wie es sich für wahre Freunde gehöre, und ihn nicht zum besten zu halten.

Einmal schickte mich die Mutter in den Laden, um etwas einzukaufen, und ich hielt auf dem Rückweg vorsichtig eine kleine Silbermünze, die man mir herausgegeben hatte, in der Hand. Als ich die Treppe hinaufstieg, begegnete ich meinem Vater, der ausging. Ich lachte ihm zu, weil ich meine Freude nicht unterdrücken konnte, daß ich ihn sah; doch als er sich bückte, um mich zu küssen, bemerkte er die Silbermünze in meiner Hand. Ich habe vergessen zu sagen, daß ich mit dem wechselnden Ausdruck seines Gesichtes so vertraut war, daß ich fast jeden seiner Wünsche auf den ersten Blick erkannte. Wenn er traurig war, verging ich vor Sorge. Am heftigsten und stärksten litt er, wenn er kein Geld hatte und sich keinen Tropfen Schnaps kaufen konnte, an den er gewöhnt war. Doch in diesem Augenblick, als ich ihn auf der Treppe traf, schien etwas Besonderes mit ihm vorzugehen. Seine trüb gewordenen Augen irrten unstet suchend umher. Zuerst hatte er mich gar nicht bemerkt; als er aber in meiner Hand das glitzernde Geldstück sah, wurde er auf einmal rot und dann wieder blaß, wollte schon die Hand ausstrecken, um mir das Geld abzunehmen, zog sie aber sofort wieder zurück. Offenbar kämpfte er mit sich. Schließlich schien er sich abgefunden zu haben, hieß mich nach oben gehen und ging selbst einige Stufen hinunter, aber plötzlich blieb er stehen und rief mich hastig zu sich.

Er war sehr verlegen.

»Höre, Netotschka!« sagte er. »Gib mir das Geld, ich werde es dir zurückbringen! Ja? Du bist doch ein gutes Kind, Netotschka?«

Ich hatte es gleichsam vorausgeahnt. Aber im ersten Augenblick hielten mich der Gedanke daran, daß die Mutter böse sein würde, die Scheu und vor allem die instinktive Scham vor mir selbst und dem Vater davon ab, ihm das Geld zu geben. Er bemerkte es sofort und sagte hastig: »Nun, nicht nötig, nicht nötig!«

»Nein, nein, Papa, nimm es, ich werde sagen, ich hätte es verloren, die Nachbarskinder hätten es mir weggenommen.«

»Nun, schön, schön; ich wußte es ja, du bist ein kluges Mädchen!« sagte er, lächelte mit zitternden Lippen und verbarg nicht sein Entzücken, als er das Geld in seiner Hand fühlte. »Du bist ein gutes Mädchen, mein Engelskind, gib her, ich will dir dein Händchen küssen!«

Er ergriff meine Hand und wollte sie küssen, aber ich zog sie schnell zurück. Das Mitleid ergriff mich, und die Scham fing an mich zu quälen. Ich ließ den Vater stehen und eilte, ohne von ihm Abschied zu nehmen, erschrocken hinauf. Als ich in das Zimmer trat, brannten meine Wangen, und das Herz schlug mir heftig infolge einer quälenden, mir bisher unbekannten Empfindung. Dennoch sagte ich ganz dreist zu meiner Mutter, daß ich das Geld im Schnee verloren und nicht mehr gefunden hätte. Ich erwartete zum mindesten Prügel, aber nichts Derartiges erfolgte. Die Mutter war zunächst außer sich vor Ärger, weil wir so schrecklich arm waren. Sie schrie mich an, besann sich aber sogleich und hörte auf, mich zu schelten, bemerkte nur, daß ich ein ungeschicktes, unordentliches Mädchen wäre und sie offenbar wenig liebte, da ich mich um ihr Eigentum nicht kümmere. Diese Bemerkung traf mich mehr, als wenn ich Schläge bekommen hätte. Aber meine Mutter kannte mich schon. Sie kannte meine Empfindlichkeit, die sich oft bis zur krankhaften Reizbarkeit steigerte, und glaubte, durch ihre bitteren Vorwürfe der Lieblosigkeit mehr Eindruck auf mich zu machen und mich dahin zu bringen, in Zukunft vorsichtiger zu sein.

In der Dämmerstunde, da mein Vater zurückkommen mußte, wartete ich wie gewöhnlich zu der Zeit im Flur auf ihn. Diesmal war ich sehr unruhig. Mein Inneres war durch etwas, das mein Gewissen schmerzhaft quälte, aufgewühlt. Endlich kam der Vater nach Hause, und ich freute mich sehr über seine Ankunft, weil ich dachte, nun würde mir leichter werden. Er war schon angeheitert, doch als er mich erblickte, setzte er eine geheimnisvolle, besorgte Miene auf, nahm mich in die Ecke, wobei er ängstlich nach unserer Tür schielte, zog einen Lebkuchen, den er irgendwo gekauft hatte, aus der Tasche und flüsterte mir zu, ich sollte es nie wieder wagen, Geld zu nehmen und es der Mutter zu verheimlichen, weil das etwas Schlechtes, etwas ganz Schlimmes sei, dessen man sich schämen müsse; diesmal sei es nur deshalb geschehen, weil der Papa so nötig Geld gebraucht habe, aber er werde es zurückgeben, und ich sollte dann sagen, ich hätte es gefunden, aber der Mutter Geld wegzunehmen, sei eine Schande, und ich sollte mir nie wieder so etwas in den Sinn kommen lassen, er würde mir, wenn ich das für die Zukunft beherzigen wollte, noch mehr Lebkuchen kaufen. Schließlich fügte er sogar noch hinzu, mit der Mama Mitleid zu haben, da sie krank und arm sei und sich für uns alle plage. Ich hörte ängstlich, am ganzen Leib zitternd, zu, und die Tränen stürzten mir aus den Augen. Ich war so entsetzt, daß ich kein Wort herausbringen und mich nicht vom Flecke rühren konnte. Schließlich ging ich in das Zimmer hinein, er befahl mir, nicht zu weinen und nichts davon der Mutter zu sagen. Ich bemerkte, daß er selbst entsetzlich verwirrt war. Den ganzen Abend über war ich in schrecklicher Angst und wagte zum erstenmal nicht, ihn anzusehen oder zu ihm zu gehen. Auch er vermied ganz offensichtlich meinen Blick. Die Mutter ging im Zimmer auf und ab und redete ihrer Gewohnheit nach geistesabwesend vor sich hin. An diesem Tage war ihr schlechter als sonst, und sie erlitt einen Anfall. Schließlich bekam auch ich vor innerer Erregung Fieber. Als die Nacht kam, konnte ich nicht einschlafen; krankhafte Träume quälten mich, endlich konnte ich es nicht mehr aushalten und fing an, bitterlich zu weinen. Mein Schluchzen weckte die Mutter; sie rief mich an und fragte, was mir fehle. Ich antwortete nicht, sondern begann noch heftiger zu weinen. Da zündete sie Licht an, kam zu mir und wollte mich beruhigen, weil sie glaubte, irgendein Traum hätte mich erschreckt.

»Ach, du törichtes Mädchen«, sagte sie, »noch immer weinst du, wenn du etwas träumst. Nun ist es aber genug ...« Damit küßte sie mich und sagte, ich solle zu ihr schlafen kommen. Aber ich mochte nicht, ich wagte nicht, sie zu umarmen und zu ihr zu gehen. Ich litt unaussprechliche Qualen. Ich wollte ihr alles erzählen. Ich hätte beinahe schon damit angefangen, doch der Gedanke an den Vater und sein Verbot hielten mich zurück.

»Ach, du arme Netotschka«, sagte die Mutter, als sie mich auf das Bett legte und mit ihrem alten Umhang gut zudeckte, da sie bemerkt hatte, daß ich vor Fieber am ganzen Leib zitterte. »Du wirst einmal ebenso krank werden wie ich.«

Dabei blickte sie mich so traurig an, daß ich ihren Blick nicht ertragen konnte, die Augen zudrückte und mich abwandte. Ich weiß nicht mehr, wie ich einschlief, aber im Halbschlaf hörte ich noch lange, wie die arme Mutter mich in den Schlaf redete. Noch nie hatte ich solche Qualen auszustehen gehabt. Das Herz krampfte sich mir vor Schmerz zusammen. Am nächsten Morgen war mir leichter zumute. Ich fing mit dem Vater ein Gespräch an, ohne das gestern Vorgefallene zu erwähnen, denn ich fühlte im vorhinein, daß es ihm so lieber sein würde. Er wurde sogleich heiter, weil er bei jedem Blick auf mich selber die Brauen gerunzelt hatte. Als er mich nun wieder heiter sah, überkam ihn Fröhlichkeit und eine fast kindliche Zufriedenheit. Bald danach ging die Mutter aus, und nun konnte er sich nicht länger halten. Er küßte mich derartig ab, daß ich in ein hysterisches Entzücken geriet und abwechselnd weinte und lachte. Zuletzt sagte er, daß er mir etwas sehr Schönes zeigen wolle, was auch ich gerne sehen würde, weil ich ein so kluges und braves Mädchen sei. Er knöpfte die Weste auf und zog einen Schlüssel hervor, den er an einer schwarzen Schnur um den Hals trug. Dann blickte er mich geheimnisvoll an, als wollte er von meinen Augen jene Zufriedenheit ablesen, die ich nach seiner Meinung empfinden mußte, öffnete einen Koffer und holte vorsichtig einen seltsam geformten schwarzen Kasten hervor, den ich bisher nie bei ihm gesehen hatte. Er ergriff diesen Kasten mit äußerster Behutsamkeit und war nun wie umgewandelt. Das Lachen verschwand aus seinem Gesicht, das plötzlich einen feierlichen Ausdruck annahm. Endlich öffnete er das geheimnisvolle Kästchen mit dem Schlüssel und zog ein Ding heraus, das ich noch nie gesehen hatte, ein Ding von seltsamer Gestalt. Er nahm es behutsam und andachtsvoll in die Hand und sagte, daß es seine Geige, sein Instrument sei. Dann begann er mit leiser, feierlicher Stimme zu erzählen, aber ich verstand ihn nicht und habe nur die mir bereits bekannten Ausdrücke behalten, daß er ein Künstler, ein Mensch von Talent sei, daß er später auf der Geige spielen werde und daß wir endlich alle reich sein und zu großem Glück gelangen würden. Tränen traten ihm in die Augen und rannen ihm über die Backen. Ich war sehr gerührt. Zuletzt küßte er die Geige und ließ auch mich sie küssen. Als er sah, daß ich sie gern näher betrachten wollte, führte er mich zum Bett der Mutter und gab mir die Geige in die Hand; doch ich sah, wie er am ganzen Leib vor Angst zitterte, ich könnte die Geige irgendwie beschädigen. Ich nahm das Instrument in die Hand und berührte die Saiten, die einen schwachen Ton von sich gaben.

»Das ist Musik!« sagte ich und sah den Vater an.

»Ja, ja, Musik«, wiederholte er und rieb sich freudig die Hände, »du kluges, braves Kind.«

Doch obzwar er mich auch lobte und wie verzückt war, sah ich, daß er um die Geige fürchtete, und auch ich wurde ängstlich, so daß ich sie ihm schnell zurückgab. Die Geige wurde unter denselben Vorsichtsmaßregeln in den Kasten zurückgelegt, der Kasten gut zugeschlossen und in den Koffer getan. Dann streichelte mir der Vater noch einmal den Kopf und versprach, mir jedesmal die Geige zu zeigen, wenn ich so klug, brav und folgsam sein würde wie jetzt. Auf diese Weise verscheuchte die Geige unseren gemeinsamen Kummer. Als der Vater am Abend ausging, flüsterte er mir noch zu, ja nicht zu vergessen, was er mir am Tag zuvor gesagt hätte.

So wuchs ich in unserem Winkel heran, und allmählich steigerte sich meine Liebe – nein, ich will lieber sagen, meine Leidenschaft, denn ich finde kein Wort, das stark genug wäre, um mein unwiderstehliches, selbstquälerisches Gefühl für meinen Vater auszudrücken, bis zur krankhaften Reizbarkeit. Ich hatte nur einen Genuß: an ihn zu denken und von ihm zu träumen; nur einen Willen: alles zu tun, was ihm ein wenn auch noch so geringes Vergnügen bereitete. Wie oft erwartete ich seine Ankunft auf der Treppe, oft zitternd und blau vor Kälte, nur um einen Augenblick früher die Gewißheit zu haben, daß er wieder da sei, und ihn schneller sehen zu können. Ich war wie sinnlos vor Freude, wenn er mich gelegentlich ein wenig liebkoste. Daneben war es mir oft schmerzend bis zur Qual, daß ich so hartnäckig kalt meiner armen Mutter gegenüber war. Es gab Minuten, wo mir vor Sorge und Leid das Herz brechen wollte, wenn ich sie ansah. Bei ihren ewigen Streitereien konnte ich nicht gleichgültig beiseite stehen und mußte zwischen ihnen wählen, mußte mich für die eine oder die andere Seite entscheiden – und wählte diesen halbirren Menschen ausschließlich deshalb, weil er in meinen Augen so bedauernswert und unglücklich war und von vornherein einen so unauslöschlichen Eindruck auf meine Einbildungskraft gemacht hatte. Aber wer vermöchte die Gründe mit Gewißheit anzugeben? Vielleicht war ich ihm gerade deswegen geneigt, weil er schon äußerlich so eigenartig war, nicht immer so ernst und mürrisch wie meine Mutter, weil er halb verrückt war, weil er etwas Clownhaftes, allerlei kindische Angewohnheiten an sich hatte und weil ich ihn endlich weniger fürchtete und achtete als die Mutter. Ich hielt ihn mehr für meinesgleichen. Allmählich wurde ich mir bewußt, daß ich sogar die Oberhand gewann, daß er mir ein wenig untertan geworden war und daß ich ihm unentbehrlich wurde. Innerlich war ich stolz darauf, innerlich triumphierte ich, und als ich dessen gewiß war, daß ich ihm unentbehrlich sei, kokettierte ich sogar manchmal mit ihm. Gewiß hatte diese meine seltsame Zuneigung zu ihm etwas Romanhaftes ... Aber dieser Roman sollte nicht lange dauern: ich verlor bald den Vater und die Mutter. Ihr Leben endete mit einer schrecklichen Katastrophe, die sich bedrückend und quälend meinem Gedächtnis einprägte. Sie trug sich folgendermaßen zu.

3

Damals hatte eine außerordentliche Neuigkeit ganz Petersburg in Bewegung gesetzt. Es hatte sich das Gerücht von der Ankunft des berühmten S–z verbreitet. Alles, was in Petersburg musikalisch war, geriet in Aufregung. Sänger, Schauspieler, Dichter, Künstler und selbst diejenigen, die niemals Musikfreunde gewesen waren und mit bescheidenem Stolz versicherten, keine Note zu kennen, rissen sich mit fieberhafter Gier um Eintrittskarten. Der Saal konnte nicht einmal den zehnten Teil der Enthusiasten fassen, die in der Lage waren, fünfundzwanzig Rubel Eintrittsgeld zu bezahlen; doch des S–z europäischer Ruf, seine lorbeerbekränzte Ruhmeslaufbahn, die unverwelkliche Frische seines Talents, das Gerücht, er habe in der letzten Zeit nur noch selten zum Geigenbogen gegriffen und sich in der Öffentlichkeit gezeigt, die Versicherung, er bereise zum letztenmal Europa, um dann nie wieder aufzutreten, alles das verfehlte seine Wirkung nicht. Mit einem Wort, der Eindruck war tief und stark.

Ich habe schon gesagt, daß die Ankunft jedes neuen Geigers, jeder auch nur irgendwie bedeutungsvollen Berühmtheit auf meinen Vater die unangenehmste Wirkung hatte. Er beeilte sich, immer unter den ersten zu sein, die den Ankömmling hörten, um möglichst schnell seinen Rang feststellen zu können. Oft wurde er sogar krank von dem Lob, das man ringsum dem angekündigten Fremden spendete, und er beruhigte sich erst dann, wenn er Unzulänglichkeiten in dem Spiel des neuen Geigers entdeckt hatte und überall seine Bemerkungen bissig verbreiten konnte. Der arme wirre Mensch erkannte in der ganzen Welt nur ein Talent, nur einen Künstler an, und dieser Künstler war natürlich er selbst. Aber das Gerede von der Ankunft des musikalischen Genies S-z übte eine niederschmetternde Wirkung auf ihn aus. Bemerkt sei, daß in den letzten zehn Jahren Petersburg kein einziges hervorragendes Talent gehört hatte, das sich auch nur entfernt mit S–z vergleichen ließ; folglich hatte mein Vater auch keine Vorstellung von den erstklassigen Künstlern Europas.

Man erzählte mir, daß man schon auf die erste Kunde von des S–z Ankunft meinen Vater wieder hinter den Kulissen des Theaters sah. Er soll außerordentlich aufgeregt gewesen sein und voller Unruhe nach S–z und dem bevorstehenden Konzert gefragt haben. Man hatte ihn schon lange nicht mehr hinter den Kulissen gesehen, so daß sein Wiedererscheinen sogar einen gewissen Effekt hervorrief. Jemand wollte ihn reizen und sagte mit herausfordernder Miene: »Jetzt, Väterchen Jegor Petrowitsch, wirst du nicht Ballettmusik zu hören bekommen, sondern eine Musik, daß du nicht mehr leben kannst auf der Welt.« Als er diese spöttische Bemerkung hörte, soll er bleich geworden sein, dann aber mit hysterischem Lächeln geantwortet haben: »Wir werden sehen! Herrlich klingen alle Trommeln – hinter den Bergen. S–z ist nun einmal in Paris gewesen, und die Franzosen haben ein großes Geschrei über ihn erhoben, aber man weiß ja, was das auf sich hat.« Ringsherum lachte man; der Bedauernswerte war beleidigt, beherrschte sich aber und fügte nur hinzu, daß er weiter nichts sagen wolle, daß man schon sehen werde, daß es bis übermorgen nicht mehr lange sei und daß sich das ganze Wunder aufhellen werde.

B. erzählte, er habe an jenem Abend in der Dämmerstunde den Fürsten Ch. getroffen, einen stadtbekannten Freund der Künste, einen Mann, der die Musik so gründlich verstand, wie er sie liebte. Sie gingen und sprachen von dem eben angekommenen Künstler, als B. plötzlich an einer Straßenbiegung meinen Vater erblickte, der vor einem Schaufenster stehengeblieben war und unverwandt den dort ausliegenden Zettel anstarrte, auf dem das Konzert des S-z mit riesigen Lettern angekündigt war.

»Sehen Sie den Mann da?« sagte B. und zeigte auf meinen Vater.

»Wer ist es?« fragte der Fürst.

»Sie haben schon von ihm gehört, es ist derselbe Jefimow, von dem ich Ihnen gelegentlich erzählt habe und dem Sie einmal Ihre Unterstützung zukommen ließen.«

»Ach, das ist interessant«, sagte der Fürst. »Sie haben mir viel von ihm erzählt, er soll ein eigenartiger Mensch sein, ich würde ihn gern einmal hören!«

»Es lohnt sich nicht«, erwiderte B., »Und er ist schwierig. Ich weiß nicht, wie es Ihnen geht, aber mir tut immer das Herz weh, wenn ich an ihn denke. Sein Leben ist eine furchtbare, abstoßende Tragödie. Ich habe aufrichtig Mitleid mit ihm, und so tief er auch gesunken ist, meine Sympathien für ihn sind nicht erloschen. Sie sagen, Fürst, daß er ein interessanter Mensch sein müsse. Das ist wahr, aber der Eindruck, den er hinterläßt, wenn man mit ihm zu tun hat, ist niederdrückend. Erstens ist er verrückt; zweitens lasten auf diesem Irren drei Verbrechen; denn außer sich selbst hat er noch zwei Wesen zugrunde gerichtet, seine Frau und seine Tochter. Ich kenne ihn; er würde auf der Stelle sterben, wenn er sich seiner Verbrechen bewußt wäre. Aber das Schrecklichste ist, daß er sich seit acht Jahren ihrer *fast* bewußt ist und seit acht Jahren gegen sein Gewissen ankämpft, um sich ihrer nicht völlig bewußt zu werden.«

»Sie sagen, er sei arm?« entgegnete der Fürst.

»Ja; aber die Armut ist jetzt fast ein Glück für ihn, weil sie ihm als Ausrede dient. Er kann jetzt jedem Menschen versichern, daß ihm nur die Armut hinderlich sei; wäre er reich, würde er auch Zeit haben und keine Sorgen – dann würde die Welt schon sehen, was für ein Künstler er ist. Er heiratete in der seltsamen Hoffnung, daß die tausend Rubel, die seine Frau mitbrachte, ihm auf die Beine helfen würden. Er handelte wie ein Träumer, wie ein Dichter und machte es in seinem Leben stets so. Wissen Sie, was er all die acht Jahre ohne Unterlaß erklärt? Er behauptet, daß die Schuld an seinem Unglück seine Frau habe, daß sie ihn hindere. Er hat die Hände in den Schoß gelegt und will nicht arbeiten. Aber nehmen Sie ihm die Frau, und er wird das unglücklichste Wesen in der Welt sein. Nun hat er schon seit einem Jahr die Geige nicht mehr in die Hand genommen, und wissen Sie, warum? Weil er sich jedesmal, wenn er zum Bogen greift, eingestehen muß, daß er ein Nichts ist, eine Null, aber kein Künstler. Jetzt aber, wo der Violinbogen im Kasten ruht, hat er wenigstens die entfernte Hoffnung, daß das nicht wahr sei. Er ist ein Träumer; er denkt, er könnte doch noch einmal durch ein Wunder plötzlich ein weltberühmter Mann werden. Sein Wahlspruch ist: aut Caesar, aut nihil! als ob man plötzlich mit einem Ruck ein Cäsar werden könnte. Er dürstet nach Ruhm. Aber wenn dieses Gefühl die einzige und hauptsächlichste Triebfeder eines Künstlers wird, dann ist dieser Künstler kein Künstler mehr, weil er den vornehmsten künstlerischen Instinkt, nämlich die Liebe zur Kunst, einzig und allein deshalb, weil sie die Kunst ist und nicht etwas anderes, wie etwa der Ruhm, bereits verloren hat. Aber bei S–z ist es umgekehrt: wenn er den Bogen in die Hand nimmt, existiert für ihn nichts in der Welt als nur die Musik. Nach der Musik kommt für ihn das Geld, und erst in dritter Linie scheint's der Ruhm, um den er sich freilich wenig zu sorgen braucht ... Wissen Sie, was diesen Unglücklichen jetzt beschäftigt?« sagte B. weiter und zeigte auf Jefimow. »Ihn beschäftigt die dümmste, hinfälligste, erbärmlichste und lächerlichste Sorge von der Welt, nämlich die Frage, ob er dem S–z überlegen sei oder S–z ihm – weiter nichts, und dabei ist er doch fest davon überzeugt, daß er selbst der erste Musiker auf der ganzen Welt sei. Versichern Sie ihm, daß er kein Künstler sei, und ich versichere Sie, er wird auf der Stelle, wie vom Blitz getroffen, sterben, weil es ihm furchtbar sein würde, sich von der fixen Idee zu trennen, der er sein ganzes Leben geopfert hat und die doch eine tiefe und ernste Grundlage hatte; denn er hatte wirklich Berufung.«

»Dann wird es interessant sein zu sehen, was aus ihm wird, wenn er S–z hört!«

»Ja«, sagte B. nachdenklich, »und nein. Er würde wieder auf die Füße fallen! Seine Verbohrtheit ist stärker als die Erkenntnis des Wahren, und er würde sich sofort eine neue Ausrede ersinnen.«

»Denken Sie?« sagte der Fürst.

In diesem Augenblick hatten sie meinen Vater eingeholt. Der wollte unbemerkt davongehen, aber B. hielt ihn an und verwickelte ihn in ein Gespräch. B. fragte ihn, ob er zu S–z gehen werde. Der Vater antwortete gleichgültig, daß er es noch nicht wisse, daß er etwas vorhabe, was wichtiger sei als solche Konzerte und alle herumreisenden Virtuosen, aber er werde einmal zusehen, und wenn er eine freie Stunde übrig hätte, warum nicht? Dabei blickte er B. und den Fürsten hastig und unruhig an, lächelte mißtrauisch, griff nach dem Hut, nickte mit dem Kopfe und ging weiter mit der Beteuerung, er habe keine Zeit.

Aber ich wußte schon seit einem Tag, daß den Vater etwas beschäftigte. Ich wußte nicht, was ihn so quälte, aber ich sah, daß er in entsetzlicher Unruhe war, sogar die Mutter hatte es bemerkt. Sie war damals sehr krank und konnte sich kaum auf den Beinen halten. Der Vater kam bald heim, bald ging er wieder. Am Morgen kamen drei oder vier Leute zu ihm, frühere Bekannte, worüber ich mich sehr wunderte, weil außer Karl Fjodorowitsch fast nie Fremde zu uns kamen und weil seit der Zeit, da der Vater ganz vom Theater abgegangen war, alle Leute den Verkehr mit uns eingestellt hatten. Endlich kam auch Karl Fjodorowitsch ganz atemlos angelaufen und brachte eine Konzertanzeige. Ich hörte aufmerksam zu und gab acht, und alles beunruhigte mich so, als ob ich allein an all dieser Aufregung und Unruhe schuld wäre, die ich in dem Gesicht des Vaters las. Ich hätte gerne verstanden, wovon sie sprachen, und hörte zum ersten Male den Namen S–z, hörte auch, daß man zum mindesten fünfzehn Rubel brauchte, um diesen Künstler zu hören. Ich erinnerte mich auch, daß mein Vater nicht an sich halten konnte und mit einer Handbewegung sagte, er kenne schon diese Meerwunder, diese unerhörten Talente, er kenne auch S–z; das wären alles Juden, die es auf das Geld der Russen abgesehen hätten, weil die russische Einfalt auf jeden Unsinn hereinfalle, und besonders auf das, was die Franzosen ausschrien. Ich verstand schon, was das Wort bedeutete: *kein Talent*. Die Besucher lachten, gingen fort und ließen meinen Vater in seiner schlechten Stimmung zurück. Ich begriff, daß er aus irgendeinem Grund auf diesen S–z ärgerlich war, und um ihm gefällig zu sein und seinen Mißmut zu verscheuchen, trat ich an den Tisch heran, nahm den Konzertzettel, begann ihn zu entziffern und las laut den Namen S–z. Dann blickte ich lächelnd meinen Vater an, der nachdenklich auf dem Stuhl saß, und sagte: »Das ist gewiß auch so ein Karl Fjodorowitsch. Er wird vermutlich nichts können.« Der Vater zuckte zusammen, als wäre er erschrocken, riß mir den Zettel aus der Hand, schrie laut auf und stampfte mit dem Fuß, nahm den Hut und verließ das Zimmer. Aber dann kehrte er sofort wieder um, rief mich auf den Flur hinaus, küßte mich und sagte mit einer gewissen Unruhe, mit einer gewissen verheimlichten Angst, daß ich ein kluges, daß ich ein braves Kind sei und daß ich ihn wahrscheinlich nicht kränken wolle und daß er von mir einen großen Dienst erwarte, sagte aber nicht, worin dieser bestünde. Dabei war es mir unangenehm, ihn so reden zu hören; ich fühlte, daß seine Worte und Liebkosungen gekünstelt waren, und dies alles drückte mich nieder. Ich begann mich sehr um ihn zu sorgen.

Am nächsten Tag, am Tag vor dem Konzert, saß mein Vater völlig niedergeschlagen beim Mittagessen. Er hatte sich furchtbar verändert und schaute immer die Mutter an. Schließlich begann er sogar zu meinem Erstaunen ein Gespräch mit meiner Mutter. Zu meinem Erstaunen, sage ich, weil er sonst fast nie mit ihr sprach. Nach dem Essen war er zu mir auffallend freundlich. Alle Augenblicke rief er mich unter den verschiedensten Vorwänden auf den Flur hinaus, sah sich nach allen Seiten um, als fürchtete er, ertappt zu werden, streichelte mir fortwährend den Kopf, küßte mich und sagte mir immer wieder, daß ich ein braves Kind, ein folgsames Kind sei, das seinen Papa gewiß lieben und gewiß auch das tun werde, was er von ihm verlangte. All das erfüllte mich mit unaussprechlicher Sorge. Als er mich schließlich zum zehnten Mal auf die Treppe hinausgerufen hatte, zeigte sich, was er wollte. Mit ängstlicher, gequälter Miene fragte er mich, unruhig um sich blickend, ob ich wüßte, wo die Mutter die fünfundzwanzig Rubel liegen habe, die sie gestern morgen nach Hause gebracht habe. Ich war vor Schreck halbtot, als ich diese Frage hörte, aber in diesem Augenblick lärmte jemand auf der Treppe, der Vater erschrak, ließ mich stehen und eilte aus dem Haus. Er kam erst gegen Abend wieder: verwirrt, traurig, sorgenvoll, stützte sich schweigend auf einen Stuhl und sah mich scheu an. Mich überkam Angst, und ich wich seinem Blick absichtlich aus. Schließlich rief mich die Mutter, die den ganzen Tag über im Bett gelegen hatte, zu sich, gab mir etwas Kupfergeld und schickte mich zum Kaufmann, um Tee und Zucker zu holen. Tee wurde bei uns selten getrunken. Die Mutter gestattete sich diesen unsere Verhältnisse übersteigenden Luxus nur, wenn sie krank war und Fieber hatte. Ich nahm das Geld, ging auf den Flur und begann sofort zu laufen, als fürchtete ich, jemand könnte mich einholen. Und das, was ich geahnt hatte, trat wirklich ein: der Vater holte mich ein, als ich schon auf der Straße war, und führte mich wieder auf die Treppe zurück.

»Netotschka!« sagte er mit zitternder Stimme, »höre, mein Täubchen! gib mir das Geld, ich werde morgen . . .«

»Papachen, Papachen!« flehte ich ihn an und warf mich dabei auf die Knie. »Papachen, ich kann nicht, es geht nicht, Mama muß Tee trinken . . . Man darf es ihr nicht wegnehmen, das geht nicht! Ein andermal will ich dir . . .«

»Du willst also nicht? Du willst nicht?« flüsterte er wie außer sich. »Du willst also nicht lieb zu mir sein? Nun gut, dann werde ich dich verlassen. Bleibe du bei Mama, ich gehe fort und nehme dich nicht mit. Hörst du, böses Mädchen? Hörst du?«

»Papachen!« rief ich ganz entsetzt, »nimm das Geld, da! Was soll ich nun tun?« sagte ich, die Hände ringend und hielt ihn dabei an den Rockschößen fest. »Mama wird mich wieder schelten!«

Er hatte offenbar nicht so viel Widerstand erwartet, nahm aber das Geld. Als er schließlich mein Klagen und Schluchzen nicht mehr ertragen konnte, ließ er mich auf der Treppe stehen und lief hinunter. Ich ging hinauf, aber vor der Tür unserer Wohnung verließ mich die Kraft. Ich wagte nicht hineinzugehen, konnte nicht hineingehen. Ich war zutiefst erregt und erschüttert. Ich verbarg das Gesicht in den Händen, stürzte an das Fenster wie damals, als ich zum erstenmal von meinem Vater gehört hatte, er wünschte, daß die Mutter tot sei. Ich befand mich in einer Denkunfähigkeit und Erstarrung und horchte zusammenschauernd auf das leiseste Geräusch, das von der Treppe kommen konnte. Schließlich hörte ich, daß jemand eilig heraufkam. Es war er; ich erkannte seinen Schritt.

»Du bist hier?« sagte er im Flüsterton.

Ich stürzte ihm entgegen.

»Da!« rief er und drückte mir das Geld in die Hand. »Da, nimm es zurück! Ich bin nicht mehr dein Vater, hörst du? Ich will jetzt nicht mehr dein Papa sein. Du liebst die Mutter mehr als mich, also geh zu deiner Mama. Ich will von dir nichts mehr wissen!«

Als er das gesagt hatte, stieß er mich von sich und lief wieder die Treppe hinab. Weinend stürzte ich hinter ihm her, um ihn einzuholen.

»Papachen! gutes Papachen! ich will folgsam sein«, schrie ich, »ich liebe dich mehr als Mama! Nimm das Geld wieder! Nimm es!«

Aber er hörte mich nicht mehr; er war verschwunden. Den ganzen Abend über war ich wie betäubt und zitterte vor Schüttelfieber. Ich erinnere mich, daß meine Mutter etwas zu mir sagte und mich zu sich rief, aber ich war wie ohne Besinnung, hörte nichts und sah nichts. Endlich löste sich alles in einem Anfall auf; ich fing an zu weinen und zu schreien. Die Mutter erschrak und wußte nicht, was sie tun sollte. Sie nahm mich zu sich ins Bett, und ich erinnerte mich später nicht mehr, wie ich einschlief; den Arm hatte ich um ihren Hals geschlungen, und jede Minute fuhr ich vor Schreck zusammen. So verging die ganze Nacht. Am Morgen wachte ich sehr spät auf, als die Mutter nicht mehr zu Hause war. Sie ging damals immer ihren eigenen Geschäften nach. Bei dem Vater war jemand zu Besuch, und sie sprachen laut über etwas. Ich konnte kaum den Augenblick erwarten, da der Unbekannte fort sein würde, und als wir endlich allein waren, stürzte ich auf meinen Vater zu und bat ihn schluchzend, mir das Benehmen von gestern zu verzeihen.

»Wirst du wieder ein kluges Kind sein wie früher?« fragte er mich mürrisch.

»Ja, Papachen, ja!« antwortete ich. »Ich will dir sagen, wo Mama das Geld liegen hat. In diesem Schubfach in der Schatulle, gestern war es noch da.«

»Wo lag es?« rief er zusammenfahrend und stand vom Stuhl auf. »Wo lag es?«

»Es ist eingeschlossen, Papachen!« sagte ich. »Aber warte: heute abend, wenn die Mutter mich zum Wechseln schickt, denn ihr ist alles Kupfergeld ausgegangen, wie ich gesehen habe.«

»Ich brauche fünfzehn Rubel, Netotschka! Hörst du? Nur fünfzehn Rubel. Verschaff sie mir heute; ich gebe dir morgen alles zurück und kaufe dir jetzt gleich Kandiszucker und Nüsse ... eine Puppe kaufe ich auch ... und jeden Tag bringe ich dir etwas zum Naschen mit, wenn du gescheit bist!«

»Nicht nötig, Papa! nicht nötig! Ich will nichts zum Naschen, ich esse es nicht; ich gebe es wieder zurück!« rief ich und erstickte in Tränen, weil sich mir das Herz zusammenkrampfte. Ich fühlte in dieser Minute, daß er kein Mitleid hatte mit mir, daß er mich nicht liebte, weil er nicht sah, wie ich ihn liebte, sondern glaubte, ich wollte ihm gefällig sein, weil er mir Näschereien versprach. In diesem Augenblick durchschaute ich, ein Kind, ihn durch und durch und fühlte bereits, daß meine Seele für immer durch die Erkenntnis verwundet war, nicht mehr lieben zu können und meinen Papa von früher verloren zu haben. Er dagegen war über meine Versprechungen hochbeglückt; er sah, daß ich bereit war, mich in allem auf seine Seite zu stellen, und daß ich alles für ihn tat. Gott weiß, wieviel dieses »alles« damals für mich bedeutete. Ich fühlte, was dieses Geld für die arme Mutter bedeutete; wußte, daß sie aus Gram über diesen Verlust krank werden könnte, und quälende Reue schrie in mir auf. Aber er sah nichts; er hielt mich für ein dreijähriges Kind, während ich alles verstand. Sein Entzücken kannte keine Grenzen; er küßte mich immer wieder, redete mir gut zu, nicht zu weinen, versprach mir, daß wir noch heute die Mutter verlassen und irgendwohin gehen würden, wobei er offenbar meinen ewigen Träumen schmeicheln wollte, zog schließlich die Konzertanzeige aus der Tasche und suchte mich davon zu überzeugen, daß dieser Mensch, zu dem er heute gehe, sein Feind, ja sein Todfeind sei, doch daß er auch seinen Feinden nicht nachgeben würde. Als er mit mir von seinem Feind sprach, hatte er entschieden selbst die größte Ähnlichkeit mit einem Kind; als er aber bemerkte, daß ich nicht lächelte wie sonst, wenn er mit mir sprach, und ihm schweigend zuhörte, nahm er seinen Hut und verließ das Zimmer, weil er noch etwas Eiliges zu besorgen habe. Beim Fortgehen küßte er mich aber noch einmal, nickte mir lächelnd zu, als traute er mir nicht und als wollte er verhindern, daß ich mich eines anderen besann.

Ich sagte schon, daß er wie von Sinnen war; das war schon am Tag zuvor zu sehen. Er brauchte Geld für eine Karte in jenem Konzert, das alles für ihn entscheiden sollte. Er schien vorauszuahnen, daß dieses Konzert sein Schicksal entscheiden sollte, aber er hatte so die Herrschaft über sich verloren, daß er mir am Tag zuvor das Kupfergeld abnehmen wollte, als hätte er dafür eine Eintrittskarte bekommen. Beim Mittagessen fiel sein seltsames Benehmen noch mehr auf. Er konnte einfach nicht stille sitzen, rührte keine Speise an, stand jeden Augenblick von seinem Platz auf und setzte sich wieder hin, als ob er sich eines andern besonnen hätte. Bald langte er nach seinem Hut, als wollte er ausgehen, bald wurde er seltsam zerstreut und murmelte fortwährend irgend etwas vor sich hin, dann sah er mich plötzlich unvermittelt an, blinzelte mir zu und machte mir Zeichen, als könnte er es nicht erwarten, recht schnell das Geld zu bekommen, und als ärgerte er sich, daß ich es der Mutter noch nicht genommen hatte. Sogar die Mutter bemerkte alle diese Seltsamkeiten und beobachtete ihn erstaunt. Ich dagegen fühlte mich wie zum Tod verurteilt. Das Mittagessen ging zu Ende; ich drückte mich in eine Ecke und zählte, wie im Fieber zitternd, jede Minute bis zu dem Augenblick, da die Mutter mich wie gewöhnlich zum Einkaufen schicken würde. Nie im Leben habe ich quälendere Stunden durchgemacht; sie werden für immer in meinem Gedächtnis haften bleiben. Was fühlte ich nicht in diesen Augenblicken! Es gibt Minuten, in denen man innerlich mehr erlebt als in ganzen Jahren. Ich fühlte, daß ich etwas Schlechtes beging! Er selbst hatte ja meinen Instinkt für das Richtige gestärkt, als er mich das erstemal kleinmütig zum Bösen verleitet hatte, um mir dann erschreckt zu erklären, daß ich sehr schlecht gehandelt hätte. Konnte er nicht verstehen, wie schwer es ist, eine Natur zu hintergehen, die nach Erkenntnis ihrer Eindrücke verlangt und durch Gefühl und Nachdenken zwischen gut und böse zu unterscheiden weiß? Ich begriff ja, daß die äußerste Not ihn dazu trieb, mich ein zweites Mal zum Bösen zu verleiten, so meine schutzlose Kindheit hinzuopfern und noch einmal die Gefahr heraufzubeschwören, daß mein nicht ganz gefestigtes Gewissen wieder ins Schwanken geriet. Und jetzt überlegte ich, in meine Ecke gekauert, warum er mir eine Belohnung für etwas versprochen hatte, das ich aus freiem Willen zu tun entschlossen war. Neue Empfindungen, neue, bislang unbekannte Regungen, neue Fragen entstanden haufenweise, und ich quälte mich mit diesen Fragen herum. Dann fiel mir plötzlich die Mutter ein; ich stellte mir ihren Kummer über den Verlust des letzten Verdienstes vor. Endlich legte die Mutter die Arbeit nieder, die über ihre Kraft hinausging, und rief mich zu sich. Ich fuhr zusammen und ging zu ihr. Sie nahm das Geld aus der Kommode, gab es mir und sagte: »Geh, Netotschka, aber laß dir um Gottes willen nicht falsch herausgeben und verliere nichts!«

Ich warf meinem Vater einen flehenden Blick zu, aber er nickte mit dem Kopf, lächelte ermutigend und rieb sich vor Ungeduld die Hände. Die Uhr schlug sechs; das Konzert sollte um sieben Uhr beginnen. Auch er hatte wohl beim Warten viel durchgemacht.

Ich blieb auf der Treppe stehen und wartete auf ihn. Er

war so aufgeregt und ungeduldig, daß er mir in seiner Unvorsichtigkeit sogleich nachgelaufen kam. Ich gab ihm das Geld; auf der Treppe war es dunkel, und ich konnte sein Gesicht nicht sehen, aber ich fühlte, daß er am ganzen Leib zitterte, als er das Geld bekam. Ich stand wie erstarrt und konnte mich nicht vom Fleck rühren; endlich kam ich zur Besinnung, als er mich hinaufschickte, ihm seinen Hut zu holen. Er wollte nicht mehr hineingehen.

»Papa, willst du ... denn nicht mit mir gehen?« fragte ich mit stockender Stimme, wobei ich an meine letzte Hoffnung – seinen Beistand dachte.

»Nein ... geh nur allein ... Ja? ... Nein, warte, warte!« rief er dann, sich besinnend. »Warte! Ich will dir gleich Bonbons holen, aber geh nur hinauf und hole mir meinen Hut!« Es war, als ob mir eine eisige Hand das Herz zusammenpreßte. Ich schrie auf, stieß ihn von mir, stürzte hinauf. Als ich in das Zimmer trat, war mein Gesicht verzerrt, und wenn ich jetzt gesagt hätte, man habe mir das Geld genommen, so hätte die Mutter es mir geglaubt. Aber ich konnte in diesem Augenblick nicht sprechen. In einem Anfall krampfhafter Verzweiflung warf ich mich der Länge nach über das Bett der Mutter und verbarg mein Gesicht in den Händen. Gleich darauf knarrte leise die Tür, der Vater trat herein. Er kam, um seinen Hut zu holen.

»Wo ist das Geld?« rief plötzlich meine Mutter, die sofort erriet, daß irgend etwas Ungewöhnliches vor sich gegangen war. »Wo ist das Geld? Rede, sprich!« Damit riß sie mich von dem Bett fort und stellte mich mitten ins Zimmer.

Ich schwieg und schlug die Augen zu Boden; ich verstand kaum, was mit mir vorging und was man mit mir machte.

»Wo ist das Geld?« schrie sie noch einmal, indem sie mich stehenließ und sich dem Vater zuwandte, der seinen Hut ergriffen hatte. »Wo ist das Geld?« wiederholte sie. »Ah! sie hat es dir gegeben? Du bist mein Mörder! du Verbrecher! Du Gottloser richtest auch sie noch zugrunde! Das Kind da! Aber nein! So kommst du nicht hinaus!«

Im Nu hatte sie sich auf die Tür gestürzt, diese von innen abgeschlossen und den Schlüssel zu sich gesteckt.

»Sprich! Gestehe!« sagte sie dann wieder zu mir, mit einer Stimme, die vor Aufregung kaum zu hören war. »Gestehe alles! Sprich doch, sprich! oder ... ich weiß nicht, was ich mit dir tue!«

Sie packte meine Arme und quetschte sie, während sie mich verhörte. Sie war außer sich. In diesem Augenblick schwor ich mir, zu schweigen und kein Wort über meinen Vater zu sagen, aber ich richtete schüchtern zum letztenmal die Augen auf ihn ... Ein einziger Blick, ein einziges Wort, irgend etwas, worauf ich so gewartet und worum ich im stillen gebetet hatte – und ich wäre glücklich gewesen, trotz allen Qualen, die Folter nicht ausgenommen ... Aber, mein Gott! Mit einer gefühllosen Geste hieß er mich schweigen, als ob in diesem Augenblick irgendwelche Drohungen auf mich Einfluß gehabt hätten! Die Kehle war mir wie zugeschnürt, mein Atem stockte, die Beine sanken unter mir fort, und ich fiel bewußtlos auf den Fußboden ... Der Nervenanfall von gestern hatte sich wiederholt.

Ich kam wieder zu mir, als plötzlich an die Tür unseres Quartiers gepocht wurde. Die Mutter machte auf, und ich erblickte einen Diener in Livree, der in das Zimmer trat, uns erstaunt ansah und nach dem Musiker Jefimow fragte. Mein Stiefvater sagte, daß er das sei. Da übergab ihm der Diener ein Briefchen und teilte ihm mit, er komme von Herrn B., der sich augenblicklich beim Fürsten befinde. Im Umschlag war eine Eintrittskarte zu dem Konzert.

Das Erscheinen des Lakaien in der reichen Livree, der Name des Fürsten, seines Herrn, der eigens nach dem armen Musikanten Jefimow geschickt hatte – dies alles machte im Nu einen großen Eindruck auf die Mutter. Ich erwähnte schon zu Beginn der Beschreibung ihres Charakters, daß die arme Frau meinen Vater noch immer liebte. Auch jetzt hatte sich ihr Herz, trotz den acht Jahren ständiger Sorgen und Entbehrungen, nicht geändert: sie konnte ihn noch immer lieben. Weiß Gott, vielleicht sah sie plötzlich einen Umschwung in ihrem Geschick vor sich. Auf sie übte auch schon der Schatten einer Hoffnung Einfluß aus. Wer kann es sagen – vielleicht war sie auch etwas von dem unerschütterlichen Selbstgefühl ihres überspannten Mannes angesteckt! Und es konnte ja auch gar nicht anders sein, als daß dieses überspannte Selbstgefühl auf sie, eine schwache Frau, einen, wenn auch vielleicht nicht allzu großen Einfluß hatte. So konnte sie an die Aufmerksamkeit des Fürsten sofort tausend neue Pläne knüpfen. Im Nu war sie bereit, sich dem Vater wieder zuzuwenden, sie konnte ihm alles, was er ihr im Leben angetan hatte, verzeihen, sogar sein letztes Vergehen, das Hinopfern ihres einzigen

Kindes, und im Ausbruch ihres schnellauflodernden Enthusiasmus und ihrer neuen Hoffnung dieses Verbrechen als ein einfaches Vergehen erklären, als eine Tat des Kleinmutes, hervorgerufen durch die Not, die erbärmliche Lebensweise und das Verzweifelte der ganzen Lage. Sie war ganz hingerissen, und in diesem Augenblick war sie schon wieder von neuem bereit, ihren so tief gesunkenen Mann zu bemitleiden und ihm zu verzeihen.

Der Vater wurde geschäftig; auch ihn hatte B.s und des Fürsten Aufmerksamkeit freudig überrascht. Er trat an die Mutter heran und flüsterte ihr etwas zu, worauf sie aus dem Zimmer ging. Nach zwei Minuten kam sie mit Kleingeld zurück, und der Vater gab davon sogleich einen Silberrubel dem Boten, der sich mit höflicher Verbeugung entfernte. Inzwischen ging die Mutter einen Augenblick hinaus, holte das Bügeleisen, suchte das beste Vorhemdchen des Vaters hervor und bügelte es. Sie band ihm selbst eine weiße Batistkrawatte um, die seit undenklichen Zeiten für alle Fälle in seiner Garderobe war, zusammen mit dem schwarzen, freilich schon äußerst abgetragenen Frack, den er sich hatte machen lassen, als er in das Theaterorchester eintrat. Nachdem der Vater seine Toilette beendet hatte, nahm er den Hut, bat aber vor dem Hinausgehen noch um ein Glas Wasser. Er war blaß und mußte sich auf einen Stuhl setzen. Das Wasser reichte ich ihm; vielleicht hatte sich doch wieder ein ablehnendes Gefühl in das Herz meiner Mutter geschlichen und ihre erste Begeisterung gedämpft.

Der Vater ging; wir blieben allein. Ich verzog mich in eine Ecke und blickte lange schweigend die Mutter an. Ich hatte sie nie so aufgeregt gesehen. Die Lippen zitterten, die bleichen Wangen röteten sich plötzlich, und von Zeit zu Zeit ging ein Zucken durch ihren ganzen Körper. Schließlich löste sich ihr Leid in Klagen, Stöhnen und Wimmern auf.

»Ach! Ich allein bin schuld daran, ich Unglückliche! Was soll aus ihr werden, wenn ich sterbe!« sagte sie und blieb mitten im Zimmer stehen, von diesem Gedanken wie vom Blitz getroffen. »Netotschka, mein Kind! mein armes Kind! du Unglückliche!« sagte sie, nahm mich bei der Hand und umarmte mich krampfhaft. »Wenn ich dich schon bei Lebzeiten nicht richtiger erziehen konnte, wer wird später nach dir sehen und sich um dich kümmern! Ach, du verstehst mich nicht! Verstehst du mich? Wirst du nicht vergessen, was ich dir jetzt gesagt habe, Netotschka? Wirst du daran denken?«

»Ja, Mamachen, ja!« sagte ich mit gefalteten Händen in flehendem Ton.

Sie hielt mich lange und fest mit ihren Armen umschlungen, als zitterte sie vor dem Gedanken, sich von mir trennen zu müssen. Das Herz wollte mir brechen.

»Mamachen, Mamachen!« sagte ich mit tränenerstickter Stimme, »warum ... warum hast du Papa nicht lieb?« Vor Schluchzen konnte ich nicht weitersprechen.

Ein Stöhnen entrang sich ihrer Brust. Dann begann sie, von neuer schrecklicher Sorge gequält, im Zimmer auf und ab zu gehen.

»Mein armes, armes Kind! Und ich hatte gar nicht bemerkt, wie sie heranwuchs! Sie weiß, sie weiß alles. Mein Gott! Was für Eindrücke! was für Beispiele!« Und sie rang wieder verzweifelt die Hände.

Dann trat sie auf mich zu und küßte mich in unsinniger Liebe, küßte meine Hände, benetzte sie mit ihren Tränen und flehte mich um Verzeihung an. Ich habe nie in meinem Leben so tiefes Leid gesehen ... Endlich schien sie der Schmerz erschöpft zu haben, und sie verfiel in Stumpfheit. So verging eine ganze Stunde. Dann stand sie auf, müde und matt, und sagte, ich solle mich schlafen legen. Ich ging in meinen Winkel und hüllte mich in meine Decke, konnte aber nicht einschlafen. Ich sorgte mich um sie, ich sorgte mich um den Vater. Voller Ungeduld erwartete ich dessen Heimkehr. Entsetzen überfiel mich, wenn ich an ihn dachte. Nach einer halben Stunde nahm die Mutter eine Kerze und kam zu mir, um nachzusehen, ob ich eingeschlafen sei. Um sie zu beruhigen, kniff ich die Augen zu und tat, als schliefe ich. Nachdem sie mich betrachtet hatte, ging sie leise zum Schrank, öffnete ihn und goß sich ein Glas Branntwein ein. Sie trank es aus und legte sich schlafen, während die Kerze auf dem Tisch brannte und die Tür offenblieb – wie immer, wenn der Vater voraussichtlich spät nach Hause kam.

Ich lag wie bewußtlos da, aber kein Schlaf schloß mir die Augen. Kaum wollten sie mir zufallen, wachte ich wieder auf oder schreckte vor entsetzlichen Traumgesichten zusammen. Meine Angst stieg immer höher. Ich wollte schreien, aber der Schrei erstarb in meiner Brust. Endlich, schon spät in der Nacht, hörte ich, wie unsere Tür aufging. Ich weiß nicht mehr, wieviel Zeit verging, doch als ich plötzlich die Augen öffnete, sah ich den Vater. Er schien mir furchtbar blaß zu sein. Er saß unmittelbar neben der Tür auf einem Stuhl und schien über etwas nachzudenken. Im Zimmer herrschte Totenstille. Die tropfende Talgkerze erhellte trübe unsere Behausung.

Ich sah meinen Vater lange an, aber er rührte sich immer noch nicht vom Fleck. Er saß regungslos, immer in der gleichen Haltung da, ließ den Kopf hängen und stemmte die Hände krampfhaft gegen die Knie. Ich versuchte mehrere Male, ihn anzurufen, vermochte es aber nicht. Meine Gelähmtheit wich nicht von mir. Schließlich kam er auf einmal zu sich, richtete den Kopf empor und stand vom Stuhl auf. Einige Minuten blieb er mitten im Zimmer stehen, als wollte er irgendeinen Entschluß fassen, dann trat er plötzlich an das Bett der Mutter, lauschte, und nachdem er sich vergewissert hatte, daß sie schlief, ging er zu dem Koffer, in dem seine Geige lag. Er öffnete ihn, nahm das schwarze Futteral heraus und stellte es auf den Tisch; dann schaute er sich wieder um; sein Blick war trübe und unruhig, wie ich es noch nie an ihm gesehen hatte.

Er hatte schon die Geige ergriffen, legte sie aber sogleich wieder hin, ging zurück und verschloß die Tür. Als er dabei den Schrank offenstehen sah, ging er leise zu ihm hin, sah das Glas und den Branntwein, goß sich ein und trank. Dann ergriff er zum drittenmal die Geige, legte sie aber zum dritten Male hin und ging zum Bett der Mutter. Gelähmt vor Angst wartete ich, was kommen werde.

Er lauschte sehr lange, dann schlug er auf einmal die Decke von ihrem Gesicht zurück und betastete es mit der Hand. Ich zuckte zusammen. Er beugte sich noch einmal nieder und legte sich fast auf ihren Kopf; doch als er sich zum letzten Male aufrichtete, schien ein Lächeln über sein schrecklich blaß gewordenes Gesicht zu huschen. Leise und behutsam zog er die Decke über die Schlafende und hüllte ihr Kopf und Füße ein ... und ich erzitterte vor unsäglicher Angst. Ich ängstigte mich um die Mutter, ich ängstigte mich wegen ihres tiefen Schlafes, und voller Unruhe beobachtete ich die regungslose Linie, die ihre Gliedmaßen eckig auf der Decke abzeichneten ... Wie ein Blitz durchzuckte mich ein entsetzlicher Gedanke.

Nachdem er alle Vorbereitungen beendet hatte, ging er wieder zum Schrank und trank den Rest des Branntweins aus. Er zitterte am ganzen Leib, als er an den Tisch trat. Er war nicht mehr wiederzuerkennen, so blaß war er geworden. Nun griff er von neuem nach der Geige. Ich hatte diese Geige schon gesehen und kannte sie, aber jetzt erwartete ich etwas Entsetzliches, Furchtbares, Wunderbares . . . und zuckte bei ihren ersten Tönen zusammen. Der Vater begann zu spielen, aber die Töne kamen wie abgerissen heraus; er hielt alle Augenblicke inne, als müßte er sich auf etwas besinnen, schließlich legte er mit zerquältem, verstörtem Gesicht den Bogen nieder und blickte auf seltsame Weise zum Bett. Dort schien ihn etwas zu beunruhigen. Er trat wieder ans Bett . . . Ich ließ mir keine seiner Bewegungen entgehen und verfolgte alles, obgleich ich dabei vor Entsetzen verging.

Plötzlich begann er eilig herumzusuchen – und wieder durchfuhr mich derselbe furchtbare Gedanke wie ein Blitz. Es fiel mir ein: Warum schläft die Mutter so fest? Warum wachte sie nicht auf, als er ihr mit der Hand übers Gesicht fuhr? Schließlich sah ich, wie er alles, was er von unseren Kleidern finden konnte, zusammenschleppte; er nahm die Saloppe der Mutter, seinen alten Rock, den Schlafrock, sogar mein Kleid, das ich abgelegt hatte, und bedeckte damit die Mutter so vollständig, daß sie unter dem aufgeschichteten Haufen verschwand. Sie lag regungslos, ohne ein Glied zu bewegen.

Sie schlief einen tiefen Schlaf.

Der Vater schien freier zu atmen, als er seine Arbeit beendet hatte. Nun hinderte ihn nichts mehr, aber immer noch beunruhigte ihn etwas. Er rückte das Licht beiseite und stellte sich mit dem Gesicht zur Tür, damit er das Bett nicht sehen konnte. Endlich ergriff er die Geige und setzte mit einer verzweifelten Bewegung den Bogen an . . . Die Musik begann.

Aber das war keine Musik. Ich erinnere mich genau an alles bis zum letzten Augenblick; ich erinnere mich an alles, was damals meine Aufmerksamkeit fesselte. Nein, das war keine Musik, wie ich sie später zu hören bekam. Das waren nicht die Töne einer Geige, sondern es war, als ob jemandes furchtbare Stimme zum ersten Male in unserer dunklen Behausung erdröhnte. Mochten auch meine Eindrücke falsch, krankhaft sein oder meine Gefühle durch alles, wovon ich Zeuge war, verbittert und auf schreckliche, unendlich quälende

Eindrücke eingestellt sein – ich war fest davon überzeugt, das Stöhnen, Schreien und Weinen eines Menschen zu vernehmen. Seine ganze Verzweiflung klang in diesen Tönen, und als schließlich der furchtbare Schlußakkord erdröhnte, in dem gleichzeitig entsetzliches Weinen, quälende Sorge und hoffnungsloser Gram aufschrien ... da konnte ich mich nicht länger halten – ein Zittern überkam mich, die Tränen stürzten mir aus den Augen, und mit einem furchtbaren, entsetzten Schrei stürzte ich auf den Vater zu und umschlang ihn mit meinen Armen. Er schrie auf und ließ die Geige sinken.

Eine Weile stand er wie betäubt da. Schließlich ließ er seine Augen nach allen Seiten umherschweifen; er schien etwas zu suchen, aber plötzlich packte er die Geige, schwang sie über meinem Kopf ... noch ein Augenblick, und er hätte mich vielleicht auf der Stelle getötet.

»Papachen!« rief ich ihm zu, »Papachen!«

Er zitterte wie Espenlaub, als er meine Stimme hörte, und trat zwei Schritte zurück.

»Ach! du bist noch übrig! Es ist also noch nicht alles vorbei! Du bist mir noch verblieben!« rief er und hob mich an den Schultern in die Luft.

»Papachen!« rief ich von neuem, »um Gottes willen, ängstige mich nicht! Ich fürchte mich so entsetzlich! Ach!«

Mein Weinen machte ihn bestürzt. Er setzte mich sanft wieder auf den Fußboden und sah mich eine Weile schweigend an, als ob er sich einer Sache bewußt würde und sich an etwas erinnerte. Zugleich stürzten ihm plötzlich, als habe irgend etwas eine Wendung in ihm hervorgerufen, als habe irgendein entsetzlicher Gedanke ihn erschreckt, die Tränen aus den trüben Augen; er beugte sich zu mir herab und sah mir starr in das Gesicht.

»Papachen!« sagte ich außer mir vor Angst, »schau mich nicht so an, Papachen! Gehen wir fort von hier! Gehen wir, rasch! Gehen wir, laufen wir fort!«

»Ja, wir wollen fliehen! Wir wollen fliehen! Es ist Zeit! Gehen wir, Netotschka! Schnell! Schnell!« Und er machte sich hastig zu schaffen, als wäre ihm jetzt erst klargeworden, was er zu tun habe. Hastig blickte er ringsum, und als er auf dem Fußboden Mutters Tuch liegen sah, hob er es auf und steckte es in die Tasche. Dann sah er eine Haube – er hob sie gleichfalls auf und steckte sie ein, als müßte er sich für eine weite Reise rüsten und alles dazu Nötige mitnehmen.

Ich hatte im Nu mein Kleid angezogen und raffte auch in größter Hast alles zusammen, was mir für die Reise nötig zu sein schien.

»Hast du alles? Hast du alles?« fragte der Vater. »Alles fertig? Schnell! Schnell!«

Ich machte geschwind ein Bündel zurecht, warf mir ein Tuch über den Kopf, und wir wollten schon beide hinausgehen, als mir auf einmal einfiel, daß ich auch das Bild mitnehmen mußte, das an der Wand hing. Der Vater war sofort damit einverstanden. Jetzt war er ruhig, sprach flüsternd und drängte mich nur, schnell zu gehen. Das Bild hing sehr hoch; wir holten beide einen Stuhl herbei, stellten dann einen Schemel darauf, kletterten hinauf und nahmen mit großer Mühe das Bild ab. Jetzt war alles fertig für unsere Reise. Er nahm mich bei der Hand, und wir waren schon in der Tür, als er mich plötzlich zurückhielt. Er rieb sich lange die Stirn, als wollte er sich auf etwas besinnen, was noch zu tun sei. Endlich schien er gefunden zu haben, was ihm noch fehlte, suchte die Schlüssel, die unter dem Kopfkissen der Mutter lagen, und begann eilig, etwas in der Kommode zu suchen. Schließlich kehrte er zu mir zurück und brachte etwas Geld, das er im Kästchen gefunden hatte.

»Da! Nimm das Geld! Hebe es gut auf!« flüsterte er mir zu. »Verlier es nicht! Hörst du? Hörst du?«

Er gab mir zuerst das Geld in die Hand, dann nahm er es wieder und steckte es mir in den Busen. Ich erinnere mich, daß ich zusammenzuckte, als das Silber meinen Körper berührte, und ich schien erst jetzt zu begreifen, was Geld eigentlich sei. Nun waren wir wieder fertig, aber er hielt mich plötzlich noch einmal zurück.

»Netotschka!« sagte er zu mir, als ob er angestrengt nachdächte, »mein Kind, ich habe vergessen ... aber was? Was war es doch nur? ... Was wollte ich noch? ... Ach ja! Jetzt hab ich's, es ist mir eingefallen ... Komm her, Netotschka!«

Er führte mich in die Ecke, wo das Heiligenbild hing, und sagte, ich solle niederknien.

»Bete, mein Kind! Bete! Es wird dir leichter ums Herz werden! Ja, wirklich! Es wird dir leichter werden!« flüsterte er mir zu, indem er auf das Heiligenbild zeigte und mich seltsam anblickte. »Bete! Bete!« sagte er mit bittender, flehender Stimme.

Ich kniete nieder, faltete die Hände und fiel, voller

Entsetzen und Verzweiflung, die sich meiner bemächtigten, auf den Fußboden und lag einige Minuten wie leblos da. Ich suchte alle meine Gedanken, all mein Gefühl zum Gebet zu zwingen, doch die Furcht überwog. Ich erhob mich angstzerquält. Ich wollte nicht mehr mit ihm gehen und fürchtete ihn; ich wollte dableiben. Endlich entrang sich, was mich bedrückte und quälte, meiner Brust.

»Papa!« sagte ich tränenüberströmt, »und Mama? Was ist mit Mama? Wo ist sie? Wo ist meine Mama?«

Ich konnte nicht weiterreden und zerfloß in Tränen.

Er sah mich auch weinend an. Schließlich nahm er mich bei der Hand, führte mich zum Bett, zerteilte den daraufliegenden Kleiderhaufen und schlug die Decke zurück. Mein Gott! Sie lag tot da, schon kalt und bläulich. Ich warf mich wie von Sinnen auf sie und umschlang ihre Leiche mit den Armen. Der Vater drückte mich auf die Knie.

»Verneige dich vor ihr, Kind!« sagte er. »Nimm Abschied von ihr . . .«

Ich verneigte mich. Der Vater verneigte sich gleichzeitig mit mir. Er war schrecklich blaß; seine Lippen bewegten sich und flüsterten etwas.

»*Ich war es nicht,* Netotschka, *ich nicht*«, sagte er zu mir und zeigte mit zitternder Hand auf die Leiche. »Hörst du? *Ich war es nicht! Ich bin nicht schuld daran.* Vergiß das nicht, Netotschka!«

»Papa, gehen wir«, flüsterte ich ängstlich.

»Ja, jetzt ist es Zeit! Es ist schon lange Zeit!« sagte er und packte mich fest bei der Hand und trachtete, aus dem Zimmer zu kommen. »So, jetzt auf den Weg! Gott sei Dank! Gott sei Dank! Jetzt ist alles vorbei!«

Wir gingen die Treppe hinunter; der schlaftrunkene Portier öffnete uns das Tor, wobei er uns mißtrauisch ansah, und mein Vater lief, als fürchtete er Fragen, als erster zum Tor hinaus, daß ich ihn kaum einholen konnte. Wir gingen unsere Straße entlang und kamen an das Ufer des Kanals. In der Nacht hatte es die Pflastersteine verschneit, und auch jetzt noch rieselte es in leichten Flocken. Es war kalt; ich fror bis auf das Gebein und lief dem Vater nach, wobei ich mich krampfhaft an den Schößen seines Fracks festhielt. Die Geige hatte er im Arm, und von Zeit zu Zeit blieb er stehen, um das Futteral wieder festzuklemmen.

Wir waren etwa eine Viertelstunde gegangen. Schließlich

bog er von dem abschüssigen Bürgersteig zum Kanal ab und setzte sich auf den äußersten Prellbock. Zwei Schritte entfernt von uns war eine Übergangsstelle. Ringsherum keine Menschenseele. Mein Gott! als ob es heute wäre, erinnere ich mich an das entsetzliche Gefühl, das mich plötzlich ergriff! Endlich war alles in Erfüllung gegangen, wovon ich das ganze Jahr geträumt hatte. Wir hatten unsere ärmliche Behausung verlassen ... aber hatte ich das erwartet, war das in meiner kindlichen Phantasie vorgegangen, als ich mir das Glück desjenigen ausmalte, den ich in so unkindlicher Weise liebte? Am meisten aber quälte mich in diesem Augenblick die Mutter. Warum hatten wir sie, dachte ich, allein gelassen? ihren Körper wie eine wertlose Sache liegenlassen? Ich erinnere mich, daß mich gerade das am meisten aufregte und peinigte.

»Papachen!« begann ich, außerstande, die quälende Frage zu unterdrücken. »Papachen!«

»Was hast du?« fragte er mürrisch.

»Warum, Papachen, haben wir Mama dort gelassen? Warum haben wir sie im Stich gelassen?« fragte ich weinend. »Papachen! Gehen wir nach Hause! Rufen wir jemanden zu ihr.«

»Ja, ja!« rief er plötzlich und fuhr dabei vom Prellbock auf, als wäre ihm etwas Neues eingefallen, was alle Zweifel löste. »Ja, Netotschka! so geht es nicht. Wir müssen zu Mama gehen; es wird ihr kalt sein. Geh zu ihr, Netotschka, geh; es ist nicht dunkel dort, die Kerze brennt. Fürchte dich nicht! Ruf irgend jemanden zu ihr und komm dann wieder zu mir. Geh allein, ich will dich hier erwarten ... Ich gehe nirgends hin ...«

Ich entfernte mich sofort, aber kaum war ich auf den Bürgersteig gelangt, als es mir plötzlich einen Stich ins Herz gab ... Ich wendete mich um und sah, daß er schon in die entgegengesetzte Richtung gelaufen war und mir davonlief und mich allein ließ und in einem solchen Augenblick verriet! Ich schrie, so laut ich nur konnte, und stürzte davon, um ihn einzuholen. Ich geriet außer Atem; er lief immer schneller ... und schon verlor ich ihn aus den Augen. Unterwegs stieß ich auf seinen Hut, den er beim Laufen verloren hatte; ich hob ihn auf und rannte weiter. Der Atem setzte aus, und meine Knie wankten. Ich fühlte, daß etwas Unerhörtes mit mir geschah; es kam mir vor, als sei alles ein Traum, und manchmal hatte ich auch die gleiche Empfindung wie im Traum, wenn mir träumte, daß ich jemandem davonlief, daß mir aber die Beine einknickten, der Verfolger mich erreichte und ich bewußtlos hinfiel. Eine quälende Empfindung überkam mich: er tat mir leid, mein Herz nagte und schmerzte, wenn ich mir vorstellte, daß er ohne Mantel und Hut vor mir, seinem geliebten Kinde, davonlief ... Ich wollte ihn nur deshalb einholen, um ihn fest zu küssen, um ihm zu sagen, daß er sich nicht fürchten solle vor mir, um ihn zu beruhigen und ihm zu versichern, daß ich nicht hinter ihm herlaufen würde, wenn er es nicht wünschte, sondern allein zur Mutter zurückkehren würde. Ich sah schließlich, daß er in eine Straße einbog; als ich hingelaufen und ebenfalls eingebogen war, erblickte ich ihn noch vor mir ... Da verließen mich die Kräfte: ich fing an zu weinen und zu schreien. Ich erinnere mich, daß ich beim Laufen mit zwei Vorübergehenden zusammenstieß, die mitten auf dem Bürgersteig stehengeblieben waren und uns erstaunt nachblickten.

»Papachen! Papachen!« schrie ich ein letztes Mal, aber plötzlich rutschte ich auf dem Gehsteig aus und fiel an einer Hausecke hin. Ich spürte, wie mir das Blut übers Gesicht rann. Einen Augenblick später war ich bewußtlos ...

Ich erwachte in einem warmen, weichen Bett und erblickte neben mir angenehme, freundliche Gesichter, die mein Erwachen mit Freuden begrüßten. Ich sah eine alte Frau mit einer Brille auf der Nase, einen hochgewachsenen Herrn, der mich voll tiefen Mitleids betrachtete, ferner eine schöne junge Dame und schließlich einen weißhaarigen Alten, der meine Hand hielt und auf eine Uhr blickte. Ich erwachte zu neuem Leben. Der eine der beiden, mit denen ich beim Laufen zusammengestoßen, war der Fürst Ch...ij, und hingefallen war ich beim Tor seines Hauses. Als man nach langen Nachforschungen herausbrachte, wer ich war, beschloß der Fürst, der meinem Vater die Karte zu dem Konzert von S–z geschickt hatte, durch den seltsamen Zufall eigenartig berührt, mich in sein Haus aufzunehmen und mich mit seinen Kindern zu erziehen. Man forschte nach, was aus meinem Vater geworden sei, und erfuhr, daß er außerhalb der Stadt in einem Anfall irrsinniger Tobsucht von irgend jemand festgenommen worden war. Man hatte ihn ins Krankenhaus gebracht, wo er nach zwei Tagen starb.

Er starb, weil ein solcher Tod für ihn unerläßlich und der natürliche Abschluß seines Lebens war. Er mußte so sterben, nachdem alles, was ihn am Leben hielt, auf einmal zusammenbrach, wie ein Gespenst zerrann und sich als eitler, fruchtloser Traum erwies. Er starb, nachdem die letzte Hoffnung geschwunden war, nachdem sich vor ihm selber in einem Augenblick alles entschieden hatte und ihm klar zum Bewußtsein gekommen war, womit er sich selbst betrog und sein ganzes Leben stützte. Die Wahrheit blendete ihn mit ihrem unerträglichen Glanz, und das, was Lug und Trug gewesen war, wurde auch für ihn Lug und Trug. In seiner letzten Stunde hatte er das wundervolle Genie gehört, das ihn zur Erkenntnis seiner selbst geführt und ihn in seinen eigenen Augen für immer gerichtet hatte. Mit den letzten Tönen, die von den Saiten des genialen S–z erklangen, enthüllte sich ihm das ganze Geheimnis der Kunst, und dieses ewig junge, mächtige und echte Genie erdrückte ihn durch seine Echtheit. Alles, was ihn nur in geheimnisvollen, unklaren Zweifeln sein ganzes Leben lang gequält hatte, alles, was ihm bisher nur geträumt, ihn nur in Traumgesichten unerreichbar, stets entgleitend gelockt und gepeinigt hatte, was ihm von Zeit zu Zeit klargeworden, wovor er aber immer entsetzt geflohen war, sich hinter der Lüge seines Lebens verschanzend, alles was er vorausgeahnt, aber dennoch gefürchtet hatte, dies alles leuchtete plötzlich vor ihm auf und öffnete ihm die Augen, die sich bisher gesträubt hatten, Licht als Licht und Dunkelheit als Dunkelheit anzuerkennen. Aber die Wahrheit vermochten seine Augen nicht zu ertragen, als sie zum erstenmal all das erblickten, was war, was ist und was ihn erwartete; sie blendete und verbrannte seinen Verstand. Sie traf ihn plötzlich, unentrinnbar wie ein Blitz. Es vollzog sich plötzlich das, was er sein Leben lang mit Zittern und Zagen erwartet hatte. Es war, als habe sein Leben lang ein Beil über seinem Haupt geschwebt, als habe er sein Leben lang in unaussprechlichen Qualen jeden Augenblick darauf gewartet, daß es ihn treffen würde – und schließlich war das Beil doch herabgefallen. Der Schlag war tödlich. Er wollte auch jetzt noch dem Gericht entfliehen, aber er wußte nicht, wohin er fliehen sollte. Die letzte Hoffnung war entschwunden, die letzte Ausrede zunichte. Die, deren Leben so viele Jahre auf ihm gelastet hatte, die ihn nicht atmen ließ, durch deren Tod er seiner verblendeten Meinung nach plötzlich, mit einemmal auferstehen mußte, war gestorben. Endlich war er allein. Nichts hemmte ihn mehr, er war endlich frei! Ein letztes Mal noch wollte er in krampfhafter Verzweiflung über sich selbst richten, unerbittlich und streng richten wie ein unparteiischer, selbstloser Richter; aber sein kraftloser Bogen konnte nur schwächlich die letzte musikalische Phrase des Genies wiederholen ... In diesem Augenblick packte ihn unentrinnbar der Wahnsinn, der schon zehn Jahre lang ihn umlauert hatte.

4

Ich wurde sehr langsam gesund; auch als ich schon das Bett verlassen durfte, war mein Geist immer noch verwirrt, und ich konnte lange nicht begreifen, was mit mir geschehen war. Es gab Augenblicke, wo es mir schien, als träumte ich, und ich erinnere mich, daß ich wünschte, alles Geschehene möchte sich unmittelbar in einen Traum verwandeln! Beim Einschlafen am Abend hoffte ich, plötzlich wieder in unserem armseligen Zimmer zu erwachen und den Vater und die Mutter zu sehen ... Aber endlich wurde mir meine Lage klar, und ich verstand allmählich, daß ich ganz allein dastand und bei fremden Leuten lebte. Zum erstenmal wurde mir bewußt, daß ich eine Waise war.

Ich betrachtete das Neue, das mich umgab, mit lebhafter Anteilnahme. Zuerst erschien mir alles seltsam und wunderbar, alles versetzte mich in Verwirrung: die neuen Gesichter und die neuen Gebräuche und die Zimmer des alten fürstlichen Hauses. Als wäre es heute, so deutlich sehe ich die großen, hohen, prächtigen Gemächer vor mir, die so ernst und düster waren, daß ich mich ernstlich fürchtete, einen unendlich langen Saal zu durchschreiten, in dem ich mir ganz klein vorkam. Meine Krankheit war noch nicht behoben, meine Gemütsverfassung war trübe und schwermütig und paßte ganz zu den feierlich-ernsten Räumen. Außerdem erstarkte ein unklarer Kummer immer mehr in meinem kleinen Herzen. Verwundert blieb ich oft bei irgendeinem Bild, einem Spiegel, einem Kamin erlesener Arbeit oder einer Statue stehen, die sich wie absichtlich in einer tiefen Nische verbarg, damit sie mich von dort besser beobachten oder erschrecken könnte. Ich blieb stehen, wußte aber plötzlich nicht mehr, warum ich stehengeblieben war, was ich wollte und woran ich zunächst gedacht hatte, und wenn ich dann wieder zu mir kam, befielen mich Furcht und Verbitterung, und mein Herz schlug heftig.

Von den Menschen, die mich hin und wieder besuchen

kamen, als ich noch krank lag, fesselte mich außer dem alten Doktor am meisten das Gesicht eines schon greisen, ernsten, aber ebenso gütigen Mannes, der mich mit tiefer Anteilnahme anblickte. Ich liebte sein Gesicht mehr als das aller übrigen. Ich hätte gern mit ihm geplaudert, fürchtete mich aber. Er sah immer sehr niedergeschlagen aus, sprach wenig und stoßweise, und nie zeigte sich ein Lächeln auf seinen Lippen. Es war der Fürst Ch ... ij selbst, der mich gefunden und in sein Haus aufgenommen hatte. Als ich allmählich genas, wurden seine Besuche seltener und seltener. Schließlich kam er zum letztenmal und brachte mir Bonbons und ein Kinderbuch mit Bildern, küßte und segnete mich und bat mich, fröhlicher zu sein. Um mich zu trösten, fügte er hinzu, daß ich bald eine Freundin haben würde, ein ebenso junges Mädchen wie ich selbst, nämlich seine Tochter Katja, die jetzt noch in Moskau sei. Dann sagte er etwas zu einer alten Französin, der Gouvernante seiner Kinder, und zu dem Mädchen, das mich betreute, wies sie auf mich hin, ging hinaus, und dann sah ich ihn drei Wochen lang nicht. Der Fürst lebte in seinem Haus wie ein Einsiedler. Den größten Teil des Gebäudes hatte die Fürstin mit Beschlag belegt; auch sie sah den Fürsten oft wochenlang nicht. Später nahm ich wahr, daß selbst die Hausangestellten nur wenig von ihm sprachen und taten, als wäre er überhaupt nicht im Haus. Dabei verehrten, ja liebten ihn offenbar alle, nur betrachteten sie ihn als einen Sonderling. Er schien sich dessen auch selbst bewußt zu sein und deshalb danach zu streben, allen möglichst wenig unter die Augen zu kommen. An geeigneter Stelle werde ich noch mehr und eingehender von ihm zu sprechen haben.

Eines Morgens zog man mir reine, feine Wäsche und ein schwarzes Wollkleid mit weißem Besatz an, das ich mit träger Unlust betrachtete, frisierte mich und führte mich aus den oberen Zimmern in die Zimmer der Fürstin. Ich blieb wie festgewurzelt stehen, als man mich zu ihr brachte: nie hatte ich soviel Reichtum und Pracht um mich gesehen, aber dieser Eindruck dauerte nur einen Augenblick, ich erblaßte, als ich die Stimme der Fürstin hörte, die mich näher zu ihr zu führen befahl. Schon beim Ankleiden hatte ich mir gedacht, daß man etwas Unangenehmes mit mir vorhabe, obgleich der Himmel wissen mag, weshalb mir das einfiel. Überhaupt trat ich in mein neues Leben mit einem merkwürdigen Mißtrauen gegen meine Umgebung. Doch die Fürstin war sehr freundlich zu mir und küßte mich. Nun sah ich sie etwas mutiger an. Sie war jene schöne Dame, die ich damals gesehen hatte, als ich aus meiner Bewußtlosigkeit zu mir kam. Ich zitterte am ganzen Leib, als ich ihr die Hand küßte, und brachte es nicht fertig, auf ihre Fragen etwas zu antworten. Ich mußte mich neben sie auf ein niedriges Taburett setzen. Dieser Platz schien im vorhinein für mich ausgesucht worden zu sein. Man konnte deutlich sehen, daß die Fürstin freundlich zu mir sein und mir die Mutter ersetzen wollte; aber ich verstand nicht, welches Glück das für mich bedeutete, und stieg nicht in ihrer Meinung. Man gab mir ein schönes Buch mit Bildern und hieß mich es ansehen. Die Fürstin selbst schrieb indes an irgend jemand einen Brief, legte aber von Zeit zu Zeit die Feder hin und sprach mit mir; doch ich war verwirrt und verlegen und konnte kein gescheites Wort herausbringen. Mit einem Wort, obgleich meine Lebensgeschichte durchaus ungewöhnlich war und das Schicksal sowie seltsame, ja geheimnisvolle Fügungen in ihr eine große Rolle spielten und es überhaupt viel Interessantes, Unerklärliches und Phantastisches an sich hatte, so stellte ich mich selbst ungeachtet aller melodramatischen Umstände als ein ganz gewöhnliches, schüchternes, gleichsam verängstigtes und sogar dummes Kind dar. Besonders das letztere gefiel der Fürstin keineswegs, und alsbald verdroß ich sie anscheinend ganz, woran ich natürlich selber schuld war. Gegen drei Uhr begannen die Visiten, und die Fürstin wurde plötzlich wieder aufmerksamer und freundlicher zu mir. Auf die Fragen der Besucher nach mir antwortete sie, daß dies eine überaus interessante Geschichte sei, und dann redete sie auf französisch weiter. Während ihrer Erzählung schaute man mich an, wiegte den Kopf und rief allerhand. Ein junger Mensch richtete sein Lorgnon auf mich, ein duftender, grauhaariger Alter wollte mich sogar küssen, aber ich wurde abwechselnd blaß und rot, saß mit niedergeschlagenen Augen da, wagte nicht, mich zu rühren, und zitterte am ganzen Leib. Mein Herz tat mir unsagbar weh. Ich ließ mich von meinen Gedanken in die Vergangenheit, auf unseren Dachboden tragen; ich dachte an den Vater, an unsere langen, schweigsam verbrachten Abende, ich dachte an die Mutter, und wenn ich mich ihrer erinnerte, traten mir die Tränen in die Augen, die Kehle war wie zugeschnürt, und ich wollte davonlaufen und allein sein . . . Als die Visite zu Ende war, verfinsterte sich das Gesicht der Fürstin. Sie sah mich unfreundlich an, sprach kurz angebunden, und besonders peinigten mich ihre durchdringenden schwarzen Augen, die mich manchmal eine volle Viertelstunde anstarrten, sowie die fest zusammengepreßten, schmalen Lippen. Am Abend führte man mich hinauf. Ich schlief fiebernd ein, wachte in der Nacht geängstigt und weinend aus krankhaften Träumen auf; am Morgen begann die gleiche Geschichte, man brachte mich wieder zur Fürstin. Schließlich hatte sie es anscheinend satt, ihren Gästen meine Erlebnisse zu erzählen, auch den Gästen wurde es langweilig, mich zu bedauern. Zudem war ich ein so gewöhnliches Kind, so »ohne alle Naivität«, wie sich die Fürstin selbst unter vier Augen auf die Frage einer weißhaarigen Dame: »Ist sie Ihnen nicht langweilig?« ausdrückte. Und siehe da, eines Abends führte man mich aus dem Zimmer der Fürstin, um mich überhaupt nicht wieder hinzubringen. So endete meine Favoritinnenrolle; im übrigen stand es mir frei, überall im ganzen Haus herumzugehen. Meine krankhafte Unruhe ließ mich nicht auf einem Fleck sitzen, und ich war froh, wenn ich allen aus dem Wege gehen und unten in die großen Gemächer gehen konnte. Ich erinnere mich, daß ich gern mit den Hausgenossen gesprochen hätte, aber ich fürchtete, sie zu erzürnen, so daß ich es vorzog, allein zu bleiben. Mein liebster Zeitvertreib war, mich in eine Ecke zu verkriechen, wo ich möglichst unbemerkt blieb, mich hinter ein Möbelstück zu stellen und dort über alles, was mir begegnet war, zu phantasieren. Aber seltsam, es war, als hätte ich den Schluß dessen, was ich bei meinen Eltern erlebt hatte, und jene ganze gräßliche Geschichte vergessen. An mir huschten nur einzelne Bilder und Tatsachen vorüber. Freilich erinnerte ich mich an alles: an die Nacht, an die Geige und an den Vater, ich erinnerte mich, wie ich ihm das Geld gab, aber die Vorgänge in einen geordneten Zusammenhang zu bringen war ich außerstande ... Beim Nachdenken wurde mir nur trauriger zumute, und wenn ich dabei zu dem Augenblick kam, wo ich neben der toten Mutter betete, durchlief ein kalter Schauer meine Glieder; ich zitterte, schrie leise auf, und das Atmen wurde mir so schwer, die Brust tat mir so weh, mein Herz schlug so heftig, daß ich in meiner Angst aus der Ecke floh. Ich habe übrigens die Unwahrheit gesprochen, als ich sagte, daß man mich allein ließ. Man sah unermüdlich und aufmerksam nach mir und erfüllte genau die Anweisungen des Fürsten, der befohlen hatte, mir volle Freiheit zu gewähren und mich nicht zu behindern, aber keine Sekunde aus den Augen zu lassen. Ich bemerkte, daß von Zeit zu Zeit irgend jemand von den Bewohnern des Hauses oder von der Dienerschaft einen Blick in das Zimmer warf, in dem ich mich aufhielt, und dann wortlos wieder hinausging. Diese Aufmerksamkeit setzte mich in Erstaunen und beunruhigte mich sogar. Ich konnte nicht verstehen, weshalb es geschah. Mir schien, daß man mich für etwas aufbewahrte und etwas mit mir vorhatte. Ich erinnere mich, daß ich mich bemühte, immer weiter im Haus herumzukommen, um im gegebenen Fall zu wissen, wo ich mich verbergen konnte. Einmal geriet ich dabei auf die Paradetreppe. Sie war ganz aus Marmor, sehr breit, mit Teppichen belegt und mit Blumen und herrlichen Vasen geschmückt. Auf jedem Treppenabsatz saßen zwei hochgewachsene Männer, außerordentlich bunt gekleidet, mit Handschuhen und weißen Halsbinden. Ich sah sie verständnislos an und konnte mir nicht zusammenreimen, warum sie hier saßen, schwiegen, nur einander anblickten und nichts taten.

Diese einsamen Spaziergänge gefielen mir immer mehr. Außerdem gab es aber noch einen anderen Grund, weswegen ich von oben flüchtete. Oben wohnte die alte Tante des Fürsten, die fast niemals ausging oder ausfuhr. Diese Alte blieb scharf umrissen in meinem Gedächtnis haften. Sie war eigentlich die wichtigste Person im ganzen Haus. Ihr gegenüber beobachteten alle die Regeln der feierlichsten Etikette, und sogar die Fürstin selbst, die so stolz und selbstherrlich dreinblickte, mußte zweimal in der Woche an ganz bestimmten Tagen zu ihrer Tante hinaufgehen und ihr einen persönlichen Besuch abstatten. Gewöhnlich kam sie am Morgen; es begann ein trockenes Gespräch, häufig unterbrochen von feierlichem Stillschweigen, während die Alte entweder Gebete murmelte oder die Kugeln des Rosenkranzes durch die Finger gleiten ließ. Der Besuch endete nicht eher, als die Tante selbst es wünschte, die sich erhob, die Fürstin auf die Lippen küßte und ihr dadurch zu verstehen gab, daß das Zusammensein beendet war. Früher mußte die Fürstin jeden Tag ihre Verwandte besuchen, später trat auf Wunsch der Alten eine Erleichterung ein, und die Fürstin war nur verpflichtet, sich an den übrigen fünf Tagen der Woche jeden Morgen durch einen Bedienten nach ihrem Befinden erkundigen zu lassen. Im allgemeinen führte die alte Prinzessin ein klösterliches Leben. Sie war unverehelicht geblieben und im Alter von fünfunddreißig Jahren in ein Kloster eingetreten, in dem sie siebzehn Jahre zubrachte, ohne sich scheren zu lassen. Dann hatte sie das Kloster verlassen und war nach Moskau gezogen, um bei ihrer Schwester, der verwitweten Gräfin L . . ., deren Gesundheit von Jahr zu Jahr schlechter wurde, zu wohnen und sich mit ihrer zweiten Schwester, ebenfalls einer Prinzessin Ch . . . aja, auszusöhnen, mit der sie über zwanzig Jahre verfeindet gewesen war. Es heißt aber, daß die drei Alten nicht einen einzigen Tag in Eintracht verlebt hätten; tausendmal wollten sie sich trennen, konnten es aber doch nicht, weil sie merkten, wie unentbehrlich jede einzelne den beiden anderen war, um sich vor der Langweile und Anfälligkeit des Alters zu schützen. Doch ungeachtet der Unfreundlichkeit ihrer Lebensweise und der feierlichen Langweile, die in ihrem Moskauer Terem herrschte, hielt es doch die ganze Stadt für ihre Pflicht, ihre Besuche bei den drei Einsiedlerinnen nicht einzustellen. Man betrachtete sie als Bewahrerinnen aller aristokratischen Überlieferungen und Tugenden und als lebende Chronik des echten russischen Bojarentums. In der Tat hinterließ die Gräfin nach ihrem Tod das denkbar beste Andenken; sie war eine wirklich vortreffliche Frau. Die Ankömmlinge aus Petersburg machten zuerst bei ihr Besuch. Wer in ihrem Haus empfangen wurde, konnte überall verkehren. Aber die Gräfin starb, und die beiden anderen Schwestern trennten sich; die ältere, Prinzessin Ch . . . aja, blieb in Moskau und erbte ihren Anteil an der Hinterlassenschaft der kinderlos verstorbenen Gräfin, während die jüngere, die Klosterinsassin, zu ihrem Neffen, dem Fürsten Ch . . . ij, nach Petersburg zog. Dafür blieben die zwei Kinder des Fürsten, Katja und Alexander, in Moskau bei der Großmutter, um sie in ihrer Einsamkeit aufzuheitern und zu trösten. Die Fürstin liebte ihre Kinder leidenschaftlich, wagte aber nie, ein Wort dagegen zu äußern, und fand sich damit ab, sich für die ganze Zeit der festgesetzten Trauer von ihnen zu trennen. Ich vergaß zu sagen, daß im ganzen Haus des Fürsten noch Trauer war, als ich einzog; doch die Frist war bald darauf um.

Die alte Prinzessin war ganz in Schwarz gekleidet, und zwar trug sie immer ein einfaches Wollkleid und dazu gestärkte, in kleine Fältchen gelegte weiße Kragen, die ihr das Aussehen einer Armenhäuslerin gaben. Sie hatte immer einen Rosenkranz, fuhr feierlich zur Messe, fastete tagelang, empfing Besuch verschiedener geistlicher Personen und anderer hochstehender Leute, las fromme Bücher und führte überhaupt das Leben einer Nonne. Die Stille oben war schrecklich. Nicht eine Tür durfte knarren. Die alte Dame war empfindlich wie ein fünfzehnjähriges Mädchen und schickte gleich jemanden los, der sich nach der Ursache des Geräuschs oder auch nur eines Knisterns erkundigen mußte. Alle flüsterten, alle gingen auf den Zehenspitzen, und die arme, auch schon bejahrte Französin konnte schließlich nicht umhin, auf ihr liebstes Schuhwerk zu verzichten: Schuhe mit Absätzen. Absätze waren verpönt. Zwei Wochen nach meinem Auftauchen ließ die alte Prinzessin nach mir fragen: wer ich sei, was ich im Haus täte, wie ich hierhergeraten sei, und so weiter. Man befriedigte sie unverzüglich und respektvoll. Dann wurde ein zweiter Bote mit der Frage zur Französin geschickt, warum sie mich bis dahin nicht zu sehen bekommen hätte. Sofort gab es ein großes Hin und Her: man frisierte mich, wusch mir Gesicht und Hände, die ohnehin schon sauber waren, suchte mir beizubringen, wie ich gehen, mich verneigen, heiter und freundlich dreinblicken und sprechen sollte, mit einem Wort: man machte mich vollends kopfscheu. Darauf wurde unsererseits eine Abgesandte ausgeschickt, um sich höflichst zu erkundigen, ob man beliebe, die Waise zu sehen. Es erfolgte eine ablehnende Antwort, doch wurde für den nächsten Tag eine Zeit nach der Messe festgesetzt. Ich schlief die ganze Nacht nicht; später erfuhr ich, daß ich die ganze Nacht phantasiert hätte und immer zur Prinzessin gehen und sie für etwas um Verzeihung bitten wollte. Endlich erfolgte meine Vorstellung. Ich erblickte eine kleine magere Frau, die in einem riesigen Sessel hockte. Sie nickte mir zu und setzte sich die Brille auf, um mich besser sehen zu können. Ich weiß noch wie heute, daß ich ihr ganz und gar nicht gefiel. Sah man doch, daß ich ungehobelt war und weder zu sitzen noch die Hand zu küssen verstand. Es begann die Fragerei, und ich antwortete kaum; doch als das Gespräch auf meinen Vater und meine Mutter kam, begann ich zu weinen. Der Alten war es unangenehm, daß ich mich so wenig beherrschte; im übrigen versuchte sie mich zu trösten und hieß mich meine Hoffnung auf Gott setzen. Dann fragte sie mich, wann ich zum letztenmal in der Kirche gewesen sei, und da ich ihre Frage kaum verstand, weil man meine Erziehung auf diesem Gebiet sehr vernachlässigt hatte, geriet die Prinzessin ganz außer sich. Sofort ließ sie die Fürstin kommen. Es fand eine Beratung statt, in der beschlossen wurde, daß ich am nächsten Sonntag in die Kirche geführt werden sollte. Bis dahin versprach die Prinzessin für mich zu beten. Dann gab sie den Befehl, mich aus dem Zimmer zu bringen, weil ich ihren Worten nach einen bedrückenden Eindruck auf sie machte. Das war nun weiter nicht verwunderlich und konnte gar nicht anders sein. Es war offenbar, daß ich ihr mißfallen hatte; noch am selben Tag ließ sie sagen, ich tollte zuviel umher und man hörte mich durch das ganze Haus, während ich den ganzen Tag regungslos dasaß; offenbar bildete es sich die Alte nur ein. Aber auch am nächsten Tag folgten dieselben Bemerkungen. Zufällig hatte ich gerade eine Tasse fallen lassen und sie zerbrochen. Die Französin und alle Dienstmädchen waren entsetzt und verbannten mich sofort in das entlegenste Zimmer, wohin mich alle, von tiefstem Entsetzen gepackt, begleiteten.

Ich weiß nicht mehr, wie die Geschichte endete. Jedenfalls wird man verstehen, warum ich so gern hinunterging und allein in den großen Zimmern umherstreifte. Wußte ich doch, daß ich dort niemanden störte!

Ich erinnere mich, daß ich einmal unten in einem Saal saß. Ich hatte mein Gesicht in den Händen vergraben, hielt den Kopf gesenkt und verbrachte so ich weiß nicht mehr wieviel Stunden. Ich grübelte und grübelte. Mein unreifer Verstand konnte noch nicht mein ganzes Leid ergründen, und mir wurde immer bedrückter zumute. Plötzlich erklang eine leise Stimme neben mir.

»Was fehlt dir, mein armes Kind?«

Ich hob den Kopf; es war der Fürst. Sein Gesicht drückte tiefe Anteilnahme und Mitgefühl aus; aber ich sah ihn mit so hoffnungslosem, so unglücklichem Blick an, daß ihm die Tränen in die großen blauen Augen traten.

»Arme Waise!« sagte er und streichelte mir den Kopf.

»Nein, nein, nicht Waise! Nein!« rief ich, und ein Stöhnen entrang sich meiner Brust; mein ganzes Innere geriet in Wallungen. Ich erhob mich, ergriff seine Hand, küßte sie, bedeckte sie mit Tränen und wiederholte in flehendem Ton: »Nein, nein, nicht Waise. Nein!«

»Mein Kind, was hast du? Meine liebe, arme Netotschka, was ist mit dir?«

»Wo ist meine Mama? Wo ist meine Mama?« rief ich, laut aufschluchzend, außerstande, meine Qualen länger zu unterdrücken, und fiel kraftlos vor ihm in die Knie. »Wo ist meine Mama? Sag mir, Täubchen, wo ist meine Mama?«

»Verzeih mir, mein Kind! ... Ach! meine Ärmste! ich habe dich wieder daran erinnert. Was habe ich angerichtet?! Komm, komm mit mir, Netotschka! Komm mit mir!«

Er nahm mich bei der Hand und zog mich schnell hinter sich her. Er war zutiefst erschüttert. Schließlich gelangten wir in ein Zimmer, das ich noch nie vorher gesehen hatte.

Es war die Hauskapelle. Es herrschte Dämmerung. Die Lampen warfen ihren leuchtenden Schein auf die goldene Einfassung und die wertvollen Steine der Heiligenbilder. Aus den glänzenden Rahmen blickten düster die Gestalten der Heiligen. Alles hier war so verschieden von den anderen Zimmern, war so geheimnisvoll und ernst, daß ich scheu wurde und Angst sich meiner Seele bemächtigte. Dabei war ich ohnehin schon krankhaft überreizt. Der Fürst forderte mich hastig auf, vor dem Muttergottesbild niederzuknien, und trat neben mich ...

»Bete, mein Kind, bete! Wir wollen beide beten!« sagte er mit leiser, stockender Stimme.

Aber ich konnte nicht beten. Ich war bestürzt, ja erschreckt; ich gedachte der Worte des Vaters in jener letzten Nacht, die er mir vor der Leiche meiner Mutter sagte, und bekam einen Nervenanfall. Ich lag krank zu Bett und wäre in dieser zweiten Periode meiner Krankheit fast gestorben; und das kam so.

Eines Morgens drang ein wohlbekannter Name an mein Ohr. Ich hörte den Namen S–z. Einer der Hausbewohner hatte ihn neben meinem Bett ausgesprochen. Ich fuhr zusammen. Die Erinnerungen stürmten auf mich ein, ich grübelte, träumte und bangte und lag viele Stunden im Fieberwahn. Ich erwachte sehr spät. Um mich herum war es dunkel; die Nachtlampe war ausgegangen, und das Mädchen, das sonst in meinem Zimmer saß, war nicht da. Plötzlich hörte ich Klänge einer fernen Musik. Bald verstummten die Töne gänzlich, bald erklangen sie lauter und lauter, als wenn sie näher kämen. Ich weiß nicht mehr, was für ein Gefühl sich meiner bemächtigte, was für eine Absicht plötzlich in meinem kranken Kopf entstand. Ich stand auf und zog schnell – wer mir nur die Kraft dazu gab! – meine Trauerkleider an und schlich tastend aus dem Zimmer. Weder im zweiten noch im dritten Zimmer begegnete ich einer Seele, schließlich geriet ich auf den Korridor. Die Töne wurden immer deutlicher. Mitten auf dem Gang war die Treppe, die hinabführte; auf diesem Wege ging ich weiter, in die großen Zimmer hinunter. Die Treppe war hell erleuchtet; unten gingen Leute; ich versteckte mich in einer Ecke, damit man mich nicht sähe, und ging, sobald ich konnte, in den anderen Korridor hinab. Die Musik drang aus dem anstoßenden Saal; dort herrschten Lärm und ein Stimmengewirr, als ob Tausende von Menschen versammelt wären. Eine der Türen, die unmittelbar vom Korridor in den Saal führte, war mit gewaltigen doppelten Portieren aus hochrotem Samt verhängt. Ich hob die erste hoch und stand zwischen beiden Vorhängen. Mein Herz schlug so heftig, daß ich mich kaum auf den Beinen halten konnte, doch nach einigen Minuten faßte ich Mut und wagte es sogar, den Saum des zweiten Vorhanges zu lupfen ... Mein Gott! Jener gewaltige düstere Saal, den zu betreten ich mich immer so gefürchtet hatte, erstrahlte jetzt von tausend Kerzen. Ein Meer von Licht drang auf mich ein, und meine an Dunkelheit gewöhnten Augen waren im ersten Augenblick schmerzhaft geblendet. Wohlgerüche schlugen mir wie ein heißer Wind in das Gesicht. Eine Unmenge Menschen gingen hin und her, und alle machten frohe, heitere Gesichter. Die Frauen trugen prächtige, helle Kleider; überall begegnete ich vor Vergnügen blitzenden Augen. Ich stand wie verzaubert da. Mir war, als hätte ich alles schon irgendwo, irgendwann im Traum gesehen ... Ich erinnerte mich an die Dämmerung; ich erinnerte mich an unseren Dachboden, an das hochgelegene Fenster, an die Straße tief unten mit den funkelnden Laternen, an die Fenster des gegenüberliegenden Hauses mit den roten Vorhängen, an die Wagen, die sich an der Freitreppe drängten, an das Stampfen und Schnauben der stolzen Pferde, an die Schreie, den Lärm, die Schatten an den Fenstern und an die schwache, ferne Musik ... Also hier, hier war jenes Paradies! schoß es mir durch den Kopf. Hierher hatte ich mit meinem armen Vater gehen wollen ... Also war es doch kein Traum gewesen! ... Ja, ich hatte alles schon früher in meinen Träumen und Gesichten gesehen! Meine krankhaft überreizte Phantasie arbeitete fieberhaft, und Tränen einer unerklärlichen Begeisterung stürzten mir aus den Augen. Meine Augen suchten den Vater! Er muß hier sein! er ist hier! dachte ich, und mein Herz schlug erwartungsvoll ... der Atem stockte. Doch die Musik verstummte, Geräusche wurden laut, und durch den ganzen Saal ging ein Flüstern.

Ich spähte gierig in die an mir vorübergleitenden Gesichter und bemühte mich, irgend jemanden zu erkennen. Plötzlich ging eine Welle ungewöhnlicher Erregung durch den Saal. Ich erblickte auf einem Podium einen hochgewachsenen, mageren Alten. Sein blasses Antlitz lächelte, er verneigte sich steif nach allen Seiten; in seinen Händen war eine Geige. Es trat tiefes Schweigen ein, als hielten alle Leute den Atem an. Alle Gesichter waren auf den Greis gerichtet, alles war gespannt. Er nahm die Geige und berührte mit dem Bogen die Saiten. Die Musik begann, und ich fühlte, wie mir plötzlich etwas das Herz zusammenpreßte. In ununterdrückbarer Angst, mit verhaltenem Atem lauschte ich den Klängen; etwas Bekanntes erklang in meinen Ohren, als hätte ich es schon einmal gehört; die Vorahnung vor irgend etwas Entsetzlichem, Furchtbarem, das auch für mein Herz von entscheidender Bedeutung werden sollte, überkam mich. Endlich erklang die Geige stärker; die Töne wurden schneller und deutlicher; jetzt glaubte man verzweifeltes Stöhnen, klagendes Weinen zu hören, als ob ein heißes Flehen in dieser Menge vergebens erklänge und verzweifelt unterginge. Immer bekannter klangen die Töne meinem Herzen, aber dieses Herz wollte noch nicht glauben. Ich preßte die Zähne aufeinander, um nicht vor Schmerz aufzustöhnen, ich klammerte mich an den Vorhang, um nicht umzufallen. Von Zeit zu Zeit schloß ich die Augen und öffnete sie plötzlich in der Erwartung, daß das alles nur ein Traum sei, daß ich aus einem schrecklichen, entsetzlichen, wohlbekannten Traum erwachen werde; ich wähnte, in jene letzte Nacht zurückversetzt zu sein, dieselben Töne wie damals zu hören! Wenn ich die Augen öffnete, wollte ich mich vergewissern, schaute gierig in die Menge – nein! das waren andere Leute, andere Gesichter ... Mir schien es, daß alle wie ich irgend etwas erwarteten, daß alle wie ich von tiefer Sehnsucht gequält wurden, daß sie alle diesem furchtbaren Schluchzen und Stöhnen zurufen wollten, doch zu verstummen und ihnen nicht das Herz zu zerreißen, aber das Stöhnen und Schluchzen erklang immer bedrückender, kläglicher, länger. Plötzlich ertönte ein letzter furchtbarer, langer Schrei, und alles in mir erbebte ... Kein Zweifel! das war derselbe, derselbe Schrei! ich erkannte ihn, ich hatte ihn schon einmal gehört, und er zerriß mir wie damals in jener Nacht die Seele. Der Vater! Der Vater! durchfuhr es wie ein Blitz meinen Kopf. Er ist hier, das ist er, er ruft mich, das ist seine Geige! Wie ein Stöhnen entrang es sich jetzt dieser ganzen Menge, und ein schreckliches Händeklatschen erschütterte den Saal. Ein verzweifeltes, durchdringendes Weinen entrang sich meiner Brust. Ich hielt es nicht mehr aus, schlug den Vorhang zurück und stürzte in den Saal.

»Papa! Papa! Das bist du! Wo bist du?« rief ich außer mir.

Ich weiß nicht, wie ich bis zu dem hochgewachsenen Greis gelangte. Die Leute traten vor mir auseinander und gaben mir den Weg frei. Mit einem gequälten Schrei stürzte ich auf ihn zu; ich glaubte, den Vater zu umarmen. Plötzlich sah ich, daß mich lange knochige Arme packten und in die Luft hoben. Ein paar schwarze Augen waren auf mich gerichtet und schienen mich mit ihrem Feuer verzehren zu wollen. Ich sah den Greis an: Nein, nein! Das ist nicht mein Vater! Das ist sein Mörder! zuckte es mir durch den Sinn. Eine unbeschreibliche Wut überkam mich, und plötzlich schien es mir, daß über mir ein Lachen erscholl und daß dieses Lachen im Saal einen einzigen allgemeinen Schrei auslöste. Ich verlor das Bewußtsein.

5

Das war die zweite und letzte Periode meiner Krankheit.

Als ich die Augen öffnete, sah ich das über mich gebeugte Gesicht eines Kindes, eines mir gleichaltrigen Mädchens, und meine erste Bewegung war, die Arme nach ihr auszustrecken. Mit dem ersten Blick füllte sich meine Seele mit Glück und einer süßen Ahnung. Stellt euch ein unvergleichlich reizvolles Gesicht vor, dessen strahlende Schönheit jeden unwillkürlich in seinen Bann zieht, eines jener Gesichter, vor denen man plötzlich, von süßer Unruhe gebannt, verzückt stehenbleibt, ein Wesen, dem man dankbar dafür ist, daß es auf Erden wandelt, daß man es ansehen darf und daß es unseren Weg gekreuzt hat. Es war Katja, die Tochter des Fürsten, die eben erst aus Moskau zurückgekehrt war. Sie lächelte über meine Bewegung, und meine schwachen Nerven schmerzten vor wohligem Entzücken.

Die Prinzessin rief ihren Vater, der zwei Schritte von ihr entfernt mit dem Arzte sprach.

»Nun, Gott sei Dank! Gott sei Dank!« sagte der Fürst, während er meine Hand ergriff und in seinem Gesicht aufrichtige Freude aufleuchtete. »Ich freue mich, ich freue mich, ich freue mich sehr!« fuhr er in seiner gewöhnlichen hastigen Art zu sprechen fort. »Siehst du! Dies hier ist Katja, mein Töchterchen! Macht euch bekannt – da hast du eine Freundin. Werde schnell gesund, Netotschka. Ach, die Schlimme, wie sie mich erschreckt hat . . .«

Meine Genesung erfolgte sehr rasch. Nach einigen Tagen ging ich schon umher. Jeden Morgen trat Katja an mein Bett, stets mit einem Lächeln oder Lachen, das nie von ihren Lippen verschwand. Ich wartete auf ihr Erscheinen wie auf das Glück; ich hätte sie so gern geküßt! Aber das mutwillige Mädchen kam immer nur auf einige Minuten; sie konnte einfach nicht stille sitzen. Ständig in Bewegung zu sein, zu laufen, zu rennen, zu lärmen und durchs ganze Haus zu tollen war für sie unerläßliche Notwendigkeit. Und darum erklärte sie mir beim erstenmal, daß es ihr zu langweilig sei, bei mir zu sitzen, und daß sie deshalb nur selten zu mir kommen würde, und das auch nur, weil ich ihr leid täte; da sei nichts zu machen, also müsse sie kommen. Sobald ich gesund wäre, würde es mit uns beiden viel besser gehen. Und jeden Morgen war ihr erstes Wort: »Nun, schon gesund?«

Und da ich noch immer mager und blaß war und sich nur schüchtern ein Lächeln auf mein trauriges Gesicht wagte, runzelte die Prinzessin die Augenbrauen, schüttelte den Kopf und stampfte ärgerlich mit dem Füßchen auf.

»Ich habe dir doch gestern gesagt, du sollst gesund werden! Wie? Man gibt dir wohl nichts zu essen?«

»Nur wenig«, antwortete ich schüchtern, weil ich Scheu vor ihr empfand. Ich wollte ihr mit aller Macht gefallen, und deshalb fürchtete ich jedes Wort und jede Bewegung. Ihr Erscheinen versetzte mich stets in größere Begeisterung. Ich wandte kein Auge von ihr, und wenn sie fort war, blickte ich wie verzaubert auf die Stelle, wo sie gestanden hatte. Sie erschien mir sogar im Traum. Und im Wachen, wenn sie nicht da war, führte ich ganze Gespräche mit ihr, war ihre Freundin, tobte, stritt und weinte mit ihr, wenn man uns ausschalt – mit einem Wort, ich träumte von ihr wie eine Verliebte. Ich wollte schrecklich gern gesund werden und möglichst rasch zunehmen, wie sie mir geraten hatte.

Wenn Katja am Morgen zu mir hereingelaufen kam und als erstes Wort mir zurief: »Nun, bist du noch nicht gesund? Noch immer so dünn!« schämte ich mich schuldbewußt. Aber nichts konnte ernsthafter sein als Katjas Verwunderung darüber, daß ich mich im Lauf eines Tages nicht erholt hatte, so daß sie zu guter Letzt tatsächlich böse wurde.

»Na, wenn du willst, werde ich dir heute eine Pirogge bringen«, sagte sie einmal zu mir. »Iß sie, davon wirst du rasch dick!«

»Bringe sie«, antwortete ich, ganz glücklich darüber, daß ich sie noch einmal sehen würde.

Wenn sich die Prinzessin nach meiner Gesundheit erkundigt hatte, setzte sie sich meistens mir gegenüber auf einen Stuhl und betrachtete mich mit ihren schwarzen Augen. Vom ersten Augenblick unserer Bekanntschaft an hatte sie mich alle Augenblicke vom Kopf bis zu den Füßen mit der naivsten Verwunderung betrachtet. Aber unsere Unterhaltung kam nicht recht vom Fleck. Ich war eingeschüchtert durch Katjas Gegenwart und durch ihr schroffes Auftreten, obgleich mich der Wunsch, mit ihr zu sprechen, fast verzehrte.

»Warum sagst du nichts?« begann Katja nach einigem Stillschweigen.

»Wie geht es deinem Papa?« fragte ich, erfreut, daß es einen Satz gab, mit dem ich jedesmal das Gespräch eröffnen konnte.

»Wie wird es ihm gehen, gut! Ich habe heute zwei Tassen Tee getrunken, und nicht eine! Und du wie viele?«

»Eine!«

Wieder Schweigen.

»Heute wollte mich Falstaff beißen.«

»Ist das ein Hund?«

»Ja, hast du ihn noch nicht gesehen?«

»Doch, das schon.«

»Weshalb hast du dann gefragt?«

Und da ich nicht wußte, was ich sagen sollte, sah mich die Prinzessin wiederum erstaunt an.

»Nicht wahr, du freust dich, wenn ich mit dir spreche?«

»Ja, sehr! Komm öfter!«

»Das hat man mir schon gesagt, daß es dich freut, wenn ich zu dir komme; du sollst dann früher aufstehen können. Ich werde dir heute eine Pirogge bringen . . . Warum schweigst du immer?«

»Nur so.«

»Du denkst immer nach, nicht?«

»Ja, ich denke viel.«

»Von mir heißt es, ich rede zuviel und denke zuwenig. Ist Reden etwas Schlimmes?«

»Nein, ich freue mich, wenn du sprichst!«

»Hm, ich werde Madame Léotard fragen, sie weiß alles. Woran denkst du denn immer?«

»Ich denke an dich«, antwortete ich nach kurzem Schweigen.

»Das freut dich?«

»Ja.«

»Du liebst mich also?«

»Ja.«

»Aber ich liebe dich noch nicht. Du bist so mager! Warte! Ich bringe dir eine Pirogge! Nun leb wohl!«

Die Prinzessin küßte mich wie im Fluge und verschwand aus dem Zimmer.

Nach Tisch aber erschien tatsächlich die Pirogge. Die Prinzessin kam wie eine Besessene hereingestürmt und kicherte vor Freude, daß sie mir etwas zu essen gebracht hatte, was mir verboten war.

»Iß noch mehr, iß ordentlich, es ist meine Pirogge, ich habe selber nichts gegessen. Nun leb wohl!« Und schon war sie nicht mehr zu sehen.

Ein andermal kam sie plötzlich herein, wieder zu ungewöhnlicher Zeit, nach Tisch. Ihre schwarzen Locken waren wie vom Wirbelwind zerzaust, ihre Backen waren rot wie Purpur, und ihre Augen funkelten; man konnte deutlich sehen, daß sie schon ein, zwei Stunden gelaufen und gesprungen war.

»Kannst du Federball spielen?« rief sie außer Atem und hastig und schon wieder irgendwohin unterwegs.

»Nein«, erwiderte ich, außer mir vor Schmerz darüber, daß ich nicht »Ja« sagen konnte.

»Du bist aber eine! Nun, werde du nur gesund, dann zeige ich es dir. Ich wollte dich nur sehen. Jetzt spiele ich mit Madame Léotard. Leb wohl, man wartet auf mich!«

Endlich durfte ich das Bett ganz verlassen, wenn ich auch noch immer schwach und matt war. Mein erster Gedanke war der, mich nie wieder von Katja zu trennen. Ein unwiderstehliches Gefühl zog mich zu ihr. Ich konnte sie gar nicht genug anschauen, und das setzte Katja in Erstaunen. Meine Neigung für sie war so stark, ich gab diesen neuen Empfindungen so leidenschaftlich Raum, daß sie es geradezu merken mußte. Zunächst kam es ihr wie eine unerhörte Seltsamkeit vor. Ich erinnere mich, daß ich es einmal, während wir spielten, nicht mehr aushalten konnte, ihr um den Hals fiel und sie küßte. Sie befreite sich aus meiner Umarmung, ergriff mich bei den Händen, runzelte wie beleidigt die Augenbrauen und fragte mich: »Was hast du? Warum küßt du mich?«

Ich fühlte mich bestürzt als Schuldige, fuhr bei ihrer raschen Frage zusammen und konnte kein Wort herausbringen. Die Prinzessin zuckte zum Zeichen ihres unentschiedenen Zweifels die Achseln (eine Bewegung, die ihr zur Gewohnheit geworden war), preßte überaus ernst ihre vollen Lippen zusammen, ließ vom Spiel ab und setzte sich in eine Sofaecke, von wo aus sie mich lange betrachtete und über irgend etwas nachdachte, als müßte sie eine neue, in ihrer Seele aufgetauchte Frage entscheiden. Auch das war in allen schwierigen Fällen ihre Gewohnheit. Ich konnte mich sehr lange nicht an diese herben und schroffen Züge ihres Charakters gewöhnen.

Anfangs gab ich mir selbst die Schuld und glaubte, tatsächlich ganz ungewöhnlich zu sein. Obwohl das stimmen mochte, quälte mich doch der Zweifel, warum ich nicht vom ersten Augenblick an Katjas Freundin sein und ihr dann ein für allemal gefallen konnte. Mein Mißerfolg kränkte mich recht schmerzhaft, und jedes hastige Wort Katjas, jeder mißbilligende Blick brachten mich fast zum Weinen. Aber mein Kummer wuchs nicht etwa von Tag zu Tag, nein, von Stunde zu Stunde, weil bei Katja alles sehr geschwind ging. Einige Tage danach bemerkte ich, daß sie mich keineswegs ins Herz geschlossen hatte, ja sogar anfing, Widerwillen gegen mich zu empfinden. Alles an diesem jungen Mädchen war rasch, heftig – mancher hätte gesagt grob, wenn nicht in diesen blitzschnellen Bewegungen eines aufrechten, naiv-aufrichtigen Charakters eine echte, edle Grazie gewesen wäre. Die Sache begann damit, daß sie gegen mich Zweifel hegte und dann sogar Verachtung empfand; anfänglich wohl deswegen, weil ich tatsächlich nicht spielen konnte. Die Prinzessin tollte und lief gern, sie war kräftig, lebhaft, geschickt, ich aber gerade das Gegenteil. Ich war noch von der Krankheit geschwächt, still und träumerisch, das Spiel machte mir keinen Spaß. Mit einem Wort, es gingen mir alle Fähigkeiten ab, ihr zu gefallen. Außerdem konnte ich es nicht ertragen, wenn man mit mir unzufrieden war; ich wurde sofort traurig und ließ den Kopf hängen, so daß ich meine Fehler nicht mehr gutmachen und den für mich nachteiligen Eindruck nicht verwischen konnte; mit einem Wort: es ging mir schlecht. Dafür hatte Katja kein Verständnis. Zuerst hatte sie sogar Angst vor mir bekommen und mich nach ihrer Gewohnheit erstaunt angesehen, wenn sie wieder einmal eine ganze Stunde sich vergebens mit mir herumgeplagt hatte, um mir beizubringen, wie man Federball spielt. Da ich aber immer gleich traurig wurde, so daß mir die Tränen in die Augen traten, ließ sie mich einfach, nachdem sie lange über mich nachgedacht hatte, stehen und spielte allein weiter, ohne mich wieder zur Teilnahme aufzufordern, ohne tagelang auch nur ein Wort mit mir zu sprechen. Ich war so bestürzt darüber, daß ich diese Mißachtung nicht ertragen konnte. Die neue Vereinsamung wurde noch drückender als die frühere, und ich fing wieder an, traurig und träumerisch zu werden, und von neuem schlichen schwarze Gedanken in mein Herz.

Madame Léotard, deren Obhut wir anvertraut waren, bemerkte schließlich diesen Umschwung in unseren Beziehungen, und da vor allem ich ihr auffiel und meine erzwungene Einsamkeit sie betroffen machte, wandte sie sich unmittelbar an die Prinzessin und schalt sie dafür, daß sie mit mir nicht umgehen konnte. Die Prinzessin runzelte die Augenbrauen, zuckte die Achseln und erklärte, mit mir nicht umgehen zu können. Ich könnte nicht spielen und träumte nur, so daß sie lieber auf ihren Bruder Alexander warten wolle, der bald aus Moskau kommen werde, und dann würde es für sie beide lustiger sein.

Aber Madame Léotard gab sich mit einer solchen Antwort nicht zufrieden und bemerkte, daß sie mich allein ließe, obwohl ich noch krank sei, daß ich nicht so lustig und ausgelassen wie Katja sein könne, was übrigens auch viel besser sei, da Katja zu wild sei und dies und das verübt habe und es vorgestern fast so weit getrieben, daß die Bulldogge sie beinahe aufgefressen hätte – kurz, Madame Léotard schalt sie erbarmungslos und schickte sie mit der Weisung zu mir, sich sofort auszusöhnen.

Katja hörte Madame Léotard mit großer Aufmerksamkeit zu, als ob sie tatsächlich etwas Neues und Berichtigendes in ihren Argumenten fände. Sie warf den Reifen, mit dem sie im Saal gespielt hatte, hin, trat auf mich zu, blickte mich ernst an und fragte mich erstaunt: »Wollen Sie nun spielen?«

»Nein«, antwortete ich, über mich selber ebenso erschrokken wie über Katja, als Madame Léotard sie gescholten hatte.

»Was wollen Sie dann?«

»Sitzen bleiben; das Laufen vertrage ich nicht; aber sind Sie mir nicht böse, Katja, weil ich Sie so sehr liebe.«

»Nun, dann werde ich allein spielen«, sagte Katja leise und stockend, als sei sie selbst erstaunt darüber, nicht die Schuldige zu sein. »Nun leben Sie wohl, ich werde Sie nicht mehr ärgern.«

»Leben Sie wohl«, sagte ich, stand auf und gab ihr die Hand.

»Vielleicht möchten Sie mich küssen?« fragte sie nach einigem Nachdenken, wahrscheinlich in Erinnerung an die Szene von neulich und aus dem Wunsch heraus, mir möglichst viel Angenehmes zu erweisen, um die Sache schnell und harmonisch zu erledigen.

»Wie Sie wollen«, erwiderte ich mit schüchterner Hoffnung.

Sie trat auf mich zu und küßte mich todernst, ohne zu lächeln. Nachdem sie dermaßen alles, was man von ihr verlangt, ausgeführt, sogar mehr getan hatte, um dem armen Mädchen, zu dem man sie geschickt hatte, volle Genugtuung zu geben, lief sie höchst zufrieden und vergnügt von mir fort, und bald hallten alle Zimmer abermals von ihrem Lachen und Schreien wieder, bis sie sich ermüdet und ganz außer Atem auf das Sofa warf, um sich auszuruhen und neue Kräfte zu sammeln. Den ganzen Abend über betrachtete sie mich mißtrauisch; offenbar kam ich ihr sehr wunderlich und seltsam vor. Man konnte deutlich sehen, daß sie gern mit mir reden und über neue, mich betreffende Zweifel ins reine kommen wollte; aber diesmal hielt sie sich noch, ich weiß nicht warum, zurück.

Meistens begann Katjas Unterricht morgens. Madame Léotard lehrte sie das Französische. Der ganze Unterricht bestand in der Wiederholung der Grammatik und in der Lektüre Lafontaines. Man lehrte sie nicht allzuviel, weil man nur mit Mühe von ihr erreichen konnte, daß sie sich zwei Stunden am Tag an ein Buch setzte. Auf diesen Vertrag hatte sie sich erst auf Bitten des Vaters und der Mutter eingelassen und erfüllte ihn nun äußerst gewissenhaft, weil sie selbst ihr Wort gegeben hatte. Sie hatte nicht alltägliche Fähigkeiten; sie faßte schnell und leicht auf. Aber auch hier zeigte sie kleine

Eigenheiten; wenn sie etwas nicht verstand, begann sie sofort darüber nachzudenken und konnte sich nicht dazu verstehen, jemanden um eine Erklärung zu bitten – sie schämte sich gewissermaßen davor. Man erzählte mir, daß sie sich manchmal tagelang mit einer Frage herumschlug, die sie nicht lösen konnte. Sie war dann böse, daß sie nicht ohne fremde Hilfe ihrer Herr werden konnte, und erst im äußersten Notfall, wenn sie am Ende ihrer Kräfte war, kam sie zu Madame Léotard mit der Bitte, ihr eine Frage, die sie nicht verstand, beantworten zu helfen. So war sie auch in ihrem sonstigen Tun. Sie dachte viel nach, obwohl es auf den ersten Blick anders scheinen mochte. Andererseits war sie für ihr Alter recht naiv. Gelegentlich fragte sie etwas völlig Dummes, dann wieder verrieten ihre Antworten die äußerste Feinheit und Klugheit.

Als ich mich wieder beschäftigen konnte, prüfte Madame Léotard meine Kenntnisse und stellte fest, daß ich sehr gut las, aber äußerst schlecht schrieb, und fand es unerläßlich, daß ich Französisch lernte.

Mir war es recht, und eines Morgens setzte man mich neben Katja an den Unterrichtstisch. Zufällig war Katja außerordentlich schwerfällig und zerstreut, so daß Madame Léotard sie gar nicht wiedererkannte. Ich dagegen hatte in der ersten Stunde fast das ganze französische Alphabet erlernt, da es mein Wunsch war, Madame Léotard durch meinen Fleiß gefällig zu sein. So war sie denn am Ende der Stunde auf Katja böse.

»Schauen Sie her«, sagte sie, auf mich zeigend, »ein krankes Kind, lernt zum erstenmal und hat zehnmal mehr als Sie getan. Schämen Sie sich nicht?«

»Sie weiß mehr als ich?« fragte Katja erstaunt. »Sie lernt doch erst das Alphabet!«

»Wieviel Zeit haben Sie gebraucht, um das Alphabet zu lernen?«

»Drei Stunden.«

»Und sie eine! Folglich begreift sie dreimal schneller als Sie und wird Sie bald überholt haben. Nicht wahr?«

Katja dachte einen Augenblick nach und wurde plötzlich rot wie eine Pfingstrose, als sie begriff, daß Madame Léotard recht hatte. Vor Scham zu erröten und schier zu brennen war fast bei jedem Mißerfolg ihre erste Reaktion, sei es aus Ärger über sich selbst oder aus Stolz, weil man sie für irgendeine

Unart getadelt hatte – mit einem Wort, fast bei jeder Gelegenheit. Diesmal traten ihr fast die Tränen in die Augen, aber sie schwieg und sah mich nur an, als ob sie mich mit ihrem Blick verzehren wollte. Ich erriet sofort, was in ihr vorging. Die Arme war im höchsten Grad stolz und ehrgeizig. Als wir von Madame Léotard weggingen, wollte ich ein Gespräch anknüpfen, um möglichst schnell ihren Ärger zu verscheuchen und ihr zu zeigen, daß ich an den Worten der Französin völlig unschuldig sei. Aber Katja blieb still, als hätte sie mich gar nicht gehört.

Eine Stunde später kam sie in das Zimmer, wo ich mit einem Buch saß. Alle meine Gedanken waren bei Katja gewesen. Ich war betroffen und entsetzt, daß sie wieder nicht mit mir reden wollte. Sie blicke mich von der Seite an, setzte sich wie sonst auf das Sofa und wandte eine halbe Stunde lang kein Auge von mir. Schließlich hielt ich es nicht länger aus und sah sie fragend an.

»Können Sie tanzen?« fragte Katja.

»Nein, das kann ich nicht!«

»Aber ich.«

Schweigen.

»Aber Klavier spielen können Sie?«

»Auch nicht!«

»Aber ich spiele! Das ist sehr schwer zu lernen.«

Ich schwieg.

»Madame Léotard sagt, daß Sie klüger seien als ich.«

»Madame Léotard hat sich über Sie geärgert«, erwiderte ich.

»Wird sich Papa vielleicht auch ärgern?«

»Das weiß ich nicht«, antwortete ich.

Wieder Schweigen. Die Prinzessin trommelte ungeduldig mit ihren kleinen Füßchen auf dem Boden.

»Dann werden Sie mich also verspotten, weil Sie besser begreifen als ich?« fragte sie schließlich, als sie ihren Ärger nicht länger unterdrücken konnte.

»Ach, nein, nein!« rief ich und sprang auf, um auf sie zuzustürzen und sie zu umarmen.

»Schämen Sie sich nicht, Prinzessin, so etwas zu denken und zu fragen?« ließ sich plötzlich die Stimme Madame Léotards vernehmen, die uns schon seit fünf Minuten beobachtet und unser Gespräch angehört hatte. »Schämen Sie sich! Sie beneiden ein armes Kind und brüsten sich vor ihr, daß Sie tanzen und Klavier spielen können. Eine Schande! Ich werde alles dem Fürsten erzählen!«

Die Wangen der Prinzessin entbrannten wie Glut.

»Das ist ein schlechter Zug. Sie haben sie durch Ihre Fragen verletzt. Netotschkas Eltern waren arme Leute und konnten ihr keine Lehrer halten; sie hat von sich aus gelernt, weil sie ein gutes, edles Herz hat. Sie sollten sie lieben, aber Sie wollen zanken mit ihr. Schämen Sie sich, schämen Sie sich! Sie ist doch eine Waise und hat niemanden auf der Welt. Es fehlte nur noch, daß Sie damit prahlten, daß Sie eine Prinzessin sind und sie nicht! Ich lasse Sie jetzt allein. Denken Sie über das nach, was ich Ihnen gesagt habe, und bessern Sie sich.«

Die Prinzessin dachte genau zwei Tage darüber nach. Zwei Tage hörte man sie weder lachen noch springen. Wenn ich in der Nacht aufwachte, hörte ich, wie sie selbst im Traum mit Madame Léotard stritt. Sie magerte sogar in diesen zwei Tagen etwas ab, und die Röte spielte nicht so lebhaft auf ihrem strahlenden Gesichtchen. Endlich trafen wir uns am dritten Tag unten in den großen Zimmern. Die Prinzessin kam von ihrer Mutter; als sie mich erblickte, blieb sie stehen und setzte sich mir gegenüber nieder. Ich wartete ängstlich auf das, was da kommen würde, und zitterte am ganzen Körper.

»Netotschka, warum hat man mich Ihretwegen gescholten?«

»Nicht um meinetwillen, Katenka«, erwiderte ich, bemüht, mich zu rechtfertigen.

»Aber Madame Léotard sagt, daß ich Sie verletzt habe.«

»Nein, Katenka, nein, Sie haben mich nicht verletzt.«

Die Prinzessin zuckte die Achseln zum Zeichen mangelnder Einsicht.

»Warum weinen Sie immer?« fragte sie mich nach einigem Schweigen.

»Ich werde nicht weinen, wenn Sie es wollen«, antwortete ich unter Tränen.

Sie zuckte wieder die Achseln.

»Haben Sie auch immer geweint?«

Ich gab keine Antwort.

»Warum weinen Sie bei uns?« fragte die Prinzessin plötzlich nach einer Pause.

Ich sah sie erstaunt an, und es war mir, als wollte mir das Herz zerspringen.

»Weil ich eine Waise bin«, erwiderte ich schließlich, mich zusammenraffend.

»Hatten Sie einen Papa und eine Mama?«

»Ja.«

»Nun, wurden Sie nicht geliebt von ihnen?«

»Doch ... schon«, antwortete ich unter Aufbietung aller Kräfte.

»Waren sie arm?«

»Ja.«

»Sehr arm?«

»Ja.«

»Hat man Sie nichts lernen lassen?«

»Das Lesen.«

»Hatten Sie Spielzeug?«

»Nein.«

»Gab es Kuchen?«

»Nein.«

»Wieviel Zimmer hattet ihr?«

»Eins.«

»Ein Zimmer?«

»Eins.«

»Und Diener?«

»Nein, Diener hatten wir nicht.«

»Nun, wer besorgte alles?«

»Ich selbst ging einkaufen.«

Die Fragen der Prinzessin verwundeten mein Herz immer mehr. Alle diese Erinnerungen, das Bewußtsein des Alleinseins, die erstaunten Fragen der Prinzessin bedrückten und verletzten mich, das Herz blutete mir. Ich zitterte vor Aufregung und erstickte fast vor Tränen.

»Sie freuen sich wohl, daß Sie bei uns wohnen?«

Ich schwieg.

»Hatten Sie gute Kleider?«

»Nein.«

»Schlechte?«

»Ja.«

»Ich habe Ihre Kleider gesehen, man hat sie mir gezeigt.«

»Warum fragen Sie dann?« fragte ich. Ein neues, mir unbekanntes Gefühl ließ mich erzittern, und ich erhob mich von meinem Platz. »Warum fragen Sie dann?« fuhr ich fort und errötete. »Warum lachen Sie über mich?«

Die Prinzessin wollte aufbrausen und stand gleichfalls auf, meisterte aber sofort ihre Erregung.

»Nein . . . ich lache nicht. Ich wollte nur wissen, ob es wahr ist, daß Ihre Eltern arm waren.«

»Warum fragen Sie nach meinem Papa und meiner Mama?« sagte ich weinend vor seelischem Schmerz. »Warum fragen Sie so nach ihnen? Was haben sie Ihnen getan, Katja?«

Katja stand verwirrt da und wußte nicht, was sie antworten sollte.

In diesem Augenblick trat der Fürst ein.

»Was hast du, Netotschka?« fragte er, als er mich erblickte und meine Tränen sah. »Was hast du?« sagte er noch einmal mit einem Blick auf Katja, die feuerrot geworden war. »Wovon habt ihr gesprochen? Worüber habt ihr euch gezankt? Netotschka, worüber habt ihr euch gezankt?«

Ich vermochte nicht zu antworten. Ich ergriff die Hand des Fürsten und küßte sie unter Tränen.

»Katja, lüge nicht, was gab es hier?«

Katja konnte nicht lügen.

»Ich sagte, daß ich gesehen hätte, was für schlechte Kleider sie hatte, als sie noch bei ihrem Papa und ihrer Mama lebte.«

»Wer hat sie dir gezeigt? Wer hat sich erlaubt, sie dir zu zeigen?«

»Ich habe sie selbst gesehen«, antwortete Katja entschieden.

»Nun gut! Du wirst es nicht anderen sagen, ich kenne dich! Und weiter?«

»Und dann fing sie an zu weinen und fragte, warum ich über ihren Papa und ihre Mama lache.«

»Also hast du gelacht über sie?«

Obgleich Katja nicht gelacht hatte über sie, war doch ihre Absicht zu erkennen gewesen, wie ich von vornherein richtig empfunden hatte. Sie erwiderte kein Wort, gab also ihr Vergehen zu.

»Gehe sofort zu ihr und bitte sie um Verzeihung«, sagte der Fürst und zeigte auf mich.

Die Prinzessin stand weiß wie ein Leintuch da und rührte sich nicht vom Fleck.

»Nun?« sagte der Fürst.

»Ich will nicht«, erwiderte Katja schließlich mit halber Stimme, doch mit entschlossener Miene.

»Katja!«

»Nein! Ich will nicht, ich will nicht!« schrie sie plötzlich mit blitzenden Augen und stampfte mit den Füßen. »Ich will nicht um Verzeihung bitten, Papa! Ich mag sie nicht. Ich will nicht mit ihr wohnen ... Ich bin nicht schuld, daß sie den ganzen Tag weint. Ich will nicht, ich will nicht!«

»Komm mit«, sagte der Fürst, ergriff sie bei der Hand und führte sie in sein Kabinett. »Netotschka, geh hinauf.«

Ich wollte auf den Fürsten zustürzen, wollte für Katja bitten, aber der Fürst wiederholte streng seinen Befehl, und ich ging hinauf, eiskalt vor Schreck und mehr tot als lebendig. Als ich in unser Zimmer kam, warf ich mich auf den Diwan und vergrub den Kopf in den Händen. Ich zählte die Minuten und wartete ungeduldig auf Katja und wollte ihr zu Füßen stürzen. Endlich kam sie zurück, ging wortlos an mir vorbei und setzte sich in eine Ecke. Ihr Augen waren gerötet, die Wangen vom Weinen geschwollen. Meine Entschlossenheit war dahin. Ich sah sie entsetzt an und konnte mich vor Angst nicht von der Stelle rühren.

Ich klagte mich selbst an, suchte mir mit aller Kraft zu beweisen, daß ich an allem schuld sei. Tausendmal wollte ich zu Katja hingehen, und tausendmal unterließ ich es, da ich nicht wußte, wie sie es aufnehmen würde. So verging ein Tag und noch ein Tag. Am Abend des zweiten Tages wurde Katja fröhlicher und trieb ihren Reifen durchs Zimmer, gab aber bald diese Beschäftigung auf und setzte sich allein in eine Ecke. Vor dem Schlafengehen wollte sie sich plötzlich an mich wenden, tat sogar zwei Schritte auf mich zu, und ihre Lippen öffneten sich, um mir irgend etwas zu sagen. Dann blieb sie aber stehen, drehte sich um und legte sich ins Bett. Nach diesem Tag verging noch ein Tag, bis endlich die erstaunte Madame Léotard anfing, Katja zu befragen, was mit ihr geschehen sei, ob ihr auch nichts fehle, weil sie plötzlich so stumm geworden sei. Katja antwortete etwas und griff nach ihrem Federball, doch als Madame Léotard sich umdrehte, wurde sie rot, fing an zu weinen und lief aus dem Zimmer, damit ich es nicht sehen sollte. Schließlich wendete sich alles; drei Tage nach unserem Streit kam sie nach dem Mittagessen plötzlich in mein Zimmer und näherte sich mir schüchtern.

»Papa hat mir befohlen, Sie um Verzeihung zu bitten. Verzeihen Sie mir?«

Ich ergriff sofort Katjas beide Hände und stammelte atemlos: »Ja! Ja!«

»Papa hat mir befohlen, Sie zu küssen! Wollen Sie mich küssen?«

Zur Antwort begann ich ihr die Hand zu küssen, die ich mit meinen Tränen benetzte. Als ich einen Blick auf Katja warf, sah ich, daß sie ungewöhnlich erregt war. Ihre Lippen zitterten, das Kinn zuckte, die Augen schimmerten feucht; aber sie meisterte sofort ihre Unruhe, und für einen Augenblick erschien ein Lächeln auf ihren Lippen.

»Ich will Papa sagen, daß ich Sie geküßt und um Verzeihung gebeten habe«, sagte sie leise, als ob sie etwas überlegte. »Ich habe ihn schon drei Tage lang nicht gesehen, er hat mir befohlen, nicht zu ihm zu kommen«, fügte sie nach kurzem Schweigen hinzu.

Nachdem sie das gesagt hatte, ging sie schüchtern und nachdenklich hinab, als wüßte sie noch nicht, wie der Empfang des Vaters sein werde.

Aber nach einer Stunde hörte man oben Schreien, Lärmen, Lachen und das Gebell Falstaffs, etwas wurde umgeworfen und zerbrach. Einige Bücher flogen auf den Fußboden. Der Reifen sauste und sprang in allen Zimmern umher, kurz, ich wußte, daß sich Katja mit ihrem Vater ausgesöhnt hatte, und mein Herz erzitterte vor Freude.

Aber zu mir kam sie nicht und wollte sichtlich jedem Gespräch mit mir ausweichen. Aber dafür hatte ich die Ehre, in höchstem Grad ihre Neugier zu erregen. Immer häufiger setzte sie sich mir gegenüber, um mich recht bequem ansehen zu können. Die Besichtigungen meiner Person wurden immer naiver; mit einem Wort, das verwöhnte, selbstherrliche Mädchen, das alle Leute im Haus verhätschelten und verzogen und wie einen Schatz behandelten, konnte nicht verstehen, daß ich schon mehrere Male ihren Weg gekreuzt hatte, ohne daß sie mich treffen wollte. Sie war jedoch ein treffliches, gutes Herzchen, das stets mit dem bloßen Instinkt den rechten Weg zu finden wußte. Den stärksten Einfluß auf sie hatte ihr Vater, den sie einfach vergötterte. Ihre Mutter war ihr über die Maßen zugetan, aber schrecklich streng gegen sie. Von ihr hatte Katja ihren Eigensinn, den Stolz und die Charakterfestigkeit mitbekommen, mußte aber an sich selbst alle Launen der Mutter erfahren, die bis zur moralischen Tyrannei gingen. Die Fürstin hatte seltsame Vorstellungen von Erziehung, und so wurde Katjas Erziehung ein seltsames Schwanken zwischen übertriebener Verwöhnung und unerbittlicher

Strenge. Was gestern erlaubt gewesen war, wurde heute ohne jeden Anlaß verboten, so daß der Gerechtigkeitssinn des Kindes oft schwer verletzt wurde. Aber davon soll noch die Rede sein. Hier will ich nur erwähnen, daß das Kind es schon verstand, seine Beziehungen zur Mutter und zum Vater abzustimmen. Dem Vater gegenüber gab sie sich so, wie sie war, aufrichtig und offen, und verbarg nichts. Der Mutter gegenüber verhielt sie sich ganz entgegengesetzt. Sie war verschlossen, mißtrauisch und widerspruchslos gehorsam. Aber ihr Gehorsam beruhte nicht auf Überzeugung und Aufrichtigkeit, sondern auf der Erkenntnis des Notwendigen. Ich werde das später noch erklären. Im übrigen muß ich zur besonderen Ehre meiner Katja sagen, daß sie durchaus Verständnis für ihre Mutter hatte und bei aller Unterordnung deren grenzenlose Liebe zu ihr, die manchmal bis zur krankhaften Überspannung ging, voll würdigte, und diesen Punkt stellte die Prinzessin großmütig in Rechnung. Doch ach! diese Rechnung half später ihrem Feuerköpfchen wenig.

Doch ich verstand nicht recht, was mit mir geschah. Alles in mir brodelte durch neues, unerklärliches Gefühl, und ich übertreibe nicht, wenn ich sage, daß ich unter diesem neuen Gefühl litt. Kurz – man verzeihe mir das Wort – ich war in meine Katja verliebt. Ja, das war Liebe, echte Liebe, eine Liebe mit Tränen und Freuden, eine leidenschaftliche Liebe. Was zog mich zu ihr hin? Wie war diese Liebe entstanden? Sie hatte mit dem ersten Blick auf Katja begonnen, als alle meine Gefühle durch den Anblick des engelschönen Kindes in süße Erregung geraten waren. Alles an ihr war schön; kein einziger Fehler war ihr angeboren, alle waren erworben und befanden sich im Zustand der Gärung. Überall sah man den edlen Grundstoff, der nur vorübergehend eine trügerische Form angenommen hatte; aber alles an ihr, angefangen von dieser Gärung, strahlte in versprechender Hoffnung und wies auf eine herrliche Zukunft hin. Allen gefiel sie, alle liebten sie, nicht nur ich. Wenn wir gegen drei Uhr spazierengeführt wurden, blieben alle Vorübergehenden, kaum daß man sie erblickt hatte, wie verzaubert stehen, und nicht selten folgte dem glücklichen Kind ein Ausruf der Verwunderung. Sie war dazu geboren, glücklich zu sein, sie mußte vom Glück auserkoren sein. Das war mein erster Eindruck bei der Begegnung mit ihr. Vielleicht war in mir zum erstenmal ästhetisches Gefühl, Gefühl für das Schöne geweckt worden, zum erstenmal ausgelöst durch diese Schönheit, und das war der ganze Grund meiner Liebe.

Der Hauptfehler der Prinzessin oder – besser gesagt – das Grundelement ihres Charakters, das unaufhaltsam seiner natürlichen Form zustrebte, sich damals noch im Zustand der Gärung und des Ringens befand, war der Stolz. Dieser Stolz erstreckte sich auf die lächerlichste Kleinlichkeit und artete in Selbstüberhebung aus, so daß sie zum Beispiel Widerspruch, welcher Art er auch sein mochte, nicht beleidigte oder ärgerte, sondern nur in Erstaunen setzte. Es wollte ihr nicht in den Kopf, daß es mit irgendeiner Sache anders gehen sollte, als sie es wünschte. Doch das Gerechtigkeitsgefühl in ihrem Herzen trug immer den Sieg davon. Wenn sie zu der Überzeugung kam, daß sie im Unrecht war, ordnete sie sich dem Urteil sofort widerspruchslos, ohne zu schwanken, unter; und wenn sie sich bisher in ihren Beziehungen zu mir geändert hatte, erkläre ich mir das durch ihre ununterdrückbare Abneigung gegen mich, die für eine Zeit das harmonische Gefüge ihres Lebens getrübt hatte. Es konnte nicht anders sein. Sie gab sich zu leidenschaftlich ihren Gefühlsausbrüchen hin, und immer brachten sie erst Beispiel und Erfahrung auf den rechten Weg. Das Endergebnis ihres Beginnens war schön und wahr, wurde jedoch mit unaufhörlichen Irrungen und Wirrungen erkauft.

Katja hatte an den Betrachtungen meiner Person bald genug und beschloß endlich, mich in Ruhe zu lassen. Sie tat so, als wäre ich nicht im Haus, und richtete kaum ein notwendiges, geschweige denn ein überflüssiges Wort an mich. Von ihren Spielen war ich ausgeschaltet, ausgeschaltet nicht mit Gewalt, sondern in so geschickter Weise, daß es aussah, als wäre ich selbst damit einverstanden. Der Unterricht ging seinen Gang weiter, und wenn man mich ihr als Beispiel schneller Auffassungsgabe und ruhigen Wesens vorhielt, genoß ich jetzt nicht mehr die Ehre, ihre Selbstgefälligkeit zu verletzen, die so empfindlich war, daß sogar unsere Bulldogge, Sir John Falstaff, sie verletzen konnte. Falstaff war kaltblütig und phlegmatisch, aber böse wie ein Tiger, wenn er gereizt wurde, böse, daß er sogar seinen Herrn anfiel. Noch ein Zug: er konnte niemanden leiden, aber sein stärkster natürlicher Feind war unstreitig die alte Prinzessin ... Doch davon später. Die ehrgeizige Katja suchte mit allen Mitteln die Unliebenswürdigkeit Falstaffs zu besiegen. Es war ihr unangenehm, daß es ein einziges Wesen im Haus geben sollte, das ihre Autorität, ihre Macht nicht anerkannte und sich vor ihr nicht beugte und sie nicht liebte. Da beschloß die Prinzessin, Falstaff selbst anzugreifen. Sie wollte allen befehlen, alle beherrschen; wie hätte sich Falstaff da seinem Geschick entziehen können? Aber die unbeugsame Bulldogge ergab sich nicht.

Einmal nach dem Mittagessen, als wir beide unten in dem großen Saal saßen, streckte sich der Hund mitten im Zimmer aus und erfreute sich träge seiner Mittagsruhe. Im selben Augenblick fiel es der Prinzessin ein, sich den Hund untertan zu machen. Sie hörte zu spielen auf, näherte sich Falstaff vorsichtig auf den Zehenspitzen, gab ihm die zärtlichsten Namen und lockte ihn mit der Hand zu sich. Doch Falstaff fletschte schon von weitem seine furchtbaren Zähne; die Prinzessin blieb stehen. Ihre ganze Absicht bestand darin, an Falstaff heranzutreten und ihn zu streicheln – was er niemandem außer der Fürstin erlaubte, deren Liebling er war – und ihn zu bewegen, ihr zu folgen: eine schwierige Tat, deren Ausführung mit ernster Gefahr verbunden war, weil Falstaff sich nicht gescheut hätte, ihr die Hand abzubeißen oder selbst zu zerreißen, falls er es für nötig befunden hätte. Er war stark wie ein Bär, und ich verfolgte unruhig, ja ängstlich aus der Ferne Katjas Unterfangen. Aber es war nicht leicht, sie von dem abzubringen, was sie sich in den Kopf gesetzt hatte, und sogar Falstaffs Zähne, die er in höchst unhöflicher Weise sehen ließ, waren dazu nicht imstande. Als sie die Gewißheit hatte, daß sie beim erstenmal nicht an ihn herankommen würde, ging sie prüfend im Kreis um ihren Feind herum. Der rührte sich nicht vom Fleck. Katja beschrieb einen zweiten Kreis mit erheblich kleinerem Durchmesser, dann einen dritten. Als sie aber zu jener Stelle kam, die Falstaff als Zauberkreis betrachtete, fletschte er wieder die Zähne. Die Prinzessin stampfte mit den Füßchen auf, ging ärgerlich und nachdenklich fort und setzte sich auf das Sofa.

Nach zehn Minuten verfiel sie auf ein neues Verführungsmittel, ging rasch hinaus und kehrte mit einem Vorrat an Kringeln und Piroggen zurück, kurz – sie hatte die Waffen gewechselt. Aber Falstaff blieb kalt, offenbar weil er zu satt war. Er blickte nicht einmal nach dem Stückchen Kringel hin, das sie ihm vorwarf. Als aber die Prinzessin von neuem an den Zauberkreis herankam, den Falstaff als seine Gebietsgrenze betrachtete, setzte sein Widerstand ein, und zwar jetzt deutlicher als das erstemal. Falstaff richtete den Kopf auf, fletschte die Zähne, knurrte leise und machte eine kleine Bewegung, als wollte er sich anschicken, seinen Platz zu verlassen. Die Prinzessin wurde rot vor Zorn, warf die Kuchen hin und setzte sich wieder auf ihren Platz.

So saß sie in offensichtlicher Aufregung da. Ihre Füßchen schlugen den Teppich, ihre Wangen glühten, und in ihre Augen traten Tränen des Ärgers. Als einer ihrer Blicke mich zufällig traf, schoß ihr das Blut in den Kopf. Sie sprang entschlossen auf und ging festen Schrittes gerade auf den furchtbaren Hund los.

Vielleicht wirkte diesmal die Überraschung auf Falstaff. Er ließ den Feind über den Zauberkreis, und erst als die unbesonnene Katja zwei Schritte vor ihm stand, warnte er sie durch ein unheilverkündendes Knurren. Katja blieb einen Augenblick stehen, aber nur einen Augenblick, und ging dann entschlossen vorwärts. Ich war starr vor Schreck. Die Prinzessin war so begeistert, wie ich sie noch nie gesehen hatte; ihre Augen blitzten im Gefühl des Sieges und des Triumphes. Es wäre wundervoll gewesen, sie so zu zeichnen. Ohne mit der Wimper zu zucken, hielt sie dem drohenden Blick der wütenden Bulldogge stand und zitterte nicht einmal vor deren furchtbarem Rachen. Sie richtete sich auf. Aus ihrer haarigen Brust drang ein schreckliches Knurren, noch ein Augenblick, so schien es, und sie würde Katja zerreißen. Aber die legte stolz die kleine Hand auf sie und fuhr ihr dreimal triumphierend über den Rücken. Einen Augenblick war die Bulldogge unentschlossen. Dieser Augenblick war der furchtbarste . . . aber plötzlich erhob sich das Tier schwerfällig von seinem Platz, reckte sich und schritt würdevoll aus dem Zimmer, als habe es sich besonnen, daß es sich nicht lohne, mit Kindern anzubändeln. Die Prinzessin stand triumphierend auf dem eroberten Platz und warf mir einen unbeschreiblichen, siegestrunkenen Blick zu. Ich aber war weiß wie Leinwand. Sie bemerkte es und lächelte. Doch überzog jetzt auch ihre Wangen tödliche Blässe. Sie konnte sich zum Diwan schleppen und ließ sich halb ohnmächtig niederfallen.

Meine Zuneigung zu ihr überschritt schon jedes Maß. Seit dem Tag, da ich soviel Angst ihretwegen ausgestanden hatte, konnte ich mich nicht mehr beherrschen. Ich verging vor Sehnen und war tausendmal nahe daran, ihr um den Hals zu fallen. Nur meine Scheu fesselte mich regungslos an meinen

Platz. Ich erinnere mich, daß ich Katja zu meiden suchte, damit sie meine Unruhe nicht bemerke. Aber wenn sie dann zufällig in das Zimmer kam, in das ich mich zurückgezogen hatte, fuhr ich zusammen, und mein Herz begann so heftig zu schlagen, daß sich mir der Kopf drehte. Es kam mir so vor, als hätte mein Quälgeist dies bemerkt und befände sich zwei Tage lang selbst in Unsicherheit, aber bald hatte sie sich auch an diese Ordnung der Dinge gewöhnt. So verging ein ganzer Monat, den ich in stillem Leid verbrachte. Mein Gefühl besitzt eine Art von unerklärlicher Dankbarkeit, wenn man sich so ausdrücken darf. Meine Natur ist außerordentlich geduldig, so daß mein Gefühl nur im äußersten Fall oder unvermittelt zum Durchbruch kommt. Man muß wissen, daß Katja und ich in dieser ganzen Zeit keine fünf Worte miteinander wechselten. Aber allmählich schloß ich aus einigen kaum merklichen Anzeichen, daß die Erklärung für ihr Verhalten nicht irgendwelche Flüchtigkeit und Gleichgültigkeit mir gegenüber war, sondern vielmehr ein absichtliches Meiden, just als hätte sie sich das Wort gegeben, mich in ganz bestimmten Schranken zu halten. Ich selbst aber konnte nachts nicht schlafen und bei Tag meine Unruhe nicht einmal vor Madame Léotard verbergen. Meine Liebe zu Katja schreckte auch vor Verstiegenheiten nicht zurück. Einmal eignete ich mir heimlich ein Taschentuch von ihr an, ein andermal ein Bändchen, das sie sich ins Haar flocht. Ganze Nächte lang küßte ich diese Gegenstände und benetzte sie mit meinen Tränen. Anfangs hatte mich Katjas Gleichgültigkeit gequält und beleidigt, jetzt aber war mein innerer Blick völlig getrübt, und ich konnte mir über meine Empfindungen keine Rechenschaft geben. Auf diese Weise wurden die alten Eindrücke allmählich durch neue verdrängt; die schmerzlichen Erinnerungen an meine traurige Vergangenheit verloren an Schärfe und lösten sich in meinem neuen Leben auf.

Ich erinnere mich, daß ich manchmal in der Nacht aufwachte, vom Bett aufstand und auf den Zehenspitzen zu der Prinzessin hinging. Ich betrachtete die schlafende Katja. Ich stand lange bei dem schwachen Licht unserer Nachtlampe; manchmal setzte ich mich zu ihr auf das Bett, beugte mich über ihr Gesicht und atmete ihren heißen Atem ein. Vorsichtig und zitternd vor Furcht küßte ich ihre Händchen, ihre Schultern, ihre Haare oder ein Füßchen, wenn es gerade unter der Bettdecke hervorlugte. Allmählich bemerkte ich, zumal ich ja einen ganzen Monat lang keinen Blick von ihr wandte, daß Katja jeden Tag nachdenklicher wurde. Ihr Wesen verlor seine Gleichmäßigkeit; manchmal hörte man sie den ganzen Tag über nicht, dann wieder vollführte sie einen Lärm wie nie zuvor. Sie wurde reizbar, anspruchsvoll, errötete oft, wurde häufig ärgerlich und verfiel sogar auf kleine Grausamkeiten mir gegenüber; plötzlich wollte sie nicht neben mir essen oder wollte sich gar von mir fortsetzen, als empfände sie Widerwillen gegen mich. Dann wieder ging sie zu ihrer Mutter und saß dort tagelang, wobei sie vielleicht wußte, daß ich – von ihr getrennt – fast vor Angst verging; oder sie schaute mich stundenlang so an, daß ich nicht wußte, was ich vor tödlicher Verlegenheit tun sollte, und abwechselnd rot und blaß wurde, aber nicht den Mut fand, das Zimmer zu verlassen. Schon zweimal hatte Katja über Fieber geklagt, während man sich nicht erinnern konnte, daß sie früher jemals krank gewesen wäre. Schließlich wurde plötzlich eines Morgens eine besondere Anordnung getroffen: auf ihren eigenen, sehr bestimmten Wunsch hin wurde die Prinzessin unten bei ihrer Mutter einquartiert, die vor Angst starb, wenn Katja über Fieber klagte. Ich will nicht unerwähnt lassen, daß die Fürstin äußerst unzufrieden mit mir war und die ganze an Katja wahrgenommene Veränderung mir und dem düsteren Einfluß meines Charakters, wie sie sich ausdrückte, auf den Charakter ihrer Tochter zuschrieb. Sie hätte uns längst schon getrennt, hatte es aber deswegen hinausgeschoben, weil sie wußte, daß es einen ernsten Zwist mit dem Fürsten geben würde, der ihr zwar in allem nachgab, aber hin und wieder unerbittlich und hartnäckig bis zur Unbeugsamkeit war. Sie kannte den Fürsten sehr gut.

Ich war außer mir über die Umsiedlung der Prinzessin und verbrachte eine ganze Woche in schmerzlichem Seelenzustand. Ich war bekümmert und zerbrach mir den Kopf, warum Katja solchen Widerwillen gegen mich empfand. Der Kummer zerriß mir die Seele, und das Gefühl der Gerechtigkeit und Empörung begann sich in meinem beleidigten Herzen zu regen. Ein gewisser Stolz erstand in mir, und wenn ich mit Katja zur Zeit unseres Spazierganges zusammentraf, blickte ich sie so selbstbewußt und ernst, so ganz anders als früher an, daß es auch ihr auffiel. Freilich ging diese Veränderung in mir nur ruckweise vor sich. Dann begann mein Herz wieder heftiger zu schmerzen, und ich wurde noch schwächlicher und kleinmütiger als vorher. Endlich kehrte eines Morgens zu meiner freudigsten Überraschung die Prinzessin nach oben zurück. Zunächst fiel sie unsinnig lachend Madame Léotard um den Hals und erklärte, daß sie wieder zu uns ziehen werde, dann nickte sie auch mir zu, bat um die Erlaubnis, heute morgen nicht lernen zu brauchen, und tollte den ganzen Morgen herum. Ich hatte sie noch nie so lebhaft und froh gesehen, aber gegen Abend wurde sie still und nachdenklich, und Traurigkeit überschattete ihr schönes Gesicht. Als die Fürstin am Abend nachsehen kam, bemerkte ich, daß Katja die unnatürlichsten Anstrengungen machte, um heiter auszusehen. Aber sobald die Mutter gegangen war und wir wieder allein waren, brach sie plötzlich in Tränen aus. Ich war überrascht. Die Prinzessin bemerkte meine Aufmerksamkeit und ging hinaus. Mit einem Wort – eine unerwartete Krise bereitete sich in ihrem Inneren vor. Die Fürstin hielt Beratungen mit den Ärzten ab und ließ jeden Tag Madame Léotard rufen, um sie ausführlich Katjas wegen zu befragen. Sie befahl, auf jede von Katjas Bewegungen zu achten. Ich allein ahnte die Wahrheit, und mein Herz schlug heftig vor freudiger Erwartung.

Kurz, unser kleiner Roman kam zur Entscheidung und näherte sich seinem Ende. Am dritten Tag, nachdem Katja zu uns zurückgekehrt war, bemerkte ich, daß sie mich den ganzen Morgen mit so verwunderten Augen anschaute und mit langem Blicke maß. Einige Male fing ich diesen Blick auf, und jedesmal wurden wir beide rot und senkten den Kopf, als schämten wir uns voreinander. Schließlich begann die Prinzessin zu lachen und ging fort. Es schlug drei Uhr, und man zog uns für den Spaziergang an. Plötzlich trat Katja auf mich zu.

»Dein Schuh ist aufgegangen«, sagte sie zu mir. »Gib her, ich will ihn zubinden.«

Ich wollte mich selbst bücken und war kirschrot geworden, weil Katja endlich mit mir gesprochen hatte.

»Gib her!« sagte sie ungeduldig und lachte, dann bückte sie sich, faßte kräftig meinen Fuß, stellte ihn auf ihr Knie und schnürte ihn zu. Mir wollte der Atem stocken. Ich wußte nicht, was ich vor süßem Schreck tun sollte. Als sie mit Binden fertig war, stand sie auf und musterte mich vom Kopf bis zu den Füßen.

»Da ist noch der Hals frei«, sagte sie und berührte mit

den Fingern einen entblößten Teil meines Halses. »Komm, ich will dir das Halstuch richtig binden.«

Ich widersprach nicht. Sie knüpfte mein Halstuch auf und band es nach ihrer Art.

»Sonst wirst du dich erkälten«, sagte sie mit einem schelmischen Lachen und einem Blinzeln ihrer schwarzen, feuchtglänzenden Augen.

Ich war ganz außer mir, ich wußte nicht, was mit mir, was mit Katja vorging. Aber unser Spaziergang war, Gott sei Dank, bald vorüber, sonst hätte ich mich nicht beherrschen können und sie auf der Straße umarmt und geküßt. Als wir die Treppe hinaufgingen, gelang es mir jedoch, ihr heimlich die Schulter zu küssen. Sie bemerkte es, zuckte zusammen, sagte aber kein Wort. Am Abend kleidete man sie festlich an und führte sie hinab. Die Fürstin hatte Besuch. Aber an diesem Abend entstand eine entsetzliche Aufregung im Hause.

Katja hatte einen Nervenanfall bekommen. Die Fürstin war außer sich vor Schreck. Der Arzt kam, konnte aber nichts sagen. Es versteht sich, daß alle Welt die Sache mit Kinderkrankheiten und Katjas Wachstum erklären wollte, ich aber dachte anders. Am nächsten Morgen erschien Katja wieder so wie immer: rotbäckig, heiter, gesund, aber so voll launischer Einfälle, wie man sie bei ihr noch nicht gesehen hatte.

Erstens gehorchte sie den ganzen Morgen Madame Léotard nicht. Dann bekam sie plötzlich Lust, zur alten Prinzessin zu gehen. Gegen ihre Gewohnheit beschloß die Alte, ihre Nichte, die sie nicht leiden konnte, mit der sie ständig zankte und die sie nicht sehen mochte, diesmal zu empfangen. Anfangs ging alles gut, und die erste Stunde verbrachten sie durchaus friedlich. Die Schelmin Katja hatte um Verzeihung aller ihrer Vergehen gebeten: ihrer Wildheit, ihres Schreiens und der häufigen Ruhestörungen. Die Prinzessin verzieh ihr feierlich und unter Tränen, aber die Schelmin hatte sich vorgenommen, noch weiter zu gehen. Es kam ihr in den Sinn, alle Streiche zu erzählen, die erst Entwurf und Projekt waren. Katja spielte die reuige, zerknirschte Sünderin, die fromme Prinzessin war in allen Himmeln, und es schmeichelte ihrer Eitelkeit nicht wenig, daß ihr der Sieg über Katja winkte, den Liebling und das Idol des ganzen Hauses, die es verstand, sogar die Mutter ihren Launen gefügig zu machen.

So gestand die Übermütige erstens, daß sie beabsichtigt hätte, auf das Kleid der Prinzessin eine Visitenkarte zu kleben, ferner, ihr Falstaff unter das Bett zu setzen, ferner, ihre Brille zu zerbrechen, ihr Bücher fortzuschleppen und ihr dafür französische Romane von der Mama zu bringen; dann, sich Knallerbsen zu verschaffen und auf dem Fußboden zu verstreuen, dann, ihr ein Spiel Karten in die Tasche zu stekken, und so weiter und so weiter. Mit einem Wort: eine Missetat war schlimmer als die andere. Die Alte geriet außer sich und wurde rot und blaß vor Ärger. Schließlich konnte Katja nicht mehr an sich halten, platzte mit ihrem Lachen heraus und lief der Tante davon. Die alte Prinzessin schickte sogleich nach der Fürstin. Es folgte eine große Geschichte, und die Fürstin mußte zwei Stunden lang mit Tränen in den Augen ihre Verwandte anflehen, der Missetäterin doch zu verzeihen und sie mit Rücksicht auf die Tatsache, daß Katja noch krank sei, gefälligst nicht zu bestrafen. Die alte Prinzessin wollte nichts davon hören, erklärte, schon am folgenden Tag das Haus verlassen zu wollen, und ließ sich erst beruhigen, als die Fürstin ihr das Wort gab, die Bestrafung nur bis zur Genesung der Tochter aufzuschieben; dann sollte der mit Recht unwilligen alten Prinzessin vollste Genugtuung zuteil werden. Immerhin erhielt Katja unten bei der Fürstin einen äußerst strengen Verweis.

Doch nach dem Mittagessen stürmte die Übeltäterin wieder davon. Als ich selber hinunterging, traf ich sie schon auf der Treppe. Sie hatte die Tür aufgemacht und rief Falstaff. Ich erriet sofort, daß sie eine schreckliche Rache plante.

Die alte Prinzessin hatte keinen unversöhnlicheren Feind als Falstaff. Er war zu niemandem freundlich und liebte niemanden, war aber hochmütig, stolz und äußerst ehrgeizig. Wenn er auch niemanden liebte, forderte er doch von allen die schuldige Hochachtung. Die hegte auch jedermann vor ihm, wobei der Hochachtung eine gehörige Dosis Angst beigemischt war. Aber plötzlich mit der Ankunft der alten Prinzessin änderte sich alles: Falstaff war schrecklich beleidigt – man hatte ihm förmlich verboten hinaufzugehen.

Anfangs war Falstaff außer sich vor Empörung und kratzte eine ganze Woche lang mit den Pfoten an der Treppentür, welche die oberen Zimmer von den unteren abschloß; bald aber erriet er die Ursache seiner Verbannung, und gleich am ersten Sonntag, an dem die alte Prinzessin das Haus verlassen wollte, um in die Kirche zu gehen, stürzte sich Falstaff fauchend und bellend auf die Ärmste. Man rettete sie nur mühsam vor der grimmigen Rache des aufgebrachten Hundes; denn tatsächlich war er auf Befehl der Prinzessin verbannt worden, die erklärt hatte, sie könnte seinen Anblick nicht ausstehen. Seitdem war es dem Hund auf das strengste verboten hinaufzugehen, und sooft die alte Prinzessin herunterkam, verbannte man ihn in das entfernteste Zimmer. Die Dienstboten hatten diesbezüglich strenge Weisungen, doch das rachsüchtige Tier hatte trotzdem dreimal eine Möglichkeit gefunden, hinaufzugelangen. War er dann die Treppe hinaufgestürmt, lief er augenblicklich durch alle Zimmer bis zum Schlafzimmer der Alten. Nichts konnte ihn davon zurückhalten. Zum Glück war die Tür zu diesem Zimmer stets verschlossen, und Falstaff mußte sich damit begnügen, so lange entsetzlich vor ihr zu heulen, bis Leute herbeiliefen und ihn wieder hinunterjagten. Die alte Prinzessin aber schrie während des ganzen Besuchs der unbändigen Bulldogge so, als würde sie schon aufgefressen, und jedesmal wurde sie vor Entsetzen ernstlich krank. Mehrfach hatte sie der Fürstin schon ein Ultimatum gestellt und sich einmal sogar so weit vergessen, daß sie erklärte, entweder würde sie oder Falstaff das Haus verlassen; aber die Fürstin hatte sich von Fallstaff nicht trennen können.

Die Fürstin liebte kaum jemanden, aber Falstaff nach den Kindern mehr denn alles auf der Welt, und zwar aus folgendem Grund. Vor sechs Jahren war der Fürst von einem Spaziergang mit einem schmutzigen, kranken Hund von kläglichem Äußern heimgekehrt, der jedoch eine reinrassige Bulldogge war. Der Fürst hatte sie irgendwie vom Tode errettet. Da sich aber der neue Hausbewohner unerzogen und grob benahm, wurde er auf Anordnung der Fürstin auf den Hinterhof verwiesen und an die Kette gelegt. Der Fürst hatte nichts dagegen. Zwei Jahre darauf, als das ganze Haus in der Datscha weilte, fiel der kleine Alexander, der jüngere Bruder Katjas, in die Newa. Die Fürstin schrie auf, und ihre erste Bewegung war, sich in das Wasser zu stürzen. Nur mit Mühe konnte man sie vom sicheren Tode zurückhalten. Inzwischen wurde das Kind von der Strömung fortgetragen, und nur seine Kleider schwammen noch obenauf. Schnell wurde ein Kahn losgebunden, aber nur ein Wunder hätte Rettung bringen können. Plötzlich warf sich die riesenhafte Bulldogge ins Wasser, verlegte dem ertrinkenden Knaben den Weg, ergriff ihn mit den Zähnen und schwamm triumphierend mit ihm an das Ufer. Die Fürstin stürzte auf den schmutzigen, nassen Hund zu, um ihn zu küssen. Aber Falstaff, der damals noch den prosaischen und äußerst plebejischen Namen Frixa trug, konnte Liebkosungen nicht leiden und erwiderte die Umarmungen und Küsse der Fürstin damit, daß er sie aus aller Kraft in die Schulter biß. Die Fürstin litt ihr ganzes Leben lang an dieser Wunde, aber ihre Dankbarkeit kannte keine Grenzen. Falstaff wurde in die inneren Räume geholt, gesäubert und gewaschen und erhielt ein silbernes, schöngeformtes Halsband.

Er bekam seinen Platz im Zimmer der Fürstin auf einem prächtigen Bärenfell, und bald brachte es die Fürstin dahin, daß sie ihn streicheln konnte, ohne seine unverzügliche und harte Strafe fürchten zu müssen. Als sie erfuhr, daß ihr Liebling Frixa heiße, war sie entsetzt, und man suchte sofort nach einem neuen, möglichst ehrwürdigen Namen. Aber die Namen Hektor, Zerberus und so weiter waren schon so abgenutzt; er brauchte einen Namen, der dem Günstling des Hauses vollauf gerecht wurde. Endlich schlug der Fürst mit Rücksicht auf die phänomenale Gefräßigkeit Frixas vor, die Bulldogge Falstaff zu nennen. Dieser Spitzname wurde mit Begeisterung aufgenommen und verblieb der Bulldogge für immer. Falstaff benahm sich gut. Als echter Engländer war er schweigsam und mürrisch; er stürzte sich nie als erster auf jemanden, forderte aber, daß man um seinen Platz auf dem Bärenfell respektvoll herumging und ihm überhaupt gebührende Achtung erwies. Manchmal überkam ihn jedoch eine Art von Rappel, eine Anwandlung von Spleen, und in diesem Augenblick erinnerte sich Falstaff voll Bitterkeit, daß sein Feind, sein unversöhnlicher Todfeind, der in seine Rechte eingegriffen hatte, noch immer unbestraft war. Dann schlich er sich leise zu der Treppe, die in das obere Stockwerk führte, und wenn er, wie das meist der Fall war, die Tür geschlossen fand, legte er sich irgendwo in der Nähe hin, versteckte sich in einer Ecke und wartete voller Tücke, ob jemand in seiner Nachlässigkeit die Tür offenlassen würde. Manchmal wartete das rachsüchtige Tier so drei ganze Tage lang, aber es war der strengste Befehl erteilt worden, auf die Tür zu achten, und so war Falstaff schon seit zwei Monaten nicht oben erschienen.

»Falstaff! Falstaff!« rief Katja. Sie hatte die Tür geöffnet und lockte nun Falstaff freundlich die Treppe herauf.

Im Nu war Falstaff, als er merkte, daß die Tür geöffnet wurde, bereit, seinen Rubikon zu überschreiten, aber der Zuruf der Prinzessin kam ihm so unwirklich vor, daß er eine Zeitlang seinen Ohren nicht trauen wollte. Er war listig wie eine Katze, und um den Anschein zu vermeiden, daß er den Fehler mit dem Offenlassen der Tür bemerkt habe, trat er an das Fenster, legte seine mächtigen Pfoten auf das Fensterbrett und schickte sich an, das gegenüberliegende Gebäude zu betrachten. Mit einem Wort, er benahm sich, als hätte er mit der Sache gar nichts zu tun, als ginge er nur zufällig hier spazieren und wäre stehengeblieben, um die schöne Architektur des Nachbarhauses zu bewundern. Indes pochte aber sein Herz vor süßer Erwartung. Wie groß war nun gar seine Verwunderung, seine Freude, der Jubel, als sich ihm die Tür sperrangelweit öffnete, ja, man ihn sogar heranrief, einlud, anflehte, hinaufzugehen und ohne Zaudern seinen berechtigten Rachegelüsten zu frönen. Vor Freude aufheulend und die Zähne fletschend, stürmte er, ein entsetzlicher Triumphator, pfeilschnell hinauf.

Sein Ansturm war so heftig, daß ein ihm im Wege stehender Stuhl, an den er im Laufen stieß, einen Klafter weit flog und sich um sich selbst drehte. Falstaff sauste wie eine abgeschossene Kanonenkugel dahin. Madame Léotard schrie vor Schreck auf, aber Falstaff war schon an die geheiligte Tür gelangt, trommelte mit beiden Pfoten dagegen, konnte sie aber nicht öffnen und heulte wie ein Besessener. Als Antwort ertönte ein schrecklicher Schrei der alten Jungfer. Aber schon liefen von allen Seiten ganze Legionen von Feinden herbei, das ganze Haus stürmte hinauf, und Falstaff, der unbändige Falstaff, kehrte mit einem ihm listig um die Schnauze geworfenen Maulkorb, an allen vieren gefesselt und an der Leine hinabgeschleift, ruhmlos vom Schlachtfeld zurück.

Ein Abgesandter wurde zur Fürstin geschickt.

Diesmal war die Fürstin nicht geneigt, zu verzeihen und Milde walten zu lassen; doch wen sollte man bestrafen? Sie erkannte es sofort auf den ersten Blick; ihre Augen waren auf Katja gefallen... Ja, sie war es. Katja stand blaß und vor Furcht zitternd da. Erst jetzt wurde sich die Ärmste der Folgen ihrer Missetat bewußt. Der Verdacht konnte ja auf die Dienerschaft, auf Unschuldige fallen, und Katja war bereit, die volle Wahrheit zu sagen.

»Bist du es gewesen?« fragte die Fürstin streng.

Ich sah Katjas totenblasses Antlitz, trat vor und sagte mit fester Stimme: »Ich habe Falstaff hinaufgelassen ... aus Versehen ...« fügte ich hinzu, weil meine ganze Tapferkeit vor dem drohenden Blick der Fürstin dahinschwand.

»Madame Léotard, bestrafen Sie sie exemplarisch!« sagte die Fürstin und verließ das Zimmer.

Ich blickte auf Katja. Sie stand wie benommen da. Die Arme hingen ihr schlaff herunter; das bleiche Gesicht blickte zu Boden.

Die einzige Strafe, die bei den Kindern des Fürsten zur Anwendung kam, bestand darin, daß sie in ein leeres Zimmer gesperrt wurden. In einem leeren Zimmer zwei Stunden zu sitzen ist nicht schlimm. Wenn man aber ein Kind gewaltsam, wider seinen Willen, einsperrt und ihm erklärt, es sei seiner Freiheit beraubt, dann ist das eine recht empfindliche Strafe. Meistens wurde Katja oder ihr Bruder auf zwei Stunden eingesperrt. Ich wurde in Anbetracht der Ungeheuerlichkeit meines Vergehens vier Stunden eingesperrt. Vor Freude fast vergehend, betrat ich mein Gefängnis. Ich dachte an Katja. Ich wußte, daß ich die Siegerin war. Aber statt vier Stunden saß ich bis vier Uhr morgens. Das ging so zu.

Zwei Stunden nach meiner Einkerkerung erfuhr Madame Léotard, daß ihre Tochter aus Moskau angekommen, plötzlich erkrankt sei und sie zu sehen wünsche. Madame Léotard verließ sofort das Haus und vergaß mich. Das Dienstmädchen, das uns zu versorgen hatte, dachte offenbar, ich sei schon herausgelassen worden. Katja war hinuntergerufen worden und mußte bis elf Uhr abends bei ihrer Mutter bleiben. Als sie zurückkam, wunderte sie sich sehr, daß ich nicht im Bette lag. Das Mädchen kleidete sie aus und brachte sie zu Bett, aber die Prinzessin hielt es für ratsam, nicht nach mir zu fragen. Sie legte sich hin und wartete auf mich, da sie bestimmt wußte, daß ich für vier Stunden eingesperrt war, und annahm, daß unsere Wärterin mich bringen würde. Aber Nastja hatte mich völlig vergessen, zumal ich mich immer allein auszog. So kam es, daß ich in dem Karzer die Nacht zubrachte.

Um vier Uhr morgens hörte ich, daß man kräftig an mein Zimmer pochte. Ich hatte es mir auf dem Fußboden so bequem gemacht, als es ging, erwachte nun und schrie vor Schreck auf. Dann aber erkannte ich sogleich Katjas Stimme, die alles übertönte, dann die Stimme Madame Léotards, dann die der entsetzten Nastja und die der Haushälterin. Schließlich bekam man die Tür auf. Madame Léotard umarmte mich mit Tränen in den Augen und bat mich, ihr zu vergeben, daß sie mich vergessen hatte. Ich umschlang weinend ihren Hals. Ich zitterte vor Kälte, und von dem Liegen auf dem kalten Fußboden taten mir alle Knochen weh. Ich suchte Katja mit den Augen, sie war aber in unser Schlafzimmer gelaufen und ins Bett gesprungen. Als ich hinaufkam, schlief sie schon oder tat so. Während des Wartens am Abend vorher war sie unversehens eingenickt und hatte bis vier Uhr morgens durchgeschlafen. Als sie erwachte, vollführte sie einen schrecklichen Lärm, weckte die indessen zurückgekehrte Madame Léotard, die Kinderfrau und sämtliche Dienstmädchen und befreite mich so.

Am Morgen erfuhren alle im Haus von meiner Einkerkerung. Selbst die Fürstin sagte, daß mit mir zu hart verfahren worden sei. Was den Fürsten anlangte, sah ich ihn an diesem Tag zum erstenmal in meinem Leben zornig. Er kam um zehn Uhr morgens in starker Erregung zu uns herauf.

»Erlauben Sie!« sagte er zu Madame Léotard. »Was tun Sie? Wie sind Sie mit dem armen Kind verfahren? Das ist eine Barbarei, einfach Barbarei! Hunnentum! Ein krankes, schwächliches Kind, ein verträumtes, phantastisch veranlagtes, verschüchtertes Kind sperren Sie in ein dunkles Zimmer – und eine ganze Nacht lang! Das heißt doch ein solches Kind zugrunde richten! Kennen Sie nicht die Geschichte ihres Lebens? Das ist Barbarei! Das ist unmenschlich! Das muß ich Ihnen sagen, Madame! Wie kann man so strafen? Wer ist auf eine derartige Strafe verfallen? Wer hat das fertiggebracht?«

Die bedauernswerte Madame Léotard setzte ihm alsbald mit Tränen in den Augen und äußerst verwirrt die ganze Geschichte auseinander und sagte ihm, daß sie mich deshalb vergessen hätte, weil ihre Tochter plötzlich angekommen sei. Die Strafe an und für sich sei gut, wenn sie nicht zu lange ausgedehnt würde, und sogar Jean Jacques Rousseau spreche sich in diesem Sinne aus.

»Jean Jacques Rousseau, Madame! Aber Jean Jacques Rousseau durfte so etwas nicht sagen. Jean Jacques Rousseau ist keine Autorität. Jean Jacques Rousseau hätte nie von Erziehung reden sollen, er hatte kein Recht dazu. Er hat sich seiner eigenen Kinder entäußert. Jean Jacques Rousseau war ein schlechter Mensch, Madame!«

»Jean Jacques Rousseau! Jean Jacques ein schlechter Mensch! Fürst, Fürst, was sagen Sie da!«

Madame Léotard war außer sich.

Madame Léotard war eine prächtige Frau und vor allem nicht nachtragend. Daß aber jemand einen ihrer Lieblinge herabsetzte, den klassischen Schatten eines Corneille oder Racine behelligte, einen Voltaire verunglimpfte, einen Jean Jacques Rousseau als einen schlechten Menschen und Barbaren bezeichnete – mein Gott! Die Tränen traten ihr in die Augen; die alte Dame zitterte vor Erregung.

»Sie vergessen sich, Fürst!« sagte sie schließlich, völlig außer sich vor Empörung.

Der Fürst erfaßte sofort die Situation und bat um Verzeihung; dann kam er zu mir, küßte mich mit tiefem Empfinden, bekreuzigte mich und verließ das Zimmer.

»Pauvre Prince!« sagte Madame Léotard, die ihn nun ihrerseits bedauerte. Dann setzten wir uns an den Unterrichtstisch.

Aber die Prinzessin lernte sehr zerstreut. Ehe wir zu Tisch gingen, blieb sie, mit rotglühendem Gesicht und einem Lachen auf den Lippen, mir gegenüber stehen, nahm mich bei den Schultern und sagte hastig, als ob sie sich irgendeines Vorganges schämte: »Nun, du hast also gestern für mich gesessen? Nach Tisch wollen wir in den Saal gehen und spielen.«

Es ging jemand an uns vorbei, und die Prinzessin wandte sich sofort von mir ab.

Nach Tisch, in der Dämmerstunde, gingen wir Hand in Hand hinunter in den großen Saal. Die Prinzessin war in tiefer Erregung und atmete schwer. Ich war froh und glücklich wie nie zuvor.

»Willst du Ball spielen?« fragte sie mich. »Stell dich hierher!«

Sie stellte mich in eine Ecke des Saales, doch statt nun zurückzugehen und mir den Ball zuzuwerfen, blieb sie drei Schritte vor mir stehen. Sie sah mich an, wurde rot, warf sich über den Diwan und vergrub das Gesicht in den Händen. Ich machte eine Bewegung auf sie zu; sie glaubte, daß ich hinausgehen wolle.

»Geh nicht fort, Netotschka! Bleib bei mir! Es wird gleich vorüber sein!«

Im Nu sprang sie auf und fiel mir hochrot im Gesicht und weinend um den Hals. Ihre Wangen waren feucht, ihre

Lippen schwellend wie Kirschen, ihre Locken fielen unordentlich auseinander. Sie küßte mich wie eine Irrsinnige, bedeckte mir Gesicht, Augen, Lippen, Hals und Hände mit Küssen. Sie schluchzte wie hysterisch; ich schmiegte mich fest an sie, und wir hielten uns innig und jubelnd umschlungen wie zwei Freunde, wie Verliebte, die sich nach langer Trennung wiedersehen. Katjas Herz pochte so heftig, daß ich jeden einzelnen Schlag hörte.

Aber im Nachbarzimmer ließ sich eine Stimme vernehmen. Katja wurde zur Fürstin gerufen.

»Ach! Netotschka! Nun, bis abends, bis nachts. Geh hinauf und warte auf mich.«

Sie küßte mich ein letztes Mal, leise und unhörbar, aber herzhaft, und folgte dann eilends dem Ruf Nastjas. Ich lief hinauf wie neugeboren, verbarg meinen Kopf in den Kissen und schluchzte vor Wonne. Mein Herz schlug, als wollte es mir die Brust zersprengen. Ich erinnere mich nicht, wie ich die Zeit bis zur Nacht verbrachte. Endlich schlug es elf Uhr. Ich legte mich schlafen. Die Prinzessin kam erst um Mitternacht zurück. Sie lächelte mir von weitem zu, sagte aber kein Wort. Nastja zog sie aus, was ihr aber nicht schnell genug ging.

»Schneller, schneller, Nastja!« murmelte Katja.

»Was ist Ihnen, Prinzessin? Sie sind gewiß die Treppen heraufgerannt, daß Ihr Herz so pocht«, sagte Nastja.

»Ach, mein Gott, Nastja! Bist du langsam! Schneller! Schneller!« dabei stampfte die Prinzessin mit den Füßchen ärgerlich auf den Fußboden.

»Ach, was für ein Herzenskind!« sagte Nastja und küßte den Fuß der Prinzessin, den sie entkleidet hatte.

Endlich war alles fertig. Die Prinzessin legte sich hin, und Nastja verließ das Zimmer. Sofort sprang Katja aus dem Bett und stürzte zu mir hin. Ich begrüßte sie mit einem Jubelschrei.

»Komm her! Leg dich zu mir!« sagte sie und hob mich aus dem Bett. Einen Augenblick später war ich in ihrem Bett, und wir umarmten uns und schmiegten uns innig aneinander. Die Prinzessin küßte mich halb tot.

»Siehst du, ich weiß, daß du mich in der Nacht immer geküßt hast«, sagte sie und wurde dabei rot wie eine Mohnblume.

Ich schluchzte.

»Netotschka!« flüsterte Katja unter Tränen. »Mein Engel! Ich liebe dich schon so lange! Weißt du, seit wann?«

»Nun?«

»Seit Papa mir befahl, dich um Verzeihung zu bitten, als du deinen Papa verteidigtest, Netotschka. Du! mein armes Wai–sen–kind!« sagte sie und bedeckte mich von neuem mit Küssen. Sie weinte und lachte zugleich.

»Ach, Katja!«

»Was denn? Was denn?«

»Warum haben wir so lange ... so lange ...« ich konnte nicht zu Ende sprechen. Wir umarmten uns und sprachen etwa drei Minuten lang keine Silbe.

»Nun sage, was hast du eigentlich von mir gedacht?« fragte die Prinzessin.

»Ach, wieviel habe ich an dich gedacht! Immerzu habe ich an dich gedacht, Tag und Nacht!«

»Und in der Nacht hast du von mir gesprochen. Ich habe es gehört.«

»Wirklich?«

»Und du hast so oft geweint!«

»Siehst du, warum warst du immer so stolz!«

»Ich war einfach dumm, Netotschka. Das ist manchmal so, ich kann nichts dagegen machen. Ich war böse auf dich!«

»Warum denn?«

»Weil ich selbst schlecht war. Vor allem war ich dir deswegen böse, weil du besser bist als ich, auch deshalb, weil Papa dich mehr liebt. Papa ist ein guter Mensch, Netotschka! Nicht wahr?«

»Ach ja!« antwortete ich, und bei dem Gedanken an den Fürsten traten mir die Tränen in die Augen.

»Ein guter Mensch!« sagte Katja ernster. »Aber was soll ich mit ihm anfangen? ... Er ist immer so ... Nun, und dann kam ich dich um Verzeihung bitten, wobei ich am liebsten geweint hätte – und deswegen war ich wieder auf dich böse.«

»Das habe ich gesehen, das habe ich gesehen, daß du weinen wolltest.«

»Na, sei still, du Närrchen, du bist doch selbst eine Heulsuse!« schalt mich Katja und schloß mir mit der Hand den Mund. »Siehst du, ich hätte dich gerne geliebt, aber plötzlich wollte ich dich hassen, und mein Haß war so groß, so groß ...«

»Weswegen denn?«

»Nun, weil ich auf dich böse war. Ich weiß nicht, warum.

Und dann sah ich, daß du ohne mich nicht leben konntest, und dachte bei mir: Nun will ich das garstige Mädchen quälen!«

»Aber Katja!«

»Ach, Seelchen!« sagte Katja und küßte meine Hand. »Und dann wollte ich nicht sprechen mit dir, um keinen Preis; und erinnerst du dich, wie ich Falstaff streichelte?«

»Ach, du Furchtlose!«

»Was für eine Angst ich ge–habt ha–be«, sagte die Prinzessin gedehnt. »Weißt du, warum ich auf ihn zuging?«

»Warum?«

»Weil du zusahst. Als ich bemerkte, daß du zusahst, dachte ich bei mir: Ach! komme, was da wolle, und ging auf ihn los. Habe ich dich erschreckt, ja? Hast du Angst gehabt um mich?«

»Schrecklich!«

»Ich habe es gesehen! Und wie ich mich freute, als Falstaff wegging! Herrgott, wie ich dann gezittert habe, als er weg war, das e–kli–ge Tier!«

Die Prinzessin lachte nervös; dann hob sie plötzlich ihr heißes Köpfchen und blickte mich unverwandt an. Tränen wie Perlen zitterten an ihren langen Wimpern.

»Nun, was ist an dir, daß ich dich so liebgewonnen habe? Du bist bläßlich, hast hellblondes Haar, bist eine dumme Heulsuse, hast blaue Augen, mein armes Wai–sen–kind!«

Katja beugte sich wieder über mich und küßte mich wieder endlos. Einige Tränen fielen auf meine Wangen. Sie war tief gerührt.

»Wie habe ich dich geliebt! Aber immer dachte ich: Nein! Nein! Ich will es ihr nicht zeigen! Wie halsstarrig ich war! Warum scheute und schämte ich mich vor dir? Siehst du, wie schön es jetzt ist?«

»Katja, es tut mir fast weh«, sagte ich, ganz sinnlos vor Freude. »Das Herz zerspringt mir!«

»Ja, Netotschka! Höre weiter ... aber sag, wer nannte dich nur Netotschka?«

»Mama!«

»Wirst du mir alles von deiner Mama erzählen?«

»Alles, alles«, erwiderte ich begeistert.

»Wo hast du meine beiden Taschentücher mit den Spitzen hingetan? Und warum mein Haarband? Schämst du dich nicht? Siehst du, alles weiß ich!«

Ich lachte und errötete vor Tränen.

»Nein, dachte ich, ich will sie noch ein bißchen quälen! Ein andermal dachte ich: Ich liebe sie überhaupt nicht, ich kann sie nicht leiden! Du aber warst immer so sanft, so ein gutes Schäfchen! Aber ich fürchtete schrecklich, daß du mich für dumm halten könntest! Du bist klug, Netotschka! Nicht wahr?«

»Was fällt dir ein, Katja?« antwortete ich fast beleidigt.

»Nein, du bist klug«, sagte Katja entschlossen und ernst. »Ich weiß es. Aber eines Morgens stand ich auf und hatte dich so liebgewonnen, daß es schrecklich war! Die ganze Nacht träumte ich von dir. Da dachte ich: Nein, ich will Mama bitten, daß ich bei ihr wohnen kann. Ich will sie nicht lieben, ich will es nicht! Und eines Nachts dachte ich vor dem Einschlafen: Ach! wenn sie doch käme, wie in der vergangenen Nacht – und wirklich kamst du! Wie ich mich stellte, als ob ich schliefe ... Ach! wie wenig wir uns schämen, Netotschka!«

»Aber warum wolltest du mich denn nicht lieben?«

»Siehst du ... aber was rede ich da! Ich habe dich doch geliebt! Und nachher konnte ich es einfach nicht mehr aushalten. Ich dachte bei mir: Ich will sie einmal zu Tode küssen oder zwicken. Da hast du es, du Närrchen!«

Und die Prinzessin zwickte mich.

»Weißt du noch, wie ich dir das Schuhband zuknüpfte?«

»Ja.«

»Ich auch. War es dir angenehm? Ich sah dich an und dachte: Wie hübsch sie ist. Ich werde ihr den Schuh zubinden! Wer weiß, was sie dann denken wird? Und mir selbst wurde schön zumute. Ich hätte dich gern geküßt ... wagte es aber nicht. Und dann wurde mir so lächerlich, so lächerlich zumute. Auf dem ganzen Weg, als wir spazierengingen, wollte ich lachen. Ich konnte dich gar nicht ansehen, so lächerlich war es mir. Und wie freute ich mich, daß du meinetwegen in den Kerker gingst.«

Das leere Zimmer wurde Kerker genannt.

»Gruselte es dich?«

»Schrecklich gruselte es mich!«

»Ich freute mich nicht deshalb, weil du die Sache auf dich nahmst, sondern darüber, daß du für mich saßest. Ich dachte: Sie weint sicherlich, und doch liebe ich sie! Morgen werde ich sie so küssen, so küssen! Und du tatest mir nicht leid, bei Gott nicht, obwohl ich weinte.«

»Aber ich habe nicht geweint, habe absichtlich nicht geweint!«

»Nicht geweint? Ach, du Böse!« rief die Prinzessin und sog sich mit den Lippen an mir fest.

»Katja! Katja!«

»Nicht wahr? Nun, tu jetzt mit mir, was du willst! Tyrannisiere mich, zwick mich! Bitte, zwick mich! Mein Täubchen, zwick mich!«

»Schelmin!«

»Nun, was noch?«

»Närrchen . . .«

»Küsse mich noch einmal!«

Wir küßten uns, weinten und lachten. Unsere Lippen waren vom Küssen geschwollen.

»Netotschka! Erstens wirst du jetzt immer bei mir schlafen. Du küßt doch gern? Wir wollen uns küssen. Zweitens will ich nicht, daß du traurig bist. Warum bist du so traurig? Du wirst es mir erzählen, ja?«

»Alles werde ich dir erzählen! Aber jetzt bin ich nicht traurig, sondern fröhlich!«

»Nein, dann wirst du rote Backen bekommen wie ich! Ach, wenn doch nur erst morgen wäre! Willst du schlafen, Netotschka?«

»Nein!«

»Nun, dann laß uns reden!«

Und wir plauderten noch zwei Stunden. Gott weiß, was wir alles besprachen. Erstens teilte mir die Prinzessin alle ihre Pläne für die Zukunft und den gegenwärtigen Stand der Dinge mit. Und da erfuhr ich, daß sie ihren Papa über alles liebte, fast mehr als mich. Dann kamen wir zu der Feststellung, daß Madame Léotard eine ausgezeichnete Frau und keineswegs streng sei. Ferner dachten wir uns gleich jetzt aus, was wir morgen und übermorgen tun würden, und teilten überhaupt unser Leben für zwanzig Jahre im voraus ein. Katja erklärte, daß wir so leben würden: einen Tag würde sie befehlen und ich alles ausführen, am anderen Tag aber umgekehrt – ich würde anordnen und sie ohne Widerspruch gehorchen; dann wollten wir beide gleichberechtigt einander Befehle erteilen. Einer von uns sollte dann absichtlich ungehorsam sein; wir würden uns darauf zum Schein zanken und danach wieder schnell versöhnen. Mit einem Wort: es erwartete uns endloses Glück! Schließlich wurden wir des Plauderns müde, und die Augen fielen mir zu. Katja lachte mich aus, daß ich eine Schlafmütze sei, schlief aber vor mir ein. Am

Morgen wachten wir zugleich auf, küßten uns schnell, weil Leute kamen, und ich beeilte mich, mein Bett zu erreichen.

Den ganzen Tag über wußten wir nicht, was wir miteinander vor Freude anfangen sollten. Wir versteckten uns fortwährend und flüchteten vor den anderen, weil wir die Blicke Fremder mehr denn alles andere fürchteten. Schließlich begann ich, ihr meine Lebensgeschichte zu erzählen. Katja war über meinen Bericht so erschüttert, daß ihr die Tränen in die Augen traten ...

»Du böses, böses Mädchen! Warum hast du mir alles nicht früher gesagt? Ich hätte dich so liebgehabt, so lieb! Haben dich die Knaben auf der Straße sehr schmerzhaft geschlagen?«

»Ja! Ich hatte solche Angst vor ihnen!«

»Ach, die Bösen! Weißt du, Netotschka, ich habe selbst einmal gesehen, wie ein Knabe einen anderen auf der Straße schlug. Morgen werde ich heimlich Falstaffs Peitsche mitnehmen, und wenn wir einen treffen, werde ich ihn gründlich verhauen, gründlich!«

Ihre Augen blitzten vor Empörung.

Wir erschraken, wenn jemand hereinkam. Wir fürchteten, beim Küssen ertappt zu werden, und an diesem Tag küßten wir uns mindestens hundertmal. So verging dieser Tag und der nächste. Ich fürchtete, vor Wonne zu vergehen, und konnte kaum atmen vor Seligkeit. Doch unser Glück währte nicht lange.

Madame Léotard mußte über jeden Schritt, den die Prinzessin tat, Bericht erstatten. Sie beobachtete uns drei Tage lang, und in diesen drei Tagen häufte sich bei ihr viel an, worüber zu berichten war. Schließlich ging sie zur Fürstin und teilte ihr alles mit, was sie beobachtet hatte – daß wir uns in einer Art von Verzückung befänden, uns schon drei Tage lang nicht voneinander getrennt hätten, uns alle Augenblicke küßten, weinten und lachten wie die Verrückten, wie die Verrückten, und ununterbrochen miteinander plauderten, was früher nie geschehen sei; sie wüßte selber nicht, worauf sie das alles zurückführen solle, es scheine ihr aber, daß sich die Prinzessin in einer krankhaften Krisis befinde, und darum sei es wohl das beste, daß wir uns seltener sähen!

»Das habe ich mir schon längst gedacht«, antwortete die Fürstin. »Ich habe es gleich gewußt, daß dieses seltsame Waisenkind uns viel zu schaffen machen würde! Was man mir über sie und ihr früheres Leben erzählt hat, ist entsetzlich! Einfach entsetzlich! Offenbar übt sie auf Katja großen Einfluß aus. Sie sagen, Katja habe sie sehr lieb?«

»Ja, über die Maßen!«

Die Fürstin wurde ganz rot vor Ärger. In ihrer Eifersucht gönnte sie mir ihre Tochter nicht.

»Das ist unnatürlich«, sagte sie. »Erst waren sie einander so fremd, worüber ich – ehrlich gesagt – sehr froh war. So klein dieses Waisenkind auch ist, möchte ich doch für nichts einstehen. Sie verstehen mich? Sie hat schon mit der Muttermilch ihre Erziehung, ihre Gewohnheiten und vielleicht auch ihre Moral eingesogen. Ich verstehe nicht, was der Fürst an ihr findet. Schon tausendmal habe ich den Vorschlag gemacht, sie in Pension zu geben.«

Madame Léotard wollte für mich eintreten, aber die Fürstin hatte unsere Trennung schon beschlossen. Sie ließ Katja sofort zu sich hinabrufen und verkündete ihr, daß sie mich bis zum folgenden Sonntag, das heißt eine ganze Woche lang, nicht sehen würde.

Ich erfuhr dies alles erst spät abends und bekam einen furchtbaren Schreck; ich dachte an Katja und hatte das Gefühl, daß sie unsere Trennung nicht überstehen würde. Ich bebte vor Ärger und Kummer und wurde in der Nacht krank. Am Morgen kam der Fürst zu mir und flüsterte mir zu, zuversichtlich zu sein. Er versuchte alles, was in seinen Kräften stand, aber es war vergebens. Die Fürstin änderte ihren Entschluß nicht. Allmählich geriet ich in Verzweiflung, und mein Kummer benahm mir den Atem.

Am Morgen des dritten Tages brachte mir Nastja ein Briefchen von Katja. Katja hatte mit Bleistift in einem schrecklichen Gekritzel folgendes geschrieben:

»Ich liebe dich sehr. Ich sitze bei Mama und denke immer darüber nach, wie ich zu dir kommen kann. Aber ich laufe davon – das sage ich dir, und darum weine nicht! Schreibe mir, wie du mich liebst. Ich habe dich die ganze Nacht im Traum umarmt und Furchtbares ausgehalten, Netotschka. Ich schicke dir Konfekt. Leb wohl!«

Ich antwortete in ähnlicher Weise. Den ganzen Tag weinte ich über Katjas Brief. Madame Léotard quälte mich mit ihren Liebkosungen. Am Abend erfuhr ich, daß sie zum Fürsten gegangen sei und ihm gesagt habe, daß ich unverzüglich zum drittenmal erkranken würde, wenn ich Katja nicht wiedersähe! Sie bereue es, daß sie der Fürstin die Sache erzählt habe. Ich fragte Nastja, wie es Katja ginge. Sie antwortete mir, Katja weine nicht, sei aber schrecklich blaß.

Am nächsten Morgen flüsterte Nastja mir zu: »Gehen Sie zu Seiner Durchlaucht ins Kabinett! Benützen Sie die Treppe rechts!«

Alles in mir lebte auf von froher Vorahnung. Atemlos vor Erwartung eilte ich hinab und öffnete die Tür des Kabinetts. Katja war nicht da! Plötzlich umschlang sie mich von hinten und küßte mich leidenschaftlich. Lachen, Tränen ... Auf einmal riß sich Katja aus meinen Armen, sprang an ihrem Vater empor, hockte sich wie ein Eichhörnchen auf seine Schulter, blieb aber nicht dort, sondern sprang auf den Diwan. Nach ihr ließ sich auch der Fürst darauf nieder. Die Prinzessin weinte vor Entzücken.

»Papa, was für ein guter Mensch du bist, Papa!«

»Ihr Schelminnen! was ist geschehen mit euch? Was für eine Freundschaft, was für eine Liebe?«

»Sei still, Papa, du verstehst unsere Angelegenheiten nicht!«

Wir umarmten uns von neuem.

Ich betrachtete Katja näher. Sie war in den drei Tagen abgemagert. Die Röte auf den Backen war verschwunden und Blässe an ihre Stelle getreten. Ich weinte vor Kummer.

Endlich klopfte Nastja. Das Zeichen, daß man Katja vermißt und nach ihr gefragt hatte. Sie wurde totenblaß.

»Genug, Kinder! Wir wollen jeden Tag hier zusammenkommen. Lebt wohl, und der Herr segne euch!« sagte der Fürst.

Unser Anblick hatte ihn gerührt, aber seine Rechnung ging nicht auf. Am Abend traf aus Moskau die Nachricht ein, daß der kleine Sascha plötzlich erkrankt sei und in den letzten Zügen liege. Die Fürstin beschloß, am nächsten Morgen zu ihm zu fahren. Dies alles spielte sich so rasch ab, daß ich bis unmittelbar vor der Abfahrt der Prinzessin nichts davon erfuhr. Der Fürst selbst hatte darauf bestanden, daß wir uns noch verabschieden sollten, und die Fürstin hatte ungern nachgegeben. Die Prinzessin war wie zerschmettert. Ich lief außer mir hinab und fiel ihr um den Hals. Der Reisewagen wartete schon an der Auffahrt ... Katja schrie auf, als sie mich erblickte, und fiel besinnungslos um. Ich stürzte zu ihr hin, um sie zu küssen. Die Fürstin bemühte sich, sie wieder zum

Bewußtsein zu bringen. Endlich kam sie wieder zu sich und umarmte mich.

»Leb wohl, Netotschka!« sagte sie plötzlich zu mir und lächelte mit einem unbeschreiblichen Zug im Gesicht. »Achte nicht darauf, das ist so; ich bin nicht krank, und in einem Monat komme ich wieder. Dann trennen wir uns nicht mehr.«

»Genug«, sagte die Fürstin ruhig, »fahren wir!«

Aber die Prinzessin wandte sich noch einmal um. Sie hielt mich krampfhaft umschlungen.

»Mein Leben!« flüsterte sie noch schnell, mich wieder umarmend. »Auf Wiedersehen!«

Wir küßten uns zum letztenmal, und die Prinzessin verschwand ... auf lange, sehr lange Zeit. Acht Jahre vergingen, bis wir uns wiedersahen.

Ich habe absichtlich so ausführlich diese Episode meiner Kindheit und das Erscheinen Katjas in meinem Leben erzählt. Doch unsere Biographien sind nicht voneinander zu trennen. Ihr Roman ist mein Roman. Wie vom Schicksal bestimmt sollte ich ihr begegnen; wie vorbestimmt sollte sie mir begegnen. Und ich konnte mir nicht das Vergnügen versagen, mich noch einmal in die Erinnerungen meiner Kindheit zu vertiefen ... Jetzt wird meine Erzählung schneller voranschreiten. Mein Leben verfiel plötzlich in einen tiefen Schlummer, aus dem ich erst erwachte, als ich schon sechzehn Jahre alt war ...

Aber noch einige Worte darüber, was mit mir nach der Abreise der fürstlichen Familie nach Moskau geschah.

Ich blieb bei Madame Léotard zurück.

Nach zwei Wochen kam ein Kurier und meldete, die Rückreise nach Petersburg sei auf ungewisse Zeit verschoben. Da Madame Léotard aus familiären Gründen nicht nach Moskau ziehen konnte, nahmen ihre Dienste im Hause des Fürsten ein Ende. Sie blieb jedoch in der Familie und kam zu der ältesten Tochter der Fürstin, zu Alexandra Michailowna.

Ich habe noch nichts von Alexandra Michailowna gesagt, die ich bis dahin nur einmal gesehen hatte. Sie war die Tochter der Fürstin aus erster Ehe. Die Herkunft und Abstammung der Fürstin waren etwas dunkel. Ihr erster Mann war Branntweinpächter gewesen. Als sich die Fürstin zum zweitenmal verheiratete, wußte sie beim besten Willen nicht, was sie mit ihrer ältesten Tochter anfangen sollte. Auf eine glänzende Partie konnte sie nicht rechnen. Ihre Mitgift war bescheiden;

endlich konnte man sie – das war vor vier Jahren – mit einem reichen Mann in einflußreicher Stellung verheiraten. Alexandra Michailowna gelangte in andere Gesellschaftskreise und sah eine ganz andere Welt um sich. Die Fürstin besuchte sie zweimal im Jahr, der Fürst, ihr Stiefvater, dagegen jede Woche, und zwar in Begleitung Katjas. Aber in der letzten Zeit sah es die Fürstin nicht gern, wenn Katja zu ihrer Schwester ging, so daß sie der Fürst nur heimlich mitnahm. Katja vergötterte ihre Schwester, aber ihre Charaktere waren grundverschieden. Alexandra Michailowna war eine Frau von zweiundzwanzig Jahren, still, zart und liebevoll. Aber ein geheimer Kummer, ein verborgenes Herzeleid warfen düstere Schatten über ihre schönen Gesichtszüge. Ernst und Herbheit paßten eigentlich nicht zu ihren engelhaft klaren Zügen – ebensowenig, wie Trauergewänder einem Kind stehen. Man konnte sie nicht ansehen, ohne das tiefste Mitgefühl mit ihr zu empfinden. Sie war blaß – und damals, als ich sie das erstemal sah, hieß es, daß sie zur Schwindsucht neige. Sie lebte ganz einsam für sich und sah Besuche ebenso ungern, wie sie selber Besuche machte – mit einem Wort, sie lebte wie eine Nonne. Kinder hatte sie nicht. Ich erinnere mich, daß sie zu Madame Léotard kam, auf mich zutrat, mich voll tiefer Empfindung küßte. Bei ihr war ein hagerer, ziemlich alter Mann. Er begann zu weinen, als er mich sah. Es war der Geiger B. Alexandra Michailowna umarmte mich und fragte, ob ich bei ihr wohnen und ihre Tochter sein wolle. Ich blickte ihr ins Gesicht und erkannte in ihr sofort die Schwester meiner Katja. Ich umarmte sie mit einem dumpfen Schmerz im Herzen, von dem mir die Brust weh tat, als hätte wieder jemand »Waisenkind« zu mir gesagt. Dann zeigte mir Alexandra Michailowna einen Brief des Fürsten. Darin standen einige für mich bestimmte Zeilen, und ich las sie unter halbersticktem Schluchzen. Der Fürst wünschte mir Glück und ein langes Leben und bat mich, seine andere Tochter liebzuhaben. Auch Katja hatte einige Zeilen hinzugefügt. Sie schrieb, sie würde sich jetzt nicht mehr von ihrer Mutter trennen.

So kam ich am Abend in eine andere Familie, in ein anderes Haus, zu neuen Menschen und riß zum zweitenmal mein Herz von allem los, was mir lieb und meine zweite Heimat geworden war. Ich kam abgequält, geschunden von innerer Qual an ... Jetzt beginnt eine neue Geschichte.

6

Mein neues Leben verlief so ruhig und still, als wäre ich unter Einsiedler versetzt worden ... Ich verbrachte bei meinen neuen Eltern an die acht Jahre und erinnere mich nicht, daß in dieser ganzen Zeit, von einigen seltenen Fällen abgesehen, eine Abendgesellschaft oder ein Essen stattgefunden hätte oder daß Verwandte, Freunde und Bekannte gekommen wären. Abgesehen von zwei oder drei Personen, die hin und wieder vorfuhren, wie zum Beispiel der Musikant B., der ein Freund des Hauses war, und außer den Leuten, die fast immer aus geschäftlichen Gründen Alexandra Michailownas Mann besuchten, kamen eigentlich nie Menschen in unser Haus. Der Gatte Alexandra Michailownas war ständig von geschäftlichen und dienstlichen Angelegenheiten in Anspruch genommen und konnte nur selten etwas freie Zeit erübrigen, die er gleichmäßig auf sein Familienleben und seine gesellschaftlichen Pflichten verteilte. Wichtige Verbindungen, die er nicht vernachlässigen konnte, zwangen ihn oft, sich der Gesellschaft in Erinnerung zu bringen. Fast überall waren Gerüchte über seinen grenzenlosen Ehrgeiz in Umlauf; da er sich aber des Rufs eines tüchtigen, ernsten Menschen erfreute, eine hervorragende Stelle bekleidete und ihm Glück und Erfolg gewissermaßen auf halbem Weg entgegenkamen, versagte ihm die ganze Welt nicht ihre Sympathien. Ganz im Gegenteil! Alle Leute brachten gerade ihm eine besondere Anteilnahme entgegen, die sie seiner Frau entschieden vorenthielten. Alexandra Michailowna lebte ganz für sich in völliger Einsamkeit, was sie aber nur zu freuen schien. Ihre stille Art war sozusagen für das Einsiedlertum geschaffen.

Sie war mir von ganzer Seele zugetan und liebte mich wie ihr eigenes Kind; ich selbst wiederum stürzte mich nur zu gern in die mütterlichen Umarmungen meiner Wohltäterin, obwohl meine Tränen über die Trennung von Katja noch nicht versiegt waren und das Herz mir noch immer vom Kummer weh tat. Seitdem hat meine heiße Liebe zu ihr nicht aufgehört. Sie war mir Mutter, Schwester und Freundin und ersetzte mir alles in der Welt und hegte meine Jugend. Dabei bemerkte ich bald gefühlsmäßig, daß ihr Geschick keineswegs so glänzend war, wie man es bei oberflächlicher Betrachtung ihrem stillen, scheinbar ruhigen Leben, ihrer scheinbaren Freiheit und dem verklärten, ruhigen Lächeln nach, das so oft aus ihren Zügen leuchtete, annehmen mochte, und jeder Tag meiner Entwicklung eröffnete mir etwas Neues in dem Schicksal meiner Wohltäterin, etwas, das mein Herz schmerzlich und langsam erriet, und gleichzeitig mit dieser traurigen Erkenntnis wuchs und festigte sich meine Zuneigung zu ihr.

Ihr Charakter war schüchtern, schwach. Wenn man die klaren, ruhigen Züge ihres Gesichts betrachtete, vermutete man beim erstenmal nicht, daß Unruhe ihr rechtschaffenes Herz bewegen könnte. Man hätte sich nicht vorstellen können, daß sie irgend jemand nicht leiden mochte; das Mitleid gewann in ihrem Herzen immer die Oberhand, selbst da, wo sie Abneigung empfand. Dabei war sie nur wenigen Freunden zugetan und lebte ganz für sich allein ... Sie war leidenschaftlich und empfindsam, schien sich aber gleichzeitig vor ihrem eigenen Herzen zu fürchten, als müßte sie es jeden Augenblick hüten, um ihm nicht zu gestatten, sich zu vergessen, sei es auch nur im Traum. Manchmal bemerkte ich plötzlich Tränen in ihren Augen, obgleich sie eben noch heiter gewesen war, als ob plötzlich eine quälende Erinnerung, die an ihrem Gewissen zerrte, in ihrer Seele aufgetaucht sei, als ob irgend etwas ihr Glück umlauerte und in feindlicher Absicht stören wollte. Und je glücklicher, ruhiger, verklärter die Augenblicke ihres Lebens zu sein schienen, um so näher war Betrübnis, um so sicherer waren plötzliche Schwermut und Tränen; es war, als ob ein Anfall sie heimsuchte. Ich erinnere mich nicht an einen ruhigen Monat während der acht Jahre. Ihr Mann liebte sie offenbar sehr; sie vergötterte ihn geradezu. Aber beim ersten Blick schien es, als sei etwas Unausgesprochenes zwischen ihnen. Etwas Geheimes war in ihrem Schicksal; wenigstens argwöhnte ich das vom ersten Augenblick an...

Alexandra Michailownas Mann machte auf mich von Anfang an den Eindruck eines finsteren Menschen. Dieser Eindruck entstand in meiner Kindheit und ist später nicht mehr geschwunden. Was sein Äußeres anlangt, war er groß und hager und schien absichtlich seinen Blick hinter einer großen grünen Brille zu verbergen. Er war verschlossen, trocken und fand selbst unter vier Augen mit seiner Frau keinen Gesprächsstoff. Die Menschen scheute er offenbar. Mir schenkte er keinerlei Aufmerksamkeit, und wenn wir, was meistens der Fall war, zu dritt in Alexandra Michailownas Salon Tee tranken, kannte ich mich in seiner Gegenwart selbst nicht. Insgeheim beobachtete ich Alexandra Michailowna und bemerkte zu meinem Kummer, daß sie jede Bewegung wohl überlegte, daß sie erblaßte, wenn ihr Mann besonders mürrisch und finster wurde, oder plötzlich errötete, wenn sie aus einem seiner Worte eine Anspielung heraushörte. Mir kam es vor, als fühlte sie sich in seiner Gegenwart unbehaglich, obgleich sie offenbar nicht eine Minute ohne ihn leben konnte. Ich war erstaunt über die ungewöhnliche Aufmerksamkeit, die sie jedem Wort und jeder Bewegung ihres Mannes schenkte, als ob sie mit aller Kraft bemüht wäre, ihm alles recht zu machen, und doch fühlte, daß ihr das nicht gelang, was sie ersehnte. Sie buhlte förmlich um seine Anerkennung; das kleinste Lächeln auf seinem Gesicht, das geringste freundliche Wort von seinen Lippen stimmte sie glücklich, als handelte es sich um die erste Minute einer schüchternen, noch hoffnungslosen Liebe. Sie pflegte ihren Mann wie einen Schwerkranken. Er selbst, so schien mir, betrachtete Alexandra Michailowna mit einem sie selbst bedrückenden Mitleid, und wenn er ihr nach Tisch die Hand gedrückt hatte und in seinem Kabinett verschwand, war sie wie ausgewechselt. Ihre Bewegungen und Gespräche wurden heiterer und freier. Aber ein Rest von Benommenheit blieb noch lange nach jeder Begegnung mit ihrem Mann zurück. Sie begann sich sofort jedes Wort, das er gesagt hatte, ins Gedächtnis zurückzurufen, als wollte sie alle seine Worte genau abwägen. Nicht selten wandte sie sich mit der Frage an mich, ob sie richtig gehört und ob sich Peter Alexandrowitsch wirklich so ausgedrückt habe. Es war, als suchte sie in seinen Worten einen anderen Sinn; und manchmal beruhigte sie sich erst nach einer Stunde, als hätte sie jetzt erst die Gewißheit, daß er völlig zufrieden mit ihr sei und sie sich unnötig geängstigt habe. Dann wurde sie auf einmal freundlich, heiter und vergnügt, küßte mich, lachte mit mir oder ging ans Klavier und spielte zwei Stunden, was ihr einfiel. Aber nicht selten schlug ihre fröhliche Stimmung plötzlich um: sie fing an zu weinen, und wenn ich sie unruhig, aufgeregt, erschreckt anschaute, versicherte sie mir sogleich flüsternd, als fürchtete sie, gehört zu werden, daß ihre Tränen nichts zu bedeuten hätten, daß sie ganz heiter sei und ich mich ihretwegen nicht ängstigen solle. Wenn ihr Mann nicht da war, geriet sie mitunter plötzlich in Unruhe und erkundigte sich nach ihm. Sie ließ fragen, was er tue, wollte von dem Mädchen wissen, warum er habe anspannen lassen, wohin er fahren wolle, fragte, ob er krank, heiter oder verdrossen sei, was er gesagt habe, und so weiter. Über seine Arbeit und seine Beschäftigung mit ihm zu sprechen, schien sie nicht zu wagen. Wenn er ihr etwas riet oder sie um irgend etwas bat, hörte sie ihn so demütig an und war so verschüchtert, als wäre sie seine Sklavin. Sie hatte es sehr gern, wenn er irgend etwas an ihr lobte: einen Gegenstand, ein Buch, eine Handarbeit. Dann schien sie sich zu brüsten und wurde sofort glücklich; aber ihre Freude kannte keine Grenzen, wenn er unvermutet (was freilich selten der Fall war) auf den Gedanken kam, die beiden kleinen Kinder zu liebkosen. Ihr Gesicht verklärte sich dann und strahlte vor Seligkeit, und in diesem Augenblick ließ sie sich wohl *zu sehr* vor ihrem Mann von der Freude hinreißen. Sie ging zum Beispiel in ihrer Kühnheit so weit, daß sie ihm unaufgefordert vorschlug, freilich schüchtern und mit zitternder Stimme, sich ein neues Klavierstück anzuhören, das sie bekommen hatte, oder seine Meinung über ein Buch zu äußern, oder gar ihr zu erlauben, die eine oder andere Seite aus einem Schriftsteller vorzulesen, der an diesem Tag besonderen Eindruck auf sie gemacht hatte. Manchmal erfüllte der Mann wohlgeneigt alle ihre Wünsche und lächelte ihr sogar herablassend zu, wie man einem verwöhnten Kind zulächelt, dem man einen wunderlichen Einfall nicht abschlagen will, um nicht vorzeitig und feindlich dessen Naivität zu trüben. Ich weiß nicht, wie es kam, aber mich empörten dieses Lächeln, diese hochmütige Herablassung, diese Ungleichheit zwischen den beiden Eheleuten aufs tiefste; ich schwieg anfänglich, hielt mich zurück und beobachtete sie mit kindlicher Neugier, doch frühreif düsteren Gedanken. Ein andermal bemerkte ich, daß er plötzlich unwillkürlich zusammenfuhr, als ob ihm eben etwas einfiele, als ob ihm plötzlich ununterdrückbar und gegen seinen Willen die Erinnerung an etwas Quälendes, Entsetzliches, Unabänderliches käme; im Nu verschwand das herablassende Lächeln von seinem Gesicht, und seine Augen richteten sich plötzlich so mitleidsvoll auf die erschrockene Frau, daß ich zusammenzuckte und – wie ich jetzt erkenne – es als peinlich empfunden hätte, hätte es mir gegolten. Im selben Augenblick verschwand alle Freude aus dem Gesicht Alexandra Michailownas. Musik oder Lektüre hörten auf. Sie wurde blaß, nahm sich aber zusammen und schwieg. Nun folgten Augenblicke einer unangenehmen, drükkenden Stimmung, die manchmal lange währten. Schließlich machte ihnen der Mann ein Ende. Er erhob sich, als müßte er seinen Ärger und seine Erregung gewaltsam unterdrücken, ging einige Male finster schweigend im Zimmer auf und ab, drückte seiner Frau die Hand, sagte seufzend und ersichtlich erregt einige abgerissene Worte, mit denen er seine Frau offenbar beruhigen wollte, und verließ das Zimmer, während Alexandra Michailowna in Tränen ausbrach oder in eine schreckliche, anhaltende Traurigkeit verfiel. Oft segnete und bekreuzigte er sie wie ein Kind, wenn er sich abends von ihr verabschiedete, und sie nahm seinen Segen mit Tränen der Dankbarkeit und in Demut entgegen. Aber ich kann einige Abende in unserem Hause nicht vergessen (in den acht Jahren zwei oder drei, nicht mehr), da Alexandra Michailowna plötzlich wie ausgewechselt war. Zorn und Empörung prägten sich auf ihrem sonst so stillen Gesicht aus anstatt der ständigen Selbsterniedrigung und Demut vor ihrem Mann. Eine ganze Stunde ballte sich manchmal das Gewitter zusammen; der Mann wurde schweigsamer, mürrischer und finsterer als gewöhnlich. Zuletzt hielt es das kranke Herz der armen Frau nicht mehr aus. Sie begann mit einer vor Erregung aussetzenden Stimme ein zuerst abgerissenes, zusammenhangloses Gespräch voller Anspielungen und kaum unterdrückter Bitterkeit; dann war es, als könnte sie ihren Kummer nicht länger ertragen, sie verging vor Tränen und Schluchzen, darauf folgte ein Ausbruch des Unwillens, der Vorwürfe und Anklagen – genauso, als wäre sie in die Krises einer Krankheit geraten. Und dann mußte man sehen, mit welcher Geduld der Mann dies ertrug, mit welcher Anteilnahme er sich bemühte, sie zu beruhigen, wie er ihr die Hand küßte und zuletzt sogar anfing, mit ihr zusammen zu weinen. Dann schien sie sich plötzlich wieder zu besinnen, als riefe ihr Gewissen ihr etwas zu und überführte sie eines Verbrechens. Die Tränen ihres Mannes erschütterten sie, und sie warf sich ihm verzweifelt, Hände ringend und krampfhaft schluchzend, zu Füßen und bat ihn um Verzeihung, die sie auch sofort erhielt. Aber noch lange hielten ihre Gewissensqualen, ihre Tränen und ihre Bitten um Vergebung an, und monatelang war sie ihrem Mann gegenüber noch schüchtern und ängstlich. Ich konnte nicht hinter diese Vorwürfe und Klagen kommen, schickte man mich doch immer aus dem Zimmer, und immer recht ungeschickt. Aber alles konnte man doch nicht vor mir verbergen. Ich paßte auf, machte meine Wahrnehmungen und zog meine Schlüsse. Ich hatte von vornherein die dunkle Vermutung, daß hinter alledem ein Geheimnis steckte und diese plötzlichen Ausbrüche eines tiefwunden Herzens nicht einfach Nervenkrisen seien: nicht umsonst blickte der Mann immer so mürrisch drein, nicht umsonst brachte er seiner armen kranken Frau ein so zweideutiges Mitleid entgegen, nicht umsonst war sie selbst immer so ängstlich und schüchtern ihm gegenüber und wagte ihm ihre stillergebene, seltsame Liebe kaum zu offenbaren, nicht umsonst führte sie dieses einsame klösterliche Leben und wurde in Gegenwart ihres Mannes plötzlich bald dunkelrot, bald leichenblaß.

Da aber derartige Szenen äußerst selten waren und unser Leben so gleichförmig verlief, daß ich es schon mehr als genau kannte, und ich mich schließlich sehr schnell entwickelte und heranwuchs, abgelenkt in meinen Beobachtungen von den vielen neuen Gefühlen, die oft unbewußt in mir erwachten, gewöhnte ich mich schließlich an dieses Leben, diese Gewohnheiten und diese Charaktere, die mich umgaben. Ich mußte geradezu meine Betrachtungen anstellen, wenn ich Alexandra Michailowna beobachtete, aber ich konnte meine Gedanken noch nicht ordnen. Auch liebte ich sie zu sehr, ehrte ihren Kummer und scheute mich deshalb, ihr empfindliches Herz durch meine Neugier in Unruhe zu versetzen. Sie verstand mich und wollte mir einige Male für meine Anhänglichkeit danken. Oft, wenn sie bemerkte, daß ich mich um sie sorgte, lächelte sie unter Tränen und scherzte selbst über ihr häufiges Weinen; dann wieder erzählte sie mir auf einmal, daß sie sehr zufrieden sei, daß alle zu ihr so gut seien, daß alle, die sie bisher kennengelernt, sie so liebten und daß es sie sehr quäle, daß Pjotr Alexandrowitsch sich ständig um sie und ihre innere Ruhe sorge, während sie doch in Wirklichkeit so glücklich, so glücklich sei! Und dann umarmte sie mich mit so tiefem Gefühl, und ihr Gesicht war von so viel Liebe verklärt, daß mir das Herz, wenn man so sagen darf, aus Mitleid mit ihr weh tat.

Ihre Gesichtszüge werden mir nie aus dem Gedächtnis gehen. Sie waren regelmäßig, ihre Magerkeit und Blässe schienen den herben Reiz ihrer Schönheit nur noch zu erhöhen. Das dichte, schwarze, glatt nach hinten gekämmte Haar warf einen düsteren, scharfen Schatten auf den Rand der Wangen; aber um so lieblicher wirkte der überraschende Kontrast ihres sanften Blickes und der großen, kinderklaren, blauen Augen; in diesem Blick lag soviel Naivität und Hilflosigkeit bei jeder starken Unruhe, bei jeder Erschütterung des Herzens – aber auch bei plötzlicher Freude und ständigem leisen Kummer. Aber in Augenblicken des Glückes und der Ruhe lag in diesem zu Herzen dringenden Blick soviel Klarheit und Sonnenhelle, soviel Rechtschaffenheit und Ruhe; diese Augen, blau wie der Himmel, strömten so viel Liebe aus, blickten so freundlich drein und spiegelten ein so tiefes Mitempfinden mit allem Guten und Edlen wider, mit allem, was um Liebe warb und um Mitleid flehte, daß sich jede Seele ihr unterwarf, unwillkürlich ihr zustrebte und anscheinend von ihr Klarheit und Seelenruhe und Sanftmut und Liebe empfing. So blickt man manchmal zum blauen Himmel empor und hat das Gefühl, daß man ganze Stunden mit diesem süßen Schauen zubringen könnte und daß die Seele freier und ruhiger in diesen Minuten werde, ganz als spiegelte sich in ihr wie in einem stillen Wasser die majestätische Himmelskuppel. Wenn aber – und das geschah so häufig – die Begeisterung ihre Wangen rötete und ihre Brust vor Erregung wogte, dann leuchteten ihre Augen wie Blitze und schienen Funken zu werfen, als wäre ihre ganze Seele, welche keusch die reine Flamme des Herrlichen hütete, das sie jetzt begeisterte, in diese übergesiedelt. In diesen Augenblicken war sie wie besessen. Und in solch plötzlichen Ausbrüchen des Hochgefühls, in solchen Übergängen von stiller, scheuer Stimmung zu aufflammender, emporstrebender Begeisterung, zu reinem, starkem Enthusiasmus lag gleichzeitig so viel naiver, kindlich reiner Glaube, daß ein Künstler sein halbes Leben hingeben würde, könnte er einen solchen Augenblick verklärten Entzükkens erhaschen und ein so vergeistigtes Gesicht auf die Leinwand bannen.

Seit meinem ersten Tag in diesem Haus hatte ich gefühlt, daß sie sich in ihrer Vereinsamung über meine Anwesenheit freute. Damals hatte sie nur ein Kind, und es war erst ein Jahr her, daß sie Mutter geworden war. Aber ich war ganz ihre eigene Tochter, und sie unterschied nicht zwischen mir und ihren eigenen Kindern. Mit welchem Feuereifer sie sich an meine Erziehung machte! Sie beeilte sich anfänglich so, daß Madame Léotard unwillkürlich lächelte bei ihrem Anblick. In der Tat machten wir uns so ziemlich an jeden Gegenstand, so daß wir einander nicht verstanden. Sie hatte sich vorgenommen, mich etwas zu lehren – aber gleich so viel und so rasch, daß sie davon mehr Eifer, mehr Begeisterung, mehr liebevolle Ungeduld hatte als ich wahren Nutzen. Zunächst war sie sehr ungehalten über ihre mangelnde Geschicklichkeit, dann aber begannen wir lachend von neuem, wenn Alexandra Michailowna sich auch ungeachtet ihres ersten Mißerfolges kühn gegen das System von Madame Léotard aussprach. Sie stritten lachend, aber meine neue Erzieherin erklärte sich entschieden gegen jedes System, indem sie behauptete, daß wir beide schon tappend den richtigen Weg finden würden, daß es keinen Zweck habe, mir den Kopf mit trockenen Kenntnissen vollzustopfen und daß der ganze Erfolg von der Aufklärung meiner Instinkte und von der Kunst, den guten Willen in mir zu wecken, abhinge – und sie hatte recht, weil sie einen vollen Sieg errang. Erstens gab es von allem Anfang an nicht das Verhältnis Lehrerin und Schülerin. Wir lernten wie zwei gute Freunde, und manchmal kam es so, daß ich scheinbar Alexandra Michailowna unterwies, ohne daß ich ihre listige Absicht durchschaute. Auf diese Weise kam es zwischen uns oft zu Wortgefechten, und ich geriet in Eifer, um die Sache so zu beweisen, wie ich sie auffaßte; unmerklich aber führte mich Alexandra Michailowna auf den richtigen Weg. Das endete gewöhnlich damit, daß ich – zur Wahrheit gelangt – sofort Alexandra Michailownas taktische List durchschaute und einsah, welche Mühe sie sich gegeben, wie sie nicht selten ganze Stunden in dieser Weise meiner Förderung geopfert hatte. Nach jeder solchen Lektion fiel ich ihr um den Hals und umarmte sie herzhaft. Meine Empfindsamkeit überraschte und rührte sie ganz unwahrscheinlich. Sie begann sich teilnahmsvoll nach meinem früheren Leben zu erkundigen, dessen Einzelheiten sie von mir hören wollte, und jedesmal wurde sie nach meinem Bericht freundlicher und gleichzeitig ernster zu mir, ernster deswegen, weil ich ihr mit meiner traurigen Kindheit nicht nur Mitleid, sondern auch Achtung einflößte. Nach meinen Geständnissen ließen wir uns gewöhnlich in lange Gespräche ein, in denen sie mir meine Vergangenheit zu erklären versuchte, so daß ich sie gleichsam noch einmal erlebte und dabei vieles hinzulernte. Madame Léotard fand diese Gespräche viel zu ernst und hielt sie für gänzlich unangebracht, als sie meine unfreiwilligen Tränen sah. Ich selbst aber dachte ganz anders darüber, denn nach jenen Lektionen wurde mir immer so leicht und wohlig zumute, als hätte es in meinem Schicksal nie etwas Unglückliches gegeben.

Außerdem war ich Alexandra Michailowna dankbar dafür, daß sie mir mit jedem Tage mehr Anlaß gab, sie zu lieben. Madame Léotard kam es gar nicht in den Sinn, daß auf diese Weise allmählich alles ausgeglichen wurde und in klare Harmonie kam, was vorher ungemäß und vorzeitig stürmisch aus der Seele gedrängt und mein kindliches Herz so weit gebracht hatte, von Schmerz gequält darüber zu weinen, weil es nicht wußte, woher dies alles stammte.

Der Tag begann damit, daß wir beide im Kinderzimmer bei ihrem Kleinen zusammenkamen, ihn weckten, ankleideten, wuschen, fütterten, unterhielten und sprechen lehrten. Schließlich verließen wir das Kind und setzten uns an die Arbeit. Wir lernten vieles, aber Gott weiß, was das für eine Wissenschaft war. Es gab alles und doch nichts Bestimmtes. Wir lasen, erzählten einander unsere Eindrücke, legten das Buch beiseite, um etwas zu musizieren, und so enteilten ganze Stunden wie im Fluge. An den Abenden kam oft B., Alexandra Michailownas Freund, zu uns oder auch Madame Léotard. Nicht selten entspann sich dann ein äußerst hitziges Gespräch über die Kunst und das Leben, das wir in unserem engen Kreis nur vom Hörensagen kannten, über Ideale und Wirklichkeit, Vergangenes und Zukünftiges, und wir blieben bis Mitternacht auf. Ich hörte aufmerksam zu, begeisterte mich mit den anderen, lachte oder war gerührt; hier erfuhr ich alle möglichen Einzelheiten über meinen Vater und meine früheste Kindheit. Inzwischen wurde ich größer, man gab mir Lehrer, von denen ich aber, wäre nicht Alexandra Michailowna gewesen, nichts gelernt hätte. Bei dem Geographielehrer verdarb ich mir nur die Augen beim Aufsuchen der Städte und Flüsse auf der Landkarte. Mit Alexandra Michailowna dagegen hatte ich weite Reisen angetreten, so viele Länder durchquert, so viele Wunder gesehen und so viele bezaubernde, phantastische Stunden erlebt, daß die von ihr gelesenen Bücher nicht mehr ausreichten: wir mußten zu neuen unsere Zuflucht nehmen. Bald konnte ich den Geographielehrer belehren, obgleich er mir, man muß ihm Gerechtigkeit widerfahren lassen, bis zum Schluß in der genauen und völlig bestimmten Kenntnis des Breitengrades, an dem irgendein Städtchen lag, und seiner Einwohnerzahl, auf Tausender, Hunderter und Zehner genau, entschieden überlegen war. Dem Geschichtslehrer wurde sein Geld zwar überaus pünktlich gezahlt; doch nach seinem Abgang studierten Alexandra Michailowna und ich die Geschichte auf unsere Weise; wir nahmen uns Bücher und lasen bis in die Nacht, oder besser gesagt: Alexandra Michailowna las, weil sie gleichzeitig die nötige Zensur ausübte. Nie habe ich größeres Entzücken empfunden als bei diesem Lesen. Wir gerieten in solche Begeisterung, daß wir selbst die Helden zu sein wähnten. Freilich lasen wir mehr zwischen den Zeilen als auf ihnen; außerdem las Alexandra Michailowna ganz ausgezeichnet, so daß es einem so vorkam, als hätte sich alles das, wovon sie las, in ihrer Gegenwart zugetragen. Mag es auch lächerlich erscheinen, daß wir uns so entflammen ließen und bis Mitternacht aufsaßen – ich, das Kind, und sie, die Herzleidende, die so schwer am Leben zu tragen hatte. Ich wußte, daß unser Zusammensein ein Ausruhen für sie bedeutete. Ich erinnere mich, daß ich mir bei ihrem Anblick meine Gedanken machte und durch stetes Kombinieren schon viel vom Leben wußte, ehe ich noch zu leben angefangen hatte.

Schließlich war ich dreizehn Jahre alt. Inzwischen hatte sich Alexandra Michailownas Gesundheitszustand immer mehr verschlechtert. Sie wurde reizbarer, ihre Anfälle hoffnungsloser Traurigkeit qualvoller. Die Besuche ihres Mannes wurden zahlreicher und immer ausgedehnter, wenn er auch jedesmal so schweigsam, mürrisch und finster blieb, wie er es gewesen war. Ihr Schicksal begann mich immer stärker zu interessieren. Ich war dem Kindesalter entwachsen; viele neue Eindrücke, Betrachtungen, Neuigkeiten, Vermutungen hatten in mir festere Gestalt gewonnen. Es war verständlich, daß mich das Rätsel dieser Familie zu quälen anfing. Manchmal wieder verfiel ich in Gleichgültigkeit, Apathie, sogar in eine gereizte Stimmung und vergaß, daß etwas meine Neugier so beschäftigte, da ich auf keine meiner Fragen eine Antwort erhielt. Manchmal jedoch – und das kam jetzt immer häufiger vor – empfand ich das seltsame Bedürfnis, allein zu sein und für mich zu denken, immer nur zu denken. Es war jetzt wie damals, als ich noch bei den Eltern lebte und als ich im Anfang, ehe ich mich meinem Vater näher anschloß, ein ganzes Jahr über nachdachte, grübelte und aus meinem Winkel heraus nach Gottes lichter Welt lugte, so daß ich schließlich inmitten der von mir selbst geschaffenen Phantasiegebilde ganz weltfremd wurde. Der Unterschied bestand nur darin, daß ich jetzt mehr Ungeduld, mehr Sorge, mehr neue, unbewußte Instinkte, mehr Verlangen nach Bewegung und nach Auflehnung empfand, so daß ich mich nicht mehr so konzentrieren konnte wie früher. Alexandra Michailowna schien sich jetzt mehr von mir zu entfernen. In diesem Alter konnte ich nicht mehr ihre Freundin sein. Ich war kein Kind mehr. Ich fragte zu lebhaft nach vielen Dingen und blickte sie manchmal so an, daß sie die Augen vor mir niederschlug. Es gab seltsame Augenblicke. Ich konnte sie nicht weinen sehen, und oft traten mir bei ihrem Anblick die Tränen in die Augen; ich fiel ihr um den Hals und umschlang sie heiß. Was konnte sie mir antworten? Ich fühlte, daß es sie bedrückte. Aber zu anderer Zeit – und es war eine drückende, traurige Zeit – umarmte sie mich selbst krampfhaft wie eine Verzweifelte, als suchte sie meine Anteilnahme, als könnte sie ihre Vereinsamung nicht ertragen, als verstünde ich sie schon, als lebte ich mit ihr zusammen. Aber zwischen uns blieb doch ein Geheimnis, das war offensichtlich, und ich hielt mich nun selbst in solchen Augenblicken von ihr fern. Es war bedrückend mit ihr. Außerdem vereinigte uns außer der Musik nur wenig. Aber die Musik hatten ihr die Ärzte verboten. Bücher? Hier war es noch schwieriger. Sie wußte einfach nicht, was sie mit mir lesen sollte! Wir hätten schon auf der ersten Seite haltmachen müssen; jedes Wort konnte eine Anspielung sein, jeder unbedeutende Satz ein Rätsel. Einer herzlichen, lebhaften Unterhaltung gingen wir beide aus dem Weg.

Gerade zu dieser Zeit gab das Schicksal plötzlich und unerwartet meinem Leben eine seltsame Wendung. Meine Aufmerksamkeit, meine Empfindungen, mein Herz und mein Kopf, alles wandte sich auf einmal mit einer Angespanntheit, die bis zum Enthusiasmus ging, einer anderen, völlig unerwarteten Tätigkeit zu, und ich selbst ging, ohne es zu bemerken, völlig in der neuen Welt auf. Ich hatte keine Zeit, mich umzudrehen, umzuschauen, nachzudenken; ich konnte zugrunde gehen, das fühlte ich, aber die Versuchung war größer als die Angst, und ich ging aufs Geratewohl mit geschlossenen Augen weiter. So wurde ich auf lange Zeit jener Wirklichkeit entrückt, die mir schon so drückend zu werden angefangen hatte und aus der ich so lebhaft und so vergeblich einen Ausweg gesucht hatte. Was es war und wie es geschah?

Das Eßzimmer hatte drei Ausgänge. Der eine führte in die großen Zimmer, der zweite in das meine und in die Kinderstube und der dritte in die Bibliothek. Aus der Bibliothek führte aber noch eine andere Tür, die von meinem Zimmer nur durch das Arbeitskabinett getrennt war, in dem gewöhnlich der Gehilfe Pjotr Alexandrowitschs saß, Kopist und sein Mitarbeiter, Sekretär und Faktotum zugleich.

Er hatte den Schlüssel zur Bibliothek und zu den Schränken in Verwahrung. Eines Tages nach dem Essen, als er nicht zu Hause war, fand ich nun diesen Schlüssel auf dem Fußboden. Von Neugierde gepackt, machte ich von meinem Funde Gebrauch und drang in die Bibliothek ein. Es war ein ziemlich großes, sehr helles Zimmer, an dessen Wänden ringsumher acht gewaltige, mit Büchern angefüllte Schränke standen. Die Zahl der Bücher war außerordentlich groß. Einen großen Teil davon hatte Pjotr Alexandrowitsch geerbt, den anderen hatte Alexandra Michailowna zusammengebracht, die unermüdlich Bücher kaufte. Bisher war man äußerst vorsichtig mit den Büchern gewesen, die man mir zu lesen gegeben hatte, so daß ich unschwer herausgefühlt hatte, daß mir vieles vorenthalten wurde und für mich ein Geheimnis war. Kein Wunder, daß ich mit ununterdrückbarer Neugier, gleichzeitig von Angst und Freude und einem besonderen unerklärlichen Gefühl erregt, den ersten Schrank öffnete, um das erste beste Buch herauszunehmen. Dieser Schrank enthielt Romane. Ich ergriff einen von ihnen, machte den Schrank wieder zu und nahm das Buch mit. Dabei hatte ich merkwürdige Empfindungen, und das Herz schlug mir bald so stark und bald stockend, als fühlte ich voraus, daß sich in meinem Leben ein gewaltiger Umschwung vollzog. Als ich in meinem Zimmer war, riegelte ich schnell zu und schlug den Roman auf. Aber ich war nicht imstande, ihn zu lesen. Etwas anderes beschäftigte mich: ich mußte mir ein für allemal die Herrschaft über die Bibliothek so sichern, daß niemand das geringste davon erfuhr und ich die Möglichkeit hatte, mir jegliches Buch zu jeglicher Zeit zu verschaffen. Deshalb verschob ich den Genuß dieses Buches auf eine gelegenere Zeit, brachte den Band zurück, behielt aber heimlich den Schlüssel. Ich unterschlug ihn – und das war die erste Schlechtigkeit meines Lebens. Ich wartete auf das, was da kommen werde. Das fiel aber recht erfreulich aus; nachdem Pjotr Alexandrowitschs Sekretär und Gehilfe den Schlüssel den ganzen Abend und einen Teil der Nacht mit der Kerze in der Hand auf dem Boden gesucht hatte, entschloß er sich, am nächsten Morgen einen Schlosser zu rufen, der aus einem Bund mitgebrachter Schlüssel einen neuen heraussuchte, und damit war die Sache erledigt; niemand erfuhr etwas von dem Verlust des Schlüssels. Ich selber machte mich so vorsichtig und listig ans Werk, daß ich erst nach einer Woche in die Bibliothek ging, als keinerlei Gefahr oder Verdacht mehr bestand. Anfangs wählte ich stets eine Zeit, da der Sekretär nicht zu Hause war, dann aber fing ich an, vom Eßzimmer aus hineinzugehen, weil der Sekretär sich damit begnügte, den Schlüssel in der Tasche zu haben, sich sonst aber um die Bücher nie kümmerte und auch nicht das Zimmer betrat, in dem sie sich befanden.

Ich begann gierig zu lesen, und alsbald hatte mich die Lektüre vollends gefesselt. Alle meine neuen Bedürfnisse, all das jüngst aufgetauchte Streben, alle noch unklaren Regungen meines Übergangsalters, die, durch meine frühreife Entwicklung hervorgerufen, sich unruhig und aufsässig in meiner Seele gebärdeten – dies alles drängte plötzlich für lange Zeit einem anderen, unerwartet geöffneten Ausgang zu, als hätte es jetzt erst den richtigen Weg gefunden, als wäre die neue Speise erst die richtige Nahrung. Bald waren Herz und Kopf so bezaubert, bald hatte sich meine Phantasie so üppig entwickelt, daß die Welt, die mich bisher umgeben hatte, vergessen war. Es schien, als hemmte das Schicksal selbst meine Schritte an der Schwelle zu dem neuen Leben, nach dem es mich so verlangt hatte und mit dessen Rätseln ich mich Tag und Nacht herumschlug, und stellte mich vor dem Beschreiten des unbekannten Pfades auf einen Gipfel, um mir das Zukünftige in einem zauberhaften Panorama, in einer verführerischen, glänzenden Perspektive zu zeigen. Es war mir bestimmt, diese ganze Zukunft, nachdem ich sie zuerst aus Büchern herausgelesen hatte, in Träumen, Hoffnungen, leidenschaftlichen Ausbrüchen und süßen Regungen der jugendlichen Seele zu erleben. Ich begann meine Lektüre wahllos mit dem ersten Buch, das mir in die Hand fiel, aber ein gütiges Geschick wachte über mir: was ich bisher erfahren und erlebt hatte, war so edel, so ernst gewesen, daß mich eine tückische, unsaubere Seite jetzt nicht verführen konnte. Mich bewahrten mein kindlicher Instinkt, meine Jugend und meine ganze Vergangenheit. Jetzt schien die Erkenntnis plötzlich mein ganzes vergangenes Leben zu erhellen. Tatsächlich kam mir fast jede Seite, die ich las, bekannt vor, als hätte ich das alles schon einmal erlebt, als wären mir alle diese Leidenschaften, all dies wechselnde Leben, das sich in so unerwarteten Formen, in so zauberischen Bildern vor mir ausbreitete, durch Erfahrung längst vertraut. Und wie hätte ich mich nicht bis zum Vergessen der Wirklichkeit, bis zur Entfremdung von der Wirklichkeit hinreißen lassen sollen, wenn sich vor mir in jedem Buch, das ich las, die Gesetze desselben Schicksals, derselbe Geist des Geschehens verkörperte, der über dem Leben jedes Menschen schwebte, aber einem obersten Gesetz des menschlichen Lebens entstammt, auf dem alle Erlösung, alle Erhaltung, alles Glück beruhen. Dieses Gesetz, schon geahnt, suchte ich mit allen Kräften, mit allen meinen Instinkten zu erfassen, die der Selbsterhaltungstrieb in mir erweckt hatte. Es war, als wäre ich schon im voraus darauf hingewiesen worden, als hätte mich jemand gewarnt. Etwas Prophetisches hatte sich in meine Seele gedrängt, und mit jedem Tag kräftigte sich die Hoffnung in meiner Seele, obwohl gleichzeitig damit meine Vorstöße in diese Zukunft, in dieses Leben, das mir täglich mit der ganzen Kraft, welche der Kunst eigen ist, mit allem Zauber der Poesie in dem, was ich las, begegnete, immer stärker wurden. Aber wie ich schon gesagt habe, wußte meine Phantasie sehr gut meine Ungeduld zu meistern, und ich war, um die Wahrheit zu sagen, kühn nur in meinen Träumereien, hatte aber in Wirklichkeit eine instinktive Scheu vor der Welt der Tatsachen. Daher hatte ich gleichsam vorbeugend beschlossen, mich vorläufig mit der Welt der Phantasie und des Traumes zu begnügen, in der ich wenigstens Alleinherrscherin war, in der nur Wonne und Freude regierten und das Unglück, soweit es überhaupt Zutritt erhielt, nur eine passive, vorübergehende und kontrastierende Rolle spielte, um meinen süßen, entzückenden Romanen eine unvermittelte Wendung des Geschickes zum Guten hin zu geben. So fasse ich heute meine damalige Seelenstimmung auf.

Und dieses Leben, ein Leben der Phantasie, ein Leben der schroffen Abkehr von meiner gesamten Umgebung, konnte volle drei Jahre währen!

Dieses Leben war mein Geheimnis, und nach vollen drei Jahren wußte ich immer noch nicht, ob ich eine plötzliche Entdeckung fürchten sollte oder nicht. Das, was ich in diesen drei Jahren erlebt hatte, war zu sehr mit mir verwachsen, stand mir zu nahe. In all diesen Phantastereien spiegelte ich mich selbst nur zu deutlich wider, so daß ich schließlich in Verbitterung und Schreck geraten wäre, wenn irgendein Fremder einen plumpen Blick in meine Seele getan hätte. Zudem führten wir alle, unser ganzes Haus, jeder sein Leben so für sich, so abseits der Gesellschaft, so klösterlich, daß sich unwillkürlich in einem jeden von uns eine gewisse Selbstkonzentration und ein Bedürfnis, sich von den anderen abzuschließen, herausbilden mußte. Mir war es nicht anders ergangen. Die drei Jahre über hatte sich rings um mich nichts verändert, alles war, wie es gewesen. Wie früher herrschte bei uns die traurigste Einförmigkeit, die – so denke ich heute darüber – meine Seele zermürbt und mich einem unbekannten, gewaltsamen Ausweg aus diesem schlaffen, müden Kreis, vielleicht zu meinem Verderben, entgegengetrieben haben würde, hätte mich nicht meine von Geheimnissen umgebene, der Welt verborgene Tätigkeit so in Bann gehalten. Madame Léotard war inzwischen alt geworden und schloß sich fast immer in ihrem Zimmer ein; die Kinder waren noch zu klein, B. war zu einseitig und Alexandra Michailownas Mann immer noch so mürrisch, unzugänglich und in sich verschlossen wie früher. Wie früher bestand zwischen ihm und seiner Frau jene geheimnisvolle Verbindung, die sich mir allmählich immer drohender und düsterer darstellte, so daß ich mich immer mehr um Alexandra Michailowna sorgte. Ihr Leben, das so freudlos, so farblos war, zerfiel vor meinen Augen. Ihr Gesundheitszustand wurde von Tag zu Tag schlimmer. Verzweiflung schien sich schließlich ihrer Seele zu bemächtigen; sie stand sichtlich unter dem Druck einer unbekannten, unbestimmten Macht, die sie wohl selbst nicht kannte, unter einem entsetzlichen und gleichzeitig ihr selbst unverständlichen Druck, den sie aber hinnahm, als sei ihr Leben dazu verurteilt, dieses Kreuz zu tragen. Ihr Herz erstarrte schließlich in dieser dumpfen Qual; sogar ihr Geist nahm eine andere Richtung, die Richtung zum Trüben und Traurigen. Besonders eine Beobachtung gab mir zu denken; es schien mir, daß sie sich, je älter ich wurde, um so mehr von mir entfernte, so daß sich ihre Verschlossenheit mir gegenüber schließlich in eine ungeduldige Verdrießlichkeit verwandelte. Manchmal schien es mir, als ob sie mich überhaupt nicht mehr liebte, als wäre ich ihr zur Last. Ich habe schon erwähnt, daß ich anfing, sie absichtlich zu meiden, nachdem ich mich von ihr zurückgezogen hatte, und mich gewissermaßen von der zurückhaltend verschlossenen Art ihres Charakters anstecken ließ. So kam es, daß ich alles, was ich in diesen drei Jahren erlebte, was in meiner Seele, meinen Träumen, meinem Erkennen, meinem Sehnen und meiner leidenschaftlichen Verzückung Gestalt annahm, sorgsam für mich behielt. Nachdem wir uns entfremdet hatten, kamen wir auch nie wieder ganz in das rechte Verhältnis zueinander, obgleich ich sie, wie es mir scheint, mit jedem Tag noch liebergewann als früher. Die Tränen kommen mir, wenn ich jetzt daran denke, wie sehr sie mir zugetan war, wie sehr sie sich in ihrem Herzen verpflichtet fühlte, die Schätze von Liebe, die sie barg, über mich auszuschütten, bis zum Letzten das Gelübde treu zu erfüllen, mir Mutter zu sein. Freilich lenkte ihr eigener Kummer sie manchmal für längere Zeit von mir ab; sie schien mich dann ganz vergessen zu haben, um so mehr, als ich selbst mich bemühte, mich ihr nicht ins Gedächtnis zu rufen, so daß mein sechzehntes Jahr herankam, ohne daß es jemand recht gewahr wurde. Aber in Zeiten der Selbstbesinnung, wo sie klar ihre Umwelt erfaßte, begann Alexandra Michailowna sich plötzlich um mich zu beunruhigen. Voller Ungeduld ließ sie mich aus meinem Zimmer, von meinen Unterrichtsstunden, von meinen Beschäftigungen zu sich rufen und überhäufte mich mit Fragen, als wollte sie mein tiefstes Inneres erforschen. Tagelang trennte sie sich dann nicht von mir und suchte alle meine Empfindungen und Wünsche zu erraten, sichtlich besorgt um mein Wachstum, um mein gegenwärtiges und zukünftiges Leben; mit unerschöpflicher Liebe, ja mit einer Art von Ehrfurcht dachte sie dann über alles nach, was mir helfen könnte. Aber sie hatte sich mir schon zu sehr entfremdet und verfuhr daher oft zu naiv, so daß ich alles nur zu leicht merkte und durchschaute. So zum Beispiel durchstöberte sie einmal – ich war schon sechzehn Jahre alt – meine Bücher, erkundigte sich nach meiner Lektüre und bekam einen jähen Schreck, als sie fand, daß ich noch nicht über die Kinderbücher für zwölfjährige Mädchen hinausgekommen war. Ich erriet, was in ihr vorging, und beobachtete sie aufmerksam. Volle zwei Wochen bearbeitete sie mich gewissermaßen, fragte mich aus und vergewisserte sich über den Grad meiner Entwicklung und das Ausmaß dessen, was mir nötig war. Endlich entschloß sie sich, einen Anfang zu machen, und auf unserem Tisch erschien Walter Scotts »Ivanhoe«, den ich schon längst gelesen hatte, und zwar mindestens dreimal. Anfangs beobachtete sie mit scheuer Erwartung, welchen Eindruck die Lektüre auf mich machen würde, als müßte sie das Ergebnis genau abwägen und sich darüber ihre Sorgen machen; schließlich verschwand aber diese gespannte Beziehung zwischen uns, die ich zu deutlich merkte; wir waren wieder Feuer und Flamme, und ich war herzlich froh darüber, daß ich mich nicht mehr vor ihr zu verstecken brauchte. Als wir mit dem Roman fertig waren, war sie ganz entzückt von mir. Jede Bemerkung, die ich während unserer Lektüre machte, erschien ihr treffend, jeder Eindruck richtig. In ihren Augen hatte ich mich wirklich schon über die Maßen entwickelt. Überrascht darüber, wollte sie nun, ganz entzückt von meinen Fortschritten, gern wieder meine weitere Ausbildung übernehmen und mich nicht mehr von sich lassen. Aber das stand nicht in ihrer Macht. Das Schicksal brachte uns bald auseinander und verhinderte, daß wir uns wieder näherkamen. Dazu genügte der erste Rückfall in ihre Krankheit, ein Anfall ihres ständigen Leidens, und wieder stellten sich Entfremdung, Absonderung, Mißtrauen und sogar Verbitterung ein.

Aber auch in den Zeiten, da wir einander näher waren, gab es Augenblicke, die zwischen uns Schranken aufrichteten. Wenn wir lasen, freundlich miteinander plauderten, musizierten, ließen wir uns treiben und sprachen uns aus, wobei wir manchmal sogar zu weit gingen, und dann kam der Augenblick, wo wir wieder voreinander Scheu empfanden. Dann dachten wir über unser Tun nach und blickten einander wie entsetzt, voll argwöhnischer Neugier und voll Mißtrauens an. Jedes von uns hatte eine Grenze um sich gezogen, bis zu der unsere Annäherung gehen konnte; sie zu überschreiten wagten wir nicht, hätten wir es auch gewollt.

Eines Abends vor der Dämmerung las ich zerstreut ein Buch im Zimmer Alexandra Michailownas. Sie saß am Klavier und improvisierte über eines ihrer Lieblingsthemen der italienischen Musik. Als sie schließlich in die Melodie der Arie selbst überging, begann ich, hingerissen von der Musik, die mein tiefstes Inneres berührt hatte, schüchtern dieses Motiv halblaut vor mich hinzusingen. Bald geriet ich in Ekstase, stand von meinem Platz auf und trat an das Klavier. Alexandra Michailowna, die mich sofort verstand, ging zur Begleitung über und folgte mit liebevoller Gespanntheit jeder Note meiner Stimme, über deren Reichtum sie offenbar entzückt war. Bis dahin hatte ich nie in ihrer Gegenwart gesungen und wußte selbst nicht, ob ich Stimme hatte. Jetzt gerieten wir beide in Begeisterung. Ich ließ meine Stimme immer mehr und mehr anschwellen; in mir erwachte Energie, Leidenschaft, noch angefacht durch Alexandra Michailownas freudiges Erstaunen, das ich aus jedem Takt ihrer Begleitung herausfühlte. Schließlich endete der Gesang so gelungen, mit solcher Beseeltheit und Kraft, daß sie in ihrer Begeisterung meine Hand ergriff und mich erfreut anblickte.

»Annette! du hast eine wundervolle Stimme«, sagte sie. »O Gott! wie konnte ich das nicht bemerken?«

»Ich habe es selbst erst jetzt bemerkt«, antwortete ich außer mir vor Freude.

»Der Herr segne dich, mein liebes, unschätzbares Kind! Danke ihm für diese Gabe! Wer weiß! . . . Ach, mein Gott, mein Gott!«

Sie war so ergriffen von dieser Entdeckung, befand sich in einem solchen Überschwang von Freude, daß sie nicht wußte, was sie mir sagen und wie sie mir schmeicheln sollte. Es war einer jener Augenblicke der gegenseitigen Offenheit, Sympathie und Annäherung, die uns seit langem nicht beschieden gewesen waren. Eine Stunde danach herrschte eine Art Feiertag im Haus. Sofort wurde nach B. geschickt. Bis er kam, schlugen wir aufs Geratewohl allerhand Musikstücke auf, die ich besser kannte, und versuchten es mit einer neuen Arie. Diesmal zitterte ich vor Befangenheit. Ich wollte nicht durch einen Mißerfolg den ersten Eindruck zerstören. Alsbald festigte sich aber meine Stimme und trug mich empor. Ich wunderte mich selbst immer mehr über ihre Kraft, und bei diesem zweiten Versuch gab es keinen Zweifel mehr. In einem Anfall ungeduldiger Freude ließ Alexandra Michailowna sofort die Kinder und sogar die Kinderfrau kommen, und schließlich ging sie wie berauscht zu ihrem Mann und rief ihn aus dem Kabinett heraus, woran sie zu anderen Zeiten nicht zu denken gewagt hätte. Pjotr Alexandrowitsch hörte sich die Neuigkeit wohlwollend an, beglückwünschte mich und erklärte als erster, daß ich ausgebildet werden müßte. Alexandra Michailowna, ganz selig vor Dankbarkeit, als ob ihr Gott weiß welche Gnade widerfahren wäre, stürzte auf ihn zu, um ihm die Hand zu küssen. Endlich kam B. Der alte Herr war erfreut. Er liebte mich sehr, gedachte oft meines Vaters und der Vergangenheit, und als ich ihm zwei oder drei Sachen vorgesungen hatte, erklärte er mit ernster, fast besorgter Miene, ja mit einer gewissen Feierlichkeit, daß ohne Zweifel Stimme, vielleicht sogar Talent vorhanden seien und daß man an meine Ausbildung denken müsse. Da schien ihm und Alexandra

Michailowna einzufallen, daß es gefährlich sei, wenn man mich im Anfang zu sehr lobe, und ich nahm wahr, wie sich beide zublinzelten und heimlich besprachen, doch so, daß dieses gegen mich gerichtete Komplott recht naiv und wenig geschickt ausfiel. Ich lachte im stillen den ganzen Abend, wenn ich so sah, wie sie sich nach jedem neuen Lied bemühten, sich zurückzuhalten und sogar absichtlich laut die Mängel meiner Stimme hervorzuheben. Aber sie blieben nicht lange standhaft, und als erster verriet sich B., der von neuem vor Freude außer sich geriet. Ich hätte nie gedacht, daß er mich so liebte. Den ganzen Abend über herrschte die freundschaftlichste, wärmste Unterhaltung. B. erzählte einiges aus dem Leben berühmter Sänger und Schauspieler und erzählte alles mit dem Entzücken des Künstlers, voller Erregung und Ergriffenheit. Als dann das Gespräch auf meinen Vater kam, ging es alsbald auf mich, auf meine Kindheit, auf den Fürsten und auf die ganze Familie des Fürsten über, von der ich seit jener Trennung so wenig gehört hatte. Auch Alexandra Michailowna wußte wenig von ihnen. Am meisten wußte noch B., weil er oft nach Moskau fuhr. Aber hier nahm das Gespräch eine geheimnisvolle, mir rätselhaft vorkommende Wendung, und zwei oder drei Umstände, die besonders den Fürsten betrafen, waren mir unverständlich. Alexandra Michailowna brachte die Rede auf Katja, aber B. wußte nichts Besonderes über sie zu berichten und schien auch absichtlich über sie schweigen zu wollen. Das setzte mich in Erstaunen. Ich hatte Katja keineswegs vergessen, auch meine frühere Liebe zu ihr war nicht erloschen, sondern im Gegenteil, ich konnte mir nicht vorstellen, daß irgendeine Veränderung in ihr vorgegangen sein sollte. Meiner Aufmerksamkeit waren freilich die Trennung und die langen, in verschiedener Weise durchlebten Jahre entgangen, in denen wir einander keinerlei Nachricht gegeben hatten, die Verschiedenheit der Erziehung und die Verschiedenheit unserer Charaktere. Katja hatte mich in meinen Gedanken nie verlassen, sie hatte immer mit mir gelebt; besonders in allen meinen Träumereien, in allen meinen Romanen und Abenteuern gingen wir immer Hand in Hand nebeneinander her. Wenn ich mich selbst als die Heldin jedes von mir gelesenen Romanes sah, brachte ich sofort meine Prinzessin-Freundin neben mir unter und machte aus jedem Roman zwei, deren einen ich freilich selbst verfaßte, wobei ich meine Lieblingsautoren schonungslos bestahl.

Schließlich wurde in unserem Familienrat beschlossen, für mich einen Gesangslehrer zu engagieren. B. empfand den berühmtesten und besten. Am nächsten Tag kam der Italiener D., prüfte mich, bestätigte das Urteil seines Freundes B., erklärte aber sofort, daß es weitaus förderlicher sein würde für mich, wenn ich mit seinen anderen Schülerinnen zum Unterricht zu ihm käme, daß der Wetteifer und die Lernbegier und die Fülle von Hilfsmitteln aller Art, die mir da zur Verfügung ständen, meine Stimme entwickeln würden. Alexandra Michailowna war einverstanden; von da ab ging ich dreimal in der Woche um acht Uhr morgens in Begleitung eines Dienstmädchens ins Konservatorium.

Jetzt werde ich ein seltsames Ereignis erzählen, das einen starken Eindruck auf mich machte und mit einer plötzlichen Wendung einen neuen Abschnitt in meinem Leben herbeiführte. Ich war damals sechzehn Jahre alt, und es erstand plötzlich in meiner Seele eine unbegreifliche Apathie; eine unerträgliche, zermürbende Müdigkeit, die ich mir selbst nicht erklären konnte, ergriff von mir Besitz. Alle Pläne, alle meine Wünsche verstummten, sogar mein Hang zu phantastischen Träumen ermattete. Kalte Gleichgültigkeit war an die Stelle des früheren, unerfahrenen Seelenschwunges getreten. Selbst mein Talent, das alle, die mir lieb waren, mit solchem Entzücken erfüllte, machte mir keine Freude mehr und blieb brachliegen. Nichts konnte mich fesseln. Sogar Alexandra Michailowna gegenüber empfand ich eine kühle Gleichgültigkeit, deretwegen ich mir selbst Vorwürfe machte, weil sie mir nur zu bewußt war. Meine Apathie wurde von grundloser Traurigkeit und plötzlichem Weinen unterbrochen. Ich suchte die Einsamkeit. In dieser eigenartigen Zeit erschütterte ein seltsamer Zufall meine Seele bis auf den Grund und verwandelte diese Stille in einen wahren Sturm. Mein Herz wurde verwundet ... Und das geschah so.

7

Ich betrat die Bibliothek – Zeit meines Lebens werden mir diese Minuten im Gedächtnis bleiben – und nahm mir den einzigen Roman von Walter Scott, den ich noch nicht gelesen hatte, »St. Ronans Brunnen«. Ich erinnere mich gut, daß mich eine nagende, gegenstandslose Schwermut wie eine Vorahnung quälte. Mir war zum Weinen. Im Zimmer war es hell, das Licht der letzten schrägen Strahlen der untergehenden Sonne, die durch die hohen Fenster drangen, fiel auf den blitzenden Parkettboden. Es war still; ringsum in den anstoßenden Zimmern war keine Seele. Pjotr Alexandrowitsch war nicht zu Hause, und Alexandra Michailowna war krank und lag im Bett. Ich weinte, schlug den zweiten Teil auf, blätterte planlos herum und versuchte einen Sinn in die abgerissenen Sätze zu bringen, die an meinen Augen vorbeihuschten. Es war, als wollte ich das Schicksal befragen, wie man es tut, indem man ein Buch aufs Geratewohl aufschlägt. Es gibt Augenblicke, da alle geistigen und seelischen Kräfte krankhaft angespannt sind und plötzlich in einer hellen Flamme des Erkennens auflodern; in solchen Augenblicken geht ein prophetisches Ahnen durch die erschütterte Seele, die von einem Vorgefühl, einem Vorgeschmack des Zukünftigen gequält wird. Man möchte gar so gerne leben, und das Herz, von glühendem, blindem Sehnen erfüllt, fordert gewissermaßen die Zukunft heraus mit ihren Geheimnissen, ihren Ungewißheiten, Stürmen und Ungewittern, wenn sie nur Leben enthalten. Einen solchen Augenblick durchlebte ich damals.

Ich erinnere mich, daß ich gerade das Buch zugeklappt hatte, um es dann aufs Geratewohl zu öffnen und die Seite als Orakelspruch für meine Zukunft zu lesen. Als ich es wieder aufschlug, erblickte ich einen beschriebenen Bogen Briefpapier, der viermal zusammengefaltet und so glattgepreßt war, daß er aussah, als wäre er schon vor einigen Jahren in das Buch hineingelegt und darin vergessen worden. Mit höchster Neugier untersuchte ich meinen Fund. Es war ein Brief ohne Anschrift, unterzeichnet mit den beiden Anfangsbuchstaben S. O. Meine Neugier verdoppelte sich. Ich entfaltete das zusammenklebende Papier, das von dem langen Liegen zwischen den Buchseiten auf diesen eine helle Stelle von der Größe seines Umfangs hinterlassen hatte. Die Ränder des Briefes waren abgestoßen und durchgescheuert; offenbar war er oft gelesen und wie eine Köstlichkeit gehütet worden. Die Tinte war blau und blaß geworden – er mußte vor langer Zeit geschrieben worden sein! Einige Worte sprangen mir zufällig in die Augen, und mein Herz schlug vor Erwartung. In meiner Aufregung drehte ich den Brief in den Händen hin und her, wie um absichtlich das Lesen hinauszuschieben. Zufällig hob ich ihn ans Licht: ja, Tränen waren auf diesen Zeilen eingetrocknet und hatten ihre fleckigen Spuren auf dem Papier hinterlassen; stellenweise waren ganze Buchstaben von den Tränen verwischt. Wessen Tränen mochten das sein? Schließlich las ich, vor Spannung fast vergehend, die erste halbe Seite, und ein Schrei der Überraschung entrang sich meiner Brust. Ich stellte das Buch wieder an seinen Platz, schloß den Schrank ab, verbarg den Brief unter meinem Halstuch und eilte auf mein Zimmer. Ich riegelte hinter mir zu und fing an, von vorne zu lesen. Aber mein Herz klopfte so heftig, daß die Wörter und Buchstaben vor meinen Augen durcheinandertanzten. Lange konnte ich nichts verstehen. Der Brief enthüllte ein Geheimnis; er traf mich wie ein Blitz, weil ich erriet, an wen er gerichtet war. Ich wußte, daß ich eigentlich ein Verbrechen beging, wenn ich diesen Brief las, aber die Gewalt des Augenblicks war stärker als ich. Der Brief war an Alexandra Michailowna gerichtet.

Hier ist der Brief. Ich führe ihn ganz an. Unklar begriff ich, was darin stand, und noch lange danach ließen mich seine Rätsel und schweren Gedanken nicht los. Von jenem Augenblick an war mein Leben wie zerbrochen. Mein Herz war aufgewühlt und für lange, fast für immer erschüttert, denn dieser Brief zog zuviel hinter sich her. Ich hatte die Zukunft richtig erraten.

Dieser Brief war ein letzter, schrecklicher Abschiedsbrief. Als ich ihn gelesen hatte, zog sich mir das Herz so schmerzhaft zusammen, als hätte ich alles verloren, als hätte man mir alles weggenommen, sogar die Träume und die Hoffnungen, als wäre mir nichts anderes geblieben als ein fernerhin zweckloses Leben. Wer war er, der diesen Brief geschrieben hatte? Wie war ihr Leben nachher? Der Brief enthielt so viele Andeutungen, so viele sachliche Angaben, daß man nicht irregehen konnte. Zugleich aber gab er auch so viele Rätsel auf, daß man sich in Vermutungen geradezu verlieren mußte. Aber ich irrte mich wohl nicht; dazu noch der Stil des Briefes, der schon viel besagte, den ganzen Charakter dieser Verbindung darlegte, die zwei Menschen das Herz gebrochen hatte. Die Gedanken und Gefühle des Briefschreibers traten offen zutage. Sie waren zu eigenartig, und wie ich schon sagte, nahmen sie dem Rätsel nur zu sehr sein Geheimnis. Aber hier ist der Brief; ich habe ihn Wort für Wort abgeschrieben.

»Du wirst mich nicht vergessen, hast Du gesagt. Ich glaube Dir, und von nun an liegt mein ganzes Leben in diesen Deinen Worten. Wir müssen uns trennen; unsere Stunde hat geschlagen! Ich wußte es schon lange, meine stille, traurige Schönheit! Aber erst jetzt weiß ich ganz, was es bedeutet. Während *unserer* ganzen Zeit, während der ganzen Zeit, da Du mich liebtest, war mein Herz immer wund und weh von unserer Liebe, und jetzt – kannst Du es glauben? – ist mir leichter! Ich wußte längst, daß dies das Ende sein würde, daß es uns vom Schicksal so vorherbestimmt war. Schicksal! Höre mich, Alexandra! Wir waren einander *nicht ebenbürtig*, ich habe es *stets* gefühlt! Ich war Deiner nicht wert, und ich allein müßte die Strafe für das Glück, das ich erleben durfte, tragen! Sage, was war ich Dir gegenüber bis zu der Zeit, wo Du mich kennenlerntest? Mein Gott! Zwei Jahre sind schon vergangen, und noch immer bin ich wie benommen, kann ich es nicht begreifen, daß Du *mich* liebgewinnen konntest! Ich verstehe nicht, wie es mit uns soweit kam, wie alles anfing. Erinnerst Du Dich, was ich im Vergleich zu Dir war? Verdiente ich Dich? Was war an mir? Was hatte ich Besonderes aufzuweisen? Ehe ich Dich kennenlernte, war ich unbeholfen und primitiv, und mein Äußeres war traurig und finster. Ich wünschte mir kein anderes Leben, es verlangte mich nicht danach, ich rief es nicht herbei und wollte es nicht herbeirufen. Alles in mir war erstorben, und ich hatte nichts auf der Welt, was mir wichtiger war als meine tägliche Arbeit. Ich hatte nur an eins zu denken, den kommenden Tag, und selbst dagegen verhielt ich mich gleichgültig. Früher einmal hatte ich wohl hochfliegende Träume und gab mich wie ein Dummkopf meinen Träumen hin. Aber seitdem war viel Zeit vergangen, und ich hatte angefangen, ein einsames, mürrisches, stilles Leben zu führen, und fühlte nicht einmal die Eiseskälte, die sich um mein Herz gelegt hatte. Es schlug kaum noch. Ich wußte doch und hatte mich damit abgefunden, daß für mich nie eine andere Sonne aufgehen würde. Ich hielt es für ausgemacht und murrte nicht einmal dagegen, weil ich wußte, daß es so *sein mußte*. Als Du an mir vorübergingst, verstand ich nicht, wie ich es jemals wagen könnte, meine Augen zu Dir zu erheben. Wie ein Sklave war ich vor Dir. Mein Herz schlug nicht heftig in Deiner Gegenwart, es war nicht beklommen, es hatte mir nichts über Dich zu sagen: es war ganz ruhig. Meine Seele erkannte die Deine nicht, wenn sie sich auch wie verklärt vorkam neben ihrer schönen Schwester. Ich weiß es, ich fühlte es dunkel und konnte es fühlen, weil selbst auf den letzten Grashalm Gottes Morgensonne fällt, ihn wärmt und liebt, genauso gut wie die prächtige Blume, neben der er bescheiden am Weg sprießt. Als ich aber alles erfahren hatte, weißt Du noch, nach jenem Abend, nach jenen Worten, die meine Seele bis auf den Grund aufwühlten, war ich wie geblendet, wie berauscht, alles in mir war in Wallung. Denke Dir, ich war so überrascht, so wenig sicher meiner selbst, daß ich Dich nicht verstand. Von alledem habe ich nie zu Dir gesprochen, Du hast nichts davon erfahren, da ich früher nicht derjenige war, den Du später aus mir gemacht hast. Wenn ich es geschafft, wenn ich es gewagt hätte zu sprechen, hätte ich Dir schon längst alles gestanden, aber ich habe geschwiegen; doch jetzt will ich alles sagen, damit Du weißt, wen Du jetzt verläßt, von was für einem Menschen Du Dich trennst. Weißt Du, als was ich Dich zuerst betrachtete? Die Leidenschaft erfaßte mich wie ein Feuer, ergoß sich wie Gift in mein Blut; sie verwirrte all meine Gedanken und Empfindungen; ich war wie berauscht, wie umnebelt und erwiderte Deine reine, Deine *mitleidige Liebe* nicht wie ein Dir Ebenbürtiger, nicht wie einer, der Deiner reinen Liebe wert ist, sondern wie ein Mensch ohne Verstand und Herz. Ich kannte Dich ja nicht. Ich erwiderte Deine Liebe, als hättest Du Dich in Deinen Augen *bis zu mir vergessen* und nicht, als wolltest Du mich zu Dir erheben. Weißt Du, in welchem Verdacht ich Dich hatte, was das bedeutet: *sich bis zu mir vergessen?* Doch nein! Ich will Dich nicht durch mein Geständnis verletzen; nur das eine will ich Dir sagen: Du hast Dich bitter in mir getäuscht! Niemals, niemals hätte ich mich bis zu Dir erheben können! Ich konnte Dich nur aus weiter Ferne in meiner grenzenlosen Liebe anschauen, als ich Dich verstand, sah dabei aber nicht meine Schuld. Die Leidenschaft, die Du in mir erregtest, war nicht Liebe; vor der Liebe fürchtete ich mich. Ich wagte es nicht, Dich zu lieben, denn in der Liebe herrscht Wechselseitigkeit, Gleichheit; ihrer war ich aber nicht wert. Doch ich weiß wohl überhaupt nicht, was mit mir los war! Ach! wie soll ich mich ausdrücken, um verstanden zu werden! Anfangs glaubte ich es nicht. Oh, weißt Du noch, wie meine erste Erregung sich legte, wie mein Blick freier wurde, wie nur reines, keusches Gefühl zurückblieb, wie meine erste Empfindung Erstaunen, Verwirrung und Furcht war? und weißt Du noch, wie ich mich plötzlich schluchzend Dir zu Füßen warf? Weißt Du noch, wie Du erregt, entsetzt, unter Tränen mich fragtest, was ich hätte? Ich schwieg, konnte Dir nicht antworten, doch meine Seele barst; mein Glück drückte mich wie eine unerträgliche Last, und mein Schluchzen sprach: Wofür das mir? Womit habe ich das verdient? Wofür wird mir diese Seligkeit zuteil? Meine Schwester! Meine Schwester! Oh! wie oft habe ich, ohne daß Du es merktest, heimlich Dein Kleid geküßt! heimlich, weil ich wußte, daß ich Deiner nicht wert bin; dann stockte mir der Atem, das Herz schlug langsam und heftig, als wollte es stehenbleiben und für immer ersterben. Wenn ich Deine Hand ergriff, wurde ich bleich und zitterte: Du hattest mich durch die Reinheit Deiner Seele verwirrt. Ach! ich verstehe nicht, Dir alles klarzumachen, was in meiner Seele sich angehäuft hatte, um ausgesprochen zu werden! Weißt Du, daß mich Deine mitleidige, unbeirrbare Freundlichkeit manchmal drückte und quälte? Als Du mich küßtest (es ist nur einmal vorgekommen, und niemals werde ich es vergessen), trat es wie Nebel vor meine Augen, und der Atem wollte mir für einen Augenblick vergehen. Warum bin ich nicht in diesem Augenblick zu Deinen Füßen gestorben? Siehst Du, nun sage ich zum erstenmal in einem Briefe ‚Du' zu Dir, obgleich ich Dich schon längst so anreden wollte! Verstehst Du, was ich sagen will? Ich will Dir alles sagen und sage nur: Ja, Du liebtest mich sehr, Du hast mich geliebt, wie eine Schwester ihren Bruder liebt, Du hast mich geliebt wie etwas von Dir Geschaffenes, weil Du mein Herz zu neuem Leben riefest, weil Du meine Seele aus ihrem Schlummer wecktest und mir süßes, sehnendes Hoffen in die Brust träufeltest. Ich habe Dich nie meine Schwester genannt, ich konnte es nicht, ich wagte es nicht, ich konnte nicht Dein Bruder sein. Wir sind doch einander nicht ebenbürtig, und Du hattest Dich in mir getäuscht!

Aber Du siehst, ich schreibe immer nur von mir. Selbst jetzt, in diesem Augenblick des entsetzlichen Unglücks, denke ich nur an mich, obgleich ich weiß, daß Du um meinetwillen leidest. Ich bitte Dich, quäle Dich nicht meinetwegen, liebe Freundin! Kannst Du Dir vorstellen, wie gedemütigt ich mir jetzt vorkomme? Alles ist nun herausgekommen, und wieviel Staub es aufgewirbelt hat! Um meinetwillen bist Du verstoßen worden, um meinetwillen häufen sie Verachtung und

Spott auf Dich, weil ich in ihren Augen so niedrig stehe! Ach! wie schuldbewußt bin ich, weil ich Deiner nicht wert war! Ja, wenn ich etwas darstellte in der Welt, wenn ich in ihren Augen einen persönlichen Wert hätte, wenn ich ihnen Respekt einflößte, würden sie Dir verzeihen! Aber ich bin ein niedrigstehender, ein unbedeutender Mensch, lächerlich – und etwas Niedrigeres als das Lächerliche kann es nicht geben. Wer sind nur die Leute, die soviel Lärm machen? Gerade weil diese Menschen soviel Lärm machten, habe ich ja den Mut sinken lassen. Ich bin immer ein Schwächling gewesen. Weißt Du, in welcher Lage ich mich jetzt befinde? Nun, ich verachte mich selber, und anscheinend haben sie recht, da ich mir tatsächlich lächerlich und hassenswert vorkomme. Ich fühle es, ich hasse sogar mein Gesicht, meine Gestalt, meine Angewohnheiten, meine schlechte Kinderstube; immer habe ich dies alles gehaßt. Ach, verzeih mir den rohen Ausbruch meiner Verzweiflung, aber Du selbst hast mich ja gelehrt, Dir alles zu sagen. Ich habe Dich zugrunde gerichtet und Dich in Klatscherei und Spott verwickelt, weil ich Deiner nicht wert war.

Gerade dieser Gedanke ist es, der mich quält; er hämmert unaufhörlich in meinem Kopf und zerreißt und vergiftet mir das Herz, und immer scheint es mir, daß Du nicht denjenigen liebtest, den Du in mir zu finden glaubtest, und daß Du Dich in mir täuschtest. Das ist es, was mir weh tut, was mich jetzt quält und zu Tode quälen wird oder worüber ich den Verstand verlieren werde.

Leb wohl! Leb wohl! Jetzt, wo alles herausgekommen ist, wo die Tuschler und Lästerzungen an der Arbeit sind (ich habe es selbst gehört); jetzt, wo ich vor mir selbst so klein geworden bin, mich um meinetwillen schäme, mich um Deinetwillen schäme, weil Du diese Wahl getroffen hast; jetzt, wo ich mich selbst verflucht habe, muß ich fliehen und verschwinden, damit Du Ruhe hast. So verlangt es die Welt, und niemals, niemals sollst Du mich wiedersehen. Es ist nötig, so hat das Schicksal es bestimmt. Zuviel wurde mir gegeben, das Schicksal hat sich geirrt. Jetzt stellt es seinen Irrtum richtig und nimmt mir alles wieder fort. Unsere Wege haben sich gekreuzt, wir haben uns kennengelernt, und nun gehen wir auseinander bis zu einem neuen Wiedersehen. Wo wird es stattfinden und wann? Ach, sage mir, meine Teure, wo werden wir wieder zusammentreffen, wo werde ich Dich finden?

Wie soll ich Dich wiedererkennen – und wirst Du mich dann erkennen? Meine ganze Seele ist voll von Dir! Ach, wofür wird uns das zuteil? Warum müssen wir uns trennen? Lehre es mich, denn ich verstehe es nicht und werde es nie begreifen; lehre mich, wie man sein Leben halbieren, wie man sich das Herz aus der Brust reißen und ohne Herz leben kann?! Ach, wie soll ich den Gedanken ertragen, daß ich Dich nie mehr wiedersehen soll, nie mehr, nie ...

Gott, was für ein Geschrei sie erhoben haben!

Wie ängstige ich mich jetzt um Dich! Soeben bin ich Deinem Mann begegnet, wir sind beide seiner nicht würdig, obwohl wir beide schuldlos vor ihm dastehen. Er weiß alles, er versteht alles, er versteht uns, und schon vorher war ihm alles sonnenklar. Er ist heldenmütig für Dich eingetreten; er ist Dein Retter, er verteidigt Dich gegen den Klatsch und das Geschrei der Welt; er liebt und verehrt Dich grenzenlos, er ist Dein Schutz, wenn ich fliehe! ... Ich wollte zu ihm stürzen, ihm die Hand küssen ... Er sagte, daß ich unverzüglich abreisen solle. Nun ist es entschieden. Es heißt, er habe sich Deinetwegen mit allen verfeindet; dort sind ja alle gegen Dich. Sie machen ihm den Vorwurf der Nachsichtigkeit und Schwäche. Mein Gott! Was werden sie noch alles über Dich erzählen! *Sie mögen nicht, sie können nicht, sie sind nicht imstande zu verstehen!* Verzeih! Verzeih ihnen, meine arme Freundin, so wie ich ihnen verzeihe, dem sie noch mehr genommen haben als Dir.

Ich bin ganz benommen, ich weiß nicht, was ich Dir schreibe. Worüber habe ich doch gestern beim Abschied mit Dir gesprochen? Ich habe wirklich alles vergessen. Ich war nicht Herr meiner selbst, Du weintest ... Verzeih mir diese Tränen, ich bin so schwach, so kleinmütig!

Ich wollte Dir noch etwas sagen ... Ach! könnte ich nur ein einziges Mal noch Deine Hand mit Tränen benetzen, wie jetzt meine Tränen auf diesen Brief fallen. Könnte ich noch einmal zu Deinen Füßen sitzen! Wenn *sie* nur wissen könnten, wie edel Dein Empfinden war! Aber sie sind blind, ihre Herzen sind stolz und anmaßend, sie sehen es nicht und werden es in Ewigkeit nicht sehen. Sie haben nichts, um zu sehen! Sie werden nicht glauben, daß Du unschuldig bist, daß Du auch vor ihrem Gericht bestehen würdest, selbst wenn die ganze Welt dagegen schwören wollte! Wie sollten sie es verstehen? Wie sollten sie einen Stein gegen Dich erheben? Wessen Hand würde sich als erste erheben? Ach, sie werden sich nicht scheuen und tausend Steine aufheben. Sie werden das wagen, weil sie wissen, wie man es macht. Alle auf einmal werden sie die Steine aufheben und sagen, selbst ohne Schuld und Fehle zu sein, und die Sünde auf sich laden. Oh, wenn sie wüßten, was sie tun! Könnte man ihnen nur alles erzählen, damit sie sähen, hörten, verstünden und sich überzeugten! Aber nein, sie sind nicht so schlecht ... Ich bin ganz verzweifelt! Vielleicht verleumde ich sie! Vielleicht erschrecke ich Dich durch meine Angst! Fürchte Dich nicht, fürchte Dich nicht, meine Teure! Man wird Dich noch verstehen, zum mindesten hat Dich schon einer verstanden: also hoffe! Es ist Dein Mann.

Leb wohl, leb wohl! *Ich danke Dir nicht!* Leb wohl für immer!
S. O.«

Ich war so aufgeregt, daß ich lange nicht verstehen konnte, wie mir geschah. Ich war erschüttert und erschrocken. Die Tatsachen hatten mich überfallen mitten in dem leichten Leben der Träume, in denen ich drei Jahre verbracht hatte. Mit Schrecken wurde ich gewahr, daß ich ein großes Geheimnis in der Hand hielt und daß dieses Geheimnis auch meine ganze Existenz betraf ... Wie? Das wußte ich selbst noch nicht. Ich fühlte nur, daß in diesem Augenblick ein neuer Abschnitt begann. Jetzt nahm ich unwillkürlich innigen Anteil am Leben und an den Verhältnissen jener Menschen, die bisher meine ganze Welt ausgemacht, mich umgeben hatten, und ich fürchtete für mich. Als was würde ich in ihr Leben eintreten? Ungebeten und fremd! Was würde ich ihnen bringen? Wie sollten die Fesseln gelöst werden, die mich so plötzlich an ein fremdes Geheimnis geschmiedet hatten? Wer konnte es wissen? Vielleicht würde meine neue Rolle für mich ebenso peinigend sein wie für sie. Ich konnte nicht mehr schweigen, diese Rolle weiterspielen und für immer, was ich erfahren hatte, in meinem Herzen verschließen. Aber wie würde es weitergehen? Was würde mit mir geschehen? Was sollte ich tun? Und schließlich, was bedeutete das, was ich da in Erfahrung gebracht hatte? Tausende noch unbestimmter, unklarer Fragen erhoben sich und bedrückten in unerträglicher Weise mein Herz. Ich war wie vernichtet!

Ich erinnere mich, daß dann andere Augenblicke mit neuen seltsamen, bisher nie empfundenen Eindrücken kamen.

Mir war zumute, als sei in meiner Brust etwas frei geworden, als sei die frühere Sorge plötzlich von meinem Herzen abgefallen und als sei etwas Neues eingezogen, etwas, wovon ich noch nicht wußte, ob ich mich darüber grämen oder freuen sollte. Meine augenblickliche Stimmung glich der eines Menschen, der für immer sein Haus und sein bisher geruhsames, sorgloses Leben verläßt, um in eine unbekannte Ferne zu ziehen, und sich zum letzten Male umschaut, nachdenklich von seiner Vergangenheit Abschied nimmt und sein Herz bedrückt fühlt von der trüben Vorahnung einer unbekannten, vielleicht traurigen und feindlichen Zukunft, die seiner auf dem neuen Weg harrt. Zuletzt brach krampfhaftes Schluchzen aus meiner Brust hervor und brachte meinem Herzen in einem krankhaften Anfall Erleichterung. Ich mußte Menschen sehen, hören und fest umschlingen. Ich konnte, ich wollte jetzt nicht mehr allein bleiben. Ich stürzte zu Alexandra Michailowna und verbrachte den Abend mit ihr. Wir waren allein. Ich bat sie, nicht zu spielen, und lehnte es ab zu singen, obgleich sie mich darum bat. Alles war mir plötzlich lästig, und ich hatte zu nichts Ruhe. Ich glaube, wir weinten beide. Ich erinnere mich nur, daß ich sie sehr erschreckte. Sie redete mir zu, mich zu beruhigen und mich nicht so aufzuregen. Sie beobachtete mich ängstlich und versicherte mir, daß ich krank sei und mich nicht genug in acht nähme. Endlich ging ich fort von ihr, gequält und abgespannt; ich war wie im Fieber und legte mich phantasierend zu Bett.

Es vergingen mehrere Tage, bis ich wieder zu mir kam und meine Lage klarer überdenken konnte. Damals lebten Alexandra Michailowna und ich in völliger Einsamkeit. Pjotr Alexandrowitsch war nicht in Petersburg. Er war in Geschäften nach Moskau gefahren und blieb drei Wochen dort. Trotz der kurzen Trennung war Alexandra Michailowna in eine schrecklich trübe Stimmung verfallen. Manchmal wurde sie ruhiger, schloß sich jedoch ein, weil auch ich ihr lästig war. Zudem suchte ich selbst die Einsamkeit. Mein Kopf arbeitete mit krankhafter Anspannung, ich war wie benommen. Mitunter kamen Stunden langer quälender Träume über mich, die ich nicht loswerden konnte. Dann war es mir, als lachte jemand leise über mich, als hätte etwas von mir Besitz ergriffen, das jeden Gedanken trübte und vergiftete. Ich konnte mich nicht von den peinigenden Bildern frei machen, die jeden Augenblick vor mir auftauchten und mir keine

Ruhe ließen. Es kam mir alles wie ein langes, hoffnungsloses Leid, ein Martyrium, ein Opfer vor, das in stiller Ergebenheit gebracht wurde und doch völlig umsonst war. Mir schien, daß derjenige, dem das Opfer gebracht wurde, es verlachte und sich darüber lustig machte. Mir war, als sähe ich einen Verbrecher, der einem Gerechten die Sünden vergeben wollte, und mein Herz wollte mir bersten. Gleichzeitig aber wollte ich mich mit aller Kraft von meinem Verdachte frei machen; ich verfluchte ihn und haßte mich selbst dafür, daß alle meine Überzeugungen keine wirklichen Überzeugungen waren, sondern nur Vorahnungen; haßte mich dafür, daß ich das, was mich so bewegte, nicht vor mir selbst rechtfertigen konnte.

Dann ging ich im Geist die einzelnen Sätze des Briefes durch, die letzten Ausrufe eines entsetzlichen Abschieds. Ich stellte mir diesen Menschen vor, den *Unebenbürtigen*; ich bemühte mich, den ganzen qualvollen Sinn dieses Wortes »unebenbürtig« zu erfassen. Wie ein lähmender Schlag traf mich jenes verzweifelte Abschiedswort: »Ich bin lächerlich, und ich schäme mich um Deinetwillen, weil Du diese Wahl getroffen hast.« Was hieß das? Was waren das für Menschen? Worum sorgten sie sich? Womit quälten sie sich? Was hatten sie verloren? Da überwand ich mich und las den Brief noch einmal aufmerksam durch, der so viele herzzerreißende Verzweiflung enthielt und dessen Sinn für mich so befremdlich, so unverständlich war. Aber der Brief entfiel meiner Hand, und eine peinigende Unruhe bemächtigte sich immer heftiger meines Herzens ... Schließlich mußte doch alles geklärt werden, nur sah ich noch keinen Ausweg oder fürchtete ihn gar!

Ich war schon ziemlich krank, als eines Tages der Reisewagen Pjotr Alexandrowitschs, der aus Moskau zurückkehrte, rasselnd in unseren Hof fuhr. Alexandra Michailowna lief ihrem Mann mit einem freudigen Schrei entgegen, während ich wie angeschmiedet auf meinem Platz sitzen blieb. Ich erinnere mich, daß ich selbst über meine plötzliche Aufregung betroffen war. Ich konnte nicht an mich halten und stürzte auf mein Zimmer. Ich begriff nicht, was mich so plötzlich erschreckte, aber ich fürchtete dieses Erschrecken. Nach einer Viertelstunde rief man mich und übergab mir einen Brief des Fürsten. Im Salon fand ich einen Unbekannten vor, der mit Pjotr Alexandrowitsch aus Moskau gekommen war, und aus einigen aufgeschnappten Worten erfuhr ich, daß er längere Zeit bei uns verweilen würde. Er war ein Bevollmächtigter des Fürsten und nach Petersburg gekommen, um einige wichtige Angelegenheiten der fürstlichen Familie zu regeln, mit deren Ordnung Pjotr Alexandrowitsch seit langem betraut war. Er überreichte mir einen Brief des Fürsten und bemerkte, daß mir auch die Prinzessin habe schreiben wollen, bis zur letzten Minute versichert habe, dieses Schreiben sofort zu erledigen, ihn aber dennoch mit leeren Händen und mit der Bitte habe fortfahren lassen, mir auszurichten, daß es ihr einfach unmöglich sei, daß man in einem Brief nichts schreiben könnte, daß sie schon fünf Bogen verpatzt und zerrissen habe und daß man von neuem Freundschaft schließen müßte, um einander schreiben zu können. Außerdem habe er mir noch mitteilen sollen, daß ich sie bald wiedersehen würde. Auf meine ungeduldige Frage antwortete mir der unbekannte Herr, daß die Mitteilung von einem baldigen Wiedersehen tatsächlich stimme, da die ganze Familie sehr bald wieder nach Petersburg kommen werde. Bei dieser Nachricht wußte ich mich vor Freude nicht zu lassen. Ich ging schleunigst auf mein Zimmer, schloß mich ein und öffnete unter heißen Tränen den Brief des Fürsten. Der Fürst stellte mir ein baldiges Wiedersehen mit ihm und Katja in Aussicht und beglückwünschte mich in herzlichen Worten zu meinem Talent; schließlich segnete er meine Zukunft und versprach, sich meiner anzunehmen. Ich weinte beim Lesen, aber meinen süßen Tränen mischte sich eine so unaussprechliche Schwermut bei, daß mir um mich bange wurde. Ich wußte selbst nicht, was mit mir geschah.

Einige Tage vergingen. In dem an das meine anstoßenden Zimmer, wo früher der Sekretär Pjotr Alexandrowitschs gehaust hatte, arbeitete jetzt jeden Morgen und häufig auch abends bis nach Mitternacht der neue Ankömmling. Oft schloß er sich mit Pjotr Alexandrowitsch in dessen Kabinett ein, und sie arbeiteten dort zusammen. Eines Tages nach dem Mittagessen bat mich Alexandra Michailowna, in das Kabinett ihres Mannes zu gehen und ihn zu fragen, ob er mit uns Tee trinken würde. Da ich im Kabinett niemand fand und annahm, daß Pjotr Alexandrowitsch bald wiederkommen würde, blieb ich dort, um ihn zu erwarten. An der Wand hing sein Porträt. Ich erinnere mich, daß ich plötzlich zusammenfuhr, als ich einen Blick darauf warf und es in einer mir selbst unbegreiflichen Angst aufmerksam zu betrachten anfing. Es hing ziemlich hoch; außerdem war es dort ziemlich dunkel, und ich rückte, um es besser sehen zu können, einen Stuhl herbei und stieg hinauf. Ich wollte etwas in Erfahrung bringen, als hoffte ich, eine Lösung aller meiner Zweifel zu finden, und vor allem machten mich, wie ich mich erinnere, die Augen des Porträts bestürzt. Es fiel mir auf, daß ich fast nie die Augen dieses Mannes gesehen hatte; er verbarg sie stets hinter seiner Brille.

Schon als Kind hatte ich seinen Blick aus einem unverständlichen, seltsamen Vorurteil heraus nicht leiden können, aber jetzt schien sich dieses Vorurteil zu rechtfertigen. Meine Phantasie war angeregt worden. Plötzlich kam es mir vor, als wollten sich die Augen des Bildes, verwirrt von meinem mißtrauischen, forschenden Blick, abwenden, sich ihm entziehen, weil Lüge und Betrug in diesem Blick waren; es war mir, als hätte ich etwas erraten, und ich verstehe nicht, wie es kam, daß meine Entdeckung eine geheime Freude in mir auslöste. Ein leichter Schrei entfuhr meiner Brust. Gleichzeitig hörte ich hinter mir ein Geräusch und blickte mich um. Vor mir stand Pjotr Alexandrowitsch und betrachtete mich forschend. Mir schien, als wäre er plötzlich rot geworden. Mir schoß das Blut in die Wangen, und ich sprang vom Stuhl.

»Was treiben Sie hier?« fragte er in strengem Ton. »Was wollen Sie hier?«

Ich wußte nicht, was ich antworten sollte. Ich sagte einige rechtfertigende Worte und richtete ihm, so gut es ging, Alexandra Michailownas Einladung aus. Ich weiß nicht mehr, was er mir antwortete, ich weiß auch nicht, wie ich aus dem Zimmer kam; doch als ich zu Alexandra Michailowna trat, hatte ich die Antwort, auf die sie wartete, vergessen und sagte nur aufs Geratewohl, daß er kommen werde.

»Was hast du denn, Netotschka?« fragte sie. »Du bist ja ganz rot geworden. Sieh doch nur an! Was hast du?«

»Ich weiß nicht ... ich bin schnell gegangen ...«

»Hat Pjotr Alexandrowitsch etwas zu dir gesagt?« unterbrach sie mich verlegen.

Ich gab keine Antwort.

In diesem Augenblick hörte man Pjotr Alexandrowitschs Schritte, und ich verließ das Zimmer. Ich wartete zwei volle Stunden in großer Aufregung. Schließlich holte man mich zu Alexandra Michailowna. Sie war schweigsam und nachdenklich. Als ich eintrat, warf sie mir einen schnellen, forschenden Blick zu, senkte aber sogleich die Augen. Es kam mir vor, als ob sich auf ihrem Gesicht eine gewisse Verbitterung ausprägte. Bald bemerkte ich, daß sie schlechter Laune war, wenig sprach, mich überhaupt nicht anblickte und auf Bs. besorgte Fragen über Kopfschmerzen klagte. Pjotr Alexandrowitsch war gesprächiger als sonst, richtete das Wort aber nur an B.

Alexandra Michailowna trat zerstreut ans Klavier.

»Singen Sie uns etwas vor!« sagte B. zu mir gewandt.

»Ja, Annette, sing uns deine neue Arie«, sagte Alexandra Michailowna, den Gedanken schnell aufgreifend, als freute sie sich über den Vorschlag.

Ich warf ihr einen Blick zu. Sie sah mich in unruhiger Erwartung an. Aber ich konnte mich nicht überwinden. Statt an den Flügel zu treten und irgend etwas zu singen, wurde ich verlegen, geriet in Aufregung und wußte nicht, wie ich mich herausreden sollte. Schließlich wurde ich über mich selbst ärgerlich und weigerte mich rundheraus.

»Warum willst du nicht singen?« fragte Alexandra Michailowna, indem sie mich bedeutungsvoll ansah und zugleich einen verstohlenen Blick auf ihren Mann warf.

Diese beiden Blicke brachten mich völlig aus der Fassung. Ich stand in äußerster Verwirrung vom Tisch auf, verbarg sie aber nicht mehr und wiederholte, zitternd vor ungeduldiger und ärgerlicher Erregung und recht hitzig, daß ich nicht wolle, nicht könne und krank sei. Als ich das sagte, sah ich allen in die Augen, aber Gott weiß, wie sehr ich in diesem Augenblick wünschte, auf meinem Zimmer zu sein und mich vor aller Welt zu verbergen.

B. war erstaunt, Alexandra Michailowna war merklich besorgt und sagte kein Wort. Pjotr Alexandrowitsch dagegen erhob sich plötzlich, sagte, daß er etwas vergessen habe, und verließ, sichtlich ärgerlich darüber, daß er kostbare Zeit vertrödelt hatte, eiligst das Zimmer, wobei er zwar sagte, daß er vielleicht später noch einmal kommen würde, aber für alle Fälle B. schon jetzt zum Abschied die Hand gab.

»Was haben Sie nur?« fragte B., »Sie sehen wirklich krank aus!«

»Ja, ich fühle mich krank, sehr krank«, antwortete ich ungeduldig.

»Wirklich, du siehst blaß aus, und vorher warst du so rot«, bemerkte Alexandra Michailowna und stand plötzlich auf.

»Genug«, sagte ich, ging gerade auf sie zu und sah ihr fest

in die Augen. Die Bedauernswerte hielt meinen Blick nicht aus, schlug wie schuldbewußt die Augen nieder, und ein leichtes Rot überzog ihre bleichen Wangen. Ich ergriff ihre Hand und küßte sie. Alexandra Michailowna sah mich mit ungeheuchelter naiver Freude an.

»Verzeihen Sie mir, daß ich heute ein so schlechtes, böses Kind war«, sagte ich in herzlichem Ton zu ihr. »Aber es ist schon so, ich bin krank. Seien Sie mir nicht böse und lassen Sie mich auf mein Zimmer gehen.«

»Wir sind alle Kinder«, sagte sie mit einem schüchternen Lächeln. »Auch ich bin ein Kind, schlechter, viel schlechter als du«, fügte sie mir ins Ohr flüsternd hinzu. »Leb wohl und gute Besserung! Aber, nicht wahr, du darfst mir nicht böse sein!«

»Wieso? Warum denn?« fragte ich, so überraschte mich dieses naive Geständnis.

»Warum ...« wiederholte sie in großer Bestürzung, als sei sie vor sich selbst geradezu entsetzt.

»Warum ...? – Du siehst doch, wie ich bin, Netotschka. Was habe ich eben zu dir gesagt? Leb wohl, du bist klüger als ich, und ich bin schlimmer als ein Kind.«

»Aber nein, aber nein!« antwortete ich ganz gerührt und wußte nicht, was ich zu ihr sagen sollte. Ich küßte sie noch einmal und verließ eilig das Zimmer.

Ich war sehr ärgerlich und traurig. Zudem war ich auf mich selbst böse, weil ich fühlte, daß ich unvorsichtig gewesen war und mich schlecht benommen hatte. Ich schämte mich so, daß ich zu weinen anfing, und schlief betrübt ein. Als ich am Morgen erwachte, war mein erster Gedanke, daß der ganze Abend nichts als ein Spuk, eine Spiegelfechterei gewesen sei, daß wir einander mystifiziert und voreilige Schlüsse gezogen hätten, indem wir dummes Zeug zu wunder was für Begebenheiten aufbauschten. Alles war nur unserer Unerfahrenheit zuzuschreiben und der Tatsache, daß wir nicht gewöhnt waren, äußere Eindrücke in uns aufzunehmen. Ich fühlte, daß an allem dieser Brief schuld war, daß er mich zu sehr beunruhigte, daß meine Vorstellungswelt aus dem Gleichgewicht gebracht war, und beschloß, nicht mehr an ihn zu denken. Nachdem ich ungewöhnlich leicht meine Schwermut überwunden hatte, wurde ich in der festen Überzeugung, meinen Vorsatz ebenso leicht in die Tat umsetzen zu können, langsam ruhiger und begab mich heiter in die Gesangstunde.

Die Morgenluft erfrischte mir den Kopf vollends. Ich hatte den morgendlichen Spaziergang zu meinem Lehrer sehr gern. Es war lustig, durch die Stadt zu gehen, die gegen neun schon lebendig war und geschäftig ihren Alltag aufnahm. Wir gingen gewöhnlich durch die belebtesten, betriebsamsten Straßen, und mir gefiel gerade ein solcher Beginn meiner künstlerischen Laufbahn, der Kontrast zwischen der alltäglichen Nichtigkeit, der kleinlichen, doch lebhaften Besorgtheit und der Kunst, die mich zwei Schritte von diesem Leben entfernt, im dritten Stock eines riesigen, von oben bis unten mit Bewohnern vollgestopften Hauses erwartete, die mit Kunst nicht das geringste zu tun hatten. Wenn ich zwischen diesen geschäftigen, nicht immer freundlichen Leuten mit meinen Noten unter dem Arm dahinschritt, begleitet von der alten Natalja, die mir jedesmal, ohne es zu ahnen, das Rätsel aufgab, woran sie wohl am meisten denken mochte, wenn ich mir meinen Lehrer vorstellte, der, halb Italiener, halb Franzose und ein verrückter Kauz, in manchen Augenblicken von echtem Feuer für seine Kunst loderte, weit öfter aber nur pedantisch und vor allem ein Geizhals war, wurde ich heiter abgelenkt und mußte lachen oder grübeln. Dazu kam, daß ich zwar schüchtern, doch leidenschaftlich meine Kunst liebte, Luftschlösser baute, mir die wundervollste Zukunft ausmalte und, wenn ich nach Hause kam, nicht selten von meinen phantastischen Träumen noch ganz entflammt war. Mit einem Wort, in diesen Stunden war ich nahezu vollkommen glücklich.

In solcher Stimmung war ich auch damals, als ich um zehn Uhr von der Unterrichtsstunde nach Hause kam. Ich hatte alles vergessen und dachte fröhlich über dies und jenes nach. Doch plötzlich, als ich die Treppe hinaufging, zuckte ich zusammen, als hätte ich mich verbrannt. Ich hörte über mir die Stimme Pjotr Alexandrowitschs, der gerade die Treppe herunterkam. Das unangenehme Gefühl, das sich meiner bemächtigte, war so stark, und die Erinnerung an den gestrigen Abend löste eine so feindselige Stimmung in mir aus, daß ich meine Schwermut nicht verbergen konnte. Ich verbeugte mich leicht vor ihm, aber offenbar war mein Gesicht in diesem Augenblick so ausdrucksvoll, daß er erstaunt stehenblieb. Als ich diese Bewegung wahrnahm, errötete ich und ging schnell hinauf. Er murmelte etwas hinter mir her und ging seines Weges.

Ich hätte am liebsten vor Ärger geweint und konnte nicht

begreifen, was das zu bedeuten hatte. Den ganzen Vormittag über war ich erregt und wußte nicht, wozu ich mich entschließen sollte, um allem möglichst rasch ein Ende zu machen. Tausendmal gab ich mir das Wort, vernünftig zu sein, und tausendmal gewann die Furcht die Oberhand über mich. Ich empfand, daß ich Alexandra Michailownas Mann haßte, und war gleichzeitig entsetzt über mich selbst. Diesmal wurde ich infolge der ewigen Aufregung ernsthaft krank und war nicht imstande, mich zu beherrschen. Ich war auf alles böse. Den ganzen Morgen saß ich in meinem Zimmer und ging nicht einmal zu Alexandra Michailowna. Da kam sie selbst zu mir. Als sie mich erblickte, schrie sie fast auf. Ich war so blaß, daß ich über mich selbst entsetzt war, als ich mich im Spiegel sah. Alexandra Michailowna saß stundenlang bei mir und pflegte mich wie ein kleines Kind.

Aber ihre Aufmerksamkeit stimmte mich traurig, ihre Liebkosungen bedrückten mich, und es war so quälend für mich, daß ich sie schließlich bat, mich allein zu lassen. Sie ging in großer Unruhe von mir fort. Zuletzt löste sich mein Kummer in Tränen und Anfällen auf. Gegen Abend wurde mir leichter ...

Leichter, weil ich mich entschlossen hatte, zu ihr zu gehen. Ich hatte mir vorgenommen, mich ihr zu Füßen zu werfen, ihr den Brief zu geben, den sie verloren hatte, und ihr alles zu gestehen, alle von mir ausgestandenen Qualen und Zweifel; sie mit grenzenloser Liebe zu umarmen, ihr zu sagen, daß ich ihr Kind, ihre Freundin sei, daß mein Herz vor ihr offen daliege, damit sie hineinschauen und erkennen könne, wieviel glühende Liebe, wieviel unerschütterliche Zuneigung zu ihr drinnen sei. O Gott! Ich wußte, ich empfand, daß ich die letzte war, der sie ihr Inneres offenbaren könnte, aber um so sicherer, schien mir, würde dann die Rettung, um so wirksamer würde mein Wort sein ... Wenn auch dunkel und unklar, verstand ich ihren Kummer doch gut, und mein Herz brauste unwillig bei dem Gedanken auf, sie könnte vor mir, vor meinem Urteilsspruch erröten ... Du Arme, du Arme, du solltest so sündig sein? Das war's, was ich ihr sagen wollte, wenn ich zu ihren Füßen weinte. Mein Gerechtigkeitsgefühl bäumte sich auf, ich war meiner selbst nicht mehr mächtig. Ich weiß nicht, was ich getan hätte; aber erst später kam ich zur Besinnung, nachdem mich ein unerwarteter Zufall vor dem Verderben errettet hatte, der mir gleich beim ersten Schritt Halt gebot.

Entsetzen überkam mich. Hätte ihr zermartertes Herz überhaupt wieder hoffen können? Nein! Ich hätte sie mit einem einzigen Schlag getötet.

Was war dazwischengekommen? Ich war nur zwei Zimmer von dem ihren entfernt, als durch eine Seitentür Pjotr Alexandrowitsch hereinkam und, ohne mich zu bemerken, vor mir herging. Er wollte auch gerade zu ihr. Ich blieb wie angewurzelt stehen; er war der letzte, dem ich in diesem Augenblick hätte begegnen mögen. Ich wollte schon fortgehen, doch meine Neugier hielt mich fest.

Er verweilte einen Augenblick vor dem Spiegel und brachte sein Haar in Ordnung, und ich hörte plötzlich zu meinem größten Erstaunen, daß er ein Liedchen vor sich hinsang. Mit einem Schlag tauchte eine dunkle, ferne Kindheitserinnerung in meinem Gedächtnis auf. Damit aber die seltsame Empfindung, die mich in diesem Augenblick überkam, verständlich sei, will ich diese Erinnerung erzählen. Schon im ersten Jahre meines Aufenthaltes in diesem Haus hatte mich aufs tiefste ein Vorfall betroffen gemacht, der mir aber erst jetzt zum Bewußtsein kam, weil ich erst jetzt, in diesem Augenblick, die Ursache meiner unerklärlichen Abneigung gegen diesen Menschen begriff. Ich erwähnte bereits, daß ich mich schon damals in seiner Gegenwart immer bedrückt fühlte. Ich sagte schon, welch quälenden Eindruck sein finsteres, besorgtes Aussehen, sein trauriger und niedergeschlagener Gesichtsausdruck auf mich machten. Wie lasteten jene Stunden auf mir, die wir zusammen am Teetisch Alexandra Michailownas verbrachten, und wie war mein Herz von quälender Sorge zerrissen, als ich zwei- oder dreimal jene schrecklichen düsteren Szenen miterleben mußte, die ich schon anfangs erwähnte. Zufällig hatte ich ihn damals in dem gleichen Zimmer angetroffen und zur selben Stunde wie jetzt, als er gleich mir zu Alexandra Michailowna gehen wollte. Ich empfand eine rein kindliche Schüchternheit, als ich ihm so allein begegnete, und versteckte mich wie schuldbewußt in einen Winkel und flehte das Schicksal an, daß er mich nicht bemerken möge. Wie jetzt war er auch damals vor dem Spiegel stehengeblieben, und ein unklares, unkindliches Gefühl hatte mich zusammenzucken lassen. Mir war, als verstellte er sein Gesicht. Wenigstens sah ich deutlich ein Lächeln auf seinem Gesicht, als er auf den Spiegel zutrat; ich sah ein Lächeln, das ich früher nie wahrgenommen hatte, weil er niemals in Gegenwart Alexandra Michailownas lächelte, was mich immer ganz außerordentlich befremdete. Plötzlich, kaum daß er einen Blick in den Spiegel getan hatte, nahm sein Gesicht einen völlig veränderten Ausdruck an. Das Lächeln verschwand wie auf Befehl, an seine Stelle trat ein bitteres Gefühl, das sich gewaltsam, unwillkürlich seinem Herzen zu entringen schien, ein Gefühl, das zu verbergen über menschliche Kraft ging, auch wenn man es verbergen wollte; seine Mundwinkel verzogen sich, ein krampfhafter Schmerz runzelte seine Stirn und zog ihm die Augenbrauen zusammen. Sein Blick versteckte sich düster hinter den Brillengläsern, kurz, Pjotr Alexandrowitsch wurde wie auf Kommando ein völlig anderer Mensch. Ich erinnere mich, daß ich als Kind vor Furcht, vor Angst zitterte, ich könnte begreifen, was ich sah, und daß seitdem eine lastende, unangenehme Empfindung unausrottbar in meinem Herzen haftete. Nachdem er eine Weile in den Spiegel geblickt hatte, senkte er den Kopf, nahm eine gekrümmte Haltung an, wie er sie gewöhnlich in Gegenwart Alexandra Michailownas zur Schau trug, und ging auf den Zehenspitzen in ihr Zimmer. Diese Erinnerung machte mich betroffen.

Auch jetzt glaubte er wie damals, allein im Zimmer zu sein, und blieb vor demselben Spiegel stehen. Genau wie damals befand ich mich allein mit ihm samt meinem feindlichen, unangenehmen Gefühl. Als ich ihn jedoch dieses Lied singen hörte (ihn, von dem man nie etwas Derartiges erwartet hätte!), wurde ich so aus der Fassung gebracht, daß ich wie versteinert stehenblieb; und als mir im selben Augenblick die Ähnlichkeit mit jenem Vorfall aus der Kindheit einfiel, gab mir dieser widerwärtige Eindruck, den ich nicht auszudrücken vermag, einen Stich ins Herz. Alle meine Nerven zitterten, und als Antwort auf dieses unglückliche Lied stimmte ich ein solches Gelächter an, daß der arme Sänger aufschrie, zwei Schritte vom Spiegel zurücksprang und mich totenbleich wie ein schmachvoll in flagranti Ertappter, außer sich vor Entsetzen, Staunen und Verwirrung, anstarrte. Sein Blick wirkte in verstörender Weise auf mich. Ich antwortete ihm mit einem nervös-krampfhaften Lachen, ging lachend an ihm vorbei und ging immer noch lachend zu Alexandra Michailowna. Ich wußte, daß er hinter dem Vorhang stand, daß er unschlüssig war, ob er hereinkommen sollte oder nicht, daß Wut und Feigheit ihn an seinen Platz gebannt hielten, und blickte dem mit gespannter, herausfordernder Ungeduld entgegen, was er tun würde. Ich hätte wetten mögen, daß er nicht hereinkommen würde, und hätte die Wette gewonnen. Erst nach einer halben Stunde trat er ein. Alexandra Michailowna blickte mich lange mit höchster Verwunderung an, fragte mich aber vergebens, was ich hätte. Ich konnte nicht antworten, ich bekam keine Luft. Schließlich wurde ihr klar, daß ich einen Nervenanfall gehabt hatte, und sie sah mich unruhig an. Als ich wieder zu mir gekommen war, ergriff ich ihre Hand und küßte sie. Jetzt erst konnte ich klarer denken und fühlte, daß ich sie getötet hätte, wenn ich nicht ihrem Mann begegnet wäre. Ich sah sie an, als wäre sie vom Tode auferstanden.

Pjotr Alexandrowitsch trat herein.

Ich ließ einen flüchtigen Blick über ihn gleiten. Er sah aus, als sei zwischen uns nichts gewesen, das heißt, er war mürrisch und finster wie immer, aber an seinem bleichen Gesicht und an seinen leise zuckenden Mundwinkeln merkte ich, daß er seine Erregung nur mit Mühe verbarg. Er begrüßte Alexandra Michailowna kühl und setzte sich schweigend an seinen Platz. Als er nach der Teetasse griff, zitterte ihm die Hand. Ich war auf eine Explosion gefaßt und von namenloser Angst erfüllt. Am liebsten wäre ich hinausgegangen, brachte es aber nicht über mich, Alexandra Michailowna, deren Gesichtsausdruck sich beim Anblick ihres Mannes verändert hatte, zu verlassen. Auch sie hatte eine üble Vorahnung. Endlich trat das ein, was sie mit Seelenangst erwartet hatte.

Inmitten des tiefen Schweigens hob ich die Augen und begegnete den gerade auf mich gerichteten Brillengläsern Pjotr Alexandrowitschs. Das kam so unerwartet, daß ich zusammenzuckte, beinahe aufschrie und die Augen niederschlug. Alexandra Michailowna merkte meine Erregung.

»Was haben Sie? Warum erröten Sie?« fragte Pjotr Alexandrowitsch in scharfem, ja grobem Ton.

Ich schwieg. Mein Herz pochte derartig, daß ich kein Wort herausbringen konnte.

»Warum errötet sie? Warum verfärbt sie sich immer so?« fragte er, zu Alexandra Michailowna gewandt, und wies dabei in unfeiner Art auf mich.

Ich war so empört, daß es mir den Atem benahm. Ich warf Alexandra Michailowna einen flehenden Blick zu. Sie verstand mich. Ihre blassen Wangen wurden glühendrot.

»Annette!« sagte sie mit so fester Stimme zu mir, wie ich

es ihr nie zugetraut hätte, »geh auf dein Zimmer, ich bin gleich bei dir. Wir werden den Abend zusammen verbringen ...«

»Ich frage Sie: Haben Sie gehört, was ich gesagt habe, oder nicht?« unterbrach Pjotr Alexandrowitsch sie mit noch lauterer Stimme, als habe er die Worte seiner Frau gar nicht gehört. »Warum erröten Sie, wenn Sie mir begegnen? Antworten Sie mir!«

»Weil Sie sie erröten machen und mich auch«, erwiderte Alexandra Michailowna, die vor Aufregung ganz stockend redete.

Ich warf einen verwunderten Blick auf Alexandra Michailowna. Warum sie zum ersten Male ihrem Mann so scharf antwortete, war mir völlig unverständlich.

»Ich mache sie erröten? Ich?« gab ihr Pjotr Alexandrowitsch zur Antwort, der gleichfalls vor Staunen außer sich zu sein schien und das Wort ich stark betonte. »Meinetwegen sind Sie errötet? Kann etwa *ich* Sie meinetwegen erröten machen? *Ihnen* und nicht mir kommt es zu, zu erröten, oder wie denken Sie darüber?«

Diese Worte waren für mich so verständlich und mit so grausamem, giftigem Hohn gesprochen, daß ich vor Entsetzen aufschrie und zu Alexandra Michailowna hinstürzte. Verwunderung, Schmerz, Vorwurf und Entsetzen prägten sich auf ihrem todbleichen Antlitz aus. Ich blickte auf zu Pjotr Alexandrowitsch und faltete mit flehendem Gesichtsausdruck meine Hände. Die ganze Lage schien ihm plötzlich zum Bewußtsein zu kommen, aber die Wut, die ihm jene Worte entlockt hatte, war offenbar noch nicht vorüber. Als er jedoch mein stummes Flehen bemerkte, wurde er verwirrt. Meine Gebärde sprach deutlich aus, daß ich viel von dem wußte, was zwischen den beiden bis dahin Geheimnis gewesen war, und daß ich seine Worte gut verstand.

»Annette, geh auf dein Zimmer!« wiederholte Alexandra Michailowna mit leiser, aber fester Stimme und stand vom Stuhl auf. »Ich muß dringend mit Pjotr Alexandrowitsch sprechen ...«

Sie war äußerlich ruhig; aber diese Ruhe flößte mir mehr Furcht ein als die stärkste Aufregung. Als hätte ich ihre Worte nicht gehört, blieb ich wie angewurzelt auf meinem Platz stehen. Mit angestrengter Aufmerksamkeit bemühte ich mich, in ihrem Gesicht zu lesen, was in diesem Augenblick in ihrer

Seele vorging. Mir schien, daß sie weder meine Gebärde noch meinen Ausruf verstanden hatte.

»Da sehen Sie, was Sie angerichtet haben, mein Fräulein!« sagte Pjotr Alexandrowitsch, packte mich am Arm und wies dabei auf seine Frau.

Gott! Mein Gott! Niemals hatte ich solche Verzweiflung wie jetzt in diesem unglücklichen, todmüden Gesicht gesehen. Er faßte mich bei der Hand und geleitete mich aus dem Zimmer. Ehe ich hinausging, warf ich ihr einen letzten Blick zu. Alexandra Michailowna stand am Kamin, die Ellenbogen aufgestützt, und preßte beide Hände gegen den Kopf. Ihre ganze Körperhaltung drückte unerträgliche Qualen aus. Ich ergriff Pjotr Alexandrowitschs Hand und preßte sie heiß.

»Um Gottes willen, um Gottes willen!« stieß ich hastig hervor, »schonen Sie sie!«

»Fürchten Sie nichts, fürchten Sie nichts!« sagte er und blickte mich seltsam an. »Es hat nichts auf sich. Nur ein Anfall. Gehen Sie! Gehen Sie!«

Als ich in meinem Zimmer war, warf ich mich auf den Diwan und verbarg das Gesicht in den Händen. Volle drei Stunden verweilte ich so und durchlebte wahre Höllenqualen. Schließlich hielt ich es nicht länger aus und ließ fragen, ob ich zu Alexandra Michailowna kommen könnte. Madame Léotard überbrachte mir die Antwort. Pjotr Alexandrowitsch hatte sie abgeschickt, mir zu sagen, der Anfall sei vorüber, Gefahr bestünde nicht, doch bedürfte Alexandra Michailowna der Ruhe. Ich legte mich erst um drei Uhr morgens schlafen; die ganze Zeit über war ich grübelnd im Zimmer auf und ab geschritten. Meine Lage war rätselhafter als je, aber ich fühlte mich doch ruhiger, vielleicht deswegen, weil ich mich am wenigsten schuldig fühlte. Als ich mich schlafen legte, beschäftigte mich die ungeduldige Frage, was mir der nächste Morgen bringen würde.

Ich war schmerzlich enttäuscht, als ich am nächsten Tag eine unerklärliche Kälte an Alexandra Michailowna wahrnahm. Zunächst dachte ich, es peinige dieses reine, edle Herz meine Gegenwart nach der gestrigen Szene mit ihrem Mann, deren Zeuge ich unwillkürlich gewesen war. Ich wußte, daß dieses große Kind imstande war, vor mir zu erröten und mich um Verzeihung dafür zu bitten, daß mich die unglückliche Szene gestern vielleicht in meinem Innersten verletzt hatte; ich fand aber schnell heraus, daß sie eine andere Sorge quälte, der sie recht ungeschickt Ausdruck verlieh. Bald gab sie mir trockene, kühle Antworten, bald klang durch ihre Worte ein besonderer Sinn hindurch, bald wurde sie plötzlich übertrieben freundlich zu mir, als ob sie ihre Herbheit bereute, die nicht ihrem Herzen entstammen konnte. Und dann hatte ihre Stimme einen leise vorwurfsvollen Ton. Zu guter Letzt fragte ich sie geradeheraus, was ihr denn eigentlich wäre und ob sie mir nichts zu sagen hätte. Bei meiner unerwarteten Frage wurde sie etwas verlegen, schlug aber sogleich ihre großen stillen Augen zu mir auf, blickte mich mit einem zärtlichen Lächeln an und sagte: »Ich habe nichts, Netotschka, aber weißt du, als du mich so plötzlich fragtest, wurde ich etwas verwirrt, es kommt daher, daß du so plötzlich gefragt hast ... du kannst es mir glauben. Aber höre, sage mir die Wahrheit, mein Kind, hast du nicht etwas auf dem Herzen, worüber du ebenso leicht verwirrt werden könntest, wenn man dich plötzlich und unerwartet danach fragte?«

»Nein!« antwortete ich und sah ihr offen in die Augen.

»Nun, das freut mich herzlich! Wenn du wüßtest, liebes Kind, wie dankbar ich dir für diese schöne Antwort bin. Nicht, daß ich dir etwas Schlechtes zutrauen könnte, niemals! Ich würde es mir nicht verzeihen, wenn ich nur daran dächte. Aber höre, ich habe dich zu mir genommen, als du noch ein Kind warst, und jetzt bist du siebzehn Jahre alt. Du hast es selbst gesehen: ich bin krank. Ich bin selbst wie ein kleines Kind, um das man sich kümmern muß. Ich konnte dir nicht vollständig die Mutter ersetzen, obgleich mein Herz dich sehr liebte. Wenn mich jetzt die Sorge um dich quält, so bist nicht du daran schuld, sondern ich. Verzeih mir auch die Frage von vorhin und ebenso, daß ich vielleicht nicht ganz die Versprechungen erfüllt habe, die ich meinem Vater, dem Fürsten, gemacht, als ich dich aus seinem Haus zu mir nahm. Das beunruhigt mich sehr und hat mich oft beunruhigt, mein liebes Kind!«

Ich umarmte sie und fing an zu weinen.

»Wie dankbar ich Ihnen bin! Wie dankbar ich Ihnen bin für alles!« sagte ich und bedeckte ihre Hand mit Tränen. »Sprechen Sie nicht so, Sie zerreißen mir das Herz. Sie sind immer zu mir mehr als eine Mutter gewesen. Gott segne Sie und den Fürsten für alles, was Sie beide an mir getan haben, an mir, der Armen, Verlassenen! Sie, meine bedauernswerte Wohltäterin!«

»Genug! Netotschka, genug! Umarme mich lieber! So! Fester! Fester! Soll ich dir etwas sagen? Ich weiß nicht, wie es kommt, aber mir ist, als ob du mich zum letzten Male umarmtest!«

»Nein, nein!« rief ich schluchzend wie ein Kind. »Das wird nicht geschehen! Sie haben noch viele Tage vor sich, glauben Sie mir, uns lacht noch das Glück!«

»Ich danke dir, ich danke dir, daß du mir so zugetan bist. Jetzt gibt es wenig Leute um mich herum. Alle haben mich verlassen.«

»Wer hat Sie verlassen? Wer sind diese Leute?«

»Früher waren viele um mich herum. Du kennst diese anderen nicht, Netotschka! Alle haben mich verlassen, alle sind weggeblieben, wie Spukgestalten verschwunden, und ich habe so darauf gewartet, daß sie wiederkommen, mein ganzes Leben lang. Gott verzeih es ihnen! So! Netotschka, schau, wie tief wir schon im Herbst sind, bald werden wir Schnee haben, und mit dem ersten Schnee werde auch ich sterben! Ja! Aber ich bin nicht traurig darüber. Lebt alle wohl!«

Ihr Gesicht war blaß und mager, auf jeder Wange brannte ein unheilverkündender blutroter Fleck, ihre Lippen zitterten, wie von innerem Feuer verdorrt. Sie ging zum Klavier und schlug einige Akkorde an; in diesem Augenblick sprang klirrend eine Saite, die einen langen, zitternden, ersterbenden Laut von sich gab.

»Hörst du, Netotschka, hörst du?« sagte sie plötzlich wie mit verklärter Stimme und wies auf das Instrument. »Diese Saite wurde zu sehr gespannt, sie hielt es nicht aus und starb. Hörst du, wie kläglich der Ton stirbt?«

Ich konnte nur mit Anstrengung sprechen.

Tiefes Weh prägte sich auf ihrem Gesicht aus, und ihre Augen füllten sich mit Tränen.

»Nun, lassen wir das, Netotschka, meine Liebe. Es ist genug. Bring mir die Kinder!«

Ich brachte sie. Sie war wie neu belebt, als sie sie erblickte, und nach einer Stunde schickte sie sie wieder fort.

»Wenn ich sterbe, wirst du sie nicht verlassen, Annette, nicht wahr?« sagte sie flüsternd zu mir, als fürchtete sie, daß jemand uns hörte.

»Genug, Sie töten mich!« konnte ich nur stammeln.

»Ich habe ja nur Spaß gemacht!« sagte sie nach kurzem Schweigen und lächelte. »Hattest du es für Ernst gehalten?

Siehst du, manchmal rede ich allerhand Unsinn. Ich bin jetzt wie ein Kind, dem man nichts übelnehmen darf.«

Hier warf sie mir einen schüchternen Blick zu, als scheute sie sich, irgend etwas auszusprechen.

Ich wartete.

»Sag, du wirst ihn doch nicht erschrecken?« sagte sie endlich, während ein leichtes Rot ihr Gesicht färbte, mit gesenktem Blick und so leiser Stimme, daß ich sie kaum verstehen konnte.

»Wen?« fragte ich erstaunt.

»Meinen Mann! Du wirst ihm vielleicht alles wiedersagen.«

»Wieso? Wieso?« wiederholte ich, immer mehr erstaunt.

»Nun, vielleicht wirst du auch nichts erzählen, wer weiß?« antwortete sie und bemühte sich, mich so pfiffig wie möglich anzusehen, obgleich dasselbe offenherzige Lächeln auf ihren Lippen lag und immer mehr Rot ihr in die Wangen schoß. »Genug davon, es war ja nur Spaß!«

Mein Herz krampfte sich immer schmerzhafter zusammen.

»Aber höre, du wirst sie doch lieben, wenn ich tot bin?« fügte sie ernst und wieder geheimnisvoll hinzu; »so, wie du deine eigenen Kinder lieben würdest, ja? Bedenke, ich habe dich immer wie eins meiner eigenen Kinder gehalten und dich nie anders behandelt als sie.«

»Gewiß, gewiß!« antwortete ich, ohne zu wissen, was ich sprach. Meine Tränen und meine Aufregung erstickten mir die Stimme.

Ein heißer Kuß brannte auf meiner Hand, ehe ich sie ihr entziehen konnte. Ich war so überrascht, daß mir die Zunge wie gelähmt war.

Was ist ihr nur? Was hat sie vor? Was ist gestern zwischen ihr und ihrem Mann vorgefallen? schoß es mir durch den Kopf.

Gleich danach begann sie über Müdigkeit zu klagen.

»Ich bin schon lange krank, ich wollte euch beide nur nicht erschrecken«, sagte sie. »Ihr liebt mich doch beide, nicht wahr? Auf Wiedersehen, Netotschka. Verlaß mich jetzt, aber am Abend mußt du bestimmt wieder zu mir kommen, wirst du das?«

Ich versprach es ihr, war aber froh, daß ich das Zimmer verlassen konnte. Ich hielt es nicht länger aus.

»Du Arme, du Arme! Welch ein Unwürdiger!« sagte ich

schluchzend. »Und soll ein solcher Verdacht dich bis ins Grab begleiten? Und welch neuer Kummer, den du kaum anzudeuten wagst, zerreißt dir das Herz? O Gott! Diese lange Leidenszeit, die ich nun schon zu gut kenne! Dieses Leben ohne Lichtblick! Diese schüchterne Liebe, die nichts fordert! Und noch dazu jetzt, wo sie fast schon auf dem Totenbett liegt und das Herz ihr vor tiefem Weh brechen will, scheut sie sich, als wäre sie eine Verbrecherin, auch nur leise zu murren oder zu klagen. Nun hat sie sich noch ein neues Leid ausgedacht, mit dem sie sich nun auch ausgesöhnt und abgefunden hat.«

Am Abend in der Dämmerstunde benutzte ich die Abwesenheit Owrows, der nach Moskau gefahren war, ging in die Bibliothek, öffnete einen Schrank und begann unter den Büchern nach einem passenden Vorlesungsstoff für Alexandra Michailowna zu suchen. Ich wollte sie gern von ihren schwarzen Gedanken ablenken und suchte etwas Heiteres, Leichtes.

Ich suchte lange und zerstreut. Die Dunkelheit nahm zu, und mit ihr wuchs auch meine Mißstimmung. In meinen Händen befand sich wieder jenes Buch, und wieder schlug ich jene Seite auf, auf der noch jetzt die Spuren des Briefes zu sehen waren, der seitdem nicht von meiner Brust gekommen war. Das Geheimnis jenes Tages hatte mit einem Schlag einen Einschnitt und einen neuen Anfang in mein Leben gebracht, und es umwehte mich so kalt, so fremd, so geheimnisvoll, so feindselig und bedrohte mich schon jetzt wie aus unheilvoller Ferne ... Was soll aus mir werden? dachte ich. Der Winkel, in dem mir so warm, so wohlig war, wird frostig und öde. Der lichte, reine Geist, der meine Jugend behütete, will mich verlassen! Was liegt vor mir? So stand ich da, ganz verloren in den Gedanken an meine Vergangenheit, die meinem Herzen jetzt so teuer war, als wollte ich mit meinem Blick die unbekannte Zukunft durchdringen, die drohend vor mir lag. Ich erinnere mich an diesen Augenblick, wie wenn ich ihn jetzt von neuem durchlebte, so fest hat er sich meinem Gedächtnis eingeprägt.

Ich hielt das aufgeschlagene Buch und den Brief in meinen Händen. Mein Gesicht war feucht von Tränen. Plötzlich fuhr ich entsetzt zusammen. Eine mir bekannte Stimme drang an mein Ohr. Gleichzeitig fühlte ich, daß mir der Brief aus der Hand gerissen wurde. Ich schrie auf und blickte mich um.

Vor mir stand Pjotr Alexandrowitsch. Er ergriff mich am Arm und hielt mich gewaltsam an meinem Platze fest. Mit der rechten Hand zerrte er den Brief ans Licht, krampfhaft bemüht, die erste Zeile zu entziffern ... Ich schrie auf; eher wollte ich sterben, als diesen Brief in seiner Hand lassen. An seinem triumphierenden Lächeln konnte ich erkennen, daß es ihm gelungen war, die erste Zeile zu entziffern. Ich verlor den Kopf ...

Einen Augenblick darauf stürzte ich, meiner selbst fast nicht mächtig, auf ihn zu und entriß ihm den Brief. Das alles spielte sich so schnell ab, daß ich selbst nicht gleich begriff, wie ich den Brief wieder an mich gebracht hatte. Als ich aber bemerkte, daß er ihn mir von neuem entreißen wollte, verbarg ich ihn schnell an meiner Brust und trat drei Schritte zurück.

Etwa eine halbe Minute lang blickten wir einander schweigend an. Ich zitterte vor Schreck. Er unterbrach zuerst, bleich und mit zitternden, vor Wut bläulichen Lippen, das Schweigen.

»Genug!« sagte er mit erregter, leiser Stimme. »Sie werden nicht im Ernst wollen, daß ich Gewalt anwende, geben Sie den Brief freiwillig her!«

Jetzt erst besann ich mich; die Demütigung, die Schande und die Empörung über die rohe Gewalt benahmen mir den Atem. Heiße Tränen der Wut liefen über mein Gesicht. Ich zitterte vor Aufregung und konnte eine Zeitlang kein Wort sprechen.

»Haben Sie gehört?« sagte er und trat zwei Schritte auf mich zu ...

»Lassen Sie mich, lassen Sie mich!« rief ich und wich zurück. »Sie haben sich niedrig und gemein benommen. Sie haben sich vergessen! ... Lassen Sie mich vorbei ...«

»Wie? Was soll das heißen? Und Sie wagen es noch, einen derartigen Ton anzuschlagen, nachdem Sie ... Geben Sie den Brief her, sage ich Ihnen!«

Er trat noch einmal auf mich zu und sah mir in die Augen, stieß aber auf eine so entschlossene Ablehnung, daß er nachdenklich stehenblieb.

»Gut!« sagte er schließlich trocken, als hätte er seinen Entschluß gefaßt, beherrschte sich aber nur mit größter Mühe.

»Auch das wird an die Reihe kommen, zunächst aber ...«

Hier blickte er um sich.

»Sie ... Wer hat Sie in die Bibliothek gelassen? Warum steht der Schrank offen? Wo haben Sie den Schlüssel her?«

»Ich werde Ihnen nicht antworten«, sagte ich. »Ich kann nicht reden mit Ihnen. Lassen Sie mich gehen! Lassen Sie mich gehen!«

Ich ging auf die Tür zu.

»Erlauben Sie!« sagte er und hielt mich am Arm fest. »So kommen Sie nicht hinaus.«

Ich befreite schweigend meinen Arm und machte wieder eine Bewegung nach der Tür zu.

»Gut denn. Aber ich darf Ihnen wirklich nicht erlauben, in meinem Hause Briefe von Ihren Liebhabern zu empfangen!«

Ich schrie entsetzt auf und sah ihn fassungslos an.

»Und darum ...«

»Halten Sie ein!« rief ich. »Wie können Sie ... Wie konnten Sie das zu mir sagen? Mein Gott! Mein Gott!«

»Was? Was? Sie wollen mir noch drohen?«

Ich starrte ihn bleich, entsetzt und wie erschlagen an. Die Szene zwischen uns beiden hatte den höchsten Grad der Erbitterung erreicht. Aber ich fand mich nicht zurecht. Ich flehte ihn mit einem Blick an, nicht weiter zu gehen. Ich war bereit, die mir zugefügte Demütigung zu verzeihen, wenn er nur jetzt ablassen wollte. Er sah mich unverwandt an und wurde unsicher.

»Bringen Sie mich nicht zum Äußersten!« flüsterte ich in meiner Angst.

»Nein! das muß ein Ende haben!« sagte er zuletzt, als ob er mit einer Entscheidung ringe. »Ich muß Ihnen gestehen, ich wurde schon etwas unsicher vor diesem Blick!« fügte er mit einem seltsamen Lächeln hinzu. »Aber leider spricht die Sache für sich selbst. Ich habe den Anfang des Briefes lesen können. Es ist ein Liebesbrief. Sie werden mir das nicht ausreden können! Nein! Schlagen Sie sich das aus dem Kopf! Und wenn ich einen Augenblick schwankte, so beweist das nur, daß ich zu Ihren vortrefflichen Eigenschaften noch Ihre Fähigkeit, ausgezeichnet zu lügnen, hinzufügen muß, darum wiederhole ich ...«

Während er dies alles sprach, verzerrte sich sein Gesicht immer mehr vor Wut. Er war blaß geworden, seine Lippen verzogen sich und zitterten, so daß er schließlich die letzten Worte nur mit Mühe hervorstieß. Es war dunkel geworden.

Ich stand schutzlos, nur auf mich angewiesen, einem Menschen gegenüber, der imstande war, eine Frau zu beleidigen. Freilich sprach der äußere Schein gegen mich; ich wollte vor Scham vergehen. Ich war benommen und konnte die ganze Bosheit dieses Menschen nicht erfassen. Ohne ihn einer Antwort zu würdigen und außer mir vor Entsetzen, stürzte ich aus dem Zimmer und kam erst wieder zu mir, als ich am Eingang zum Zimmer Alexandra Michailownas stand. In diesem Augenblick hörte ich seine Schritte; ich wollte schon ins Zimmer hineingehen, als ich plötzlich wie vom Donner gerührt stehenblieb.

Was wird aus ihr werden? schoß es mir durch den Kopf. Dieser Brief! Nein! Eher soll alles andere geschehen, als daß dieser letzte Schlag ihr Herz trifft!

Ich wollte zurückeilen, aber es war schon zu spät, er stand neben mir.

»Wir wollen woanders hingehen! Wohin Sie wollen! Nur nicht hier! Hier nicht!« flüsterte ich und faßte ihn am Arm! »Schonen Sie sie! Ich werde wieder in die Bibliothek kommen, oder wohin Sie sonst wollen! Sie werden sie töten!«

»Nein! *Sie* werden sie töten!« antwortete er und wollte mich fortzerren.

Alle meine Hoffnungen schwanden dahin. Ich fühlte, daß er den ganzen Auftritt vor Alexandra Michailowna bringen wollte.

»Um Gottes willen!« sagte ich und hielt ihn mit aller Kraft zurück, aber in diesem Augenblick wurde der Vorhang auseinandergeschlagen, und Alexandra Michailowna stand vor uns. Sie sah uns erstaunt an. Ihr Gesicht war noch blasser als gewöhnlich. Sie hielt sich nur mühsam auf den Beinen. Man sah, daß es sie sehr angestrengt hatte, zu uns zu kommen, nachdem sie unsere Stimmen gehört hatte.

»Was gibt es? Wovon habt ihr eben gesprochen?« sagte sie und sah uns äußerst erstaunt an.

Einige Augenblicke herrschte Stillschweigen. Sie wurde bleich wie der Kalk an der Wand. Ich stürzte zu ihr hin, umarmte sie herzlich und geleitete sie in ihr Zimmer. Pjotr Alexandrowitsch kam hinter mir her. Ich verbarg mein Gesicht an ihrer Brust, umarmte sie immer fester und wollte vor ängstlicher Erwartung fast vergehen.

»Was ist mit dir? Was ist mit euch?« fragte Alexandra Michailowna noch einmal.

»Fragen Sie sie! Gestern noch haben Sie sie verteidigt!« sagte Pjotr Alexandrowitsch und ließ sich schwer in einen Sessel fallen.

Ich schlang meine Arme immer fester um sie.

»Aber mein Gott, was soll denn das bedeuten?« sagte Alexandra Michailowna ganz entsetzt. »Ihr seid beide so aufgeregt, und sie ist ganz aufgelöst und weint. Annette, sage mir alles, was ihr miteinander gehabt habt!«

»Nein, erlauben Sie, daß ich zuerst spreche.« Mit dieser Antwort trat Pjotr Alexandrowitsch auf uns zu, ergriff mich bei der Hand und zog mich von Alexandra Michailowna fort. »Bleiben Sie hier stehen!« sagte er und zeigte dabei auf die Mitte des Zimmers. »Ich will jetzt in Gegenwart derjenigen, die Ihnen die Mutter ersetzt hat, Gericht über Sie halten. Sie aber bitte ich, sich zu beruhigen und sich zu setzen!« fügte er hinzu und ließ Alexandra Michailowna in einem Sessel Platz nehmen. »Es tut mir leid, daß ich Ihnen diese unangenehme Aufklärung nicht ersparen kann; aber wir kommen nicht darum herum.«

»Mein Gott, was kann das sein«, stammelte Alexandra Michailowna und sah in tiefster Angst bald mich und bald ihren Mann an. Ich rang die Hände, da ich den entscheidenden Augenblick herannahen fühlte. Von Alexandra Michailownas Mann erwartete ich keine Schonung.

»Um die Sache kurz zu machen«, fuhr Pjotr Alexandrowitsch fort, »ich wünsche, daß Sie mit mir zusammen richten. Sie haben immer – ich verstehe nicht warum, es ist das nun einmal Ihre Laune –, Sie haben immer, gestern zum Beispiel noch, gemeint, gesagt ... ich weiß nicht, wie ich mich ausdrücken soll; ich erröte über die Zumutung ... kurz, Sie haben sie in Schutz genommen, haben mich angegriffen, haben mich einer unangebrachten Strenge geziehen; Sie haben noch auf ein anderes Gefühl angespielt, als ob dieses mich zu der unangebrachten Strenge veranlasse, Sie ... aber ich verstehe gar nicht, warum ich meine Erregung nicht unterdrücken kann, warum mir das Blut in das Gesicht schießt, wenn ich an Ihre Andeutungen denke, warum ich nicht laut und offen von ihnen in Gegenwart dieses Mädchens sprechen soll, kurz, Sie ...«

»Nein, das werden Sie nicht tun! Das werden Sie nicht tun!« rief Alexandra Michailowna in höchster Aufregung und ganz rot vor Scham. »Nein, schonen Sie sie! Das hatte ich mir alles nur so ausgedacht! Ich hege jetzt keinerlei Verdacht mehr! Verzeihen Sie mir das alles, verzeihen Sie! Ich bin krank. Man muß Nachsicht mit mir haben, aber sagen Sie nur nichts zu ihr davon, nein! ... Annette«, sagte sie dann, auf mich zutretend, »geh fort von hier, schnell, schnell. Er hat nur gescherzt; ich bin an allem schuld. Es war ein unangebrachter Scherz ...«

»Mit einem Wort, Sie sind eifersüchtig auf sie gewesen«, sagte Pjotr Alexandrowitsch und schleuderte diese Worte erbarmungslos der ängstlich Wartenden als Antwort in das Gesicht.

Sie schrie auf, wurde bleich und warf sich in den Sessel, da sie sich kaum auf den Füßen halten konnte.

»Gott mag Ihnen verzeihen!« sagte sie schließlich mit schwacher Stimme. »Verzeih auch du mir alles, Netotschka. Ich war an allem schuld, ich war krank ... ich war ...«

»Das ist Tyrannei, Schamlosigkeit, Gemeinheit!« rief ich ganz außer mir, denn ich begriff endlich, warum er in den Augen seiner Frau mich herabsetzen wollte. »Wie erbärmlich! Sie ...«

»Annette!« schrie Alexandra Michailowna und packte mich in ihrer Angst am Arm.

»Komödie! Komödie, weiter nichts!« stieß Pjotr Alexandrowitsch hervor und trat in unbeschreiblicher Aufgeregtheit auf uns zu. »Komödie, sage ich Ihnen«, fuhr er fort, während er mit boshaftem Lächeln seine Frau anstarrte. »Und die Betrogene in der ganzen Komödie sind Sie! Seien Sie sicher, daß unsereins«, rief er japsend aus und zeigte mit dem Finger auf mich, »solche Aufklärung nicht fürchtet; seien Sie sicher, daß unsereins nicht mehr so keusch ist, um beleidigt zu sein, zu erröten und sich die Ohren zuzustopfen, wenn von derartigen Dingen die Rede ist. Entschuldigen Sie, ich drücke mich sehr einfach, direkt, vielleicht grob aus, aber es geht nicht anders. Glauben Sie wirklich an die einwandfreie Lebensführung dieses ... Mädchens?!«

»Mein Gott! Was fällt Ihnen ein? Sie vergessen sich!« rief Alexandra Michailowna wie verstört und halb tot vor Angst.

»Bitte, ohne große Worte!« unterbrach Pjotr Alexandrowitsch sie verächtlich. »Ich liebe das nicht. Die Sache hier liegt ganz klar. Es handelt sich um eine Gemeinheit, einfach um eine Gemeinheit. Ich frage Sie nach ihrer Lebensführung; wissen Sie ...«

Aber ich ließ ihn nicht ausreden, faßte ihn am Arm und zog ihn gewaltsam beiseite. Noch eine Minute, und alles würde verloren sein.

»Sagen Sie nichts von dem Brief!« flüsterte ich ihm schnell zu. »Sie werden sie sonst auf der Stelle töten. Ein Vorwurf gegen mich würde gleichzeitig ein Vorwurf gegen sie sein. Sie kann nicht über mich zu Gericht sitzen, weil ich alles weiß. Sie verstehen! Ich weiß alles!«

Er blickte mich starr und mit scheuer Neugier an und wurde verwirrt. Das Blut trat ihm in die Wangen.

»Ich weiß *alles, alles*!« wiederholte ich.

Er schwankte noch. Auf seinen Lippen schien eine Frage zu schweben. Ich kam ihm zuvor: »Die Sache war so!« sagte ich laut, mit einer schnellen Wendung zu Alexandra Michailowna, die uns in scheuer, besorgter Verwunderung zugesehen hatte. »Ich bin an allem schuld. Seit vier Jahren schon habe ich Sie getäuscht. Ich habe den Schlüssel zur Bibliothek an mich genommen und lese seit vier Jahren heimlich Bücher. Pjotr Alexandrowitsch hat mich über einem solchen Buch ertappt, das nicht in meiner Hand sein durfte. Entsetzt über mich, hat er die Gefahr vor Ihnen vergrößert. Aber ich will mich nicht rechtfertigen«, beeilte ich mich fortzufahren, da ich ein spöttisches Lächeln auf seinen Lippen bemerkte, »ich bin an allem schuld, die Versuchung war stärker als ich, und nachdem ich einmal gesündigt hatte, schämte ich mich, mein Vergehen einzugestehen. Das ist alles, fast alles, was zwischen uns war!«

»Oh! Oh! Das ist aber stark!« flüsterte neben mir Pjotr Alexandrowitsch.

Alexandra Michailowna hatte mich mit gespannter Aufmerksamkeit angehört, aber auf ihrem Gesicht kam deutlich ihr Mißtrauen zum Ausdruck. Sie blickte abwechselnd bald auf mich, bald auf ihren Mann. Schweigen trat ein. Ich konnte kaum atmen. Sie ließ den Kopf auf ihre Brust sinken und hielt sich mit der Hand die Augen zu, als dächte sie an etwas und wollte sich genau jedes Wort, das ich gesagt hatte, überlegen. Schließlich richtete sie den Kopf auf und sah mich scharf an.

»Netotschka, mein Kind, ich weiß, daß du nicht lügen kannst«, sagte sie. »Ist das alles, was vorgekommen ist?«

»Alles!« erwiderte ich.

»Alles?« fragte sie wieder, zu ihrem Mann gewandt.

»Ja, alles!« antwortete er mit Anstrengung, »ja, alles!«

Ich atmete auf.

»Du gibst mir dein Wort?«

»Ja!« erwiderte ich, ohne zu zaudern.

Aber ich hatte mich nicht in der Gewalt und sah Pjotr Alexandrowitsch an. Er lächelte, als er hörte, wie ich mein Wort gab. Ich wurde purpurrot, und meine Verlegenheit entging der armen Alexandra Michailowna nicht. Quälende, niederschmetternde Sorge prägte sich auf ihrem Gesicht aus.

»Genug!« sagte sie traurig, »ich glaube euch, ich muß euch glauben«.

»Ich denke, daß ein solches Geständnis genügt«, sagte Pjotr Alexandrowitsch. »Haben Sie gehört? Wie belieben Sie nun zu urteilen?«

Alexandra Michailowna antwortete nicht.

Die Szene wurde immer peinlicher.

»Ich werde morgen sofort alle Bücher durchsehen, ich weiß nicht, was da noch war, aber ...«

»Was für ein Buch hat sie denn gelesen?« fragte Alexandra Michailowna.

»Was für ein Buch? Antworten Sie selbst!« sagte er und wandte sich an mich. »Sie verstehen es besser, die Sache zu erklären!« fügte er mit verstecktem Spott hinzu.

Ich wurde so verwirrt, daß ich kein Wort hervorbringen konnte.

Alexandra Michailowna errötete und schlug die Augen nieder. Eine lange Pause trat ein. Pjotr Alexandrowitsch ging ärgerlich im Zimmer auf und ab.

»Ich weiß nicht, was zwischen euch vorgefallen ist«, begann Alexandra Michailowna endlich, sorgsam jedes Wort abwägend. »Aber wenn es *nur das* gewesen ist«, fuhr sie fort, bemüht, ihren Worten besonderen Nachdruck zu geben, geriet aber unter dem starren Blick ihres Mannes in Verwirrung, sosehr sie sich auch bemühte, ihn nicht anzusehen, »aber wenn es nur das gewesen ist, weiß ich nicht, warum wir uns alle so sorgen und schier verzweifeln wollen. Am meisten Schuld habe ich, ich allein, und das quält mich schrecklich. Ich habe ihre Erziehung vernachlässigt. Ich muß auch alles verantworten. Sie muß es mir verzeihen, aber ich kann sie nicht verurteilen und wage es nicht. Aber noch einmal, warum wollen wir denn gleich verzweifeln? Die Gefahr ist vorüber. Schauen Sie sie an!« sagte sie, wobei sie immer lebhafter wurde und einen prüfenden Blick auf ihren Mann warf. »Schauen Sie sie an! Hat etwa ihre unvorsichtige Handlungsweise schlimme Folgen gezeitigt? Kenne ich sie etwa nicht, mein Kind, meine liebe Tochter? Weiß ich nicht, daß ihr Herz rein und edel ist und daß in diesem hübschen Köpfchen«, fuhr sie fort, mich unter Liebkosungen an sich ziehend, »ein klarer, heller Verstand wohnt und daß sich ihr Gewissen vor Betrug hütet ... Genug, meine Lieben, lassen wir das alles. Gewiß verbirgt sich noch etwas anderes hinter unserem Kummer; vielleicht hat sich nur im Vorüberfliegen ein feindlicher Schatten über uns ausgebreitet. Aber wir wollen ihn durch Liebe und gutes Einvernehmen verjagen und das Mißverständnis beilegen. Vielleicht blieb vieles zwischen uns unausgesprochen, und ich gebe mir vor allem schuld. Ich war die erste, die Geheimnisse vor euch hatte, und in mir ist zuerst das Mißtrauen rege geworden, an dem mein kranker Kopf schuld ist. Aber wenn wir uns schon zu einem Teil ausgesprochen haben, so müßt ihr beide mir verzeihen, denn schließlich ist das nicht gar so sündig, was ich vermutet hatte.«

Nachdem sie das gesagt hatte, blickte sie schüchtern und rot vor Verlegenheit ihren Mann an und wartete besorgt auf einige Worte von ihm. Je länger er ihr zuhörte, desto spöttischer wurde das Lächeln auf seinen Lippen. Er ging nicht mehr auf und ab, sondern blieb, die Hände auf dem Rücken, gerade vor ihr stehen. Er beobachtete ihre Unruhe und schien sich daran zu weiden; denn da sie seinen Blick unverwandt auf sich gerichtet fühlte, war sie verlegen geworden. Er verharrte noch einen Augenblick, als warte er ab, was folgen würde. Ihre Verwirrung verdoppelte sich. Schließlich unterbrach er diesen bedrückenden Auftritt durch ein leises, anhaltendes, höhnisches Lachen.

»Sie tun mir leid, Ärmste«, sagte er schließlich, nachdem er aufgehört hatte, in bitterem, ernstem Ton. »Sie haben eine Rolle übernommen, die über Ihre Kräfte geht. Was soll das eigentlich? Wollten Sie mich zu einer Antwort zwingen? Mich durch neue Verdächtigungen, oder besser gesagt, durch die laute Verdächtigung reizen, die Sie nur kümmerlich in Ihren Worten versteckt haben? Der Sinn Ihrer Worte ist doch der, daß man ihr nicht böse zu sein braucht, da sie gut ist, auch nach der Lektüre unmoralischer Bücher, deren Moral – ich spreche hier für mich – anscheinend schon einige Früchte gezeitigt hat, und schließlich, daß Sie selbst die Verantwortung für sie übernehmen. Stimmt das? Nun, nachdem Sie dies alles erklärt haben, spielen Sie noch auf etwas anderes an. Sie glauben, daß mein argwöhnisches, ablehnendes Verhalten gegen dieses Mädchen einer anderen Empfindung entspringt. Sie haben sogar gestern darauf angespielt – bitte, unterbrechen Sie mich nicht, ich spreche gern offen heraus –, Sie haben sogar gestern darauf angespielt, daß bei einigen Leuten – ich erinnere mich, daß Ihrer Bemerkung zufolge diese Leute meist gesetzte, ernste, offene, kluge, starke Persönlichkeiten sind, und weiß Gott was für schöne Eigenschaften Sie ihnen noch in einem Anfall von Großmut beigelegt haben –, daß bei einigen Leuten, ich wiederhole es, die Liebe – Gott weiß, wie Sie auf den Gedanken gekommen sind – nicht anders in Erscheinung treten kann als düster, heftig, eckig und *oft verbunden* mit Mißtrauen und Feindseligkeit. Ich erinnere mich nicht mehr ganz genau, ob Sie sich gestern wörtlich so ausgedrückt haben – bitte unterbrechen Sie mich nicht –, ich kenne Ihre Schutzbefohlene gut; sie kann alles hören, alles, ich wiederhole es zum hundertsten Mal, alles! Sie sind getäuscht worden! Aber ich weiß nicht, warum es Ihnen beliebt, so hartnäckig darauf zu bestehen, daß ausgerechnet ich ein solcher Mensch sei! Weiß Gott, warum es Sie gelüstet, mich mit diesem Narrenkleid auszustaffieren. In meinen Jahren liebt man nicht ein solches Mädchen, und schließlich, glauben Sie mir, *kenne* ich meine Pflicht, und wie großmütig Sie mich auch entschuldigen mögen, so werde ich doch nach wie vor dabei bleiben, daß *ein Verbrechen immer ein Verbrechen, Sünde immer Sünde sein wird, schamlose, abscheuliche, gemeine Sünde, wie hoch auch immer Sie die lasterhaften Empfindungen stellen mögen!* Doch genug! Genug davon! Und nun möchte ich von diesen ekelhaften Dingen nicht wieder hören!«

Alexandra Michailowna weinte.

»Nun! Möge dies alles auf mich zutreffen! Ich will es auf mich nehmen«, sagte sie schließlich schluchzend und mich umarmend. »Mag meine Vermutung schändlich gewesen sein, mögen Sie darüber meinetwegen bitter spotten, aber du, Ärmste, warum bist du dazu verurteilt, solche Schmähungen anhören zu müssen, und ich kann dich nicht davor schützen, stumm wie ich bin! Mein Gott! Aber ich kann nicht schweigen, mein Herr! Ich kann es nicht mehr mit ansehen . . . Ihr Benehmen ist unerhört!«

»Genug! Genug!« flüsterte ich.

Ich wollte ihre Aufregung dämpfen und fürchtete, ihre heftigen Vorwürfe würden ihn außer sich bringen, ich zitterte immer noch aus Furcht um sie.

»Aber Sie verblendetes Weib!« rief er, »Sie wissen nichts, Sie sehen nichts!«

Er hielt einen Augenblick inne.

»Fort von ihr!« sagte er zu mir und riß meine Hand aus den Händen Alexandra Michailownas. »Ich gestatte Ihnen nicht, meine Frau zu berühren; Sie beleidigen, Sie besudeln sie durch Ihre Gegenwart! Aber was zwingt mich denn zu schweigen, wo es unumgänglich nötig ist zu reden«, rief er, mit dem Fuß aufstampfend, »und ich will reden, ich will alles sagen. Ich weiß nicht, was Sie *wissen* und womit Sie mir drohen wollten, und ich will es auch gar nicht wissen! So hören Sie denn«, fuhr er fort, sich an Alexandra Michailowna wendend, »Sie müssen wissen ...«

»Schweigen Sie, im Namen ...«

»In wessen Namen, mein Fräulein«, unterbrach er mich und blickte mir schnell und durchdringend in die Augen. »In wessen Namen? So wissen Sie denn, ich habe ihr den Brief eines Liebhabers entrissen! So etwas kommt in unserem Haus vor! So etwas geschieht hinter Ihrem Rücken! Das ist es, was Sie nicht gesehen, nicht bemerkt haben!«

Ich konnte mich kaum auf den Füßen halten! Alexandra Michailowna wurde bleich wie der Tod.

»Das ist unmöglich!« flüsterte sie kaum vernehmlich.

»Ich habe den Brief gesehen, er war in meiner Hand. Ich habe die erste Zeile gelesen und täusche mich nicht: der Brief war von einem Liebhaber. Sie hat ihn mir entrissen. Jetzt hat sie ihn, das ist so klar, daß es keinen Zweifel darüber gibt. Wenn Sie aber noch zweifeln, so blicken Sie sie nur an und sehen Sie zu, ob Sie auch nur auf den Schatten eines Zweifels hoffen dürfen!«

»Netotschka!« rief Alexandra Michailowna und stürzte sich auf mich, »aber nein, sprich nicht! Sprich nicht! Ich weiß nicht, was das war ... Mein Gott! Mein Gott!« Schluchzend verbarg sie ihr Gesicht in den Händen.

»Aber nein, das ist unmöglich!« rief sie dann wieder, »Sie irren sich, das ... ich weiß, was das bedeutet«, stieß sie hervor und sah dabei unverwandt ihren Mann an. »Sie! Ich könnte nicht ... Du hintergehst mich nicht, es ist undenkbar, daß du mich hintergehst, sage mir alles, ohne mir etwas zu verheimlichen! Er hat sich doch geirrt? Nicht wahr? Er hat sich geirrt, nicht wahr? Er hat etwas anderes gesehen, das ihn verblendete, nicht wahr, es ist so? Höre, warum willst du mir nicht alles sagen? Annette, mein Kind, mein liebes Kind!«

»Antworten Sie! Antworten Sie sofort!« hörte ich neben mir Pjotr Alexandrowitschs Stimme. »Antworten Sie! habe ich einen Brief in Ihren Händen gesehen oder nicht?!«

»Ja!« antwortete ich in atemloser Erregung.

»War das ein Brief Ihres Liebhabers?«

»Ja!« antwortete ich.

»Mit dem Sie auch jetzt noch in Verbindung stehen?«

»Ja, ja, ja!« sagte ich. Meiner selbst nicht mehr mächtig, beantwortete ich alle Fragen zustimmend, um unserer Qual ein Ende zu machen.

»Nun haben Sie es von ihr selbst gehört. Was sagen Sie jetzt? Glauben Sie mir, Sie gutes, gar zu leichtgläubiges Herz!« fügte er hinzu, während er die Hand seiner Frau ergriff. »Glauben Sie mir und entsagen Sie allem, was Ihre kranke Einbildungskraft Ihnen vorgegaukelt hat. Sie sehen jetzt, wie dieses ... Mädchen hier ist. Ich wollte Ihnen nur zeigen, wie unmöglich Ihr Verdacht war. Ich habe alles längst vorausgesehen und freue mich, daß ich sie endlich überführt habe. Es war mir unerträglich, sie an Ihrer Seite, in Ihren Armen, an einem Tisch mit uns und dazu in meinem Haus zu sehen. Ich war empört über Ihre Blindheit, das ist der Grund, der einzige Grund, warum ich ihr meine Aufmerksamkeit zuwandte, sie beobachtete; diese Aufmerksamkeit war Ihnen aufgefallen; Sie nahmen aber einen merkwürdigen Verdacht zum Ausgangspunkt, um von dort aus seltsame Fäden zu spinnen. Jetzt hat sich die Lage geklärt, jeder Zweifel ist beseitigt, und morgen schon, mein Fräulein, morgen schon werden Sie nicht mehr in meinem Haus sein!« schloß er, zu mir gewandt.

»Halten Sie ein! Halten Sie ein!« sagte Alexandra Michailowna und erhob sich von ihrem Stuhl. »Ich glaube diese ganze Geschichte nicht! Sehen Sie mich nicht so fürchterlich an und lachen Sie nicht über mich! Ich rufe Sie selbst zum Richter über meine Meinung an. Annette, mein Kind, komm her zu mir und gib mir deine Hand, so ... Wir sind allzumal Sünder«, sagte sie mit zitternder, tränenerstickter Stimme und blickte ihren Mann demütig an, »und wer von uns kann eine ausgestreckte Hand zurückweisen? Gib mir deine Hand,

Annette, mein liebes Kind! Ich bin nicht würdiger, nicht besser als du, du kannst mich nicht durch deine Gegenwart beleidigen, denn ich bin *auch eine Sünderin*!«

»Madame!« rief Pjotr Alexandrowitsch, »Madame! Beherrschen Sie sich, vergessen Sie sich nicht!«

»Ich vergesse mich nicht. Unterbrechen Sie mich nicht und lassen Sie mich ausreden. Sie haben in ihren Händen einen Brief gesehen; Sie haben ihn sogar gelesen; Sie sagen, und – sie hat eingestanden, daß dieser Brief von demjenigen stammt, den sie liebt. Aber beweist denn dies, daß sie ein Verbrechen begangen hat? Gibt Ihnen das etwa das Recht, so mit ihr umzugehen, sie so in den Augen Ihrer Frau herabzusetzen? Ja, mein Herr, in den Augen Ihrer Frau! Haben Sie etwa die Sache geklärt? Wissen Sie, wie alles war?«

»Da fehlt noch, daß ich sie schleunigst um Verzeihung bitte! Darauf wollen Sie wohl hinaus?« rief Pjotr Alexandrowitsch. »Wenn ich Sie so höre, vergeht mir die Geduld. Bedenken Sie, wovon Sie sprechen! Wissen Sie, wovon Sie reden? Wissen Sie, was und *wen* Sie verteidigen? Aber ich durchschaue alles . . .«

»Und gerade die Hauptsache sehen Sie nicht, weil Stolz und Zorn Ihnen den Blick trüben. Sie sehen nicht, was ich verteidige und wovon ich reden will. Ich verteidige nicht das Laster. Aber haben Sie wirklich untersucht – und Sie sehen klar, wenn Sie urteilen! – Sie untersucht, ob sie nicht vielleicht unschuldig wie ein Kind ist? Ja, ich verteidige das Laster nicht! Ich beeile mich, eine Einschränkung zu machen, wenn Ihnen das recht ist! Ja, wenn sie Gattin und Mutter wäre und ihre Pflichten vergäße, dann würde ich Ihnen recht geben . . . Sehen Sie, ich schränke ein. Beachten Sie es wohl und machen Sie mir keine Vorwürfe! Wenn sie nun diesen Brief bekommen hat, ohne sich etwas Böses dabei zu denken? Wenn sie sich in ihrer Unerfahrenheit von ihrem Gefühl hat treiben lassen und niemand da war, der sie zurückgehalten hätte! Wenn ich selbst die Hauptschuld trüge, weil ich ihr Herz nicht behütete! Wenn dieser Brief der erste war? Wenn Sie durch Ihren groben Verdacht ihr kindliches Gefühl der Reinheit verletzt hätten? Wenn Sie ihre Einbildungskraft durch Ihre zynischen Äußerungen über den Brief besudelt hätten? Wenn Ihnen die keusche Scham entgangen wäre, die rein auf ihrem mädchenhaften Gesicht glänzt, wie ich sie jetzt sehe, wie ich sie sah, als sie ganz aufgelöst, zu Tode gequält, nicht wußte, was sie sprach, und vor Angst vergehend all Ihre unmenschlichen Fragen mit ‚ja' beantwortete? Wirklich, das war unmenschlich, das war grausam von Ihnen. Ich kenne Sie nicht wieder! Ich werde Ihnen das nie, nie verzeihen!«

»Ach, haben Sie Nachsicht mit mir, haben Sie Nachsicht mit mir!« rief ich und schloß sie fest in meine Arme. »Haben Sie Nachsicht und Vertrauen, stoßen Sie mich nicht von sich.«

Ich sank vor ihr auf die Knie.

»Wenn Sie sie schließlich«, fuhr sie mit erstickender Stimme fort, »wenn Sie sie schließlich, weil ich nicht bei ihr war, durch Ihre Worte eingeschüchtert hätten! Wenn die Ärmste sich nun selbst einredete, daß sie schuldig sei, wenn Sie ihr Gewissen, ihre Seele verwirrt, die Ruhe ihres Herzens zerstört hätten... Mein Gott! Sie wollten sie aus dem Haus jagen! Aber wissen Sie auch, wem Sie das antun? Sie wissen, daß, wenn Sie sie verjagen, Sie uns beide aus dem Hause jagen, sie und mich! Sie haben mich verstanden, mein Herr?«

Ihre Augen leuchteten, ihre Brust hob sich erregt, ihre krankhafte Erregung erreichte den höchsten Grad.

»Nun habe ich genug gehört, Madame!« rief Pjotr Alexandrowitsch schließlich. »Genug! Ich weiß, daß es platonische Leidenschaften gibt – zu meinem eigenen Leidwesen weiß ich das, Madame, hören Sie? zu meinem eigenen Leidwesen. Aber mit vergoldetem Laster kann ich nicht zusammen wohnen! Ich verstehe es nicht. Fort mit dem Flitter! Und wenn Sie sich schuldig fühlen, wenn Sie sich irgendeines Vergehens bewußt sind – es ist nicht an mir, Sie daran zu erinnern, Madame! Wenn es Ihnen schließlich gefällt, mein Haus zu verlassen, bleibt mir weiter nichts übrig, als Ihnen zu sagen und Sie daran zu erinnern, daß Sie leider versäumt haben, Ihre Absicht auszuführen, als es Zeit war, das heißt vor einigen Jahren... wenn Sie es vergessen haben, will ich Ihrem Gedächtnis nachhelfen...«

Ich blickte Alexandra Michailowna an. Sie stützte sich krampfhaft auf mich, zusammengesunken vor seelischem Schmerz, hatte die Augen halb geschlossen und litt unsäglich. Noch einen Augenblick, und sie mußte hinfallen.

»Um Gottes willen, schonen Sie sie wenigstens dieses Mal! Sprechen Sie nicht das Letzte aus!« rief ich und warf mich vor Pjotr Alexandrowitsch auf die Knie, ohne zu bedenken, daß ich mich dadurch verriet. Doch es war zu spät. Ein schwacher

Schrei ertönte als Antwort auf meine Worte, und die Ärmste fiel besinnungslos zu Boden.

»Endlich! Sie haben sie getötet!« sagte ich. »Rufen Sie Leute, retten Sie sie! Ich erwarte Sie in Ihrem Kabinett. Ich muß mit Ihnen sprechen. Ich werde Ihnen alles erzählen ...«

»Was denn? Was denn?«

»Später!«

Die Ohnmacht und die Anfälle dauerten zwei Stunden. Das ganze Haus war in Angst. Der Arzt schüttelte bedenklich den Kopf. Zwei Stunden später ging ich in das Kabinett Pjotr Alexandrowitschs. Er war soeben von seiner Frau zurückgekehrt und ging im Zimmer auf und ab, biß sich die Nägel blutig und sah bleich und verstört aus. Ich hatte ihn nie in einem solchen Zustand gesehen.

»Was wünschen Sie mir zu sagen?« fragte er mit mürrischer, grober Stimme. »Sie wollten etwas sagen?«

»Da ist der Brief, den Sie mir entrissen! Sie erkennen ihn wieder?«

»Ja!«

»Nehmen Sie ihn.«

Er nahm den Brief und ging damit ans Licht. Ich beobachtete ihn aufmerksam. Nach ein paar Augenblicken drehte er ihn schnell um und las die Unterschrift auf der vierten Seite. Ich sah, wie ihm das Blut in den Kopf stieg.

»Was ist das?« fragte er mich, starr vor Staunen.

»Vor drei Jahren fand ich diesen Brief in einem Buch. Ich erriet, daß er vergessen war, las ihn durch – und verstand alles. Seither trug ich ihn mit mir herum, weil ich nicht wußte, wem ich ihn geben sollte. Ihr konnte ich ihn nicht geben. Ihnen? Aber Sie mußten ja den Inhalt dieses Briefes kennen, und in ihm liegt diese ganze traurige Geschichte beschlossen ... Wozu Ihre Verstellung dienen sollte, weiß ich nicht. Es ist mir vorläufig unbegreiflich. Ich kann in Ihre dunkle Seele nicht eindringen. Sie wollten Ihre Überlegenheit aufrechterhalten, und das ist Ihnen gelungen! Aber wozu? Um über ein Phantom zu triumphieren, über die zerrüttete Einbildungskraft einer Kranken, der Sie zeigen wollten, daß sie einen Fehltritt begangen habe und daß Sie selbst sündloser seien als sie! Und Sie haben Ihr Ziel erreicht, weil dieser Verdacht zur fixen Idee eines erlöschenden Geistes wurde, vielleicht zur letzten Klage eines zerbrochenen Herzens über die Ungerechtigkeit menschlichen Urteils, in die Sie einstimmten.

‚Was für ein Jammer, daß Sie mich liebten!' Das war es, was sie sagte und was sie Ihnen beweisen wollte, aber Ihre Eitelkeit, Ihr eifersüchtiger Egoismus war erbarmungslos! Leben Sie wohl! Erklärungen sind nicht nötig! Aber nehmen Sie sich in acht, ich kenne Sie ganz genau, ich durchschaue Sie, vergessen Sie das nicht!«

Ich ging auf mein Zimmer, mir kaum bewußt, was mit mir geschah. An der Tür hielt mich Owrow, der Geschäftsführer Pjotr Alexandrowitschs, an.

»Ich möchte gern mit Ihnen sprechen«, sagte er mit einer höflichen Verbeugung.

Ich schaute ihn an, verstand aber nicht recht, was er mir sagte.

»Später, entschuldigen Sie mich! Ich bin unpäßlich«, antwortete ich endlich und ging an ihm vorbei.

»Also morgen«, sagte er und verneigte sich mit einem zweideutigen Lächeln.

Aber vielleicht kam es mir nur so vor. Alles schien nur an meinen Augen vorbeigehuscht zu sein.

Der kleine Held

Aus den Erinnerungen eines Unbekannten

Ich war damals fast elf Jahre alt. Im Juli hatte man mich in ein bei Moskau gelegenes Dorf zu meinem Verwandten T–ow geschickt, auf dessen Gut sich fünfzig oder vielleicht noch mehr Gäste versammelt hatten ... Ich erinnere mich nicht mehr, habe sie auch nicht gezählt. Es ging laut und fröhlich zu. Es hatte den Anschein, als würde ein Fest gefeiert, das in der Absicht begonnen worden war, nie zu enden. Unser Hausherr schien sich das Wort gegeben zu haben, möglichst schnell sein großes Vermögen durchzubringen, und es ist ihm in der Tat vor kurzem gelungen, diese Vermutung zu bestätigen, das heißt, er hat alles bis aufs letzte, bis auf den letzten Faden durchgebracht. Alle Augenblicke kamen neue Gäste. Moskau war keine zwei Schritt entfernt, leicht erreichbar, so daß die Abfahrenden ihren Platz anderen frei machten, und das Fest schäumte und rauschte. Eine Belustigung folgte auf die andere, und die Zerstreuungen nahmen kein Ende. Bald gab es – in ganzen Gruppen – Ausritte in die Umgebung, bald Spaziergänge in den Wald oder an den Fluß, Picknicks und Diners im Freien, Soupers auf der großen Terrasse des Hauses, von drei Reihen kostbarer Blumen umrahmt, die ihre Düfte in die frische Nachtluft verströmten, mit festlicher Beleuchtung, bei der unsere fast durchweg sehr hübschen Damen noch schöner erschienen mit ihren von den Eindrücken des Tages angeregten Gesichtern, ihren strahlenden Augen, ihrer flinken Rede und ihrem glockenreinen Lachen; Tanz, Musik, Gesang; war der Himmel trübe, wurden lebende Bilder, Scharaden, Sprichwörter gestellt, Theatervorstellungen fanden statt, es traten Schönredner, Erzähler und Witzbolde auf.

Einige Personen traten stark in den Vordergrund. Es versteht sich, daß auch Klatsch und üble Nachrede ihre Runde machten, da unsere Welt ohne sie nicht bestehen kann und Millionen Menschen vor Langweile stürben wie die Fliegen. Da ich aber erst elf Jahre alt war, bemerkte ich von diesen Personen nichts und hielt mich an andere, und wenn ich etwas bemerkte, war es längst nicht alles. Erst später erinnerte ich mich an mancherlei. Nur die glänzende Seite dieses Bildes stach mir in die kindlichen Augen, die allgemeine Hochstimmung, der Glanz, der Lärm – all dieses bisher nicht Gesehene und Gehörte verblüffte mich derart, daß ich in den ersten Tagen kaum zu mir selber kam und mein kleiner Kopf schwindelte.

Ich rede immer von meinen elf Jahren und war gewiß noch ein Kind, nicht mehr als ein Kind. Viele dieser schönen Frauen, die mich liebkosten, dachten dabei nicht an mein Alter. Aber seltsam! schon hatte sich meiner ein unerklärliches Gefühl bemächtigt; irgend etwas bisher Unbekanntes, Ungeahntes regte sich schon in meinem Herzen und ließ es brennen und klopfen, als wäre es erschrocken, und oft überzog sich mein Gesicht mit einer unvermuteten Röte. Manchmal kamen mir einige meiner kindlichen Vorrechte beschämend, ja kränkend vor. Dann wieder ergriff mich etwas wie Staunen, und ich ging irgendwohin, wo ich unbeobachtet war, wie um Atem zu schöpfen, mich zu besinnen auf etwas, das ich anscheinend bisher gewußt, jetzt aber plötzlich vergessen hatte, ohne das ich mich aber nirgends zeigen und keinesfalls existieren konnte.

Dann aber schien es mir, als verheimlichte ich etwas vor allen, was ich niemandem sagen durfte, während ich kleiner Kerl mich bis zu Tränen schämte. Alsbald fühlte ich mich im Trubel, der mich umgab, recht vereinsamt. Es waren noch andere Kinder da – aber entweder jünger oder viel älter als ich; und im übrigen gingen sie mich nichts an. Natürlich hätte sich nichts mit mir ereignet, wenn ich nicht diese Ausnahmestellung eingenommen hätte. In den Augen aller dieser schönen Damen war ich noch das kleine, unentwickelte Geschöpf, das sie manchmal zu hätscheln liebten und mit dem man spielen konnte wie mit einer kleinen Puppe. Besonders eine von ihnen, eine bezaubernde Blondine mit üppigem, dichtem Haar, wie ich es später nie mehr gesehen habe und sicherlich nie wieder sehen werde, hatte sich anscheinend geschworen, mir keine Ruhe zu lassen. Mich verwirrte und sie erheiterte das Lachen, das ringsum erscholl, das sie fortwährend durch irgendeinen übermütigen Streich, den sie mir spielte, hervorrief, was ihr sichtlich ein riesiges Vergnügen bereitete. Im Pensionat unter ihren Freundinnen hätte man sie wahrscheinlich einen Frechdachs genannt. Sie war wunderschön, und es war etwas in dieser

Schönheit, das einem schon beim ersten Blick in die Augen fiel. Und sie hatte nichts von jenen kleinen, schüchternen Blondinen an sich, die weiß sind wie Flaum und zart wie weiße Mäuschen oder wie Pastorentöchter. Sie war nicht groß und ein wenig voll, aber mit feinen, zarten, wunderbar gezeichneten Gesichtszügen. Etwas wie Wetterleuchten war in diesem Gesicht – und auch sie selbst war wie Feuer: lebendig, flink und leicht. Aus ihren großen, weit geöffneten Augen schienen Funken zu sprühen; sie strahlten wie Diamanten, und nie würde ich diese blauen, blitzenden Augen gegen schwarze vertauschen, und wären sie schwärzer als die schwärzesten Andalusierblicke, und meine Blondine war sogar jener berühmten Brünetten ebenbürtig, die ein bekannter und vorzüglicher Dichter besungen und dazu noch in den erhabensten Versen bei ganz Kastilien geschworen hatte, daß er bereit sei, sich alle Knochen brechen zu lassen, wenn ihm gestattet würde, nur mit der Fingerspitze die Mantille seiner Schönen zu berühren. Zu alledem kommt noch, daß *meine* Schöne die lustigste von allen Schönen der Welt und die ausgelassenste Lachtaube war, übermütig wie ein Kind, obgleich sie schon fünf Jahre verheiratet war. Nie schwand das Lächeln von ihren Lippen, so frisch wie eine eben erblühte Rose am Morgen, die unter dem ersten Sonnenstrahl ihre rote, duftende Knospe geöffnet hat, auf der noch die kalten, großen Tautropfen nicht getrocknet sind.

Ich erinnere mich, daß am zweiten Tag nach meiner Ankunft eine Liebhaberaufführung stattfand. Der Saal war, wie man zu sagen pflegt, gestopft voll; nicht ein Platz war frei. Und da ich aus irgendeinem Grund zu spät gekommen war, mußte ich mich an dem Spektakel stehend ergötzen. Aber das heitere Spiel lockte mich immer weiter nach vorne, und unbemerkt war ich bis an die vorderste Stuhlreihe gelangt, wo ich stehenblieb und mich an einen Sessel lehnte, in dem eine Dame saß. Es war meine Blondine; aber wir kannten einander noch nicht. Und da – wie von ungefähr – sah ich plötzlich ihre wundervoll gerundeten, verführerischen Schultern, üppig und weiß wie Milch, obwohl es mir ziemlich gleichgültig war, ob ich auf zwei wunderbare Frauenschultern oder auf eine Haube mit feuerfarbigen Bändern blickte, die den grauen Scheitel einer ehrwürdigen Dame in der ersten Reihe verbarg. Neben der Blondine saß eine überständige Jungfrau, eine von jenen, die sich, wie ich später oft bemerkte, immer in der Nähe jüngerer, schöner Frauen aufhalten, vorzüglich solcher, die junge Männer nicht durch ihr Benehmen vertreiben. Aber darum geht es jetzt nicht; doch diese Jungfrau hatte meine starren Blicke bemerkt, beugte sich zu ihrer Nachbarin und flüsterte ihr kichernd etwas ins Ohr. Die Nachbarin wandte sich plötzlich um, und ich erinnere mich, daß ihre feurigen Augen mich im Halbdunkel so anblitzten, daß ich – auf eine solche Begegnung nicht vorbereitet – wie gebrannt zusammenzuckte.

»Gefällt Ihnen, was gespielt wird?« fragte sie mich mit einem schlauen und spöttischen Blick.

»Ja«, antwortete ich, sie noch immer mit demselben Staunen betrachtend, was ihr offenbar gefiel.

»Aber warum stehen Sie? Sie müssen ja müde werden; haben Sie keinen Platz?«

»Das ist es eben, daß ich keinen habe«, antwortete ich, diesmal mehr mit meiner Sorge beschäftigt als mit den sprühenden Augen der Schönen und aufrichtig erfreut, endlich ein gutes Herz gefunden zu haben, dem ich meinen Kummer offenbaren konnte. »Ich habe schon überall gesucht, aber alle Stühle sind besetzt«, fügte ich hinzu, als wollte ich mich bei ihr beschweren, daß alle Stühle besetzt waren.

»Komm her«, sagte sie lebhaft, ebenso rasch zu jedem Einfall wie zu jeder verrückten Idee entschlossen, die in ihrem launischen und eigenwilligen Kopf auftauchte, »komm her und setz dich auf meinen Schoß.«

»Auf den Schoß?« wiederholte ich verblüfft.

Ich habe schon gesagt, daß meine Privilegien mich ernstlich zu kränken und zu beschämen anfingen. Dieses Angebot – wie zum Spott gemacht – ging aber doch weit über alle anderen hinaus. Dazu wurde ich, an sich schon ein schüchterner und verschämter Knabe, jetzt vor allen diesen Frauen ganz besonders schüchtern und geriet deshalb in die größte Verlegenheit.

»Nun ja, auf den Schoß! Warum willst du nicht auf meinen Schoß?« wiederholte sie eigensinnig, wobei sie immer heftiger zu lachen anfing, so daß sie schließlich – weiß Gott weshalb – aus vollem Halse lachte, vielleicht über ihren eigenen Einfall oder vor Freude über meine Verlegenheit. Das hatte sie auch gewollt.

Ich wurde feuerrot und blickte verwirrt umher, ob ich nicht entschlüpfen könnte. Aber sie kam mir zuvor, ergriff meine

Hand, damit ich nicht fort könnte, zog sie an sich, drückte sie plötzlich zu meiner größten Verwunderung ganz unerwartet mit ihren unartigen, heißen Fingern sehr schmerzhaft zusammen und fing dann an, meine Finger umzubiegen, und zwar so schmerzhaft, daß ich große Anstrengungen machen mußte, um nicht aufzuschreien, und dazu schnitt ich lächerliche Grimassen. Zudem geriet ich in größte Verwunderung, Verwirrung, ja Entsetzen darüber, daß es, wie ich eben erfahren hatte, so spöttische und böse Damen gab, die mit Knaben derartigen Unsinn redeten und sie dabei weiß Gott warum und noch dazu vor allen Leuten so schmerzhaft zwickten. Wahrscheinlich war auf meinem unglücklichen Gesicht meine ganze Verdutztheit zu lesen, denn die Schelmin lachte mir geradezu wie toll ins Gesicht, wobei sie meine armen Finger immer ärger drückte und umbog. Sie war außer sich vor Vergnügen, daß es ihr gelungen war, einen armen Knaben zu verspotten, in Verwirrung zu bringen und zu demütigen. Meine Lage war verzweifelt. Erstens brannte ich vor Scham, weil sich fast alle ringsum nach uns umwandten, einige erstaunt, andere lachend, da sie sofort erraten hatten, daß die Schöne wieder etwas verbrochen hatte. Außerdem hätte ich am liebsten geschrien, weil sie mir die Finger mit aller Gewalt umbog, eben weil ich nicht schrie. Ich war jedoch entschlossen, den Schmerz wie ein Spartaner zu ertragen, aus Angst, durch mein Geschrei Aufsehen zu verursachen, wonach mit mir Gott weiß was geschehen konnte. In meiner äußersten Verzweiflung nahm ich endlich den Kampf mit ihr auf und fing an, aus Leibeskräften meine Hand zurückzuzerren, aber mein Tyrann war stärker als ich. Schließlich ertrug ich es doch nicht mehr und schrie auf. Nur darauf hatte sie gewartet. Sie ließ mich sofort los und wandte sich ab, als wäre nichts vorgefallen, als hätte nicht sie den Streich verübt, sondern jemand anderes; ganz wie ein Schulbub, dem es gelungen ist – kaum daß ihm der Lehrer den Rücken gewandt hat –, seinem Nachbarn einen Streich zu spielen, irgendeinen kleineren, schwächlichen Knaben zu zwicken, ihm einen Nasenstüber oder einen Puff zu versetzen, ihn mit dem Ellenbogen zu stoßen, um sich dann sofort wieder umzudrehen, zurechtzusetzen und mit solchem Eifer in sein Buch zu vertiefen, als brüte er über seiner Aufgabe, und auf diese Weise dem verärgerten Herrn Lehrer, der auf den Lärm hin wie ein Habicht herbeistürzte, eine Nase zu drehen.

Zum Glück für mich wurde die allgemeine Aufmerksamkeit in diesem Augenblick durch das meisterhafte Spiel unseres Hausherrn abgelenkt, der in dem gespielten Stück, einer Scribe-Komödie, die Hauptrolle spielte. Alle klatschten; und ich schlüpfte unter dem Lärm aus der Stuhlreihe und eilte in den entlegensten Winkel des Saales, von wo ich, hinter einer Säule versteckt, entsetzt auf die tückische Schöne blickte. Sie lachte noch immer und hielt sich das Taschentuch vor den Mund. Und noch lange drehte sie sich um, suchte mich in allen Ecken – wahrscheinlich sehr betrübt, daß unsere tolle Balgerei so bald ihr Ende gefunden hatte, und überlegend, was sie noch anstellen könnte.

Damit begann unsere Bekanntschaft, und seit diesem ersten Abend wich sie keinen Schritt mehr von mir. Sie verfolgte mich schonungs- und gewissenlos, wurde meine Quälerin und meine Tyrannin. Die ganze Komik ihrer Streiche mit mir lief darauf hinaus, daß sie sich verliebt in mich stellte und mich vor allen Leuten lächerlich machte. Natürlich tat dies mir – einem ungehobelten Wilden – bis zu Tränen weh, so daß ich mich des öftern in einer so ernsten und kritischen Lage befand, daß ich mit meiner heimtückischen Anbeterin am liebsten gerauft hätte. Meine naive Verlegenheit, mein verzweifelter Schmerz schienen sie nur anzuspornen, mich noch mehr zu verfolgen. Sie kannte kein Erbarmen, ich aber wußte nicht, wo ich mich vor ihr verkriechen sollte. Das Gelächter, das ringsum erscholl und das sie immer wieder zu entfesseln wußte, trieb sie nur zu neuen Späßen an. Endlich fand man ihre Scherze etwas zu gewagt. Und wirklich, wenn ich jetzt zurückdenke, erlaubte sie sich zuviel mit einem Kinde, wie ich es war.

Aber das war eben ihr Charakter; sie war in jeder Hinsicht ein verwöhntes Kätzchen. Wie ich später erfuhr, wurde sie am meisten von ihrem eigenen Mann verzogen, einem sehr dicken, sehr kleinen, sehr rotbäckigen, sehr reichen und wenigstens äußerlich sehr geschäftigen Herrn: quecksilbrig und unstet, konnte er keine zwei Stunden am selben Ort verbringen. Jeden Tag fuhr er von uns nach Moskau, manchmal auch zweimal, und immer, wie er behauptete, in Geschäften. Etwas Fröhlicheres und Gutmütigeres als diese komische und dabei stets ehrbare Physiognomie kann man sich schwer vorstellen. Nicht genug, daß er in seine Frau bis zur Schwachheit, ja Lächerlichkeit verliebt war – er verehrte sie wie ein Götzenbild.

Er genierte sie in keiner Weise. Sie hatte Freunde und Freundinnen in Massen. Erstens, weil jeder sie gern hatte, und zweitens, weil sie in ihrem Leichtsinn nicht wählerisch in bezug auf ihre Freundschaft war, obgleich sie ihrem eigentlichen Charakter nach viel ernster war, als ich eben geschildert habe. Von allen ihren Freundinnen liebte und zeichnete sie am meisten eine junge Dame aus, eine entfernte Verwandte von ihr, die sich ebenfalls in unserer Gesellschaft befand. Zwischen ihnen bestand ein zartes, verfeinertes Verhältnis, eine jener Beziehungen, die sich manchmal zwischen zwei entgegengesetzten Charakteren anknüpfen, von denen der eine ernster, tiefer und reiner ist, während der andere in großer Demut und edler Selbsterkenntnis sich jenem liebend unterordnet, weil er die Überlegenheit des andern selbst erkennt und dessen Freundschaft als größtes Glück in seinem Herzen bewahrt. Damit beginnt jene zarte, edle Differenziertheit der Beziehungen zweier Charaktere, mit Liebe und mit endloser Geduld auf der einen, mit Liebe und Hochachtung auf der anderen Seite – einer Hochachtung, die fast an Furcht grenzt, an Furcht um sich selber in den Augen der andern, so Hochgeschätzten, nebst dem eifersüchtigen, leidenschaftlichen Wunsch, mit jedem Schritt im Leben deren Herzen näherzukommen. Beide Freundinnen waren gleich alt, aber in allem – angefangen mit ihrer Schönheit – waren sie unvergleichbare Gegensätze. Frau M. war ebenfalls sehr schön, doch ihre Schönheit hatte etwas Besonderes, was sie schroff von der Schar der anderen hübschen Frauen unterschied; es war etwas in ihrem Gesicht, was sofort alle unwiderstehlich anzog, oder besser gesagt, eine edle, erhabene Sympathie in dem weckte, der ihr begegnete. Es gibt so beglückende Gesichter. In ihrer Nähe fühlt sich jeder wohler, freier, wärmer, und doch blickten ihre traurigen, großen, feurigen und kraftvollen Augen schüchtern und unsicher, als drohte ihnen unausgesetzt etwas Feindliches und Schreckliches, und diese seltsame Schüchternheit warf bisweilen eine solche Trauer über ihr sanftes, mildes Antlitz, das an die lichten Züge einer italienischen Madonna erinnerte, daß man bei ihrem Anblick bald so traurig wurde, als wäre ihre Trauer das eigene Leid des andern. Dieses bleiche, abgemagerte Gesicht, in dem durch die makellose Schönheit der reinen, regelmäßigen Linien und die müde Strenge einer dumpfen, verborgenen Wehmut doch so oft das ursprüngliche, kindlich helle Wesen schimmerte, eine

Erinnerung an noch nicht weit zurückliegende Jahre des Glaubens und vielleicht naiven Glücks, dieses stille, zaghafte, unsichere Lächeln – dies alles weckte eine so namenlose Teilnahme mit dieser Frau, daß im Herzen eines jeden unwillkürlich eine süße, heiße Besorgtheit aufstieg, die noch aus der Ferne laut für sie sprach und jeden Fremden für sie einnahm. Allein die Schöne schien schweigsam und verschlossen zu sein, obgleich niemand aufmerksamer und liebevoller sein konnte als sie, wenn jemand der Teilnahme bedurfte. Es gibt Frauen, die wie Barmherzige Schwestern durchs Leben gehen. Vor ihnen braucht man nichts zu verheimlichen, wenigstens nichts von den Wunden und Schmerzen der Seele. Wer leidet, der geht kühn und vertrauensvoll zu ihnen, ohne Furcht, ihnen zur Last zu fallen, denn kaum einer unter uns weiß, welch eine unendliche Fülle duldender Liebe, des Mitleids und Verzeihens ein solches Frauenherz in sich schließt. Unendliche Reichtümer von Sympathie, Trost und Hoffnung sind in diesen reinen Herzen verborgen, die selbst oft Wunden tragen (denn ein Herz, das viel liebt, leidet auch viel), aber diese Wunden sorgfältig vor neugierigen Blicken verbergen, denn der tiefste Schmerz ist einsam und stumm. Sie erschrecken weder vor der Tiefe der Wunde noch vor deren Eiter und Schmutz. Wer ihnen naht, wird dadurch ihrer würdig; sie sind geboren zu Heldentaten ... Frau M. war groß, biegsam und schlank, aber etwas zu mager. Ihre Bewegungen waren ungleich – bald langsam, gleitend, fast feierlich, bald wieder kindlich rasch; und gleichzeitig sprach aus allen ihren Gesten etwas Bebendes und Schutzloses, das aber niemanden um Hilfe bat oder anflehte.

Ich sagte schon, daß die unrühmlichen Anzüglichkeiten der heimtückischen Blondine mich beschämten, vergifteten und bis aufs Blut verwundeten. Aber das hatte noch einen geheimen, seltsamen und törichten Grund, den ich verbarg und für den ich zitterte wie Kastschej*, und schon beim Gedanken daran, wenn ich allein mit meinem verworrenen Kopf irgendwo in einem einsamen, dunklen Winkel saß, wohin kein spöttischer Inquisitorenblick der blauäugigen Schelmin drang, beim bloßen Gedanken daran verging mir der Atem vor Verlegenheit, Scham und Furcht. Mit einem Wort, ich war verliebt! Nicht doch! ich rede Unsinn; das war ja ganz unmöglich! Aber

* Der Zauberer im russischen Märchen (Anm. des Übersetzers).

warum fesselte unter allen Gesichtern, die mich umgaben, nur ein Gesicht meine Aufmerksamkeit? Warum liebte ich es nur, ihr mit den Blicken zu folgen, obgleich mir damals noch nichts daran gelegen war, Damen nachzuschauen und ihre Bekanntschaft zu machen?

Das geschah meist abends, wenn die unfreundliche Witterung alle ins Zimmer verbannte und wenn ich, einsam irgendwo in einem Winkel des Saales versteckt, ziellos umherblickte und keine andere Beschäftigung für mich wußte, denn außer meiner Peinigerin sprach selten jemand ein Wort mit mir, so daß ich mich an solchen Abenden unerträglich langweilte. Dann musterte ich die Gesichter ringsherum, horchte auf die Gespräche, von denen ich oft nicht ein Wort verstand, und so kam es, daß der stille Blick, das sanfte Lächeln und das schöne Antlitz der Frau M. (denn sie war es!) meine bezauberte Einbildungskraft gefangennahmen, und dieser seltsam ungewisse, aber unaussprechlich süße Eindruck verwischte sich nicht wieder. Oft konnte ich mich stundenlang nicht von ihr losreißen; ich lernte jede Geste, jede ihrer Bewegungen auswendig, lauschte auf jede Nuance ihrer vollen, silbernen, nur etwas dumpf klingenden Stimme – und seltsam! all diese Beobachtungen weckten in mir neben dem bangen süßen Grundgefühl eine unbegreifliche Neugierde. Es sah aus, als sollte ich in irgendein Geheimnis eindringen.

Am qualvollsten waren mir die Spöttereien in Gegenwart der Frau M. Diese Spöttereien und die komischen Angriffe entwürdigten mich sogar nach meinen damaligen Begriffen. Und wenn ein allgemeines Gelächter auf meine Kosten ertönte, in das auch Frau M. hin und wieder unwillkürlich einstimmte, riß ich mich verzweifelt, außer mir vor Schmerz, von meinen Peinigern los und floh in mein Zimmer, wo ich den Rest des Tages sitzen blieb, ohne es zu wagen, mein Gesicht im Saal zu zeigen. Übrigens verstand ich selbst weder meine Scham noch meine Erregung; den ganzen Prozeß machte ich unbewußt durch. Mit Frau M. hatte ich noch kaum zwei Worte gewechselt und hätte es auch nie gewagt. Einmal jedoch, es war am Abend eines für mich unerträglichen Tages, hatte ich mich auf einem Spaziergang von der übrigen Gesellschaft abgesondert und schlich todmüde durch den Garten nach Hause. Da sah ich in einer einsamen Allee auf einer Bank Frau M. sitzen. Sie saß mutterseelenallein, als hätte sie absichtlich diesen abgelegenen Fleck ausgesucht, hielt den

Kopf auf die Brust gesenkt und spielte mechanisch mit ihrem Taschentuch. Sie war so in Gedanken versunken, daß sie nicht hörte, wie ich herankam.

Als sie mich bemerkte, stand sie schnell auf und wandte sich ab, aber ich bemerkte, wie sie hastig ihre Augen mit dem Taschentuch trocknete. Sie hatte geweint. Als sie ihre Tränen getrocknet hatte, lächelte sie mich an und ging mit mir auf das Haus zu. Ich erinnere mich nicht mehr, worüber wir sprachen; aber sie schickte mich alle Augenblicke unter irgendeinem Vorwand weg: bald um eine Blume zu pflücken, bald um nachzusehen, wer die benachbarte Allee entlangreite. Und jedesmal, wenn ich mich von ihr entfernte, hob sie sogleich wieder das Taschentuch an ihre Augen, um die ungehorsamen Tränen zu trocknen, die sie nicht in Ruhe lassen wollten, immer neu aus ihrem Herzen emporquollen und ihren armen Augen entströmten. Ich begriff, daß ich ihr augenscheinlich recht lästig war, weil sie mich fortwährend wegschickte, und sie selbst sah, daß ich alles bemerkte, konnte sich aber nicht beherrschen, was mich noch mehr zu ihr hinzog. Ich zürnte mir selbst in diesem Augenblick bis zur Verzweiflung, verwünschte meine Unbeholfenheit und mangelnde Geistesgegenwart, wußte aber nicht, wie ich sie am schicklichsten allein lassen konnte, ohne ihr zu zeigen, daß ich ihren Kummer bemerkt hatte. So ging ich neben ihr in trübem Staunen, ja Schrecken her, ganz außer Fassung und unfähig, auch nur ein Wort hervorzubringen, um unser versiegendes Gespräch in Fluß zu halten.

Diese Begegnung hatte mich so überrascht, daß ich in heftiger Neugierde den ganzen Abend über Frau M. heimlich beobachtete und sie nicht aus den Augen ließ. Zweimal ertappte sie mich mitten in meiner Beobachtung, das zweitemal aber lächelte sie, als sie mich bemerkte. Es war ihr einziges Lächeln an dem ganzen Abend. Die Trauer war noch nicht aus ihrem Antlitz geschwunden, das jetzt auffallend bleich war. Die ganze Zeit über sprach sie leise mit einer älteren Dame, einer bösen und üblen Klatschbase, die wegen ihrer Spionage und ihrer Intrigen von niemandem geliebt, wohl aber von allen gefürchtet wurde, so daß man ihr gezwungenermaßen immer Entgegenkommen zeigen mußte.

Gegen zehn Uhr erschien Frau M.s Gatte. Ich hatte sie bis dahin scharf beobachtet, ohne die Augen von ihrem traurigen Gesicht zu wenden; nun sah ich beim plötzlichen Erscheinen ihres Mannes, wie sie zusammenfuhr und ihr ohnehin bleiches Gesicht weiß wurde wie ein Tuch. Dies war so auffällig, daß auch einige andere Personen es bemerkten. Ich schnappte ein paar Brocken eines abseits geführten Gespräches auf, aus dem ich erriet, daß es Frau M. nicht wohl war. Man sagte, daß ihr Mann eifersüchtig wie ein Mohr sei, aber nicht aus Liebe, sondern aus Eigenliebe. Er war vor allem ein Europäer, ein moderner Mensch, voll neuer Ideen, auf die er sich viel einbildete. Äußerlich war er ein schwarzhaariger, großer, sehr kräftiger Herr mit englischem Backenbart, selbstzufriedenem, rosigem Gesicht, milchweißen Zähnen und einwandfreiem Gentlemanbenehmen. Man nannte ihn einen *klugen Mann*. So nennt man in gewissen Kreisen eine Sorte von Dickwänsten auf Kosten des Menschengeschlechts, die nichts tun, die nichts tun wollen und die von dem ewigen Faulenzen und Nichtstun an Stelle des Herzens ein Stück Fett haben. Von ihnen kann man jeden Augenblick hören, daß sie infolge irgendwelcher höchst verwickelter, feindlicher Verhältnisse, die »ihr Genie niederhielten«, so daß sie es »leid seien, zusehen« zu müssen, nichts zu tun hätten. Das ist ihre stolze Phrase, ihr mot d'ordre, ihre Parole und Losung, eine Phrase, die unsere satten Dickwänste überall von sich geben, so daß sie einem längst zum Überdruß geworden ist, denn es steckt nichts dahinter als Tartufferie und leeres Geschwätz. Übrigens haben einige dieser Spaßvögel, die keine Arbeit finden können (weil sie nie eine gesucht haben), den Ehrgeiz, anderen weiszumachen, daß sie an Stelle des Herzens keinen Fettklumpen, sondern vielmehr, ganz allgemein gesprochen, etwas *sehr Tiefes* hätten; was es aber ist, vermöchte auch der größte Chirurg nicht zu sagen – natürlich aus Höflichkeit. Diese Herren schlagen sich damit durch die Welt, daß sie alle ihre Instinkte auf Spötterei, kurzsichtige Verurteilung und maßlosen Hochmut verwenden. Weil sie weiter nichts zu tun haben, als fremde Fehler und Schwächen zu beobachten und anzuprangern, und weil sie nicht mehr Wohlwollen besitzen, als einer Auster verliehen ist, fällt es ihnen bei derartigen Schutzvorrichtungen nicht schwer, mit den Menschen auszukommen. Damit tun sie ungemein groß. Sie sind zum Beispiel fest überzeugt, daß die ganze Welt ihnen dienstbar sein müsse; daß sie die Welt wie eine Auster verspeisen könnten, daß alle außer ihnen selbst Dummköpfe seien, daß sie jeden wie eine Apfelsine oder einen Schwamm auspressen könnten, wenn sie den Saft nötig hätten, daß sie Herr über alles seien und daß diese ganz löbliche Weltordnung eben darauf beruhe, daß sie so kluge und charaktervolle Leute seien. In ihrem maßlosen Stolz sehen sie an sich keine Fehler. Sie gleichen jener Sorte von Gaunern, geborenen Tartuffes und Falstaffs, die sich so weit verstiegen haben, daß sie zu guter Letzt selbst glauben, daß es so sein müsse, daß heißt, daß die Welt dazu da sei, in ihr zu leben und zu gaunern. Man hat ihnen so oft versichert, daß sie ehrliche Leute seien, daß sie sich zuletzt für ehrliche Leute halten und meinen, ihre Gaunereien seien ein durchaus ehrbares Handwerk. Zu einer gewissenhaften Selbstbeurteilung, einer vornehmen Selbsteinschätzung reicht es bei ihnen nicht aus; für manche Dinge haben sie ein zu dickes Fell. An erster Stelle steht für sie immer und überall die eigene werte Person, ihr Moloch und Baal, ihr kostbares Ich. Die ganze Natur, die ganze Welt ist für sie nicht mehr als ein vorzüglicher Spiegel, eben dazu geschaffen, daß der kleine Gott sich unausgesetzt darin betrachten könne und außer sich selber nichts und niemanden sehe. Daher ist es auch nicht verwunderlich, daß er alles in der Welt nur in verzerrter Gestalt sieht. Für alles hat er eine fertige Phrase bereit, und zwar – darin zeigt sich seine größte Gewandtheit – immer die allermodernste Phrase. Sie dienen auch dieser Mode, indem sie an allen Straßenecken die Gedanken, deren Erfolg sie wittern, verkünden. Sie haben eine gute Witterung dafür, eine solche moderne Phrase aufzuspüren und sich vor allen andern anzueignen, so daß es den Anschein hat, als wäre sie von ihnen aufgebracht worden. Besonders haben sie einen großen Vorrat an Phrasen bereit, wenn es gilt, ihre tiefste Sympathie für die Menschheit zum Ausdruck zu bringen, etwa festzustellen, was man unter echter, richtiger und durch die Vernunft gerechtfertigter Philanthropie zu verstehen habe, und endlich unablässig jegliche Romantik zu tadeln, das heißt, alles Schöne und Wahre, von dem ein Atom mehr wert ist als ihre ganze Molluskennatur. Aber roh wie sie sind, erkennen sie die Wahrheit nicht, wenn sie sich ihnen in einer unbestimmten, unfertigen Übergangsform offenbart; sie stoßen alles zurück, was noch nicht reif ist, was noch kocht und gärt. Der wohlgenährte Mann hat sein ganzes Leben lustig verbracht, hat stets an gedeckten Tischen gesessen, hat nie selbst etwas geschaffen und weiß daher nicht, wie schwierig alles wirkliche Schaffen ist; darum wehe, wenn sein Fett an irgendeine Kante stößt;

er wird es nie verzeihen, nie vergessen und sich mit Wonne bei der nächsten Gelegenheit rächen. So kommt denn heraus, daß mein Held nichts als ein riesiger aufgeblasener Sack voller Tendenzen, moderner Phrasen und Schlagworte jeder Art und Sorte war.

Übrigens hatte Herr M. auch Eigenarten und war überhaupt ein bemerkenswerter Mann: ein Witzbold, Schwätzer und Erzähler, um den sich in den Salons immer ein Kreis bildete. An jenem Abend machte er besonders Eindruck. Er beherrschte die Unterhaltung; er war in Stimmung, lustig, freute sich über etwas und veranlaßte alle, ihn zu beachten. Frau M. dagegen war scheints krank; ihr Gesicht war so traurig, daß jeden Augenblick an ihren langen Wimpern wieder die Tränen zu erscheinen drohten. Dies alles entsetzte und erstaunte mich. Ich ging, wie gesagt, mit dem Gefühl einer seltsamen Neugierde fort und träumte die ganze Nacht von Herrn M., während ich bisher selten von häßlichen Träumen geplagt worden war.

Am andern Morgen in aller Frühe rief man mich zur Probe lebender Bilder, in denen ich eine Rolle hatte. Die lebenden Bilder, eine Theateraufführung und dann ein Ball – alles sollte an einem Abend stattfinden, und zwar schon in fünf Tagen, anläßlich eines Familienfestes, des Geburtstags der jüngsten Tochter unseres Hausherrn. Zu diesem halb improvisierten Fest waren aus Moskau und von den benachbarten Gütern noch gegen hundert Gäste geladen, so daß es sehr viel Laufereien, Mühe und Arbeit gab. Die Probe oder richtiger die Inspektion der Kostüme war zu einer sehr ungelegenen Zeit, nämlich frühmorgens, angesagt, weil der Regisseur, der bekannte Maler R., ein Freund und Gast unseres Wirts, der es aus Freundschaft übernommen hatte, die Bilder zu erfinden und zu stellen, noch in aller Eile nach Moskau mußte, um Requisiten und verschiedenes andere für das Fest zu besorgen. Es war also keine Zeit zu verlieren. Ich stand in einem Bild mit Frau M. Es war eine Szene aus dem Mittelalter und hieß: »Die Schloßherrin und ihr Page.«

Ich verspürte eine mir unerklärliche Verlegenheit, als ich mit Frau M. auf der Probe zusammentraf. Es war mir, als müßte sie mir alle meine Gedanken an den Augen ablesen, alle meine Zweifel und Vermutungen, die seit gestern in meinem Kopfe umgingen. Zudem fühlte ich mich vor ihr schuldig, weil ich sie gestern in Tränen überrascht und ihren Schmerz gestört hatte, so daß sie gezwungen war, in mir einen unangenehmen Zeugen und ungebetenen Mitwisser ihres Geheimnisses zu sehen. Aber gottlob, die Sache verlief ohne besondere Unannehmlichkeiten; man bemerkte mich gar nicht. Sie hatte anscheinend an andere Dinge zu denken als an mich und die Probe; sie war zerstreut, traurig und finster nachdenklich; man sah es ihr an, daß eine große Sorge sie quälte. Als meine Rolle zu Ende war, lief ich fort, um mich umzukleiden, und kam nach zehn Minuten auf die Veranda im Garten. Fast im selben Augenblick kam Frau M. zu einer anderen Tür herein, und zugleich erschien ihr selbstbewußter Gatte, der aus dem Garten kam, wohin er eben eine ganze Gruppe Damen geleitet hatte, um sie dort einem unbeschäftigten cavalier servant zu übergeben. Die Begegnung zwischen Mann und Frau erfolgte offenbar unerwartet; Frau M. wurde weiß Gott warum verlegen, und ein leichter Ärger zuckte in ihrer ungeduldigen Bewegung auf. Ihr Gemahl, der sorglos eine Arie gepfiffen und während seiner ganzen Wanderung tiefsinnig seine Bartkoteletten gestrichen hatte, zog beim Anblick seiner Gattin ein finsteres Gesicht und musterte sie, wie ich mich noch deutlich erinnere, mit inquisitorischen Blicken.

»Wollen Sie in den Garten?« fragte er, als er den Sonnenschirm und ein Buch in ihren Händen bemerkte.

»Nein, ins Wäldchen«, antwortete sie und errötete leicht.

»Allein?«

»Mit dem da . . .« sagte Frau M. und zeigte auf mich. »Ich gehe morgens immer allein spazieren«, fügte sie mit unsicherer, undeutlicher Stimme hinzu, wie ein Mensch, der zum erstenmal im Leben lügt.

»Hm . . . Und ich habe gerade eine ganze Gesellschaft hingeleitet. Sie versammeln sich alle bei der Rosenlaube, um Herrn N – skij das Geleit zu geben. Er reist ab, wie Sie wissen werden. Es ist bei ihm zu Hause in Odessa irgendwas passiert. . . . Ihre Cousine« – er sprach von der Blondine – »lacht und weint in einem Atemzuge – es ist nicht klug daraus zu werden. Sie sagte mir übrigens, daß Sie sich über N. geärgert hätten und ihn deshalb nicht begleiten wollten. Das ist natürlich Unsinn?«

»Sie scherzt«, antwortete Frau M. auf den Stufen der Veranda.

»Also das ist Ihr täglicher cavalier servant?« sagte Herr M., verzog den Mund und richtete sein Lorgnon auf mich.

»Ihr Page!« rief ich, erzürnt über den Spott und das Lorgnon, lachte ihm ins Gesicht und sprang über drei Stufen der Terrasse auf einmal.

»Viel Vergnügen!« brummte Herr M. und ging seines Weges.

Ich war selbstverständlich sofort zu Frau M. getreten, als sie ihren Mann auf mich hinwies, und hatte sie angesehen, als hätte sie mich schon vor einer Stunde aufgefordert und als ginge ich schon seit einem Monat jeden Morgen mit ihr spazieren. Aber ich konnte durchaus nicht begreifen, warum sie so verlegen geworden war und was sie im Sinn hatte, als sie zu dieser kleinen Lüge ihre Zuflucht nahm. Warum hatte sie nicht einfach gesagt, sie ginge allein? Nun wußte ich nicht, wie ich sie anblicken sollte; doch erstaunt und bestürzt begann ich ihr überaus naiv von unten ins Gesicht zu spähen; aber genau wie vorher während der Probe schien sie weder meine Blicke noch meine stummen Fragen zu bemerken. Derselbe qualvolle Kummer, nur noch augenfälliger und tiefer als vordem, spiegelte sich in ihrem Gesicht, in ihrer Erregung und in ihrem Gang wider. Sie eilte irgendwohin, beschleunigte ihren Schritt immer mehr und blickte voll Unruhe in jede Allee, jeden Seitenweg des Wäldchens, immer nach dem Garten zurückgewandt. Auch ich erwartete etwas. Plötzlich ertönte hinter uns Pferdegetrappel. Es war ein ganzer Trupp Reiter und Reiterinnen, die Herrn N–skij begleiteten, der so plötzlich unsere Gesellschaft verließ.

Unter den Damen war auch meine Blonde, von deren Tränen Herr M. gesprochen hatte. Aber nach ihrer Gewohnheit lachte sie wie ein Kind und galoppierte wie toll auf ihrem herrlichen Braunen heran. Als sie uns erreicht hatten, zog Herr N–skij den Hut, hielt aber nicht an und sagte kein Wort zu Frau M. Bald war der ganze Schwarm unseren Augen entschwunden. Ich blickte auf Frau M. und hätte vor Staunen fast aufgeschrien: sie stand da, weiß wie ein Tuch, und große Tränen quollen aus ihren Augen. Zufällig trafen sich unsere Blicke; Frau M. errötete, wandte sich für einen Moment ab, und Unruhe und Ärger huschten über ihr Gesicht. Ich war überflüssig, noch mehr als gestern – das war klarer als der Tag, aber wohin sollte ich gehen?

Plötzlich schlug Frau M., als wäre ihr plötzlich etwas eingefallen, das Buch auf, das sie in der Hand trug, und sagte errötend und offenbar bemüht, mich nicht anzusehen, als hätte sie es erst jetzt bemerkt: »Ach! das ist ja der zweite Band, ich habe mich geirrt; bitte, bring mir den ersten.«

Wie sollte ich das nicht verstehen? Meine Rolle war beendet, und man konnte mich auf keine einfachere Art fortschicken.

Ich lief mit ihrem Buch davon und kam nicht zurück. Der erste Band blieb an diesem Morgen ruhig auf dem Tisch liegen ...

Aber ich war außer mir; mein Herz klopfte ununterbrochen wie in wildem Schrecken. Ich gab mir die größte Mühe, Frau M. nicht noch einmal über den Weg zu laufen. Dafür betrachtete ich mit einer Art wilder Neugierde die selbstbewußte Person des Herrn M., als ob an ihm etwas ganz Besonderes wäre. Ich begreife noch jetzt nicht, was der Grund meiner komischen Neugierde war; ich weiß nur, daß ich aus dem seltsamen Erstaunen über alles, was ich an diesem Morgen erlebt hatte, nicht herauskam. Aber mein Tag hatte erst begonnen, und er sollte für mich sehr erlebnisreich werden.

Es wurde diesmal sehr früh zu Mittag gegessen. Gegen Abend war eine Vergnügungsfahrt in ein nahegelegenes Dorf verabredet, wo ein Volksfest gefeiert wurde, und man brauchte Zeit, sich zurechtzumachen. Ich träumte schon drei Tage lang von dieser Fahrt und erwartete eine Unmenge Vergnügungen. Den Kaffee tranken fast alle auf der Veranda; ich schlich vorsichtig den anderen nach und verbarg mich hinter einer dreifachen Reihe von Stühlen. Die Neugierde lockte mich, und doch wollte ich mich um nichts in der Welt vor Frau M. blicken lassen. Aber dem Zufall hatte es gefallen, mich in die Nähe meiner blonden Verfolgerin zu bringen. Diesmal war mit ihr ein Wunder geschehen, etwas ganz Unmögliches: sie war doppelt so schön. Ich weiß nicht, wie und woher das kommt, aber mit Frauen ereignen sich solche Wunder nicht selten. Wir hatten übrigens einen neuen Gast, einen langen, bleichen jungen Menschen, einen eifrigen Verehrer unserer Blondine, der eben aus Moskau gekommen war – fast hätte man glauben können, nur zu dem Zweck, um den abgereisten N–skij zu ersetzen, von dem das Gerücht ging, daß er wahnsinnig in unsere Schöne verliebt gewesen sei. Was aber den Ankömmling betrifft, so stand er seit langem zu ihr in einem ähnlichen Verhältnis wie Benedikt zu Beatrice in Shakespeares »Viel Lärm um nichts«. Mit einem Wort, unsere Schöne triumphierte heute den ganzen Tag. Ihre Scherze und ihr Geplauder waren so graziös, so zutraulich naiv, so verzeihlich ungeschickt; sie war mit so graziösem Selbstbewußtsein überzeugt, daß alles von ihr entzückt sei, daß man sich tatsächlich stets um sie drängte. Der enge Kreis bewundernder, begeisterter Zuhörer um sie herum löste sich nicht auf, und noch nie war sie bezaubernder gewesen. Jedes Wort wirkte verführerisch und verblüffend; man fing es auf, gab es weiter, und kein Scherz, kein Streich von ihr verfehlte seine Wirkung. Niemand schien bei ihr soviel Geschmack, Glanz und Geist vermutet zu haben. Gerade ihre besten Eigenschaften verschwanden sonst in einem Meer von Eigensinn, Tollheit und Schadenfreude, die oft an Narrheit grenzten; man bemerkte sie fast nie; bemerkte sie aber jemand, glaubte er ihr nicht, so daß ihr gegenwärtiger außerordentlicher Erfolg mit einem allgemeinen erregten Flüstern des Staunens aufgenommen wurde.

Zu diesem Erfolg trug übrigens noch ein besonderer, ziemlich kitzliger Umstand bei, wenigstens nach der Rolle zu urteilen, die Frau M.s Gatte in diesem Augenblick spielte. Die Schelmin hatte nämlich beschlossen – und es muß dazu bemerkt werden: fast zu aller oder doch zum mindesten sämtlicher junger Leute Vergnügen –, ihn energisch anzugreifen, aus vielen, in ihren Augen wohl recht triftigen Gründen. Sie begann mit ihm ein Geplänkel geistreicher Anzüglichkeiten, Spöttereien, Sarkasmen unwiderstehlichster, schlüpfrigster, hinterlistigster, verstecktester und unangreifbarster Art, die gerade ins Ziel treffen, aber keinen Anhalt für die Abwehr bieten, das Opfer nur durch unfruchtbare Anstrengungen ermüden, indem sie es zur Wut reizen und in lächerliche Verzweiflung versetzen.

Ich weiß es nicht mehr genau, glaube aber, daß dieser Angriff geplant und nicht nur improvisiert war. Schon beim Mittagessen begann dieser verzweifelte Zweikampf. Ich sage »verzweifelte«, weil Herr M. die Waffen nicht so leicht streckte. Er mußte seine ganze Geistesgegenwart, seinen ganzen Scharfsinn, seine ganze seltene Findigkeit zu Hilfe rufen, um nicht in den Staub geworfen, aufs Haupt geschlagen zu werden und sich mit Schmach zu bedecken. Diese Sache spielte sich unter ständigem, unbändigem Gelächter aller Zeugen und Teilnehmer des Kampfes ab. Wenigstens war das Heute nicht das Gestern für ihn. Einige Male machte Frau M. unverkennbare Versuche, ihre unvorsichtige Freundin zurückzuhalten, die ihrerseits den eifersüchtigen Gatten in das lächerlichste Narrengewand stecken wollte, vermutlich in das eines Blaubarts, nach allen Umständen zu schließen, die mir in Erinnerung geblieben sind, und schließlich nach der Rolle, die ich selber in diesem Scharmützel spielen sollte.

Es geschah ganz plötzlich, auf die lächerlichste Weise, völlig unerwartet, und wie verabredet stand ich im gleichen Augenblick allen sichtbar da, ohne etwas Böses zu vermuten und sogar meine bisherigen Vorsichtsmaßnahmen vergessend. Plötzlich wurde ich in den Vordergrund geschoben – als geschworener Feind und natürlicher Nebenbuhler des Herrn M., als leidenschaftlicher, grenzenlos verliebter Anbeter seiner Frau, was meine Peinigerin sofort durch einen Schwur bekräftigte. Sie gab ihr Wort, behauptete, Beweise zu besitzen, da sie erst heute im Walde gesehen hätte ...

Aber sie kam nicht zu Ende, ich unterbrach sie in dem für mich entsetzlichsten Augenblick. Dieser Augenblick war so gottlos berechnet, so heimtückisch als Abschluß, als närrische Lösung des Knotens vorbereitet und so unsagbar komisch inszeniert, daß eine unhemmbare allgemeine Lachsalve diesen letzten Streich beantwortete. Und obgleich ich schon damals erriet, daß diese höchst ärgerliche Rolle nicht eigentlich für mich berechnet war, so war ich doch so verwirrt, gereizt und erschreckt, daß ich voller Tränen, Schmerz und Verzweiflung und vor Scham erstickend durch zwei Reihen Sessel nach vorne stürmte, mich an meine Peinigerin wandte und mit tränen- und wuterstickter Stimme schrie: »Und Sie schämen sich nicht ... laut ... vor allen Damen ... so eine klägliche ... Unwahrheit! Als wären Sie selbst ... noch klein ... vor allen Männern ... Was werden sie sagen? ... Sie ... Sie ... erwachsen ... verheiratet ...!«

Aber ich konnte nicht fortfahren – es erscholl ein betäubendes Geklatsche. Mein Ausfall machte geradezu Furore. Meine naiven Gesten, meine Tränen und vor allem, daß ich gleichsam als Verteidiger des Herrn M. auftrat – dies alles entfesselte ein solches Höllengelächter, daß mir noch jetzt, bei der bloßen Erinnerung daran, ganz lächerlich zumute wird ... Ich war verdutzt, halb wahnsinnig vor Entsetzen, und aufflammend wie Pulver, das Gesicht mit den Händen bedeckend, stürzte ich hinaus, stieß in der Tür mit einem Lakaien zusammen, der sein Tablett fallen ließ, und flog hinauf in mein Zimmer. Ich riß den Schlüssel aus der Tür und sperrte mich ein. Ich hatte recht getan, denn man verfolgte mich. Es war kaum eine Minute vergangen, als meine Tür von einem ganzen Schwarm der reizendsten Damen belagert wurde. Ich hörte ihr helles Lachen, ihre hastigen Reden, ihre klingenden Stimmen; sie zwitscherten alle durcheinander wie die Schwalben. Alle ohne Ausnahme baten, flehten, die Tür nur für einen Augenblick zu öffnen; sie schworen, daß mir nicht das kleinste Unheil widerfahren würde, daß sie mich nur totküssen wollten. Aber ... was konnte schlimmer sein als diese neue Drohung? Glühend vor Scham lag ich hinter meiner Tür, den Kopf in den Kissen versteckt, machte nicht auf und gab keinen Laut von mir. Lange noch klopften und flehten sie, aber ich blieb gefühllos und taub, wie nur ein Elfjähriger es sein kann.

Was sollte ich nun anfangen? Alles war offenbar, alles war entdeckt, alles, was ich so eifersüchtig in mir versteckt und gehütet hatte! Ich war mit ewiger Schmach und Schande bedeckt! In Wahrheit hätte ich selbst nicht sagen können, wovor ich mich eigentlich entsetzte und was ich so zu verbergen suchte; aber ich fürchtete für etwas, und vor der Entdeckung dieses *Etwas* zitterte ich jetzt wie Espenlaub. Nur eines hatte ich bis zu diesem Augenblick nicht gewußt: ob es etwas Geziemendes oder Ungeziemendes, etwas Rühmliches oder Unrühmliches war. Nun hatte ich unter Qualen und unsagbaren Leiden erfahren, daß dieses Etwas *lächerlich* und *beschämend* war! Mein Instinkt sagte mir schon damals, daß ein solches Urteil verlogen, unmenschlich und gefühllos sei, aber ich war geschlagen, vernichtet; der Denkprozeß in mir war gleichsam stehengeblieben und in Verwirrung geraten. Ich konnte diesem Urteil nichts entgegensetzen, es nicht einmal gründlich überdenken; ich war wie benebelt, fühlte nur, daß mein Herz unmenschlich, schamlos verwundet war, und löste mich in hilflosen Tränen auf. Ich war erschüttert; in mir kochten Abscheu und ein Haß, den ich bisher noch nicht gekannt hatte, denn es war zum erstenmal, daß mir ein ernstes Leid, eine Kränkung, eine Beleidigung widerfuhr; und alles war tatsächlich so, ohne jede Übertreibung. In mir, einem Kind, wa das erste, noch unschuldige und unentwickelte Gefühl roh angetastet, war so früh das erste keusche Schamgefühl entblößt und geschmäht und ein vielleicht schon ernstes ästhetisches Empfinden verspottet worden. Natürlich wußten und ahnten die Spötter vieles von meinen Qualen gar nicht. Zur Hälfte kam dazu noch ein geheimer Umstand, den zu ergründen ich bisher weder die Zeit noch den Mut gehabt hatte. In Schmerz und Verzweiflung blieb ich auf meinem Bett liegen, mein Gesicht in den Kissen versteckt; Hitze und Kälte überliefen mich abwechselnd. Zwei Fragen quälten mich: Was hatte oder was konnte die widerliche Blondine heute im Wäldchen zwischen mir und Frau M. beobachtet haben? Und schließlich die zweite Frage: Wie, mit was für Augen kann ich jetzt Frau M. ins Gesicht sehen, ohne vor Scham und Verzweiflung auf der Stelle in den Erdboden zu versinken?

Ein ungewöhnlicher Lärm im Hof weckte mich endlich aus der halben Bewußtlosigkeit, in der ich mich befand. Ich stand auf und ging ans Fenster.

Der ganze Hof war voller Wagen, Reitpferde und geschäftiger Bedienter. Wie es schien, war alles zur Abfahrt bereit. Einige Reiter saßen schon im Sattel; andere Gäste suchten ihre Plätze in den Wagen ... Jetzt fiel mir wieder die geplante Ausfahrt ein, und allmählich bemächtigte sich meiner eine Unruhe; ich hielt angelegentlich Ausschau nach meinem Klepper im Hofe; aber er war nicht da – man hatte mich vergessen. Da hielt ich es nicht mehr aus und rannte spornstreichs hinunter, ohne an etwaige peinliche Zusammenstöße oder an meine eben erlebte Schmach zu denken.

Eine schreckliche Neuigkeit erwartete mich. Für mich war weder ein Pferd noch ein Platz in einem Wagen vorgesehen; alles war vergeben, besetzt, und ich mußte verzichten.

Von neuem Schmerz betroffen, blieb ich vor der Haustür stehen und blickte traurig auf die lange Reihe der Kutschen, Wagen und Kabrioletts, in denen sich auch nicht das bescheidenste Plätzchen für mich fand, und auf die geputzten Reiterinnen, unter denen die ungeduldigen Rosse stampften.

Ein Reiter hatte sich verspätet. Man wartete nur noch auf ihn, um aufzubrechen. Vor der Anfahrt stand sein Pferd, biß in den Zaum, scharrte mit den Hufen im Sand, bäumte sich jeden Augenblick vor Schreck und zitterte. Zwei Stallknechte hielten es vorsichtig am Zügel, und alles hielt sich ängstlich in ehrfurchtsvoller Entfernung von dem Tier.

In der Tat, es war ein höchst ärgerlicher Umstand eingetreten, der es mir unmöglich machte mitzufahren. Abgesehen davon, daß neue Gäste gekommen waren, die alle übrigen Pferde und Plätze in Beschlag genommen hatten, waren auch mehrere Pferde erkrankt, von denen eines mein

Klepper war. Doch nicht ich allein hatte unter diesem Umstand zu leiden: es erwies sich, daß auch für unsern neuen Gast, den blonden jungen Mann, den ich schon erwähnt habe, kein Pferd mehr vorhanden war. Um Unannehmlichkeiten zu vermeiden, hatte unser Wirt zu einem sehr gewagten Mittel greifen müssen: seinen wilden, noch nicht eingerittenen Hengst zu empfehlen und zur Beruhigung seines Gewissens hinzuzufügen, daß man auf dem Tier gar nicht reiten könne und daß schon längst beschlossen sei, es wegen seiner Wildheit zu verkaufen, wenn sich nur ein Käufer finden wollte. Aber der so gewarnte neue Gast hatte erklärt, daß er ganz ordentlich reite und in jedem Fall bereit sei mitzureiten, koste es was es wolle, nur um dabeizusein. Der Wirt hatte geschwiegen, aber jetzt schien es mir, als spielte ein zweideutiges, heimtückisches Lächeln auf seinen Lippen. In Erwartung des großsprecherischen Reiters hatte er sein eigenes Pferd noch nicht bestiegen, rieb sich ungeduldig die Hände und sah jeden Augenblick nach der Tür. Ein ähnliches Gefühl schien sich auch der zwei Knechte bemächtigt zu haben, die das Pferd hielten und sich vor Stolz blähten, da sie sich vor dem gesamten Publikum als Bändiger eines Rosses sahen, das jeden Augenblick mir nichts, dir nichts einen Menschen ums Leben bringen konnte. Etwas von dem schlauen Lächeln ihres Barins schimmerte auch in ihren erwartungsvoll vorquellenden und ebenfalls nach der Tür starrenden Augen, aus welcher der waghalsige Fremde treten sollte. Schließlich verhielt sich auch das Pferd, als hätte es sich mit dem Herrn und den Knechten verabredet; es stand stolz und herausfordernd da, als fühlte es, daß einige Dutzend neugieriger Augen es beobachteten, und als wollte es mit seinem schlimmen Ruf großtun, wie mancher unverbesserliche Taugenichts mit seinen Galgenstückchen prahlt. Es schien den Kühnen herauszufordern, der es wagen würde, seine Unabhängigkeit anzutasten.

Dieser Kühne zeigte sich endlich. In dem peinlichen Bewußtsein, daß er alle hatte warten lassen, zog er hastig die Handschuhe an, schritt vorwärts, ohne sich umzusehen, stieg die Stufen der Freitreppe hinab und hob den Blick erst, als er die Hand ausstreckte, um nach dem Sattelknopf des ungeduldig wartenden Pferdes zu fassen, wurde aber durch ein rasendes Bäumen des Tieres und einen warnenden Schrei der ganzen entsetzten Gesellschaft davon abgehalten. Der junge Mann machte einige Schritte rückwärts und blickte verdutzt auf das wilde Pferd, das am ganzen Leibe zitterte, vor Wut schnaubte und mit blutunterlaufenen Augen um sich blickte, wobei es sich ständig auf die Hinterbeine stellte und die Vorderbeine hob, als wollte es sich in die Lüfte schwingen und seine beiden Führer mit sich reißen. Eine Minute lang stand er ganz betroffen da; dann hob er den Blick, errötete verlegen und musterte die entsetzten Damen.

»Ein sehr schönes Pferd!« murmelte er halb vor sich hin. »Nach allem zu schließen, muß es ein Vergnügen sein, es zu reiten; aber ... aber ... wissen Sie was? Ich werde doch lieber nicht mitreiten«, schloß er, an unseren Wirt gewendet, mit seinem breiten, gutmütigen Lächeln, das seinem ehrlichen, klugen Gesicht so gut stand.

»Und ich halte Sie trotzdem für einen ausgezeichneten Reiter ... ich schwöre es«, rief der erfreute Besitzer des widerspenstigen Pferdes, indem er seinem Gast in edler Aufwallung warm und sogar dankbar die Hand drückte. »Und zwar gerade deshalb, weil Sie sofort gesehen haben, mit was für einem Vieh Sie es zu tun haben«, fügte er mit Würde hinzu. »Sie können mir glauben: ich, der ich dreiundzwanzig Jahre bei den Husaren war, habe dank seiner Güte schon dreimal das Vergnügen gehabt, am Boden zu liegen, das heißt genauso oft, als ich es zu besteigen versuchte ... ein unnützer Fresser. Tankred, mein Freund, hier ist dir niemand gewachsen; dein Reiter ist wohl irgendein Ilja Muromez und sitzt jetzt vielleicht im Dorfe Karatscharowo und wartet, bis dir die Zähne ausfallen. He, führt ihn weg! Er hat uns genug angst gemacht! Es war überflüssig, ihn überhaupt vorzuführen«, schloß er, sich selbstgefällig die Hände reibend.

Hier muß bemerkt werden, daß Tankred ihm nicht den geringsten Nutzen brachte, vielmehr sein Brot umsonst fraß. Außerdem hatte der alte Husar seinen ganzen bisherigen Ruf als Remonteoffizier durch ihn verloren, weil er für diesen unnützen Fresser ein Heidengeld bezahlt hatte, und das nur um seiner Schönheit willen ... Trotzdem war er jetzt entzückt, daß sein Tankred sich von seiner Würde nichts vergeben, noch einen Reiter überwunden und neue sinnlose Lorbeeren errungen hatte.

»Was, Sie reiten nicht?« rief die Blondine der es sehr darauf ankam, ihren cavalier servant bei sich zu haben, »Sie fürchten sich wohl?«

»Weiß Gott – ja!« antwortete der junge Mann.

»Ist dies Ihr Ernst?«

»Erlauben Sie, wollen Sie wirklich, daß ich mir den Hals breche?«

»So setzen Sie sich rasch auf mein Pferd; haben Sie keine Angst, es ist ganz friedlich. Wir werden niemanden aufhalten; im Moment sind die Sättel gewechselt! Ich will versuchen, das Ihre zu reiten; es ist undenkbar, daß Tankred immer so unhöflich ist.«

Gesagt, getan! Die Schelmin schwang sich aus dem Sattel, und bei den letzten Worten stand sie schon neben uns.

»Da kennen Sie Tankred schlecht, wenn Sie meinen, er ließe sich Ihren nichtsnutzigen Sattel auflegen! Und auch Ihnen erlaube ich nicht, sich den Hals zu brechen; das wäre wirklich zu schade!« sagte unser Hausherr und übertrieb in diesem Augenblick innerer Befriedigung wie üblich die an sich schon affektierte und einstudierte Härte und Rauheit seiner Rede, was ihn seiner Meinung nach als gutmütigen alten Soldaten empfehlen und besonders auf die Damen Eindruck machen mußte. Das war eine seiner Schrullen, sein uns allen bekanntes Steckenpferd.

»Na, und du Heulpeter willst es nicht wagen? Du wolltest doch so gern mitkommen?« sagte die tapfere Reiterin, als sie meiner ansichtig wurde, und nickte herausfordernd zu Tankred hinüber – vor allem, um nicht ganz leer auszugehen, da sie unnütz vom Pferde gestiegen war, und um mir einen Hieb zu versetzen, weil ich so unvorsichtig gewesen, ihr wieder unter die Augen zu kommen.

»Du bist sicher nicht so wie ... Ach, was soll man da noch reden! Du bist ein berühmter Held und schämst dich, feige zu sein; besonders wenn jemand dir zuschaut, holder Page«, fügte sie mit einem flüchtigen Blick auf Frau M. hinzu, deren Wagen dem Haus am nächsten stand.

Haß und Rachedurst überfluteten mein Herz, als die schöne Amazone sich uns näherte, um Tankred zu besteigen ... Ich vermag aber nicht zu schildern, was ich bei dieser unerwarteten Herausforderung der Schelmin empfand. Mir verging Hören und Sehen, als ich ihren auf Frau M. gerichteten Blick auffing. Im Nu blitzte ein Gedanke in meinem Kopf auf ... Es war wirklich nur ein Moment, weniger als ein Moment – wie die Explosion eines Pulverhäufchens. Das Maß war voll, mein ganzer wieder zum Leben erwachter Geist empörte sich, und zwar so, daß mich plötzlich die Lust ankam, alle meine Feinde mit einem Schlag niederzuringen, Rache zu nehmen für alles und vor aller Augen zu zeigen, was für ein Mann ich war. Oder hatte mir plötzlich jemand auf wunderbare Weise das Mittelalter nahegebracht, von dem ich bis dahin nicht einen Schimmer gewußt hatte? In meinem schwindelnden Kopfe tauchten Turniere, Paladine, Recken, schöne Damen, Ruhm und Siege auf, dröhnten Heroldsfanfaren, Schwertergeklirr, Schreie und Beifall der Menge und zwischen allen diesen Schreien ein banger Schrei eines erschrockenen Herzens, der meinem stolzen Geist süßer klang als Sieges- und Ruhmgeschrei. Ich weiß nicht, ob mir damals all dieser Unsinn durch den Kopf ging oder ob es nur eine Ahnung des noch kommenden unvermeidlichen Unsinns war – genug, ich hatte meine Stunde schlagen hören. Mein Herz zuckte und bebte, und, ich weiß nicht mehr wie, mit einem Sprung war ich plötzlich die Treppe hinunter und stand neben Tankred.

»Glauben Sie, ich würde erschrecken?« rief ich dreist und stolz, blind und taub in meinem Fieberwahn, mit stockendem Atem und so heiß errötend, daß die Tränen auf meinen Wangen förmlich brannten. »Sehen Sie her!« Und den Sattelknopf fassend, stieg ich mit dem Fuß in den Bügel, ehe jemand auch nur eine Bewegung machen konnte, um mich zurückzuhalten. In demselben Augenblick bäumte sich Tankred hoch auf, warf den Kopf zurück, riß sich mit einem mächtigen Sprung von den entsetzten Knechten los und flog wie der Wirbelwind dahin, ehe einer auch nur aufschreien konnte.

Gott weiß, wie es mir gelang, das Bein im vollen Lauf über den Sattel zu schwingen; ich begreife auch nicht, wie es kam, daß ich nicht die Zügel verlor. Tankred trug mich durch das Gittertor hinaus, machte eine scharfe Wendung nach rechts und raste das Gatter entlang – blindlings, ohne auf den Weg zu achten. Erst in diesem Augenblick vernahm ich hinter mir das Geschrei von fünfzig Stimmen, und dieses Geschrei weckte in meinem stockenden Herzen ein solches Gefühl der Zufriedenheit und des Stolzes, daß ich diesen wahnsinnigen Augenblick aus meiner Kinderzeit nie vergessen werde. Alles Blut strömte mir in den Kopf, machte mich unempfindlich und überflutete, erstickte meine Furcht. Ich war von Sinnen. In der Tat, wenn ich jetzt daran zurückdenke, so ist mir, als hätte ich mich wirklich als Ritter gezeigt.

Übrigens begann und endete meine Ritterschaft im selben

Augenblick, denn sonst wäre es dem Ritter übel ergangen. Ich weiß auch so nicht, wie ich davongekommen bin. Reiten konnte ich; man hatte es mich gelehrt. Aber mein Klepper glich eher einem Schaf als einem Reitpferd. Selbstverständlich hätte Tankred mich abgeworfen, wenn er Zeit dazu gehabt hätte; allein nachdem er etwa fünfzig Schritt galoppiert war, scheute er plötzlich vor einem riesigen Stein, der am Weg lag, und stolperte. Er machte im Fluge kehrt, aber so jäh, daß es mir heute noch ein Rätsel ist, wieso ich nicht gleich einem Ball klafterweit aus dem Sattel flog und zu Brei zerquetscht wurde und Tankred sich bei der schroffen Wendung nicht die Beine ausrenkte. Er jagte zum Tor zurück, schüttelte wild den Kopf, sprang von einer Seite auf die andere, wie berauscht von seinem Gerase, warf die Beine sinnlos in die Luft und war bei jedem Sprung bemüht, mich abzuschütteln, als säße ihm ein Tiger im Nacken und hätte Klauen und Zähne in sein Fleisch eingegraben. Noch ein Augenblick – und ich wäre gestürzt; ich sank schon; aber ein paar Reiter stürmten schon zu Hilfe. Zwei von ihnen schnitten Tankred den Weg ins Feld ab, zwei andere ritten so dicht heran, daß sie mir fast die Beine zerquetscht hätten, als sie Tankred von beiden Seiten zwischen die Flanken ihrer Pferde klemmten, und beide hielten ihn am Zügel fest. Nach einigen Sekunden waren wir wieder bei der Auffahrt.

Man hob mich bleich und atemlos vom Pferd. Ich zitterte am ganzen Leib wie ein Grashalm im Wind – ebenso wie Tankred, der, mit aller Gewalt sich auf die Hinterbeine stemmend, unbeweglich dastand, als wären seine Hufe in den Boden eingerammt, aus seinen roten, dampfenden Nüstern heiß atmete, wie ein Blatt zitterte: gleichsam starr ob der ihm zugefügten Kränkung und vor Wut über die ungestraft gebliebene Frechheit eines Kindes. Ringsum ertönten Rufe der Verwirrung, des Staunens und Schreckens.

In diesem Augenblick begegneten meine umherirrenden Augen denen der Frau M., die bleich und erregt dastand, und – ich werde den Moment nie vergessen – plötzlich errötete ich, mein Gesicht glühte und brannte wie in hellem Feuer. Ich weiß nicht mehr, was mit mir geschah, aber verlegen und über meine eigenen Empfindungen erschreckt, senkte ich die Blicke schüchtern zu Boden. Doch mein Blick war bemerkt, aufgefangen, mir geraubt worden. Aller Augen richteten sich auf Frau M., und sie, von der allgemeinen Aufmerksamkeit überrascht, wurde plötzlich selbst feuerrot wie ein Kind unter dem Druck eines unwillkürlichen naiven Gefühls und bemühte sich gewaltsam und sehr ungeschickt, ihre Verlegenheit hinter einem Lachen zu verbergen.

Dies alles war, objektiv betrachtet, höchst lächerlich, doch rettete mich in diesem Augenblick ein sehr naiver und unerwarteter Streich vor dem allgemeinen Gelächter und gab dem ganzen Ereignis eine besondere Note. Die Urheberin dieses Aufruhrs, die bisher meine unversöhnlichste Feindin gewesen war, meine schöne Peinigerin, stürzte plötzlich auf mich zu, um mich zu umarmen und abzuküssen. Sie hatte ihren Augen nicht getraut, als ich den Fehdehandschuh aufnahm, den sie mir mit ihrem Blick auf Frau M. zugeworfen hatte. Sie war fast gestorben vor Angst um mich und vor Gewissensbissen, als ich auf Tankreds Rücken dahinflog; nun aber, da alles gut abgelaufen war, besonders aber, als sie gleich den anderen meinen Blick auf Frau M., meine Verwirrung, mein Erröten bemerkt hatte und es ihr endlich, infolge der romantischen Veranlagung ihres leichtsinnigen Köpfchens, gelungen war, dem allem einen neuen, geheimen, unausgesprochenen Sinn beizulegen – nun geriet sie nach alledem in eine solche Begeisterung über meine Ritterlichkeit, daß sie auf mich zustürzte und mich an ihre Brust preßte, gerührt, stolz auf mich und froh. Eine Minute später sah sie alle, die sich um uns beide drängten, mit einem ganz naiven, höchst strengen Gesichtchen an, auf dem zwei kleine kristallhelle Tränlein zitterten und blinkten, und sagte mit einer ernsten, feierlichen Stimme, die man bisher noch nie an ihr gehört hatte, indem sie auf mich zeigte: »Mais c'est très sérieux, messieurs, ne riez pas!« Sie bemerkte gar nicht, daß alle wie bezaubert um sie herumstanden und sich an ihrem hellen Entzücken freuten. Ihre unverhofft schnelle Bewegung, ihr ernstes Gesichtchen, ihre gutherzige Naivität, ihre aufrichtigen Tränen, deren man sie bisher nicht für fähig gehalten hatte und die nun aus ihren sonst ewig lachenden Augen strömten, wirkten als ein unvermutetes Wunder, daß alle wie elektrisiert von ihrem Blick, ihren schnellen feurigen Worten und Gesten dastanden. Es war, als vermöchte keiner den Blick von ihr zu wenden, aus Furcht, diesen seltenen Ausdruck in ihrem begeisterten Antlitz zu versäumen. Sogar unser Wirt war rot wie eine Tulpe, und es wird behauptet, er hätte nachher eingestanden, daß er »zu seiner Schande« fast eine volle Minute in seinen reizenden

Gast verliebt gewesen sei. Es versteht sich von selbst, daß ich nach all diesem als Ritter und Held galt.

»Delorges! Toggenburg!« ertönte es ringsum.

Man klatschte in die Hände.

»Ei, ei, die junge Generation!« sagte der Hausherr.

»Aber er muß mitkommen, er muß unbedingt mitkommen!« rief die Schöne. »Wir müssen und werden einen Platz für ihn finden. Er wird neben mir sitzen, auf meinem Schoß… Nein, nein! Das wollte ich nicht sagen!« korrigierte sie sich lachend, außerstande, bei der Erinnerung an unsere erste Bekanntschaft ihre Heiterkeit zu unterdrücken. Aber noch lachend streichelte sie zärtlich meine Hand, darauf bedacht, mich nicht wieder zu erzürnen.

»Unbedingt! Unbedingt muß er mit!« fielen mehrere Stimmen ein; »er hat sich seinen Platz erobert!«

Die Sache war im Nu entschieden. Jene alte Jungfer, die damals meine Bekanntschaft mit der Blondine vermittelt hatte, wurde jetzt von dem ganzen jungen Volk bestürmt, zu Hause zu bleiben und mir ihren Platz abzutreten, wozu sie schließlich ja sagen mußte – zu ihrem größten Ärger, zwar lächelnd, aber vor innerer Wut kochend. Ihre Gönnerin, um die sie sich so bemühte, meine einstige Feindin und neue Freundin, schrie ihr, schon auf ihrem flinken Pferd dahinsprengend und wie ein Kind lachend, laut zu, sie beneide sie und bliebe selbst gerne bei ihr, da es gleich regnen werde und wir alle naß werden würden.

Sie schien den Regen wirklich gerufen zu haben. Denn eine Stunde später ging ein richtiger Wolkenbruch nieder, und unser ganzer Ausflug fiel ins Wasser. Wir mußten mehrere Stunden in Bauernhütten sitzen und kamen erst gegen zehn Uhr abends bei regnerischem Wetter heim. Ich fieberte leicht. In demselben Augenblick, als wir aufbrechen sollten, kam Frau M. auf mich zu und äußerte ihre Verwunderung, daß ich nichts als meine Jacke auf dem Leib und kein Tuch um den Hals hätte. Ich erwiderte, daß ich keine Zeit gehabt hätte, noch meinen Mantel zu holen. Sie nahm eine Stecknadel und steckte den Rüschenkragen meines Hemds möglichst hoch zusammen, dann nahm sie den roten Gazeschal von ihrem Hals und wickelte ihn mir um den Hals, damit ich mich nicht erkältete. Sie machte das so schnell, daß ich keine Zeit fand, ihr zu danken..

Aber als wir nach Hause gekommen waren, suchte ich sie

im kleinen Salon auf, wo sie mit der Blondine und dem bleichen jungen Mann saß, der heute den Ruhm eines guten Reiters erworben, weil er sich gefürchtet hatte, den Tankred zu besteigen. Ich trat herzu, ihr zu danken und ihr das Tuch wiederzugeben. Aber nach allem, was vorgefallen, war mir jetzt etwas peinlich zumute; ich wollte schnell hinaufgehn und dort für mich allein verschiedenes überdenken und entscheiden. Ich war übervoll von Eindrücken. Als ich ihr das Tuch gab, wurde ich wie gewöhnlich rot bis über die Ohren.

»Ich wette, er hätte das Tuch gerne behalten«, sagte der junge Mann lachend, »man sieht es ihm an, daß es ihm schwerfällt, sich von Ihrem Tuch zu trennen.«

»Ja, ja, so ist es!« bestätigte die Blondine. »So einer!« sagte sie in sichtbarer Verstimmung und den Kopf schüttelnd, aber dann besann sie sich noch rechtzeitig, nach einem ernsten Blick der Frau M., die den Scherz nicht wieder zu weit gehen lassen wollte.

Ich eilte davon.

»Du bist mir ein schöner Junge!« rief die Schelmin, als sie mich im Nebenzimmer eingeholt hatte, und faßte mich freundschaftlich an beiden Händen. »Du hättest einfach das Tuch nicht hergeben sollen, wenn du es gern behalten hättest. Aber so bist du! Hast nicht mal das fertiggebracht! Du komischer Kerl!« Dabei knipste sie mich leicht mit dem Finger ans Kinn und lachte, weil ich rot wurde wie Mohn.

»Nicht wahr, ich bin jetzt deine Freundin – ja? Ist unsere Feindschaft zu Ende, ja? Ja – oder nein?«

Ich lachte und drückte schweigend ihre Finger.

»Na – also! Aber warum bist du so bleich und zitterst? Hast du Fieber?«

»Ja, ich fühle mich nicht wohl.«

»Ach du Armer! Das kommt von den starken Eindrücken! Weißt du was? geh lieber gleich schlafen, warte nicht aufs Abendessen, über Nacht vergeht es schon wieder. Komm.«

Sie geleitete mich hinauf und konnte in ihren Bemühungen um mich kein Ende finden. Während ich mich auskleidete, lief sie hinunter, um mir Tee zu holen, und brachte ihn mir selbst ans Bett. Auch eine warme Decke besorgte sie mir. Mich rührten und wunderten diese Bemühungen und dieser Eifer, aber vielleicht war ich auch nur durch die Ereignisse des Tages, den Ritt und das Fieber besonders aufgeregt; jedenfalls umarmte ich sie beim Abschied kräftig und heiß wie meine zärtlichste, nächste Freundin, und im selben Augenblick wurde mein ermattetes Herz so von den Gefühlen überwältigt, daß ich mich an ihre Brust drückte und fast in Schluchzen ausbrach. Sie hatte meine Empfindsamkeit schon früher bemerkt, und mir schien es, als wäre die Schelmin selbst ein wenig gerührt.

»Du bist ein sehr guter Junge«, flüsterte sie, mich mit sanften Augen anblickend, »bitte, sei mir nicht mehr böse? Ja? Willst du?«

Kurz, wir wurden die zärtlichsten, treuesten Freunde.

Es war noch ziemlich früh, als ich erwachte, aber die Sonne vergoldete schon mein Zimmer mit ihrem hellen Licht. Ich sprang aus dem Bett, wieder ganz gesund und frisch, als hätte ich gestern kein Fieber gehabt; statt dessen empfand ich eine unaussprechliche Freude. Ich erinnerte mich an den gestrigen Tag und hätte alles Glück meines Lebens dafür gegeben, wenn ich in diesem Augenblick meine neue Freundin, die blondhaarige Schöne, wieder wie gestern hätte umarmen dürfen; es war aber noch sehr früh, und alles schlief. Nachdem ich mich schnell angekleidet hatte, ging ich hinunter in den Garten und von da ins Wäldchen. Ich wollte dahin, wo das Grün dichter, der Duft der Bäume kräftiger war und der Sonnenschein so fröhlich lachte, wenn es ihm gelang, hie und da durch das dunkle Blättergeflecht zu dringen. Es war ein sehr schöner Morgen.

Langsam vordringend, gelangte ich auf die andere Seite des Wäldchens an die Moskwa. Sie floß etwa zweihundert Schritt vor mir unter einem Hang vorbei. Am gegenüberliegenden Ufer wurde Gras gemäht. Ich schaute zu, wie ganze Reihen scharfer Sensen bei jedem Ausholen der Schnitter gemeinsam aufblitzten und dann gemeinsam wieder verschwanden wie feurige Schlangen, die sich versteckten, während das an der Wurzel abgeschnittene Gras in dichten, saftigen Schwaden umfiel und sich in gerade, lange Mahden legte. Ich weiß nicht, wie lange ich mich dieser Betrachtung hingegeben hatte, als ich plötzlich zusammenfuhr, da ich im Wäldchen, etwa zwanzig Schritte neben mir, aus einer Schneise, die von der Landstraße zum Herrenhaus führte, das Schnauben und ungeduldige Stampfen eines Pferdes hörte, das mit dem Huf den Boden scharrte. Ich weiß nicht mehr, ob ich das Pferd sofort hörte, als der Reiter herankam und anhielt, oder ob der Lärm schon lange zu hören war, aber vergeblich mein Ohr reizte und nicht imstande war, mich aus meinen Träumen zu reißen. Neugierig betrat ich das Wäldchen, und nach einigen Schritten hörte ich Stimmen, die schnell, aber leise redeten. Ich trat näher, schob behutsam die letzten Zweige der letzten Büsche am Saum der Schneise auseinander und prallte erstaunt zurück. Vor meinen Augen schimmerte ein weißes, bekanntes Kleid, und eine sanfte Frauenstimme klang in meinem Herzen wie Musik wider. Es war Frau M. Sie stand neben einem Reiter, der vom Pferd herab hastig zu ihr sprach, und zu meiner Verwunderung erkannte ich Herrn N–skij, jenen jungen Mann, der gestern früh abgereist und um den Herr M. so besorgt gewesen war. Man hatte erzählt, daß er sehr weit, bis in den Süden Rußlands reisen müsse, und daher staunte ich sehr, ihn hier so früh und allein mit Frau M. wiederzusehen.

Sie war so erregt und nervös, wie ich sie noch nie gesehen hatte; auf ihren Wangen schimmerten Tränen. Der junge Mann hielt ihre Hand und küßte sie, sich vom Sattel niederbeugend. Ich hatte sie beim Abschiednehmen überrascht. Sie schienen große Eile zu haben. Endlich zog er ein versiegeltes Paket aus der Tasche, gab es Frau M., umschlang sie, ohne vom Pferd zu steigen, mit einem Arm und küßte sie fest und lange. Einen Augenblick danach versetzte er dem Pferd einen Schlag und sauste wie ein Pfeil an mir vorüber. Frau M. blickte ihm eine Zeitlang nach, dann ging sie gedankenvoll und traurig nach Hause. Doch nach einigen Schritten fuhr sie plötzlich auf, schob das Gebüsch auseinander und ging in den Wald.

Ich folgte ihr, ganz benommen und verwirrt von dem, was ich gesehen hatte. Mein Herz schlug laut vor Schreck. Ich war wie betäubt, wie benebelt; meine Gedanken waren verworren und zerstreut; aber ich weiß, daß ich furchtbar traurig war. Hier und da schimmerte ihr weißes Kleid durch das Grün. Ich folgte ihr mechanisch, ohne sie aus den Augen zu lassen, aber in ständiger Angst, daß sie mich bemerken könnte. Endlich trat sie auf den Weg hinaus, der in den Garten führte. Ich wartete eine halbe Minute und ging ebenfalls aus dem Wald hinaus; aber wie groß war mein Erstaunen, als ich plötzlich auf dem roten Sand des Weges ein versiegeltes Paket liegen sah, das ich auf den ersten Blick wiedererkannte; es war dasselbe, das Frau M. vor zehn Minuten empfangen hatte.

Ich hob es auf: rundherum weißes Papier, keinerlei Aufschrift; es war klein, aber dick und schwer; es enthielt mindestens drei Bogen Briefpapier, wenn nicht mehr.

Was bedeutete dieses Paket? Sicher war hier die Erklärung des ganzen Geheimnisses. Vielleicht war hier ausgesprochen, was Herr N–skij bei dem kurzen, hastigen Stelldichein nicht mehr sagen zu können glaubte. Er war ja nicht einmal vom Pferd gestiegen . . . Ob er Eile hatte oder ob es fürchtete, in der Trennungsstunde sich selbst untreu zu werden? Gott weiß es . . .

Ich blieb zurück, legte das Päckchen an einer weithin sichtbaren Stelle wieder in den Sand und ließ es nicht aus den Augen, da ich hoffte, daß Frau M. ihren Verlust bemerken und zurückkommen würde. Doch nach etwa vier Minuten hielt ich es nicht mehr aus, hob meinen Fund wieder auf, steckte ihn ein und lief Frau M. nach. Ich holte sie erst im Garten, in der großen Allee, ein; sie ging geradewegs schnellen und eiligen Schritts, aber nachdenklich und gesenkten Blicks, auf das Haus zu. Ich wußte nicht, was ich tun sollte. Auf sie zugehen und es ihr geben? Das hieß soviel wie ihr sagen, daß ich alles wüßte und alles gesehen hätte. Ich hätte mich beim ersten Wort verraten. Und wie hätte ich sie ansehen können? Wie würde sie mich ansehen? Ich hoffte immer noch, sie würde sich besinnen, den Verlust bemerken und umkehren. Dann wollte ich das Päckchen heimlich auf den Weg legen, und sie würde es finden. Aber nein! Sie näherte sich schon dem Haus, man hatte sie schon bemerkt . . .

An diesem Morgen waren alle wie auf Verabredung besonders früh aufgestanden, denn es war gestern, ohne daß ich es wußte, als Ersatz für die verunglückte Ausfahrt eine neue für den heutigen Tag beschlossen worden. Alles bereitete sich eilig auf die Abfahrt vor und frühstückte auf der Veranda. Ich wartete etwa zehn Minuten, um nicht mit Frau M. gesehen zu werden, und begab mich auf einem Seitenweg um den Garten herum von der anderen Seite ins Haus, eine ganze Weile später als sie. Sie ging auf der Terrasse auf und ab, bleich und erregt, die Arme über der Brust gekreuzt, und es war deutlich zu sehen, daß sie einen quälenden, verzweifelten Schmerz zu unterdrücken suchte, der sich aber in ihren Augen, ihrem Gang, ja in jeder ihrer Bewegungen ausprägte. Einigemal ging sie die Stufen hinab und machte zwischen den Blumenbeeten ein paar Schritte in Richtung des Gartens; ihre

Augen suchten dabei ungeduldig, gierig und sogar unvorsichtig etwas im Sand des Weges und auf dem Boden der Terrasse. Es war kein Zweifel: sie hatte den Verlust bemerkt und glaubte das Paket irgendwo in der Nähe des Hauses verloren zu haben – ja, sie schien davon überzeugt zu sein!

Erst bemerkte einer, dann mehrere Gäste, daß sie bleich und erregt war. Sie wurde mit Fragen nach ihrer Gesundheit und mit peinlichen Vorwürfen überschüttet; sie mußte scherzen, lachen und die Fröhliche spielen. Ab und zu sah sie zu ihrem Mann hinüber, der am anderen Ende der Terrasse stand und sich mit zwei Damen unterhielt, und das gleiche Zittern, dieselbe Verwirrung wie damals am ersten Abend seiner Ankunft überfielen die Arme. Ich stand, die Hand in der Tasche fest um mein Paket geschlossen, etwas abseits und bat das Schicksal, Frau M. möchte mich bemerken. Ich wollte sie beruhigen und ermutigen, wenigstens nur mit einem Blick, ihr gern heimlich im Vorbeigehen etwas sagen, doch als sie mich wirklich einmal zufällig anblickte, fuhr ich zusammen und schlug die Augen nieder.

Ich sah ihre Qualen und täuschte mich nicht. Bis heute kenne ich ihr Geheimnis nicht und weiß nichts als das, was ich selbst gesehen und eben erzählt habe. Der Zusammenhang war vielleicht anders, als man dem Augenschein nach meinen konnte. Vielleicht war es ein Abschiedskuß, vielleicht ein letzter kleiner Lohn für ein Opfer, das ihrer Ruhe und ihrer Ehre gebracht worden war. N–skij reiste ab; er verließ sie, vielleicht für immer. Und schließlich dieser Brief, den ich in meiner Hand preßte – wer kann sagen, was er enthielt? Wer dürfte hier urteilen? Jedenfalls – darüber besteht kein Zweifel – wäre die plötzliche Entdeckung des Geheimnisses ein furchtbarer Schlag für ihr Leben gewesen. Ich sehe noch ihr Gesicht in diesem Augenblick vor mir: man konnte nicht schwerer leiden. Zu fühlen, zu wissen, überzeugt zu sein und wie auf die Hinrichtung darauf zu warten, daß in einer Viertelstunde, in einer Minute alles aufgedeckt, das Päckchen gefunden und aufgehoben werden mußte. Es war ohne Aufschrift, jeder konnte es öffnen, und dann – was dann? Könnte eine Marter furchtbarer sein als die ihre? Sie ging zwischen ihren künftigen Richtern hin und her. In einer Minute würden ihre lächelnden Gesichter grausam und unerbittlich dreinschauen. Sie würde Spott, Bosheit und eisige Verachtung in ihnen lesen, und dann würde ihr Leben in ewige, lichtlose Nacht versinken ... Ich verstand damals dies alles nicht so, wie ich jetzt darüber denke. Ich konnte nur fürchten und ahnen, im Herzen um sie bangen, ohne selbst die Gefahr völlig zu erkennen. Worin auch ihr Geheimnis bestehen mochte – durch die qualvollen Augenblicke, deren Zeuge ich war und die ich nie vergessen werde, wurde vieles gesühnt, wenn es überhaupt etwas zu sühnen gab.

Da erscholl der frohe Ruf zur Abfahrt; alles geriet in freudige Bewegung; von allen Seiten erscholl munteres Sprechen und Lachen. Nach zwei Minuten war die Terrasse leer. Frau M. hatte auf die Fahrt verzichtet und schließlich eingestanden, daß sie sich nicht wohl fühle. Aber gottlob wollten alle fort, hatten alle Eile, und niemand hatte Zeit, sie mit Klagen, Fragen und Ratschlägen zu belästigen. Zu Hause blieben nur wenige. Ihr Mann sagte ihr ein paar Worte; sie antwortete, sie hoffe, noch heute wieder gesund zu werden, er solle sich keine Sorgen machen; zu Bett gehen wolle sie nicht; sie werde in den Garten gehen, allein ... oder mit mir ... Hier sah sie mich an. Nichts konnte mich glücklicher machen! Ich wurde rot vor Freude. Eine Minute später waren wir unterwegs.

Sie ging auf denselben Alleen, Wegen und Pfaden, auf denen sie vorhin aus dem Wald zurückgekehrt war, dahin, besann sich instinktiv auf ihren Heimweg, starrte regungslos vor sich hin, wandte kein Auge vom Erdboden, suchte etwas, ohne mir zu antworten, und hatte offenbar völlig vergessen, daß ich neben ihr ging.

Als wir fast die Stelle erreicht hatten, wo ich das Paket aufgehoben hatte und der Weg zu Ende war, blieb Frau M. plötzlich stehen und sagte mit schwacher, schmerzerstickter Stimme, daß ihr schlechter sei und daß sie nach Hause gehen wolle. Aber beim Gartengitter angelangt, blieb sie wieder stehen und dachte einen Augenblick nach; ein Lächeln der Verzweiflung zeigte sich auf ihren Lippen, und kraftlos, zerquält, zu allem entschlossen, sich in alles ergebend, kehrte sie schweigend wieder auf den Weg zurück, ohne mir gegenüber ein Wort der Erklärung zu äußern ...

Ich verging vor Jammer und wußte nicht, was ich tun sollte.

Wir gingen – oder richtiger, ich führte sie zu der Stelle, wo ich vor einer Stunde das Stampfen des Pferdes und ihr Gespräch gehört hatte. Hier stand unter einer dichten Ulme eine Bank, die aus einem einzigen großen Steinblock gehauen war, um den sich Efeu rankte und wilder Jasmin und Hekkenrosen wuchsen. Das ganze Wäldchen war mit Brücken, Lauben, Grotten und ähnlichen Überraschungen übersät. Frau M. setzte sich auf die Bank und schaute gedankenlos auf die herrliche Landschaft, die sich vor uns ausbreitete. Nach einer Minute schlug sie ihr Buch auf und starrte regungslos hinein, ohne ein Blatt umzuwenden, ohne zu lesen, ohne sich Rechenschaft zu geben, was sie tat. Es war schon halb zehn Uhr. Die Sonne stand hoch und schwamm in vollem Glanz über uns am tiefblauen Himmel, wie im eigenen feurigen Licht schmelzend. Die Schnitter hatten sich weit entfernt; man sah sie kaum noch auf dem gegenüberliegenden Ufer. Hinter ihnen dehnten sich in ununterbrochener Reihe die endlosen Grasmahden, und ab und zu trug ein leichter Wind deren Wohlgeruch zu uns herüber. Ringsum ertönte das endlose Konzert jener, die nicht säen und nicht ernten, sondern frei sind wie die Luft, die sie mit ihren schnellen Flügeln zerteilen. Es schien, als sagte in diesem Augenblick jedes Blümchen, das letzte Gräslein, rauchend im Opferdampf, zu seinem Schöpfer: »Vater, ich bin selig und glücklich!«

Ich blickte die bleiche Frau an, die allein wie eine Tote inmitten dieses frohen Lebens war. An ihren Wimpern hingen noch immer zwei große Tränen, von heftigem Schmerz aus der Brust gepreßt. In meiner Macht stand es, dieses arme, ersterbende Herz neu zu beleben und zu beglücken, nur wußte ich nicht, wie ich den ersten Schritt tun sollte. Ich quälte mich. Hundertmal machte ich Anstalt, vor sie hinzutreten, aber jedesmal brannte mein Gesicht wie Feuer.

Plötzlich kam mir ein guter Gedanke. Ein Mittel war gefunden, ich lebte auf.

»Darf ich Ihnen einen Strauß pflücken?« sagte ich mit so heiterer Stimme, daß Frau M. plötzlich den Kopf hob und mich scharf ansah.

»Bringe mir einen«, sagte sie endlich mit matter Stimme und kaum merklichem Lächeln und senkte ihren Blick sofort wieder auf das Buch.

»Sonst werden sie auch hier das Gras abmähen, und dann gibt es keine Blumen mehr!« rief ich und machte mich erfreut auf den Weg.

Bald hatte ich meinen einfachen, ärmlichen Strauß gepflückt. Er wäre keine Zierde für ein Zimmer gewesen, aber wie froh schlug mein Herz, als ich ihn suchte und band!

Heckenrosen und wilden Jasmin nahm ich gleich an Ort und Stelle. Ich wußte, daß in der Nähe ein reifendes Roggenfeld war. Dorthin lief ich um Kornblumen. Ich mischte sie mit langen Ähren und wählte dazu die goldensten und dicksten. Dort fand ich auch ein ganzes Nest Vergißmeinnicht, und mein Strauß wuchs. Weiter im Feld fanden sich blaue Glockenblumen und Feldnelken, und um gelbe Wasserlilien lief ich bis ans Flußufer hinab. Endlich fand ich noch auf dem Rückweg, als ich einen Augenblick ins Wäldchen ging und einige hellgrüne gezackte Ahornblätter pflückte, um mit ihnen meinen Strauß einzufassen, ganz zufällig eine Familie Stiefmütterchen, und zu meiner Freude verriet mir gleich daneben ein zarter Veilchenduft die im saftigen Gras versteckten Blümchen, die noch ganz mit blitzenden Tautropfen besprengt waren. Dann war der Strauß fertig. Ich band einen langen, dünnen Grashalm herum, den ich zusammenknotete, und hinein steckte ich vorsichtig den Brief. Ich verbarg ihn unter den Blumen, doch so, daß man ihn recht gut bemerken konnte, wenn man meinem Strauß auch nur ein wenig Aufmerksamkeit schenkte.

Dann brachte ich ihn Frau M.

Unterwegs schien es mir, daß der Brief zu gut sichtbar wäre; ich bedeckte ihn etwas; als ich näher kam, drückte ich ihn noch tiefer in die Blumen hinein; und als ich schließlich den Platz erreichte, stopfte ich ihn so tief ins Innere des Straußes, daß nichts mehr von ihm zu sehen war. Auf meinen Wangen brannte ein richtiges Feuer. Am liebsten hätte ich mein Gesicht mit den Händen bedeckt und wäre davongelaufen; sie aber sah meine Blumen an, als hätte sie schon vergessen, daß ich gegangen war, sie ihr zu pflücken. Mechanisch, fast ohne hinzusehen, streckte sie die Hand aus, nahm mein Geschenk und legte es gleich auf die Bank, als hätte ich es dazu bestimmt; dann vertiefte sie sich wieder völlig selbstvergessen in ihr Buch. Ich hätte heulen können über meinen Mißerfolg. Wenn mein Strauß nur neben ihr ist, dachte ich, wenn sie ihn nur nicht vergißt. Ich streckte mich nicht allzuweit davon ins Gras, legte die rechte Hand unter den Kopf und schloß die Augen, als wollte ich schlafen. Aber ich verwandte keinen Blick von ihr und wartete.

Es vergingen etwa zehn Minuten; mir kam es vor, als würde sie bleicher und bleicher ... Da kam mir ein segensreicher Zufall zu Hilfe.

Es war eine große goldene Biene, die mir ein freundlicher Windhauch glücklicherweise herbeiführte.

Sie summte erst über meinem Kopf, dann flog sie zu Frau M. Diese scheuchte sie einmal, zweimal mit der Hand fort, aber die Biene wurde immer zudringlicher. Da endlich ergriff Frau M. meinen Strauß und wehrte sich mit ihm. Im selben Augenblick löste sich das Paket aus den Blumen und fiel gerade auf das offene Buch. Ich fuhr zusammen. Eine Weile sah Frau M., stumm vor Staunen, bald auf das Paket, bald auf die Blumen in ihrer Hand und schien ihren Augen nicht zu trauen. Dann plötzlich wurde sie rot, fuhr auf und schaute mich an. Aber ich hatte ihren Blick schon bemerkt und hielt meine Augen geschlossen, als ob ich schliefe; um nichts in der Welt hätte ich ihr jetzt ins Gesicht blicken können. Mein Herz bebte und zuckte wie ein Vöglein, das in die Hände eines lockigen Bauernjungen geraten ist. Ich weiß nicht, wie lange ich so mit geschlossenen Augen dalag: vielleicht zwei oder drei Minuten.

Endlich wagte ich sie zu öffnen. Frau M. las gierig den Brief, und aus ihren erglühenden Wangen, ihrem leuchtenden, tränenfeuchten Blick, dem strahlenden Gesicht, in dem jeder Muskel vor froher Bewegung bebte, erriet ich, daß es ein glücklicher Brief war und daß ihr Kummer wie Rauch verweht war. Ein qualvoll süßes Gefühl sog an meinem Herzen, und es fiel mir schwer, mich schlafend zu stellen.

Niemals vergesse ich diesen Augenblick!

Plötzlich erklangen, noch aus der Ferne, Stimmen: »Frau M . . .! Natalie! Natalie!«

Frau M. antwortete nicht, sondern stand schnell von der Bank auf, trat auf mich zu und beugte sich über mich. Ich fühlte, daß sie mir gerade ins Gesicht blickte. Meine Wimpern zuckten, aber ich beherrschte mich und schlug die Augen nicht auf. Ja, ich gab mir Mühe, ruhig und gleichmäßig zu atmen, obgleich mein Herz mich mit seinen heftigen Schlägen fast erstickte. Ihr heißer Atem brannte auf meiner Wange; sie bückte ihr Gesicht dicht, dicht zu meinem herab, als wollte sie mich auf die Probe stellen. Dann fielen ein Kuß und Tränen auf meine Hand, die auf meiner Brust lag. Und zweimal noch küßte Frau M. sie.

»Natalie, Natalie! Wo bist du?« ertönte es wieder ganz nahe bei uns.

»Gleich!« rief Frau M. mit ihrer tiefen Silberstimme, die

noch vor Tränen erstickt war und zitterte; sie rief so leise daß nur ich allein dieses »gleich« hören konnte.

In diesem Augenblick aber, glaube ich, verriet mich mein Herz und schickte eine ganze Blutwelle in mein Gesicht. Da brannte ein schneller, heißer Kuß auf meinen Lippen. Ich schrie leicht auf und öffnete die Augen, aber sogleich fiel das Gazetüchlein von gestern darüber – als wollte sie mich damit vor der Sonne verhüllen. Einen Augenblick später war sie verschwunden. Ich vernahm nur noch das Geräusch ihrer davoneilenden Schritte. Ich war allein ...

Ich riß ihr Tuch von meinem Gesicht und küßte es, außer mir vor Entzücken; eine Weile war ich wie von Sinnen! Als ich wieder zu Atem gekommen war, blickte ich, die Ellenbogen ins Gras gestützt, starr und stumpf in die Ferne, auf die umliegenden Hügel, die mit bunten Feldern bedeckt waren, auf den Fluß, der sie schlängelnd umfloß, um dann weit hinten, dem Auge kaum erreichbar, zwischen immer neuen Hügeln und Dörfern zu verschwinden, die wie Pünktchen in der ganzen lichtübergossenen Ebene verstreut lagen, auf die kaum sichtbaren, dunkelblauen Waldstreifen, die wie Dunst am Rande des glühenden Himmels lagen, und eine süße Ruhe erfüllte, wie aus dem feierlichen Frieden der Landschaft herübergeweht, ganz allmählich mein erregtes Herz. Mir wurde leicht, und ich atmete freier ... Aber meine ganze Seele war von einer dumpfen, süßen Sehnsucht, von einer Ahnung kommender Dinge erfüllt. Mein erschrockenes Herz spürte etwas, bang und freudig, und zitterte leise in Erwartung ... Und plötzlich hob sich meine Brust, wie durchzuckt von einem stechenden Schmerz, und Tränen, süße Tränen quollen aus meinen Augen. Ich legte die Hände vors Gesicht, und bebend wie ein Grashalm gab ich mich widerstandslos dem ersten Gefühl, der ersten Offenbarung des Herzens hin, der ersten, noch unklaren Regung meiner Natur. Meine erste Kindheit war mit diesem Augenblick zu Ende ...

Als ich zwei Stunden später nach Hause kam, fand ich Frau M. nicht mehr vor. Sie war infolge unvorhergesehener Umstände mit ihrem Mann nach Moskau gefahren. Ich habe sie nie wiedergesehen.

Die fremde Frau und der Mann unter dem Bett

Eine ungewöhnliche Begebenheit

1

»Gestatten Sie, verehrter Herr, ich möchte Sie fragen ...«

Der Passant fuhr zusammen und blickte etwas erschreckt auf den Herrn im Waschbärpelz, der ohne Umstände, gegen acht Uhr abends, mitten auf der Straße auf ihn zutrat. Es ist bekannt, daß, wenn ein Petersburger Herr auf der Straße einen andern, den er gar nicht kennt, unvermutet anredet, dieser unbedingt erschrickt.

Der Passant zuckte also zusammen und war etwas erschrocken.

»Entschuldigen Sie, daß ich Sie belästige«, sagte der Herr im Waschbärpelz, »aber ich ... ich weiß wirklich nicht ... Sie dürfen es mir nicht übelnehmen ... Sie sehen, ich bin einigermaßen außer Fassung ...«

Jetzt erst bemerkte der junge Mann in der Pekesche, daß der Herr im Waschbärpelz tatsächlich ganz verstört war. Sein runzliges Gesicht war ziemlich bleich, seine Stimme zitterte, seine Gedanken waren anscheinend verwirrt, seine Zunge gehorchte ihm nicht, und man sah ihm an, daß es ihn unsägliche Mühe kostete, seine ergebenste Bitte an eine Person zu richten, die nach Herkunft und Stand vielleicht tief unter ihm stand. Und endlich war auch die Bitte an sich höchst unschicklich, unsolide und seltsam bei einem Mann, der einen so soliden Pelz und einen so würdevollen, vorzüglichen, dunkelgrünen und mit so vielen bedeutsamen Ehrenzeichen behängten Frack anhatte. Man sah deutlich, daß dies alles dem Herrn im Waschbärpelz so sehr peinlich war, daß er endlich, um aus der Verlegenheit herauszukommen, beschloß, seine Erregung niederzukämpfen und der unangenehmen Szene, die er selbst hervorgerufen hatte, ein Ende zu machen.

»Ich bitte um Entschuldigung, ich bin ganz außer Fassung. Aber Sie kennen mich nicht. Verzeihen Sie, daß ich Sie belästigt habe; ich hab's mir anders überlegt.«

Hier lüftete er höflich den Hut und lief weiter.

»Aber ich bitte Sie ...«

Doch der kleine Mann war schon im Dunkel verschwunden; der Herr in der Pekesche blieb starr vor Staunen zurück.

Ein wunderlicher Kerl! dachte der Herr in der Pekesche. Nachdem er sich genug gewundert hatte und seine Erstarrung endlich von ihm gewichen war, dachte er wieder an seine eigenen Angelegenheiten und begann auf und ab zu gehen, die Blicke scharf auf das Tor eines Hauses mit unzähligen Stockwerken gerichtet. Nebel senkte sich herab, und der junge Mann freute sich darüber, denn im Nebel war sein Aufundabgehen weniger auffällig, obgleich ihn höchstens ein den ganzen Tag vergebens auf Fahrgäste wartender Droschkenkutscher bemerkt hätte.

»Entschuldigen Sie!«

Der junge Mann fuhr wieder zusammen. Der Herr im Waschbärpelz stand abermals vor ihm.

»Enschuldigen Sie, daß ich wieder ...« fing er an, »aber Sie ... Sie sind gewiß ein vornehm denkender Mensch! Sehen Sie mich nicht als Person im sozialen Sinn an ... Ich komme aus dem Konzept ... Suchen Sie die Sache menschlich aufzufassen ... Vor Ihnen, mein Herr, steht ein Mann, der eine ergebene Bitte auszusprechen hat ...«

»Wenn ich kann ... Was steht zu Diensten?«

»Sie meinen vielleicht, ich will Geld von Ihnen haben?« sagte der geheimnisvolle Herr, den Mund verziehend, mit krampfhaftem Auflachen und die Farbe wechselnd.

»Ich bitte Sie ...«

»Nein, ich sehe, daß ich Ihnen zur Last falle! Entschuldigen Sie, ich ertrage mich selbst nicht mehr! Nehmen Sie an, Sie hätten es mit einem außer Fassung Geratenen, beinahe Wahnsinnigen zu tun, und glauben Sie nicht ...«

»Zur Sache, zur Sache!« erwiderte der junge Mann, indem er aufmunternd und ungeduldig mit dem Kopf nickte.

»Ah! Jetzt kommen Sie mir so! Sie, ein so junger Mensch, sagen ‚zur Sache', als ob ich ein träger Schlingel wäre! Ich habe tatsächlich den Verstand verloren! ... Wie komme ich Ihnen jetzt vor in meiner Erniedrigung? Sagen Sie es mir aufrichtig!«

Der junge Mann wurde verlegen und schwieg.

»Darf ich Sie aufrichtig fragen: Haben Sie nicht eine

Dame gesehen? Das ist meine ganze Bitte«, sagte der Herr im Waschbärpelz endlich energisch.

»Eine Dame?«

»Ja, eine Dame.«

»Ja, Damen habe ich gesehen ... Es sind viele vorübergegangen ...«

»Allerdings«, sagte der geheimnisvolle Mann mit bitterm Lächeln. »Ich komme aus dem Konzept, ich wollte etwas ganz anderes fragen, nehmen Sie mir's nicht übel! Ich wollte Sie fragen, ob Sie nicht eine Dame in einem Fuchspelz und einer dunklen Samtkapuze mit schwarzem Schleier gesehen haben.«

»Nein, so eine habe ich nicht gesehen ... Ich glaube nicht.«

»Ah! dann bitte ich um Entschuldigung.«

Der junge Mann wollte noch etwas fragen, aber der Herr im Waschbärpelz war wieder verschwunden, und sein geduldiger Zuhörer stand wieder starr vor Verwunderung da. Hol ihn der Teufel! dachte der junge Mann in der Pekesche offensichtlich verstimmt.

Er klappte ärgerlich seinen Biberkragen hoch und ging wieder, sich vorsichtig umschauend, vor dem Haus mit den vielen Stockwerken auf und ab. Er war richtig böse.

Warum kommt sie denn nicht heraus? dachte er. Es ist gleich acht.

Vom Turm schlug es acht.

»Ach! der Teufel soll Sie holen, schon wieder!«

»Entschuldigen Sie!«

»Entschuldigen Sie, daß ich Sie so ... Aber Sie kamen mir so in den Weg gerannt, daß ich ganz erschrocken war«, sagte der junge Mann stirnrunzelnd und verlegen.

»Ich komme wieder zu Ihnen. Ich muß Ihnen als sehr unruhiger Geist und Sonderling erscheinen ...«

»Bitte sehr, ohne Umschweife, sprechen Sie sich endlich aus! Ich weiß noch immer nicht, was Sie von mir haben wollen!«

»Sie haben Eile? Sehen Sie ... Ich will Ihnen alles aufrichtig erzählen, ohne viel Worte zu machen. Was bleibt einem anders übrig? Die Verhältnisse bringen oft Menschen ganz verschiedenen Charakters zusammen ... Doch ich sehe, Sie werden ungeduldig, junger Mann ... Also ... aber ich weiß nicht, wie ich es sagen soll ... Ich suche eine Dame – ich will Ihnen alles offen gestehen! Ich muß unbedingt wissen, wohin die

Dame gegangen ist. Wer sie ist – ich glaube, Sie brauchen ihren Namen nicht zu wissen, junger Mann.«

»Nun, nun, weiter!«

»Weiter! Aber Ihr Ton mir gegenüber! Verzeihen Sie, ich habe Sie vielleicht dadurch gekränkt, daß ich Sie ,junger Mann' nannte, aber ich wollte nicht ... Mit einem Wort, wenn Sie mir einen sehr großen Dienst erweisen wollen – eine Dame, ich will sagen, eine hochanständige Frau aus einer vorzüglichen Familie, aus meiner Bekanntschaft ... ich bin beauftragt ... ich selbst habe keine Familie, müssen Sie wissen ...«

»Nun?«

»Versetzen Sie sich in meine Lage, junger Mann ... ach, verzeihen Sie! Ich habe Sie schon wieder ,junger Mann' genannt! Jeder Augenblick ist kostbar ... Stellen Sie sich vor, diese Dame ... Aber können Sie mir nicht sagen, wer in diesem Haus wohnt?«

»Ja ... hier wohnen viele Leute ...«

»Ja, Sie haben völlig recht«, sagte der Herr im Waschbärpelz, wobei er anstandshalber leicht auflachte, »aber warum dieser Ton? Sie sehen doch, ich gebe ehrlich zu, daß ich außer Fassung bin, und wenn Sie ein hochmütiger Mensch sind, haben Sie mich zur Genüge erniedrigt gesehen ... Ich sage, eine Dame von vornehmem Lebenswandel, das heißt von leichtfertigem Inhalt ... verzeihen Sie, ich rede ganz irre, ich gerate ins Literarische ... Da sagt man, Paul de Kock wäre leichtfertig, aber das ganze Unheil, das dieser Paul de Kock – da haben wir's!«

Der junge Mensch sah den Herrn im Waschbärpelz mitleidig an, denn dieser schien ganz aus dem Geleise gekommen zu sein; er schwieg, starrte ihn sinnlos lächelnd an und packte ihn mit zitternder Hand, ohne jede sichtbare Veranlassung, am Rockaufschlag.

»Sie wollen wissen, wer hier wohnt?« fragte der junge Mann und trat etwas zurück.

»Hier wohnen viele Leute, haben Sie gesagt.«

»Hier ... ich weiß, daß Sofja Ostafjewna auch hier wohnt«, sagte der junge Mann im Flüsterton und sogar mit einer gewissen Teilnahme.

»Nun sehen Sie, sehen Sie! Wissen Sie etwas, junger Mann?«

»Ich versichere Sie, daß ich nichts weiß ... Ich schloß es nur aus Ihrer Fassungslosigkeit.«

»Ich habe soeben von der Köchin erfahren, daß sie hierherkommt; aber Sie sind auf der falschen Spur, das heißt: Ihre Besuche gelten nicht Sofja Ostafjewna. Sie kennt die Dame gar nicht.«

»Nicht? Dann bitte ich um Entschuldigung.«

»Ich sehe, daß Sie dies alles gar nicht interessiert, junger Mann«, sagte der sonderbare Herr mit bitterer Ironie.

»Hören Sie«, sagte der junge Mann stockend, »ich weiß ja nicht, was Sie in diesen Zustand versetzt hat; aber Sie sind wohl von Ihrer Gattin betrogen worden? Sagen Sie es mir ganz aufrichtig!«

Der junge Mensch lächelte wohlwollend.

»So werden wir einander wenigstens verstehen«, fügte er hinzu, und sein ganzer Körper bekundete den großmütigen Wunsch, eine leichte Verbeugung zu machen.

»Sie bringen mich um! Aber ich will's Ihnen offen gestehen – es ist so! Wem passiert das heutzutage nicht ... Ihre Teilnahme rührt mich aufs tiefste. Gestehen Sie, unter jungen Leuten ... Ich bin zwar nicht jung, aber, wissen Sie, die Gewohnheit, das Junggesellenleben, unter unsersgleichen ... Sie verstehen mich schon ...«

»Ja, ich verstehe, ich verstehe! Was kann ich für Sie tun?«

»Sehen Sie! Sie werden zugeben müssen, daß ein Besuch bei Sofja Ostafjewna ... Übrigens weiß ich noch gar nicht genau, wo die Dame hingegangen ist; ich weiß nur, daß sie sich in diesem Haus befindet; als ich Sie aber hier auf und ab gehen sah – ich selbst ging drüben auf und ab –, da dachte ich ... sehen Sie, ich warte auf diese Dame ... ich weiß, daß sie hier ist ... ich wollte ihr entgegentreten und ihr erklären, wie unanständig und gemein es sei ... mit einem Wort, Sie werden mich verstehen ...«

»Hm! Nun?«

»Ich tue es ja nicht um meinetwillen! Denken Sie das nicht! Es ist eine fremde Frau! Der Mann steht da drüben, an der Wosnesenskij-Brücke; er möchte sie ertappen, aber er traut sich nicht ... er kann es immer noch nicht glauben, wie jeder Ehemann ...« Hier wollte der Herr im Waschbärpelz lächeln. »Ich bin sein Freund; Sie müssen zugeben, daß ich als Mann, der eine gewisse Achtung genießt – daß ich nicht das sein kann, wofür Sie mich halten.«

»Gewiß, gewiß! Nun weiter!«

»Nun also! Ich stelle ihr überall nach. Ich bin heimlich

beauftragt (der unglückliche Gatte!); aber ich weiß, daß sie eine sehr schlaue junge Dame ist! Immer hat sie den Paul de Kock unter dem Kopfkissen. Ich bin überzeugt, daß sie irgendwie unbemerkt vorbeihuscht ... Ich will es gestehen; die Köchin hat mir gesagt, daß sie hierherkommt; wie ein Verrückter bin ich hergestürzt, als ich es erfuhr; ich muß sie überraschen; ich habe sie schon lange im Verdacht, und eben darum wollte ich Sie fragen: Sie gehen hier auf und ab ... Sie ... Sie ... ich weiß nicht ...«

»Was wollen Sie nun eigentlich?«

»Ja ... Ich habe nicht die Ehre, Sie zu kennen; ich wage nicht zu fragen, wer Sie sind ... In jedem Fall bin ich sehr erfreut, Sie kennenzulernen! Eine so günstige Gelegenheit ...«

Der zitternde Herr schüttelte heftig die Hand des jungen Mannes.

»Das hätte ich gleich zu Anfang tun müssen«, fügte er hinzu, »aber ich hatte allen Anstand vergessen.«

Während der Herr im Waschbärpelz so redete, konnte er nicht ruhig stehen; er sah sich nach allen Seiten um, trat von einem Fuß auf den andern und griff jeden Augenblick wie ein Ertrinkender nach der Hand des jungen Mannes.

»Sehen Sie«, fuhr er fort, »ich wollte Sie als Freund bitten ... verzeihen Sie meine Kühnheit ... ich wollte Sie bitten, drüben auf und ab zu gehen, auch an der Quergasse vorüber, wo sich der Wirtschaftseingang befindet, immer in großem Bogen ... Ich meinerseits will den Herrschaftseingang im Auge behalten; so kann sie uns nicht entgehen; ich fürchtete immer, sie zu verlieren, wenn ich allein bliebe; das darf aber nicht geschehen! Wenn Sie sie erblicken, halten Sie sie an und rufen Sie mich ... Aber ich bin verrückt! Jetzt erst sehe ich die ganze Dummheit und Unanständigkeit meines Vorschlags!«

»Aber ich bitte Sie!«

»Entschuldigen Sie mich nicht. Ich bin ganz außer Fassung, ich bin so verstört, wie ich es nie gewesen bin! Als müßte ich mich vor Gericht verantworten! Ich will Ihnen sogar gestehen – ich will hochherzig und aufrichtig gegen Sie sein, junger Mann, ich hielt sogar Sie für den Liebhaber!«

»Um es kurz zu sagen: Sie wollen wissen, was ich hier tue?«

»Als vornehm denkender Mensch, junger Mann, bin ich weit entfernt davon zu denken, daß Sie *er* sind; ich will Sie durch diesen Gedanken nicht kränken, aber ... können Sie mir Ihr Ehrenwort geben, daß Sie nicht der Liebhaber sind?«

»Gut, da haben Sie mein Ehrenwort, daß ich ein Liebhaber bin, aber nicht der Ihrer Frau; sonst wäre ich ja nicht auf der Straße, sondern befände mich jetzt bei ihr!«

»Meiner Frau? Wer redet von meiner Frau, junger Mann? Ich bin ledig, ich bin selbst der Liebhaber ...«

»Sie sagten doch, der Gatte sei ... an der Wosnesenskij-Brücke?«

»Gewiß, gewiß! Ich komme aus dem Konzept! Aber es gibt noch andere Bande! Und Sie müssen zugeben, junger Mann, ein gewisser Leichtsinn des Charakters ...«

»Schon recht, schon recht!«

»Jch bin durchaus nicht der Gatte ...«

»Sehr richtig. Aber ich sage Ihnen ganz offen: Wenn ich Ihnen jetzt nicht widerspreche, so tue ich's nur, um mich selbst zu beruhigen. Und eben darum bin ich so offen gegen Sie; Sie haben mich aus der Fassung gebracht und sind mir nur im Weg. Ich verspreche Ihnen, daß ich Sie rufen werde. Aber jetzt bitte ich Sie ergebenst, mir Platz zu machen und sich zu entfernen. Ich erwarte selbst jemanden.«

»Bitte schön, bitte schön, ich will mich sofort entfernen, ich achte die seltsame Ungeduld Ihres Herzens. Ich verstehe Sie wohl, junger Mann. Oh, wie gut ich Sie jetzt verstehe!«

»Schon recht, schon recht!«

»Auf Wiedersehen! Übrigens ... ich bitte um Entschuldigung, junger Mann, ich komme noch einmal zu Ihnen ... Ich weiß nicht, wie ich es sagen soll ... Geben Sie mir noch einmal Ihr Ehrenwort, Ihr Manneswort, daß Sie nicht der Liebhaber sind!«

»Ach du großer Gott!«

»Noch eine Frage, die letzte: Kennen Sie den Familiennamen des Gatten Ihrer ... das heißt jener, der Ihr Herz gehört?«

»Natürlich kenne ich ihn. Es ist nicht Ihr Name und damit gut.«

»Woher kennen Sie denn meinen Namen?«

»Ich bitte, gehen Sie jetzt! Sie verlieren nur Zeit! Sie kann unterdessen tausendmal entschlüpfen! ... Was wollen Sie noch? Ihre Dame trägt einen Fuchspelz und eine Kapuze, und meine hat einen karierten Mantel und einen blauen Samthut ... Was wollen Sie noch?«

»Einen blauen Samthut! Sie hat auch einen karierten Mantel und einen blauen Hut«, schrie der aufdringliche Mann und kehrte noch einmal um.

»Ei, zum Teufel! Aber das kann doch schließlich vorkommen ... Doch was rede ich nur? Meine geht nicht dorthin.«

»Wo ist sie denn, Ihre Dame?«

»Das wollen Sie wissen? Was geht es Sie an?«

»Ich muß gestehen, ich denke immer noch ...«

»Großer Gott! Sie haben ja gar kein Schamgefühl! Nun denn, meine Dame hat hier Bekannte, im dritten Stock, nach vorne hinaus. Was wollen Sie noch? Soll ich Ihnen auch noch alle Namen nennen?«

»Mein Gott! Ich habe auch Bekannte im dritten Stock nach vorn hinaus ... Der General ...«

»Ein General?«

»Ein General! Ich kann Ihnen auch seinen Namen nennen: General Polowizyn!«

»Da haben wir's! Nein, das sind andere Leute ... Ei, zum Teufel! Zum Teufel noch einmal!«

»Andere Leute?«

»Ganz andere.«

Beide schwiegen und sahen sich verwundert an.

»Was starren Sie mich so an?« schrie der junge Mensch, indem er sich ärgerlich seiner Erstarrung und seinen Gedanken entriß. Der Herr geriet in Bewegung.

»Ich ... ich muß gestehn ...«

»Nein, bitte, bitte sehr, jetzt wollen wir vernünftig miteinander reden. Es geht uns beide an ... Erklären Sie mir ... Wen haben Sie da?«

»Meine Bekannnten?«

»Nun ja, Ihre Bekannten.«

»Sehen Sie, sehen Sie! Ich lese es in Ihren Augen, daß ich's erraten habe.«

»Hol's der Teufel! Nein, nein, nein, zum Teufel noch einmal! Sind Sie blind? Ich stehe doch hier vor Ihnen, ich bin doch nicht bei ihr! Nun also! Übrigens ist es mir ganz gleich, ob Sie reden oder schweigen!«

Der junge Mann drehte sich wütend zweimal auf seinem Absatz um und machte eine abwehrende Handbewegung.

»Aber ich bitte Sie! Ich hab's gar nicht so gemeint! Als anständiger Mensch will ich Ihnen alles erzählen. Erst verkehrte meine Frau allein hier; sie ist mit den Leuten verwandt; ich hatte nicht den geringsten Verdacht. Gestern nun begegne ich dem General; er erzählt mir, schon vor drei Wochen umgezogen zu sein! Und meine Frau ... das heißt, nicht meine Frau, sondern die fremde Frau, die von der Wosnesenskij-Brücke, diese Dame hatte gesagt, daß sie noch vorgestern bei ihnen gewesen sei, das heißt in dieser Wohnung ... Die Köchin aber hat mir erzählt, daß in die frühere Wohnung des Generals jetzt ein junger Mann namens Bobynizyn eingezogen sei ...«

»Ei, zum Teufel!«

»Verehrtester, ich bin entsetzt, ich bin verzweifelt!«

»Teufel noch einmal! Was geht mich Ihr Entsetzen an? Ah! Da huscht was vorbei, da ... da ...«

»Wo? Wo? Rufen Sie nur: Iwan Andrejewitsch! Ich komme dann sofort gelaufen.«

»Schön, schön ... ei, zum Teufel noch einmal! Iwan Andrejewitsch!«

»Hier!« schrie Iwan Andrejewitsch zurückkehrend, ganz außer Atem. »Nun? Was? Wo?«

»Nein, ich wollte nur ... Ich wollte nur wissen, wie diese Dame heißt?«

»Glaf ...«

»Glafira?«

»Nein, nicht ganz Glafira ... verzeihen Sie, ich kann Ihnen den Namen nicht nennen.« Während er dieses sagte, wurde der ehrwürdige Herr weiß wie sein Taschentuch.

»Ja, natürlich nicht Glafira! Ich weiß selbst, daß sie nicht Glafira heißt. Irene heißt auch nicht Glafira. Bei wem ist sie übrigens?«

»Wo?«

»Dort! Ei, zum Teufel, zum Teufel noch einmal!«

Der junge Mann konnte vor Wut nicht mehr still stehen.

»Sehen Sie! Woher haben Sie gewußt, daß sie Glafira heißt?«

»Hol's der Teufel! Da muß ich mich noch mit Ihnen plagen? Sie haben doch selbst gesagt, Ihre Dame heiße nicht Glafira!«

»Verehrter Herr, dieser Ton!«

»Ei, zum Teufel, was kommt's jetzt auf den Ton an! Ist sie etwa Ihre Frau?«

»Nein ... das heißt, ich bin nicht verheiratet ... Aber ich würde einen ehrwürdigen Mann, der im Unglück ist, einen

Mann, der – ich will nicht sagen: höchste Achtung verdient, der aber doch als wohlerzogener Mensch anzusehen ist, nicht jeden Augenblick zum Teufel schicken. Sie sagen immer: Zum Teufel! Zum Teufel!«

»Nun ja! Zum Teufel! Da haben Sie's! Verstanden?«

»Der Zorn macht Sie blind. Darum schweige ich. Mein Gott, was ist denn das?«

»Wo?«

Lärm und Lachen wurden vernehmbar; zwei hübsche Mädchen traten aus dem Haus; beide Männer stürzten auf sie zu.

»Ach, diese Herren! Was wollen Sie?«

»Was fällt Ihnen ein?!«

»Sie sind es nicht!«

»Aha! Abgeblitzt! Kutscher!«

»Wohin, Mamsell?«

»Zur Pokrowkirche. Steig ein, Annuschka, ich bringe dich nach Hause.«

»Schön, wenn es sein muß. Vorwärts! Mach schnell, Kutscher!«

Die Droschke fuhr ab.

»Woher kam das?«

»Mein Gott, mein Gott! Sollen wir nicht hineingehn?«

»Wohin?«

»Zu Bobynizyn.«

»Nein, das geht nicht.«

»Warum nicht?«

»Ich könnte natürlich hingehen. Aber dann würde sie sich herausreden. Ich kenne sie. Sie sagt dann, sie wäre absichtlich gekommen, um mich mit irgend jemand zu ertappen, und dann bin ich schließlich an allem schuld!«

»Und wissen, daß sie vielleicht da drin ist! Gehen Sie doch – ich weiß nicht, warum Sie's nicht tun sollten – gehen Sie doch zum General!«

»Er ist doch umgezogen!«

»Das ist doch ganz gleich, verstehen Sie mich recht! Sie ist doch hingegangen! Da gehen Sie eben auch hin – verstehen Sie? Tun Sie so, als wüßten Sie nicht, daß der General umgezogen ist, als kämen Sie Ihre Frau abholen – na, und so weiter!«

»Und dann?«

»Dann überraschen Sie die Betreffende bei Bobynizyn. Pfui Teufel, ist der Kerl stupid ...«

»Was haben Sie denn davon, wenn ich sie überrasche? Sehen Sie!«

»Was? Was, mein Lieber? Fangen Sie schon wieder damit an? Ach mein Gott, mein Gott! Sie blamieren sich, Sie lächerlicher Mensch Sie, Sie stumpfsinniger Geselle ...«

»Was interessiert Sie das so? Sie wollen wohl erfahren ...«

»Was erfahren? Was? Zum Teufel noch einmal, Sie gehen mich gar nichts an! Ich kann auch allein hingehen! Packen Sie sich! Passen Sie unten auf, laufen Sie hin und her! Vorwärts!«

»Mein Herr, Sie vergessen sich!« schrie der Herr im Waschbärpelz verzweifelt.

»Nun, und was ist dabei? Und wenn ich mich vergesse?« sagte der junge Mann, die Zähne zusammenbeißend und wütend auf den Herrn im Waschbärpelz eindringend. »Was ist dabei? Vor wem vergesse ich mich?« donnerte er mit geballten Fäusten.

»Erlauben Sie, mein Herr ...«

»Wer sind Sie denn? Vor wem vergesse ich mich? Wie ist Ihr Name?«

»Ich weiß nicht, was das bedeuten soll, junger Mann! Was kümmert Sie mein Name? Ich kann ihn nicht nennen ... Ich gehe lieber mit Ihnen. Kommen Sie, ich weiche nicht von Ihnen, ich bin zu allem bereit ... Aber glauben Sie mir, ich verdiene es, höflicher behandelt zu werden! Man darf niemals die Geistesgegenwart verlieren, und wenn Sie durch etwas verwirrt sind – ich errate schon wodurch – so dürfen Sie sich doch nicht vergessen ... Sie sind wohl noch sehr, sehr jung, mein Herr!«

»Was habe ich davon, daß Sie alt sind? Großes Wunder! Scheren Sie sich weg! Was laufen Sie hier herum?«

»Wieso bin ich alt? Ich bin noch lange nicht alt! Mein Rang und Stand allerdings ... aber ich laufe nicht herum.«

»Das sieht man. Wollen Sie sich nicht endlich packen?«

»Nein, ich bleibe bei Ihnen. Sie können's mir nicht verbieten. Ich bin auch beteiligt. Ich gehe mit Ihnen ...«

»Aber dann bitte ganz leise! ganz leise! Schweigen Sie!«

Sie betraten das Haus und stiegen die Treppe bis zum dritten Stock hinauf. Es war ganz dunkel.

»Halt! Haben Sie Streichhölzer?«

»Streichhölzer? Was für Streichhölzer?«

»Rauchen Sie Zigarren?«

»Ach so! Hier! Bitte! Warten Sie!«

Der Herr im Waschbärpelz suchte in seinen Taschen.

»So ein Stumpfsinn ... Teufel! Es muß diese Tür sein ...«

»Diese – diese – diese – diese –«

»Diese – diese – diese! Was soll das Gebrüll? Halten Sie den Mund!«

»Mein Herr, ich habe notgedrungen ... Sie sind ein unverschämter Mensch!«

Ein Streichholz flammte auf.

»Aha! Da ist die Messingtafel! Bobynizyn! Sehen Sie? Da steht's: Bobynizyn!«

»Ich sehe, ich sehe.«

»Still ... ausgelöscht!«

»Ja!«

»Sollen wir klopfen?«

»Ja, wir müssen klopfen«, sagte der Herr im Waschbärpelz.

»Klopfen Sie!«

»Warum denn ich? Fangen doch Sie an! Klopfen Sie!«

»Feigling!«

»Selbst ein Feigling!«

»Scheren Sie sich weg!«

»Ich möchte es fast bereuen, daß ich Ihnen mein Geheimnis anvertraut habe; Sie ...«

»Ich? Was soll ich ...?«

»Sie haben meine Fassungslosigkeit ausgenutzt; Sie sahen, daß ich aus dem Gleichgewicht gekommen war ...«

»Darauf pfeife ich! Sie sind mir lächerlich – und damit Schluß!«

»Was suchen Sie denn hier?«

»Und Sie?«

»Das nenne ich Sittlichkeit«, sagte der Herr im Waschbärpelz entrüstet.

»Was reden Sie denn von Sittlichkeit? Wie kommen Sie darauf?«

»Es ist aber unsittlich.«

»Was?«

»Nach Ihrer Ansicht ist jeder betrogene Ehemann ein Schafskopf!«

»Sind Sie denn der Ehemann? Der wartet doch an der Wosnesenskij-Brücke! Was kümmert das Sie? Was wollen Sie von mir?«

»Es scheint mir aber, daß eben Sie der Liebhaber sind!«

»Hören Sie, wenn Sie weiter so reden, werde ich annehmen müssen, daß Sie der Schafskopf sind ... verstehen Sie, wie ich's meine?«

»Das heißt, Sie halten mich für den Ehemann«, sagte der Herr im Waschbärpelz und sprang zurück, als hätte man ihn mit kochendem Wasser übergossen.

»Pst! Still! Hören Sie?«

»Sie ist es!«

»Nein!«

»Wie dunkel es hier ist.«

Beide verstummten. Aus der Wohnung Bobynizyns drang Lärm.

»Warum sollen wir uns zanken, mein Herr?« flüsterte der Herr im Waschbärpelz.

»Sie selbst spielten ja den Gekränkten, zum Teufel!«

»Sie hatten mich auch bis zum Äußersten gebracht.«

»Schweigen Sie!«

»Sie müssen zugeben, daß Sie noch sehr jung sind.«

»Schweigen Sie doch!«

»Gewiß, ich lasse Ihre Meinung gelten, daß ein Ehemann in solcher Lage ein Schafskopf ist.«

»Wollen Sie nicht endlich einmal schweigen?«

»Sie ist es!«

Aber der Lärm verstummte in diesem Augenblick.

»Ist sie's?«

»Sie ist's! Sie ist's! Aber warum fahren Sie denn aus der Haut? Sie geht das doch gar nichts an!«

»Verehrter Herr, verehrter Herr«, brummte der Herr im Waschbärpelz, immer mehr erblassend und beinahe schluchzend, »ich bin gewiß außer Fassung ... Sie haben mich tief erniedrigt gesehen ... Aber jetzt ist es Nacht und morgen ... übrigens werden wir uns morgen kaum sehen, obgleich ich eine Begegnung mit Ihnen keineswegs fürchte – und es handelt sich ja auch nicht um mich, sondern um meinen Freund, der an der Wosnesenskij-Brücke steht. Wirklich, nur um ihn! Es ist seine Frau, eine mir fremde Frau! Der unglückliche Mensch! Ich versichere Sie, ich kenne ihn sehr gut; ich will Ihnen alles erzählen. Ich bin sein Freund, wie Sie sehen können, denn würde ich sonst so warmen Anteil an ihm nehmen? Sie sehen's ja! Mehrere Male habe ich ihm gesagt: ‚Warum heiratest du, mein lieber Freund? Du hast dein Amt, hast dein Einkommen, erfreust dich allgemeiner Achtung – und dies alles willst du den Launen einer Kokotte opfern?‘ Sie müssen mir recht geben! ‚Nein, ich will heiraten‘, sagte er, ‚das Familienglück ...‘ Da hat er nun sein Familienglück! Erst hat er selbst die Ehemänner betrogen, nun muß er dafür den bittern Kelch leeren ... Nehmen Sie mir's nicht übel, aber diese Erklärung war notwendig! Er ist ein unglücklicher Mensch und trinkt den bittern Kelch – das ist's!«

Hier schluchzte der Herr im Waschbärpelz laut auf, als wollte er wirklich in Tränen ausbrechen.

»Der Teufel soll sie alle holen! Als ob es nicht genug Narren auf der Welt gäbe! Aber wer sind Sie?«

Der junge Mann knirschte vor Wut mit den Zähnen.

»Wie? Nach allem, was ich Ihnen gesagt habe ... Sie werden zugeben müssen ... Ich war vornehm und aufrichtig zu Ihnen ... und dieser Ton!«

»Nein, erlauben Sie, da muß ich schon um Entschuldigung bitten ... wie ist Ihr werter Name?«

»Nein, was soll Ihnen der Name?«

»Ah!!«

»Ich kann den Namen nicht nennen ...«

»Kennen Sie Schabrin?« fragte der junge Mann schnell.

»Schabrin!!!«

»Ja, Schabrin! Ah!!!« Hier ahmte der Herr in der Pekesche den Tonfall seines Gegenüber spöttisch nach. »Haben Sie nun verstanden?«

»Wieso Schabrin?« antwortete der Herr im Waschbärpelz ganz deprimiert. »Durchaus nicht Schabrin! Es ist ein sehr ehrenwerter Mann! Ich entschuldige Ihre Unhöflichkeit wegen der Qualen der Eifersucht.«

»Er ist ein Gauner, eine käufliche Seele, ein Schwindler, ein Schuft, er hat den Fiskus bestohlen! Er kommt nächstens vors Kriminalgericht.«

»Entschuldigen Sie«, sagte der Herr im Waschbärpelz erbleichend, »Sie kennen ihn nicht; Sie kennen ihn ganz und gar nicht, wie ich sehe.«

»Von Angesicht zu Angesicht kenne ich ihn freilich nicht, aber aus anderen, ihm sehr nahen Quellen!«

»Aus was für Quellen, mein Herr? Ich bin ganz außer Fassung, Sie sehen doch ...«

»Ein eifersüchtiger Narr! Kann mit seiner Frau nicht fertig werden! So ein Kerl ist er, wenn Sie es wissen wollen.«

»Entschuldigen Sie, aber Sie sind in einem grausamen Irrtum, junger Mann ...«

»Ach!«

»Ach!«

In der Wohnung Bobynizyns wurde es lebendig. Die Tür ging auf. Stimmen wurden laut.

»Ach, sie ist es nicht! Sie ist es nicht! Ich erkenne ihre Stimme; ich habe sie jetzt erkannt, sie ist es nicht«, sagte der Herr im Waschbärpelz und wurde weiß wie ein Taschentuch.

»Schweigen Sie!«

Der junge Mann lehnte sich an die Wand.

»Mein Herr, ich will gehen. Sie ist es nicht. Das freut mich sehr.«

»Schon gut, schon gut, gehen Sie nur.«

»Warum stehen Sie denn noch da?«

»Was geht das Sie an?«

Die Tür ging auf, und der Herr im Waschbärpelz stürzte, seiner selbst nicht mehr mächtig, die Treppe hinab.

An dem jungen Mann gingen ein Herr und eine Dame vorüber. Das Herz stand ihm still ... Er vernahm eine wohlbekannte Frauenstimme und eine heisere Männerstimme, die ihm ganz fremd war.

»Tut nichts, ich lasse gleich den Schlitten vorfahren«, sagte die heisere Stimme.

»Ach! Nun gut, ich bin einverstanden. Lassen Sie den Schlitten holen.«

»Er steht wohl schon unten. Ich komme gleich zurück.«

Die Dame blieb allein.

»Glafira! Wo sind deine Schwüre?« schrie der junge Mann in der Pekesche und faßte die Hand der Dame.

»Ach! Wer ist das? Sie sind es, Tworogow? Mein Gott! Was tun Sie hier?«

»Mit wem waren Sie hier?«

»Das war doch mein Mann! Gehen Sie, gehen Sie! Er kommt gleich wieder ... Wir waren bei Polowizyns! Gehen Sie! Um Gottes willen, gehen Sie!«

»Polowizyns sind vor drei Wochen umgezogen! Ich weiß alles«.

»Ach!« Die Dame stürzte zur Haustür hinaus. Der junge Mann eilte ihr nach.

»Wer hat es Ihnen gesagt?« fragte die Dame.

»Ihr Mann, meine Gnädigste. Iwan Andrejewitsch! Er ist hier! Er steht vor Ihnen, Madame!«

Iwan Andrejewitsch stand in der Tat vor der Tür.

»Ah! Sind Sie's?« schrie der Herr im Waschbärpelz.

»Ah! C'est vous?« rief Glafira Petrowna und eilte ihm mit ungeheuchelter Freude entgegen. »Mein Gott! Was habe ich erleben müssen. Ich war bei Polowizyns; kannst du dir vorstellen ... Du weißt doch, sie wohnen jetzt an der Ismailow-Brücke; ich habe es dir erzählt, weißt du noch? Ich nahm dort einen Schlitten, um nach Hause zu fahren. Die Pferde wurden scheu, gingen durch, warfen den Schlitten um ... Hundert Schritt von hier wurde ich hinausgeschleudert; der Kutscher wurde festgenommen; ich war ganz außer mir; zum Glück war Herr Tworogow ...«

»Was?«

Herr Tworogow glich mehr einer Salzsäule als sich selbst.

»Herr Tworogow erblickte mich hier und wollte mich nach Hause begleiten; jetzt aber sind Sie da, und ich kann Ihnen nur meinen innigsten Dank aussprechen. Iwan Iljitsch ...«

Die Dame reichte dem erstarrten Iwan Iljitsch die Hand, wobei sie die seinige kniff, statt sie zu drücken.

»Herr Tworogow, mein Bekannter! Auf dem Ball bei Skorlupows hatte ich das Vergnügen, ihn zu sehen. Ich habe es dir doch erzählt? Erinnerst du dich nicht mehr, Coco?«

»Ja freilich, freilich! Gewiß erinnere ich mich«, sagte der Herr im Waschbärpelz, der mit Coco angeredet wurde. »Sehr angenehm, sehr angenehm!«

Und er drückte Herrn Tworogow herzlich die Hand.

»Wer ist denn da? Was soll das heißen? Ich warte ...« ertönte eine heisere Stimme.

Vor der Gruppe stand ein Herr von unendlich langer Statur; er zog sein Lorgnon hervor und betrachtete den Herrn im Waschbärpelz aufmerksam.

»Ah, Herr Bobynizyn!« zwitscherte die Dame. »Woher? Das ist ein merkwürdiges Zusammentreffen. Denken Sie nur, fast wäre ich ums Leben gekommen ... Aber da ist mein Mann! Iwan! Herr Bobynizyn, auf dem Ball bei Karpows ...«

»Ach, sehr, sehr, sehr angenehm! Ich will gleich einen Wagen nehmen, meine Liebe«.

»Tu das, Iwan, tu das! Ich bin ganz erschreckt; ich zittere und bebe. Mir ist sogar übel ... Heute auf dem Maskenball«, flüsterte sie Tworogow zu. »Auf Wiedersehen, Herr Bobynizyn! Wir treffen uns morgen auf dem Ball bei Karpows.«

»Nein, ich bitte mich zu entschuldigen. Morgen kann ich nicht. Ich muß morgen, wenn ich heute nicht ...« Herr Bobynizyn brummte noch etwas zwischen den Zähnen, scharrte mit seinem Riesenstiefel, setzte sich in seinen Schlitten und fuhr ab.

Die Kutsche fuhr vor, die Dame stieg ein. Der Herr im Waschbärpelz stand da; es sah aus, als wäre er außerstande, auch nur eine Bewegung zu machen; stumpfsinnig starrte er den Herrn in der Pekesche an. Der Herr in der Pekesche lächelte nicht gerade geistvoll.

»Ich weiß nicht ...«

»Entschuldigen Sie. Es hat mich sehr gefreut, Ihre Bekanntschaft zu machen«, sagte der junge Mann, sich neugierig verbeugend und etwas verlegen.

»Sehr erfreut.«

»Sie verlieren scheint's Ihren Überschuh.«

»Ich? Ach ja! Danke, danke! Ich will mir immer Gummigaloschen kaufen ...«

»In Gummischuhen schwitzen die Füße sehr«, sagte der junge Mann, anscheinend mit grenzenloser Teilnahme.

»Iwan! Kommst du bald?«

»Jawohl, sie schwitzen! Gleich, mein Herz, gleich! Wir sind in einem so interessanten Gespräch! Freilich, Sie haben ganz richtig bemerkt: die Füße schwitzen. Aber ich bitte um Entschuldigung, ich muß ...«

»O bitte sehr!«

»Es hat mich außerordentlich gefreut, Sie kennenzulernen.«

Der Herr im Waschbärpelz stieg in die Kutsche; das Fahrzeug setzte sich in Bewegung; der junge Mann stand immer noch da und blickte den Abfahrenden verwundert nach.

2

Am nächsten Abend fand eine Aufführung in der italienischen Oper statt. Iwan Andrejewitsch sauste wie eine Bombe in den Saal. Noch nie hatte man ein solches Furore, eine solche Leidenschaft für die Musik bei ihm bemerkt. Zum mindesten wußte man genau, daß Iwan Andrejewitsch es sehr liebte, ein, zwei Stündchen in der italienischen Oper zu schlummern; er hatte sich sogar mehrmals dahingehend geäußert, daß dieses höchst angenehm wäre: »Die Primadonna«, sagte er zu seinen Freunden, »miaut dir wie ein weißes Kätzchen ein Wiegenliedchen vor.« So hatte er aber schon vor langer Zeit geredet, noch im vergangenen Spieljahr; jetzt aber fand Iwan Andrejewitsch auch in seinem Bett keinen Schlaf. Aber wie dem auch sei – er kam wie eine Bombe in den überfüllten Saal geschossen. Sogar der Logenschließer sah ihn argwöhnisch an und schielte nach seiner Seitentasche, in der stillen Hoffnung, den Griff eines für alle Fälle eingesteckten Dolches zu bemerken. Es muß hier gesagt werden, daß damals zwei Parteien sich bekämpften, von denen sich jede leidenschaftlich für eine Primadonna einsetzte. Die einen nannten sich ***sisten, die anderen ***nisten. Beide Parteien liebten die Musik so sehr, daß die Logenschließer ernsthaft befürchteten, es könnte zu irgendeiner sehr energischen Kundgebung der Liebe zu allem Schönen und Erhabenen kommen, das sich in den beiden Primadonnen verkörperte. Daher kam es, daß das jugendliche Ungestüm des in den Theatersaal eilenden weißhaarigen Greises – das heißt, weißhaarig war er eigentlich nicht, sondern ein kahlköpfiger Fünfziger von sehr solider Erscheinung – den Logenschließer an die erhabenen Worte des Prinzen Hamlet denken ließ:

Tobt so die Hölle in des Alters Gliedern,
So sei die Keuschheit der entflammten Jugend
Wie Wachs . . .

Und darum schielte er, wie schon oben bemerkt wurde, nach der Seitentasche des Fracks, in der Hoffnung, dort einen Dolch zu erblicken. Aber da steckte nur eine Brieftasche und weiter nichts.

Als er in den Zuschauerraum gestürzt war, musterte Iwan Andrejewitsch mit einem schnellen Blick alle Logen des zweiten Ranges und – o Entsetzen! sein Herz stand still: sie war da! Sie saß in einer Loge! Da saß auch der General Polowizyn mit seiner Gattin und Schwägerin; ferner der Adjutant des Generals, ein sehr flotter junger Mann; auch ein Zivilist saß in der Loge . . . Iwan Andrejewitsch strengte seine Augen aufs äußerste an – aber ach! der Zivilist hatte sich heimtückisch hinter dem Adjutanten versteckt und blieb in undurchdringliches Dunkel gehüllt.

Sie war im Theater und hatte doch gesagt, sie würde nicht hingehen!

Eben dieses zweideutige Verhalten, das Glafira Petrowna seit einiger Zeit an den Tag legte, quälte Iwan Andrejewitsch. Dieser Zivilist brachte ihn vollends zur Verzweiflung. Ganz gebrochen ließ er sich in seinen Sessel fallen. Und warum eigentlich? Die Dinge lagen doch ganz einfach.

Es muß gesagt werden, daß Iwan Andrejewitschs Platz dicht neben den Parkettlogen lag, außerdem befand sich die verräterische Loge im zweiten Rang gerade über seinem Platz, so daß er zu seinem größten Ärger gar nicht beobachten konnte, was über seinem Kopfe vorging. Dafür glühte und fauchte er wie ein Samowar. Der ganze erste Akt ging unbemerkt vorüber, das heißt, er hatte auch nicht eine Note gehört. Man sagt, das eben sei das Schöne an der Musik, daß sich die musikalischen Eindrücke jeder Empfindung anpassen können. Ein froher Mensch hört aus den Tönen Freude heraus, ein trauriger – Schmerz; in Iwan Andrejewitschs Ohren brüllte ein ganzer Sturm. Um seinen Ärger aufs höchste zu steigern, brüllten vor ihm, hinter ihm, neben ihm so entsetzliche Stimmen, daß Iwan Andrejewitschs Herz zu zerspringen drohte. Endlich war der Akt zu Ende. Aber in dem Augenblick, da der Vorhang fiel, widerfuhr unserm Helden ein Abenteuer, das keine Feder zu schildern vermag.

Es kommt manchmal vor, daß von den obern Rängen ein Theaterzettel herunterfällt. Wenn das Stück langweilig ist und die Zuschauer gähnen, so ist das für sie ein großes Ereignis. Mit besonderer Teilnahme wird der Flug des überaus leichten Papiers von der obersten Galerie beobachtet; man findet ein großes Vergnügen daran, seine Reise im Zickzack bis ins Parkett zu verfolgen, wo es sich totsicher auf irgendeinen keineswegs darauf vorbereiteten Kopf legt. Und es ist in der Tat sehr lustig zu sehen, wie dieser Kopf in Verlegenheit gerät – denn das tut er ganz gewiß. Mir ist auch immer um die Operngucker der Damen bange, die so oft auf den Logenbrüstungen liegen; es scheint mir immer, als müßten sie im nächsten Augenblick auf irgendeinen nicht darauf vorbereiteten Kopf hinabstürzen. Aber ich sehe, daß diese Bemerkung über ein so tragisches Ereignis ganz unpassend ist, und verweise sie daher ins Feuilleton jener Zeitungen, die bemüht sind, uns vor Betrug und Unredlichkeit, ja sogar vor Küchenschaben zu schützen, falls wir solche im Haus haben, und uns für diesen Fall den bekannten Signore Principe empfehlen, einen erbitterten Feind aller Schaben auf der Welt, nicht nur der russischen, sondern auch der ausländischen, wie der preußischen und anderer.

Iwan Andrejewitsch aber hatte ein Erlebnis, wie es bisher noch nirgends beschrieben wurde. Auf seinen – wie schon bemerkt, ziemlich kahlen – Kopf fiel kein Theaterzettel. Ich muß gestehen, ich schäme mich sogar zu sagen, was ihm auf den Kopf fiel, denn es ist in der Tat etwas peinlich zu gestehen, daß auf den ehrwürdigen und entblößten – das heißt teilweise vom Haar entblößten – Kopf des eifersüchtigen, gereizten Iwan Andrejewitsch ein so unmoralischer Gegenstand fiel wie ein parfümiertes Liebesbriefchen. Der arme Iwan Andrejewitsch, der auf dieses unvorhergesehene und abscheuliche Ereignis gar nicht gefaßt war, zuckte so heftig zusammen, als hätte sich auf seinem Kopf eine Maus oder ein anderes wildes Tier niedergelassen.

Daß es ein Liebesbriefchen war, stand außer Zweifel. Es war auf parfümiertem Papier geschrieben, ganz so, wie man dergleichen Briefe in Romanen zu schreiben pflegt, und so winzig zusammengefaltet, daß es sich bequem in einem Damenhandschuh verstecken ließ. Herabgefallen war es wohl nur zufällig, als es überreicht werden sollte; man bat vielleicht um den Zettel, und fix wurde das Brieflein in den Zettel gesteckt und dem Betreffenden entgegengehalten, aber ein Moment, vielleicht eine unwillkürliche Bewegung des Adjutanten, der sich hinterher sehr galant wegen dieses Ungeschicks entschuldigt – und das Brieflein ist aus der kleinen, vor Verlegenheit zitternden Hand geglitten, und der junge Zivilist, der schon ungeduldig die Hand ausstreckt, erhält statt des Briefleins nur den Theaterzettel, mit dem er nichts anzufangen weiß. Ein unangenehmer, merkwürdiger Zwischenfall, ganz gewiß; aber der Leser wird zugeben müssen, daß Iwan Andrejewitsch noch unangenehmer berührt war.

»Prédestiné«, flüsterte er, während ihm der kalte Schweiß hinabrann, und preßte den Zettel in der Hand zusammen, »prédestiné! Die Kugel trifft den Schuldigen!« fuhr es ihm durch den Kopf. »Nein, das ist nicht richtig! Wieso bin ich denn schuldig? Es gibt aber noch ein anderes Sprichwort: Wer den Schaden hat, braucht für den Spott nicht zu sorgen.«

Aber was geht nicht alles durch einen Kopf, der durch ein so plötzliches Ereignis betäubt ist! Iwan Andrejewitsch saß wie versteinert auf seinem Stuhl – nicht tot, nicht lebendig, wie man zu sagen pflegt. Er war überzeugt, daß der Zwischenfall überall bemerkt worden war, obgleich in dem nämlichen Augenblick im ganzen Saal große Aufregung herrschte und alles der Primadonna zujubelte. Er saß so verlegen, mit so rotem Kopf und niedergeschlagenen Augen da, als wäre ihm ein unerwartetes Mißgeschick widerfahren, irgendeine Dissonanz in dieser schönen, zahlreichen Gesellschaft. Endlich wagte er es, den Blick zu heben.

»Sehr nett haben sie gesungen«, sagte er zu einem Stutzer, der zu seiner Linken saß.

Der Stutzer, dessen Enhusiasmus auf dem Höhepunkt war – er klatschte wild in die Hände, vor allem aber trampelte er mit beiden Füßen –, sah Iwan Andrejewitsch flüchtig und zerstreut an, legte gleich darauf die Hände wie ein Sprachrohr vor dem Mund zusammen und brüllte den Namen der Sängerin. Iwan Andrejewitsch, der noch nie einen Menschen so laut schreien gehört hatte, war entzückt. Sie haben nichts bemerkt, dachte er und drehte sich um. Aber der dicke Herr, der hinter ihm saß, kehrte ihm jetzt seinerseits den Rücken zu und musterte die Logen durch sein Lorgnon. Das ist auch gut, dachte Iwan Andrejewitsch. Vorne konnte natürlich niemand etwas gesehen haben. Zaghaft, aber voll freudiger Hoffnung schielte er nach den Parkettlogen, in deren Nähe sein Sessel sich befand, und zuckte zusammen, von einem höchst unangenehmen Gefühl überwältigt. Dort saß eine schöne Dame in ihren Sessel zurückgelehnt, hielt sich das Taschentuch vor den Mund und lachte wie wahnsinnig.

»O diese Weiber!« flüsterte Iwan Andrejewitsch und schritt über die Füße seiner Nachbarn hinweg dem Ausgang zu.

Jetzt möge der Leser selbst entscheiden; mag er sein Urteil über mich und meinen Helden sprechen. Hatte Iwan Andrejewitsch in diesem Augenblick wirklich recht? Das Bolschojtheater hat bekanntlich vier Ränge mit Logen und einen fünften Rang – die Galerie. Was berechtigte zu dem Schluß, daß der Zettel aus einer Loge gefallen sei, gerade aus dieser Loge und aus keiner anderen? Konnte er nicht auch vom fünften Rang gefallen sein, wo auch Damen saßen? Aber die Leidenschaft ist blind – und die Eifersucht ist die blindeste aller Leidenschaften auf Erden.

Iwan Andrejewitsch stürzte ins Foyer, stellte sich unter eine Lampe, brach den Brief auf und las:

»Heute, gleich nach der Vorstellung, in der G*straße, an der Ecke der **-Gasse, im Hause K**, dritter Stock rechts. Eingang von der Straße. Komm hin, sans faute, um Gottes willen!«

Die Handschrift konnte Iwan Andrejewitsch nicht erkennen, aber es war nicht daran zu zweifeln: hier wurde ein Rendezvous verabredet. Sie ertappen, festhalten und das Übel im Keim ersticken, war der erste Gedanke Iwan Andrejewitschs. Einen Augenblick dachte er wohl auch, sie gleich hier, an Ort und Stelle, zu entlarven – aber wie sollte er das fertigbringen? Iwan Andrejewitsch lief sogar in den zweiten Rang hinauf, war aber vernünftig genug, wieder umzukehren. Er wußte absolut nicht, wohin er sich wenden sollte. In seiner Ratlosigkeit lief er um den ganzen zweiten Rang herum und spähte durch die offene Tür einer fremden Loge auf die gegenüberliegende Seite. Richtig! In allen fünf Rängen saßen junge Damen und junge Herren. Das Brieflein hätte aus allen fünf Rängen zugleich gefallen sein können, denn Iwan Andrejewitsch war geneigt, eine Verschwörung aller fünf Ränge ohne Ausnahme gegen ihn zu argwöhnen. Aber ihm konnte nichts mehr helfen, kein Augenschein konnte ihn bekehren. Den ganzen zweiten Akt hindurch lief er in den Korridoren umher und konnte nirgends Ruhe finden. Er rannte sogar zur Theaterkasse hinunter in der Hoffnung, vom Kassierer die Namen der Herrschaften zu erfahren, die in den Logen aller vier Ränge saßen, aber die Kasse war schon geschlossen. Endlich vernahm er begeistertes Geschrei und Beifallsklatschen. Die Vorstellung war zu Ende. Nun kamen die Hervorrufe, und besonders laut tönten ganz von oben zwei Stimmen – sie gehörten den Führern der beiden Parteien. Aber was gingen sie Iwan Andrejewitsch an? Er war sich über sein weiteres Verhalten schon klargeworden. Er zog seine Pekesche an und eilte in die G*straße, um die Sünderin dort zu ertappen, zu entlarven, bloßzustellen und überhaupt viel energischer zu Werke zu gehen als tags zuvor. Er hatte das Haus schnell gefunden und stand schon vor der Tür, als plötzlich die Gestalt eines Stutzers im Mantel an ihm vorbeihuschte und die Treppe hinauf in den dritten Stock eilte. Iwan Andrejewitsch glaubte in ihm den gestrigen Herrn zu erkennen, obgleich er auch damals dessen Gesicht nicht deutlich gesehen hatte. Sein Herzschlag stockte. Der Stutzer war ihm schon um zwei Treppen voraus. Endlich hörte er, wie die Tür im dritten Stock aufging, ohne daß vorher geklingelt worden wäre, als hätte man den Ankömmling erwartet. Der junge Mensch verschwand in der Wohnung. Iwan Andrejewitsch erreichte den dritten Stock, noch ehe man die Tür hatte schließen können. Er wollte erst vor der Tür stehenbleiben, seinen Schritt reiflich überlegen, ein wenig zagen und dann erst irgend etwas sehr Energisches beschließen. Aber in diesem Augenblick rasselte eine Kutsche vor dem Haus, die Tür ging lärmend auf, und jemand kam mit schweren Schritten, hustend und krächzend, die Treppe herauf. Iwan Andrejewitsch konnte nicht mehr widerstehen, riß die Tür auf und stand mit der ganzen Feierlichkeit eines betrogenen Ehemanns in der Wohnung. Ein Dienstmädchen kam ihm in großer Aufregung entgegengelaufen, dann erschien ein Diener; aber es war unmöglich, Iwan Andrejewitsch aufzuhalten. Wie eine Bombe fuhr er in die inneren Zimmer, und nachdem er zwei dunkle Zimmer durchschritten hatte, stand er plötzlich in einem Schlafzimmer vor einer jungen schönen Dame, die vor Schreck am ganzen Leib zitterte und ihn entsetzt ansah, als begriffe sie gar nicht, was hier vorgehe. In demselben Augenblick wurden im Nebenzimmer schwere Schritte laut, die sich geradewegs auf das Schlafzimmer zubewegten; es waren dieselben Schritte, die vorhin auf der Treppe zu hören gewesen waren.

»O Gott! Das ist mein Mann!« schrie die Dame, die Hände zusammenschlagend, und wurde bleicher als ihr weißes Morgenkleid.

Iwan Andrejewitsch begriff, daß er an den falschen Ort geraten war, daß er einen dummen, kindischen Streich gemacht, daß er seinen Schritt nicht gründlich überlegt und daß er nicht lange genug auf der Treppe gezaudert hatte. Aber nun war nichts mehr zu machen. Schon ging die Tür auf, und der Gatte, ein großer, schwerfälliger Mann – soweit sich aus seinen schweren Schritten schließen ließ – trat ins Zimmer ... Ich weiß nicht, wie Iwan Andrejewitsch in diesem Augenblick zumute war! Ich weiß nicht, was ihn hinderte, ohne weiteres vor den Gatten hinzutreten, ihm zu erklären, daß er sich geirrt habe, ihm zu gestehen, daß er sich, ohne es zu wollen, höchst unanständig betragen, um Entschuldigung zu bitten und zu verschwinden – natürlich nicht gerade sehr ehrenvoll, gewiß nicht mit Ruhm bedeckt, aber doch immerhin in vornehmer, aufrichtiger Weise. Aber nein! Iwan Andrejewitsch benahm sich wieder wie ein dummer Junge, als hielte er sich selbst für einen Don Juan oder Lovelace! Er versteckte sich erst hinter dem Bettvorhang, und dann, als er sich völlig niedergeschlagen fühlte, sank er zu Boden und kroch unter das Bett. Der Schreck war stärker als die Vernunft, und Iwan Andrejewitsch, der selbst ein betrogener Ehemann war oder sich wenigstens dafür hielt, vermochte die Begegnung mit einem andern Ehegatten nicht zu ertragen, vielleicht weil er fürchtete, ihn durch seine Anwesenheit zu kränken. Wie dem auch sei, plötzlich lag er unter dem Bett, ohne zu begreifen, wie es gekommen war. Aber das Wunderbarste dabei war, daß die Dame keineswegs opponierte. Sie hatte nicht einmal aufgeschrien, als sie sah, daß ein höchst seltsamer ältlicher Herr in ihrem Schlafgemach Unterkunft suchte. Sie war so furchtbar erschrocken, daß sie anscheinend die Sprache verloren hatte.

Der Mann trat ächzend und stöhnend ein, grüßte seine Frau in singendem Tonfall und sank nach Greisenart in einen Sessel, als hätte er ganzes Bündel Brennholz herangeschleppt. Dann ertönte ein dumpfes, lang anhaltendes Husten. Iwan Andrejewitsch, der sich aus einem rasenden Tiger in ein Lämmchen verwandelt hatte und bang und sanft geworden war wie ein Mäuschen in den Klauen des Katers, wagte vor Angst kaum zu atmen, obgleich er aus eigener Erfahrung wissen mußte, daß nicht alle betrogenen Ehemänner beißen. Das aber fiel ihm nicht ein: entweder aus Mangel an Kombinationsgabe oder aus irgendeinem andern Grund. Vorsichtig, leise, tastend rückte er sich unter dem Bett zurecht, um eine bequemere Lage zu finden. Wie groß aber war sein Erstaunen, als seine Hand einen Gegenstand berührte, der sich zu seiner größten Verwunderung bewegte und ihn seinerseits bei der Hand faßte. Unter dem Bett lag noch ein Mensch.

»Wer ist da?« flüsterte Iwan Andrejewitsch.

»Ich soll Ihnen gleich sagen, wer ich bin?« flüsterte der sonderbare Fremde. »Liegen Sie still und schweigen Sie, wenn Sie schon mal reingefallen sind.«

»Aber –«

»Still!«

Und der überflüssige Mensch – denn unter dem Bett war einer gerade genug –, der überflüssige Mensch preßte die Hand Iwan Andrejewitschs so zusammen, daß dieser fast aufschrie vor Schmerz.

»Mein Herr!«

»Pst!«

»Drücken Sie mich nicht so, oder ich schreie!«

»Schreien Sie doch! Versuchen Sie es!«

Iwan Andrejewitsch wurde rot vor Scham. Der Fremde war roh und zornig. Vielleicht war es ein Mann, der schon viel vom Schicksal erlitten und sich mehr als einmal in einer schwierigen Lage befunden hatte; Iwan Andrejewitsch aber war ein Neuling und konnte in dem engen Raum kaum atmen. Das Blut stieg ihm zu Kopf. Aber es war nichts zu machen; man mußte zusammengekrümmt daliegen. Iwan Andrejewitsch fügte sich und verstummte.

»Ich war bei Pawel Iwanowitsch, mein Herzchen«, fing der Mann an. »Wir setzten uns zur Preference, da ... kchä, kchä, kchä« – er bekam einen Hustenanfall – »kchä! Mein Rükken ... kchä! Ach was! ... kchä, kchä, kchä!«

Und der Alte beschäftigte sich mit seinem Husten.

»Mein Rücken«, sagte er endlich mit Tränen in den Augen, »mein Rücken tut mir so weh ... die verdammten Hämorrhoiden! Ich kann weder stehen noch sitzen ... noch sitzen! Kchä, kchä, kchä!«

Und es sah fast so aus, als sollte dem neuen Hustenanfall eine viel längere Lebensdauer beschieden sein als dem Greis, der den Hustenanfall erlitt. Der Alte murmelte zwischendurch immer etwas, aber man konnte kein Wort verstehen.

»Verehrtester, rücken Sie, um Gottes willen, etwas weiter«, flüsterte der unglückliche Iwan Andrejewitsch.

»Wo soll ich denn hin? Es ist kein Platz da.«

»Aber Sie müssen doch zugeben, daß ich es so nicht mehr aushalten kann. Ich befinde mich zum erstenmal in einer so abscheulichen Lage.«

»Und ich in einer so unangenehmen Nachbarschaft.«

»Aber junger Mann ...«

»Schweigen Sie!«

»Schweigen Sie? Sie sind sehr unhöflich, junger Mann ... Wenn ich mich nicht täusche, sind Sie noch sehr jung. Ich bin viel älter als Sie.«

»Schweigen Sie!«

»Verehrter Herr! Sie vergessen sich. Sie wissen nicht, mit wem Sie reden.«

»Mit einem Herrn, der unter dem Bett liegt.«

»Aber mich hat ein unvorhergesehener Zufall hierher gebracht ... ein Irrtum ... Sie aber, wenn ich nicht irre, eine unsittliche Absicht ...«

»Da irren Sie.«

»Verehrter Herr! Ich bin älter als Sie. Ich sage Ihnen ...«

»Mein Herr! Vergessen Sie nicht, daß wir hier ganz gleichgestellt sind! Ich bitte Sie, mein Gesicht nicht zu berühren.«

»Mein Herr! Ich finde mich hier nicht zurecht. Sie müssen mich entschuldigen – ich habe nicht genug Platz!«

»Warum sind Sie so dick?«

»Mein Gott! Ich habe mich noch nie in einer so erniedrigenden Lage befunden.«

»Ja, niedriger kann man nicht mehr liegen.«

»Verehrter Herr! Verehrter Herr! Ich weiß nicht, wer Sie sind, ich begreife nicht, wie das gekommen ist; aber ich bin durch einen Irrtum hierhergeraten. Ich bin nicht, was Sie denken ...«

»Ich würde gar nichts von Ihnen denken, wenn Sie mich nicht immer stoßen würden. So schweigen Sie doch endlich!«

»Mein Herr! Wenn Sie nicht weiterrücken, trifft mich der Schlag. Sie sind für meinen Tod verantwortlich. Ich versichere Sie ... Ich bin ein ehrenwerter Mann, ich bin Familienvater! Ich kann doch nicht in dieser Lage bleiben.«

»Sie selbst haben sich in diese Lage gebracht. Rücken Sie weiter! Da ist Ihr Platz. Mehr dürfen Sie nicht beanspruchen.«

»Edler junger Mann! Sehr geehrter Herr! Ich sehe, daß ich mich in Ihnen getäuscht habe«, sagte Iwan Andrejewitsch in einem Anfall von Dankbarkeit für den ihm eingeräumten Platz und reckte seine steif gewordenen Glieder. »Ich begreife Ihre bedrängte Lage, aber was soll ich tun? Ich sehe, daß Sie schlecht von mir denken. Gestatten Sie, daß ich mir mehr Ansehen bei Ihnen verschaffe, gestatten Sie mir, Ihnen zu sagen, wer ich bin, ich bin gegen meinen Willen hierhergekommen, ich versichere Sie; ich bin nicht in der Absicht gekommen, die Sie vermuten ... Ich bin in großer Angst ...«

»Können Sie wirklich nicht schweigen? Verstehen Sie denn nicht, daß es uns schlimm ergehen wird, wenn man uns entdeckt? Pst ... Er spricht.«

In der Tat schien der Husten des Alten nachzulassen.

»Also, mein Herzchen«, krächzte er im jämmerlichsten Ton, »also, mein Herzchen, kchä, kchä! Ach, das Unglück! Fedosej Iwanowitsch sagte mir also: ‚Sie sollten doch Tausendgüldenkraut trinken', sagte er. Hörst du, Herzchen?«

»Ja, mein Lieber.«

»Er sagte also: ‚Sie sollten es doch mit Tausendgüldenkraut versuchen.‘ Ich sagte ihm darauf: ‚Ich habe mir Blutegel setzen lassen.‘ Darauf sagte er: ‚Nein, Alexander Demjanowitsch, Tausendgüldenkraut ist besser; das hat eine öffnende Wirkung, kann ich Ihnen sagen ...‘ Kchä! kchä! O mein Gott! Was meinst du nun, Herzchen! Kchä! kchä! Ach du mein Gott und Herr! Kchä! kchä! ... Also lieber Tausendgüldenkraut, meinst du? Kchä, kchä, kchä! Ach! kchä!« und so weiter.

»Ich glaube, man könnte dieses Mittel versuchen«, sagte die Gattin.

»Ja, es wäre nicht übel. ‚Sie haben wohl gar die Schwindsucht‘, sagte er. Kchä, kchä! Und ich darauf: ‚Podagra und Verdauungsstörungen.‘ Kchä, kchä! Und er wieder: ‚Vielleicht ist es doch die Schwindsucht.‘ Was meinst du – kchä, kchä! Was meinst du, Herzchen, kann es Schwindsucht sein?«

»Ach mein Gott, was redest du nur!«

»Ja, Schwindsucht! Aber, Herzchen, du solltest dich jetzt doch auskleiden und schlafen gehen. Kchä, kchä! Ich habe heute – kchä, kchä – einen furchtbaren Schnupfen!«

»Uff!« machte Iwan Andrejewitsch. »Um Gottes willen, rücken Sie etwas zur Seite!«

»Ich muß mich wirklich über Sie wundern! Können Sie nicht ruhig liegen?«

»Sie sind erbittert über mich, junger Mann, Sie wollen mir wehe tun. Ich sehe es doch. Sie sind wohl der Liebhaber dieser Dame?«

»Schweigen Sie!«

»Ich werde nicht schweigen! Sie sollen hier nicht kommandieren. Sie sind wohl ihr Liebhaber? Wenn man uns entdeckt, stelle ich mich ganz dumm. Ich weiß von nichts.«

»Wenn Sie nicht schweigen«, sagte der junge Mann zähneknirschend, »sage ich, Sie hätten mich hierhergelockt; ich sage, Sie wären mein Onkel, der sein ganzes Vermögen durchgebracht hat. Dann wird man mich wenigstens nicht für den Liebhaber dieser Dame halten.«

»Mein Herr! Sie machen sich über mich lustig! Meine Geduld ist erschöpft.«

»Pst! Oder ich bringe Sie mit Gewalt zum Schweigen! Sie sind mein Unglück! Sagen Sie, was wollen Sie eigentlich hier? Wären Sie nicht da, hätte ich hier friedlich bis zum Morgen gelegen und wäre dann fortgegangen.«

»Ich kann hier nicht bis zum Morgen liegen; ich bin ein vernünftiger Mensch; ich habe natürlich Beziehungen ... Was meinen Sie, wird er hier übernachten?«

»Wer?«

»Nun, der Alte ...«

»Selbstverständlich. Nicht alle Ehemänner sind so wie Sie. Manche übernachten auch zu Hause.«

»Mein Herr! Mein verehrter Herr!« rief Iwan Andrejewitsch, den es kalt überlief, »seien Sie versichert, daß auch ich zu Hause schlafe; das passiert mir heute zum erstenmal! Aber, mein Gott, ich sehe, daß Sie mich kennen! Wer sind Sie, junger Mann? Sagen Sie es mir sofort, ich flehe Sie an, aus uneigennütziger Freundschaft, wer sind Sie?«

»Hören Sie! Ich werde Gewalt anwenden müssen.«

»Aber gestatten Sie ... gestatten Sie mir, Ihnen zu erzählen, verehrter Herr, gestatten Sie mir, Ihnen diese ganze abscheuliche Geschichte darzulegen ...«

»Ich will keine Darlegungen hören, ich will nichts wissen. Schweigen Sie, oder ...«

»Ich kann aber nicht!«

Unter dem Bett entspann sich ein leichter Kampf, und Iwan Andrejewitsch verstummte.

»Herzchen, hörst du nicht die Kater schnurren?«

»Was für Kater? Was dir bloß einfällt!«

Die Dame wußte augenscheinlich nicht, worüber sie mit ihrem Gatten reden sollte. Sie war so verblüfft, daß sie immer noch nicht zu sich kommen konnte. Jetzt aber zuckte sie zusammen und spitzte die Ohren.

»Was für Kater?«

»Kater, Herzchen. Vorhin komme ich in mein Arbeitszimmer, da sitzt der Waska und schnurrt: Schnurr – schnurr – schnurr. Ich sage zu ihm: ‚Was willst du, Waska?' Und er wieder: Schnurr – schnurr – schnurr. Gerade, als ob er im Flüsterton redete. Und da denke ich: Mein Gott! am Ende verkündet er mir gar den Tod!«

»Was du für dummes Zeug redest! Schäme dich!«

»Schon gut, Herzchen, schon gut! Ärgere dich nur nicht! Ich sehe, du denkst nicht gern an meinen Tod; ärgere dich nicht; ich sagte das nur so nebenbei. Du solltest dich auskleiden, Herzchen, und schlafen gehen. Ich sitze dann noch ein Weilchen bei dir, bis du im Bett bist!«

»Um Gottes willen, laß das! Später ...«

»Nun, nun, nicht böse sein, nicht böse sein! Aber mir scheint, hier sind Mäuse . . .«

»Schon wieder was Neues! Erst Katzen, dann Mäuse! Wirklich, ich weiß nicht, was mit dir ist!«

»Laß nur, laß nur! Ich sage auch nichts mehr. Kchä! Ich sage nichts mehr. Kchä, kchä, kchä! Ach du lieber Gott! Kchä!«

»Hören Sie? Sie machen einen solchen Lärm, daß es sogar der Alte gemerkt hat«, flüsterte der junge Mann.

»Aber wenn Sie wüßten, wie mir zumute ist! Ich habe Nasenbluten.«

»Tut nichts! Halten Sie nur still! Warten Sie, bis er fortgegangen ist.«

»Junger Mann, versetzen Sie sich doch in meine Lage! Ich weiß ja nicht einmal, neben wem ich liege.«

»Was hätten Sie denn davon, wenn Sie es wüßten? Ich kümmere mich doch auch nicht um Ihren Namen! Nun, wie heißen Sie?«

»Nein, was soll der Name . . . Es interessiert mich nur, durch welche blödsinnige Verkettung der Umstände . . .«

»Pst! Er spricht wieder.«

»Wirklich, mein Herzchen, ich höre jemand flüstern.«

»Nicht doch! Es hat sich bloß die Watte in deinen Ohren verschoben!«

»Ach ja, von der Watte wollte ich auch noch etwas sagen. Weißt du, hier oben . . . Kchä, kchä! . . . Hier im oberen Stockwerk . . . Kchä, kchä, kchä . . .«

»Im oberen Stockwerk!« flüsterte der junge Mann. »Ei, zum Teufel! Und ich dachte, es wäre das oberste Stockwerk. Ist das erst das zweite?«

»Junger Mann«, flüsterte Iwan Andrejewitsch erregt, »was sagen Sie da? Um Gottes willen, warum interessiert Sie das? Ich glaubte auch, dies wäre der oberste Stock. Um Gottes willen, geht es hier noch höher hinauf?«

»Wirklich, es bewegt sich irgend etwas«, sagte der Alte, der endlich aufgehört hatte zu husten.

»Pst! Hören Sie?« flüsterte der junge Mann, beide Hände Iwan Andrejewitschs zusammenpressend.

»Junger Mann, Sie halten meine Hände gewaltsam fest. Lassen Sie mich los!«

»Pst!«

Es folgte ein leichter Kampf, dann trat wieder Schweigen ein.

»Mir begegnete also ein nettes Frauenzimmerchen ...« fing der Alte wieder an.

»Ein nettes Frauenzimmerchen?« fiel ihm die Dame ins Wort.

»Nun ja, ich erzählte dir doch vorhin, daß mir eine hübsche Dame auf der Treppe entgegenkam ... oder hatte ich es vergessen? Mein Gedächtnis läßt sehr nach. Ich müßte Baldrian ... Kchä!«

»Was?«

»Baldriantee müßte ich trinken. Das soll sehr gut helfen. Kchä, kchä, kchä! Das hilft.«

»Sie haben ihn unterbrochen«, sagte der junge Mann und knirschte wieder mit den Zähnen.

»Du hast also heute eine hübsche Dame gesehen?« fragte die Frau.

»Wie?«

»Eine hübsche Dame?«

»Wer?«

»Du!«

»Ich? Wann? Ach ja, richtig!«

»Endlich! So eine Mumie! Vorwärts!« flüsterte der junge Mann, in Gedanken den vergeßlichen Alten antreibend.

»Mein Herr, ich zittere vor Entsetzen. Mein Gott! Was muß ich hören? Das ist ganz wie gestern. Genau wie gestern.«

»Pst!«

»Ja, ja, ja! Jetzt besinn ich mich! Ein richtiger kleiner Schelm! So schlaue Äuglein ... und ein blaues Hütchen ...«

»Ein blaues Hütchen! Ei, ei!«

»Sie ist es! Sie hat einen blauen Hut. Mein Gott!« rief Iwan Andrejewitsch.

»Sie? Wer ist sie?« flüsterte der junge Mann und preßte Iwan Andrejewitschs Hände zusammen.

»Pst!« machte nur auch Iwan Andrejewitsch. »Er spricht.«

»O mein Gott! O mein Gott!«

»Übrigens gibt es so viele blaue Hüte ...«

»Und so ein Schelm!« fuhr der Alte fort. »Sie besucht hier irgendwelche Bekannte. Und immer wirft sie einem Blicke zu ... Zu diesen Bekannten kommen wieder andere Bekannte ...«

»Ach, wie langweilig«, unterbrach ihn die Dame, »ich bitte dich, wie kann dich das interessieren?«

»Schon gut, schon gut! Sei nur nicht böse«, sagte der Alte

in halb singendem Tonfall. »Gut, ich will nicht davon reden, wenn es dir nicht gefällt. Du bist heute nicht bei Laune, scheint mir ...«

»Wie sind Sie denn hierhergekommen?« begann der junge Mann.

»Aha! Sehen Sie! Jetzt sind Sie neugierig, und erst wollten Sie nichts hören.«

»Ach, es ist ja ganz gleich! Meinetwegen brauchen Sie auch nicht zu reden. Zum Teufel noch einmal, ist das eine Geschichte!«

»Junger Mann, ärgern Sie sich nicht; ich weiß selbst nicht, was ich rede; es kommt mir nur so in den Sinn; ich wollte nur sagen, daß hier etwas nicht in Ordnung ist, daß Sie sicher irgendwie beteiligt sind ... Aber wer sind Sie, junger Mann? Ich sehe, Sie sind ein Unbekannter. Aber wer sind Sie, Unbekannter? Mein Gott, ich weiß nicht mehr, was ich rede.«

»Ach, lassen Sie mich in Ruhe«, unterbrach ihn der junge Mann, der irgend etwas zu überlegen schien.

»Ich will Ihnen aber alles erzählen, alles. Sie meinen vielleicht, ich erzähle es nicht, weil ich Ihnen böse bin? O nein! Hier ist meine Hand! Ich bin bloß niedergeschlagen, weiter nichts. Aber um Gottes willen – sagen Sie mir erst: Wie kommen Sie hierher? Aus welchem Anlaß? Was mich betrifft, so zürne ich Ihnen nicht, bei Gott nicht. Da haben Sie meine Hand! Es ist hier nur sehr staubig; sie ist nicht mehr ganz rein. Aber das kommt bei dem erhabenen Gefühl nicht in Betracht.«

»Ach, packen Sie sich mit dieser Hand! Hier kann man sich nicht mal umdrehen – und er streckt mir seine Hand hin.«

»Aber, mein Herr! Sie behandeln mich, mit Verlaub gesagt, wie eine alte Stiefelsohle«, sagte Iwan Andrejewitsch in einem Anfall sanftmütigster Verzweiflung, mit einer Stimme, aus der es wie banges Flehen klang. »Behandeln Sie mich höflich, nur ein wenig höflicher, und ich erzähle Ihnen alles. Wir können einander liebgewinnen; ich bin sogar bereit, Sie zu Mittag einzuladen. Aber so können wir nicht nebeneinander liegen, sage ich Ihnen ganz aufrichtig. Sie irren sich, junger Mann! Sie wissen nicht ...«

»Wann kann er sie denn getroffen haben?« brummte der junge Mann, anscheinend in größter Erregung. »Sie wartet jetzt vielleicht auf mich. Ich muß durchaus fort von hier!«

»Sie? Wer ist sie? Mein Gott! Von wem reden Sie, junger

Mann? Sie glauben, daß da oben ... Mein Gott! Mein Gott! Wofür werde ich so gestraft.«

Iwan Andrejewitsch versuchte sich auf den Rücken zu legen, um seiner Verzweiflung Ausdruck zu geben.

»Wozu brauchen Sie zu wissen, wer sie ist? Ei, zum Teufel! Komme, was da will, ich gehe hinaus!«

»Mein Herr! Was fällt Ihnen ein? Und ich? Was wird aus mir?« flüsterte Iwan Andrejewitsch und klammerte sich verzweifelt an die Frackschöße seines Nachbarn.

»Was geht das mich an? Sie können auch allein bleiben. Und wenn Sie nicht wollen, so kann ich meinetwegen sagen, Sie wären mein Onkel, der sein Vermögen durchgebracht hat, damit der Alte nicht glaubt, ich wäre der Liebhaber seiner Frau.«

»Aber, junger Mann, das ist doch unmöglich! Das wäre höchst unnatürlich, wenn ich der Onkel wäre! Das glaubt Ihnen kein Mensch! Das glaubt nicht einmal ein kleines Kind«, flüsterte Iwan Andrejewitsch verzweifelt.

»Dann schwatzen Sie nicht, sondern liegen Sie still, ganz platt! Sie können meinetwegen die ganze Nacht hier liegen; morgen kommen Sie schon irgendwie hinaus; niemand wird Sie bemerken; ist erst einer herausgekommen, so glaubt kein Mensch, daß noch ein zweiter unten stecken könnte. Soll etwa ein ganzes Dutzend da sitzen? Übrigens wiegen Sie allein ein Dutzend auf. Rücken Sie zur Seite, oder ich krieche hinaus.«

»Sie verhöhnen mich, junger Mann! Wenn ich nun aber einen Hustenanfall bekomme? Man muß alles in Betracht ziehen.«

»Pst!«

»Was ist das? Ich höre oben wieder Lärm«, sagte der Alte, der indessen Zeit gehabt hatte, ein kleines Schläfchen zu machen.

»Oben?«

»Hören Sie, junger Mann, oben!«

»Nun ja!«

»Mein Gott! Junger Mann, ich gehe hinaus.«

»Ich aber bleibe! Mir ist alles gleich. Ist's mal schiefgegangen, dann ist doch nichts mehr zu machen. Aber wissen Sie, was ich vermute? Ich vermute, daß Sie selber ein betrogener Ehemann sind – jawohl!«

»O Gott, wie zynisch ... Wie kommen Sie zu der Vermutung? Und warum Ehemann? Ich bin nicht verheiratet.«

»Wieso nicht verheiratet? Dummes Zeug!«

»Ich bin vielleicht selbst der Liebhaber!«

»Ein schöner Liebhaber!«

»Mein Herr! Mein sehr verehrter Herr! Nun gut, ich will Ihnen alles erzählen. Vernehmen Sie denn meinen Verzweiflungsschrei. Es handelt sich nicht um mich, ich bin nicht verheiratet. Ich bin Junggeselle wie Sie. Es ist ein Freund von mir, ein Jugendgespiele ... und ich bin der Liebhaber. Er sagte zu mir: ‚Ich bin ein unglücklicher Mensch. Ich', sagte er, ‚trinke den bittern Kelch! Ich habe meine Frau im Verdacht.' – ‚Aber', sagte ich zu ihm ganz vernünftig, ‚wie kommst du auf den Verdacht?' Aber Sie hören ja nicht zu ... Hören Sie, hören Sie! ... ‚Eifersucht ist lächerlich', sagte ich, ‚Eifersucht ist ein Laster!' ... ‚Nein', sagte er, ‚ich bin ein unglücklicher Mensch! Ich muß ... den Kelch ... ich habe sie im Verdacht!' – ‚Oh', sagte ich, ‚mein lieber Freund, Gefährte meiner kindlichen Spiele! Wir haben gemeinschaftlich die Blumen der Freude gepflückt, auf den Pfühlen des Genusses geruht'. Mein Gott, ich weiß nicht mehr, was ich rede. Sie lachen unausgesetzt, junger Mann! Sie machen mich verrückt.«

»Sie sind ja schon verrückt.«

»Ja, ja! Ich ahnte schon, daß Sie das sagen würden ... als ich vom Verrücktwerden sprach. Lachen Sie nur, lachen Sie nur, junger Mann! So blühend habe auch ich einst ausgeschaut, so habe auch ich verführt. Ach! ich bekomme noch Gehirnentzündung.«

»Sag, Herzchen, niest da nicht jemand?« sagte der Alte. »Hast du geniest, Herzchen?«

»O Gott!« sagte die Frau.

»Pst!« erklang es unter dem Bett.

»Es wird wohl oben geklopft«, bemerkte die Frau erschrocken, denn unter dem Bett wurde es tatsächlich etwas laut.

»Ja, oben«, sagte der Mann. »Oben. Ich sagte dir doch, daß ich einem Stutzer ... kchä, kchä! ... einem Stutzer mit einem kleinen Schnurrbärtchen begegnet bin.«

»Mit einem kleinen Schnurrbart? Mein Gott, das sind gewiß Sie«, flüsterte Iwan Andrejewitsch.

»Herr Gott, was ist das für ein Mensch! Ich liege doch hier, hier neben Ihnen! Wie hätte er mir begegnen können? Rühren Sie mein Gesicht nicht an!«

»Mein Gott, ich werde gleich ohnmächtig.«

In diesem Augenblick erhob sich oben tatsächlich Lärm.

»Was mag da vorgehen?« flüsterte der junge Mann.

»Mein Herr! Ich bin entsetzt, ich bin in Angst! Helfen Sie nir!«

»Pst!«

»In der Tat, Herzchen, es ist ein furchtbarer Lärm da ben! Sie treiben es ganz toll. Und noch dazu über deinem 'chlafzimmer. Sollte man nicht hinaufschicken?«

»Das auch noch? Was du dir alles ausdenkst.«

»Nein, nein, ich will es nicht tun. Du bist heute so böse.«

»Lieber Gott! Du solltest doch schlafen gehen.«

»Lisa! Du hast mich gar nicht lieb.«

»Gewiß habe ich dich lieb! Mein Gott, ich bin so müde.«

»Ja, ja, ich will gehen.«

»Ach nein! Nein! Geh nicht fort!« schrie die Frau. »Oder nein! Geh nur, geh nur!«

»Was ist dir? Erst soll ich gehen, dann soll ich wieder bleiben! Kchä, kchä! Aber es ist wirklich Zeit zum Schlafen ... Kchä, kchä! Die Mädchen ... kchä! Bei dem Mädchen habe ich eine Nürnberger Puppe gesehen ... Kchä, kchä!«

»Ach, was kümmern mich jetzt die Puppen!«

»Kchä, kchä! Eine hübsche Puppe, kchä, kchä!«

»Er sagt gute Nacht«, murmelte der junge Mann. »Er geht, und wir können auch gleich fort. Hören Sie? Freuen Sie sich doch!«

»Oh, Gott gebe es, Gott gebe es!«

»Das wird Ihnen eine Lehre sein.«

»Junger Mann! Wieso habe ich diese Lehre verdient? Ich fühle es ... Aber Sie sind noch jung; Sie haben mir keine Lehren zu erteilen.«

»Ich tue es aber doch. Hören Sie!«

»Mein Gott! Ich muß niesen!«

»Pst! Wenn Sie's wagen!«

»Was soll ich denn tun? Es riecht hier nach Mäusen; ich kann doch nicht anders. Ziehen Sie mir bitte das Schnupftuch aus der Tasche! Um Gottes willen! Ich kann mich nicht rühren! O Gott, o Gott! Wofür werde ich so gestraft?«

»Da haben Sie Ihr Tuch! Wofür Sie gestraft sind, will ich Ihnen gleich sagen. Sie sind eifersüchtig. Auf einen blödsinnigen Verdacht hin laufen Sie wie verrückt umher, dringen in eine fremde Wohnung ein, stören die Ordnung ...«

»Junger Mann! Ich habe keine Ordnung gestört.«

»Schweigen Sie!«

»Junger Mann, Sie dürfen mir keine Moralpredigten halten! Ich bin moralischer als Sie.«

»Schweigen Sie!«

»O mein Gott! Mein Gott!«

»Sie stören die Ordnung, ängstigen eine junge Dame, ein schüchternes Frauchen, das nicht weiß, was es vor Angst tun soll, und noch krank werden kann; Sie beunruhigen einen ehrwürdigen Greis, der von Hämorrhoiden geplagt wird, der vor allem der Ruhe bedarf – und warum das alles? Weil Sie sich allerlei Unsinn in den Kopf gesetzt haben und in der ganzen Stadt damit herumlaufen. Verstehen Sie jetzt, in was für einer peinlichen Situation Sie sich befinden? Fühlen Sie das?«

»Schon gut, mein Herr! Ich fühle es, aber Sie haben nicht das Recht ...«

»Schweigen Sie! Was heißt Recht? Verstehen Sie, daß das tragisch enden kann? Verstehen Sie, daß der Alte, der seine Frau liebt, verrückt werden kann, wenn er sieht, wie Sie unter dem Bett hervorgekrochen kommen? Aber nein, Sie sind unfähig, eine Tragödie zu entfesseln. Wenn Sie hervorkriechen, muß jeder in schallendes Gelächter ausbrechen. Ich möchte Sie gern bei Licht sehen. Sie müssen eine furchtbar komische Figur machen.«

»Und Sie? Sie müssen erst recht komisch aussehen. Ich möchte Sie auch betrachten.«

»Das hat Zeit.«

»Sie sind gewiß mit dem Stempel des Lasters gezeichnet, junger Mann!«

»Aha! Sie kommen wieder mit Moralpredigten! Was wissen *Sie* denn, warum ich hier bin? Ich bin durch ein Versehen hierhergeraten. Ich wollte eine Treppe höher hinauf. Und der Teufel mag wissen, warum man mich eingelassen hat. Vielleicht hat sie wirklich jemand erwartet – selbstverständlich nicht Sie, mein Herr! Ich versteckte mich unter dem Bett, als ich Ihre blöden Schritte hörte, als ich sah, wie die Dame erschrak. Zudem war es dunkel. Und wieso kann ich Ihnen als Rechtfertigung dienen? Sie, mein Herr, sind ein lächerlicher, eifersüchtiger alter Knabe! Warum gehe ich denn nicht hinaus? Sie glauben vielleicht, ich fürchte mich? Nein, mein Herr, ich wäre längst hinausgegangen, wenn ich nicht Mitleid mit Ihnen hätte. Wie sollten Sie allein hierbleiben?

Sie werden ja wie ein Klotz vor den Leuten daliegen, Sie werden nicht wissen, was Sie sagen sollen ...«

»Nein, warum denn wie ein Klotz? Warum dieser entwürdigende Vergleich? Konnten Sie mich nicht mit einem andern Gegenstand vergleichen, junger Mann? Und warum sollte ich nicht wissen, was ich sagen soll? Nein, ich weiß es sehr gut.«

»O Gott, wie dieses Hündchen bellt!«

»Pst! ... Ja, wahrhaftig. Das kommt alles von Ihrem Geschwätz. Sehen Sie, nun haben Sie den Hund aufgeweckt. Jetzt geht's uns schlimm.«

In der Tat, das Hündchen der Dame, das die ganze Zeit auf einem Kissen in der Ecke geschlafen hatte, war plötzlich aufgewacht, witterte die Fremden und stürzte mit lautem Gebell unter das Bett.

»O mein Gott! So ein dummer Hund!« flüsterte Iwan Andrejewitsch. »Er wird uns alle verraten! Er bringt alles an den Tag! Das ist eine harte Strafe!«

»Ja freilich! Sie sind so ein Hasenfuß, daß alles möglich wird!«

»Ami, Ami! Hierher!« schrie die Dame, »Ici! Ici!«

Aber das Hündchen hörte nicht und drang geradewegs auf Iwan Andrejewitsch ein.

»Was bellt denn der Ami so, Herzchen?« sagte der Alte. »Da sind wohl Mäuse – oder sitzt der Kater Waska unter dem Bett? Darum hörte ich auch immer jemand niesen ... Waska hat heute Schnupfen.«

»Liegen Sie ruhig!« flüsterte der junge Mann, »rühren Sie sich nicht! Dann hört er vielleicht auf.«

»Mein Herr! Mein Herr! Lassen Sie meine Hände los! Warum halten Sie sie fest?«

»Pst! Schweigen Sie still!«

»Aber ich bitte Sie, junger Mann! Er beißt mich in die Nase! Soll ich Ihretwegen meine Nase verlieren?«

Es entspann sich ein Kampf, und Iwan Andrejewitsch bekam seine Hände frei. Der Hund bellte wie rasend; plötzlich hörte er auf zu bellen und winselte jammervoll.

»Ach!« schrie die Dame.

»Unmensch! Was tun Sie?« flüsterte der junge Mann, »Sie richten uns alle beide zugrunde! Warum halten Sie ihn fest? Mein Gott, er erwürgt ihn! Erwürgen Sie ihn nicht! Lassen Sie ihn los! Barbar! Sie kennen die Frauenseele nicht! Sie verrät uns alle beide, wenn Sie den Hund umbringen.«

Aber Iwan Andrejewitsch hörte nicht mehr. Es war ihm gelungen, den Hund einzufangen, und der Selbsterhaltungstrieb zwang ihn, dem Tier die Gurgel zusammenzupressen. Das Hündchen heulte noch einmal auf und verendete.

»Wir sind verloren!« flüsterte der junge Mann.

»Ami! Ami!« schrie die Dame. »Mein Gott, was machen sie mit meinem Ami? Ami! Ami! Ici! O die Unmenschen! Die Barbaren! O Gott, mir wird übel.«

»Was gibt's? Was gibt's? Was gibt's?« schrie der Gatte und sprang von seinem Lehnsessel auf. »Was ist dir, mein Herzchen? Ami, komm her! Ami, Ami, Ami!« rief der Alte, schnalzte mit der Zunge und schnippte mit den Fingern, um das Hündchen unter dem Bett hervorzulocken. »Ami! Ici! Ici! Es ist doch undenkbar, daß Waska ihn da unten aufgefressen hat! Waska muß Prügel bekommen, mein Herzchen, er ist schon einen ganzen Monat nicht geprügelt worden, der Lump! Was meinst du, Herzchen? Ich will morgen mit Praskowja Sacharowna reden. Aber mein Gott, Herzchen, was ist dir? Du bist ganz bleich geworden! O Gott! Heda! Leute!«

Und der Alte rannte erregt im Zimmer umher.

»Barbaren! Unmenschen!« schrie die Dame und warf sich auf die Chaiselongue.

»Wer? Wer? Wer denn?« schrie der Alte.

»Dort sind Leute! Fremde! ... Unter dem Bett! O mein Gott! Ami! Ami! Was haben sie mit dir gemacht?«

»Gerechter Gott! Leute! Was für Leute? Ami ... Heda! Hilfe! Zu Hilfe! Wer ist da? Wer ist da?« schrie der Alte, ergriff ein Licht und bückte sich, um unter das Bett zu sehen. »Wer ist da? Hilfe! Zu Hilfe!«

Iwan Andrejewitsch lag mehr tot als lebendig neben dem erstarrten Leichnam des armen Ami. Doch der junge Mann beobachtete jede Bewegung des Hausherrn. Plötzlich ging der Alte um das Bett herum an die Wand und bückte sich. In einem Nu war der junge Mann unter dem Bett hervorgekrochen und zur Flucht bereit, während der Gatte seine Gäste auf der anderen Seite des Bettes suchte.

»Mein Gott!« flüsterte die Dame, den jungen Mann anstarrend. »Wer sind Sie? Ich hatte geglaubt ...«

»Der Unhold ist dageblieben«, flüsterte der junge Mann, »er ist der Mörder Amis!«

»Oh!« schrie die Dame.

Aber der junge Mann war schon aus dem Zimmer verschwunden.

»Oh! Hier ist jemand! Hier halte ich einen Stiefel!« schrie der Mann und packte Iwan Andrejewitschs Fuß.

»Der Mörder! Der Mörder!« schrie die Dame. »O Ami, Ami!«

»Kommen Sie heraus!« schrie der Alte, mit beiden Füßen auf dem Teppich stampfend. »Kommen Sie heraus! Wer sind Sie? Stehen Sie Rede und Antwort! Wer sind Sie? Mein Gott! Was für ein sonderbarer Mensch!«

»Räuber, Räuber!«

»Um Gottes willen!« schrie Iwan Andrejewitsch herauskriechend, »um Gottes willen, Exzellenz, rufen Sie Ihre Leute nicht! Exzellenz, rufen Sie die Leute nicht! Das ist ganz überflüssig! Sie dürfen mich nicht hinauswerfen! ... Ich bin kein Mensch von der Sorte! Ich bin ein Mann für mich ... Exzellenz, hier waltet ein verhängnisvoller Irrtum! Ich will Ihnen gleich alles erklären, Exzellenz«, fuhr Iwan Andrejewitsch schluchzend und schnaubend fort. »Das kommt alles von meiner Frau ... das heißt, es ist nicht meine Frau; es ist eine fremde Frau ... Ich bin nicht verheiratet, ich bin nur so ... Er ist mein Freund und Jugendgespiele ...«

»Was heißt Jugendgespiele?« schrie der Alte und stampfte auf den Boden, »Sie sind ein Dieb, Sie wollten mich bestehlen ... Jugendgespiele!«

»Nein, ich bin kein Dieb, Exzellenz; ich bin wirklich sein Jugendgespiele ... Ich habe mich nur im Stockwerk geirrt ...«

»Ja, ja, mein Herr, ich sehe schon, aus welchem Stockwerk Sie gekrochen kommen!«

»Exzellenz! So bin ich nicht! Sie irren! Ich sage, daß Sie grausam irren, Exzellenz! Sehen Sie mich genauer an – Sie werden an zahlreichen Merkmalen erkennen, daß ich kein Dieb sein kann! Gnädige Frau! Gnädige Frau!« schrie Iwan Andrejewitsch, die Hände ringend und sich zur Dame wendend, »Sie als Frau müssen mich verstehen ... Ich habe Ihren Ami umgebracht ... Aber ich bin nicht schuld, bei Gott, ich bin nicht schuld ... An allem ist die Frau schuld! Ich bin ein unglücklicher Mensch, ich trinke den bittern Kelch ...«

»Aber ich bitte Sie! Was geht es mich an, daß Sie den Kelch trinken? Vielleicht haben Sie auch schon mehr als einen Kelch getrunken! Ihr Benehmen läßt das wohl vermuten. Wie aber sind Sie hierhergekommen, mein Herr?« schrie der Alte, vor Erregung am ganzen Leibe zitternd, aber bereits auf Grund gewisser Merkmale und Kennzeichen überzeugt, daß Iwan Andrejewitsch kein Dieb sein konnte. »Ich frage Sie, wie sind Sie hier hereingekommen? Sie sind als Räuber ...«

»Ich bin kein Räuber, Exzellenz! Ich habe mich nur in der Tür versehen, ich bin wirklich kein Räuber. Das kommt alles von meiner Eifersucht. Ich will Ihnen alles erzählen, Exzellenz, aufrichtig erzählen wie einem Vater, denn Sie sind wohl in einem Alter, daß ich Sie als Vater ansehen kann.«

»Was heißt Alter?«

»Exzellenz! Ich habe Sie vielleicht gekränkt? In der Tat, eine so junge Dame ... und Ihr Alter ... es ist eine Freude, Exzellenz ... in der Tat, es ist eine Freude, so eine Ehe zu sehen ... in der Blüte der Jahre ... Aber rufen Sie Ihre Leute nicht ... Um Gottes willen, rufen Sie die Leute nicht ... Die Leute werden nur lachen ... ich kenne sie ... Das heißt, ich will damit nicht sagen, daß ich nur mit Lakaien bekannt bin ... Ich halte mir selbst Lakaien, Exzellenz, und sie lachen immer ... die Esel! Durchlaucht ... Ich irre mich doch nicht, ich rede mit einem Fürsten ...«

»Nein, ich bin kein Fürst, verehrter Herr! Glauben Sie nicht, Sie könnten mich mit Ihrer Durchlaucht betören! Wie sind Sie hierhergeraten, mein Herr? Wo kommen Sie her?«

»Durchlaucht ... ich wollte sagen: Exzellenz ... verzeihen Sie, ich dachte, Sie wären eine Durchlaucht. Ich habe mich versehen ... ein Irrtum ... das kommt vor ... Sie sehen dem Fürsten Korotkouchow so ähnlich, den ich die Ehre hatte bei meinem Freund, Herrn Pusirewskij, kennenzulernen ... Sehen Sie, ich bin auch mit Fürsten bekannt, bei meinen Freunden verkehren Fürsten; Sie dürfen mich also nicht für das halten, wofür Sie mich gehalten haben. Ich bin kein Dieb! Exzellenz, rufen Sie Ihre Leute nicht! Was hätten Sie davon, wenn Sie sie riefen?«

»Wie aber sind Sie hierhergekommen?« schrie die Dame. »Wer sind Sie?«

»Ja, wer sind Sie?« fiel der Mann ein. »Und ich dachte, Herzchen, der Kater Waska säße unter deinem Bett und nieste! Und nun ist der Mann hier! So ein Bummler ... Wer sind Sie? Reden Sie doch!«

Der Alte stampfte wieder mit den Füßen auf den Teppich.

»Ich kann nicht reden, Exzellenz! Ich warte, bis Sie zu

Ende sind ... Ich höre Ihren geistreichen Scherzen zu. Was aber mich anbelangt, ist es eine höchst lächerliche Geschichte. Ich will Ihnen alles erzählen, Exzellenz. Es wird sich ohnedies alles aufklären – das heißt, ich will sagen: Sie brauchen die Leute nicht herbeizurufen, Exzellenz! Behandeln Sie mich vornehm! Das tut nichts, daß ich unter dem Bett gesessen habe. Ich habe mir nichts vergeben. Es ist eine höchst komische Geschichte, Exzellenz!« schrie Iwan Andrejewitsch, sich mit flehender Miene an die Dame wendend, »besonders Sie, gnädige Frau, werden von Herzen lachen! Sie sehen einen eifersüchtigen Ehemann auf der Bühne! Sie sehen, ich erniedrige mich selbst, ich erniedrige mich freiwillig. Gewiß habe ich den Ami getötet, aber ... Mein Gott, ich weiß nicht, was ich rede!«

»Wie sind Sie hierhergekommen?«

»Im Schutz der Nacht, Exzellenz, in der Finsternis ... Vergeben Sie mir, Exzellenz! Demütig bitte ich um Vergebung! Ich bin nur ein beleidigter Ehemann, nichts weiter! Glauben Sie nicht, Exzellenz, daß ich ein Liebhaber wäre! Ich bin kein Liebhaber! Ihre Frau Gemahlin ist höchst tugendhaft, wenn ich mich so ausdrücken darf. Sie ist rein und unschuldig.«

»Was? Was? Was wagen Sie da zu behaupten?« schrie der Alte und stampfte mit den Füßen. »Sind Sie verrückt? Wie wagen Sie es, von meiner Frau zu reden?«

»Dieser Bösewicht, dieser Mörder, der meinen Ami umgebracht hat!« schrie die Gattin, in Tränen ausbrechend. »Und er wagt es noch ...«

»Exzellenz, Exzellenz! Ich hab's nicht so gemeint!« schrie Iwan Andrejewitsch verzweifelt. »Ich hab's nicht so gemeint, bei Gott nicht! Nehmen Sie an, ich hätte den Verstand verloren! Um Gottes willen, halten Sie mich für verrückt! Ich schwöre Ihnen bei meiner Ehre, daß Sie mir einen außerordentlichen Dienst damit erweisen! Ich würde Ihnen die Hand reichen, aber ich wage es nicht ... Ich war nicht allein da, ich bin der Onkel ... das heißt, ich wollte sagen, daß man mich nicht als Liebhaber ansehen darf ... Mein Gott! Ich komme wieder aus dem Konzept ... Seien Sie nicht böse, gnädige Frau!« schrie Iwan Andrejewitsch, zur Dame gewandt. »Sie sind eine Dame, Sie wissen, was Liebe ist ... Das ist ein zartes Gefühl ... Und was bin ich? ... Ich komme wieder aus dem Konzept! Ich wollte sagen: Ich bin ein

Greis, das heißt, ein Mann in reifen Jahren, kein Greis; ich kann nicht Ihr Liebhaber sein; ein Liebhaber ist ein Richardson, das heißt, ein Lovelace ... Ich komme aus dem Konzept! Aber Sie sehen, Exzellenz, ich bin ein gelehrter Mann, in der Literatur beschlagen. Sie lachen, Exzellenz! Es freut mich, Sie zum Lachen gebracht zu haben, Exzellenz! Oh, wie freut es mich, daß ich Sie zum Lachen gebracht habe!«

»O Gott! Was für ein komischer Mensch!« schrie die Dame und wollte platzen vor Lachen.

»Ja, sehr komisch! Und wie schmutzig«, sagte der Alte, hoch erfreut, daß seine Gattin lachte. »Herzchen, er kann kein Dieb sein. Wie aber ist er hierhergekommen?«

»Das ist wirklich sonderbar! Höchst sonderbar, Exzellenz! Wie in einem Roman! Was? Um Mitternacht, in der Residenz, ein Mann unterm Bett! Lächerlich, sonderbar! Rinaldo Rinaldini – sozusagen! Aber das tut nichts, Exzellenz, das tut nichts ... Und Ihnen, gnädige Frau, verschaffe ich ein neues Bologneserhündchen ... ein ganz wunderbares Tierchen! Mit ganz langem Haar und kurzen Beinchen! Keine zwei Schritt kann es gehen, schon verwickelt es sich in seinem eigenen Haar und fällt hin. Es wird nur mit Zucker gefüttert. Ich bringe es Ihnen, gnädige Frau, ich bringe es ganz bestimmt.«

»Hahaha!« Die Dame warf sich laut lachend auf dem Sofa hin und her. »Mein Gott, ich kriege noch Krämpfe. Nein, wie komisch!«

»Ja, ja! Hahaha! Kchä, kchä, kchä! So komisch, so schmutzig! Kchä, kchä, kchä!«

»Exzellenz, gnädige Frau, ich bin jetzt vollkommen glücklich. Ich würde Ihnen meine Hand reichen, aber ich wage es nicht, Exzellenz, ich fühle, daß ich im Irrtum war, aber nun sind mir die Augen aufgegangen! Ich glaube nun auch, daß meine Frau rein und unschuldig ist. Ich habe sie ohne Grund verdächtigt.«

»Seine Frau! Seine Frau!« schrie die Dame und lachte, daß ihr die Tränen kamen.

»Er hat eine Frau! Unglaublich! Das hätte ich nie gedacht!« fiel der Alte ein.

»Ja, ich habe eine Frau, Exzellenz – und sie ist an allem schuld. Das heißt, ich bin schuld; ich hatte sie im Verdacht. Ich wußte, daß hier eine Zusammenkunft verabredet war, hier oben. Ich hatte ein Briefchen aufgefangen, ich geriet in die falsche Wohnung und mußte unter dem Bett liegen.«

»Hähähä!«

»Hahaha!«

»Hahaha!« lachte endlich auch Iwan Andrejewitsch. »Oh, ich bin so glücklich! Oh, wie rührend ist es zu sehen, daß wir alle so einig und so glücklich sind! Und meine Frau ist ganz unschuldig! Ich bin fest überzeugt davon! Es ist doch ganz gewiß so, Exzellenz?«

»Hähähä! Kchä, kchä! Weißt du, Herzchen, wer das ist?« sagte endlich der Alte, nachdem er seines Lachens Herr geworden war.

»Wer? Hahaha! Wer denn?«

»Jene Nette ist's, die solche Augen macht, die mit dem Stutzer! Sie ist's! Ich wette, daß es seine Frau ist.«

»Nein, Exzellenz, ich bin überzeugt, daß sie es nicht ist; ich bin fest überzeugt!«

»Aber mein Gott! Sie versäumen ja Zeit«, rief die Dame, die auch nicht mehr lachte. »Laufen Sie schnell hinauf! Vielleicht überraschen Sie sie noch!«

»In der Tat, Exzellenz, ich will hinauf! Aber ich werde niemand überraschen, Exzellenz. Sie ist es nicht, ich bin dessen ganz sicher. Sie ist jetzt zu Hause. Ich allein bin der Schuldige. Ich bin eifersüchtig und weiter nichts... Was meinen Sie, werde ich sie dort noch antreffen, Exzellenz?«

»Hahaha!«

»Hihihi! Kchä, kchä!«

»Gehen Sie, gehen Sie! Und auf dem Rückweg sprechen Sie hier vor und erzählen uns alles«, rief die Dame. »Oder nein! Kommen Sie lieber morgen früh und bringen Sie sie mit. Ich möchte sie kennenlernen.«

»Leben Sie wohl, Exzellenz, ich empfehle mich. Ganz gewiß bringe ich sie mit; es ist mir eine große Freude, Ihre nähere Bekanntschaft zu machen. Ich bin glücklich und froh, daß alles ein so unerwartetes Ende genommen hat und so glücklich abgelaufen ist.«

»Und das Hündchen! Vergessen Sie das nicht! Zuallererst kommt das Hündchen!«

»Sie bekommen es, Exzellenz. Sie bekommen es bestimmt«, fiel Iwan Andrejewitsch ein, indem er wieder ins Zimmer stürzte; denn er hatte sich schon verabschiedet und war hinausgegangen. »Ich bringe es ganz bestimmt. Ein reizendes Tierchen! Als wenn ein Konditor es aus Konfekt gemacht hätte. Und wenn es läuft, verwickelt es sich in seiner eigenen

Wolle und fällt hin! So ein putziges Tierchen! Ich sagte schon zu meiner Frau: ‚Was fällt es denn immer hin?' – ‚Ja, es ist so nett', sagte sie. Aus Zucker, Exzellenz, ganz aus Zucker! Ich empfehle mich, Exzellenz, ich bin sehr, sehr erfreut, Ihre Bekanntschaft gemacht zu haben, sehr erfreut.«

Iwan Andrejewitsch verbeugte sich und ging hinaus.

»Heda! Verehrtester! Warten Sie! Kommen Sie noch einmal her!« schrie der Alte dem abziehenden Iwan Andrejewitsch nach.

Iwan Andrejewitsch kehrte zum drittenmal um.

»Ich kann den Kater Waska nicht finden. Ist er Ihnen nicht begegnet, als Sie unter dem Bett saßen?«

»Nein, Exzellenz. Übrigens hat es mich sehr gefreut, Sie kennenzulernen. Es ist mir eine große Ehre.«

»Er hat jetzt Schnupfen und niest in einem fort. Er muß Prügel bekommen.«

»Gewiß, Exzellenz. Erzieherische Strafen sind bei Haustieren nicht zu vermeiden.«

»Wie?«

»Ich sage, daß erzieherische Strafen nicht zu vermeiden sind, wenn man Haustiere zum Gehorsam bringen will, Exzellenz.«

»Ah! Nun, Gott befohlen, Gott befohlen! Ich wollte Ihnen nur noch das sagen.«

Als Iwan Andrejewitsch auf die Straße hinaustrat, blieb er längere Zeit in einer Pose stehen, als erwarte er, daß ihn sofort der Schlag treffen werde. Er nahm den Hut ab, wischte sich den kalten Schweiß von der Stirn, dachte nach und rannte endlich nach Hause. Wie groß war sein Erstaunen, als er erfuhr, daß Glafira Petrowna längst aus dem Theater zurückgekehrt war, daß sie Zahnschmerzen hatte, nach dem Arzt und dann nach Blutegeln geschickt hatte und nun im Bett lag und Iwan Andrejewitsch erwartete.

Iwan Andrejewitsch schlug sich erst mit der Hand vor die Stirn, dann ließ er sich Waschwasser und die Kleiderbürste geben, und dann erst entschloß er sich, das Schlafgemach seiner Gattin zu betreten.

»Wo verbringen Sie Ihre Zeit, mein Herr? Betrachten Sie sich doch im Spiegel! Wie Sie aussehen? Wie eine Wasserleiche! Wohin waren Sie verschwunden? Ich bitte Sie, mein Herr! Ihre Frau liegt im Sterben, und Sie sind in der ganzen Stadt nicht zu finden. Wo waren Sie? Sie haben mir wohl wieder nachgestellt, wollten ein Rendezvous vereiteln, das ich

Gott weiß wem zugesagt haben soll? Schämen Sie sich, mein Herr! Sie wollen ein Ehemann sein? Bald wird man mit dem Finger auf Sie zeigen.«

»Herzchen«, sagte Iwan Andrejewitsch.

Hier aber empfand er eine solche Verlegenheit, daß er gezwungen war, sein Schnupftuch aus der Tasche zu holen und die begonnene Rede abzubrechen, denn er fand weder Worte noch Gedanken noch Mut . . . Doch wie groß war sein Staunen, sein Entsetzen und seine Angst, als zugleich mit dem Tuch der selige Amischka aus seiner Tasche fuhr? Iwan Andrejewitsch hatte gar nicht bemerkt, wie er in seiner Verzweiflung, als er unter dem Bett hervorkriechen mußte, Amischka, von namenloser Angst erfüllt, in seine Tasche gesteckt hatte, wohl in der unbestimmten Hoffnung, so die Sache zu vertuschen, das Corpus delicti aus der Welt zu schaffen und der wohlverdienten Strafe zu entgehen.

»Was ist das?« schrie die Gattin. »Ein toter Hund! Großer Gott! Wo kommt der her? Was soll das? Wo sind Sie gewesen? Sagen Sie mir sofort, wo Sie gewesen sind . . .«

»Herzchen«, erwiderte Iwan Andrejewitsch und wurde noch starrer als Ami, »Herzchen . . .«

Doch hier verlassen wir unsern Helden – bis zum nächsten Mal, denn hier beginnt ein neues, besonderes Abenteuer. Irgendeinmal berichten wir dem verehrten Leser auch von allen diesen Nöten und Schicksalsschlägen. Aber Sie werden zugeben müssen, daß die Eifersucht eine unverzeihliche Leidenschaft ist, mehr noch: ein Unglück . . .

Eine garstige Anekdote

Erzählung

Diese garstige Anekdote ereignete sich gerade in der Zeit, da die Erneuerung unseres geliebten Vaterlandes mit so ungehemmter Wucht und so rührend naivem Eifer eingeleitet wurde und alle seine kühnen Söhne neuen Geschicken und Hoffnungen entgegeneilten. Zu dieser Zeit saßen an einem klaren, kalten Winterabend, es ging übrigens schon auf zwölf Uhr, drei höchst ehrenwerte Männer in einem komfortablen und sogar luxuriös eingerichtetem Zimmer in einem schönen zweistöckigen Hause der Petersburger Seite und führten ein gründliches, vorzügliches Gespräch über ein höchst anziehendes Thema. Diese drei Männer standen alle im Generalsrang. Sie saßen um einen kleinen Tisch, jeder in einem schönen, weichen Lehnsessel, und schlürften während der Unterhaltung leise und vornehm Sekt. Die Flasche stand in einem silbernen Kübel vor ihnen auf dem Tisch. Die Sache war nämlich die, daß der Hausherr, Geheimrat Stepan Nikiforowitsch Nikiforow, ein alter Junggeselle von etwa fünfundsechzig Jahren, seinen Einzug in sein neugekauftes Haus feierte und zugleich auch seinen Geburtstag, der gerade auf diesen Tag fiel und den er bisher nie gefeiert hatte. Übrigens war es keine weiß Gott was für eine große Feier; wie wir schon sagten, waren nur zwei Gäste da, beides ehemalige Amtskollegen Herrn Nikiforows und zugleich seine Untergebenen, nämlich der Wirkliche Staatsrat Semjon Iwanowitsch Schipulenko und Iwan Iljitsch Prasinskij, ebenfalls Wirklicher Staatsrat. Sie waren gegen neun Uhr gekommen, hatten Tee getrunken, sich an den Wein gemacht und wußten, daß sie sich Punkt halb zwölf nach Hause begeben mußten. Der Hausherr war sein ganzes Leben lang ein Freund der Ordnung gewesen. Zwei Worte über ihn: er hatte seine Laufbahn als kleiner unversorgter Beamter begonnen, fünfundvierzig Jahre ruhig am gleichen Strang gezogen, wußte sehr gut, wie weit er es bringen konnte, dachte nicht daran, die Sterne vom Himmel zu begehren, obgleich er schon zwei besaß, und äußerte vor allem in keiner wie immer gearteten Angelegenheit eine persönliche Meinung.

Er war auch ehrlich, das heißt, er hatte keine Gelegenheit, etwas besonders Unehrliches zu tun; er war Junggeselle geblieben, weil er Egoist war; er war durchaus nicht dumm, konnte es aber nicht leiden, seinen Verstand zur Schau zu tragen; besonders verhaßt waren ihm Schlamperei und Begeisterung, die er für eine Art moralischer Schlamperei hielt, und am Ende seines Lebens versank er vollständig in einen süßen, faulen Komfort und systematische Vereinsamung. Obgleich er selbst zuweilen bei besseren Leuten zu Besuch war, konnte er schon von Jugend auf keine Gäste bei sich sehen, und in letzter Zeit begnügte er sich, wenn er nicht gerade Patience legte, mit der Gesellschaft seiner Standuhr und lauschte ganze Abende unerschütterlich, im Lehnstuhl dösend, ihrem Ticken unter dem Glassturz auf dem Kamin. Er war von sehr vornehmer Erscheinung, immer glatt rasiert, sah jünger aus, als er war, hatte sich gut gehalten, versprach noch lange zu leben und hielt sich wie ein Gentleman. Sein Amt strengte ihn wenig an; er hatte irgendwo zu präsidieren und irgend etwas zu unterschreiben. Mit einem Wort: er galt für einen vorzüglichen Menschen. Er hatte nur eine Leidenschaft, oder richtiger – einen heißen Wunsch: ein eigenes Haus zu besitzen, und zwar ein Haus, das für einen großen Herrn erbaut wäre und nicht, um Kapital daraus zu schlagen. Sein Wunsch ging endlich in Erfüllung; er fand und erwarb ein solches Haus auf der Petersburger Seite, allerdings etwas abgelegen, doch mit Garten und sehr elegant. Der neue Besitzer erwog: Je entfernter, desto besser. Er brauchte keine Besuche zu empfangen, und um irgendwohin oder ins Amt zu fahren, hatte er eine vorzügliche zweisitzige, schokoladenbraune Kutsche, seinen Kutscher Michej und zwei kleine, aber hübsche und kräftige Pferde. Dies alles war durch vierzigjähriges, unermüdliches Sparen erworben, so daß sich sein Herz beim Anblick dieser Dinge freute. Darum empfand Stepan Nikiforowitsch, als er das Haus gekauft und bezogen hatte, in seinem zufriedenen Herzen ein so großes Wohlbehagen, daß er sich sogar Gäste zum Geburtstag einlud, den er bisher sogar vor seinen nächsten Bekannten geheimgehalten hatte. Mit dem einen Gast hatte er übrigens noch besondere Absichten. Er selbst bewohnte das Obergeschoß des Hauses, für das Parterre, das ebenso gebaut war und dieselbe Zimmereinteilung hatte, brauchte er einen Mieter. Stepan Nikiforowitsch rechnete nun auf Semjon Iwanowitsch Schipulenko und brachte an diesem Abend das Gespräch sogar zweimal auf dieses Thema. Aber Semjon Iwanowitsch schwieg sich darüber aus. Er war ein Mann mit schwarzem Haar und schwarzem Backenbart und von gallig-gelber Gesichtsfarbe, einer von denen, die sich auch langsam und mit großen Schwierigkeiten ihren Weg nach oben gebahnt hatten. Er war verheiratet, ein Stubenhocker und Haustyrann; im Amt trat er mit großem Selbstbewußtsein auf, wußte ganz genau, wie weit er es, oder besser gesagt, wie weit er es nie bringen würde, saß auf einem ausgezeichneten Posten, und zwar sehr fest. Auf die neue Ordnung sah er –, wenn auch nicht ohne Ärger, so doch ohne sonderliche Beunruhigung herab; er war sehr selbstsicher und hörte daher nur mit spöttischem Mißbehagen auf Iwan Iljitsch Pralinskijs Geschwätz über die neuesten Fragen.

Übrigens hatten sie fast alle etwas zuviel getrunken, so daß sich selbst Stepan Nikiforowitsch herabließ und sich mit Herrn Pralinskij auf einen sanften Streit über die neue Ordnung einließ. Doch nun einige Worte über Seine Exzellenz, Herrn Pralinskij, um so mehr, als dieser der Held der nachstehenden Erzählung ist. Der Wirkliche Staatsrat Iwan Iljitsch Pralinskij war alles in allem kaum vier Monate im Besitz seines Titels, also eine noch recht junge Exzellenz. Auch an Jahren war er noch jung, um dreiundvierzig herum, sah aber jünger aus und liebte es auch, jünger auszusehen. Er war ein schöner Mann von hohem Wuchs, elegant und solid in seiner Kleidung, trug mit viel Geschick seinen Orden am Hals, hatte es schon als Knabe verstanden, sich einige vornehme Manieren anzueignen, und da er ledig war, träumte er von einer reichen, sogar vornehmen Braut. Er träumte noch von vielen andern Dingen, obgleich er keineswegs dumm war. Er konnte mitunter sehr viel reden und liebte es sogar, parlamentarische Posen anzunehmen. Er stammte aus gutem Haus, war der Sohn eines Generals und sehr verwöhnt; im zarten Kindesalter war er in Samt und Batist gegangen, hatte eine aristokratische Lehranstalt besucht und dort zwar nicht viel Kenntnisse erworben, immerhin aber genug, um im Staatsdienst vorwärtszukommen und es bis zur Exzellenz zu bringen. Seine Vorgesetzten hielten ihn für einen begabten Menschen und setzten sogar Hoffnungen auf ihn. Stepan Nikiforowitsch, der von dessen ersten Anfängen fast bis zur Ernennung zum Wirklichen Staatsrat sein unmittelbarer Vorgesetzter gewesen war, hatte ihn nie für einen tüchtigen Menschen gehalten und keinerlei Hoffnungen auf ihn gesetzt. Aber ihm gefiel es, daß er aus guter Familie war, Vermögen besaß, das heißt ein großes kapitales Haus mit einem Verwalter, mit vornehmen Leuten verwandt war und überhaupt eine gute Figur machte.

Innerlich verachtete Stepan Nikiforowitsch ihn freilich wegen seines Übermaßes an Einbildungskraft und seines Leichtsinns. Und Iwan Iljitsch fühlte manchmal selbst; daß er zu eingebildet und eitel war. Seltsam: mitunter hatte er Anfälle von krankhaften Gewissensskrupeln, ja, ihn beschlich sogar ein leises Reuegefühl. Mit Bitterkeit und einem heimlichen Stachel in der Seele gestand er sich mitunter, daß er wohl kaum so hoch fliegen werde, wie er sich erträumte. In solchen Augenblicken verfiel er beinahe in Trübsinn, besonders, wenn ihn gerade seine Hämorrhoiden plagten, nannte sein Leben une existence manquée, hörte auf – versteht sich, nur im stillen –, an seine parlamentarischen Fähigkeiten zu glauben, nannte sich einen Schwätzer, einen Phrasenhelden, und sosehr ihm dies alles auch zur Ehre gereichte, hinderte es ihn doch nicht, schon in der nächsten halben Stunde sein Haupt wieder hoch zu tragen und sich noch hartnäckiger und herausfordernder anzufeuern und in dem Gedanken zu bestärken, daß er nicht verfehlen werde, sich auszuzeichnen und nicht nur ein Würdenträger, sondern auch ein Staatsmann zu werden, dessen Andenken in Rußland unvergessen bleiben würde. In manchen Augenblicken träumte er sogar von einem Denkmal.

Aus alledem ist ersichtlich, daß Iwan Iljitsch hoch hinauswollte, wenn er auch seine unklaren Träume und Hoffnungen mit einer stillen Furcht tief in sich verbarg. Kurz – er war ein braver Mensch, sogar eine poetische Seele. In der letzten Zeit überkamen ihn immer häufiger Anfälle von Entmutigung. Er wurde auffallend reizbar, mißtrauisch und empfand jeden Widerspruch als Beleidigung. Auf das sich erneuernde Rußland aber setzte er große Hoffnungen. Die Ernennung zum Wirklichen Staatsrat schien sie zu erfüllen. Er richtete sich auf, trug das Haupt wieder höher und begann plötzlich über die neuen Ideen, die er sich auffallend schnell und mit überraschendem Fanatismus angeeignet hatte, sehr viel und sehr beredt zu sprechen. Er wollte überall zu Wort kommen, fuhr in der Stadt herum und galt an vielen Orten schon als verwegener Liberaler, was ihm sehr schmeichelte. An diesem

Abend nun war er, nachdem er vier Gläschen getrunken hatte, besonders in Stimmung. Er bekam Lust, Stepan Nikiforowitsch, den er schon lange nicht gesehen und dem er bisher immer die größte Achtung, ja sogar Gehorsam entgegengebracht hatte, zu bekehren. Er hielt ihn aus irgendeinem Grund für reaktionär und redete nun mit ungewöhnlichem Eifer auf ihn ein. Stepan Nikiforowitsch sprach kaum und hörte nur mit schlauem Lächeln zu, obgleich das Thema ihn interessierte. Iwan Iljitsch geriet immer mehr in Eifer, und in der Hitze des eingebildeten Streites nippte er öfter, als nötig gewesen wäre, an seinem Glas. Da ergriff Stepan Nikiforowitsch die Flasche und füllte sein Glas immer wieder nach, was Iwan Iljitsch, weiß Gott warum, plötzlich als Kränkung betrachtete, um so mehr, als Semjon Iwanowitsch Schipulenko, den er besonders verachtete und wegen seines Zynismus und seiner Bosheit sogar fürchtete, an seiner Seite hinterhältig schwieg und öfter als nötig lächelte.

Sie halten mich anscheinend für einen dummen Jungen, fuhr es Iwan Iljitsch durch den Kopf.

»Nein, es war längst Zeit, hohe Zeit«, fuhr er mit Eifer fort. »Wir sind zu rückständig, in meinen Augen ist Humanität die Hauptsache, Humanität gegen die Untergebenen, eingedenk dessen, daß auch sie Menschen sind. Nur die Humanität kann uns retten, uns emporbringen . . .«

»Hihihihi!« ertönte es von Semjon Iwanowitsch herüber.

»Ja, warum kanzeln Sie uns eigentlich so ab?« sagte endlich Stepan Nikiforowitsch, verbindlich lächelnd. »Ich muß gestehen, Iwan Iljitsch, daß ich bis jetzt noch immer nicht ganz verstanden habe, wo Sie hinauswollen. Sie rühmen die Humanität. Das ist wohl dasselbe wie Menschenliebe, was?«

»Ja, meinetwegen, nennen Sie es Menschenliebe. Ich . . .«

»Erlauben Sie! Meiner Ansicht nach ist das nicht genug.«

»Menschenliebe ist von jeher etwas Selbstverständliches gewesen. Aber die Reformen beschränken sich doch nicht darauf. Es kommt da noch allerlei anderes hinzu: die Bauernfrage, Rechtsfragen, wirtschaftliche Fragen, Steuern, Sittlichkeit und . . . und . . . na, und so weiter, Fragen ohne Ende; und alles zusammen, alles mit einemmal kann – sozusagen – eine große Umwälzung hervorrufen. Das ist es, was wir befürchten, aber nicht Ihre ‚Humanität'.«

»Hm, ja, die Ursache liegt tiefer, hm –« bemerkte Semjon Iwanowitsch.

»Ich verstehe das sehr wohl, und ich bin durchaus mit Ihnen einverstanden, nicht an der Oberfläche der Dinge zu bleiben, tiefer in ihr Verständnis einzudringen, Semjon Iwanowitsch«, entgegnete Iwan Iljitsch giftig und sehr gereizt. »Aber ich erlaube mir trotzdem zu bemerken, Stepan Nikiforowitsch, daß Sie mich noch nicht ganz verstanden haben!«

»Allerdings nicht.«

»Und doch bleibe ich dabei und suche überall im Sinne dieser Idee zu wirken: Humanität, nichts als Humanität gegen die Untergebenen, vom Beamten bis zum Schreiber, vom Schreiber bis zum Hausknecht, vom Hausknecht bis zum Bauern ... die Humanität, sage ich, muß zum Eckstein der bevorstehenden Reformen werden und kann die Erneuerung aller Dinge überhaupt erst herbeiführen. Warum? Darum! Nehmen Sie zum Beispiel den Syllogismus: Ich bin human – also liebt man mich. Man liebt mich – also hat man Vertrauen zu mir. Man hat Vertrauen zu mir, also glaubt man an mich. Man glaubt an mich – also liebt man mich ... Verstehen Sie mich recht: Ich will sagen, wenn man an mich glaubt, so wird man auch an die Reformen glauben, man wird – sozusagen – das Wesen des Problems verstehen, sich sozusagen moralisch in die Arme fallen und die ganze Sache in Freundschaft und gründlich lösen. Worüber lachen Sie, Semjon Iwanowitsch? Verstehen Sie mich nicht?«

Stepan Nikiforowitsch zog schweigend die Augenbrauen hoch; er war erstaunt.

»Es scheint, ich habe etwas zuviel getrunken«, bemerkte Semjon Iwanowitsch giftig. »Darum kann ich meine Gedanken schwer zusammenhalten. Es ist mir ganz wirr im Kopf.«

Iwan Iljitsch zuckte zusammen.

»Wir halten's nicht aus«, sagte Stepan Nikiforowitsch plötzlich nach kurzem Nachsinnen.

»Was heißt das, nicht aushalten?« fragte Iwan Iljitsch, erstaunt über die unerwartete und plötzliche Bemerkung Stepan Nikiforowitschs.

»So – wir werden es eben nicht aushalten.« Stepan Nikiforowitsch wollte sich augenscheinlich in keine weitere Auseinandersetzung einlassen.

»Meinen Sie damit etwa den alten Wein im neuen Schlauch?« erwiderte Iwan Iljitsch ironisch. »Bitte sehr! – für mich kann ich einstehen!«

In diesem Augenblick schlug die Uhr halb zwölf.

»Man sitzt, man sitzt, bis man weggeht«, sagte Semjon Iwanowitsch und machte Miene aufzustehen. Doch Iwan Iljitsch kam ihm zuvor, sprang vom Stuhl auf und nahm seine Zobelfellmütze vom Kamin. Er schaute etwas beleidigt drein.

»Also – wollen Sie es sich überlegen, Semjon Iwanowitsch?« sagte Stepan Nikiforowitsch, die Gäste hinausbegleitend.

»Wegen der Wohnung – was? Ich will es mir überlegen, freilich, freilich!«

»Und wenn Sie sich's überlegt haben, lassen Sie es mich sofort wissen.«

»Immer Geschäfte?« bemerkte Herr Pralinskij, seine Mütze drehend, mit gesuchter Liebenswürdigkeit. Ihm war, als vergäße man ihn.

Stepan Nikiforowitsch zog die Brauen hoch und schwieg zum Zeichen, daß er seine Gäste nicht mehr aufhalten wolle.

Semjon Iwanowitsch verbeugte sich eilends.

Also – wie ihr wollt! wenn ihr eine einfache Höflichkeit nicht verstehen wollt ... entschied Herr Pralinskij bei sich und reichte Stepan Nikoforowitsch mit besonderer Nachlässigkeit die Hand.

Im Flur wickelte sich Iwan Iljitsch in seinen leichten, teuren Pelz und bemühte sich sichtlich, den abgetragenen Waschbärpelz Semjon Iwanowitschs nicht zu bemerken. Beide stiegen die Treppe hinab.

»Unser Alter war anscheinend gekränkt«, sagte Iwan Iljitsch zu dem schweigenden Semjon Iwanowitsch.

»Nein, wieso denn?« antwortete jener ruhig und kalt.

Lakai! dachte Iwan Iljitsch bei sich.

Sie traten auf die Straße hinaus. Semjon Iwanowitschs Schlitten, mit einem unansehnlichen grauen Hengst bespannt, fuhr vor.

»Zum Teufel! Wo steckt denn Trifon mit meiner Kutsche?« schrie Iwan Iljitsch, als er das Fahrzeug nirgends sah. Man lief hin und her, die Kutsche war nicht da. Der Diener Stepan Nikiforowitschs wußte von nichts. Man wandte sich an Warlam, den Kutscher Semjon Iwanowitschs, und bekam zur Antwort, daß die Kutsche die ganze Zeit dagestanden hätte, jetzt aber sei sie nicht mehr da. »Eine garstige Anekdote«, sagte Herr Schipulenko, »darf ich Sie nach Hause bringen?«

»Lumpengesindel«, schrie Pralinskij wütend. »Die Kanaille

hatte mich gebeten, zu einer Hochzeit gehen zu dürfen, hier – irgendwo auf der Petersburger Seite; irgendeine Gevatterin heiratet, der Teufel soll sie holen! Ich hatte ihm streng verboten, sich zu entfernen. Und nun möchte ich wetten, daß er doch hingefahren ist.«

»Das ist schon richtig«, bemerkte Warlam, »er ist dahin gefahren. Doch er versprach, in einem Augenblick wieder dazusein, gerade zur rechten Zeit.«

»Nun also! Ich hab's geahnt! Das soll er mir büßen!«

»Lassen Sie ihn doch etliche Male auf der Polizeiwache gründlich durchprügeln, dann wird er schon gehorsam werden«, sagte Semjon Iwanowitsch und wickelte sich in seine Schlittendecke.

»Bitte, haben Sie keine Sorge, Semjon Iwanowitsch.«

»Also, wenn Sie wollen, nehme ich Sie mit.«

»Danke – kommen Sie gut nach Hause!«

Semjon Iwanowitsch fuhr weg, während Iwan Iljitsch zu Fuß das hölzerne Trottoir entlangschritt; er war in sehr gereizter Stimmung.

»Na, warte nur, du Halunke! Ich gehe jetzt absichtlich zu Fuß, um es dich fühlen zu lassen, damit du Angst kriegst. Wenn du nach Hause kommst und hörst, daß dein Herr zu Fuß hat gehen müssen . . . So ein Schuft . . .!«

Iwan Iljitsch hatte noch nie so geschimpft, aber er war sehr aufgebracht, und zudem brummte ihm der Schädel. Er war kein Trinker, und darum stellte sich die Wirkung der fünf bis sechs Glas sehr bald ein. Aber es war eine bezaubernd schöne Nacht. Es fror, war aber ganz windstill. Der Himmel war klar und mit Sternen besät. Der Vollmond übergoß die Erde mit seinem matten, silbernen Licht. Es war so schön, daß Iwan Iljitsch nach wenigen Schritten sein Mißgeschick fast vergessen hatte. Es wurde ihm seltsam wohl zumute. Im Rausch wechselt die Stimmung bekanntlich sehr schnell. Die kleinen, unansehnlichen Holzhäuschen zu beiden Seiten der einsamen Straße fingen an, ihm zu gefallen.

Das ist ja ganz famos, daß ich zu Fuß gegangen bin, dachte er bei sich, für Trifon ist es eine Lehre, und mir macht es Spaß. Wirklich, man müßte öfters zu Fuß gehen. Was ist schon dabei? Auf dem Großen Prospekt finde ich ja gleich eine Droschke. Eine herrliche Nacht! Was für Häuschen das nur sind? Wohl armes Volk, das darin wohnt, kleine Beamte ... kleine Kaufleute vielleicht ... Dieser Stepan Nikiforowitsch! Was sind das alles für Reaktionäre, für alte Schlafmützen! Jawohl, Schlafmützen – c'est le mot! Übrigens – sonst ein kluger Kerl; hat diesen bon sens, diese nüchterne, praktische Art, die Dinge zu sehen. Aber Greise sind sie, Greise! Sie haben nicht diese ... na, wie sagt man gleich ... na, es fehlt ihnen eben etwas. Wir halten's nicht aus! Was er nur damit sagen wollte? Nachgedacht hat er, ehe er es sagte. Übrigens hat er mich gar nicht verstanden. Was ist daran nur nicht zu verstehen? Es ist schwieriger, *nicht* zu verstehen, als *zu* verstehen. Die Hauptsache ist, daß ich selbst überzeugt bin, von ganzer Seele überzeugt bin. Humanität ... Menschenliebe. Den Menschen sich selber zurückgeben ... seine Würde von neuem erstehen lassen, und dann ... mit dem neugeschaffenen Material an die Arbeit! Das scheint doch klar zu sein! Jaa ... das müssen Sie zugeben, Exzellenz! Betrachten Sie den Syllogismus: Wir treffen einen Beamten, einen armen, eingeschüchterten Beamten. Nun ... wer bist du? Antwort: Ein Beamter. Gut, ein Beamter. Weiter: Was für ein Beamter? Antwort: Der und der. Arbeitest du? Ja. Willst du glücklich sein? Ja. Was brauchst du zum Glück? Dies und jenes! Warum? Darum ... Und der Mann versteht mich sofort. Der Mann gehört mir, der Mann ist sozusagen ins Netz gegangen, und ich mache mit ihm alles, was ich will, das heißt, zu seinem eigenen Besten. Ein schlechter Mensch, dieser Semjon Iwanowitsch! Was für eine widerwärtige Visage er hat! ... Auf der Polizeiwache verprügeln lassen – das hat er absichtlich gesagt. Nein, alles Schwindel, prügle du nur selbst. Ich prügle nicht. Ich mache Trifon mit Worten mürbe, ich bringe ihn mit Vorwürfen zur Raison; er wird's schon fühlen. Was die Prügel anbelangt, hm ... das ist noch eine strittige Frage, hm ... Sollte ich nicht jetzt bei Emerance vorsprechen?

»Der Teufel hole diese verfluchten Bretter«, schrie er plötzlich, weil er gestolpert war. »Und das nennt sich Residenz! Zivilisation! Das Bein kann man sich brechen. Hm ... ich hasse diesen Semjon Iwanowitsch; eine widerwärtige Visage! Vorhin hat er mich ausgelacht, als ich sagte, man würde sich moralisch umarmen. Nun ja, man wird sich umarmen, was geht es dich an? Dich werde ich gar nicht umarmen, eher einen Bauern. Wenn ich einem Bauern begegne, werde ich auch mit dem Bauern reden.

Ich war übrigens betrunken und habe mich nicht ganz klar ausgedrückt. Vielleicht drücke ich mich auch jetzt nicht klar aus – hm ... Ich werde nie wieder trinken. Was man am Abend geschwatzt hat, bereut man am andern Morgen. Was – ich wackle doch nicht beim Gehen? Übrigens sind sie alle Halunken!«

So abgerissen und unzusammenhängend phantasierte Iwan Iljitsch, während er dahinging. Die kalte Luft hatte ihn aufgerüttelt. Nach fünf Minuten war er wieder ruhiger geworden und fühlte sich schläfrig. Da hörte er plötzlich, keine zwei Schritt vor dem Großen Prospekt, Musik. Er blickte sich um. Auf der andern Seite der Straße, in einem altersschwachen, einstöckigen, aber langgestreckten Hause schien man ein großes Fest zu feiern, eine Geige klang, ein Kontrabaß schnarrte, eine Flöte winselte zu einem lustigen Française-Motiv. Unter den Fenstern standen Leute, meist Frauen in Wattemänteln und mit Tüchern auf dem Kopf.

Sie machten die größten Anstrengungen, etwas durch die Ritzen der Läden zu erspähen. Augenscheinlich ging es drinnen hoch her. Das Geräusch der stampfenden Tänzer hörte man bis auf die gegenüberliegende Seite der Straße. Als Iwan Iljitsch in einiger Entfernung einen Schutzmann erblickte, ging er auf ihn zu.

»Wem gehört dies Haus, Bruder?« fragte er, seinen teuren Pelz ein wenig lüftend, gerade so viel, daß der Schutzmann den hohen Orden an seinem Hals sehen konnte.

»Dem Beamten Pseldonimow, dem Registrator«, antwortete der Schutzmann stramm, denn er hatte sofort den Orden bemerkt.

»Pseldonimow? Bah! Pseldonimow! ... Was denn, heiratet er etwa?«

»Er heiratet, Euer Hochwohlgeboren, die Tochter eines Titularrats. Der Titularrat Mlekopitajew hat in der Stadtverwaltung gedient. Dies Haus kriegt seine Tochter als Mitgift.«

»Da gehört es also jetzt schon dem Pseldonimow und nicht dem Mlekopitajew?«

»Dem Pseldonimow, jawohl Euer Hochwohlgeboren. Früher dem Mlekopitajew, jetzt dem Pseldonimow.«

»Hm! Ich frage dich darum, Bruder, weil ich nämlich sein Vorgesetzter bin. Ich bin der Chef der Behörde, bei der Pseldonimow angestellt ist.«

»Zu Befehl, Euer Hochwohlgeboren.« Der Schutzmann reckte sich noch strammer, während Iwan Iljitsch in Gedanken versank. Er stand da und überlegte. Ja, in der Tat, Pseldonimow war in seinem Ressort angestellt, sogar in seiner Kanzlei, er erinnerte sich seiner. Er war ein kleiner Beamter mit einem Gehalt von zehn Rubeln monatlich. Da Pralinskij erst vor ganz kurzer Zeit die Kanzlei übernommen hatte, kannte er alle seine Untergebenen noch nicht genau, aber Pseldonimow hatte er sich gemerkt, seines Namens wegen. Der war ihm sofort aufgefallen, so daß er Lust bekommen hatte, sich den Träger dieses Namens genauer anzusehen. Jetzt entsann er sich seiner als eines noch sehr jungen, mageren und schlechtgenährten Menschen, mit langer Hakennase, blondem struppigem Haar, in unmöglichem Uniformfrack und bis zur Unanständigkeit unmöglichen Beinkleidern. Er erinnerte sich, wie ihm damals sofort der Gedanke gekommen war, ob man dem Armen zu Weihnachten nicht zehn Rubel bewilligen sollte, damit er sich etwas ausstaffieren könnte. Da jedoch das Gesicht des armen Kerls gar zu sauer und sein Blick höchst unsympathisch war und sogar Abscheu erregte, verflog der gute Gedanke ganz von selbst, und Pseldonimow blieb ohne Gratifikation. Um so mehr hatte dieser Pseldonimow ihn vor kaum einer Woche durch seine Bitte, heiraten zu dürfen, in Erstaunen versetzt. Iwan Iljitsch erinnerte sich, daß er gerade keine Zeit gehabt hatte, sich mit dieser Sache genauer zu befassen, so daß die Heiratsangelegenheit in aller Eile entschieden wurde. Aber er erinnerte sich doch genau, daß Pseldonimow als Mitgift ein Holzhaus und vierhundert Rubel bar bekommen sollte.

Dieser Umstand hatte ihn damals in Erstaunen versetzt; er entsann sich sogar, daß er damals über die Nebeneinanderstellung der Namen Pseldonimow und Mlekopitajew gewitzelt hatte. Deutlich erinnerte er sich an dies alles. Und diese Erinnerung stimmte ihn immer nachdenklicher.

Bekanntlich durchkreuzt oft eine ganze Reihe von Erwägungen unser Gehirn blitzartig, in Gestalt von Empfindungen, welche die menschliche Sprache nicht ausdrücken kann, am wenigsten die Literatursprache. Wir wollen uns aber bemühen, alle diese Empfindungen unseres Helden wiederzugeben und unserem Leser wenigstens eine Vorstellung von dem Wesen dieser Empfindungen vermitteln, sozusagen das, was an ihnen das Wichtigste und Wahrscheinlichste war. Denn viele unserer Empfindungen wirken, in die Sprache des Alltags übertragen, völlig unwahrscheinlich. Daher kommen sie nie zutage, obgleich ein jeder sie hat. Natürlich waren Iwan Iljitschs Empfindungen und Gedanken ein wenig unzusammenhängend, aber der Leser kennt ja den Grund.

Ja! ging es ihm durch den Kopf, da reden und reden wir alle, aber kaum heißt es handeln – kommt nichts dabei heraus. Ein Beispiel ist vielleicht gerade dieser Pseldonimow. Da ist er vorhin im Hochzeitsstaat vorgefahren, voll Aufregung, Hoffnung, in Erwartung seligen Genusses . . . ist das doch einer der herrlichsten Tage seines Lebens . . . Jetzt bemüht er sich um seine Gäste, gibt ihnen ein Mahl . . . zwar bescheiden, ärmlich, aber fröhlich und herzlich. Wenn er nun jetzt erführe, daß in dieser Minute ich, sein Vorgesetzter, sein oberster Vorgesetzter, hier vor seinem Haus stehe und seiner Musik lausche? Wirklich, was würde mit ihm geschehen? Nein, was geschähe erst mit ihm, wenn ich jetzt plötzlich bei ihm einträte? Hm . . . Anfangs wäre er natürlich erschrocken, würde verstummen in der ersten Verwirrung . . . Ich würde ihn stören, ich würde ihm vielleicht alles verderben . . . Ja, so wäre es, wenn irgendein anderer Vorgesetzter bei ihm einträte . . . aber nicht ich. Das ist es eben . . . jeder andere, nur nicht ich . . .

Ja, Stepan Nikiforowitsch, Sie haben mich vorhin nicht verstanden, hier haben Sie ein Beispiel.

Ja, wir schreien alle nach Humanität, aber den nötigen Heroismus, den Mut zur Tat haben wir nicht.

Was heißt Heroismus? Ich meine das so! Überlegen Sie! Wenn ich bei den jetzigen gesellschaftlichen Verhältnissen auf den Einfall komme, um halb ein Uhr nachts zur Hochzeit meines Untergebenen, eines Registrators mit zehn Rubeln Gehalt, zu erscheinen, so bedeutet das Verwirrung – Umsturz aller Ideen. Pompeji erlebt seinen letzten Tag, alles geht drunter und drüber. Das kann einfach niemand fassen. Stepan Nikiforowitsch wird eher sterben, als daß er so etwas begreift. Er sagte ja: Wir halten es nicht aus. Ja, so seid ihr alten Leute, die ihr aus eurer Paralyse und Trägheit nicht mehr herauskommt! Ich aber halte es aus! Ich mache den letzten Tag von Pompeji zu dem schönsten Tag für meinen Untergebenen und eine sinnlose Tat zu einer normalen, patriarchalischen, sittlichen. Wie? So! Bitte, hören Sie zu . . .

Nun . . . nehmen wir an, ich trete ein; sie sind verblüfft, unterbrechen den Tanz, schauen entsetzt drein, treten ängstlich zurück. Jawohl! Aber nun spreche ich mich aus! Ich gehe geradewegs auf den erschrockenen Pseldonimow zu und sage zu ihm mit dem freundlichsten Lächeln und mit den allereinfachsten Worten: So und so, weißt du, ich war bei seiner Exzellenz Stepan Trofimowitsch – du kennst ihn wohl, meine ich; er wohnt hier in der Nachbarschaft. Jetzt erzähle ich so obenhin, ganz humoristisch, das Abenteuer mit Trifon, dann berichte ich weiter, wie ich zu Fuß gegangen bin. Nun, ich höre die Musik, erkundige mich beim Schutzmann, erfahre, daß du Hochzeit feierst, Bruder, und denke mir: Ich will doch meinen Untergebenen besuchen, mal sehen, wie meine Beamten sich amüsieren und wie sie heiraten ... Du wirst mich doch nicht davonjagen, meine ich! Davonjagen! Zum Teufel noch einmal, so mit einem Untergebenen zu reden! Jawohl, davonjagen! Ich glaube, er wird ganz verrückt werden, wird davonstürzen, um einen Lehnstuhl heranzurücken, wird zittern und beben vor Wonne, wird zuerst überhaupt nichts begreifen ...

Nun, was kann einfacher und vornehmer sein als eine solche Handlungsweise? Warum ich gekommen bin? Das ist eine Frage für sich! Das ist sozusagen die moralische Seite des Problems! Da liegt eben der Hase im Pfeffer!

Hm ... Woran dachte ich eben? Ja! Also natürlich wird man mich zu den Ehrengästen setzen, zu irgendeinem Titularrat aus der Verwandtschaft, einem ausgedienten Stabskapitän mit roter Nase. Ein Original, wie Gogol sie gezeichnet hat. Dann mache ich die Bekanntschaft der jungen Frau, sage ihr eine Schmeichelei, ermuntere die Gäste, bitte sie, sich nicht zu genieren, lustig zu sein und im Tanz fortzufahren, mache Witze, lache; mit einem Wort, ich bin liebenswürdig und nett. Ich bin immer nett und liebenswürdig, wenn ich mit mir selbst zufrieden bin. Hm! nur scheint es mir, daß ich immer noch ein bißchen so so bin, nicht gerade betrunken, aber ein wenig so ...

Selbstredend stelle ich mich als Gentleman auf gleichen Fuß mit ihnen und verlange keinerlei besondere Ehrungen. Aber moralisch, moralisch ist es eine ganz andere Sache. Sie werden es verstehen und würdigen ... Meine Handlungsweise wird die Noblesse in ihnen wieder erwecken ... Nun, dann bleibe ich also ein halbes Stündchen sitzen ... oder ein ganzes. Breche natürlich noch vor dem Abendessen auf; sie haben natürlich große Vorbereitungen gemacht, gebacken, gebraten; verneigen sich bis zur Erde – doch ich trinke nur ein Glas

Champagner, spreche meinen Glückwunsch – aber für das Abendessen danke ich. Ich sage: Der Dienst ruft! Und kaum spreche ich das Wort Dienst aus, werden alle Gesichter ehrerbietig und ernst. Damit gebe ich durch die Blume zu verstehen, daß ein Unterschied besteht zwischen ihnen und mir. Himmel und Hölle! Nicht, als ob ich ihnen damit Respekt einflößen wollte, aber es ist doch nötig, ja in moralischer Beziehung unumgänglich nötig, was man dagegen auch sagen möchte. Übrigens lächle ich sofort wieder, lache sogar – warum nicht? – und alles faßt wieder Mut ... Ich scherze nochmals mit der Neuvermählten; hm! ... vielleicht sogar so: Ich mache eine Anspielung, daß ich mich in genau neun Monaten als Pate wieder einstellen werde – haha! Sie wird schon ein Kind kriegen in dieser Zeit. Diese Leute vermehren sich ja wie die Kaninchen! Na, alle lachen natürlich, die junge Frau errötet; ich küsse sie gefühlvoll auf die Stirn, segne sie vielleicht gar ... und morgen ist meine Großtat in der Kanzlei gewiß schon bekannt. Morgen bin ich wieder streng, morgen bin ich wieder anspruchsvoll, sogar unerbittlich, aber sie alle wissen doch, wer ich bin, kennen meine Seele, kennen mein Wesen. Er ist streng als Vorgesetzter, aber als Mensch ein Engel! Und so habe ich gesiegt; ich habe sie durch diese einfache Handlung, die Ihnen nie eingefallen wäre, erobert: sie sind mein; ich bin der Vater, sie sind die Kinder ... Nun, Exzellenz Stepan Nikiforowitsch – gehen Sie hin und tun Sie desgleichen ...

Ja, wissen Sie denn, verstehen Sie denn, daß Pseldonimow noch seinen Kindern erzählen wird, wie Exzellenz sein Hochzeitsgast gewesen ist und sogar getrunken hat! Und diese Kinder erzählen es einst ihren Kindern und diese wieder ihren Enkeln als heilige Überlieferung, daß ein Würdenträger, ein Staatsmann – und zu der Zeit werde ich dies alles schon sein – sie für würdig befunden hatte, und so weiter und so weiter. Ich erhebe ja damit einen Erniedrigten moralisch, ich gebe ihn sich selbst zurück. Er bekommt ja nur zehn Rubel Monatsgehalt. Und wenn ich so etwas fünf- oder zehnmal wiederhole oder was anderes dieser Art, dann werde ich in der ganzen Welt berühmt, in allen Herzen wird mein Name geschrieben stehen – und der Teufel allein weiß, wozu diese Popularität noch mal gut sein kann!

So oder fast so philosophierte Iwan Iljitsch. Meine Herrschaften! was redet ein Mensch nicht alles, wenn er sich in exaltiertem Zustand befindet! Alle diese Erwägungen durchschwirrten seinen Kopf in kaum einer halben Minute, und vielleicht hätte er sich mit diesen Träumen begnügt und Stepan Nikiforowitsch in Gedanken beschämt und sich dann ruhig nach Hause begeben und zu Bett gelegt. Und er hätte gut daran getan! Aber das ganze Unglück bestand darin, daß es ein exzentrischer Augenblick war.

Wie absichtlich zeichneten sich im nämlichen Augenblick in seiner gerade richtig gestimmten Phantasie die selbstzufriedenen Gesichter Stepan Nikiforowitschs und Semjon Iwanowitschs ab.

»Wir halten es nicht aus«, wiederholte Stepan Nikiforowitsch mit herablassendem Lächeln.

»Hihihi!« pflichtete Semjon Iwanowitsch ihm mit seinem garstigsten Lächeln bei.

»Das wollen wir doch sehen, ob wir es nicht aushalten!« sagte Iwan Iljitsch entschlossen, und das Blut stieg ihm ins Gesicht. Er verließ den Bürgersteig und ging mit festen Schritten gerade über die Straße zum Hause seines Untergebenen, des Registrators Pseldonimow.

Sein guter Stern leitete ihn. Kühn schritt er durch das offene Gartenpförtchen und stieß verächtlich mit dem Fuß den zottigen, kleinen, heiseren Köter beiseite, der mehr anstandshalber herbeistürzte und ihn ankläffte. Auf einem hölzernen Steig gelangte er an die gedeckte Vortreppe, ein auf den Hof hinausführendes Hüttlein, und stieg die drei morschen Holzstufen zur Haustür empor. Im Flur brannte zwar irgendwo in einer Ecke ein qualmendes Talglichtstümpfchen, was aber Iwan Iljitsch nicht hinderte, mit seinem linken Fuß im Gummischuh in eine Schüssel mit Sülze zu treten, die man zum Abkühlen hier herausgestellt hatte. Iwan Iljitsch bückte sich, sah neugierig umher und bemerkte noch zwei Schüsseln mit gleichem Inhalt und zwei Formen mit Pudding. Die zerquetschte Sülze brachte ihn etwas aus der Fassung, und einen Augenblick schoß es ihm durch den Kopf, ob er sich nicht wieder davonmachen sollte. Doch das schien ihm würdelos zu sein. In der Erwägung, daß es ja niemand gesehen habe und wohl auch niemand ihn verdächtigen würde, reinigte er eilends seine Galoschen, um alle Spuren zu verwischen, tastete sich bis zur filzbeschlagenen Tür, öffnete und befand sich in einem winzigen Vorzimmer. Dessen eine Hälfte war buchstäblich vollgepackt mit übereinandergeworfenen Pelzen,

Jacken, Mänteln, Kappen, Schals und Galoschen. In der anderen Hälfte waren die Musikanten untergebracht: zwei Geigen, eine Flöte, ein Baß, im ganzen vier Mann, selbstredend irgendwo von der Straße aufgelesen.

Sie saßen an einem rohen Holztisch und spielten beim Schein eines Talglichts aus Leibeskräften die letzte Tour einer Française. Durch die offene Saaltür konnte man durch Wolken von Staub, Tabaksrauch und Qualm die Tanzenden sehen. Es herrschte eine tolle Lustigkeit. Gelächter, Geschrei und Gekreisch der Damen war zu hören. Die Kavaliere stampften wie eine Schwadron Gäule. Durch das Getümmel ertönten die Kommandorufe des Tanzordners, eines anscheinend ganz außer Rand und Band geratenen Jünglings: »Die Kavaliere nach vorn, chaine des dames, balancez!« und so weiter und so weiter. Etwas erregt warf Iwan Iljitsch Pelz und Galoschen ab und betrat mit der Mütze in der Hand den Saal. Übrigens hatte er schon ganz aufgehört zu überlegen.

Im ersten Augenblick wurde er gar nicht bemerkt, denn alles tanzte die Schlußtour. Iwan Iljitsch stand ganz betäubt da, ohne in diesem Wirrwarr etwas unterscheiden zu können. Frauenkleider, Kavaliere mit Zigaretten im Mund sausten vorüber, der lichtblaue Schal einer Dame flog an ihm vorbei und streifte seine Nase. In wildem Entzücken stürmte ihr ein Student der militärärztlichen Hochschule mit zerzausten Haaren nach und stieß ihn heftig an. Dann flog noch ein baumlanger Offizier an ihm vorbei. Irgend jemand schrie im Vorbeifliegen, gleich den andern stampfend, mit unnatürlich kreischender Stimme: »Heißa, Pseldonimuschka!«

Iwan Iljitsch fühlte etwas Klebriges unter seinen Füßen, wahrscheinlich war der Boden mit Wachs bestrichen. In dem Zimmer, das übrigens keineswegs groß war, befanden sich gegen dreißig Gäste.

Die Française war in einer Minute beendet, und fast im nämlichen Augenblick trat das Ereignis ein, von dem Iwan Iljitsch soeben draußen auf dem Trottoir geträumt hatte. Unter den Gästen und Tänzern, die noch nicht einmal Zeit gehabt hatten, Atem zu schöpfen und sich den Schweiß vom Gesicht zu wischen, wurde ein dumpfes Geräusch, ein ungewöhnliches Flüstern laut. Aller Augen, aller Köpfe wandten sich dem eintretenden Gast zu. Dann begannen alle langsam zurückzuweichen.

Die noch nicht aufmerksam geworden waren, wurden angestoßen und zur Besinnung gebracht. Sie blickten um sich und wichen gleich den anderen zurück. Iwan Iljitsch stand immer noch unbeweglich in der Tür; der leere Raum zwischen ihm und den Gästen wurde größer und zeigte den mit Konfekthüllen, Papierschnitzeln und Zigarettenstummeln besäten Fußboden. In diesen leeren Raum trat plötzlich ein junger Mann in Uniform mit flatternden, blonden Haaren und einer Habichtsnase. Geduckt bewegte er sich vorwärts und musterte seinen Gast mit genau demselben Blick, mit dem ein Hund dem Ruf seines Herrn folgt, von dem er einen Tritt erwartet.

»Sei mir gegrüßt, Pseldonimow, erkennst du mich?« fragte Iwan Iljitsch und wurde sich gleichzeitig der Unbeholfenheit bewußt, mit der er die Worte hervorgestoßen hatte; er fühlte auch, daß er im Begriff stand, seine größte Dummheit zu begehen.

»Eu-eu-er Hoch-wohl-ge-bo-ren ...« stammelte Pseldonimow.

»Na, also! Ich bin ganz zufällig hereingeraten, mein Freund, wie du dir wohl selbst vorstellen kannst ...«

Aber Pseldonimow schien sich nichts vorstellen zu können. Er stand mit weit aufgerissenen Augen völlig verständnislos da.

»Du wirst mich doch nicht davonjagen, meine ich ... Ob es dir nun recht ist oder nicht, du mußt den Gast empfangen ...« fuhr Iwan Iljitsch fort. Er fühlte, wie sich seine Verlegenheit bis zur unziemlichen Schwäche steigerte, wie er lächeln wollte, es aber nicht mehr fertigbrachte und daß die humorvolle Geschichte von Stepan Nikiforowitsch und Trifon immer unmöglicher wurde. Aber Pseldonimow verharrte wie zum Trotz in seiner Erstarrung und schaute nach wie vor wie närrisch drein. Das fuhr Iwan Iljitsch in die Glieder; er fühlte: noch ein solcher Augenblick, und es mußte eine unglaubliche Verwirrung entstehen.

»Vielleicht habe ich gestört ...? Dann will ich lieber gehen ...« brachte er mühsam hervor, und in seinem rechten Mundwinkel fing eine Ader zu schlagen an.

Aber Pseldonimow war schon zu sich gekommen.

»Euer Exzellenz, ich bitte Sie! ... Eine solche Ehre«, murmelte er, sich hastig verneigend. »Erweisen Sie uns die Ehre ... Nehmen Sie Platz ...« Und immer mehr zu sich kommend, zeigte er mit beiden Händen auf den Diwan, von dem man den Tisch der Tanzenden wegen abgerückt hatte.

Iwan Iljitsch atmete auf und ließ sich auf den Diwan fallen; sofort stürzte jemand zum Tisch und rückte ihn herbei. Er schaute sich flüchtig um und bemerkte, daß er allein saß, während alle anderen standen, sogar die Damen. Ein schlechtes Zeichen! Aber zum Mahnen und Ermuntern war die Zeit noch nicht gekommen. Die Gäste wichen noch immer zurück, vor ihm stand immer noch Pseldonimow allein, zusammengekrümmt, verständnislos und keineswegs mit lächelndem Gesicht.

Die Situation war unerträglich; in diesem Augenblick fühlte unser Held ein solches Maß von Schmerzen, daß man ihm wirklich sein Harun-al-Raschid-Experiment um der Idee willen als Heldentat anrechnen mußte.

Da tauchte plötzlich neben Pseldonimow eine Gestalt auf, die tiefe Bücklinge machte. Zu seinem größten Vergnügen, ja Glück erkannte er den Abteilungsvorsteher seiner Kanzlei, Akim Petrowitsch Subikow, mit dem er natürlich auch nicht in näheren Beziehungen stand, den er aber als arbeitsamen, schweigsamen Beamten kannte. Sofort stand er auf und reichte Akim Petrowitsch die Hand, nicht nur zwei Finger, sondern die ganze Hand. Dieser umfaßte sie in tiefster Unterwürfigkeit mit beiden Handflächen. Der Staatsrat triumphierte – er war gerettet.

Und in der Tat, jetzt war Pseldonimow sozusagen nicht mehr die zweite, sondern die dritte Person.

Man konnte sich mit der Erzählung unmittelbar an den Abteilungsvorsteher wenden, ihn notgedrungen als Bekannten und sogar als guten Bekannten betrachten und Pseldonimow unterdessen schweigen und vor Ehrfurcht zittern lassen. So war der Anstand zumindest gewahrt. Erzählt werden aber mußte die Geschichte, Iwan Iljitsch fühlte es. Er sah, daß alle Gäste etwas erwarteten, daß sich in beiden Türen sämtliche Hausgenossen drängten und fast übereinanderkletterten, um ihn zu sehen und zu hören. Schlimm war nur, daß der Abteilungsvorsteher sich noch immer nicht setzte.

»Nun bitte!« sagte Iwan Iljitsch und wies ungeschickt auf den Platz neben sich auf dem Diwan.

»Ergebensten Dank . . . ich kann auch hier . . .« Und Akim Petrowitsch setzte sich rasch auf einen Stuhl, der ihm fast im

Flug von dem immer noch hartnäckig dastehenden Pseldonimow zugeschoben wurde.

»Können Sie sich so einen Zufall vorstellen«, begann Iwan Iljitsch, ausschließlich an Akim Petrowitsch gewandt, mit etwas zitternder, aber schon leutselig klingender Stimme. Er dehnte sogar die Worte und teilte sie ab, betonte einzelne Silben, sprach den Buchstaben a fast wie ein ä aus – mit einem Wort, er fühlte selbst, daß er Komödie spielte, aber er hatte keine Gewalt mehr über sich. Irgendeine äußere Macht spielte mit. In diesem Augenblick war er sich vieler Dinge qualvoll bewußt.

»Stellen Sie sich vor, da komme ich soeben von Stepan Nikiforowitsch Nikiforow. Sie haben wohl von ihm gehört: er ist Geheimrat in ... na, in dieser Kommission ...«

Akim Petrowitsch verneigte sich respektvoll mit dem ganzen Körper: »Natürlich, wie sollte ich nicht gehört haben?«

»Ihr seid jetzt Nachbarn«, fuhr Iwan Iljitsch fort, indem er sich anstandshalber und um ungezwungen zu erscheinen an Pseldonimow wandte, kehrte sich aber sofort wieder ab, weil er es ihm an den Augen ansah, daß ihm alles gleichgültig war.

»Der Alte hat, wissen Sie, sein ganzes Leben lang von einem eigenen Haus geträumt. Und nun hat er sich eines gekauft. Ein ganz reizendes Häuschen. Ja ... Und heute ist sein Geburtstag; früher hat er ihn nie gefeiert, sogar geheim hat er ihn gehalten und ihn abgeleugnet aus Geiz, hehe! Und nun ist er so glücklich über sein Haus, daß er mich einlud und Semjon Iwanowitsch. Schipulenko – wissen Sie.«

Akim Petrowitsch verneigte sich wieder tief. Er tat es ungemein diensteifrig. Iwan Iljitsch beruhigte dies ein wenig. Denn ihm kam schon der Gedanke, daß der Abteilungsvorsteher vielleicht erriet, daß er in diesem Augenblick eine unentbehrliche Stütze für Seine Exzellenz war. Das wäre aber schlimmer denn alles andere gewesen.

»Wir saßen also zu dritt, er setzte uns Champagner vor, wir sprachen über dienstliche Angelegenheiten – dies und das, allerlei Fragen ... wir haben sogar gestritten ... haha!«

Akim Petrowitsch zog ehrfurchtsvoll die Brauen hoch.

»Aber darum handelt es sich nicht. Ich verabschiede mich endlich von ihm – der alte Herr ist sehr genau, legt sich früh zu Bett; wissen Sie, wenn man erst alt wird ... Ich gehe hinaus ... mein Trifon ist nicht da. Ich werde unruhig, frage herum: Wo ist Trifon mit meiner Kutsche hin? Es erweist sich, daß er sich in der Hoffnung, ich würde mich länger aufhalten, zur Hochzeit irgendeiner Gevatterin oder Schwester begeben hat ... Gott weiß zu was für Leuten ... auch hier auf der Petersburger Seite. Und da ist er gleich mit der Kutsche hingefahren.«

Der Staatsrat warf anstandshalber wieder einen Blick auf Pseldonimow. Der krümmte sich sofort zusammen, aber gar nicht so, wie es der Staatsrat wünschte. Er hat kein Mitgefühl, kein Herz, fuhr es ihm durch den Kopf.

»Was Sie nicht sagen«, sagte Akim Petrowitsch höchst betroffen. Ein Gemurmel lief durch die ganze Versammlung.

»Sie können sich meine Lage vorstellen ...« Iwan Iljitsch blickte alle an. »Da war nichts zu machen, ich mußte zu Fuß gehen. Ich denke mir, ich gehe bis zum Großen Prospekt und finde dort irgendeinen Kutscher ... hehe!«

»Hihihi!« fiel Akim Petrowitsch respektvoll ein. Wieder ging ein Raunen durch die Versammlung, aber diesmal klang es lustig. In diesem Augenblick sprang das Glas an einer Wandlampe. Jemand stürzte eifrig hin, sie in Ordnung zu bringen. Pseldonimow fuhr auf und sah die Lampe streng an, Iwan Iljitsch dagegen achtete nicht darauf, und alles beruhigte sich.

»Ich gehe also ... und die Nacht ist so schön, so still. Plötzlich höre ich Musik, Gestampfe ... man tanzt. Ich frage den Schutzmann. ‚Pseldonimow heiratet!' Da gibt's ja für die ganze Petersburger Seite ein Fest? Hehe«, wandte er sich wieder an Pseldonimow.

»Hihihi! Jawohl!« erwiderte Akim Petrowitsch; die Gäste gerieten wieder in Bewegung; das Dümmste aber war, daß Pseldonimow sich zwar wieder verbeugte, aber auch jetzt nicht lächelte, als wäre er eine Holzpuppe. Ja, ist er denn ganz dumm? dachte Iwan Iljitsch. Wenn der Esel nur lachen wollte, dann ginge alles wie geschmiert. Eine furchtbare Ungeduld quälte ihn.

»Ich denke mir also: Du sprichst bei deinem Beamten vor. Er wird dich nicht gleich fortjagen. Ob's ihm nun paßt oder nicht, er muß den Gast aufnehmen. Nichts für ungut, Bruder. Wenn ich irgendwie störe, gehe ich wieder ... Ich wollte ja nur ein wenig zuschauen.«

Nach und nach geriet alles in Bewegung. Akim Petrowitsch steckte eine süßliche Miene auf, als wollte er sagen: Wie können Exzellenz stören? Alle begannen sich wieder frei zu bewegen; die alte Ungezwungenheit kehrte allmählich zurück. Die Damen hatten sich fast alle gesetzt – ein günstiges Zeichen. Die Mutigeren unter ihnen fächelten sich mit ihren Taschentüchern Kühlung zu. Eine von ihnen, in einem abgetragenen Samtkleide, hatte wie absichtlich etwas ganz laut gesagt.

Der Offizier, an den sie sich wandte, hätte ihr auch gern laut geantwortet, da sie aber die einzigen in der Gesellschaft gewesen wären, die laut sprachen, wagte er es nicht. Die Herren, meist Kanzleibeamte, auch zwei, drei Studenten, zwinkerten einander zu, als wenn sie sich ermuntern wollten, ungezwungen zu sein, räusperten sich und fingen auch an, ein paar Schritte nach rechts und links zu machen.

Übrigens waren sie durchaus nicht eingeschüchtert, nur ungeschickt, und fast alle betrachteten den Mann mit Feindseligkeit, der bei ihnen eingedrungen war, um sie in ihrem Vergnügen zu stören. Der Offizier, dem sein Kleinmut peinlich wurde, näherte sich langsam dem Tisch.

»Hör mal, Bruder, darf ich dich fragen, wie dein Name und Vatersname ist?« wandte sich Iwan Iljitsch an Pseldonimow.

»Porfirij Petrowitsch, Euer Exzellenz«, antwortete Pseldonimow glotzend, als wäre er bei der Musterung.

»Mache mich doch mit deiner jungen Frau bekannt, Porfirij Petrowitsch . . . Führe mich . . . ich . . .«

Und er machte Anstalten aufzustehen. Aber Pseldonimow stürzte in größter Hast ins Wohnzimmer. Die Neuvermählte hatte übrigens an der Tür gestanden; kaum jedoch hörte sie, daß von ihr die Rede war, versteckte sie sich sofort. Eine Minute danach führte Pseldonimow sie an der Hand herbei; alle machten Platz. Iwan Iljitsch stand feierlich auf und redete sie mit seinem allerliebenswürdigsten Lächeln an.

»Es freut mich ungemein, Ihre Bekanntschaft zu machen«, sagte er und machte seine schönste Kavaliersverbeugung, »besonders an einem solchen Tag.«

Er lächelte listig. Die Damen wurden angenehm erregt.

»Charmé«, sagte die Dame im Samtkleid fast laut.

Die Neuvermählte war Pseldonimows würdig. Sie war ein mageres Persönchen, kaum siebzehn Jahr alt, blaß und mit einem winzigen Gesicht und spitzem Näschen. Ihre kleinen, flinken Augen blickten gar nicht schüchtern drein, sondern im Gegenteil sehr scharf und sogar mit einer gewissen Bosheit.

Pseldonimow hatte sie augenscheinlich ihres netten Gesichts wegen genommen. Sie hatte ein weißes Musselinkleid auf rosenfarbiger Unterlage an. Ihr Haar war dünn, ihre ganze Gestalt erinnerte an ein junges Hühnchen, die Knochen standen scharf hervor. Auf die Anrede des Staatsrats wußte sie nichts zu erwidern.

»Dein Bräutchen ist ja reizend«, fuhr er halblaut fort; scheinbar nur an Pseldonimow gewandt, aber so, daß auch die Neuvermählte es hören mußte.

Doch Pseldonimow antwortete auch diesmal nichts und machte nicht einmal eine Verbeugung. Es kam Iwan Iljitsch sogar vor, als wäre etwas Kaltes, Verstecktes, ja Hinterhältiges, Boshaftes in seinen Augen. Aber er mußte, koste es, was es wolle, ihre Rührung erzwingen. Deswegen war er doch hergekommen.

Ist das ein Pärchen! dachte er. »Übrigens . . .«

Und er wandte sich wieder an die Neuvermählte, die auf dem Diwan Platz genommen hatte, aber auf seine zwei oder drei Fragen bekam er nur »Ja« oder »Nein« zu hören, und auch das wurde nicht einmal deutlich gesagt.

Wenn sie wenigstens verlegen würde, dachte er bei sich. Ich würde dann Witze machen, so aber ist meine Lage trostlos.

Auch Akim Petrowitsch schwieg ausgerechnet jetzt, und obgleich es aus Dummheit geschah, war es doch unverzeihlich.

»Meine Herrschaften! Habe ich Sie vielleicht gar in Ihrem Vergnügen gestört?« wandte er sich an alle zugleich. Er fühlte, wie sogar seine Handflächen schwitzten.

»O nein! Beunruhigen Sie sich nicht, Exzellenz, wir fangen gleich wieder an, und jetzt . . . erfrischen wir uns«, antwortete der Offizier.

Die junge Frau blickte ihn vergnügt an. Der Offizier war noch nicht alt und trug die kleidsame Uniform irgendeines Bataillons. Pseldonimow stand vornübergebeugt daneben und schien noch mehr als früher seine Hakennase zur Schau zu tragen. Er hörte zu und wirkte wie ein Lakai, der mit einem Pelz auf dem Arm dasteht und das Ende eines Abschiedsgespräches seiner Herrschaft erwartet. Diesen Vergleich machte Iwan Iljitsch selbst; er kam aus der Fassung, er fühlte sich geniert, fühlte, wie ihm der Boden unter den Füßen entglitt und daß er irgendwohin geraten war und nicht mehr herauskonnte, sondern in tiefer Finsternis umherirrte.

Plötzlich teilte sich der Schwarm, und es erschien eine schon ältliche, mittelgroße und füllige Frau, einfach, wenn auch festlich gekleidet, mit einem großen Umschlagetuch über den Schultern, das vorn unterm Kinn zusammengesteckt war, und einer Haube, die sie augenscheinlich nicht gewöhnt war. Sie hielt ein kleines rundes Tablett, auf dem eine volle, doch schon entkorkte Flasche Champagner und zwei Gläser standen. Die Flasche war offenbar nur für den vornehmen Gast bestimmt. Die ältliche Frau näherte sich Iwan Iljitsch.

»Nichts für ungut, Euer Exzellenz«, sagte sie unter Verbeugungen, »wenn Sie uns nicht verschmäht haben und uns die Ehre erweisen, zur Hochzeit meines Sohnes zu erscheinen, so bitten wir Sie auch um die Gnade, auf das Wohl des jungen Paares ein Glas zu leeren. Verschmähen Sie es nicht, erweisen Sie uns die Ehre!«

Iwan Iljitsch griff danach wie der Ertrinkende nach einem Strohhalm. Sie war noch keine alte Frau, etwa fünfundvierzig bis sechsundvierzig, nicht mehr; und dabei hatte sie ein so gutes, rotbäckiges, ein so offenes, rundes, russisches Gesicht und lächelte so gutmütig und verbeugte sich so ungezwungen, daß Iwan Iljitsch fast getröstet war und sogar neue Hoffnung schöpfte.

»Sie ... sind also ... die Mutter ... Ihres Sohnes?« sagte er, sich vom Sofa erhebend.

»Meine Mutter, jawohl, Euer Exzellenz«, stammelte Pseldonimow, indem er den langen Hals reckte und wieder die Nase vorschob.

»Ah ... sehr erfreut ... sehr erfreut, Sie kennenzulernen.«

»Verschmähen Sie es nicht, Exzellenz ...«

»Mit dem größten Vergnügen.«

Das Tablett wurde auf den Tisch gestellt, den Sekt schenkte der schnell herbeigestürzte Pseldonimow ein. Iwan Iljitsch nahm das Glas – er stand immer noch.

»Ich freue mich ganz, ganz besonders, daß ich bei dieser Gelegenheit ...« fing er an, »daß ich bezeugen kann ... mit einem Wort, als Vorgesetzter ... wünsche ich Ihnen, gnädige Frau« – hier wandte er sich zur Neuvermählten – »und dir, Bruder Porfirij ... ich wünsche volles, dauerhaftes Glück.«

Und er trank sogar mit Gefühl sein Glas leer – das siebente an diesem Abend. Pseldonimow schaute ernst, beinahe finster drein. Der Staatsrat begann ihn tödlich zu hassen.

Auch diese dumme Bohnenstange – er blickte den Offizier an – hat sich hier aufgepflanzt. Wenn er wenigstens »Hurra« schreien wollte! Dann würde es schon gehen.

»Auch Sie, Akim Petrowitsch, bitte ich zu trinken und dem jungen Paar zu gratulieren«, fügte die alte Frau an den Abteilungsvorsteher gewandt, hinzu. »Sie sind der Vorgesetzte, er ist ihr Untergebener. Haben Sie ein Auge auf meinen Jungen, als Mutter bitte ich Sie darum. Und vergessen Sie uns auch später nicht, Akim Petrowitsch, Sie sind ja ein so lieber, guter Mensch.«

Wie prächtig sind doch diese russischen Alten! dachte Iwan Iljitsch. Gleich hat sie Leben hineingebracht! Ich habe das Volk immer geliebt.

In diesem Augenblick brachte ein Dienstmädchen in raschelndem, nagelneuem Kattunkleid mit Krinoline ein zweites Tablett herein. Dieses war so groß, daß sie es mit beiden Händen kaum fassen konnte; es stand eine Anzahl verschiedener Tellerchen mit Äpfeln, Süßigkeiten, Bonbons und Marzipan, auch Walnüssen und dergleichen darauf. Dies Tablett hatte bis jetzt im Wohnzimmer gestanden und zur Bewirtung der Gäste, vorzüglich der Damen, gedient. Jetzt präsentierte man es dem Staatsrat allein.

»Verschmähen Sie unser Essen nicht, Euer Gnaden. Ein Schelm gibt mehr, als er kann«, sagte die Alte mit einer Verbeugung.

»Aber bitte sehr ...« sagte Iwan Iljitsch, nahm mit Vergnügen eine Nuß und zerdrückte sie zwischen den Fingern. Er wollte sich um jeden Preis populär machen.

Währenddem fing die Braut plötzlich zu kichern an.

»Was gibt es?« fragte Iwan Iljitsch lächelnd und erfreut über dieses Lebenszeichen.

»Ach, Iwan Kostenkinytsch macht mich lachen«, antwortete sie mit niedergeschlagenen Augen.

Der Staatsrat bemerkte tatsächlich einen blonden Jüngling von nicht unangenehmem Aussehen, der mit seinem Stuhl hinter dem Diwan versteckt gesessen und Frau Pseldonimowa allerlei zugeflüstert hatte. Der Jüngling erhob sich. Anscheinend war er noch sehr jung und sehr schüchtern.

»Ich habe ihr vom Traumbuch erzählt, Exzellenz«, murmelte er wie zur Entschuldigung.

»Von was für einem Traumbuch denn?« fragte Iwan Iljitsch herablassend.

»Es gibt ein neues Traumbuch, ein literarisches*. Ich sagte, daß man sich den Kaffee übers Hemd schüttet, wenn man Herrn Panajew im Traum sieht.«

Die liebe Unschuld, dachte der Staatsrat beinahe wütend. Der junge Mann war bei seiner Bemerkung zwar ganz rot geworden, freute sich aber ungemein, daß er von Herrn Panajew erzählt hatte.

»Nun ja – ja, ja, ich habe es schon gehört«, sagte Seine Exzellenz.

»Es gibt etwas noch Schöneres«, ertönte plötzlich eine andere Stimme dicht neben Iwan Iljitsch. »Es wird ein neues Lexikon herausgegeben, und es heißt, daß Herr Krajewskij die Artikel ‚Benediktow und Bolemik' schreiben wird ...«

Dies sagte ebenfalls ein junger Mensch, der aber keineswegs schüchtern war, sondern sehr ungezwungen auftrat. Er hatte Handschuhe an, trug eine weiße Weste und hielt einen Hut in den Händen. Er tanzte nicht und blickte hochmütig drein, denn er war Mitarbeiter der satirischen Zeitschrift »Feuerbrand« und gab den Ton an, obgleich er nur zufällig zu dieser Hochzeit gekommen war, als Ehrengast seines Duzfreundes Pseldonimow, mit dem er noch im vorigen Jahr gemeinschaftlich als Untermieter bei einer Deutschen gehungert hatte. Branntwein trank er aber gern, und mehr als einmal hatte er sich zu diesem Zweck in ein entferntes Hinterzimmer begeben, zu dem alle den Weg kannten. Dem Staatsrat mißfiel er sehr.

»Das ist deswegen so lächerlich«, fiel hocherfreut der blonde Jüngling ein, der die Geschichte vom Hemd erzählt und dem der Journalist in der weißen Weste daraufhin einen haßerfüllten Blick zugeworfen hatte, »das ist deswegen so lächerlich, Exzellenz, weil der Verfasser annimmt, daß Herr Krajewskij die Orthographie nicht beherrscht und meint, man müsse ‚Polemik' mit einem B schreiben.«

Doch der arme Jüngling sprach nicht zu Ende. Er sah es dem Staatsrat an den Augen an, daß dieser längst alles wußte, weil er geradezu in Verwirrung geriet, und offenbar deshalb, weil er es wußte. Dem jungen Mann wurde unbeschreiblich peinlich zumute. Er verschwand, so schnell er konnte, und war

* »Literarisches Traumbuch«, eine in den sechziger Jahren erschienene Satire von N. Stscherbina. Panajew, Krajewskij, Benediktow und so weiter sind bekannte Schriftsteller der gleichen Zeit (Anmerkung des Übersetzers).

die übrige Zeit sehr schwermütig. An seiner Statt rückte der unverfrorene Mitarbeiter des »Feuerbrand« noch näher heran und schien die unverkennbare Absicht zu haben, sich neben den Staatsrat zu setzen. Diese Ungeniertheit berührte Iwan Iljitsch peinlich.

»Ja! Sag doch, Porfirij«, begann er, um irgend etwas zu sagen, »warum – ich wollte dich schon immer danach fragen –, warum heißt du Pseldonimow und nicht Pseudonymow? Dein Name war doch sicher ursprünglich Pseudonymow?«

»Das kann ich wirklich nicht mit Bestimmtheit sagen, Exzellenz«, antwortete Pseldonimow.

»Man hat sich wahrscheinlich noch zu seines Vaters Zeit bei dessen Eintritt in den Staatsdienst in den Papieren verschrieben, und da heißt er eben jetzt Pseldonimow«, ließ sich Akim Petrowitsch vernehmen. »Sowas kommt vor.«

»Na–tür–lich«, pflichtete der Staatsrat eifrig bei, »na–türlich. Denn überlegen Sie doch selbst: Pseudonymow – das kommt doch von dem Fremdwort Pseudonym. Aber Pseldonimow bedeutet gar nichts.«

»Alles aus Dummheit«, pflichtete Akim Petrowitsch bei.

»Wieso aus Dummheit?«

»Das russische Volk verwechselt aus Dummheit oft die Buchstaben und spricht sie auf seine Art aus. So sagen sie zum Beispiel *Nevalide* statt *Invalide*.«

»Ja – Nevalide, hehehe ...«

»Dann sagen sie auch *Mumer*, Exzellenz«, platzte der lange Offizier los, den es schon lange gewurmt hatte, daß er sich nicht bemerkbar machen konnte.

»Das heißt – wieso Mumer?«

»*Mumer* statt *Nummer*, Exzellenz!«

»Ach so – so – Mumer statt Nummer ... ja, ja, ja, – hehe, he!« Iwan Iljitsch fühlte sich verpflichtet, auch über den Witz des Offiziers zu lachen.

Der Offizier rückte seine Halsbinde zurecht.

»Und dann sagt man noch *meben*«, mischte sich der Mitarbeiter des »Feuerbrand« hinein. Aber seine Exzellenz gab sich den Anschein, als hätte er dies überhört. Er konnte doch nicht mit jedem lachen.

»*Meben* für *neben*«, wiederholte der Journalist sichtlich gereizt.

Iwan Iljitsch sah ihn streng an.

»Was belästigst du ihn?« flüsterte Pseldonimow dem Journalisten zu.

»Was ist denn dabei? Ich unterhalte mich! Darf man vielleicht nicht reden?« widersprach der andere im Flüsterton, verstummte aber sofort und verließ mit unterdrückter Wut das Zimmer.

Er begab sich geradewegs in das verlockende Hinterstübchen, wo für die Tänzer schon zu Beginn des Abends auf einem kleinen Tischchen, das mit einem Jaroslawer Leintuch bedeckt war, zwei Sorten Branntwein, Hering, Preßkaviar in Scheiben und eine Flasche mit allerstärkstem »Sherry« aus einem heimischen Weinkeller bereitstanden. Mit Ingrimm im Herzen schenkte er sich einen Schnaps ein, als plötzlich der Mediziner, der beste Tänzer und Meister des Cancan auf Pseldonimows Ball, mit zerzausten Haaren hereingerannt kam. Er stürzte sich mit Gier auf die Karaffe.

»Gleich geht es wieder los«, sagte er hastig, »komm, sieh dir's an. Ich will ein Solo mit den Beinen nach oben tanzen und nach dem Abendessen einen Fisch riskieren. Das paßt sogar zur Hochzeit. Sozusagen ein freundlicher Wink für Pseldonimow. Ein nettes Frauenzimmer, diese Kleopatra Semjonowna, mit ihr kann man sich alles erlauben.«

»Das ist ein Reaktionär«, erwiderte finster der Journalist und leerte dabei ein Gläschen.

»Wer ist ein Reaktionär?«

»Der hohe Herr, dem sie das Konfekt vorgesetzt haben. Ich sage dir, ein Reaktionär.«

»Na, du bist mir einer!« brummte der Student und stürzte aus dem Zimmer, denn eben ertönten draußen die Klänge der Française. Der Journalist, allein gelassen, goß sich noch einen Schnaps ein, um sich Courage zu machen, trank, aß einen Bissen dazu, und noch nie hatte der Wirkliche Staatsrat Iwan Iljitsch einen schlimmeren Feind und unbarmherzigeren Rächer gehabt als den von ihm so geringschätzig behandelten Mitarbeiter des »Feuerbrand«, besonders nach dem zweiten Glas Schnaps. O weh! Iwan Iljitsch ahnte nichts davon. Und noch von einem anderen wichtigen Umstand, der großen Einfluß auf das weitere Verhalten der Gäste gegen Seine Exzellenz haben sollte, hatte er keine Ahnung. Er hatte zwar eine angemessene und sogar eingehende Erklärung für sein Erscheinen auf der Hochzeit seines Beamten abgegeben, aber diese Erklärung befriedigte niemand, und die Gäste blieben nach wie vor verlegen. Aber mit einemmal änderte sich alles wie durch einen Zauber, alle beruhigten sich und waren bereit zu lachen, zu kreischen, zu tanzen und lustig zu sein, als wäre der ungebetene Gast im Zimmer gar nicht vorhanden. Die Ursache war das plötzlich auf unbekannte Weise aufgetauchte Gerücht, das flüsternd verbreitet wurde: Der Gast sei anscheinend ein wenig ... angesäuselt. Und wenn die Sache auf den ersten Blick auch wie eine entsetzliche Verleumdung anmutete, so schien sich dies Gerede nach und nach doch zu bestätigen – und mit einemmal war alles klar. Damit fiel aller Zwang. Im selben Augenblick begann auch die Française, die letzte vor dem Abendessen, zu der unser Mediziner so geeilt war.

Iwan Iljitsch wollte sich gerade an die Neuvermählte wenden, um sie mit einem Witz zu bezaubern, als plötzlich der lange Offizier herbeistürzte und sich mit großem Schwung vor der jungen Frau auf ein Knie niederließ. Sie sprang sofort vom Diwan auf und flatterte mit ihm davon, um sich in die Reihen der Tanzenden zu stellen. Der Offizier hatte sich nicht einmal entschuldigt, und sie hatte den Staatsrat beim Abgehen nicht einmal angeblickt, ja, schien sogar froh zu sein, ihn loszuwerden.

Eigentlich ist sie ja im Recht, dachte Iwan Iljitsch, und von Anstand verstehen diese Leute nichts ... »Hm, mein lieber Porfirij, mach meinetwegen keine Umstände«, wandte er sich an Pseldonimow. »Vielleicht hast du etwas anzuordnen ... etwas ... oder sonst was ... Bitte, geniere dich nicht!« Was beobachtet er mich denn so? fügte er für sich hinzu.

Ihm war dieser Pseldonimow mit seinem langen Hals und den starr auf ihn gerichteten Augen unausstehlich. Mit einem Wort, alles war ganz anders, als er es sich gedacht hatte – aber Iwan Iljitsch wollte es sich noch nicht eingestehen.

Die Française begann.

»Befehlen Exzellenz?« fragte Akim Petrowitsch, die Flasche ehrerbietig in der Hand haltend und bereit, das Glas Seiner Exzellenz zu füllen.

»Ich – ich – wirklich, ich weiß nicht, ob ...«

Aber schon hatte Akim Petrowitsch mit andächtig strahlender Miene Champagner eingeschenkt. Dann füllte er auch sein Glas, aber nur verstohlen wie ein Dieb, indem er sich dabei duckte und krümmte, und aus Respekt nicht bis zum Rand. Es war ihm zumute wie einer Frau in den Wehen, als er so neben seinem obersten Vorgesetzten saß. Wovon sollte er nur reden? Seine Exzellenz zu unterhalten war seine Pflicht, da er nun einmal die Ehre seiner Gesellschaft hatte. Der Champagner bot eine gute Gelegenheit, und Seiner Exzellenz war es angenehm, daß der andere ihm einschenkte, moralisch angenehm, nicht um des Weines willen, denn dieser war warm und schal.

Der Alte möchte selbst gern trinken, dachte Iwan Iljitsch, traut sich aber nicht allein. Ich gönne es ihm von Herzen. Es wäre auch lächerlich, wenn die Flasche so zwischen uns stehen bliebe. Er nahm einen Schluck, und das schien immer noch besser zu sein, als so dazusitzen.

»Ich bin ja hier«, begann er, die Worte dehnend und scharf betonend, »ich bin ja hier sozusagen zufällig, und vielleicht werden manche finden ... daß es mir ... sozusagen nicht ansteht ... in einer solchen ... Versammlung ...«

Akim Petrowitsch schwieg und hörte mit schüchterner Neugier zu.

»Aber ich hoffe, Sie werden verstehen, warum ich hier bin ... Ich bin doch nicht hergekommen, um Wein zu trinken ... hehehe.«

Akim Petrowitsch wollte in das Kichern der Exzellenz einstimmen, blieb aber plötzlich stecken, und so hatte er wieder nichts Tröstliches zu sagen.

»Ich bin hier, um sozusagen ... anzuregen ... um ... sozusagen ... das sittliche Ziel ... sozusagen ...« fuhr Iwan Iljitsch voller Ärger über den Stumpfsinn Akim Petrowitschs fort, aber plötzlich verstummte er selbst. Er sah, daß der arme Akim Petrowitsch sogar die Augen niedergeschlagen hatte, als ob er sich schuldig fühlte. Der Staatsrat nahm etwas verlegen schnell noch einen Schluck, und Akim Petrowitsch griff nach der Flasche und schenkte wieder ein, als sähe er darin seine einzige Rettung.

Er hat nicht gerade viel Gesprächsstoff, dachte Iwan Iljitsch und blickte streng auf den armen Akim Petrowitsch. Dieser fühlte den strengen Blick des Vorgesetzten auf sich gerichtet und verstummte endgültig mit niedergeschlagenen Augen. So saßen sie einige Minuten nebeneinander – fürchterliche Minuten für den armen Akim Petrowitsch.

Ein Wort über Akim Petrowitsch. Er war ein Mensch von altem Schrot und Korn, friedfertig wie ein Huhn, in Unterwürfigkeit groß geworden, dabei gutherzig und hochanständig. Er war ein eingefleischter Petersburger, sein Vater und sein Großvater waren in Petersburg geboren, aufgewachsen, Beamte gewesen, ohne je den Umkreis der Stadt zu verlassen. Diese Menschen sind ein ganz besonderer Typus von Russen. Vom eigentlichen Rußland haben sie kaum eine Ahnung, was ihnen jedoch keine Skrupel verursacht. Alle ihre Interessen beschränken sich auf Petersburg – vor allem auf ihr Amt. Ihre Gedanken drehen sich um eine Partie Preferance mit einem Einsatz von wenigen Kopeken, Einkäufe im Grünkramladen und Gehaltsfragen. Sie kennen keine russischen Volkssitten, nicht ein russisches Volkslied außer dem »Kienspan*«, und auch das nur, weil es von jedem Leiermann gespielt wird.

Übrigens gibt es zwei wesentliche, unverkennbare Merkmale, an denen man den Petersburger Russen vom wirklichen Russen sofort unterscheiden kann. Das erste Merkmal besteht darin, daß alle Petersburger Russen, alle ohne Ausnahme, die »Petersburger Nachrichten« nie anders denn »Akademische Nachrichten«** nennen. Das zweite, ebenso wesentliche Kennzeichen besteht darin, daß ein Petersburger Russe nie das russische Wort »Sawtrak« gebraucht, sondern stets »Frühstück« sagt, wobei er die erste Silbe mit ganz besonderem Nachdruck ausspricht. An diesen zwei grundlegenden Merkmalen erkennt man sie sofort; kurz, es ist ein verfeinerter Typ, der sich in den letzten fünfunddreißig Jahren herausgebildet hat. Übrigens war Akim Petrowitsch keineswegs ein Dummkopf. Hätte der Staatsrat ihn nach etwas Vernünftigem gefragt, so hätte er geantwortet und ein Gespräch begonnen, so aber schämte er sich, als Untergebener auf derartige Fragen zu antworten, obwohl Akim Petrowitsch vor Neugierde brannte, Genaueres über die Absichten Seiner Exzellenz zu erfahren.

Inzwischen wurde Iwan Iljitsch immer nachdenklicher, und seine Gedanken wirbelten wild durcheinander. Aus Zerstreutheit nippte er unmerklich, aber fortwährend an seinem Glas. Akim Petrowitsch füllte jedesmal mit großem Eifer nach. Beide schwiegen. Iwan Iljitsch fing an, die Tanzenden zu beobachten, die allmählich sein Interesse fesselten. Da fiel ihm ein Umstand auf.

Unter den tanzenden Paaren ging es wirklich lustig zu.

* Bekanntes sentimentales Volkslied, das die Mädchen bei der Arbeit singen (Anmerkung des Übersetzers).

** Die »Petersburger Nachrichten«, das offizielle Organ der russischen Regierung, waren Eigentum der Akademie der Wissenschaften (Anmerkung des Übersetzers).

Man tanzte in aller Herzenseinfalt, weil man sich amüsieren, ja sogar etwas tollen wollte. Geschickte Tänzer waren nur sehr wenige da, doch auch die ungeschickten stampften so stark, daß man sie für geschickte Tänzer halten konnte. Vor allem zeichnete sich der Offizier aus. Er liebte Touren, bei denen er allein im Vordergrund blieb, als Solotänzer sozusagen. Da zeigte er die wunderlichsten Verrenkungen: baumlang und kerzengerade, wie er war, bog er sich plötzlich zur Seite, so daß man glauben konnte, er würde umfallen; aber beim nächsten Schritt bog er sich schon unter demselben spitzen Winkel nach der anderen Seite. Sein Gesicht blieb dabei tiefernst, und er tanzte in der vollen Überzeugung, daß ihn alle bewunderten. Ein anderer Herr schlief schon nach der zweiten Tour neben seiner Dame ein, da er schon vor der Française des Guten zuviel getan hatte, so daß seine Dame allein tanzen mußte. Ein junger Registrator, der mit der Dame mit dem blauen Schal tanzte, machte in allen fünf Françaisen und allen Touren denselben Trick; er blieb ein wenig hinter seiner Dame zurück, fing das Ende ihres wehenden Schals auf und drückte im Flug, während er mit dem Gegenüber den Platz wechselte, wenigstens zwanzig Küsse darauf. Die Dame schwebte vor ihm her, als bemerkte sie nichts. Der Mediziner tanzte tatsächlich ein Solo auf den Händen und rief ein wildes Entzücken, Gestampfe und Rufe der Begeisterung hervor. Mit einem Wort, man gab sich völlig ungezwungen.

Iwan Iljitsch, auf den auch der Wein wirkte, lächelte, doch allmählich begann sich ein bitterer Zweifel in sein Herz zu schleichen; natürlich hatte er Ungezwungenheit und Ausgelassenheit gern; er hatte sie gewünscht, mit dem Herzen herbeigerufen, diese Ungezwungenheit, als alle vor ihm zurückgewichen waren, aber nun überschritt diese Ausgelassenheit alle Grenzen. Eine der Damen zum Beispiel, die ein abgetragenes blaues Samtkleid aus vierter Hand anhatte, steckte in der sechsten Tour der Française ihren Rock mit Stecknadeln so zusammen, daß es aussah, als ob sie in Hosen tanzte. Es war jene Kleopatra Semjonowa, bei der man, nach den Worten ihres Kavaliers, des jungen Mediziners, alles wagen konnte. Von dem Mediziner selbst war gar nicht zu reden: er war der reine Fokin*. Wie war das möglich? Erst

* Berühmter Tänzer des Petersburger Balletts (Anmerkung des Übersetzers).

waren sie scheu zurückgewichen, und nun hatten sich alle plötzlich emanzipiert! Das wäre ganz nett gewesen, allein dieser rasche Wechsel war zu seltsam: es kündigte sich etwas an. Sie hatten anscheinend ganz vergessen, daß es noch Iwan Iljitsch gab. Natürlich lachte er als erster und wagte sogar zu applaudieren. Akim Petrowitsch kicherte ehrerbietig unisono mit, übrigens mit sichtlichem Vergnügen, ohne zu ahnen, daß am Herzen Seiner Exzellenz bereits ein neuer Wurm nagte.

»Sie tanzen famos, junger Mann«, fühlte Iwan Iljitsch sich genötigt zu dem Studenten zu sagen, als dieser am Schluß der Française an ihm vorbeiging.

Der Student drehte sich rasch um, schnitt eine Grimasse, näherte sein Gesicht bis auf einen für die Exzellenz schon unziemlichen Abstand und krähte aus vollem Hals wie ein Hahn. Das war zuviel. Iwan Iljitsch erhob sich von seinem Sitz. Dennoch erfolgte unmittelbar darauf eine Lachsalve, denn das Krähen war ungemein natürlich und die Grimasse ganz unerwartet. Noch stand Iwan Iljitsch unschlüssig da, was zu tun wäre, als plötzlich Pseldonimow selbst auftauchte und mit vielen Verbeugungen zum Essen bat. Hinter ihm erschien auch seine Mutter.

»Väterchen, Exzellenz«, begann sie, sich verneigend, »tun Sie uns die Ehre an, verschmähen Sie nicht, was unsere Armut bietet ...«

»Ich ... ich weiß wirklich nicht ...« wehrte Iwan Iljitsch ab, »ich bin doch nicht deshalb ... ich ... ich wollte doch gerade weggehen.«

In der Tat hielt er schon die Mütze in der Hand. Mehr noch: in diesem Augenblick gab er sich das Ehrenwort, ganz bestimmt sofort wegzugehen, koste es, was es wolle, und ... er blieb. Eine Minute später schritt er an der Spitze der Gesellschaft zu Tisch. Pseldonimow und seine Mutter gingen vor ihm her und machten Platz. Man wies ihm einen Ehrenplatz an, und wieder stand vor seinem Gedeck eine volle Flasche Champagner. Auch Schnaps und Hering als Imbiß standen da. Iwan Iljitsch streckte die Hand aus, schenkte sich selbst ein großes Glas Branntwein ein und trank es leer. Er hatte noch nie zuvor Schnaps getrunken. Jetzt hatte er das Gefühl, als ob er von einem Berg im sausenden Flug abwärts rollte, er fühlte, daß er sich an etwas halten, an etwas festklammern müßte, aber dazu war keine Möglichkeit mehr vorhanden.

In der Tat wurde seine Lage immer seltsamer. In einer knappen Stunde war mit ihm weiß Gott was geschehen. Als er eingetreten war, hatte er sozusagen der ganzen Menschheit und allen seinen Untergebenen die Arme entgegengestreckt, und nun war kaum eine Stunde verflossen, da fühlte und wußte er mit dem ganzen Weh seines Herzens, daß er Pseldonimow haßte, daß er ihn, seine Frau und die ganze Hochzeit verfluchte. Noch mehr: an Pseldonimows Gesicht, an seinen Augen allein sah er, daß auch Pseldonimow selbst ihn haßte, daß er ihn ansah, als ob er sagen wollte: Hol dich der Teufel, verdammter Kerl! Hängt sich uns an den Hals ... Dies alles hatte er schon längst aus den Blicken des jungen Mannes gelesen.

Natürlich hätte sich Iwan Iljitsch auch jetzt, da er sich zu Tisch setzte, eher die Hand abhacken lassen, als daß er ehrlich – nicht einmal laut, sondern nur sich selbst – eingestanden hätte, daß dem wirklich so war. Dieser Moment war noch nicht da, einstweilen war es noch ein moralisches Balancieren. Aber das Herz, das Herz tat ihm weh! Es verlangte hinaus, an die Luft, ins Freie! Iwan Iljitsch war schon ein zu guter Mensch.

Er wußte, wußte nur zu gut, daß es die höchste Zeit war zu gehen, daß darin seine einzige Rettung lag. War doch alles ganz anders gekommen, als er vorhin auf der Straße geträumt hatte.

Wozu bin ich hergekommen? Bin ich hergekommen, um zu essen und zu trinken? fragte er sich, während er zum Schnaps ein Stückchen Hering verzehrte. Der Geist der Verneinung bemächtigte sich seiner; er fing an, sein Vorgehen mit Selbstironie zu betrachten. Er konnte es selbst nicht mehr begreifen, wozu er hierhergekommen war.

Aber wie sollte er wieder fortkommen? Fortgehen, ohne seine Idee verwirklicht zu haben, war unmöglich. Was würde man dazu sagen? Man wird sagen, daß ich mich an unpassenden Orten herumtreibe! Es wird tatsächlich so aussehen, wenn ich es nicht zu Ende bringe. Was werden morgen – denn es wird sich bald herumgesprochen haben – Stepan Nikiforowitsch und Semjon Iwanowitsch sagen ... und was wird in den Kanzleien, bei Schembels, bei Schubins von mir geredet? Nein, ich muß so weggehen, daß alle begreifen, weshalb ich gekommen bin, ich muß mein sittliches Ziel offenbaren ... Doch der pathetische Augenblick wollte nicht kommen. Sie achten mich nicht mehr, fuhr er fort. Warum lachen sie? Sie sind so ungeniert, als fühlten sie gar nichts ... Ja, ich habe schon längst geahnt, daß die ganze junge Generation gefühllos ist! Ich muß bleiben, koste es, was es wolle. Bis jetzt haben sie getanzt, nun aber sitzen sie alle um den Tisch herum ... Ich will über verschiedene Fragen reden, über die Reformen – über Rußlands Größe ... ich werde sie hinreißen! Ja! vielleicht ist noch gar nichts verloren ... Vielleicht geht es im wirklichen Leben immer so zu? Womit soll ich nur beginnen, um sie zu fesseln? Was für einen Kunstgriff soll ich anwenden? Ich werde irre, ganz irre ... Und was wollen sie bloß, was verlangen sie? Ich sehe, da drüben kichern sie. Vielleicht über mich? Großer Gott! Und was will ich eigentlich, wozu bin ich hier, warum gehe ich nicht fort, was plage ich mich? Das waren seine Gedanken, und Scham, tiefe, unerträgliche Scham peinigte sein Herz immer mehr und drohte es zu sprengen.

Alles entwickelte sich zwangsläufig.

Genau zwei Minuten, nachdem er sich zu Tisch gesetzt hatte, bemächtigte sich seines ganzen Wesens ein furchtbarer Gedanke. Er fühlte plötzlich, daß er betrunken war, nicht so wie vorhin, sondern vollständig berauscht. Das kam von dem einen Gläschen Schnaps, das er unmittelbar nach dem Champagner getrunken hatte und das sofort seine Wirkung ausübte.

Er fühlte in seinem Innersten, daß er schwächer und schwächer wurde. Freilich, der Mut wuchs bedeutend, aber seine Besonnenheit verließ ihn nicht und rief ihm zu: Es ist nicht recht, es ist nicht gut, es ist sogar ganz unpassend! Natürlich konnte er seine trunkenen, wirren Gedanken nicht auf einen Punkt sammeln; in ihm waren, für ihn selbst deutlich fühlbar, plötzlich zwei Seelen: die eine war voll Mut, Kampflust, Verlangen nach Überwindung aller Schwierigkeiten und unerschütterlicher Überzeugung, daß er sein Ziel noch erreichen werde; die andere machte sich durch qualvolle Zweifel und ein Bohren im Herzen spürbar. Was werden die Leute dazu sagen? Womit wird das enden? Was wird morgen sein – morgen, morgen!

Vorhin hatte er die dunkle Empfindung gehabt, daß er unter den Gästen Feinde hatte. Das kommt daher, weil ich wahrscheinlich auch vorhin schon betrunken war, dachte er in qualvollen Zweifeln. Wer beschreibt aber sein Entsetzen, als er sich tatsächlich auf Grund unverkennbarer Anzeichen davon überzeugte, daß er am Tisch Feinde hatte und daß daran nicht zu rütteln war.

Warum nur, warum? dachte er.

Am Tisch befanden sich ungefähr dreißig Personen, von denen einige schon ganz betrunken waren. Einige andere zeigten in ihrem Benehmen eine gewisse nachlässige, beinahe bösartige Formlosigkeit, schrien, redeten alle auf einmal, brachten zur Unzeit Trinksprüche aus und bewarfen die Damen mit Brotkügelchen. Einer, eine unansehnliche Person in schmutzigem Gehrock, fiel vom Stuhl, als er sich kaum zu Tisch gesetzt hatte, und blieb bis zum Schluß der Mahlzeit unten liegen. Ein anderer wollte unbedingt auf den Tisch steigen, um dort seinen Trinkspruch auszubringen, und dem Offizier gelang es nur dadurch, seine Begeisterung zu dämpfen, indem er ihn an den Rockschößen packte und herunterzog.

Das Abendessen war höchst kleinbürgerlich, obwohl dazu ein Koch bestellt war, ein Leibeigener irgendeines Generals. Es gab Sülze, Zunge mit Kartoffeln, Koteletten mit Erbsen, danach Gänsebraten und zum Abschluß Pudding. An Getränken gab es Bier, Schnaps und Sherry. Eine Flasche Champagner stand nur vor Iwan Iljitsch, was ihn nötigte, auch Akim Petrowitsch daraus zu bewirten, der sich nicht mehr getraute, beim Abendessen von sich aus Anordnungen zu treffen. Zum Anstoßen war für alle übrigen Gäste kaukasischer Wein bestimmt, oder was jeder gerade vor sich stehen hatte. Die Tafel war aus vielen Tischen zusammengesetzt, unter die sogar ein Spieltisch geraten war. Bedeckt war sie mit vielen Tischtüchern, unter denen sich auch ein buntes Jaroslawer befand. Herren und Damen saßen ungeordnet durcheinander. Mama Pseldonimow wollte nicht am Tisch Platz nehmen; sie mußte überall nachschauen und kommandieren. Dafür erschien ein boshaft aussehendes weibliches Wesen in rötlichem Seidenkleid, mit verbundener Wange und sehr hoher Haube, das sich bisher nicht gezeigt hatte. Es erwies sich, daß es die Mutter der Braut war, die sich endlich herabgelassen hatte, aus den hinteren Zimmern zum Abendessen zu kommen. Sie war bisher wegen ihrer unversöhnlichen Feindschaft gegen Pseldonimows Mutter nicht erschienen; aber davon später.

Den Staatsrat sah diese Dame spöttisch, ja giftig an; augenscheinlich wünschte sie gar nicht der Exzellenz vorgestellt zu werden. Iwan Iljitsch war diese Gestalt äußerst verdächtig. Aber außer ihr erschienen ihm auch einige andere Personen verdächtig und flößten ihm unwillkürlich Furcht und Besorgnis ein. Man schmiedete anscheinend ein Komplott – und natürlich gegen ihn, Iwan Iljitsch. Wenigstens schien es ihm so, und er überzeugte sich während des Abendessens immer mehr davon. Besonders bösartig war ein Herr mit Spitzbart, ein freier Künstler; dieser starrte Iwan Iljitsch mehrfach an und flüsterte darauf mit seinem Nachbarn. Ein anderer, ein Hochschüler, war allerdings schon völlig betrunken, aber auch durch allerlei Anzeichen verdächtig. Trübe Ahnungen erweckte auch der junge Mediziner, und sogar der Offizier schien nicht mehr ganz vertrauenerweckend. Aber ganz besonders und auffallend gehässig blickte der Mitarbeiter des »Feuerbrand«. Er räkelte sich so ungeniert auf seinem Stuhl, blickte so stolz und herausfordernd herüber, grinste so unverhohlen! Und obgleich die übrigen Gäste dem Journalisten, der im »Feuerbrand« nur vier Verszeilen veröffentlicht hatte und sich deswegen für einen Liberalen hielt, gar keine Beachtung schenkten, ihn anscheinend nicht leiden konnten – doch als neben Iwan Iljitsch plötzlich ein Brotkügelchen niederfiel, das offensichtlich ihm galt, hätte er seinen Kopf wetten können, daß der Schuldige niemand anders als der Mitarbeiter des »Feuerbrand« war. Dieses alles wirkte natürlich sehr bedrükkend auf ihn. Besonders peinlich war ihm eine Entdeckung: Iwan Iljitsch merkte nur zu deutlich, daß er anfing, die Worte mühsam und stammelnd hervorzubringen, daß er sehr viel sagen wollte, daß aber seine Zunge ihm nicht mehr gehorchte, daß er anfing, alles zu vergessen und ganz ohne Grund zu prusten und zu lachen, wo es doch gar nichts zu lachen gab. Diese Stimmung verflog jedoch bald nach einem Glas Champagner, das sich Iwan Iljitsch mit der Absicht eingegossen hatte, es nicht auszutrinken, dann aber plötzlich versehentlich doch austrank. Nach diesem Glas bekam er große Lust zu weinen. Er fühlte, daß er der maßlosesten Empfindsamkeit verfiel; er begann wieder zu lieben, alle und alles zu lieben, sogar Pseldonimow und selbst den Mitarbeiter des »Feuerbrand«. Er empfand plötzlich das Verlangen, alle zu umarmen, alles zu vergessen und sich mit allen zu versöhnen. Mehr noch: er wollte ihnen alles aufrichtig erzählen, alles, alles! Was für ein guter und lieber Mensch er wäre, was für glänzende Fähigkeiten er besitze, wie er dem Vaterlande nützen werde, wie er es verstünde, die Damen zum Lachen zu bringen, vor allem aber, wie fortschrittlich er gesinnt sei, wie er bereit sei, sich in humanster Weise zu allen herabzulassen, auch zu den ganz Tiefstehenden, und zu guter Letzt wollte er aufrichtig alle Motive darlegen, die ihn bewogen hatten, ungebeten zu Pseldonimow zu kommen, in seinem Haus zwei Flaschen Champagner zu trinken und ihn mit seiner Anwesenheit zu beglücken!

Wahrheit, heilige Wahrheit und Aufrichtigkeit! Durch Aufrichtigkeit werde ich sie gewinnen. Sie werden mir glauben, ich sehe es klar. Jetzt sehen sie mich fast feindlich an, aber wenn ich ihnen mein Herz öffne, unterwerfe ich sie mir völlig. Sie werden ihre Gläser füllen und mich mit Geschrei hochleben lassen. Der Offizier, dessen bin ich sicher, wird sein Glas an seinen Sporen zerschlagen. Vielleicht rufen sie auch »Hurra«. Und selbst wenn sie mich nach Husarenart schwenken wollten, würde ich mich nicht widersetzen, nein, es wäre sogar ganz schön. Die Neuvermählte will ich auf die Stirn küssen; sie ist so niedlich. Akim Petrowitsch ist auch ein guter Kerl. Pseldonimow wird sich mit der Zeit schon bessern. Ihm fehlt sozusagen jeder gesellschaftliche Schliff. Und wenn diese neue Generation auch gar keinen Herzenstakt hat, will ich doch ein Wörtchen von der heutigen Aufgabe Rußlands unter den europäischen Großmächten reden. Auch die Bauernfrage kann ich berühren, ja und ... und ... sie werden mich alle lieben ... und ich werde mit Ruhm bedeckt das Fest verlassen.

Diese Träume waren natürlich sehr angenehm, weniger angenehm dagegen war, daß inmitten dieser rosigen Hoffnungen Iwan Iljitsch plötzlich und ganz unerwartet eine neue Fähigkeit an sich entdeckte: er spuckte. Der Speichel spritzte ganz unwillkürlich aus seinem Mund. Zuerst merkte er es an Akim Petrowitsch, dem er die Wange bespritzte, der aber steif dasaß, weil er sich aus Ehrfurcht nicht abzuwischen wagte. Iwan Iljitsch nahm seine Serviette und wischte ihn plötzlich selbst ab. Aber sofort erschien ihm das so unsinnig, so wider alle gesunde Vernunft, daß er verstummte und sich nur noch über sich selbst wunderte.

Akim Petrowitsch hatte zwar auch tüchtig getrunken, saß aber wie ein begossener Pudel da. Jetzt wurde sich Iwan Iljitsch bewußt, daß er fast schon eine Viertelstunde lang über ein höchst interessantes Thema mit Akim Petrowitsch sprach, daß aber dieser, während er zuhörte, nicht nur immer verlegener, sondern sogar ängstlich wurde. Pseldonimow, der einen Stuhl weiter weg von ihm saß, reckte auch seinen Hals nach ihm, beugte den Kopf zur Seite und hörte mit höchst saurer Miene zu. Er schien ihn wirklich zu beobachten. Als er die Gäste musterte, sah er, daß viele ihn anstarrten und laut lachten. Doch das Sonderbarste dabei war, daß ihn das keineswegs verlegen machte. Im Gegenteil, er nahm noch einen Schluck aus seinem Glas und begann plötzlich laut zu reden.

»Ich sagte Ihnen schon«, fing er so laut wie möglich an, »ich sagte Ihnen schon, meine Herrschaften, und auch eben noch zu Akim Petrowitsch, daß Rußland . . . ja, gerade Rußland . . . kurz und gut, Sie verstehen mich schon, was ich sa–sa–sagen will . . . Rußland erlebt jetzt, nach meiner heiligsten Überzeugung, die Hu–Humanität . . .«

»Hu–Humanität!« erklang es vom andern Ende des Tisches.

»Hu–hu!«

»Tu–tu!«

Iwan Iljitsch stockte. Pseldonimow stand von seinem Stuhl auf und sah sich um: Wer hatte gerufen? Akim Petrowitsch schüttelte heimlich den Kopf, wie um die Gäste zu warnen. Iwan Iljitsch bemerkte es sehr wohl, schwieg aber gequält.

»Humanität«, begann er eigensinnig von neuem, »vorhin . . . gerade vorhin sprach ich mit Stepan Niki–ki–forowitsch . . . ja . . . daß . . . die Erneuerung der Dinge sozusagen . . .«

»Exzellenz!« ertönte es laut vom anderen Ende der Tafel.

»Wie beliebt?« antwortete Iwan Iljitsch, bemüht, den Rufer zu erspähen.

»Nichts, Exzellenz, gar nichts, ich ließ mich hinreißen, fahren Sie fort! Fah–ren Sie foort«, ertönte die Stimme wieder.

Iwan Iljitsch zuckte zusammen.

»Die Erneuerung dieser selben Dinge . . . sozusagen . . .«

»Exzellenz!« schrie wieder dieselbe Stimme.

»Was wollen Sie?«

»Seien Sie uns gegrüßt!«

Jetzt wurde es Iwan Iljitsch zuviel. Er unterbrach seine Rede und wandte sich an den Ruhestörer und Beleidiger. Das war ein ganz junger Studierender, der stark angetrunken und höchst verdächtig war. Er krakeelte schon lange, hatte schon ein Glas und zwei Teller zerschlagen, wobei er behauptete, daß derlei bei einer Hochzeit eben üblich sei. Als sich Iwan Iljitsch an den Schreier wandte, fing der Offizier an, ihn streng zu tadeln.

»Was fällt dir ein? Was brüllst du? Hinauswerfen sollte man dich!«

»Sie sind gar nicht gemeint, Exzellenz, ganz und gar nicht! Fahren Sie fort!« schrie der lustige Student und lehnte sich in seinem Stuhl zurück. »Fahren Sie fort, ich höre zu und bin mit Ihnen sehr, sehr zufrieden. Sehr lobenswert, seehr lobenswert!«

»Besoffener Bengel«, flüsterte Pseldonimow.

»Ich sehe, daß er betrunken ist, aber ...«

»Ich habe eben eine amüsante kleine Geschichte erzählt, Exzellenz«, fing der Offizier an, »von einem Leutnant unseres Regiments, der so mit seinen Vorgesetzten gesprochen hat, und nun äfft er diesen nach. Bei jedem Wort, das sein Oberst sagte, rief dieser immer: ‚Sehr lobenswert, sehr lobenswert!' Man hat ihn vor zehn Jahren dafür aus dem Dienst entlassen.«

»Was war das für ein Leutnant?«

»Aus unserm Bataillon, Exzellenz! Über diesem ‚lobenswert' ist er auch verrückt geworden. Zuerst hat man ihn mit sanften Mitteln zur Vernunft bringen wollen, dann kam er in Arrest. Der Oberst ermahnte ihn väterlich, aber er rief immer: ‚Lobenswert, lobenswert!' Und sonderbar: er war ein strammer Kerl, fast zwei Meter lang. Als sie ihn vor Gericht bringen wollten, bemerkte man, daß er irrsinnig war.«

»Also ... ein Kindskopf. Mit Kindereien muß man es nicht so genau nehmen ... Ich meinerseits bin bereit zu verzeihen.«

»Es ist medizinisch festgestellt worden, Euer Exzellenz.«

»Wie! Hat man ihn denn se-se-seziert?«

»Ich bitte Sie, er war doch lebendig.«

Lautes, fast allgemeines Gelächter erschallte unter den Gästen, die sich bisher sehr zurückgehalten hatten. Iwan Iljitsch geriet in Wut.

»Meine Herrschaften, meine Herrschaften!« schrie er, anfänglich sogar ohne zu stottern. »Ich bin sehr wohl imstande zu verstehen, daß man einen Lebenden nicht seziert. Ich dachte, daß er in seiner Verrücktheit nicht mehr ganz lebendig war ... das heißt, daß er schon tot ... das heißt, ich will sagen ... daß Sie mich nicht lieben. Ich aber liebe Sie alle, ja ... ich liebe Por–Porfirij ... Ich erniedrige mich, wenn ich so spreche ...«

In diesem Augenblick spritzte ein Speichelstrahl aus Iwan Iljitschs Munde und fiel auf die am meisten ins Auge fallende Stelle des Tischtuches. Pseldonimow beeilte sich, den Fleck mit der Serviette abzuwischen. Dieses letzte Unglück brachte ihn ganz zur Verzweiflung.

»Meine Herrschaften, das ist zuviel!« schrie er entsetzt.

»Ein Betrunkener, Exzellenz«, soufflierte Pseldonimow wieder.

»Porfirij! Ich sehe ... daß ihr ... alle ... ja! Ich sage, daß ich hoffe ... ja ... ich frage euch alle: Wieso habe ich mich erniedrigt?«

Iwan Iljitsch weinte beinahe.

»Exzellenz, ich bitte Sie!«

»Porfirij, ich frage dich ... Sag selbst, als ich kam ... ja ... ja ... zur Hochzeit kam, hatte ich doch ein Ziel. Ich wollte euch sittlich heben ... ich wollte, daß ihr fühlen solltet ... ich frage euch alle: Habe ich mich in euren Augen erniedrigt oder nicht?«

Grabesstille. Und das war das schlimmste, daß diese Grabesstille eintrat und noch dazu auf eine so kategorische Frage. Wenn sie doch jetzt, wenigstens jetzt schreien wollten! fuhr es Seiner Exzellenz durch den Kopf.

Aber die Gäste schauten sich nur gegenseitig an. Akim Petrowitsch saß mehr tot als lebendig da, und Pseldonimow wiederholte starr vor Entsetzen bei sich unaufhörlich die quälende Frage: Was wird mir dafür morgen blühen?

Plötzlich wandte sich der Mitarbeiter des »Feuerbrand«, der schon stark betrunken war, bis dahin aber in finsterem Schweigen dagesessen hatte, unmittelbar an Iwan Iljitsch und antwortete mit blitzenden Augen im Namen der ganzen Gesellschaft.

»Ja!« schrie er mit lauter Stimme, »ja, Sie haben sich erniedrigt, ja, Sie sind ein Reaktionär, ein Re–ak–tio–när!«

»Junger Mann, kommen Sie zu sich! Wissen Sie nicht, mit wem Sie sprechen?« schrie Iwan Iljitsch wütend und sprang wieder von seinem Platz auf.

»Mit Ihnen, und zweitens bin ich kein junger Mann ... Sie sind hergekommen, um Komödie zu spielen, weil Sie sich beliebt machen wollen.«

»Pseldonimow, was ist das!« schrie Iwan Iljitsch.

Doch Pseldonimow sprang so entsetzt auf, daß er wie eine Säule stehen blieb und gar nicht mehr wußte, was er unternehmen sollte. Auch die Gäste saßen starr auf ihren Plätzen. Der Maler und der Student klatschten Beifall und schrien: »Bravo, bravo!«

Der Journalist schrie in unbändiger Wut weiter: »Ja, Sie sind hergekommen, um mit Ihrer Humanität großzutun. Sie haben die allgemeine Freude gestört. Sie haben Champagner getrunken, ohne zu überlegen, daß dieser Wein für einen Beamten mit zehn Rubel Monatsgehalt zu teuer ist, und ich vermute auch, daß Sie einer jener Vorgesetzten sind, die es nach den jungen Frauen ihrer Untergebenen gelüstet. Und noch etwas, ich bin überzeugt, daß Sie die Branntweinpacht unterstützen . . . Ja, ja, ja!«

»Pseldonimow, Pseldonimow!« rief Iwan Iljitsch, beide Hände nach ihm ausstreckend. Er fühlte, daß jedes neue Wort des Journalisten ein Dolchstoß für sein Herz war.

»Sofort, Exzellenz, seien Sie ohne Sorge!« rief Pseldonimow energisch, sprang auf den Journalisten zu, packte ihn am Kragen und schleifte ihn vom Tisch. Man hätte dem schüchternen Pseldonimow gar nicht soviel Körperkraft zugetraut, aber der Journalist war furchtbar betrunken, Pseldonimow dagegen ganz nüchtern. Hierauf gab er ihm einige Püffe in den Rücken und setzte ihn vor die Tür.

»Ihr seid alle Halunken!« schrie der Journalist. »Ich stelle euch morgen alle im ‚Feuerbrand' an den Pranger!«

Alle waren aufgesprungen.

»Euer Exzellenz, Euer Exzellenz«, riefen Pseldonimow, seine Mutter und mehrere Gäste, indem sie Iwan Iljitsch umringten. »Exzellenz, beruhigen Sie sich!«

»Nein, nein!« schrie der Staatsrat. »Ich bin vernichtet . . . Ich kam hierher . . . ich wollte, sozusagen, weihen . . . Und der Lohn für alles . . . für alles!«

Er sank wie besinnungslos auf einen Stuhl, legte beide Arme auf den Tisch und ließ den Kopf darauf sinken, gerade in einen Teller mit Pudding. Das allgemeine Entsetzen war unbeschreiblich. Eine Minute später erhob er sich, augenscheinlich, um fortzugehen, stolperte, blieb mit dem Fuß am Stuhl hängen, fiel der Länge nach auf den Fußboden und begann sofort zu schnarchen.

Das kommt bei Nichttrinkern, wenn sie doch einmal trinken, gelegentlich vor. Bis zum letzten Augenblick bleiben sie bei Bewußtsein, dann fallen sie plötzlich um, wie vom Schlag gerührt. Iwan Iljitsch lag bewußtlos auf dem Boden. Pseldonimow faßte sich an den Kopf und erstarrte in dieser Haltung. Die Gäste entfernten sich eilends, und jeder beurteilte das Ereignis auf seine Weise. Es war bereits gegen drei Uhr morgens.

Die Hauptsache bestand darin, daß Pseldonimows Lage viel schlimmer war, als man sich vorstellen konnte – selbst wenn man den augenblicklichen peinlichen Zwischenfall mit in Betracht zog. Und solange Iwan Iljitsch auf dem Boden liegt und Pseldonimow vor ihm steht und sich verzweifelt die Haare rauft, wollen wir den von uns gewählten Handlungsablauf unterbrechen und einige erläuternde Worte über Porfirij Petrowitsch Pseldonimow sagen.

Noch kaum einen Monat vor seiner Hochzeit befand er sich in hoffnungslosem Elend. Er stammte aus der Provinz, wo sein Vater irgendwo irgendeinen Beamtenposten innegehabt hatte und gestorben war, als eben die strafrechtliche Verfolgung gegen ihn eingeleitet war. Als Pseldonimow etwa fünf Monate vor seiner Heirat, nachdem er ein Jahr lang in Petersburg am Hungertuch genagt hatte, den Posten mit zehn Rubel Gehalt erhalten hatte, lebte er körperlich und geistig auf; bald danach aber wurde er durch die Verhältnisse abermals niedergeworfen. Auf der ganzen Welt gab es nur noch zwei Pseldonimows, ihn und seine Mutter, die nach dem Tod ihres Mannes die Provinz verlassen hatte.

Mutter und Sohn kamen fast um vor Kälte und fristeten ihr Leben mit höchst merkwürdigen Nahrungsmitteln. Es gab Tage, wo Pseldonimow selbst mit dem Wasserkrug an die Fontanka ging, um sich dort satt zu trinken. Als er die Anstellung gefunden hatte, zog er mit seiner Mutter in irgendeinen Winkel. Sie betätigte sich als Waschfrau, und er befleißigte sich vier Monate lang größter Sparsamkeit, um sich einen dünnen Mantel und ein Paar Stiefel kaufen zu können. Und wieviel Not hatte er nicht in der Kanzlei ausgestanden! Sein Vorgesetzter erlaubte sich ihm gegenüber sogar die Frage, wie lange es her sei, daß er ein Bad genommen habe. Über ihn war das Gerücht in Umlauf, daß unter dem Kragen seines Uniformrocks Wanzen nisteten. Aber Pseldonimow war zähe. Äußerlich war er sanft und still; seine Bildung war sehr gering, und man hörte ihn nie sich mit jemand unterhalten. Es war nicht zu erraten, ob er je nachdachte, Pläne schmiedete, Vorsätze faßte oder von irgend etwas träumte. Aber es hatte sich in ihm eine instinktive, störrische, unbewußte Entschlossenheit entwickelt, aus seiner jämmerlichen Lage herauszukommen. Er besaß die Zähigkeit einer Ameise; zerstört man den Ameisen ihr Nest, bauen sie es gleich von neuem auf; zerstört man es wieder, so fangen sie wieder von vorne an und so ohne Ermüden immer weiter. Er war eine tätige, haushälterische Natur. Es war auf seiner Stirn zu lesen, daß er sich einmal seinen Weg bahnen, sich sein Nest bauen und vielleicht sogar auf Vorrat sparen würde. Auf der ganzen Welt war nur ein Mensch, der ihn liebte: seine Mutter, und zwar abgöttisch. Sie war eine resolute, unermüdliche, arbeitsame Frau mit gutem Herzen. Sie hätten in ihrem Winkel vielleicht noch fünf oder sechs Jahre gelebt, bis die Verhältnisse sich geändert hätten – wenn sie nicht dem pensionierten Titularrat Mlekopitajew begegnet wären; dieser war irgendwo in der Provinz Kassenbeamter gewesen und hatte sich jetzt mit seiner Familie in Petersburg niedergelassen. Er kannte Pseldonimow von früher her und war seinem Vater für irgendeine Dienstleistung verpflichtet. Er hatte etwas Geld, natürlich nicht viel, aber es war doch etwas vorhanden; wieviel, wußte niemand, weder seine Frau noch seine älteste Tochter noch die Verwandten. Er hatte zwei Töchter, und da er ein furchtbarer Dickschädel, Trinker und Haustyrann und zu alledem noch leidend war, kam ihm plötzlich der Einfall, die eine seiner Töchter mit Pseldonimow zu verheiraten: »Ich kenne ihn, sein Vater war ein guter Mensch, also wird der Sohn auch ein guter Mensch sein.« Mlekopitajew tat immer, was er wollte. Gesagt, getan. Er war ein Starrkopf von sehr merkwürdiger Art. Den größten Teil des Tages verbrachte er im Lehnstuhl, da er infolge einer Krankheit gelähmt war, was ihn aber nicht daran hinderte, Schnaps zu trinken. Tagelang tat er nichts als trinken und schimpfen. Er war ein böser Mensch, der immer jemanden haben mußte, den er unausgesetzt quälen konnte. Zu diesem Zweck hatte er einige entfernte Verwandte in seinem Haus, seine Schwester, eine kranke und zänkische Person, zwei Schwestern seiner Frau, die ebenso böse und geschwätzig waren, ferner eine alte Tante, die sich irgendwann einmal eine Rippe gebrochen hatte; endlich wohnte noch eine Deutschrussin im Haus, der er Kost und Wohnung gab, weil sie die

Märchen aus »Tausendundeine Nacht« sehr schön zu erzählen verstand.

Sein ganzes Vergnügen bestand darin, all diese unglücklichen Kostgängerinnen zu ärgern, sie jeden Augenblick aufs gemeinste zu beschimpfen, obgleich alle, seine eigene Frau nicht ausgenommen, die schon mit Zahnschmerzen auf die Welt gekommen war, in seiner Gegenwart sich nicht zu mucksen wagten.

Er hetzte sie mit Klatschereien und Verdächtigungen gegeneinander auf und lachte und freute sich, wenn er dann sah, wie sie sich gegenseitig beinahe prügelten. Er freute sich ungemein, als seine älteste Tochter, die zehn Jahre lang mit ihrem Mann, einem Offizier, in sehr traurigen Verhältnissen gelebt hatte und Witwe geworden war, mit ihren drei kranken Kindern zu ihm übersiedelte. Die Kinder konnte er nicht leiden, aber da er in ihnen neue Objekte für seine täglichen Experimente sah, war er höchst zufrieden. Dieser Haufe böser Weiber und kranker Kinder wohnte zusammen mit ihrem Peiniger dichtgedrängt in dem hölzernen Häuschen auf der Petersburger Seite, hatte nie satt zu essen, weil der Alte geizig war und das Geld nur groschenweise herausgab (dabei aber keineswegs mit Schnaps für sich sparte), konnte nie ausschlafen, weil der Alte an Schlaflosigkeit litt und sich unterhalten wollte. So mußten alle sich plagen, und sie verfluchten ihr Los. Da stieß Mlekopitajew auf Pseldonimow. Er war erstaunt über dessen lange Nase und sanftmütiges Äußeres. Seine schwächliche und unansehnliche jüngste Tochter war gerade siebzehn Jahre alt geworden. Sie hatte zwar eine Zeitlang irgendeine deutsche Schule besucht, aber nicht viel mehr als Lesen und Schreiben gelernt. So war sie, skrofulös und unterernährt, unter der Fuchtel des betrunkenen Vaters in der Hölle häuslicher Zwistigkeiten, Spionagen und Intrigen herangewachsen. Sie hatte weder Freundinnen noch Verstand. Geheiratet hätte sie längst gerne. In Gesellschaft brachte sie kein Wort heraus, zu Hause aber bei der Mutter und den Tanten war sie boshaft und zänkisch wie ein Bohrer. Vor allem liebte sie es, die Kinder ihrer Schwester zu zwacken und zu prügeln und sie wegen gemausten Zuckers und Brots zu verklatschen, weshalb zwischen ihr und der ältesten Schwester eine ewige, unversöhnliche Feindschaft bestand. Dieses Mädchen bot der Alte selbst Pseldonimow an. Trotz seiner Not bat sich dieser eine Bedenkzeit aus und beriet sich lange mit seiner Mutter; aber die Braut sollte ein Haus mit in die Ehe bringen: zwar nur ein häßliches, ebenerdiges Holzhaus, aber es war immerhin etwas wert. Außerdem bekam sie vierhundert Rubel – wie lange hätte er gebraucht, um sich soviel zusammenzusparen! »Warum ich mir den Menschen ins Haus nehme?« schrie der betrunkene Grobian. »Erstens, weil ihr alle Weiberpack seid und ich es satt habe, mich immer nur mit Weibern zu plagen. Ich will, daß auch Pseldonimow nach meiner Pfeife tanzt, denn ich bin sein Wohltäter. Zweitens nehme ich ihn, weil ihr es nicht haben wollt und euch darüber ärgert. Euch zum Trotz will ich es tun. Was ich gesagt habe, das tue ich auch! Und du, Porfirij, hau sie tüchtig, wenn sie erst deine Frau ist; in ihr sitzen von Geburt an sieben Teufel. Treib sie ihr alle aus, und ich will dir den Stock dazu bereithalten!«

Pseldonimow schwieg, aber er war schon entschlossen. Man nahm ihn und seine Mutter schon vor der Hochzeit ins Haus auf, wusch sie, gab ihnen Kleider und Schuhe und Geld für die Hochzeit. Der Alte war vielleicht gerade darum so gnädig, weil die ganze Familie über sie aufgebracht war. An der alten Pseldonimowa fand er sogar Gefallen, so daß er an sich hielt und sie nicht quälte. Pseldonimow selbst befahl er übrigens schon eine Woche vor der Hochzeit, ihm einen Kasatschok vorzutanzen.

»Nun, genug, ich wollte nur sehen, ob du dich mir gegenüber nicht vergißt«, sagte er nach Beendigung des Tanzes. Das Geld für die Hochzeitsfeier berechnete er sehr knapp, lud jedoch alle seine Verwandten und Bekannten ein.

Von Pseldonimows Bekannten waren nur der Mitarbeiter des »Feuerbrand« und Akim Petrowitsch als Ehrengäste gekommen. Pseldonimow wußte sehr wohl, daß seine Braut ihn nicht ausstehen konnte und viel lieber einen Offizier geheiratet hätte als ihn. Aber er duldete alles schweigend, weil er es so mit seiner Mutter vereinbart hatte. Während des ganzen Hochzeitstages und auch abends erging sich der Alte in den gemeinsten Schimpfwörtern und trank ohne Unterlaß. Die ganze Familie war wegen der Hochzeitsfeier in die Hinterstuben gepfercht worden; es war eng zum Ersticken. Die Vorderstuben waren für den Ball und das Abendessen bestimmt. Als der Alte gegen elf Uhr abends endlich ganz betrunken eingeschlafen war, entschloß sich die Mutter der Braut, die sich den ganzen Abend besonders über Pseldonimows Mutter geärgert hatte, ihren Zorn in Gnade zu verwandeln und zum Ball zu erscheinen. Der Besuch Iwan Iljitschs machte alles zunichte. Frau Mlekopitajewa wurde verlegen, fühlte sich gekränkt und schimpfte, weil man sie nicht davon unterrichtet habe, daß Seine Exzellenz geladen sei. Man wollte sie überzeugen, daß er uneingeladen gekommen sei, aber sie war so dumm, daß sie es nicht glauben wollte. Es mußte Champagner geholt werden. Pseldonimows Mutter hatte nur einen Rubel, er selbst nicht eine Kopeke. So mußte man sich vor der bösen alten Mlekopitajewa demütigen und sie um Geld für eine und nachher noch für eine zweite Flasche bitten. Man malte ihr die bevorstehende dienstliche Laufbahn des Bräutigams aus, redete ihr ins Gewissen, bis sie endlich etwas von ihrem Geld herausgab; dabei aber ließ sie Pseldonimow einen so wohlgefüllten Becher von Gift und Galle leeren, daß er mehrmals in das Brautgemach entfloh, sich schweigend mit der Hand durch die Haare fuhr und zitternd vor ohnmächtiger Wut den Kopf auf das Lager preßte, das für paradiesische Wonnen bestimmt war.

Ja, Iwan Iljitsch ahnte nicht, was die zwei Flaschen Jackson gekostet hatten, die er an dem Abend getrunken hatte. Wie groß aber waren Pseldonimows Schrecken, Kummer und Verzweiflung, als die Geschichte mit Iwan Iljitsch ein so unerwartetes Ende nahm. Neue Plagen drohten ihm, und vielleicht mußte er die ganze Nacht hindurch das Winseln und die Tränen seiner eigensinnigen jungen Gattin und die Vorwürfe ihrer blöden Verwandtschaft über sich ergehen lassen. Er hatte ohnedies schon Kopfweh und konnte vor Qualm und Staub kaum aus den Augen schauen. Und jetzt mußte Iwan Iljitsch geholfen werden, es mußte um drei Uhr morgens ein Arzt oder eine Kutsche geholt werden, um ihn nach Hause zu bringen – und zwar durchaus eine Kutsche, denn man konnte doch eine solche Persönlichkeit in einem solchen Zustand nicht im offenen Schlitten nach Hause schaffen! Und woher das Geld für die Kutsche nehmen? Die alte Mlekopitajewa, die wütend war, daß der Staatsrat mit ihr keine zwei Worte gesprochen und sie bei Tisch nicht einmal angesehen hatte, erklärte, keine einzige Kopeke mehr zu haben. Vielleicht hatte sie wirklich nichts. Woher aber das Geld nehmen? Was sollte man tun? Ja, es war Grund genug vorhanden, sich die Haare zu raufen!

Indes hatte man Iwan Iljitsch auf ein kleines Ledersofa gelegt, das im Speisezimmer stand. Während man die Tische abdeckte und auseinanderschob, rannte Pseldonimow auf der Suche nach Geld hin und her, versuchte eine Anleihe bei den Dienstboten zu machen, aber es erwies sich, daß niemand etwas hatte. Er wagte sogar Akim Petrowitsch zu belästigen, der länger als die anderen Gäste dageblieben war. Dieser jedoch, obgleich sonst ein guter Kerl, wurde so verlegen, ja entsetzt, als er das Wort Geld vernahm, daß er den größten Unsinn zu stammeln begann. »Ein andermal ... werde ich mit Vergnügen«, brummte er, »aber jetzt ... Sie müssen mich schon entschuldigen ...«

Und seine Mütze ergreifend, eilte er schnell aus dem Haus. Nur der gutherzige Jüngling mit der Geschichte vom Traumbuch zeigte sich dienstbereit; aber auch das half nicht viel. Er war auch aus aufrichtiger Teilnahme an den Leiden Pseldonimows länger dageblieben. Dieser, seine Mutter und der junge Mann beschlossen in gemeinsamer Beratung, nicht nach dem Arzt zu schicken, sondern lieber einen Wagen zu holen und den Kranken nach Hause zu schaffen, jedoch bis zur Ankunft des Wagens noch einige Hausmittel zu versuchen, als da sind: die Schläfen und den Kopf mit kaltem Wasser kühlen, Eis auf den Kopf legen und so weiter. Hiermit befaßte sich Pseldonimows Mutter; der Jüngling rannte um einen Wagen. Da aber zu dieser Zeit auf der ganzen Petersburger Seite keine einzige Droschke zu finden war, mußte er sehr weit bis zu einem Fuhrhalter laufen, wo er die Kutscher aus dem Schlaf trommelte. Man fing an zu handeln, die Kutscher erklärten, in so später Nachtstunde wären auch fünf Rubel noch zuwenig. Schließlich einigte man sich auf drei Rubel. Als aber der Jüngling fast um vier Uhr mit der Kutsche bei Pseldonimow anlangte, hatte man dort längst anders entschieden. Es erwies sich, daß Iwan Iljitsch, noch nicht zu sich gekommen, sehr krank war und so stöhnte und sich herumwarf, daß es ganz unmöglich, ja sogar gewagt war, ihn in einem solchen Zustand bis zum Wagen zu bringen und in seine Wohnung zu schaffen.

»Was kann noch alles daraus entstehen?« sagte Pseldonimow ganz verzweifelt. Was also war zu tun? Eine neue Frage tauchte auf: Wenn der Kranke im Hause bleiben sollte, wohin ihn legen? Im ganzen Haus waren nur zwei Betten vorhanden. Ein großes zweischläfriges Bett, in dem Mlekopitajew mit seiner Frau schlief, und ein zweites, neugekauftes aus imitiertem Nußholz, das für das junge Paar bestimmt war. Alle übrigen Bewohner oder vielmehr Bewohnerinnen des Hauses schliefen, wie es gerade kam, auf dem Fußboden, meistens auf Federbetten, die zum Teil schon durchgelegen und durchgeschwitzt, also keineswegs zu brauchen waren, und auch deren gab es nicht einmal so viele, als Leute im Hause waren. Wohin also mit dem Kranken? Ein Federbett hätte sich zur Not noch gefunden – man hätte es im äußersten Falle irgend jemandem wegnehmen können, aber wo und worauf das Bett machen? Es stand fest, daß man das Bett nur im Saal aufschlagen konnte, da dieser von den Familiengemächern am weitesten entfernt lag und einen eigenen Ausgang hatte. Aber worauf sollte man das Bett machen? Doch nicht auf Stühlen? Bekanntlich bettet man nur Gymnasiasten auf Stühlen, wenn sie von Samstag auf Sonntag nach Hause kommen, aber bei einer Persönlichkeit wie Iwan Iljitsch wäre das sehr unehrerbietig gewesen. Was würde er am nächsten Tag sagen, wenn er sich auf Stühlen gebettet fände? Pseldonimow wollte davon nichts hören. Es blieb nur eines übrig: ihn auf das Brautbett zu legen. Das Brautbett befand sich, wie wir schon erwähnt haben, in einem kleinen Gemach neben dem Speisezimmer. Auf dem Bett lagen eine neuangeschaffte, zweischläfrige, noch unbenutzte Matratze, reine Wäsche, vier Kissen aus rosa Kaliko mit rüschenbesetzten Musselinüberzügen. Die Decke war aus rosa Atlas mit einem gesteppten Muster. Ein goldener Ring hielt oben die Musselinvorhänge zusammen. Kurz, es war alles, wie es sein mußte, und die Gäste, die sämtlich im Schlafzimmer gewesen waren, hatten die Einrichtung gelobt. Die Braut war, obgleich sie Pseldonimow nicht ausstehn konnte, doch während des Abends mehrmals heimlich hineingeschlichen. Wer beschreibt ihre Entrüstung und ihre Wut, als sie erfuhr, daß man auf ihr Ehebett einen Kranken legen wollte, der noch dazu so etwas wie Cholera hatte? Ihr Mamachen trat für sie ein, schimpfte und drohte, es morgen ihrem Manne zu klagen; aber Pseldonimow zeigte sich als Mann und bestand darauf; man trug Iwan Iljitsch hinüber und machte für die Neuvermählten im Saal ein Bett auf Stühlen. Die junge Frau schluchzte, hätte ihren Gatten am liebsten gezwickt, gehorchte aber doch; sie wußte, der Vater hatte einen ihr sehr wohlbekannten Knotenstock und würde morgen Rechenschaft über gewisse Dinge fordern. Zu ihrer

Beruhigung brachte man wenigstens die rosa Decke und die Kopfkissen mit den Spitzenbezügen in den Saal hinüber. In diesem Augenblick erschien der Jüngling mit der Kutsche; er erschrak, als er erfuhr, daß der Wagen nicht mehr nötig war. Nun mußte er ihn selbst bezahlen, und er hatte niemals auch nur ein Zehnkopekenstück besessen. Pseldonimow erklärte sich vollständig bankrott. Man versuchte den Kutscher zu besänftigen, aber er fing an zu toben und gegen die Fenster zu trommeln. Womit das endete, weiß ich nicht genau. Ich glaube, der Jüngling begab sich als Gefangener in der Droschke nach Peski, in die vierte Roschdestwenskaja-Straße, wo er einen Studenten, der bei Bekannten übernachtete, aufzuwecken und um Geld anzugehen gedachte. Es war schon gegen fünf Uhr früh, als man die jungen Eheleute allein ließ und im Saal einschloß. Am Bett des Leidenden aber blieb die ganze Nacht Pseldonimows Mutter. Sie schlug ihr Lager auf dem Fußboden auf einem kleinen Betteppich auf, deckte sich mit ihrem Pelz zu, konnte aber kaum schlafen, da sie alle Augenblicke aufstehen mußte: Iwan Iljitsch hatte eine entsetzliche Magenverstimmung. Die Pseldonimowa war ein tapferes und großherziges Frauenzimmer, sie kleidete ihn eigenhändig aus, pflegte ihn wie ihren eigenen Sohn und trug während der ganzen Nacht das unentbehrliche Geschirr durch den Korridor herein und hinaus. Aber die Unannehmlichkeiten dieser Nacht waren damit noch lange nicht zu Ende.

Es waren noch keine zehn Minuten vergangen, seit man das junge Paar im Saal eingeschlossen hatte, als plötzlich ein durchdringender Schrei ertönte, kein Schrei des Entzückens, sondern ein sehr unheilverkündender Schrei. Auf den Schrei folgte Lärm, Gepolter wie von umstürzenden Stühlen, und kurz darauf drängte ganz unerwartet ein Haufe zeternder, entsetzter Weiber in unmöglichem Negligé in das noch dunkle Zimmer. Diese Frauen waren die Mutter der jungen Frau, ihre älteste Schwester, die für einige Augenblicke sogar ihre kranken Kinder im Stich gelassen hatte, die drei Tanten, selbst die mit der gebrochenen Rippe. Sogar die Köchin war da, und auch die deutsche Kostgängerin kam angewackelt, die so schön Märchen erzählen konnte und der man vorhin mit Gewalt ihr Unterbett für das junge Paar geraubt hatte – das sauberste, das es im Hause gab, ihr einziges Hab und Gut. Alle diese ehrenwerten und scharfsichtigen Frauen hatten sich schon vor einer Viertelstunde aus der Küche durch den Korridor auf den Zehenspitzen herangeschlichen und horchten, von einer ganz unerklärlichen Neugierde verzehrt, im Vorzimmer. Inzwischen hatte jemand schnell eine Kerze angezündet, und nun bot sich allen ein ganz unerwartetes Schauspiel. Die Stühle, die das breite Federpfühl nur an den Rändern stützten, hatten die doppelte Belastung nicht ausgehalten, waren zur Seite gerutscht, und die Matratze war mittendurch auf den Boden gefallen. Die junge Frau schluchzte vor Wut; diesmal war sie bis auf den Grund ihres Herzens beleidigt. Völlig vernichtet stand Pseldonimow da: wie ein Verbrecher, der bei einer Missetat ertappt wurde. Er versuchte nicht einmal, sich zu rechtfertigen. Von allen Seiten hörte man Ächzen und Kreischen. Auf den Lärm hin kam auch Pseldonimows Mutter herbeigelaufen, aber diesmal errang die Mutter der jungen Frau einen vollständigen Sieg. Sie überschüttete Pseldonimow mit sonderbaren, meist ungerechtfertigten Vorwürfen wie: »Du bist mir ein schöner Ehemann, mein Lieber! Wozu bist du noch zu brauchen nach einer solchen Schande, mein Lieber!« und so weiter. Endlich nahm sie die Tochter bei der Hand und führte sie von dem Gatten fort in ihre Gemächer; die Verantwortung gegenüber dem strengen Vater, der morgen Rechenschaft verlangen würde, nahm sie auf sich. Hinter ihr her zogen auch die anderen stöhnend und kopfschüttelnd ab. Bei Pseldonimow blieb nur seine Mutter und versuchte ihn zu trösten. Er jagte sie aber sofort hinaus.

Er wollte nicht mehr getröstet sein. Er schleppte sich bis zum Diwan, setzte sich in finsteren Gedanken darauf nieder – so wie er war, barfuß und nur mit der notwendigsten Wäsche bekleidet. Die Gedanken kreuzten und verwirrten sich in seinem Gehirn. Manchmal sah er sich automatisch im Zimmer um, wo vor kurzem noch die Schar der Tanzenden getobt hatte und der Tabaksqualm noch die Luft erfüllte. Zigarettenreste und Konfekthüllen bedeckten noch den begossenen, beschmutzten Fußboden. Der Trümmerhaufen der ehelichen Lagerstätte, die umgestürzten Stühle legten Zeugnis ab von der Vergänglichkeit der schönsten und sichersten irdischen Hoffnungen und Träume. So saß er fast eine Stunde lang. Schwere Sorgen gingen ihm durch den Kopf; zum Beispiel: Was würde ihn morgen im Amt erwarten? Gequält sagte er sich, daß er seine Stelle werde wechseln müssen, um jeden

Preis, denn auf seinem alten Posten zu bleiben schien ihm nach dem Vorfall des heutigen Abends ganz ausgeschlossen. Auch Mlekopitajew fiel ihm ein, und daß er ihn morgen vielleicht wieder zwingen würde, den Kasatschok zu tanzen, um seine Sanftmut zu erproben. Es kam ihm auch in den Sinn, daß Mlekopitajew zwar fünfzig Rubel für die Hochzeitsfeier gestiftet hatte, die bis auf die letzte Kopeke verausgabt waren, daß aber von der Mitgift von vierhundert Rubeln noch nichts ausgezahlt, ja nicht einmal die Rede davon gewesen war. Auch auf das Haus hatte er noch keine formelle Verschreibung in Händen. Er dachte auch an seine junge Frau, die ihn im kritischsten Augenblick seines Lebens im Stich gelassen hatte, und an den langen Offizier, der vor ihr aufs Knie gefallen war. Das hatte er schon bemerken können. Er gedachte der sieben Teufel, die nach der Behauptung ihres eigenen Erzeugers in ihr steckten, und an den Knüppel, mit dem er sie austreiben sollte ... Freilich, er fühlte die Kraft in sich, vieles zu ertragen, aber das Schicksal bereitete ihm so große Überraschungen, daß er wohl an seiner Kraft irrewerden konnte.

So trauerte Pseldonimow. Unterdessen war der Lichtstumpf fast niedergebrannt. Sein flackernder Schein, der gerade auf Pseldonimows Profil fiel, warf es in riesengroßen Umrissen an die Wand: den langgestreckten Hals, die krumme Nase und die zwei Haarbüschel über der Stirn und am Nacken. Endlich, als sich schon die Morgenkühle bemerkbar machte, erhob er sich, halb erfroren und mit erstarrtem Herzen, und schleppte sich bis zum Federbett, das zwischen den Stühlen auf dem Fußboden lag, und kletterte, ohne das Licht zu löschen, ohne sich ein Kissen unter den Kopf zu schieben, auf allen vieren auf das Federbett und verfiel in einen tiefen, bleiernen Schlaf, wie ihn wahrscheinlich die zum Tode Verurteilten vor der Hinrichtung schlafen.

Andererseits – was ließe sich mit der qualvollen Nacht vergleichen, die Iwan Iljitsch Pralinskij auf dem Brautbett des unglücklichen Pseldonimow verbrachte! Eine Zeitlang ließen ihm Kopfweh, Erbrechen und andere höchst unangenehme Anfälle auch nicht eine Minute Ruhe. Er litt Höllenqualen. Das Bewußtsein, das zwar kaum in seinem Kopf dämmerte, kam und ließ ihn in solche Abgründe des Schreckens schauen, zeigte ihm so düstere und widerliche Bilder, daß es besser gewesen wäre, wenn er überhaupt nicht wieder zu sich gekommen wäre. Übrigens ging in seinem Kopf noch alles durcheinander. Er erkannte zum Beispiel Pseldonimows Mutter, hörte ihre sanften Trostworte wie: »Habe Geduld, mein Täubchen, habe Geduld, Väterchen, man gewöhnt sich an alles!« Er erkannte sie und konnte sich doch keine klare Vorstellung davon machen, wieso sie neben seinem Bett stand. Die schrecklichsten Vorstellungen peinigten ihn. Am häufigsten erschien ihm Semjon Iwanowitsch; aber wenn er näher hinsah, bemerkte er, daß es nicht Semjon Iwanowitsch, sondern Pseldonimows Nase war. Es erschienen ihm auch noch der freie Künstler, der Offizier und die Alte mit der verbundenen Backe. Am meisten beschäftigte ihn der vergoldete Ring, der über seinem Haupt hing und durch den die Vorhänge gezogen waren. Er erkannte ihn deutlich bei dem im Zimmer herrschenden Dämmerlicht des Lichtstümpfchens und suchte sich vergeblich klarzumachen, warum der Ring da hing und was er bedeuten sollte. Einige Male hatte er die Alte darnach gefragt, aber wahrscheinlich ganz etwas anderes gesagt, als er sagen wollte, denn sie schien ihn durchaus nicht zu verstehen, sooft er es ihr auch zu erklären suchte. Endlich, schon gegen Morgen, hörten die Anfälle auf, und er schlief ein, schlief fest und ohne Träume. Er schlief ungefähr eine Stunde, und als er erwachte, war er fast bei vollem Bewußtsein. Er hatte unerträgliche Kopfschmerzen und einen entsetzlichen Geschmack im Mund und auf der Zunge, die in ein Stück Tuch verwandelt zu sein schien. Er richtete sich auf und wurde nachdenklich. Das bleiche Licht des dämmernden Tages drang in schmalen Streifen durch die Ritzen der Fensterläden und zitterte auf der Wand. Es war gegen sieben Uhr morgens. Als aber Iwan Iljitsch plötzlich alles begriffen und sich vergegenwärtigt hatte, was mit ihm am Abend geschehen war, als er sich aller Zwischenfälle beim Abendessen erinnerte, seiner mißlungenen Heldentat, seiner Tischrede, als er sich plötzlich mit erschrekkender Deutlichkeit vorstellte, was aus alledem entstehen konnte, was man von ihm reden und denken würde, als er um sich blickte und sah, in welch einen traurigen und abscheulichen Zustand er das friedliche Ehebett seines Untergebenen gebracht hatte – oh, da erfüllte eine so tödliche Scham, eine solche Qual plötzlich sein Herz, daß er aufschrie, sein Gesicht mit den Händen bedeckte und sich verzweifelt auf das Kissen warf. Eine Minute später sprang er vom Bett auf, sah neben sich auf dem Stuhl, ordentlich zusammengelegt und schön gereinigt, seine Kleider, ergriff sie und zog sie an, wobei er sich fortwährend umschaute und von einem furchtbaren Angstgefühl gepeinigt war. Auf einem anderen Stuhl lagen auch sein Pelz und seine Mütze und in der Mütze die gelben Handschuhe. Er wäre gern ungesehen entwischt. Aber plötzlich ging die Tür auf, und die alte Pseldonimowa trat mit einem Waschkrug und einer irdenen Schüssel ins Zimmer. Über ihrer Schulter hing ein Handtuch. Sie setzte das Waschgeschirr nieder und erklärte bestimmt, daß er sich unbedingt erst waschen müsse.

»Aber Väterchen, erst mußt du dich waschen, wie willst du denn ungewaschen fortgehn?«

In diesem Augenblick begriff Iwan Iljitsch, daß, wenn es auf der ganzen Welt noch ein Geschöpf gab, vor dem er sich auch jetzt nicht zu schämen und zu fürchten brauchte, es diese Alte war. Er wusch sich also. Und noch oft erinnerte er sich später in schweren Augenblicken unter Gewissensbissen an jede Einzelheit dieses Morgens, an die irdene Schüssel mit dem Fayencewaschkrug voll kalten Wassers, in dem noch Eisklümpchen schwammen, an das ovale Stück Seife in rosa Papier mit den eingeprägten Buchstaben, das fünfzehn Kopeken gekostet haben mochte und wahrscheinlich für die Neuvermählten gekauft war und das nun von ihm eingeweiht werden mußte, und an die Alte mit dem gewürfelten Handtuch über der linken Schulter. Das kalte Wasser erfrischte ihn; er rieb sich ab, und ohne eine Silbe zu sagen, ja, ohne ein Wort des Dankes für seine Pflegerin, ergriff er seine Mütze, warf den Pelz über, den Mutter Pseldonimowa ihm reichte, und eilte durch den Korridor, durch die Küche, in der eine Katze miaute und die Köchin, sich auf ihrem Lager am Fußboden aufrichtend, ihm mit lüsterner Neugierde nachstarrte, auf die Straße, wo er in den ersten vorüberkommenden Schlitten sprang. Es war ein frostiger Morgen, ein kalter, gelblicher Nebel verhüllte noch die Häuser und alles ringsum. Iwan Iljitsch schlug den Kragen hoch. Er dachte, daß alle ihn anschauten, daß alle ihn kannten und alles wüßten ...

Acht Tage lang verließ er sein Haus nicht und kam nicht ins Amt. Er war krank, ernstlich krank, aber mehr moralisch als physisch. In diesen acht Tagen machte er eine ganze

Hölle durch, und wahrscheinlich ist ihm diese Zeit im Jenseits gutgeschrieben worden. Es gab Augenblicke, in denen er Mönch werden wollte. Wahrhaftig! Seine Phantasie erging sich sogar in sehr kühnen Bildern; er träumte von leisem, unterirdischem Gesang, von einem offenen Sarg und einem einsamen Leben in Wäldern und Höhlen; aber sobald er wieder zu sich kam, gestand er sich sofort ein, daß alles furchtbarer Unsinn und Übertreibung sei, und schämte sich dieses Unsinns. Dann bekam er wieder moralische Anfälle, die sich auf seine existence manquée bezogen. Danach flammte in seiner Seele wieder die Scham auf, bemächtigte sich seiner mit einem Schlag und verbrannte und vernichtete alles. Er zitterte und bebte, wenn er sich manche Bilder ausmalte. Was würde man von ihm sagen, was würde man denken, wenn er wieder in der Kanzlei erschien, was für ein Geraune würde ihn ein Jahr, zehn Jahre, das ganze Leben lang verfolgen? Seine Geschichte würde auch der Nachwelt überliefert werden. Mitunter verfiel er in einen solchen Kleinmut, daß er bereit war, sofort zu Schipulenko zu fahren und ihn um Verzeihung und um seine Freundschaft zu bitten. Er suchte sich nicht einmal vor sich selbst zu rechtfertigen; er fand keine Milderungsgründe und schämte sich ihrer.

Er dachte auch daran, sofort seinen Abschied zu nehmen und sich ganz einfach in der Einsamkeit irgendwo dem Wohle der Menschheit zu widmen. Auf jeden Fall mußte er allen Verkehr abbrechen, und zwar so, daß jede Erinnerung an ihn ausgetilgt würde. Dann dachte er wieder, daß dies alles Unsinn wäre und durch äußerste Strenge gegen seine Untergebenen alles wiedergutgemacht werden könnte. Und nun fing er wieder an, zu hoffen und Mut zu fassen. Endlich, nach acht Tagen des Zweifels und der Qual, konnte er die Ungewißheit nicht länger ertragen und begab sich eines schönen Morgens kurz entschlossen in die Kanzlei.

Als er bekümmert daheim saß, hatte er sich tausendmal ausgemalt, wie er seine Kanzlei betreten würde. Mit Entsetzen hatte er sich das zweideutige Flüstern und die zweideutigen Mienen und das respektwidrige Lächeln ringsum vorgestellt. Wie groß war daher seine Verwunderung, als sich nichts Derartiges ereignete. Man empfing ihn mit Achtung; man grüßte ihn mit tiefen Bücklingen; man war ganz ernst; alle waren eifrig bei der Arbeit. Die Freude überwältigte sein Herz, als er sein Amtszimmer erreichte.

Sofort machte er sich ernsthaft an seine Geschäfte, empfing einige Berichte, hörte einige Erklärungen an und traf seine Entscheidungen. Er fühlte, daß er noch nie so sachlich und sicher geurteilt und so tatkräftig gearbeitet hatte wie an diesem Morgen. Er sah, daß man mit ihm zufrieden war, daß man ihn schätzte und mit Hochachtung behandelte. Die kitzligste Zweifelsucht hätte nichts Verdächtiges bemerken können. Es verlief alles glänzend.

Schließlich erschien auch Akim Petrowitsch mit irgendwelchen Papieren. Bei seinem Anblick fühlte Iwan Iljitsch etwas wie einen Stich durchs Herz, aber nur einen Augenblick lang. Er beriet sich mit Akim Petrowitsch, gab gewichtig sein Urteil ab, zeigte ihm, was er zu tun habe, und erklärte es ihm. Er merkte nur, daß er es vermied, Akim Petrowitsch länger anzusehen, oder besser, daß auch dieser sich scheute, ihn anzusehen. Endlich war Akim Petrowitsch fertig und packte seine Papiere zusammen.

»Noch eine Bitte habe ich«, fing er so unbefangen wie möglich an, »der Beamte Pseldonimow bittet um seine Versetzung in das Departement ... Seine Exzellenz Semjon Iwanowitsch Schipulenko haben ihm eine Stelle versprochen. Er bittet um Ihre gütige Vermittlung, Exzellenz.«

»Ah, er will sich versetzen lassen«, sagte Iwan Iljitsch und fühlte, wie ihm eine schwere Last vom Herzen fiel. Er schaute Akim Petrowitsch an, und dieses Mal trafen sich ihre Blicke.

»Nun, meinetwegen, von mir aus ... ich werde mich bemühen«, antwortete Iwan Iljitsch, »einverstanden.«

Man sah es Akim Petrowitsch an, daß er sich schnell aus dem Staub machen wollte. Aber Iwan Iljitsch beschloß plötzlich in einem Anfall von Edelmut, sich ganz auszusprechen. Ihm war augenscheinlich wieder eine höhere Erleuchtung gekommen.

»Teilen Sie ihm mit«, fing er an und richtete einen klaren und bedeutsamen Blick auf Akim Petrowitsch, »teilen Sie Pseldonimow mit, daß ich ihm nichts Böses wünsche, nichts Böses! Im Gegenteil, ich bin sogar bereit, alles Vergangene zu vergessen, alles zu vergessen, alles ...«

Aber plötzlich stockte Iwan Iljitsch, verblüfft über das sonderbare Benehmen Akim Petrowitschs, der sich plötzlich, weiß der Himmel warum, aus einem vernünftigen Menschen in einen entsetzlichen Dummkopf verwandelte. Statt Seiner Exzellenz bis zum Schluß andächtig zuzuhören, wurde Akim

Petrowitsch rot bis an die Haarwurzeln und begann sich in großer, geradezu unanständiger Hast, unter leichten Verbeugungen in Richtung der Tür zurückzuziehen. Seine ganze Miene offenbarte den Wunsch, in die Erde zu versinken, oder besser gesagt, so rasch wie möglich seinen Tisch zu erreichen. Als Iwan Iljitsch allein geblieben war, erhob er sich ganz verwirrt von seinem Stuhl.

Er blickte in den Spiegel, aber er sah sein Gesicht nicht.

»Nein, nur Strenge, Strenge und abermals Strenge!« flüsterte er halb unbewußt vor sich hin, und plötzlich bedeckte eine heiße Röte sein ganzes Gesicht. Er schämte sich so sehr, und es wurde ihm so schwer ums Herz, wie es ihm selbst in den unerträglichsten Minuten seiner achttägigen Krankheit nicht gewesen war. »Nicht durchgehalten!« sagte er zu sich selbst und sank kraftlos auf seinen Stuhl.

Aufzeichnungen aus einem Kellerloch

Erster Teil

*Das Kellerloch**

1

Ich bin ein kranker Mensch ... Ich bin ein böser Mensch ... Kein anziehender Mensch. Ich glaube, daß meine Leber krank ist. Übrigens habe ich keinen Dunst von meiner Krankheit und weiß auch nicht bestimmt, was mir weh tut. Ich lasse mich nicht behandeln und habe mich nie behandeln lassen, obwohl ich die ärztliche Wissenschaft achte. Außerdem bin ich abergläubisch bis zum äußersten, wenigstens so weit, um die ärztliche Wissenschaft zu achten. (Ich bin gebildet genug, um nicht abergläubisch zu sein, aber ich bin dennoch abergläubisch.) Nein, ich will mich aus lauter Bosheit nicht behandeln lassen. Sie werden das wahrscheinlich nicht begreifen, meine Herrschaften. Ich begreife es aber. Selbstverständlich bin ich nicht imstande, Ihnen zu erklären, wem ich in diesem Fall durch meine Bosheit eins auswische; ich weiß auch sehr gut, daß ich die Ärzte durchaus nicht »belämmern« kann, indem ich mich nicht von ihnen behandeln lasse. Ich weiß besser als jeder andere, daß ich dadurch einzig und allein nur mir selbst schade und sonst niemandem. Aber trotz-

* Der Verfasser der »Aufzeichnungen« und die Aufzeichnungen selbst sind natürlich erfunden. Dennoch sind Personen wie der Verfasser dieser Aufzeichnungen in unserer Gesellschaft nicht nur möglich, sondern sogar unausbleiblich, wenn man die Verhältnisse in Betracht zieht, unter denen unsere Gesellschaft sich entwickelt hat. Ich wollte den Lesern einen der Charaktere der jüngst verflossenen Zeit in besonders scharfer Ausprägung vorführen. Es ist ein Vertreter der Generation, deren Leben jetzt langsam zu Ende geht. In dem Abschnitt, der sich »Das Kellerloch« betitelt, führt diese Person sich selbst vor, legt ihre Anschauungen dar und sucht gewissermaßen die Ursachen aufzudecken, die ihre Erscheinung in unserer Gesellschaft bedingten. Im folgenden Abschnitt kommen dann die eigentlichen »Aufzeichnungen« dieses Menschen über einige Ereignisse seines Lebens. Fjodor Dostojewskij.

dem geschieht es nur aus Bosheit, daß ich mich nicht behandeln lasse. Die Leber tut mir weh, so mag sie mir denn noch mehr weh tun!

Ich lebe schon lange so – an die zwanzig Jahre. Jetzt bin ich vierzig Jahre alt. Früher war ich Beamter, jetzt bin ich kein Beamter mehr. Ich war ein bösartiger Beamter. Ich war grob und fand Vergnügen daran, grob zu sein. Ich habe nie Schmiergelder genommen, folglich mußte ich mich doch wenigstens dadurch entschädigen. (Das ist ein schlechter Witz, ich werde ihn aber nicht ausstreichen. Ich habe ihn hingeschrieben, weil ich dachte, es würde sehr witzig werden; aber jetzt, wo ich selbst sehe, daß ich nur in widerlicher Weise großtun wollte, streiche ich ihn absichtlich nicht aus!) Wenn die Bittsteller an den Tisch, an dem ich saß, herantraten, um sich Auskünfte zu holen, fuhr ich sie zähneknirschend an und empfand einen unsäglichen Genuß, wenn es mir gelang, jemanden zu kränken. Es gelang fast immer. Meistens war es recht schüchternes Volk; man kennt das ja – Bittsteller. Aber von den Stutzern konnte ich ganz besonders den einen Offizier nicht ausstehen. Er wollte sich durchaus nicht fügen und rasselte ekelhaft mit seinem Säbel. Ich habe anderthalb Jahre lang wegen dieses Säbels mit ihm Krieg geführt. Endlich siegte ich. Er hörte auf zu rasseln. Übrigens trug sich das noch in meiner Jugendzeit zu. Aber wissen Sie, meine Herrschaften, was meine Bosheit aufs äußerste reizte? Das war ja die ganze Sache, darin bestand ja die größte Scheußlichkeit, daß ich in jedem Augenblick, sogar in den Augenblicken der allergrößten Galligkeit, mir schmachvoll bewußt war, daß ich durchaus kein böser Mensch sei, auch nicht einmal ein erboster Mensch, daß ich nur ganz nutzlos die Spatzen schreckte und mich selbst zum Narren hielte. Ich habe Schaum vor dem Mund, aber es soll mir nur jemand ein Püppchen bringen oder ein Gläschen Tee mit Zucker, und ich werde am Ende ganz zahm. Ich werde sogar gerührt, wenn ich mich auch hinterdrein selbst zähneknirschend anfahre und vor Scham ein paar Monate an Schlaflosigkeit leide. Das ist so meine Art.

Da habe ich Ihnen vorhin vorgelogen, daß ich ein bösartiger Beamter gewesen sei. Aus Bosheit vorgelogen. Ich habe mich einfach den Bittstellern und auch dem Offizier gegenüber ungezogen benommen, aber in Wirklichkeit konnte ich niemals böse werden. Ich war mir jeden Augenblick vieler, vieler diesem vollständig gegensätzlicher Züge in meinem

Wesen bewußt. Ich fühlte, daß sie in mir geradezu wimmelten, diese gegensätzlichen Züge. Ich wußte, daß sie mein ganzes Leben lang in mir gewimmelt hatten und aus mir heraus an die Oberfläche verlangten, aber ich ließ sie nicht, ließ sie nicht, ließ sie absichtlich nicht an die Oberfläche. Sie quälten mich bis zur Scham; sie brachten mich bis zu Krämpfen und – wurden mir endlich zuwider; und wie zuwider! Kommt es Ihnen etwa so vor, meine Herrschaften, als ob ich jetzt Ihnen gegenüber irgend etwas bereue, Sie wegen irgend etwas um Verzeihung bitte ...? Ich bin überzeugt, daß es Ihnen so vorkommt ... Übrigens versichere ich Ihnen, ist es mir ganz gleichgültig; mag es Ihnen nur so vorkommen.

Nicht nur ein böser Mensch zu werden ist mir nicht gelungen, ich habe es überhaupt zu nichts gebracht: ich bin weder böse noch gut, weder ein gemeiner noch ein ehrlicher Mensch, weder ein Held noch ein Insekt. Jetzt lebe ich in meinem Winkel dahin und foppe mich durch den boshaften und nichtsnutzigen Trost, daß ein kluger Mensch im Ernst auch nichts werden kann und daß nur ein Dummkopf etwas wird. Ja, ein Mensch des neunzehnten Jahrhunderts muß und ist moralisch verpflichtet, ein vorzugsweise charakterloses Geschöpf zu sein; ein charaktervoller Mensch, ein Tatmensch dagegen muß ein vorzugsweise beschränktes Wesen sein. Dieses ist meine vierzigjährige Überzeugung. Ich bin jetzt vierzig Jahre alt, und vierzig Jahre bedeuten ein ganzes Leben, bedeuten das höchste erlaubte Alter. Länger als vierzig Jahre zu leben ist unanständig, gemein, unsittlich. Wer lebt länger als vierzig Jahre? Antworten Sie aufrichtig, ehrlich! Ich will es Ihnen sagen: Dummköpfe und Schufte leben länger. Ich will das allen Greisen ins Gesicht sagen, allen diesen ehrwürdigen Greisen, allen diesen silberhaarigen und wohlriechenden Greisen! Der ganzen Welt sage ich es ins Gesicht! Ich habe das Recht, so zu reden, weil ich es selbst bis auf sechzig Jahre bringen werde. Bis auf siebzig Jahre ... Bis auf achtzig Jahre. Warten Sie! Lassen Sie mich Atem schöpfen ...

Meine Herrschaften, Sie denken wahrscheinlich, daß ich Sie zum Lachen bringen will? Sie irren auch hierin. Ich bin durchaus kein so lustiger Mensch, wie es Ihnen scheint oder wie es Ihnen vielleicht scheint. Wenn Sie übrigens, durch dieses ganze Geschwätz gereizt (und ich merke bereits, daß Sie gereizt sind), sich einfallen lassen sollten, mich zu fragen, wer ich denn eigentlich sei – so würde ich Ihnen antworten:

Ich bin Kollegienassessor. Ich war Beamter, um etwas zum Essen zu haben, aber einzig und allein nur deshalb. Und als mir im vergangenen Jahr einer meiner entfernten Verwandten testamentarisch sechstausend Rubel vermachte, schied ich sofort aus dem Dienst aus und ließ mich in meinem Winkel nieder. Ich hatte auch früher in diesem Winkel gewohnt, aber jetzt ließ ich mich in diesem Winkel nieder. Ich habe ein lumpiges, miserables Zimmer am äußersten Ende der Stadt. Meine Dienerin ist ein altes, aus Dummheit böses Bauernweib, das zudem noch ekelhaft riecht. Man sagt mir, ich vertrüge das Petersburger Klima nicht und bei meinen bescheidenen Mitteln sei das Leben in Petersburg für mich viel zu teuer. Ich weiß das alles, weiß es besser als alle diese erfahrenen und weisen Ratgeber und Schwätzer. Aber ich bleibe in Petersburg. Ich werde Petersburg nicht verlassen! Ich werde es deshalb nicht verlassen ... Ach, es ist ja völlig gleichgültig, ob ich es verlasse oder nicht.

Übrigens: Worüber redet ein ordentlicher Mensch mit dem allergrößten Vergnügen?

Antwort: über sich selbst.

Nun, so will ich auch über mich selbst reden.

2

Ich möchte Ihnen jetzt erzählen, meine Herrschaften, gleichviel, ob Sie es hören wollen oder nicht, warum ich es nicht einmal vermocht habe, ein Insekt zu werden. Ich sage es Ihnen feierlich, daß ich viele Male ein Insekt werden wollte. Aber sogar dessen wurde ich nicht für würdig erachtet. Ich schwöre Ihnen, meine Herrschaften, Übermaß an Bewußtsein ist eine Krankheit, eine echte, schwere Krankheit. Für den alltäglichen Bedarf würde das gewöhnliche menschliche Bewußtsein vollauf genügen, das heißt um die Hälfte, um ein Viertel weniger als jene Portion, die auf einen entwickelten Menschen unseres unglücklichen neunzehnten Jahrhunderts entfällt, der zu alledem noch das doppelte Unglück hat, in Petersburg zu leben, dieser absichtlichsten und abstraktesten Stadt auf der ganzen Erdkugel. (Es gibt nämlich absichtliche und unabsichtliche Städte.) Es würde zum Beispiel das Maß von Bewußtsein genügen, mit dem alle sogenannten unmittelbaren und tätigen Menschen leben. Ich wette, Sie denken, ich schreibe das alles nur aus Großtuerei, um mich auf Kosten der tätigen Menschen lustig zu machen, und sehen darin wohl gar eine Großtuerei sehr schlechten Stils wie das Säbelgerassel meines Offiziers. Aber, meine Herrschaften, wer wird denn auf seine Krankheiten stolz sein und noch gar mit ihnen prahlen?

Übrigens, was sage ich denn? Alle tun das; sie prahlen mit ihren Krankheiten, und ich vielleicht noch mehr als die anderen. Wir wollen nicht streiten: meine Entgegnung ist ungereimt. Aber trotzdem bin ich fest davon überzeugt, daß nicht nur zuviel Bewußtsein, sondern sogar jegliches Bewußtsein eine Krankheit ist. Ich bestehe darauf. Aber lassen wir auch das für einen Augenblick. Sagen Sie mir eins: Woher kam es, daß es mir wie absichtlich gerade in jenen, ja gerade in jenen Augenblicken, in denen ich ganz besonders fähig war, die Feinheiten »alles Herrlichen und Erhabenen«, wie man sich einstmals bei uns ausdrückte, zu erkennen, widerfuhr, solche häßlichen Dinge nicht nur zu denken, sondern auch zu tun, wie ... nun ja, mit einem Wort, wie sie vielleicht von allen gemacht werden, nur daß sie mir wie absichtlich gerade dann widerfuhren, wenn ich am deutlichsten erkannte, daß sie gar nicht getan werden dürften? Je mehr ich das Gute und das »Herrliche und Erhabene« erkannte, desto tiefer sank ich in den Schlamm und desto fähiger war ich, vollständig darin zu versinken. Aber die Hauptsache war die, daß dies alles anscheinend nicht nur zufällig in mir steckte, sondern als ob es so hätte sein müssen. Als ob das mein normaler Zustand gewesen wäre, aber durchaus keine Krankheit und keine Verderbtheit, so daß mir endlich die Lust verging, dagegen anzukämpfen. Es endete damit, daß ich beinahe zu glauben begann (vielleicht glaubte ich es auch tatsächlich), daß dieses mein Normalzustand sei. Aber was für Qualen hatte ich zuerst, im Anfang dieses Kampfes, durchzumachen! Ich glaubte nicht, daß es anderen auch so gehe, und verbarg es mein ganzes Leben lang wie ein Geheimnis. Ich schämte mich, vielleicht schäme ich mich auch jetzt noch; ich kam so weit, daß ich ein geheimes, unnormales, gemeines Genüßlein darin fand, in irgendeiner widerwärtigen Petersburger Nacht in meinen Winkel heimzukehren und mir so recht bewußt zu werden, daß ich auch heute wieder eine Gemeinheit begangen hatte, daß das Geschehene nicht wieder rückgängig gemacht werden konnte, und mich dafür innerlich, heimlich zu zerfleischen, mit den Zähnen zu zerfleischen, an mir selbst so lange zu nagen und zu saugen, bis die Bitternis sich endlich in eine schmachvolle, verfluchte Süße verwandelte und schließlich – in einen entschiedenen, echten Genuß! Ja, in einen Genuß, in einen Genuß! Ich bestehe darauf. Ich habe auch deshalb davon zu reden begonnen, weil ich es ganz bestimmt erfahren will: Haben auch andere Menschen solche Genüsse? Ich will es Ihnen erklären. Der Genuß bestand hier in der allzu grellen Erkenntnis der eigenen Erniedrigung; darin, daß man schon selbst fühlte, daß man bis zur äußersten Grenze gegangen war; daß das schlecht war, aber daß es doch nicht anders sein konnte; daß man keinen anderen Ausweg mehr hatte, daß man nie mehr ein anderer Mensch werden konnte; daß – selbst wenn die Zeit und der Glaube noch ausgereicht hätten, um die Wandlung zu ermöglichen – man sie wahrscheinlich selbst nicht mehr wünschen würde; daß, wenn man es auch gewollt hätte, dennoch nichts geschehen wäre, weil vielleicht in Wirklichkeit nichts dagewesen wäre, was umgewandelt werden konnte. Aber die Hauptsache und das Ende vom Lied ist – daß dies alles sich nach den normalen und grundlegenden Gesetzen des geschärften Bewußtseins und nach dem Gesetz der Trägheit vollzieht, das unmittelbar aus diesen Gesetzen entspringt. Folglich kann man sich hier nicht nur nicht umwandeln, sondern überhaupt nichts beginnen. Das ergibt sich zum Beispiel aus dem geschärften Bewußtsein; es ist wahr, daß ich ein gemeiner Mensch bin – als ob es einem gemeinen Menschen ein Trost wäre, selbst zu empfinden, daß er ein Schuft ist! Aber genug ... hähä! Da habe ich weiß Gott was zusammengeschwatzt, und was habe ich erklärt? Wodurch wird der Genuß erklärt, den man hier empfindet? Aber ich will es erklären. Ich will es zu Ende führen. Ich habe die Feder ja auch deshalb zur Hand genommen ...

Ich bin zum Beispiel sehr ehrgeizig. Ich bin argwöhnisch und empfindlich wie ein Buckliger oder ein Zwerg, aber wahrhaftig, ich hatte Augenblicke, wo ich vielleicht sogar darüber froh gewesen wäre, wenn mir jemand eine Ohrfeige gegeben hätte. Ich sage es ganz im Ernst: Wahrscheinlich wäre es mir gelungen, auch hierin eine Art Genuß zu finden – selbstverständlich den Genuß der Verzweiflung, aber in der Verzweiflung liegen ja die brennendsten Genüsse, besonders wenn man die Aussichtslosigkeit seiner Lage sehr stark empfindet. Und hier, bei der Ohrfeige – da drückt einen die Erkenntnis dessen, zu was für einem Brei man zerrieben worden ist, so richtig nieder. Vor allem aber, man mag es drehen, wie man will, erweist sich dennoch, daß immer ich als erster an allem schuld bin, und was das Kränkendste ist, ohne Schuld schuldig, sozusagen nach den Naturgesetzen. Erstens deshalb schuldig, weil ich klüger bin als alle, die mich umgeben. Ich habe mich beständig für klüger gehalten als alle, die mich umgeben, und habe mich zuweilen, können Sie das glauben, deswegen sogar geschämt. Wenigstens habe ich mein Leben lang irgendwohin zur Seite geblickt und konnte den Menschen niemals gerade in die Augen schauen; selbst wenn ich Großmut besessen hätte, hätte ich nur noch größere Qualen durch das Bewußtsein ihrer ganzen Nutzlosigkeit erlitten. Ich wäre wahrscheinlich gar nicht imstande gewesen, aus meiner Großmut heraus irgend etwas zu tun; ich hätte nicht verzeihen können, weil mein Beleidiger mich, vielleicht einem Naturgesetz folgend, geschlagen hatte und man Naturgesetzen nicht verzeihen kann; ich hätte auch nicht vergessen können, da es trotz des Naturgesetzes doch kränkend gewesen wäre. Schließlich hätte ich – auch ohne großmütig sein zu wollen, vielmehr in dem lebhaften Wunsch, mich an meinem Beleidiger zu rächen – auch an niemandem Rache nehmen können, weil ich mich wahrscheinlich nicht entschlossen hätte, etwas zu tun, selbst wenn ich es gekonnt hätte. Weshalb hätte ich mich nicht dazu entschlossen? Hierüber möchte ich zwei Worte im besonderen sagen.

3

Wie wird denn das zum Beispiel von Menschen gemacht, die sich zu rächen und überhaupt für sich einzustehen wissen? Wenn das Gefühl der Rache sie erfaßt, so hat in dieser Zeit nichts anderes in ihrem Leben Platz als dieses Gefühl. Solch ein Herr drängt gewaltsam und gerade auf sein Ziel los wie ein tollgewordener Stier, der die Hörner senkt und den wohl nur eine Mauer zum Halten bringen kann. Übrigens: solche Herrschaften, das heißt unmittelbare und tätige Menschen, weichen vor einer Mauer ganz ehrlich zurück. Für sie ist die Mauer keine Grenze wie zum Beispiel für uns denkende und folglich nichthandelnde Menschen; auch kein Vorwand, auf dem Weg umzukehren, ein Vorwand, an den unsereiner für gewöhnlich selbst nicht glaubt, über den er jedoch immer sehr froh ist. Nein, sie weichen ganz ehrlich zurück. Die Mauer hat für sie etwas Beruhigendes, moralisch Entbindendes und Endgültiges, mag sein, sogar etwas Mystisches ... Doch von der Mauer später. Nun, solch einen unmittelbaren Menschen halte ich für einen echten, normalen Menschen, wie ihn die zärtliche Mutter Natur selbst sehen wollte, als sie ihn liebevoll erzeugte. Einen solchen Menschen beneide ich bis zur äußersten Galligkeit. Er ist dumm, darüber streite ich nicht mit Ihnen, aber vielleicht muß ein normaler Mensch eben dumm sein, wie wollen Sie das wissen? Vielleicht ist das sogar sehr schön. Und ich bin von diesem ... sagen wir Verdacht um so mehr überzeugt, als – wenn man zum Beispiel das Gegenteil eines normalen Menschen nimmt, das heißt einen stärker bewußten Menschen, der natürlich nicht aus dem Schoß der Natur, sondern aus einer Retorte hervorgegangen ist (das, meine Herrschaften, grenzt fast schon an Mystik, aber ich nehme auch das an) – als dieser Retortenmensch zuweilen in einem solchen Maß vor seinem Gegenspieler versagt, daß er sich selbst samt seinem erhöhten Bewußtsein ehrlich für eine Maus hält und nicht für einen Menschen. Mag das auch eine in hohem Maße bewußte Maus sein, so ist sie doch nur eine Maus; hier aber ist ein Mensch, und folglich ... na, und so weiter. Und was die Hauptsache ist: er sieht sich, er sieht sich selbst als Maus; es bittet ihn niemand darum; das ist ein sehr wichtiger Punkt. Betrachten wir jetzt diese Maus in Aktion. Nehmen wir zum Beispiel an, daß sie auch beleidigt ist (und sie ist fast immer beleidigt) und sich auch zu rächen wünscht. Vielleicht häuft sich in ihr noch mehr Bosheit an als in dem homme de la nature et de la vérité. Der häßliche, niedrige Wunsch, es dem Beleidiger mit derselben Bosheit zu vergelten, nagt an ihr vielleicht noch ekelhafter als an dem homme de la nature et de la vérité, weil l'homme de la nature et de la vérité dank seiner angeborenen Dummheit seine Rache ganz einfach für sein Recht hält; aber die Maus leugnet hier einfach infolge ihres schärferen Bewußtseins dieses Recht. Es kommt endlich zur Tat selbst, zum Akt der Rache. Die unglückliche Maus hat Zeit gehabt, außer der einen anfänglichen Scheußlichkeit so viele Scheußlichkeiten in Gestalt von Fragen und Zweifeln um sich her aufzuhäufen, hat zu der einen Frage so viele ungelöste Fragen hinzugefügt, daß sich unwillkürlich um sie herum eine Art verhängnisvolles Gebräu, irgendein stinkender Schmutz zusammenhäuft, der aus ihren Zweifeln, Erregungen und endlich aus dem Geifer besteht, der von den unmittelbaren tätigen Menschen auf sie herniederprasselt, die sie feierlich in Gestalt von Richtern und Diktatoren umringen und sie aus voller Kehle auslachen. Selbstverständlich bleibt ihr nichts anderes übrig, als auf alles zu pfeifen und mit dem Lächeln einer geheuchelten Verachtung, an die sie selbst nicht glaubt, beschämt in ihr Ritzchen zu schlüpfen. Dort in ihrem greulichen, stinkenden Mauseloch versinkt unsere gekränkte, geschlagene und verlachte Maus ungesäumt in eine kalte, giftige und hauptsächlich ewig dauernde Bosheit. Vierzig Jahre wird sie sich bis auf die letzten, allerbeschämendsten Einzelheiten ihrer Kränkung erinnern und dabei jedesmal von sich aus noch beschämendere Einzelheiten hinzufügen und sich durch ihre eigene Phantasie boshaft und geflissentlich necken und aufreizen. Sie wird sich selber ihrer Phantasie schämen, aber sich trotzdem an alles erinnern, alles durchkämpfen, sie wird über sich selber unerhörte Lügengeschichten ausdenken – unter dem Vorwand, daß auch diese hätten geschehen können – und nichts verzeihen. Vielleicht versucht sie auch, sich zu rächen, aber nur stoßweise, durch Kleinigkeiten, hinter dem Ofen hervor, inkognito, ohne an ihr Recht auf Rache oder an den Erfolg ihrer Rache zu glauben, weil sie im voraus weiß, daß sie unter allen ihren Racheversuchen hundertmal mehr leiden wird als derjenige, an dem sie sich rächen will und der sich deswegen vielleicht nicht einmal den Kopf kratzt. Auf dem Totenbett wird sie sich wieder an alles erinnern, mit allen während dieser Zeit aufgespeicherten Zinsen und ... Aber gerade in dieser kalten, ekelhaften, halben Verzweiflung, in diesem halben Glauben, in dem Umstand, daß sie sich in ihrem Kummer ganz bewußt für vierzig Jahre lebendig in ihr Loch vergräbt, in dieser mit Gewalt geschaffenen und dennoch zum Teil angezweifelten Aussichtslosigkeit ihrer Lage, in diesem ganzen Giftdunst unbefriedigter Wünsche, die sich im Innern verborgen haben, in diesem Fieber des Schwankens für ewige Zeiten gefaßter und in der nächsten Minute bereuter Entschlüsse – gerade darin liegt die Quintessenz jenes seltsamen Genusses, von dem ich gesprochen habe. Er ist so fein, der Erkenntnis zuweilen so wenig zugänglich, daß Menschen, die auch nur ein bißchen beschränkt sind, oder einfach Menschen mit starken Nerven nicht die Spur davon begreifen. »Vielleicht werden es auch noch diejenigen nicht begreifen«, fügen Sie von sich aus schmunzelnd hinzu, »die niemals eine Ohrfeige erhalten haben« – und spielen in dieser Weise höflich darauf an, daß ich in meinem Leben vielleicht auch eine Ohrfeige zu kosten bekommen habe und deshalb als Kenner spreche. Ich wette, daß Sie so denken. Aber beruhigen Sie sich, meine Herrschaften, ich habe keine Ohrfeige erhalten, obwohl es mir vollständig gleichgültig ist, wie Sie darüber denken mögen. Ich bedauere vielleicht noch selbst, daß ich in meinem Leben zu wenig Ohrfeigen ausgeteilt habe. Aber genug, kein Wort mehr über diesen für Sie so überaus fesselnden Gegenstand.

Ich fahre ruhig fort, über die Menschen mit starken Nerven zu sprechen, die eine gewisse Verfeinerung der Genüsse nicht begreifen. Diese Herren brüllen zwar bei manchen Begebenheiten wie die Ochsen aus vollem Halse, und das bringt ihnen auch höchste Ehren ein, aber wie ich schon gesagt habe – gegenüber einer Unmöglichkeit geben sie sofort klein bei. Eine Unmöglichkeit bedeutet für sie eine steinerne Mauer! Was für eine steinerne Mauer? Nun, selbstverständlich die Naturgesetze, die Ergebnisse der exakten Wissenschaften, die Mathematik. Wenn man dir zum Beispiel beweist, daß du vom Affen abstammst, so darfst du eben nicht die Nase rümpfen, sondern mußt es hinnehmen, wie es ist. Wenn man dir beweist, daß im Grund genommen jedes Tröpfchen eigenes Fett dir teurer sein muß als Tausende deinesgleichen und daß sich in diesem Ergebnis zum Schluß alle sogenannten Tugenden und Pflichten und alle die übrigen Faseleien und Vorurteile auflösen – so nimm das eben hin, da ist nichts zu machen, weil die Mathematik lehrt, daß zweimal zwei vier ist. Versuchen Sie, zu widersprechen.

»Ich bitte Sie«, wird man Ihnen zurufen, »man darf sich nicht auflehnen: zweimal zwei ist vier! Die Natur fragt Sie nicht; sie kümmert sich nicht um Ihre Wünsche und nicht darum, ob Ihnen ihre Gesetze gefallen oder nicht. Sie sind verpflichtet, sie so zu nehmen, wie sie ist, und folglich auch alle ihre Ergebnisse. Eine Mauer ist also eine Mauer . . . und so weiter, und so weiter.« Mein Gott, was gehen mich denn die Naturgesetze und die Arithmetik an, wenn mir diese Gesetze und dieses Zweimal-zwei-ist-Vier nicht gefallen? Natürlich werde ich eine solche Mauer nicht mit dem Kopf einrennen, wenn ich in der Tat nicht die Kraft besitze, das zu tun, aber ich werde mich mit ihr auch nicht nur deshalb aussöhnen, weil ich eine steinerne Mauer vor mir habe und meine Kräfte nicht ausreichen.

Als ob eine steinerne Mauer wirklich eine Beruhigung wäre und wirklich irgendein Wort zum Frieden in sich bärge, einzig und allein nur deshalb, weil sie soviel ist, wie zweimal zwei ist vier. O Ungereimtheit aller Ungereimtheiten! Das ist eine ganz andere Sache, wenn man alles versteht, alles erkennt, alle Unmöglichkeiten und steinernen Mauern; wenn man sich mit keiner einzigen dieser Unmöglichkeiten und steinernen Mauern aussöhnt, wenn es einen davor ekelt, sich damit abzufinden; wenn man auf dem Weg der unvermeidlichsten logischen Kombinationen zu den widerwärtigsten Schlüssen über das ewige Thema gelangt – daß man selbst an der steinernen Mauer irgendwie schuldig ist, obwohl es doch wieder ganz offenbar ist, daß man gar nicht schuld daran ist und daß man infolgedessen schweigend und kraftlos mit den Zähnen knirscht und wollüstig in Trägheit erstirbt und davon träumt, daß man es sogar nicht nötig hat, sich über irgend jemand zu ärgern; daß sich kein Gegenspieler auffinden läßt und vielleicht niemals finden lassen wird, daß hier eine Unterschiebung vorliegt, eine Falschspielerei, daß alles einfach Schwindel ist – unbekannt was und unbekannt wer, aber trotz all diesem Unbekannten und Verfälschten tut es Ihnen doch weh, und je weniger Sie davon wissen, um so weher tut es!

4

»Hahaha! Nach alledem werden Sie auch im Zahnschmerz einen Genuß finden!« rufen Sie lachend aus.

Wie denn anders? Auch im Zahnschmerz liegt ein Genuß, werde ich antworten. Mir haben die Zähne einen ganzen Monat lang weh getan; ich weiß, daß einer darinliegt. Hier ärgert man sich natürlich nicht schweigend, sondern man stöhnt; aber das ist kein aufrichtiges Stöhnen, das ist ein Stöhnen voller Tücke, und in der Tücke liegt der Witz der Sache. In diesem Stöhnen drückt sich ja der Genuß des Leidenden aus; würde er keinen Genuß darin finden, würde er auch nicht stöhnen. Das ist ein gutes Beispiel, meine Herrschaften, und ich will es weiterentwickeln. In diesem Stöhnen drückt sich erstens die für Ihren Begriff erniedrigende Zwecklosigkeit Ihres Schmerzes aus, die ganze Gesetzmäßigkeit der Natur, auf die Sie natürlich pfeifen, aber deretwegen Sie dennoch leiden, diese aber nicht. Sie werden sich bewußt, daß Sie keinen Feind besitzen und doch Schmerz fühlen, daß Sie, trotz aller möglichen Wagenheime, sich vollständig in der Sklaverei Ihrer Zähne befinden; daß irgend jemand nur zu wollen braucht, und Ihre Zähne zu schmerzen aufhören; wenn er aber nicht will, so können sie noch drei Monate lang weh tun; und daß endlich, wenn Sie noch nicht einverstanden sind und dennoch Einspruch erheben, Ihnen als einziger Trost nichts anderes übrigbleibt, als sich selbst durchzuprügeln oder mit der Faust recht schmerzhaft gegen Ihre Mauer zu hauen – aber weiter entschieden nichts. Nun also, aus diesen blutigen Kränkungen, aus diesem Spott eines Unbekannten entwickelt sich schließlich der Genuß, der sich zuweilen bis zur höchsten Wollust steigert. Ich bitte Sie, meine Herrschaften, horchen Sie doch einmal auf das Stöhnen eines gebildeten Menschen des neunzehnten Jahrhunderts, der an Zahnschmerzen leidet, so etwa am zweiten oder dritten Tag seiner Krankheit, wenn er nicht mehr so stöhnt, wie er am ersten Tag stöhnte. Er stöhnt nicht wie irgendein roher Bauer, sondern wie ein Mensch, der von der Entwicklung und der europäischen Zivilisation berührt ist, wie ein Mensch, der »sich vom heimischen Boden und den nationalen Prinzipien losgesagt hat«, wie man sich jetzt ausdrückt. Sein Stöhnen wird garstig, abscheulich-boshaft und dauert Tage und Nächte lang. Und dabei weiß er selbst, daß ihm dieses Stöhnen nichts nützt; er weiß es besser als alle anderen, daß er sich und die anderen unnötig quält und aufreizt; er weiß, daß die ganze Zuhörerschaft, vor der er sich so viel Mühe gibt, und seine ganze Familie ihm mit Widerwillen zuhören, ihm nicht für einen Groschen Glauben schenken und sehr gut verstehen, daß er ganz anders, einfacher stöhnen könnte, ohne Triller und Schnörkel, und daß er nur aus Bosheit, aus Tücke Possen reißt. Nun also, in all diesen Erkenntnissen und in dieser Schmach liegt eben die Wollust. »Ich belästige euch, ich mache eure Herzen bluten, lasse niemanden im Hause schlafen. So schlaft eben nicht, fühlt auch ihr jeden Augenblick, daß ich Zahnweh habe. Ich bin für euch jetzt nicht mehr der Held, als der ich früher erscheinen wollte, sondern einfach ein garstiges Menschlein, ein Jammerlappen. Sei's drum! Ich bin sehr froh, daß ihr mich durchschaut habt. Ihr findet es garstig, mein elendes Stöhnen zu hören? Mag es garstig sein; ich werde euch gleich einen noch elenderen

Triller vormachen ...« Verstehen Sie es auch jetzt noch nicht, meine Herrschaften? Nein, man muß sich offenbar höher entwickeln und tiefer erkennen, um alle Windungen dieser Wollust zu begreifen! Sie lachen? Das freut mich sehr. Meine Herrschaften, meine Scherze sind nicht vom besten Ton, sie sind ungleichmäßig, verworren, voller Selbstmißtrauen. Aber das kommt daher, daß ich mich selbst nicht achte. Kann denn ein bewußter Mensch sich selbst achten?

5

Ist es möglich, ist es wirklich möglich, daß ein Mensch, der sogar in dem Gefühl der eigenen Erniedrigung einen Genuß zu finden versucht hat, sich selbst auch nur etwas achten kann? Ich sage das nicht aus einem geheuchelten Reuegefühl heraus. Ich konnte es überhaupt nie leiden zu sagen: Verzeihe, Papa, ich werde es nicht mehr tun – nicht, weil ich nicht fähig gewesen wäre, das zu sagen, sondern im Gegenteil, vielleicht gerade, weil ich dessen allzu fähig war, und wie sehr! Wie absichtlich fiel ich bei solchen Gelegenheiten manchmal herein, wenn ich nicht einmal im Traum, nicht mit einem Gedanken schuldig war. Das war am allerekelhaftesten. Dabei war ich wiederum bis in die Seele gerührt, zerfloß in Reue, vergoß Tränen und bemogelte mich natürlich selbst, obwohl ich mich durchaus nicht verstellte; das Herz schien hier irgendwie hineinzupfuschen ... Da konnte man sogar die Naturgesetze nicht beschuldigen, obwohl es gerade die Naturgesetze waren, die mich mein ganzes Leben lang beständig und am meisten kränkten. Es ist abscheulich, sich an dies alles zu erinnern, aber es war auch damals abscheulich. Denn bereits nach einer Minute pflegte ich voller Ärger festzustellen, daß das alles Lüge war, widerwärtige Lüge, geheuchelte Lüge, das heißt diese ganze Reue, diese Rührung, alle diese Gelübde, sich zu bessern. Aber Sie fragen, warum ich mich selbst so entstellte und quälte? Antwort: weil es so langweilig war, mit gefalteten Händen dazusitzen, deshalb vollführte ich solche Sprünge. Das ist wirklich so. Beobachten Sie sich selbst genauer, meine Herrschaften, dann werden Sie begreifen, daß dem so ist. Ich dachte mir selbst Abenteuer aus und erdichtete mir ein Leben, um wenigstens irgendwie zu leben. Wie oft widerfuhr es mir – nun, sagen wir zum Beispiel, daß ich mich gekränkt fühlte, nur so, ganz ohne Grund, absichtlich. Ich wußte sehr gut, daß ich mich ganz grundlos gekränkt fühlte, mich nur verstellte, aber ich brachte es so weit, daß ich schließlich wirklich und tatsächlich beleidigt war. Es hat mich mein ganzes Leben lang immer dazu getrieben, solche Stückchen zu machen, so daß ich schließlich die Herrschaft über mich selber verlor. Einmal wollte ich mich gewaltsam verlieben, sogar zweimal. Ich litt wirklich, meine Herrschaften, ich versichere Sie. In der Tiefe der Seele wollte ich nicht glauben, daß ich litt, der Spott regte sich, aber dennoch litt ich und noch dazu echt und wirklich; ich war eifersüchtig, fuhr aus der Haut ... Und alles aus Langweile, meine Herrschaften, alles aus Langweile; das Gesetz der Trägheit erdrückte mich. Denn die gesetzliche, unmittelbare Frucht des Bewußtseins ist die Trägheit, das heißt das bewußte Hände-in-den-Schoß-Legen. Ich habe das schon oben bemerkt. Ich wiederhole, ich wiederhole mit Nachdruck: Alle unsere unmittelbaren und tätigen Menschen sind eben deshalb tätig, weil sie stumpf und beschränkt sind. Wie soll man das erklären? So, meine ich: Infolge ihrer Beschränktheit betrachten sie die nächstliegenden und nebensächlichen Ursachen als die ursprünglichen und überzeugen sich auf diese Weise schneller und leichter als die anderen davon, daß sie die unabänderlichen Grundlagen ihrer Tätigkeit gefunden haben, und beruhigen sich dabei; und das ist ja die Hauptsache. Denn um irgendeine Tätigkeit zu beginnen, muß man vorher völlig beruhigt sein, und es dürfen keinerlei Zweifel mehr übrigbleiben. Wie aber soll *ich* mich zum Beispiel beruhigen? Wo sind bei mir die ursprünglichen Ursachen, auf die ich mich stützen kann, wo sind die Grundlagen? Woher soll ich sie nehmen? Ich übe mich im Denken, und folglich zieht bei mir jede Ursache sofort eine noch ursprünglichere nach sich, und so weiter bis in die Unendlichkeit. Das ist eben das Wesentliche jener Erkenntnis und des Denkens. Da sind also schon wieder die Naturgesetze. Was ergibt sich schließlich daraus? Dasselbe. Entsinnen Sie sich, ich sprach vorhin von der Rache. Sie haben sich wahrscheinlich nicht ordentlich hineingedacht. Ich hatte gesagt: Der Mensch rächt sich, weil er ein Recht darauf zu haben glaubt. Folglich hat er die ursprüngliche Ursache gefunden, und zwar – das Recht. Also ist er nach allen Seiten hin beruhigt, rächt sich infolgedessen ruhig und erfolgreich, in der Überzeugung, daß er ein ehrliches und gerechtes Werk vollbringt. Ich sehe darin aber keine Gerechtigkeit, finde auch keine Tugend dabei; wenn ich mich also jetzt rächen wollte, so geschähe das nur aus Bosheit. Die Bosheit könnte natürlich alles überwinden, alle meine Zweifel, und könnte folglich höchst erfolgreich an die Stelle der ursprünglichen Ursache treten, eben weil sie keine Ursache hat. Aber was soll ich denn machen, wenn ich nicht einmal Bosheit besitze (ich habe ja vorhin damit angefangen)? Die Bosheit unterliegt bei mir wieder infolge dieser verfluchten Gesetze des Bewußtseins einer chemischen Zersetzung. Ehe man sich's versieht, hat sich der Gegenstand verflüchtigt, sind die Ursachen verdampft, der Schuldige wird nicht gefunden, die Kränkung hört auf, eine Kränkung zu sein, sie wird ein Fatum etwa in der Art wie Zahnschmerzen, an denen niemand schuld ist, und folglich bleibt wieder nur der alte Ausweg übrig, das heißt, daß man die Mauer recht schmerzhaft schlägt. Nun, und da pfeift man auf alles, weil man die ursprüngliche Ursache nicht gefunden hat. Aber versuche es einmal, laß dich von deinem Gefühl blindlings, ohne Überlegung, ohne ursprüngliche Ursache fortreißen, indem du wenigstens für diese Zeit das Bewußtsein verbannst, hasse oder liebe, nur um nicht mit den Händen im Schoß dazusitzen. Übermorgen – das ist die längste Frist – wirst du anfangen, dich selbst zu verachten, weil du dich selbst wissentlich bemogelt hast. Und das Ergebnis? eine Seifenblase und die Trägheit. Oh, meine Herrschaften, ich halte mich vielleicht nur deshalb für einen klugen Menschen, weil ich mein ganzes Leben lang nichts beginnen, nichts vollenden konnte. Mag ich ein Schwätzer sein, ein unschädlicher, verdrießlicher Schwätzer wie wir alle. Aber was ist da zu machen, wenn die eigentliche und einzige Bestimmung jedes klugen Menschen das Geschwätz ist, das heißt ein vorsätzliches Dreschen leeren Strohs?

6

Oh, wenn ich nur aus Faulheit nichts getan hätte! Herrgott, wie würde ich mich da selbst achten. Eben deshalb achten, weil ich imstande wäre, wenigstens Faulheit zu besitzen, wenigstens eine positive Eigenschaft, von der ich selbst überzeugt gewesen wäre. Frage: Wer ist das? Antwort: Ein Faulpelz. Es wäre doch mehr als angenehm gewesen, das über sich selbst zu hören! Also bin ich bestimmt umrissen, also läßt sich etwas über mich sagen. »Faulpelz!« – das ist doch ein Stand und eine Bestimmung, das ist eine Laufbahn. Scherzen Sie nicht, es ist so. Ich bin dann rechtmäßiges Mitglied des vornehmsten Klubs und beschäftigte mich nur damit, mich unausgesetzt zu achten. Ich kannte einen Herrn, der sich sein Leben lang nur damit brüstete, daß er etwas vom Lafitte verstand. Er betrachtete dies als ein unanfechtbares Verdienst und zweifelte niemals an sich selbst. Er starb nicht nur mit einem ruhigen, sondern sogar mit einem triumphierenden Gewissen und war völlig im Recht. Hätte ich mir eine Laufbahn wählen können – ich wäre ein Faulpelz und Vielfraß geworden. Aber kein gewöhnlicher, sondern einer, der zum Beispiel alles Herrliche und Erhabene mitempfindet. Wie gefällt Ihnen das? Mir hat das längst vorgeschwebt. Dieses »Herrliche und Erhabene« hat mich mit meinen vierzig Jahren tüchtig auf den Schädel gedrückt; aber das ist jetzt mit meinen vierzig Jahren. Damals jedoch – oh, damals wäre es ganz anders gewesen! Ich hätte mir auch sofort eine entsprechende Tätigkeit gesucht, und zwar die, auf das Wohl alles Herrlichen und Erhabenen zu trinken. Ich hätte mich an jede Gelegenheit geklammert, um erst eine Träne in mein Kelchglas fallen zu lassen und es dann auf alles Herrliche und Erhabene zu leeren. Ich hätte damals alles auf der Welt in Herrliches und Erhabenes umgewandelt; in dem ekligsten, unbestrittenen Dreck hätte ich das Herrliche und Erhabene gefunden. Ich hätte Tränen vergossen wie ein nasser Schwamm. Ein Maler hat zum Beispiel ein Bild von Gué gemalt. Sofort trinke ich auf das Wohl des Malers, der Gué gemalt hat, weil ich alles Herrliche und Erhabene liebe. Ein Schriftsteller hat »Was ihr wollt« geschrieben; sofort trinke ich auf das Wohl von »Was ihr wollt«, weil ich alles Herrliche und Erhabene liebe. – Ich werde dafür Achtung für mich verlangen, werde jeden verfolgen, der mir keine Achtung erweist. Ich lebe ruhig, sterbe triumphierend – das ist ja herrlich, geradezu herrlich! Und dann hätte ich mir einen solchen Wanst angemästet, ein solches dreifaches Doppelkinn errichtet, eine solche Kupfernase ausgearbeitet, daß jeder Vorübergehende bei meinem Anblick gesagt hätte: »Das ist einmal ein Plus! Das ist das echte Positive!« Und sagen Sie, was Sie wollen, es ist doch angenehm in unserem alles verneinenden Jahrhundert, solche Urteile zu hören, meine Herrschaften!

Aber dies alles sind goldene Träume. Oh, sagen Sie, wer war es, der zuerst erklärt, zuerst laut verkündet hat, daß der Mensch nur deshalb soviel Abscheulichkeiten begeht, weil er seine wahren Interessen nicht kennt? Wenn man ihn aber aufklärte, ihm die Augen für seine wahren, normalen Interessen öffnete, würde er sofort aufhören, Scheußlichkeiten zu begehen, würde sofort gut und edel werden, weil er als aufgeklärter und seine wahren Vorteile erkennender Mensch gerade in dem Guten seinen wahren Vorteil erkennen würde. Und es ist ja bekannt, daß kein Mensch wissentlich gegen seinen eigenen Vorteil handeln kann. Er würde folglich sozusagen notgedrungen Gutes tun. O du Kind! O du reines, unschuldiges Kind! Wann wäre das denn jemals vorgekommen in all diesen Jahrtausenden, daß der Mensch nur um seines Vorteils willen gehandelt hätte? Was sollte man denn mit den Millionen von Tatsachen anfangen, die davon zeugen, wie die Menschen *wissentlich*, das heißt ihre wahren Vorteile vollkommen begreifend, diese links liegenließen und einen anderen Weg einschlugen, sich aufs Geratewohl in ein Wagnis stürzten, von niemandem und durch nichts dazu gezwungen, geradezu, als ob sie den vorgeschriebenen Weg nicht betreten wollten und sich hartnäckig und eigenmächtig einen neuen, schweren, unsinnigen Weg bahnten, den sie beinahe im Dunkeln suchten! Das heißt also, daß ihnen diese Hartnäckigkeit und Eigenmächtigkeit tatsächlich angenehmer war als jeder Vorteil ... Vorteil! Was ist Vorteil? Nehmen Sie es überhaupt auf sich, ganz genau festzustellen, worin der menschliche Vorteil eigentlich besteht? Wie aber, wenn es so geschieht, daß der menschliche Vorteil manchmal nicht nur darin bestehen kann, sondern darin bestehen muß, daß man sich etwas Schlechtes, keineswegs Vorteilhaftes wünscht? Wenn dem aber so ist, wenn ein solcher Fall möglich ist, so ist die ganze Regel hinfällig. Was meinen Sie, kann es solche Fälle geben? Sie lachen? Lachen Sie, meine Herrschaften, aber antworten Sie: Ist genau festgestellt, was alles dem Menschen zum Vorteil gereicht? Gibt es nicht Dinge, die in keine Klasse eingereiht sind und sich auch nicht einreihen lassen? Denn Sie, meine Herrschaften, haben – soweit es mir bekannt ist – Ihr ganzes Verzeichnis der menschlichen Vorteile im Durchschnitt aus statistischen Zahlen und aus volkswirtschaftlichen Formeln geschöpft. Denn Ihre Vorteile sind Wohlfahrt, Reichtum, Freiheit, Ruhe, und so weiter und so weiter, so daß ein Mensch, der zum Beispiel offenkundig und wissentlich gegen dieses ganze Verzeichnis anginge, nach Ihrer Meinung – und natürlich auch nach der meinen – ein Feind der Aufklärung oder ein völlig Verrückter wäre, nicht wahr? Aber eins ist doch verwunderlich. Wie kommt es, daß alle diese Statistiker, Weisen und Menschenfreunde bei der Aufzählung der menschlichen Vorteile immer *einen* Vorteil vergessen? Sie beziehen ihn nicht einmal in der Form, in der es geschehen müßte, in ihre Berechnung mit ein, und gerade davon hängt die ganze Berechnung ab. Es wäre ja nicht so schlimm, man müßte ihn einfach nehmen, diesen Vorteil, und in das Verzeichnis eintragen. Aber darin liegt ja gerade das Unglück, daß dieser wunderliche Vorteil sich in keine einzige Klasse einreihen läßt und in kein Verzeichnis hineinpaßt. Ich habe zum Beispiel einen Freund ... Ach, meine Herrschaften, er ist ja auch Ihr Freund, und wessen Freund wäre er nicht? Wenn dieser Herr an eine Sache herantritt, wird er Ihnen sofort redselig und klar darlegen, wie er nach den Gesetzen des Verstandes und der Wahrheit handeln muß. Mehr noch – er wird Ihnen voller Erregung und Leidenschaft von den wahren, normalen menschlichen Interessen sprechen; er wird die kurzsichtigen Dummköpfe voller Spott tadeln, die weder ihren Vorteil wahrzunehmen verstehen noch die wahre Bedeutung der Tugend kennen, und – genau nach einer Viertelstunde – wird er, ohne jeden plötzlichen anderweitigen Vorwand, sondern getrieben durch irgend etwas Inneres, das stärker ist als alle seine Interessen, ein ganz anderes Gesicht zeigen, das heißt offenkundig gegen alles angehen, worüber er selbst gesprochen hat: gegen die Gesetze der Vernunft, gegen den eigenen Vorteil, nun, mit einem Wort, gegen alles ... Ich will vorausschicken, daß mein Freund eine Kollektivperson ist; es ist daher einigermaßen schwer, ihn allein zu beschuldigen. Das ist es ja, meine Herrschaften! Gibt es nicht in der Tat irgend etwas, was dem Menschen teurer ist als seine größten Vorteile oder, um die Logik nicht zu zerstören – besteht ein solcher vorteilhafter Vorteil, der eben nicht mitgezählt wird und von dem soeben die Rede war, der wichtiger und vorteilhafter ist als alle anderen Vorteile und um dessentwillen der Mensch, falls es nötig wird, bereit ist, gegen alle Gesetze vorzugehen, das heißt gegen Verstand, Ehre, Ruhe, Wohlfahrt –

mit einem Wort, gegen alle diese herrlichen und nützlichen Dinge, nur um diesen ursprünglichen, vorteilhaftesten Vorteil zu erreichen, der ihm wertvoller ist als alles andere?

»Nun, das sind aber doch immer Vorteile«, unterbrechen Sie mich. – Erlauben Sie, wir werden uns darüber noch aussprechen, es geht ja hier nicht um ein Wortspiel, sondern darum, daß dieser Vorteil eben dadurch bemerkenswert ist, daß er alle unsere Einordnungen zerstört und dauernd alle Systeme, die von Liebhabern des Menschengeschlechts für das Glück des Menschengeschlechts aufgestellt worden sind, über den Haufen wirft. Mit einem Wort, er stört überall. Aber ehe ich Ihnen diesen Vorteil nenne, will ich mich selbst persönlich bloßstellen und erkläre daher kühn, daß alle diese herrlichen Systeme, alle diese Theorien, welche die Menschheit über ihre wahren normalen Interessen aufklären sollen, damit sie unbedingt danach strebe, diese Interessen zu verfolgen und dadurch sofort gut und edel werde – vorläufig, meiner Meinung nach, nichts anders als logisch sein sollendes Geschwätz sind. Ja, Geschwätz! Denn diese Theorie der Erneuerung des ganzen Menschengeschlechts durch das System seiner eigenen Vorteile bekräftigen hieße, meiner Meinung nach, beinahe dasselbe wie ... nun, zum Beispiel mit Buckle zu behaupten, daß der Mensch durch die Zivilisation milder, folglich weniger blutdürstig und weniger fähig werde, Krieg zu führen. Ich glaube, seiner Logik nach scheint das zu stimmen. Doch der Mensch hängt so am System und seinen abstrakten Schlüssen, daß er bereit ist, die Wahrheit vorsätzlich zu entstellen, mit den Augen nichts zu sehen und mit den Ohren nichts zu hören, nur um seine Logik zu rechtfertigen. Deshalb wähle ich auch dieses Beispiel, weil es ein so krasses Beispiel ist. Blicken Sie doch um sich! Das Blut fließt in Strömen, und noch dazu auf eine so fröhliche Weise, als ob es Champagner wäre! Da haben Sie unser ganzes neunzehntes Jahrhundert, in dem auch Buckle gelebt hat. Da haben Sie Napoleon – den Großen und den jetzigen. Da haben Sie Nordamerika – das ewige Bündnis! Da haben Sie endlich das karikaturenhafte Schleswig-Holstein ... Und was mildert die Zivilisation in uns? Die Zivilisation entwickelt im Menschen nur die Vielseitigkeit der Empfindungen und ... nichts weiter. Und durch die Entwicklung dieser Vielseitigkeit gelangt der Mensch vielleicht noch dahin, daß er im Blut einen Genuß findet. Das ist bei ihm ja schon vorgekommen. Haben Sie schon die Beobachtung gemacht, daß die verfeinertsten Blutvergießer fast durch die Bank die zivilisiertesten Leute waren, denen alle diese Attilas und Stenka Rasins das Wasser nicht reichen könnten, und wenn sie nicht so grell in die Augen stechen wie Attila und Stenka Rasin, so nur deshalb, weil sie allzu häufig vorkommen, allzu gewöhnlich erscheinen, uns zum Überdruß geworden sind. Auf jeden Fall ist der Mensch durch die Zivilisation, wenn nicht noch blutdürstiger, so bestimmt schlechter, ekelhafter blutdürstig geworden, als er früher war. Früher hat er im Blutvergießen einen Akt der Gerechtigkeit gesehen und mit ruhigem Gewissen diejenigen ausgetilgt, die es verdienten; jetzt sehen wir das Blutvergießen zwar als eine Scheußlichkeit an, befassen uns aber trotzdem mit dieser Scheußlichkeit, und sogar noch mehr als früher. Was ist nun schlechter? Urteilen Sie selbst. Man sagt, daß Kleopatra (entschuldigen Sie das Beispiel aus der römischen Geschichte) es liebte, ihre Sklavinnen mit goldenen Nadeln in die Brüste zu stechen, und einen Genuß an ihrem Schreien und ihren Zuckungen fand. Sie werden sagen, daß das in relativ barbarischen Zeiten geschehen sei; daß wir auch jetzt in einem barbarischen Zeitalter leben, weil (ebenfalls relativ gesprochen) auch jetzt mit Nadeln gestochen wird; daß der Mensch es zwar gelernt hat, zuweilen deutlicher zu sehen als in barbarischen Zeiten, aber sich noch lange nicht gewöhnt hat, so zu handeln, wie es ihm der Verstand und die Wissenschaft vorschreiben. Aber trotzdem sind Sie vollkommen davon überzeugt, daß er es unbedingt lernen wird, wenn erst die verschiedenen alten, schlechten Gewohnheiten vollständig abgelegt sind und der gesunde Verstand und die Wissenschaft ihn ganz umgebildet und die menschliche Natur in normale Bahnen geleitet haben werden. Sie sind überzeugt, daß der Mensch dann *freiwillig* aufhören wird, sich selbst zu täuschen, und sozusagen unwillkürlich nicht wünschen wird, seinen Willen von seinen normalen Interessen zu trennen. Nicht genug: Dann, sagen Sie, wird die Wissenschaft selbst den Menschen lehren (obwohl das, meiner Meinung nach, bereits Luxus ist), daß er tatsächlich weder Willen noch Launen besitzt und auch nie besessen hat und daß er selbst nichts weiter ist als eine Art Klaviertaste oder Orgelpfeife; und daß es außerdem auf der Welt noch Naturgesetze gibt, so daß alles, was er auch tun möge, nicht nach seinem Willen geschieht, sondern ganz von selbst, nach den Naturgesetzen. Folglich brauchen diese Naturgesetze nur erforscht zu werden, und der Mensch wird für seine Handlungen nicht mehr verantwortlich sein und außerordentlich leicht leben können. Alle menschlichen Taten werden dann ganz von selbst nach diesen Gesetzen berechnet werden, mathematisch, in der Art der Logarithmentabellen, bis 108 000, und in den Kalender eingetragen werden; oder, noch besser, es werden einige wohlgemeinte Bücher erscheinen nach Art der jetzigen Konversationslexika, in denen alles so genau berechnet und bezeichnet wird, daß es auf der Welt weder Taten noch Ereignisse geben wird.

Dann – das sagen alles Sie – werden neue wirtschaftliche Verhältnisse entstehen, schon vollständig fertige und auch mit mathematischer Genauigkeit berechnete, so daß mit einem Schlag alle möglichen Probleme verschwinden werden, und zwar deshalb, weil auf sie alle möglichen Antworten vorhanden sein werden. Dann wird ein Kristallpalast errichtet werden. Dann ... nun, mit einem Wort, dann kommt der Vogel Kagan geflogen. Natürlich kann man in keiner Weise dafür Gewähr leisten (das sage jetzt ich), daß es dann zum Beispiel nicht furchtbar langweilig sein wird (denn was wird zu tun sein, wenn alles nach Tabellen ausgerechnet ist?), dafür wird aber alles außerordentlich vernünftig sein. Natürlich, was denkt man sich nicht alles aus Langeweile aus! Auch das Stechen mit goldenen Nadeln geschieht ja aus Langeweile, aber das würde nichts ausmachen. Schlimm ist nur (das sage wieder ich), daß man sich dann womöglich über die goldenen Nadeln freuen wird! Denn der Mensch ist dumm, phänomenal dumm. Das heißt, er ist eigentlich gar nicht dumm, aber dafür so undankbar, daß man einen Undankbareren kaum ausfindig machen könnte. Ich zum Beispiel würde mich gar nicht wundern, wenn plötzlich mir nichts, dir nichts mitten in dem Zukunftsreich der allgemeinen Vernünftigkeit irgendein Gentleman mit einer unvornehmen oder, besser gesagt, reaktionären und spöttischen Visage auftauchte, die Arme in die Seiten stemmte und zu uns allen sagte: »Wie wär's, meine Herrschaften, sollten wir nicht diese ganze Vernunft mit einem kräftigen Fußtritt in den Dreck stoßen, einzig zu dem Zweck, daß sich alle diese Logarithmen zum Teufel scheren und wir wieder nach unserem dummen Willen leben können?« Das wäre noch nicht so schlimm, aber der Umstand ist so kränkend, daß er unbedingt Anhänger finden würde; der Mensch ist einmal so eingerichtet. Und dies alles geschieht aus der allernichtigsten Ursache, die zu erwähnen kaum der Mühe wert ist: einfach, weil der Mensch immer und überall, wer er auch sein mag, so zu handeln liebt, wie er will, und durchaus nicht so, wie es ihm Verstand und Vorteil gebieten; man kann auch gegen seinen eigenen Vorteil wollen, und zuweilen *muß man es positiv* (das ist schon meine Idee). Unser eigenes, unbehindertes und freies Wollen, unsere eigene, wenn auch ganz wilde Laune, unsere Phantasie, die zuweilen sogar bis zum Wahnsinn gesteigert werden kann – dies alles zusammen ist eben dieser nicht mitgezählte, vorteilhafteste Vorteil, der sich in keine Klasse einreihen läßt und durch den alle Systeme und Theorien beständig zum Teufel gehen. Und auf was hin haben sich alle diese Weisen ausgedacht, daß der Mensch irgendein normales, tugendhaftes Wollen brauche? Auf was hin haben sie sich unbedingt eingebildet, daß der Mensch ein kluges, vorteilhaftes Wollen brauche? Der Mensch braucht einzig und allein – ein *selbständiges* Wollen, was diese Selbständigkeit auch kosten und wohin sie auch führen möge. Nun, und das Wollen ist ja auch, weiß der Teufel ...

8

»Hahaha! Aber das Wollen ist ja, wenn Sie wollen, eigentlich gar nicht vorhanden!« unterbrechen Sie mich lachend. »Die Wissenschaft hat den Menschen sogar heute schon derart anatomisch zergliedert, daß wir schon jetzt wissen, daß das Wollen und der sogenannte freie Wille nichts anderes sind als ...«

Warten Sie, meine Herrschaften, ich wollte selbst in dieser Weise beginnen. Ich bin sogar erschrocken, muß ich gestehen. Ich schickte mich gerade an zu rufen, daß das Wollen weiß der Teufel wovon abhänge und daß man dafür vielleicht dem lieben Gott danken müsse – da kam mir die Wissenschaft in den Sinn ... und ich blieb stecken. Nun fangen auch Sie an, davon zu sprechen. Denn in der Tat, wenn man auch in Wahrheit irgendeinmal eine Formel für unser Wollen und für alle unsere Launen findet, das heißt, wovon sie abhängen, nach welchen Gesetzen sie entstehen, wie sie sich entfalten, wohin sie in diesem und in jenem Fall streben, und so weiter, das heißt eine echte mathematische Formel – wird der Mensch am Ende gar sofort aufhören zu wollen, ja, er wird bestimmt aufhören. Wer fände Freude daran, nach einer Tabelle zu wollen?

Mehr noch: er würde sich aus einem Menschen sofort in eine Orgelpfeife oder etwas Ähnliches verwandeln; denn was ist der Mensch ohne Wünsche, ohne Willen und ohne Triebe anders als ein Stiftchen in der Orgelwalze? Wie denken Sie darüber? Zählen wir die Wahrscheinlichkeiten zusammen – kann das geschehen oder nicht?

»Hm ...« entscheiden Sie, »unser Wollen ist meistenteils irrig durch die irrige Ansicht über unsere Vorteile. Deshalb wollen wir zuweilen auch den reinsten Unsinn, weil wir in unserer Dummheit in diesem Unsinn den leichtesten Weg zur Erlangung irgendeines vorher angenommenen Vorteils sehen. Nun, wenn dies alles aber erklärt, auf dem Papier ausgerechnet sein wird (was sehr wohl möglich ist, denn es ist doch abscheulich und sinnlos, von vornherein zu glauben, daß der Mensch gewisse Naturgesetze niemals erforschen wird), dann wird es selbstverständlich keine sogenannten Wünsche mehr geben. Dann, wenn das Wollen einmal mit dem Verstand vollkommen einig ist, dann werden wir nur noch erwägen, aber nicht wollen, hauptsächlich deshalb, weil man zum Beispiel im Besitz seines Verstandes keine Sinnlosigkeit *wollen* und auf diese Weise wissentlich gegen seinen Verstand handeln und sich Schädliches wünschen kann ... Da aber jegliches Wollen und jede Erwägung tatsächlich berechnet werden können, weil doch irgendeinmal die Gesetze unseres sogenannten freien Willens entdeckt werden müssen, so kann allen Ernstes etwas in der Art einer Tabelle entstehen, so daß wir unser Wollen tatsächlich nach der Tabelle ausrichten werden. Denn wenn man mir zum Beispiel irgendeinmal ausrechnen und beweisen wird, daß ich einem gewissen Jemand eine »Feige« gezeigt habe, weil ich eben nicht anders konnte, als sie ihm zu zeigen, und daß ich sie unbedingt mit dem dazu bestimmten Finger zeigen mußte, was bleibt dann noch *Freies* in mir, besonders wenn ich ein Gelehrter bin und irgendwo einen wissenschaftlichen Lehrgang absolviert habe? Dann kann ich ja mein Leben für dreißig Jahre im voraus berechnen. Mit einem Wort, wenn sich das einrichten läßt, so wird uns nichts zu *tun* übrigbleiben; aber *verstehen* werden wir doch müssen. Überhaupt müssen wir uns ohne Unterlaß wiederholen, daß uns die Natur in bestimmten Augenblicken und unter bestimmten Umständen ganz gewiß nicht um Rat fragt; daß wir sie so nehmen müssen, wie sie ist, nicht, wie wir sie uns vorphantasieren, und wenn wir tatsächlich zur Tabelle und zum Kalender streben, nun, und ... vielleicht gar zur Retorte, so ist eben nichts zu machen, wir müssen auch die Retorte hinnehmen! Sonst nimmt sie sich am Ende selber, ohne Sie, hin.«

Ganz recht, aber hier kommt für mich der Haken! Meine Herrschaften, verzeihen Sie, daß ich ins Philosophieren geraten bin; hier liegen vierzig Jahre Kellerloch! Erlauben Sie mir also, etwas zu phantasieren. Sehen Sie, der Verstand, meine Herrschaften, ist eine gute Sache, aber der Verstand ist nur der Verstand und genügt nur den Verstandeskräften des Menschen, das Wollen aber ist ein Ausfluß des ganzen Lebens, das heißt des ganzen menschlichen Lebens, den Verstand und alles »Sich-hinter-den-Ohren-kratzen« mit einbegriffen. Und obwohl unser Leben in dieser seiner Äußerung öfters als ein Quark erscheint, so ist es dennoch Leben, nicht nur das Ziehen von Quadratwurzeln. Ich will doch zum Beispiel ganz selbstverständlich nur dafür leben, um meiner ganzen Lebensfähigkeit zu genügen, nicht aber, um meinen Verstandeskräften Genüge zu tun, das heißt irgendeinem Zwanzigstel meiner ganzen Lebensfähigkeit. Was weiß der Verstand? Der Verstand weiß nur das, was er Zeit gehabt hat kennenzulernen (manches wird er womöglich niemals kennenlernen; das ist zwar kein Trost, aber warum sollte man es nicht aussprechen?), die menschliche Natur aber wirkt als Ganzes, mit allem, was in ihr ist, bewußt und unbewußt; sie lügt zwar, aber sie lebt. Ich hege den Verdacht, meine Herrschaften, daß Sie mich mit Mitleid betrachten; Sie wiederholen mir, daß ein aufgeklärter und entwickelter Mensch, mit einem Wort einer, der so ist, wie der künftige Mensch sein wird, nicht wissentlich etwas für ihn Unvorteilhaftes wollen kann, daß dies ein einfaches Rechenexempel sei. Ich bin völlig einverstanden, es ist tatsächlich ein Rechenexempel. Aber ich wiederhole Ihnen zum hundertsten Mal, es gibt nur einen Fall, nur einen, in dem der Mensch absichtlich, bewußt etwas für ihn sogar Schädliches, Dummes, sogar das Dümmste wünschen kann, und zwar: um das *Recht zu haben*, sich selbst das Dümmste zu wünschen und nicht an die Pflicht gebunden zu sein, sich nur Gescheites zu wünschen. Denn dieses Dümmste, diese eigene Laune kann in der Tat, meine Herrschaften, für unsereins das Vorteilhafteste von allem sein, was es auf Erden gibt, besonders in gewissen Fällen. Und im besonderen kann es sogar auch in dem Fall vorteilhafter als alle Vorteile sein, wenn es uns offenkundigen

Schaden verursacht und den gesündesten Forderungen unseres Verstandes über die Vorteile widerspricht – weil es uns in jedem Fall das Hauptsächlichste und das Teuerste, was wir besitzen, bewahrt, das heißt: unsere Persönlichkeit und unsere Eigenart. Manche behaupten ja, daß das tatsächlich das Teuerste für den Menschen sei; das Wollen könne, wenn es wolle, natürlich mit dem Verstand übereinstimmen, besonders wenn man es nicht mißbrauche, sondern maßvoll anwende; das sei nützlich und zuweilen sogar lobenswert. Aber das Wollen geht mit dem Verstand sehr oft und sogar meistenteils und vollständig und hartnäckig auseinander und ... und ... und wissen Sie wohl, daß auch das nützlich und zuweilen sogar sehr lobenswert ist? Meine Herrschaften, nehmen wir an, daß der Mensch nicht dumm ist. (Man kann das in der Tat nicht von ihm sagen, schon allein deshalb nicht, weil – wenn *er* schon dumm ist, wer soll denn dann klug sein?) Aber wenn er auch nicht dumm ist, so ist er dennoch ungeheuer undankbar! Phänomenal undankbar! Ich glaube sogar, daß die beste Begriffsbestimmung des Menschen folgende ist: *ein undankbares Wesen auf zwei Beinen.* Doch das ist noch nicht alles, das ist noch nicht sein Hauptfehler; sein Hauptfehler ist sein Mangel an Sittsamkeit, angefangen von der Sintflut bis zur Schleswig-Holsteinschen Periode der menschlichen Geschichte. Mangelnde Sittsamkeit und infolgedessen auch Unvernunft; es ist ja längst bekannt, daß die Unvernunft auch nur eine Folge der mangelnden Sittsamkeit ist. Versuchen Sie es doch, werfen Sie einen Blick auf die Geschichte der Menschheit. Nun, was sehen Sie? Ist sie großartig? Mag sein, daß sie großartig ist; was ist zum Beispiel allein der Koloß von Rhodos wert! Nicht umsonst hat Herr Anajewskij von ihm bezeugt, daß die einen sagen, er sei ein Werk von Menschenhand, andere hingegen behaupten, die Natur selbst habe ihn hervorgebracht. – Ist sie bunt? Vielleicht ist sie bunt, wenn man nur die Paradeuniformen der Militär- und Staatspersonen aller Völker aus allen Jahrhunderten verzeichnen wollte – was das allein schon an Mühe kosten würde; aber bei den Interimsuniformen kann man sich ganz und gar das Bein brechen, kein einziger Geschichtschreiber wird da standhalten können. – Ist sie eintönig? Nun, vielleicht ist sie auch eintönig: sie raufen und raufen, sie raufen jetzt und haben früher gerauft und werden später raufen – geben Sie zu, daß das in hohem Maße eintönig ist. Mit einem Wort, man kann alles von der Weltgeschichte behaupten, alles, was der zerrüttetsten Phantasie in den Sinn kommen mag. Nur eines kann man nicht behaupten – daß sie vernünftig sei. Sie würden sich beim ersten Wort verschlucken. Und sogar solch ein Ding begegnet einem da jeden Augenblick: im Leben erscheinen doch beständig solche gesitteten und vernünftigen Menschen, solche Weise und Liebhaber des Menschengeschlechts, die sich nichts anderes zum Lebensziel gesetzt haben, als sich immer möglichst gesittet und vernünftig aufzuführen, sozusagen ihrem Nächsten als Leuchte zu dienen, hauptsächlich, um ihnen zu beweisen, daß man auf der Welt tatsächlich gesittet und vernünftig leben könne. Und was denn? Bekanntlich sind sich viele dieser Liebhaber früher oder später am Ende ihres Lebens untreu geworden, indem sie irgendeine Geschichte anrichteten, und bisweilen sogar eine sehr unanständige. Nun frage ich Sie: Was kann man von dem Menschen erwarten als einem Geschöpf, das mit so sonderbaren Eigenschaften begabt ist? Überschütten Sie ihn mit irdischen Gütern, tauchen Sie ihn in Glück bis über den Kopf, so daß nur noch Bläschen an der Oberfläche des Glücks aufsteigen wie die im Wasser; geben Sie ihm einen solchen wirtschaftlichen Wohlstand, daß ihm nichts anderes zu tun übrigbleibt, als zu schlafen, Pfefferkuchen zu essen und sich um die Fortdauer der Weltgeschichte zu bemühen – so wird dieser Mensch Ihnen auch hier, auch hier, aus bloßer Undankbarkeit, aus bloßer Schadenfreude eine Gemeinheit machen. Er wird sogar die Pfefferkuchen dranwagen und absichtlich den verderblichsten Unsinn wünschen, die unwirtschaftlichste Sinnlosigkeit – einzig und allein, um sein verderbliches, phantastisches Element mit dieser positiven Vernunft zu vermischen. Gerade seine phantastischen Träume, seine gemeinste Dummheit wird er für sich zu behalten wünschen, einzig deshalb, um sich selbst zu bestätigen (als ob das so unbedingt nötig wäre!), daß die Menschen noch immer Menschen sind und keine Klaviertasten, auf denen die Naturgesetze zwar selbst spielen und eigenhändig, aber so lange zu spielen drohen, bis man sich ohne den Kalender nichts mehr wünschen wird. Und damit nicht genug! sogar in dem Fall, daß er sich tatsächlich als Klaviertaste erweist und man ihm das sogar durch die Naturwissenschaften und mathematisch beweist, wird er auch dadurch nicht zur Vernunft kommen, sondern im Gegenteil absichtlich irgend etwas tun, aus purer Undankbarkeit; eigentlich nur, um auf seinem Stück zu bestehen. Falls er keine Mittel dazu findet, wird er Zerstörung und Chaos hervorrufen, sich verschiedenartige Leiden ersinnen, aber doch sein Stück durchsetzen! Er wird den Fluch in die Welt schicken, aber da nur der Mensch befähigt ist zu fluchen (das ist schon sein Vorrecht, durch das er sich in der Hauptsache von den anderen Tieren unterscheidet), so wird er womöglich allein durch einen Fluch seinen Zweck erreichen, das heißt, sich tatsächlich überzeugen, daß er ein Mensch und keine Klaviertaste ist! Wenn Sie sagen, daß man auch das nach der Tabelle ausrechnen könne, das Chaos und die Finsternis und den Fluch, so daß allein die Möglichkeit der vorherigen Berechnung alles zum Stillstand bringen und der Verstand die Oberhand gewinnen müsse – so wird der Mensch in diesem Fall absichtlich wahnsinnig werden, um keinen Verstand zu haben und seinen Willen durchzusetzen! Ich glaube daran, ich stehe dafür ein, weil das ganze menschliche Tun und Treiben wirklich nur darin zu bestehen scheint, daß der Mensch sich jeden Augenblick selbst beweist, daß er ein Mensch und kein Stiftchen ist! Mag er sich dabei alle Glieder zerbrechen lassen, mag er zum Troglodytentum zurückkehren, wenn er nur etwas beweist! Und wie sollte man nach alledem nicht sündigen, sich nicht glücklich preisen, daß wir noch nicht soweit gekommen sind und daß das Wollen vorläufig noch weiß der Teufel wovon abhängt.

Sie schreien mich an (wenn Sie mich überhaupt noch Ihres Schreiens würdigen), daß mir doch niemand meinen Willen raube; daß man sich ja nur darum bemühe, es irgendwie einzurichten, daß mein Wille selbst, durch sein eigenes Wollen, mit seinen normalen Interessen, mit den Naturgesetzen und mit der Mathematik übereinstimme.

Ach, meine Herrschaften, was kann es denn noch für einen eigenen Willen geben, wenn die Tabelle und die Arithmetik in die Erscheinung treten, wenn nur noch das Zweimal-zwei-ist-Vier im Schwang sein wird? Zweimal zwei wird auch ohne meinen Willen vier sein. Sieht denn der eigene Wille so aus?

9

Meine Herrschaften, ich scherze natürlich und weiß selbst, daß ich erfolglos scherze, aber man kann doch nicht alles als Scherz betrachten. Vielleicht scherze ich mit zusammengebissenen Zähnen. Meine Herrschaften, mich quälen Fragen; lösen Sie sie mit mir. Sie wollen zum Beispiel den Menschen von seinen alten Gewohnheiten abbringen und seinen Willen gemäß den Forderungen der Wissenschaft und des gesunden Verstandes verbessern. Aber woher wissen Sie, daß man den Menschen nicht nur umwandeln kann, sondern ihn ummodeln *muß?* Woraus schließen Sie, daß das menschliche Wollen sich unbedingt verbessern *muß*? Mit einem Wort, woher wissen Sie, daß eine solche Verbesserung dem Menschen tatsächlich einen Vorteil bringen wird? Und wenn schon alles gesagt werden soll, warum sind Sie so *unbedingt* davon überzeugt, daß es für den Menschen in der Tat immer vorteilhaft ist, nicht gegen seinen wahren, normalen Vorteil, der durch die Argumente des Verstandes und der Arithmetik garantiert ist, zu handeln, und daß dies ein Gesetz für die gesamte Menschheit ist? Denn vorläufig ist es doch nur Ihre Voraussetzung. Mag sein, daß es ein Gesetz der Logik ist, aber vielleicht nicht eines der Menschheit. Sie glauben vielleicht, meine Herrschaften, daß ich verrückt bin. Gestatten Sie mir, mich zu rechtfertigen. Ich bin damit einverstanden, daß der Mensch ein vorzugsweise schaffendes Tier ist, dazu bestimmt, bewußt nach einem Ziel zu streben und sich mit der Ingenieurkunst zu befassen, das heißt, sich ewig und ununterbrochen einen Weg zu bahnen, meinetwegen *ins Blaue hinein.* Aber vielleicht möchte er gerade deshalb zuweilen einen Seitensprung wagen, weil er *gezwungen* ist, sich diesen Weg zu bahnen, und vielleicht auch deshalb, weil ihm, so dumm der unmittelbare, tätige Mensch auch sein mag, zuweilen der Gedanke kommt, daß der Weg, wie es sich herausstellt, fast immer *ins Blaue* hineinführt und daß die Hauptsache nicht darin liegt, wohin er führt, sondern darin, daß er überhaupt da ist, damit das wohlgesittete Menschenkind die Ingenieurkunst nicht verachte und sich keinem verderblichen Müßiggang hingebe, der bekanntlich aller Laster Anfang ist. Der Mensch liebt zu schaffen und Wege zu bahnen, das ist nicht zu bestreiten. Aber weshalb liebt er auch die Zerstörung und das Chaos bis zur Leidenschaft? Erklären Sie mir das einmal! Aber hierüber will ich selbst zwei Worte für sich sagen. Liebt er die Zerstörung und das Chaos (denn es läßt sich ja nicht bestreiten, daß er die zuweilen sehr liebt, das stimmt schon) vielleicht aus dem Grund, weil er selbst instinktiv fürchtet, sein Ziel zu erreichen und das zu schaffende Gebäude zu vollenden?

Woher wissen Sie denn, ob er das Gebäude am Ende nur aus der Ferne und durchaus nicht in der Nähe liebt? Vielleicht liebt er nur, es zu schaffen, aber nicht in ihm zu wohnen, und stellt es dann den animaux domestiques zur Verfügung, als da sind: Ameisen, Schafe und dergleichen mehr. Die Ameisen – das ist eine ganz andere Sache. Sie haben ein bewundernswertes Gebäude von derselben Art, das ewig unzerstörbar ist – den Ameisenhaufen.

Die ehrwürdigen Ameisen haben mit dem Ameisenhaufen begonnen und werden wahrscheinlich mit ihm enden, was ihrer Beständigkeit und ihrer praktischen Gründlichkeit große Ehre macht. Aber der Mensch ist ein leichtsinniges und unanständiges Geschöpf und liebt vielleicht, gleich einem Schachspieler, nur den Vorgang der Erreichung des Zieles, nicht das Ziel selbst. Und, wer weiß es (man kann nicht dafür einstehen), vielleicht besteht das ganze Ziel auf Erden, nach welchem der Mensch strebt, nur in diesem ununterbrochenen Vorgang der Erreichung, mit anderen Worten – in dem Leben selbst, aber nicht in dem Ziel an sich, das selbstverständlich nichts anderes sein darf, als zweimal zwei ist vier, das heißt eine Formel; aber zweimal zwei ist vier – das ist ja nicht mehr das Leben, meine Herrschaften, sondern der Anfang des Todes. Wenigstens hat der Mensch immer so etwas wie Furcht vor diesem Zweimal-zwei-ist-Vier empfunden, und ich fürchte mich auch jetzt davor. Obwohl der Mensch nichts anderes tut, als dieses Zweimal-zwei-ist-Vier ausfindig zu machen, obwohl er Ozeane durchschwimmt, sein Leben opfert, um es zu suchen; aber es zu finden, tatsächlich zu finden – bei Gott, davor hat er Angst. Er fühlt, daß er, wenn er es fände, dann nichts mehr zu suchen hätte. Die Arbeiter erhalten nach getaner Arbeit wenigstens ihr Geld, gehen in die Schenke, werden dann auf die Polizeiwache gebracht – nun, da haben sie doch Beschäftigung für die Woche gefunden. Aber wo soll der Mensch hingehen? Wenigstens wird an ihm bei Erreichung ähnlicher Ziele immer eine gewisse Verlegenheit beobachtet. Er geht gern auf ein Ziel los, vor dem Ziel stehen mag er aber nicht, und das ist natürlich furchtbar komisch; in alledem steckt offenbar ein guter Witz. Aber daß zweimal zwei vier ist – ist trotzdem eine unerträgliche Sache. Zweimal zwei ist vier ist meiner Meinung nach nur eine Unverfrorenheit. Zeimal zwei ist vier sieht aus wie ein Protz, steht, die Hände in die Seiten gestemmt, mitten in unserm

Weg und spuckt um sich. Ich gebe zu, daß zweimal zwei ist vier eine vorzügliche Sache ist; aber wenn man schon alles lobt, so ist auch zweimal zwei gleich fünf zuweilen ein allerliebstes Sächelchen.

Und warum sind Sie so fest, so feierlich davon überzeugt, daß nur das Normale und Positive, mit einem Wort, nur das Wohlbehagen dem Menschen vorteilhaft sei? Irrt sich der Verstand nicht in den Vorteilen? Denn vielleicht liebt der Mensch nicht die Glückseligkeit allein? Vielleicht liebt er das Leiden in demselben Maß? Vielleicht ist ihm das Leiden genauso vorteilhaft wie die Glückseligkeit? Der Mensch liebt das Leiden zuweilen außerordentlich – bis zur Leidenschaft, und das ist Tatsache. Hierbei braucht man die Weltgeschichte nicht einmal zu Rat zu ziehen; fragen Sie sich selbst, wenn Sie überhaupt ein Mensch sind und wenigstens ein klein wenig gelebt haben. Was meine persönliche Meinung betrifft, so finde ich es sogar ein wenig unanständig, allein die Glückseligkeit zu lieben. Ob es nun gut oder schlecht ist – aber zuweilen ist es auch recht angenehm, etwas zu zerbrechen. Ich stehe hier nicht für die Leiden ein und auch nicht für die Glückseligkeit. Ich stehe ... für meine Laune ein und dafür, daß sie mir gegebenenfalls garantiert wird. Ich weiß zum Beispiel, daß in einem Lustspiel keine Leiden zugelassen sind. In einem Kristallpalast ist es undenkbar: Leiden ist Zweifel, ist Verneinung, aber was für ein Kristallpalast wäre denn das, an dem man Zweifel hegen könnte? Und dennoch bin ich überzeugt, daß der Mensch sich vom wirklichen Leiden, das heißt von der Zerstörung und dem Chaos, nicht lossagen würde. Das Leiden ist ja die einzige Ursache des Bewußtseins. Ich habe im Anfang zwar dargelegt, daß das Bewußtsein meiner Meinung nach das größte Unglück für den Menschen bedeutet, aber ich weiß auch, daß der Mensch es liebt und es um keine Befriedigung hingeben würde. Das Bewußtsein steht zum Beispiel unendlich höher als zweimal zwei gleich vier. Nach dem Zweimalzwei bleibt natürlich nichts mehr zu tun übrig, nicht einmal mehr, etwas zu erkennen. Alles, was dann noch möglich sein wird, ist: seine fünf Sinne einpacken und sich in Betrachtungen vertiefen. Beim Bewußtsein wird zwar dasselbe Ergebnis erzielt, das heißt, man ist ebenfalls zum Nichtstun verdammt, aber man kann sich wenigstens zuweilen selbst durchprügeln, und das wirkt trotz allem aufmunternd. Es ist zwar reaktionär, aber immer noch besser als nichts.

Sie glauben an das für ewige Zeiten unzerstörbare Kristallgebäude, das heißt an eines, dem man weder heimlich die Zunge ausstrecken noch eine »Feige« in der Tasche zeigen kann. Ich aber fürchte mich vielleicht gerade deshalb vor dem Gebäude, weil es aus Kristall besteht und für alle Zeiten unzerstörbar ist und weil man nicht einmal insgeheim die Zunge zeigen darf.

Sehen Sie! wenn an Stelle des Palastes ein Hühnerstall da ist und es fängt an zu regnen, so werde ich vielleicht in den Hühnerstall kriechen, um nicht naß zu werden, aber ich werde den Hühnerstall aus Dankbarkeit, daß er mich vor dem Regen beschützt hat, doch nicht für einen Palast ansehen. Sie lachen, Sie sagen sogar, daß in diesem Fall Hühnerstall und Palast ein und dasselbe seien. Ja, antworte ich, wenn man nur dafür leben müßte, nicht naß zu werden.

Aber was tun, wenn ich mir in den Kopf gesetzt habe, daß man nicht allein dafür lebt und daß ich, wenn ich schon lebe, nur in Palästen leben will. Das ist mein Wollen, das sind meine Wünsche. Sie können sie nur dann in mir tilgen, wenn Sie mein Wollen ändern. Nun, so ändern Sie mich doch, verlocken Sie mich durch etwas anderes, geben Sie mir ein anderes Ideal! Vorläufig aber werde ich den Hühnerstall noch nicht für ein Schloß halten. Mag es sogar so sein, daß das Kristallgebäude nur ein Schwindel ist, daß es nach den Naturgesetzen nicht existieren kann und daß ich es nur infolge meiner eigenen Dummheit ausgedacht habe, infolge einiger alter, unzweckmäßiger Gewohnheiten unseres Geschlechts. Aber was geht es mich an, daß es nicht existieren kann? Ist es denn nicht ganz gleich, wenn es in meinen Wünschen besteht oder, besser gesagt, besteht, solange meine Wünsche bestehen? Vielleicht lachen Sie wieder? Bitte, lachen Sie nur, ich werde jeglichen Spott hinnehmen und dennoch nicht behaupten, daß ich satt bin, wenn ich essen will; weiß ich doch, daß ich mich durch ein Zugeständnis nicht beruhigen werde, durch eine unendliche periodische Null, nur aus dem Grund, weil sie den Naturgesetzen nach, also *tatsächlich* besteht. Ich werde ein Zinshaus, das Wohnungen für arme Leute mit Mietverträgen für tausend Jahre und auf jeden Fall ein Aushängeschild des Zahnarztes Wagenheim aufweist, nicht für die Krone meiner Wünsche halten. Vernichten Sie meine Wünsche, löschen Sie meine Ideale aus, zeigen Sie mir etwas Besseres, und ich werde Ihnen folgen. Sie werden womöglich sagen, daß es sich nicht lohnt, sich mit mir einzulassen, aber in diesem Fall kann ich Ihnen dasselbe antworten. Wir führen eine ernsthafte Diskussion; aber wenn Sie mich nicht mit Ihrer Aufmerksamkeit beehren wollen, so werde ich Sie auch nicht darum bitten. Ich habe meinen Schlupfwinkel.

Vorläufig aber lebe und wünsche ich, und die Hand soll mir verdorren, wenn ich auch nur ein Steinchen für dieses Zinshaus herbeitrage. Bitte, sehen Sie nicht darauf, daß ich das Kristallgebäude vorhin selber verworfen habe, einzig aus dem Grunde, weil man es nicht mit der ausgestreckten Zunge necken kann. Ich sage das durchaus nicht, weil ich es etwa so sehr liebte, meine Zunge zu zeigen. Ich war vielleicht nur deshalb böse, weil sich unter allen Ihren Gebäuden bis jetzt noch kein solches befindet, dem man die Zunge nicht zu zeigen wünschte. Im Gegenteil, ich würde mir aus lauter Dankbarkeit die Zunge abschneiden lassen, wenn es sich so einrichten ließe, daß ich niemals mehr Lust verspüren würde, sie herauszustrecken. Was geht es mich an, daß es unmöglich ist, es so einzurichten, und daß man sich mit Mietwohnungen zufriedengeben muß? Warum bin ich mit solchen Wünschen erschaffen worden? Bin ich wirklich nur dazu da, um zu dem Schluß zu kommen, daß meine ganze Erschaffung nur eine Fopperei war? Liegt darin wirklich das ganze Ziel? Ich glaube es nicht.

Übrigens, wissen Sie was? Ich bin überzeugt, daß man unsereinen, der im Kellerloch lebt, im Zaum halten muß. Man ist zwar imstande, vierzig Jahre lang schweigend im Kellerloch zu sitzen, aber wenn man einmal ans Tageslicht gelangt und sich dazu durchringt, dann redet, redet, redet man ...

11

Zu guter Letzt, meine Herrschaften: lieber nichts tun! Lieber betrachtende Trägheit. Und somit, es lebe das Kellerloch! Und obgleich ich gesagt habe, daß ich den normalen Menschen bis zur äußersten Galligkeit beneide, in den Verhältnissen, in denen ich ihn sehe, möchte ich nicht er sein, obwohl ich nicht aufhören werde, ihn zu beneiden. Nein, nein, das Kellerloch ist für jeden Fall vorteilhafter. Dort kann man wenigstens ... Ach! ich lüge ja auch hier! Ich lüge, weil ich – so gut wie zweimal zwei vier ist – weiß, daß durchaus nicht das Kellerloch das Bessere ist, sondern etwas anderes, wonach ich dürste, das ich aber nirgends finden kann. Zum Teufel mit dem Kellerloch!

Hier wäre sogar folgendes besser – wenn ich selbst von allem, was ich jetzt geschrieben habe, nur ein Wort glaubte! Ich schwöre Ihnen, meine Herrschaften, daß ich nicht an eins, nicht an ein einziges Wörtlein von allen denen, die ich hier hingeschmiert habe, glaube. Das heißt, vielleicht glaube ich auch daran, aber zugleich fühle und vermute ich aus unbekannten Gründen, daß ich wie gedruckt lüge.

»Wozu haben Sie denn alles geschrieben?« fragen Sie mich.

Nun, dann werde ich Sie einmal ohne jegliche Beschäftigung vierzig Jahre lang einsperren und komme dann nach vierzig Jahren zu Ihnen ins Kellerloch, um mich zu erkundigen, wie weit Sie gekommen sind. Darf man denn einen Menschen vierzig Jahre lang ohne Beschäftigung allein lassen?

»Auch das ist nicht beschämend, auch das ist nicht erniedrigend!« werden Sie mir vielleicht mit verächtlichem Kopfschütteln erwidern. »Sie dürsten nach dem Leben, und dabei lösen Sie selbst die Lebensfragen durch logischen Wirrwarr. Und wie aufdringlich, wie frech Ihre Ausfälle sind, und wie Sie sich gleichzeitig fürchten! Sie reden ungereimtes Zeug und sind zufrieden damit, Sie sagen Frechheiten und fürchten sich ihretwegen unausgesetzt und bitten um Entschuldigung. Sie versichern, daß Sie nichts fürchten, und buhlen gleichzeitig um unsere gute Meinung. Sie versichern, daß Sie mit den Zähnen knirschen, und reißen zu gleicher Zeit Witze, um uns zum Lachen zu bringen. Sie wissen, daß Ihre Witze nicht geistreich sind, aber Sie sind mit ihrem literarischen Wert offenbar sehr zufrieden. Vielleicht haben Sie tatsächlich bisweilen gelitten, aber Sie achten Ihr Leiden nicht im geringsten. Sie besitzen Wahrhaftigkeit, aber keine Keuschheit, Sie tragen diese Wahrhaftigkeit Ihrer kleinlichen Eitelkeit wegen zur Schau, geben sie der Schande preis ... Sie wollen tatsächlich etwas sagen, aber Sie halten aus lauter Furcht Ihr letztes Wort zurück, weil Sie die Entschlußkraft, es auszusprechen, nicht besitzen, sondern nur eine feige Frechheit. Sie prahlen mit Ihrem Bewußtsein, aber Sie schwanken nur, weil Ihr Geist zwar arbeitet, aber Ihr Herz durch Sittenverderbnis verdunkelt ist; bei einem unreinen Herzen aber kann es kein volles, klares Bewußtsein geben. Und wieviel Zudringlichkeit in

Ihnen ist, wie Sie sich einem aufdrängen, was für Possen Sie reißen! Lüge, Lüge und abermals Lüge!«

Selbstverständlich habe ich alle diese Worte, die ich Ihnen in den Mund lege, selbst erdichtet. Das stammt auch aus dem Kellerloch. Ich habe dort vierzig Jahre lang durch ein Ritzchen Ihren Worten gelauscht. Ich habe sie selbst erdacht, denn es ließ sich nichts anderes ersinnen. Es ist auch nicht verwunderlich, daß ich es auswendig gelernt habe und daß es eine literarische Form angenommen hat . . .

Aber ist es möglich, ist es wirklich möglich, daß Sie so leichtgläubig sind und tatsächlich meinen, ich würde das alles drucken lassen und Ihnen noch dazu zu lesen geben? Und dann stellt sich mir noch ein Rätsel entgegen: Weshalb nenne ich Sie »meine Herrschaften«, weshalb wende ich mich an Sie, als ob Sie in Wirklichkeit meine Leser wären? Solche Geständnisse, wie ich sie darzulegen beabsichtige, läßt man nicht drucken und gibt sie anderen nicht zu lesen. Wenigstens besitze ich nicht soviel Festigkeit und halte es auch nicht für nötig, sie zu besitzen. Aber sehen Sie! mir ist ein phantastischer Gedanke in den Sinn gekommen, und ich will ihn, koste es, was es wolle, verwirklichen. Die Sache ist nämlich folgende.

In der Erinnerung eines jeden Menschen leben solche Dinge, die er nicht allen eröffnet, sondern höchstens seinen Freunden. Es gibt auch solche Dinge, die er nicht einmal seinen Freunden anvertraut, sondern nur sich selbst, und auch da nur unter dem Siegel der Verschwiegenheit. Und endlich gibt es auch solche Dinge, die der Mensch sich selbst einzugestehen fürchtet, und solche Dinge sind bei jedem anständigen Menschen in genügender Menge aufgespeichert. Das heißt, es ist sogar so: je anständiger der Mensch, desto mehr Erinnerungen dieser Art. Wenigstens habe ich mich selbst erst vor kurzem entschlossen, mich einiger meiner früheren Erlebnisse zu erinnern, denn bis jetzt bin ich ihnen stets ausgewichen, sogar mit einer gewissen Besorgnis. Jetzt aber, wo ich mich nicht allein erinnere, sondern sogar entschlossen bin, alles niederzuschreiben, jetzt will ich selbst probieren, ob man gegen sich selbst völlig offenherzig sein kann und sich vor der vollen Wahrheit nicht zu fürchten braucht. Nebenbei bemerkt: Heine behauptet, daß wahrheitsgetreue Selbstbiographien beinahe unmöglich sind und daß der Mensch bestimmt über sich selbst lügen wird. Seiner Meinung nach hat zum Beispiel Rousseau in seinen Bekenntnissen bestimmt gelogen, sogar vorsätzlich gelogen – aus Eitelkeit. Ich bin überzeugt, daß Heine recht hat; ich verstehe sehr gut, daß man sich manchmal aus reiner Eitelkeit selbst ganze Verbrechen zuschreibt, und verstehe sogar sehr gut, welcher Art diese Eitelkeit ist. Aber Heine meinte einen Menschen, der vor Zuhörern beichtet. Ich aber schreibe nur für mich selbst und erkläre ein für allemal, daß ich, wenn ich so schreibe, als ob ich mich an die Leser wendete, es nur tue, weil mir das Schreiben auf diese Weise leichter fällt. Das ist nur eine Form, eine leere Form, ich werde niemals Leser haben. Ich habe es schon erklärt ...

Ich will mich bei der Abfassung meiner Aufzeichnungen durch nichts behindern lassen. Ich werde keine Ordnung und kein System einführen. Ich werde hinschreiben, was mir gerade einfällt.

Sie könnten sich zum Beispiel an ein Wort klammern und mich fragen: Wenn Sie wirklich auf keine Leser rechnen, warum treffen Sie dann mit sich selbst solche Übereinkünfte, und noch dazu auf dem Papier? Heißt das, daß Sie keine Ordnung und kein System einführen wollen, daß Sie nur aufzeichnen werden, was Ihnen in den Sinn kommt, und so weiter, und so weiter? Wozu geben Sie solche Erklärungen ab? Weshalb entschuldigen Sie sich?

Ja, was soll man dazu sagen? antworte ich.

Übrigens steckt hierin eine ganze Psychologie. Vielleicht auch, daß ich einfach ein Feigling bin. Vielleicht aber stelle ich mir absichtlich ein Publikum vor, um mich während des Niederschreibens anständiger zu benehmen. Es kann tausend Gründe dafür geben.

Und noch etwas: Wofür, warum will ich eigentlich schreiben? Wenn es für keine Leser bestimmt ist, könnte ich mich doch auch so, nur in Gedanken an alles erinnern, ohne es zu Papier zu bringen?

Das stimmt; aber auf dem Papier nimmt sich alles viel feierlicher aus. Es liegt etwas Eindringliches darin, man kann über sich selbst ein richtigeres Urteil fällen, der Stil bereichert sich. Außerdem – vielleicht gewährt mir das Niederschreiben doch eine gewisse Erleichterung. Gerade heute zum Beispiel lastet ein altes Erlebnis besonders schwer auf mir. Schon vor ein paar Tagen stieg es ganz deutlich in meiner Erinnerung auf und ist seit der Zeit in mir haftengeblieben wie ein aufdringliches musikalisches Motiv, das einen nicht loslassen will. Und dabei muß man sich von ihm losmachen. Ich habe Hunderte solcher Erinnerungen; aber zuweilen tritt aus den Hunderten irgendeine hervor und lastet auf mir. Ich weiß nicht, warum ich glaube, daß sie mich loslassen wird, wenn ich sie niederschreibe. Weshalb sollte ich es nicht versuchen?

Schließlich: Ich langweile mich, weil ich unausgesetzt müßig bin. Das Schreiben sieht aber wirklich wie eine Arbeit aus. Man sagt, daß der Mensch durch die Arbeit gut und ehrlich werde. Das ist doch wenigstens eine Aussicht.

Heute schneit es den ganzen Tag, ein nasser, gelber, trüber Schnee. Gestern schneite es auch, vor ein paar Tagen ebenfalls. Ich glaube, daß mir anläßlich des nassen Schnees jene Anekdote eingefallen ist, die mich jetzt nicht mehr loslassen will. So mag es denn eine Erzählung anläßlich des nassen Schnees sein.

Zweiter Teil

Anläßlich des nassen Schnees

Als aus des Irrsals Nebelhülle
Mit heißem Wort aus Herzensfülle
Ich die verlorne Seele hob,
Als du in Pein, mit Händeringen
Geflucht den unheilvollen Schlingen,
Womit das Laster dich umwob,
Als du im strengen Selbstgerichte
An dein Gewissen mahnend schlugst
Und mir erzähltest die Geschichte
Von aller Schande, die du trugst,
Als von Beschämung übergossen,
In Schrecken von mir abgewandt –
Als du in Tränen ganz zerflossen
Dein Antlitz bargest in der Hand . . .
und so weiter und so weiter und so weiter

Aus einem Gedicht von N. A. Nekrassow*

* Übersetzt von Wilhelm Wolfsohn (Anmerkung des Übersetzers).

1

Zu jener Zeit war ich erst vierundzwanzig Jahre alt. Mein Leben war auch damals schon düster, unordentlich und einsam bis zur Menschenscheu. Ich verkehrte mit niemandem, vermied es sogar zu sprechen und vergrub mich immer tiefer und tiefer in meinen Winkel. Ich gab mir sogar Mühe, im Amt, in der Kanzlei niemanden anzusehen, und bemerkte sehr gut, daß meine Kollegen mich nicht nur für einen Sonderling hielten, sondern – auch das meinte ich stets zu beobachten – mich mit einem gewissen Widerwillen betrachteten. Da ging mir durch den Kopf: Weshalb kommt es niemandem außer mir so vor, daß man ihn mit Widerwillen ansieht? Einer unserer Kanzleischreiber hatte ein abscheuliches, über und über pockennarbiges Gesicht, das sogar etwas Räuberähnliches hatte. Ich glaube, ich hätte mit solch einem unanständigen Gesicht niemanden anzusehen gewagt. Ein anderer hatte eine so abgetragene Uniform auf dem Leib, daß es in seiner Nähe bereits schlecht roch. Aber nichtsdestoweniger wurde keiner dieser Herren verlegen – weder wegen seiner Kleidung noch wegen seines Gesichts, auch nicht irgendwie moralisch. Weder der eine noch der andere bildete sich ein, daß man sie mit Ekel ansehe; und selbst wenn sie es sich eingebildet hätten, wäre es ihnen gleichgültig gewesen, solange die hohe Obrigkeit sie nicht so zu betrachten geruhte. Jetzt ist es mir völlig klar, daß ich mich infolge meiner grenzenlosen Eitelkeit und der hieraus folgenden Ansprüche an meine Person selbst recht häufig mit rasender Unzufriedenheit, die an Widerwillen grenzte, betrachtete und daher jedermann in Gedanken meine Ansichten zuschrieb. Ich haßte zum Beispiel mein Gesicht, ich fand es abscheulich und hegte sogar den Verdacht, daß es einen recht gemeinen Ausdruck hatte; daher gab ich mir auch jedesmal bei meinem Erscheinen im Amt die erdenklichste Mühe, so unabhängig wie nur möglich zu erscheinen, damit mich niemand einer niedrigen Gesinnung verdächtigen könnte, und meiner Miene recht viel Würde zu verleihen. Mag mein Gesicht auch häßlich sein, dachte ich, aber dafür soll es edel, ausdrucksvoll und vor allem *außerordentlich* klug sein. Aber ich war mir genau und schmerzlich der Tatsache bewußt, daß ich niemals imstande sein würde, alle diese Vollkommenheiten in meinem Gesicht auszudrücken. Und was das Furchtbarste war: ich fand es entschieden dumm. Ein gescheites Gesicht hätte mich ganz versöhnt; sogar in dem Maße, daß ich mich mit dem gemeinen Ausdruck einverstanden erklärt hätte, wenn man gleichzeitig nur mein Gesicht auch für furchtbar gescheit gehalten hätte.

Ich haßte selbstverständlich alle unsere Kanzleibeamten, vom ersten bis zum letzten, und verachtete alle und empfand dabei doch etwas wie Furcht vor ihnen. Es kam vor, daß ich sie sogar plötzlich höher stellte als mich selbst. Das war damals so mit mir: bald verachtete, bald überschätzte ich mich. Ein entwickelter und ordentlicher Mensch kann nicht eitel sein, ohne grenzenlose Ansprüche an sich selbst zu stellen und ohne sich in manchen Augenblicken bis zum Haß zu verachten. Ob ich sie nun haßte oder höher stellte, jedenfalls schlug ich vor jedem, der mir begegnete, die Augen nieder. Ich stellte sogar Versuche an: Werde ich den Blick dieses oder jenes aushalten? und stets schlug ich als erster die Augen nieder. Das quälte mich bis zur Raserei. Ich fürchtete mich auch krankhaft davor, lächerlich zu erscheinen, und vergötterte daher sklavisch die Gewandtheit in allem, was das Äußerliche betraf; voller Hingabe schwamm ich im allgemeinen Fahrwasser und erschrak aus ganzer Seele vor jeder Überspanntheit in meinem Innern. Aber wie hätte ich denn bestehen können? Ich war krankhaft entwickelt, wie jeder Mensch unserer Zeit entwickelt sein muß. Sie aber waren alle stumpfsinnig und einer dem andern so ähnlich wie die Schafe einer Herde. Vielleicht kam es in der ganzen Kanzlei nur mir allein ständig so vor, als sei ich ein Feigling und Sklave; und es schien mir wohl nur deshalb so, weil ich entwickelt war. Aber es schien nicht nur, es war in der Tat so: ich war ein Feigling und Sklave. Ich gestehe es ohne jede Verlegenheit. Jeder anständige Mensch unserer Zeit muß ein Feigling und Sklave sein. Das ist sein normaler Zustand. Davon bin ich fest überzeugt. Er ist so geschaffen und dafür eingerichtet. Und nicht nur in der gegenwärtigen Zeit, nicht nur durch irgendwelche zufälligen Umstände, sondern überhaupt in allen Zeiten muß der anständige Mensch ein Feigling und Sklave sein. Das ist ein Naturgesetz für alle anständigen Menschen auf Erden. Wenngleich es auch vorkommt, daß der eine oder andere aus irgendeinem Anlaß seinen Mut zeigen kann; aber er soll sich damit nicht trösten und nicht hinreißen lassen; er wird vor etwas anderem doch den Schwanz einziehen. Das ist der einzige und ewige Ausgang. Nur Esel und ihre Bastarde können tapfer tun, aber auch das nur bis zu der gewissen Mauer. Es lohnt nicht, die Aufmerksamkeit auf sie zu lenken, weil sie durchaus nichts zu bedeuten haben.

Noch ein Umstand quälte mich damals, daß mir nämlich niemand ähnlich war und ich niemandem glich. Ich bin allein, sie aber sind *alle zusammen*, dachte ich und versank in Grübeln.

Hieraus ist zu ersehen, daß ich noch ein ganz dummer Junge war.

Es kamen auch ganz gegenteilige Dinge vor. Mit welch einem Widerwillen begab ich mich zuweilen in die Kanzlei; das ging so weit, daß ich oftmals ganz krank vom Dienst nach Hause kam. Doch plötzlich trat wegen nichts und wieder nichts eine Periode von Skeptizismus und Gleichgültigkeit ein (bei mir ging alles periodenweise), und ich lachte selbst über meine Unduldsamkeit und meinen Widerwillen und machte mir selbt Vorwürfe wegen meiner *Romantik*. Manchmal wollte ich mit niemandem reden, dann wieder kam es so weit, daß ich nicht nur redselig wurde, sondern mich sogar in Freundschaften einlassen wollte. Der ganze Widerwille verschwand plötzlich wie mit einem Schlag. Wer weiß, vielleicht habe ich ihn nie besessen, vielleicht war er nur geheuchelt, aus Büchern angelesen? Ich habe diese Frage bis heute nicht gelöst. Einmal hatte ich mich sogar völlig mit den Kollegen angefreundet; ich besuchte sie zu Hause, spielte mit ihnen Preferance, trank Schnaps und unterhielt mich über Beförderungen. Aber gestatten Sie mir hier eine Abschweifung.

Bei uns Russen hat es, allgemein gesprochen, nie solche dummen, über den Sternen schwebenden deutschen oder gar französischen Romantiker gegeben, auf die nichts Eindruck machte; mag die Erde unter ihnen bersten oder Frankreich auf den Barrikaden zugrunde gehen – sie bleiben stets dieselben, sie ändern sich nicht einmal aus Anstand und singen ihre überirdischen Lieder immer weiter, bis an das Ende ihrer Tage, weil sie Dummköpfe sind. Bei uns aber, in Rußland, gibt es keine Dummköpfe; das ist bekannt, dadurch unterscheiden wir uns von allen übrigen Ländern. Folglich gibt es auch bei uns keine über den Sternen schwebenden Naturen im reinen Urzustand. Das haben alles unsere damaligen »positiven« Publizisten und Kritiker, die eine besondere Neigung für alle diese Kostanschoglos* und Onkel Pjotr Iwanowitschs** hatten, die sie aus Dummheit für unser Ideal hielten, unseren Romantikern angedichtet, indem sie diese ebenso über den Sternen schwebend glaubten wie in Deutschland oder Frankreich. Im Gegenteil, die Eigenschaften unserer Romantiker sind denen der über den Sternen schwebenden europäischen völlig entgegengesetzt, und es läßt sich hier kein einziges europäisches Maß anwenden. Gestatten Sie mir gefälligst, das Wort »Romantiker« zu gebrauchen – es ist ein altes, ehrwürdiges, verdienstvolles und allen bekanntes Wörtchen. Die Eigenschaften unserer Romantiker sind – alles zu verstehen, *alles zu sehen und oft viel deutlicher zu sehen als unsere ganz positiven Geister,* sich mit niemandem und mit nichts abzufinden, aber gleichzeitig auch nichts zu bemäkeln, alles zu umgehen und allem diplomatisch nachzugeben, das nützliche, praktische Ziel nie aus dem Auge zu verlieren (als da sind: bequeme Dienstwohnungen, auskömmliche Ruhegehälter, Ordenssterne), dieses Ziel über alle Ekstasen und alle Bändchen lyrischer Gedichte hinweg wahrzunehmen und gleichzeitig »alles Herrliche und Erhabene« bis zum Grab unerschütterlich in sich zu bewahren, zugleich aber sich selbst zu bewahren, hübsch in Watte gebettet wie einen Schmuckgegenstand, im Interesse des nämlichen »Herrlichen und Erhabenen«. Unsere Romantiker sind großzügige Menschen und die größten Spitzbuben von all unseren Spitzbuben. Ich versichere Sie, ich weiß es aus Erfahrung. Selbstverständlich ist das alles nur so, wenn der Romantiker klug ist. Doch was rede ich da! Der Romantiker ist immer klug, ich wollte nur bemerken, daß wir zwar auch dumme Romantiker hatten, aber die zählen nicht mit, und zwar deshalb nicht, weil sie noch in der Blüte ihrer Kraft ganz zu Deutschen wurden und, um ihren Schmuckgegenstand besser bewahren zu können, sich irgendwo draußen, am liebsten in Weimar oder im Schwarzwald, ansiedelten. Ich verachtete zum Beispiel meine amtliche Tätigkeit aufrichtig und spuckte nur aus Notwendigkeit nicht um

* Typus des praktischen, nur auf die Mehrung seines Besitzes bedachten Gutsbesitzers im zweiten Teil von Gogols »Toten Seelen« (Anmerkung des Übersetzers).

** Person in Gontscharows Roman »Eine alltägliche Geschichte«, der Realist, der seinen romantisch veranlagten Neffen zu einer nüchternen Lebensauffassung bekehrt (Anmerkung des Übersetzers).

mich, weil ich selber dort saß und Geld dafür erhielt. Am Ende aber – ich bitte das zu bemerken, spuckte ich dennoch nicht um mich. Unsere Romantiker würden eher den Verstand verlieren (was übrigens selten vorkommt), aber nicht um sich spucken, wenn sie nicht eine andere Laufbahn in Aussicht hätten, und mit Rippenstößen könnte man sie nie hinausjagen; man würde sie höchstens als »König von Spanien«* in das Irrenhaus schaffen und auch nur dann, wenn sie den Verstand ganz und gar verloren hätten. Aber bei uns werden ja nur die Magern und Blonden verrückt. Die unzählige Menge der Romantiker jedoch bringt es mit der Zeit zu hohen Ämtern und Würden. Eine ungewöhnliche Vielseitigkeit! Und welch eine Begabung für die widersprechendsten Arten von Amtsvergehen! Das verlieh mir damals Trost, und ich habe jetzt noch dieselben Ansichten darüber. Darum gibt es ja bei uns so viele »großzügige Naturen«, die sogar bei dem allertiefsten Fall ihr Ideal niemals verlieren; sie rühren zwar keinen Finger für ihr Ideal, sie sind erklärte Räuber und Diebe, verehren aber trotzdem ihr ursprüngliches Ideal bis zu Tränen und sind im innersten Herzen ungemein ehrlich. Ja, nur unter uns kann der anerkannteste Schuft in der Seele vollkommen und sogar erhaben ehrlich sein, wobei er nicht aufhört, gleichzeitig ein Schuft zu sein. Ich wiederhole, aus unseren Romantikern gehen immer wieder solche gerissenen Schelme hervor (ich gebrauche das Wort »Schelm« in aller Liebe!); sie zeigen plötzlich ein ausgesprochenes Empfinden für die Wirklichkeit und eine derartige Kenntnis des Positiven, daß die verblüffte Obrigkeit und das Publikum in ihrer Bestürzung nur mit der Zunge über sie schnalzen können.

Die Vielseitigkeit ist wahrhaft erstaunlich, und weiß Gott, wozu sie sich unter den künftigen Umständen noch wandeln und ausgestalten wird und was sie uns in unserem ferneren Leben verheißt. Das Material ist ja nicht schlecht! Ich rede so nicht etwa aus lächerlichem Hurra-Patriotismus. Übrigens bin ich davon überzeugt, daß Sie wieder denken, ich mache mich lustig. Aber wer weiß, vielleicht ist es auch umgekehrt, das heißt, Sie sind überzeugt, daß ich wirklich so denke. Auf jeden Fall, meine Herrschaften, werde ich mir

* Anspielung auf Gogols Novelle »Aufzeichnungen eines Wahnsinnigen«, deren Held, der größenwahnsinnige Kanzleischreiber Popristschin, sich einbildet, zum König von Spanien gewählt worden zu sein (Anmerkung des Übersetzers).

Ihre beiden Meinungen als Ehre und als besonderes Vergnügen anrechnen. Aber verzeihen Sie mir meine Abschweifung.

Mit meinen Kollegen konnte ich natürlich keine Freundschaft halten und kam sehr bald wieder mit ihnen auseinander; in meiner damaligen jugendlichen Unerfahrenheit hörte ich sogar auf, sie zu grüßen, als ob ich sie schneiden wollte. Übrigens widerfuhr mir das nur einmal. Im allgemeinen war ich ja immer allein.

Zu Hause las ich meistens. Ich wollte durch äußere Eindrücke ersticken, was sich unausgesetzt in meinem Innern zusammenbraute. Aber äußere Eindrücke konnte mir nur das Lesen vermitteln. Die Bücher halfen mir natürlich über vieles hinweg – sie regten mich auf, erquickten und quälten mich, aber zuweilen wurde ich ihrer furchtbar überdrüssig. Ich wollte mich doch auch regen und versank plötzlich in dunkle, lichtscheue, ekle Ausschweifungen. Meine Leidenschaften waren scharf und brennend infolge meiner ständigen krankhaften Gereiztheit. Es gab geradezu hysterische Ausbrüche mit Tränen und Krämpfen. Außer meinen Büchern besaß ich nichts – das heißt, es war nichts vorhanden, was ich damals in meiner Umgebung hätte verehren können und zu dem es mich hingezogen hätte. Dazu stieg eine qualvolle Sehnsucht in mir auf, ein hysterisches Verlangen nach Widersprüchen und Gegensätzen – und so gab ich mich eben allerlei Ausschweifungen hin. Ich habe dies alles durchaus nicht zu meiner Rechtfertigung vorgebracht ... Doch nein! Ich lüge! Ich wollte mich wirklich rechtfertigen. Diese kleine Bemerkung mache ich nur für mich, meine Herrschaften. Ich will nicht lügen. Ich habe mir das Wort gegeben.

Ich gab mich in aller Stille meinen Ausschweifungen hin: nachts, heimlich, ängstlich, schmutzig, mit einer Scham, die mich auch in den ekelhaftesten Augenblicken nicht verließ und die in solchen Augenblicken sogar bis zum Fluch gedieh. Ich trug schon damals mein Kellerloch in der Seele. Ich fürchtete mich entsetzlich davor, daß mich jemand sehen, erkennen, treffen könnte. Ich besuchte verschiedene sehr dunkle Orte.

Einst ging ich nachts an einer Kneipe vorbei und sah durch das erleuchtete Fenster, wie ein paar Herren sich beim Billard mit den Stöcken schlugen und einer von ihnen schließlich zum Fenster hinausflog. Zu jeder andern Zeit wäre mir das höchst abscheulich erschienen; aber damals kam plötzlich ein solches

Empfinden über mich, daß ich diesen hinausgeschmissenen Herrn beneidete, in einem Maße beneidete, daß ich sogar die Kneipe betrat und in das Billardzimmer ging: »Vielleicht werde ich auch mit ihnen raufen und aus dem Fenster fliegen.«

Ich war nicht betrunken, aber was soll man tun, wenn einen Kummer und Sehnsucht bis zur Hysterie zerfressen! Allein die Sache verlief im Sand. Es erwies sich, daß ich nicht einmal fähig war, aus dem Fenster zu springen, und ich ging fort, ohne gerauft zu haben.

Ein Offizier ließ mich dort gleich beim ersten Schritt abfahren.

Ich stand beim Billard und verstellte ihm, ohne es zu merken, den Weg; er wollte an mir vorbeigehen, faßte mich an den Schultern und schob mich schweigend – ohne vorhergehenden Anruf oder Erklärung – von dem Platz, auf dem ich stand, auf einen andern und ging an mir vorbei, als hätte er mich gar nicht bemerkt. Ich hätte ihm eher verziehen, wenn er mich verprügelt hätte, aber daß er mich so einfach beiseite geschoben und so ganz übersehen hatte, konnte ich ihm nicht verzeihen.

Weiß der Teufel, was ich damals für einen wirklichen, regelrechten Streit gegeben hätte, für einen anständigen, sozusagen *literarischen* Streit! Man hatte mich behandelt wie eine Fliege. Dieser Offizier war fast zwei Meter lang, und ich bin ein kleiner und entkräfteter Mensch. Einen Streit herbeizuführen lag übrigens in meiner Macht; ich hätte nur zu protestieren brauchen, dann hätte man mich natürlich zum Fenster hinausbefördert. Aber ich überlegte es mir, und ich zog es vor . . . erbost zu verduften.

Ich verließ die Kneipe verwirrt und erregt, ging geradewegs nach Hause und setzte am andern Tag meine Ausschweifungen noch zaghafter, schüchterner und trauriger fort, gewissermaßen mit einer Träne im Auge – aber ich setzte sie trotzdem fort. Denken Sie übrigens nicht, daß ich aus Feigheit vor dem Offizier zurückwich! Ich war im Herzen nie feig, obwohl ich in Wirklichkeit stets den Mut verlor – warten Sie mit dem Lachen, dafür gibt es eine Erklärung; ich habe für alles Erklärungen, seien Sie dessen versichert.

Oh, wenn dieser Offizier einer von denen gewesen wäre, die bereit sind, ein Duell anzunehmen! Aber nein – das war gerade einer von diesen Herren (Ach, sie sind längst verschwunden!), die es vorziehen, mit Billardstöcken zu hantieren oder, wie der Leutnant Pirogow bei Gogol*, sich bei der Obrigkeit zu beschweren. Einen Zweikampf nehmen sie nicht an – vollends mit unsereinem, einem jämmerlichen Zivilisten! Das halten sie einfach für unziemlich. Überhaupt betrachten sie das Duell als etwas Unsinniges, Freigeistiges, Französisches, beleidigen aber andere oft genug, besonders, wenn sie selber zwei Meter lang sind.

Hier bekam ich nicht aus Feigheit Angst, sondern aus grenzenlosester Eitelkeit. Ich erschrak nicht vor den zwei Metern und auch nicht davor, daß man mich verprügeln und aus dem Fenster werfen konnte; physischen Mut hätte ich genug gehabt, aber der moralische versagte. Ich erschrak davor, daß alle Anwesenden, von dem frechen Markör angefangen bis zu dem letzten stinkigen und finnigen Beamten, der mit seinem speckigen Kragen hier herumschwänzelte, mich nicht verstehen und verlachen würden, wenn ich Einspruch erhöbe und mit ihnen in literarischer Sprache redete. Denn was den Ehrenpunkt betrifft, nicht die Ehre, sondern den Ehrenpunkt (point d'honneur), so darf man bis jetzt bei uns nicht anders reden als in literarischer Sprache. In der gewöhnlichen Sprache kommt der Ehrenpunkt nicht vor. Ich war völlig überzeugt (hier zeigte sich mein Wirklichkeitssinn trotz aller Romantik!), daß sie alle einfach vor Lachen bersten würden, der Offizier mich nicht einfach, das heißt in aller Harmlosigkeit verprügeln, sondern mich bestimmt mit dem Knie vor sich herstoßen und mich so rund um das Billard zerren würde, um sich dann vielleicht zu erbarmen und mich aus dem Fenster zu werfen. Selbstverständlich konnte diese elende Geschichte für mich nicht mit diesem Vorgang allein enden. Ich begegnete diesem Offizier später oft auf der Straße und merkte ihn mir gut. Ich weiß nur nicht, ob er mich erkannte. Wahrscheinlich nicht; ich schließe das aus einigen Anzeichen. Ich aber, ich betrachtete ihn voller Zorn und Haß, und das dauerte ... ein paar Jahre lang! Mein Zorn schlug sogar immer tiefere Wurzeln und wuchs mit den Jahren. Anfangs begann ich mich vorsichtig nach diesem Offizier zu erkundigen. Das war für mich recht schwierig, weil ich mit niemandem bekannt war. Aber einmal, als ich ihm wie ein Angeketteter von ferne auf der Straße folgte, rief ihn jemand mit seinem Namen an, und da erfuhr ich, wie

* In der Novelle »Der Newskij-Prospekt« (Anmerkung des Übersetzers).

er hieß. Ein anderes Mal verfolgte ich ihn bis zu seiner Wohnung und erfuhr vom Hausknecht für einen Zehner, wo er wohnte und in welchem Stockwerk und ob allein oder mit jemandem zusammen und so weiter – mit einem Wort, ich erfuhr alles, was man von einem Hausknecht erfahren kann. Eines Morgens kam mir plötzlich, obwohl ich mich niemals literarisch betätigt hatte, der Gedanke, diesen Offizier im Stil unserer »Anklageliteratur« zu schildern, als Karikatur, in einer Novelle. Ich schrieb diese Novelle voller Genuß. Ich »klagte« mit größtem Eifer an, verleumdete ihn sogar ein wenig; seinen Namen änderte ich anfangs nur so wenig, daß man ihn sofort erkennen konnte, doch nach reiflicher Überlegung taufte ich ihn ganz um und schickte die Erzählung an die »Vaterländischen Annalen«*. Aber damals gab es noch keine Anklageliteratur, und meine Erzählung wurde nicht gedruckt. Das war mir sehr ärgerlich ... Manchmal erstickte mich der Zorn geradezu. Endlich faßte ich den Entschluß, meinen Gegner zu fordern. Ich verfaßte einen herrlichen, liebenswürdigen Brief an ihn und beschwor ihn, sich bei mir zu entschuldigen; für den Fall einer Weigerung jedoch spielte ich recht deutlich auf einen Zweikampf an. Der Brief war so abgefaßt, daß der Offizier, wenn er nur den leisesten Begriff von dem »Herrlichen und Erhabenen« gehabt hätte, unbedingt angelaufen gekommen wäre, um mir um den Hals zu fallen und mir seine Freundschaft anzubieten. Und wie schön wäre das gewesen! Wie schön hätten wir gemeinsam leben können! Er hätte mich durch seinen stattlichen Wuchs beschützt; ich hätte ihn durch meine Bildung veredelt und ... durch meine Ideen, und es hätte da noch allerhand geben können! Stellen Sie sich vor, daß damals bereits zwei Jahre seit dem Tag, da er mich beleidigt hatte, vergangen waren; meine Herausforderung war der unanständigste Verstoß gegen die Zeitrechnung, trotz aller Gewandtheit des Briefes, der diesen Verstoß erklärte und bemäntelte. Aber Gott sei Dank (bis zum heutigen Tage danke ich dem Allmächtigen unter Tränen dafür) schickte ich meinen Brief nicht ab. Es läuft mir kalt über den Rücken, wenn ich denke, was hätte geschehen können, wenn ich den Brief abgeschickt hätte. Und mit einemmal ... mit einemmal rächte ich mich auf die allereinfachste, die allergenialste Weise. Mich erleuchtete plötzlich

* Bekannte liberale Zeitschrift (Anmerkung des Übersetzers).

ein überheller Gedanke. An Feiertagen ging ich zuweilen gegen vier Uhr nachmittags auf der Sonnenseite des Newskij-Prospekts spazieren, das heißt, ich ging dort durchaus nicht spazieren, sondern ich durchlebte zahllose Qualen, Demütigungen und Gallenergüsse; aber wahrscheinlich hatte ich gerade das nötig. Ich huschte wie ein Stichling auf die häßlichste Weise zwischen den Vorübergehenden hindurch und machte unaufhörlich Generalen, Offizieren von der Gardekavallerie, Husaren oder Damen Platz. Ich bekam, wenn ich mir die Armseligkeit meines Anzugs, die Unansehnlichkeit und Gemeinheit meiner huschenden Gestalt in solchen Augenblicken vorstellte, krampfartige Schmerzen im Herzen und Hitzeanfälle im Rücken. Das war die Qual aller Qualen, diese ununterbrochene Demütigung durch den Gedanken, der alsbald zur unmittelbaren dauernden Empfindung wurde, daß ich in den Augen dieser ganzen Gesellschaft eine Fliege war, eine häßliche, schmutzige Fliege – klüger, entwickelter, edler als alle, das versteht sich von selbst, aber – eine Fliege, die fortwährend allen nachgab und von allen gedemütigt, von allen beleidigt wurde. Wozu bereitete ich mir selbst diese Qual, wozu ging ich auf den Newskij? Ich weiß es nicht. Aber es *zog* mich geradezu bei jeder Gelegenheit dorthin.

Damals fing ich bereits an, das Erwachen jener Lüste zu spüren, von denen ich im ersten Kapitel gesprochen habe. Nach meinem Erlebnis mit dem Offizier zog es mich mehr denn je dorthin; auf dem Newskij traf ich ihn ja meistens. Dort weidete ich mich an seinem Anblick. Er war auch zumeist an Feiertagen dort zu treffen. Er ging zwar auch Generalen und vornehmen Persönlichkeiten aus dem Weg, huschte auch wie ein Stichling zwischen ihnen hindurch, aber Leute wie unsereinen oder sogar noch ansehnlichere als unsereinen zermalmte er einfach; er schritt geradeswegs auf sie zu, als ob vor ihm leerer Raum sei, und dachte nicht daran, ihnen aus dem Weg zu gehen. Ich berauschte mich an seinem Anblick, an meinem Zorn und ... wich ihm jedesmal voller Wut aus. Es quälte mich, daß ich mich nicht einmal auf der Straße auf gleichen Fuß mit ihm stellen konnte. Warum weichst du unbedingt zuerst aus? nörgelte ich in toller Hysterie an mir selbst herum, wenn ich zuweilen um drei Uhr nachts aufwachte. Warum gerade du und nicht er? Dafür gibt es doch kein Gesetz, das steht doch nirgends geschrieben! So mag es doch gleich auf gleich gehen, wie es gewöhnlich geschieht, wenn gesittete, höfliche Menschen einander begegnen: er räumt dir die Hälfte ein und du ihm die Hälfte; ihr geht aneinander vorbei und achtet euch gegenseitig. Aber es war nicht so, und immer war ich es, der ihm auswich, aber er bemerkte es nicht einmal, daß ich ihm nachgab. Und da erleuchtete mich plötzlich ein ganz wunderbarer Gedanke. Wie wär's, dachte ich, wenn ich ihm begegnete und – ihm nicht auswiche? Ihm absichtlich nicht auswiche, selbst wenn ich ihn stoßen müßte; wie wäre das? Dieser freche Gedanke schlug mich allmählich so in seinen Bann, daß er mir keine Ruhe mehr ließ. Ich träumte unaufhörlich davon und ging absichtlich häufiger auf den Newskij, um mir noch deutlicher vorzustellen, wie ich es machen sollte und wann ich es tun würde. Ich war begeistert. Dieses Vorhaben kam mir immer mehr wahrscheinlich und möglich vor. Selbstverständlich nicht richtig stoßen, dachte ich, schon ganz milde vor Freude, sondern nur so, einfach nicht ausweichen, mit ihm zusammenstoßen, nicht so, daß es weh tut, nur so, Schulter an Schulter, genausoviel, wie es der Anstand erlaubt; so, daß ich ihn genau in demselben Maße stoße wie er mich. Endlich war ich fest entschlossen. Aber die Vorbereitungen beanspruchten sehr viel Zeit. Erstens mußte ich im Augenblick der Ausführung in einem anständigeren Aufzug erscheinen und daher für meine Kleidung Sorge tragen. Auf jeden Fall, wenn die Sache sich vor großem Publikum abspielt (und feines Publikum gibt's hier im Überfluß: da spaziert eine Gräfin, da der Fürst D., die ganze literarische Welt spaziert hier), muß ich gut gekleidet sein; das macht Eindruck und stellt uns gewissermaßen in den Augen der höchsten Gesellschaft auf denselben Fuß. Zu diesem Zweck erbat ich mir einen Vorschuß auf mein Gehalt und kaufte mir schwarze Handschuhe und einen anständigen Hut bei Tschurkin. Schwarze Handschuhe schienen mir solider und von eleganterem Ton zu sein als zitronenfarbene, auf die ich es zuerst abgesehen hatte. Die Farbe ist zu grell, es sieht aus, als ob sich der Mensch recht hervortun wollte, und ich nahm die zitronenfarbenen nicht. Ein gutes Hemd mit weißen Beinknöpfchen hatte ich schon längst vorbereitet; nur der Mantel hielt mich sehr auf. An und für sich war mein Mantel durchaus nicht schlecht, er wärmte gut; aber er war wattiert und hatte einen Kragen aus Waschbärfell, was den Gipfel der Bedienteneleganz darstellt. Der Kragen mußte, koste es, was es wolle, abgenommen und durch einen Biberkragen ersetzt werden, von der Art, wie ihn die Offiziere tragen. Zu diesem Zweck besuchte ich den Gostinyj dwor und faßte nach einigem Auskundschaften einen billigen deutschen Biberkragen ins Auge. Diese deutschen Biberkragen tragen sich zwar sehr bald ab und nehmen ein erbärmliches Aussehen an, aber im Anfang, wenn sie noch neu sind, sehen sie sogar sehr anständig aus; und ich brauchte ihn ja nur für dieses eine Mal. Ich fragte nach dem Preis; er war recht hoch. Nach reiflicher Überlegung beschloß ich, meinen Waschbärkragen zu verkaufen. Die noch fehlende Summe, die für mich recht bedeutend war, beschloß ich bei meinem nächsten Vorgesetzten, Anton Antonowitsch Setotschkin, zu borgen, der ein bescheidener, aber ernster und gesetzter Mensch war und niemals jemandem Geld borgte; ich war ihm aber bei meinem Eintritt in das Amt von einer hochangesehenen Persönlichkeit, die mir diese Stellung verschafft hatte, besonders empfohlen worden. Ich quälte mich fürchterlich. Es erschien mir ungeheuerlich und beschämend, Anton Antonowitsch um Geld anzugehen. Ich schlief sogar zwei, drei Nächte nicht; ich schlief damals überhaupt sehr wenig, da ich stets wie im Fieber war; mein Herz schien manchmal in einer gewissen Unruhe zu stocken oder begann plötzlich zu hüpfen, zu hüpfen, zu hüpfen ... Anton Antonowitsch war zuerst erstaunt, dann runzelte er die Stirn, dann überlegte er und gab mir endlich doch das Geld, verlangte aber eine Bescheinigung, die ihm das Recht zuerkannte, nach zwei Wochen das mir geliehene Geld von meinem Gehalt abziehen zu lassen. Auf diese Weise war endlich alles fertig; ein schöner Biber prangte an Stelle des garstigen Waschbären, und ich begann allmählich an die Sache heranzugehen. Es war doch nicht möglich, sich mit einemmal zu entschließen, aufs Geratewohl; man mußte mit Verständnis an die Sache herangehen, ganz allmählich. Aber ich gestehe, daß ich nach wiederholten Versuchen nahe daran war zu verzweifeln: wir stießen nicht zusammen, was war da zu machen! Sosehr ich mich auch vorbereitete, so ernst meine Absicht auch war, jetzt, jetzt gleich mit ihm zusammenzustoßen, siehe da – ich war ihm wieder aus dem Weg gegangen, und er schritt an mir vorbei, ohne mich zu bemerken. Ich betete sogar, wenn ich mich ihm näherte, Gott möge mir Entschlossenheit verleihen. Einmal war ich bereits ganz fest entschlossen, aber es endete damit, daß ich ihm unter die Füße geriet, denn im letzten Augenblick, in einer Entfernung von ungefähr drei Zoll, versagte mir der Mut. Er ging ruhig über mich hinweg, und ich flog wie ein Ball zur Seite. In dieser Nacht lag ich wieder im Fieber und phantasierte. Und plötzlich endete alles, wie es nicht besser hätte sein können. In der Nacht vor dem denkwürdigen Tage entschloß ich mich endgültig, mein verderbliches Vorhaben nicht auszuführen und alles dabei bewenden zu lassen, und ging mit diesem Vorsatz zum letztenmal auf den Newskij, nur um zu sehen, wie ich alles dabei bewenden lassen wollte. Plötzlich, drei Schritte vor meinem Feind, entschloß ich mich ganz unerwartet, ich kniff die Augen zu, und – wir stießen eng, Schulter an Schulter, zusammen. Ich war nicht einen Zoll breit ausgewichen und ging, vollständig auf gleichem Fuß mit ihm, vorüber! Er sah sich nicht einmal nach mir um und gab sich den Anschein, nichts bemerkt zu haben; aber er gab sich nur den Anschein, davon bin ich überzeugt. Ich bin bis zum heutigen Tag davon überzeugt. Natürlich hatte ich mehr abgekriegt; er war stärker als ich, aber darauf kam es ja nicht an. Es kam nur auf das eine an: Ich hatte mein Ziel erreicht, meine Würde gewahrt, war nicht einen Schritt breit ausgewichen und hatte mich öffentlich auf den gleichen gesellschaftlichen Fuß mit ihm gestellt. Ich kehrte vollständig gerächt für alle meine Unbill nach Hause zurück. Ich war begeistert. Ich frohlockte und sang italienische Arien. Natürlich werde ich Ihnen nicht beschreiben, was nach Verlauf von drei Tagen mit mir geschah; wenn Sie mein erstes Kapitel »Das Kellerloch« gelesen haben, werden Sie es selbst erraten können. Der Offizier wurde später irgendwohin versetzt; ich habe ihn seit ungefähr vierzehn Jahren nicht mehr gesehen. Was mag er jetzt treiben, mein Liebling? Wen drückt er jetzt an die Wand?

2

Aber die Periode meiner Ausschweifungen nahte ihrem Ende, und mir wurde entsetzlich elend zumute. Die Reue begann mich zu plagen, ich suchte sie zu verscheuchen, mir war ohnehin übel genug. Allmählich aber gewöhnte ich mich auch daran. Ich gewöhnte mich an alles, das heißt, ich gewöhnte mich eigentlich nicht daran, sondern war freiwillig damit einverstanden, alles zu ertragen. Aber ich hatte einen alles versöhnenden Ausweg, und zwar den, mich in alles »Herrliche und Erhabene« hinüberzuretten, natürlich nur in meinen Träumen. Ich gab mich den tollsten Phantasien hin, manchmal drei Monate hintereinander, in meinem Winkel verborgen, und Sie können mir glauben, daß ich in solchen Augenblicken dem Herrn, der in der Verwirrung seines Hasenherzens an seinen Mantel einen deutschen Biberkragen annähen ließ, nicht ähnlich sah. Ich wurde plötzlich ein Held. Wenn mich mein zwei Meter langer Leutnant damals besucht hätte, hätte ich ihn kaum empfangen. Ich konnte ihn mir damals nicht einmal vorstellen. Was meine Träume eigentlich enthielten und wie ich mich mit ihnen begnügen konnte, ist jetzt schwer zu sagen, aber damals begnügte ich mich damit. Übrigens begnüge ich mich teilweise auch jetzt damit. Meine Phantasien suchten mich nach meinen kleinlichen Ausschweifungen noch süßer und stärker heim, sie kamen mit Reue und Tränen, mit Flüchen und Wonnen. Es gab Augenblicke eines so entschiedenen Freudentaumels, eines solchen Glückes, daß ich in meinem Innern nicht die geringste Spottlust verspürte, bei Gott! Da waren Glaube, Liebe, Hoffnung. Das war es ja, daß ich damals blind an ein Wunder glaubte, an irgendeinen äußeren Umstand, der alles plötzlich auseinanderschieben, erweitern sollte; plötzlich würde sich mir die Aussicht auf eine entsprechende Tätigkeit zeigen, eine wohltätige, herrliche und vor allem eigens für mich fix und fertig hergerichtete Tätigkeit. Welche Tätigkeit das eigentlich sein sollte, wußte ich niemals, aber es sollte alles für mich bereitgestellt sein! Und da trete ich plötzlich in Gottes Welt, beinahe auf einem weißen Roß und mit einem Lorbeerkranz auf dem Haupt. Eine untergeordnete Rolle konnte ich kaum begreifen, und gerade deshalb spielte ich in Wirklichkeit seelenruhig eine solche. Entweder ein Held oder ein Dreck; ein Mittelding gab es nicht. Das richtete mich auch zugrunde, denn im Dreck tröstete ich mich damit, daß ich zu anderer Zeit ein Held war, der Held aber verdeckte den Dreck; ein gewöhnlicher Mensch schämt sich sozusagen, sich zu beschmutzen, der Held aber steht zu hoch, um sich vollständig zu beschmutzen, folglich darf er sich beschmutzen. Es ist auffallend, daß sich dieser Drang zu allem »Herrlichen und Erhabenen« auch während meiner Ausschweifungen einstellte, und gerade dann, wenn ich mich ganz auf dem Grund befand; er kam in vereinzelten Aufwallungen, als wenn er sich in Erinnerung bringen wollte, machte den elenden Ausschweifungen aber nicht durch sein Erscheinen ein Ende, sondern schien sie, ganz im Gegenteil, durch den Gegensatz zu beleben und kam gerade nur in dem Maße, wie es für eine gute Soße nötig war. Die Soße bestand hier aus Widersprüchen und Leiden, aus einer quälenden inneren Analyse, und alle diese großen und kleinen Qualen verliehen meiner Ausschweifung eine Art Pikanterie, sogar einen Sinn – mit einem Wort, sie erfüllten vollkommen die Aufgabe einer guten Soße. Das alles entbehrte sogar nicht einer gewissen Tiefe. Ja, hätte ich mich denn sonst mit einer solch einfachen, gemeinen, spezifischen Kanzlistenausschweifung abgeben und diesen ganzen Schmutz dulden können? Was hätte mich denn damals an ihr so entzückt und mich nachts auf die Straße gelockt? Nein, ich hatte für alles ein edles Schlupfloch . . .

Aber wieviel Liebe, Herrgott, wieviel Liebe durchlebte ich mitunter in meinen Träumereien, in diesem »Hinüberretten in alles Herrliche und Erhabene«; es war zwar nur eine phantastische Liebe, die in Wirklichkeit niemals auf etwas Menschliches gerichtet werden konnte, aber es war von dieser Liebe so viel vorhanden, daß später in der Wirklichkeit gar nicht die Notwendigkeit empfunden wurde, sie anzuwenden. Das wäre ein überflüssiger Luxus gewesen. Übrigens löste sich immer alles in Wohlgefallen auf durch einen trägen, berauschenden Übergang zur Kunst, das heißt zu den herrlichen Formen des Lebens, die fertig vorhanden, bei Dichtern und Romanschreibern zusammengestohlen waren und sich allen möglichen Diensten und Ansprüchen anpassen ließen. Ich triumphierte zum Beispiel über alle; alle lagen selbstverständlich vor mir im Staub und waren gezwungen, freiwillig meine ganze Vollkommenheit anzuerkennen, und ich verzieh allen. Ich verliebte mich, nachdem ich ein berühmter Dichter und Kammerherr geworden war; ich erhielt ungezählte Millionen und opferte sie sofort für das Menschengeschlecht und beichtete vor versammeltem Volk meine sämtlichen Verfehlungen, die natürlich keine einfachen Verfehlungen waren, sondern außerordentlich viel »Herrliches und Erhabenes« in sich bargen, so etwas Manfredartiges. Alle weinten und küßten mich (sonst wären sie ja die reinen Tölpel gewesen), während ich barfuß und hungrig dahinging, um neue Ideen zu predigen und die Reaktionäre bei Austerlitz zu schlagen. Dann wurde ein Marsch gespielt, ein Gnadenerlaß erteilt, der Papst erklärte sich einverstanden, aus Rom nach Brasilien überzusiedeln; dann wurde ein Ball für ganz Italien in der Villa Borghese veranstaltet, die am Ufer des Comer Sees liegt, denn der Comer See wurde zu diesem Zweck eigens nach Rom verlegt; dann kam die Szene im Gebüsch, und so weiter, und so weiter – als ob Sie das nicht wüßten! Sie werden sagen, daß es abgeschmackt und gemein sei, dies alles jetzt auf den Markt zu bringen, nach all den vielen Entzückungen und Tränen, die ich selbst bekannt habe. Warum denn gemein? Können Sie wirklich glauben, daß ich mich alles dessen schämte und daß es dümmer war als irgend etwas Beliebiges in Ihrem Leben, meine Herrschaften? Und überdies, glauben Sie mir, war einiges bei mir durchaus nicht so übel ersonnen ... Es spielte sich ja auch nicht alles am Comer See ab. Doch Sie haben recht; es ist tatsächlich abgeschmackt und gemein. Das Gemeinste aber ist, daß ich jetzt versuche, mich vor Ihnen zu rechtfertigen. Und noch gemeiner, daß ich jetzt diese Bemerkung mache. Doch genug davon, sonst kommen wir nie zu Ende – immer wird eins gemeiner als das andere sein.

Ich war keinesfalls imstande, länger als drei Monate hintereinander zu phantasieren, und empfand bald ein unwiderstehliches Bedürfnis, mich unter Menschen zu stürzen. Mich unter Menschen zu stürzen bedeutete bei mir, meinen Kanzleichef Anton Antonowitsch Setotschkin zu besuchen. Das war mein ganzes Leben hindurch mein einziger dauernder Verkehr, und ich wundere mich jetzt sogar selbst über diesen Umstand. Aber auch zu ihm ging ich nur, wenn eine solche Periode eintrat, da meine Träume ein so starkes Glücksgefühl entfesselt hatten, daß ich unbedingt und ungesäumt die ganze Menschheit umarmen mußte; aber dazu bedurfte es zum mindesten eines Menschen in Person, der auch tatsächlich vorhanden war. Bei Anton Antonowitsch mußte man übrigens immer am Dienstag (sein Empfangstag) erscheinen, folglich mußte der Drang, die ganze Menschheit zu umarmen, immer für einen Dienstag aufgespart werden. Dieser Anton Antonowitsch wohnte an den Fünf Ecken, im vierten Stock, in vier niedrigen, winzigen Zimmerchen, die einen recht knausrigen und vergilbten Eindruck machten. Bei ihm wohnten ferner seine zwei Töchter und deren Tante, die den Tee einschenkte. Die Töchter – eine dreizehn, die andere vierzehn Jahre alt – hatten beide stumpfe Näschen und brachten mich jedesmal in furchtbare Verlegenheit, weil sie immer zusammen tuschelten und kicherten. Der Hausherr saß gewöhnlich mit irgendeinem grauhaarigen Gast, einem Beamten aus unserer oder sogar einer anderen Behörde, in seinem Kabinett auf einem Lederdiwan vor dem Tisch. Mehr als zwei oder drei Gäste, und zwar immer dieselben, habe ich dort niemals gesehen. Es wurde von der Akzise gesprochen, von den Verhandlungen im Senat, vom Gehalt, von Beförderungen, von Seiner Exzellenz, von Mitteln zu gefallen und dergleichen mehr. Ich besaß die Geduld, vier Stunden lang wie ein Dummer neben diesen Leuten zu sitzen und ihnen zuzuhören, wobei ich nicht wagte und es auch nicht verstand, mich in das Gespräch zu mischen. Ich wurde stumpfsinnig, geriet in Schweiß, fürchtete vom Schlag getroffen zu werden, aber dies alles war sehr gut und heilsam. Wenn ich dann nach Hause zurückkehrte, schob ich meinen Wunsch, die ganze Menschheit zu umarmen, für längere Zeit hinaus.

Übrigens hatte ich noch so etwas wie einen Bekannten, Simonow, einen früheren Schulkameraden. Ich hatte eigentlich viele Schulkameraden in Petersburg, aber ich verkehrte nicht mit ihnen und hatte sogar aufgehört, sie auf der Straße zu grüßen. Vielleicht hatte ich sogar deshalb meine amtliche Stellung gewechselt, um nicht mit ihnen zusammen sein zu müssen und plötzlich mit meiner ganzen verhaßten Kindheit zu brechen. Verflucht sei diese Schule, diese furchtbaren Jahre der Zwangsarbeit! Mit einem Wort, ich hatte mich sofort, nachdem ich ein freier Mann geworden war, von allen meinen Kameraden getrennt. Es blieben nur zwei oder drei übrig, die ich bei Begegnungen noch grüßte. Zu ihnen gehörte auch Simonow, der sich in der Schule durch nichts ausgezeichnet hatte, er war ruhig und still, aber ich entdeckte eine gewisse Unabhängigkeit des Charakters und sogar Ehrlichkeit an ihm. Ich glaube auch nicht, daß er sehr beschränkt war. Ich hatte mit ihm einige lichte Augenblicke erlebt, doch sie währten nicht lange und wurden plötzlich wie durch einen Nebel verdeckt. Diese Erinnerungen schienen ihn offenbar zu bedrücken, und er fürchtete anscheinend immer, ich könnte in den früheren Ton verfallen. Ich vermutete, daß ich ihm sehr zuwider war, aber ich ging trotzdem zu ihm, da ich nicht ganz fest davon überzeugt war.

Einmal, an einem Donnerstag, hielt ich meine Einsamkeit nicht mehr aus, und da ich wußte, daß Anton Antonowitschs Tür am Donnerstag verschlossen war, erinnerte ich mich

Simonows. Während ich zu ihm in den vierten Stock hinaufstieg, dachte ich gerade daran, daß dieser Herr sich durch mich belästigt fühlte und daß ich ganz unnötigerweise zu ihm ging. Aber weil es immer damit endete, daß derartige Betrachtungen mich – wie absichtlich – noch mehr anstachelten, mich in eine zweideutige Lage zu begeben, trat ich dennoch bei ihm ein. Es war fast ein Jahr vergangen, seit ich Simonow zum letztenmal gesehen hatte.

3

Ich traf noch zwei meiner Schulkameraden bei ihm an. Sie schienen eine wichtige Sache zu erörtern. Meinem Kommen schenkte keiner von ihnen Beachtung, was eigentlich seltsam war, da wir uns schon jahrelang nicht gesehen hatten. Sie betrachteten mich offenbar als eine Art ganz gewöhnliche Fliege. So war ich nicht einmal in der Schule behandelt worden, obwohl mich dort alle haßten. Ich begriff natürlich, daß sie mich jetzt für meinen Mißerfolg in meiner dienstlichen Laufbahn verachten mußten, und auch dafür, daß ich so arg heruntergekommen war, schlecht gekleidet ging und so weiter, was für sie als Aushängeschild meiner Unfähigkeit und meiner geringen Bedeutung erschien. Aber eine Verachtung in solchem Maße hätte ich doch nicht erwartet. Simonow war über mein Kommen sogar erstaunt. Er war auch früher immer erstaunt gewesen, wenn ich kam. Alles das befremdete mich; ich setzte mich etwas betrübt nieder und hörte ihrem Gespräch zu.

Es wurde ernst und sogar hitzig über ein Abschiedsessen gesprochen, das diese Herren am nächsten Tag gemeinsam ihrem in die Provinz abreisenden Kameraden Swerkow, einem Offizier, geben wollten. Monsieur Swerkow war die ganze Schulzeit über auch mein Klassenkamerad gewesen. Er war mir besonders in den letzten Schuljahren verhaßt geworden. In den unteren Klassen war er nur ein hübscher, lebhafter Knabe gewesen, den alle gern hatten. Ich haßte ihn übrigens auch in den unteren Klassen, und gerade deshalb, weil er ein hübscher und munterer Junge war. Er lernte immer schlechter und schlechter, je älter er wurde; trotzdem beendete er die Schule erfolgreich, weil er in besonderer Gunst stand. In seinem letzten Schuljahr fiel ihm eine Erbschaft von zweihundert Seelen zu; da wir aber fast durchweg arm waren, fing er sogar an, vor uns zu prahlen. Er war ein im höchsten Grade platter Mensch, aber trotzdem ein gutmütiger Kerl, sogar wenn er prahlte. Trotz unseren phantastischen und phrasenhaften äußerlichen Ehrbegriffen scharwenzelten bei uns alle (mit wenigen Ausnahmen) um Swerkow herum, je mehr er prahlte. Und sie umschmeichelten ihn nicht um irgendeines Vorteils willen, sondern nur weil er ein von der Natur begünstigter Mensch war. Außerdem galt Swerkow bei uns als Spezialist in allem, was gesellschaftliche Gewandtheit und feine Umgangsformen betraf. Letzteres brachte mich besonders in Harnisch. Ich haßte den schroffen, schneidenden, nie an sich selbst zweifelnden Ton seiner Stimme, die Vergötterung seiner eigenen Witze, die bei ihm stets sehr dumm herauskamen, obwohl er eine recht kecke Zunge hatte; ich haßte sein hübsches, aber dummes Gesicht (für das ich übrigens mein *kluges* mit Wonne hergegeben hätte) und das lässige Gebaren der Offiziere der vierziger Jahre. Ich haßte es, wenn er von seinen künftigen Erfolgen bei Frauen sprach (er konnte sich nicht entschließen, mit Frauen anzubändeln, solange er keine Offiziersepauletten besaß, und wartete voller Ungeduld darauf), und wie er alle Augenblicke ein Duell austragen werde. Ich erinnere mich, wie ich – der stets Schweigsame – plötzlich mit Swerkow aneinandergeriet, als er einmal in einer Freistunde mit den Kameraden über Weibergeschichten sprach; er geriet in Eifer wie ein junger Hund, der in der Sonne spielt, und erklärte plötzlich, daß er in seinem Dorf jedes einzelne Mädchen mit seiner Aufmerksamkeit beehren werde, das sei un droit de seigneur; die Bauern aber, die es wagen sollten, sich dagegen aufzulehnen, würde er alle durchprügeln lassen und diesen bärtigen Kanaillen die doppelten Steuern auferlegen. Unser Knechtsgesindel zollte ihm Beifall, ich aber bändelte mit ihm an, und zwar durchaus nicht aus Mitleid mit den Dorfschönen und ihren Vätern, sondern einfach deshalb, weil man diesem Wurm Beifall klatschte. Ich behielt die Oberhand. Swerkow war zwar dumm, aber lustig und frech und zog die Sache ins Komische, so daß ich, um die Wahrheit zu sagen, eigentlich nicht so ganz die Oberhand gewann; er hatte die Lacher auf seiner Seite. Er bezwang mich auch später noch einige Male, aber ohne Bosheit, sondern nur so, im Vorbeigehen, scherzend und lachend. Ich gab ihm erbost und verächtlich keine Antwort. Nach unserer Entlassung aus der Schule versuchte er, sich mir zu nähern; ich widersetzte mich nicht allzusehr, weil es mir schmeichelte; wir trennten uns aber bald und auf die natürlichste Weise. Dann hörte ich von seinen Kasernen- und Leutnantserfolgen, und wie er bummelte. Dann tauchten andere Gerüchte auf, wie erfolgreich er im Dienst sei. Er grüßte mich nicht mehr auf der Straße, und ich hegte den Verdacht, daß er sich bloßzustellen fürchtete, wenn er eine so unbedeutende Persönlichkeit wie mich grüßte. Ich hatte ihn auch einmal im dritten Rang des Theaters gesehen, als er schon die Achselschnüre trug. Er scharwenzelte und dienerte vor den Töchtern eines alten Generals. In den drei Jahren hatte er recht verloren, obwohl er beinahe noch ebenso hübsch und gewandt war wie früher: er war aufgedunsen, begann Fett anzusetzen; man konnte voraussehen, daß er mit dreißig Jahren sehr beleibt sein würde. Also diesem Swerkow, der sich nun endlich davonmachte, wollten die Kameraden ein Abschiedsessen geben. Sie hatten in diesen drei Jahren unausgesetzt mit ihm verkehrt, obwohl sie sich innerlich nicht als gesellschaftlich gleichwertig betrachteten, davon bin ich überzeugt.

Einer von Simonows Gästen war Ferfitschkin, ein verrußter Deutscher; er war klein von Wuchs, hatte ein Affengesicht, war ein Dummkopf, der sich über alles lustig machte, und mein ärgster Feind schon von den untersten Klassen an – ein gemeiner, frecher Prahlhans, der das kitzligste Ehrgefühl herauskehrte und in innerster Seele natürlich ein Feigling war. Er war einer von jenen Verehrern Swerkows, die aus eigennützigen Absichten mit ihm schöntaten und oft bei ihm Geld borgten. Der zweite Gast war ein Offizier namens Trudoljubow, eine wenig bemerkenswerte Persönlichkeit, ein strammer Kerl von großem Wuchs mit einem kalten Gesicht, ein im ganzen wohl ehrlicher Mensch, der sich aber vor jedem Erfolg beugte und nur fähig war, über Beförderungen zu sprechen. Er war ein entfernter Verwandter Swerkows, und das verlieh ihm, so dumm es auch klingt, eine gewisse Bedeutung in unserem Kreis. Mich betrachtete er beharrlich als Null; er behandelte mich zwar nicht allzu höflich, aber erträglich.

»Nun, wenn man sieben Rubel festsetzt«, begann Trudoljubow, »und wir zu dritt sind, so macht das einundzwanzig Rubel – da kann man ganz gut essen. Swerkow zahlt natürlich nichts.«

»Das ist doch selbstverständlich, wenn wir ihn einladen«, entschied Simonow.

»Glauben Sie denn wirklich«, mischte sich Ferfitschkin aufgeblasen und hitzig ein wie ein frecher Lakai, der mit den Ordenssternen seines Herrn, des Generals, prahlt, »glauben Sie denn wirklich, daß Swerkow uns allein zahlen lassen wird? Er wird es aus Zartgefühl annehmen, aber dafür von sich aus ein *halbes Dutzend* bestellen.«

»Nun, wie sollten wir denn zu viert ein halbes Dutzend kleinkriegen?« bemerkte Trudoljubow, der seine Aufmerksamkeit nur dem halben Dutzend widmete.

»Also, wir sind unser drei, mit Swerkow vier, einundzwanzig Rubel, im Hôtel de Paris, morgen um fünf Uhr«, beschloß Simonow, der zum Anordner erkoren war.

»Wieso denn einundzwanzig?« sagte ich mit einiger Erregung, sogar scheinbar beleidigt. »Wenn Sie mich mitrechnen, sind es nicht einundzwanzig, sondern achtundzwanzig Rubel.«

Ich glaubte, es würde ganz besonders schön sein, wenn ich mich so plötzlich und unerwartet anböte, und alle würden mit einem Schlag besiegt sein und mich mit Ehrfurcht betrachten.

»Wollen Sie denn auch mitmachen?« bemerkte Simonow mißvergnügt und vermied es, mich anzusehen. Er kannte mich in- und auswendig.

Und das machte mich rasend.

»Warum denn nicht? Ich bin doch scheint's auch ein Kamerad und muß gestehen, daß es mich kränkt, daß man mich übergangen hat«, sprudelte ich hervor.

»Wo hätten wir Sie denn ausfindig machen sollen?« sagte Ferfitschkin grob.

»Sie haben sich niemals mit Swerkow vertragen«, fügte Trudoljubow stirnrunzelnd hinzu. Aber ich hatte mich schon festgerannt und ließ nicht locker.

»Ich glaube, daß niemand das Recht hat, darüber zu urteilen«, entgegnete ich mit zitternder Stimme, als ob Gott weiß was vorgefallen wäre. »Vielleicht will ich es eben deshalb gerade jetzt, weil wir uns früher nicht vertragen haben.«

»Nun, wer kann Sie verstehen ... diese erhabenen Gedanken ...« lachte Trudoljubow.

»Sie werden eingeschrieben«, beschloß Simonow, sich an mich wendend, »also morgen um fünf Uhr im Hôtel de Paris; irren Sie sich nicht.«

»Aber das Geld!« begann Ferfitschkin halblaut zu Simonow, durch ein Kopfnicken auf mich weisend, doch er stockte sofort, weil sogar Simonow verlegen geworden war.

»Genug. Lassen wir's gut sein«, sagte Trudoljubow aufstehend. »Wenn er schon so große Lust verspürt, mag er kommen.«

»Aber wir sind doch nur unter uns, in unserem Freundeskreis«, erboste sich Ferfitschkin und nahm seinen Hut in die Hand. »Das ist keine öffentliche Versammlung.«

»Vielleicht wollen wir Sie gar nicht dabei haben . . .«

Sie gingen; Ferfitschkin grüßte mich beim Fortgehen überhaupt nicht, Trudoljubow nickte kaum mit dem Kopf, ohne mich anzusehen. Simonow, mit dem ich unter vier Augen blieb, bekundete ein gewisses ärgerliches Staunen und sah mich seltsam an. Er setzte sich nicht und forderte auch mich nicht zum Sitzen auf.

»Hm . . . ja . . . also morgen. Werden Sie mir das Geld gleich geben? Es ist nur, damit ich es bestimmt weiß«, murmelte er verlegen.

Ich fuhr auf, aber zugleich fiel mir ein, daß ich Simonow seit undenklichen Zeiten fünfzehn Rubel schuldete, was ich übrigens niemals vergessen hatte; aber ich hatte sie ihm auch niemals wiedergegeben.

»Sie müssen doch selbst zugeben, Simonow, daß ich es nicht wissen konnte, als ich hierherkam . . . Und es ist mir sehr unangenehm, daß ich vergessen habe . . .«

»Gut, gut, das ist ja gleich. Sie können dann morgen beim Mittagessen bezahlen. Ich wollte ja nur, um zu wissen . . . Ich bitte Sie . . .«

Er stockte wieder und ging mit noch ärgerlicherer Miene im Zimmer auf und ab. Beim Gehen stellte er sich auf die Absätze und trampelte dadurch noch stärker.

»Halte ich Sie auch nicht auf?« fragte ich nach einem minutenlangen Schweigen.

»O nein!« raffte er sich plötzlich zusammen, »das heißt, um die Wahrheit zu sagen – ja. Sehen Sie, ich muß da einmal vorsprechen . . . Nicht weit von hier . . .« fügte er entschuldigend und etwas beschämt hinzu.

»Ach, mein Gott! Warum sagen Sie das denn nicht?« rief ich, meine Mütze ergreifend, übrigens mit erstaunlich unbefangener Miene, die mir weiß Gott woher zugeflogen war.

»Es ist ja nicht weit . . . Zwei Schritt von hier . . .« wiederholte Simonow und begleitete mich mit einer geschäftigen Miene, die ihm gar nicht stand, bis in das Vorzimmer. »Also morgen, pünktlich um fünf Uhr!« rief er mir auf der Treppe nach; er war wohl sehr zufrieden, daß ich fortging. Ich aber war in Wut.

»Es hat mich doch gerissen, geradezu gerissen, mich ihnen aufzudrängen!« knirschte ich, auf der Straße dahinschreitend. »Und wegen Swerkows, wegen eines so gemeinen Kerls, so eines Ferkels. Natürlich darf ich nicht hinfahren; selbstverständlich spucke ich darauf! Bin ich denn durch irgend etwas gebunden? Ich werde Simonow morgen durch die Stadtpost benachrichtigen ...«

Aber ich war ja gerade deshalb so in Wut, weil ich genau wußte, daß ich hinfahren würde, absichtlich hinfahren würde; und je taktloser, je unanständiger mein Erscheinen sein würde, desto eher würde ich hinfahren.

Und ich hatte doch einen sehr guten Grund, nicht hinzugehen, ich hatte kein Geld. Ich besaß im ganzen neun Rubel. Davon mußte ich morgen meinem Diener Apollon, der für sieben Rubel mit eigener Beköstigung bei mir diente, das Monatsgehalt bezahlen.

Und es war ganz unmöglich, dieses Geld nicht zu zahlen, wenn man Apollons Charakter in Betracht zog. Aber von dieser Kanaille, von dieser Pestbeule werde ich später einmal erzählen.

Übrigens wußte ich ja, daß ich ihm das Geld doch nicht geben und unbedingt hingehen würde.

In dieser Nacht hatte ich die widerwärtigsten Träume. Das war auch nicht verwunderlich: den ganzen Abend quälten mich Erinnerungen an die Fronjahre meines Schullebens, und ich konnte sie nicht loswerden. Meine entfernten Verwandten hatten mich in diese Schule gesteckt, ich hing von ihnen ab, und ich habe seit jener Zeit nie wieder von ihnen gehört – sie hatten mich da als Waise hineingesteckt, als ich durch ihre Vorwürfe schon eingeschüchtert war, als ich schon zu grübeln begann und schweigend, scheu auf alles um mich herum blickte. Die Mitschüler empfingen mich mit boshaftem und erbarmungslosem Spott, weil ich keinem von ihnen ähnlich war. Ich aber konnte keinen Spott vertragen; ich konnte mich nicht so leicht einleben, wie sie sich miteinander einlebten. Ich begann sie sofort zu hassen und verschloß mich vor allen; ich hüllte mich in einen ängstlichen, verletzten und übermäßigen

Stolz. Ihre Roheit empörte mich. Sie lachten schamlos über mein Gesicht und meine plumpe Gestalt; aber was für dumme Gesichter hatten sie selber! In unserer Schule verdummte überhaupt der Gesichtsausdruck und artete ganz eigentümlich aus. Wie viele schöne Kinder traten zu uns ein, und schon nach einigen Jahren war es einem zuwider, sie anzusehen. Schon mit sechzehn Jahren staunte ich sie verdrießlich an; mich verblüffte schon damals die Kleinlichkeit ihrer Gedanken, die Albernheit ihrer Beschäftigung, ihrer Spiele und Gespräche. Sie begriffen die notwendigsten Dinge nicht, interessierten sich nicht für die gewaltigsten und die erstaunlichsten Gegenstände, so daß ich sie unwillkürlich niedriger als mich selbst einschätzte. Es war nicht gekränkte Eitelkeit, die mich dazu trieb, und – um Gottes willen – kommen Sie mir nicht mit solchen bis zum Überdruß abgedroschenen Gemeinplätzen: daß ich nur träumte, sie das wirkliche Leben aber schon damals begriffen hätten. Gar nichts begriffen sie, nichts vom wirklichen Leben, und, ich schwöre es! gerade das empörte mich bei ihnen am allermeisten. Sie hatten im Gegenteil eine phantastisch-dumme Auffassung von der offenkundigsten, augenfälligsten Wirklichkeit und gewöhnten sich schon damals daran, sich nur vor dem Erfolg zu verbeugen. Alles, was gerecht, aber erniedrigt und verfolgt war, wurde von ihnen hartherzig und verächtlich verlacht. Sie setzten den Rang an die Stelle des Verstandes; mit sechzehn Jahren sprachen sie schon von warmen Plätzchen. Natürlich geschah vieles aus Dummheit und infolge schlechter Beispiele, die sie in ihrer Kindheit und Jünglingszeit unausgesetzt vor Augen hatten. Sie waren verderbt bis zur Ungeheuerlichkeit. Selbstverständlich war hier viel äußerliche, geheuchelte Schamlosigkeit; selbst durch ihre Verderbtheit schimmerte noch Jugend und eine gewisse Frische hindurch; aber auch die Frische in ihnen war nicht anziehend und äußerte sich nur in einer gewissen Verlotterung. Ich haßte sie, obwohl ich womöglich noch schlechter war als sie. Sie zahlten mir mit gleicher Münze heim und verbargen den Ekel, den sie gegen mich empfanden, nicht. Aber ich wünschte ihre Liebe nicht mehr; im Gegenteil, ich dürstete nur noch danach, sie zu demütigen. Um mich vor ihrem Spott zu schützen, begann ich absichtlich recht gut zu lernen und geriet in die Reihe der ersten Schüler. Das machte Eindruck auf sie. Zudem fingen sie allmählich an zu merken, daß ich bereits Bücher las, die sie nicht lesen konnten, und daß ich Dinge wußte, die nicht im Bereich unseres speziellen Lehrgangs lagen und von denen sie noch nie etwas gehört hatten. Sie betrachteten dies alles roh und spöttisch, ordneten sich aber moralisch unter, um so mehr, als selbst die Lehrer aus diesem Anlaß ihre Aufmerksamkeit auf mich lenkten. Der Spott hörte auf, aber eine Feindseligkeit blieb zurück, und es entstanden kalte, gespannte Beziehungen zwischen uns. Schließlich hielt ich es selbst nicht aus; mit den Jahren entwickelte sich das Bedürfnis nach Menschen, nach Freunden. Ich versuchte, mich einigen von ihnen zu nähern; aber eine solche Annäherung war immer unnatürlich und hörte ganz von selbst wieder auf. Einmal hatte ich sogar so etwas wie einen Freund. Aber ich war in meiner Seele bereits ein Despot; ich wollte unbegrenzt über seine Seele herrschen, ich wollte ihm Verachtung gegen die ihn umgebende Mitwelt einflößen; ich verlangte von ihm einen hochfahrenden und endgültigen Bruch mit seiner Umgebung. Ich erschreckte ihn durch meine leidenschaftliche Freundschaft; ich brachte ihn bis zu Tränen, bis zu Krämpfen; er war eine naive und hingebungsvolle Seele; aber als er sich mir ganz hingegeben hatte, begann ich ihn sofort zu hassen und stieß ihn von mir weg – als ob ich ihn nur gebraucht hätte, um einen Sieg über ihn davonzutragen und ihn zu unterwerfen. Aber ich konnte nicht alle besiegen; mein Freund sah auch keinem von ihnen ähnlich und stellte die seltenste Ausnahme dar. Meine erste Tat nach dem Verlassen der Schule war, den Beruf, für den ich bestimmt war, aufzugeben, um alle Bande zu zerreißen, das Vergangene zu verfluchen und Asche drüber zu streuen ... Und weiß der Teufel, warum ich nach alledem zu diesem Simonow trotten mußte ...

Am Morgen riß es mich früh aus dem Bett, ich sprang erregt auf, als ob dies alles jetzt sofort vor sich gehen sollte. Aber ich glaubte, daß heute irgendein durchgreifender Umschwung in meinem Leben eintreten müsse. War es vielleicht, weil ich mich nie an die Wirklichkeit gewöhnen konnte – genug, mein ganzes Leben lang glaubte ich bei jedem äußeren, noch so geringen Ereignis, daß jetzt gleich, auf der Stelle, ein durchgreifender Umschwung in meinem Leben eintreten würde.

Ich ging übrigens wie gewöhnlich ins Amt, entschlüpfte aber zwei Stunden früher, um mich zurechtzumachen. Die Hauptsache ist, dachte ich, daß ich nicht als erster erscheine, sonst denken sie, daß ich mich allzusehr freue. Aber es gab tausend solcher Hauptsachen, und sie regten mich alle bis zur Erschöpfung auf. Ich putzte meine Stiefel noch einmal eigenhändig; Apollon hätte sie für nichts in der Welt zweimal an einem Tag geputzt, weil das seiner Ansicht nach nicht in der Ordnung gewesen wäre. Ich stahl die Bürste aus dem Vorzimmer, um meine Stiefel zu putzen, damit er es nicht bemerkte und mich hinterdrein nicht verachtete. Dann unterzog ich meine Kleider einer genauen Prüfung und fand, daß alles alt, abgeschabt und abgetragen war. Ich war schon recht heruntergekommen. Mein Uniformrock war zwar noch in Ordnung, aber ich konnte doch nicht in Uniform zum Mittagessen kommen. Vor allem prangte auf der Hose, gerade am Knie, ein riesiger gelber Fleck. Ich fühlte im voraus, daß mir dieser Fleck allein neun Zehntel meiner Würde rauben mußte. Ich wußte auch, daß es sehr niedrig war, so zu denken. Doch jetzt geht es nicht ums Denken, jetzt beginnt die Wirklichkeit, dachte ich und fühlte meinen Mut sinken. Ich wußte auch sehr gut, daß ich alle diese Tatsachen ungeheuer übertrieb; doch was tun; ich war nicht mehr imstande, mich zu beherrschen, und Fieberschauer durchrieselten mich. Voller Verzweiflung stellte ich mir vor, wie dieser »gemeine Kerl«, dieser Swerkow, mich kalt und von oben herab begrüßen würde; mit welch einer stumpfen, durch nichts abzuwendenden Verachtung dieser Dummkopf Trudoljubow mich ansehen, wie der Wurm Ferfitschkin gemein und frech über mich kichern würde, um Swerkow zu Gefallen zu sein; wie ausgezeichnet Simonow dies alles im Innersten verstehen und mich für meine niedrige Eitelkeit und Mutlosigkeit verachten würde und – dies war die Hauptsache – wie jämmerlich, unliterarisch und alltäglich das alles sein würde. Das beste wäre natürlich gewesen, überhaupt nicht hinzugehen. Doch das war das Allerunmöglichste. Wenn es mich einmal irgendwohin zog, zog es mich mit Hals und Kopf hin. Ich hätte mich sonst mein Leben lang selbst aufgezogen. Nun, wie ist's? hast den Schwanz eingeklemmt, hast ihn eingeklemmt, vor der *Wirklichkeit* eingeklemmt? Im Gegenteil, ich wollte diesem ganzen Lumpenpack beweisen, daß ich durchaus kein solcher Feigling war, wie ich es mir selber dachte. Nicht genug: in dem stärksten Anfall fiebernder Feigheit träumte ich davon, die Oberhand zu gewinnen, zu siegen, sie mit fortzureißen, sie zu zwingen, mich zu lieben – wenn auch nur für die »Erhabenheit des Denkens und den unbestreitbaren Witz«. Sie würden Swerkow im Stich lassen, er würde unbeachtet dasitzen, schweigen und sich schämen; und ich würde ihn vernichten! Späterhin würde ich mich vielleicht mit ihm versöhnen und Brüderschaft trinken! Aber was das Schlimmste und Kränkendste für mich war – ich wußte schon damals, wußte genau und bestimmt, daß ich dies alles eigentlich gar nicht brauchte, daß ich im Grunde genommen durchaus nicht wünschte, sie zu zerschmettern, zu unterwerfen, zu gewinnen, und daß ich als erster für dieses ganze Ergebnis, wenn ich ein solches erzielen sollte, keinen Groschen gegeben hätte. Oh, wie flehte ich Gott an, daß dieser Tag schneller zu Ende gehen möge! In unaussprechlicher Seelenangst ging ich zum Fenster, öffnete die Klappe und sah in die nebligen Wirbel des dicht fallenden nassen Schnees hinaus ...

Endlich zischte meine elende kleine Wanduhr fünfmal. Ich ergriff meine Mütze, gab mir Mühe, Apollon nicht anzusehen, der schon seit dem Morgen auf sein Gehalt wartete, aber zu dumm war, selbst danach zu fragen – und schlüpfte an ihm vorbei zur Tür hinaus, nahm mir absichtlich für meine letzten fünfzig Kopeken einen Schlitten erster Klasse und fuhr als ein feiner Herr vor dem Hôtel de Paris vor.

4

Ich hatte schon am Abend vorher gewußt, daß ich als erster ankommen würde. Aber hier handelte es sich nicht um den Vorrang.

Von ihnen war überhaupt noch keiner da, und ich konnte nur mit Mühe unser Zimmer auffinden. Der Tisch war noch nicht einmal fertig gedeckt. Was sollte das bedeuten? Nach langem Herumfragen erfuhr ich endlich von den Bediensteten, daß das Essen nicht für fünf, sondern für sechs Uhr bestellt war. Das wurde mir auch am Büfett bestätigt. Es war sogar beschämend, danach zu fragen. Es war erst fünf Minuten vor halb sechs. Wenn sie den Zeitpunkt für das Mittagessen auf eine andere Stunde verlegt hatten, so hätten sie mich doch in jedem Fall benachrichtigen müssen, dafür war die Stadtpost da; aber sie durften mich nicht der »Schande« preisgeben, nicht vor mir selbst ... und nicht vor der Dienerschaft. Ich setzte mich. Der Kellner fing an, den Tisch zu decken; in seiner Gegenwart fühlte ich mich noch gekränkter. Gegen sechs Uhr wurden zu den Lampen, die im Zimmer brannten, noch Kerzen hereingebracht. Der Kellner hatte allerdings nicht daran gedacht, sie gleich nach meiner Ankunft hereinzubringen. Im Nebenzimmer speisten an verschiedenen Tischen zwei düstere Besucher, die zornig aussahen und schwiegen. In einem entfernter liegenden Zimmer ging es sehr laut zu, es wurde sogar geschrien; man hörte das Gelächter einer ganzen Menschenschar und zuweilen ein widerliches französisches Kreischen; es war ein Diner mit Damen. Mit einem Wort, es war sehr ekelhaft. Selten habe ich abscheulichere Minuten durchlebt, so daß ich, als sie Punkt sechs alle miteinander erschienen, mich im ersten Augenblick über sie freute wie über meine Befreier und beinahe vergaß, daß ich verpflichtet war, den Gekränkten zu spielen.

Swerkow kam als erster herein, anscheinend als Führer. Er und alle anderen lachten; als Swerkow mich aber erblickte, setzte er eine wichtige Miene auf, kam ohne Hast auf mich zu, beugte sich wie kokettierend leicht vor, reichte mir freundlich die Hand, aber doch nicht zu freundlich, mit einer vorsichtigen, beinahe generalsmäßigen Höflichkeit, als ob er sich beim Handreichen vor etwas in acht nehmen müßte. Ich hatte im Gegenteil erwartet, daß er gleich nach seinem Eintritt zu lachen anfangen werde, sein dummes, kreischendes Lachen von früher, und beim ersten Wort auf seine flachen Scherze und Witze verfallen werde. Auf diese hatte ich mich seit dem gestrigen Abend gefaßt gemacht, aber keinesfalls eine solche Behandlung von oben herab, eine so gönnerhafte Freundlichkeit erwartet. Also glaubte er jetzt wohl, mir in jeder Beziehung unermeßlich überlegen zu sein? Wenn er mich durch diesen Generalston nur beleidigen will, macht es nichts, dachte ich; ich werde es ihm schon irgendwie heimzahlen. Wie aber, wenn der Gedanke, daß er unermeßlich höher stehe als ich und er mich nicht anders als mit Gönnermiene betrachten könne, tatsächlich schon, ohne jede Absicht, mich zu beleidigen, in seinem Schafskopf Platz gegriffen hatte? Die bloße Vermutung ließ meinen Atem stocken.

»Ich hörte mit Verwunderung von Ihrem Wunsch, sich an unserem Fest zu beteiligen«, begann er zischend und lispelnd und die Worte dehnend, was er früher nicht getan hatte. »Wir sind einander lange nicht mehr begegnet. Sie haben uns gemieden. Das war unrecht. Wir sind durchaus nicht so schrecklich, wie es Ihnen scheint. Nun, auf jeden Fall freu–e ich mich, den Ver–kehr von neu–em . . .«

Und er wandte sich nachlässig ab, um seinen Hut auf das Fensterbrett zu legen.

»Warten Sie schon lange?« fragte Trudoljubow.

»Ich bin Punkt fünf Uhr gekommen, wie es gestern bestimmt wurde«, antwortete ich laut und gereizt, was einen nahen Ausbruch erwarten ließ.

»Hast du ihn denn nicht wissen lassen, daß die Zeit geändert worden ist?« wandte sich Trudoljubow an Simonow.

»Nein, ich hatte es leider vergessen«, antwortete dieser, aber ohne jede Reue; er entschuldigte sich nicht einmal bei mir und ging fort, um wegen der Vorspeise Anordnungen zu treffen.

»So sind Sie schon eine ganze Stunde lang hier, ach, Sie Ärmster!« rief Swerkow spöttisch, denn nach seinen Begriffen mußte das tatsächlich sehr komisch sein. Nach ihm brach Ferfitschkin, dieser Lump, mit seinem gemeinen, kläffenden Stimmchen, das an ein Hündchen erinnerte, in lautes Lachen aus. Auch ihm kam meine Lage sehr komisch und peinlich vor.

»Das ist durchaus nicht lächerlich!« schrie ich immer gereizter Ferfitschkin an. »Die anderen sind schuld daran, nicht ich. Man hat es für überflüssig gehalten, mich zu benachrichtigen. Das . . . das . . . das . . . ist einfach albern.«

»Das ist nicht nur albern, sondern noch etwas anderes«, brummte Trudoljubow, mich naiv verteidigend. »Sie sind zu mild, es ist einfach unhöflich. Natürlich war es nicht Absicht. Und wie konnte nur Simonow . . . Hm!«

»Wenn man mir so mitgespielt hätte«, bemerkte Ferfitschkin, »hätte ich . . .«

»Ja, hätten Sie sich doch irgend etwas geben lassen«, unterbrach ihn Swerkow, »oder hätten Sie ganz einfach befohlen, Ihnen das Essen zu bringen, ohne auf uns zu warten.«

»Geben Sie zu, daß ich das ohne jegliche Erlaubnis hätte tun können«, schnitt ich ihm das Wort ab. »Wenn ich gewartet habe, so . . .«

»Setzen wir uns, meine Herren!« schrie der eintretende Simonow. »Es ist alles fertig; für den Sekt übernehme ich die Verantwortung, er ist vorzüglich eisgekühlt . . . Ich weiß nicht, wo Sie wohnen, wo hätte ich Sie denn suchen sollen?« wandte er sich plötzlich an mich, sah mich aber wieder nicht an. Offenbar hatte er etwas gegen mich. Wahrscheinlich war ihm nach dem gestrigen Tag etwas eingefallen.

Alle setzten sich; auch ich setzte mich. Der Tisch war rund. Zu meiner Linken saß Trudoljubow, zur rechten Simonow. Swerkow saß gegenüber; Ferfitschkin neben ihm, zwischen ihm und Trudoljubow.

»Sa–a–agen Sie, Sie ... sind im Departement?« fuhr Swerkow fort, sich mit mir zu beschäftigen. Da er sah, daß ich verlegen war, glaubte er ernstlich, daß er mich freundlich behandeln und mir sozusagen Mut machen müsse.

Was will er denn von mir? Soll ich ihm vielleicht die Flasche an den Kopf werfen? dachte ich wütend. Meine Gereiztheit wuchs schnell, weil ich der Lage nicht gewachsen war.

»In der ... Kanzlei«, antwortete ich kurz und blickte auf meinen Teller.

»Und ... ist das vorteilhaft für Sie? Sa–agen Sie, was hat Sie bewogen, ihre frühere Stellung aufzugeben?«

»Eben das hat mich bewo–o–ogen, daß ich diese Stellung aufgeben wollte«, dehnte ich die Worte noch dreimal so lang, weil ich mich kaum noch beherrschen konnte. Ferfitschkin prustete. Simonow sah mich höhnisch an. Trudoljubow hielt im Essen inne und betrachtete mich neugierig.

Swerkow wurmte es, aber er wollte nicht, daß man es merkte.

»Nu–un, und wie steht's mit den Einkünften?«

»Was für Einkünfte?«

»Ich meine das Gehalt.«

»Sie wollen mich wohl ausfragen!«

Übrigens nannte ich das Gehalt, das ich bekam. Ich wurde sehr rot.

»Das ist nicht gerade sehr üppig«, bemerkte Swerkow wichtig.

»Ja, damit kann man nicht in Café-Restaurants dinieren«, fügte Ferfitschkin unverschämt hinzu.

»Meiner Meinung nach ist das geradezu armselig«, bemerkte Trudoljubow ernst.

»Und wie mager Sie geworden sind, wie Sie sich verändert haben ... seit jener Zeit ...« fügte Swerkow nicht mehr ohne Giftigkeit hinzu und betrachtete mich und meinen Anzug mit unverschämtem Mitleid.

»So laßt doch, ihr bringt ihn in Verlegenheit«, rief Ferfitschkin kichernd.

»Geehrter Herr, merken Sie sich's, ich werde nicht verlegen«, brach ich endlich aus. »Hören Sie! Ich speise hier im ‚Café-Restaurant' für mein Geld, für mein eigenes, nicht für fremdes, merken Sie sich das, Monsieur Ferfitschkin.«

»Wi–ie? Wer speist denn hier nicht für sein eigenes Geld? Sie scheinen ja ...« fuhr Ferfitschkin auf. Er war rot wie ein Krebs und sah mir wütend in die Augen.

»So–o«, antwortete ich und fühlte, daß ich zu weit gegangen war, »ich glaube, es wäre besser, wenn wir ein geistreicheres Gespräch führten.«

»Sie beabsichtigen wohl, Ihren Geist leuchten zu lassen?«

»Seien Sie unbesorgt, das wäre hier völlig überflüssig.«

»Mein Herr, Sie sind wohl ins Gackern geraten – was? Sind Sie nicht vielleicht schon verrückt geworden in Ihrem *Lepartemang*?«

»Genug, Herrschaften, genug!« schrie der allmächtige Swerkow.

»Wie dumm das ist!« brummte Simonow.

»Es ist wirklich dumm, wie wollen hier gemütlich beisammen sein, um unserem guten Freund das Geleit zu geben, und Sie streiten«, sagte Trudoljubow, sich grob an mich allein wendend. »Sie haben sich uns gestern selbst aufgedrängt, also stören Sie die allgemeine Eintracht nicht ...«

»Genug, genug!« schrie Swerkow. »Hört auf, Herrschaften, das geht doch nicht. Ich werde euch lieber erzählen, wie ich vor drei Tagen beinahe geheiratet hätte ...«

Und es begann eine gemeine Geschichte, wie dieser Herr vor drei Tagen beinahe geheiratet hätte. Von der Heirat wurde übrigens kein Wort gesagt, doch kamen in der Geschichte fortwährend Generale, Obersten und sogar Kammerjunker vor, und Swerkow schien immer an ihrer Spitze zu stehen. Ein beifälliges Lachen ertönte; Ferfitschkin quietschte sogar.

Alle hatten sich von mir abgewandt, und ich saß zermalmt und gedemütigt da.

Mein Gott, ist denn das eine Gesellschaft für mich? dachte ich. Und als was für einen Esel habe ich mich selber vor ihnen aufgespielt. Ich habe Ferfitschkin allerdings zuviel erlaubt. Diese Tölpel glaubten, mir eine Ehre zu erweisen, wenn sie mir einen Platz an ihrem Tisch einräumten, dabei begreifen sie nicht, daß ich es bin, ich, der ihnen eine Ehre erweist, aber nicht sie mir. ‚Abgemagert! Der Anzug!' Oh, die verfluchte

Hose. Swerkow hat sofort den gelben Fleck am Knie bemerkt ... Ach was! Jetzt gleich, in diesem Augenblick, vom Tisch aufstehen, den Hut nehmen und einfach fortgehen, ohne ein Wort zu sagen ... Aus Verachtung. Und morgen meinetwegen zum Zweikampf. Die gemeinen Kerle. Mir geht's doch nicht um die sieben Rubel. Am Ende werden sie denken ... Hol's der Teufel! Die sieben Rubel tun mir nicht leid. Ich gehe sofort.

Selbstverständlich blieb ich.

Vor Kummer trank ich glasweise Lafitte und Sherry. Da ich nicht daran gewöhnt war, wurde ich schnell berauscht, und mit dem Rausch wuchs mein Ärger. Ich hatte plötzlich Lust, alle auf die frechste Art und Weise zu beleidigen und dann fortzugehen. Ich wollte einen günstigen Augenblick abpassen, um mich zu zeigen; mochten sie sagen: Er ist zwar lächerlich, aber gescheit ... und ... und ... mit einem Wort, der Teufel soll sie holen!

Ich ließ meine trübe gewordenen Augen frech über sie alle hinwegschweifen. Aber sie schienen mich bereits völlig vergessen zu haben. Bei ihnen ging es laut und schreiend lustig zu. Swerkow sprach ohne Unterlaß. Ich horchte auf. Swerkow erzählte von einer üppigen Dame, der er endlich doch noch ein Geständnis abgerungen hatte (natürlich log er wie gedruckt) und daß ihm bei dieser Angelegenheit sein vertrauter Freund, irgendein Fürstlein, ein Husar Kolja, der dreitausend Seelen besaß, behilflich gewesen sei.

»Und trotz alledem ist dieser Kolja, der dreitausend Seelen besitzt, nicht hier, um Ihnen das Geleit zu geben«, mischte ich mich plötzlich in das Gespräch.

Alle verstummten für einen Augenblick.

»Sie sind schon jetzt betrunken«, ließ sich Trudoljubow endlich herab zu bemerken, wobei er verächtlich zu mir herüberschielte. Swerkow betrachtete mich schweigend, wie man einen Käfer betrachtet. Ich senkte die Augen. Simonow machte sich schnell daran, Sekt einzugießen.

Trudoljubow erhob sein Glas, die anderen folgten alle seinem Beispiel, ich nicht.

»Auf deine Gesundheit und glückliche Reise!« rief er Swerkow zu. »Auf die verflossenen Jahre, meine Herrschaften, und auf unsere Zukunft, hurra!«

Alle leerten ihre Gläser und küßten sich mit Swerkow. Ich rührte mich nicht; das volle Glas stand unberührt vor mir.

»Werden Sie denn nicht trinken?« brüllte mich Trudoljubow an, der die Geduld verloren hatte und mich drohend ansah.

»Ich will erst von mir aus eine Rede halten, eine Rede eigener Art ... und dann werde ich trinken, Herr Trudoljubow.«

»Widerlicher Bosnickel!« murmelte Simonow.

Ich richtete mich gerade auf und ergriff fiebernd mein Kelchglas; ich bereitete mich auf etwas Ungewöhnliches vor, obwohl ich selber noch nicht wußte, was ich sagen würde.

»Silence!« rief Ferfitschkin. »Jetzt werden wir mal Geist blitzen sehen.«

Swerkow wartete; er war ganz ernst geworden, denn er begriff, worum es ging.

»Herr Leutnant Swerkow«, begann ich, »Sie müssen wissen, daß ich Phrasen, Phrasendrescher und geschnürte Taillen hasse ... Das ist der erste Punkt, und ihm folgt der zweite.«

Alle gerieten in heftige Bewegung.

»Der zweite Punkt: Ich hasse das Weibliche und die Weiberjäger; besonders aber die Weiberjäger. Der dritte Punkt: Ich liebe die Wahrheit, Aufrichtigkeit und Ehrlichkeit«, fuhr ich beinahe mechanisch fort, und mir wurde selbst vor Entsetzen eiskalt, weil ich gar nicht begriff, wie ich so sprechen konnte. »Ich liebe das Denken, Monsieur Swerkow; ich liebe echte Freundschaft, auf gleichem Fuß, aber nicht ... hm ... Ich liebe ... Übrigens, wozu das alles? Auch ich trinke auf Ihre Gesundheit, Monsieur Swerkow. Berücken Sie die Tscherkessenweiber, schießen Sie die Feinde des Vaterlandes nieder und ... und ... Auf Ihre Gesundheit, Monsieur Swerkow!«

Swerkow erhob sich von seinem Stuhl, verbeugte sich vor mir und sagte: »Ich bin Ihnen sehr dankbar.«

Er war furchtbar beleidigt und war sogar blaß geworden.

»Hol's der Teufel!« brüllte Trudoljubow und schlug mit der Faust auf den Tisch.

»Nein, für so etwas müßte man ihm die Schnauze einschlagen!« quietschte Ferfitschkin.

»Man muß ihn hinausschmeißen!« brummte Simonow.

»Kein Wort, meine Herrschaften, nicht eine Bewegung!« rief Swerkow feierlich, indem er die allgemeine Entrüstung zurückhielt. »Ich danke euch allen, aber ich werde schon selbst Gelegenheit finden, ihm zu zeigen, wie ich seine Worte einschätze.«

»Herr Ferfitschkin, morgen werden Sie mir für Ihre soeben ausgesprochenen Worte Genugtuung geben«, sagte ich laut und wandte mich mit wichtiger Miene an Ferfitschkin.

»Das heißt: ein Duell? Mit Vergnügen«, antwortete er, aber wahrscheinlich sah ich bei meiner Herausforderung so komisch aus, und sie paßte so wenig zu meiner Figur, daß alle, auch Ferfitschkin, sich vor Lachen kugelten.

»Ja, natürlich, laßt ihn gehen! Er ist ja betrunken«, sagte Trudoljubow angewidert.

»Ich werde es mir nie verzeihen, daß ich ihn mitgenommen habe«, brummte Simonow wieder.

Jetzt ist der geeignete Augenblick da, um Ihnen allen die Flasche an die Köpfe zu werfen, dachte ich; ich ergriff die Flasche und ... schenkte mir ein volles Glas ein.

Nein, es ist besser, bis zum Ende sitzen zu bleiben, dachte ich weiter. Ihr würdet euch freuen, meine Herrschaften, wenn ich fortginge. Um nichts in der Welt! Ich werde absichtlich hier sitzen und bis zu Ende mittrinken, zum Zeichen, daß ich euch nicht die geringste Bedeutung beimesse. Ich werde hier sitzen und trinken, weil hier eine Kneipe ist und ich Geld für den Eintritt bezahlt habe. Ich werde sitzen und trinken, weil ich euch für Spielsteine halte, für nicht vorhandene Spielsteine. Ich werde sitzen und trinken und singen, wenn ich Lust dazu verspüre, ja, und singen ... hm!

Aber ich sang nicht. Ich gab mir nur Mühe, keinen von ihnen anzusehen; ich nahm die ungezwungensten Stellungen an und wartete voller Ungeduld darauf, daß sie selbst zuerst anfangen würden, mit mir zu sprechen. Aber ach, sie fingen nicht an. Und wie sehr, wie sehr wünschte ich in diesem Augenblick, mich mit ihnen zu versöhnen. Es schlug acht Uhr, endlich neun Uhr. Sie standen vom Tisch auf und gingen zum Diwan. Swerkow rekelte sich auf dem Ruhebett und legte ein Bein auf ein rundes Tischchen. Der Wein wurde mit hinübergenommen. Swerkow hatte tatsächlich drei Flaschen von sich aus bestellt. Mich lud er selbstverständlich nicht dazu ein. Alle setzten sich um ihn herum auf den Diwan. Sie hörten ihm beinahe mit Andacht zu. Man sah, daß sie ihn liebten. Wofür? Wofür? dachte ich bei mir. Manchmal gerieten sie in trunkene Begeisterung und küßten sich dann. Sie sprachen über den Kaukasus und darüber, was echte Leidenschaft sei, über das Kartenspiel, über einträgliche Ämter, sie sprachen darüber, wie groß die Einkünfte des Husaren Podcharzewskij seien, den keiner von ihnen persönlich kannte, und freuten sich darüber, daß er große Einkünfte hatte; sie sprachen über die ungewöhnliche Schönheit und Anmut der Fürstin D., die ebenfalls keiner von ihnen jemals gesehen hatte; endlich kamen sie so weit, daß sie Shakespeare für unsterblich erklärten.

Ich lächelte verächtlich und ging auf der anderen Seite des Zimmers, gerade gegenüber dem Diwan, an der Wand entlang, vom Tisch bis zum Ofen und wieder zurück. Ich wollte ihnen mit allen Kräften zeigen, daß ich auch ohne sie auskommen konnte; doch dabei stampfte ich absichtlich mit den Stiefeln, indem ich mich auf die Absätze stellte. Aber alles war umsonst. Sie schenkten mir keine Aufmerksamkeit. Ich hatte die Geduld, von acht bis elf Uhr gerade vor ihnen immer auf ein und demselben Platz hin und her zu gehen, vom Tisch bis zum Ofen und zurück. So, ich gehe, und niemand kann es mir verwehren! Der ab und zu in das Zimmer hereinkommende Kellner blieb einige Male stehen und sah mich an; von dem häufigen Wenden drehte sich alles in meinem Kopf; mitunter kam es mir vor, als sei ich im Fieberwahn. In diesen drei Stunden war ich dreimal in Schweiß geraten und wieder trocken geworden. Ab und zu bohrte sich unter tiefen, giftigen Schmerzen der Gedanke in mein Herz, daß zehn, zwanzig, vierzig Jahre vergehen würden und ich mich dennoch, selbst nach vierzig Jahren, mit Widerwillen und dem Gefühl tiefster Erniedrigung an diese schmutzigsten, lächerlichsten und furchtbarsten Minuten meines ganzen Lebens erinnern würde. Es war unmöglich, sich selbst noch gewissenloser und freiwilliger zu demütigen, ich begriff das vollauf und fuhr trotzdem fort, vom Tisch zum Ofen und wieder zurück zu gehen. Oh, wenn ihr nur wüßtet, welcher Gefühle und Gedanken ich fähig bin, dachte ich hin und wieder, mich in Gedanken an den Diwan wendend, wo meine Feinde saßen. Aber meine Feinde benahmen sich, als wäre ich überhaupt nicht im Zimmer. Einmal, nur ein einziges Mal, wandten sie sich nach mir um, als Swerkow über Shakespeare sprach und ich plötzlich in ein verächtliches Gelächter ausbrach. Ich prustete so gemacht und häßlich, daß alle verstummten und mich zwei Minuten lang schweigend, ernst, ohne zu lachen, beobachteten, wie ich an der Wand entlangging, vom Tisch bis zum Ofen, und *ihnen keine Beachtung schenkte.* Aber es kam nichts dabei heraus: sie fingen kein

Gespräch mit mir an, und nach zwei Minuten ließen sie mich wieder unbeachtet. Es schlug elf Uhr.

»Meine Herrschaften!« schrie Swerkow, sich vom Diwan erhebend. »Jetzt fahren wir alle *dorthin*!«

»Natürlich, natürlich!« riefen die anderen.

Ich wandte mich schroff an Swerkow. Ich war dermaßen abgequält, dermaßen gerädert, daß ich mich am liebsten umgebracht hätte, nur um zu einem Ende zu gelangen. Ich hatte Fieber; die vom Schweiß durchnäßten Haare klebten an Stirn und Schläfen.

»Swerkow! Ich bitte Sie um Verzeihung«, sagte ich scharf und entschieden. »Ferfitschkin, Sie ebenfalls, alle, alle bitte ich um Verzeihung, ich habe euch alle beleidigt.«

»Aha! Ein Duell ist nichts für Ihresgleichen!« zischte Ferfitschkin giftig.

Ich fühlte einen Stich im Herzen.

»Nein, ich fürchte mich nicht vor dem Duell, Ferfitschkin. Ich bin bereit, mich morgen mit Ihnen zu schlagen, auch nach der Versöhnung. Ich bestehe sogar darauf, und Sie können es mir nicht abschlagen. Ich will Ihnen beweisen, daß ich ein Duell nicht fürchte. Sie werden zuerst schießen, und ich werde in die Luft schießen.«

»Er ergötzt sich an sich selbst«, bemerkte Simonow.

»Leeres Geschwätz«, ließ sich Trudoljubow vernehmen.

»Aber so gestatten Sie mir doch vorbeizugehen, warum stehen Sie mitten im Wege . . . Nun, was wollen Sie?« fragte Swerkow verächtlich. Sie waren alle rot; ihre Augen glänzten, sie hatten viel getrunken.

»Ich bitte um Ihre Freundschaft, Swerkow, ich habe Sie beleidigt, aber . . .«

»Beleidigt? S–ie! M–ich! Wissen Sie denn, geehrter Herr, daß Sie *mich* nie und unter keinen Umständen beleidigen können.«

»Und jetzt haben wir genug von Ihnen, fort!« bekräftigte Trudoljubow. »Fahren wir.«

»Olympia gehört mir, meine Herrschaften, abgemacht!« rief Swerkow.

»Wir machen sie dir nicht streitig! Wir machen sie dir nicht streitig!« antworteten ihm die anderen lachend.

Ich stand da wie bespuckt. Die Bande ging lärmend aus dem Zimmer, Trudoljubow stimmte ein dummes Lied an. Simonow blieb einen ganz kurzen Augenblick zurück, um den Kellnern das Trinkgeld zu geben. Ich trat plötzlich zu ihm.

»Simonow! Geben Sie mir sechs Rubel!« sagte ich entschlossen und verzweifelt.

Er sah mich mit merkwürdig stumpfen Augen ganz verblüfft an. Er war auch betrunken.

»Ja, wollen Sie denn auch *dorthin* mit uns fahren?«

»Ja!«

»Ich habe kein Geld!« sagte er schroff, lächelte verächtlich und wandte sich zum Gehen.

Ich hielt ihn am Mantel fest. Das war ein Unsinn.

»Simonow! ich habe gesehen, daß Sie Geld haben, warum schlagen Sie es mir ab? Bin ich denn ein gemeiner Mensch? Hüten Sie sich, mir das abzuschlagen! Wenn Sie wüßten, wenn Sie wüßten, weshalb ich darum bitte! Alles hängt davon ab, meine ganze Zukunft, alle meine Pläne . . .« Simonow nahm das Geld aus der Tasche und warf es mir fast hin.

»Nehmen Sie es, wenn Sie so schamlos sind!« murmelte er erbarmungslos und lief den anderen nach, um sie einzuholen.

Ich blieb eine Minute lang allein. Unordnung, Speisereste, ein zerschlagenes Glas auf dem Fußboden, vergossener Wein, Zigarettenstummel, Rausch und Wirrwarr im Kopf, eine quälende Seelenangst im Herzen und endlich der Kellner, der alles gesehen und gehört hatte und mir neugierig in die Augen sah.

»Dorthin!« rief ich. »Entweder werden sie alle auf den Knien meine Füße umklammern und um meine Freundschaft betteln, oder . . . oder ich werde Swerkow eine Ohrfeige geben!«

5

»Da ist er, da ist er endlich, der Zusammenstoß mit der Wirklichkeit!« murmelte ich, indem ich Hals über Kopf die Treppe hinabstürzte. »Das ist nicht mehr der Papst, der Rom verläßt und nach Brasilien geht; das ist kein Ball mehr am Ufer des Comer Sees!«

Du bist ein gemeiner Kerl, fuhr es mir durch den Kopf, falls du jetzt darüber lachst.

»Meinetwegen!« rief ich mir als Antwort zu. »Jetzt ist alles verloren!«

Von ihnen war keine Spur mehr zu entdecken; aber gleichviel: ich wußte ja, wohin sie gefahren waren.

Am Eingang stand eine elende, vereinsamte Nachtdroschke; der Kutscher im groben Bauernrock war von dem noch immer herabrieselnden nassen und beinahe warmen Schnee ganz überschüttet. Die Luft war neblig und stickig. Das kleine, zottige, scheckige Pferdchen war auch ganz verschneit und hustete, dessen erinnere ich mich noch ganz genau. Ich stürzte mich auf den Schlitten, aber kaum hatte ich den Fuß zum Einsteigen erhoben, als die Erinnerung, auf welche Weise Simonow mir soeben die sechs Rubel gegeben hatte, vor mir auftauchte; die Beine knickten mir ein, und ich plumpste wie ein Sack in den Schlitten.

»Nein, da muß viel geschehen, um das wettzumachen!« rief ich. »Aber ich werde es wettmachen oder noch in der Nacht auf der Stelle zugrunde gehen. Los!«

Das Pferd zog an. Ein ganzer Wirbelwind kreiste in meinem Kopf.

Sie werden mich nicht auf den Knien um meine Freundschaft bitten. Das ist eine Einbildung, eine elende, widerwärtige, romantische, phantastische Einbildung. Wie der Ball am Comer See. Und deshalb *muß* ich Swerkow eine Ohrfeige geben! Ich bin dazu verpflichtet. Es steht also fest: ich fliege jetzt dahin, um ihm eine Ohrfeige zu geben. »Fahr schneller!«

Der Kutscher zerrte an den Zügeln.

Sobald ich eintrete, haue ich ihm eine runter. Ist es nötig, daß ich ihm vor der Ohrfeige ein paar Worte sage, gewissermaßen als Vorrede? Nein. Einfach hineingehen und ihm eine runterhauen. Sie werden alle im Saal sitzen, er mit Olympia auf dem Diwan. Diese verfluchte Olympia! Sie hat einmal über mein Gesicht gelacht und mich abgewiesen. Ich werde sie dafür an den Haaren ziehen und Swerkow an den Ohren! Nein, lieber an einem Ohr und ihn am Ohr durch das ganze Zimmer führen. Sie werden mich dann vielleicht prügeln und hinauswerfen. Und das sogar bestimmt. Meinetwegen! Immerhin habe ich als erster zugeschlagen; die Initiative geht von mir aus; und nach den Gesetzen der Ehre bedeutet das alles; er ist gebrandmarkt und kann sich durch keine Prügel von der Ohrfeige reinwaschen, höchstens durch ein Duell. Er wird gezwungen sein, sich zu schlagen. Ja, mögen sie mich nur verprügeln! Mögen sie nur, die Undankbaren! Besonders kräftig wird Trudoljubow schlagen: er ist so stark; Ferfitschkin wird sich irgendwo von der Seite ankrallen und mich bestimmt an den Haaren ziehen, bestimmt. Aber meinetwegen, meinetwegen! Ich habe sie ja herausgefordert. Ihre Schafsköpfe werden doch endlich das Tragische in alledem erkennen müssen! Wenn sie mich zum Ausgang zerren, werde ich ihnen zurufen, daß sie im Grunde genommen meinen kleinen Finger nicht wert sind. »Fahr zu, Wanka, fahr zu!« schrie ich den Droschkenkutscher an. Er zuckte zusammen und schwang die Peitsche. Ich hatte auch zu wild geschrien.

Beim Morgengrauen werden wir uns duellieren, das ist beschlossene Sache. Mit dem Departement wird Schluß gemacht. Ferfitschkin sagte vorhin *Lepartemang* statt Departement. Aber wo soll ich die Pistolen hernehmen? Unsinn! Ich nehme Vorschuß auf mein Gehalt und kaufe mir Pistolen. Aber Pulver und Kugeln? Das ist Sache des Sekundanten. Und wie soll dies alles bis Sonnenaufgang fertig werden? Und wo soll ich einen Sekundanten hernehmen? Ich habe keine Bekannten. »Blödsinn!« rief ich, mich noch mehr aufpeitschend, Blödsinn! Der erste beste, der mir auf der Straße begegnet und an den ich mich wende, ist verpflichtet, mein Sekundant zu sein, genauso wie er verpflichtet ist, einen Ertrinkenden aus dem Wasser zu ziehen. Die verschrobensten Fälle müssen zugelassen sein. Ja, wenn ich selbst den Direktor bäte, morgen mein Sekundant zu sein, müßte er sich einverstanden erklären, schon aus ritterlichem Gefühl, und das Geheimnis wahren. Anton Antonowitsch . . .

Die Sache war die, daß mir in demselben Augenblick die ganze scheußliche Abgeschmacktheit meiner Pläne und die ganze Kehrseite der Medaille deutlicher und greller vor Augen traten als sonst irgend jemandem in der Welt, aber . . .

»Fahr zu, Kutscher, fahr zu, du Schelm, fahr zu!«

»Eeh, Barin!« murmelte der Mann vom Lande.

Kälte durchschauerte mich plötzlich.

Wäre es nicht besser . . . wäre es nicht besser . . . geradewegs nach Hause zu fahren? Oh, mein Gott! Warum, warum habe ich mich gestern zu diesem Essen aufgedrängt! Aber nein, das ist unmöglich! Und der dreistündige Spaziergang vom Tisch zum Ofen? Nein, sie, sie allein und niemand anders müssen mir für diesen Spaziergang büßen. Sie müssen die Schande abwaschen! »Fahr zu!«

Wie aber, wenn sie mich auf die Polizeiwache schaffen?

Sie werden es nicht wagen! Sie werden den Skandal fürchten. Wie aber, wenn Swerkow aus Verachtung das Duell verweigert? Das ist sogar sehr wahrscheinlich; aber dann werde ich ihnen beweisen ... Dann stürze ich auf den Posthof, wenn er morgen abreist, packe ihn am Fuß und reiße ihm den Mantel herunter, wenn er in den Reisewagen steigt. Ich beiße mich mit den Zähnen in seiner Hand fest, ich beiße ihn! Schaut alle her, wie weit man einen verzweifelten Menschen bringen kann! Mag er mich auf den Kopf schlagen und die anderen alle von hinten. Ich werde allen Zuschauern zurufen: Schaut, hier ist dieser junge Hund, der alle die Tscherkessenfrauen berücken fährt, nachdem ich ihm ins Gesicht gespuckt habe!

Selbstverständlich ist nach diesem Ereignis alles zu Ende. Das Departement verschwindet vom Erdboden. Man wird mich ergreifen, aburteilen, aus dem Dienst jagen, ins Gefängnis sperren, zur Ansiedlung nach Sibirien schicken. Macht nichts! Nach fünfzehn Jahren werde ich mich in Lumpen, als Bettler, hinter ihm herschleppen, wenn man mich aus dem Gefängnis entlassen hat. Ich werde ihn irgendwo in einer Gouvernementstadt ausfindig machen. Er wird verheiratet und glücklich sein und eine erwachsene Tochter haben. Ich werde sagen: Schau her, du Ungeheuer, schau auf meine eingefallenen Wangen und auf meine Lumpen! Ich habe alles verloren: Laufbahn, Glück, Kunst, Wissenschaft, *das geliebte Weib* – und alles deinetwegen! Hier sind die Pistolen. Ich bin gekommen, um meine Pistole zu entladen, und ... und ich verzeihe dir! Hier werde ich in die Luft schießen, und von mir wird nie mehr etwas zu sehen und zu hören sein ...

Ich fing sogar an zu weinen, obwohl ich in demselben Augenblick ganz genau wußte, daß dies alles in Lermontows »Maskenball« und »Silvio«* stand. Und plötzlich schämte ich mich ganz furchtbar, ich schämte mich so sehr, daß ich halten ließ, aus dem Schlitten stieg und mitten auf der Straße im Schnee stehenblieb. Der Kutscher sah mich verblüfft und seufzend an.

Was tun? Dorthin konnte ich nicht – das wäre Unsinn gewesen, aber es war auch unmöglich, die ganze Sache auf sich beruhen zu lassen, denn dann ... Herrgott! Wie konnte man so etwas auf sich beruhen lassen! Und nach solchen Be-

* Gemeint ist Puschkins Novelle »Der Schuß«, deren Held Silvio heißt (Anmerkung des Übersetzers).

leidigungen! »Nein!« rief ich, wiederum in den Schlitten springend, »das ist vorausbestimmt, das ist Schicksal! Fahr schnell, fahr schnell dorthin!«

Und vor Ungeduld versetzte ich dem Kutscher mit der Faust einen Schlag in den Nacken.

»Was ist dir, warum schlägst du mich?« schrie das Bäuerlein. Aber er hieb doch auf seine Mähre ein, so daß sie mit den Hinterbeinen ausschlug.

Der nasse Schnee fiel in großen Flocken; ich schlug meinen Mantel auseinander und achtete nicht auf den Schnee. Ich hatte alles andere vergessen, weil ich mich endgültig zu der Ohrfeige entschlossen hatte und voller Entsetzen empfand, daß es ja *unbedingt, gleich* geschehen würde und daß es *durch keine Macht mehr aufgehalten* werden konnte. Die verödeten Laternen blinkten ab und zu trübe durch den Schneenebel wie Fackeln bei einem Begräbnis. Der Schnee kroch mir unter den Mantel, unter den Rock, unter die Halsbinde und schmolz dort; ich machte meinen Mantel nicht zu: es war ja ohnehin alles verloren! Endlich hatten wir unser Ziel erreicht. Ich sprang fast besinnungslos aus dem Schlitten, rannte die Treppe hinauf und fing an mit Händen und Füßen gegen die Tür zu trommeln. Meine Beine waren, besonders in den Knien, von einer furchtbaren Schwäche befallen. Es wurde mir merkwürdig rasch geöffnet, als ob man von meinem Kommen gewußt hätte. Tatsächlich hatte Simonow vorher gemeldet, daß vielleicht noch einer kommen würde, denn man mußte hier vorher angemeldet sein und überhaupt Vorsichtsmaßregeln treffen. Es war eines von den damaligen »Putzmachergeschäften«, die jetzt schon längst von der Polizei ausgerottet sind. Am Tag war es allerdings ein Laden; doch am Abend konnte man dorthin zu Gast kommen, wenn man eine Empfehlung hatte. Ich ging mit raschen Schritten durch den dunklen Laden in den mir bekannten Saal, wo nur eine Kerze brannte, und blieb zweifelnd stehen: es war niemand da.

»Wo sind sie denn?« fragte ich jemanden.

Aber sie hatten selbstverständlich schon Zeit gehabt, auseinanderzugehen.

Vor mir stand eine Person mit einem dummen Lächeln, die Besitzerin selbst, die mich flüchtig kannte. Nach einer Minute öffnete sich eine Tür, und eine andere Person erschien.

Ohne auf irgend etwas zu achten, ging ich im Zimmer umher und sprach, glaube ich, mit mir selber. Ich war wie vom Tode gerettet und fühlte das mit meinem ganzen Wesen; ich hätte ihm doch eine Ohrfeige gegeben, ich hätte ihm bestimmt, bestimmt eine Ohrfeige gegeben! Aber jetzt waren sie nicht mehr da, und ... alles war verschwunden, alles hatte sich verändert! Ich sah um mich. Ich konnte es noch nicht fassen. Mechanisch sah ich das eingetretene junge Mädchen an: ein frisches, junges, etwas blasses Gesicht tauchte vor mir auf, mit geraden, dunklen Augenbrauen und einem ernsten, etwas erstaunten Blick. Das gefiel mir sofort, ich hätte sie gehaßt, wenn sie gelächelt hätte. Ich sah sie prüfend und angestrengt an: ich konnte meine Gedanken noch nicht sammeln. Es lag etwas Treuherziges und Gutes, aber seltsam Ernstes in diesem Gesicht. Ich bin überzeugt, daß sie durch diesen Ausdruck hier verspielt und daß keiner von jenen Dummköpfen sie beachtet hatte. Übrigens konnte man sie nicht als Schönheit bezeichnen, obwohl sie groß von Wuchs, stark und gut gebaut war. Sie war außerordentlich einfach gekleidet. Ein häßliches Begehren stach mich, ich ging geradeswegs auf sie zu.

Dabei sah ich mich zufällig im Spiegel. Mein aufgeregtes Gesicht erschien mir äußerst widerwärtig; es war blaß, böse, gemein, mit struppigen Haaren. Mag es nur so sein, ich freue mich darüber, dachte ich; ich bin geradezu froh darüber, daß ich ihr abstoßend erscheine; das ist mir angenehm ...

6

... Irgendwo hinter dem Verschlag schnarrte, wie von einem starken Druck, wie von jemandem gewürgt, eine Uhr. Nach dem unnatürlich langen Schnarren kam ein dünnes, häßliches und unerwartet rasch aufeinanderfolgendes Bimmeln – als wäre jemand plötzlich nach vorn herausgesprungen. Es schlug zwei. Ich kam zu mir, obwohl ich nicht geschlafen, sondern nur in einer Art Dämmerzustand dagelegen hatte.

In dem schmalen, engen und niedrigen Zimmer, das durch einen riesigen Kleiderschrank verstellt war und in dem Schachteln, Lappen und allerhand Kleiderkram herumlagen, war es beinahe finster. Der Lichtstummel, der am Ende des Zimmers auf dem Tisch brannte, war am Erlöschen und flammte nur noch zuweilen schwach auf. In einigen Minuten mußte vollständige Dunkelheit eintreten.

Es dauerte nicht lange, bis ich zu mir kam; alles kehrte sofort ohne Anstrengung in mein Gedächtnis zurück, als hätte es nur darauf gewartet, sich wieder auf mich zu stürzen. Ja, sogar während meines Dämmerzustandes war in meinem Gedächtnis fortwährend irgendein Punkt haftengeblieben, den ich nicht vergessen konnte und um den sich meine halbwachen Träume schwerfällig drehten. Aber es war seltsam: alles, was an diesem Tag mit mir geschehen war, erschien mir jetzt, bei meinem Erwachen, schon als etwas längst, längst Vergangenes, als wäre ich schon vor langer Zeit über dies alles hinausgewachsen.

Mein Kopf war benommen. Irgend etwas schien über mir zu schweben, zerrte an mir, erregte und beunruhigte mich. Seelenangst und Galle brannten von neuem in mir und suchten einen Ausweg. Plötzlich bemerkte ich neben mir zwei geöffnete Augen, die mich neugierig und beharrlich betrachteten. Der Blick war kalt, teilnahmslos und düster wie etwas ganz Fremdes; er wirkte bedrückend.

Ein finsterer Gedanke keimte in meinem Hirn und überlief meinen Körper mit einer widerwärtigen Empfindung, wie sie einen etwa überkommt, wenn man ein feuchtes und muffiges Kellerloch betritt. Es war so unnatürlich, daß diese Augen mich erst jetzt so zu mustern begannen. Ich entsann mich auch, daß ich im Verlauf von zwei Stunden kein einziges Wort zu diesem Wesen gesagt und das auch als völlig überflüssig erachtet hatte; sogar das hatte mir aus irgendeinem Grund gefallen. Jetzt plötzlich aber erstand die plumpe, wie eine Spinne abstoßende Idee der Geilheit, die ohne Liebe, roh und schamlos, gerade damit beginnt, womit die wahre Liebe gekrönt wird, in einem grellen Licht vor mir. Wir sahen einander lange so an, aber sie senkte ihre Augen nicht vor den meinen und änderte ihren Blick nicht, so daß mir schließlich bange wurde.

»Wie heißt du?« fragte ich abgerissen, um schneller zu Ende zu kommen.

»Lisa«, antwortete sie beinahe flüsternd, aber gar nicht freundlich, und wandte ihre Augen ab.

Ich schwieg eine Weile.

»Heute ist schlechtes Wetter ... Schnee ... abscheulich!« sagte ich beinahe nur vor mich hin, verschränkte meine Arme beklommen unter meinem Kopf und sah auf die Zimmerdecke.

Sie antwortete nicht. Alles war scheußlich.

»Bist du eine Hiesige?« fragte ich nach einer Minute beinahe böse und wandte leicht den Kopf nach ihr.

»Nein.«

»Von wo?«

»Aus Riga«, sagte sie unlustig.

»Eine Deutsche?«

»Nein, eine Russin.«

»Bist du schon lange hier?«

»Wo?«

»Hier im Haus?«

»Vierzehn Tage.«

Sie sprach immer abgehackter. Das Licht war ganz erloschen, ich konnte ihr Gesicht nicht mehr erkennen.

»Hast du Vater und Mutter?«

»Ja ... nein ... doch.«

»Wo sind sie?«

»Dort ... in Riga.«

»Was sind sie?«

»So ...«

»Was heißt so? Wer sie sind, welchen Standes?«

»Kleinbürger.«

»Hast du immer bei ihnen gewohnt?«

»Ja.«

»Wie alt bist du?«

»Zwanzig.«

»Warum bist du von ihnen fortgegangen?«

»So ...«

Dieses »So« bedeutete: Laß mich in Ruhe, es ist unerträglich. Wir schwiegen.

Weiß Gott, warum ich nicht fortging. Mir selbst wurde immer übler und beklommener zumute. Die Bilder des verflossenen Tages begannen ganz von selbst, gegen meinen Willen, ungeordnet an meinem Geist vorüberzuziehen. Plötzlich erinnerte ich mich eines Vorganges, den ich am Morgen auf der Straße gesehen hatte, als ich sorgenvoll in mein Amt trabte.

»Heute wurde ein Sarg aus meinem Haus hinausgetragen und beinahe fallen gelassen«, sagte ich plötzlich laut; ich wollte gar kein Gespräch beginnen und sagte es nur so, fast unabsichtlich.

»Ein Sarg?«

»Ja, auf der Sennaja; er wurde aus einem Keller hinausgetragen.«

»Aus einem Keller?«

»Nicht aus dem Keller, sondern aus dem Kellergeschoß ... Hm, weißt du ... dort unten ... aus einem schlechten Haus ... Es war ein solcher Schmutz rundherum ... Schalen, Schutt ... es stank ... scheußlich war es.«

Schweigen.

»Es ist schlecht, heute beerdigt zu werden«, begann ich wieder, nur um nicht zu schweigen.

»Weshalb schlecht?«

»Der Schnee, die Nässe ...« Ich gähnte.

»Das ist ganz gleichgültig«, sagte sie plötzlich nach einigem Schweigen.

»Nein, es ist abscheulich ...« Ich gähnte wieder. »Die Totengräber haben bestimmt geschimpft, weil der Schnee sie durchnäßte. Und im Grab hat sicherlich Wasser gestanden.«

»Weshalb war Wasser im Grab?« fragte sie mit einer gewissen Neugierde, aber sie sprach die Worte noch schärfer und abgerissener aus als vorher. Ich fühlte mich plötzlich wie angestachelt.

»Wie denn, das Wasser steht auf dem Grund, acht Zoll hoch. Hier auf dem Wolkowfriedhof kann man kein trockenes Grab graben.«

»Weshalb?«

»Wieso weshalb? Das ist ein so wasserreicher Boden. Hier ist überall Sumpf. Es werden eben alle ins Wasser gelegt. Ich habe es selbst gesehen ... oft ...«

Ich hatte es kein einziges Mal gesehen und war nie auf dem Wolkowfriedhof gewesen; ich hatte nur gehört, was andere erzählten.

»Ist es dir wirklich so gleichgültig zu sterben?«

»Weshalb sollte ich denn sterben?« antwortete sie, als ob sie sich verteidigen wollte.

»Einmal wirst du aber doch sterben und genauso sterben wie die Tote von heute früh. Das war ... auch so ein ... Mädchen ... Sie ist an der Schwindsucht gestorben.«

»So eine wäre im Krankenhaus gestorben ...«

Sie weiß schon davon, dachte ich, und sagt »so eine«, nicht »ein Mädchen«.

»Sie schuldete ihrer Wirtin Geld«, entgegnete ich, durch das Wortgefecht immer mehr angestachelt, »und diente ihr beinahe bis an ihr Ende, obwohl sie schwindsüchtig war. Die Droschkenkutscher, die herumstanden, unterhielten sich mit Soldaten und erzählten das. Wahrscheinlich waren das ihre früheren Bekannten. Sie lachten. Sie wollten auch noch in der Kneipe eine Gedächtnisfeier für sie veranstalten.« Ich log auch hier vieles dazu.

Schweigen, tiefes Schweigen. Sie rührte sich nicht einmal.

»Ist es denn besser, im Krankenhaus zu sterben?«

»Als ob das nicht gleich wäre ... Weshalb sollte ich denn sterben?« fügte sie gereizt hinzu.

»Wenn nicht jetzt, so später.«

»Nun, und später ...«

»Jawohl! Jetzt bist du noch jung, schön, frisch – danach wirst du auch eingeschätzt. Aber nach einem Jahr eines solchen Lebens wirst du nicht mehr so sein und wirst verwelken.«

»Nach einem Jahr?«

»Auf jeden Fall wirst du nach einem Jahr niedriger im Preis stehen«, fuhr ich schadenfroh fort. »Du wirst auch von hier fortkommen, tiefer hinabsteigen, in ein anderes Haus. Noch ein Jahr später kommst du in ein drittes Haus, immer tiefer, und nach sieben Jahren wirst du so weit sein, daß du in den Keller auf der Sennaja kommst. Das wäre noch ganz gut, aber schlimm ist es, wenn sich bei dir außerdem irgendeine Krankheit einstellt, Schwäche auf der Brust ... oder du erkältest dich, oder sonst noch was. Bei einem solchen Leben geht eine Krankheit schwer vorüber. Sie packt dich und läßt dich womöglich nicht mehr los. Dann mußt du sterben.«

»Nun, so sterbe ich eben«, antwortete sie, ganz böse geworden, und machte eine heftige Bewegung.

»Aber es tut einem doch leid.«

»Was?«

»Das Leben.«

Schweigen.

»Hast du einen Bräutigam gehabt? Ja?«

»Was geht Sie das an?«

»Ich forsche dich ja nicht aus. Was habe ich davon? Warum ärgerst du dich? Du kannst natürlich auch deine Unannehmlichkeiten gehabt haben. Was kümmert's mich? Aber es tut mir leid.«

»Was?«

»Du tust mir leid.«

»Sparen Sie sich die Mühe ...« flüsterte sie kaum hörbar und bewegte sich wieder.

Ich geriet sofort in Ärger. Wie! Ich verfuhr so sanft mit ihr, und sie ...

»Was denkst du dir denn? Bist du auf einem guten Weg, was?«

»Ich denke mir gar nichts.«

»Das ist ja eben das Schlimme, daß du nicht denkst. Besinne dich, solange es noch Zeit ist. Und es ist noch Zeit. Du bist noch jung, siehst gut aus; du könntest einen liebgewinnen, heiraten, glücklich werden ...«

»Es sind nicht alle glücklich, die heiraten«, schnitt sie mir das Wort in ihrer üblichen schroffen, schnellen Sprechweise ab.

»Nicht alle, gewiß, aber es ist doch besser, als hier zu sein. Unvergleichlich besser. In Liebe kann man auch ohne Glück leben. Das Leben ist auch im Leid schön, es ist schön, auf der Welt zu leben, wie es auch sein möge. Aber was gibt es denn hier außer ... Gestank. Pfui!«

Ich wandte mich voller Ekel ab; das war kein kaltes, gleichgültiges Kritteln mehr. Ich begann selbst zu fühlen, was ich sprach, und ereiferte mich. Ich lechzte wieder danach, meine tiefsinnigsten Ideechen, die ich in meinem Winkel ausgearbeitet hatte, darzulegen. Irgend etwas war plötzlich in mir entflammt, ein Ziel war erschienen.

»Schau mich nicht daraufhin an, daß ich hier bin, ich bin kein Beispiel für dich. Vielleicht bin ich noch schlechter als du. Übrigens war ich betrunken, als ich hierherkam«, beeilte ich mich dennoch zu meiner Verteidigung zu sagen. »Zudem ist ein Mann niemals ein Beispiel für eine Frau. Das ist ein ganz anderes Ding; ich besudle mich zwar und beschmutze mich, dafür bin ich niemandes Sklave; ich komme und gehe und bin nicht mehr da. Ich schüttle es von mir ab und bin wieder ein anderer. Du aber bist von vornherein Sklavin. Ja, Sklavin! Du gibst alles hin, deine ganze Freiheit. Und wenn du diese Ketten später zerreißen willst, geht es nicht mehr; sie werden dich immer fester umschließen. Das ist nun einmal eine so verfluchte Kette! Ich kenne sie. Von dem anderen spreche ich gar nicht mehr, du würdest es wahrscheinlich auch nicht verstehen, aber sag mir einmal: Du schuldest deiner Wirtin doch sicherlich schon Geld? Nun also, siehst du«, setzte ich hinzu, obwohl sie mir nicht antwortete, sondern nur schweigend mit ihrem ganzen Wesen zuhörte.

»Da hast du die Kette! Du wirst dich niemals loskaufen. Das wird schon so gemacht. Als ob man dem Teufel die Seele verschrieben hätte ...

Und zudem bin ich ... vielleicht genauso unglücklich, was weißt denn du, und krieche absichtlich in den Dreck, auch vor Kummer. Manche trinken doch aus Gram; nun, und ich bin hier – aus Gram. Nun, sage, was ist denn hier Gutes? wir beide sind heute ... zusammengekommen und haben die ganze Zeit einander kein Wort gesagt, und du hast mich erst nachher ganz scheu zu mustern begonnen, und ich dich ebenfalls. Liebt man denn so? Soll sich denn ein Mensch mit dem anderen auf diese Weise vereinigen? Das ist ekelhaft und weiter nichts!«

»Ja!« stimmte sie mir schroff und hastig bei. Mich wunderte sogar die Eile dieses Ja. Also war auch ihr derselbe Gedanke durch den Kopf gegangen, während sie mich vorhin gemustert hatte? Also war auch sie gewisser Gedanken fähig?

Hol's der Teufel, das ist merkwürdig, das ist – *Seelenverwandtschaft,* dachte ich und rieb mir beinahe die Hände. Ja, wie sollte man denn mit so einer jungen Seele nicht fertig werden können ...

Das Spiel riß mich fort.

Sie wandte ihren Kopf näher zu mir und stützte ihn, wie mir in der Dunkelheit schien, auf den Arm. Vielleicht schaute sie mich an. Wie sehr bedauerte ich, daß ich ihre Augen nicht sehen konnte. Ich hörte ihr tiefes Atmen.

»Warum bist du hierhergekommen?« begann ich bereits mit einem gewissen Machtgefühl.

»So.«

»Es ist doch so schön, im Elternhaus zu leben! Da ist's warm, frei, man hat sein eigenes Nest.«

»Aber wenn es schlimmer ist als hier?«

Man muß nur den richtigen Ton treffen, fuhr es mir durch den Sinn, mit Rührseligkeit läßt sich am Ende nicht viel anfangen.

Übrigens fuhr mir das nur ganz kurz durch den Sinn. Ich schwöre, daß sie wirklich meine Teilnahme erregte. Außerdem war ich ermattet und in der richtigen Stimmung. Und Spitzbüberei verträgt sich so gut mit Gefühl.

»Was ist da zu sagen!« antwortete ich schnell, »alles kann vorkommen. Ich bin überzeugt, daß dich jemand gekränkt hat und sie dir gegenüber mehr schuldig sind als du *ihnen* gegenüber. Ich weiß ja nichts von deinen Geschicken, aber solch ein Mädchen wie du gerät doch nicht aus eigenem Antrieb hierher ...«

»Was bin ich denn für ein Mädchen?« flüsterte sie kaum hörbar; aber ich hatte es vernommen.

Hol's der Teufel, ich schmeichle ihr ja. Das ist häßlich, aber vielleicht ist es auch gut ... Sie schwieg.

»Siehst du, Lisa, ich will dir von mir erzählen! Wenn ich von Kindheit an ein Familienleben gekannt hätte, wäre ich nicht so geworden, wie ich jetzt bin. Ich denke oft daran. So schlecht es auch in der Familie sein mag – es sind dennoch Vater und Mutter und keine Feinde, keine Fremden. Selbst wenn sie dir nur einmal im Jahr ihre Liebe bezeigen. Immerhin weißt du, daß du zu Hause bist. Ich bin ohne Familie aufgewachsen; deswegen bin ich wohl auch so geworden ... so gefühllos.«

Ich wartete wieder.

Sie begreift es wohl gar nicht, dachte ich, es ist auch zu lächerlich – Moral zu predigen.

»Wenn ich Vater wäre und eine Tochter hätte, würde ich wahrscheinlich die Tochter mehr lieben als die Söhne, wahrhaftig«, fing ich von hintenherum an, als ob es sich um etwas anderes handelte, um sie zu zerstreuen. Ich gestehe, daß ich errötete.

»Warum das?« fragte sie.

Aha, also hörte sie zu!

»Ich weiß es nicht, Lisa, aber es ist so. Siehst du, ich habe einen Vater gekannt, das war ein strenger, harter Mann, aber vor seiner Tochter konnte er auf den Knien liegen, ihr Hände und Füße küssen, sich nicht satt sehen an ihr, wahrhaftig. Sie tanzt auf einem Gesellschaftsabend, und er steht fünf Stunden auf einem Fleck und läßt sie nicht aus den Augen. Er hat einen Narren an ihr gefressen; das verstehe ich. Sie wird in der Nacht müde – schläft ein; er aber wacht auf und geht, um die Schlafende zu küssen und zu bekreuzen. Er selbst geht in einem speckigen Röckchen, ist gegen alle geizig, ihr aber opfert er den letzten Groschen, macht ihr reiche Geschenke; und wie freut er sich, wenn sein Geschenk ihren Beifall findet. Ein Vater liebt die Töchter immer mehr als die Mutter. Manches Mädchen hat es gut zu Hause. Ich glaube aber, ich hätte meine Tochter keinem Mann gegeben.«

»Ja, wie denn das?« fragte sie mit einem kaum hörbaren Auflachen.

»Ich wäre eifersüchtig gewesen, bei Gott! Wie darf sie einen anderen küssen? Einen Fremden mehr als den Vater lieben? Es ist schwer, sich das vorzustellen. Natürlich ist alles Unsinn, natürlich kommt schließlich jeder zur Vernunft. Ich glaube, mich würde die Sorge verzehren, noch ehe ich sie hergegeben; ich würde alle Freier für untauglich erklären. Und zum Schluß würde ich sie doch mit dem verheiraten, den sie selbst liebt. Denn derjenige, den die Tochter liebt, kommt dem Vater immer schlechter als alle anderen vor. Das ist nun einmal so. Viel Böses geschieht deswegen in den Familien.«

»Andere sind froh, die Tochter zu verkaufen, geschweige denn sie in Ehren zu verheiraten«, sagte sie plötzlich.

Aha! Also das ist's!

»Das kommt in solchen Familien vor, Lisa, die keinen Gott, keine Liebe kennen«, fiel ich mit Feuereifer ein, »denn wo keine Liebe ist, da ist auch keine Vernunft. Es gibt solche Familien, das ist wahr, aber von solchen rede ich nicht. Du hast scheint's in deiner Familie nicht viel Gutes gesehen, weil du so sprichst. Du bist wirklich eine Unglückliche. Hm ... Meistens geschieht alles nur der Armut wegen.«

»Ist es bei Herrschaften denn besser? Ehrliche Leute können auch in Armut gut leben.«

»Hm ... ja. Vielleicht. Und dann auch das, Lisa: Der Mensch stellt immer sein Unglück in Rechnung, sein Glück zählt er aber nicht. Aber wenn er, wie es sich gehört, rechnete, würde er sehen, daß ihm alles genau zugemessen ist. Wie aber, wenn mit der Familie alles in Ordnung ist, Gott seinen Segen gibt, du einen guten Mann bekommst, der dich liebt, verwöhnt, nicht von deiner Seite weicht? In einer solchen Familie ist es schön! Zuweilen ist es sogar im Leid noch schön; wo wäre denn kein Leid zu finden? Vielleicht wirst du es *selbst erfahren,* wenn du heiratest. Wenn man nur die erste Zeit nach der Verheiratung mit dem geliebten Wesen betrachtet: wieviel Glück, wieviel Glück ist da manchem beschieden! Und auf Schritt und Tritt! In der ersten Zeit gehen sogar die Streitigkeiten mit dem Gatten gut aus. Manche Frau fängt um so öfter an zu streiten, je mehr sie den Mann liebt. Wahrhaftig, ich habe eine solche gekannt: ‚Ich liebe dich so sehr, daß ich dich aus Liebe quäle, und du sollst das fühlen!' Weißt du, daß man einen Menschen aus Liebe absichtlich quälen kann? Das tun zumeist die Frauen. Und im stillen denkt sie sich: Dafür werde ich ihn nachher so lieben, so mit Liebkosungen überschütten, daß es keine Sünde ist, ihn jetzt ein bißchen zu quälen. Und im Haus freuen sich alle über euch, alles ist gut und fröhlich und friedlich und ehrbar ... Da gibt es auch welche, die eifersüchtig sind. Wenn er irgendwo hingeht – ich habe eine solche Frau gekannt –, hält sie es nicht aus, springt mitten in der Nacht auf und läuft ihm heimlich nach, um zu sehen: Ist er vielleicht dort oder in jenem Haus oder am Ende gar mit der zusammen? Das ist schon übel. Und sie weiß selbst, daß es schlecht ist, das Herz will ihr stocken, und sie quält sich, aber sie liebt ihn eben; alles kommt von der Liebe. Aber wie schön ist es, sich nach einem Streit wieder zu versöhnen, sich selbst vor ihm zu entschuldigen oder zu verzeihen! Und so wohl ist ihnen beiden zumute, es wird ihnen plötzlich so wohl – als ob sie sich erst kennengelernt hätten, eben erst getraut worden wären, die Liebe für sie von neuem begänne. Und niemand, niemand darf erfahren, was zwischen Mann und Frau vorgeht, wenn sie einander lieben. Und was für ein Streit zwischen ihnen auch entstehen möge – sie dürfen selbst die leibliche Mutter nicht zum Richter aufrufen und einer vom anderen erzählen. Sie sind ihre eigenen Richter. Die Liebe ist ein Geheimnis Gottes und muß vor allen fremden Augen verborgen bleiben, was da auch vorgehen mag. Sie wird dadurch heiliger, besser. Mann und Frau achten einander mehr, und auf der Achtung ist vieles aufgebaut. Und wenn die Liebe einmal dawar, wenn sie sich aus Liebe geheiratet haben, weshalb sollte die Liebe dann vergehen? Kann man sie denn nicht erhalten? Nur in seltenen Fällen läßt sie sich nicht erhalten. Nun, und wenn der Mann ein guter und ehrlicher Mensch ist, wie könnte da die Liebe vergehen? Die erste eheliche Liebe vergeht, das ist wahr, aber ihr folgt eine noch bessere Liebe. Dann finden sich die Seelen, sie machen alle ihre Arbeit gemeinsam, sie haben kein Geheimnis voreinander. Und wenn erst Kinder kommen, dann muß jede, sogar die allerschwerste Zeit als ein Glück erscheinen; man muß nur lieben können und mannhaft sein. Dann ist die Arbeit eine Lust, und wenn man sich auch zuweilen der Kinder wegen ein Stück Brot versagen muß, so macht einem auch das Freude. Denn dafür werden sie dich ja später lieben; folglich sparst du es ja nur für dich selbst! Die Kinder wachsen heran – du fühlst, daß du ihnen Beispiel und Halt bist. Selbst wenn du stirbst, werden sie ihr ganzes Leben lang deine Gefühle und deine Gedanken in sich tragen, weil sie beides von dir empfangen haben, sie werden dein Ebenbild sein. Damit ist uns eine große Pflicht auferlegt. Wie sollten sich da Vater und Mutter nicht enger aneinanderschließen? Man sagt ja, daß es schwer sei, Kinder zu haben. Wer sagt das? Es ist ein himmlisches Glück. Liebst du keine Kinder, Lisa? Ich liebe sie schrecklich. Weißt du – so ein rosiges Bübchen saugt an deiner Brust; ja, welches Mannes Herz könnte sich gegen sein Weib wenden, wenn er es mit seinem Kind dasitzen sieht! Das rosige, volle Kindchen strampelt sich auf, dehnt sich wohlig; was für Füßchen es hat, was für dicke Händchen; die reinen Nägelchen sind so klein, so klein, daß man lachen muß, wenn man sie ansieht; die Äuglein blicken so, als ob es schon alles begriffe. Und wenn es trinkt, zupft es spielend mit den Händchen an deiner Brust. Der Vater tritt heran – da reißt es sich von der Brust los, beugt sich ganz nach hinten, betrachtet den Vater und lacht – als ob es weiß Gott wie komisch wäre – und fängt wieder, wieder an zu saugen. Ein andermal aber beißt es die Mutter plötzlich in die Brust, wenn sich die Zähnchen schon zu zeigen beginnen, und schielt selber mit den Äuglein nach ihr: ‚Siehst du, ich habe dich gebissen!‘ Ja, ist denn das kein volles Glück, wenn sie zu dritt sind, Mann, Weib und Kind? Um solcher Augenblicke willen kann man viel verzeihen. Nein, Lisa, es will mir scheinen, daß man selbst erst lernen muß zu leben, ehe man die anderen beschuldigt!«

Mit Bildern, mit solchen Bildern muß man dich kriegen! dachte ich bei mir, obwohl ich, bei Gott, mit Gefühl sprach. Plötzlich errötete ich: Wie aber, wenn sie plötzlich zu lachen anfängt? Wohin soll ich mich dann verkriechen? – Dieser Gedanke machte mich rasend. Zum Schluß meiner Rede war ich wirklich in Eifer geraten, und jetzt litt meine Eigenliebe. Das Schweigen hielt an. Ich wollte ihr sogar einen Stoß geben.

»Es ist, als ob Sie . . .« begann sie plötzlich und hielt wieder inne.

Aber ich hatte schon alles begriffen! In ihrer Stimme zitterte jetzt etwas anderes, nichts Schroffes, nichts Grobes mehr, das sich nicht ergeben will wie vorhin, sondern etwas Weiches, Verschämtes, so sehr Verschämtes, daß ich mich selbst plötzlich vor ihr schämte, mich schuldig fühlte.

»Was?« fragte ich mit zärtlicher Neugierde.

»Wenn Sie ...«

»Was?«

»Wenn Sie so reden ... klingt's wie aus einem Buch«, sagte sie, und in ihrer Stimme lag wieder etwas wie Spott.

Diese Bemerkung tat mir weh. Ich hatte etwas anderes erwartet.

Ich begriff nicht, daß sie sich absichtlich hinter dem Spott versteckte, daß das die gewöhnliche letzte Ausflucht verschämter und im Herzen keuscher Menschen ist, denen andere roh und aufdringlich die Seele ausforschen und die sich aus Stolz bis zum letzten Augenblick nicht ergeben und fürchten, ihr Gefühl vor anderen zu zeigen. Ich hätte es allein aus der Schüchternheit erraten müssen, mit der sie, nachdem sie mehrere Male einen Anlauf genommen hatte, an ihren Spott heranging und sich schließlich zu sprechen entschloß. Aber ich erriet es nicht, und ein böses Gefühl bemächtigte sich meiner.

Warte nur! dachte ich.

7

»Ach, laß gut sein, Lisa, wieso rede ich denn wie ein Buch, wenn mich als ganz Fremden hier der Ekel packt? Nein, nicht nur als Fremden. Bei mir ist dies alles eben jetzt in der Seele erwacht ... Ist es möglich, ist es möglich, daß dir selber hier nicht eklig zumute ist? Da sieht man, was die Gewohnheit bedeutet. Weiß der Teufel, was sie aus einem Menschen machen kann. Ja, glaubst du etwa ernstlich, daß du niemals alt werden, daß du immer schön bleiben wirst und daß man dich in alle Ewigkeit hierbehalten wird? Ich rede gar nicht davon, daß es auch hier gemein ist ... Übrigens will ich dir folgendes sagen über dein jetziges Leben. Jetzt bist du jung, nett, hübsch, hast Seele und Gefühl; aber weißt du, daß ich, als ich vorhin wieder zu mir kam, von Ekel erfaßt wurde, weil ich hier mit dir zusammen war? Man kann ja auch nur betrunken hierhergeraten. Wärst du aber anderswo, lebtest du wie andere brave Leute, so würde ich dir vielleicht nicht nur den Hof machen, sondern mich einfach in dich verlieben, mich über jeden Blick von dir freuen, geschweige denn über ein Wort; am Tor würde ich dir auflauern, auf den Knien vor dir liegen; ich würde dich als meine Braut betrachten und es mir noch als Ehre anrechnen. Ich würde es nicht wagen, etwas Unreines von dir zu denken! Aber hier weiß ich ja, daß ich nur zu pfeifen brauche, und du mußt mir folgen, ob du willst oder nicht, und ich frage nicht nach deinem Willen, sondern du nach dem meinen. Wenn sich der geringste Bauer als Arbeiter verdingt, begibt er sich dennoch nicht völlig in Knechtschaft, er weiß auch, daß er sich nur bis zu einem bestimmten Zeitpunkt verdingt. Aber wo ist dein Zeitpunkt? Bedenke doch: Was gibst du hier hin? Was verschreibst du der Knechtschaft? Die Seele, deine Seele, über die du keine Gewalt hast, knechtest du mitsamt dem Leib. Deine Liebe gibst du dem Schimpf des Trunkenboldes preis! Die Liebe! Ja, das ist alles, das ist ja ein Diamant, ein jungfräulicher Schatz, die Liebe! Um diese Liebe zu gewinnen, ist manch einer bereit, seine Seele zu opfern und in den Tod zu gehen. Und wie wird deine Liebe jetzt eingeschätzt? Du bist durch und durch, mit Leib und Seele käuflich, und wozu sollte sich einer um diese Liebe bemühen, wenn er auch ohne Liebe alles haben kann? Es gibt doch keine größere Kränkung für ein Mädchen, verstehst du? Da habe ich gehört, daß man euch dummen Dingern einen Gefallen erweist – man erlaubt euch hier, Liebhaber zu halten. Das ist ja nur Schöntuerei, Betrug, Spott, den man mit euch treibt – und ihr glaubt daran! Liebt er dich denn in der Tat, dein Geliebter? Ich glaube es nicht. Wie kann er dich lieben, wenn er weiß, daß dich gleich ein anderer von ihm wegrufen wird? Ein unflätiger Kerl ist er nach alledem! Achtet er dich auch nur ein klein wenig? Was hast du mit ihm gemein? Er lacht über dich und bestiehlt dich obendrein – das ist seine ganze Liebe! Es ist noch gut, wenn er dich nicht schlägt. Aber vielleicht schlägt er dich auch. Wenn du so einen hast, dann frag ihn doch einmal, ob er dich heiraten wird. Er wird dir ins Gesicht lachen, wenn er dich nicht gar anspuckt oder schlägt – dabei ist er selbst vielleicht keine zwei Groschen wert. Und wenn man denkt, wofür du dein Leben hier zugrunde gerichtet hast! Dafür, daß man dich mit Kaffee bewirtet und dir zu essen gibt? Wofür wirst du denn gefüttert? Einer andern, einer Ehrlichen würde der Bissen im Hals steckenbleiben, weil sie weiß, wofür man sie füttert. Du bist hier Geld schuldig und wirst es immer schuldig bleiben, bis zu allerletzt wirst du es schuldig bleiben, so lange, bis die Gäste anfangen, dich zu verschmähen. Und das wird bald kommen, verlaß dich nicht auf deine Jugend.

Hier geht alles so schnell wie mit Postpferden. Dann wird man dich hinauswerfen. Und nicht einfach hinauswerfen, sondern schon lange vorher werden sie erst anfangen zu mäkeln, dir Vorwürfe zu machen, zu schimpfen – als ob nicht du *ihr*, der Wirtin, deine Gesundheit geopfert, deine Jugend und deine Seele ihretwegen umsonst zugrunde gerichtet hättest, sondern als ob *du* sie ruiniert, an den Bettelstab gebracht und bestohlen hättest. Und erwarte keine Unterstützung! Die anderen, deine Freundinnen, werden auch über dich herfallen, um sich bei ihr einzuschmeicheln, weil hier alle in Knechtschaft leben und Gewissen und Mitleid längst verloren haben. Sie sind gemein geworden, und gemeinere, abstoßendere und kränkendere Schimpfreden als die ihren gibt es nicht auf der Welt. Und alles wirst du hierlassen, alles, ohne Vorbehalt – Gesundheit, Jugend, Schönheit, Hoffnungen, und mit zweiundzwanzig Jahren wirst du aussehen wie eine Fünfunddreißigjährige, und wohl dir, wenn du nicht krank bist, flehe Gott darum an! Du glaubst wohl jetzt, daß du keine Arbeit hast, ein Faulenzerleben führst. Es gibt und gab keine schwerere Fronarbeit auf Erden als diese. Das Herz könnte einem dabei, scheint mir, in Tränen zerfließen. Und kein Wort wirst du zu sagen wagen, nicht einmal ein halbes Wort, wenn man dich von hier fortjagen wird, und du wirst davonschleichen wie eine Schuldige. Du wirst an einen anderen Ort gehen, dann an einen dritten, dann noch irgendwohin, und schließlich wirst du auf der Sennaja landen. Dort wird man dich aber unaufhörlich schlagen; das ist dort die übliche Liebkosung; ein Gast, der dort verkehrt, versteht nicht zärtlich zu sein, bevor er nicht dreingehauen hat. Du glaubst nicht, daß es dort so scheußlich ist? Geh hin, sieh dir's einmal an, vielleicht wirst du es mit eigenen Augen sehen. Ich habe da einmal eine zu Neujahr an der Tür sitzen sehen. Ihre eigenen Leute hatten sie zum Spott hinausgejagt, um sie ein bißchen ausfrieren zu lassen, weil sie zu sehr heulte, und sie hatten die Tür hinter ihr zugeschlossen. Um neun Uhr früh war sie schon ganz betrunken, zerzaust, halbnackt und zerschlagen. Ihr Gesicht war weiß geschminkt, aber unter den Augen hatte sie blaue Flecke; aus der Nase und den Zähnen floß Blut; irgendein Droschkenkutscher hatte sie eben vorgehabt. Da saß sie auf der Steintreppe und hielt einen gesalzenen Fisch in den Händen; sie heulte und jammerte über ihr ‚Los' und schlug mit dem Fisch auf die Steinstufen. Und vor dem Haus drängten sich Kutscher und betrunkene Soldaten und hänselten sie. Du glaubst nicht, daß auch du so werden wirst? Ich möchte es auch nicht glauben, aber was weißt du denn, vielleicht ist diese Person mit dem gesalzenen Fisch vor zehn oder acht Jahren irgendwoher gekommen, unschuldig wie ein Engel, frisch und sauber; sie kannte nichts Böses, errötete bei jedem Wort. Vielleicht war sie so wie du, stolz, empfindlich, den anderen unähnlich, mit der Miene einer Königin, und wußte selbst, daß denjenigen, der sie liebgewinnen und den sie lieben würde, ein reiches Glück erwartete. Siehst du, womit es geendet hat? Und wie, wenn gerade in jenem Augenblick, da sie, betrunken und zerzaust, mit diesem Fisch auf die schmutzigen Stufen klopfte, wenn ihr in diesem Augenblick ihre früheren, unschuldigen Jahre im elterlichen Haus in Erinnerung kamen, da sie noch in die Schule ging und der Nachbarssohn ihr unterwegs auflauerte, ihr versicherte, sie sein Leben lang zu lieben, ihr sein Schicksal anzuvertrauen, und sie sich schworen, einander ewig zu lieben und zu heiraten, sobald sie erwachsen sein würden? Nein, Lisa, ein Glück, ein Glück wäre es für dich, wenn du dort irgendwo in einer Ecke, im Keller, recht bald an der Schwindsucht stürbest wie neulich die andere. Im Krankenhaus, sagst du? Gut, wenn sie dich dahin schaffen, aber wenn die Wirtin dich noch braucht? Die Schwindsucht ist eine eigenartige Krankheit; das ist kein hitziges Fieber. Da hofft der Mensch bis zum letzten Augenblick und sagt, er sei gesund. Er tröstet sich selbst. Aber für die Wirtin ist das gerade vorteilhaft. Beunruhige dich nicht, das ist so; die Seele hast du ihr verkauft, außerdem bist du ihr Geld schuldig, folglich darfst du nicht mucken. Aber wenn es ans Sterben geht, lassen sie dich alle im Stich, wenden sich alle von dir ab, denn was sollen sie dir dann noch nehmen? Sie machen dir noch Vorwürfe, daß du unnötig viel Platz wegnimmst, nicht schnell genug stirbst. Wenn du zu trinken verlangst, reichen sie dir das Wasser mit Schimpfworten: ‚Wann wirst du elende Kreatur endlich krepieren, dein Stöhnen stört unsern Schlaf, die Gäste ärgern sich.‘ Das ist wahr; ich selbst habe solche Worte mit angehört. Dann werden sie dich, wenn du in den letzten Atemzügen liegst, in den muffigsten Winkel im Keller stecken – in Finsternis und Feuchtigkeit; was wirst du alles überdenken, wenn du so allein daliegst? Wenn du gestorben bist, wird dich eine fremde Hand in aller Eile, brummend und ungeduldig ‚besorgen‘, niemand wird dich segnen, niemand deinetwegen einen Seufzer ausstoßen, sie werden sehen, daß sie dich möglichst schnell loswerden. Dann werden sie einen Kasten kaufen, dich hineinlegen und hinaustragen, wie sie heute die Arme hinausgetragen haben, und in die Kneipe gehen, um dein Gedächtnis zu feiern. Im Grab ist Schmutz, ekelhaftes Zeug, nasser Schnee – wer wird deinetwegen viel Wesens machen? ‚Laß sie mal runter, Wanjucha; da sieh mal dieses ›Los‹! auch hier ist sie mit den Beinen nach oben hineingegangen, so ein Luder! Mach die Stricke kürzer, Taugenichts.' – ‚Es ist auch so gut genug!' – ‚Was ist gut? Du siehst doch, daß sie ganz auf der Seite liegt. Ist doch auch ein Mensch gewesen, oder nicht? Na, gleichviel, scharr sie ein.' Sie werden nicht einmal Lust haben, sich deinetwegen lange zu zanken. Sie schütten dich schnell mit dem nassen, blauen Lehm zu und gehen in die Kneipe. Damit stirbt dein Andenken auf Erden; die Gräber anderer werden von Kindern, Vätern, Männern besucht, bei dir aber wird keine Träne, kein Seufzer, kein Gedanke sein, und niemand, niemand wird jemals, solange die Welt steht, zu dir kommen; dein Name wird vom Erdboden verschwinden, als ob du niemals dagewesen, niemals geboren wärst. Schmutz und Sumpf umgeben dich; du magst in den Nächten, in denen die Toten aus ihren Gräbern steigen, an den Sargdeckel klopfen, soviel du willst: ‚Laßt mich, ihr guten Leute, ein wenig auf Erden leben! Ich habe gelebt, habe das Leben nicht gesehen, mein Leben war nur zum Schmutzabwischen da, man hat es in der Kneipe auf der Sennaja vertrunken; laßt mich, ihr guten Leute, noch einmal auf Erden leben!'«

Ich war in einen solchen Schwung geraten, daß ein Krampf mir den Hals zusammenzuschnüren drohte ... Plötzlich verstummte ich, erhob mich erschrocken, neigte den Kopf ängstlich nach vorn und horchte mit klopfendem Herzen. Es war aber auch wirklich Grund vorhanden, in Verwirrung zu geraten.

Schon lange hatte ich gefühlt, daß ich ihre ganze Seele umgewendet und sie ins Herz getroffen hatte, und je mehr ich mich davon überzeugte, desto mehr wünschte ich, schneller und mit möglichst starker Wirkung mein Ziel zu erreichen. Das Spiel, das Spiel riß mich mit fort; übrigens, nicht das Spiel allein ...

Ich wußte, daß ich schwerfällig, gemacht, sogar wie ein Buch sprach, mit einem Wort, ich verstand es gar nicht anders, als »wie ein Buch« zu sprechen. Aber das verwirrte mich nicht; ich ahnte, ja ich wußte, daß man mich verstehen und daß meine Bücherweisheit die Sache noch unterstützen würde. Aber jetzt, wo ich die Wirkung erzielt hatte, wurde mir plötzlich bange. Nein, niemals, niemals noch war ich Zeuge einer solchen Verzweiflung gewesen. Sie lag auf dem Bauch und hatte das Gesicht fest in das Kissen gedrückt, das sie mit beiden Armen umklammerte. Ihre Brust wollte zerspringen. Ihr ganzer junger Körper bebte wie im Krampf. Das in der Brust zurückgehaltene Schluchzen bedrückte sie, riß an ihr, und sie brach plötzlich in Heulen und Schreien aus. Da drückte sie sich noch tiefer in die Kissen: sie wollte nicht, daß irgend jemand, irgendeine lebende Seele hier etwas von ihren Qualen und Tränen erführe. Sie biß in die Kissen, biß sich in die Hand bis aufs Blut (ich bemerkte es später) oder verkrampfte ihre Finger in den aufgelösten Zöpfen und erstarrte, den Atem anhaltend und die Zähne zusammenbeißend, im Krampf. Ich fing an, ihr zuzureden. Ich bat sie, sich zu beruhigen, aber ich fühlte, daß ich kein Recht dazu hatte, und plötzlich packte mich selbst das Entsetzen; wie vom Frost geschüttelt, tastete ich herum und begann mich eiligst für den Nachhauseweg fertigzumachen. Es war finster, ich konnte nicht schnell genug damit zu Ende kommen, sosehr ich mich auch bemühte. Plötzlich geriet mir beim Tasten eine Schachtel Streichhölzer in die Hand und ein Leuchter mit einer ganzen, noch nicht angebrannten Kerze. Sobald das Licht das Zimmer erhellte, sprang Lisa plötzlich auf, setzte sich auf und starrte mit verzerrtem Gesicht, mit einem halb irrsinnigen Lächeln, beinahe sinnlos auf mich. Ich setzte mich neben sie und ergriff ihre Hände; sie kam zu sich, drängte sich an mich, wollte mich umarmen, fand aber nicht den Mut dazu und senkte den Kopf langsam vor mir.

»Lisa, meine Liebe, ich habe unnötigerweise ... verzeihe mir«, wollte ich beginnen, doch sie drückte meine Hand mit solcher Kraft zwischen ihren Fingern, daß ich erriet, daß ich nicht das Richtige sagte, und innehielt.

»Hier ist meine Adresse, Lisa, komm zu mir.«

»Ich werde kommen ...« flüsterte sie entschlossen; sie hielt den Kopf noch immer gesenkt.

»Jetzt werde ich gehen, leb wohl ... auf Wiedersehen.«

Ich stand auf, sie erhob sich ebenfalls, doch plötzlich errötete sie über und über, schrak zusammen, ergriff ein auf dem Stuhl liegendes Tuch, warf es um die Schultern und verbarg sie darin bis ans Kinn. Nachdem sie das getan hatte, lächelte sie wieder matt, errötete und sah mich seltsam an. Es tat mir weh; ich beeilte mich, fortzugehen und zu verschwinden.

»Warten Sie«, sagte sie plötzlich, als wir bereits im Hausflur vor der Eingangstür standen, und hielt mich am Mantel fest; sie stellte das Licht hastig hin und lief davon – anscheinend war ihr etwas eingefallen, oder sie wollte etwas herbeiholen, um es mir zu zeigen. Sie war ganz rot geworden, als sie fortlief, ihre Augen glänzten, um die Lippen irrte ein Lächeln – was mochte das bedeuten? Unwillkürlich wartete ich; nach einer Minute kam sie mit einem Blick zurück, der um Verzeihung zu bitten schien. Überhaupt war das nicht mehr dasselbe Gesicht, nicht mehr derselbe Blick, der vorher düster, mißtrauisch und hartnäckig gewesen war. Ihr Blick war jetzt weich, bittend und zugleich vertrauensvoll, zärtlich und schüchtern. So schauen Kinder Menschen an, die sie sehr lieben und die sie um etwas bitten. Sie hatte hellbraune Augen, herrliche, lebhafte Augen, die Liebe und düsteren Haß widerzuspiegeln verstanden.

Ohne jegliche Erklärung hielt sie mir einen Zettel hin, als ob ich ein höheres Wesen sei, das alles ohne Erklärung wissen muß. In diesem Augenblick leuchtete ihr ganzes Gesicht in einem naiven, beinahe kindlichen Triumph. Ich entfaltete das Papier. Es war der Brief eines Studenten der Medizin oder etwas in dieser Art, der ihr in sehr schwülstiger und blumenreicher Sprache, aber voller Ehrerbietung seine Liebe erklärte. Ich erinnere mich nicht mehr der einzelnen Ausdrücke, aber ich weiß noch sehr gut, daß durch den erhabenen Stil ein echtes Gefühl, das sich nicht heucheln läßt, durchschimmerte. Als ich zu Ende gelesen hatte, begegnete ich ihrem heißen, neugierigen und kindlich ungeduldigen Blick. Ihre Augen hafteten unverwandt auf meinem Gesicht, und sie wartete voller Ungeduld, was ich jetzt sagen würde. Sie erklärte mir mit ein paar kurzen Worten, hastig, aber beinahe erfreut und mit einer Art von Stolz, daß sie irgendwo in einer Familie auf einem Tanzabend gewesen sei, bei »sehr, sehr guten Leuten, in einer *Familie*, und *wo man noch nichts wußte*, durchaus nichts wußte«, weil sie erst seit kurzem hiersei und auch nur so . . . und noch gar nicht entschlossen sei hierzubleiben und unbedingt fortgehen werde, sobald sie die Schulden bezahlt habe ... Nun, und dort war dieser Student gewesen; er tanzte den ganzen Abend mit ihr, unterhielt sich mit ihr, und es stellte sich dabei heraus, daß er sie schon in Riga als Kind gekannt hatte, daß sie Spielkameraden gewesen waren – nur war das schon sehr lange her, daß er auch ihre Eltern kannte, daß er aber *von dem* nichts, gar nichts, überhaupt nichts wußte und auch nicht ahnte. Und am anderen Tag nach diesem Tanzabend (das war vor drei Tagen gewesen) hatte er ihr durch eine Freundin, mit der sie in der Gesellschaft gewesen war, diesen Brief geschickt ... und ... das war alles.

Nachdem sie das erzählt hatte, senkte sie ihre blitzenden Augen verschämt zu Boden.

Die Ärmste! Sie bewahrte den Brief dieses Studenten wie eine Kostbarkeit auf und war fortgelaufen, diese einzige Kostbarkeit zu holen, weil sie mich nicht fortlassen wollte, ehe ich nicht erfahren hatte, daß auch sie ehrlich und aufrichtig geliebt wurde und daß man auch mit ihr ehrerbietig sprach. Wahrscheinlich war es diesem Brief beschieden, ohne jegliche Folgen in ihrer Schatulle liegenzubleiben. Aber gleichviel; ich bin überzeugt, daß sie ihn ihr ganzes Leben lang als ihre Kostbarkeit, ihren Stolz und ihre Rechtfertigung aufbewahrte; und selbst jetzt, in einem solchen Augenblick, erinnerte sie sich dieses Briefes und brachte ihn mir, um sich naiv vor mir zu brüsten, um in meinen Augen ihre Ehre wiederherzustellen, damit ich es sehe und sie lobe. Ich sagte nichts, drückte ihr die Hand und ging fort. Ich wollte schnell fort ... Ich ging den ganzen Weg zu Fuß, trotz dem nassen Schnee, der noch immer in dichten Flocken fiel. Ich war zerquält, zermalmt, in Zweifeln. Doch die Wahrheit schimmerte schon durch den Zweifel. Eine häßliche Wahrheit!

8

Ich entschloß mich übrigens nicht so rasch, diese Wahrheit anzuerkennen. Als ich am Morgen nach ein paar Stunden tiefen, bleiernen Schlafes erwachte und mir der ganze gestrige Tag einfiel, erstaunte ich sogar über meine Empfindsamkeit Lisa gegenüber und über alle diese »gestrigen Schrecknisse und Leiden«. Da überfällt einen doch manchmal so eine weibische Nervenschwäche, pfui! schloß ich. Und wozu habe ich ihr meine Adresse gegeben? Wie, wenn sie herkommt? Aber mag sie nur kommen, das macht nichts ... Aber offenbar war das nicht die Hauptsache und nicht das Wichtigste; ich mußte mich beeilen, um – koste es, was es wolle – meinen guten Ruf in Swerkows und Simonows Augen zu retten. Das war die Hauptsache. Ich vergaß Lisa völlig über allen Sorgen dieses Morgens.

Vor allen Dingen mußte ich Simonow meine gestrige Schuld unverzüglich begleichen. Ich entschloß mich zu einem verzweifelten Mittel, nämlich Anton Antonowitsch um ganze fünfzehn Rubel anzugehen. Wie absichtlich war er an diesem Morgen in der prächtigsten Laune und gab mir das Geld sofort, bei der ersten Bitte. Ich freute mich so sehr darüber, daß ich ihm beim Unterschreiben der Quittung mit verwegener Miene und einer gewissen Lässigkeit mitteilte, daß ich gestern ... mit Freunden im Hôtel de Paris gebummelt hätte; wir hätten einen Kameraden, man könne sogar sagen Jugendfreund, ein Abschiedsfest gegeben. »Und, wissen Sie, der ist ein großer Bummler, verwöhnt, natürlich aus guter Familie, mit einem bedeutenden Vermögen, einer glänzenden Laufbahn, geistreich, nett, unterhält Liebschaften mit diesen Damen, Sie verstehen schon; wir tranken ein ‚halbes Dutzend' über den Durst und ...« Und merkwürdig: dies alles klang so leicht, ungezwungen und selbstzufrieden.

Zu Hause angekommen, schrieb ich unverzüglich an Simonow.

Ich freue mich heute noch, wenn ich an den gutmütigen, offenen, wahrhaft gentlemanliken Ton meines Briefes denke. Gewandt und vornehm, in der Hauptsache aber ohne jedes überflüssige Wort, gab ich mir selbst die Schuld an allem. Ich rechtfertigte mich – »wenn es mir überhaupt noch erlaubt ist, mich zu rechtfertigen« – damit, daß ich beim ersten Gläschen Schnaps, das ich angeblich noch vor ihrer Ankunft getrunken hatte, als ich von fünf bis sechs Uhr im Hôtel de Paris auf sie warten mußte, infolge meiner vollständigen Entwöhnung vom Wein berauscht worden war. Ich bat hauptsächlich Simonow um Entschuldigung und ersuchte ihn, meine Erklärungen den anderen mitzuteilen, besonders Swerkow, den ich, »ich erinnere mich wie im Traum«, anscheinend gekränkt hatte. Ich fügte hinzu, daß ich sie alle persönlich aufgesucht hätte, wenn ich nicht so starke Kopfschmerzen hätte, oder wenn ich mich, was noch schlimmer sei, nicht so – schämte. Besonders zufrieden war ich mit dieser »gewissen Leichtigkeit«, fast Nachlässigkeit (die übrigens sehr anständig war), mit der ich plötzlich die Feder führte und die ihnen, besser als alle anderen Vernunftgründe, mit einemmal zu verstehen gab, daß ich diese »ganze gestrige Scheußlichkeit« ziemlich gleichmütig betrachtete. »Ich bin durchaus nicht völlig vernichtet, wie Sie, meine Herrschaften, wahrscheinlich denken, sondern im Gegenteil, ich betrachte die Sache, wie sie ein Gentleman, der sich selbst achtet, betrachten muß. Jugend hat keine Tugend.«

Da liegt ja beinahe die spielerische Eleganz eines Marquis darin! ergötzte ich mich beim Überlesen meines Briefes. Das kommt alles daher, weil ich ein entwickelter und gebildeter Mensch bin! Andere an meiner Stelle hätten nicht gewußt, wie sie sich da heraushelfen sollen, aber ich habe mich herausgewunden und bummle weiter, und alles nur deshalb, weil ich ein gebildeter und entwickelter Mensch unserer Zeit bin! – Ja, und am Ende kam gestern alles wirklich nur vom Wein. Hm ... nein, nein, nicht vom Wein. Ich habe ja zwischen fünf und sechs, als ich auf sie wartete, gar keinen Schnaps getrunken. Da habe ich Simonow angelogen; lügen ist gewissenlos; aber hier ist es nicht gewissenlos ...

Ach was, ich spucke darauf! Die Hauptsache ist, daß ich sie los bin.

Ich legte die sechs Rubel in den Brief, versiegelte ihn und bat Apollon, ihn zu Simonow zu tragen. Als Apollon erfuhr, daß Geld in dem Brief war, wurde er ehrerbietiger und fand sich bereit zu gehen. Gegen Abend ging ich aus dem Haus, um einen kleinen Spaziergang zu machen. Der Kopf tat mir nach dem gestrigen Abend noch weh, und es schwindelte mir. Aber je mehr der Abend hereinbrach und je dunkler es wurde, desto mehr wechselten und verwirrten sich meine Eindrücke und mit ihnen auch meine Gedanken. Irgend etwas wollte nicht sterben in meinem Innern, es wollte in der Tiefe meines Herzens und Gewissens nicht zur Ruhe kommen und offenbarte sich in einer brennenden Seelenqual. Ich trieb mich meistens auf den lebhaftesten Handelsstraßen herum, auf der Mestschanskaja, der Sadowaja und beim Jusupowschen Garten. Ich liebte es immer, besonders in der Dämmerstunde, durch diese Straßen zu schlendern, namentlich wenn die Menge durch die vielen vorübergehenden Gewerbetreibenden und Handwerker, die mit besorgten und bösen Gesichtern von ihrer täglichen Arbeit nach Hause gingen, immer dichter wurde. Mir gefiel gerade diese kleinliche Geschäftigkeit, diese brutale Prosa. Diesmal reizte mich das Gedränge auf der Straße noch mehr. Ich konnte gar nicht mit mir fertig werden, konnte kein Ende finden. Ununterbrochen wuchs und wuchs mir etwas schmerzhaft in meiner Seele und wollte sich nicht beruhigen. Ganz niedergeschlagen kehrte ich heim, als ob irgendein Verbrechen auf meiner Seele lastete.

Der Gedanke, Lisa könnte kommen, quälte mich unablässig. Es kam mir seltsam vor, daß von allen gestrigen Erinnerungen die Erinnerung an sie mich besonders, getrennt von allen anderen, quälte. Alles andere hatte ich bis zum Abend völlig vergessen, hatte ein Kreuz drübergemacht und war noch immer durchaus zufrieden mit meinem Brief an Simonow. Hierbei jedoch war ich nicht so zufrieden. Als ob ich mich allein nur wegen Lisa quälte! Wie, wenn sie nun kommt? dachte ich unaufhörlich. Nun, und wenn schon? Das macht ja nichts, mag sie nur kommen! Hm! Schon allein das ist abscheulich, daß sie sehen wird, wie ich wohne. Gestern spielte ich mich als Helden vor ihr auf ... und jetzt, hm! Es ist übrigens sehr schlimm, daß ich so heruntergekommen bin. In meiner Wohnung sieht es wie bei einem Bettler aus. Und ich konnte mich gestern entschließen, in solch einem Anzug zum Abschiedsessen zu gehen! Und mein Wachstuchdiwan, aus dem das Werg herausschaut! Und mein Schlafrock, mit dem man sich kaum bedecken kann. Was für Lumpen ... Und das alles wird sie sehen; und Apollon wird sie sehen. Dieses Viehstück wird sie bestimmt kränken. Er wird mit ihr anbändeln, um mir grob zu kommen. Und ich werde natürlich, meiner Gewohnheit gemäß, Angst bekommen, werde vor ihr scharwenzeln, mich in meinen Schlafrock wickeln, lächeln, lügen. Ach, abscheulich! Aber das ist noch nicht die größte Scheußlichkeit! Hier gibt's noch etwas Wichtigeres, Ekelhafteres, Gemeineres! Ja, Gemeineres! Und wieder, wieder muß ich diese unehrliche, lügenhafte Maske aufsetzen ...

Als ich bis zu diesem Gedanken gekommen war, fuhr ich geradezu auf. Warum unehrlich? Wieso unehrlich? Ich habe gestern aufrichtig gesprochen. Ich entsinne mich, daß auch in mir ein echtes Gefühl lebendig war. Ich wollte in ihr eben edle Gefühle wachrufen ... Es war gut, daß sie weinte, das wirkt wohltuend ... Aber ich konnte mich dennoch nicht beruhigen.

Den ganzen Abend, als ich schon nach Hause gekommen,

als es schon nach neun Uhr war und Lisa, meiner Berechnung nach, gar nicht mehr kommen konnte, tauchte ihr Bild fortwährend vor mir auf, und – was die Hauptsache war – meine Erinnerung zeigte sie mir immer in derselben Lage. Gerade der eine Augenblick des gestrigen Erlebnisses war mir besonders deutlich im Gedächtnis haftengeblieben; wie ich das Zimmer durch das Streichholz erleuchtete und ihr blasses, verzerrtes Gesicht mit dem Märtyrerblick sah. Welch jammervolles, unnatürliches, verzerrtes Lächeln zeigte sie in jener Minute! Ich wußte damals noch nicht, daß ich mir Lisa noch nach fünfzehn Jahren mit demselben jammervollen, verzerrten, hilflosen Lächeln vorstellen würde, das sie in jenem Augenblick zur Schau getragen.

Am nächsten Tag war ich schon wieder geneigt, alles für Unsinn, für eine Reizung der Nerven, vor allem aber für Übertreibung zu halten. Ich war mir dieser schwachen Seite immer bewußt und fürchtete sie zuweilen sehr. Ich übertreibe immer, das ist die Stelle, wo ich sterblich bin, wiederholte ich mir stündlich. Und übrigens, übrigens wird Lisa am Ende doch kommen – das war der Kehrreim, womit alle meine damaligen Überlegungen endeten. Das beunruhigte mich so sehr, daß ich zuweilen in Wut geriet. »Sie wird kommen! Sie wird unbedingt kommen!« rief ich, im Zimmer umherlaufend. Wenn nicht heute, so morgen, aber sie wird mich schon ausfindig machen. So ist die verfluchte Romantik aller dieser *reinen Herzen*! Oh, welche Abscheulichkeit, welche Dummheit, welche Beschränktheit dieser verdammten empfindsamen Seelen! Wie konnte ich das nicht begreifen, wie konnte ich das nur nicht begreifen . . .? Aber hier hielt ich selber inne und sogar in großer Verlegenheit.

Und wie wenig, dachte ich vorübergehend, wie wenig Worte waren nötig, wie wenig Idylle war nötig (und die Idylle war noch dazu erlogen, erdichtet, aus Büchern geschöpft), um ein menschliches Leben sogleich auf meine Weise umzukrempeln. Da sieht man die Jungfräulichkeit! Da sieht man die Unberührtheit des Bodens!

Bisweilen kam mir der Gedanke, selbst zu ihr zu gehen, »ihr alles zu erzählen« und sie zu bitten, nicht zu mir zu kommen. Aber bei diesem Gedanken erwachte ein solcher Zorn in mir, daß ich – wie es mir schien – diese »verfluchte Lisa«, wenn sie jetzt plötzlich bei mir gewesen wäre, zermalmt, verletzt, bespien, geschlagen und fortgejagt hätte.

Aber es verging ein Tag, ein zweiter, ein dritter – sie kam nicht, und ich begann mich zu beruhigen. Besonders nach neun Uhr abends wurde ich ganz mutig und aufgeräumt, fing sogar mitunter an zu phantasieren, und noch dazu recht angenehm. Ich rettete zum Beispiel Lisa gerade dadurch, daß sie zu mir kam und ich mit ihr sprach ... Ich entwickelte sie, ich bildete sie. Schließlich bemerkte ich, daß sie mich liebte, leidenschaftlich liebte. Ich gab mir den Anschein, als ob ich es nicht verstünde. Ich weiß übrigens nicht, wozu ich mir diesen Anschein gab, wahrscheinlich nur so, der Schönheit wegen. Endlich warf sie sich verwirrt, herrlich in ihrer Verwirrung, zitternd und schluchzend mir zu Füßen und sagte, daß ich ihr Retter sei und daß sie mich über alles in der Welt liebe. Ich war erstaunt, aber ... »Lisa«, sagte ich, »glaubst du wirklich, daß ich deine Liebe nicht bemerkt habe? Ich habe alles gesehen, alles erraten, aber ich wagte nicht als erster an dich heranzutreten, weil ich Einfluß auf dich hatte und befürchten mußte, du würdest dich aus Dankbarkeit absichtlich dazu zwingen, meine Liebe zu erwidern, würdest gewaltsam ein Gefühl in dir wecken, das vielleicht gar nicht vorhanden ist, und das wollte ich nicht, weil das ... Despotismus ist ... Das ist nicht zartfühlend.« Nun, mit einem Wort, ich verstieg mich hier in so eine europäische, George-Sandische, unaussprechlich edle Vornehmheit ... »Aber jetzt, jetzt – bist du mein, du bist mein Geschöpf, du bist rein, herrlich, du bist mein herrliches Weib:

Zieh dreist und ohne dich zu schämen
Als Herrin meines Hauses ein.

Dann leben wir herrlich und in Freuden, reisen ins Ausland und so weiter und so weiter.« Mit einem Wort, mich übermannte der Ekel, und ich endete damit, daß ich mir selbst die Zunge zeigte.

Man wird sie gar nicht herlassen, das »gemeine Frauenzimmer«! dachte ich. Man läßt sie scheint's nicht allzuviel spazierengehen, geschweige denn abends. Ich bildete mir ein, daß sie unbedingt am Abend kommen müßte, und gerade um sieben Uhr. Sie hat übrigens gesagt, daß sie sich dort noch nicht ganz in die Knechtschaft begeben habe, besondere Rechte genieße; folglich, hm! Hol's der Teufel, sie kommt, sie kommt unbedingt!

Es war nur gut, daß Apollon durch seine Grobheiten in

dieser Zeit für meine Zerstreuung sorgte. Er raubte mir die letzte Geduld. Das war meine Pestbeule, meine Geißel, die von der Vorsehung über mich verhängt worden war! Wir zankten uns ständig schon ein paar Jahre lang, und ich haßte ihn. Mein Gott, wie ich ihn haßte! Ich glaube, in meinem Leben niemanden so gehaßt zu haben wie ihn, besonders in manchen Augenblicken. Er war ein bejahrter Mann, tat recht wichtig und betrieb nebenbei das Schneiderhandwerk. Aber er verachtete mich, Gott weiß warum, und zwar über jedes Maß; es war unerträglich, wie er mich von oben herab ansah! Übrigens sah er alle so an. Man brauchte nur diesen semmelblonden, glattgekämmten Kopf anzusehen, diese Tolle, die er sich auf der Stirn machte und mit Sonnenblumenöl einfettete, diesen großen Mund, der immer wie ein V zusammengelegt war – und man fühlte sofort, daß ein Wesen vor einem stand, das niemals an sich selbst zweifelte. Er war ein Pedant reinsten Wassers, der größte Pedant, den ich jemals in der Welt getroffen habe, außerdem von einem Selbstgefühl, wie es sich allenfalls nur für Alexander den Großen geschickt hätte. Er war in jeden seiner Knöpfe verliebt, in jeden seiner Fingernägel – so sah er auch aus. Mich behandelte er völlig despotisch, sprach außerordentlich wenig mit mir, und wenn er mich ansehen mußte, so sah er mich mit einem festen, erhaben-selbstbewußten und beständig spöttischen Blick an, der mich zuweilen rasend machte. Seinen Dienst übte er mit einer Miene aus, als ob er mir damit die höchste Gnade erwiese. Übrigens tat er fast nichts für mich und hielt sich auch nicht für verpflichtet, etwas zu tun. Es konnte kein Zweifel daran bestehen, daß er mich für den größten Dummkopf auf Erden hielt, und wenn »er mich bei sich behielt«, geschah das einzig und allein aus dem Grunde, weil man von mir jeden Monat Gehalt bekommen konnte. Er war einverstanden, bei mir für sieben Rubel monatlich »nichts zu tun«. Mir werden seinetwegen viele Sünden vergeben werden. Der Haß ging mitunter so weit, daß mir schon sein Gang beinahe Krämpfe verursachte. Aber besonders widerwärtig war mir sein Lispeln. Seine Zunge war länger als nötig oder etwas in der Art, deshalb zischte und lispelte er in einem fort und war anscheinend riesig stolz darauf, weil er sich einbildete, daß ihm das außerordentlich viel Würde verleihe. Er sprach leise und gemessen, wobei er die Hände auf dem Rücken verschränkte und die Augen zu Boden schlug. Ich geriet besonders in Wut, wenn er in seinem Verschlag den Psalter zu lesen begann. Wie viele Kämpfe hat mich dieses Lesen gekostet! Aber er liebte es schrecklich, am Abend zu lesen, mit einer leisen, gleichmäßigen, singenden Stimme – wie an einem Totenbett. Es ist bemerkenswert, daß er auch dort gelandet ist; er verdingt sich jetzt, bei Verstorbenen den Psalter zu lesen, zugleich aber vernichtet er Ratten und stellt Stiefelwichse her. Aber damals konnte ich ihn nicht fortjagen, weil er mit meinem Wesen chemisch verbunden zu sein schien. Zudem hätte er sich selber auf keinen Fall einverstanden erklärt, mich zu verlassen. Ich konnte mir kein möbliertes Zimmer mieten, meine Wohnung war meine Burg, mein Schnekkenhaus, mein Futteral, in das ich mich vor der ganzen Menschheit versteckte, und weiß der Teufel warum – Apollon kam mir als etwas zu der Wohnung Gehörendes vor, und ich konnte ihn ganze sieben Jahre nicht loswerden.

Es war zum Beispiel ganz unmöglich, sein Gehalt zwei oder drei Tage zurückzubehalten. Er hätte einen solchen Lärm geschlagen, daß ich nicht gewußt hätte, wo ich bleiben soll. Doch in diesen Tagen war ich so erbost über alle, daß ich beschloß (wozu und weshalb, weiß ich nicht), Apollon zu *bestrafen* und ihm sein Gehalt zwei Wochen lang nicht auszuzahlen. Ich hatte mir schon lange, schon seit ungefähr zwei Jahren vorgenommen, das zu tun: einzig deshalb, um ihm zu beweisen, daß er sich nicht erlauben dürfe, vor mir so großzutun, und daß ich, wenn ich nicht wolle, ihm sein Gehalt nicht zu zahlen brauche. Ich nahm mir vor, mit ihm nicht darüber zu sprechen, ja, sogar absichtlich darüber zu schweigen, um seinen Stolz zu brechen und ihn zu zwingen, selbst, als erster, von dem Gehalt zu reden. Dann wollte ich die sieben Rubel aus der Schublade nehmen, ihm zeigen, daß ich sie besäße, sie absichtlich dort deponiert hätte, ihm jedoch nicht geben wolle, einfach nicht wolle, weil ich es *so haben wolle,* weil mein »herrschaftlicher Wille« dahingehe, weil er unehrerbietig und ein Grobian sei. Wenn er aber ehrerbietig bäte, so würde ich mich vielleicht erweichen lassen und sie ihm geben; andernfalls könnte er noch zwei Wochen, noch drei Wochen, noch einen ganzen Monat warten ...

Aber so böse ich auch sein mochte, er siegte trotzdem. Ich hielt es nicht einmal vier Tage lang aus. Er begann mit dem, womit er in ähnlichen Fällen immer begann, denn ähnliche Fälle hatte es schon gegeben (und ich muß bemerken, ich wußte alles schon im voraus und kannte seine gemeine Taktik auswendig); und zwar begann er damit, daß er einen sehr strengen Blick auf mich richtete, ihn einige Minuten lang nicht von mir wendete, besonders wenn er mich beim Nachhausekommen empfing oder beim Fortgehen hinausbegleitete. Wenn ich den Blick aushielt oder mir den Anschein gab, als ob ich ihn gar nicht bemerkte, ging er schweigend zu weiteren Martern über. Er kam plötzlich mir nichts, dir nichts leise und gemessen in mein Zimmer, wenn ich umherging oder las, blieb an der Tür stehen, legte eine Hand auf den Rücken, stellte einen Fuß vor und richtete seinen Blick auf mich, einen Blick, der nicht mehr streng, sondern nur noch verächtlich war. Wenn ich ihn plötzlich fragte, was er wolle, antwortete er nichts und fuhr fort, mich noch einige Sekunden lang hartnäckig anzusehen, dann preßte er mit einer vielsagenden Miene die Lippen ganz fest zusammen, drehte sich langsam um und ging langsam in sein Zimmer. Nach zwei Stunden kam er plötzlich wieder heraus und erschien wieder vor mir. Es kam vor, daß ich, rasend geworden, ihn gar nicht mehr fragte: Was willst du? sondern einfach selbst schroff und gebieterisch den Kopf hob und ihn ebenfalls anzusehen begann. So sahen wir uns mitunter zwei Minuten lang an; schließlich drehte er sich langsam und würdevoll um und ging wieder für zwei Stunden fort.

Wenn mich das alles noch nicht zur Vernunft brachte und ich mich noch immer auflehnte, begann er plötzlich unverwandten Blicks lange und tief zu seufzen, als ob er mit einem Seufzer die ganze Tiefe meines sittlichen Falls ermessen wollte, und natürlich endete es schließlich damit, daß er mich völlig besiegte. Ich raste, schrie, war aber trotzdem gezwungen, das zu tun, worum es sich handelte.

Diesmal hatte das Verfahren der »strengen Blicke« kaum begonnen, als ich sofort außer mir geriet und mich voller Wut auf ihn stürzte. Ich war ohnehin äußerst gereizt.

»Halt!« schrie ich außer mir, als er sich langsam und schweigend, mit einer Hand auf dem Rücken, abwandte, um in sein Zimmer zu gehen. »Halt! komm zurück, komm zurück, sage ich dir!« Wahrscheinlich hatte ich ihn so unnatürlich angebrüllt, daß er sich umdrehte und mich sogar mit einer gewissen Neugierde zu betrachten begann. Übrigens hielt er daran fest, kein Wort zu sagen, und gerade das brachte mich auf.

»Wie darfst du es wagen, ungebeten hier hereinzukommen und mich so anzusehen? Antworte!«

Aber er sah mich eine halbe Minute lang schweigend an und wandte sich wieder zum Gehen.

»Halt!« brüllte ich, ihm nachlaufend, »keinen Schritt! So. Antworte jetzt: Was willst du hier sehen?«

»Wenn Sie mir jetzt irgend etwas zu befehlen haben, so ist es meine Sache, es auszuführen«, antwortete er nach längerem Schweigen, leise und gemessen lispelnd, wobei er die Augenbrauen in die Höhe zog und den Kopf ruhig von einer Seite zur anderen drehte – und alles das mit der erschreckendsten Ruhe.

»Nicht danach, nicht danach frage ich dich, du Henker!« schrie ich, vor Wut zitternd. »Ich werde dir selbst sagen, du Henker, warum du herkommst! Du siehst, daß ich dir dein Gehalt nicht gebe; aus Stolz willst du nicht selber einlenken, nicht bitten, und deshalb kommst du, mich mit deinen dummen Blicken zu strafen, zu quälen, und a–a–ahnst nicht, du Henker, wie dumm das ist, wie dumm, dumm, dumm, dumm, dumm!«

Er wollte wieder schweigend kehrtmachen, aber ich hielt ihn fest.

»Höre!« schrie ich ihn an. »Hier ist dein Geld, siehst du, da ist es.« Ich legte es auf den Tisch. »Alle sieben Rubel, aber du kriegst sie nicht, kri–i–iegst sie nicht, ehe du nicht zu mir kommst, ehrerbietig deine Schuld eingestehst und mich um Verzeihung bittest. Verstanden?«

»Das kann nicht geschehen!« antwortete er mit einer unnatürlichen Selbstsicherheit.

»Das wird geschehen!« schrie ich, »ich gebe dir mein Ehrenwort, daß es geschehen wird.«

»Ich habe auch keinen Grund, Sie um Verzeihung zu bitten«, fuhr er fort, als hätte er mein Schreien gar nicht bemerkt. »Zudem haben Sie mich einen ‚Henker' genannt, wofür ich Sie jederzeit auf dem Polizeirevier belangen kann.«

»Geh! Verklage mich!« brüllte ich, »geh sofort, in dieser Minute, in dieser Sekunde! Aber du bist trotzdem ein Henker, ein Henker, ein Henker!« Doch er blickte mich nur an, wandte sich um und ging, ohne auf meine Rufe zu hören, ohne sich umzusehen, mit feierlichem Schritt in sein Zimmer.

Wenn Lisa nicht wäre, würde alles nicht sein, entschied ich. Nachdem ich eine Minute lang dagestanden hatte, ging ich würdevoll und feierlich, aber mit langsam und stark klopfendem Herzen selbst zu ihm hinter den Verschlag.

»Apollon!« sagte ich leise und deutlich, aber mit versagendem Atem, »hole sofort und unverzüglich den Revieraufseher.«

Er hatte bereits an seinem Tisch Platz genommen, die Brille aufgesetzt und etwas zu nähen begonnen. Als er aber meinen Befehl vernahm, prustete er vor Lachen.

»Geh sofort, diesen Augenblick! Geh, oder du kannst dir gar nicht vorstellen, was sonst geschieht!«

»Sie sind wahrhaftig nicht bei Verstand«, bemerkte er, ohne den Kopf zu heben, genauso langsam lispelnd, und fuhr fort, den Faden einzufädeln. »Und wo hätte man schon erlebt, daß ein Mensch sich selbst bei der Obrigkeit anzeigt? Und was die Drohung betrifft, so strengen Sie sich ganz unnötig an, weil – gar nichts geschehen wird.«

»Geh!« kreischte ich und packte ihn an der Schulter. Ich fühlte, daß ich ihn gleich schlagen würde.

Ich hörte nicht, wie sich in diesem Augenblick die Tür im Hausflur plötzlich leise und langsam öffnete und eine Gestalt eintrat, stehenblieb und uns erstaunt betrachtete. Ich sah mich um, erstarrte vor Scham und stürzte in mein Zimmer. Dort lehnte ich mich mit dem Kopf an die Wand, fuhr mir mit beiden Händen in die Haare und verharrte in dieser Stellung.

Nach zwei Minuten ließen sich Apollons langsame Schritte vernehmen.

»Dort fragt *irgendeine* nach Ihnen«, sagte er, mich besonders streng ansehend, dann trat er zur Seite und ließ Lisa an sich vorbei. Er wollte nicht fortgehen und betrachtete uns spöttisch.

»Geh! Geh!« befahl ich ihm ganz verstört. In diesem Augenblick schnarrte meine Uhr, zischte und schlug sieben.

9

Zieh dreist und ohne dich zu schämen
Als Herrin meines Hauses ein.

Aus demselben Gedicht.

Ich stand vor ihr, vernichtet, blamiert, widerwärtig beschämt, und lächelte, glaube ich, indem ich mich bemühte, die Schöße meines zerlumpten, wattierten Schlafrocks übereinanderzuschlagen – kurz, ganz genauso, wie ich es mir unlängst in meiner seelischen Niedergeschlagenheit vorgestellt hatte. Apollon war, nachdem er etwa zwei Minuten lang neben uns gestanden hatte, fortgegangen, aber mir war nicht leichter geworden. Noch schlimmer war es, daß auch sie plötzlich verlegen wurde, dermaßen verlegen, wie ich es nie erwartet hätte. Natürlich wirkte mein Anblick so auf sie.

»Setz dich«, sagte ich mechanisch und rückte ihr einen Stuhl an den Tisch. Ich selbst setzte mich auf den Diwan. Sie ließ sich gehorsam nieder, wobei sie mich mit großen Augen anblickte und offenbar sofort etwas von mir erwartete. Gerade diese naive Erwartung machte mich wütend, doch ich hielt an mich.

Hier wäre es am Platz gewesen, nichts zu bemerken, als ob alles ganz gewöhnlich wäre, doch sie ... Und ich fühlte unklar, unbewußt, daß sie mir *für dies alles* teuer bezahlen werde.

»Du hast mich in einer merkwürdigen Lage angetroffen, Lisa«, begann ich stockend und wußte, daß ich gerade so nicht hätte beginnen sollen.

»Nein, nein, denke nur ja nichts!« rief ich aus, da ich sah, daß sie plötzlich errötete. »Ich schäme mich meiner Armut nicht ... Im Gegenteil, ich bin stolz auf meine Armut. Ich bin arm, aber vornehm ... Man kann arm und vornehm sein«, murmelte ich. »Übrigens ... willst du Tee haben?«

»Nein ...« fing sie an.

»Warte.«

Ich sprang auf und lief zu Apollon. Ich mußte doch irgendwohin verschwinden.

»Apollon«, flüsterte ich in fieberhafter Hast und warf ihm die sieben Rubel hin, die ich noch immer in meiner Faust hielt; »hier ist dein Gehalt, siehst du, ich gebe es dir; aber dafür mußt du mich retten; bring mir unverzüglich Tee und zehn Stück Zwieback aus dem Gasthaus. Wenn du nicht gehen willst, so machst du einen Menschen unglücklich. Du weißt nicht, was für eine Frau das ist ... Das ist alles! Du denkst vielleicht, irgend etwas ... Aber du weißt nicht, was für eine Frau das ist ...«

Apollon, der sich schon wieder an seine Arbeit gemacht und die Brille aufgesetzt hatte, schielte zuerst schweigend nach dem Geld, ohne die Nadel aus der Hand zu legen; dann machte er sich, ohne mir die geringste Aufmerksamkeit zu schenken oder mir zu antworten, mit seinem Zwirn zu schaffen, den er immer noch einfädelte. Ich wartete ungefähr drei Minuten, mit à la Napoleon verschränkten Armen vor ihm stehend. An den Schläfen brach mir der Schweiß aus; ich war blaß, ich spürte es. Aber Gott sei Dank schien er bei meinem Anblick Mitleid mit mir zu empfinden. Als er mit seinem Faden fertig war, stand er langsam von seinem Platz auf, schob langsam den Stuhl zurück, nahm langsam die Brille ab, überzählte langsam das Geld und fragte mich endlich über die Achsel weg, ob er eine ganze Portion nehmen solle, und ging langsam aus dem Zimmer. Während ich zu Lisa zurückkehrte, kam mir plötzlich der Gedanke, ob ich nicht lieber so, wie ich war, im Schlafrock, fortlaufen sollte, wohin die Augen sehen, mochte dann kommen, was da wollte.

Ich setzte mich wieder. Sie sah mich unruhig an. Wir schwiegen ein paar Minuten.

»Ich schlage ihn tot!« rief ich plötzlich, mit der Faust heftig auf den Tisch hauend, so daß die Tinte aus dem Tintenfaß spritzte.

»Ach, was ist Ihnen?« rief sie zusammenfahrend.

»Ich schlage ihn tot, ich schlage ihn tot!« kreischte ich, in rasender Wut auf den Tisch schlagend, und begriff zugleich völlig, wie dumm es war, sich so wütend zu gebärden.

»Du weißt nicht, Lisa, was dieser Henker für mich bedeutet. Er ist mein Henker ... Er ist jetzt Zwieback holen gegangen; er ...«

Und plötzlich brach ich in Tränen aus. Es war ein Anfall. Wie ich mich bei jedem Aufschluchzen schämte! Aber ich konnte es nicht mehr zurückhalten.

Sie erschrak.

»Was ist Ihnen? Was ist Ihnen denn?« rief sie, sich um mich bemühend.

»Wasser, gib mir Wasser, dort steht es!« flüsterte ich mit schwacher Stimme, obwohl ich mir bewußt war, daß ich sehr gut ohne Wasser auskommen konnte und nicht nötig hatte, mit schwacher Stimme zu flüstern. Aber ich *verstellte* mich, sozusagen um den Anstand zu wahren, obgleich ich tatsächlich einen Anfall hatte.

Sie reichte mir das Wasser und sah mich wie eine Verlorene an. In diesem Augenblick brachte Apollon den Tee. Mir kam es plötzlich vor, daß dieser gewöhnliche und prosaische Tee nach alledem, was sich gerade abgespielt hatte, furchtbar unangemessen und erbärmlich war, und ich wurde rot. Lisa blickte voller Schrecken auf Apollon. Er ging fort, ohne uns anzusehen.

»Lisa, verachtest du mich?« sagte ich, wobei ich sie unverwandt anstarrte; ich zitterte vor Ungeduld, zu erfahren, was sie dachte.

Sie wurde verlegen und konnte mir keine Antwort geben.

»Trink Tee!« sagte ich ärgerlich. Ich ärgerte mich über mich selbst, aber natürlich mußte sie es entgelten. Eine schreckliche Wut auf sie begann plötzlich in meinem Herzen zu kochen; ich glaube, ich hätte sie erschlagen können. Ich schwor mir in Gedanken, die ganze Zeit über kein Wort mit ihr zu reden, um mich an ihr zu rächen. Sie ist doch die Ursache von allem, dachte ich.

Unser Schweigen währte schon gegen fünf Minuten. Der Tee stand auf dem Tisch; wir rührten ihn nicht an. Ich war so wütend, daß ich absichtlich nicht anfangen wollte zu trinken, um es ihr dadurch noch schwerer zu machen; ihr aber war es peinlich anzufangen. Mehrere Male sah sie mich mit traurigem Erstaunen an. Ich schwieg hartnäckig. Natürlich war ich es, der sich damit am meisten quälte, weil ich die schändliche Niedrigkeit meiner boshaften Dummheit vollkommen einsah und gleichzeitig durchaus nicht an mich zu halten vermochte.

»Ich will . . . ganz fortgehen . . . von dort«, begann sie, um das Schweigen auf irgendeine Art zu brechen. Die Ärmste! Gerade damit hätte sie in einem ohnehin so dummen Augenblick, einem ohnehin so dummen Menschen gegenüber, wie ich es war, nicht beginnen dürfen. Mein Herz krampfte sich sogar vor Mitleid über ihre Ungeschicktheit und unnötige Offenheit zusammen. Aber irgend etwas Scheußliches erstickte dieses Gefühl sofort wieder in mir; es stachelte mich sogar noch mehr an; mochte doch alles in der Welt zugrunde gehen! Es vergingen noch fünf Minuten.

»Habe ich Sie vielleicht gestört?« begann sie schüchtern, kaum hörbar und wollte aufstehen.

Aber sobald ich dieses erste Aufflammen gekränkter Würde sah, begann ich vor Wut zu zittern und brach sofort los.

»Wozu bist du zu mir gekommen? Sag mir das, bitte!« begann ich, nach Atem ringend und ohne an die logische Ordnung meiner Worte zu denken. Ich wollte alles mit einemmal sagen, mit einem Schlag; ich überlegte nicht einmal, womit ich anfangen sollte.

»Warum bist du gekommen? Antworte! Antworte!« rief ich, mich kaum noch kennend. »Ich werde dir sagen, meine Liebe, warum du gekommen bist. Du bist gekommen, weil ich dir damals so *mitleidige* Worte gesagt habe. Nun, und jetzt bist du weich geworden und willst wieder ‚mitleidige' Worte hören. So wisse, wisse denn, daß ich mich damals lustig über dich gemacht habe! Ich lache auch jetzt über dich. Warum zitterst du? Ja, ich habe über dich gelacht! Ich war vorher von denen, die damals vor mir zu euch kamen, beim Mittagessen beleidigt worden. Ich kam zu euch, um einen von ihnen, einen Offizier, zu verprügeln; aber es gelang nicht, ich traf ihn nicht an. Da mußte ich meine Kränkung doch an jemand anders auslassen und zu meinem Recht kommen. Du kamst mir in den Weg, so habe ich denn meine ganze Wut über dich ausgegossen und dich verlacht. Man hatte mich gedemütigt, da wollte auch ich jemanden demütigen, man hatte mich zu Brei zermalmt, da wollte auch ich meine Macht zeigen ... Das war es, aber du dachtest wohl, ich sei in der Absicht gekommen, dich zu retten? Dachtest du das? Dachtest du das?«

Ich wußte, daß sie vielleicht verwirrt werden und die Einzelheiten nicht verstehen würde, aber ich wußte ebenfalls, daß sie das Wesentliche sehr gut begreifen mußte. So war es auch. Sie wurde blaß wie eine Kalkwand, wollte etwas sagen, ihre Lippen verzerrten sich schmerzlich, und sie fiel, wie von einem Beil getroffen, auf den Stuhl zurück. Und die ganze Zeit nachher hörte sie mir mit offenem Mund, mit weitgeöffneten Augen zu und zitterte vor entsetzlicher Angst. Der Zynismus, der Zynismus meiner Worte hatte sie erdrückt! ...

»Retten!« fuhr ich fort; ich war vom Stuhl aufgesprungen und lief im Zimmer hin und her. »Wovor retten? Ja, vielleicht bin ich selber schlechter als du. Warum hast du mir damals, als ich dir die Predigt hielt, nicht in die Fratze geschrien: ‚Weshalb bist du denn zu uns gekommen? Wohl nur, um Moral zu predigen?' – Macht, Macht brauchte ich damals, das Spiel brauchte ich, deine Tränen wollte ich erzwingen, deine Erniedrigung, deinen Weinkrampf – das war es, was ich damals brauchte. Ich habe es ja selbst nicht ertragen können, weil ich ein Jammerlappen bin; ich erschrak selber und gab dir, weiß der Teufel wozu, aus purer Dummheit meine Adresse. Ich habe damals, noch ehe ich daheim war, wegen dieser Adresse auf dich geschimpft, was das Zeug hält. Ich haßte dich bereits, weil ich dir soviel vorgelogen hatte. Weil ich nur mit Worten spielen, nur in Gedanken träumen will. Aber weißt du, was ich tatsächlich will: daß ihr euch alle zum Teufel schert, das ist's! Ich brauche Ruhe! Ich würde die ganze Welt für eine Kopeke verkaufen, wenn man mich nur in Ruhe ließe. Soll die Welt untergehen, oder soll ich keinen Tee trinken? Ich werde sagen, die Welt soll untergehen, aber ich muß immer meinen Tee haben! Wußtest du das oder nicht? Nun, ich weiß es, daß ich ein Schurke, ein gemeiner Kerl, ein Egoist, ein Faulpelz bin. Ich habe diese drei Tage vor Angst gezittert, daß du kommen könntest. Und weißt du, was mich in diesen drei Tagen besonders beunruhigt hat? Daß ich dir damals als Held erschienen bin, daß du mich hier aber plötzlich in meinem zerrissenen Schlafrock sehen würdest, bettelarm und abscheulich. Ich sagte dir vorhin, daß ich mich meiner Armut nicht schäme; so wisse denn, daß ich mich schäme, über alles schäme, mehr als wenn ich gestohlen hätte, weil ich so eitel bin, als ob man mir die Haut abgezogen hätte und mir die Luft allein schon Schmerzen verursachte! Ja, hast du es auch jetzt noch nicht erfaßt, daß ich es dir nie verzeihen werde, daß du mich in diesem elenden Schlafrock angetroffen hast, als ich mich wie ein böser Hund auf Apollon stürzte? Der Erlöser, der frühere Held stürzt sich wie ein räudiger, zottiger Kläffer auf seinen Diener, und der lacht ihn aus! Auch meine Tränen, die ich wie ein beschämtes Frauenzimmer nicht vor dir zurückzuhalten vermochte, werde ich dir niemals verzeihen. Und das, was ich jetzt vor dir bekenne, werde ich dir ebenfalls niemals verzeihen! Ja – du, du allein wirst alles das verantworten müssen, weil du mir gerade in die Quere gerietest, weil ich ein Schurke bin, weil ich der scheußlichste, lächerlichste, kleinlichste, dümmste, neidischste aller Würmer auf Erden bin, die durchaus nicht besser sind als ich, die aber, weiß der Teufel, niemals verlegen werden. Ich aber werde mein ganzes Leben lang von jeder Laus einen Nasenstüber bekommen; das ist mein Schicksal. Was geht es mich an, daß du von alledem nichts begreifst? Und was, was gehst du mich an, und was geht es mich an, ob du dort verkommst oder nicht? Ja, begreifst du denn, wie ich dich jetzt, nachdem ich dies alles gesagt habe, hassen werde, weil du hiergewesen bist und alles mit angehört hast? Denn der Mensch spricht sich nur einmal im Leben so aus, und auch das nur in einem hysterischen Anfall ... Was willst du denn noch? Warum bist du nach alledem noch hier, warum quälst du mich und gehst nicht fort?«

Doch hier geschah plötzlich etwas ganz Merkwürdiges. Ich war so sehr gewöhnt, mir alles nach Büchern zu denken und einzubilden und mir alles auf der Welt so vorzustellen, wie ich es mir selbst vorher in meiner Phantasie zusammengedichtet hatte, daß ich damals diesen seltsamen Zwischenfall gar nicht begriff. Es geschah folgendes: Lisa, die ich so beleidigt hatte und ganz vernichtet zu haben glaubte, hatte viel mehr verstanden, als ich mir einbildete. Sie hatte vor allem das eine begriffen, was eine Frau, die aufrichtig liebt, immer zuallererst begreift, und zwar, daß ich selbst unglücklich war.

Der erschrockene und verletzte Ausdruck wurde in ihrem Gesicht zuerst durch ein trauriges Staunen abgelöst. Als ich mich aber einen gemeinen Kerl und Schurken nannte und meine Tränen zu fließen begannen (ich hatte diesen ganzen Wortschwall unter Tränen hervorgebracht), wurde ihr Gesicht von einem krampfähnlichen Zucken befallen. Sie wollte aufstehen, um mich zum Schweigen zu bringen; als ich zu Ende gekommen war, richtete sie ihre Aufmerksamkeit nicht auf meinen Ausruf: »Warum bist du hier, warum gehst du nicht fort!« sondern darauf, daß es mir selbst wohl sehr schwerfallen mochte, dies alles auszusprechen. Die Arme war ja so eingeschüchtert; sie hielt sich für unendlich niedriger als mich; wie sollte sie da zornig werden und sich gekränkt fühlen? Sie sprang plötzlich in einem unwiderstehlichen Drang vom Stuhl auf, es trieb sie zu mir hin, doch sie wagte nicht, sich von der Stelle zu rühren und streckte mir immer nur schüchtern die Hände entgegen ... Da drehte sich auch mir das Herz um. Dann stürzte sie plötzlich auf mich zu, umhalste mich mit beiden Armen und fing an zu weinen. Ich hielt es auch nicht aus und begann zu schluchzen wie noch nie in meinem Leben ...

»Man läßt mich nicht ... Ich kann nicht ... gut sein«, brachte ich mühsam hervor, ging zum Diwan, fiel darauf nieder und schluchzte eine Viertelstunde lang in einem wirklichen Weinkrampf. Sie schmiegte sich an mich, umarmte mich und schien in dieser Umarmung zu ersterben.

Aber die Sache lag so, daß der Krampf doch einmal vorbeigehen mußte. Und (ich schreibe ja die scheußlichste Wahrheit) während ich auf dem Bauch auf dem Diwan lag und das Gesicht fest in mein erbärmliches Lederkissen drückte, begann ich allmählich, wie aus der Ferne, unwillkürlich, aber unaufhaltsam zu fühlen, daß es mir jetzt peinlich sein würde, den Kopf zu heben und Lisa gerade in die Augen zu blicken. Wovor schämte ich mich? Ich weiß es nicht, aber ich schämte mich. Auch schoß mir der Gedanke durch mein aufgeregtes Hirn, daß die Rollen jetzt endgültig vertauscht waren, daß jetzt sie die Heldin war, ich aber genauso ein erniedrigtes und zermalmtes Geschöpf, wie sie es in jener Nacht mir gegenüber gewesen war – vor vier Tagen ... Und dies alles kam mir noch in jenen Augenblicken in den Sinn, da ich, das Gesicht nach unten gekehrt, auf dem Diwan lag.

Mein Gott! Ist es wirklich möglich, daß ich sie damals beneidete?

Ich weiß es nicht, kann es jetzt noch nicht entscheiden und konnte es damals natürlich noch weniger begreifen als jetzt. Ich konnte ja nicht leben, ohne jemanden meine Macht und Tyrannei fühlen zu lassen ... Aber ... aber mit Philosophieren kann man nichts erklären, folglich lohnt es auch nicht zu philosophieren.

Ich überwand mich aber doch und hob den Kopf; ich mußte ihn doch einmal heben ... Und da – ich bin bis jetzt überzeugt davon, daß gerade deshalb, weil ich mich schämte, sie anzusehen, in meinem Herzen plötzlich ein anderes Gefühl entbrannte ... das Gefühl der Herrschaft und des Besitzes. Heiße Leidenschaft entbrannte in mir, und ich preßte ihre Hände fest zusammen. Wie haßte ich sie, und wie zog es mich in diesem Augenblick zu ihr hin! Ein Gefühl verstärkte das andere. Das gemahnte beinahe an Rache ... Ihr Gesicht drückte anfangs Erstaunen aus, beinahe Angst, aber nur für einen Augenblick. Sie umarmte mich heiß und hingerissen.

10

Nach einer Viertelstunde lief ich in rasender Ungeduld im Zimmer auf und ab und ging fortwährend zum Wandschirm, um durch den Ritz auf Lisa zu sehen. Sie saß auf dem Fußboden, hatte den Kopf auf den Bettrand gelegt und schien zu weinen. Aber sie ging nicht fort, und gerade das brachte mich auf. Diesmal wußte sie bereits alles. Ich hatte sie endgültig beleidigt, aber ... wozu das erzählen? Sie hatte erraten, daß der Ausbruch meiner Leidenschaft nichts anderes als Rache gewesen war, eine neue Erniedrigung für sie, und daß zu meinem bisher beinahe gegenstandslosen Haß jetzt bereits ein *persönlicher, neidvoller* Haß gegen sie hinzugekommen war ... Übrigens will ich nicht behaupten, daß sie dies alles ganz genau begriff; dafür aber hatte sie völlig begriffen, daß ich ein Schurke war, und vor allem, daß ich nicht fähig war, sie zu lieben.

Ich weiß, man wird mir sagen, daß dies unwahrscheinlich ist – daß es unwahrscheinlich ist, so böse, so dumm zu sein wie ich; man wird womöglich noch hinzufügen, daß es unwahrscheinlich war, sie nicht liebzugewinnen oder ihre Liebe nicht einmal zu schätzen. Wieso unwahrscheinlich? Erstens vermochte ich bereits nicht mehr zu lieben, denn ich wiederhole, lieben bedeutet für mich Tyrannei ausüben und sittliche Überlegenheit zeigen. Ich konnte mir mein ganzes Leben lang eine andere Liebe nicht einmal vorstellen und kam so weit, daß ich jetzt zuweilen denke, daß Lieben nichts anderes heißt, als dem geliebten Wesen freiwillig das Recht einräumen, Gewalt auszuüben. Ich stellte mir auch in meinen Träumereien im Kellerloch die Liebe nicht anders vor denn als Kampf. Ich begann immer mit dem Haß und endete mit einer sittlichen Unterwerfung, aber dann konnte ich mir überhaupt nicht vorstellen, was ich mit dem unterworfenen Geschöpf anfangen sollte. Und was ist denn Unwahrscheinliches dabei, wenn ich bereits sittlich so tief gesunken, dem »lebendigen Leben« so entwöhnt war, daß ich mir anmaßte, ihr Vorwürfe zu machen und sie zu beschämen, weil sie angeblich zu mir gekommen war, um »mitleidige Worte« zu hören! Ich erriet aber nicht, daß sie gar nicht gekommen war, um mitleidige Worte zu hören, sondern um mich zu lieben, weil für das Weib in der Liebe die Auferstehung, die Rettung vor jeglichem Übel und die ganze Wiedergeburt liegt und sich ja auch in nichts anderem als gerade darin äußern kann. Übrigens haßte ich sie gar nicht so sehr, als ich im Zimmer umherlief und durch das Ritzchen hinter den Wandschirm blickte. Es war mir nur unerträglich, daß sie sich hier befand. Ich wollte, daß sie verschwände. Ich wünschte mir »Ruhe«, ich wollte allein in meinem Kellerloch bleiben. Das ungewohnte »lebendige Leben« hatte mich so zermalmt, daß mir sogar das Atmen schwer fiel.

Aber es vergingen noch ein paar Minuten, und sie erhob sich noch immer nicht; sie war in einem Dämmerzustand. Ich besaß die Unverschämtheit, leise an den Wandschirm zu klopfen, um mich in Erinnerung zu bringen ... Sie fuhr plötzlich auf, erhob sich von ihrem Platz und begann hastig ihr Tuch, ihren Hut, ihren Pelz zusammenzusuchen, als wollte sie sich vor mir irgendwohin retten ... Nach zwei Minuten kam sie langsam hinter dem Wandschirm hervor und sah mich mit einem schweren, düsteren Blick an. Ich lächelte spöttisch und boshaft, übrigens gewaltsam, anstandshalber, und wich ihrem Blick aus.

»Leben Sie wohl«, sagte sie und wandte sich nach der Tür.

Plötzlich lief ich zu ihr hin, ergriff ihre Hand, drückte sie auf, legte es hinein ... und drückte sie wieder zu. Dann wandte ich mich sofort ab und stürzte schnell in die andere Ecke, um wenigstens nichts zu sehen ...

Jetzt wollte ich eben lügen – ich wollte schreiben, daß ich das unabsichtlich, aus Dummheit getan hätte, weil ich außer mir und verrückt war. Aber ich will nicht lügen und deshalb sage ich geradeheraus, daß ich – aus Bosheit ihre Hand aufdrückte und es hineinlegte. Es war mir in den Sinn gekommen, das zu tun, als ich im Zimmer auf und ab lief und sie hinter dem Schirm saß. Aber eines kann ich mit Bestimmtheit sagen, ich beging diese Grausamkeit zwar absichtlich, aber sie kam mir nicht aus dem Herzen, sondern aus meinen schlechten Gedanken. Diese Grausamkeit war so gemacht, so sehr dem Kopf entsprungen, so absichtlich erdichtet und aus Büchern angelesen, daß ich es selbst nicht eine Minute lang aushielt, sondern zuerst in die Ecke sprang, um nichts zu sehen, dann aber voller Scham und Verzweiflung Lisa nachstürzte. Ich öffnete die Tür in den Hausflur und horchte.

»Lisa, Lisa!« rief ich an der Treppe, aber nicht mutig, sondern nur halblaut.

Es erfolgte keine Antwort; dabei glaubte ich, ihre Schritte auf den untersten Stufen noch zu hören.

»Lisa!« rief ich lauter.

Keine Antwort. Aber in demselben Augenblick hörte ich, wie sich unten die glatte äußere Glastür schwer und kreischend auf die Straße hinaus öffnete und schwer zufiel. Der Widerhall erklang im Treppenhaus.

Sie war gegangen. Ich kehrte nachdenklich in mein Zimmer zurück. Mir war furchtbar schwer zumute.

Ich blieb am Tisch neben dem Stuhl stehen, auf dem sie gesessen hatte, und schaute sinnlos vor mich hin. Es verstrich ungefähr eine Minute, plötzlich fuhr ich zusammen: gerade vor mir, auf dem Tisch, erblickte ich ... mit einem Wort, ich erblickte den zerknüllten blauen Fünfrubelschein, denselben, den ich ihr vor einer Minute in die Hand gedrückt hatte. Das war *jener* Schein; ein anderer konnte es nicht sein, ein zweiter war überhaupt nicht im Haus. Sie hatte also Zeit gehabt, ihn auf den Tisch zu werfen, in dem Augenblick, da ich in die andere Ecke gestürzt war.

Was denn? Ich hatte erwarten können, daß sie das tun würde. Hatte ich so etwas erwarten können? Nein! Ich war ein solcher Egoist, ich achtete die Menschen tatsächlich so wenig, daß ich mir nicht einmal vorstellen konnte, daß auch sie so etwas zu tun imstande war. Das ertrug ich nicht. Einen Augenblick später begann ich wie ein Verrückter mich anzukleiden, indem ich überwarf, was mir in der Eile in die Hände kam, und stürzte ihr Hals über Kopf nach. Als ich auf die Straße kam, konnte sie sich noch keine zweihundert Schritt weit entfernt haben.

Es war still und schneite; der Schnee fiel beinahe senkrecht und bedeckte den Fußsteig und die verödete Straße mit einem weichen Kissen. Es waren keine Fußgänger zu sehen, kein Laut zu vernehmen. Die Laternen schimmerten traurig und zwecklos. Ich lief zweihundert Schritte bis zur Wegkreuzung und blieb stehen. Wohin war sie gegangen? Und warum lief ich ihr nach?

Warum? Um vor ihr niederzufallen, vor Reue zu schluchzen, ihre Füße zu küssen, sie um Verzeihung anzuflehen. Das wollte ich auch, meine Brust drohte in Stücke zu zerspringen – und niemals, niemals werde ich mich gleichmütig an diesen Augenblick erinnern. Aber warum? dachte ich. Werde ich sie nicht vielleicht schon morgen hassen, gerade deshalb, weil ich heute ihre Füße küßte? Kann ich ihr denn Glück geben? Bin ich mir denn heute nicht zum hundertstenmal meines Wertes bewußt geworden? Würde ich sie denn nicht zu Tode quälen?

Ich stand im Schnee, sah in die trübe Finsternis und dachte an all dieses.

Und ist es nicht besser, ist es nicht besser, phantasierte ich, bereits zu Hause, um durch diese Gedanken den lebhaften Schmerz im Herzen zu betäuben, ist es nicht besser, wenn sie jetzt diese Beleidigung für ewige Zeiten mit sich fortnimmt? Eine Beleidigung – das ist doch eine Reinigung, das ist die giftigste und schmerzlichste Erkenntnis. Bereits morgen hätte ich ihre Seele beschmutzt und ihr Herz zermürbt. Aber die Kränkung wird jetzt nie mehr in ihr erlöschen, und wie häßlich der Schmutz auch sein mag, der sie erwartet – die Kränkung wird sie erhöhen und reinigen ... durch den Haß ... hm ... vielleicht auch durch die Vergebung ... Aber wird ihr von alledem leichter werden?

Und in der Tat: da stelle ich bereits von mir aus eine müßige Frage: Was ist besser – ein wohlfeiles Glück oder erhöhtes Leiden? Nun, was ist besser?

Das ging mir durch den Sinn, als ich an jenem Abend zu Hause saß und vor Seelenschmerz kaum noch lebte. Noch niemals hatte ich soviel Leiden und Reue durchlebt; aber konnte denn, als ich aus der Wohnung lief, irgendein Zweifel daran bestehen, daß ich auf halbem Weg umkehren würde? Ich habe Lisa nie mehr wiedergesehen und nie mehr etwas von ihr gehört. Ich füge noch hinzu, daß ich lange Zeit von der *Phrase* über den Nutzen der Kränkung und des Hasses befriedigt war, obwohl ich damals vor Kummer beinahe selber erkrankte.

Sogar jetzt noch, nach so langen Jahren, erscheint mir die Erinnerung an dies alles gar zu übel. An vieles erinnere ich mich jetzt als an etwas Schlechtes, aber ... sollte ich nicht bereits hier meine Aufzeichnungen abschließen? Mir scheint, ich habe einen Fehler gemacht, als ich anfing, sie zu schreiben. Wenigstens schämte ich mich die ganze Zeit über, solange ich diese *Novelle* schrieb; folglich ist das keine Literatur mehr, sondern eine Korrektionsstrafe. Denn es ist doch, weiß Gott, nicht interessant, wenn ich zum Beispiel lange Novellen erzähle darüber, wie ich mein ganzes Leben wegen meiner sittlichen Verderbnis, wegen des Mangels einer ebenbürtigen Umgebung, wegen der Entwöhnung von allem Lebenden und der ausgeklügelten Bosheit im Kellerloch im Winkel verdämmerte; in einem Roman braucht man einen Helden. Hier aber sind *mit Absicht* alle Züge für einen Anti-Helden zusammengetragen; hauptsächlich aber wird dies alles einen äußerst unangenehmen Eindruck hervorrufen, weil wir alle dem Leben entwöhnt sind, weil wir alle mehr oder weniger hinken. Sogar so weit sind wir entwöhnt, daß wir mitunter einen Widerwillen gegen das »lebendige Leben« empfinden, und es daher auch nicht leiden können, wenn wir daran erinnert werden. Denn wir haben es so weit gebracht, daß wir das echte »lebendige Leben« beinahe als eine Arbeit betrachten, beinahe als einen Dienst, und wir sind im stillen alle damit einverstanden, daß es besser ist, nach dem Buch zu leben. Und wozu mühen wir uns zuweilen so ab, weshalb schwatzen wir, worum bitten wir? Wir wissen es selbst nicht, worum. Es wäre ja für uns nur schlimmer, wenn man unsere dummen Bitten erfüllte. Nun, versuchen Sie es, geben Sie uns zum Beispiel mehr Selbständigkeit, geben Sie einem Beliebigen von uns die Hände frei, erweitern Sie seinen Wirkungskreis, erleichtern Sie die Vormundschaft, und wir ... ich versichere Sie, wir werden sofort darum bitten, unter die Vormundschaft zurückkehren zu dürfen. Ich weiß, daß Sie deshalb vielleicht böse auf mich werden, mich anschreien und mit den Füßen stampfen werden: »Reden Sie sozusagen von sich selber und über Ihr Elend im Kellerloch, aber unterstehen Sie sich nicht zu sagen: *wir alle.*« Gestatten Sie, meine Herrschaften, ich rechtfertige mich doch nicht mit diesem *wir alle.* Was aber mich im besonderen betrifft, so trieb ich in meinem Leben nur das bis aufs äußerste, was Sie nicht bis zur Hälfte auszuführen gewagt hätten. Zudem hätten Sie Ihre Feigheit noch als Klugheit angesehen und sich damit getröstet, indem Sie sich selbst betrogen. So daß ich womöglich noch lebendiger dastehe als Sie! Sehen Sie doch genauer hin! Wir wissen ja nicht einmal, wo das Lebendige jetzt lebt und was es ist, wie es heißt. Lassen Sie uns allein, ohne Buch, und wir werden uns sofort verirren, verlieren – werden nicht wissen, wo wir hinsollen, woran wir uns halten, was wir lieben und was wir hassen, was wir verehren und was wir verachten sollen. Wir empfinden es sogar als eine Last, Menschen zu sein – Menschen mit echtem, *eigenem* Fleisch und Blut; wir schämen uns dessen, sehen es als eine Schmach an und sind darauf bedacht, als irgendwelche nicht dagewesene Allgemeinmenschen zu erscheinen. Wir sind Totgeborene, wir werden auch schon lange von keinen lebenden Vätern mehr in die Welt gesetzt, und das gefällt uns mehr und mehr. Wir fangen an, Geschmack daran zu finden. Bald werden wir es durchgesetzt haben, daß wir unmittelbar von der Idee geboren werden. Doch genug; ich will nicht mehr »aus dem Kellerloch« schreiben ...

Übrigens enden die »Memoiren« dieses widersinnigen Menschen hier noch nicht. Er hielt es nicht aus und setzte seine Aufzeichnungen fort. Aber uns will es dünken, daß man hier Schluß machen könnte.

Das Krokodil

Eine ungewöhnliche Begebenheit
oder
Eine Passage in der Passage

Eine wahre Geschichte, wie ein Herr von gesetztem Alter und gesetztem Äußeren lebendig und ohne Überreste von einem Passagekrokodil verschlungen wurde und was daraus entstand.

Ohé Lambert! Oú est Lambert!
As-tu vu Lambert?

1

Am dreizehnten Januar des Jahres 1863 gegen halb ein Uhr vormittags äußerte Jelena Iwanowna, die Gattin Iwan Matwejewitschs, meines gebildeten Freundes, Kollegen und entfernten Verwandten, den Wunsch, das Krokodil zu sehen, das in der Passage gegen Eintrittsgeld gezeigt wurde. Iwan Matwejewitsch hatte bereits seinen Auslandspaß (weniger krankheitshalber als aus Sensationssucht) in der Tasche, war also auf Urlaub und daher an diesem Morgen vollkommen frei. Daher widersprach er nicht nur keineswegs dem unbezwingbaren Wunsch seiner Gattin, sondern wurde sogar selbst von ihrer Neugier angesteckt. »Eine ausgezeichnete Idee«, sagte er zufrieden, »sehen wir uns das Krokodil an! Ehe man nach Europa reist, ist es gut, sich mit den Einwohnern jener Länder vertraut zu machen«. Mit diesen Worten reichte er seiner Frau den Arm und begab sich mit ihr in die Passage. Ich begleitete sie nach alter Gewohnheit – als alter Freund des Hauses. Noch nie hatte ich Iwan Matwejewitsch so guter Laune gesehen wie an jenem denkwürdigen Morgen – es stimmt doch, daß wir unser Schicksal nicht voraussehen! Als er die Passage betrat, begeisterte er sich sogleich an der Pracht des Gebäudes, und als er sich dem Geschäft näherte, in dem das neu in die Hauptstadt importierte Ungeheuer zu sehen war, erbot er sich von selber, die fünfundzwanzig

Kopeken Eintrittsgeld für mich zu bezahlen – was bisher nie vorgekommen war. Als wir den kleinen Raum betraten, sahen wir, daß darin außer dem Krokodil noch Papageien von der exotischen Rasse der Kakadus zu sehen waren und außerdem, in einem besonderen Käfig in einer Nische, eine Gruppe Affen. Gleich neben dem Eingang an der linken Wand stand ein großer Blechkasten, in Form einer Badewanne, der mit einem starken Drahtgitter bedeckt war; auf seinem Grund stand etwa ein Zoll Wasser. In dieser dürftigen Pfütze wurde ein riesiges Krokodil gehalten, das regungslos wie ein Baumstamm dalag und offenbar in unserem kalten und Ausländern wenig freundlichen Klima seine sämtlichen Fähigkeiten verloren hatte. Dieses Ungetüm erweckte anfangs bei keinem von uns besonderes Interesse.

»Das ist also das Krokodil!« sagte Jelena Iwanowna gedehnt und bedauernd, »und ich dachte, daß es ... irgendwie anders sei.«

Vermutlich dachte sie, daß es aus Brillanten sei. Der eben herauskommende Deutsche, der Eigentümer des Krokodils, musterte uns überaus stolzen Blicks.

»Er hat recht«, flüsterte mir Iwan Matwejewitsch zu, »denn er weiß, daß er als einziger in ganz Rußland ein Krokodil vorführt.«

Diese völlig sinnlose Bemerkung halte ich ebenfalls der ungewöhnlich guten Laune Iwan Matwejewitschs zugute, der ansonsten recht neidisch war.

»Ich glaube, Ihr Krokodil ist gar nicht lebendig«, sagte Jelena Iwanowna wiederum und wandte sich, pikiert über die Schroffheit des Besitzers, mit einem graziösen Lächeln an ihn, um diesen Grobian sich geneigt zu machen – ein höchst bezeichnendes, weibliches Manöver.

»O nein, Madame«, erwiderte dieser in gebrochenem Russisch und öffnete sogleich das Gitter des Kastens bis zur Hälfte, um das Krokodil mit einem Stock am Kopf zu kitzeln.

Darauf bewegte das heimtückische Ungeheuer, um einen Beweis seiner Lebendigkeit zu geben, leicht die Pfoten und den Schwanz, hob den Rachen und stieß etwas wie ein anhaltendes Fauchen aus.

»Na, beruhige dich, Karlchen«, sagte der Deutsche freundlich und mit befriedigter Eitelkeit.

»Was für ein ekelhaftes Tier, so ein Krokodil! Ich bin sogar erschrocken«, lispelte Jelena Iwanowna noch koketter, »jetzt wird es mir im Traum erscheinen.«

»Aber er wird Ihnen im Traum nicht beißen, Madame«, fiel der Deutsche höflich ein und begann als erster selber über seinen geistreichen Witz zu lachen, doch keiner antwortete ihm.

»Kommen Sie, Semjon Semjonowitsch«, sagte Jelena Iwanowna, ausschließlich an mich gewendet, »wir wollen uns die Affen ansehen. Ich liebe Affen schrecklich; sie sind so reizend . . . aber das Krokodil ist scheußlich.«

»Oh, keine Angst, Liebste«, rief Iwan Matwejewitsch uns nach, der offenbar vor seiner Gattin prahlen wollte. «Dieser schläfrige Bewohner des Pharaonenreiches wird uns nichts tun«, und er blieb bei dem Kasten stehen. Und nicht genug damit, nahm er seinen Handstecher und begann das Krokodil an der Nase zu kitzeln, um, wie er später gestand, es wieder zum Fauchen zu bringen. Der Besitzer folgte Jelena Iwanowna als der Dame höflich zum Käfig mit den Affen.

Soweit ging alles vortrefflich, und es war nichts Böses vorauszusehen. Jelena Iwanowna ergötzte sich bis zum Übermut an den Affen und war von ihnen ganz eingenommen. Sie schrie vor Vergnügen, redete unausgesetzt mit mir, als wollte sie dem Besitzer absichtlich keine Beachtung schenken, und lachte über die von ihr wahrgenommenen Ähnlichkeiten dieser Meerkatzen mit ihren nahen Bekannten und Freunden. Ich geriet ebenfalls in beste Laune, denn die Ähnlichkeit war unverkennbar. Der deutsche Besitzer wußte nicht, ob er mitlachen sollte oder nicht, und zog schließlich ein finsteres Gesicht. Und in diesem Augenblick erschütterte ein schrecklicher, ich möchte fast sagen übernatürlicher Schrei den Raum. Ohne zu wissen, was ich denken sollte, erstarrte ich zunächst auf der Stelle; aber als ich hörte, daß Jelena Iwanowna schrie, drehte ich mich rasch um und – was mußte ich erblicken! Ich sah – o Gott! ich sah den unglücklichen Iwan Matwejewitsch in den schrecklichen Kiefern des Krokodils, das ihn quer um den Leib gefaßt hatte und ihn hoch in die Luft hob, wo er verzweifelt mit den Beinen strampelte. Noch einen Augenblick – und er war verschwunden. Aber ich will alles der Reihe nach erzählen, denn ich stand die ganze Zeit über regungslos da und konnte den ganzen sich vor meinen Augen abspielenden Vorgang mit einer derartigen Genauigkeit und Aufmerksamkeit verfolgen wie noch nie. Denn, dachte ich in diesem Augenblick, wie, wenn an Stelle von Iwan

Matwejewitsch dies alles dir widerfahren wäre – wie unangenehm! Doch zur Sache. Das Krokodil drehte zunächst den armen Iwan Matwejewitsch in seinen schrecklichen Kiefern mit den Beinen zu sich und verschluckte zuerst die Beine; nach einem leichten Rülpsen sog es den armen Iwan Matwejewitsch, der zu entspringen suchte und sich mit den Händen an den Kasten klammerte, bis über den Gürtel ein. Dann rülpste es wieder und schluckte noch ein paar Male. Auf diese Art entschwand Iwan Matwejewitsch zusehends unseren Augen. Mit einer endgültigen Schluckbewegung schließlich sog das Krokodil meinen gebildeten Freund ganz ein, und diesmal restlos. Man konnte von außen verfolgen, wie Iwan Matwejewitsch in allen seinen Konturen in das Innere des Krokodils glitt. Ich wollte eben wieder einen Schrei ausstoßen, als sich das Schicksal plötzlich noch einen schlechten Scherz mit uns erlaubte: das Krokodil zog sich zusammen, da ihm die Ausmaße des von ihm verschlungenen Gegenstandes offenbar Beschwerde bereiteten, öffnete seinen scheußlichen Rachen noch einmal, während aus diesem, im Augenblick des letzten Rülpsers, plötzlich für eine Sekunde Iwan Matwejewitschs Kopf herausfuhr, mit einem verzweifelten Gesichtsausdruck, wobei ihm die Brille von der Nase auf den Boden des Kastens fiel. Es schien, als guckte dieses verzweifelte Gesicht nur deshalb hervor, um noch einen letzten Blick auf alles zu werfen und in Gedanken Abschied von den Freuden dieser Welt zu nehmen. Aber es konnte seine Absicht nicht verwirklichen: das Krokodil nahm seine Kräfte zusammen, schluckte noch einmal, es verschwand aufs neue, und diesmal für immer. Dieses Erscheinen und Wiederverschwinden eines lebenden Menschenkopfes war schrecklich und hatte zugleich – vielleicht durch die Schnelligkeit und Absonderlichkeit des Vorgangs oder durch die von der Nase fallende Brille – etwas derartig Komisches an sich, daß ich ganz unerwartet herausplatzte; doch als mir zum Bewußtsein kam, daß Lachen in einem solchen Augenblick für mich als alten Hausfreund unschicklich war, wandte ich mich sogleich an Jelena Iwanowna und sagte mit teilnehmendem Blick: »Jetzt ist unser Iwan Matwejewitsch kaputt.«

Es ist unmöglich zu schildern, in was für einer Aufregung sich Jelena Iwanowna während des ganzen Vorgangs befand. Zuerst, nach dem ersten Schrei, blieb sie wie erstarrt stehen und verfolgte das ganze Durcheinander anscheinend gleichgültig, mit ungewöhnlich weit aufgerissenen Augen; dann brach sie plötzlich in ein durchdringendes Schluchzen aus, aber ich ergriff ihre Hände. In diesem Augenblick schlug der Besitzer, der anfänglich ebenfalls starr vor Schrecken dagestanden hatte, die Hände zusammen und schrie, den Blick zum Himmel gerichtet: »O mein Krokodil, o mein allerliebstes Karlchen! Mutter, Mutter, Mutter!«

Auf dieses Geschrei hin öffnete sich die hintere Tür, und Mutter erschien in einem Häubchen, rosig, ältlich, aber schlampig angezogen, und stürzte winselnd auf ihren Deutschen zu.

Nun begann ein wahres Sodom. Jelena Iwanowna schrie verzweifelt nur das eine Wort: »Hauen, hauen!« und stürzte sich auf den Besitzer und seine Mutter und bat sie, offenbar in völliger geistiger Verwirrung, irgend jemand für irgend etwas zu hauen. Der Besitzer und Mutter jedoch schenkten keinem von uns die geringste Aufmerksamkeit, sie heulten wie die Kälber vor dem Kasten.

»Er sein kaputt, er werden gleich geplatzt, weil er hat ganz Beamtes gefressen!« schrie der Besitzer.

»Unser Karlchen, unser allerliebstes Karlchen wird sterben!« schluchzte die Frau.

»Wir sein verwaist und ohne Brot!« fiel der Besitzer wieder ein.

»Hauen, hauen, hauen!« schluchzte Jelena Iwanowna und klammerte sich an den Rock des Deutschen.

»Er hat geneckt Krokodil! Warum hat Ihr Mann Krokodil geneckt!« schrie der Deutsche, sich losreißend. »Sie zahlen, wenn Karlchen wird platzen – das war mein Sohn, mein einziger Sohn!«

Ich gestehe, ich war außer mir vor Entrüstung über diesen Egoismus des zugereisten Deutschen und die Herzlosigkeit seiner zerzausten Mutter; trotzdem beunruhigten mich die unaufhörlich wiederholten Worte Jelena Iwanownas: »Hauen, hauen!« noch mehr und lenkten endlich meine ganze Aufmerksamkeit auf sich, so daß ich sogar erschrak ... Ich schicke voraus – diese sonderbaren Ausrufe wurden von mir völlig falsch verstanden; ich glaubte, daß Jelena Iwanowna für einen Augenblick den Verstand verloren hätte und, um den Tod ihres lieben Iwan Matwejewitsch zu rächen, als ihr zukommende Genugtuung verlangte, das Krokodil zu verprügeln. In Wirklichkeit meinte sie etwas ganz anderes. Mit verlegenem Blick auf die Türe begann ich Jelena Iwanowna zuzureden, sich doch zu beruhigen und vor allem das peinliche Wort »hauen« nicht auszusprechen. Denn ein solcher reaktionärer Wunsch hier, im innersten Herzen der Stadt und der gebildeten Gesellschaft, wenige Schritte von der Passage und dem Saal entfernt, in dem vielleicht Herr Lawrow* eben einen Vortrag hielt, war nicht nur unmöglich, sondern sogar undenkbar und konnte uns jeden Augenblick dem Spott der gebildeten Gesellschaft und den Karikaturen des Herrn Stepanow** aussetzen. Zu meinem Entsetzen wurde mein ängstlicher Verdacht sogleich bestätigt; plötzlich teilte sich der Vorhang, der die Krokodilbude vom Eingangsraum trennte, in dem die Fünfundzwanzigkopekenstücke eingesammelt wurden, und auf der Schwelle erschien, die Mütze in der Hand, eine bärtige Gestalt, die den oberen Teil ihres Körpers weit vorbeugte und sehr darauf bedacht war, ihre Füße hinter der Schwelle der Krokodilbude zu halten, um nicht des Rechtes, keinen Eintritt zu bezahlen, verlustig zu gehen.

»Ein solch reaktionärer Wunsch, gnädige Frau«, sagte der Unbekannte, wobei er sich anstrengte, nicht vornüber zu fallen und mit den Füßen hinter der Schwelle zu bleiben, »macht Ihrer Bildung wenig Ehre und wird durch den Mangel an Phosphor in Ihrer Gehirnrinde bedingt. Sie werden alsbald in der Geschichte des Fortschritts und in unseren satirischen Schriften ausgepfiffen werden . . .«

Aber er kam nicht weiter; der wieder zu sich gekommene Budenbesitzer hatte mit Entsetzen einen Menschen erblickt, der in seiner Bude sprach, ohne bezahlt zu haben, und stürzte sich in wilder Wut auf den fortschrittlichen Eindringling und puffte ihn mit beiden Fäusten hinaus. Einen Augenblick lang verschwanden beide hinter dem Vorhang, und nun endlich begriff ich, daß der ganze Wirrwarr umsonst war. Jelena Iwanowna war völlig schuldlos; sie dachte nicht daran, wie schon oben bemerkt, das Krokodil der reaktionären und erniedrigenden Prügelstrafe zu unterziehen, sondern hatte nur einfach gewünscht, dem Krokodil mit einem Messer den Bauch auseinanderzuhauen und auf diese Weise Iwan Matwejewitsch aus seinem Inneren zu befreien.

»Was? Sie wollen mein Krokodil kaputtmachen?« heulte

* Bekannter radikaler Philosoph und Publizist, lebte später als Emigrant in der Schweiz (Anmerkung des Übersetzers).

** Berühmter Karikaturenzeichner, Hauptmitarbeiter des liberalen Witzblattes »Iskra« (Anmerkung des Übersetzers).

der wiedergekehrte Budenbesitzer, »nein, lieber soll zuerst Ihr Mann und dann mein Krokodil kaputt sein ... Mein Vater hat gezeigt diesen Krokodil, mein Großvater hat gezeigt diesen Krokodil, mein Sohn wird zeigen diesen Krokodil, und ich werde zeigen diesen Krokodil. Alle werden zeigen diesen Krokodil. Ich ganz Europa berühmt, Sie ganz Europa unberühmt, und mir Sie zahlen Strafe.«

»Ja, ja!« fiel die Deutsche wütend ein, »wir nicht erlauben Strafen, wenn Karlchen platzt!«

»Es hat auch keinen Zweck mehr«, sagte ich, um Jelena Iwanowna möglichst bald nach Hause zu bringen, »denn unser lieber Iwan Matwejewitsch schwebt wahrscheinlich schon in höheren Regionen.«

»Lieber Freund«, erklang in diesem Augenblick ganz unerwartet die Stimme Iwan Matwejewitschs, was uns alle höchlichst verwunderte. »Lieber Freund, meine Meinung ist, du wendest dich direkt an die Kanzlei des Polizeichefs, denn ohne Nachhilfe der Polizei wird dieser Deutsche die Wahrheit nie begreifen.«

Diese gewichtig vorgetragenen und von ungewöhnlicher Geistesgegenwart zeugenden Worte verwunderten uns anfänglich dermaßen, daß wir alle unseren Ohren nicht trauen wollten. Aber selbstverständlich liefen wir sofort auf den Kasten mit dem Krokodil zu und hörten dem unglücklichen Gefangenen mit ebensoviel Andacht als Mißtrauen zu. Seine Stimme klang stark gedämpft, dünn und sogar kreischend, als käme sie aus ziemlich weiter Entfernung. Es machte den Eindruck, als hielte sich ein Spaßvogel im Nebenzimmer versteckt, preßte sich ein gewöhnliches Kopfkissen vor den Mund und schrie nun, um dem im anderen Zimmer befindlichen Publikum vorzumachen, wie zwei in der Steppe umherirrende oder durch eine tiefe Schlucht getrennte Bauern sich gegenseitig etwas zurufen – ein Scherz, den ich einmal zu Weihnachten bei Bekannten zu hören die Ehre hatte.

»Iwan Matwejewitsch, mein lieber Freund, du bist also gesund?« stammelte Jelena Iwanowna.

»Gesund und munter«, erwiderte Iwan Matwejewitsch, »dank dem Allmächtigen bin ich ohne jede Körperverletzung verschlungen worden. Mich beunruhigt nur das eine, wie meine Vorgesetzten diese Episode betrachten werden, denn mit einem Auslandspaß in den Bauch eines Krokodils zu geraten ist nicht sehr witzig ...«

»Ach, mein Freund, kümmere dich nicht um den Witz; vor allem muß man dich irgendwie herauszerren«, unterbrach ihn Jelena.

»Zerren!« schrie der Besitzer, »ich nicht lasse zerren mein Krokodil! Jetzt werden kommen sehr viele Publikum, und ich kann nehmen fuffzig Kopeken, und Karlchen werden nicht platzen!«

»Gott sei Dank!« fiel seine Frau ein.

»Sie haben recht«, bemerkte Iwan Matwejewitsch ruhig, »das ökonomische Prinzip geht allem voran.«

»Mein Freund!« rief ich, »ich fliege sofort zu den Behörden und beschwere mich, denn ich ahne, daß wir allein diese Suppe nicht auslöffeln können!«

»Das meine ich auch«, bemerkte Iwan Matwejevisch, »aber ohne ökonomische Kompensation ist es in unserer Zeit der Wirtschaftskrise schwierig, einem Krokodil den Bauch gratis aufzuschlitzen, und daraus ergibt sich die nicht zu umgehende Frage: Was verlangt der Besitzer für sein Krokodil? Und die zweite Frage: wer bezahlt es? Denn du weißt, ich habe keine Mittel . . .«

»Wenn du vielleicht einen Vorschuß . . .« bemerkte ich schüchtern, aber der Besitzer des Krokodils unterbrach mich sofort: »Ich nicht verkaufen Krokodil, ich für dreitausend verkaufen Krokodil, ich für viertausend verkaufen Krokodil! Jetzt werden kommen sehr viel Publikum! Ich für fünftausend verkaufen Krokodil!«

Mit einem Wort, er tat ungemein wichtig. Eigennutz und schändliche Habgier leuchteten freudig aus seinen Augen.

»Ich fahre!« rief ich entrüstet.

»Ich auch! Ich auch! Ich fahre direkt zu Andrej Osipowitsch und erweiche ihn durch meine Tränen«, jammerte Jelena Iwanowna.

»Tu das nicht, meine Liebe«, unterbrach Iwan Matwejewitsch sie hastig, denn er war schon längst auf Andrej Osipowitsch eifersüchtig und wußte, daß sie sehr gerne vor Gebildeten weinte, weil Tränen ihr sehr gut zu Gesicht standen. »Auch dir, lieber Freund, rate ich es nicht«, fuhr er, an mich gewandt, fort; »es ist sinnlos, wild in der Gegend herumzufahren. Wer weiß, was dabei herauskommen kann. Fahr lieber heute als privater Besuch zu Timofej Semjonowitsch. Er ist ein altmodischer und beschränkter Mensch, aber solide und vor allem ehrlich. Bestelle ihm einen Gruß von mir und schildere ihm die ganze Sachlage. Ich schulde ihm von der letzten Whistpartie noch sieben Rubel, die gib ihm bei dieser passenden Gelegenheit zurück; das wird den strengen Greis milde stimmen. In jedem Fall kann sein Rat uns als Richtschnur dienen. Und jetzt führe Jelena Iwanowna von hier weg ... Beruhige dich, mein Herz«, fuhr er fort, »ich bin von dem Geschrei und Weibergeheul müde geworden und möchte ein wenig schlummern. Hier ist es warm und weich, obgleich ich mich an diesem unvermuteten Zufluchtsort noch nicht umgesehen habe ...«

»Umgesehen? Ist es denn hell drinnen?« rief Jelena Iwanowna erfreut.

»Mich umgibt undurchdringliche Finsternis«, erwiderte der arme Gefangene, »aber ich kann tasten und mich sozusagen mit den Händen umschauen ... Lebe denn wohl, sei ganz ruhig und versage dir kein Vergnügen. Bis morgen! Und du, Semjon Semjonowitsch, besuche mich heute abend noch einmal, und weil du zerstreut bist und es leicht vergessen könntest, bitte ich dich, einen Knoten in dein Taschentuch zu machen ...«

Ich gestehe, daß ich sehr froh war, fortgehen zu können, denn ich war zu müde, und außerdem wurde mir die Geschichte langweilig. Ich reichte Jelena Iwanowna, die ein sehr trauriges Gesicht machte, aber durch die Erregung noch viel schöner geworden war, meinen Arm und führte sie schnell aus der Krokodilbude hinaus.

»Heute abend fünfundzwanzig Kopeken Entree«, rief uns der Besitzer nach.

»Mein Gott, wie habgierig!« sagte Jelena Iwanowna, guckte in jeden Spiegel an den Pfeilern der Galerie und gewahrte offenbar, daß sie schöner geworden war.

»Das ökonomische Prinzip«, antwortete ich leicht erregt und tat mit meiner Dame vor den Passanten stolz.

»Das ökonomische Prinzip ...« sagte sie mit ihrem sympathischen Stimmchen, »ich habe nichts verstanden, was Iwan Matwejewitsch über dieses widerliche ökonomische Prinzip gesagt hat.«

»Ich will es Ihnen erklären«, erwiderte ich und hielt ihr sofort einen Vortrag über die wohltätigen Folgen des Zuflusses von ausländischem Kapital in unser Vaterland, worüber ich erst heute morgen in den »Petersburger Nachrichten« und der »Stimme« gelesen hatte.

»Wie merkwürdig das alles ist!« unterbrach sie mich, nachdem sie mir eine Zeitlang zugehört hatte. »Hören Sie doch auf, Sie Ekel; was für einen Unsinn Sie reden ... Sagen Sie, bin ich sehr zerzaust?«

»Nicht zerzaust – bezaubernd!« bemerkte ich und benutzte die Gelegenheit, ihr ein Kompliment zu machen.

»Schelm!« lispelte sie selbstzufrieden. »Der arme Iwan Matwejewitsch«, fügte sie nach einer Minute hinzu und neigte das Köpfchen kokett auf die Schulter, »er tut mir wirklich leid; ach, mein Gott!« rief sie plötzlich, »sagen Sie mir, was wird er denn heute dort essen und ... und ... was macht er ... wenn er etwas nötig hat?«

»Eine unvorhergesehene Frage«, erwiderte ich, ebenfalls verblüfft. Mir war das, aufrichtig gesagt, gar nicht in den Sinn gekommen – um wieviel praktischer sind die Frauen bei der Lösung alltäglicher Lebensfragen!

»Der Arme, wie ist er nur da hineingeschlittert ... Und keinerlei Zerstreuung, und die Finsternis ... Wie ärgerlich, daß ich nicht mal eine Photographie von ihm habe ... Also dann bin ich jetzt so eine Art Witwe«, fügte sie mit einem verführerischen Lächeln hinzu, anscheinend sehr interessiert an ihrer neuen Lage, »hm ... Aber er tut mir doch leid ...«

Mit einem Wort – der höchst begreifliche und natürliche Schmerz einer jungen und interessanten Frau um ihren verunglückten Mann kam aufs lebhafteste zum Ausdruck. Ich brachte sie endlich nach Hause, beruhigte sie, speiste bei ihr zu Mittag und begab mich nach einer Tasse aromatischen Kaffees um sechs Uhr zu Timofej Semjonowitsch, weil ich annahm, daß doch zu dieser Stunde alle festangestellten Familienväter in ihren Wohnungen sitzen oder liegen.

Nachdem ich dieses erste Kapitel in einem der geschilderten Begebenheit angemessenen Stil niedergeschrieben habe, gedenke ich, mich weiterhin eines zwar nicht so erhabenen, dafür aber um so natürlicheren Stiles zu befleißigen, wovon ich den geneigten Leser schon vorher in Kenntnis setze.

2

Der ehrenwerte Timofej Semjonowitsch empfing mich etwas ungeduldig und scheint's auch ein wenig verlegen. Er führte mich in sein enges Kabinett und schloß die Tür ab.

»Damit die Kinder uns nicht stören«, sagte er mit sichtlicher Unruhe. Dann wies er mir einen Stuhl neben dem Schreibtisch an, setzte sich selbst in einen Lehnsessel, schlug die Schöße seines alten, wattierten Schlafrockes übereinander und setzte für alle Fälle eine gewissermaßen amtliche, nahezu strenge Miene auf, obgleich er weder mein noch Iwan Matwejewitschs Vorgesetzter war, sondern bisher als gewöhnlicher Kollege und sogar Bekannter galt.

»Vor allem bedenken Sie«, fing er an, »daß ich kein Vorgesetzter, sondern in ebenso abhängiger Stellung bin wie Sie und Iwan Matwejewitsch ... Ich stehe abseits und will mich in nichts einmischen.«

Ich war erstaunt, daß er offenbar schon alles wußte. Dennoch erzählte ich ihm nochmals die ganze Geschichte mit allen Einzelheiten. Ich sprach sogar sehr erregt, denn ich erfüllte in diesem Augenblick die Pflichten eines wahren Freundes. Er hört mir ohne große Verwunderung, aber mit einem deutlichen Ausdruck von Argwohn zu.

»Denken Sie sich«, sagte er, als ich geendet hatte, »ich habe schon immer geglaubt, daß ihm das geschehen wird.«

»Wieso denn, Timofej Semjonowitsch, es ist ein höchst ungewöhnlicher Fall ...«

»Zugegeben. Aber Iwan Matwejewitsch steuerte in seiner ganzen Laufbahn auf dieses Ziel los. Er hatte etwas Dreistes, geradezu Herausforderndes in seinem Wesen. Immer den ‚Fortschritt‘ und allerlei Ideen im Kopf! Ja, nun sieht man's, wohin dieser Fortschritt führt!«

»Das ist doch ein ganz ungewöhnlicher Fall und läßt sich nicht als allgemeine Regel für alle Fortschrittsmänner betrachten ...«

»Nein, es ist schon so. Das kommt, sehen Sie, von dem Übermaß an Bildung, glauben Sie mir. Denn übermäßig gebildete Leute drängen sich zu jedem Amt und vorzüglich dahin, wo man sie gar nicht braucht. Übrigens wissen Sie vielleicht mehr«, fügte er, anscheinend gekränkt, hinzu. »Ich bin kein so hochgebildeter Mann und alt; als Soldatenkind habe ich angefangen und in diesem Jahr mein fünfzigjähriges Dienstjubiläum gefeiert.«

»Aber ich bitte Sie, Timofej Semjonowitsch! Im Gegenteil! Iwan Matjewewitsch lechzt nach Ihrem guten Rat und nach Ihrer väterlichen Unterweisung. Sogar unter Tränen, sozusagen.«

»Unter Tränen, sozusagen! Hm! Nun, das sind Krokodilstränen, und denen kann man nicht trauen. Aber weshalb, sagen Sie mir, hat es ihn so ins Ausland gezogen? Und wo nimmt er das Geld dazu her? Er hat doch keine Mittel.«

»Er hat es sich zusammengespart, Timofej Semjonowitsch, von der letzten Gratifikation«, erwiderte ich mit kläglicher Miene. »Nur für drei Monate wollte er verreisen, in die Schweiz ... in die Heimat Wilhelm Tells.«

»Wilhelm Tells? Hm!«

»In Neapel wollte er den Frühling begrüßen. Das Museum besuchen, die Sitten studieren, die Tiere ...«

»Hm! Die Tiere! Ich meine, das ist einfach Hochmut. Tiere? Was heißt Tiere? Gibt es bei uns etwa wenig Tiere? Wir haben Menagerien, Museen, Kamele. Bären gibt's in der nächsten Nähe von Petersburg. Und er selber hat sich sogar in ein Krokodil hineingesetzt ...«

»Timofej Semjonowitsch, erbarmen Sie sich, der Mann ist im Unglück, der Mann wendet sich an Sie als an einen Freund, einen älteren Verwandten, lechzt nach Rat, und Sie kommen mit Vorwürfen ... Haben Sie doch Mitleid mit der unglücklichen Jelena Iwanowna!«

»Sie reden von der Gattin? Eine sehr interessante Dame«, sagte Timofej Semjonowitsch, sichtlich milder gestimmt und mit Genuß eine Prise nehmend. »Eine subtile Person. Und so rundlich, hält das Köpfchen immer auf die Seite, auf die Seite ... Sehr angenehm. Andrej Osipowitsch hat noch vorgestern von ihr geredet ...«

»Von ihr geredet?«

»Von ihr geredet, und in sehr schmeichelhaften Ausdrücken. ‚Diese Büste', sagte er, ‚dieser Blick, die Frisur ... Ein Bonbon', sagte er, ‚und keine Dame' – und lachte dazu. Er ist ja noch ein junger Mann.« Timofej Semjonowitsch schneuzte sich trompetend. »Ja, ja, so ein junger Mensch – und was macht er für eine Karriere ...«

»Hier handelt es sich doch um andere Dinge, Timofej Semjonowitsch.«

»Freilich, freilich.«

»Was meinen Sie also, Timofej Semjonowitsch?«

»Was kann ich denn tun?«

»Raten Sie ihm, leiten Sie ihn – als erfahrener Mensch, als Verwandter. Was soll man unternehmen? Zu den Vorgesetzten gehen oder ...«

»Zu den Vorgesetzten? Auf keinen Fall!« sagte Timofej Semjonowitsch hastig. »Wenn Sie einen Rat wollen, dann vor allem die Sache vertuschen und sozusagen als Privatangelegenheit behandeln. Ein ganz verdächtiger, noch nie dagewesener Fall. Vor allem ein noch nie dagewesener Fall ohne Beispiel, und das ist eine üble Empfehlung ... Deshalb vor allem Vorsicht ... Mag vorderhand ein wenig liegenbleiben. Man muß abwarten, abwarten ...«

»Wie denn abwarten, Timofej Semjonowitsch? Wenn er nun erstickt?«

»Warum denn? Sie sagten doch, glaube ich, daß er sich ziemlich komfortabel eingerichtet habe?«

Ich erzählte alles noch einmal Timofej Semjonowitsch.

»Hm!« sagte er und drehte seine Tabaksdose zwischen den Fingern. »Meiner Ansicht nach ist es sogar ganz gut, wenn er dort ein wenig liegenbleibt, statt ins Ausland zu reisen. Mag er in Muße nachdenken. Natürlich soll er nicht ersticken, und daher muß man entsprechende Maßnahmen zur Erhaltung seiner Gesundheit treffen; er muß sich vor Husten in acht nehmen und so weiter. Was aber den Deutschen betrifft, so ist er meines Erachtens durchaus im Recht, und zwar weit mehr als die Gegenpartei, weil man, ohne zu fragen, in sein Krokodil und nicht er, ohne zu fragen, in Iwan Matwejewitschs Krokodil hineingekrochen ist, der übrigens – soweit ich mich erinnere – nie ein Krokodil hatte. Nun, und das Krokodil stellt ohne Einschränkung das Eigentum des Deutschen dar und darf ohne Entschädigung nicht aufgeschlitzt werden.«

»Es handelt sich um die Rettung eines Menschenlebens, Timofej Semjonowitsch.«

»Nun, das ist Sache der Polizei. An die muß man sich wenden.«

»Iwan Matwejewitsch kann aber auch uns nötig sein. Man kann ihn brauchen.«

»Iwan Matwejewitsch brauchen? Hähähä! Bedenken Sie doch, er ist doch beurlaubt! Also brauchen wir uns um ihn nicht zu kümmern; mag er die Länder Europas besichtigen! Etwas anderes ist es, wenn er nach Ablauf des Urlaubs nicht erscheint. Dann müssen wir natürlich anfragen, Erkundigungen einziehen ...«

»Drei Monate! Timofej Semjonowitsch, erbarmen Sie sich!«

»Er ist selbst schuld. Wer hat ihn hingeschickt? Soll man ihm etwa eine fiskalische Wärterin dingen? Das ist im Etat nicht vorgesehen. Vor allem jedoch – das Krokodil ist fremdes Eigentum, hier spielt auch das sogenannte ökonomische Prinzip mit. Das ökonomische Prinzip ist aber das allerwichtigste. Das hat noch vorgestern Ignatij Prokofjewitsch bei Luka Andrejewitsch auf der Abendgesellschaft gesagt. Sie kennen doch Ignatij Prokofjewitsch? Ein Kapitalist, steht mitten im Leben und redet, wissen Sie, so klar und gescheit. ‚Industrie brauchen wir', sagt er, ‚unsere Industrie ist nicht genug entwickelt. Wir müssen sie erzeugen. Kapital müssen wir erzeugen, also den dritten Stand, die sogenannte Bourgeoisie, die muß geschaffen werden. Da wir aber keine Kapitalien haben, müssen wir sie aus dem Ausland holen. Erstens müssen wir den ausländischen Kompanien freie Hand geben, unsere Ländereien parzellenweise anzukaufen, wie das im Ausland jetzt überall geschieht. Der Gemeindebesitz', sagte er, ‚ist Gift, der richtet uns zugrunde!' Und wie feurig er redet! Na, denen redet es sich leicht: Leute mit Kapital ... keine Beamten. ‚Solange der Gemeinbesitz besteht', sagt er, ‚kann weder Landwirtschaft noch Industrie gedeihen. Es ist notwendig', sagt er, ‚daß die ausländischen Gesellschaften nach Möglichkeit unser ganzes Land aufkaufen, und dann muß aufgeteilt, aufgeteilt, aufgeteilt werden, in möglichst kleine Parzellen.' Und wissen Sie, er spricht es so scharf aus: ‚Parrrrrzellen! Und dann', sagt er, ‚muß es als Einzelbesitz verkauft werden. Nein, nicht einmal verkauft, bloß verpachtet. Wenn das ganze Land im Besitz der herangezogenen ausländischen Gesellschaften ist, dann können sie jeden beliebigen Pachtpreis verlangen. Der Bauer wird also dreimal soviel arbeiten, allein für das tägliche Brot, und man kann ihn jederzeit wieder davonjagen. Das wird er spüren, gehorsam und fleißig werden und dreimal soviel herausholen als früher. Bei dem gegenwärtigen Gemeinbesitz aber pfeift er auf alles! Er weiß, daß er nicht Hungers sterben kann, also faulenzt er und säuft. Indes aber kommt auch Geld in unser Land und werden Kapitalien investiert und entwickelt sich die Bourgeoisie. Da hat neulich auch die englische politische und literarische Zeitung ›Times‹ unsere Finanzen analysiert und geäußert, daß sie eben deshalb nicht wüchsen, weil wir keine Bourgeoisie, keine großen Geldbeutel, keine dienstbereiten Proletarier hätten ...' Ja, Ignatij Prokofjewitsch hat gut reden. Ein richtiger Orator. Er gedenkt selbst eine Eingabe an die Behörde zu richten und dann auch etwas in den

‚Nachrichten' drucken zu lassen. Das ist etwas anderes als die Verschen, die Iwan Matwejewitsch macht.«

»Was soll nun mit Iwan Matwejewitsch werden?« fing ich wieder an, nachdem ich den Alten hatte ausreden lassen.

Timofej Semjonowitsch schwatzte ab und zu ganz gern, um zu zeigen, daß er nicht zurückgeblieben sei, sondern alles wisse.

»Mit Iwan Matwejewitsch? Ja, darauf will ich doch hinaus. Wir bemühen uns, ausländisches Kapital in unser Land zu ziehen, und nun bedenken Sie! Kaum daß sich das Kapital des herangezogenen Krokodilführers durch Iwan Matwejewitsch verdoppelt hat, beabsichtigen wir nicht etwa den ausländischen Kapitalisten zu unterstützen, sondern dem Grundkapital selbst den Bauch aufzuschneiden. Hat das Sinn? Meiner Ansicht nach müßte sich Iwan Matwejewitsch als echter Sohn seines Vaterlandes freuen und stolz darauf sein, daß er den Wert des ausländischen Krokodils verdoppelt, wenn nicht gar verdreifacht hat. Das erfordert das Prinzip der Heranziehung. Hat der eine Glück, kommt wohl noch ein zweiter mit seinem Krokodil, und ein dritter bringt dann gleich noch zwei oder drei auf einmal mit, und um sie gruppiert sich nun das Kapital. Das ist Bourgeoisie. Die muß gefördert werden.«

»Erbarmen Sie sich, Timofej Semjonowitsch!« schrie ich auf. »Sie verlangen eine übermenschliche Selbstaufopferung von dem armen Iwan Matwejewitsch!«

»Ich verlange das nicht, und vor allem bitte ich Sie, wie ich das schon früher getan habe, zu bedenken, daß ich nicht Ihr Vorgesetzter bin, also von niemandem etwas verlangen kann. Ich rede als Sohn des Vaterlandes, das heißt nicht wie der ‚Sohn des Vaterlandes'*, sondern einfach als Sohn meines Vaterlandes. Wer hat ihm befohlen, in das Krokodil hineinzukriechen? Ein solider Mann, ein Mann in gehobener Stellung, ein Mann in gesetzlich geschlossener Ehe – und so ein Schritt! Schickt sich das?«

»Aber der Schritt erfolgte doch ganz unbeabsichtigt!«

»Wer kann das wissen? Und von welchen Summen soll außerdem der Krokodilbesitzer bezahlt werden? Können Sie mir das sagen?«

»Vielleicht wäre ein Gehaltsvorschuß möglich, Timofej Semjonowitsch?«

* Bekannte Petersburger Zeitung (Anmerkung des Übersetzers).

»Wird das reichen?«

»Es wird nicht reichen, Timofej Semjonowitsch«, sagte ich betrübt. »Der Krokodilmann fürchtete zwar zuerst, daß sein Krokodil platzen könnte, doch als er sich dann überzeugt hatte, daß keine Gefahr bestand, tat er plötzlich sehr groß und freute sich, daß er das Eintrittsgeld verdoppeln konnte.«

»Auf das Dreifache und Vierfache wird er es erhöhen! Das Publikum wird jetzt hinströmen, und diese Krokodilbesitzer sind schlaue Füchse! Zudem ist es Faschingszeit, alles möchte sich amüsieren, und darum – ich wiederhole es noch einmal –, darum soll Iwan Matwejewitsch vorderhand sein Inkognito wahren und nichts überstürzen. Meinetwegen können alle wissen, daß er im Krokodil sitzt, aber es soll nicht offiziell bekannt werden. In dieser Hinsicht befindet sich Iwan Matwejewitsch in einer höchst vorteilhaften Lage, denn er gilt als ins Ausland verreist. Es wird behauptet, er säße im Krokodil, wir aber glauben es einfach nicht. Das läßt sich sehr gut einrichten. Vor allem soll er abwarten, wohin sollte er auch eilen?«

»Wenn nun aber . . .«

»Seien Sie unbesorgt, bei seiner kräftigen Konstitution . . .«

»Nun, und dann, wenn er abgewartet hat?«

»Nun ja, ich kann Ihnen nicht verschweigen, daß es ein schwieriger Fall ist. Man findet sich nicht so leicht zurecht, und was das Schlimmste ist: es hat bisher keinen Präzedenzfall gegeben. Hätten wir einen solchen, könnten wir uns danach richten. Wie aber sollen wir hier entscheiden? Man fängt an zu überlegen, und die Sache zieht sich in die Länge.«

Ein glücklicher Gedanke fuhr mir durch den Kopf.

»Läßt es sich nicht einrichten«, sagte ich, »daß er, wenn es ihm schon bestimmt ist, im Bauch des Ungeheuers zu bleiben und sein Leben der Güte der Vorsehung anheimzustellen, daß er dann ein Gesuch an die Behörde richtet, um seine Beamtenstellung zu behalten?«

»Hm . . . Allenfalls als Beurlaubter und ohne Anspruch auf Gehalt.«

»Nein, ich meine, daß er sein Gehalt wieder bezieht . . .«

»Aus welchem Grund?«

»In Form einer Abkommandierung.«

»Welcher und – wohin?«

»Nun, eben ins Innere, ins Innere des Krokodils . . . zu

Forschungszwecken, zum Studium der Verhältnisse an Ort und Stelle. Das wäre etwas ganz Neues, entspräche unserer fortschrittlichen Politik und würde zugleich unser Interesse für Bildungsfragen bekunden.«

Timofej Semjonowitsch überlegte.

»Einen Beamten mit besonderem Auftrag in das Innere eines Krokodils abzukommandieren«, sagte er endlich, »das ist meiner persönlichen Meinung nach Unsinn. Im Etat ist dergleichen nicht vorgesehen. Und was für einen Auftrag könnte es dort geben?«

»Nun, etwa zur natürlichen Erforschung, sagen wir, der Natur an Ort und Stelle. Heutzutage werden die Naturwissenschaften überall gepflegt, die Botanik und so weiter ... Er könnte dort wohnen und berichten ... nun, über die Verdauung oder einfach über die Sitten und Gebräuche. Um Tatsachenmaterial zu sammeln.«

»Also zu statistischen Zwecken. Nun, darin bin ich nicht beschlagen, ich bin kein Philosoph. Sie sagen: Tatsachenmaterial ... Wir ersticken ohnehin schon in Tatsachen und wissen nicht, wohin mit ihnen. Zudem ist diese Statistik gefährlich ...«

»Wieso denn?«

»Gefährlich. Und bedenken Sie, er würde seine Berichte sozusagen auf dem Lotterbett liegend abfassen. Und kann man als Beamter auf dem Lotterbett liegen? Das ist wieder eine Neuerung, und zwar eine sehr gefährliche. Wir haben wiederum keine Präzedenzfälle. Ja, wenn Sie mir nur einen Vorgang namhaft machen könnten, dann, meine ich, ließe sich eine Abkommandierung schon ermöglichen.«

»Es sind aber bisher auch keine lebenden Krokodile zu uns gekommen, Timofej Semjonowitsch.«

»Hm! ja ...« Er überlegte wieder. »Dieser Einwand ist nicht unrichtig und könnte sogar als Grundlage für eine weitere Untersuchung des Falles dienen. Doch erwägen Sie andererseits wiederum, wenn mit dem häufigeren Erscheinen lebender Krokodile auch immer mehr Beamte verschwinden und, weil es dort drinnen warm und gemütlich ist, dorthin abkommandiert zu werden verlangen, um hübsch faulenzen zu können ... Sie werden zugeben müssen, daß das kein gutes Beispiel ist. Am Ende würde sich jeder dorthin begeben, um sein Gehalt ohne jede Gegenleistung beziehen zu können.«

»Raten Sie, Timofej Semjonowitsch! Ja, noch etwas: Iwan

Matwejewitsch bat mich, seine Spielschuld zu begleichen, sieben Rubel von der letzten Whistpartie.«

»Ach ja, er verlor sie neulich bei Nikifor Nikiforowitsch. Ich erinnere mich. Wie lustig er damals war! Fortwährend Witze – und nun!«

Der Alte war gerührt.

»Helfen Sie uns, Timofej Semjonowitsch!«

»Ich will's versuchen. Ich will ganz privat sprechen, als wollte ich nur eine Auskunft haben. Bringen Sie übrigens ganz inoffiziell in Erfahrung, was für einen Preis der Besitzer für sein Krokodil verlangen würde.«

Timofej Semjonowitsch war offensichtlich freundlicher geworden.

»Unverzüglich«, sagte ich, »und ich erstatte Ihnen dann sofort Bericht.«

»Die Gemahlin ... ist jetzt allein? Langweilt sich?«

»Sie sollten sie besuchen, Timofej Semjonowitsch.«

»Ich besuche sie. Ich habe schon selbst daran gedacht. Es paßt auch so gut ... Wie kam er nur darauf, sich das Krokodil anzusehen? Ich würde es mir übrigens auch ganz gerne ansehen.«

»Besuchen Sie doch den Ärmsten, Timofej Semjonowitsch.«

»Gewiß. Natürlich kann ich ihm durch diesen Schritt keinerlei Hoffnungen machen. Ich komme als Privatperson. Nun, auf Wiedersehen! Ich bin heute abend wieder bei Nikifor Nikiforowitsch. Sie auch?«

»Nein, ich gehe zum armen Gefangenen!«

»Ja! Der ist nun gefangen! Ach, dieser Leichtsinn!«

Ich verabschiedete mich von dem Alten. Die verschiedensten Gedanken gingen mir im Kopf herum. Timofej Semjonowitsch war ein braver, ehrlicher Mann, doch als ich ihn verließ, war ich froh, daß er schon sein fünfzigjähriges Jubiläum gefeiert hatte und Leute seines Schlages heute bei uns selten sind. Natürlich eilte ich sofort in die Passage, um dem armen Iwan Matwejewitsch alles mitzuteilen. Auch die Neugier plagte mich. Wie hatte er sich dort im Krokodil eingerichtet, und wie konnte man überhaupt in einem Krokodil leben? Mitunter kam mir wirklich alles wie ein ungeheuerlicher Traum vor, um so mehr, als es um ein Ungeheuer ging ...

3

Aber es war kein Traum, sondern wirkliche, unbezweifelbare Wahrheit. Sonst würde ich es ja nicht erzählen! Doch ich fahre fort ...

In die Passage kam ich spät, es war schon neun Uhr, und die Krokodilbude mußte ich durch die Hintertür betreten, denn der Deutsche hatte seinen Laden früher als gewöhnlich geschlossen. Er spazierte in einem speckigen alten Hausrock umher, war aber noch dreimal zufriedener als vorher am Morgen. Man sah es ihm an, daß er nichts mehr fürchtete und viel Publikum dagewesen war. Mutter erschien erst später, augenscheinlich um mich zu beobachten. Der Deutsche und Mutter flüsterten häufig miteinander. Obgleich die Bude schon geschlossen war, nahm er mir doch fünfundzwanzig Kopeken ab. Was für eine überflüssige Gewissenhaftigkeit!

»Sie werden zahlen jedesmal; Publikum zahlt einen Rubel und Sie nur fünfundzwanzig Kopeken; denn Sie sind guter Freund von unser guten Freund, und ich schätze Freunde ...«

»Lebt er, lebt mein gebildeter Freund?« rief ich laut und näherte mich dem Krokodil in der Hoffnung, daß meine Worte schon aus der Ferne Iwan Matwejewitsch erreichen und seinem Selbstgefühl schmeicheln würden.

»Gesund und munter«, ertönte seine Stimme wie von ferne, gleichsam unter dem Bett hervor, obgleich ich neben ihm stand. »Gesund und munter, doch davon später ... Wie steht es sonst?«

Ich tat, als hätte ich diese Frage nicht gehört, und begann ihn teilnahmsvoll und hastig selbst auszufragen, wie es ihm gehe, wie es drinnen im Krokodil aussehe und was dort überhaupt zu finden sei. Das erforderte sowohl die Freundschaft als auch die gewöhnlichste Höflichkeit. Er aber unterbrach mich eigensinnig und ärgerlich.

»Wie steht's?« rief er noch einmal in seinem üblichen Kommandoton und mit seiner quäkenden Stimme, die diesmal besonders ekelhaft klang.

Ich teilte ihm mein ganzes Gespräch mit Timofej Semjonowitsch bis ins kleinste Detail mit. Ich versuchte dabei einen etwas gekränkten Ton zu markieren.

»Der Alte hat recht«, entschied Iwan Matwejewitsch ebenso schroff, wie er seiner Gewohnheit nach mit mir zu reden pflegte. »Ich liebe praktische Leute und kann die süßlichen

Schwätzer nicht leiden. Ich bin aber bereit zuzugeben, daß auch deine Idee einer Abkommandierung nicht ganz unsinnig ist. In der Tat, ich kann viel in wissenschaftlicher und sittlicher Beziehung berichten. Doch jetzt gewinnt alles ein neues und unerwartetes Aussehen, und es lohnt sich nicht, sich nur wegen des Gehalts zu bemühen. Höre jetzt aufmerksam zu, Sitzt du?«

»Nein, ich stehe.«

»Setz dich irgendwohin, meinetwegen auf den Fußboden, und höre mir aufmerksam zu.«

Erbittert nahm ich einen Stuhl und stieß ihn im Zorn heftig auf den Fußboden.

»Höre«, begann er befehlshaberisch, »es war heute eine Unmenge Publikum da. Am Abend war kein Platz mehr für alle; die Polizei mußte kommen, um für Ordnung zu sorgen. Um acht Uhr, das heißt früher als sonst, fand der Besitzer es sogar für gut, die Bude zu schließen und die Vorstellung abzubrechen, um das eingegangene Geld nachzuzählen und sich in Ruhe auf morgen vorzubereiten. Ich weiß, daß es morgen hier einen richtigen Jahrmarkt geben wird. So kann man annehmen, daß alle gebildeten Leute der Residenz, die Damen der vornehmsten Gesellschaft, die ausländischen Gesandten, Juristen und so weiter hier vorsprechen werden. Mehr noch, es werden Leute aus den verschiedensten Provinzen unseres großen und interessanten Vaterlandes zusammenströmen. Das Ergebnis – ich werde alle beschäftigen und, wenn auch verborgen, die erste Geige spielen. Ich will die müßige Menge belehren. Durch Erfahrung gewitzigt, will ich ihnen ein Beispiel der Größe und Ergebenheit ins Schicksal bieten! Ich werde sozusagen das Katheder sein, von dem aus ich die Menschheit belehre. Allein schon die naturwissenschaftlichen Mitteilungen, die ich über das von mir bewohnte Ungeheuer machen kann, sind von unschätzbarem Wert. Und darum murre ich nicht über das heutige Erlebnis, sondern hoffe auf eine glänzende Karriere.«

»Wird es dir nicht langweilig?« fragte ich giftig.

Am meisten empörte mich, daß er in seiner Rede fast gar keine persönlichen Fürwörter mehr gebrauchte, so wichtig tat er. Trotzdem war ich ganz irre geworden. Wie kommt dieser leichtsinnige Mensch dazu, das Maul so vollzunehmen? knirschte ich vor mich hin. Er sollte weinen, aber nicht großtun!

»Nein!!« erwiderte er schroff auf meine Bemerkung, »ich bin ganz erfüllt von großen Ideen, jetzt erst habe ich Muße, über das Heil der ganzen Menschheit nachzudenken. Aus dem Krokodil sollen jetzt Wahrheit und Licht hervorgehen. Ich erfinde ganz bestimmt eine neue, eigene Theorie der neuen wirtschaftlichen Verhältnisse und werde stolz auf sie sein! Bisher hatte ich keine Zeit dazu, weil mich mein Amt und die törichten Vergnügungen der Gesellschaft zu sehr in Anspruch nahmen. Nun aber stürze ich alles um und werde ein neuer Fourier. Übrigens – hast du Timofej Semjonowitsch die sieben Rubel gegeben?«

»Ich habe sie von meinem Geld ausgelegt«, sagte ich, das Wort »meinem« scharf betonend.

»Wir rechnen später ab«, erwiderte er hochmütig. »Ich erwarte demnächst eine Gehaltserhöhung, denn wer verdiente eine solche mehr als ich? Ich bin dem Staat jetzt unendlich nützlich. Doch zur Sache. Was macht die Frau?«

»Du fragst wohl nach Jelena Iwanowna?«

»Die Frau?!« schrie er mit geradezu kreischender Stimme.

Nichts zu machen! Demütig, doch wieder zähneknirschend erzählte ich ihm, wie ich Jelena Iwanowna verlassen hatte. Er hörte mich nicht einmal bis zu Ende an.

»Ich habe besondere Absichten mit ihr«, fing er ungeduldig an. »Wenn ich *hier* berühmt werde, soll sie es *dort* werden. Gelehrte, Dichter, Philosophen, angereiste Mineralogen, Staatsmänner werden, nachdem sie vormittags sich mit mir unterhalten haben, abends ihren Salon besuchen. Von der kommenden Woche an muß ihr Salon jeden Abend offenstehen. Das verdoppelte Gehalt wird ihr die Mittel zur Bewirtung der Gäste verschaffen, und da sich die Bewirtung auf Tee und gedingte Lakaien beschränken wird, muß alles glatt gehen. Hier wie dort wird man über mich reden. Ich habe längst auf eine Gelegenheit gewartet, daß alle von mir reden, konnte aber bisher nichts erreichen, weil ich gefesselt war durch meine geringe Bedeutung und mein bescheidenes Amt. Jetzt aber ist das alles erreicht durch die einfache Schluckbewegung eines Krokodils. Jedem meiner Worte wird man lauschen, jeden Ausspruch erwägen, weitergeben, drucken. Und ich werde von mir reden machen! Sie werden endlich begreifen, welche Fähigkeiten sie im Bauch des Krokodils verschwinden ließen. Dieser Mann hätte im Ausland Minister sein und ein Königreich regieren können, werden sie sagen. Und dieser Mann hat noch kein ausländisches Königreich regiert, werden die andern sagen. Wahrhaftig, worin stehe ich irgendeinem Garnier-Pagès, oder wie die Kerle sonst heißen mögen, nach? Meine Frau muß mein Pendant abgeben – bei mir der Geist, bei ihr die Schönheit und Liebenswürdigkeit. Sie ist schön, weil sie seine Frau ist, werden die anderen jene verbessern. In jedem Fall soll Jelena Iwanowna morgen das Konversationslexikon kaufen, das von Andrej Krajewskij* herausgegeben wurde, damit sie über alle Dinge reden kann. Vor allem jedoch soll sie die politischen Leitartikel der ‚St. Petersburger Nachrichten' lesen und sie täglich mit den Aufsätzen in der ‚Stimme' vergleichen. Ich nehme an, daß mich der Besitzer ab und zu mitsamt dem Krokodil in den glänzenden Salon meiner Gemahlin bringen wird. Ich werde im Behälter mitten im prachtvoll ausgestatteten Salon stehen und von Bonmots sprühen, die ich mir vormittags zurechtgelegt habe. Dem Staatsmann teile ich meine Entwürfe mit; mit dem Dichter rede ich in Reimen; mit den Damen scherze ich liebenswürdig, ohne den Anstand zu verletzen – denn für ihre Gatten bin ich ganz ungefährlich. Allen anderen diene ich als ein Beispiel frommer Ergebenheit ins Schicksal und in den Willen der Vorsehung. Meine Frau mache ich zu einer glänzenden Literaturdame; ich rücke sie ins hellste Licht und kläre das Publikum über sie auf; als meine Frau muß sie die größten Vorzüge besitzen, und wenn man Andrej Alexandrowitsch mit Recht unseren russischen Alfred de Musset nennt, so wird es noch mehr zutreffen, wenn man sie als unsere russische Eugénie Tour** bezeichnet.«

Ich muß gestehen, dieses Geschwätz erinnerte zwar sehr an Iwan Matwejewitsch, wie er immer war; dennoch kam mir der Gedanke, daß er im Fieber rede. Es war immer der gleiche, alltägliche Iwan Matwejewitsch, aber gewissermaßen durch ein Glas mit zwanzigfacher Vergrößerung betrachtet.

»Mein Freund«, sagte ich, »hoffst du die ganze Ewigkeit drinnen zu bleiben? Und sag mir überhaupt: Bist du ganz ge-

* Krajewskij, der Herausgeber der liberalen Zeitung »Golos« (die Stimme), von Dostojewskij wiederholt verspottet (Anmerkung des Übersetzers).

** Gräfin Jelisaweta Wasiljewna Salias de Tournemir, geb. Suchowo-Kobylina, schrieb unter dem Decknamen Eugénie Tour zahlreiche Romane und Novellen aus dem russischen Gesellschaftsleben (Anmerkung des Übersetzers).

sund? Wie ißt du, wie schläfst du, wie atmest du? Ich bin dein Freund, und du mußt zugeben, daß dies ein ganz übernatürlicher Fall ist. Daher ist auch meine Neugier nur zu natürlich.«

»Müßige Neugier, nichts weiter«, erwiderte er sentenziös, »du sollst aber befriedigt werden. Du fragst, wie ich mich im Inneren des Ungeheuers eingerichtet habe? Erstens hat sich das Krokodil zu meiner größten Verwunderung als ganz leer erwiesen. Sein Inneres besteht gewissermaßen aus einem riesigen leeren Sack, der aus Gummi angefertigt ist, ähnlich jenen Gummierzeugnissen, die man bei uns in der Gorochowaja, der Morskaja und, wenn ich nicht irre, auf dem Wosnesenskij-Prospekt kaufen kann. Wie hätte ich sonst hier Platz gefunden?«

»Ist es möglich?« rief ich in begreiflichem Staunen, »Das Krokodil ist innen ganz hohl?«

»Völlig«, bestätigte Iwan Matwejewitsch streng und eindringlich. »Und wahrscheinlich ist es nach den Gesetzen der weisen Natur so beschaffen. Das Krokodil besitzt nur einen mit spitzen Zähnen versehenen Rachen und dazu einen recht langen Schwanz, das ist strenggenommen alles. In der Mitte zwischen diesen zwei Extremitäten befindet sich ein leerer Raum, mit etwas Kautschukartigem umgeben; aller Wahrscheinlichkeit nach ist es auch Kautschuk.«

»Und Rippen, Magen, Eingeweide, Leber, Herz?« unterbrach ich ihn zornig.

»Nichts, absolut nichts ist vorhanden und wahrscheinlich auch nie vorhanden gewesen. All das sind nur müßige Phantasien leichtsinniger Reisender. Wie man ein Hämorrhoidalkissen aufbläst, so blase ich jetzt das Krokodil auf. Es ist dehnbar bis zur Unendlichkeit. Sogar du als mein Hausfreund könntest neben mir Platz finden, wenn du großmütig genug dazu wärest. Wir hätten auch zu zweien hier Platz. Ich denke sogar daran, im äußersten Notfall Jelena Iwanowna hierherkommen zu lassen. Übrigens steht diese innere Leere des Krokodils völlig im Einklang mit den Lehren der Naturwissenschaft. Denn nehmen wir zum Beispiel an, du solltest ein neues Krokodil schaffen – selbstverständlich wäre deine erste Frage: Was ist die Grundeigentümlichkeit des Krokodils? Die Antwort ist klar: Menschen verschlingen. Wie muß das Krokodil beschaffen sein, um Menschen verschlingen zu können? Die Antwort ist noch klarer: Schaffe es leer. Die

Physik hat längst festgestellt, daß die Natur keine Leere duldet. Demgemäß muß auch das Innere des Krokodils leer sein, damit es keine Leere dulde, sondern alles verschlinge und sich fülle mit allem, was ihm in den Weg kommt. Und das ist der einzige vernünftige Grund, warum die Krokodile unsereinen verschlingen. Der Mensch ist anders eingerichtet: je leerer zum Beispiel der Kopf eines Menschen ist, desto geringer ist sein Verlangen, ihn zu füllen, und das ist die einzige Ausnahme von der allgemeinen Regel. Dies alles ist mir jetzt sonnenklar, dies alles habe ich durch selbständiges Denken und eigene Erfahrung erkannt, da ich mich sozusagen im Inneren der Natur, in ihrer Retorte befand und ihrem Pulsschlag lauschte. Sogar die Etymologie bestätigt meine Meinung, denn der Name Krokodil bedeutet nichts anderes als Gefräßigkeit. Krokodil, Crocodillo ist ohne Zweifel ein italienisches Wort, das vielleicht noch aus der Zeit der ägyptischen Pharaonen stammt und augenscheinlich von der französischen Wurzel croquer abzuleiten ist. Croquer aber bedeutet verspeisen, genießen und überhaupt als Nahrung verwenden. Dies alles gedenke ich in meinem ersten Vortrag dem in Jelena Iwanownas Salon versammelten Publikum mitzuteilen, wenn ich im Kasten dorthin gebracht werde.«

»Mein Freund, solltest du nicht wenigstens ein Abführmittel nehmen?« rief ich unwillkürlich. Er fiebert, er fiebert, er fiebert, wiederholte ich entsetzt für mich.

»Unsinn!« rief er verächtlich, »zudem ist das in meiner gegenwärtigen Lage ganz unangebracht. Übrigens hatte ich schon geahnt, daß du von Abführmitteln reden würd st.«

»Aber, mein Freund, wie ... wie nimmst du denn jetzt Speise zu dir? Hast du heute zu Mittag gegessen oder nicht?«

»Nein! Aber ich bin satt und werde aller Wahrscheinlichkeit nach überhaupt nie mehr Nahrung zu mir nehmen. Und auch das ist ganz begreiflich: indem ich das ganze Innere des Krokodils ausfülle, mache ich es für immer satt. Jetzt braucht es mehrere Jahre lang nicht gefüttert zu werden. Andererseits wird es mir, durch mich gesättigt, ganz natürlich alle seine Lebenssäfte mitteilen – in der Art, wie manche verfeinerten Koketten sich alle ihre Körperformen für die Nacht mit rohen Koteletten belegen; wenn sie dann morgens ein Bad genommen haben, sind sie frisch, elastisch, saftig und bezaubernd. So nähre ich das Krokodil und werde wiederum von ihm genährt; also nähren wir uns gegenseitig. Da es aber selbst einem Krokodil schwerfällt, einen Mann wie mich zu verdauen, muß es selbstverständlich eine gewisse Schwere im Magen spüren: im Magen, den es übrigens gar nicht hat – und das ist der Grund, warum ich mich , um dem Ungeheuer nicht unnütze Schmerzen zu bereiten, selten von einer Seite auf die andere drehe; ich könnte es zwar ohne weiteres, vermeide es aber aus Humanität. Dies ist der einzige Nachteil meiner augenblicklichen Lage, und in allegorischem Sinne hat Timofej Semjonowitsch recht, wenn er mich einen Bärenhäuter nennt. Aber ich werde beweisen, daß man auch auf der Bärenhaut – mehr noch, daß man nur auf der Bärenhaut das Geschick der Menschheit gestalten kann. Alle großen Ideen und Richtungen unserer Zeitungen und Zeitschriften sind augenscheinlich von Bärenhäutern hervorgebracht worden. Darum spricht man ja auch von Studierzimmerideen, aber ich pfeife auf solche Bezeichnungen! Ich erfinde jetzt ein ganzes Spezialsystem – und du glaubst nicht, wie leicht das ist! Es genügt, sich in irgendeinen entfernten Winkel zurückzuziehen oder in den Bauch eines Krokodils zu kriechen und die Augen zu schließen – und sofort hat man ein Paradies für die ganze Menschheit erfunden. Vorhin, als ihr schon fort waret, machte ich mich sofort ans Erfinden; ich habe schon drei Systeme erfunden und bin jetzt beim vierten. Allerdings muß man zuerst alles umstürzen, aber aus dem Krokodil heraus ist das sehr leicht; mehr noch, aus dem Krokodil heraus sieht man alles viel deutlicher . . .Übrigens hat meine Situation auch gewisse Mängel, sie sind aber unbedeutend; das Innere des Krokodils ist etwas feucht und anscheinend mit Schleim bezogen; außerdem riecht es etwas nach Gummi, ganz wie meine alten Galoschen. Das ist aber alles. Sonst habe ich über nichts zu klagen.«

»Iwan Matwejewitsch«, unterbrach ich ihn, »dies alles sind Wunder, an die ich kaum glauben kann. Und gedenkst du wirklich, dein Leben lang nicht mehr zu Mittag zu speisen?«

»Um was für Unsinn du dich kümmerst, leichtsinniger, törichter Kopf! Ich rede dir von großen Ideen, und du . . . Wisse denn, daß ich von den großen Ideen allein schon gesättigt werde, welche die mich umgebende Nacht erhellen. Übrigens hat der gutmütige Besitzer des Ungeheuers nach Rücksprache mit seiner herzensguten Mutter beschlossen, jeden Morgen in den Rachen des Krokodils eine gebogene Metallröhre zu schieben, durch die ich Kaffee oder Bouillon mit eingeweichtem Weißbrot einsaugen kann. Das Röhrchen ist schon in der Nachbarschaft bestellt, ich halte es aber für einen unnützen Luxus. Ich hoffe wenigstens tausend Jahre zu leben, wenn es wahr ist, daß Krokodile so lange leben. Gut, daß mir das eingefallen ist! Schlage morgen in irgendeiner Naturgeschichte nach und gib mir Bescheid, denn ich kann mich auch geirrt und das Krokodil mit irgendeinem andern Fossil verwechselt haben. Nur eine Erwägung macht mir Sorge. Da ich in einem Tuchanzug und Lederstiefeln stecke, kann das Krokodil mich augenscheinlich nicht verdauen. Außerdem bin ich lebendig und widersetze mich dem Verdautwerden mit der ganzen Kraft meines Willens, denn es versteht sich von selbst, daß ich nicht in die Substanz verwandelt werden will, in die sich jede Nahrung verwandelt. Das wäre eine zu große Demütigung! Ich fürchte nur eins! In den tausend Jahren kann das Tuch meines Gehrocks, das leider russisches Erzeugnis ist, zerfallen; und wenn ich dann ohne Kleider bin, kann ich am Ende ungeachtet aller meiner Entrüstung dem Verdauungsprozeß doch zum Opfer fallen. Bei Tage lasse ich das natürlich in keinem Fall zu, doch des Nachts, im Schlaf, wenn der Wille den Menschen verläßt, kann mich leicht das erniedrigende Schicksal einer Kartoffel, eines Pfannkuchens oder einer Kalbslende treffen. Aus diesem Grund allein müßte der Zolltarif geändert und die Einfuhr englischer Wollstoffe gefördert werden, denn sie sind stärker und leisten somit der Natur mehr Widerstand, wenn man von einem Krokodil verschlungen wird. Bei der nächsten Gelegenheit teile ich meine Idee irgendeinem unserer Staatsmänner mit, zugleich aber auch den politischen Leitartiklern unserer Petersburger Tageszeitungen. Sie sollen es hinausschreien. Ich hoffe, daß sie nicht das allein bei mir lernen. Ich sehe es kommen, daß mich jeden Morgen ganze Scharen von Zeitungsschreibern, mit Fünfundzwanzigkopekenstücken auf Kosten ihrer Redaktionen bewaffnet, umdrängen, um meine Gedanken über die gestrigen telegraphischen Meldungen zu hören. Mit einem Wort, die Zukunft erscheint mir im rosigsten Lichte.«

»Das Fieber, das Fieber!« flüsterte ich vor mich hin.

»Und die Freiheit, mein lieber Freund?« sagte ich, um seine Meinung ganz zu erfahren. »Du bist doch sozusagen im Gefängnis während der Mensch sich der Freiheit erfreuen soll!«

»Du bist dumm«, erwiderte er, »der Wilde liebt die Unabhängigkeit, der Weise die Ordnung, und es gibt keine Ordnung ohne ...«

»Iwan Matwejewitsch, erbarme dich!«

»Sei still und höre zu!« kreischte er entrüstet, weil ich ihm ins Wort gefallen war. »Nie hat mein Geist sich so hoch erhoben wie jetzt. In meinem engen Asyl fürchte ich nur eins: die literarische Kritik der großen Monatsschriften und das Gezisch unserer satirischen Blätter. Ich fürchte, daß mich leichtsinnige Besucher, Narren und Neider und überhaupt Nihilisten zur Zielscheibe ihres Spottes machen werden. Aber ich werde schon meine Maßnahmen treffen. Mit Ungeduld erwarte ich die morgigen Urteile des Publikums, vor allem aber die Berichte der Zeitungen. Davon mußt du mir morgen sofort erzählen.«

»Schön. Ich bringe dir morgen einen ganzen Haufen Zeitungen.«

»Morgen können wir noch keine Zeitungsberichte erwarten, denn Anzeigen werden erst am vierten Tage gedruckt. Von nun ab komm jeden Abend durch den Nebeneingang vom Hofe aus. Ich beabsichtige dich zu meinem Sekretär zu machen. Du wirst mir aus den Zeitungen und Zeitschriften vorlesen, und ich werde dir meine Gedanken diktieren und Aufträge erteilen. Vor allem achte auf die telegraphischen Nachrichten. Daß mir jeden Tag alle europäischen Pressetelegramme hier sind! Doch genug; du wirst wohl auch schläfrig sein. Geh nach Hause und denke nicht an das, was ich eben über die Kritik gesagt habe, ich fürchte sie nicht, denn sie befindet sich selbst in einer kritischen Lage. Man braucht nur weise und tugendhaft zu sein und wird alsbald auf ein Piedestal erhoben. Wenn kein Sokrates, so ein Diogenes, oder beides zugleich – das ist meine künftige Rolle in der Geschichte der Menschheit.«

So leichtsinnig und aufdringlich sprach Iwan Matwejewitsch (freilich im Fieber) mit mir, gleich jenen charakterlosen Weibern, von denen das Sprichwort sagt, daß sie nichts für sich behalten könnten. Auch alles, was er mir vom Krokodil erzählt hatte, kam mir sehr verdächtig vor. Wie war es denn möglich, sich das Krokodil innen ganz hohl zu denken? Ich wette, das hatte er nur prahlerisch hinzugelogen, zum Teil vielleicht auch deshalb, um mich herabzusetzen. Freilich war er krank, und einem Kranken muß man entgegenkommen; ich gestehe aber offen, daß ich Iwan Matwejewitsch nie leiden konnte. Mein ganzes Leben lang, von Kindheit an, wünschte ich von seiner Bevormundung loszukommen und konnte es nicht. Tausendmal wollte ich mich endgültig mit ihm überwerfen, und jedesmal zog es mich wieder zu ihm, als hoffte ich immer noch, ihm etwas zu beweisen, mich für etwas an ihm zu rächen. Eine sonderbare Freundschaft! Ich kann mit Bestimmtheit sagen, daß meine Freundschaft zu neun Zehnteln im Haß wurzelte. Diesmal trennten wir uns übrigens mit viel Gefühl.

»Ihr Freund sehr kluge Mensch!« sagte der Deutsche halblaut zu mir, als er mich hinausbegleitete. Er hatte uns die ganze Zeit über fleißig zugehört.

»Apropos«, sagte ich, »daß ich's nicht vergesse: Was verlangen Sie für Ihr Krokodil, für den Fall, daß Ihnen jemand das Tier abkaufen wollte?«

Iwan Matwejewitsch, der die Frage gehört hatte, wartete gespannt auf die Antwort. Er wünschte augenscheinlich nicht, daß der Deutsche seinen Preis zu niedrig ansetze; zum mindesten räusperte er sich sehr bedeutungsvoll bei meiner Frage.

Zuerst wollte der Deutsche nichts davon wissen und wurde sogar böse.

»Niemand nicht darf kaufen mein Krokodil!« schrie er wütend und wurde rot wie ein gekochter Krebs. »Ich will nicht verkaufen Krokodil! Ich nehme nicht Million Taler für Krokodil! Ich habe bekommen von Publikum heute einhundertdreißig Taler, und ich kriege morgen zehntausend, und dann hunderttausend jeden Tag! Ich will nicht verkaufen!«

Iwan Matwejewitsch kicherte vor Vergnügen.

Ich nahm mich zusammen, denn ich erfüllte die Pflicht eines wahren Freundes, und gab dem verrückten Deutschen kaltblütig und überlegen zu verstehen, daß seine Berechnung nicht ganz stimme; wenn er mit einer täglichen Einnahme von hunderttausend Rubel rechne, werde ganz Petersburg in vier Tagen bei ihm gewesen sein, und dann werde niemand mehr kommen; über Leben und Tod habe Gott allein Gewalt; das Krokodil könne unversehens platzen, Iwan Matwejewitsch könne krank werden und sterben und so weiter.

Der Deutsche wurde nachdenklich.

»Ich gebe ihm Tropfen aus Apotheke«, sagte er nach einiger Überlegung, »und Ihr Freund wird nicht sterben.«

»Tropfen sind Tropfen«, sagte ich, »aber bedenken Sie

auch, daß es zu einem Gerichtsprozeß kommen kann. Die Gattin Iwan Matwejewitschs kann ihren legitimen Gatten zurückverlangen. Sie haben die Absicht, reich zu werden, aber sind Sie auch gewillt, Jelena Iwanowna eine Pension zu zahlen?«

»Nix Pension!« antwortete der Deutsche entschieden und streng.

»Nix Pension!« bestätigte mit einer gewissen Wut Mutter.

»Wäre es demnach nicht besser, Sie ließen sich lieber gleich mit einer zwar mäßigen, aber immerhin auskömmlichen und vor allem sicheren Summe abfinden, als ins Ungewisse zu steuern? Ich halte es für meine Pflicht hinzuzufügen, daß ich nicht aus müßiger Neugier frage.«

Der Deutsche nahm Mutter und zog sich mit ihr zur Beratung in den Winkel zurück, wo der Schrank mit dem größten und scheußlichsten Affen der ganzen Sammlung stand.

»Du wirst schon sehen!« sagte Iwan Matwejewitsch.

Was mich betrifft, so brannte ich in diesem Augenblick vor Begierde, erstens: den Deutschen ordentlich zu verprügeln, zweitens: Mutter noch ordentlicher zu verprügeln, drittens: Iwan Matwejewitsch am ordentlichsten zu verprügeln für seinen grenzenlosen Ehrgeiz. Doch dies alles, das war noch gar nichts im Vergleich zur Antwort des habgierigen Deutschen.

Nach einer kurzen Beratung mit Mutter verlangte er für sein Krokodil fünfzigtausend Rubel in Prämienscheinen der letzten internen Lotterieanleihe, ein Steinhaus in der Gorochowaja mit einer eigenen Apotheke und außerdem noch den Rang eines russischen Obersten.

»Siehst du!« rief Iwan Matwejewitsch triumphierend, »ich habe es dir gesagt! Abgesehen von dem letzten unsinnigen Wunsch, Oberst zu werden, hat er vollauf recht, denn er erkennt vollauf den jetzigen Wert des ihm gezeigten Ungeheuers. Das ökonomische Prinzip über alles!«

»Erbarmen Sie sich!« schrie ich den Deutschen wütend an, »wofür wollen Sie Oberst werden? Was für eine Heldentat haben Sie denn begangen, was für einen Dienst haben Sie geleistet, was für Kriegsruhm haben Sie erworben? Sind Sie, nach alledem zu schließen, nicht verrückt?«

»Verrückt!« rief der Deutsche gekränkt. »Nein, ich bin sehr kluges Mensch, aber Sie sehr dumm! Ich habe verdient Oberst, weil ich habe gezeigt Krokodil, und drin sitzt lebendiger Hofrat, aber Russe nicht kann zeigen Krokodil, und darin sitzt lebendiger Hofrat. Ich bin überaus kluger Mensch und will sein Oberst!«

»Also lebe wohl, Iwan Matwejewitsch!« rief ich zitternd vor Wut und rannte aus der Krokodilbude. Ich fühlte deutlich: noch einen Augenblick, und ich hätte mein Tun nicht mehr verantworten können. Die übertriebenen Hoffnungen dieser beiden Narren waren unerträglich. Die kühle Luft draußen erfrischte mich, und meine Empörung legte sich etwas. Endlich, nachdem ich wohl fünfzehnmal energisch nach rechts und nach links gespuckt hatte, nahm ich eine Droschke, fuhr nach Hause, kleidete mich aus und warf mich auf mein Bett. Was mich am meisten ärgerte, waren die Sekretärsdienste, die er von mir verlangte. Ich konnte jetzt also jeden Abend vor Langweile aus der Haut fahren, wenn ich die Pflichten eines wahren Freundes erfüllte. Ich hätte mich dafür verprügeln können, und als ich das Licht gelöscht hatte und unter meine Decke gekrochen war, schlug ich mich in der Tat mit der Faust mehrmals auf den Kopf und einige andere Körperteile. Das erleichterte mich einigermaßen, und ich schlief endlich ziemlich fest ein, denn ich war sehr müde. Die ganze Nacht träumte ich nur von Affen, erst gegen Morgen erschien mir Jelena Iwanowna...

4

Die Affen waren mir wohl deshalb im Traum erschienen, weil sie im Schrank des Krokodilbesitzers gesessen hatten; aber Jelena Iwanowna stellte ein eigenes Kapitel dar.

Ich sage es gleich: ich liebte diese Dame; aber ich beeile mich – und zwar mit Eilzugsgeschwindigkeit – hinzuzufügen: ich liebte sie wie ein Vater, nicht mehr und nicht weniger. Ich schließe das daraus, daß ich häufig von dem unbezwinglichen Wunsch erfaßt wurde, ihr Köpfchen oder ihre rote Backe zu küssen. Und obgleich ich diesen Wunsch nie verwirklicht habe, so bekenne ich doch, daß ich nicht abgeneigt gewesen wäre, sie sogar auf den Mund zu küssen. Und nicht nur den Mund, sondern auch die Zähne, die immer so reizend hervortraten, wenn sie lachte – wie eine Reihe entzückender, ausgesuchter Perlen. Und sie lachte erstaunlich oft. Iwan Matwejewitsch nannte sie in zärtlicher Stimmung gerne »mein lieber Unsinn« – eine ungemein zutreffende und charakteristische Bezeichnung. Sie war ein Bonbon und weiter nichts. Daher verstehe ich überhaupt nicht, wie der gute Iwan Matwejewitsch darauf kam, sich seine Gattin plötzlich als russische Eugénie Tour zu denken. Jedenfalls hatte mein Traum, wenn man von den Affen absieht, einen höchst angenehmen Eindruck bei mir hinterlassen, und als ich morgens bei einer Tasse Tee alle Ereignisse des gestrigen Tages Revue passieren ließ, beschloß ich sofort, auf dem Weg ins Amt bei Jelena Iwanowna vorzusprechen, wozu ich übrigens in meiner Eigenschaft als Hausfreund geradezu verpflichtet war.

In dem winzigen Zimmerchen vor dem Schlafzimmer, dem sogenannten kleinen Salon – obgleich auch ihr »großer« Salon sehr klein war –, saß Jelena Iwanowna auf einem kleinen, eleganten Diwan in einem luftigen, duftigen Morgenjäckchen an einem kleinen Teetisch und trank Kaffee aus einer winzigen Tasse, in die sie einen winzigen Zwieback tauchte. Sie war bezaubernd schön, schien mir aber auch sehr nachdenklich zu sein.

»Ach, Sie sind es, Sie Schelm!« begrüßte sie mich mit zerstreutem Lächeln. »Setzen Sie sich, Sie Leichtfuß, und trinken Sie Kaffee. Nun, was haben Sie gestern getrieben? Waren Sie auf dem Maskenball?«

»Waren denn Sie dort? Ich besuche solche Veranstaltungen nicht. Außerdem war ich gestern bei unserem Gefangenen.«

Ich seufzte, nahm die Kaffeetasse entgegen und machte eine sanfte Miene.

»Bei wem? Was für ein Gefangener? ... Ach so, der arme Kerl. Nun, langweilt er sich? Ja, wissen Sie ... ich wollte Sie fragen ... Ich kann mich jetzt doch scheiden lassen?«

»Scheiden lassen!« schrie ich entrüstet und hätte beinahe den Kaffee verschüttet. Das ist der Schwarze! dachte ich zornbebend.

Es gab nämlich einen Jüngling mit schwarzen Locken und schwarzem Schnurrbart, der beim Bauamt angestellt war und gar zu fleißig in ihrem Haus verkehrte. Er verstand es meisterhaft, Jelena Iwanowna zum Lachen zu bringen. Ich gestehe, daß ich ihn haßte, und es war kaum zu bezweifeln, daß er gestern Jelena Iwanowna gesprochen hatte, vielleicht auf dem Maskenball, vielleicht auch hier im Haus, und daß er ihr weiß Gott was alles vorgeschwatzt hatte.

»Ja, warum nicht?« fing Jelena Iwanowna plötzlich sehr erregt an, und es schien mir, als wiederholte sie nur, was man ihr beigebracht hatte; »er sitzt da im Krokodil und kommt vielleicht nie im Leben zurück, und ich soll ewig auf ihn warten! Ein Ehemann muß in seinem Haus wohnen und nicht in einem Krokodil!«

»Das ist aber ein ganz unvorhergesehener Fall«, begann ich in sehr begreiflicher Unruhe.

»Ach nein, sagen Sie das nicht, ich will es nicht, will es nicht hören!« schrie sie plötzlich ganz erzürnt. »Sie müssen mir immer widersprechen, Sie nichtsnutziger Mensch. Mit Ihnen ist nichts anzufangen, Sie geben einem nie einen guten Rat! Ganz fremde Leute sagen mir schon, daß die Scheidung durchzusetzen sein muß, weil Iwan Matwejewitsch jetzt kein Gehalt mehr bezieht!«

»Jelena Iwanowna! Höre ich Sie reden?« rief ich pathetisch. »Welcher Bösewicht konnte Ihnen das einreden! Auch ist eine Scheidung aus einem so nichtigen Grund wie das Gehalt ganz unmöglich. Und der arme, arme Iwan Matwejewitsch glüht förmlich in Liebe zu Ihnen, sogar im Bauch des Ungeheuers! Mehr noch, er schmilzt vor Liebe wie ein Stückchen Zucker. Noch gestern abend, als Sie sich auf dem Maskenball amüsierten, sagte er, im äußersten Fall wolle er Sie als seine legitime Gattin zu sich in den Bauch des Krokodils nehmen, zumal sich das Krokodil als sehr geräumig erwiesen hat und nicht nur zwei, sondern sogar drei Personen aufnehmen könnte ...«

Und nun erzählte ich ihr sofort die interessanteste Partie meines gestrigen Gespräches mit Iwan Matwejewitsch.

»Was? Was?« rief sie verwundert. »Sie wollen, daß ich hineinkrieche zu Iwan Matwejewitsch? Wie kommen Sie darauf? Wie soll ich das denn tun in Hut und Krinoline? Mein Gott, was für Dummheiten! Wie wird denn das aussehen, wenn ich hineinschlüpfe! Vielleicht schaut mir jemand zu! Das ist lächerlich! Und was soll ich dort essen? Und ... und was soll ich denn anfangen, wenn ... Mein Gott, was Sie sich ausdenken ... Und was gibt es da für Vergnügungen? ... Sie sagen, daß es dort nach Gummi elastikum riecht? Und wenn ich mich nun mit ihm zanke – wie soll ich da neben ihm liegen? Pfui, wie scheußlich!«

»Ich stimme Ihnen durchaus bei, liebste Jelena Iwanowna!« unterbrach ich sie mit dem begreiflichen Eifer, der sich des Menschen immer bemächtigt, wenn er fühlt, daß das Recht auf seiner Seite ist. »Sie haben aber eines nicht in Betracht gezogen, daß er nämlich ohne Sie nicht leben kann, wenn er

Sie zu sich bittet. Es handelt sich also hier um Liebe, leidenschaftliche, treue, sehnsüchtige Liebe ... Sie wissen seine Liebe nicht zu würdigen, beste Jelena Iwanowna!«

»Ich will nicht, ich will nicht, nicht einmal hören will ich davon!« sagte sie mit einer abwehrenden Bewegung ihrer kleinen hübschen Hand, an der ihre eben gewaschenen und mit einer kleinen Bürste geputzten rosigen Nägel schimmerten. »Sie widerlicher Mensch! Sie bringen mich zum Weinen. Kriechen Sie doch selbst hinein, wenn Ihnen das Vergnügen macht. Sie sind doch sein Freund, also legen Sie sich aus purer Freundschaft neben ihn und disputieren Sie mit ihm Ihr Leben lang über allerlei langweilige Wissenschaften ...«

»Sie spotten zu Unrecht über diesen Plan«, unterbrach ich die leichtsinnige Dame mit Würde; »Iwan Matwejewitsch hat mich ohnedies schon eingeladen. Natürlich müßte Sie die Pflicht dorthin treiben, mich dagegen nur die Großmut; doch als Iwan Matwejewitsch mir gestern von der außerordentlichen Dehnbarkeit des Krokodils erzählte, machte er eine sehr deutliche Anspielung, daß nicht nur für Sie beide, sondern auch für mich als Hausfreund Platz vorhanden sei. Wir könnten uns sehr gut zu dritt einrichten, besonders wenn ich Lust dazu hätte, also ...«

»Wie das? Zu dritt?« rief Jelena Iwanowna und sah mich erstaunt an. »Wie sollen wir denn ... alle drei da drin sitzen? Hahaha! Wie dumm ihr beide seid! Hahaha! Ich werde Sie dort die ganze Zeit kneifen, Sie Taugenichts, hahaha! Hahaha!«

Und sie warf sich auf die Rücklehne des Diwans und lachte, bis ihr die Tränen kamen. Dies alles, die Tränen und das Lachen, war so bezaubernd, daß ich mich nicht länger beherrschen konnte und leidenschaftlich ihre Hand zu küssen begann, was sie nicht verwehrte, obgleich sie mich zum Zeichen der Versöhnung leicht am Ohr zupfte.

Dann wurden wir beide sehr lustig, und ich schilderte ihr ausführlich alle gestrigen Pläne Iwan Matwejewitschs. Der Gedanke an die Empfangsabende in ihrem vornehmen Salon gefiel ihr sehr gut.

»Ich werde aber sehr viele neue Kleider brauchen«, bemerkte sie, »und deshalb muß mir Iwan Matwejewitsch möglichst bald und möglichst viel von seinem Gehalt schicken. Aber ... aber wie wird denn das sein?« fragte sie nachdenklich; »wie wird man ihn denn im Kasten zu mir bringen?

Das ist doch lächerlich. Ich will nicht, daß mein Mann in einem Kasten getragen wird. Ich würde mich vor den Gästen zu sehr schämen ... Ich will nicht, nein, ich will nicht.«

»Ja, daß ich es nicht vergesse – ist Timofej Semjonowitsch gestern bei Ihnen gewesen?«

»Ja freilich; er kam, mich zu trösten, und – stellen Sie sich vor! wir haben zu zweit Sechsundsechzig gespielt. Er zahlte mit Konfekt, und wenn ich verlor, durfte er mir die Hand küssen. So ein Taugenichts! Und denken Sie nur! Fast wäre er mit mir zum Maskenball gefahren. Wirklich!«

»Er war bezaubert!« sagte ich. »Und wen könnten Sie nicht bezaubern, Sie Verführerin!«

»Da fangen Sie schon wieder mit Ihren Komplimenten an! Warten Sie, ich will Sie einmal kneifen, ehe Sie weggehen. Ich habe neuerdings das Kneifen sehr gut gelernt. Nun, wie finden Sie es? Ja, übrigens – Sie sagen, daß Iwan Matwejewitsch gestern sehr oft von mir geredet hat?«

»Nein, das gerade nicht, aber ... Ich muß gestehen, er denkt jetzt mehr an die Geschicke der ganzen Menschheit und will ...«

»Nun, mag er! Reden Sie nicht weiter! Es ist wahrscheinlich furchtbar langweilig. Ich werde ihn schon wieder einmal besuchen. Morgen fahre ich bestimmt hin. Nur heute nicht; ich habe Kopfschmerzen, und dann werden sicher viele Leute dort sein ... Dann wird es heißen: Da ist seine Frau! Und das ist mir peinlich ... Leben Sie wohl. Heute abend sind Sie wohl ... dort?«

»Bei ihm, bei ihm. Er hat mir befohlen, zu kommen und Zeitungen mitzubringen.«

»Das ist ja famos. Also gehen Sie zu ihm und lesen Sie ihm vor. Zu mir kommen Sie aber heute nicht mehr. Ich bin nicht ganz wohl, vielleicht gehe ich auch aus. Nun leben Sie wohl, Sie Schelm.«

Der Schwarze wird wohl heute bei ihr sein, dachte ich.

In der Kanzlei ließ ich mir natürlich nicht anmerken, was für Sorgen mich plagten. Ich stellte aber bald fest, daß einige unserer fortschrittlichsten Zeitungen an diesem Tag unter meinen Kollegen merkwürdig schnell von Hand zu Hand gingen und mit ungemein ernsten Gesichtern gelesen wurden. Die erste Zeitung, die mir in die Hand fiel, war das »Tageblatt«, ein Blättchen ohne jede bestimmte Richtung, nur ganz allgemein liberal – wofür es allgemein verachtet, nichtsdestoweniger aber sehr eifrig gelesen wurde. Nicht ohne eine gewisse Verwunderung las ich hier folgendes:

»Gestern gingen in unserer weitläufigen und mit prächtigen Gebäuden geschmückten Hauptstadt außerordentliche Gerüchte um. Ein gewisser N., in der vornehmen Gesellschaft als außerordentlicher Feinschmecker bekannt, schien der Küche von Borel und des **Klubs satt geworden zu sein und begab sich in die Passage, in jene Schaubude, wo zur Zeit ein eben in die Hauptstadt gebrachtes riesiges Krokodil gezeigt wird, und verlangte, es ihm als Mittagessen zu servieren. Nachdem er mit dem Besitzer handelseinig geworden war, machte er sich sofort daran, das Tier noch lebend zu verschlingen, indem er mit seinem Taschenmesser saftige Stücke abschnitt und sie mit ungeheurer Hast verschlang. Nach und nach verschwand das ganze Krokodil in dem geräumigen Magen dieses Herrn, der sich darauf auch an das Ichneumon, den ständigen Begleiter des Krokodils, machen wollte, da er wahrscheinlich vermutete, daß dies ebenso gut schmecken würde. Wir sind durchaus nicht gegen dieses neue Nahrungsmittel, das ausländischen Gastronomen längst bekannt ist. Wir haben das sogar vorausgesagt. Die englischen Lords und Reisenden fangen in Ägypten die Krokodile in großen Mengen und essen den Rücken des Tieres als Beefsteak mit Senf, Zwiebeln und Kartoffeln. Die Franzosen, die mit Lesseps nach Ägypten gekommen sind, ziehen die Pfoten, in heißer Asche gebacken, vor – was sie übrigens tun, um die Engländer zu ärgern, die sich über sie lustig machen. Bei uns wird man vermutlich die eine wie die andere Zubereitung zu schätzen wissen. Wir begrüßen dieses neue Gebiet der Industrie, die in unserem großen und vielgestaltigen Vaterland noch lange nicht ausreichend entwickelt ist. Es dürfte sicher kein Jahr mehr vergehen, und diesem ersten Krokodil, das im Magen des Petersburgers Feinschmeckers verschwand, werden Hunderte folgen. Und warum sollte man das Krokodil nicht in Rußland akklimatisieren? Wenn das Wasser der Newa für diese interessanten Ausländer zu kalt ist, so gibt es doch in unserer Hauptstadt auch Teiche und weiter draußen auch Flüsse und Seen. Warum könnte man zum Beispiel Krokodile nicht in Pargolowo oder in Pawlowsk züchten und in Moskau in den Presnja-Teichen oder in der Samotjoka? Sie würden nicht nur unseren vornehmen Feinschmeckern eine angenehme und bekömmliche Speise liefern, sondern auch den an diesen Teichen promenierenden Damen eine angenehme Zerstreuung bereiten und den Kindern naturwissenschaftliche Kenntnisse vermitteln. Aus ihrer Haut könne man Futterale, Koffer, Zigarettenetuis und Brieftaschen verfertigen, und so manches Tausend Rubel in speckigen Banknoten, wie sie bei unserer Kaufmannschaft besonders beliebt sind, käme zwischen Krokodilhäute zu liegen. Wir hoffen noch öfter auf dieses interessante Thema zurückzukommen.«

Ich hatte zwar schon etwas Ähnliches geahnt, war aber dennoch durch die Leichtfertigkeit dieser Behauptungen verblüfft. Weil ich niemanden hatte, mit dem ich meine Gedanken austauschen konnte, wandte ich mich dem mir gegenübersitzenden Prochor Sawitsch zu, da ich bemerkt hatte, daß er mich schon seit einiger Zeit beobachtete; dabei hielt er die »Stimme« in den Händen, anscheinend in der Absicht, sie an mich weiterzugeben. Schweigend nahm er von mir das »Tagblatt« entgegen und reichte mir die »Stimme« herüber, wobei er einen Aufsatz, auf den er mich wohl besonders aufmerksam machen wollte, kräftig mit dem Fingernagel angestrichen hatte. Dieser Prochor Sawitsch war ein ganz eigentümlicher Mensch: ein schweigsamer alter Hagestolz, der mit keinem Kollegen verkehrte, kaum mit einem sprach und über alle Dinge seine eigene Meinung hatte, sie aber nur sehr ungern aussprach. Er lebte ganz einsam. In seiner Wohnung war keiner von uns gewesen.

Folgendes las ich an der bezeichneten Stelle in der »Stimme«:

»Es ist allen bekannt, daß wir fortschrittlich und human sind und es in allem Europa gleichtun wollen. Doch ungeachtet aller Bemühungen und Anstrengungen unserer Zeitung sind wir noch lange nicht ‚reif‘, wovon ein empörender Vorgang zeugt, der sich gestern in der Passage abspielte und den wir schon vorausgesagt hatten. Da kommt ein ausländischer Unternehmer in unsere Hauptstadt und bringt ein Krokodil mit, das er in der Passage dem Publikum zeigt. Wir beeilten uns sofort, diesen neuen Zweig einer nützlichen Industrie, an der es unserem starken und vielgestaltigen Vaterland so sehr fehlt, freudig zu begrüßen. Gestern aber, um halb fünf

Uhr nachmittags, erscheint in der Schaubude des Ausländers plötzlich ein Mann von ungeheurer Korpulenz, in betrunkenem Zustand, zahlt für den Eintritt und stürzt sich sofort, ohne vorherige Warnung, in den Rachen des Krokodils, das natürlich gezwungen war, ihn zu verschlingen, sei es auch nur aus Selbsterhaltungstrieb, um nicht zu ersticken. Nachdem er so in das Innere des Krokodils eingedrungen ist, schläft der Fremde sofort ein. Weder das Geschrei des ausländischen Unternehmers noch das Jammern seiner entsetzten Familie noch die Drohung, sich an die Polizei zu wenden, machen auch nur den geringsten Eindruck auf ihn. Aus dem Inneren des Krokodils vernimmt man nur Hohngelächter und die Drohung, die Jammernden mit Rutenhieben (sic!) zum Schweigen zu bringen, und das arme Säugetier, das diese ungeheure Masse verschlingen mußte, vergießt hilflose Tränen. Ein ungebetener Gast ist schlimmer als ein Tatare, sagt das Sprichwort, aber dessenungeachtet denkt der freche Besucher nicht daran, herauszukommen. Wir finden keine Erklärung für ein derartiges barbarisches Verfahren, das nur von unserer Unreife Zeugnis ablegt und uns in den Augen der Ausländer verächtlich macht. Die Rücksichtslosigkeit der russischen Natur hat sich hier wieder einmal glänzend offenbart. Es fragt sich, was wollte der ungebetene Gast haben? Ein warmes und komfortables Quartier? In unserer Hauptstadt gibt es genug schöne Häuser mit billigen und sehr gut eingerichteten Wohnungen, Wasserleitung und Gasbeleuchtung auf der Treppe, oft auch mit einem vom Hausbesitzer bezahlten Portier. Wir machen unsere Leser auch noch auf die barbarische Behandlung der Haustiere aufmerksam. Das angereiste Krokodil kann natürlich eine so ungeheure Masse nicht mit einemmal verdauen und liegt nun aufgeblasen da und sieht unter furchtbaren Schmerzen den Tod kommen. In Europa wird inhumane Behandlung von Haustieren schon seit langem gerichtlich verfolgt. Aber trotz der europäischen Straßenbeleuchtung, der europäischen Trottoire, der europäischen Bauart, die sich bei uns eingebürgert haben, wird es noch lange dauern, ehe wir unsere altgewohnten Vorurteile loswerden.

‚Die Häuser neu, die Vorurteile alt' – und nicht einmal die Häuser sind neu, zum mindesten nicht die Treppen. Wir haben in unserem Blatt schon mehrmals erwähnt, daß auf der Petersburger Seite, im Haus des Kaufmanns Lukjanow, die untersten Stufen der Holztreppe verfault und eingefallen sind und längst eine Gefahr für die in seinen Diensten stehende Soldatenfrau Afimja Skapidarowa bedeuten, die gezwungen ist, die Treppe sehr häufig mit Wasser oder mit einem Bündel Holz hinaufzugehen. Endlich haben unsere Voraussagen sich erfüllt! Gestern abend um halb neun Uhr stürzte die Soldatenfrau Afimja Skapidarowa mit einer vollen Suppenterrine hin und brach sich das Bein. Wir wissen nicht, ob Lukjanow jetzt seine Treppe in Ordnung bringen wird; der Russe ist immer erst klug, wenn er vom Rathaus kommt; genug – das Opfer des russischen Leichtsinns ist bereits im Krankenhaus. Ebenso werden wir nicht müde zu verlangen, daß die Hausknechte, die auf der Wiborger Seite den Schmutz von den Holztrottoiren fegen, die Füße der Passanten nicht beschmutzen dürfen, sondern den Schlamm aufeinanderhäufen sollen, wie in Europa beim Reinigen des Schuhwerkes und so weiter und so weiter.«

»Was ist denn das?« sagte ich und sah Prochor Sawitsch verwundert an. »Was soll das heißen?«

»Was denn?«

»Ich bitte Sie, statt Iwan Matwejewitsch zu bemitleiden, bemitleiden sie das Krokodil.«

»Warum denn nicht? Sogar ein Vieh, ein *Säugetier* bemitleiden sie. Ist es nicht wie in Europa? Dort bemitleidet man die Krokodile. Hihihi!«

Nach diesen Worten vertiefte sich der Sonderling Prochor Sawitsch in seine Akten und sagte nichts mehr.

Die »Stimme« und das »Tagblatt« steckte ich in die Tasche, suchte außerdem zur Abendunterhaltung für Iwan Matwejewitsch so viele alte Nummern der »Nachrichten« und der »Stimme« zusammen, als ich finden konnte, und verschwand, obgleich es noch lange nicht Abend war, etwas früher aus der Kanzlei, um mich in die Passage zu begeben und wenigstens von ferne zu sehen, was dort vorging, und die verschiedenen Meinungen und Urteile zu hören. Ich ahnte, daß es dort ein furchtbares Gedränge geben würde, und hüllte auf alle Fälle mein Gesicht fester in den Mantelkragen, denn ich schämte mich vor irgend etwas – so wenig sind wir an Öffentlichkeit gewöhnt. Aber ich fühle, daß ich nicht das Recht habe, meine eigenen, prosaischen Empfindungen angesichts eines so außerordentlichen und originalen Ereignisses auszusprechen . . .

Der ehrliche Dieb

Aus den Aufzeichnungen eines Unbekannten

Eines Morgens, als ich schon drauf und dran war, ins Amt zu gehen, kam Agrafena, meine Köchin, Wäscherin und Haushälterin, zu mir und begann zu meiner Verwunderung ein Gespräch mit mir.

Bisher war sie ein schweigsames, einfältiges Weib gewesen, das außer den täglichen Worten über das Mittagessen in sechs Jahren kein Wort gesprochen hatte. Wenigstens hörte ich nie etwas von ihr.

»Ich komme zu Ihnen, gnädiger Herr«, fing sie plötzlich an, »ob Sie nicht die Kammer vermieten wollen.«

»Welche Kammer?«

»Nun, die bei der Küche. Das weiß man doch.«

»Warum?«

»Warum. Darum, weil die Leute Untermieter nehmen. Das weiß man doch.«

»Wer wird sie mieten?«

»Wer wird sie mieten. Ein Untermieter wird sie mieten. Das weiß man doch.«

»Aber, du meine Mutter, dort läßt sich doch kein Bett aufstellen; es ist zu eng. Wer soll dort wohnen?«

»Warum dort wohnen. Wenn er nur irgendwo schlafen kann; wohnen kann er am Fenster.«

»An welchem Fenster?«

»Das weiß man doch, als ob Sie es nicht kennten! An dem Fenster im Vorzimmer. Dort kann er sitzen, nähen oder sonst was machen. Er kann auch auf einem Stuhl sitzen. Er hat einen Stuhl; und er hat auch einen Tisch; er hat alles.«

»Wer ist es denn?«

»Ein braver, guter Mann. Ich will ihm das Essen machen. Und für Wohnung und Beköstigung will ich nur drei Silberrubel monatlich nehmen.«

Endlich, nach langen Bemühungen, erfuhr ich, daß ein älterer Mann Agrafena überredet oder sonstwie dazu gebracht hatte, ihn als Untermieter und Kostgänger in ihre Küche aufzunehmen. Was sich Agrafena in den Kopf gesetzt hatte, mußte geschehen; sonst – das wußte ich – würde sie mir keine

Ruhe lassen. Wenn ihr etwas nicht paßte, wurde sie nachdenklich und verfiel in tiefe Melancholie, und dieser Zustand währte zwei oder drei Wochen. In dieser Zeit verdarb sie die Speisen, verlor Wäschestücke und ließ die Fußböden ungescheuert – mit einem Wort, es gab viele Unannehmlichkeiten. Ich hatte längst bemerkt, daß diese schweigsame Frau nicht imstande war, einen Entschluß zu fassen oder einen eigenen Gedanken zu entwickeln. Aber wenn sich in ihrem schwachen Gehirn zufällig etwas wie eine Idee oder ein Vorhaben festgesetzt hatte, dann hieß ihr die Verwirklichung verweigern nichts anderes als sie moralisch für einige Zeit umbringen. Und da ich am meisten meine Ruhe liebte, stimmte ich sofort zu.

»Hat er wenigstens einen Paß oder sonst was?«

»Freilich! Ein braver, erfahrener Mann; drei Silberrubel will er zahlen.«

Tags darauf erschien in meinem bescheidenen Junggesellenquartier der neue Mieter; ich war nicht ungehalten, sondern freute mich sogar im stillen. Ich lebe überhaupt wie ein Einsiedler. Bekannte habe ich fast gar keine, ausgehen tu ich selten. Zehn Jahre völlig zurückgezogenen Lebens haben mich an Einsamkeit gewöhnt. Aber zehn, fünfzehn Jahre und vielleicht noch mehr Jahre dieser Einsamkeit mit derselben Agrafena, in derselben Junggesellenwohnung – das sind ziemlich trübe Aussichten! Und deshalb kam mir ein zusätzlicher bescheidener Mensch unter diesen Umständen wie eine Gnade des Himmels vor.

Agrafena hatte nicht gelogen: mein Mieter war ein erfahrener Mann. Aus dem Paß ergab sich, daß er ein verabschiedeter Soldat war, was ich auf den ersten Blick an seinem Gesicht erkannte, ohne in seinen Paß geblickt zu haben. Das erkennt man leicht. Astafij Iwanowitsch, mein Untermieter, gehörte zu den besseren Leuten seines Schlages. Wir kamen gut miteinander aus. Das Netteste war, daß Astafij Iwanowitsch Geschichten erzählen konnte, Ereignisse aus seinem Leben. Bei der Öde meines alltäglichen Daseins war ein solcher Erzähler einfach ein Schatz. Einmal erzählte er mir wieder eine Geschichte. Sie machte einigen Eindruck auf mich. Aber zuerst der Anlaß dieser Geschichte.

Einmal war ich allein in der Wohnung, sowohl Astafij als auch Agrafena waren in Geschäften unterwegs. Plötzlich hörte ich Schritte aus dem anderen Zimmer, es mußte jemand, und zwar ein Fremder, wie es mir schien, hereingekommen sein.

Ich ging hinaus. In der Tat, im Vorzimmer stand ein kleiner Mann, nur im Rock, obgleich es ein kalter Herbsttag war.

»Was willst du?«

»Den Beamten Alexandrow; wohnt er hier?«

»Nein, Bruder. Leb wohl.«

»Der Hausknecht hat mir aber gesagt, er wohne hier«, erklärte der Gast und retirierte vorsichtig zur Tür.

»Geh nur, geh, Bruder, verschwinde.«

Am nächsten Tag nach dem Essen, als mir Astafij Iwanowitsch den Rock anpaßte, den ich ihm zum Wenden gegeben hatte, trat wieder jemand ins Vorzimmer. Ich öffnete die Tür.

Der Besucher von gestern nahm vor meinen Augen ruhig meine Pekesche vom Kleiderständer, schob sie unter den Arm und verließ die Wohnung. Agrafena hatte ihn die ganze Zeit mit weit aufgerissenem Mund angestarrt, ohne etwas zum Schutz meiner Pekesche zu unternehmen. Astafij Iwanowitsch rannte dem Gauner nach und kam nach zehn Minuten ganz außer Atem mit leeren Händen zurück. Der Dieb war verschwunden!

»Das nennt man Pech, Astafij Iwanowitsch! Gut, daß der Mantel noch da ist! Sonst säße ich ganz auf dem trockenen! Dieser Gauner!«

Doch Astafij Iwanowitsch war so erschüttert, daß ich über seinem Anblick meinen Verlust beinahe vergaß. Er konnte nicht zu sich kommen. Jeden Augenblick unterbrach er seine Arbeit und begann von neuem zu erzählen, wie alles geschehen war, wie er dagestanden, wie der Kerl vor seinen Augen die Pekesche ergriffen hatte und wie alles gekommen war, daß man ihn nicht mehr erwischen konnte. Dann setzte er sich wieder an die Arbeit, warf sie wieder hin und ging endlich, wie ich durchs Fenster sah, zum Hausknecht, um ihm die Geschichte zu erzählen und ihm Vorwürfe zu machen, daß er auf seinem Hof solche Dinge zulasse. Dann kehrte er zurück und begann auch Agrafena zu schelten. Dann setzte er sich an die Arbeit und brummte noch lange vor sich hin, wie alles gekommen sei, wie er dagestanden hätte und ich dort, wie der Kerl vor seinen Augen, keine zwei Schritte von ihm, die Pekesche ergriffen hätte, und so weiter. Mit einem Wort, Astafij Iwanowitsch war, obgleich er sein Handwerk verstand, ein großer Grübler und Brummer.

»Man hat uns übers Ohr gehauen, Astafij Iwanowitsch«, sagte ich am Abend, ihm ein Glas Tee vorsetzend, und wollte ihn aus Langeweile noch einmal die Geschichte von der verlorenen Pekesche erzählen lassen, die durch die vielen Wiederholungen und die tiefe Aufrichtigkeit des Erzählers allmählich sehr komisch wirkte.

»Man hat uns übers Ohr gehauen, gnädiger Herr! Ich kann's einfach nicht verwinden, der Ärger läßt mir keine Ruhe, obgleich's nicht mein Rock war. Meiner Meinung nach gibt es kein ärgeres Geschmeiß auf der Welt als den Dieb. Mancher nimmt aus dem vollen, aber dieser nimmt dir deine Arbeit, den dabei vergossenen Schweiß, stiehlt dir deine Zeit ... Pfui, wie gemein! Ich mag gar nicht reden davon. Die Wut packt mich. Und Ihnen, Herr, ist's gar nicht leid um Ihr Hab und Gut?«

»Ja, freilich, Astafij Iwanowitsch! Lieber mag eine Sache verbrennen, aber sie einem Dieb überlassen ist ärgerlich, das will man nicht.«

»Was gibt es da zu wollen! Freilich, ein Dieb ist nicht wie der andere ... Einmal aber habe ich's erlebt, Herr, daß ich auf einen ehrlichen Dieb gestoßen bin.«

»Was heißt ehrlich? Kann denn ein Dieb ehrlich sein, Astafij Iwanowitsch?«

»Es war aber so, Herr! Ein Dieb ist freilich nie ehrlich, sonst wäre er kein Dieb. Ich wollte nur sagen, Herr, daß er ein ehrlicher Mann war, aber gestohlen hat. Richtig leid tun konnte er einem.«

»Wie kam denn das, Astafij Iwanowitsch?«

»Ja, Herr, das mag so zwei Jahre her sein. Ich war damals fast ein ganzes Jahr stellenlos; auf meiner letzten Stelle aber hatte ich einen ganz verlorenen Menschen kennengelernt. In der Schenke waren wir zusammengekommen. Ein Säufer war er, ein Bummler und Faulenzer; war irgendwo Beamter gewesen, aber für seine Sauferei aus dem Dienst gejagt worden. Ein ganz unwürdiger Mensch! Was er auf dem Leibe hatte, läßt sich gar nicht beschreiben. Manchmal fragte man sich, ob er ein Hemd unter dem Mantel hatte; alles, was er in die Finger bekam, vertrank er. War aber kein Krakeeler, sondern von friedlichem Charakter, so freundlich und gut, und bettelte nicht, schämte sich fortwährend; nun, man sah gleich, daß der arme Kerl trinken wollte, und brachte ihm was. Nun, da bin ich ihm also nähergekommen, das heißt, er hängte sich an mich ... mir war es gleich. Und was für ein Mensch! Wie ein Hündchen lief er mir nach; wo ich war, war auch er.

Dabei hatten wir uns erst einmal gesehen; so ein Narr! Erst bettelte er, ich möchte ihn bei mir übernachten lassen. Na, das erlaubte ich ihm, denn ich sah, daß sein Paß in Ordnung war und er selber auch. Dann, am nächsten Tag, wollte er wieder bei mir übernachten, und am dritten Tag kam er wieder, den ganzen Tag verbrachte er am Fenster und blieb wieder zum Übernachten da. Na, dachte ich, den wirst du jetzt nicht mehr los. Essen und Trinken mußt du ihm geben, und ein Nachtlager auch noch! So geht's einem armen Mann – lädt sich noch einen Kostgänger auf den Hals. Früher war er, wie jetzt zu mir, immer zu einem Angestellten gegangen, an dem er sehr hing; sie tranken immer zusammen. Aber der trank sich zu Tode und starb aus Gram. Er hieß Jemelja Iljitsch. Lange dachte ich: Was fange ich an mit dem Menschen? Ihn davonzujagen schämte ich mich; er tat mir leid – so ein jämmerlicher, elender Mensch, mein Gott! Und so bescheiden war er. Nie bat er um etwas, saß nur da und starrte einem wie ein Hündchen in die Augen. So kann der Schnaps einen Menschen verderben! Und ich dachte mir: Was soll ich ihm sagen? Scher dich, Jemeljanuschka, hier hast du nichts zu suchen, bist an den Unrechten geraten, ich habe selber nichts zu beißen, wie soll ich da noch dich füttern? Und dann dachte ich wieder, was er wohl tun würde, wenn ich ihm das sagte. Und da war mir's, als sähe ich, wie er mich nach meiner Rede lange Zeit anschaut und dasitzt und kein Wort versteht, wie er dann, als er's endlich begreift, vom Fenster weggeht, sein Bündelchen nimmt – ich seh's noch heute vor mir: ein rotkariertes, löcheriges Tuch war drumherum geschlungen; weiß Gott, was er da alles hineinpackte, und überall trug er's mit sich herum –, wie er dann sein Mäntelchen richtet, daß es anständig aussieht und warm ist und daß man die Löcher nicht so sieht – er war eben ein delikater Mensch! –, wie er dann die Tür aufmacht und mit Tränen in den Augen die Treppe hinuntergeht ... Sollte ich den Menschen ganz verkommen lassen? Er dauerte mich. Und dann dachte ich, wie's mir selber einmal gehen würde. Halt, überlegte ich, Jemeljanuschka wird nicht mehr lange feiern bei dir; ich werde bald umziehen, dann finde mich! Nun, Herr, wir zogen um; der Barin Alexander Filimonowitsch (jetzt ist er tot, Gott hab ihn selig) sagte noch: ‚Ich bin sehr zufrieden mit dir, Astafij. Wenn wir vom Lande zurückkommen, vergessen wir dich nicht und nehmen dich wieder.' Ich war bei ihm Hausknecht; war ein guter Herr, ist aber im selben Jahr gestorben. Als die Herrschaft nun fort war, packte ich meinen Kram zusammen, etwas Geld hatte ich auch, dachte mir etwas Ruhe zu gönnen und mietete bei einer alten Frau einen Winkel. Sie hatte gerade noch einen Winkel frei. War früher irgendwo Kinderfrau gewesen, jetzt lebte sie für sich und bekam eine kleine Pension. Nun, Jemeljanuschka, lieber Mann, dachte ich mir, leb wohl jetzt, mich findest du nicht mehr! Aber was meinen Sie, Herr? Ich kam abends heim (hatte einen Bekannten besucht), und wen sehe ich da zuallererst? Meinen Jemelja! Er sitzt auf meiner Truhe, das rotkarierte Bündel liegt neben ihm, sitzt im Mantel da und wartet auf mich ... Aus Langweile hatte er das Gebetbuch der Alten genommen und hielt es verkehrt. Hatte mich also gefunden! Ich ließ vor Schreck die Hände sinken. Nun, dachte ich, nichts zu machen – warum habe ich ihn nicht gleich fortgejagt? und fragte ihn gleich: ‚Hast du deinen Paß mit, Jemelja?'

Dann setzte ich mich, Herr, und überlegte. Was konnte dieser heimatlose Mensch mir schließlich viel im Wege sein? Und als ich's mir gründlich überlegt hatte, sah ich, daß es so schlimm nicht war. Essen muß er natürlich, dachte ich. Na, morgens ein Stückchen Brot, und damit's ihm glatter hinuntergeht, ein bißchen grüne Zwiebeln dazu. Zu Mittag wieder etwas Brot mit Zwiebeln; und zum Abendessen abermals Zwiebeln mit Kwas, und wenn er Brot haben will, auch ein Stückchen Brot. Und gibt's mal irgendwo Kohlsuppe, dann sind wir beide satt bis zum Hals. Ich selber esse nicht viel, und ein Trinker, das weiß man doch, ißt überhaupt nichts. Wenn er nur seinen Schnaps hat! Mit dem Schnaps macht er mich arm, dachte ich; aber da kam mir was anderes in den Sinn, Herr, und das packte mich richtig. So, daß ich meines Lebens nicht froh geworden wäre, wenn Jemelja gegangen wäre ... Sein Vater und Wohltäter wollte ich werden, Herr! Ich will ihn vom Verderben retten, dachte ich, will ihm den Schnaps abgewöhnen! Warte nur, dachte ich: Nun schön, Jemelja, bleib also da, nur halte dich aufrecht bei mir und hör aufs Kommando!

Ich stellte mir das so vor: erst ihn an die Arbeit gewöhnen, nicht auf einmal, soll er zuerst ein wenig bummeln, ich werde feststellen und sehen, wozu Jemelja taugt. Denn für jede Arbeit, Herr, muß der Mensch befähigt sein. Und so beobachtete ich ihn in aller Stille. Ich sah – ein ganz verzweifelter Mensch, der Jemeljanuschka! Erst versuchte ich's mit guten Worten. ‚So und so', sage ich, ‚Jemeljan Iljitsch, du solltest mehr auf dich achten und dich ein wenig zusammennehmen.

Genug gebummelt! Schau dich an, gehst in Lumpen einher, dein Mäntelchen, mit Verlaub zu sagen, taugt nur mehr als Sieb, das ist nicht schön. Es ist wohl an der Zeit, dünkt mich, an die Ehre zu denken.' Er sitzt da, läßt den Kopf hängen, hört mir zu, mein Jemeljanuschka. Was tun, Herr! Es war schon so weit mit ihm, daß er die Zunge vertrunken hatte, kein vernünftiges Wort brachte er heraus! Du sagst ihm was von Gurken, und er fängt von Bohnen an! ... So hörte er mir lange zu und seufzte bloß hin und wieder. ‚Was seufzt du denn, Jemeljan Iljitsch?' sagte ich.

‚Ach, nur so, Astafij Iwanowitsch, haben Sie keine Sorge. Heute haben sich zwei Weiber auf der Straße geprügelt, Astafij, weil die eine der andern aus Versehen ihren Korb mit Preiselbeeren umgestoßen hatte.'

‚Nun, und was ist denn dabei?'

‚Da hat die andere der ersten auch den Korb umgeworfen und dann die Beeren rasch mit den Füßen zertrampelt!'

‚Nun, und was weiter, Jemeljan Iljitsch?'

‚Weiter nichts, Astafij Iwanowitsch, es fiel mir nur so ein.'

Fiel dir nur so ein! Ach, dachte ich, mein armer Jemelja! An dir ist Hopfen und Malz verloren!

‚Und dann hat ein Herr eine Banknote verloren', erzählt er wieder, ‚in der Gorochowaja war's ... nein, in der Sadowaja. Und ein Bauer hat's gesehen, sagt: Ich habe heute Glück! und will den Schein aufheben. Da kommt ein andrer dazu und schreit: Nein, der Schein gehört mir! Ich hab ihn zuerst gesehen ...!'

‚Nun, und weiter, Jemeljan Iljitsch?'

‚Dann haben sie sich geprügelt, Astafij Iwanowitsch. Schließlich kam der Schutzmann, hob den Schein auf und gab ihn dem Herrn zurück und drohte den zwei Bauern, sie einzusperren.'

‚Nun, und was weiter? Was kann man denn daraus lernen, Jemeljanuschka?'

‚Ich meinte nur so. Die Leute auf der Straße haben gelacht, Astafij Iwanowitsch.'

‚Ach, Jemeljanuschka! Was kümmern dich die Leute? Für ein Kupferstück hast du deine Seele verkauft! Weißt du, was ich dir raten will, Jemeljan Iljitsch?'

‚Was denn, Astafij Iwanowitsch?'

‚Such dir irgendeine Arbeit; ich sag's dir schon zum hundertstenmal! Habe Mitleid mit dir selber!'

‚Was soll ich denn arbeiten, Astafij Iwanowitsch? Ich kann ja nichts mehr, und mich nimmt ja auch keiner, Astafij Iwanowitsch.'

‚Dafür haben sie dich auch entlassen, Jemelja! Du bist eben ein Trinker!'

‚Den Büfettier Wlas haben sie heute aufs Bureau kommen lassen, Astafij Iwanowitsch.'

‚Weshalb denn, Jemeljanuschka?'

‚Ja, daß weiß ich nicht, Astafij Iwanowitsch. Werden wohl etwas von ihm gewollt haben, sonst hätten sie ihn nicht gerufen ...'

Ach, dachte ich, mit uns ist's aus, Jemeljanuschka! Uns straft Gott für unsere Sünden! Was soll man nur mit solch einem Menschen anfangen, Herr?

Aber ein schlauer Kerl war er, das muß man sagen! Er hörte mir lange Zeit zu, dann wurde es ihm wohl langweilig. Kaum bemerkte er, daß ich in Zorn geriet, nahm er seinen Mantel und war verschwunden! Wo sollte man ihn suchen? Den ganzen Tag blieb er weg und kam abends betrunken nach Hause. Wer ihm den Schnaps gab, wo er das Geld hernahm, weiß Gott allein; ich bin unschuldig an alledem.

‚Nein, Jemeljan Iljitsch', sagte ich zu ihm, ‚das nimmt ein böses Ende! Laß das Trinken, hörst du? Kommst du noch einmal betrunken heim, mußt du auf der Treppe schlafen! Ich lasse dich nicht herein ...'

Nach dieser Ermahnung saß mein Jemelja einen Tag zu Hause und noch einen; am dritten verschwand er wieder. Ich wartete und wartete, er kam nicht. Da wurde mir, ehrlich gesagt, bange, und er tat mir leid. Was habe ich nur getan? dachte ich. Ich habe ihn erschreckt. Wo ist er nun hin, der Unglücksmensch? Er geht sicher zugrunde, Gott sei mir gnädig! Es wurde Nacht, er kam nicht. Am Morgen ging ich auf den Flur hinaus, schaute, er geruhte im Flur zu nächtigen. Den Kopf hat er auf die Treppenstufe gelegt und schläft; ganz steif vor Kälte war er.

‚Was ist denn das, Jemelja? Gott sei dir gnädig! Wo kommst du her?'

‚Sie waren neulich so böse, Astafij Iwanowitsch, ärgerten sich über mich und sagten, Sie würden mich auf der Treppe schlafen lassen ... Da hab ich nicht gewagt hineinzugehen, Astafij Iwanowitsch, und hab hier gelegen ...‘

Da packten mich Zorn und Mitleid zugleich!

‚Du solltest dir ein anderes Amt suchen, Jemelja‘, sagte ich. ‚Was hast du davon, die Treppe zu bewachen?‘

‚Was sollte das für ein Amt sein, Astafij Iwanowitsch?‘

‚Könntest du verlorene Seele nicht wenigstens das Schneidern lernen?‘ sagte ich, es hatte mich eine solche Wut gepackt. ‚Schau doch, was für einen Mantel du hast! Voller Löcher, und du wischst noch die Treppe mit ihm! Kannst du nicht eine Nadel zur Hand nehmen und die Löcher zustopfen, wie es die Ehre gebietet? Ach, du Trunkenbold!‘

Und was meinen Sie, Herr? Er nahm wirklich eine Nadel zur Hand! Ich hatte es bloß zum Spott gesagt, aber er war eingeschüchtert und versuchte es. Zog den Mantel aus und versuchte, die Nadel einzufädeln. Ich sah ihm zu. Nun, die Augen waren vereitert und entzündet, die Hände zitterten, er mühte sich und mühte sich, aber der Faden ging nicht ins Öhr! Er kniff die Augen zu, leckte den Faden, drehte ihn zwischen den Fingern – half alles nichts! Endlich warf er Nadel und Faden hin und sah mich an ...

‚Na, Jemelja, schön gemacht! Wären Leute dagewesen, hätte ich dir den Kopf abgerissen. Ich habe es doch nur zum Spott gesagt, du einfältiger Mensch ... Na, geh fort, Gott soll dir die Sünde verzeihen! Halte dich still, treib keinen Unfug, schlaf nicht auf der Treppe, mach mir keine Schande!‘

‚Was soll ich denn machen, Astafij Iwanowitsch? Ich weiß ja selbst, daß ich immer betrunken bin und zu nichts tauge! Nur Sie, meinen Wo-Wohl-täter, versetze ich grundlos in Zorn.‘

Und mit einemmal fingen seine blauen Lippen an zu zittern, und eine Träne lief über seine weiße Wange, blieb an seinem schlechtrasierten Kinn hängen, und dann schluchzte mein Jemelja plötzlich auf ... Väterchen! Mir war’s, als ginge mir ein Messerstich durchs Herz!

Ach du empfindsamer Mensch! Das hätte ich wahrhaftig nicht gedacht! Wer hätte dies ahnen oder wissen können? Nein, denke ich, ich sage mich ganz los von dir, Jemelja, geh zugrunde wie ein alter Lappen!

Nun, Herr, was ist da noch viel zu erzählen? Die ganze Geschichte ist eitel und kläglich, die Worte nichts wert, das heißt, Sie, Herr, beispielsweise gesagt, werden keine zwei

Groschen dafür geben, während ich viel gegeben hätte, wenn ich viel gehabt hätte, nur damit mir dies erspart geblieben wäre! Ich hatte eine Reithose, Herr, hol sie der Kuckuck, eine schöne, prächtige Reithose, blau mit Karo, ein Gutsbesitzer hatte sie bestellt, der hierherkam, dann aber nicht genommen. Zu eng! meinte er; so behielt ich sie also. Die ist was wert, dachte ich. Auf dem Trödelmarkt kriege ich schon fünf Silberrubel für sie, wenn nicht, kann ich immer noch zwei Hosen für Petersburger Herren daraus machen und behalte noch einen Streifen für eine Weste übrig! Für einen so armen Kerl wie unsereinen, wissen Sie, ist alles gut! Doch für Jemeljanuschka waren schlechte, traurige Zeiten angebrochen. Ich sah, einen Tag trank er nicht, einen zweiten trank er nicht, selbst am dritten nahm er keinen Tropfen zu sich, ganz schwermütig war er geworden, saß mit trüben Augen da, daß er einem ordentlich leid tat. Hm! dachte ich, hast wohl kein Moos mehr, mein Junge, oder Gott hat dich erleuchtet, daß du zur Vernunft gekommen bist und endlich Schluß gemacht hast. So war's auch, Herr. Und nun fiel gerade in diese Zeit ein großer Feiertag. Ich ging zur Abendmesse; wie ich heimkomme, sitzt mein Jemelja betrunken auf dem Fensterbrett und wackelt hin und her. Aha! denke ich, so steht's mit dir, mein Junge! Ich ging zu meiner Truhe. Siehe da! die Reithose ist weg! ... Ich schaute da und dort: verschwunden! Ich durchwühlte alles, sah, daß sie fehlte – es gab mir einen Stich! Ich stürzte zur Alten, machte ihr Vorwürfe, denn ich armer Sünder dachte nicht im entferntesten an Jemelja, obgleich er betrunken dasaß und Verdacht erregte. ‚Nein', sagte die Alte, ‚was fällt dir ein, du Kavalier! Was geht mich deine Reithose an? Soll ich sie etwa tragen? Mir ist unlängst selber ein Rock von euch braven Leuten entwendet worden ... Ich weiß von nichts', sagte sie. ‚Wer ist hiergewesen?' fragte ich. ‚Niemand', sagte sie, ‚ich war immer zu Hause. Jemeljan Iljitsch war fort und ist wieder zurückgekommen – da sitzt er! Frag ihn!' – ‚Hast du vielleicht meine neue Reithose genommen, Jemelja?' fragte ich. ‚Weißt du, die wir für den Gutsbesitzer gemacht haben?' – ‚Nein, Astafij Iwanowitsch', sagte er, ‚ich habe sie nicht genommen!'

Das war eine Geschichte! Ich suchte noch einmal, nichts! Jemelja aber saß da und wackelte hin und her. Ich hockte vor ihm auf der Truhe und warf ihm plötzlich einen schrägen Blick zu ... Ach, der Kerl! dachte ich, und das Herz entbrannte mir in der Brust; sogar rot wurde ich. Plötzlich schaute Jemelja auch mich an.

‚Nein, Astafij Iwanowitsch', sagte er, ‚ich habe Ihre Reithose ... Sie meinen vielleicht, ich hätte ... Ich bin's aber nicht gewesen.'

‚Wo kann sie nur hingekommen sein, Jemeljan Iljitsch?'

‚Ich weiß nicht, Astafij Iwanowitsch, ich habe nichts gesehen.'

‚Nun, Jemeljan Iljitsch, dann ist sie sozusagen wohl selbst davongelaufen?'

‚Vielleicht ist sie auch von selbst verlorengegangen.'

Ich hörte nicht mehr auf ihn, sondern stand auf, trat ans Fenster, zündete die Lampe an und machte mich an meine Arbeit. Ich hatte eine Weste auszubessern für einen Beamten, der eine Treppe unter uns wohnte. In meiner Brust aber brannte und nagte es. Es wäre mir leichter gewesen, wenn ich mit meiner ganzen Garderobe den Ofen geheizt hätte. Da schien auch Jemelja zu merken, daß der Ärger in mir kochte. Wenn der Mensch ein böses Gewissen hat, Herr, dann ahnt er das Unheil schon lange vorher, wie ein Vogel das Gewitter.

‚Astafij Iwanowitsch', fing Jemelja an, und sein Stimmchen zitterte, ‚heute hat Antip Prochonowitsch, der Heilgehilfe, die Kutschersfrau geheiratet, deren Mann unlängst gestorben ist.'

Ich schaute ihn böse an ... Da verstand er mich. Er stand auf, trat an das Bett und fing dort zu suchen an. Ich wartete. Er suchte lange Zeit und murmelte in einem fort: ‚Hier nicht und da nicht, wo mag das Teufelszeug stecken?' Ich wartete, was weiter kommen würde. Endlich sah ich, wie er unters Bett kroch. Da hielt ich es nicht mehr aus.

‚Was kriechen Sie denn auf allen vieren herum, Jemeljan Iljitsch?' fragte ich.

‚Ob die Reithose da nicht steckt, Astafij Iwanowitsch! Vielleicht könnte sie unters Bett gefallen sein.'

‚Ach, mein Herr', sagte ich – in meinem Ärger redete ich ihn so ehrerbietig an! – ‚was sollen Sie sich wegen eines armen, einfachen Mannes, wie ich es bin, so anstrengen! Sie scheuern sich nur die Knie durch.'

‚Tut nichts, Astafij Iwanowitsch ... Vielleicht findet man sie doch, wenn man ordentlich sucht.'

‚Hm!' sagte ich, ‚hör mal zu, Jemeljan Iljitsch!'

‚Was, Astafij Iwanowitsch?'

‚Hast du sie nicht einfach gestohlen?‘ sagte ich, ‚und meine Fürsorge als Dieb und Schuft belohnt?‘ So aufgebracht war ich darüber, Herr, daß er auf allen vieren vor mir herumkroch!

‚Nein, Astafij Iwanowitsch ...‘

Dabei blieb er, so wie er war, unter dem Bett liegen. Lange lag er; endlich kroch er hervor. Da sah ich, daß er bleich war wie ein Leintuch. Er richtete sich auf, setzte sich neben mich ans Fenster und blieb zehn Minuten so sitzen.

‚Nein, Astafij Iwanowitsch‘, sagte er endlich, erhob sich mit einemmal und trat vor mich hin, schrecklich wie die Sünde! Ich sehe ihn heute noch vor mir.

‚Nein, Astafij Iwanowitsch‘, sagte er, ‚ich habe Ihre Hose nicht genommen!‘

Dabei zitterte er, stieß sich mit dem bebenden Finger vor die Brust, und sein Stimmchen zitterte so, daß ich selber Angst bekam und wie festgewachsen am Fenster stehenblieb.

‚Nun, Jemeljan Iljitsch‘, sagte ich, ‚mir soll's recht sein. Verzeihen Sie mir dummem Menschen, daß ich Sie unverdienterweise gekränkt habe. Die Reithose mag vergessen sein; wir kommen auch ohne sie aus. Gott hat uns zwei gesunde Hände gegeben, zu stehlen brauchen wir nicht ... und das Gnadenbrot von einem fremden, armen Mann nehmen wir auch nicht. Wir verdienen es uns selber ...‘

Jemelja hörte mich an, stand noch ein wenig herum und setzte sich. Und so saß er den ganzen Abend unbeweglich da. Ich hatte mich schon schlafen gelegt, da saß er noch immer auf demselben Platz. Als ich morgens erwachte, sah ich ihn auf dem nackten Fußboden liegen; nur den Mantel hatte er sich untergelegt. Er hatte sich so tief erniedrigt, daß er sich nicht einmal mehr ins Bett zu legen wagte. Und von da ab, Herr, mochte ich ihn nicht mehr leiden, in den ersten Tagen haßte ich ihn geradezu. Es war mir, als hätte mich mein eigenes Kind bestohlen und mich auf den Tod gekränkt. Ach, Jemelja, Jemelja! dachte ich immer. Jemelja aber tat zwei Wochen lang nichts als von früh bis spät trinken. Ganz wild war er geworden. Frühmorgens ging er fort und kam erst spät in der Nacht heim, und kein Wort habe ich in den zwei Wochen aus seinem Munde gehört. Der Schmerz hat wohl gar zu sehr genagt an ihm in dieser Zeit, oder er hat sich umbringen wollen, meinte ich. Endlich machte er Schluß, wohl weil alles vertrunken war, und setzte sich auf seinen alten Platz am Fenster. So saß er drei Tage lang da und schwieg. Eines Tages sah ich ihn weinen. Und wie! Wie aus einem Brunnen strömte es, und er schien es gar nicht zu merken! Und es tut weh, Herr, zu sehen, wenn ein Erwachsener, und gar noch ein alter Mann wie mein Jemelja, so jämmerlich zu weinen anfängt!

‚Was hast du, Jemelja?' fragte ich.

Da zitterte er am ganzen Leibe. Er zuckte richtig zusammen. Es war das erstemal, daß ich ihn wieder anredete.

‚Nichts . . . Astafij Iwanowitsch.'

‚Gott sei dir gnädig, Jemelja, mag alles zugrunde gehen! Was hockst du so da?'

Er tat mir leid.

‚Was soll ich tun, Astafij Iwanowitsch? Ich möchte gern arbeiten, Astafij Iwanowitsch.'

‚Was denn, Jemeljan Iljitsch?'

‚Irgend etwas. Vielleicht finde ich eine Anstellung wie früher. Ich war schon bei Fedosej Iwanowitsch und habe ihn um seine Vermittlung gebeten . . . Ich möchte Ihnen nicht zur Last sein, Astafij Iwanowitsch. Wenn ich eine Stelle bekomme, Astafij Iwanowitsch, gebe ich Ihnen alles zurück und zahle Ihnen auch das ganze Kostgeld nach.'

‚Laß doch, Jemelja, laß doch! Ich bin dir ohne Grund böse gewesen – wollen wir's wieder vergessen! Hol's der Teufel! Wollen wieder gute Freunde sein wie früher!'

‚Nein, Astafij Iwanowitsch, Sie denken vielleicht immer noch . . . Ich habe Ihre Hose nicht genommen . . .'

‚Laß gut sein, Jemeljan! Wie du willst!'

‚Nein, Astafij Iwanowitsch! Ich kann bei Ihnen nicht mehr bleiben. Seien Sie mir nicht böse, Astafij Iwanowitsch.'

‚Gott erbarme sich deiner, Jemelja!' sagte ich, ‚wer tut dir denn was? Wer will dich vertreiben? Ich doch nicht?'

‚Nein, es geht nicht, daß ich bei Ihnen wohne, Astafij Iwanowitsch . . . Ich gehe lieber fort.'

Ganz gekränkt war er. Und immer wieder fing er davon an. Endlich stand er wirklich auf und zog seinen Mantel an.

‚Wohin, Jemeljan Iljitsch? Nimm Vernunft an! Wo willst du denn hin?'

‚Nein, nein! Leben Sie wohl, Astafij Iwanowitsch! Halten Sie mich nicht zurück!' Er fing wieder zu weinen an. ‚Ich will lieber gehen. Sie sind nicht mehr so wie früher.'

‚Was heißt das? Ich bin, wie ich war! Du aber bist wie ein

kleines, dummes Kind, Jemeljan Iljitsch, kommst um, wenn du allein bleibst.'

,Nein, Astafij Iwanowitsch, wenn Sie jetzt ausgehen, sperren Sie die Truhe zu, und das sehe ich und weine ... Lassen Sie mich lieber gehen, Astafij Iwanowitsch, und verzeihen Sie mir alles, was ich Ihnen Böses getan habe, als ich bei Ihnen wohnte.'

Was ist da noch zu sagen, Herr? Er ging wirklich fort! Ich wartete einen Tag und dachte: Abends kommt er wieder. Aber er kam nicht! Am zweiten Tag nicht und auch am dritten nicht. Da erschrak ich, die Sehnsucht packte mich, ich konnte nicht trinken, nicht essen, nicht schlafen. Der Mensch hatte mich ganz außer Fassung gebracht. Am vierten Tag machte ich mich auf den Weg. Ich fragte in allen Kneipen nach – nirgends eine Spur von Jemelja! Ist es nun wirklich aus mit dir? dachte ich. Bist du vielleicht betrunken an einem Zaun verendet und liegst jetzt wie ein verfaulter Balken da? Mehr tot als lebendig kam ich heim. Am nächsten Tag wollte ich wieder auf die Suche gehn. Ich verfluchte mich selbst, weil ich zugelassen hatte, daß der dumme Mensch von mir wegging. Aber am fünften Tag in aller Frühe (es war ein Feiertag) knarrte die Tür. Ich schaute: Jemelja tritt ein, ganz blau, die Haare voller Schmutz, als hätte er auf der Straße geschlafen, dünn wie ein Kienspan; er nimmt den Mantel ab, setzt sich auf meine Truhe, sieht mich an. Ich war froh, dabei aber tat mir das Herz noch mehr weh als je zuvor. Die Sache liegt nämlich so, Herr: Wäre mir so was passiert – wahrhaftig, ich wäre lieber verreckt wie ein Hund, als daß ich wiedergekommen wäre. Doch Jemelja kam wieder. Nun, selbstverständlich, es tut weh, einen Menschen in einer solchen Lage zu sehn. Da begann ich ihn zu streicheln, zu liebkosen und zu trösten. ,Nun, ich freue mich, Jemelja, daß du wiedergekommen bist', sagte ich. ,Wärst du nicht so zeitig gekommen, so wäre ich auch heute in die Schenken gelaufen, um dich zu suchen. Hast du was gegessen?'

,Ja, Astafij Iwanowitsch.'

,Sag die Wahrheit! Hast du wirklich gegessen? Da ist noch, Bruder, ein wenig Kohlsuppe von gestern übrig, wurde mit Rindfleisch gekocht, ist nicht leer. Und da ist auch Brot und Zwiebel. Iß nur, das tut der Gesundheit keinen Abbruch.'

Ich brachte ihm alles; nun, und da sah ich, daß der Mann vielleicht drei Tage nichts gegessen hatte – so einen Appetit hatte er. Also hatte ihn der Hunger zu mir getrieben. Ich wurde ganz wehmütig, als ich ihn so ansah. Ich will doch in die Schnapsbude laufen, dachte ich. Ich bringe ihm ein Fläschchen zum Trost, und dann machen wir Schluß! Ich bin dir nicht mehr böse, Jemelja!

Und ich holte den Schnaps.

‚Da, Jemeljan Iljitsch, trinken wir einen, da heute Feiertag ist! Willst du? Das ist gesund!‘

Er streckte gierig die Hand aus, hatte schon das Glas gefaßt, stockte aber wieder, wartete ein wenig, nahm es, führte es zum Mund; seine Hand zitterte, der Schnaps floß ihm auf den Ärmel; schließlich aber brachte er das Glas doch an die Lippen; doch sofort stellte er es wieder auf den Tisch, ohne getrunken zu haben.

‚Nun, Jemelja?‘

‚Nein, Astafij Iwanowitsch . . . ich . . .‘

‚Willst du nicht trinken?‘

‚Ich meine, Astafij Iwanowitsch . . . ich möchte . . . ich werde nicht mehr trinken, Astafij Iwanowitsch.‘

‚Willst du's ganz aufgeben, Jemelja, oder nur heute nicht trinken?‘

Er schwieg. Einen Augenblick später sah ich, daß er den Kopf in die Hände stützte.

‚Bist du krank, Jemeljanuschka?‘

‚Ja, mir ist nicht wohl, Astafij Iwanowitsch.‘

Da legte ich ihn auf das Bett. Er war wirklich krank: sein Kopf glühte, und das Fieber schüttelte ihn. Den ganzen Tag saß ich bei ihm, nachts wurde ihm schlechter. Ich mischte Kwas mit Öl und Zwiebeln, brockte Brot hinein. ‚Iß das‘, sagte ich, ‚dann wird dir wohler werden!‘ Er schüttelte den Kopf. ‚Nein‘, sagte er, ‚ich will heute nichts essen, Astafij Iwanowitsch.‘ Ich machte ihm Tee, ließ meiner Alten keine Ruhe, aber auch den Tee nahm er nicht. Nun, dachte ich, das ist schlimm! Am dritten Morgen ging ich zum Arzt. In der Nachbarschaft wohnte der Doktor Kostopravow. Den kannte ich noch aus der Zeit, da ich bei den Bosornjagins Hausknecht war; da hatte er mich einmal behandelt. Der Arzt kam, untersuchte den Kranken. ‚Es steht schlimm‘, sagte er. ‚Sie hätten mich gar nicht zu holen brauchen. Ich kann ihm aber ein Pulver verschreiben.‘ Das Pulver habe ich ihm aber nicht gegeben. Ich dachte: Der Arzt tut nur so. Inzwischen war es der fünfte Tag.

Da lag er nun, Herr, und rang mit dem Tod. Ich saß am Fenster mit meiner Arbeit. Die Alte heizte den Ofen. Wir schwiegen. Mir wollte das Herz zerspringen vor Weh um den Bummler; es war mir, als läge mein leiblicher Sohn im Sterben. Ich wußte, daß Jemelja mich jetzt ansah; schon am Morgen hatte ich bemerkt, daß in ihm etwas vorging. Er wollte mir etwas sagen, hatte aber nicht den Mut dazu. Endlich sah ich zu ihm hinüber. Seine Augen waren starr auf mich gerichtet und blickten so traurig, so verzweifelt. Als er bemerkte, daß ich ihn ansah, schlug er gleich die Augen nieder.

‚Astafij Iwanowitsch!'

‚Was denn, Jemelja?'

‚Wenn man meinen Mantel auf den Trödelmarkt brächte, wieviel bekäme man wohl dafür, Astafij Iwanowitsch?'

‚Na, ich glaube nicht, daß man allzuviel bekäme. Drei Papierrubel vielleicht, Jemeljan Iljitsch.'

Hätte ich den Mantel wirklich hingetragen, hätte ich wohl gar nichts bekommen; die Leute hätten mir nur ins Gesicht gelacht, daß ich die alten Lumpen noch verkaufen wollte. Ich sagte es nur, um ihn zu trösten, denn ich wußte, was für ein einfältiger Mensch er war.

‚Und ich dachte, Astafij Iwanowitsch, daß man drei Silberrubel bekommen würde. Der Mantel ist doch aus Tuch, Astafij Iwanowitsch! Drei Papierrubel für einen Tuchmantel ist zuwenig.'

‚Ich weiß nicht, Jemeljan Iljitsch. Wenn du den Mantel auf den Markt bringst, kannst du natürlich drei Silberrubel verlangen.'

Jemelja schwieg einen Augenblick; dann rief er mich wieder.

‚Astafij Iwanowitsch!'

‚Was denn, Jemelja?'

‚Verkaufen Sie den Mantel, wenn ich gestorben bin, begraben Sie mich nicht darin. Ich kann auch ohne Mantel im Sarg liegen; es ist doch ein wertvolles Stück, er kann Ihnen noch zugute kommen.'

Da ging's mir wieder wie ein Stich durchs Herz, Herr. Ich sah, daß die Todesangst ihn ergriffen hatte. Wieder schwiegen wir. So verging eine Stunde. Ich blickte abermals zu ihm hinüber, noch immer starrte er mich an, doch als unsere Blicke sich trafen, schlug er die Augen nieder.

‚Wollen Sie nicht einen Schluck Wasser, Jemeljan Iljitsch?'

‚Ja, bitte, Astafij Iwanowitsch. Gott vergelt's Ihnen!'

Ich gab ihm zu trinken. Er trank.

‚Danke, Astafij Iwanowitsch', sagte er.

‚Brauchst du noch etwas, Jemelja?'

‚Nein, Astafij Iwanowitsch, ich brauche nichts ... Ich habe nur ...'

‚Was?'

‚Ich habe nur ...'

‚Was hast du, Jemeljanuschka?'

‚Die Reithose damals ... habe ich genommen, Astafij Iwanowitsch ...'

‚Nun, Gott mag's dir vergeben, Jemeljanuschka, du armer Kerl! Verscheide in Frieden ...'

Mir selbst aber stockte der Atem, Herr, und die Tränen rannen mir über die Backen. Ich wandte mich einen Augenblick lang weg.

‚Astafij Iwanowitsch ...'

Ich sehe: Jemelja möchte mir noch etwas sagen; er richtet sich auf, bewegt die Lippen ... wird ganz rot, schaut mich an ... Und dann wurde er bleich und immer bleicher, sank in einem Augenblick in sich zusammen, warf den Kopf zurück, atmete noch einmal tief auf – und gab seine Seele Gott zurück . . . .
. . . .«

Der ewige Gatte

Erzählung

Weltschaninow

Es wurde Sommer – und Weltschaninow blieb unerwarteterweise in Petersburg. Seine Reise nach Südrußland hatte sich zerschlagen, und sein Prozeß wollte kein Ende nehmen. Dieser Prozeß – ein Vermögensstreit – nahm eine überaus schlechte Wendung. Noch vor drei Monaten hatte er völlig unkompliziert, beinahe harmlos ausgesehen; aber plötzlich änderte sich alles. Und überhaupt wendet sich alles zum Schlechteren! Diesen Satz wiederholte Weltschaninow häufig voller Schadenfreude bei sich. Er dingte sich einen geschickten, teuren und bekannten Advokaten und sparte das Geld nicht; doch vor lauter Ungeduld und Argwohn beschloß er, sich mit dem Prozeß selbst zu beschäftigen, las und schrieb Papiere, die sein Advokat vollzählig in den Papierkorb warf, lief von einer Gerichtsbehörde zur anderen, zog Erkundigungen ein und war offenbar allem hinderlich; zum mindesten beklagte sich sein Advokat und jagte ihn hinaus auf seine Datscha. Doch er beschloß, nicht einmal auf die Datscha zu fahren. Der Staub, die Schwüle, die hellen, nervenaufreibenden Petersburger weißen Nächte – daran ergötzte er sich in Petersburg. Seine Wohnung befand sich in der Nähe des Großen Theaters, er hatte sie erst unlängst gemietet, und sie gefiel ihm auch nicht. »Alles ist mißlungen!« Seine Hypochondrie wuchs mit jedem Tag; doch zur Hypochondrie neigte er schon lange.

Nicht mehr jung mit seinen bald neununddreißig Jahren, hatte er sein Leben zu genießen verstanden und fühlte sich schon, wie er gelegentlich sagte, als »alter Mann«: eine Übertreibung natürlich, die aber doch insofern nicht ganz unangebracht war, als nicht die Anzahl seiner Lebensjahre, sondern die Art, wie er sie zugebracht hatte, sein frühzeitiges Altern verursachte, nicht zu gedenken der kleinen, mehr inneren als äußeren Schwächen, die sich allmählich einstellten. Freilich! er konnte noch immer für einen kraftvollen Mann gelten: er war groß gewachsen, hatte breite Schultern, dichtes blondes

Haar, in das sich kein grauer Faden mischte, und einen langen, bis auf die Brust reichenden Bart. Dem oberflächlichen Beschauer mochte er wohl etwas schwerfällig vorkommen; sah man aber genauer hin, so fand man, daß der Mann Lebensart und eine den praktischen Verhältnissen angepaßte Erziehung besaß, denn er trat sicher auf, und sein bloß äußeres, mürrisches Wesen konnte durchaus nicht über seine weltmännischen Manieren hinwegtäuschen. Atmete doch seine ganze Persönlichkeit felsenfestes Selbstvertrauen, ein Vertrauen, dessen er sich vielleicht nicht einmal bewußt war! Man hatte es gewiß mit einem gescheiten, mitunter scharfdenkenden und reichbegabten Mann zu tun. Ein besonderer Reiz noch hatte sein Gesicht früher ausgezeichnet, ein wirklich pikanter Stich ins Weibliche, der die Aufmerksamkeit der Damen erweckte und auch heute noch nicht ganz verschwunden war, so daß mancher, der ihn erblickte, bei sich dachte: Sieht er nicht aus wie Milch und Blut? Ganz gewiß ist er bei bester Gesundheit! Sollte man es glauben, daß dieser »gesunde« Mann entsetzlich hypochondrisch veranlagt war? Die großen, blauen Augen hatten noch vor zehn Jahren so triumphierend, glanzvoll, so fröhlich und unbesorgt in die Welt geschaut und einen jeden unwillkürlich angezogen, mit dem er zu tun hatte! Und jetzt? Diese Augen strahlten fast nichts mehr von der früheren Klarheit und Gutherzigkeit aus, das Gesicht des angehenden Vierzigers war faltig geworden, zeigte die Spuren eines Zynismus, wie ihn nicht allzeit moralische Charaktere aufweisen. Ja, noch andere Eigenschaften mußte dieser Mann besitzen, die seine Gesichtszüge früher nicht widergespiegelt hatten, nämlich eine schonungslose Spottsucht und Keckheit, eine Traurigkeit, die tief, aber zerstreut war, die Dinge mit Gleichgültigkeit zu messen pflegte und besonders hervortrat, wenn er allein war. Merkwürdig – der Mann, welcher zwei Jahre früher so lustig in die Welt geschaut hatte, der stets mit irgendeiner komischen Erzählung aufwarten konnte, fühlte sich jetzt am wohlsten, wenn er einsam war! Viele Beziehungen hatte er seither geopfert, die er trotz seinen mißlichen Vermögensverhältnissen gut hätte weiterpflegen können. Allerdings gestatteten ihm sein Ehrgefühl und sein Mißtrauen nicht, seine früheren Bekanntschaften fortzusetzen. Doch veränderte sich in selbstauferlegter Einsamkeit allmählich auch sein Ehrgefühl, das heißt, es verminderte sich keineswegs, sondern nahm eine besondere Gestalt an, die durchaus von der früheren abwich; er fühlte sich oft peinlich berührt, wo keine Ursache zum Gekränktsein vorlag, und sprach bisweilen von »höheren« Ursachen, wie sie ehedem bestanden haben sollten.

»Höhere Ursachen als früher machen mir zu schaffen«, pflegte er oft zu sagen. Als höher galten ihm vor seinem Gewissen solche Ursachen, die er – ohne sich das erklären zu können – nicht zu verspotten vermochte (im stillen, wohlgemerkt, denn wenn er Leute um sich hatte, gab er sich ganz anders). Wußte er doch, daß er beim Zusammentreffen der richtigen Verhältnisse die geheime Stimme seines Gewissens zurückdrängen und laut diese »höheren Beweggründe« in Abrede stellen, daß er selbst, er zuallererst, sie ins Lächerliche ziehen würde, ohne irgend etwas von seiner neueren Ansicht kundzugeben! Dabei dachte er sehr selbständig über »niedrige Beweggründe«, die ihn bis dahin geleitet hatten. Wälzte er sich in mancher schlaflosen Nacht auf seiner Lagerstatt hin und her, so quälten ihn Gedanken, deren er sich am Morgen schämte. Schon seit langem mißtrauisch gegen andere Menschen, beschloß er, auch sich selbst nicht zu trauen, ob es sich nun um Kleinigkeiten oder um Dinge von Wichtigkeit handelte. Das ging freilich nicht immer an, denn mancherlei Tatsachen waren doch allzu offenkundig, als daß man sie hätte leugnen können. Wie bereits angedeutet, litt er an Schlaflosigkeit, und in seinen einsamen Nächten nahmen in letzter Zeit seine Gedanken eine Richtung an, die gar sehr von derjenigen abwich, die sie im ersten Teil des Tages verfolgten. Er bgriff dies selber nicht und unterhielt sich darüber in scherzhafter Weise mit einem bedeutenden, ihm befreundeten Arzt, der ihm erwiderte, Veränderung der Gedanken und Empfindungen während der Nacht komme bei geistig regen Menschen, die an Schlaflosigkeit litten, gar nicht so selten vor. Es geschähe sogar bisweilen, daß in einer schlaflosen Nacht die gesamte bisherige Lebensanschauung die verhängnisvollste Veränderung erführe. Freilich dürfe diese nächtliche finstere Anwandlung nicht zu weit gehen, denn wäre dies der Fall, so läge darin das untrügliche Anzeichen einer keimenden Krankheit, gegen deren Weiterentwicklung »etwas getan werden müsse«. Veränderung der ganzen Lebensweise sowie der Diät sei dann angezeigt, auch eine Reise und bisweilen selbst ein Abführmittel könne von größtem Nutzen sein.

Weltschaninow hörte nicht weiter zu, aber an die Krankheit glaubte er felsenfest. Krankheit ist also dies »Höhere«, Krankheit ist's, weiter nichts! sagte er nun manchmal zu sich selbst, aber laut dem Arzt beipflichten wollte er doch nicht.

Es währte nicht lange, da wiederholte sich auch in den Vormittagsstunden, was sich bisher zur Nachtzeit zugetragen hatte; nur mischte sich eine viel größere Dosis Verbitterung mit hinein als bisher, und da, wo ehedem die Reue nagte, herrschten jetzt Bosheit und Spottsucht. Er erinnerte sich immer häufiger an Ereignisse aus seinem früheren Leben, und zwar hatte es damit eine ganz eigenartige Bewandtnis. Es schien nämlich Weltschaninows Gedächtniskraft abzunehmen: vermochte er sich doch die Gesichtszüge seiner Bekannten nicht einzuprägen, ein Umstand, der ihm oft genug verargt wurde, und vergaß er doch nur zu häufig den Inhalt eines Buches, das er erst vor kaum einem halben Jahr gelesen hatte! Und das Seltsamste dabei war, daß ihm bei diesem täglich bemerkbarer werdenden Gedächtnisschwund, der ihm ungemeine Sorge bereitete, hinwiederum Dinge einfielen, die vor zehn oder fünfzehn Jahren vorgefallen waren und an die er längst nicht mehr gedacht hatte, und zwar mit einer überraschenden Genauigkeit der näheren Umstände und so deutlich, als ob er sie gleichsam ein zweites Mal durchlebte. Er konnte es nicht begreifen, wie ihm dabei die geringfügigsten Tatsachen wieder einfielen. Nun hat ja allerdings ein jeder, der flott lebte, gewisse Sondererinnerungen. Doch das Merkwürdigste war, daß alle in ihm auftauchenden Erinnerungen eine gänzlich veränderte Gestalt annahmen, daß sie ihm so erschienen, als nähme er einen völlig neuen Standpunkt ein. Wollten ihm doch so manche Erinnerungen nunmehr fast als Verbrechen erscheinen! Ach, wären dabei nur die Urteile seines Verstandes in Frage gekommen, so hätte er diese Folterqual wohl leichter ertragen, denn am Ende würde er seinem armen, einsamen, verdüsterten Verstand keinen Glauben geschenkt haben, aber er verwünschte sich selbst und vergoß Tränen der Verzweiflung. Wer hätte vor zwei Jahren wissen können, daß er, der Lebensfrohe, einmal bitterlich weinen würde! Übrigens bezogen sich seine qualvollen Erinnerungen zumeist nicht auf seine Empfindsamkeit, sondern bestanden im Ärger über mehrere Niederlagen, die er in der Gesellschaft vormals erlitten hatte. So fiel ihm zum Beispiel ein, daß ein Nichtswürdiger ihn angeschwärzt hatte, so daß man ihm (Weltschaninow) die Aufnahme in einem guten Haus verweigerte. Ein anderes Mal, vor gar nicht langer Zeit, war es geschehen, daß ihn ein Herr öffentlich in grober Weise beleidigte, den er dann nicht forderte. Dann wieder war in einer Gesellschaft von sehr schönen Damen eine beißende Satire verlesen worden, auf die er als Angegriffener die Entgegnung schuldig blieb. Auch quälten ihn zwei oder drei noch offene Rechnungen, die zwar nicht allzu hoch, aber doch an Leute zu bezahlen waren, über die er Schlechtes sprach und mit denen zu verkehren für ihn völlig unmöglich war. In den allertrübsten Momenten marterte ihn die Erinnerung daran, daß er zwei recht ansehnliche Vermögen verschleudert hatte. Bald jedoch fielen ihm Dinge »höherer« Natur ein.

Da erschien vor seiner Seele die längst vergessene Figur eines braven, alten, etwas komischen Beamten, den er – ach, es war schon lange her! – vor allen Leuten ungestraft gekränkt hatte. Es war nur aus Prahlerei geschehen, eines komischen, treffenden Wortes wegen, das er weiterverbreitet hatte. Die »Geschichte« war ihm dermaßen aus dem Gedächtnicht entschwunden gewesen, daß er sich nicht einmal mehr auf den Namen des armen alten Männleins besinnen konnte, obwohl ihm nunmehr zu seiner Qual alle Einzelheiten der Situation deutlich vor der Seele standen. Es fiel ihm ein, daß jener Alte damals die Ehre seiner Tochter verteidigte, die – unverheiratet – als »alte Jungfer« mit ihm zusammenlebte und über die sich in der Stadt mancherlei Gerüchte verbreitet hatten. Der Greis wollte eine entrüstete Antwort auf Weltschaninows witzige Anspielung geben, konnte aber vor Schluchzen und Weinen nicht zu Worte kommen. Das Ende vom Lied war, daß man dem Alten zum »Trost und zur Beruhigung« viel Champagner einflößte und sich hinterher über ihn doppelt amüsierte. Wie nun Weltschaninow jetzt wieder einfiel, daß sich der arme Greis damals vor Schluchzen gar nicht beruhigen konnte, war es ihm, als hätte ihm die ganze leidige Sache seither immer vorgeschwebt, und alles, was ihn damals heiter gestimmt, erweckte die gerade entgegengesetzte Empfindung in ihm (zum Beispiel, daß der Alte vor bitterem Kummer das Gesicht mit den Händen bedeckt hatte). Auch der Umstand kam ihm wieder ins Gedächtnis, daß er die bildschöne Frau eines Lehrers – nur zum Spaß – verleumdet und daß ihr Gatte auf Umwegen die Verleumdung erfahren hatte. Da Weltschaninow kurz darauf die kleine Stadt verließ, erfuhr er freilich nicht, welche Folgen die Verleumdung hatte, doch seine Phantasie malte sich diese in den schwärzesten Farben aus und hätte ihn Gott weiß wohin geführt, wenn ihm nicht jenes einfache Bürgermädchen eingefallen wäre, dessen er sich geschämt und das doch ein Kind von ihm hatte. Bei seiner Abreise von Petersburg, die allerdings sehr schnell vor sich gehen mußte, verabschiedete er sich nicht einmal von jenem Mädchen und seinem Kind. Das bereute er bald darauf aufrichtig und suchte das Mädchen ein Jahr lang – vergeblich. So reihte sich eine unliebsame Erinnerung an die andere, und eine jede zog wiederum weitere nach sich. War es da ein Wunder, daß auch sein Ehrgefühl darunter litt? Das aber war, wie bereits angedeutet, noch in anderer Hinsicht angegriffen. Selten, aber dennoch trieb er die Gleichgültigkeit gegen sich selbst so weit, daß er statt im Wagen zu Fuß in ziemlich liederlicher Kleidung die Behörden aufsuchte. Traf ihn dann auf der Straße ein Bekannter und warf ihm einen etwas geringschätzigen Blick zu oder suchte über ihn geflissentlich hinwegzuschauen, so behielt er stolzen Sinnes ein gleichmütiges Gesicht bei – und dies allen Ernstes, nicht bloß um des Äußeren willen. Wenn solche Stimmungen auch nur selten auftraten, so konnte es doch nicht fehlen, daß sich sein Ehrgefühl immer weiter von dem entfernte, was ihm früher nahegelegen hatte, und immer mehr auf eine Frage hindrängte, die sein ganzes Sinnen und Trachten beschäftigte.

Dachte er über sich nach, so geschah es jetzt stets, daß er stille, satirische Monologe hielt, so etwa den folgenden: O diese vermaledeiten Erinnerungen, die mir Reuetränen in die Augen pressen und mich bessern wollen! Wird's auch was helfen? Schreckgespenster sind's, weiter nichts! Weiß ich doch mit meinen vierzig Jahren selber ganz genau, daß bei meiner Charakterschwäche der Reue keine Besserung folgen wird.

Wenn mich morgen trotz meinen Reuetränen die Versuchung überkommt zu verbreiten, die Lehrersfrau hätte sich von mir beschenken lassen, nun – so verbreite ich, ohne mit der Wimper zu zucken, das häßliche Gerücht, und es wird noch schlimmer und häßlicher sein als das erstemal, weil es diesmal schon zum zweitenmal und nicht zum erstenmal geschieht. Wenn der junge Prinz, der einzige Sohn seiner Mutter, es sich wiederum wie damals einfallen lassen sollte, mich zu beleidigen, so wollte ich ihm zum zweitenmal im Duell zu einem künstlichen Bein verhelfen! Bedeutungsleere

Schreckgespenster, diese Erinnerungen! Brächte ich's doch fertig, mich endgültig von ihnen zu befreien!

Natürlich geschah die Sache mit der Lehrersfrau nicht zum zweitenmal, natürlich kam niemand zu einem Stelzfuß durch seine Pistole, doch der bloße Gedanke, daß sich alles gegebenenfalls ebenso abspielen würde wie damals, quälte ihn zuweilen. Man braucht sich aber nicht ständig von seinen Erinnerungen quälen zu lassen; man kann ausruhen und spazierengehen – in den Pausen.

So gönnte sich denn unser Weltschaninow in den Pausen manches Vergnügen, und dennoch ward ihm die Anwesenheit in Petersburg mit der Zeit immer unangenehmer. Als der Juli herankam, dachte er ernstlich daran, sich gar nicht weiter um seinen Prozeß zu kümmern und der Hauptstadt den Rükken zu kehren, um irgendwohin, etwa auf die Halbinsel Krim zu fahren. Gleich darauf freilich war er schon wieder anderer Meinung und dachte lächelnd: Diese einfältigen Martergedanken werde ich auch im Süden nicht los. Ich will mir Mühe geben, hier halbwegs rechtschaffen zu bleiben. So brauche ich nicht vor diesen Gedanken zu fliehen.

Weshalb fliehen? philosophierte er weiter. Ist es nicht das reinste Paradies für einen Hypochonder? Kann ich es irgendwo anders besser haben? Dieser Staub im Haus! Diese schmutzigen Gerichtsstuben, die pedantische Rührigkeit dieser Stadtmenschen! Vom Morgen bis zum Abend laufen sie in ihrer Selbstsucht, ihrer einfältigen Unverfrorenheit, ihrer Feigheit, ihrer Minderwertigkeit an uns vorüber. Offen liegt es vor mir, dies reizende, unverhüllte Paradies. Ich reise nicht fort, bleibe hier, und wenn ich zugrunde gehen sollte, ich reise nicht.

2

Der Herr mit dem Trauerflor am Hut

Es war der dritte Juli. Die dicke, erstickende Luft wirkte gemeinsam mit der großen Hitze schier unerträglich. Den ganzen Tag über hatte Weltschaninow geschäftlich zu tun; vormittags mußte er in der Stadt herumfahren, und am Abend hatte er einen Besuch bei einem Staatsrat zu machen, der einen großen Ruf als Rechtsgelehrter besaß. Am Schwarzen Bach wohnte der betreffende Herr zur Zeit, und Weltschaninow gedachte ihn zu Hause aufzusuchen. In einem nicht ganz erstklassigen Speisehaus mit französischer Bewirtschaftung bei der Polizeibrücke am Newski-Prospekt nahm Weltschaninow gegen sechs Uhr an einem Tisch in seinem gewohnten Winkel Platz und gab wie sonst Auftrag, ihm das Mittagsmahl aufzutragen.

Trotz seiner Geldverlegenheit gab er – den Wein nicht mitgerechnet – für das tägliche Mittagsmahl einen Rubel aus, wobei er jedesmal die gebotene Kost erbärmlich fand, sie aber doch – auch heute – mit einem Appetit verzehrte, als hätte er drei Tage lang nichts gegessen. »Krankhaft, dieser Appetit!« murmelte er sonst vor sich hin, heute aber nahm er in ärgerlicher Stimmung am Tisch Platz, warf den Hut irgendwohin und hing mit aufgestemmten Ellenbogen seinen Gedanken nach. Hätte er in seiner Nähe einen Gast bemerkt oder der bedienende Kellner einen seiner Befehle falsch verstanden, so hätte er – sonst so höflich – wie ein angehender junger Offizier Lärm geschlagen. Die Suppe wurde aufgetragen, und schon griff er nach dem Löffel, da änderte er seine Absicht, ihn zu füllen, und erhob sich rasch, denn es kam ihm plötzlich ein Gedanke. Aus weiß Gott was für einem Grund erkannte er plötzlich die Ursache seiner heutigen Verstimmung. Was ihn bereits mehrere Tage geärgert hatte und nicht erst heute, dessen wurde er sich vollständig bewußt, und er verlieh seinem Augenblicksgedanken Worte, indem er vor sich hinbrummte: »Dieser Hut ist's also! Dieser infame Zylinderhut mit dem breiten Trauerflor trägt die Schuld an meiner Verstimmung!« Kurzes Nachdenken. Ärgerlicher noch als zuvor war er jetzt, denn sein Mißtrauen gegen sich selbst trat hervor, als er bei sich dachte: Was hat's denn überhaupt damit auf sich? Eine Haupt- und Staatsaktion wird's gewiß nicht sein!

Wir schildern den Vorgang. Vor etwa vierzehn Tagen (genauer konnte er die Zeit nicht angeben) war da, wo die Podjatscheskaja- und Mestschanskaja-Straße aneinanderstoßen, zum erstenmal ein Herr mit einem Trauerflor am Zylinderhut an ihm vorübergegangen. Er eilte, durchaus nicht ungewöhnlich in der Erscheinung, an Weltschaninow vorüber und fesselte dessen Interesse sofort durch den scharfen Blick, den er ihm zuwarf. Wo habe ich den Herrn nur schon gesehen? fragte sich Weltschaninow sofort. Ach, man kann sich unmöglich die unzähligen Gesichter merken, die man im Leben bereits erblickt hat! Und trotz dem starken Eindruck, den der

Fremde auf ihn machte, hatte Weltschaninow nach wenig Schritten das Zusammentreffen schon fast wieder vergessen. Doch nur scheinbar, denn der Eindruck blieb zurück in Form einer unwillkürlichen Verstimmung. Heute nun, vierzehn Tage später, fiel ihm die eigenartige Begegnung und mit ihr der Grund seiner Verstimmung mit einemmal wieder ein, der darin bestanden hatte, daß der Herr mit dem Trauerflor schon am nächsten Tage wieder auf dem Newskij-Prospekt mit Weltschaninow zusammentraf und ihn ebenso seltsam musterte. Weltschaninow hatte ausgespuckt, sich aber gleich darauf über sich selbst gewundert und sich gesagt, daß es nun einmal Gesichter gibt, die eine uns völlig unerklärliche Abneigung verursachen. Eine halbe Stunde später hatte er dann vor sich hingemurmelt: »Ganz gewiß bin ich dem Mann schon früher begegnet.« Den ganzen Abend war er dann in denkbar ärgerlichster Laune, und nachts quälte ihn ein abscheulicher Traum. Trotzdem merkte er nicht, daß seine neue, absonderliche Hypochondrie durch den Herrn mit dem Trauerflor herbeigeführt worden war, an den er doch abends mehrmals gedacht hatte. Wie ist es nur möglich, daß einem eine solche Kleinigkeit so viel zu schaffen macht! dachte er, ohne jedoch seine Aufregung von jener mehrmaligen Begegnung herzuleiten. Wieder zwei Tage später stießen sie beim Verlassen eines Newadampfers im Gedränge aufeinander. Diesmal kam es Weltschaninow ganz so vor, als wollte der Fremde auf ihn zukommen; an der Ausführung dieses Vorhabens schien ihn jedoch die dichtgedrängte Menge der aussteigenden Passagiere gehindert zu haben; ferner »erkühnte« sich jener Herr, Weltschaninow mit der Hand zu winken, es konnte auch sein (bestimmt hätte es Weltschaninow bei den durcheinanderschwirrenden Gesprächen der Passagiere freilich nicht behaupten können), daß ihn der Fremde beim Namen rief. Wer ist dieser Unverschämte? Warum sucht er mich nicht auf, wenn er meine Bekanntschaft machen will oder früher schon einmal gemacht hat? fragte sich Weltschaninow bald darauf, als er im Wagen in das Smolnyj-Kloster fuhr. Im Streit mit seinem Anwalt hatte er allerdings eine halbe Stunde später keine Gelegenheit mehr, an die eigenartige Begegnung zu denken, abends aber und nachts folterten ihn wie gewöhnlich unangenehme hypochondrische Phantasien. Mißtrauisch betrachtete er sich im Spiegel und befürchtete einen Gallenerguß.

Das also war das dritte Zusammentreffen. Fünf Tage lang hatte er dann das Glück, der »Kanaille« nicht zu begegnen, konnte aber doch den Gedanken an den Herrn mit dem Trauerflor nicht ganz loswerden und wunderte sich natürlich darüber. »Sonderbar!« brummte er vor sich hin, »ist denn meine Sehnsucht nach diesem Fremden so groß? Er wird Geschäfte in Petersburg zu erledigen haben; – um wen mag er wohl trauern? Zu dumm! er erkannte mich, und ich weiß nicht, wo ich ihn hintun soll! Weshalb legen nur solche Menschen einen Trauerflor an? Sollte ich ihn bei näherer Betrachtung nicht doch erkennen?« Und siehe, da regte sich etwas in seiner Erinnerung; es war, wie wenn man sich mit aller Gewalt, doch vergeblich, auf ein bestimmtes Wort zu besinnen sucht, es aber nicht finden kann, sosehr man auch darüber nachgrübelt.

»Es war ... vor langer Zeit war's ... irgendwo war's ... dort war's ... dort ... ach, hol's der Kuckuck, was dort war!« schrie er erbost. »Warum quäle ich mich nur dieser Kanaille wegen?«

Er hatte sich richtig in Wut versetzt; doch am Abend erinnerte er sich wieder daran, daß er kurz zuvor so ärgerlich gewesen war, und hatte den unangenehmen Eindruck, als hätte ihn irgend jemand bei der Ausübung von etwas Unerlaubtem erwischt. Verlegen spann er seine Gedanken weiter: Was mag nur die Ursache sein, daß ich mich bei der bloßen Erinnerung so entsetzlich aufregte?

Am nächsten Tag jedoch kam wieder ein neuer Verdruß; jetzt fühlte er sich mit einemmal im Recht mit seinem Ärger, denn der Herr mit dem Trauerflor hatte die »Frechheit« besessen, ihm zum viertenmal zu begegnen. Gerade hatte Weltschaninow den für ihn wichtigen Staatsrat, den er ja am Schwarzen Bach zu erwischen hoffte, auf der Straße getroffen. (Dieser Beamte, den Weltschaninow übrigens kaum kannte, machte sich nur zu gern »unsichtbar« und hätte doch für Weltschaninows Rechtshandel von Einfluß sein können.) Wie freute sich da Weltschaninow, daß er dem Staatsrat so von ungefähr auf der Straße begegnete! Rasch ging er in gleichem Schritt neben ihm her und bemühte sich, den bejahrten Herrn auf ein ganz bestimmtes Thema zu bringen, wobei er hoffte, der Alte werde unversehens ein für Weltschaninow wichtiges Wörtchen fallen lassen. Doch der Staatsrat war auf seiner Hut und vermied es sorgfältig, sich in seine Karten blicken zu lassen. Und wie sich nun Weltschaninow so eifrig abmühte, den Alten »herumzukriegen«, traf sein Auge mit einemmal auf ... den Herrn mit dem Trauerflor, der drüben auf dem anderen Fußsteig ging. Jetzt blieb die »Kanaille« stehen und blickte beobachtend herüber, lächelte anscheinend sogar etwas höhnisch.

Natürlich schob Weltschaninow seinen Mißerfolg bei dem Beamten, den er nicht länger begleitete, auf das Auftreten des unverfrorenen Fremden. Der Kerl sucht mich zu verfolgen, vielleicht hat ihn irgendwer damit beauftragt. Höhnisch gelächelt hat er auch! Es ist sein Glück, daß ich keinen Stock bei mir habe, sonst bekäme er von mir die schönsten Prügel. Aber sie sind ihm nicht geschenkt! Nächstens schaffe ich mir einen Stock an! Wer ist denn nur dieser Kerl? Ich muß endlich einmal wissen, wer es ist!

Und nun saß Weltschaninow – drei Tage nach diesem (dem vierten) Zusammentreffen, wie oben beschrieben – im Speisehaus, schon ganz ärgerlich und, wie er sich trotz seinem Stolz selbst eingestand, sogar etwas verstört. Prüfte er alle Umstände, so mußte er notwendig zu dem Ergebnis gelangen, daß der leidige Grund seines Ärgers und seines hypochondrischen Wesens, die beide nun schon vierzehn Tage anhielten, nur in dem Herrn mit dem Trauerflor zu suchen war, so unwichtig er Weltschaninow auch sonst erscheinen mochte.

Weltschaninow sagte sich: Wenn ich auch als Hypochonder geneigt bin, aus einer Mücke einen Elefanten zu machen, leide ich etwa darum weniger, weil mich diese Einbildung peinigt? Daß eine solche Kanaille in der Lage ist, einen Menschen ganz außer Rand und Band zu bringen, ist rein zum ... rein zum ... Und wirklich stellte sich heraus, daß er hinsichtlich seiner Aufregung über die heutige (fünfte) Begegnung die Mücke zum Elefanten gemacht hatte, denn diesmal sah der Herr mit dem Trauerflor Weltschaninow nicht einmal an, tat vielmehr, als ob er ihn gar nicht kennte, schlug die Augen nieder und wünschte offenbar selbst, unbehelligt zu bleiben. Da aber drehte sich Weltschaninow um und herrschte ihn an: »Bleiben Sie doch stehen! Weshalb wollen Sie sich heute verbergen? Wer sind Sie eigentlich?« Das war allerdings ein sehr einfältiges Benehmen, was Weltschaninow auch sofort einsah, als es – zu spät war. Der Herr drehte sich um, blieb verlegen lächelnd stehen, ließ irgend etwas unausgesprochen, was ihm auf der Zunge schwebte, und ging kurz entschlossen weiter, während Weltschaninow ihm erstaunt nachschaute und bei sich dachte: Habe ich mich also geirrt, und hat mich wieder einmal meine krankhafte Einbildungskraft getäuscht.

Nach dem Mittagsmahl eilte er zu dem Beamten in die Datscha, traf ihn jedoch nicht an. Er sei am Vormittag weggegangen, hieß es, und bis jetzt nicht wiedergekommen, vor drei oder vier Uhr nachts werde er kaum zurückkehren, denn er nehme am Namenstagsfest eines Freundes in der Stadt teil. Im ersten Ärger über den Mißerfolg seines Besuches beschloß er, in einer Droschke zu dem Betreffenden zu fahren, in dessen Haus die Feier stattfand; unterwegs aber stieg er aus, bezahlte den Kutscher und wanderte zu seinem Heim am Großen Theater, denn es kam ihm darauf an, sich Bewegung zu verschaffen. Er wollte durch die Fußwanderung müde werden und hoffte, derart seiner Neigung zur Schlaflosigkeit vorzubeugen und in der Nacht richtig auszuschlafen. Bei der Länge des zurückzulegenden Weges kam er erst um halb elf Uhr zu Hause an und war auch wirklich müde geworden.

Seit März befand er sich nun in dieser Wohnung, die ihm in keiner Weise zusagte, obwohl sie ihm, wie auch vielen anderen, hätten genügen können. Nur weil ich einmal wegen meines leidigen Rechtshandels in Petersburg zu tun habe, muß ich mich mit dieser Wohnung behelfen, sagte er oft zu sich selbst. Zwar war der Eingang unten ziemlich finster und unreinlich, doch die Wohnung selbst umfaßte zwei helle, schöne, große Zimmer, die voneinander durch einen freilich etwas dunklen Vorraum getrennt waren. Von den beiden großen Zimmern lag das eine nach der Straße zu, während das andere ebenso wie ein eigentlich zum Schlafzimmer bestimmter, von Weltschaninow jedoch als Bücherstube benutzter kleinerer Raum die Fenster nach dem Hofe zu hatte. Der Diwan des Schlafzimmers wurde jeden Abend als Bett hergerichtet, die Einrichtungsgegenstände waren freilich nicht mehr ganz neu, aber gut bürgerlich und teilweise sogar nicht ohne Wert. Da gab es mehrere echte Teppiche aus Buchara, zwei gute Ölbilder, Gegenstände aus Bronze und Porzellan. Nur fehlte die rechte Ordnung, und das lag daran, daß augenblicklich die »verschönernde Hand« des Dienstmädchens Pelageja fehlte, die zu ihren Familienangehörigen nach Nowgorod gefahren war, so daß er jetzt allein war. Er war mit Pelageja ganz zufrieden, doch errötete er oft darüber, daß er sich als unvermählter Mann der besseren Stände nur eine einzige weibliche »Stütze« halten konnte. Pelageja war im Frühjahr zu ihm gekommen, gehörte einer ihm bekannten Familie und sorgte für Ordnung in seiner Wohnung. Da sie nur kurze Zeit abwesend sein würde, wollte er sich nicht erst nach einem anderen Dienstmädchen umsehen oder gar nach einem Diener (für den er von jeher nicht viel übrig hatte). So bat er denn die Schwester seines Hausmeisters, Mawra, jeden Morgen seine Zimmer in Ordnung zu bringen; sie erhielt auch die Schlüssel, wenn er fortging, doch war ihre Tätigkeit für ihn leider nicht besonders hoch zu bewerten; sie ließ sich dafür bezahlen, schien es aber mit dem Unterschied zwischen mein und dein nicht allzu genau zu nehmen. Aber er kümmerte sich nicht besonders darum, und es behagte ihm, daß er allein in seiner Wohnung hausen konnte. Manchmal freilich ärgerte er sich doch über den »fingerdicken Staub« auf seinen Möbeln und über die auch sonst herrschende Unordnung, und in Zeiten solcher Verstimmung betrat er sein Zimmer mit ersichtlichem Widerwillen.

Heute jedoch warf er sich, kaum richtig entkleidet, auf seine Lagerstatt mit dem festen Vorsatz, nicht erst wie gewöhnlich zu grübeln, sondern sofort in Schlaf zu sinken. Wirklich schlief er auch sogleich ein, ein Umstand, der vier Wochen lang nicht eingetreten war.

Drei Stunden lang schlief er, doch quälten ihn unruhige Träume, wie sie sonst im Fieberzustand vorkommen. Ein Verbrechen, das er begangen haben sollte und dessen ihn viele Leute anklagten, die Gott weiß woher kamen, suchte er zu verbergen. Schon waren schrecklich viele Menschen da, und noch immer kamen neue hinzu; die Tür konnte nicht geschlossen werden. Es drehte sich auch in der Hauptsache um einen seiner früheren Bekannten, der schon gestorben war und nun auf einmal in sein Zimmer trat. Was Weltschaninow am meisten quälte, war die Tatsache, daß ihm der Name dieses Ankömmlings nicht einfallen wollte und daß er sich auf weiter nichts besinnen konnte, als daß er diesem früher sympathisch gegenübergestanden hatte. Allgemein erwarteten die Anwesenden von jenem Mann Weltschaninows Freisprechung oder Verdammung, und zwar sehr ungeduldig. Doch der andere saß am Tisch, ohne irgendwie Miene zum Sprechen zu machen. Die Anwesenden wurden immer erregter und mit ihnen auch Weltschaninow, und jetzt konnte er seinen Ärger darüber, daß jener nicht zum Reden zu bringen war, nicht länger unterdrücken und gab ihm einen derben Schlag, was ihm (Weltschaninow) einen sonderbaren Genuß verschaffte, das heißt, er war geradezu wie erstarrt vor Entsetzen über diese rasche Tat, und in diesem Bewußtsein des Erstarrens eben lag sein Genuß. Und er schlug noch zwei- oder dreimal wie rasend auf jenen Mann ein, dann aber schlug er wie wahnsinnig immer weiter zu, ohne sich die Mühe zu nehmen, die Schläge zu zählen, und nur in der Absicht, »alles um sich her« zu zerstören. Da auf einmal schrien die Leute auf und blickten voll Spannung nach der Tür, und jetzt – klingelte es dreimal laut, so laut, als müßte die Klingelschnur reißen. Da erwachte Weltschaninow, besann sich rasch, sprang aus dem Bett und eilte an die Tür, denn er meinte, daß es tatsächlich geklingelt haben müsse. Sollte ich, sagte er sich, wirklich nur im Traum so helle Töne gehört haben? Das kann nicht sein!

Er machte die Tür auf und blickte auf den Flur und dann ins Treppenhaus, doch da war kein lebendes Wesen zu entdecken, und so konnte er nicht länger zweifeln, daß er die Klingel nur im Traum gehört hatte. Er kehrte beruhigt ins Zimmer zurück und machte Licht. Dabei fiel ihm ein, daß er die Tür, wie auch schon öfters sonst, nicht zugehakt, sondern nur zugedrückt hatte. Er maß diesem Umstand keine Bedeutung bei, obwohl ihm schon Pelageja empfohlen hatte, lieber die Kette vorzulegen. So ging er nochmals in das Vorzimmer, schaute wiederum auf den Vorsaal hinaus, machte die Tür zu und legte die Kette vor, war aber doch zu bequem, den Schlüssel in der Tür herumzudrehen. Eben schlug die Uhr halb drei.

Da er aber glaubte, nicht sogleich wieder einschlafen zu können, faßte er den Entschluß, eine Zeitlang im Zimmer auf und ab zu gehen und dabei eine Zigarre zu rauchen. Er kleidete sich deshalb schnell an und zog die Fenstervorhänge zurück. Es war schon ganz hell draußen. Schon immer hatten diese hellen Petersburger Sommernächte seine Schlaflosigkeit gesteigert. Deshalb hatte er vor zwei Wochen dicke Stoffvorhänge am Fenster anbringen lassen, die – ganz zugezogen – das Licht nicht hereinließen. Obwohl jetzt das Licht des beginnenden Morgens ins Zimmer fiel, unterließ er es doch, die Kerze auszublasen, und ging aufgeregt in der Stube auf und ab. Seine neuerliche Aufregung kam von dem Traum, daß er es – selbst im Schlafzustand – gewagt hatte, jenen Mann zu schlagen.

»Nichts als ein Traumgespinst, lächerlich, sich darüber aufzuregen. Der Mann wird wohl überhaupt nicht vorhanden sein«, brummte er vor sich hin und dachte, er müsse entschieden krank sein, er werde allmählich alt. Ich werde gedächtnisschwach, habe Traumerscheinungen wie ein Fieberkranker, glaube die Klingel im Schlafe zu hören, und so weiter. Am Ende ist auch die Sache mit dem Trauerflor ein Traumgesicht. Ganz wie ich gestern dachte: Ich suche ihm zu folgen, nicht aber er mir. Sieh an, mein Lieber, wie feige du doch bist, vor einer Traumgestalt ins Mauseloch zu kriechen! Und eine Kanaille nennst du ihn beständig? Dabei ist's möglicherweise ein ganz tüchtiger Mensch. Zwar dürfte sein Antlitz einem – ohne geradezu häßlich zu sein – nicht eben zusagen, aber er hat so einen seltsamen Blick. Nun, da wären wir ja glücklich wieder bei unserem üblichen Thema angelangt! Immer von neuem muß ich mich mit ihm beschäftigen, grad als könnte ich ohne den Kerl nicht leben!

So schwirrten seine Gedanken durcheinander. Hast du wirklich, quälte er sich weiter, den Mann mit dem Trauerflor nicht schon früher einmal gesehen? Bist du ganz sicher, daß er nicht ein wichtiges Geheimnis aus deiner reichbewegten Vergangenheit kennt und sich nun beim Zusammentreffen darüber freut? Und er ging zum Fenster, um es zu öffnen und die Nachtluft einzuatmen, prallte aber plötzlich erschrokken zurück, als hätte er ein Gespenst gesehen.

So rasch er konnte (das Fenster aufzumachen unterließ er), verbarg er sich hinter der Mauer und – zitterte tatsächlich am ganzen Leib, denn da unten, auf dem Fußsteig gegenüber dem Haus, stand . . . der Mann mit dem Trauerflor und schaute, ohne Weltschaninow gewahr zu werden, herauf zu seinem Fenster, als ob er über einen Entschluß noch nicht ganz mit sich im reinen wäre. Jetzt legte er nachdenklich einen Finger an die Stirn, blickte sich nochmals nach allen Seiten um und schlich quer über die Straße gerade auf das Haus zu, in dem sich Weltschaninow befand. Er verschwand im Haustor, das – wie auch sonst im Sommer – mitunter bis zu der dritten Stunde nicht geschlossen wurde. Er will zu mir heraufkommen, dachte Weltschaninow schaudernd bei sich selbst, schlich rasch ins Vorzimmer und blieb erwartungsvoll an dessen Tür stehen, die rechte Hand auf der Kette und zitternd vor Aufregung über die in Aussicht stehende Ankunft des Fremden.

Er konnte sein Herz klopfen hören; es schlug so stark, daß er glaubte, das Geräusch der Schritte jenes Mannes auf der Treppe zu überhören. Es war ihm, als würde der Traum von vorhin zur Wahrheit, die Schärfe seiner Sinne hatte sich gewiß verzehnfacht, doch er verstand nicht, was vor sich ging. Und das wollte viel sagen, denn es fehlte ihm keineswegs an Mut. Gelegentlich prahlte er vor sich und anderen mit seiner Furchtlosigkeit. Doch jetzt war es nicht nur dies, sondern aus dem Hypochonder war ein anderer Mensch geworden, der ein leises, nervöses Lachen von sich gab und hinter der Tür gleichsam jede Bewegung des Fremden erriet. Folgen wir seinen Gedanken! Er kommt herauf, steht oben, blickt sich um, lauscht die Treppe hinab, tappt umher, und jetzt ... hat er die Hand auf der Türklinke, drückt sie nieder, hofft, daß sie nicht verschlossen ist, wußte also, daß ich mitunter nicht abschließe. Es dauert ihn, ohne etwas erreicht zu haben, wieder von dannen ziehen zu müssen.

Wie er sich's vorstellte, so geschah's auch wirklich. Es stand tatsächlich jemand draußen an der Tür und drückte mit einer bestimmten Absicht die Klinke nieder. Weltschaninow wollte nun doch wissen, woran er war! Schon nahm er eine gebieterische Haltung an und wartete auf den ihm geeignet scheinenden Moment, da er die Kette aushaken und der Fleisch und Bein gewordenen Traumgestalt mit den Worten: »Was wollen Sie hier, mein Herr?« entgegentreten könnte. Und so kam es auch. Kurz entschlossen löste er die Vorlegekette, öffnete die Tür und stieß fast gegen den Herrn mit dem Trauerflor am Hut.

3

Pawel Pawlowitsch Trusozkij

Beide standen sich auf der Schwelle gegenüber und starrten einander regungslos in die Augen. So vergingen einige Minuten, und plötzlich erkannte Weltschaninow seinen Gast!

Im gleichen Augenblick schien auch der Gast erraten zu haben, daß Weltschaninow ihn erkannt hatte: sein Auge blitzte auf. Im Nu verzog sich sein ganzes Gesicht zu einem scheinbar süßen Lächeln.

»Habe ich nicht die Ehre, Alexej Iwanowitsch vor mir zu sehen?« sagte er in einem Ton, der komisch klang, weil er etwas Singendes an sich hatte und gar nicht zu der Situation paßte.

»Sind Sie tatsächlich Pawel Pawlowitsch Trusozkij?« fragte Weltschaninow mit erstaunter Miene.

»Derselbe Trusozkij, mit dem Sie vor nunmehr neun Jahren in T. zusammenkamen und – wenn der Ausdruck gestattet ist – sich anfreundeten.«

»Wie? ... Ach ja ... ganz recht! Doch jetzt um drei Uhr nachts ... und ich glaube ... ganze zehn Minuten lang haben Sie versucht, ob diese Tür hier verschlossen ist oder nicht ...«

Der andere machte ein erstauntes und bedauerndes Gesicht, schaute auf seine Uhr und rief: »Wirklich! Drei Uhr! Entschuldigen Sie, Alexej Iwanowitsch, es ist geradezu unverantwortlich von mir, um diese Zeit hier zu erscheinen. In den nächsten Tagen will ich wiederkommen, um einiges mit Ihnen zu besprechen. Für heute aber ...«

»Bleiben Sie jetzt nur da«, sagte Weltschaninow, »und kommen Sie herein ins Zimmer, um mir mitzuteilen, was Sie zu dieser ungewöhnlichen Stunde zu mir führt!«

Weltschaninow befand sich in einer Aufregung, der sich ein gutes Teil Erstaunen beimischte; auch wußte er nicht recht, was er von der ganzen Sache halten sollte, obwohl doch gar nichts Geheimnisvolles oder Zauberhaftes dabei war. Tatsache war, daß dieser alberne Pawel Pawlowitsch vor ihm stand. Trotzdem hatte Weltschaninow das dunkle Gefühl, als ob ihm irgend etwas Unangenehmes bevorstünde. Er lud den Ankömmling ein, auf einem Lehnstuhl Platz zu nehmen, und setzte sich voller Erwartung auf den Rand des Bettes. Der Fremde blieb aber stumm und schaute Weltschaninow gerade an, als wollte er sagen: Was hast du mir zu verkünden? War dieser Trusozkij wirklich zu befangen, um das Gespräch selbst einzuleiten, oder fühlte er sich unbehaglich wie die Maus in der Falle? Da wurde Weltschaninow böse.

»Was ist denn?« schrie er. »Sie sind doch kein Gespenst und kein Traum. Wollen Sie einen Toten mimen, Väterchen?«

Der andere rückte verlegen auf dem Stuhl hin und her, lächelte ein wenig und sagte: »Ich kann es vollauf verstehen, daß Sie über mein nächtliches Erscheinen ungehalten sind. Doch wollen Sie bitte die Form unseres damaligen Abschiedes und alles zwischen uns Geschehene in Erwägung ziehen! Auch beabsichtigte ich eigentlich gar nicht, zu Ihnen zu kommen, es geschah gewissermaßen nur durch Zufall.«

»Durch Zufall, sagen Sie? Aber ich sah doch durch das Fenster, wie Sie quer über die Straße auf mein Haus zukamen!«

»So! Sie sahen das? Nun, dann scheinen Sie ja mehr zu wissen als ich selber. Doch ich errege nur Ihren Ärger. Also, um zur Sache zu kommen! In persönlicher Angelegenheit kam ich vor drei Wochen nach Petersburg, ich, Pawel Pawlowitsch Trusozkij, als welchen Sie mich erkannten. Ich war um meine Versetzung in einen anderen Bezirk eingekommen, hatte höheren Orts um Gehaltserhöhung ersucht ... doch wird Sie dies alles interessieren? Also, ich bemühe mich hier nun schon drei Wochen lang, meine Versetzung zu erreichen, und habe ich dies Ziel erreicht, so weiß ich am Ende selber nicht mehr, weshalb ich nach Petersburg gekommen bin ... so sieht es mit meiner Gemütsbeschaffenheit aus ...«

Mürrisch meinte Weltschaninow: »Wieso? Gemütsbeschaffenheit?«

Da zeigte der andere mit großem Ernst auf den Trauerflor an seinem Hut und sagte: »Hier sehen Sie ja, wie es jetzt um meine Gemütsbeschaffenheit bestellt ist.«

Einige Augenblicke betrachtete Weltschaninow ohne Verständnis bald das Antlitz des Gastes, bald den Trauerflor. Doch plötzlich errötete er und fragte aufgeregt: »Natalja Wasiljewna?«

»Leider ja! Natalja Wasiljewna! Im März dieses Jahres ... an der Schwindsucht ... es ging ziemlich schnell, zwei oder drei Monate! Ich blieb zurück, wie Sie sehen.«

Und als ob er auf der Bühne stände, schlug der Fremde die Arme auseinander und verblieb – den Hut in der linken Hand haltend und den mit einer Glatze versehenen Kopf nach vorn senkend – eine geraume Zeit in dieser Haltung stehen, die nun auf Weltschaninow doch ernüchternd wirkte. Ein flüchtiges, höhnisches Lächeln zeigte sich auf seinem Gesicht, aber sogleich war der spöttische Ausdruck wieder verschwunden, denn er fühlte sich über die Nachricht vom Tod dieser Dame nicht wenig erschüttert, mit der er vor langer Zeit bekannt gewesen war und die er schon längst vergessen hatte.

»Ist es möglich?« stammelte er. »Weshalb aber kamen Sie dann nicht ohne weiteres zu mir, um mich davon zu benachrichtigen?«

»Vielen Dank für Ihre Anteilnahme, jedoch ...«

»Jedoch?«

»Nun, ich wollte sagen, daß ich es zu schätzen weiß, wie Sie trotz so vielen Trennungsjahren eine so herzliche Anteilnahme an meinem Verlust zeigen. Nur dies war es, was ich in Worte kleiden wollte. Jahrelang blieben wir uns fern, und dennoch, dennoch dieses schöne Mitgefühl! Ach freilich! An Freunden würde es mir hier gewiß nicht fehlen (wie etwa Stepan Michailowitsch Bagautow), aber mit Ihnen, Alexej Iwanowitsch, komme ich doch – eingedenk unserer früheren freundschaftlichen Beziehungen – lieber zusammen, und ich fühle nur zu sehr, wie mir in den vergangenen neun Jahren der Briefwechsel mit Ihnen gefehlt hat.«

Der Gast sang wie nach Noten, hielt aber während seiner Erklärung den Blick auf den Fußboden gerichtet, obwohl er natürlich auch ein wenig hinaufschielte. Weltschaninow hatte sich inzwischen etwas von seiner Verwirrung erholt.

Er faßte mit seltsamer Empfindung, die immer größer wurde, Pawel Pawlowitsch ins Auge, und mancherlei Gedanken durchschwirrten seinen Kopf. Schließlich sprach er lebhaft: »Wie ist es nur in aller Welt möglich, daß ich Sie trotz fünfmaligem Zusammentreffen nicht erkannt habe?«

»Ganz recht: zwei oder mehrere Male tauchten Sie vor mir auf ...«

»Nein, es war umgekehrt, Sie sind vor mir aufgetaucht.«

Mit diesen Worten stand Weltschaninow auf und brach in ein lautes Gelächter aus, während der andere nach kurzem Schweigen sagte: »Es ist ganz begreiflich, daß Sie mich nicht erkannt haben, denn die Pockenkrankheit hinterließ leider Spuren in meinem Gesicht, die es etwas entstellten.«

»Wie? Sie haben auch noch die Pocken gehabt?«

»Leider, leider, Alexej Iwanowitsch! Es kam mir recht ungelegen, das dürfen Sie mir glauben.«

»Sonderbar, sonderbar! Aber nur fortgefahren, mein Bester!«

»Obgleich ich Sie traf ...«

»Halt doch, weshalb sagten Sie soeben, es wäre Ihnen ungelegen gekommen? Doch lassen Sie ... fahren Sie fort!«

Und Weltschaninows Miene wurde immer heiterer, denn ein anderes Gefühl war an die Stelle der Erschütterung getreten.

Raschen Schrittes ging er in der Stube auf und ab.

»Obgleich ich Sie traf und schon während meiner Reise beabsichtigte, Ihnen meinen Besuch abzustatten, fühle ich mich doch seit dem März in einem unbeschreiblichen Gemütszustand . . .«

»Seit März fühlen Sie sich in einem unbeschreiblichen Gemütszustand? . . . Sagen Sie, mein Verehrter, rauchen Sie?«

»Als Natalja Wasiljewna noch lebte . . .«

»Ja, ich besinne mich . . . aber seit dem März?«

»Hie und da einmal eine Zigarette.«

»Also bitte, zünden Sie sich diese Zigarette an und fahren Sie fort! Fahren Sie fort, denn die Sache erweckt mein Interesse!«

Nachdem sich Weltschaninow eine Zigarette angebrannt hatte, nahm er wiederum auf dem Bett Platz, der andere schwieg einige Augenblicke, dann meinte er: »Sie scheinen recht aufgeregt zu sein. Sie sind doch hoffentlich nicht krank?«

»Sprechen wir nicht von meiner Gesundheit«, sagte Weltschaninow verdrießlich. »Fahren Sie fort!«

Der Gast bemerkte die Aufregung seines Wirtes und erzählte selbstbewußter als zuvor weiter: »Was soll ich noch sagen? Sie sehen einen niedergeschlagenen Mann vor sich, Alexej Iwanowitsch, richtiger gesagt, einen völlig niedergeschmetterten Menschen, der zwanzig Jahre verheiratet war und jetzt ziellos mit veränderter Lebensgewohnheit auf der Straße umherirrt, selbstvergessen, wie in einer trostlosen Wüste. Treffe ich irgendwo einen Bekannten oder guten Freund, suche ich ihm gewöhnlich aus dem Weg zu gehen, denn in meiner Selbstvergessenheit wäre mir eine Unterhaltung mit ihm peinlich. Freilich kommen auch Stunden, da ich mich nach einem Menschen sehne, der mir in jener längst entschwundenen Zeit zur Seite stand, da ich mich ausweinen möchte am Herzen eines solchen Freundes, wäre es auch um drei Uhr nachts. Hinsichtlich der Zeit war ich freilich im Irrtum, doch keineswegs betreffs der Freundschaft. Und übrigens, was die Zeit anbelangt, so habe ich infolge meines Gemütszustandes gedacht, es sei noch nicht zwölf. Man trinkt seinen eigenen Gram und berauscht sich gleichsam daran. Doch quält mich nicht eigentlich mein Kummer, sondern der veränderte Gemütszustand.«

»Sonderbare Ausdrucksweise!« warf Weltschaninow ein, der jetzt wieder ganz ernst geworden war.

»Ja, freilich, meine Ausdrucksweise ist seltsam.«

»Reden Sie denn ... eigentlich im vollen Ernst?«

»Wie sollte ich scherzen im gleichen Augenblick, da ich Ihnen die Kunde ...«

»Ach, schweigen Sie doch davon, bitte!«

Mit diesen Worten setzte Weltschaninow sein Auf- und Abgehen im Zimmer wieder fort.

Nach weiteren fünf Minuten schickte sich der andere an, ebenfalls aufzustehen, doch setzte er sich bei Weltschaninows Worten: »Bitte, bleiben Sie sitzen!« sofort gehorsam wieder hin.

Plötzlich blieb Weltschaninow, der Eingebung eines Gedankens folgend, vor seinem Gast stehen und sagte: »Sie haben sich entschieden sehr verändert, scheinen gleichsam ein anderer geworden zu sein.«

»Es sind ja neun Jahre ins Land gezogen.«

»Ach, die Jahre brachten diese Veränderung wohl nicht zustande, da liegt noch eine andere Ursache vor!«

»Doch, doch! Neun Jahre tun sehr viel!«

»Sollte die Veränderung erst seit dem März stattgefunden haben?«

»Hehe!« sagte Pawel Pawlowitsch und lächelte verschlagen, »da scheint Ihnen irgendein scherzhafter Gedanke vorzuschweben, doch gestatten Sie die Frage: Inwiefern finden Sie denn, daß eine Veränderung mit mir vorgegangen ist?«

»Ja, das ist nicht so ganz leicht zu sagen. Wissen Sie, ehemals hatte man es mit einem gut erzogenen, netten, wohlanständigen Pawel Pawlowitsch zu tun, aber heute scheint sich dieser Pawel Pawlowitsch zu einem richtigen Tunichtgut ausgewachsen zu haben.«

Weltschaninow hatte sich allmählich in eine Aufregung hineingeredet ,in der auch Menschen, denen es für gewöhnlich an Selbstbeherrschung nicht fehlt, leicht Worte fallen lassen, die ungehörig sind.

»Zu einem Tunichtgut ausgewachsen, meinen Sie? Und nicht mehr so nett wie früher?« fragte Pawel Pawlowitsch und ließ dabei ein vergnügtes Kichern hören.

»Nett? Zum Teufel! Das ist nicht das richtige Wort! Ungemein verständig scheinen Sie geworden zu sein«, sagte Weltschaninow laut, bei sich selber aber dachte er: Wenn ich nur wüßte, was diese Kanaille, die noch unverfrorener ist als ich, bei mir will!

Pawel Pawlowitsch rückte auf seinem Stuhl hin und her

und hielt folgende gefühlvolle Ansprache: »Bester Freund! Liebster Alexej Iwanowitsch, sagen Sie doch selber: Sind wir vielleicht in einer vornehmen Gesellschaft, daß wir einander so gezwungen gegenübersitzen? Nicht doch! Lassen wir diesen lästigen Zwang beiseite und verkehren wir aufrichtig miteinander wie zwei gute, alte Freunde, eingedenk des herrlichen früheren Zusammenseins, das die Heimgegangene als Dritte verschönern half!«

Und als wäre er ganz und gar hingerissen von seinen Empfindungen, beugte er den Kopf vor wie ehedem und verbarg das Gesicht hinter dem Zylinder, während ihn Weltschaninow mit gesteigerter Abneigung und Unruhe musterte und bei sich dachte: Habe ich es vielleicht mit einem Verrückten zu tun, oder sollte er ... doch nein, betrunken wird er wohl nicht sein, aber wenn man sein rotes Gesicht betrachtet ... vielleicht ist er doch betrunken. Einerlei! Betrunken oder nicht! Was will die Kanaille bei mir?

Pawel Pawlowitsch hatte allmählich den Hut von seinem Antlitz entfernt und fuhr, sich immer tiefer in seine Erinnerungen versenkend, fort: »Denken Sie noch an unsere Ausflüge, Abendgesellschaften und Bälle, an die kleinen Spiele bei der liebenswürdigen Exzellenz Semjon Semjonowitsch? Denken Sie noch an unsere schönen Leseabende zu dritt? Und wie Sie dann an einem Morgen mich aufsuchten, um Näheres über Ihren Rechtshandel von mir zu erfahren? Es wurde ziemlich lebhaft dabei, da – trat Natalja Wasiljewna herein, und in den nächsten zehn Minuten wurden Sie für ein ganzes Jahr unser engster Freund wie in Turgenjews Komödie ‚Die Frau aus der Provinz'.«

Weltschaninow ging ungeduldig und widerwillig, den Blick auf den Fußboden gerichtet, doch aufmerksam zuhörend, im Zimmer auf und ab.

»An das Lustspiel ‚Die Frau aus der Provinz' habe ich nie gedacht«, sagte er jetzt, »und früher sprachen Sie nie so sentimental und gekünstelt mit mir. Was bezwecken Ihre Ausführungen?«

»Es ist richtig, daß ich früher wortkarger war als jetzt«, entgegnete Pawel Pawlowitsch schnell, »wenn die Verewigte das Wort führte, hört ich lieber zu, als daß ich sprach. Und daß eine Unterhaltung mit ihr geistreich war, wissen Sie sicherlich noch. Hinsichtlich der ‚Frau aus der Provinz' aber und ganz besonders in bezug auf Stupendew dürften Sie recht haben, denn nach Ihrer Abreise haben wir beide, die Verstorbene und ich, in einsamen Stunden oftmals an unsere erste Begegnung mit Ihnen gedacht und sie mit dem Theaterstück verglichen. Die Ähnlichkeit war wirklich groß genug. Stupendew ...«

»Sagen Sie, was für ein Stupendew ist das?« rief Weltschaninow, dem der Name Stupendew ernstliche Beunruhigung verursachte, in starker Erregung.

»Stupendew ist der Name des Gatten in der Komödie ‚Die Frau aus der Provinz'«, flötete Pawel Pawlowitsch so süß wie möglich, »und damit beginnen schon andere schöne Erinnerungen für uns, nach Ihrem Fortgehen; fünf Jahre lang genossen wir nach jener Zeit die Freundschaft des Stepan Michailowitsch Bagautow.«

»Wer ist Bagautow?« fragte Weltschaninow und unterbrach für einen Augenblick seine Zimmerwanderung.

»Stepan Michailowitsch Bagautow hat uns ein Jahr nach Ihnen seine Freundschaft geschenkt ... genau wie Sie vorher.«

»Ach, ich kenne ihn!« sagte Weltschaninow, der jetzt zu wissen schien, woran er war »Bagautow ... der eine Stelle in Ihrer Stadt innehatte!«

»Ganz recht, beim Gouverneur! Ein junger Mann von sicherem Auftreten aus den besten Petersburger Kreisen«, rief Pawel Pawlowitsch und schwamm förmlich in Entzücken.

»Freilich! Wie man nur so vergeßlich sein kann! Also der auch, der auch ...«

»Ganz recht, der auch«, echote Pawel Pawlowitsch, mit dem gleichen Entzücken das unüberlegte Wort Weltschaninows nachsprechend.

»Auf der Dilettantenbühne Seiner Exzellenz, des liebenswürdigen Herrn Semjon Semjonowitsch, brachten wir damals ‚Die Frau aus der Provinz' zur Aufführung. Stepan Michailowitsch mimte den Grafen, ich den Gatten und die Heimgegangene die Frau aus der Provinz. Leider fehlte es mir an Geschick, den Gatten richtig zu spielen, so daß auf Wunsch der Verstorbenen jemand anders für mich einsprang.«

»Sie und Stupendew? Teufel nochmal! Vor allen Dingen sind Sie doch Pawel Pawlowitsch Trusozkij und nicht Stupendew!« schrie Weltschaninow, der vor Aufregung zitterte, in grobem Ton, »doch, mit Verlaub, dieser Bagautow ist hier in Petersburg; im Frühling habe ich ihn selber gesehen! Wie kommt es denn, daß Sie nicht auch ihn aufsuchen?«

»Ach, wenn Sie wüßten, wie oft ich ihn schon aufsuchen wollte, drei Wochen lang versuche ich es bereits! Noch immer ist er krank und empfängt niemanden. Er ist wirklich ernstlich krank. Sie können sich leicht denken, wie mich das betrübt, nach fünfjährigem Zusammensein.Ich muß immer wiederholen, Alexej Iwanowitsch, daß meine Gemütsbeschaffenheit gegenwärtig viel zu wünschen übrigläßt; heute bin ich imstande, rein zu verzweifeln, und ein anderes Mal könnte ich ohne besondere Gründe jeden umarmen, der mir gerade in den Weg läuft, und dann wieder könnte ich mich ausweinen an der Brust eines Menschen, der mir damals zur Seite stand.«

»Sind Sie nun lange genug hier gewesen?« fragte Weltschaninow scharf und unvermittelt.

»Lange genug!« entgegnete Pawel Pawlowitsch und stand schnell auf, »es ist bereits vier Uhr, es wird Zeit, daß ich fortgehe.«

»Ich werde demnächst zu Ihnen kommen, aber dann hoffe ich ... Für heute nur noch die eine Frage: Sie sind doch nicht etwa betrunken?«

»Betrunken, sagen Sie? Nicht daran zu denken!«

»Haben Sie wirklich nicht getrunken, ehe Sie bei mir erschienen?«

»Aber, Alexej Iwanowitsch, reden Sie im Fieber?«

»Also morgen vormittag, vor ein Uhr, komme ich zu Ihnen.«

»Ich merke schon lange, daß Sie phantasieren«, sagte Pawel Pawlowitsch. »Es ist nicht recht von mir, zur Nachtzeit ... doch ich werde gehen. Tun Sie mir den Gefallen und legen Sie sich nieder!«

»Und Ihre Wohnung müssen Sie mir noch mitteilen!« rief Weltschaninow.

»Habe ich das vergessen? Im Pokrowskij-Hotel.«

»In welchem Pokrowskij-Hotel?«

»Neben der Pokrowskij-Kirche, in einer Seitenstraße. Die Nummer weiß ich nicht genau, aber neben der Kirche.«

»Nun, dann finde ich es schon.«

»Ihr Besuch wird mir sehr angenehm sein«, sagte der Gast und stieg bereits die Treppe hinab.

»Noch eins«, rief Weltschaninow ihm nach, »daß Sie auch wirklich zu Hause sind, wenn ich morgen zu Ihnen komme!«

»Selbstverständlich!« sagte Pawel Pawlowitsch, lächelte und ging hinab.

Weltschaninow machte die Tür laut zu, drehte den Schlüssel mehrmals herum und legte die Kette vor. Als er dann wieder in der Stube stand, spuckte er aus, als hätte er Staub in den Mund bekommen.

Fünf Minuten lang stand er unbeweglich da, dann legte er sich unausgekleidet aufs Bett und schlief sofort ein. Die Kerze, die er auszulöschen vergessen hatte, brannte bis auf das letzte Restchen nieder.

4

Frau, Mann und Liebhaber

Er schlief sehr fest und erwachte pünktlich um halb zehn; sogleich richtete er sich auf, setzte sich auf den Bettrand und begann sofort über den Tod »dieser Frau« nachzudenken.

Der erschütternde gestrige Eindruck bei der unerwarteten Nachricht von ihrem Tod hatte in ihm Verwirrung und sogar Schmerz hinterlassen. Diese Verwirrung und der Schmerz waren gestern lediglich durch eine merkwürdige Idee während der Anwesenheit Pawel Pawlowitschs betäubt worden. Jetzt aber, beim Erwachen, stand ihm plötzlich alles, was sich vor neun Jahren ereignet hatte, mit außerordentlicher Deutlichkeit vor Augen.

Diese Frau, die selige Natalja Wasiljewna, die Frau »dieses Trusozkij«, hatte er geliebt und war ihr Liebhaber gewesen, als er sich wegen seines Prozesses (und auch wegen eines Erbschaftsprozesses) ein ganzes Jahr in T. aufhielt, obgleich der Prozeß eine so lange Anwesenheit seinerseits gar nicht erfordert hätte; der eigentliche Grund war das Verhältnis. Das Verhältnis und diese Liebe beherrschten ihn derart, daß er bei Natalja Wasiljewna wie in der Sklaverei lebte und sich wahrscheinlich ohne jegliche Überlegung auf die ungeheuerlichsten und sinnlosesten Dinge eingelassen hätte, wenn die kleinste Laune dieser Frau es gefordert hätte. Weder vorher noch nachher war ihm etwas Ähnliches widerfahren. Am Ende des Jahres, als die Trennung unvermeidlich war, befand sich Weltschaninow beim Heranrücken der verhängnisvollen Frist in einer solchen Verzweiflung – in Verzweiflung, obgleich die Trennung nur sehr kurze Zeit währen sollte –, daß er Natalja Wasiljewna vorschlug, sie zu entführen, sie ihrem Mann zu entreißen, alles aufzugeben und mit ihm für immer ins Ausland zu fahren. Nur zum Scherz oder aus Langweile war die Dame anfangs auf seinen Vorschlag eingegangen, den sie jedoch in dem Augenblick, als Weltschaninow ihn ernsthaft verwirklichen wollte, mit Spott verwarf. So mußte er sich wohl oder übel entschließen, ohne sie abzureisen. Was aber geschah? Noch waren keine zwei Monate verstrichen, als sich Weltschaninow in Petersburg mit einer Frage abquälte, die er niemals zu entscheiden vermochte: Liebe ich diese Frau in Wirklichkeit, oder ist alles nur ein trügerisches Spiel meiner Sinne? Und es war nicht etwa der Leichtsinn, der ihn diese Frage aufwerfen ließ, oder aufkeimende Liebe zu einem anderen weiblichen Wesen, sondern er hatte sich – wie man zu sagen pflegt – den Gedanken an jene Frage zur Selbstqual in den Kopf gesetzt, hatte nichts mehr für seine Bekannten oder für Hunderte anderer Frauen übrig. In einer Art Dämmerzustand lief er umher mit dem beständigen Gefühl: Kehrst du eines Tages wieder zurück nach T., so wirst du aufs neue zu ihrem Sklaven werden. Und als fünf Jahre ins Land gezogen waren, hatte er noch genau dieselbe Überzeugung, nur mischte sich jetzt in sein Gedenken an jene Frau eine Spur von Haß, wie man sie gewöhnlich dem entgegenbringt, der Sieger über uns geblieben ist. Wie konntest du nur, sagte er sich oft, einer so einfältigen Leidenschaft ins Netz gehen? Und er errötete, erging sich in Selbstvorwürfen und vergoß sogar Tränen. Einige Jahre nachher hatte auch bei ihm die Zeit den Schmerz seiner Wunde gemildert, so daß er endlich nur noch ganz selten daran erinnert wurde. Und jetzt, nach neun Jahren, wurden alle jene Erinnerungen durch die Nachricht vom Tode Natalja Wasiljewnas wieder wach in ihm.

Wie er nun jetzt voller durcheinanderschwirrender trüber Gedanken auf seinem Bett saß, war er sich nur über die eine Sache völlig klar, daß er trotz »der erschütternden Todesnachricht« verhältnismäßig ruhig blieb. Sein Haß gegen sie war verraucht, und gerechter und nicht mehr im Banne seiner früheren Abneigung, fragte er sich: Wie, nicht einmal mehr bedauern kann ich sie? Natalja Wasiljewna war – zu dieser Ansicht gelangte er nach den neun Jahren der Trennung von ihr allmählich – weiter nichts als eine »etwas bessere Kleinstädterin«, die er während der Zeit des Verkehrs mit ihr gesellschaftlich »offenbar zu hoch eingeschätzt« hatte. Freilich sagte er sich auch hin und wieder, daß seine Meinung falsch sein könnte; so auch jetzt wieder. Sprachen doch Tatsachen dagegen, denn auch dieser Bagautow stand mehrere Jahre ganz im Banne der Zauberin. Bagautow, ein junger Mann aus besten Petersburger Kreisen (für den Weltschaninow nicht eben viel übrig hatte), hätte in der Reichshauptstadt Karriere machen können, hatte jedoch diese verlassen und unnütz fünf Jahre lang in T. zugebracht, bloß wegen einer Frau. Als er endlich nach Petersburg zurückkam, hatte er das Bewußtsein, wie eine alte Galosche weggeworfen worden zu sein, und so gewann es den Anschein, als besäße diese Dame die ungewöhnliche Gabe, Männer an sich zu ziehen und zu beherrschen.

Besaß nun diese Frau wirklich Reize, die geeignet waren, einen Mann zu ihrem »Untertanen« zu machen? Man gelangte, wenn man ihre Erscheinung näher ins Auge faßte, zu der Überzeugung, daß sie eher häßlich war als schön. Zu der Zeit, da Weltschaninow sie kennenlernte, zählte sie bereits achtundzwanzig Jahre und hatte ein etwas unregelmäßiges Gesicht, das nur gelegentlich einen lebhafteren Ausdruck annahm. Ihre Augen waren nicht schön und blickten mit einer ungewöhnlichen Festigkeit in die Welt. Dabei war sie mager, und ihre Schulkenntnisse hätten besser sein können, doch kam ihr ein scharfer Verstand zustatten, der freilich die Dinge nicht immer richtig beurteilte. Sie gab sich wie eine Dame aus den besseren Kreisen der Provinz und brachte von Haus aus ein feines Taktgefühl mit. Ihr Geschmack mochte angehen, zeigte sich aber vorwiegend nur in ihrer Kleidung. Entschlossenen und herrschsüchtigen Charakters, befolgte sie den Grundsatz: Entweder alles oder nichts, so daß es im allgemeinen unmöglich war, sich mit ihr zu verständigen. Die Energie, zu der sie sich in schwierigen Lagen aufraffte, war staunenswert. Zuzeiten großmütig, konnte sie auch außerordentlich ungerecht sein. Sie war sozusagen nicht davon zu überzeugen, daß zwei mal zwei vier ist, und hatte ihrer Ansicht nach immer recht, selbst da, wo sie ganz augenscheinlich im Unrecht war. Auch verfügte sie über ein weites Gewissen, sonst hätte sie ihren Ehegatten nicht betrügen können. »Eine Prophetin ist sie, die unerschütterlich an sich selber glaubt«, sagte Weltschaninow und traf damit den Kern der Sache, denn Natalja Wasiljewna hielt einfach alles für richtig, was sie tat. Sie war dem Liebhaber genauso lange treu, bis sie ihn langweilig fand, quälte oder belohnte ihn – ganz wie es ihr paßte. Von

Natur leidenschaftlich, grausam und sinnlich, verabscheute sie ein ausschweifendes Leben bei anderen und war selber unmoralisch, ohne daß es irgend jemand fertiggebracht hätte, sie hiervon zu überzeugen. »Man hat es mit einer jener Frauen zu tun«, beurteilte Weltschaninow sie, als er sich noch in T. aufhielt, »die selbst nicht wissen, daß sie ohne Moral handeln, die von vornherein die Veranlagung mitbringen, den angetrauten Gatten zu betrügen, die nie vor ihrer Verheiratung fallen, für die der Ehemann – doch erst nach der Hochzeit – der erste Liebhaber ist. Leicht und mühelos gelangen sie zur Ehe. Die Schuld am ersten Ehebruch wird stets dem Gatten beigemessen. Alles geht vor sich, als wenn es so sein müßte und gar nicht anders sein könnte. Diese Frauen haben niemals das Gefühl eines Unrechts und wähnen sich schuldlos bis an ihr Ende.« Beiläufig sei erwähnt, daß sich Weltschaninow in T. an ihren Ausschweifungen beteiligte. Er glaubte in der Tat, daß es solche Ehefrauen gebe, und war auch von der Existenz von Ehemännern überzeugt, deren Bestimmung zu sein scheint, Ehemann und nichts anderes als immerdar Ehemann zu bleiben. Solch ein Mann kommt zur Welt, um – zu heiraten. Hat er die Gattin gefunden, so bleibt er ihr stets völlig untertan, mag er selbst von Natur auch noch so viel Charakter besitzen. Die »schöne Zierde« eines solchen Mannes sind »Hörner auf der Stirn«, ohne die er einfach nicht denkbar ist, aber von deren Vorhandensein er keine Ahnung hat, und zwar zeit seines Lebens. Das waren die Gedanken, die sich Weltschaninow über beide Arten von Eheleuten bildete, an die er fest glaubte. Dieser Pawel Pawlowitsch erschien ihm jedenfalls als ausgesprochener Vertreter der einen Art. Und Pawel Pawlowitsch Trusozkij, der da mitten in der Nacht bei ihm eingetreten war, schien ihm ein anderer zu sein als der, den er in T. kennengelernt hatte; er hatte sich durchaus verändert, und Weltschaninow fand diese Verwandlung ganz natürlich, denn Herr Trusozkij war das, was er früher gewesen, nur an der Seite seiner Gattin. Jetzt aber, da sie für immer von ihm Abschied genommen hatte, war er plötzlich von sich selber abhängig, das heißt etwas Seltsames und Absonderliches.

Von dem Pawel Pawlowitsch aber, den er früher in T. kennengelernt hatte, fiel ihm folgendes ein:

Ehemann und nichts anderes war Pawel Pawlowitsch in T. gewesen. War er außerdem noch Beamter, so füllte er diesen

Posten nur deshalb aus, weil er damit seiner Frau eine gesellschaftliche Stellung verschaffen wollte, was nicht hinderte, daß er im Ruf eines pflichteifrigen Beamten stand. Zweiunddreißig Jahre alt zu jener Zeit, konnte er als ziemlich wohlhabend gelten. Obgleich nicht unfähig im Dienst, zeigte er doch keine wirklichen Fähigkeiten. Er hatte Zugang zu den ersten Kreisen des Gouvernements und war überall gern gesehen. Natalja Wasiljewna hatte sich in T. Geltung zu verschaffen gewußt, ein Umstand, den sie nicht besonders hoch einschätzte, weil sie das für selbstverständlich hielt. Fand gelegentlich in ihrem Haus ein Empfang statt, so zeigte es sich, daß Pawel Pawlowitsch auf das beste von ihr geschult war, so daß sein Benehmen gegen die allerersten Persönlichkeiten des Gouvernements völlig einwandfrei war. Weltschaninow traute ihm auch Verstand zu, der aber so gut wie gar nicht zur Geltung kam, da Natalja Wasiljewna ihm beigebracht hatte, in Gesellschaft möglichst wenig zu reden. Neben mancherlei üblen, wohl angeborenen Eigenschaften mochten doch auch wieder gute in Trusozkij stecken. Doch die letzteren traten nicht zutage, und die schlechten waren nahezu erstickt worden. So erinnerte sich Weltschaninow beispielsweise, daß Herr Trusozkij den Nächsten gern lächerlich machte, es aber unterließ, weil es ihm streng untersagt worden war. Erzählungen vorzutragen war ihm gestattet, aber sie mußten kurz und unbedeutend sein. Auch seine Neigung, gelegentlich im Freundeskreis ein Gläschen zu trinken, hatte er bezwingen müssen. Und dennoch konnten Fernstehende – sonderbar genug – Trusozkij nicht als Pantoffelhelden bezeichnen, denn Natalja Wasiljewna schien das Muster einer gehorsamen Ehefrau zu sein und glaubte es wohl selber. Wenn Pawel Pawlowitsch seiner Frau wirklich aufrichtige Liebe entgegenbrachte, so durfte doch – so wünschte es offenbar Natalja Wasiljewna – kein anderer dies gewahr werden. Während Weltschaninow sich in T. aufhielt, legte er sich mehrmals die Frage vor, ob dieser Gatte denn tatsächlich von den Beziehungen Weltschaninows zu Natalja Wasiljewna nichts wußte, und suchte sie darüber auszuforschen, was stets die verdrießliche Antwort zur Folge hatte: »Mein Mann weiß nichts, braucht auch nichts zu wissen, und überdies geht es ihn nichts an.« Noch einer ihrer Charakterzüge soll hier Erwähnung finden, nämlich daß sie nie über Pawel Pawlowitsch spottete und ihn weder minderwertig noch lächerlich fand und ihn auch grundsätzlich verteidigt haben würde gegen den Angriff eines Dritten. Kindersegen schien ihr versagt zu bleiben, und so kam es, daß sie eine Salondame wurde (wobei sie natürlich ihr häusliches Leben nicht ganz und gar vernachlässigen konnte), in der Wirtschaft tätig war, Handarbeiten machte und sich niemals in gesellschaftliche Vergnügungen verstrickte. In der vergangenen Nacht hatte Pawel Pawlowitsch von den in T. gemeinsam durchgeführten Leseabenden gesprochen. Weltschaninow fiel es ein, daß Trusozkij ein guter Vorleser war. Natalja Wasiljewna hatte – eine Stickerei in der Hand – dem Lesenden ruhig zugehört. Romane von Dickens, hie und da kürzere Novellen aus russischen Zeitungen, gelegentlich auch wohl einmal etwas »Ernsteres« wurden vorgetragen. Weltschaninows Bildung wurde von Natalja Wasiljewna hoch eingeschätzt, doch als etwas ganz Selbstverständliches hingenommen, worüber man nicht erst viel spricht. Zudem ließ sie alles Literarische und Gelehrte im großen und ganzen gleichgültig, es galt ihr als nebensächlich, während Pawel Pawlowitsch viel für dergleichen übrig hatte.

Schon war die Leidenschaft für Natalja Wasiljewna auf den Gipfelpunkt gestiegen, als seine Beziehungen zu Trusozkij in T. mit einem Schlag ein Ende fanden, denn plötzlich und ohne vorherige Bemerkungen fand es Natalja Wasiljewna für richtig, ihm den Laufpaß zu geben. Es mochte etwa anderthalb Monate vor seinem Abschied sein, als ein junger Artillerieoffizier, der kurz zuvor aus der Kadettenanstalt entlassen worden war, seinen Verkehr bei den Trusozkijs aufnahm, so daß sich nunmehr vier Personen am Lesekränzchen beteiligten. Der junge Mann wurde von Natalja mit dem Wohlwollen behandelt, das man häufig einem fast herangewachsenen Knaben zu widmen pflegt. Weltschaninow brachte der Sache keinerlei Mißtrauen entgegen, hatte auch den Kopf damit voll, daß ihm Natalja Wasiljewna plötzlich die Abreise nahelegte und als einen unter vielen Gründen anführte, daß sie sich schwanger fühle und er mindestens auf vier Monate verschwinden müsse, damit ihr Mann nach dieser Zeit keinen Argwohn mehr fassen könne. Weltschaninow, dem dies nicht recht einleuchtete, wollte sich nicht gern in eine Trennung fügen und machte ihr den romantischen Vorschlag, mit ihm nach Paris oder Amerika zu entfliehen. Zuletzt fuhr er aber doch auf kurze Zeit nach Petersburg, denn zu längerer Abwesenheit »hätte er sich ganz gewiß nicht entschlossen«, und

»wenn die Gründe zur Trennung auch noch so zwingend gewesen wären«. Und als er etwa zwei Monate in Petersburg war, bekam er von Natalja Wasiljewna einen Brief mit der Bitte, nie wieder in T. zu erscheinen; sie sei zwar, wie sich mittlerweile herausgestellt habe, nicht schwanger, aber sie liebe einen anderen. Da dachte Weltschaninow sogleich an den jungen Artillerieoffizier, und es war ihm klar, daß für ihn nichts mehr zu hoffen sei. Erst viel später kam ihm zu Ohren, daß Bagautow fünf Jahre lang in T. geblieben sei, und er meinte, Natalja Wasiljewnas Anhänglichkeit an den jungen Offizier erkläre sich wohl am einfachsten dadurch, daß sie stark gealtert sei.

Nachdem er etwa eine Stunde auf dem Bett gesessen hatte, klingelte er und befahl Mawra, ihm den Kaffee zu bringen, den er rasch trank. Darauf kleidete er sich an und verließ gegen elf Uhr seine Wohnung, um ins Prokowskij-Hotel zu gehen, in der Absicht, Pawel Pawlowitsch freundlicher zu begegnen als in der vergangenen Nacht.

Die sonderbare Begebenheit mit dem Türschloß in der Nacht suchte er sich jetzt durch Pawel Pawlowitschs angetrunkenen Zustand zu erklären, nur konnte er eigentlich keinen rechten Grund dafür finden, daß er jetzt eine neue Beziehung zu dem Gatten seiner früheren Geliebten aufnehmen wollte, da doch der Verkehr damals ordnungsmäßig und ohne Mißhelligkeiten beendigt worden war. Doch irgend etwas, das er sich selbst nicht erklären konnte, zog ihn zu Trusozkij hin, und diesem Zwang fügte er sich.

5

Lisa

Pawel Pawlowitsch dachte gar nicht daran, »sich aus dem Staube zu machen«, und Gott weiß, warum Weltschaninow ihm gestern diese Frage gestellt hatte; vermutlich war er selber geistesverwirrt. In einem kleinen Laden bei der Kirche erfuhr Weltschaninow, daß das gesuchte Hotel einige Schritte davon in einer Seitengasse lag, und im Hotel selbst sagte man ihm, daß Herr Trusozkij jetzt in einem möblierten Zimmer des Hofgebäudes bei Marja Sysojewna wohne. Weltschaninow ging in das bezeichnete Hinterhaus und stieg die enge, schmutzige Treppe bis zum zweiten Stock hinauf, wo sich die Zimmer befanden. Das heftige Schluchzen eines sieben- oder achtjährigen Kindes wurde gedämpft vernehmbar, dann Fußstampfen und das ebenfalls gedämpfte Kreischen einer Fistelstimme, die unangenehm heiser klang und einem erwachsenen Mann gehören mußte, der offenbar mit dem Kind Beschwichtigungsversuche vornahm, um fremde Leute das Weinen nicht hören zu lassen. Der Mann machte mehr Lärm als das Kind selbst und schalt es mit roher Stimme, während die Stimme des Kindes etwas Bittendes hatte. Auf dem Korridor, den Weltschaninow jetzt betrat, stieß er mit einer dikken großen, noch unfrisierten Frau zusammen, die er nach Pawel Pawlowitsch fragte. Sie deutete mit dem Finger nach der Tür, hinter welcher das Weinen vernehmbar war. Das fettgepolsterte Gesicht der etwa vierzigjährigen Dame zeigte dabei einen Ausdruck der Entrüstung.

»Es scheint ihm noch Spaß zu machen«, sagte sie im Baß und ging die Treppe hinab. Weltschaninow wollte zuerst anklopfen, aber dann überlegte er etwas und trat kurz entschlossen in Pawel Pawlowitschs Zimmer. Halb angekleidet, ohne Weste und Rock stand Trusozkij in einem kleinen Zimmer, zwischen allerhand gewöhnlichen Möbeln. Mit rotem, zornigem Gesicht schrie er ein etwa achtjähriges Mädchen an, und Weltschaninow wollte es sogar scheinen, als wenn die arme Kleine Fußtritte bekommen hätte. Das ärmlich, doch nach Art besserer Leute gekleidete Kind in seinem kurzen, schwarzen, wollenen Röckchen weinte herzzerbrechend und breitete die Ärmchen nach Pawel Pawlowitsch aus, als ob es sagen wollte: Sei doch gut mit mir! Als jetzt aber das kleine Mädchen den Besucher erblickte, änderte sich die ganze Situation wie mit einem Zauberschlag, und das Kind lief aufkreischend in einen kleinen Nebenraum. Pawel Pawlowitsch, im ersten Moment etwas verdutzt, faßte sich schnell und zeigte dasselbe süßliche Lächeln wie in der vergangenen Nacht, als Weltschaninow die Tür vor ihm geöffnet hatte.

»Sie sind es, Alexej Iwanowitsch?« rief er erstaunt, »das kommt mir in der Tat unerwartet! Bitte, nehmen Sie doch Platz, auf dem Diwan oder im Lehnstuhl! Ich werde sogleich ...« Er zog eilig den Rock an und vergaß die Weste.

»Keine Umstände!« unterbrach ihn Weltschaninow, der

sich auf einen Stuhl setzte, »genieren Sie sich in keiner Weise!«

»Nun, ohne Umstände geht es nicht. So, jetzt sieht es nicht mehr ganz so liederlich aus. Aber hören Sie, warum setzen Sie sich dort in den Winkel? Kommen Sie hierher an den Tisch! Setzen Sie sich in diesen Lehnstuhl! Nein, diese Überraschung, diese Überraschung!«

Mit diesen Worten setzte er sich auf den Rand eines Rohrstuhls, den »unerwarteten« Gast beständig im Auge behaltend.

»Weshalb haben Sie mich nicht erwartet? Ich erklärte Ihnen doch in der Nacht, daß ich heute zu dieser Zeit kommen würde.«

»Ich glaubte nicht, daß es Ihnen mit dieser Erklärung Ernst wäre. Dann überlegte ich mir heute nach dem Erwachen noch einmal die Vorgänge während der Nacht, und da verlor ich die Hoffnung, daß Sie mich besuchen würden.«

Mittlerweile hatte Weltschaninow seine Blicke durch das Zimmer schweifen lassen und wahrgenommen, daß das Bett noch nicht gemacht war und Kleider ungeordnet umherlagen. Auf dem Tisch standen Gläser mit Kaffeesatz, eine zur Hälfte leere Flasche Sekt und ein Weinglas. In der Kammer nebenan war es ganz still; die Kleine rührte sich nicht.

Weltschaninow zeigte auf die Champagnerflasche und konnte die Frage nicht unterdrücken: »Sie trinken schon Sekt?«

»Es ist nur ein Rest«, murmelte Pawel Pawlowitsch verlegen.

»Ich finde, daß Sie sich ziemlich stark verändert haben.«

»Ach ja, diese schlechten Angewohnheiten! Plötzlich sind sie über mich gekommen. Wissen Sie ... seit jener Zeit ... ich lüge nicht ... kann ich mich nicht mehr beherrschen. Aber jetzt bin ich ganz nüchtern, Alexej Iwanowitsch, und werde nicht so unvernünftig sprechen wie in der Nacht bei Ihnen. Nochmals: so bin ich erst, seit sie gestorben ist, und wenn mir damals einer gesagt hätte, daß ich mich so sehr verändern würde, so hätte ich ihm keinen Glauben geschenkt.«

»Waren Sie also diese Nacht wirklich betrunken?«

»Ja, ich kann es nicht leugnen«, erwiderte Pawel Pawlowitsch und senkte beschämt die Augenlider. »Das heißt«, fuhr er gleich darauf fort, »der Zustand der Betrunkenheit war eigentlich schon vorüber, und das Ernüchterungsstadium ist immer ganz besonders unangenehm; ich bin eigentümlich aufgeregt, zornig, handle und spreche ohne Überlegung. Ich kann wohl sagen, daß ich trinke, um meinen Gram zu betäuben. In diesem Zustand begehe ich die dümmsten Streiche und werde oft beleidigend gegen meine nächsten Freunde. Jedenfalls habe ich mich auch heute nacht seltsam betragen.«

»Wissen Sie denn das nicht mehr?«

»Freilich! Natürlich weiß ich es noch!«

»Ganz, wie ich mir die Sache dachte«, meinte Weltschaninow gutmütig, »ich war übrigens gestern in ziemlich ärgerlicher Stimmung und gestehe mit Bedauern ein, daß ich nicht hätte so heftig werden sollen. Sie trafen es auch insofern ungünstig, als ich wieder einmal unpäßlich war, als Sie nachts kamen.«

»Ja, nachts, nachts, das ist es«, meinte Pawel Pawlowitsch und schüttelte den Kopf, als ob er sein Benehmen in der Nacht selbst unpassend fände. »Es ist mir unfaßlich, wie ich Sie nachts besuchen konnte. Übrigens war ich unschlüssig, ob ich bei Ihnen eintreten sollte, und wollte schon wieder die Treppe hinabsteigen, da öffneten Sie mir die Tür. Eine Woche vorher war ich bereits bei Ihnen, Alexej Iwanowitsch, Sie waren jedoch nicht zu Hause; doch würde ich später sicherlich noch einmal bei Ihnen vorgesprochen haben. Ohne Stolz bin ich auch nicht, Alexej Iwanowitsch, obschon ich weiß, was ich in einem solchen Zustand von mir zu halten habe. Als wir uns auf der Straße begegneten, dachte ich: Vielleicht erkennt er dich nicht! Neun Jahre sind eine lange Zeit! Heute nacht kam ich müde von der fernen Peterburgskaja her und hatte aus Liebe zu der da (er wies auf die Flasche) die Zeit vergessen. Zu dumm! Ein weniger gutmütiger Mensch als Sie wäre nicht gekommen, hätte eine Erneuerung der früheren Bekanntschaft zurückgewiesen nach dieser nächtlichen Begegnung.«

Weltschaninow, dem kein Wort entging, gewann den Eindruck, als ob der andere aufrichtig und nicht ohne Würde spräche. Gleichwohl brachte es Weltschaninow nicht über sich, ihm vollen Glauben zu schenken.

»Sie wohnen wohl nicht allein hier, Pawel Pawlowitsch? Was ist das für eine Kleine, die vorhin im Zimmer war?«

Mit einem Erstaunen maß ihn Pawel Pawlowitsch und erwiderte freundlich lächelnd: »Was für eine Kleine? Das ist doch Lisa!«

»Lisa?« murmelte Weltschaninow und erbebte unwillkürlich

unter dem Eindruck der Rede des anderen. Bei seinem Eintritt hatte er Lisa gesehen, sich gewundert, aber sich doch nichts Besonderes dabei gedacht.

Noch immer lächelnd, fügte Pawel Pawlowitsch gleich darauf hinzu: »Das ist doch unser Töchterchen Lisa!«

»Ihr Töchterchen, sagen Sie? So muß ich annehmen, daß Sie von Natascha – von der seligen Natalja Wasiljewna Kinder hatten?« fragte Weltschaninow mit leiser, schüchterner und zugleich zweifelnder Stimme.

»Freilich! Ja, lieber Gott, das können Sie ja nicht wissen. Der Herr gab uns dies kostbare Geschenk erst nach Ihrem Weggang.«

Bei diesen Worten war Pawel Pawlowitsch in freundlicher Erregung ein wenig vom Stuhl aufgesprungen, während Weltschinanow erbleichend sagte: »Ich hörte nichts davon.«

»Natürlich konnten Sie nichts davon erfahren, von wem auch?« meinte Pawel Pawlowitsch mit noch immer freundlicher Stimme, der aber bereits Schauspielerisches beigemischt war. »Natalja und ich hofften nicht mehr auf Kindersegen. Sie besinnen sich wohl? Da traf er doch noch ein zu meiner unsagbaren Freude. Es wird ungefähr ein Jahr nach Ihrer Abreise gewesen sein. Was habe ich da gesagt? Ein Jahr? Nein, so viel war es nicht! Verließen Sie uns damals nicht erst im Oktober oder November?«

»Genau am zwölften September fuhr ich von T. ab, ich weiß es genau.«

»So, so, im September also? Hm! hm ...« entgegnete Pawel Pawlowitsch verwundert. »Wenn es so ist, dann ... also Sie fuhren am zwölften September, und Lisa kam am achten Mai zur Welt. Rechnen wir: September, Oktober, November, Dezember, Januar, Februar, März, April – insgesamt reichlich acht Monate. Ganz recht! Ach, und wenn Sie wüßten, wie die Heimgegangene ...«

»Zeigen Sie mir die Kleine, rufen Sie das Kind herbei!« stammelte Weltschaninow mit einer Stimme, die vor Erregung fast versagte.

»Gewiß! Selbstverständlich! Sofort stelle ich Ihnen das Mädchen vor«, sagte Pawel Pawlowitsch schnell, als ob es ihm darum zu tun wäre, dem Besucher das Wort abzuschneiden. Er stand auf und ging in Lisas Kämmerchen.

Drüben wurde etwa vier Minuten lang allerlei geflüstert, gelegentlich hörte man Lisas schwache Stimme, und Weltschaninow dachte: Das Mädchen weigert sich hereinzukommen. Endlich traten beide ins Zimmer.

»Die Kleine ist so verwirrt und schämt sich«, sagte Pawel Pawlowitsch, »auch ist sie stolz ... ganz wie die Heimgegangene!«

Die Tränen hatte Lisa allerdings vor dem Betreten des Zimmers getrocknet, schlug aber die Augen nieder. Sie hatte dem Vater die Hand gegeben und war ein wirklich hübsches, ziemlich großes und schlankes Mädchen. Einen Augenblick hob die Kleine ihre großen, blauen Augen zu dem Besucher empor, musterte ihn mit ziemlich finsterem Blick und schaute sogleich wieder zu Boden. »So schauen die meisten Kinder Fremde an, wenn sie mit ihnen allein sind!« sagte Weltschaninow, dem es allerdings vorkommen wollte, als sei dem kindlichen Mißtrauen noch ein anderer, nicht mehr ganz kindlicher Gedanke beigemischt. Trusozkij führte Lisa zu Weltschaninow hin und sagte zu ihr: »Der Onkel hier war unser Freund, ein guter Bekannter deiner Mutter. Laß deine Furcht und gib ihm die Hand!«

Da verbeugte sich das kleine Mädchen ein wenig und reichte »dem Onkel« die Hand.

»Auf Anweisung Natalja Wasiljewnas macht Lisa keinen Begrüßungsknicks, sondern eine leichte Verbeugung nach englischer Mode und gibt dem Gast die Hand«, erläuterte Pawel Pawlowitsch und faßte seinen Besucher aufmerksam ins Auge.

Obwohl Weltschaninow sehr wohl merkte, daß man ihn beobachtete, glaubte er doch seine Erregung nicht länger verbergen zu müssen. Er hielt die Hand der Kleinen fest, rührte sich nicht von seinem Stuhl und prüfte aufmerksam ihr Gesicht. Lisa vergaß, da sie an etwas anderes dachte, ihre Hand zurückzuziehen und blickte unverwandt auf ihren Vater. Weltschaninow erkannte auf den ersten Blick diese großen, blauen Augen, war jedoch überrascht von der überaus zarten, schönen, weißen Gesichtsfarbe des Kindes, die ebenso wie die Farbe der Haare für ihn bedeutsam war. Die Gesichtsbildung jedoch erinnerte ihn lebhaft an Natalja Wasiljewna. Pawel Pawlowitsch erzählte inzwischen irgend etwas, mit wirklicher Empfindung, wie es schien, doch kamen Weltschaninow, der ganz in seine Betrachtungen vertieft war, nur die letzten Sätze zum Bewußtsein.

»Sie können sich keinen Begriff machen, Alexej Iwanowitsch, wie erfreut wir waren über dieses unerwartete Geschenk des

Himmels. Sollte Gott einmal meine gute Frau zu sich nehmen, sagte ich mir oft genug im stillen, wird mir Lisa bleiben. Ach! wie gut ich das wußte . . .«

»Und Natalja Wasiljewna?« fragte Weltschaninow.

»Natalja Wasiljewna?« entgegnete Pawel Pawlowitsch und verzog das Gesicht. »Nun, Sie kannten ja ihre Eigenart, nicht gern vom Gefühlsleben zu sprechen. Als sie aber auf dem Sterbebett lag, wie hat sie da Abschied genommen von ihr! Ihre innersten Gedanken drängten ans Tageslicht. Eben sprach ich vom ‚Sterbebett', und doch wollte sie nicht an ihr bevorstehendes Ende glauben, sagte noch einen Tag vor ihrem Tod, sie habe nur ein einfaches Fieber, die zwei Ärzte verständen nichts, man wolle sie mit Arzneien zu Tode füttern. Wenn nur erst Koch – wissen Sie noch, unser alter Stabsarzt? – zurückkäme, wäre sie mit seiner Hilfe in vierzehn Tagen gesund wie ein Fisch. Und – glauben Sie es oder nicht! – fünf Stunden vor ihrem Tod schärfte sie uns ein, ja nicht zu vergessen, daß die Tante, Lisas Patin, in drei Wochen Namenstag habe. Es sei notwendig, ihr zu gratulieren.«

Da stand Weltschaninow plötzlich auf, ließ aber Lisas kleine Hand noch immer nicht los. Das Mädchen blickte seinen Vater anscheinend vorwurfsvoll an.

»Sollte das Kind etwa krank sein?« fragte er schnell und in seltsamem Ton.

Pawel Pawlowitsch erwiderte traurig: »Das wohl nicht, aber sie ist immer so sonderbar, leidet unter der Ungunst unserer Verhältnisse, ist nervös und war nach dem Tod ihrer Mutter vierzehn Tage lang krank. Das hysterische Weinen der Kleinen haben Sie ja gehört, als Sie kamen. Siehst du, Lisa, siehst du! Wissen Sie, warum sie mitunter weint? Weil ich sie manchmal allein lassen muß und weil sie glaubt, daß ich sie nicht mehr liebhabe wie früher, da ihre Mutter noch lebte. Es ist mir einfach unbegreiflich, wie das Mädchen auf eine so verrückte Idee kommt, anstatt bei ihren Spielsachen zu bleiben. Leider ist hier niemand, mit dem Lisa spielen könnte.«

»Ja, ist denn außer Ihnen niemand bei dem Kind?«

»Leider, leider! Nur die Aufwartefrau kommt täglich einmal her.«

»Und die Kleine bleibt ganz allein, wenn Sie fortgehen?«

»Freilich! Gestern schloß ich sie sogar in der Kammer da ein, als ich fortging, deshalb weinte sie vorhin so sehr. Was sollte ich auch machen? Als sie vorgestern während meiner Abwesenheit auf die Straße ging, traf sie der Stein eines Jungen an den Kopf. Ein andermal fragte sie weinend alle Leute auf der Straße, wo ich hingegangen sei. Nun, das ist nicht schön. Wenn ich nur eine Stunde fortgehen will, wird es Morgen, bis ich zurückkehre. So war es auch gestern. Denken Sie nur: die Wirtin ließ den Schlosser holen, der das Zimmer öffnen mußte! So eine Unannehmlichkeit! Ich bin das reinste Ungeheuer! Und das alles wegen meiner trüben Stimmung!«

»Papa!« flüsterte die Kleine schüchtern und unruhig.

»Fang nicht schon wieder an! Weißt du nicht mehr, was ich dir vorhin sagte?«

»Ich will es nicht mehr tun!« rief Lisa ängstlich mit gefalteten Händen.

»Hören Sie, das kann unmöglich so weitergehen«, sagte jetzt Weltschaninow mit ungeduldiger und gebieterischer Stimme. »Soviel ich weiß, sind Sie doch wohlhabend. Ich begreife nicht, wie Sie in einem solchen Stadtviertel, in einer solchen Umgebung wohnen können.«

»In einem solchen Stadtviertel? Nun, es kann schon nächste Woche zur Abreise kommen. Es ist richtig, daß ich über einige Mittel verfüge, aber ich mußte auch leider sehr viel Geld ausgeben.«

»Genug jetzt, genug!« rief Weltschaninow mit wachsender Ungeduld. »Ich weiß, was Sie sagen wollen, und verstehe auch Ihre Absicht. Sie meinten soeben, daß Sie höchstens eine Woche noch hierbleiben werden; nun, da kommt es jedenfalls auch auf eine weitere Woche nicht an. Seit zwanzig Jahren kenne ich hier die Familie Pogorelzew. Herr Alexander Pawlowitsch Pogorelzew, der Geheimrat, kann Ihnen möglicherweise von Nutzen sein. Diese Familie bewohnt zur Zeit ein herrliches Landhaus. Klawdija Petrowna Pogorelzewa ist wie eine gute Mutter oder Schwester zu mir. Sie haben acht Kinder. Falls Sie einverstanden sind, werde ich sofort Lisa zu dieser Familie hinbringen, dort wird die Kleine freundlich und wie ein eigenes Kind behandelt.«

Die Unruhe, in der er sich befand, war sehr groß, und er hielt es nicht mehr für nötig, sie zu verbergen.

Pawel Pawlowitsch verzog das Gesicht, blickte seinen Besucher listig an und sagte: »Das ist kaum durchzuführen.«

»Weshalb nicht?«

»Nun, ich kann doch das Mädchen nicht so schnell von mir weglassen! Zwar – Sie sind gewiß ein wohlmeinender Freund, aber erstens kenne ich doch die betreffende Familie nicht, und dann lege ich mir die bange Frage vor: wie wird das Kind von den feinen Leuten aufgenommen werden?«

»Ich sagte Ihnen ja schon«, rief Weltschaninow ärgerlich aus, »daß ich dort wie zu Hause bin. Ein Wort von mir, und Klawdija Petrowna wird mir gefällig sein, wird Lisa aufnehmen, als wenn sie mein eigenes Kind wäre.« Er stampfte wütend mit dem Fuß. »Sie sprechen, ohne sich etwas dabei zu denken. Was soll man da noch sagen?«

»Nun, ich meine nur, die Leute werden es sonderbar finden, und dann, ich muß mich als Vater selber um meine Tochter kümmern. Es ist ein vornehmes Haus, das mein Kind betreten soll?«

»Durchaus nicht vornehm«, rief Weltschaninow, »im Gegenteil, ganz einfach. Die Leute haben viele Kinder. Lisa wird sich dort wohl fühlen. Und was Sie betrifft, werde ich Sie gleich morgen vorstellen. Es wird auch notwendig sein, daß Sie sich persönlich bei den Leuten bedanken. Jeden Tag können wir hinfahren, wenn Sie wollen.«

»Trotzdem, trotzdem ...«

»Reden Sie keinen Unsinn! Hören Sie, kommen Sie heute abend zu mir und nächtigen Sie bei mir. Wir stehen morgen beizeiten auf und können gegen Mittag dort sein.«

»Sogar übernachten soll ich bei Ihnen? Sie erweisen mir eine Wohltat«, antwortete Pawel Pawlowitsch voller Rührung, »ich nehme Ihr Anerbieten an. Wo wohnen denn die vornehmen Leute?«

»In Lesnoje.«

»Wie soll es denn mit Lisas Kleidung gehandhabt werden? Sie zieht doch in ein vornehmes Haus, da kann sie nicht in diesem Gewand ... das müssen Sie selbst einsehen ... ich habe als Vater ein Herz.«

»Nun, die Kleine hat Trauer. Schwarze Kleidung ist die anständigste, die sich denken läßt. Nur ist die Wäsche leider unsauber. Ein reineres Halstuch ...«

In der Tat waren Hemd und Halstuch recht schmutzig.

»Sie muß sich eben sofort anders anziehen«, meinte Pawel Pawlowitsch eilfertig, »und was sie sonst noch an Wäsche braucht, wollen wir ihr ebenfalls einpacken. Marja Sysojewna hat die Sachen zum Waschen.«

»Schicken wir also so schnell wie möglich nach einem Wagen!« rief Weltschaninow.

Doch Lisa bezeigte nicht die geringste Lust mitzukommen. Sie hatte alles angehört, was Weltschaninow vorbrachte, um Trusozkij für seinen Vorschlag einzunehmen. Auf ihrem hübschen Kindergesichtchen prägte sich die entschiedenste Mißbilligung des ganzen Planes aus. Leise, aber mit fester Stimme sagte die Kleine: »Ich komme nicht mit!«

»Sagte ich es Ihnen nicht? Ganz wie ihre Mutter!«

»Ich bin nicht wie die Mutter«, schrie Lisa und rang die Hände, gerade als wollte sie sich ernstlich gegen den Vorwurf verwahren, daß sie ebenso sei wie ihre Mama. »Papa, du darfst mich nicht verlassen!« setzte sie hinzu und stürzte mit den hastig hervorgesprudelten Worten: »Nehmen Sie mich nicht mit, sonst ...« auf den erschrockenen Weltschaninow zu. Doch sie vermochte ihren Satz nicht zu vollenden, denn Pawel Pawlowitsch zerrte sie ärgerlich in das anschließende Zimmerchen. Wiederum wurde Flüstern und unterdrücktes Weinen vernehmbar, und Weltschaninow wollte schon seine Absicht aufgeben, als Pawel Pawlowitsch wieder hereinkam, um mit süßem Lächeln mitzuteilen, daß Lisa sogleich erscheinen werde. Weltschaninow blickte geflissentlich zur Seite.

Jetzt ließ sich Marja Sysojewna erblicken. Es war dieselbe Frau, die Weltschaninow vorhin im Flur getroffen hatte. Sie steckte die mitgebrachte Wäsche der Kleinen in ein hübsches Reisetäschchen.

»Sie wollen also Lisa mitnehmen?« sagte sie zu Weltschaninow, »haben wohl selbst Familie? Das ist nett, daß Sie die Kleine aus dieser Umgebung fortbringen!«

»Aber, Marja Sysojewna«, stammelte Pawel Pawlowitsch.

»Ach was, Marja Sysojewna! Alle Welt nennt mich so. Geht es vielleicht hier anständig zu, und ist es gut für das Kind, so etwas mit ansehen zu müssen? Der Wagen steht bereits unten, verehrter Herr. Es geht nach Lesnoje, nicht wahr?«

»Ja, nach Lesnoje.«

»Gute Fahrt also!«

Mit gesenktem Blick, blaß, die Reisetasche in der Hand, trat Lisa vor und benahm sich, als ob Weltschaninow gar nicht vorhanden sei. Auch für ihren Vater hatte sie keinen Abschiedskuß übrig und umarmte ihn nicht, ja schien ihn überhaupt nicht zu sehen. Der »Papa« gab ihr einen Kuß auf die Stirn und fuhr ihr liebkosend über das Haar. Die Kleine schlug auch jetzt ihre Augen nicht zu Pawel Pawlowitsch auf, aber ihre Lippen zuckten krampfhaft, und sie begann zu zittern. Auch Pawel Pawlowitschs Hände bebten, und er war merklich blaß geworden. Weltschaninow, der dies alles sehr wohl bemerkte, obwohl er zur Seite blickte, kam es nur darauf an, so schnell wie möglich fortzukommen. So mußte es wohl kommen, dachte er, aber ich bin nicht schuld daran.

Sie stiegen hinab; unten küßte Lisa Marja Sysojewna. Ihren Vater blickte sie erst an, als sie bereits im Wagen saß. Mit einemmal aber schlug sie die Hände zusammen und schrie auf; sicherlich hätte sie sich Trusozkij an die Brust geworfen, wenn der Wagen nicht schon in Bewegung gewesen wäre. So blieb die Kleine niedergeschlagen sitzen.

6

Neuer Gedanke eines Beschäftigungslosen

»Ist dir nicht ganz wohl?« fragte Weltschaninow besorgt, »willst du Wasser trinken, sollen wir anhalten?«

Da sah sie ihn mit ihren großen Augen vorwurfsvoll an.

»Wohin bringen Sie mich?« fragte sie scharf und heftig.

»In ein herrliches Landhaus, zu vielen Kindern. Gute Menschen, die dich mit offnen Armen aufnehmen werden. Sei mir nicht böse, Lisa, ich will nur dein Bestes . . .«

Einem Freund, der ihn eben jetzt getroffen hätte, wäre er bestimmt sehr seltsam vorgekommen.

»Böse sind Sie, ganz schlecht!« schluchzte Lisa und blickte ihn zornig an.

»Lisa . . .«

»Schlecht sind Sie, schlecht!«

Dabei rang die Kleine die Hände, und Weltschaninow wußte nicht, was er tun sollte.

»Lisa«, stammelte er, »sei verständig und bringe mich nicht zur Verzweiflung!«

»Wird er wirklich morgen kommen? Wirklich?« fragte Lisa, und es klang wie ein Befehl.

»Freilich! Ich hole ihn selber ab und fahre mit ihm hin.«

»Er wird uns hintergehen«, murmelte Lisa mit gesenkten Augen.

»Hat er dich denn nicht lieb?«

»Nein.«

»Hat er dich geschlagen?«

Lisa musterte Weltschaninow finster. Dann wandte sie sich schweigend von ihm ab und schlug trotzig die Augen nieder. Wie im Fieber begann er auf das Mädchen, welches mißtrauisch zuhörte, einzureden. Er setzte ihr auseinander, was man unter einem Trinker verstehe, sagte auch, daß er aufrichtige Zuneigung zu ihr habe und ihren Vater sorgsam im Auge behalten werde. Da hob Lisa endlich den Blick und schaute ihn an. Er fuhr fort zu sprechen, sagte, daß er noch ihre Mutter gekannt habe, und bemerkte erfreut, daß sie an seinen Ausführungen Anteil nahm. Auch gab sie ihm jetzt sehr kurz hier und da eine Antwort auf seine Fragen. Allerdings schwieg sie beharrlich über das, was er am liebsten von ihr erfahren hätte, wie sie nämlich zu ihrem Vater stehe. Wie zufällig nahm Weltschaninow während des Gesprächs die Hand des Mädchens in die seine und gab sie nicht wieder frei (er hatte es schon früher getan). Die Kleine zog die Hand nicht zurück und sagte trotz ihren kurzen Antworten ziemlich viel. Es ging daraus hervor, daß sie dem Vater mehr Liebe entgegengebracht habe als der Mutter; er sei ja auch immer gut gegen sie gewesen, während die Mutter es manchmal an Liebe gegen ihr Kind habe fehlen lassen. Nur zuletzt, auf dem Sterbebett, als alle hinausgingen, da habe die Mutter lange geweint und sie herzlich geküßt, und jetzt liebe sie die Mutter mehr als alle anderen Menschen. Doch das Mädchen war stolz. Als sie gewahr wurde, daß sie schon mehr gesagt hatte, als sie wollte, verstummte sie und warf einen Blick des Hasses auf Weltschaninow, weil er ihr das alles entlockt hatte. Gegen Ende der Fahrt war auch von ihrem hysterischen Zustand kaum noch etwas zu bemerken; nur traurig war sie, sehr traurig, scheu und trotzig. Sonderbarerweise schien sie der Umstand, daß sie nun in ein fremdes Haus kommen sollte, gar nicht besonders zu beunruhigen. Sie schämt sich ihres Vaters, dachte Weltschaninow, der bemerkte, daß die Kleine von irgendeinem anderen Gedanken gequält wurde. Sie schämt sich des Vaters, der sein Kind so leichten Herzens ziehen läßt. Er erriet das Richtige.

Krank ist sie, wahrscheinlich ernstlich krank, spann er seine Gedanken weiter. Wie mag sie dieser gemeine Trunkenbold gequält haben! Jetzt begreife ich erst den Halunken! Und er rief dem Kutscher zu, schneller zu fahren. Er hoffte, daß Lisa durch das Landhaus, die frische Luft, den Garten, die Kinder, das neue, unbekannte Leben aufgemuntert würde und später ... Nun, über das »später« gab er sich der schönsten Hoffnung hin. Eins aber kam ihm voll zum Bewußtsein, nämlich daß er noch nie eine Empfindung wie die jetzige gehabt hatte. Ein erhabenes Gefühl war es, das ihn zeit seines Lebens nicht verlassen würde.

Ich habe auf einmal ein Ziel. Mit diesem Ziel vor Augen will ich leben, dachte er voller Begeisterung.

Von den mancherlei Gedanken, die durch seinen Kopf fuhren, hielt er keinen einzigen fest, ging auch nicht auf Einzelheiten ein, da ihm der Bau seiner Hoffnungen auch ohne Einzelheiten fest gegründet schien. Er legte sich folgenden Plan zurecht. Man wird versuchen, diesen Nichtswürdigen dazu zu bringen, daß er seine Einwilligung gibt, Lisa – wenigstens zunächst – in Petersburg bei den Pogorelzews zu lassen. Er muß allein abreisen, von der Bildfläche verschwinden, und Lisa verbleibt mir. So erreiche ich, was mir wünschenswert erscheint. Vielleicht hat er auch nur deshalb Lisa so sehr gequält, damit es so kommen soll.

Sie langten bei Pogorelzews Landhaus an, das wirklich schön gebaut und hübsch gelegen war. Mehrere Kinder stürzten lärmend vor die Haustür und begrüßten ihn, erfreut, ihn wiederzusehen, denn sie liebten Weltschaninow, der schon lange Zeit nicht vorbeigekommen war.

»Und der Prozeß? Was macht Ihr Prozeß?« riefen ihm die älteren Kinder zu, als er noch im Wagen saß.

Lachend stellten gleich darauf die jüngeren die nämliche Frage an Weltschaninow, der sich schon früher manche Nekkerei von den Kleinen hatte gefallen lassen. Als sie aber Lisa sahen, faßten sie das Mädchen neugierig und schweigend ins Auge. Jetzt erschienen Klawdija Petrowna und ihr Gatte vor der Haustür und fragten ebenfalls scherzend nach dem Prozeß.

Klawdija Petrowna mochte etwa siebenunddreißig Jahre zählen, war eine gutgenährte Brünette und hatte ein frisches, gesundes Gesicht. Der Gatte war fünfundfünfzig Jahre alt, man hielt ihn für klug, um nicht den Ausdruck pfiffig zu gebrauchen; was jedoch besser war: er galt für sehr gutmütig. »Ich fühle mich bei dem Ehepaar wie zu Hause«, sagte Weltschaninow oft. Es hatte aber mit diesem »sich zu Hause fühlen« noch eine andere Bewandtnis, denn zwanzig Jahre früher hätte nicht viel gefehlt, so wäre diese Klawdija Petrowna Weltschaninows Frau geworden. Er war damals noch ein junger Student. Eine erste, heiße, etwas komische Liebe war es gewesen, und das Ende vom Lied war, daß Klawdija Petrowna den Pogorelzew heiratete. Fünf Jahre später trafen sich dann die ehemaligen Verliebten wieder und wurden – wahrhaft gute Freunde. Eine wohltuende Wärme haftete immerdar ihren ferneren gegenseitigen Beziehungen an, ein schönes mildes Licht verklärte gleichsam dieses Verhältnis. Rein und ohne Makel war die Erinnerung Weltschaninows an jene erste Liebe, und da keine andere Liebe in seinem Leben gleich makellos war, war sie ihm um so ehrwürdiger, um so teurer. Hier, in diesem Familienkreis, gab er sich allezeit ungezwungen, war gleichsam ein Kind unter Kindern, log nie, spielte keine Komödie, war offenherzig und beichtete alles. »Kurze Zeit nur noch«, sagte er den beiden Gatten wiederholt, »werde ich mich dem gesellschaftlichen Leben der großen Welt widmen und dann für immer in eurem schönen Hafen von den Stürmen ausruhen, nicht mehr getrennt von euch.« Und es war sein voller Ernst, wenn er solche Worte gebrauchte.

So erklärte er denn beiden alles, was sie notwendig von Lisa wissen mußten, obwohl auch schon seine bloße Bitte sicherlich Gewährung gefunden hätte. Klawdija Petrowna drückte einen Kuß auf die Wange des »kleinen Waisenkindes« und gelobte, ihr eine zweite Mutter zu sein. Die Kinder nahmen Lisa mit in den Garten und spielten ungezwungen mit ihr. Als sich Weltschaninow etwa eine halbe Stunde mit den Eheleuten unterhalten hatte, machte er Miene, sich zu verabschieden, und zwar in einer Aufregung, die beiden Gatten auffiel. Sie waren mit Recht verwundert, denn Weltschaninow hatte sich drei Wochen lang nicht sehen lassen und wollte sich jetzt nach so kurzer Anwesenheit wieder verabschieden. Doch versicherte er lachend, am nächsten Tag wiederzukommen. Als man ihn darauf hinwies, daß er sehr aufgeregt sei, nahm er Klawdija Petrowna schnell bei der Hand, meinte, er habe ihr noch etwas besonders Wichtiges mitzuteilen, und führte sie in ein anderes Zimmer.

»Sie werden sich sicherlich noch auf das besinnen, was ich Ihnen (Ihrem Gatten habe ich nichts davon mitgeteilt) über meinen Jahresaufenthalt in T. erzählte?«

»Ganz recht! Oft genug sprachen Sie davon.«

»Sprechen ist nicht das richtige Wort. Gebeichtet habe ich vielmehr, und zwar Ihnen, Ihnen ganz allein. Den Namen jener Frau erfuhren Sie bisher noch nicht von mir, Frau Trusozkaja war es, die Gattin Trusozkijs. Sie ist es, die starb, und Lisa ist ihre Tochter – meine Tochter.«

»Was sagen Sie da? Ist das kein Irrtum von Ihnen?« fragte Klawdija ziemlich erregt.

»Nein, ich irre mich durchaus nicht«, war Weltschaninows rasche und entzückte Entgegnung.

Und in aller Kürze, aufgeregt zugleich, brachte er alles vor, was – bis auf den Familiennamen der Dame – Klawdija Petrowna schon früher erfahren hatte. Der Grund dafür, daß Weltschaninow nicht einmal Klawdija Petrowna, seiner besten Freundin, jenen Namen verraten hatte, lag darin, daß er befürchtete, einer seiner Bekannten könnte Frau Trusozkaja treffen und sich darüber wundern, daß er letzterer eine so große Zuneigung geschenkt habe und daß Klawdija Petrowna dies wieder erfahren könnte. Als Weltschaninow seinen Bericht beendigt hatte, fragte sie: »Der Vater weiß nichts?«

»Er weiß es anscheinend ... das quält mich ja eben so sehr. Die ganze Sache ist mir noch nicht völlig klar«, entgegnete Weltschaninow ziemlich heftig, »er macht ganz den Eindruck, als ob er etwas wüßte. Schon gestern und auch heute kam es mir so vor. Deswegen will ich heute auch nicht länger hierbleiben. Er kommt heute abend zu mir. Woher mag er nur alles erfahren haben? Daß er über Bagautow alles weiß, unterliegt keinem Zweifel. Woher aber hat er Kenntnis von meinem Verhältnis zu seiner Frau? Sie wissen ja, daß es die Frauen in solchen Fällen sehr gut verstehen, ihren Männern ein X für ein U vorzumachen! Käme ein Engel vom Himmel heruntergeflogen, schenkte der Mann seiner Gattin eher Glauben als dem Engel. Ach, schütteln Sie nur nicht so bedenklich den Kopf und sitzen Sie nicht über mich zu Gericht, ich habe es schon selber getan und tue es noch heute! Gestern glaubte ich so sicher, daß er alles wisse, daß ich mich bloßstellte vor ihm. Dann bedaure ich auch, daß ich ihn in der Nacht so barsch aufnahm. Später sollen Sie dies ausführlich zu hören bekommen. Er kam doch nur deshalb mitten in der Nacht zu mir, weil er mir zu verstehen geben wollte, er wisse um seine Schmach und kenne den Beleidiger. Dies ist die alleinige Ursache seines unüberlegten Besuches in betrunkenem Zustand. Bei ihm finde ich das ganz natürlich. Er erschien, um mir Vorwürfe zu machen. Mein ganzes Benehmen in der Nacht und am Morgen war viel zu leidenschaftlich und außerdem sehr unvorsichtig. Habe ich mich ihm doch gewissermaßen selbst ans Messer geliefert! Ausgerechnet zu einer Zeit erschien er, da ich unbeschreiblich nervös war. Ich bemerkte auch, daß er Lisa schlecht behandelte: wahrscheinlich, um als der Beleidigte an dem Kind seine Wut auszulassen. Er ist wirklich sehr ärgerlich, trotz seiner völligen Bedeutungslosigkeit. Früher ein anständiger Mann, gebärdet er sich jetzt wie ein Narr; auch ist er allmählich liederlich geworden. Als Christ muß man darüber urteilen, liebe Freundin, und von jetzt ab werde ich ihn mild und freundlich behandeln und solcherart ein gutes Werk tun, denn ich habe ihm Übles zugefügt! Noch eins will ich Ihnen mitteilen. Als ich damals in T. viertausend Rubel brauchte, gab er sie mir sofort, noch dazu ohne Schuldschein; ich merkte es ihm an, daß er mir das Geld gern vorstreckte, aber – ich hätte es doch nicht von ihm wie von einem Freund annehmen dürfen.«

»Ich rate Ihnen jedenfalls zur Vorsicht«, meinte Klawdija Petrowna besorgt; »Sie sind recht aufgeregt und machen mir wirklich Sorge. Lisa wird natürlich von mir künftig als meine leibliche Tochter betrachtet, aber ich wünschte doch in vielen Punkten klarer zu sehen. Und nochmals: seien Sie jetzt ja vorsichtig, besonders wenn Sie sich glücklich fühlen, denn im Glück sind Sie zu großmütig.« Sie lächelte, als sie dies sagte.

Und nun fanden sich alle vor der Haustür ein – auch die Kinder und Lisa, die im Garten miteinander gespielt hatten –, um sich von Weltschaninow zu verabschieden. Lisa wurde von den Kindern jetzt mit noch größerer Verwunderung angeblickt als vorher. Als ihr Weltschaninow mit der Zusage, am nächsten Tag den Vater mitzubringen, einen Kuß gab, schlug Lisa schüchtern die Augen nieder und brachte keine Silbe heraus. Erst im letzten Augenblick schaute sie ihn flehend an und zupfte ihn verstohlen am Ärmel. Weltschaninow verstand sofort, daß ihm das Mädchen noch etwas sagen wollte, und führte die Kleine in ein Zimmer. Dort zog er sie behutsam an sich und fragte besorgt: »Was gibt es denn, Lisa?« Sie aber blickte scheu um sich und wollte nicht gleich heraus mit der Sprache, so daß Weltschaninow seine Frage wiederholen mußte. Doch auch jetzt noch zögerte sie mit einer Antwort und schaute ihn mit großer Angst an. Endlich stammelte sie wie von Sinnen: »Er will – sich erhängen.«

»Wer will sich erhängen?« fragte Weltschaninow erschrokken.

»Er, er! In der letzten Nacht hatte er die Absicht, sich eine Schlinge um den Hals zu legen!« brachte das Kind, mühsam nach Worten ringend, endlich hervor. »Ich habe es selber mit angesehen. Auch früher schon wollte er sich erhängen und sprach sich mir gegenüber so aus. Er wollte es schon immer. Heute nacht sah ich ...«

»Unmöglich«, erwiderte Weltschaninow flüsternd und betroffen. Lisa aber brach in ein krampfhaftes Schluchzen aus, küßte seine Hände und bat ihn um irgend etwas, doch konnte er aus ihrem Stammeln nicht klug werden. Den Blick des geängstigten Kindes, wie überhaupt die ganze aufregende Szene konnte er zeit seines Lebens nicht vergessen, weder im Wachsein noch im Traum. Als er dann, noch unter dem ersten Eindruck dieses Auftritts, in die Stadt zurückfuhr, dachte er voller Neid und Eifersucht: Liebt sie ihn wirklich so sehr? Vorhin sagte sie doch, sie liebe keinen Menschen so über alle Maßen wie ihre Mutter. Haßt sie ihn gar und hält für Liebe, was Abneigung und Haß ist ...? Und wie ist das zu verstehen, daß er sich aufhängen will? Wie, dieser Dummkopf sollte sich erhängen wollen? Da muß ich unbedingt schleunigst dahinterkommen, das muß ich sofort genau erfahren!

7

Gatte und Liebhaber küssen einander

Weltschaninow ging es gar nicht rasch genug mit seinen Nachforschungen. Am Morgen nahm ich mir nicht die erforderliche Zeit, alles ins reine zu bringen, dachte er mit Bezug auf sein erstes Zusammentreffen mit Lisa, doch das werde ich jetzt schnell nachholen. Zu diesem Zweck gab er dem Kutscher den Auftrag, zu Trusozkij zu fahren, überlegte es sich aber gleich wieder anders. Besser ist es, er kommt selber zu mir. Inzwischen kann ich meinem verdammten Geschäft nachgehen.

Und er fiel in aller Eile über seine Arbeiten her, sah aber bald ein, daß es ihm an der nötigen Sammlung fehlte. Als er dann gegen fünf Uhr beim Mittagessen saß, sagte er sich zum erstenmal, daß er möglicherweise nur störend wirke, wenn er sich selber um seinen Prozeß kümmere, anstatt seinem Anwalt, der ihm immer und überall aus dem Wege ging, die Sache zu überlassen. Und er mußte laut auflachen über diesen komischen Gedanken, der, wie er sich sagte, ihm großen Ärger bereitet hätte, wenn er ihm gestern gekommen wäre. Aber seine Unruhe und sein zerstreutes Wesen nahmen trotz der heiteren Laune zu, und zum Schluß versank er wiederum in Nachdenken, blieb mit seinem unsteten Grübeln an allen möglichen Gegenständen hängen und wußte am Ende doch nicht, was er eigentlich wollte.

Ich muß die Rätsel lösen, die mir dieser Mann aufgibt, und danach meinen Entschluß fassen. Wer weiß, ob es nicht noch zum Zweikampf kommt! dachte er. Gegen sieben Uhr kehrte er wieder nach Hause zurück, war aber ärgerlich, daß er Pawel Pawlowitsch nicht antraf. Aus dem Verdruß wurde erst Zorn, dann Niedergeschlagenheit und zuletzt sogar eine gewisse Besorgnis. »Wie mag dies alles noch enden?« rief er und wanderte ruhelos im Zimmer auf und nieder. Dabei sah er beständig nach der Uhr. Endlich aber – es war fast neun – kam Pawel Pawlowitsch doch. Da wurde Weltschaninow wieder ganz heiter und dachte: Der Kerl scheint es darauf abgesehen zu haben, mich zu ärgern; er paßt eine günstige Gelegenheit ab, wenn ich ganz aus der Fassung bin.

»Sie sind aber lang ausgeblieben! Konnten Sie nicht noch später kommen?« fragte Weltschaninow in heiterer Laune, doch Pawel Pawlowitsch hatte nur ein schiefes Lächeln als Antwort. Er nahm nachlässig auf einem Stuhl Platz und warf den Hut mit dem Trauerflor auf einen anderen. Weltschaninow bemerkte alles dies und beschloß, sich danach zu richten.

Mit ruhiger Sachlichkeit berichtete er, daß er Lisa zur Familie Pogorelzew gebracht habe, daß er sich von der freundlichen Aufnahme, die das Mädchen dort gefunden, die allerbeste Wirkung auf das Kind verspreche und daß das Pogorelzewsche Ehepaar, das er nun schon so lange kenne, die rechtschaffensten Leute seien. Pawel Pawlowitsch hörte nur halb zu und betrachtete Weltschaninow von Zeit zu Zeit ziemlich höhnisch.

»Was für ein Hitzkopf sind Sie doch!« sagte er zuletzt mit unangenehmem Lächeln.

»Und wie boshaft Sie heute sind!« antwortete Weltschaninow verdrossen.

»Als ob ich nicht das Recht hätte, ebenso boshaft zu sein wie andere Menschen«, sagte Pawel Pawlowitsch. Es kam wie aus der Pistole geschossen.

»Natürlich steht Ihnen das frei«, entgegnete Weltschaninow lächelnd. »Es konnte Ihnen aber auch irgend etwas zugestoßen sein.«

»Zugestoßen? Freilich ist mir etwas zugestoßen!« rief Trusozkij, als ob er damit prahlen wollte.

»Was denn?«

Pawel Pawlowitsch schwieg einige Minuten. Dann meinte er: »Dieser Stepan Michailowitsch Bagautow hat wieder einmal einen dummen Streich gemacht, der junge Elegant aus den besten Petersburger Kreisen.«

»Nun? Er empfing Sie wohl nicht?«

»Diesmal gelangte ich endlich zu ihm, konnte ihm ins Gesicht sehen, nur ... hatte ich eine Leiche vor mir.«

»Was sagen Sie? Bagautow ist gestorben?« rief Weltschaninow aufs höchste betroffen.

»Ja, er ist tot, er, dessen Freundschaft ich sechs Jahre lang genossen habe. Er ist schon gestern mittag gestorben, nur wußte ich es noch nicht. Es kann sein, daß ich mich gerade zu demselben Zeitpunkt nach seinem Befinden erkundigte, als er das Zeitliche segnete. Er liegt bereits in einem wunderschönen, mit rotem Samt und goldenen Verzierungen versehenen Sarg. Er starb am Nervenfieber. Da ich sagte, ich sei mit ihm eng befreundet, ließ man mich an seinen Sarg, und ich sah ihn noch einmal, der es mir antun durfte, mich nach fünf Jahren treuer Freundschaft auf ewig zu verlassen. Um seinetwillen vielleicht kam ich nach Petersburg!«

»Sie tun gerade, als ob er absichtlich Ihretwegen gestorben wäre«, meinte Weltschaninow lachend.

»Nicht doch! Ich bedaure seinen Tod von ganzem Herzen. Wissen Sie, was der teure Freund für mich bedeutete?« Bei diesen Worten streckte Pawel Pawlowitsch zwei Finger über die kahle Stirn, so daß es aussah, als ob er mit Hörnern ausgestattet wäre. In dieser seltsamen Haltung verblieb er lange, kicherte dazu und sah Weltschaninow unverschämt und boshaft in die Augen. Zunächst stierte ihn dieser an, doch sehr bald wich seine Erstarrung einem ironischen, kalten und beinahe frechen Lächeln.

»Was soll das bedeuten?« fragte er, die Worte nachlässig in die Länge ziehend.

»Hörner, mein Lieber, Hörner!« entgegnete Pawel Pawlowitsch scharf und machte wieder eine abscheuliche Grimasse. Ein kurzes Stillschweigen entstand, während Pawel Pawlowitsch seine Finger von der Stirn entfernte.

»Wirklich, Sie sind ein prächtiger Mensch!« sagte Weltschaninow nach einer Weile.

»Weil ich Ihnen die Hörner zeigte? Wäre es nicht anständig, Alexej Iwanowitsch, wenn Sie mir irgend etwas vorsetzten? Ein volles Jahr lang habe ich Sie früher in T. gastfreundlich bewirtet. Also lassen Sie nur so ein kleines Fläschchen anfahren! Die Kehle ist mir ganz trocken.«

»Gern! Warum haben Sie das nicht schon längst gesagt? Was möchten Sie denn trinken?«

»Sie wollen gewiß sagen: wir! Oder tragen Sie Bedenken, mit mir anzustoßen?« entgegnete Pawel Pawlowitsch, während er den Blick unruhig und herausfordernd auf Weltschaninow ruhen ließ.

»Champagner?«

»Nun, was sonst? Schnaps war mir bis jetzt zu gewöhnlich!«

Weltschaninow stand ruhig auf, klingelte Mawra und gab ihr den Auftrag, Wein zu holen.

»Es handelt sich ja um eine Wiedersehensfeier nach neun Jahren der Trennung«, meinte Pawel Pawlowitsch und mekkerte wiederum so spöttisch. »Stepan Michailowitsch ist heimgegangen, und Sie blieben als letzter aufrichtiger Freund zurück. Wie sagt doch der Dichter?

Ach! Patroklus ist gestorben,
Und Thersites lebt, der Schuft!«

Und bedeutungsvoll wies er bei dem Wort Thersites auf sich selbst.

Warum sagt der Halunke nicht frei heraus, was er eigentlich will? Immer diese albernen Anspielungen! dachte Weltschaninow mit einer Wut, deren Ausbruch er nur mit äußerster Mühe verhinderte. »Sagen Sie mir doch«, meinte er ärgerlich, »freuen Sie sich denn nicht, daß dieser Stepan Michailowitsch« – Weltschaninow gebrauchte jetzt nicht mehr den Namen Bagautow –, »dem Sie eine so schwere Beleidigung Ihrer Person nachsagen, gestorben ist? Ich verstehe nicht, weshalb Sie sich noch ärgern!«

»Freuen sollte ich mich? Warum?«

»Nun, so müßten doch Ihre Gefühle für ihn meines Erachtens beschaffen sein!«

»Da sind Sie im Irrtum. Denken Sie nur, was ein kluger Mann einst sagte: Ein toter Gegner ist gut, aber ein lebender ist besser! Hihi!«

»Sie sahen ja den lebenden Feind Tag für Tag fünf Jahre lang, durften sich seines Anblickes so lange erfreuen«, bemerkte Weltschaninow mit hämischem Ausdruck.

»Doch hieß es damals für mich: Was ich nicht weiß, macht mich nicht heiß«, platzte Pawel Pawlowitsch heraus, der mit Begierde auf diese Frage gewartet zu haben schien. »Was denken Sie eigentlich von mir, Alexej Iwanowitsch?«

Bei diesen Worten zeigte sich plötzlich ein neuer, unerwarteter Ausdruck in seinem Gesicht, der bisher den Stempel einer gewissen spöttischen Feigheit aufgewiesen hatte.

»So hätten Sie tatsächlich nichts gewußt!« meinte Weltschaninow höchst erstaunt und ungläubig.

»Wie wäre das denkbar? Wie sollte ich es gewußt haben? Oh, über euch Männer des Jupiter! Den Hunden gleich achtet ihr die Menschen, glaubt sie nach eurem eigenen Charakter beurteilen zu dürfen, der nichts wert ist! Verdauen Sie die Pille, die ich hingeworfen habe!« Ärgerlich schlug er mit der geballten Faust auf den Tisch, um – im nächsten Augenblick darüber zu erschrecken, daß er sich so hinreißen ließ.

»Pawel Pawlowitsch«, sagte Weltschaninow und nahm eine möglichst würdevolle Haltung an, »Sie dürfen mir ehrlich glauben, daß es mir völlig gleichgültig ist, ob Sie es wußten oder nicht. Im letzteren Fall ist es entschieden ehrenvoller für Sie, obgleich . . . warum sagen Sie mir das alles?«

»Warum ich es Ihnen sage? Nicht, damit Sie sich selbst getroffen fühlen! Von Ihnen ist nicht die Rede.«

Mawra trat mit dem Sekt ins Zimmer.

»Da haben wir ja den Wein!« rief Pawel Pawlowitsch, der sich freute, ein anderes Thema anschneiden zu können. »Auch Gläser sind da, und die Weinflasche ist sogar schon offen! Ganz vortrefflich, meine Liebe! Nun dürfen Sie wieder gehen.«

Als sich die Aufwärterin entfernt hatte, warf Pawel Pawlowitsch seinem Gastgeber einen ungemein höhnischen Blick zu und sagte: »Soll ich wirklich glauben, daß Ihnen dies alles völlig gleichgültig ist? Hand aufs Herz! Wollte ich jetzt ohne Erklärung gehen . . .«

»Würde es mir nicht besonders unangenehm sein«, unterbrach ihn Weltschaninow, doch das Lächeln seines Gegenübers schien besagen zu wollen: Lüge nicht! Laut aber rief Pawel Pawlowitsch: »Trinken wir!« Er erhob sich und fuhr fort: »Auf das Wohl unseres heimgegangenen Freundes Stepan Michailowitsch!«

Und er leerte das Glas mit einem Zug, während Weltschaninow das seinige, ohne es mit den Lippen zu berühren, hinstellte und mißbilligend sagte: »Darauf werde ich nicht trinken!«

»Weshalb nicht? Es ist doch ein schöner Toast!«

»Wenn ich bloß wüßte, ob Sie schon betrunken waren, als Sie bei mir eintraten!«

»Nun, ein wenig getrunken hatte ich allerdings. Weshalb?«

»Weil es mir so vorkam, als wären Sie gestern und diesen Morgen über den vorzeitigen Heimgang Natalja Wasiljewnas wirklich betrübt gewesen.«

»Und woraus schließen Sie, daß mich ihr Tod jetzt weniger schmerzlich berührt?« schrie Pawel Pawlowitsch und sprang auf wie von der Tarantel gestochen.

»Sie mißverstehen mich offenbar. Doch urteilen Sie selbst: könnte nicht Ihrerseits eine falsche Meinung über Stepan Michailowitsch vorliegen? Eine ernste Frage immerhin!«

Ein schlaues Lächeln zeigte sich auf dem Gesicht Pawel Pawlowitschs, und er zwinkerte mit den Augen.

»Ich merke es Ihnen an, daß Sie gern wissen möchten, wie ich mir über das Verhalten des Stepan Michailowitsch Kenntnis verschaffte.«

»Ich sagte Ihnen ja bereits«, erwiderte Weltschaninow errötend, »daß mir dies ganz gleichgültig ist.« Im Innern aber dachte er ärgerlich, daß es am schönsten wäre, wenn er den »lieben Gast« samt Flasche hinauswerfen könnte, eine Erwägung, die ein noch stärkeres Erröten zur Folge hatte.

Pawel Pawlowitsch aber goß sich ein neues Glas ein und fuhr in aufmunterndem Tone fort: »Nun, das macht weiter nichts aus. Ich will gerne Ihre Neugierde befriedigen und Ihnen mitteilen, wie ich dahinterkam. Sie sind leidenschaftlich veranlagt, Alexej Iwanowitsch, wirklich, sehr leidenschaftlich! Sie könnten mir eigentlich eine Zigarette geben, denn seit dem März ...«

»Bitte hier ... bedienen Sie sich!«

»Seit März ist ein Tunichtgut aus mir geworden, Alexej

Iwanowitsch. Sehen Sie! Das ging folgendermaßen zu. Daß die Schwindsucht eine ganz eigentümliche Krankheit ist, wissen Sie ja wohl, mein Bester.« Seine Schilderung gewann immer mehr einen vertraulichen Ton. »Wie oft geschieht es, daß der Kranke nicht einmal eine Ahnung hat, daß ihn der Tod schon am nächsten Tag ereilen kann! Auch Natalja Wasiljewna – ich sagte es Ihnen bereits – hat noch allen Ernstes fünf Stunden von ihrem Tod daran gedacht, in etwa vierzehn Tagen eine Tante aufzusuchen, die vierzig Werst entfernt wohnte. Daß viele Damen und mitunter auch Kavaliere Liebesbriefchen aufzuheben pflegen, dürfte Ihnen ebenfalls nicht unbekannt sein – obwohl solch altes Zeug am besten in den Ofen wandern sollte! Sie verwahren mit peinlicher Sorgfalt jedes noch so kleine Briefchen, mit Namen, Tag, Monat und Jahreszahl versehen. Ob sie es aus Lust am Sammeln tun oder der schönen Erinnerungen wegen, mag der Himmel wissen! Also nochmals, Natalja Wasiljewna drückte fünf Stunden vor ihrem Tod den Wunsch aus, ihre Tante zu besuchen, deren Namenstag bevorstand, dachte nicht daran, sich mit dem Gedanken an das Sterben vertraut zu machen und wartete bis zum letzten Augenblick auf Koch. Eine Ebenholzschatulle mit Silbereinfassung und Perlmuttereinlage fand sich nach ihrem Tode im Schreibtisch, dazu ein kleiner Schlüssel. Das wirklich interessante Kästchen mochte sie bereits von der Großmutter her besitzen. Als ich die Schatulle öffnete, fiel mir die umfangreiche Korrespondenz in die Hände, nach Jahren und Tagen geordnet. Zwanzig Jahre unserer Ehe umfaßte der Briefwechsel. Stepan Michailowitsch – er war als Literat gar nicht so unbedeutend und hatte unter anderem einen Roman in einer Zeitung herausgebracht – war in der Schatulle mit fast hundert Briefen aus fünf Jahren vertreten. Einige seiner Briefe trugen Bemerkungen von Natalja Wasiljewnas Hand. Nun, was meinen Sie dazu? Hübsche Wahrnehmung für den Ehemann, nicht wahr?«

Blitzschnell ging Weltschaninow seine Vergangenheit durch und gelangte zu dem Ergebnis, daß er niemals auch nur das kleinste Kärtchen an Natalja Wasiljewna geschrieben hatte. Nur aus Petersburg waren zwei Briefe von ihm abgegangen, doch an beide Eheleute, wie es zuvor mit ihr ausgemacht worden war. Die letzte Zuschrift Natalja Wasiljewnas jedoch, worin sie ihn ersuchte, die Beziehungen zu ihr abzubrechen, hatte er unbeantwortet gelassen.

Pawel Pawlowitsch war fertig mit seiner Erzählung, lächelte in vielsagender Weise und schwieg eine Zeitlang. Dann begann er wieder, wohl in der Absicht, Weltschaninow zu quälen: »Sie haben mir noch nicht geantwortet!«

»Worauf?«

»Ich meinte, ob es nicht eine hübsche Wahrnehmung für den Ehemann wäre, hinter das Geheimnis eines solchen Kästchens zu kommen.«

»Ach, hören Sie auf! Das geht mich ja nichts an!« entgegnete Weltschaninow geringschätzig. Dabei erhob er sich und fing an, in der Stube auf und ab zu wandern.

»Ich gehe jede Wette ein, daß Sie jetzt denken: Warum erzählt dieser elende Kerl selber von seinen Hörnern? Stimmt es? Sie sind ein taktvoller Mensch!«

»Ich denke nichts dergleichen. Nur haben Sie offenbar viel getrunken und sich außerdem über den Tod Ihres Feindes sehr geärgert. Das ist weiter nicht verwunderlich. Ich kann mich ganz gut in Ihre Lage versetzen und begreife, daß Ihnen der lebendige Bagautow notwendiger wäre als der tote, jedoch . . .«

»Was sollte mir der lebendige Bagautow nützen?«

»Das ist Ihre Sache.«

»Ach so! Sie haben einen Zweikampf im Sinn?«

»Potz Sakrament!« schrie Weltschaninow nun in sehr ungehaltenem Ton. »Wie kann sich nur ein anständiger Mensch mit solch lächerlichem Gerede, mit so einfältigen Klagen und Anspielungen abgeben? Sagen Sie doch einfach, was Sie eigentlich wollen! Handeln Sie wie ein rechtschaffener Mensch!«

»Hehe! Und wenn ich nun kein rechtschaffener Mensch bin?«

»Das haben Sie mit sich selber auszumachen. Wenn Sie aber solcher Ansicht sind, was soll Ihnen dann der lebendige Bagautow nützen?«

»Nun, um ihn als guten Freund zu behandeln, um ein Glas Wein mit ihm zu trinken.«

»Ich glaube nicht, daß er mit Ihnen zusammen anstoßen würde.«

»Weshalb nicht? Noblesse oblige! Mit demselben Recht wie Sie könnte doch auch er mit mir trinken.«

»Ich habe keineswegs mit Ihnen getrunken.«

»Seien Sie doch nicht so stolz, Alexej Iwanowitsch!«

Weltschaninow lachte nervös und sagte in gereiztem Ton: »Früher habe ich Sie für einen *ewigen Ehemann* gehalten, jetzt aber begreife ich, daß Sie zum Geschlecht der Raubtiere gehören.«

»Ewiger Ehemann? Was soll das bedeuten?« fragte Pawel Pawlowitsch gespannt.

»Ein ganz bestimmter Typus von Ehemännern – doch wenn ich Ihnen das richtig erklären sollte, brauchte ich lange Zeit, und dazu verspüre ich nicht die geringste Lust. Sie fangen an, mir langweilig zu werden. Ich glaube, es ist am besten, Sie lassen mich für heute allein.«

»Und dann – Raubtiergeschlecht? Was soll das bedeuten?«

»Diesen Ausdruck meinte ich nur höhnisch.«

»Aber ... ein Raubtier! Ich beschwöre Sie, Alexej Iwanowitsch, erklären Sie mir das!«

»Genug! Genug! Machen Sie, daß Sie fortkommen!« schrie Weltschaninow im höchsten Ärger.

»Nein, es ist nicht genug!« rief Pawel Pawlowitsch und sprang auf. »Selbst wenn ich Ihnen langweilig geworden bin, ist es nicht genug, denn wir müssen miteinander angestoßen und getrunken haben, bevor ich Ihnen den Gefallen tue fortzugehen!«

»Pawel Pawlowitsch, bitte, machen Sie jetzt, daß Sie fortkommen!«

»Ich sagte es schon: erst müssen Sie mit mir trinken. Warum wollen Sie denn nicht mit mir trinken? Ich will, daß Sie es tun!«

Während er dies sagte, meckerte er nicht mehr so widerwärtig wie vorhin und machte auch keine weiteren Grimassen. Er war wie umgewandelt, so daß Weltschaninow ganz überrascht dreinschaute.

»Also vorwärts, Alexej Iwanowitsch, trinken wir! Weigern Sie sich nicht!« drängte Pawel Pawlowitsch weiter, der offenbar nicht nur des Trinkens wegen so sprach und Weltschaninow seltsam anschaute.

»Nun meinetwegen«, brummte der andere zögernd, »aber wie? Die Flasche ist fast leer.«

»Für zwei Glas reicht es schon, auch ist die Neige noch klar. Stoßen wir an! Hier, nehmen Sie Ihr Glas in die Hand!«

Und sie stießen miteinander an und tranken.

»Nun, und jetzt ... jetzt? Ach!« rief Pawel Pawlowitsch

und griff sich nachdenklich an die Stirn. Es schien, als ob er etwas sagen wollte, das letzte Wort vielleicht, das entscheiden sollte. Doch er fuhr nicht fort in seiner Rede, sah Weltschaninow lächelnd an und schnitt wieder wie vorher eine Grimasse.

Jetzt aber geriet Weltschaninow ernstlich in Wut und schrie: »Was wollen Sie eigentlich von mir, Sie betrunkener Mensch? Wollen Sie mich zum Narren halten?«

»Warum schreien Sie denn so? Seien Sie doch still!« rief Pawel Pawlowitsch schnell und hob die Hand beschwichtigend empor, »ich habe gar nicht im Sinn, Sie zum Narren zu halten. Wie könnte ich dies tun, da Sie mir so teuer sind?« Und mit raschem Entschluß ergriff er Weltschaninows Hand und küßte sie, noch bevor dieser recht wußte, wie ihm geschah.

»So, jetzt wissen Sie es, wie ich Sie verehre, und nun will ich machen, daß ich hinauskomme.«

Da faßte sich Weltschaninow und rief: »Warten Sie noch einen Moment! Ich habe vergessen, Ihnen mitzuteilen . . .«

Pawel Pawlowitsch, der schon an der Tür stand, drehte sich um. Hastig und etwas verwirrt murmelte Weltschaninow: »Es ist notwendig, daß Sie morgen Pogorelzew aufsuchen, sich persönlich vorstellen und ihm Ihren Dank aussprechen.«

»Selbstverständlich!« fiel Trusozkij bereitwillig ein.

»Auch Lisa wartet auf Sie. Ich versprach ihr . . .«

»Lisa?« meinte Pawel Pawlowitsch und kehrte schnell wieder in die Stube zurück. »Lisa? Wissen Sie, was mir Lisa bis jetzt war und was sie mir noch ist?« fuhr er wie außer sich fort. »Doch darüber können wir später sprechen. Jetzt aber habe ich noch eine Bitte, Alexej Iwanowitsch. Es genügt nicht, daß wir zusammen getrunken haben.« Er atmete tief auf und legte seinen Hut auf einen Stuhl. Dann sah er Weltschaninow an und sagte: »Küssen Sie mich!«

Weltschaninow trat betroffen einen Schritt zurück und rief aus: »Sie sind betrunken!«

»Ja, ich bin betrunken. Doch lassen Sie sich das nicht weiter anfechten und küssen Sie mich! Genieren Sie sich nicht! Auch ich küßte Ihnen ja soeben die Hand.«

Alexey Iwanowitsch blieb zunächst stumm, denn er fühlte sich wie vor den Kopf geschlagen. Dann aber beugte er sich schnell zu dem bedeutend kleineren Pawel Pawlowitsch hernieder und drückte einen Kuß auf seine nach Wein duftenden Lippen; übrigens war er nicht ganz sicher, ob er ihn wirklich geküßt hatte.

Pawel Pawlowitsch aber rief mit funkelnden Augen und im äußersten Entzücken: »So, und jetzt ... jetzt will ich Ihnen noch verraten, daß ich damals dachte: Sollte auch dieser, dieser? ... Wem auf der Welt darf man noch trauen?«

Und Pawel Pawlowitsch fing an zu weinen.

»Nun wissen Sie es«, fügte er hinzu, »wie hoch ich Sie als Freund schätze.«

Schnell eilte er aus dem Zimmer, während Weltschaninow einige Augenblicke ebenso unbeweglich stehen blieb wie nach dem ersten Besuch Pawel Pawlowitschs. Dann murmelte er geringschätzig: »Ein betrunkener Narr, weiter nichts!« Als er bereits ausgekleidet im Bett lag, sagte er noch einmal energisch: »Wirklich, weiter nichts!«

8

Lisa erkrankt

Am folgenden Morgen wanderte Weltschaninow im Zimmer auf und ab, auf Pawel Pawlowitsch wartend, der zeitig hatte kommen wollen. Beide gedachten zu den Pogorelzews zu fahren. Von Zeit zu Zeit nahm er einen Schluck aus der Kaffeetasse und tat einen Zug an seiner Zigarre. Er kam sich ganz so vor, als hätte er am Abend vorher eine Ohrfeige bekommen. Dabei brummte er voller Angst: »Hm ... er weiß jetzt, wie die Sache sich verhält, und wird durch Lisa Vergeltung an mir üben.«

Das liebliche Bild des armen Mädchens schwebte vor Weltschaninows Seele und stimmte ihn traurig. Bei dem Gedanken, daß er in wenigen Stunden wieder bei seiner Lisa weilen würde, klopfte sein Herz stärker. Verlieren wir nicht aus dem Auge, daß es das Ziel meines Daseins geworden ist, sagte er bei sich mit wärmster Empfindung, dieser Kleinen vorwärts zu helfen! Gegen diesen schönen Gedanken treten alle Kränkungen und Unannehmlichkeiten zurück. Bis jetzt führte ich ein ungeordnetes, armseliges Leben; von nun an hat es einen ganz anderen, edleren Inhalt.

Doch je größer seine Begeisterung war, um so nachdenklicher wurde er.

»Trusozkij wird mich quälen mit Lisa, sicherlich, und auch das Mädchen wird er peinigen. Das hält er für seine Rache. Hm ... habe ich es aber wirklich nötig, mir solche Ungehörigkeiten wie gestern von ihm gefallen zu lassen?« Er errötete. Nach einer Weile fuhr er ungeduldig fort: »Schon zwölf Uhr, und er ist noch immer nicht da.«

Es wurde ein Viertel eins, halb eins, und Pawel Pawlowitsch erschien noch immer nicht. Sollte er, dachte Weltschaninow ärgerlich, absichtlich nicht kommen, nur um mich warten zu lassen? Er weiß ja, daß ich ohne ihn nicht zu Lisa gehen kann.

Als es ein Uhr schlug, fuhr er kurzentschlossen selber zu Trusozkij. Die Dienstmagd teilte ihm mit, Pawel Pawlowitsch sei die Nacht über gar nicht zu Hause gewesen, erst zwischen acht und neun Uhr früh gekommen und bereits nach wenigen Minuten wieder fortgegangen. Weltschaninow hörte die Worte des Dienstmädchens und legte, unschlüssig, was er tun sollte, die Hand auf die Klinke der Tür Pawel Pawlowitschs. Dann fuhr er aus seinen Gedanken auf, spuckte aus und ersuchte die Magd, ihn zu Marja Sysojewna zu führen. Letztere hatte jedoch seine Stimme schon erkannt und kam selber auf den Flur heraus.

Marja Sysojewna war eine kreuzbrave Frau, eine Frau »von Herzensbildung«, um den Ausdruck zu gebrauchen, dessen Weltschaninow sich später bediente, als er mit seiner Freundin Klawdija Petrowna ins Gespräch kam. Erst fragte Marja Sysojewna, wie die »Überführung der Kleinen« gestern vor sich gegangen sei, um in unmittelbarem Anschluß daran verschiedene Angelegenheiten zu erörtern, die Pawel Pawlowitsch betrafen. »Wäre nicht das arme, kleine Mädchen, hätte ich ihn gewiß nicht behalten. Aus dem Hotel ist er seines liederlichen Lebenswandels wegen ausgewiesen worden. Es ist schier unglaublich! Er brachte nachts eine zweifelhafte Dame mit, während die Kleine anwesend war, die auch schon zu begreifen anfängt. Dem Kinde schrie er zu: ‚Diese hier wird deine Mutter werden, wenn ich es so haben will!‘ Er muß es wirklich arg getrieben haben, denn das Weib spuckte ihm ins Gesicht. Außer sich rief er dem Kind zu: ‚Ein Bastard bist du, aber nicht meine Tochter.‘«

Erschrocken stammelte Weltschaninow: »Um Gottes willen!«

»Ich hörte es selber mit an. Wenn er auch betrunken war,

durfte er sich doch in Gegenwart der Kleinen nicht so aufführen. Es ist richtig, das Mädchen ist noch sehr jung, hört aber doch alles, was gesprochen wird, und versteht den Zusammenhang. Lisa weinte bitterlich, ich habe es gesehen. Dann ist hier kürzlich folgendes geschehen. Ein Kassierer mietete ein Zimmer im Hotel, und am Morgen darauf sah man, daß er sich erhängt hatte. Er sollte – so hieß es – Bankgelder veruntreut und verpraßt haben. Es versammelten sich natürlich viele Neugierige an der Unglücksstelle. Pawel Pawlowitsch war nicht zu Hause, Lisa war aber ohne Aufsicht. Die Kleine befand sich unter den Zuschauern und blickte starr auf den Selbstmörder, der dort hing. Ich nahm sie schnell bei der Hand und führte sie fort. Sie zitterte wie Espenlaub, wurde ganz blau im Gesicht und bekam die furchtbarsten Krämpfe, als sie in ihrem Zimmer war. Seit dieser Zeit kränkelt die Kleine. Als Pawel Pawlowitsch nach Hause kam, erfuhr er es und fing an, Lisa zu kneifen, denn er schlug sie niemals, sondern kniff sie stets. Das nächste Mal kam er wieder völlig betrunken heim und versetzte das Mädchen durch seine Reden in Schrecken. ‚Erhängen werde ich mich', sagte er, ‚hier habe ich schon die Schnur dazu, sieh her!' Dabei machte er eine Schlinge. Die Kleine weinte natürlich bitterlich, schlang die Arme um ihn und schrie entsetzt: ‚Ach, ich tue es niemals wieder, niemals!'«

Obwohl Weltschaninow seltsame Dinge erwartet hatte, überraschten ihn diese Nachrichten doch, denn sie erschienen kaum glaublich. Auch noch mit anderen Erzählungen wußte Marja Sysojewna aufzuwarten; zum Beispiel berichtete sie, daß sich Lisa einmal ohne ihr Dazwischentreten beinahe zum Fenster hinausgestürzt hätte. Als sich Weltschaninow von der Frau verabschiedete, war er beim Fortgehen selber wie betrunken und murmelte wiederholt vor sich hin: »Den Kerl sollte man totschlagen wie einen tollen Hund!«

Er stieg in einen Wagen und befahl dem Kutscher, ihn zu den Pogorelzews zu fahren. Noch aber hatte das Gefährt die Stadt nicht verlassen, als es an einer Kreuzung der Straßen anhalten mußte. Dort befand sich eine Kanalbrücke, über die ein langer Leichenzug kam. Die Menschen und Wagen konnten nicht weiter, weil dem Leichenwagen viele andere Gefährte mit Leidtragenden folgten. Auf einmal glaubte Weltschaninow, in einer der Equipagen das Gesicht Pawel Pawlowitschs zu erblicken. Schon hätte er an eine Sinnestäuschung geglaubt, da steckte Pawel Pawlowitsch den Kopf zum Fenster heraus und nickte ihm lächelnd zu, als ob er erfreut wäre, Weltschaninow zu sehen. Da sprang letzterer aus dem Wagen heraus und bahnte sich trotz den Polizisten mühsam durch das Gedränge den Weg zur Kutsche, in der Pawel Pawlowitsch saß. Er sah, daß außer Pawel Pawlowitsch niemand darin war.

»Was bedeutet das? Was machen Sie hier? Weshalb sind Sie nicht zu mir gekommen?« schrie Weltschaninow.

»Schreien Sie nicht so laut!« antwortete Pawel Pawlowitsch und zwinkerte lustig mit den Augen, »ich bin im Begriff, einer ernsten Pflicht zu genügen und die sterblichen Reste meines lieben Freundes Stepan Michailowitsch zur ewigen Ruhe zu geleiten.«

Zunächst blickte ihn Weltschaninow starr an, doch dann schrie er außer sich vor Zorn: »Steigen Sie aus, Sie alberner, betrunkener Mensch, und fahren Sie mit mir! Schnell, schnell!«

»Unmöglich, ganz unmöglich! Meine Pflicht!«

»Soll ich Sie herausziehen aus dem Wagen?« brüllte Weltschaninow.

»Dann schreie ich, dann schreie ich», rief Pawel Pawlowitsch mit der gleichen Heiterkeit wie zuvor. Zugleich zog er sich in die hintere Wagenecke zurück.

»Vorsicht, aufpassen. Sie werden sonst überfahren!« sagte ein Polizist, und schnell mußte Weltschaninow vor einem fremden Wagen, der den Leichenzug durchbrochen hatte, beiseite springen. Inzwischen fuhr der Wagen mit Pawel Pawlowitsch weiter, und Weltschaninow verlor ihn.

Macht nichts, dachte er, in einem solchen Zustand hätte ich ihn sowieso nicht mitnehmen können. Voller Unruhe setzte er seinen Weg fort. Klawdija Petrowna zog die Stirn in Falten, als er ihr seine Begegnung mit Trusozkij und alles berichtete, was ihm Marja Sysojewna erzählt hatte.

»Ich glaube«, sagte sie, »es wird für Sie das beste sein, so schnell wie möglich jeden Verkehr mit Pawel Pawlowitsch aufzugeben.«

Weltschaninow meinte zornig: »Ein betrunkener Narr, vor dem ich keine Angst habe. Den Verkehr abbrechen, sagen Sie? Und Lisa? Was wird aus Lisa?«

Das Mädchen hatte seit dem vergangenen Abend Fieber und lag krank im Bett. Nach einem bekannten Stadtarzt war bereits geschickt worden. Man erwartete ihn voller

Unruhe. Durch diese Mitteilung wurde Weltschaninow tief erschüttert. Klawdija Petrowna führte ihn ins Zimmer der kleinen Patientin. An der Tür blieb sie stehen und sagte: »Gestern habe ich mir das Mädchen genauer angesehen. Sie ist sehr stolz und grämt sich darüber, daß ihr Vater sie verlassen hat und daß sie hier bei uns ist. Meiner Ansicht nach ist das der ganze Grund ihrer Krankheit.«

»Verlassen – sagen Sie? Weshalb denken Sie, daß ihr Vater sie verlassen hat?«

»Nun, er hat sich doch nicht ernstlich geweigert, daß sie in ein fremdes Haus gebracht worden ist, und zwar von einem Mann, der in einem sonderbaren Verhältnis zu ihm zu stehen scheint.«

»Ach, mein Gott! Ich habe sie ihm ja gewaltsam entführt. Ich finde nicht . . .«

»Aber das Mädchen, Lisa, findet es«, unterbrach ihn Klawdija Petrowna. »Passen Sie nur auf, er wird nie herkommen.«

Als Weltschaninow das Krankenzimmer betrat, war Lisa durchaus nicht erstaunt, lächelte ihn nur betrübt an und drehte den fieberglühenden Kopf der Wand zu. Weltschaninows Versicherungen, am nächsten Tag bestimmt den Vater mitzubringen, schien sie keinen Glauben zu schenken; wenigstens gab sie keine Antwort. Als er das Krankenzimmer verlassen hatte, vermochte er die Tränen nicht zurückzuhalten.

Gegend Abend erschien der Doktor, untersuchte die kleine Patientin und sagte ernst: »Warum haben Sie mich nicht früher rufen lassen?« Man erwiderte ihm, daß Lisa erst seit gestern Abend Fieber habe, was er nicht glauben wollte. Er verordnete alles Notwendige, sagte, es käme alles auf den Verlauf der Nacht an, versprach, am nächsten Morgen wiederzukommen, und fuhr in die Stadt zurück. Weltschaninow wollte es sich nicht nehmen lassen, die Nacht über bei Lisa zu bleiben, doch ging er schließlich fort, da ihm Klawdija Petrowna klarmachte, er müsse unbedingt noch einmal »den Unhold herbeizuschaffen suchen«.

»Und sollte ich ihn gebunden auf den Armen hertragen müssen«, rief Weltschaninow verzweifelt, »er soll auf der Stelle mit!«

Der Gedanke, Pawel Pawlowitsch gebunden herbeizuschaffen, brachte Weltschaninow ganz außer sich. »Glauben Sie ja nicht«, sagte er beim Nachhausegehen zu Klawdija Petrowna, »daß ich irgendein Schuldbewußtsein ihm gegenüber habe! Ich schäme mich aufrichtig, gestern so feige, unmännliche Worte gesprochen zu haben.«

Lisa schien eingeschlafen zu sein und fühlte sich dem Augenschein nach etwas besser. Als sich jedoch Weltschaninow vorsichtig zu ihr herniederbeugte, um den Saum ihres Kleides zu küssen (wie zum Abschied), da öffnete sie schnell die Augen und murmelte: »Fort von hier, fort!«

Es klang unsagbar traurig und nicht so gereizt wie gestern. Man merkte ihr deutlich an, daß sie glaubte, ihr Wunsch werde nicht erfüllt. Als Weltschaninow ihr klarzumachen suchte, daß man ihrer Bitte leider nicht willfahren könne, schloß sie die Augen und verhielt sich völlig teilnahmslos.

In der Stadt angelangt, fuhr Weltschaninow unmittelbar zu Trusozkij. Um zehn Uhr kam er an, traf jedoch Pawel Pawlowitsch nicht zu Hause an. Er wartete eine halbe Stunde und wanderte ungeduldig im Korridor auf und nieder, bis es Marja Sysojewna gelang, ihn davon zu überzeugen, daß Pawel Pawlowitsch sicherlich erst am nächsten Tag bei Morgengrauen zurückkehren werde.

»Nun, dann muß ich eben morgen früh bei Tagesanbruch wieder herkommen«, sagte Weltschaninow und machte sich unruhig auf den Heimweg.

Zu Hause teilte ihm Mawra zu seinem größten Erstaunen mit, daß der »Herr von gestern« schon seit zehn Uhr auf ihn warte. Er habe auch Tee getrunken und wie gestern um Wein geschickt. Sogar fünf Rubel habe er ihr gegeben.

9

Das Gespenst

Pawel Pawlowitsch saß im Lehnstuhl, und zwar so bequem, als ob er sich ganz wie zu Hause fühlte. Er rauchte in aller Gemütsruhe eine Zigarette und war eben im Begriffe, den Rest aus der Weinflasche in sein Glas zu gießen. Neben ihm befanden sich eine Teekanne und ein nicht ganz geleertes Teeglas. Sein rotes Gesicht glänzte ordentlich vor innerem Wohlbehagen. Um es sich nur recht bequem zu machen, hatte er sich des Rockes entledigt und saß in der bloßen Weste da. Als jetzt Weltschaninow eintrat, machte er Miene, den Rock schnell anzuziehen, und rief: »Vergebung, bester

Freund! Ich legte den Rock ab, um es mir gemütlich zu machen.«

Mit finsterem Blick trat Weltschaninow auf ihn zu und herrschte ihn an: »Sind Sie überhaupt noch vernehmungsfähig oder schon völlig betrunken?«

»Noch nicht vollständig«, stammelte der andere etwas betreten. »Ich habe ein Gläschen auf das Andenken des Heimgegangenen getrunken, bin aber noch nicht vollständig . . .«

»Werden Sie mich verstehen?«

»Deshalb kam ich ja her. Ich wollte hören, was Sie mir zu sagen hätten.«

Zitternd vor Entrüstung, schrie Weltschaninow: »Also, um damit anzufangen, Sie sind der elendeste Geselle auf der Welt!«

»Wenn Sie so beginnen, wie wird dann erst das Ende ausfallen«, sagte Pawel Pawlowitsch mit dem schüchternen Versuch, die Beleidigung abzuwehren. Aber Weltschaninow überhörte seinen Einwurf und rief: »Lisa ist sterbenskrank. Haben Sie sich eigentlich von ihr losgesagt oder nicht?«

»Sterbenskrank? Wirklich?«

»Sehr gefährlich krank zum allermindesten.«

»Sollte sie wieder einen Krampfanfall . . .«

»Nein, nein! Sie ist ernstlich krank, und Sie müssen schon deshalb zur ihr hingehen.«

»Freilich, freilich, Alexej Iwanowitsch, ich habe ja auch die Pflicht, den Leuten für ihre Gastfreundschaft zu danken. Sie sind wirklich mein lieber Freund«, fügte er schnell hinzu und ergriff, mit der weinerlichen Stimme des Betrunkenen fortfahrend, Weltschaninows Hände. »Schreien Sie doch nicht so! Nehmen Sie an, daß ich in dem gegenwärtigen Zustand in die Newa fiele, es wäre ziemlich gleichgültig. Wir kommen immer noch rechtzeitig zu den Pogorelzews«.

Mühsam nach Fassung ringend, sagte Weltschaninow sehr ernst: »Sie sind jedenfalls betrunken, und es ist mir unmöglich, Sie genau zu verstehen. Je eher ich mich mit Ihnen auseinandersetze, um so besser für mich! Deshalb kam ich auch jetzt zu Ihnen. Doch sehe ich ein, daß ich Ihnen gegenüber meine Maßnahmen treffen und Sie zwingen muß, heute bei mir zu übernachten, damit ich Sie morgen früh mitnehmen kann zu Lisa.« Wieder schwoll seine Stimme mächtig an. »Geknebelt trage ich Sie jetzt auf diesen meinen Armen fort.« Wieder ruhiger, sagte er nach kurzer Pause: »Wollen Sie auf diesem Diwan schlafen?« Er wies auf einen breiten, bequem gepolsterten Diwan, der sich an der gegenüberliegenden Wand befand.

»Aber gestatten Sie, überall kann ich ...«

»Nein, nein! Durchaus nicht überall, sondern auf dem Diwan. Hier! Nehmen Sie diese wollene Decke, das Kissen und das Leintuch und bereiten Sie sich damit Ihr Bett, aber sofort!« Weltschaninow hatte die genannten Gegenstände aus einem Schrank gezogen und dem andern, der bereitwillig die Arme hinhielt, zugeworfen.

Mit den Sachen beladen, stand Pawel Pawlowitsch unschlüssig im Zimmer; ein stumpfsinniges Lächeln verbreitete sich dabei über die Züge des Betrunkenen, der aber doch das Bett auf dem Diwan zurechtmachte, als Weltschaninow ihn nochmals drohend anbrüllte. Letzterer, durch die Bereitwilligkeit und die Furcht seines Gastes etwas besänftigt, leistete ihm Beistand. In der Gewißheit, daß diesem Betrunkenen gegenüber die größtmögliche Energie am Platz sei, herrschte ihn darauf Weltschaninow an: »So! Jetzt trinken Sie einmal Ihr Glas aus und legen sich hin! Den Wein haben Sie jedenfalls bestellt?«

»Freilich, Alexej Iwanowitsch, denn Sie hätten ja doch keinen Wein für mich holen lassen!«

»Gut! Gut, daß Sie dies wußten! Ich muß Ihnen aber noch mehr sagen. Also, damit Sie nicht darüber im Zweifel bleiben, meine Maßnahmen bezüglich Ihrer Person werde ich treffen und außerdem Ihr blödsinniges Geküsse künftig nicht mehr dulden.«

»Gewiß, Alexej Iwanowitsch«, entgegnete Pawel Pawlowitsch mit seinem einfältigen Lächeln, »das Küssen konnte nur ein einziges Mal geschehen.«

»Pawel Pawlowitsch«, sagte hierauf Weltschaninow und blieb in ernster Haltung, sein Auf- und Abgehen im Zimmer unterbrechend, vor Trusozkij stehen, »seien Sie jetzt einmal völlig aufrichtig! Ihre Klugheit erkenne ich an, glaube aber, daß Sie auf einem falschen Weg sind. Reden Sie frei heraus, sagen Sie, worum es Ihnen eigentlich zu tun ist! Mein Ehrenwort darauf, daß ich Ihnen in ehrlicher Weise Antwort geben werde!»

Wieder zeigte sich das widerliche Schmunzeln auf dem Gesicht Trusozkijs, über das sich Weltschaninow von neuem ärgerte. Zornig schrie er: »Halt! Keine Verstellung! Ich durchschaue Sie und sage Ihnen nochmals: Ich werde Ihnen alles beantworten, wonach Sie fragen – auf Ehrenwort! Jede nur denkbare Genugtuung mögen Sie verlangen von mir. Verstehen Sie mich denn nicht?«

Da näherte sich ihm Pawel Pawlowitsch vorsichtig und sagte: »Wenn Sie so liebenswürdig sein würden, mir mitzuteilen, was Sie gestern unter dem Wort ‚Raubtiertypus' verstanden, wäre mir das sehr lieb.«

Weltschaninow spie aus und setzte sein Auf- und Abwandern im Zimmer noch rascher fort.

»Nicht ausspucken! Alexej Iwanowitsch, Sie müssen nämlich wissen, daß ich tatsächlich gern erfahren möchte, was man unter jenem Ausdruck versteht. Daß ich augenblicklich nicht ganz zusammenhängend spreche, entschuldigen Sie schon. Im kritischen Teil einer Zeitschrift stand kürzlich zu lesen, daß es einen ‚Raubtiertypus' und einen ‚zahmen Typus' gibt. Die Auseinandersetzungen habe ich damals nicht richtig verstanden, und die betreffende Nummer ist mir abhanden gekommen. Und nun interessiert es mich: War der heimgegangene Stepan Michailowitsch Bagautow ein ‚Raubtier', oder soll man ihn zum ‚zahmen Typus' rechnen? Wie denken Sie darüber?«

Weltschaninow antwortete nicht sofort. Er ging noch einoder zweimal im Zimmer auf und ab, dann blieb er dicht vor Pawel Pawlowitsch stehen und sagte grimmig: »Zum Raubtiertypus würde man einen Menschen rechnen müssen, der es vorgezogen hätte, Bagautow bei der Wiedersehensfestlichkeit in seinem Glas Champagner Gift zu verabreichen, anstatt ihm das letzte Geleit zu geben wie Sie, der Sie heute aus irgendwelchen mir unbekannten, aber sicherlich unedlen Gründen hinter seinem Sarge herfuhren.«

»Gut, das verstehe ich: wer zum Raubtiertypus gehört, wäre nicht mit zum Begräbnis gegangen«, sagte Pawel Pawlowitsch. »Aber nicht begreife ich, daß Sie mich . . .«

Doch der erzürnte Weltschaninow ließ ihn gar nicht vollenden, sondern rief: »Das ist nicht ein Mensch, der seiner Einbildung lebt, mit der Gerechtigkeit abrechnet, ihm zugefügte Kränkungen gewissermaßen auswendig lernt und da, wo es ihm paßt, zum Vortrag bringt, der Komödie spielt und anderen Menschen beschwerlich wird. Sagen Sie mir, haben Sie sich wirklich erhängen wollen?«

»Es ist möglich, daß ich solchen Unsinn im Rausch geredet

habe; darauf besinnen kann ich mich nicht. Da Sie aber soeben von Giftmischerei sprachen, so gebe ich Ihnen zu bedenken, Alexej Iwanowitsch, daß so etwas für Leute wie mich unschicklich ist. Dann bin ich doch auch als Beamter angesehen, besitze etwas Vermögen, und es ist nicht ausgeschlossen, daß ich wieder heirate.«

»Freilich könnte man Sie auch nach Sibirien schicken, wenn Sie jemanden vergiften würden.«

»Gewiß. Es sollen aber auch mitunter mildernde Umstände eintreten. Da fällt mir eine spaßhafte Begebenheit ein, Alexej Iwanowitsch, an die ich mich erinnerte, als ich vorhin auf dem Weg zu Ihnen war. Sie gebrauchten soeben die Redewendung ‚anderen Leuten beschwerlich werden'. Sie werden sich gewiß noch an Semjon Petrowitsch Lifzow erinnern, der sich zu Ihrer Zeit bei uns in T. aufhielt. Er hatte noch einen jüngeren Bruder, auch ein Petersburger, der Kanzleidienste beim Gouverneur verrichtete und sich durch verschiedene Eigenschaften hervortat. Einst geschah es, daß er in Anwesenheit von Damen – auch seiner eigenen – mit dem Oberst Golubenko in Streit geriet. Er glaubte sich beleidigt, benahm sich aber so, als ob ihm keinerlei Kränkung zugefügt worden wäre. Golubenko aber pirschte sich an Lifzows Dame heran und bewarb sich um ihre Hand. Was geschah? Lifzow versöhnte sich mit dem Oberst, wurde sein bester Freund und bot sich ihm als Trauzeuge an. Nach der Feier fuhren sie zusammen nach Hause. Dort angekommen, sprach er Golubenko seinen Glückwunsch aus und küßte ihn. Während er gratulierte, zog er – im Frack und mit gekräuselten Haaren – in Gegenwart der Damen einen Dolch hervor und stach ihn dem Oberst in den Leib, daß er sofort hinfiel. Der eigene Trauzeuge, müssen Sie bedenken! Doch die Hauptsache kommt noch. Nachdem er diese Tat vollbracht hatte, wandte er sich an die übrigen Anwesenden und wimmerte mit tränenüberströmtem Angesicht: ‚Wehe mir! Was tat ich? Was habe ich getan?' Am ganzen Leib zitterte er und wollte alle Anwesenden umarmen, auch die Damen. Ohne Aufhören rief er dabei: ‚Was habe ich Elender nur getan?' Nun, der Oberst hatte einen schönen Stich abbekommen und konnte einen dauern; doch ist er wieder gesund geworden.«

»Wenn ich nur wüßte, zu welchem Zweck Sie mir diese Geschichte erzählen«, meinte Weltschaninow mit finster zusammengezogenen Augenbrauen.

»Nun, er hat doch mit dem Dolch zugestoßen«, entgegnete Pawel Pawlowitsch und lachte, »als Raubtier hat er sich aber trotzdem nicht benommen, sondern zeigte sich vielmehr ziemlich charakterlos, wimmerte nach vollbrachter Tat wie ein altes Weib und warf sich den Anwesenden an den Hals. Doch zuvor hatte er seinen Widersacher verwundet. Das war es nur, was ich sagen wollte.«

»Hören Sie auf mit Ihrem widerwärtigen Gerede!« schrie jetzt Weltschaninow, und man konnte ihm anmerken, daß ihn der Ekel würgte. »Es ist genug! Sie sind ja ein elender Geselle, der mir Furcht einjagen will und sich nicht einmal um sein sterbendes Kind kümmert!« Bei den letzten Worten schnappte ihm vor Wut die Stimme über. Bei den Worten »elender Geselle« zuckte Pawel Pawlowitsch wie von einem Schlag getroffen zusammen; sein Rausch schien verflogen zu sein, und seine Lippen bebten.

»Alexej Iwanowitsch«, stammelte er, »einen elenden Gesellen nennen Sie mich?«

Doch Weltschaninow hatte sich schon wieder gefaßt und sagte nach kurzer, aber ernster Überlegung: »Wenn Sie sich augenblicklich dazu verstehen, die Karten offen vor mir auszubreiten, will ich Sie ganz gern um Verzeihung bitten.«

»In jedem Fall müssen Sie dies doch tun, Alexej Iwanowitsch.«

Wieder schwieg Weltschaninow kurze Zeit und sagte dann: »Gut also, ich bitte Sie um Entschuldigung, erkläre Ihnen aber, Pawel Pawlowitsch, daß ich nach allem, was vorgefallen ist, keinerlei Verpflichtung Ihnen gegenüber fühle. Dies sage ich nicht bloß hinsichtlich der heutigen Vorgänge, sondern in Hinblick auf die ganze Angelegenheit.«

Pawel Pawlowitsch blickte lächelnd zu Boden und erwiderte: »Freilich! Worin sollte Ihre Verpflichtung auch bestehen?«

»Wenn es so ist, ist es ja gut! Also jetzt einmal den Wein ausgetrunken und hingelegt! Fort von hier kommen Sie jedoch nicht, damit Sie es wissen!«

»Was soll ich mit diesem Rest anfangen?« entgegnete Pawel Pawlowitsch etwas verlegen, trank aber schließlich doch das Glas Wein aus. Dies ging insofern nicht ganz glatt ab, als ihm dabei die Hand zitterte (er mochte wohl schon vorher viel getrunken haben) und ein Teil des Weines auf den Fußboden, das Vorhemd und die Weste auslief. Das leere Glas stellte er behutsam auf den Tisch und ging willig an das Bett, um sich auszukleiden. Schon hatte er einen Stiefel ausgezogen und wollte ihn eben auf den Fußboden setzen, da fragte er mit einemmal: »Meinen Sie nicht, daß es am Ende doch besser wäre, wenn ich nicht bei Ihnen über Nacht bliebe?«

»Nichts da, Sie bleiben hier«, antwortete Weltschaninow ärgerlich, ohne den andern eines Blickes zu würdigen, und ging im Zimmer auf und ab.

Da kleidete sich Pawel Pawlowitsch vollends aus und legte sich nieder. Weltschaninow wartete noch kurze Zeit, dann ging er ebenfalls zu Bett und löschte das Licht, vermochte aber nicht einzuschlafen, denn er war sehr aufgeregt. Das unbestimmte Gefühl, daß irgend etwas Neues, Unangenehmes eintreten würde, quälte ihn, obwohl er sich dieser Angst schämte. Als er aber endlich doch im Begriff war einzuschlafen, weckte ihn ein Geräusch. Er öffnete die Augen und blickte hinüber zu Pawel Pawlowitschs Bett. Da er die Vorhänge am Fenster zugezogen hatte, war es dunkel im Zimmer, doch kam es ihm vor, als hätte sich Pawel Pawlowitsch im Bett aufgerichtet. »Was ist los?« fragte Weltschaninow.

Mit ganz leiser Stimme sagte Trusozkij nach geraumer Zeit: »Ein Schatten war da.«

»Was sagen Sie, ein Schatten?«

»In der Tür des Zimmers dort glaubte ich einen Schatten zu sehen.«

Weltschaninow blieb erst eine Weile stumm; dann fragte er: »Wessen Schatten?«

Trusozkij antwortete: »Den meiner verstorbenen Frau.«

Da stand Weltschaninow auf und ging an die Tür, welche ins Nebenzimmer führte. Da im anderen Zimmer keine Fenstervorhänge waren, erhielt es mehr Licht von außen. Er blickte in alle Winkel, kehrte zurück und legte sich, die Decke über den Kopf ziehend, wieder hin.

»Nichts zu sehen. Sie sind betrunken. Legen Sie sich hin und schlafen Sie weiter!« Pawel Pawlowitsch tat dies denn auch. Es mochten etwa zehn Minuten verstrichen sein, da fragte Weltschaninow den anderen: »Haben Sie schon früher einmal einen Schatten gesehen?«

Nach kurzer Pause erwiderte Pawel Pawlowitsch mit leiser Stimme: »Ich glaube schon einmal einen Schatten gesehen zu haben.« Wieder blieben beide stumm.

Es mochte wohl eine Stunde vergangen sein (Weltschaninow wurde sich nicht ganz klar darüber, ob er während dieser Zeit beständig geschlafen hatte), als er auf irgendein Geräusch in seiner Nähe aufmerksam wurde. Er öffnete die Augen und glaubte trotz der Finsternis zu bemerken, daß irgend etwas Weißes in der Mitte der Stube stand. Er richtete sich im Bett auf und harrte eine Weile der Dinge, die da kommen sollten. Endlich fragte er mit leiser, ihm seltsam fremdartig vorkommender Stimme: »Sind Sie es, Pawel Pawlowitsch?« Obwohl kein Zweifel bestand, daß sich jemand in der Mitte des Zimmers befand, erfolgte keine Antwort. Da sagte Weltschaninow etwas lauter: »Sind Sie es, Pawel Pawlowitsch?« Diesmal wäre Pawel Pawlowitsch vom Klang der Stimme sicherlich aufgewacht, wenn er im Bett gelegen und geschlafen hätte.

Doch auch jetzt blieb alles stumm, die weiße, kaum erkennbare Gestalt jedoch schien näher zu kommen. Da riß Weltschaninow mit einemmal die Geduld, und wütend brüllte er (die Stimme versagte ihm fast bei jedem Wort): »Es kommt Ihnen wohl darauf an, mich zu erschrecken, Sie einfältiger, betrunkener Mensch? Gut! Ich drehe mich jetzt zur Wand und ziehe mir die Decke über den Kopf, ohne mich noch einmal umzudrehen. Sie verdienen wirklich, daß man Sie verachtet. Meinethalben bleiben Sie wie ein Verrückter bis zum Morgen dort stehen. Sie können mir gestohlen bleiben!« Bei diesen Worten spuckte er geringschätzig nach dem vermuteten Pawel Pawlowitsch, drehte sich rasch zur Wand, zog sich die Decke über den Kopf und blieb regungslos liegen. Eine unheimliche Stille trat ein. Pochenden Herzens lag Weltschaninow da, ohne zu wissen, ob der Schatten näher kam oder nicht. So verstrichen etwa fünf Minuten, da sagte Pawel Pawlowitsch, höchstens zwei Schritt von Weltschaninows Bett entfernt, mit äußerst kläglicher Stimme: »Ist denn nicht ein ...« er nannte einen unentbehrlichen häuslichen Gegenstand – »vorhanden, Alexej Iwanowitsch? Unter meinem Bett steht leider keiner. Ganz leise wollte ich nachsehen, ob vielleicht unter Ihrem Lager ...«

»Aber dann begreife ich nicht, weshalb Sie mir vorhin keine Antwort gaben«, sagte Weltschaninow nach kurzer Pause zögernd.

»Mein Gott, ich war erschrocken, weil Sie so furchtbar schrien.«

»In der Ecke links, dort bei dem kleinen Schrank ... Sie können ja die Kerze anbrennen.«

»Ich denke, es geht auch im Finstern«, meinte Pawel Pawlowitsch und begab sich zu der bezeichneten Stelle. »Entschuldigen Sie, Alexej Iwanowitsch, daß ich Sie geweckt habe, aber ich konnte nicht ...«

Weltschaninow erwiderte nichts. Ohne sich ein einziges Mal umzudrehen, blieb er die ganze Nacht mit dem Gesicht zur Wand liegen. Er wußte nicht, was er von der ganzen Sache denken sollte, und grübelte darüber nach, ohne ins reine zu kommen. Überreizt wie er war, konnte er lange Zeit nicht einschlafen. Erst gegen Morgen schlummerte er ein, und als er gegen zehn Uhr früh erwachte, fuhr er sehr schnell hoch und setzte sich auf im Bett, um – zu bemerken, daß Pawel Pawlowitsch entwischt war. Nur das leere Lager des Gastes war noch vorhanden.

»So mußte es ja kommen!« rief Weltschaninow und schlug sich mit der Hand vor die Stirn.

10

Auf dem Friedhof

Leider traf die Voraussage des Arztes ein; Lisas Befinden verschlechterte sich zusehends, was weder Klawdija Petrowna noch Weltschaninow am Tage vorher für möglich gehalten hätten. Als letzterer am Vormittag das Mädchen besuchte, war es zwar noch bei Bewußtsein, lag aber in hohem Fieber. Später sagte Weltschaninow, die Kleine habe ihm die Hand hingehalten und zugelächelt. Dabei wäre er nicht imstande gewesen anzugeben, ob er sich das selber vorgaukelte oder ob es auf Wahrheit beruhte. Nachts schwand das Bewußtsein der kleinen Patientin und kehrte nicht wieder zurück. Zehn Tage nach ihrer Ankunft bei den Pogorelzews schlummerte sie hinüber.

Das war eine sehr traurige Zeit für Weltschaninow, und das Pogorelzewsche Ehepaar machte sich ernstlich Sorge um ihn. In diesen schweren Tagen verließ er die guten Leute nur ganz selten. Während der letzten Zeit von Lisas Krankheit saß er – meist völlig teilnahmslos – in einem Winkel des Zimmers und stierte vor sich hin. Klawdija Petrowna suchte ihn abzulenken, aber vergeblich. Er antwortete selten, und noch seltener ließ er sich in eine Unterredung ein. »Ich hätte nicht gedacht«, äußerte Klawdija Petrowna gesprächsweise zu ihrem Gatten, »daß es ihn so bewegen würde.« Nur mit den Kindern sprach er gelegentlich einmal, lachte wohl auch dabei, stand aber oft auf, um leisen Schritts ans Lager der Kranken zu gehen und nachzusehen. Manchmal wollte es ihm vorkommen, als ob sie ihn erkenne. Hoffnung auf ihre Wiedergenesung machte er sich nicht. Wenn er wirklich einmal aus dem Krankenzimmer ging, hielt er sich meist im Nebenraum auf.

Ein- bis zweimal fuhr er aus seiner Teilnahmslosigkeit auf, um eine außerordentliche Geschäftigkeit zu entwickeln. Dann fuhr er zu einigen berühmten Petersburger Ärzten und veranlaßte sie, eine gemeinsame Beratung abzuhalten. Die zweite und letzte fand einen Tag vor Lisas Tod statt. »Unbedingt«, hatte Klawdija Petrowna einige Tage vorher zu ihm gesagt, »müssen Sie Trusozkij herbeischaffen, denn wenn Lisa stirbt, können wir ihn nicht einmal zum Begräbnis mitnehmen.«

»Ich will ihm schreiben«, murmelte Weltschaninow, während Pogorelzew meinte: »Lassen wir ihn durch die Polizei suchen!«

Da entwarf Weltschaninow einige Zeilen und trug sie in Pawel Pawlowitschs Wohnung. Er fand ihn wie gewöhnlich nicht zu Hause vor und übergab den Brief der Haushälterin Marja Sysojewna mit der Bitte, ihn zu überreichen.

An einem herrlichen Sommerabend hauchte Lisa bei Sonnenuntergang ihre Seele aus. Da war es Weltschaninow, als erwachte er aus einem düsteren Traum. Man hatte der Toten ein weißes Festtagsgewand angezogen, das eigentlich einer Tochter Klawdija Petrownas gehörte, und das arme Kind mit Blumen in den Händen im Saale aufgebahrt. Weltschaninow trat an die Tote heran und sagte feierlich und funkelnden Auges zu Klawdija Petrowna: »Jetzt werde ich den Mörder herbeischaffen.« Dem Rat, noch bis morgen damit zu warten, leistete er keine Folge und fuhr sogleich in die Stadt.

Wo Pawel Pawlowitsch anzutreffen war, wußte er, denn als er der Ärzte wegen nach Petersburg fuhr, hatte er Umschau gehalten. Hoffte er doch während der Krankheit der Kleinen noch immer, ihr Zustand würde sich bessern, wenn sich der Vater am Bett sehen und seine Stimme hören ließe! In dieser Erwartung also suchte er jetzt mit der Beharrlichkeit des Verzweifelten Trusozkij in der Stadt. Obwohl letzterer noch immer im Haus der Frau Marja Sysojewna wohnte, hätte es doch keinen Zweck gehabt, ihn dort aufzusuchen, denn nach einer früheren Aussage der Wirtin kam Pawel Pawlowitsch mitunter drei Tage lang nicht nach Hause, und erschien er doch einmal, natürlich betrunken, ging er eine Stunde später wieder fort. »An diesem Menschen ist wirklich Hopfen und Malz verloren«, schloß die Frau damals ihre Ausführungen. Ein Angestellter des Hotels sagte Weltschaninow, daß Pawel Pawlowitsch schon früher gewisse Weiber am Wosnenskij Prospekt besucht habe. Zu diesen Frauenzimmern begab sich Weltschaninow und erfuhr, nachdem er sie reichlich beschenkt hatte, daß der »Herr mit dem Trauerflor am Hut« schon seit längerer Zeit nicht mehr dagewesen sei. Die Damen schimpften fürchterlich auf Trusozkij, und eine von ihnen, Fräulein Katja, sagte: »Es wäre mir ein leichtes, Pawel Pawlowitsch ausfindig zu machen. Er steckt den größten Teil des Tages bei Maschka Prostakowa, für die er viel Geld ausgibt. Maschka Prostakowa ist ein abscheuliches Frauenzimmer, das schon einmal im Siechenhaus war und sich nur vor mir in acht nehmen soll, daß ich sie nicht nach Sibirien bringe! Ein Wort brauche ich bloß zu sagen!« Trotzdem hatte Katja Pawel Pawlowitsch damals nicht getroffen, doch Weltschaninow den bestimmten Bescheid gegeben, sie werde Trusozkij schon noch finden. Mit Hilfe dieses Freudenmädchens hoffte Weltschaninow jetzt zum Ziel zu kommen. Es mochte etwa zehn Uhr sein, als er in der Stadt ankam. Er fuhr sogleich zur Wirtin des betreffenden Hauses, ersuchte sie, ihm Katja, für deren Abwesenheit er bezahlte, mitzugeben, und begann nun, gemeinsam mit dem Mädchen, Pawel Pawlowitsch zu suchen. Dabei war ihm unklar, was er eigentlich mit Trusozkij anfangen sollte. Werde ich ihn, fragte er sich, erwürgen oder ihn nur von dem Tod Lisas in Kenntnis setzen und von ihm verlangen, am Begräbnis teilzunehmen? Die beiden Suchenden kamen zunächst zu keinem Ergebnis, denn es zeigte sich, daß zwei Tage vorher zwischen Maschka Prostakowa und Pawel Pawlowitsch ein Streit ausgebrochen war. »Ein Zahlmeister hat ihm mit einer Bank ein Loch im Schädel beigebracht«, hieß es. Die beiden suchten vergeblich; schon war Mitternacht vorüber, da stieß Weltschaninow mit Trusozkij an der Tür eines Freudenhauses, das dieser eben besuchen wollte, zusammen.

Pawel Pawlowitsch war völlig betrunken und von zwei Damen begleitet, von denen ihn die eine festhielt. Ein breitschultriger Mensch, der nach seinen unbändigen Drohungen und Schimpfreden ein Erpresser sein mußte, schritt hinterher. »Ausgenutzt hat mich der Lump, mir das ganze Leben vergiftet«, brüllte der Mann, der wahrscheinlich von Trusotzki Geld zu fordern hatte und vor dem die Mädchen sich sehr zu fürchten schienen. Sie liefen schnell, um aus seiner Nähe zu kommen. Als Pawel Pawlowitsch jetzt Weltschaninow sah, umarmte er ihn mit den Worten (es klang, als ob er dächte, der andere wollte ihn umbringen): »Rette mich, Bruderseele! Schütze mich vor ihm!«

Dem Erpresser schien es beim Anblick der athletischen Figur Weltschaninows nicht recht geheuer zu sein, weshalb er sich schleunigst aus dem Staub machte. Pawel Pawlowitsch ließ ein Triumphgeschrei erklingen und hob drohend die geballte Faust gegen den Entfliehenden. Weltschaninow schüttelte den Betrunkenen, wohl ohne selbst zu wissen, was er tat, mehrmals so stark hin und her, daß dem Ärmsten die Zähne klapperten. Da hörte Pawel Pawlowitsch auf zu brüllen und schaute mit blöder, stumpfsinniger Furcht auf seinen Peiniger, der ihn fest niederdrückte und zwang, auf einem dicht danebenstehenden Prellstein Platz zu nehmen.

»Lisa ist tot«, sagte er zu dem Betrunkenen.

Pawel Pawlowitsch schien nicht richtig verstanden zu haben, wenigstens stierte er, zwischen den Damen auf dem Prellstein kauernd, Weltschaninow stumpfsinnig an. Allmählich schien er aber doch zu sich zu kommen und flüsterte in seltsamem Ton: »Gestorben?« Dabei hätte Weltschaninow der Dunkelheit wegen nicht mit Bestimmtheit sagen können, ob sich die Mienen des anderen vor Schmerz verzogen oder ob er so abstoßend wie gewöhnlich lächelte. Gleich darauf schien Pawel Pawlowitsch mit zitternder Rechten das Zeichen des Kreuzes machen zu wollen, doch ließ er – wohl aus Schwäche – die Hand sogleich wieder sinken. Dann erhob er sich, stützte sich auf den Arm seiner Damen und setzte seinen Weg fort, so traumverloren, als wäre Weltschaninow für ihn gar nicht vorhanden. Doch letzterer fühlte die Verpflichtung, ihn vollends zur Ernüchterung zu bringen, und brüllte, ihn an der Schulter rüttelnd: »Elender, betrunkener Mensch! Verstehen Sie denn nicht, daß wir die Kleine ohne Sie nicht begraben können?« Der andere drehte den Kopf nach Weltschaninow und brachte lallend hervor: »Und der Artillerieoffizier . . . können Sie sich noch auf ihn besinnen?«

»Was?« schrie Weltschaninow, peinlich berührt.

»Es ist der Vater! Suchen Sie diesen Herrn, damit er anwesend ist beim Begräbnis.«

Weltschaninow war außerstande, sich zu bemeistern, und schrie: »Niederträchtige Lüge! Dachte ich es doch, daß Sie mir mit dieser Sache kommen würden!«

Er hob wütend den Arm gegen Pawel Pawlowitschs Kopf und hätte ihn vielleicht niedergestreckt, wenn nicht gar getötet, doch das laute Gekreisch der Damen hielt ihn noch im letzten Moment davon zurück. Pawel Pawlowitsch stand bewegungslos da, das Gesicht verzerrt von einer bestialischen Wut. Mit etwas festerer Stimme, als man sie dem Betrunkenen hätte zutrauen können, sagte er jetzt: »Sie wissen doch, was man bei uns eine . . . . nennt?« Er gebrauchte einen Ausdruck, den man hier unmöglich wiedergeben kann. »Gehen Sie zu dieser!«

Es mochte am anderen Tag gegen ein Uhr sein, als sich in Pogorelzews Villa ein anständig aussehender Beamter von etwa dreißig Jahren in seinem Dienstanzug einstellte und Klawdija Petrowna einen Brief von Pawel Pawlowitsch überreichte. Darin befanden sich dreihundert Rubel in Bankscheinen und Lisas Papiere sowie folgende Zeilen: »Eurer Exzellenz spreche ich meinen herzlichsten Dank aus für die der kleinen Waise erwiesenen Wohltaten. Gott möge sie Ihnen lohnen! Leider bin ich durch Krankheit daran verhindert, am Leichenbegängnis meiner heißgeliebten armen Lisa teilzunehmen, und bitte Sie inständigst, das Maß Ihrer Güte dadurch voll zu machen, daß Sie alles Erforderliche zum bevorstehenden Begräbnis meines heimgegangenen Töchterchens in die Wege leiten. Zur Deckung der durch die Krankheit sowie die noch bevorstehende Beerdigung entstandenen Kosten wollen Sie beiliegende dreihundert Rubel gütigst verwenden! Sollte irgendein Betrag nach Bezahlung der Kosten von den dreihundert Rubeln übrigbleiben, so wäre ich Ihnen unendlich verbunden, wenn Sie dieselben zu Totenmessen für das Seelenheil der kleinen Entschlafenen anweisen wollten.« Es stellte sich heraus, daß der Überbringer des Briefes nicht in der Lage war, weitere Angaben zu machen, und daß er sich überhaupt nur auf langes Zureden Pawel Pawlowitschs entschlossen hatte, den Brief persönlich Klawdija Petrowna zu überbringen. Herrn Pogorelzew wollte die Redewendung im Briefe »zur Deckung der durch die Krankheit entstandenen Kosten« nicht gefallen. Er war gewillt, nur fünfzig Rubel für die Bestattung zurückzubehalten, die übrigen zweihundertfünfzig Rubel jedoch Herrn Trusozkij wieder zuzustellen. Endlich kam Pogorelzew aber mit seiner Frau überein, dem Vater des Kindes eine Quittung der Friedhofsverwaltung über den Empfang von zweihundertfünfzig Rubeln zur Abhaltung von Totenmessen für Lisa zustellen zu lassen. So geschah es denn auch, das heißt, Weltschaninow bekam die Quittung zur Weitergabe an Trusozkij und stellte sie ihm durch die Post zu. Nachdem das Begräbnis vorüber war, verließ Weltschaninow die Villa, wanderte vierzehn Tage lang ohne jeden ersichtlichen Zweck in der Stadt herum und war derartig in seine Gedanken vertieft, daß er oft genug mit vorbeigehenden Leuten zusammenstieß. Dann lag er wieder tagelang völlig teilnahmslos auf seinem Diwan, und wenn die Familie Pogorelzew ihn durch Boten einladen ließ, gab er eine Zusage, die er – im nächsten Augenblick wieder vergessen hatte. Einmal nahm sich sogar Klawdija Petrowna die Mühe, bei ihm mit vorzufahren, leider ohne ihn anzutreffen. Auch sein Rechtsanwalt, dem es gelungen war, dem Prozeß eine Wendung zum Besseren zu geben, mußte, ohne Weltschaninow angetroffen zu haben, wieder von dannen ziehen. Die Gegner waren nämlich bereit, einen Vergleich einzugehen, wenn sie einen verhältnismäßig geringen Teil der fraglichen Erbschaft abfindungsweise bekämen. Ein zweites Mal sprach der Rechtsanwalt in Weltschaninows Wohnung vor. Diesmal traf er ihn an, setzte ihm den Sachverhalt auseinander, war aber ganz erstaunt über die Teilnahmslosigkeit und Gleichgültigkeit seines doch früher so unruhigen Klienten.

Schon nahten die heißesten Tage des Monats Juli, doch Weltschaninow vergaß sogar die Jahreszeit. Wie ein böses Geschwür bohrte der Schmerz in seinem Inneren. »Ach«, stöhnte er, »warum hat Lisa nicht fühlen, nicht empfinden können, wie innig ich ihr zugetan war! Warum mußte sie von hinnen, ohne das zu erkennen! In ewige Nacht versinkt, was noch vor kurzem als neues Lebensziel mir vorschwebte, diesem Kind fortan und immerdar meine Tätigkeit, meine ganze Liebe zu widmen. Kann es doch kein höheres Lebensziel geben, kann doch keines heiliger sein als das, welches ich mir gesteckt hatte. Mein ganzes widerwärtiges Leben hätte ich gebessert, selbst lasterhaft bis dahin, wäre ich edler, besser, reiner geworden um der Liebe willen zu diesem Wesen, das mich nun auf ewig verlassen hat!«

Mit solchen Gedanken, soweit sie ihm überhaupt deutlich zum Bewußtsein kamen, quälte er sich ständig ab. Das Gesichtchen der kleinen Verstorbenen wollte ihm nicht aus der Erinnerung weichen. Bald sah er das Kind mit fieberglühenden Wangen, starren Augen und ohne Bewußtsein im Bett liegen, bald wieder im Sarg, geschmückt mit Blumen. Eine andere Sache noch kam ihm ins Gedächtnis: Lisa lag schon auf der Bahre, da sah er, daß einer ihrer Finger schwarz geworden war, weshalb er die Kleine aufs innigste bedauerte. Und nicht nur das, sondern sein Grimm gegen Pawel Pawlowitsch wuchs derartig, daß er nicht übel Lust verspürte, ihn aufzusuchen und umzubringen, während er bisher völlig teilnahmslos gegen seine Umgebung gewesen war. Sollte, sagte er sich, die arme Kleine an gekränktem Stolz zugrunde gegangen sein? Drei Monate lang hatte sie dieser rohe Vater mißhandelt, ihr Haß anstatt Liebe entgegengebracht, sie gekränkt mit niederträchtigen Bemerkungen, verhöhnt und endlich ohne ernstlichen Widerstand fremden Leuten überlassen! So wälzte er alle diese qualvollen Gedanken mit sich herum. Dann fiel ihm auch ein Ausruf Trusozkijs ein, der wohl ausnahmsweise einmal ungeheuchelt herauskam, hinter dem sich aber sehr wohl wirkliche Zuneigung verbergen mochte. »Sie können ja nicht wissen, was Lisa für mich war!« So hatte jener Ausruf gelautet. Ist es dann aber verständlich, daß dieser Mensch so brutal gegen die Kleine sein konnte, die er doch liebte? fuhr Weltschaninow in seinen stillen Betrachtungen fort, verwarf diese Frage aber sogleich wieder, denn zu qualvoll, zu furchtbar lastete die Beschäftigung mit diesem Rätsel auf ihm.

Eines Tages trieb es ihn auf den Friedhof, auf dem man Lisa begraben hatte. Er begab sich an den kleinen Hügel, der ihre sterblichen Überreste barg. Es war das erstemal seit dem Begräbnistag, daß er wieder hier weilte, denn er hatte geglaubt, daß sich seine Friedlosigkeit an dieser Stätte vergrößern würde, und hatte deshalb den Besuch am Grab von einem Tag zum andern verschoben. Er beugte sich nieder und hauchte einen Kuß auf den grünen Hügel, und da ward es ihm – seltsam! mit einem Male viel leichter zumute. Ein klarer, schöner Sonnenuntergang war es. Schwellendes grünes

Gras war auf den Gräbern zu sehen; in der Nähe stand ein Strauch mit wilden Rosen, in dem eine Biene summte. Die Kränze und Blumen, die Klawdija Petrowna und ihre Kinder nach der Beerdigung auf Lisas Grab niedergelegt hatten, lagen noch da, ein wenig verwelkt. Weltschaninow fühlte sein Herz schwellen von neuerwachter Hoffnung; die Ruhe des Kirchhofes wirkte wohltätig auf sein Gemüt, und während er zum klaren Himmel emporschaute, ward es ihm so leicht ums Herz wie lange nicht mehr. Es war ihm, als ob sich ein Strahl köstlichen, reinen Kinderglaubens in seine Seele ergösse.

Lisas Seele redet zu mir, dachte er.

Es dunkelte schon, als er fortging. Nicht weit vom Friedhofseingang lag eine kleine Schankwirtschaft, deren Fenster offenstanden, so daß Weltschaninow einen Blick auf die in der Wirtsstube sitzenden Gäste werfen konnte. Da war es ihm, als ob sich Pawel Pawlowitsch darunter befände und ihn neugierig musterte. Ohne daß Weltschaninow hierdurch aus seiner Ruhe gestört worden wäre, wanderte er weiter. Bald aber mußte er wahrnehmen, daß jemand hinter ihm hereilte. Es war tatsächlich Pawel Pawlowitsch, der aufmerksam den friedlichen Gesichtsausdruck Weltschaninows betrachtet und sich ein Herz gefaßt hatte, ihm zu folgen. Jetzt trat er an Weltschaninows Seite, lächelte zaghaft (er schien ausnahmsweise völlig nüchtern zu sein) und sagte schüchtern: »Guten Tag!«

»Guten Tag!« entgegnete Weltschaninow.

11

Pawel Pawlowitsch möchte heiraten

Kaum war der Gruß seinen Lippen entschlüpft, wunderte sich Weltschaninow über sich selber. Wie ist es nur möglich, dachte er, daß du jetzt gar keinen Haß gegen diesen Menschen empfindest und daß deine Empfindungen gegen ihn mit einemmal eine ganz andere Richtung angenommen haben?

»Ein herrlicher Abend«, sagte Pawel Pawlowitsch, der ein Gespräch anknüpfen wollte.

»Sind Sie denn noch immer nicht abgereist?« fragte Weltschaninow im Weitergehen.

»Ich verhandelte noch wegen einer besseren Bezahlung.

Nunmehr habe ich aber die Stelle erhalten und reise übermorgen bestimmt ab.«

»Wirklich? Sie haben die Stelle bekommen?« fragte Weltschaninow.

»Ja, warum denn nicht? Wundern Sie sich darüber?« rief Trusozkij mit ziemlich erstaunter Miene.

»Nun, ich dachte mir nichts Besonderes bei diesen Worten«, sagte Weltschaninow entschuldigend. Dabei blickte er verstohlen auf Pawel Pawlowitschs Kleidung, die in jeder Hinsicht einen ordentlicheren Eindruck machte als zwei Wochen früher. Wenn ich nur wüßte, weshalb er in dieser Kneipe gesessen hat! dachte Weltschaninow.

»Es ist eine sehr angenehme Sache, Alexej Iwanowitsch, von der ich Sie in Kenntnis setzen möchte«, begann Pawel Pawlowitsch von neuem.

»Welche angenehme Sache?«

»Ich heirate wieder.«

»Wie?«

»Auf Leid folgt Freud. Das ist der Lauf der Welt. Ich wollte gern, Alexej Iwanowitsch ... doch vielleicht fehlt es Ihnen jetzt an Zeit, wenigstens scheinen Sie Eile zu haben ...«

»Freilich, ich habe Eile ... und es ist mir auch nicht ganz wohl.«

Wenn du doch machen wolltest, daß du fortkämst, dachte Weltschaninow und wunderte sich, daß er soeben noch eine gewisse Zuneigung zu dem anderen empfunden hatte.

»Aber ich wünschte sehr«, begann Pawel Pawlowitsch von neuem, ohne jedoch den Satz zu vollenden, so daß Weltschaninow schweigend auf das wartete, was Trusozkij eigentlich wünschte.

»Ich werde es Ihnen lieber sagen, wenn wir das nächste Mal zusammenkommen.«

»Also ein anderes Mal«, brummte Weltschaninow hastig und ging weiter, ohne Trusozkij anzublicken.

Pawel Pawlowitsch blieb noch einige Augenblicke an Weltschaninows Seite, dann brach er das Stillschweigen mit den Worten: »Auf Wiedersehen also!«

»Auf Wiedersehen! Lassen Sie sich's gut gehen!«

In übler Laune traf Weltschaninow zu Hause ein. Er war wiederum sehr verstimmt durch das Zusammentreffen mit »diesem Menschen«. Als er ins Bett stieg, murmelte er: »Weshalb war der Mann eigentlich in der Nähe des Friedhofs?«

Am anderen Morgen beschloß er nach einigem Zögern, die Pogorelzews aufzusuchen. Er tat dies sehr ungern, da es ihn jetzt schmerzlich berührte, Beileidserklärungen von irgend jemandem, auch von den Pogorelzews, entgegenzunehmen. Doch diese wackeren Leute hatten in einer Weise Sorge um ihn getragen, daß er einen Besuch unmöglich länger aufschieben konnte, ja er glaubte, daß er sich schämen müsse, wenn er wieder mit ihnen zusammenträfe. Schnell suchte er, noch hierüber nachdenkend, seinen Morgenimbiß zu beenden, als zu seinem nicht geringen Erstaunen Pawel Pawlowitsch erschien. Weltschaninow war auf diesen Besuch trotz seinem gestrigen Zusammentreffen mit Trusozkij in keiner Weise gefaßt und daher wirklich verlegen, wie er den Gast anreden sollte. Doch Pawel Pawlowitsch setzte sich nach vorgebrachter Begrüßung auf denselben Stuhl, den er vor drei Wochen eingenommen hatte. Das hatte zur Folge, daß sich nun Weltschaninow genau an die Einzelheiten jenes Besuches erinnerte und Trusozkij widerwillig betrachtete.

»Sie sind wohl erstaunt über mein Erscheinen?« fragte Pawel Pawlowitsch, der Weltschaninows Unruhe sehr wohl bemerkte.

Trusozkij schien auf den ersten Blick viel heiterer als gestern zu sein, doch trat eine gewisse Ängstlichkeit noch mehr hervor als am vorigen Tag. Er war ganz anders gekleidet als sonst, nicht nur anständig, sondern fast wie ein Stutzer, trug ein leichtes Sommerjackett, engsitzende Hosen, eine weiße Weste, tadellose Wäsche und ebensolche Handschuhe. Eine Lorgnette »schmückte« ihn, und er duftete nach einem wohlriechenden Parfüm. Die ganze Erscheinung hatte eigentlich etwas Lächerliches an sich und machte auf den Beobachter einen seltsamen, wenig angenehmen Eindruck.

»Nicht wahr, Alexej Iwanowitsch, so ist es, Sie sind nicht wenig verwundert über meinen Besuch?« fuhr Trusozkij fort, und man merkte ihm die Verlegenheit deutlich an. »Ich kann Ihnen das ganz gut nachempfinden. Doch sollte man wirklich glauben, daß sich etwas Höheres in den Beziehungen der Menschen zueinander offenbart, etwas, was alle kleinlichen Nebensachen überragt ... nicht wahr?«

»Kommen Sie bitte ohne Umstände zum Zweck Ihres Besuches!« unterbrach ihn Weltschaninow kalt.

»Also, um es kurz zu machen«, sagte Pawel Pawlowitsch, »ich will heiraten und beabsichtige, jetzt meine Zukünftige aufzusuchen, die draußen vor der Stadt in einer Sommervilla wohnt. Es würde mich außerordentlich freuen, wenn Sie mir erlauben wollten, Sie mit den Angehörigen meiner Braut bekannt zu machen. Der Zweck meines Hierseins« – er verbeugte sich vor Weltschaninow – »ist, Sie zu ersuchen, mit mir hinauszufahren.«

»Wie? Begleiten soll ich Sie?« rief Weltschaninow äußerst erstaunt.

»Freilich, Sie sollen mitkommen. Habe ich mich denn unklar ausgedrückt? Verzeihen Sie, wenn ich das tat, aber ich fürchtete, von Ihnen einen Korb zu erhalten!«

Und ein schüchterner Blick fiel auf Weltschaninow.

»Wirklich? Es ist Ihr Ernst? Ich soll jetzt mitfahren zu Ihrer Braut?« entgegnete Weltschaninow, der noch immer glaubte, nicht richtig gehört zu haben.

»Nun gewiß, Alexej Iwanowitsch! Zürnen Sie mir deshalb? Eine Bitte ist doch gestattet. Vielleicht schlagen Sie mir dieselbe nicht ab.«

»Unmöglich, ganz unmöglich!« sagte Weltschaninow kopfschüttelnd.

»Es ist mein sehnlichster Wunsch, daß Sie mitkommen«, fuhr Trusozkij fort, »und offen gestanden habe ich auch noch einen Grund, Sie um diese Gefälligkeit zu ersuchen, doch – den möchte ich Ihnen lieber erst später kundgeben. Bitte, bitte ... kommen Sie mit!« Und schier ersterbend vor lauter Hochachtung, erhob er sich vom Stuhl.

»Aber nehmen Sie doch nur Vernunft an! Es geht auf keinen Fall!« sagte Weltschaninow, ebenfalls aufstehend.

»O doch, Alexej Iwanowitsch, es geht! Zunächst würde ich Sie als meinen Freund vorstellen, und außerdem kennt man Sie dort bereits. Wir fahren in die Sommervilla des Herrn Staatsrats Sachlebinin.«

»Wie? Was sagen Sie da?« rief Weltschaninow verwundert. Sachlebinin war nämlich jener höhere Beamte, den anzutreffen er sich vor etwa einem Monat so große Mühe gegeben hatte und der, wie sich später zeigte, die Sache seiner Prozeßgegner wahrnahm.

Ermutigt durch die Verwunderung Weltschaninows lächelte Pawel Pawlowitsch und sagte: »Freilich! Sachlebinin, mit dem ich Sie damals auf der Straße gehen sah. Ich beobachtete es nämlich drüben auf der gegenüberliegenden Seite, weil ich die Absicht hatte, mit Ihnen zu sprechen, wenn sich der andere entfernt haben würde. Sachlebinin und ich arbeiteten übrigens – vor zwanzig Jahren – bei derselben Behörde. Doch als ich damals mit Ihnen reden wollte, schwebte mir noch keine Heirat vor. Mit diesem Gedanken trage ich mich erst seit acht Tagen.«

»Hören Sie!« sagte Weltschaninow aufrichtig erstaunt. »Soviel mir bekannt ist, handelt es sich doch um eine sehr gute Familie?«

»Warum soll diese Familie denn nicht sehr gut sein?« entgegnete Pawel Pawlowitsch und verzog das Gesicht ein wenig.

»Natürlich ist sie gut ... Sie fassen meine Rede anscheinend falsch auf ... Jedoch bei meinem Zusammentreffen mit ihm bemerkte ich ...«

Doch Pawel Pawlowitsch fiel ihm freudig in die Rede mit den Worten: »Die Familie hat Sie in gutem, sogar in sehr gutem Andenken, wenigstens Sachlebinin schätzt Sie persönlich sehr hoch, denn Sie können sich denken, daß ich nur das Allerbeste von Ihnen erzählt habe.«

»Aber Sie sind doch kaum drei Monate Witwer; wollen Sie schon wieder heiraten?«

»Nicht sofort! Erst in neun Monaten soll die Hochzeit sein, nach Ablauf des Trauerjahres. Glauben Sie mir, es ist alles in schönster Ordnung, Alexej Iwanowitsch! Fedor Petrowitsch und ich, wir kannten uns schon als Kinder. Auch meine verstorbene Gattin lernte er kennen und die schöne Art meines Zusammenlebens mit ihr. Er weiß ferner, daß ich wohlhabend bin und auf sehr gutem Fuß mit meinen Vorgesetzten stehe, so daß sehr bald eine höhere Besoldung für mich angesetzt werden dürfte. Das ist ihm natürlich nicht gleichgültig.«

»Es handelt sich jedenfalls um eine seiner Töchter?«

Pawel Pawlowtisch freute sich augenscheinlich sehr über Weltschaninows Interesse. »Ich gebe Ihnen über alles ausführlichen Bericht«, sagte er. »Gestatten Sie, daß ich mir eine Zigarette anzünde! Kommen Sie nur mit! Sie werden alles selber sehen. Sie müssen wissen, daß Leute, die so brauchbar sind wie Fedor Petrowitsch, hier in Petersburg allseits hochgeschätzt werden, sofern Sie es nur verstehen, die Vorgesetzten für sich einzunehmen. Außer dem Gehalt, den Zulagen und kleinen Einkünften, die etwa sonst noch in Frage kommen, haben sie jedoch nichts, können auch kaum etwas zurücklegen und gelangen schwerlich oder überhaupt nicht zu

Vermögen; es ist schwierig für sie, selbst ohne Familie, auch nur einigermaßen anständig zu leben. Bedenken Sie: Fedor Petrowitsch hat acht Töchter und einen kleinen Sohn. Stirbt er, sind die Angehörigen auf seine schmale Pension angewiesen. Und nun stellen Sie sich beispielsweise vor, daß jede dieser acht Töchter ein Paar Schuhe nötig hat, was meinen Sie, wieviel Geld dafür ausgegeben werden muß? Fünf Mädchen sind bereits im heiratsfähigen Alter, die älteste Tochter ist sehr hübsch und vierundzwanzig Jahre alt – Sie werden sie selber sehen –, während die sechste noch auf eine höhere Töchterschule geht. Sie zählt fünfzehn Jahre. Die fünf ältesten Mädchen muß nun der Vater so schnell wie möglich an den Mann bringen und zu diesem Zwecke in die Gesellschaft einführen. Sie können sich leicht denken, mit welchen Kosten er da rechnen muß! In diesem Moment nun erscheine ich, der ihm wohlbekannte, vermögende Mann, auf der Bildfläche und bewerbe mich um eine seiner Töchter. Da ist nichts weiter zu erklären.«

Dies alles sprudelte Pawel Pawlowitsch in einer Weise heraus, aus der man schließen mußte, daß er vor Freude außer sich war.

»Sie wollen die älteste Tochter heiraten?«

»Nein, nicht die älteste. Um die Hand der sechsten habe ich mich beworben, die noch auf der höheren Töchterschule ist.«

Weltschaninow mußte gegen seinen Willen lächeln und sagte: »Erwähnten Sie nicht, daß dieses Mädchen erst fünfzehn Jahre alt ist?«

»Nun ja, jetzt – aber ein Dreivierteljahr später ist sie sechzehn, sogar sechzehn Jahre und drei Monate. Das geht doch ganz gut. Vorläufig ist es auch nur mit den Eltern besprochen, und es soll bis auf weiteres nichts darüber verlauten. Alles ist also bestens geregelt.«

»Demnach ist die Sache noch nicht endgültig festgesetzt?«

»Natürlich ist sie festgesetzt. Ich sagte Ihnen ja schon, alles sei geregelt.«

»Hat das Mädchen Kenntnis davon?«

»Nun, man stellt sich, als ob sie nichts wüßte. Aber die Eltern werden es ihr schon mitgeteilt haben«, antwortete Pawel Pawlowitsch und zwinkerte fröhlich mit den Augen. Dann fügte er wieder recht zaghaft hinzu: »Also, Alexej Iwanowitsch, wie ist es? Sie bereiten mir doch die große Freude?«

»Nein, Pawel Pawlowitsch, ich fahre nicht mit. Lassen Sie nur, führen Sie weiter keine Gründe an ...«

»Alexej Iwanowitsch ...«

»Glauben Sie tatsächlich, daß ich mich neben Sie in den Wagen setzen werde? Wirklich?«

Wie Weltschaninow das sagte, fühlte er, daß seine Abneigung gegen den andern wieder merklich zunahm. Erst hatte ihn das Gespräch über Trusozkijs Braut etwas abgelenkt, nun aber war er beinahe willens, Pawel Pawlowitsch vor die Tür zu setzen. Dabei war er mit sich selber unzufrieden, ohne eigentlich zu wissen, warum. Aber Pawel Pawlowitsch flehte immer eindringlicher. Weltschaninow, sagte er, würde es nicht bereuen, sich neben ihn in den Wagen zu setzen, und machte Beschwichtigungsversuche mit den Armen, als Weltschaninow abweisende Bewegungen zeigte. »Fassen Sie noch keinen endgültigen Beschluß, Alexej Iwanowitsch. Wenn Sie auch nicht gesonnen sind, sich als wirklicher Freund mit mir gewissermaßen zu verbrüdern – daß dies nicht stattfinden kann, sehe ich selbstverständlich ein –, können Sie mir doch einen kleinen Gefallen erweisen, der Sie zu nichts weiter verpflichtet. Zudem verreise ich ja schon übermorgen, und so ist der Besuch bei Fedor Petrowitsch nur ein einzelner Fall. Soll ich ganz vergeblich auf Ihre Großmut, auf Ihre besseren Gefühle gerechnet haben, Alexej Iwanowitsch? Noch deutlicher kann ich nicht sprechen.«

Pawel Pawlowitsch hatte sich ganz allmählich in eine Aufregung hineingeredet, die Weltschaninow völlig unverständlich erscheinen mußte.

Nachdenklich sagte letzterer jetzt: »Weshalb kommen Sie so beharrlich auf dieselbe Bitte zurück? Was steckt da noch dahinter?«

»Was soll dahinterstecken? Daß Sie eben mitkommen müssen, weiter nichts! Übrigens werde ich Ihnen alles auf der Rückfahrt klarmachen. Schenken Sie mir nur einmal Ihr Vertrauen, Alexej Iwanowitsch!«

Weltschaninow war noch immer unentschlossen und mußte gewaltsam ankämpfen gegen einen schlimmen Gedanken, der ihm übrigens schon zu Anfang des Gesprächs mit Pawel Pawlowitsch gekommen war. War es nun Neugierde oder eine andere Erwägung – kurz, Weltschaninow wollte sich am Besuch bei der »Braut« Trusozkijs beteiligen, und seltsam! je mehr er dies zu tun gesonnen war, um so mehr kämpfte er dagegen an. Überlegend saß er da, während der andere in stiller Erwartung schwieg. Plötzlich erhob sich Weltschaninow und sagte etwas unruhig: »Gut also! Ich fahre mit!«

Pawel Pawlowitsch wußte vor lauter Freude nicht aus noch ein. Vergnügt trippelte er um Weltschaninow herum, der sich entsprechend umkleidete, und sagte: »Schön, Alexej Iwanowitsch, aber ziehen Sie sich gut an!«

Was mag der Kerl nur im Sinne haben? dachte Weltschaninow, während Pawel Pawlowitsch fortfuhr: »Noch eine Bitte an Sie, raten Sie mir. Da Sie ja mitfahren ...«

»Was wollen Sie noch?«

»Nun, ich möchte Sie fragen, was Sie für taktvoller halten, den Trauerflor herunterzunehmen oder am Hut zu lassen.«

»Das müssen Sie selbst wissen!«

»Nein, diese Antwort genügt mir keineswegs. Sagen Sie mir, was Sie täten, ich meine hinsichtlich des Trauerflors! Ich hielt es für richtiger Sachlebinin gegenüber, den Trauerflor am Hut zu behalten.«

»Ich bin der Meinung, daß es selbstverständlich ist, den Trauerflor abzunehmen.«

Pawel Pawlowitsch schien nachzudenken. Dann sagte er: »Wirklich selbstverständlich? Nein, ich will ihn lieber am Hut behalten.«

»Nun, wie Sie denken«, antwortete Weltschaninow, während er im stillen meinte: Es scheint, daß er mir doch nicht traut. Gut so!

Hierauf verließen sie die Wohnung. Vergnügten Sinnes musterte Pawel Pawlowitsch den elegant gekleideten Weltschaninow. Trusozkij sah jetzt ernster aus als vorher, worüber sich Weltschaninow außerordentlich wunderte. Vor der Haustür hielt ein schöner Wagen.

»Wie! Sogar eine Equipage haben Sie bestellt? So fest glaubten Sie also, daß ich mitfahren würde?«

»Den Wagen hatte ich natürlich für mich bestellt. Trotzdem zweifelte ich nicht daran, daß Sie mitkommen würden«, entgegnete Pawel Pawlowitsch mit wahrhaft selbstzufriedener Miene.

Sie hatten schon im Wagen Platz genommen, und er setzte sich eben in Bewegung, da konnte Weltschaninow die etwas ironische Bemerkung nicht unterdrücken: »Aber, Pawel Pawlowitsch, trauen Sie mir am Ende nicht zuviel zu?«

»Und wenn ich es tue, so hoffe ich zuversichtlich, daß Sie

mich darum noch nicht für einen Einfaltspinsel halten«, erwiderte Trusozkij in festem Ton, doch nicht ohne deutlich wahrnehmbare Ergriffenheit.

Unwillkürlich mußte Weltschaninow an Lisa denken. War es ihm doch, als stünde er im Begriff, eine Entweihung zu begehen, so erbärmlich kam er sich in diesem Augenblick vor. Es wäre das beste, fuhr es ihm durch den Sinn, mich gar nicht weiter mit diesem Trusozkij zu befassen und einfach auszusteigen. Höchstens hätte ich große Lust, den Schurken ordentlich durchzuprügeln. Doch Pawel Pawlowitsch fing an zu reden, so daß die Verführung wieder die Oberhand über Weltschaninow gewann.

»Sagen Sie, verstehen Sie etwas von Schmucksachen, Alexej Iwanowitsch?«

»Was für Schmucksachen?«

»Brillanten.«

»O gewiß.«

»Wissen Sie, ich möchte nicht gern mit leeren Händen kommen . . . wie denken Sie darüber? Ist das richtig so?«

»Ich habe die Empfindung, daß Sie lieber nichts schenken sollten.«

»O doch, ich möchte schon irgend etwas mitbringen«, meinte Pawel Pawlowitsch. »Nur bin ich unschlüssig, was. Vielleicht Brosche, Armband und ein paar Ohrringe zusammen, oder nur einen Gegenstand?«

»Wieviel gedenken Sie denn auszugeben?«

»Nun, vielleicht vierhundert bis fünfhundert Rubel!«

»Oh!«

»Ist es zuviel?« sagte Pawel Pawlowitsch eingeschüchtert.

»Ein Armband für hundert Rubel würde ich an Ihrer Stelle kaufen.«

Über diese Antwort war Pawel Pawlowitsch ärgerlich, denn ihm war es gerade darum zu tun, womöglich »die ganze Garnitur« zu kaufen. Er ließ sich in eine Debatte mit Weltschaninow ein, die erst endete, als sie an einem Juweliergeschäft hielten. Beide betraten den Laden. Trusozkij kaufte schließlich ein Armband, das jedoch nicht er, sondern Weltschaninow ausgewählt hatte. Pawel Pawlowitsch wollte zwar noch ein Armband kaufen nach seinem eigenen Geschmack, unterließ es aber. Der Juwelier forderte zuerst hundertundfünfundsiebzig Rubel; als er den Preis auf hundertundfünfzig Rubel herabsetzte, war Trusozkij hierüber ärgerlich, denn ihm war es darum zu tun, möglichst viel für ein Geschenk auszugeben, zweihundert Rubel und noch mehr.

Sie stiegen wieder in die Equipage. Als sie in die Nähe der Sommervilla kamen, meinte Trusozkij entzückt, es wäre weiter nicht sonderbar, daß er so schnell den Kauf vorgenommen hätte. »Es sind ja einfache Leute, denen die Grandezza der vornehmen Kreise ganz und gar abgeht. Die Unschuld liebt die kleinen Geschenke. Sie fanden es seltsam, Alexej Iwanowitsch, daß sie nicht älter als fünfzehn Jahre ist, aber Sie sollen es wissen: gerade der Umstand, daß sie noch mit der Mappe in die Schule geht, hat mich für sie eingenommen. Sie ist noch ganz unschuldig, Alexej Iwanowitsch, und das eben liebe ich so sehr, während andere Männer zuerst nach der Schönheit des Gesichtes sehen. Sie hätten es nur beobachten sollen, wie das Mädchen kürzlich mit einer Freundin zusammen harmlos lachte über ... nun, über eine kleine Katze! Das hübsche Tierchen war von der Kommode auf ein Bett gesprungen und hatte sich dort zusammengerollt. Es war mir, als ob ich duftigen Apfelgeruch einatmete. Ob ich den Trauerflor vielleicht doch abnehme?«

»Ganz wie Sie denken.«

»Ach, ich nehme ihn ab!«

Und im Nu entfernte er den Trauerflor und warf ihn zum Wagen hinaus. Als er seine Glatze wieder mit dem Hut bedeckte, konnte Weltschaninow bemerken, daß Trusozkijs Gesicht neue Hoffnung widerstrahlte.

Sollte er sich heute wirklich nicht verstellen, dachte Weltschaninow grimmig, hat er mich tatsächlich ohne Hintergedanken eingeladen und auf meine Großmut gerechnet? Mit wem habe ich es eigentlich zu tun? Ist er ein Einfaltspinsel, ein Dummkopf oder ein *lebenslänglicher Ehemann*? Der Teufel mag aus ihm klug werden!

12

Bei Sachlebinins

Sachlebinins waren wirklich »sehr anständige Leute«, auch galt der Hausherr als pflichtgetreuer und angesehener Beamter. Was Pawel Pawlowitsch von der Familie gesagt hatte, stimmte: man lebte in geordneten Verhältnissen, immer vorausgesetzt, daß der Vater am Leben bleiben und man nicht mangels einer Erbschaft lediglich auf seine schmale Pension angewiesen sein würde.

Herr Sachlebinin bereitete Weltschaninow einen sehr liebenswürdigen Empfang, was um so bemerkenswerter war, als beide früher Gegner waren. Er sagte, er beglückwünsche Weltschaninow zu dem zustandegekommenen Vergleich, auf den er auch selber hingearbeitet habe. Pjotr Karlowitsch, Weltschaninows Rechtsanwalt, verstehe seine Sache unleugbar sehr gut. Weltschaninow bekomme jetzt ohne besonderen Verdruß und Streit sechzigtausend Rubel, während – falls kein Vergleich erzielt worden wäre – der Prozeß noch drei Jahre hätte dauern können.

Man stellte Weltschaninow der Hausfrau vor, einer schon älteren, ziemlich dicken Dame, die einen etwas beschränkten Eindruck machte. Die Töchter kamen ebenfalls, sowohl einzeln als auch paarweise. Insgesamt waren es wohl zehn bis zwölf Mädchen oder auch einige mehr. Weltschaninow konnte die Zahl nicht genau feststellen, weil die einen Mädchen hereinkamen, während andere wieder hinausgingen. Doch befanden sich mehrere Freundinnen aus der Nachbarschaft darunter. Sachlebinins Sommervilla war ein großes, hölzernes Gebäude in einem Stil, den kein Mensch hätte näher bestimmen können, mit mehreren Anbauten, die im Lauf der Jahre hinzugekommen waren. Ein größerer Garten gehörte dazu, der jedoch von den Bewohnern mehrerer anstoßender Gebäude mitbenutzt wurde, ein Umstand, durch den der Verkehr mit den Nachbarstöchtern seine Erklärung fand. Schon den ersten Worten der Unterredung konnte Weltschaninow entnehmen, daß man ihn erwartet und daß ihn Pawel Pawlowitsch als Freund empfohlen hatte, der in die Familie Sachlebinin eingeführt zu werden wünsche. Auch fiel seinem in solchen Dingen geübten Blick die ungewöhnlich herzliche Aufnahme auf, die ihm das Ehepaar entgegenbrachte, sowie das etwas feierliche Benehmen der gutgekleideten Mädchen; allerdings war gerade ein Feiertag. Er war deshalb geneigt zu glauben, daß ihn Trusozkij vielleicht als gutsituierten Junggesellen geschildert habe, der es gründlich ablehne, fortan unbeweibt weiterzuleben, und auch »Aussicht auf eine Erbschaft« habe. Auch schien die vierundzwanzigjährige älteste Tochter, Katarina Fjodorowna, nach Pawel Pawlowitschs früheren Andeutungen »ein wirklich hübsches Mädchen«, in diesem Sinn instruiert worden zu sein! Das Fräulein war entschieden »schöner aufgeputzt« als ihre Schwestern und machte sich vorteilhaft bemerkbar durch ihre Gewänder und ihre Haarfrisur. Die Mienen der Schwestern und anwesenden Mädchen schienen zu besagen, daß Weltschaninow ohne Zweifel nur deshalb gekommen sei, um sich Katarina einmal genauer anzusehen. Hätte Weltschaninow wirklich noch Zweifel über die Richtigkeit seiner Mutmaßung gehabt, so wären diese endgültig behoben worden durch die Blicke und einige im Verlauf des Tages fallende Bemerkungen der Mädchen. Katarina Fjodorowna war eine stattliche Blondine und besaß ein wirklich hübsches Gesicht; sie war nicht besonders temperamentvoll, sondern von etwas phlegmatischem Wesen. Weltschaninow musterte sie mit Wohlgefallen und wunderte sich im stillen, daß ein Mädchen von der Erscheinung und Art Katarinas bisher noch keinen Freier gefunden hatte. Die anderen Schwestern waren ebenfalls nicht unschön, auch einige der Freundinnen besaßen ganz hübsche Gesichter. Weltschaninow freute sich über die Mädchen, doch – deshalb war er nicht gekommen. Nadeschda Fjodorowna, die sechste Tochter, zur Zeit noch Schülerin einer höheren Töchterschule, Pawel Pawlowitschs Braut, war noch nicht zugegen, und Weltschaninow wartete mit einer Ungeduld auf sie, deretwegen er sich nachgerade höchst lächerlich vorkam. Endlich erschien sie, ziemlich überraschend, begleitet von Marja Nikitischna, einer lebhaften, brünetten Freundin mit komischem Gesicht, vor der sich Pawel Pawlowitsch ein klein wenig zu fürchten schien, wie es Weltschaninow vorkam. Dreiundzwanzig Jahre alt, gescheit, etwas zum Spott neigend, war Marja Nikitischna Erzieherin der kleinen Kinder einer befreundeten Nachbarsfamilie, ging in der Familie Sachlebinin aus und ein und war bei den jungen Mädchen außerordentlich gern gesehen. Nadeschda Fjodorowna und Marja Nikitischna schienen sich wirklich liebzuhaben. Gegen Pawel Pawlowitsch bestand unter den jungen Mädchen sowohl als auch unter den Freundinnen eine ernstliche Abneigung, und sehr bald, nachdem Nadeschda ins Zimmer getreten war, konnte Weltschaninow bemerken, daß sie Trusozkij ebenfalls nicht gewogen war. Pawel Pawlowitsch wurde dies entweder nicht gewahr oder wollte es absichtlich nicht bemerken. Ganz gewiß überragte Nadeschda ihre Schwestern an Schönheit; die kleine Brünette vereinigte in sich das Feuer einer Wilden und die Keckheit einer Nihilistin, verfügte über wahrhaft teuflisch glühende kleine Augen, sehr hübsche Lippen und Zähne, ein hinreißendes, manchmal etwas boshaftes Lächeln und ein temperamentvolles, geistreiches, zur Zeit freilich noch ganz kindliches Gesichtchen. Jeder Schritt, den sie tat, jedes Wort, das sie sprach, verriet noch ihre fünfzehn Jahre. Im Lauf des Gespräches ergab sich, daß sie seit kurzem die Schulmappe nicht mehr trug, mit der Pawel Pawlowitsch sie das erstemal gesehen hatte.

Die Überreichung des Geschenks nahm einen sonderbaren Verlauf und machte keineswegs einen guten Eindruck. Als Pawel Pawlowitsch bemerkte, daß seine »Braut« hereintrat, ging er ihr eilends entgegen und hielt ihr das Armband hin mit den Worten: »Gestatten Sie mir, daß ich Ihnen gleichzeitig mit dieser Gabe meinen tiefgefühltesten Dank ausspreche für den Genuß, den Sie mir unlängst durch den Vortrag Ihres herrlichen Liedes am Klavier bereitet haben!« Er vollendete jedoch seinen Satz nicht, geriet ins Stocken, stand fassungslos da, hielt dem jungen Fräulein das Armband entgegen und machte Miene, es ihr anzulegen. Das Mädchen, hochrot vor Zorn, zog schroff die Hände zurück und sagte trotzig zur Mutter, deren Gesicht recht verlegen aussah: »Ich will es nicht annehmen, Mama!«

Da mischte sich der Vater, dem man jedoch ebenfalls sein Unbehagen anmerkte, ein. Ernst ermahnte er seine Tochter: »Nimm es und bedanke dich schön!« Leise aber meinte er zu Pawel Pawlowitsch, in ziemlich zurechtweisendem Ton: »Das hätten Sie nicht notwendig gehabt, gewiß nicht!«

Nadeschda mußte nun das Armband nehmen. Sie schlug die Augen nieder und machte einen tiefen Knicks, als ob sie ein kleines Mädchen wäre. Es sah aus, als ob man auf eine Sprungfeder drückte, die nach mechanischem Niedergehen darauf jäh in die Höhe schnellte. Eine Schwester näherte sich ihr, um das Geschenk zu besichtigen, und Nadeschda reichte es ihr mit einer Miene, die zu besagen schien: Ich mache mir nichts aus dem Armband. Dann ging der Gegenstand durch die Hände aller Anwesenden und wurde schweigend, ja von einigen sogar höhnisch lächelnd betrachtet. Nur Frau Sachlebinin murmelte, daß das Armband sehr schön sei. Pawel Pawlowitsch war zumute, als ob er vor Verlegenheit in die Erde sinken müßte.

Da war es Weltschaninow, der die Situation rettete. Er fing

an, laut über irgendein Thema zu plaudern, und fünf Minuten später hatte er die Aufmerksamkeit der Anwesenden durch seine Unterhaltung gefesselt. Weltschaninow besaß freilich auch das Geschick, die Gesellschaft in harmloser Weise in Spannung zu halten und sich dabei selber so zu gebärden, als halte er die Zuhörer für ebenso ehrlich und harmlos. Auch war ihm die Gabe verliehen, gelegentlich seinen Humor leuchten zu lassen, bald durch eine witzige Bemerkung, bald durch ein mehr oder weniger geistreiches Wortspiel. Vielleicht hatte er auch das Gespräch auswendig gelernt und schon anderswo vorgebracht. Dann kam auch – wenn man sich so ausdrücken darf – die Natur der Kunst zu Hilfe: Weltschaninow befand sich nämlich in der richtigen Stimmung, fühlte sich angetrieben von einer inneren Kraft, merkte, daß sich in kurzer Zeit die Augen aller Anwesenden auf ihn richten, alle nur auf ihn hören, nur mit ihm sprechen und nur über das lachen würden, was er sagte. Da Weltschaninow nun das Talent besaß, auch andere Leute ins Gespräch zu ziehen, war bald eine allgemeine Unterhaltung im Gang, erklangen mitunter drei oder vier Stimmen gleichzeitig. Selbst das sonst so geistlose Gesicht Frau Sachlebinins belebte sich freudig. Wie weltentrückt hörte Katarina Fjodorowna zu, und Nadeschda blickte – voreingenommen wie sie einmal war – scharf auf ihn. Dies reizte Weltschaninow nur noch mehr. Marja Nikitischna, die etwas boshaft veranlagt war, verletzte ihn einmal durch eine ziemlich deutliche Stichelei. Sie behauptete nämlich, daß Pawel Pawlowitsch Weltschaninow als seinen Spielgefährten aus der Kinderzeit hingestellt habe. Es war allerdings ihre Erfindung. Danach aber hätte Weltschaninow sieben Jahre älter sein müssen! Trotzdem aber fand auch die boshafte Marja Nikitischna Gefallen an ihm. Pawel Pawlowitsch wußte gar nicht, wie ihm geschah. Daß sein Freund Weltschaninow gewisse Vorzüge hatte, ahnte er allerdings und beteiligte sich anfangs auch an der Unterhaltung. Bald aber wurde er, im Gefühl, der andere verstünde mehr als er selber, recht niedergeschlagen, wie man deutlich von seinem Gesicht ablesen konnte.

»Endlich einmal ein Gast, mit dem man eine vernünftige Unterhaltung pflegen kann«, sagte der alte Sachlebinin lächelnd. Er stand auf, um sein oben gelegenes Zimmer aufzusuchen, wo er trotz dem Feiertag einige Akten durcharbeiten wollte. »Wissen Sie«, fuhr er fort, »ich habe Sie allen

Ernstes für einen eingefleischten Hypochonder gehalten und bin recht erfreut, daß ich mich irrte.«

Da im Salon ein Flügel stand, fragte Weltschaninow, ob jemand Klavier spiele. Er wandte sich, ohne ein Antwort abzuwarten, an Nadeschda: »Da singen wohl Sie?«

Nadeschda entgegnete scharf: »Wer sagt Ihnen das?«

»Pawel Pawlowitsch erzählte es vorhin.«

»Nun ja, ich singe allerdings ein wenig, ohne eine besonders gute Stimme zu haben.«

»Genau wie ich also. Auch ich singe, ohne über eine Solostimme zu verfügen.«

»Ei, dann werden Sie uns sicherlich etwas zum besten geben, und auch ich will singen«, meinte Nadeschda mit funkelnden Augen, »aber nicht jetzt, erst nach dem Mittagessen. Wissen Sie, ich liebe die Musik nicht. Das ständige Klaviergeklimper ist mir unausstehlich. Den ganzen Tag wird bei uns gesungen und gespielt, ohne daß jemand etwas Nennenswertes leistet. Nur Katarina macht eine rühmliche Ausnahme und spielt nicht schlecht.«

Im Anschluß an Nadeschdas Ausführungen richtete Weltschaninow einige Fragen an Katarina, und die Antworten, die er erhielt, bewiesen hinlänglich, daß sich dies Fräulein ernsthaft mit dem Klavierspiel beschäftigte. Es schien allen recht zu sein, daß er das Mädchen aufforderte, etwas zu spielen. Auch die Mutter errötete vor Freude. Katarina ging lächelnd zum Flügel; da – mit einemmal wurde sie über und über rot: es mochte ihr peinlich sein, daß sie, obwohl schon vierundzwanzig Jahre und so groß, wie ein kleines Mädchen errötete. Dieses Gefühl der Verlegenheit konnte man ziemlich deutlich von ihrem Gesicht ablesen, als sie auf dem Klavierstuhl Platz nahm. Sehr sauber brachte sie – allerdings nicht besonders ausdrucksvoll – eine Haydnsche Sonate zum Vortrag; offenbar war sie etwas befangen. Als das Stück zu Ende war, besaß Weltschaninow Taktgefühl genug, nicht die Spielerin, sondern den Komponisten zu loben. Sie hörte seinen Ausführungen mit großem Interesse zu. Weltschaninow blickte sie freundlicher an als bisher. Das Leuchten seines Auges schien den Anwesenden und Katarina selber sagen zu wollen: Du bist wahrhaftig ein braves Mädchen.

Jetzt wandte er den Kopf der Glastür zu, die in den Garten führte, und sagte: »Das ist ein wunderschöner Garten. Können wir nicht hinausgehen?«

Allgemeine Zustimmung folgte. Es war, als hätte er dem Wunsch aller Anwesenden Rechnung getragen. Bis zum Mittagessen spazierte man im Garten auf und ab. Eigentlich hatte Frau Sachlebinin beabsichtigt, etwas zu schlafen, doch änderte sie ihren Entschluß und verließ mit den übrigen den Saal. Sie blieb aber auf der Veranda zurück, ließ sich dort nieder, und – in wenigen Minuten verkündeten ihre tiefen Atemzüge, daß sie eingeschlafen war. Die Beziehungen zwischen Weltschaninow und den jungen Mädchen wurden hier im Garten gar bald noch freundschaftlicher. Drei junge Männer aus den anschließenden Häusern hatten sich zur Gesellschaft eingefunden. Der erste war Student, der zweite noch Gymnasiast. Es zeigte sich sofort, daß die beiden nur ihrer Damen wegen erschienen waren, denn sie sprangen sofort an deren Seite. Der dritte Jüngling trug eine große blaue Brille, mochte etwa zwanzig Jahre zählen und schaute recht finster drein. Er flüsterte eilig und verdrossen mit Marja Nikitischna und Nadeschda, beobachtete Weltschaninow scharf und schien darauf auszugehen, ihn von oben herab zu behandeln. Mehrere Mädchen waren für den sofortigen Beginn von Gesellschaftsspielen. Weltschaninow wollte gern wissen, was man zu spielen gedenke, worauf ihm erwidert wurde, daß hier beinahe alle Spiele bekannt seien, abends jedoch beschäftige man sich mit Sprichwörtern. Dies Spiel gehe folgendermaßen vor sich: »Alle Teilnehmer setzen sich nieder, bis auf einen, der einen Moment fortgehen muß. Die Sitzenden wählen ein Sprichwort, zum Beispiel: ‚Wer langsam geht, kommt oft am weitesten'. Erscheint der andere nun wieder, muß jeder Teilnehmer der Reihe nach dem Ankömmling einen Satz sagen, der je ein Wort des betreffenden Sprichwortes enthält. Das erste bildet demnach einen Satz mit ‚wer', der nächste mit ‚langsam', und so weiter. Der Herbeigerufene aber muß die fehlenden Wörter so hinzufügen, daß das fragliche Sprichwort herauskommt.«

»Das stelle ich mir recht unterhaltend vor«, sagte Weltschaninow.

»Langweilig ist es«, ließen sich zugleich mehrere Stimmen vernehmen.

Da wandte sich Nadeschda an Weltschaninow: »Es wird auch manchmal Theater gespielt«, sagte sie. »Sie sehen dort einen starken Baum und rings um ihn herum Bänke. Nun, hinter dem Baum sind sozusagen die Kulissen. Dort halten sich die Schauspieler auf, je nachdem, was der einzelne darstellen will, zum Beispiel einen König, eine Fürstin oder einen Jüngling. Ein jeder spielt, was er spielen will; da kommt eben irgend etwas zustande.«

»Ganz köstlich!« meinte Weltschaninow.

»Köstlich, sagen Sie? Langweilig ist es. Das heißt, am Anfang ist es ja ganz nett, da aber niemand weiß, wie er das Spiel zu Ende bringen soll, wird es allmählich langweilig, es sei denn, daß es hübscher wird, wenn Sie sich daran beteiligen! Wir hielten Sie alle für einen guten Freund Pawel Pawlowitschs, sehen aber, daß Trusozkij nur mit Ihnen geprahlt hat. Aus einem bestimmten Grund bin ich froh, daß Sie erschienen sind.«

Bei diesen Worten warf ihm Nadeschda einen sehr ernsten Blick zu und wandte sich Marja Nikitischna zu.

Jetzt flüsterte Weltschaninow einer Freundin, mit der er bis dahin noch gar nicht gesprochen hatte, vertraulich zu: »Diesen Abend spielen wir ‚Sprichwörter'. Wir wollen dabei Pawel Pawlowitsch ein wenig zum besten haben, und Sie müssen uns dabei behilflich sein.«

»Nett, daß Sie gekommen sind. Es ist sonst immer so eintönig hier«, sagte ein anderes Mädchen, das ebenfalls aus der Nachbarschaft stammte und – der Himmel mochte wissen, wie! – auf einmal sichtbar wurde. Sie hatte rote Haare und ein sommersprossiges, erhitztes Gesicht. Indes wurde Pawel Pawlowitsch stets unruhiger. Weltschaninow und Nadeschda wurden immer mehr durch die geführten Gespräche füreinander eingenommen. Das Mädchen sah ihn nicht mehr von der Seite an wie vorher, sondern schien darauf Verzicht zu leisten, ihn genau zu mustern. Sie wurde lustig, ja sogar übermütig und ergriff mehrmals Weltschaninow bei der Hand, während sie Pawel Pawlowitsch stehenließ. Da ist eine regelrechte Verschwörung gegen Trusozkij im Gange, dachte Weltschaninow. Er konnte beobachten, daß Pawel Pawlowitsch von mehreren Mädchen unter nichtigem Vorwand abseits geführt wurde, während er (Weltschaninow) im Mittelpunkt des Interesses Nadeschdas und ihrer Freundinnen stand. Doch Trusozkij riß sich von den ihn umgebenden Mädchen los und eilte zu Weltschaninow und Nadeschda. Dort steckte er seinen kahlen Schädel unruhig lauschend zwischen die Köpfe der Mädchengruppe und zeigte eine Einfalt in seinem Mienenspiel, die erstaunlich und rücksichtslos zugleich war. Anstandshalber suchte sich Weltschaninow auch ein wenig um Katarina zu bekümmern, die natürlich längst bemerkt hatte, daß er lediglich für Nadeschda Augen hatte. Trotzdem blieb Katarinas Gesichtsausdruck ebenso gutmütig wie vorher. Es hatte den Anschein, als sei sie schon zufrieden, in der Nähe der beiden weilen und den Worten Weltschaninows lauschen zu dürfen, da sie selber kein Geschick zeigte, sich an dem Gespräch zu beteiligen.

»Ein rechtschaffnes Mädchen, Ihre Schwester Katarina«, flüsterte Weltschaninow Nadeschda zu.

»Da haben Sie recht! Katarina ist ein Engel und unser aller Liebling. Ich selbst liebe sie innig«, erwiderte Nadeschda mit wahrer Begeisterung.

Inzwischen war es fünf Uhr geworden, und man begab sich zum Mittagessen, das anscheinend für Weltschaninow hergerichtet war und zwei oder drei Gänge mehr als gewöhnlich hatte. Bei einem dieser Gerichte wäre es unmöglich gewesen, es genauer zu bestimmen, so sonderbar war es. Es gab gewöhnlichen Tischwein, außerdem (wieder wegen des neuen Gastes?) Tokaier und zum Schluß des Diners sogar Schaumwein. Der alte Sachlebinin hatte ein wenig zu tief ins Glas geguckt, war ausgelassen und fand alles spaßhaft, was Weltschaninow irgendwie vorbrachte. Auch Pawel Pawlowitsch nahm einen schwachen Anlauf, um seine Geistesgaben leuchten zu lassen: er versuchte, einen Witz zu machen. Es erscholl plötzlich von dem Tischende, an dem er neben Frau Sachlebinin saß, schallendes Gelächter der fröhlichen jungen Mädchen.

»Papa, Papa, Pawel Pawlowitsch hat auch einen Witz gemacht!« jubelten die zwei jüngeren Töchter Sachlebinins, »über Fräulein wie wir, sagte er, muß man sich freuen.«

»Einen Witz hat er gemacht? Nun, welchen denn?« fragte der Vater, indem er bereits im voraus über das lächelte, was er zu hören bekommen würde.

»Aber hören Sie doch! Er sagt, über Fräulein, wie wir es sind, muß man sich freuen.«

»Ganz recht! Aber was machte er für einen Witz?« Der Alte begriff offenbar noch immer nicht.

»Aber, Papa! Das ist doch so zu verstehen: ‚Fräulein' und ‚freuen' haben doch die erste Silbe gemeinsam. Deshalb meinte Pawel Pawlowitsch, man müsse sich über uns Fräulein freuen.«

»Ha!« meinte der Alte verblüfft, »nun, das nächste Mal wird es Pawel Pawlowitsch besser gelingen.« Und er lächelte gutmütig.

»Trösten Sie sich nur, Pawel Pawlowitsch, man kann nicht in allen Sätteln zugleich gerecht sein«, meinte Marja Nikitischna höhnisch. Mit einemmal aber sprang sie auf und schrie: »Herr Gott! Es ist ihm eine Gräte im Hals steckengeblieben. Er kann daran ersticken.«

Und nun war allgemeine Aufregung, die ... Marja Nikitischna beabsichtigt hatte. Pawel Pawlowitschs Hustenreiz kam einfach daher, daß ihm beim Weintrinken einige Tropfen in die unrechte Kehle geraten waren. Marja Nikitischna aber blieb dabei, es sei eine Fischgräte, sie habe es selbst gesehen, das könne zum Tode führen.

»Klopfen Sie ihm auf den Rücken!« rief jemand.

»Ja, das ist das beste«, meinte Herr Sachlebinin.

Und im Nu sah sich Trusozkij von »gutmütigen Samariterinnen« umringt, darunter auch Marja Nikitischna, die rothaarige Freundin, die man ebenfalls zum Essen gebeten hatte, endlich Frau Sachlebinin selber, die sehr erschrocken war. Jede Dame wollte Trusozkij auf den Rücken klopfen. Er erhob sich jedoch rasch und machte abwehrende Bewegungen gegen die Helferinnen. »Es ist mir nur etwas Wein in die unrechte Kehle gekommen. Der Hustenreiz ist schon vorüber«, sagte er. Schließlich waren sich alle im klaren, daß Marja Nikitischna sich einen Scherz erlaubt hatte.

Da wollte Frau Sachlebinin ihre mütterliche Mißbilligung herauskehren. »Was erlaubst du dir?« sagte sie streng, konnte aber nicht ernst bleiben und brach in ein Gelächter aus, was um so auffallender war, als dies bei ihr nur äußerst selten vorkam.

Das Mittagessen war bald vorüber, und man begab sich auf die Terrasse, um den Kaffee einzunehmen.

Vater Sachlebinin blickte sich vergnügt im Garten um und äußerste sich folgendermaßen: »Wir haben jetzt wirklich schöne Tage. Freilich täte uns ein klein wenig Regen not ... Ich bin müde und werde ein kleines Schläfchen machen. Unterhaltet euch gut! Auf Wiedersehen!« Zu Pawel Pawlowitsch gewendet, fügte er noch hinzu: »Auch dir wünsche ich recht viel Vergnügen«.

Man stieg von der Terrasse wieder in den Garten hinunter. Pawel Pawlowitsch aber stieß Weltschaninow in die Seite und flüsterte ihm zu: »Einen Augenblick!«

Sie gingen in einen einsamen Seitenweg. Hier zupfte Trusozkij Weltschaninow am Ärmel und raunte ihm wütend zu: »Entschuldigen Sie, aber ... das geht hier wirklich nicht!«

»Was geht nicht? Was meinen Sie?« fragte Weltschaninow ganz erstaunt. Pawel Pawlowitsch verzog das Gesicht zu einer zornigen Grimasse und rang nach Worten. Jetzt aber hörte man die jungen Mädchen rufen: »Wo bleiben Sie denn? Es ist schon alles bereit!«

Weltschaninow drehte sich um und ging wieder zu den übrigen. Pawel Pawlowitsch blieb ihm dicht an den Fersen.

»Sollte Sie Trusozkij um ein Taschentuch gebeten haben? Er hatte auch unlängst keines«, sagte Marja Nikitischna.

»Er vergißt es immer«, meinte eine jüngere Tochter Sachlebinins.

Und nun erscholl ein wirres Durcheinander von Stimmen.

»Trusozkij hat das Taschentuch vergessen.« – «Wie das letztemal!« – »Mama, Pawel Pawlowitsch hat Schnupfen.«

Frau Sachlebinin meinte gedehnt: »Ich begreife nicht, weshalb Sie das nicht gleich sagen, Pawel Pawlowitsch. Schnupfen ist eine häßliche Sache. Nun, ich schicke Ihnen ein Taschentuch. Daß Sie aber auch so oft Schnupfen haben!« Und sie verschwand im Haus.

»Aber ich habe ja zwei Taschentücher und keinen Schnupfen«, rief ihr Trusozkij nach.

Doch Frau Sachlebinin schien nicht verstanden zu haben, denn schon kam atemlos ein Dienstmädchen und überreichte ihm ein Taschentuch.

»Wir wollen Sprichwörter spielen.«

»Spielen! ... Sprichwörter spielen!« riefen die Stimmen mehrerer Mädchen, die großen Wert darauf zu legen schienen.

Man nahm auf den Bänken Platz. Zuerst kam Marja Nikitischna dran, die man ersuchte, recht weit wegzugehen und nicht zu horchen. Als sie dem Wunsch Folge geleistet hatte, suchte man ein Sprichwort aus und verteilte dessen einzelne Wörter an die Teilnehmer. Marja Nikitischna kam zurück und erriet das Sprichwort. Es hatte gelautet: »Wo die Not am größten, ist Gottes Hilfe am nächsten.«

Der Jüngling mit der großen blauen Brille war nunmehr an der Reihe. »Stellen Sie sich hinter die Gartenlaube«, befahl man ihm, »und wenden Sie das Gesicht dem Gitter zu!« Der finster dreinschauende junge Mann kam dem Wunsch, wenn auch geringschätzig, nach. Bei seiner Rückkehr vermochte er keine Lösung zu finden. Er ersuchte jeden Teilnehmer, den betreffenden Satz noch einmal herzusagen, konnte aber trotzdem das Sprichwort nicht erraten. Unter allgemeinem Gelächter sagte man es ihm. Es lautete: »Treue lohnen Gott und Zar!«

»Das ist ein einfältiges Sprichwort«, murmelte der Jüngling verärgert und ging wieder an seinen Platz.

»Langweilig ist das Spiel.« – »Gott, wie eintönig!« – »Wißt ihr nicht etwas anderes?« schwirrten die Rufe durcheinander.

Nadeschda aber sagte: »Nun bin ich dran.«

»Nein, Pawel Pawlowitsch muß sich jetzt entfernen«, riefen verschiedene Mädchen, und es wurde lebhafter.

Und man ließ Trusozkij sich in eine Ecke an das Gartengitter stellen, mit dem Rücken der Gesellschaft zu; das rothaarige Fräulein mußte aufpassen, daß er sich nicht umdrehte. Pawel Pawlowitsch, dessen gute Laune allmählich wiederkehrte, wollte sich gewissenhaft nach den Spielregeln richten. Er blieb wie versteinert stehen und getraute sich nicht, sich umzublicken. Das rothaarige Mädchen bewachte ihn, zwanzig Schritt entfernt, mit Argusaugen, schielte aber gleichzeitig nach den anderen Mädchen, die aufgeregt etwas vorbereiteten. Jetzt gab die Rothaarige mit den Händen ein Zeichen. Daraufhin stoben die Mädchen wie auf Kommando auseinander, um irgendwohin zu laufen.

»Schnell, schnell«, flüsterte Weltschaninow mehreren Mädchen zu, die darüber erschrocken zu sein schienen, daß er nicht mit davoneilte.

Weltschaninow lief ihnen nach. »Was ist denn geschehen?« fragte er.

»Nicht so laut! Wir wollen Pawel Pawlowitsch stehen lassen und weglaufen. Sehen Sie, auch Nadeschda läuft weg.«

Das rothaarige Fräulein (man nannte sie abgekürzt Nastja) rannte den anderen Mädchen nach und schwenkte die Arme in der Luft herum. Bis hinter den Teich am anderen Ende des Gartens ging die wilde Jagd, und Weltschaninow konnte, ebenfalls dort angelangt, bemerken, daß zwischen Katarina und den anderen Mädchen eine Unstimmigkeit herrschte.

»Aber Katarina, sei nicht böse!« sagte Nastja schmeichlerisch.

»Gut, ich will es der Mutter nicht erzählen, aber ich gehe fort, denn ihr handelt nicht recht an dem armen Pawel Pawlowitsch, daß ihr ihn zwecklos dort am Gitter stehen laßt.«

Voller Mitleid ging sie von dannen, während die anderen Mädchen unerbittlich in ihrer Grausamkeit verharrten und sogar an Weltschaninow das Ansinnen stellten, er möge dem zurückkommenden Trusozkij keinerlei Beachtung schenken. »Laßt uns Fangen spielen!« rief das rothaarige Fräulein.

Nach einer Viertelstunde kam Pawel Pawlowitsch zu den Spielenden zurück. Wohl zehn Minuten hatte er zwecklos am Gitter zugebracht. Man war eifrig beim Versteckspiel, schrie nach Herzenslust und amüsierte sich ganz vortrefflich. Pawel Pawlowitsch stürzte wutentbrannt auf Weltschaninow zu und zupfte ihn mit den rasch hervorgestoßenen Worten: »Einen Augenblick!« am Ärmel.

»Was er nun schon wieder hat mit seinem Augenblick?«

»Was wird es sein? Er braucht wieder einmal ein Taschentuch.«

Trusozkij stieß hervor: »Diesmal sind Sie es aber wirklich gewesen! Sie tragen die Schuld!«

Weltschaninow meinte ganz ruhig: »Seien Sie doch verständig! Man muß mit den Wölfen heulen. Sie werden nur deshalb aufgezogen, weil die Mädchen wissen, daß Sie sich darüber ärgern.« Weltschaninow wunderte sich nicht wenig, daß seine Worte eine so große Wirkung auf Pawel Pawlowitsch ausübten. Trusozkij wurde plötzlich ganz ruhig und nahm, als ob nichts geschehen wäre, an dem Spiel teil. Man ließ ihn unbehelligt und spielte mit ihm wie mit den anderen, so daß er allmählich wieder ganz vergnügt wurde. War bei einem Spiel eine Dame zu wählen, so suchte sich Trusozkij das rothaarige Mädchen heraus oder eine Tochter Sachlebinins. Auffällig war, daß er nicht ein einziges Mal den Versuch machte, Nadeschda, in deren Nähe er sich beständig aufhielt, anzureden. Hielt er es am Ende gar für richtig, daß ihn dieses Mädchen nicht beachtete? Gegen Abend erlaubten sich die Mädchen noch einen Scherz mit ihm.

Bekanntlich darf sich derjenige, der sich beim Versteckspiel verbirgt, seinen Zufluchtsort innerhalb des für das Spiel zur Verfügung gestellten Raumes selbst suchen. Trusozkij hatte sich in einem Busch verborgen, faßte aber plötzlich den Entschluß, sich lieber im Haus zu verstecken. Man hatte ihn entwischen sehen, und es erhob sich ein gewaltiges Geschrei darüber. Er rannte in den Zwischenstock, wo er sich hinter einer Kommode verstecken wollte. Darauf hatte die Rothaarige, die ihm dicht auf den Fersen war, nur gewartet: sie schloß die Tür hinter ihm zu. Alsbald brachen die Mädchen das Spiel ab und rannten von neuem hinter den Teich an das andere Ende des Gartens. Als Pawel Pawlowitsch zehn Minuten später zum Fenster hinaussah, bemerkte er weit und breit keine Menschenseele, getraute sich auch nicht, laut zu rufen, weil er befürchtete, die Eltern zu wecken. Dem Dienstmädchen aber und auch der Aufwartefrau hatte man eingeschärft, für den Fall, daß Pawel Pawlowitsch rufen sollte, nicht darauf zu antworten. Katarina schlief in ihrem Zimmer und konnte ihm also auch nicht öffnen, und so kam es, daß er eine Stunde lang gefangen blieb. Dann endlich kehrten die Mädchen, als wenn nichts geschehen wäre, zurück und spazierten zu zweit oder zu dritt am Haus vorbei.

»Pawel Pawlowitsch, wo stecken Sie? Bei uns ist es herrlich! Hier wird Theater gespielt. Den ‚jungen Herrn' hat Alexej Iwanowitsch dargestellt.«

»Pawel Pawlowitsch, Sie werden schmerzlich vermißt. Sie wollen uns doch nicht aus dem Weg gehen? Das sieht aber ganz so aus!« So schwirrten die Mädchenstimmen durcheinander.

»Was sieht schon wieder ganz so aus?« fragte auf einmal Frau Sachlebinin, die, vom Schläfchen erwacht, aus dem Haus herauskam, um den harmlosen Spielen bis zum Tee noch ein wenig zuzusehen.

»Da, sehen Sie nur, dort steht Pawel Pawlowitsch«, rief ein Mädchen der Mutter zu und zeigte nach oben, wo man das wutverzerrte Gesicht Trusozkijs am Fenster erblicken konnte.

Die Mutter Sachlebinin schüttelte den Kopf und murmelte: »Sonderbare Marotte, allein dort zu stehen, während die anderen sich amüsieren!«

Inzwischen hatte Nadeschda Weltschaninow auf einem etwas abseits gelegenen Gartenweg eine Erklärung über das gegeben, was sie einige Zeit vorher zu ihm gesagt hatte, daß sie nämlich aus ganz gewisser Ursache erfreut sei über sein Erscheinen. Eigens zu diesem Zweck hatte ihn Marja Nikitischna vom Spiel, an dem er sich bis dahin beteiligte, in diesen Gang weggerufen. Hier ließ sie ihn nun allein mit Nadeschda, die sich in schnellem und schnatterndem Ton folgendermaßen vernehmen ließ: »Daß Sie nicht so sehr mit Pawel Pawlowitsch befreundet sind, wie dieser es gern hinzustellen sucht, steht außer Zweifel. Nur Sie können mir den Dienst erweisen, den ich Ihnen auseinandersetzen werde.« Sie zog Pawel Pawlowitschs Geschenk aus der Tasche. »Dieses Armband hier werde ich niemals tragen, und ich möchte Sie vielmals bitten, es Trusozkij in meinem Auftrag zurückzugeben. Ich werde zeitlebens kein Wort mit ihm sprechen. Sagen Sie ihm gleichzeitig, er möge mich ein für allemal mit Geschenken verschonen! Würden Sie die große Liebenswürdigkeit haben, mir diese Bitte zu erfüllen?«

»Mein Gott! Erlassen Sie mir diese heikle Sache!« rief Weltschaninow und wehrte mit beiden Händen ab.

Es kam Nadeschda höchst ungelegen, daß er sich weigerte, den Auftrag auszuführen. Man sah ihr an, daß ihr das Weinen nahe war. Weltschaninow mußte lächeln.

»Wenn ich nicht selber etwas Unangenehmes mit Trusozkij auszumachen hätte, sollte es mir gewiß nicht darauf ankommen, ihm das Armband zu geben . . .«

»Dachte ich's doch«, unterbrach ihn Nadeschda, »daß er gelogen hat, als er sagte, daß Sie sein Freund seien. Seine Gattin werde ich niemals, das dürfen Sie mir glauben. Wie konnte er es nur wagen . . . Doch das dumme Armband müssen Sie ihm zurückgeben. Was sollte ich damit anfangen? Noch heute muß er es zurückbekommen, damit er sieht, daß ich ihm nicht ins Garn gehe. Gnade ihm Gott, wenn er es meinem Vater sagt . . .«

Sie führte den Satz nicht zu Ende, denn aus dem Gebüsch sprang plötzlich der Jüngling mit der blauen Brille hervor. Er stürzte mit den Worten: »Übergeben Sie ihm das Armband!« auf Weltschaninow los und fuhr fort: »Zeigen Sie, daß Sie ebenfalls für die Rechte der Frauen eintreten, daß Sie voll und ganz dafür eintreten!«

Den letzten Satz konnte der junge Mann allerdings nicht vollenden, denn Nadeschda ergriff ihn am Arm und zog ihn mit aller ihr zu Gebote stehenden Kraft von Weltschaninow weg. Dabei sagte sie: »Seien Sie doch nicht dumm, Predposilow, und entfernen Sie sich! Sie sollen nicht horchen! Ich habe Ihnen doch befohlen, weit weg von hier zu warten.«

Der Jüngling kroch verschüchtert wieder in sein Gebüsch. Sie aber stampfte mit den Füßen und ging wütend, mit funkelnden Augen und geballten Fäusten, auf und ab. Dann blieb sie vor Weltschaninow stehen und meinte: »O über die Dummheit dieser Leute! Sie haben gut lachen! Aber ich, ich . . .«

»Sagen Sie, Fräulein, war das Ihr Auserkorener?« fragte Weltschaninow heiter.

»Wie Sie nur so etwas denken können!« sagte Nadeschda lächelnd und errötend. »Sein Freund ist es. Das ist auch so eine sonderbare Sorte von Menschen, die er sich zu Freunden auswählt. Dieser Predposilow soll ein zukünftiger Weltreformator sein, aber ... das ist mir zu hoch ... Also, Alexej Iwanowitsch, noch einmal, wollen Sie Pawel Pawlowitsch das Armband übergeben?«

»Nun gut, geben Sie es her! Ich will Ihnen den Gefallen tun.«

»Sie sind ein prächtiger Mensch«, sagte Nadeschda freudig und gab Weltschaninow das Kästchen. »Zur Belohnung will ich heute abend singen. Ich will es nur Ihnen verraten, daß ich ganz gut singen kann. Vorhin habe ich Ihnen nicht die Wahrheit gesagt. Natürlich liebe ich die Musik sehr. Ach, daß Sie uns doch noch einmal besuchen würden, ich hätte Ihnen viel zu erzählen, sehr viel! Gut sind Sie, gut wie .. wie Katarina!«

Und sie hielt Wort. Als sie zum Tee ins Haus zurückkamen, trug Nadeschda mit angenehm klingender, in Entwicklung begriffener, wenn auch ungeschulter Stimme zwei Romanzen vor. Was Trusozkij anbelangt, so saß er vor dem Samowar und dem Porzellanservice mit den Eltern zusammen am Tisch. Anscheinend waren es ziemlich wichtige Dinge, die er mit Herrn Sachlebinin besprach. Übermorgen wollte Pawel Pawlowitsch abreisen. Übrigens hatte er für die hereintretenden jungen Mädchen und Weltschaninow nicht einen Blick übrig, auch schien er sich über sein unangenehmes Erlebnis von vorhin den Eltern gegenüber nicht ausgesprochen zu haben. Als Nadeschda zu singen anfing, stand er auf und nahm neben ihr Aufstellung, ließ sich auch dadurch nicht irremachen, daß das Mädchen eine seiner Fragen unbeantwortet ließ. Er stellte sich hinter ihren Stuhl, als ob er damit sagen wollte: Hier bin ich, hier bleibe ich, keine irdische Macht soll mich von hier vertreiben.

Mit einemmal riefen die jungen Damen, Weltschaninow solle etwas singen, worauf sich dieser ungezwungen ans Klavier begab, um sich selber zu begleiten. Alle eilten aus dem Teezimmer in den Musiksalon, auch Katarina, die bis jetzt Tee eingegossen hatte.

Es war eine halbvergessene Romanze von Glinka, die Weltschaninow vortrug:

»Wie lieb ich, ach! die Abendstunde,
Da sich mein Mund zu deinem Munde
In zärtlichem Geplauder neigt!«

Näher als die anderen, dicht an seinem Arm, stand Nadeschda, und so schien er die Wort an das Mädchen zu richten. Seine Stimme mochte früher sehr wohllautend gewesen sein. Was er vortrug, hatte er vor zwanzig Jahren als Student in der Wohnung eines Freundes von Glinka selbst gehört. Der Komponist sang damals seine eigenen Lieder, darunter auch dieses hier, gern selber vor, und obwohl Glinka schon damals keine hervorragend gute Stimme mehr hatte, erzielte doch das Lied »Wie lieb ich, ach! die Abendstunde!« eine nachhaltige Wirkung, so daß es fraglich gewesen wäre, ob ein ausgebildeter Solist den gleichen Erfolg errungen hätte. Mit jeder Strophe wächst in dieser Romanze Glinkas die Leidenschaft, so daß der kleinste Fehler, jedwede Übertreibung nur verderblich für den Gesamteindruck werden konnte. Mit innerster, echter Begeisterung mußte gerade dieses Tonstück vorgetragen werden, sonst lief der Sänger Gefahr, einen Mißerfolg schlimmster Art zu ernten. Wahrheit und schlichter Vortrag waren unbedingt vonnöten. Weltschaninow hatte – von Glinkas seelischer Wärme durchdrungen – schon wiederholt mit Erfolg die Romanze gesungen, aber so wie heute, so innig, so lebenswarm war sein Vortrag sonst noch nie gewesen. Das Gefühl kam immer stärker zum Durchbruch bei ihm, bis zum kühnsten Schrei der Leidenschaft. Mit funkelnden Augen, sich zu Nadeschda wendend, sang er die letzten Worte der Komposition:

»Und kühner, kühner heft ich meine Augen
Auf deinen Mund. O könnt ich, Liebste, saugen
An deinen süßen Lippen. – Küssen möcht ich, küssen,
Nur küssen deinen Mund und wieder küssen!«

Nadeschda, dunkelrot im Gesicht, erschrak sogar ein wenig, doch war in ihren Mienen trotz weiblicher Schamhaftigkeit etwas wie warme Teilnahme zu lesen. Auch die Gesichter der anderen Zuhörerinnen strahlten vor Entzücken, obwohl alle Mädchen die uneingestandene Empfindung haben mochten, daß man so – so nicht singen dürfe, ohne die Schranken der Sitte zu überschreiten. Den höchsten Grad der Begeisterung jedoch hatte Weltschaninow bei Katarina hervorgerufen, deren

Gesicht jetzt durch die innere Anteilnahme wahrhaft veredelt erschien.

Vater Sachlebinin murmelte: »Das ist wenigstens einmal eine ordentliche Romanze, nur ... ein wenig stark aufgetragen! Ein schönes Lied, aber stark ...«

Auch Frau Sachlebinin äußerte sich dahin, es sei etwas zu stark. Pawel Pawlowitsch dagegen sprang wie besessen auf, lief zu Nadeschda, ergriff sie an der Hand und zog sie von Weltschaninow fort. Darauf ging er nochmals auf letzteren zu, stierte ihn mit zuckenden Lippen an und murmelte wütend: »Bitte, einen Moment!«

Weltschaninow mochte denken: Zögere ich, wird er zur ersten kleineren noch eine zehnmal größere Torheit hinzufügen. Reizen wir ihn also nicht! Er faßte Trusozkijs Hand und ging, ohne auf das Staunen der übrigen zu achten, mit ihm über die Veranda hinaus in den Garten, der bereits völlig dunkel dalag. Hier angelangt, sagte Pawel Pawlowitsch mit zitternder Stimme: »Sie werden gewiß verstehen, daß wir sofort fahren müssen!«

»Nein, das verstehe ich nicht!«

Bebend vor Wut flüsterte Pawel Pawlowitsch: »Wissen Sie denn nicht mehr, daß Sie mich ersuchten, Ihnen ganz offen alles zu sagen? Nun, die richtige Zeit ist da, um dies zu tun. Fahren Sie also fort mit mir!«

Nach kurzem Nachdenken erklärte Weltschaninow, dazu bereit zu sein.

Man kann sich leicht vorstellen, daß die Sachlebinins höchst verwundert waren über den geplanten Aufbruch, und daß die Mädchen ärgerlich waren.

»Wollen Sie denn nicht noch eine Tasse Tee trinken?« sagte Frau Sachlebinin mit weinerlicher Stimme, und der Alte herrschte den lächelnden Pawel Pawlowitsch ziemlich unwillig an: »Was haben Sie nur?«

Die jungen Mädchen blickten Trusozkij finster an und sagten mürrisch: »Pawel Pawlowitsch, warum nehmen Sie Alexej Iwanowitsch mit?« Besonders Nadeschda warf Trusozkij einen sehr bösen Blick zu, der ihn jedoch in seinem Entschluß nicht wankend machte.

Weltschaninow aber rettete die Situation mit den Worten: »Pawel Pawlowitsch hat ganz recht, mich an eine wichtige Angelegenheit zu erinnern, die ich schon vergessen hatte.« Er reichte Vater Sachlebinin die Hand und machte vor Frau

Sachlebinin und den Mädchen, insbesondere vor Katarina, eine Abschiedsverbeugung.

Sachlebinin sagte mit Pathos: »Es war uns sehr angenehm, Sie bei uns zu sehen. Hoffentlich beehren Sie uns bald wieder mit Ihrem Besuch.« Die Dame des Hauses flötete sanft: »Hoffentlich bald wieder!«

Mehrere Stimmen von der Veranda her riefen ihm zu, als er bereits mit Trusozkij in den Wagen einstieg: »Auf recht baldiges Wiedersehen, Alexej Iwanowitsch!« Und wie ein Echo kam noch ein Stimmchen hinterher: »Auf Wiedersehen, Alexej Iwanowitsch!«

Weltschaninow dachte: Das war die Rothaarige.

13

Wer hat den größeren Verlust?

Reue folterte ihn, und dennoch mußte er an das rothaarige Fräulein denken. Trotz allen Zerstreuungen dieses Tages war er beständig in niedergeschlagener Stimmung gewesen. Ob er wohl jenes Lied lediglich seines Trübsinns wegen mit so großer Hingabe gesungen hatte?

Er quälte sich mit Selbstvorwürfen. Wie durfte ich mich nur so erniedrigen ... alles vergessen, was vorher war? Doch gleich suchte er die trüben Gedanken wieder zu verscheuchen, denn, dachte er bei sich, es ist besser, mich über eine andere Person als über mich selbst zu ärgern. Dabei schielte er nach Pawel Pawlowitsch, der stillschweigend in der anderen Wagenecke saß.

Was mochte wohl jetzt in Trusozkijs Seele vor sich gehen? Ob er sich auf etwas vorbereitete? Von Zeit zu Zeit lüftete er den Hut und wischte sich mit dem Taschentuch den Schweiß ab. Er schwitzt, dachte Weltschaninow ärgerlich.

»Sagen Sie«, wandte sich jetzt Trusozkij an den Kutscher, »wird es heute noch ein Gewitter geben?«

»Sicherlich! Es ist schon immer so schwül gewesen den Tag über.« Der Kutscher mochte recht haben, denn schwarze Wolken hingen am Himmel, und am Horizont konnte man bereits Wetterleuchten wahrnehmen. Gegen halb elf Uhr erreichte man die Stadt. Da äußerte Pawel Pawlowitsch, er werde mit zu Weltschaninow kommen. Weltschaninow erwiderte, es sei ihm recht, obwohl er sich nicht ganz wohl fühle.

»Nun, das wird schon besser werden, ich halte mich auch nicht allzu lange auf.«

Auf der Vortreppe angelangt, ging Trusozkij auf einige Minuten zu Mawra auf den Hof.

Weltschaninow setzte seinen Weg inzwischen zu Fuß fort, und als ihn bald darauf Pawel Pawlowitsch einholte, fragte er ihn: »Was haben Sie dort getan?«

»Nichts Wichtiges ... es handelte sich nur um den Kutscher.« Sie betraten Weltschaninows Zimmer.

»Irgend etwas zu trinken bekommen Sie von mir heute nicht mehr.«

Trusozkij antwortete nicht und nahm, während der andere die Lampe anbrannte, in einem Lehnstuhl Platz. Weltschaninow blieb finster, mit verschränkten Armen vor ihm stehen und kämpfte augenscheinlich mit großer Mühe seine Aufregung nieder.

»Hören Sie«, begann Weltschaninow, »mein letztes entscheidendes Wort. Ich glaube, daß – wenigstens sagt mir dies mein Gewissen – alles zwischen uns erledigt ist. Über nichts haben wir uns noch zu verständigen. So dürfte es wohl am besten sein, wenn Sie gingen, damit ich zusperren kann.«

Pawel Pawlowitsch sah Weltschaninow mit unendlicher Sanftmut an und erwiderte: »Vollständig im reinen sind wir noch nicht miteinander, Alexej Iwanowitsch.«

»Noch nicht vollständig im reinen?« sagte Weltschaninow in größtem Erstaunen. »Inwiefern? Sollte dies etwa Ihr entscheidendes Wort sein, um einen Ihrer letzten Ausdrücke zu gebrauchen? Läuft es auf irgendeine Offenbarung hinaus?«

»Gewiß, es ist das letzte, entscheidende Wort.«

»Aber wir sind längst im reinen miteinander, wir brauchen uns nichts mehr zu sagen«, erwiderte Weltschaninow stolz.

Da verschränkte Pawel Pawlowitsch in eigentümlicher Weise die Finger beider Hände vor der Brust und meinte gedehnt: »Sollten Sie das wirklich glauben?«

Weltschaninow antwortete nicht sofort. Er wanderte auf und ab im Zimmer, während er in schmerzlicher Erinnerung Lisas gedachte. Dann blieb er stehen und richtete an Pawel Pawlowitsch die Frage: »Noch einmal, inwiefern wären wir denn noch nicht im reinen miteinander?«

Da erhob sich Pawel Pawlowitsch plötzlich von seinem

Lehnstuhl und flüsterte mit bebender Stimme: »Stellen Sie von jetzt ab Ihre Besuche dort ein!«

Zunächst mußte Weltschaninow lachen und rief: »Ist es also das, was Ihnen zu schaffen macht?« Ziemlich verächtlich fügte er gleich darauf hinzu: »Habe ich mich doch den ganzen Tag über Sie gewundert!« Dann veränderten sich seine Gesichtszüge, und mit ernster, trauriger Stimme sagte er: »Eins ist sicher, daß ich mich noch nie so gedemütigt habe wie heute. Erstens durfte ich überhaupt nicht mit Ihnen fahren, zweitens wurde von meiner Seite aus dort ein Benehmen an den Tag gelegt, das so erbärmlich war, daß ich mich wahrlich jetzt noch vor mir selber schäme. Wie konnte ich mich nur in einer solchen Weise mißbrauchen lassen, müßig herumspielen und leichtfertig vergessen ... doch genug davon! Ich war krank, nervös überreizt, als Sie zu mir kamen, das entschuldigt eigentlich alles Weitere! Sie dürfen es mir ruhig glauben, daß ich niemals wieder hinfahren werde.«

Da konnte Pawel Pawlowitsch eine freudige Aufwallung nicht unterdrücken und rief unwillkürlich: »Wirklich nicht?«

Verächtlich musterte ihn Weltschaninow und setzte sein Aufundabgehen in der Stube fort. Schließlich ließ er die Bemerkung fallen: »Also ist es Ihnen darum zu tun – koste es, was es wolle –, das Glück zu erjagen?«

»Ja«, kam es leise und freimütig von den Lippen des anderen. Weltschaninow aber dachte, ihm selber könne es wohl gleichgültig sein, daß Trusozkij ein vollendeter Einfaltspinsel und dieser wenig schätzbaren Eigenschaft wegen ein schlechter Mensch sei. Hassenswert wird er mir immer erscheinen, schloß er seinen unhörbaren Monolog.

Pawel Pawlowitsch ging zur Selbstironie über und sagte: »Ich bin ein lebenslänglicher Ehemann. Den Ausdruck hörte ich schon vor vielen Jahren von Ihnen, als Sie noch bei uns wohnten. Auch andere Sentenzen, die sie damals gebrauchten, prägte ich mir ein. Als Sie das vorige Mal den Ausdruck ‚lebenslänglicher Ehemann' verwendeten, fiel er mir wieder ein.«

Hier öffnete sich die Tür, und Mawra erschien mit zwei Gläsern und einer Flasche Schaumwein.

»Sie müssen schon entschuldigen, Alexej Iwanowitsch, aber es geht nicht anders. Rechnen Sie es mir nicht als Unverschämtheit an, sondern messen Sie der Sache keine weitere Bedeutung bei!«

Mit ersichtlichem Widerwillen nickte Weltschaninow mit dem Kopf, versicherte aber gleichzeitig, es sei ihm unwohl.

»Nun ... es dauert nicht lange, die Kehle ist mir ganz trocken«, meinte Pawel Pawlowitsch schnell. Er goß sich ein Glas ein und trank es, Weltschaninow liebevoll anblickend, in einem Zug aus, während Mawra hinausging.

Weltschaninow murmelte kaum hörbar vor sich hin: »Widerwärtiger Mensch!«

Der Wein hatte den anderen aufgemuntert, und er sagte: »Es waren doch nur die Freundinnen.«

»Was ... Ach, Sie sprechen noch immer davon.«

»Die Freundinnen waren es. Dann ist sie noch so unschuldsvoll, noch ganz kindlich, so übermütig, sehen Sie, das fesselte mich. Es ist zu reizend. Später ... nun, später werde ich ihr unmittelbar zu Füßen liegen, wenn sie erst gesellschaftsfähig und eine vollkommene Dame sein wird.«

Weltschaninow schob das Etui in seiner Manteltasche hin und her und dachte: Das Armband muß ich ihm schließlich doch geben.

»Alexej Iwanowitsch«, äußerte sich gleich darauf Pawel Pawlowitsch mit einer Vertraulichkeit, die etwas Rührendes an sich hatte, »sagten Sie nicht vorhin, es wäre mir gewiß darum zu tun, koste es, was es wolle, das Glück zu erjagen? Es wird die höchste Zeit für mich, daß ich heirate.« Er deutete auf die Flasche. »Ach, und das Trinken ist ja nur eine meiner üblen Angewohnheiten. Ohne Gattin kann ich einfach nicht leben. Mit der Heirat feiere ich gleichsam meine Auferstehung und ziehe meinen alten Adam aus.«

Nur mit Gewalt vermochte Weltschaninow das Lachen zu unterdrücken. Dieser Mann ist wirklich ein ganz absonderlicher Mensch, dachte er. Laut aber äußerte er: »Wenn ich nur wüßte, weshalb Sie mir dies alles erzählen! Und dann – warum haben Sie mich zu Sachlebinin mitgenommen?«

»Weil ich eine Probe machen wollte«, stieß Pawel Pawlowitsch ziemlich verwirrt hervor.

»Welche Probe?«

»Die Wirkung ... ja, wissen Sie, Alexej Iwanowitsch, bei Sachlebinins bin ich ... erst ... seit acht Tagen eingeführt«, bemerkte er schüchtern. »Als Sie mir gestern begegneten, dachte ich bei mir, in Herrengesellschaft – außer der meinigen – beobachtete ich das Mädchen noch nie. Freilich war es ein einfältiger und ganz überflüssiger Gedanke. Aber ich wollte doch den Eindruck, die Wirkung ausprobieren, wegen« – er erhob errötend den Kopf – »meines schlechten Charakters . . .«

Weltschaninow war äußerst erstaunt und dachte: Sagt er denn wirklich die Wahrheit? Laut aber sprach er nur: »Und wie fiel der Versuch aus?«

Mit einem süßlichen und zugleich verschmitzten Lächeln erwiderte Pawel Pawlowitsch: »Die unschuldigste, lieblichste Jugend! Die Freundinnen sind weniger harmlos. Mein albernes Benehmen Ihnen gegenüber heute tut mir wirklich leid, Alexej Iwanowitsch. Es soll nie wieder vorkommen, das versichere ich Ihnen.«

»Mich wird man bestimmt nicht wieder dort erblicken«, meinte Weltschaninow lächelnd.

»Das wollte ich eben sagen.«

Da fühlte sich Weltschaninow nun doch ein wenig verletzt. Mürrisch rief er: »Als wenn ich allein auf der Welt wäre!«

Und wieder errötete Pawel Pawlowitsch.

»Sehr peinlich für mich, dies zu hören, Alexej Iwanowitsch, denn Fräulein Nadeschda steht in meinen Augen sehr hoch, das dürfen Sie mir glauben.«

»Verzeihen Sie, Pawel Pawlowitsch! Betrachten Sie meine Worte als ungesagt. Warum legen Sie einen so großen Wert auf meine gesellschaftlichen Vorzüge? Weshalb schenken Sie mir ein so unbedingtes Vertrauen?«

»Ich vertraute Ihnen, weil das Kommende geschehen sollte nach alledem . . . was sich bereits ereignet hatte.«

Weltschaninow blieb mit einem Male stehen. »So bin ich auch jetzt ein rechtschaffener Mann für Sie?« fragte er. Zu anderen Zeiten wäre ihm diese Rede ungemein töricht erschienen.

Pawel Pawlowitsch schlug die Augen nieder und entgegnete: »Jederzeit waren Sie es für mich.«

»Freilich . . . Aber so wünschte ich meine Frage gar nicht ausgelegt von Ihnen; der Sinn derselben war vielmehr, ob Sie trotz den Vorurteilen . . .«

»Trotz den Vorurteilen!«

Weltschaninow zögerte etwas. Endlich entschloß er sich aber doch zu der Frage, ungeachtet der Ungeheuerlichkeit seiner Neugierde: »Und als Sie nach Petersburg fuhren?«

»Als ich nach Petersburg fuhr, waren Sie gleichfalls in meinen Augen ein rechtschaffener Mensch. Ich sagte es bereits, Alexej Iwanowitsch, stets waren Sie es für mich.«

Bei diesen Worten sah Pawel Pawlowitsch den anderen frei und offen, ohne jede Verlegenheit an. Weltschaninow sagte sich, er müsse verhindern, daß wieder etwas geschehe, was die Grenze des Erlaubten überschreite, und daß er keine weiteren ähnlichen Fragen stellen dürfe. Pawel Pawlowitsch fuhr nach kurzem Zögern fort: »Ich habe Sie geliebt, Alexej Iwanowitsch, auch jenes Jahr in T., ohne daß Sie es merkten.« Mit Schrecken hörte Weltschaninow die Stimme Trusozkijs ein wenig zittern. »Wie konnte ich, unbedeutend im Vergleich mit Ihnen, meine Empfindungen Ihnen begreiflich machen, was aber eigentlich notwendig gewesen wäre? Neun Jahre lang dachte ich an Sie, denn ein solches Jahr wie damals steht einzig da in meinem Leben.« Hier nahmen Trusozkijs Augen einen lebhaften Glanz an. »So manche Ihrer Sentenzen prägte ich mir ein, und Sie sind ein Mensch von warmem Gefühl, hochgebildet und in einer besonderen Gedankenwelt lebend. Sagten Sie doch selbst einst: ‚Das starke und tiefe Gefühl ist häufiger die Quelle erhabener Gedanken als die Verstandeswelt eines Menschen!' Sie haben das sicherlich längst vergessen, aber ich – prägte es mir ein. Verstehen Sie nun noch immer nicht, daß ich Ihnen, dem geistig Hochstehenden, so bedingungslos Vertrauen schenken konnte, trotz mancherlei Bedenken?«

Und verräterisch zuckte es um sein Kinn, so daß sich Weltschaninow erschrocken sagte: Machen wir diesen unerwarteten Aufwallungen des Gefühls ein Ende!

»Bitte, es ist genug, Pawel Pawlowitsch!« murmelte er, rot werdend vor nervöser Ungeduld. Dann auf einmal rief er laut: »Weshalb belästigen Sie einen Mann, der krank ist und oft Fieberanfälle hat? Warum ziehen Sie ihn hinein in Ihre Kreise, während Sie genau wissen, daß hier ein alle Begriffe übersteigendes Gaukelwerk getrieben wird. Wir sind – das ist ja eben die ganze Nichtswürdigkeit – beide gemeine Kerle, die aus einem Laster ins andere fallen. Daß Sie mir nicht eine Spur von Liebe entgegenbringen, sondern den ungeschminktesten Haß ... daß Sie Ihre eigenen Lügen glauben ... verlangen Sie etwa noch, daß ich Ihnen dies beweisen soll? Oder soll ich Ihnen wirklich erst sagen, daß Sie mich keineswegs zu Ihrer Braut mitgenommen haben, um sie auf die Probe zu stellen (auf eine so blödsinnige Idee kommt ja überhaupt sonst kein Mensch!), sondern mich deshalb mitschleppten, um mir das Mädchen zu zeigen, um gewissermaßen zu prahlen mit ihr? Gib dir gar keine Mühe, mein Lieber, dachten Sie bei sich, bei diesem schönen Kind hast du kein Glück. Das Mädchen ist mein! Herausgefordert haben Sie mich. Es ist ja möglich, daß Sie es unbewußt taten, aber ohne Haß haben Sie ganz gewiß nicht gehandelt!«

Im heftigsten Zorn sprudelte Weltschaninow diese Worte heraus und lief wie ein gereiztes Raubtier auf und ab. Dabei hatte er die qualvolle Empfindung, daß er sich zu tief erniedrigt habe vor Pawel Pawlowitsch. Trusozkij schien sich jetzt aufzuraffen. Hastig flüsterte er: »Es war mir nur um die Versöhnung mit Ihnen zu tun, Alexej Iwanowitsch.« Dabei zuckte sein Kinn.

Gröblichst beleidigt, schrie jetzt Weltschaninow in höchster Wut: »Noch einmal, Sie rücken mir nur deshalb auf den Leib, um mir, einem kranken Mann, irgendein unbedachtes Wort zu entreißen. Allein Sie müßten dabei bedenken, daß wir beide Menschen verschiedensten Charakters sind. Und«, seine Stimme sank zum Flüstertone herab, »Lisa, die kleine Tote, schwebt zwischen uns.« Die letzten Worte brachten ihn wieder zur Besinnung.

Das Gesicht Pawel Pawlowitschs war totenbleich geworden. Mit einer Gebärde, die furchtbar wirken sollte, aber tatsächlich etwas Komisches an sich hatte (er schlug sich dabei mit der Faust auf die Herzgegend), brachte er mühsam die Worte heraus: »Und wissen Sie denn auch wirklich, welche Bedeutung das kleine Grab für mich hat? Es ist richtig, daß wir beide davor stehen, aber ebenso sicher ist, daß ich mehr verlor als Sie, mehr, sage ich, viel mehr als Sie!«

Da auf einmal klingelte es ungewöhnlich stark. Es schien geradezu, als wollte jemand die Klingel abreißen. Beide sahen sich erstaunt an, und Weltschaninow meinte verwundert: »Leute, die mich aufsuchen, läuten nicht so heftig.«

Pawel Pawlowitsch war ebenfalls zur Besinnung gekommen und flüsterte: »Wer zu mir kommen will, ebensowenig!«

Weltschaninow zog die Stirn in Falten und ging zur Tür. Eine helle, von Selbstgefühl strotzende Stimme, die einem jungen Mann angehören mochte, sagte: »Habe ich die Ehre, mit Herrn Weltschaninow zu sprechen?«

»Gewiß. Was wünschen Sie?«

»Sicherem Vernehmen nach befindet sich zur Zeit Herr Trusozkij bei Ihnen, mit dem ich dringend zu sprechen habe.«

Zwar verspürte Weltschaninow die größte Lust, den selbstbewußten Jüngling die Treppe hinunterzuwerfen, doch besann er sich eines Besseren und sagte kurz: »Bitte, treten Sie ein, hier ist Herr Trusozkij!«

14

Alexander und Nadjenka

Der Eintretende war kaum neunzehn Jahre alt und besaß ein hübsches, aber stolzes und selbstbewußtes Gesicht. Er war gut gekleidet, von mittlerer Größe, hatte schwarzgelocktes Haar und auffallend große, freiblickende, dunkle Augen. Wäre nicht die breite, nach oben aufgeworfene Nase gewesen, hätte man ihn schön nennen können. Mit großer Würde trat er ins Zimmer.

»Anscheinend habe ich Gelegenheit, mit Herrn Trusozkij zu sprechen?« sagte er langsam und legte einen gewissen Nachdruck auf das Wort »Gelegenheit«, gerade als ob er damit andeuten wolle, daß es nicht besonders angenehm für ihn sei, mit dem genannten Herrn verhandeln zu müssen.

Weltschaninow ahnte den Zweck des Erscheinens des Jünglings, und auch aus Pawel Pawlowitschs unruhigem Gesicht konnte man entnehmen, daß er nichts Gutes erwartete. Mit Zurückhaltung sagte er: »Ich kenne Sie nicht und glaube mit Ihnen nichts zu verhandeln zu haben.«

»Erst ruhig anhören, bevor Sie Ihre Ansicht äußern!« sagte der Jüngling ruhig. Dabei betrachtete er mit Hilfe einer Lorgnette die auf dem Tische stehende Champagnerflasche. Dies dauerte einige Momente, dann steckte er die Lorgnette wieder ein, drehte sich nach Pawel Pawlowitsch herum und sagte: »Alexander Lobow.«

»Was bedeutet das, Alexander Lobow?«

»Nun, haben Sie denn noch nicht von mir gehört?«

»Nein.«

»Wundert mich nicht! Es ist eine wichtige, Sie betreffende Sache, deretwegen ich hierherkomme. Doch erlauben Sie wohl, daß ich mich setze, da ich müde bin?«

»Bitte«, sagte Weltschaninow, doch der Jüngling hatte bereits für gut befunden, sich niederzulassen, bevor man ihn dazu einlud. Weltschaninow litt wieder einmal an heftigen Nervenschmerzen an der Brust, empfand aber dennoch ein gewisses Interesse für den unverfrorenen Burschen. Jedenfalls fiel Weltschaninow auf, daß der Jüngling eine gewisse Ähnlichkeit mit Nadeschda besaß.

»Nehmen Sie auch Platz!« sagte Herr Alexander zu Trusozkij mit einem herablassenden Kopfnicken.

»Oh, ich werde lieber stehen bleiben!«

»Nun, dann wird Ihnen die Sache ermüdend vorkommen. Und Sie können ruhig hierbleiben, Herr Weltschaninow.«

»Das tue ich schon ganz von allein, zumal ich hier zu Hause bin.«

»Nun, ganz nach Belieben. Wenn ich offen sein soll, kommt es mir gelegen, daß Sie bei meiner Unterredung mit Herrn Trusozkij anwesend sein wollen, denn Nadeschda hat sich sehr vorteilhaft über Sie ausgesprochen.«

»Sehr angenehm für mich. Wann fand sie denn Zeit dazu?«

»Gleich nach Ihrem Weggang. Ich komme auch von dort. Der Fall liegt nämlich folgendermaßen, Herr Trusozkij«, redete er Pawel Pawlowitsch an. »Nadeschda und ich, wir lieben einander schon lange Zeit und sind bereits heimlich verlobt.« Er hatte es sich sehr bequem gemacht in dem Lehnstuhl. »Sie, Herr Trusozkij, sind uns im Wege. Ich komme also zu Ihnen, damit Sie uns Platz machen. Wollen Sie so freundlich sein, meiner Bitte zu entsprechen?«

Pawel Pawlowitsch war totenbleich geworden, trotzdem flog ein boshaftes Lächeln über sein Gesicht. »Das werde ich nicht tun«, sagte er kurz und scharf.

»So, so, das werden Sie nicht tun!« schnarrte der Jüngling und schlug die Beine übereinander.

»Überhaupt hat es keinen Zweck, die Unterredung fortzusetzen, denn ich kenne Sie nicht einmal.« Bei diesen Worten setzte sich Pawel Pawlowitsch nieder, ein Umstand, der den braven jungen Mann zu der Äußerung veranlaßte: »Sagte ich es nicht, daß Sie müde werden könnten? Vorhin hatte ich bereits Gelegenheit, Ihnen anzukündigen, daß ich Lobow heiße und mit Fräulein Nadeschda heimlich verlobt bin. Nach dieser Erklärung ist es für Sie unmöglich zu behaupten, Sie hielten eine Fortsetzung der Unterredung für gegenstandslos. Es kommt doch außer mir noch Nadeschda in Frage, der Sie lästig werden. Also werden Sie sich wohl oder übel mit mir befassen müssen.«

Der Jüngling machte bei allen seinen Ausführungen den

Mund nicht ordentlich auf, sprach vielmehr geckenhaft durch die Zähne, so daß man Mühe hatte, ihn genau zu verstehen. Inzwischen betrachtete er wiederum irgendeinen Gegenstand durch das Lorgnon.

»Erlauben Sie, junger Mann«, sagte Pawel Pawlowitsch ärgerlich, aber der junge Herr schnitt ihm die Rede ab.

»Unter anderen Umständen müßte ich Sie bitten, die Anrede ‚junger Mann' zu unterlassen, doch ist ja im vorliegenden Fall meine Jugend der Hauptvorteil Ihnen gegenüber, und ich kann mir sehr gut vorstellen, daß Sie, als Sie dem Fräulein das Armband überreichten, recht gern noch ein ‚junger Mann' gewesen wären.«

Verfl . . . Kerlchen! dachte Weltschaninow.

Pawel Pawlowitsch richtete sich würdevoll auf und sagte: »Die von Ihnen angeführten Gründe genügen mir nicht, um über die Angelegenheit mit Ihnen zu streiten. Das Ganze macht mir einen kindischen Eindruck, und morgen werde ich Herrn Sachlebinin Kenntnis von der Sache geben. Jetzt möchte ich Sie bitten, mich zu verlassen.«

Hierauf gab der junge Mann Weltschaninow gegenüber seiner Entrüstung in folgender Weise Ausdruck: »Dieser Mann da« – er zeigte mit dem Finger auf Trusozkij – »legt wirklich ein nettes Betragen an den Tag. Erst wirft man ihn aus dem Haus, dann wagt er es noch, uns mit einer Anzeige zu drohen. Sollten Sie trotz Ihrer Borniertheit nicht merken, Herr Pawel Pawlowitsch, daß Sie das Fräulein mit Gewalt zu Ihrer Frau machen wollen, daß Sie das Mädchen den alten, geistig schwachen Leuten entführen wollen, die infolge unserer barbarischen Zustände noch einige Macht über ihr Kind haben? Und dabei hat Ihnen doch das Fräulein deutlich durch die Rückgabe des Armbandes zu verstehen gegeben, daß es durchaus nichts von Ihnen wissen will! Begreifen Sie das nicht?«

»Ich habe kein Armband zurückerhalten. Auch wäre das ja ganz undenkbar!« erwiderte Trusozkij mit bebenden Lippen.

»Weshalb undenkbar? Herr Weltschaninow muß Ihnen doch das Armband zurückgegeben haben!«

Teufel auch! dachte Weltschaninow. Laut sagte er: »Allerdings beauftragte mich Fräulein Nadeschda vorhin, Ihnen das Etui zurückzugeben, Pawel Pawlowitsch. Ich weigerte mich, aber schließlich, da sie mir sehr zusetzte, nahm ich es. Hier ist der Gegenstand, es tut mir leid!«

Der junge Herr hielt es für notwendig, Weltschaninow deshalb zur Rede zu stellen, weil er das Armband bisher noch nicht zurückgegeben hatte, doch Weltschaninow entgegnete mürrisch: »Nun, ich hatte noch keine Gelegenheit dazu.«

»Seltsam!«

»Wieso?«

»Nun, das müssen Sie doch einsehen! Aber – vielleicht liegt irgendein Mißverständnis vor.«

Weltschaninow mußte an sich halten, um nicht aufzustehen und dem Bürschchen eine Ohrfeige zu geben. Er begnügte sich indes, dem grünen Jungen ins Gesicht zu lachen, was auf diesen eine ansteckende Wirkung hatte. Was Pawel Pawlowitsch anbetraf, wäre zu wünschen gewesen, daß Weltschaninow dessen bitterbösen Blick gesehen hätte, während er sich über Lobow lustig machte. Weltschaninow hätte darin eine Warnung erblicken müssen, nicht so schonungslos gegen Trusozkij vorzugehen. Ersterer sah also den grimmigen Blick Pawel Pawlowitschs nicht, beschloß aber gleichwohl, Trusozkij Hilfe zu leisten. Er setzte eine väterlich wohlwollende Miene auf und sagte: »Hören Sie, Herr Lobow! Herrn Trusozkij – ich will alle übrigen Punkte unerörtert lassen – kommt bei seiner Bewerbung um Fräulein Nadeschda zustatten, daß ihn die wackere Familie Sachlebinin ganz genau kennt, und daß er nicht ohne Vermögen ist. Es ist also durchaus verständlich, daß sich Herr Trusozkij über den plötzlich auftauchenden Nebenbuhler wundert. Zugegeben, daß Sie manche Fähigkeiten besitzen mögen, die ihm fehlen, so kann er Sie doch Ihrer Jugend wegen als Nebenbuhler nicht hoch einschätzen. Ich muß ihm also beistimmen, wenn er Sie ersucht, den Gegenstand Ihres Gespräches fallenzulassen.«

»Ihrer Jugend wegen, sagen Sie? Dabei bin ich bereits über neunzehn und könnte nach den Gesetzen heiraten. Genügt Ihnen das nicht?«

»Ach, Herr Lobow, welcher Vater würde Ihnen jetzt sein Kind zur Frau geben, selbst wenn er wüßte, daß Sie vielleicht in Zukunft Millionär oder ein Wohltäter der Menschheit werden könnten? Mit neunzehn Jahren vermag man noch nicht seine eignen Taten vollständig zu verantworten, geschweige denn, daß man fähig wäre, für die Zukunft eines Mädchens einzutreten, welches ein Kind ist wie Sie selbst. Wenn Sie ernsthaft über meine Ausführungen nachdenken, müssen Sie mir recht geben. Da Sie mich vorhin ersuchten, zwischen Ihnen und Pawel Pawlowitsch zu vermitteln, gestatten Sie mir, mich so auszusprechen!«

»Pawel Pawlowitsch? Ganz recht, so heißt er. Ich kann nicht begreifen, warum ich immer denke, sein Name wäre Wasilij Petrowitsch«, sagte der Jüngling. Dann wandte er sich an Weltschaninow und fuhr fort: »Einer wie der andere, Sie sind aus demselben Holz geschnitzt, darüber staune ich keineswegs. Allerdings hat man mir mitgeteilt, daß man Sie für einen Menschen hält, der Neuerungen nicht unzugänglich ist. Doch zur Hauptsache! Etwas Unehrenhaftes liegt von meiner Seite durchaus nicht vor. Vielmehr werde ich Sie sogleich vom Gegenteil überzeugen. Also, wir sind miteinander verlobt. Dann aber will ich Ihnen noch sagen, was ich ihr in Anwesenheit von zwei Zeugen gesagt habe. ‚Sollten Sie', so lauteten meine Worte, ‚einem andern jemals Ihre Zuneigung schenken oder bereuen, mich zum Gatten erwählt zu haben, also die Scheidung von mir wünschen, so bekommen Sie von mir augenblicklich die schriftliche Bestätigung, daß ich mich eines Ehebruches schuldig machte. Dadurch ist Ihnen Gelegenheit gegeben, einen rechtlich begründeten Antrag auf Ehetrennung von mir einzureichen. Sollte ich selbst Ihrer jemals überdrüssig werden oder mich weigern, Ihnen die erwähnte Bestätigung zu geben, sage ich Ihnen schon jetzt, daß ich Ihnen zu Ihrer Sicherstellung bereits am Vermählungstag ein Papier über hunderttausend Rubel überreichen werde. Dann sind Sie in der Lage, falls Sie Schwierigkeiten mit mir haben sollten, mir meinen Wechsel zu zeigen.' Dies alles sagte ich ihr in Gegenwart von zwei Zeugen, und somit sind Sie überzeugt, daß ich die Zukunft des Mädchens und auch die meinige nicht gefährde. Dies also vor allem anderen.«.

»Sollte das alles nicht«, rief Weltschaninow, ». . . wie heißt er doch gleich? . . . Predposilow ausgeklügelt haben?«

Pawel Pawlowitsch kicherte lustig.

»Was hat dieser Herr zu lachen? . . . Ganz recht, der Gedanke stammt von Predposilow und ist – fürwahr! – gut erdacht. Damit ist das widersinnige Gesetz lahmgelegt. Selbstverständlich denkt Fräulein Nadeschda nicht daran, mich aufzugeben, im Gegenteil, sie amüsiert sich über die Idee. Aber der Gedanke ist gut und verbürgt meine Ehrenhaftigkeit. Einem jeden ist anzuempfehlen, ebenso rechtschaffen zu handeln.«

»Ganz im Gegenteil«, entgegnete Weltschaninow, »die Sache ist unehrenhaft, widerwärtig, unsauber.«

Darauf zuckte der junge Herr zunächst die Achseln, fügte aber nach einigen Momenten hinzu: »Ich wundere mich durchaus nicht über Sie. Wäre Predposilow anwesend, würde er Ihnen ganz kurz erklären, daß sich Ihre Bedenken aus Verständnislosigkeit für die gewöhnlichen Gefühle herleiten, aus einem langen, unnützen Leben und aus beständigem Nichtstun. Aber ... es könnte ja auch sein, daß wir beide noch nicht das genügende Verständnis füreinander haben. Man hat mir eigentlich doch nur Günstiges von Ihnen gesagt ... Ich schätze Sie auf etwa fünfzig Jahre ...«

»Nun, das gehört nicht hierher!«

»Bitte, verzeihen Sie meine Bemerkung: Es lag ihr keine besondere Ursache zugrunde. Sie gebrauchten vorhin mit Bezug auf mich den Ausdruck Millionär, was ich allerdings nicht bin. Ich verstehe überhaupt nicht, wie Sie auf diesen Gedanken kommen! Ich besitze tatsächlich nichts, mache mir aber keinerlei Sorge um die Zukunft und werde mir, ohne Wohltaten in Empfang zu nehmen, eine Existenz erringen, die mich in die Lage versetzt, eine Frau zu ernähren. Jetzt allerdings – ich sagte es bereits – besitze ich nichts und bin sogar in ihrem Haus aufgezogen worden.«

»Wie das, wenn man fragen darf?«

»Durch meine entfernte Verwandtschaft mit Frau Sachlebinin. Ihr Gatte nahm mich in seine Familie auf, als alle meine Angehörigen gestorben waren (ich zählte damals acht Jahre), und schickte mich später auf ein Gymnasium. Herr Sachlebinin hat einen sehr guten Charakter ...«

»Das weiß ich.«

»Allerdings auch etwas veraltete Lebensanschauungen. Aber, wie gesagt, er ist ein braver Mann. Heute stehe ich jedoch nicht mehr unter seiner Aufsicht, denn ich wollte niemandem fernerhin Dank schulden und für mich selber sorgen.«

Weltschaninow konnte es sich nicht versagen, aus Neugierde zu fragen, wie lange der Jüngling denn schon auf eignen Füßen stehe.

»Seit etwa vier Monaten.«

»Ah, ich verstehe! Nadeschda ist Ihre Jugendgespielin. Nun, haben Sie denn eine Stelle bekommen?«

»Gewiß, bei einem Notar, mit einem Monatsgehalt von fünfundzwanzig Rubel vorläufig. Als ich mich um Nadeschdas Hand bewarb, hatte ich die Anstellung noch nicht, sondern erst eine vorübergehende mit zehn Rubel bei der Bahn.«

»Und Sie haben sich tatsächlich um die Hand des Mädchens beworben?«

»Gewiß, vor drei Wochen.«

»Und was sagte man Ihnen?«

»Herr Sachlebinin hielt sich den Bauch vor Lachen. Dann aber wurde Nadeschda in eine alte Kammer gesperrt. Doch sie blieb standhaft. Die Sache wäre übrigens wohl besser gegangen, wenn ich mir nicht seit einiger Zeit die Sympathie des Alten verscherzt hätte. Ehe ich Angestellter bei der Eisenbahn wurde, vor etwa vier Monaten, gab ich nämlich einen Platz in seinem Geschäftsbereich auf, den er mir verschafft hatte. Nun müssen Sie wissen: so gemütlich er in seinem Haus ist, so pedantisch gebärdet er sich innerhalb seines Amtszimmers. Wie ein richtiger Jupiter thront er. Sie können sich denken, daß ich mit meiner abfälligen Meinung hinter dem Berg hielt, aber in wirkliche Differenzen kamen wir erst wegen eines untergeordneten Beamten, der sich über meine Grobheit beschwerte. Das entsprach aber keineswegs der Wahrheit, denn ich hatte dem betreffenden Herrn nur seine Rückständigkeit vorgeworfen. Da hielt ich es nicht länger aus und verließ die Stellung. Jetzt bin ich bei einem Notar.«

»Erhielten Sie denn ein auskömmliches Gehalt in jenem ersten Bureau?«

»Keineswegs, da ich ja nicht etatmäßig angestellt war. Herr Sachlebinin konnte doch nicht umhin, für meinen Unterhalt zu sorgen. Ich muß es immer wiederholen: Er ist herzensgut, trotzdem geben wir nicht nach. Freilich sichern einem fünfundzwanzig Rubel keineswegs die Existenz, doch besteht die Aussicht, daß ich beim Grafen Sawilejskij beschäftigt werde, dessen Güter schlecht bewirtschaftet sind. Das würde mir sofort dreitausend Rubel einbringen. Nun, und sollte aus einer Anstellung in der Verwaltung des Grafen nichts werden, so verdinge ich mich als Rechtsbeistand, denn man sucht jetzt allenthalben Leute, die etwas können!« Der Jüngling machte eine Pause und fuhr dann fort: »Es donnerte schon mehrmals. Wir bekommen ein Gewitter. Es ist gut, daß ich hier bin. Ich kam zu Fuß her und lief sehr schnell, um dem Ausbruch des Unwetters zu entrinnen.«

»Bei alledem kann ich nicht begreifen, wie Sie unter solchen Verhältnissen Gelegenheit fanden, mit Nadeschda zu verhandeln. Man verwehrt Ihnen doch dort den Zutritt.«

»Ich klettere einfach über den Zaun. Sicherlich haben Sie vorhin das rothaarige Mädchen gesehen?« Er lachte. »Nun, diese steht uns bei, ebenso Marja Nikitischna. Vor letzterer müssen wir uns aber sehr in acht nehmen, ihrer Falschheit wegen ... Sie fürchten wohl den Donner, da Sie das Gesicht so verziehen?«

»Nein ... das nicht, aber ich bin krank, sehr krank.«

Wirklich empfand Weltschaninow einen äußerst heftigen Schmerz in der Brust, stand auf und ging im Zimmer auf und ab.

Der junge Mann sprang auf und rief: »Nun, dann störe ich natürlich. Beruhigen Sie sich nur, ich verlasse Sie sofort!«

»Sie stören durchaus nicht«, erwiderte höflich Weltschaninow.

»Durchaus nicht, sagen Sie? Durchaus nicht stört es Kobylnikow, daß er Bauchweh hat? Nun, Sie wissen doch, ich meine die betreffende Stelle bei Stschedrin, oder um den Satiriker beim richtigen Namen zu nennen, Saltykow. Lesen Sie gern Stschedrin?«

»Ja.«

»Ich auch. Also, Wasilij ... nein doch, Pawel Pawlowitsch ... kommen wir zum Schluß! Ich frage Sie noch einmal: Wollen Sie – morgen bereits – in Anwesenheit von Herrn und Frau Sachlebinin und von mir feierlich auf Nadeschda verzichten?«

»Ich denke nicht daran, dies zu tun, und bitte Sie nochmals, mich nicht weiter zu belästigen ... mit solchen Dummheiten.« Pawel Pawlowitsch machte ein sehr zorniges Gesicht und stand auf.

Da lächelte der junge Mann hochmütig und erhob drohend den Finger. »Vorsicht, mein Lieber!« sagte er. »Verrechnen Sie sich nur nicht und bedenken Sie, daß ein Fehler in der Rechnung üble Folgen haben kann! Ich sage Ihnen zur Warnung schon jetzt, daß Sie freiwillig auf Nadeschda werden verzichten müssen, wenn Sie nach neun Monaten und nach vielen Auslagen wieder zurückkehren. Werden Sie aber auch dann nicht verzichten wollen, wird es Ihr eigener Schade sein. Sie kommen mir – entschuldigen Sie den Vergleich – geradeso vor wie der Hund auf dem Heu, das heißt, Sie können dasselbe selbst nicht fressen, gönnen es aber auch anderen nicht. Aus reiner Menschenfreundlichkeit habe ich Ihnen das gesagt. Überlegen Sie sich die Angelegenheit gründlicher als,

als – nun, als Sie sonst über irgend etwas im Leben nachgedacht haben!«

»Ihre guten Lehren verbitte ich mir energisch«, schrie Trusozkij ärgerlich, »und daß ich schon morgen meine Maßnahmen treffen werde hinsichtlich Ihrer unverschämten Anspielungen, dürfen Sie mir glauben.«

»Unverschämte Anspielungen? Was soll das heißen? Sie sind selber ein unverschämter und gemeiner Mensch, wenn Sie derartige Gedanken haben. Daß wir bis morgen warten, ist mir ganz recht, nur ... Ach, es donnert schon wieder. Auf Wiedersehen!« Er wandte sich mit einer kurzen Verbeugung an Weltschaninow, sagte hastig: »Es war mir recht angenehm, Ihre Bekanntschaft zu machen«, und eilte davon, um noch unter ein Dach zu kommen, bevor es anfing zu regnen.

15

Quitt

Kaum hatte der Jüngling das Zimmer verlassen, als Pawel Pawlowitsch auf Weltschaninow zustürzte und ausrief: »Nun, haben Sie gehört? Ja?«

»Sie sind eben ein Pechvogel«, sagte Weltschaninow, der diese Worte nicht gebraucht hätte, wenn die Brustschmerzen nicht immer ärger geworden wären. Pawel Pawlowitsch zuckte zusammen, als hätte er sich gebrannt.

»Und Sie? ... Weshalb gaben Sie mir das Armband nicht zurück, aus Barmherzigkeit etwa?«

»Es fehlte mir die Zeit dazu.«

»So sagen Sie es doch nur ... aus Mitleid handelten Sie so!«

»Ja denn, Sie taten mir aufrichtig leid«, entgegnete Weltschaninow verdrossen.

Dann setzte er dem andern kurz auseinander, Nadeschda habe ihm vorhin fast das Armband aufgedrungen. Er habe sich anfangs geweigert, es anzunehmen, weil er doch nur Unannehmlichkeiten für sich vorausgesehen habe.

»Aber Sie ließen sich schießlich dazu verleiten, das Armband anzunehmen«, rief Trusozkij unter höhnischem Gelächter.

»Ihre Rede klingt seltsam, doch dies ist man ja bei Ihnen

hinreichend gewöhnt. Außerdem haben Sie soeben die Hauptperson des Dramas, den Jüngling, gesehen.«

»Sie ließen sich also verleiten«, wiederholte Trusozkij, setzte sich hin und füllte sein Glas.

»Denken Sie vielleicht, daß ich diesem Jüngling den Platz frei machen werde? Nun, ich will ihm schon Furcht einjagen, passen Sie auf! Morgen suche ich Sachlebinin auf und trage dafür Sorge, daß der junge Bursche endgültig hinausgeräuchert wird.«

Hierauf trank er das Glas, ohne abzusetzen, aus und füllte es sogleich wieder. Sein Benehmen war viel freier und ungezwungener als bisher. Bebend vor Ärger rief er: »Alexander und Nadeschda, diese lieben, guten Kinder!« Ein flammender Blitz, dem fast unmittelbar ein furchtbarer Donner folgte, zuckte hernieder, und gleich danach gab es einen ungeheuren Platzregen. Pawel Pawlowitsch schloß das offene Fenster. Dann meinte er: »Der junge Mann fragte Sie vorhin, ob Sie Angst hätten vor dem Donner. Lächerlich! Von einem Mann wie Weltschaninow so etwas anzunehmen! War nicht auch von Kobylnikow die Rede? Und von Ihren fünfzig Jahren? Wissen Sie es nicht mehr?« Es klang recht boshaft.

Weltschaninow hatte fürchterliche Schmerzen und brachte nur mit Anstrengung die Worte hervor: »Sie tun geradeso, als ob Sie hier zu Hause wären! Nun, ich muß mich niederlegen. – Machen Sie, was Sie wollen!«

»Soll ich denn wirklich bei einem solchen Hundewetter fortgehen?« meinte Pawel Pawlowitsch mit einer Stimme, der man anmerkte, daß er sich gekränkt fühlte und gern dableiben wollte.

»Gut also, trinken Sie weiter! Es ist mir auch gleichgültig, wenn Sie hier über Nacht bleiben.« Bei diesen Worten legte sich Weltschaninow auf den Diwan und stöhnte vor Schmerzen leise.

»Hier bleiben? Aber dann werden Sie Angst bekommen.«

Weltschaninow hab den Kopf ein wenig und fragte verwundert: »Wieso denn Angst?«

»Nun, haben Sie nicht das letztemal Angst gehabt, oder bilde ich mir das nur ein?«

»Ach, Unsinn«! rief Weltschaninow ärgerlich, drehte sich zur Wand und schlief gleich darauf ein. Es war kein Wunder. Allzu anstrengend hatte auf sein Nervensystem eingewirkt, was geschehen war, und seine Gesundheit schien seit längerer

Zeit erschüttert. Er fühlte sich kraftlos wie ein kleines Kind. Trotz seiner Müdigkeit wachte er nach etwa einer Stunde wieder auf. Von argen Schmerzen gepeinigt, erhob er sich. Das Gewitter war vorübergezogen, Tabaksqualm erfüllte das Zimmer, die leere Flasche stand auf dem Tische, und Pawel Pawlowitsch lag schlafend auf dem zweiten Diwan, auf dem Rücken, den Kopf ins Kissen vergraben, vollständig angekleidet und in Stiefeln. Die Lorgnette, die er sonst in der Tasche trug, hing an einer Schnur herunter und berührte fast den Fußboden. Der Hut lag auf der Erde. Ärgerlich sah Weltschaninow dies alles, weckte aber Trusozkij nicht. Liegen konnte er nicht mehr und ging, vor Schmerzen leise stöhnend und sich zusammenkrümmend, in der Stube hin und her.

Nicht ohne Grund machte ihm dieser Brustschmerz Sorge. Vor längerer Zeit hatte er ihn zum erstenmal empfunden, und der Arzt eröffnete ihm, das rühre von der Leber her. Seither kam der Anfall seltener, etwa ein- bis zweimal innerhalb zweier Jahre. An irgendeiner Stelle der Brust, etwa in der Herzgegend oder höher, empfand er, wenn der Anfall sich einstellte, einen dumpfen, stark aufregenden Druck. Der Schmerz steigerte sich dann – manchmal ganze zehn Stunden – allmählich zu solcher Stärke, daß Weltschaninow glaubte, sterben zu müssen. Vor einem Jahr hatte er den letzten Anfall gehabt. Zehn Stunden dauerte der Schmerz, dann legte sich Weltschaninow zu Bett und vermochte vor Erschöpfung kaum eine Hand zu rühren. Tatsächlich konnte ihm der herbeigerufene Arzt nur einige Löffel schwachen Tee und etwas in Fleischbrühe getauchtes Brot zur Nahrung geben. Diese Neuralgien, stets bei ihm die Folge des schon vorher angegriffenen Nervensystems, stellten sich aus verschiedenen Zufälligkeiten ein. Die Anfälle endeten auf sonderbare Weise. Zuweilen kam er den Schmerzen schon nach einer kleinen halben Stunde mit Hilfe von warmen Umschlägen bei, so daß sie gänzlich verschwanden. Dann aber wieder, wie beim letzten Anfall, half alles nichts, und erst nach mehrfach eingenommenem Brechmittel verschwanden die Schmerzen. Der Arzt äußerte später: »Ich dachte, Sie hätten sich eine Vergiftung zugezogen.« – Es war mitten in der Nacht, und Weltschaninow, ein Gegner der Mediziner, konnte sich nicht entschließen, einen Arzt holen zu lassen. Seine Schmerzen steigerten sich aber allmählich derartig, daß er laut aufstöhnte und dadurch Pawel Pawlowitsch aus dem Schlafe aufweckte. Trusozkij erhob sich vom Diwan und verfolgte mit ängstlichen Blicken seinen Gefährten, der mit hastigen Schritten in beiden Zimmern hin und her wanderte. Des genossenen Champagners wegen brauchte Pawel Pawlowitsch eine geraume Zeit, um seine fünf Sinne zu sammeln. Als er endlich anfing zu begreifen, sprang er empor und stürzte mit der Frage: »Was fehlt Ihnen?« auf Weltschaninow zu. Letzterer murmelte irgend etwas Unverständliches. Da wurde Pawel Pawlowitsch mit einemmal munter und sagte: »Ah! Sie haben es mit der Leber zu tun; das kenne ich. Herr Peter Kusmitsch Polosuchin hatte dasselbe Leiden. Nun, da helfen nur warme Umschläge. Auch Peter Kusmitsch Polosuchin kurierte sich auf diese Weise. Hören Sie: das ist ernst zu nehmen, das kann zum Tode führen! Ich werde zu Mawra hinübergehen.«

Ärgerlich suchte Weltschaninow ihn abzuwehren mit den Worten: »Lassen Sie das! Es wird schon wieder besser werden!« Doch Pawel Pawlowitsch legte, ohne auf den Widerstand des anderen Rücksicht zu nehmen, eine große Hilfsbereitschaft an den Tag und bemühte sich um den Kranken, als wäre es sein eigener Sohn. »Unbedingt wollen wir gleich warme Umschläge machen, und zwei oder drei Tassen schwachen Tee müssen schnell hintereinander getrunken werden, kochend heiß!« Mit diesen Worten lief er in die Küche, half Mawra Feuer anmachen, bemühte sich um den Samowar, rannte ins Schlafzimmer zurück und veranlaßte Weltschaninow, sich wieder auszuziehen und hinzulegen. Dann packte er ihn ordentlich ein, und nach Verlauf von höchstens zwanzig Minuten war der Tee fertig und der erste warme Umschlag, das heißt ein heißer Teller, den er, in ein Tuch gewickelt, selber auf die Brust des Kranken legte. Mit wahrem Enthusiasmus erklärte er ihm: »Ein erhitzter Teller in Ermangelung warmer Umschläge, die augenblicklich nicht zu beschaffen sind! Doch ich habe es bei Peter Kusmitsch selbst erprobt. Die heißen Teller haben ihm sofort geholfen. Und nun hinunter mit dem Tee, so heiß wie möglich! Trinken Sie nur! Sie möchten doch sicherlich am Leben bleiben!«

Und er rannte hinaus zu Mawra, um den nächsten heißen Teller zu holen. Die Teller mußten alle vier Minuten gewechselt werden. Der zweite Teller folgte dem dritten, und als Weltschaninow mehrere Tassen heißen Tee getrunken hatte, merkte er, daß ihm etwas besser wurde.

»Ist einmal der Schmerz nicht mehr so stark, werden wir

der Sache schon beikommen. Ein gutes Zeichen, daß Sie nicht mehr diesen starken Druck haben. Nun gleich einen neuen Teller und noch eine Tasse Tee!«

Und eilfertig begab er sich wieder in die Küche. Es verging über der weiteren Behandlung noch eine halbe Stunde, dann aber fühlte sich Weltschaninow trotz dem Aufhören der Schmerzen derartig matt, daß er nicht mehr dazu gebracht werden konnte – sosehr ihn auch Pawel Pawlowitsch bat –, auch nur ein einziges »Tellerchen« auf den Körper zu legen. Er sagte mit äußerst schwacher Stimme: »Schlafen, schlafen!« und konnte die Augen nur noch mit Anstrengung offenhalten.

»Gewiß, auch schlafen ist gut«, meinte Pawlowitsch.

»Bitte, bleiben Sie die Nacht über hier! ... Wieviel Uhr ist es?«

»Dreiviertel zwei.«

»Bleiben Sie hier!«

»Gewiß! Ich werde hierbleiben.«

Eine Minute verging. Da rief der Kranke Pawel Pawlowitsch nochmals zu sich. Er murmelte (Trusozkij beugte sich über ihn, weil er den Patienten sonst nicht verstanden hätte): »Hören Sie, Trusozkij, Sie sind besser als ich. Alles verstehe ich, alles ... Ich danke Ihnen.«

Pawel Pawlowitsch flüsterte nur: »Schlafen Sie!« Dann ging er schnell und leise zu seinem Diwan und machte sich das Bett zurecht, was Weltschaninow im Einschlafen noch hörte. Darauf zog sich Trusozkij aus, löschte das Licht und legte sich, des Kranken wegen so geräuschlos wie möglich, nieder.

Und Weltschaninow schlief ein, sobald die Kerze nicht mehr brannte. Er erinnerte sich später noch ganz genau daran. Doch während er schlief, träumte er, es sei ihm seiner Kraftlosigkeit wegen unmöglich einzuschlafen, er phantasiere wachend und könne die Traumgestalten an seinem Lager nicht fortjagen, obwohl er sich sagte, daß das ja nur Hirngespinste seien. Das ganze Zimmer stand voller Menschen, und die Tür zum Vorsaal war offen; noch immer kamen Leute herein. Mitten im Zimmer, genau wie schon in einem früheren Traum, saß ein einzelner Mann an einem Tisch. Er stützte sich mit den Ellenbogen auf die Platte und blieb stumm, wie damals, nur ... trug er jetzt einen Zylinderhut mit einem Trauerflor. War es schon damals Pawel Pawlowitsch? dachte Weltschaninow verwundert, überzeugte sich aber durch einen Blick ins Gesicht des Schweigsamen, daß es ein anderer Mann war. Die Leute im Zimmer machten einen entsetzlichen Lärm und schienen – wie damals im ersten Traum – sehr böse auf Weltschaninow zu sein. Sie fuhren sogar mit den Händen wütend in der Luft herum und brüllten ihm irgend etwas zu, was er ... nicht verstehen konnte. Fieberphantasien, dachte Weltschaninow. Ich weiß doch, daß ich aufgestanden bin, weil ich vor Schmerzen nicht einschlafen konnte. Und doch kam ihm das Geschrei und Drohen der Leute so deutlich vor, daß er wieder daran zweifelte, es seien nur Hirngespinste. Wenn ich nur wüßte, was diese Menschen von mir wollen! Und Pawel Pawlowitsch, der dort auf dem Diwan schläft, wie kommt es, daß er von dem entsetzlichen Lärm nicht aufwacht? Es geschah genau dasselbe wie in dem früheren Traum. Die Leute gingen zur Treppe und machten – wobei ein großes Gedränge entstand – anderen Ankömmlingen Platz, die etwas Schweres herbeischleppten. Man hörte das Aufstampfen schwerer Tritte; auch riefen sich die Leute irgend etwas zu. Im Zimmer hieß es jetzt: »Dort bringt man es!« Dabei waren aller Augen auf Weltschaninow gerichtet, und gleich darauf zeigten die Anwesenden mit den Händen auf die Treppe. Der Träumende zweifelte nicht mehr, daß alles, was rings um ihn geschah, Wirklichkeit war. Er stellte sich auf die Fußspitzen, um über die Köpfe der Menschen hinwegsehen zu können und festzustellen, was man eigentlich brächte. Sein Herz klopfte schier zum Zerspringen, und jetzt ... wurde mit großer Heftigkeit, genau wie im früheren Traum, dreimal geklingelt. Und das Klingeln ertönte so deutlich, daß er ... unmöglich träumen konnte. Er schrie und ... erwachte tatsächlich.

Doch eilte er nicht an die Tür wie damals. Er hätte später unmöglich sagen können, welcher Gedanke seine erste Bewegung herbeiführte. Ihm kam es vor, als ob ihm eine innere Stimme zuflüsterte, das und das müsse er tun. Schnell erhob er sich und streckte wie gegen einen Angreifer die Arme nach der Richtung aus, in der Pawel Pawlowitsch auf dem Diwan schlief. Doch mit einemmal berührten seine Arme zwei andere, die sich bereits über ihn gestreckt hatten. Kräftig hielt er sie fest. Es war demnach klar, daß sich jemand zu ihm herniedergebeugt hatte. Zwar waren die Fenstervorhänge zugezogen, doch war es nicht ganz finster im Zimmer, da aus dem Nachbarzimmer, dessen Fenster keine Gardinen besaßen, bereits schwaches Licht hereinkam. Plötzlich fühlte Weltschaninow einen heftigen Schmerz an den Fingern und an der linken Hand, und sogleich wußte er, daß er sich an einem Dolch oder Rasiermesser geschnitten hatte. Da fiel auch schon irgend etwas klirrend zu Boden. Nun war allerdings Weltschaninow dreimal stärker als Pawel Pawlowitsch, doch währte der sich entspinnende Kampf zwischen beiden Männern drei Minuten. Weltschaninow gelang es, den Gegner zu Boden und ihm die Arme nach hinten zu drücken, doch wollte er Trusozkij außerdem die Hände zusammenbinden. Mit der verwundeten Linken hielt er den Mordgesellen fest, während die Rechte die Vorhangschnur zu fassen suchte. Nach vieler Mühe spürte er dieselbe und riß sie mit einem Kraftaufwand, über den er sich später selbst wunderte, herunter. Kein Wort wurde gewechselt, und nur das Geräusch des Kämpfens und heftigen Atmens beider Männer war hörbar. Mit unendlicher Mühe fesselte Weltschaninow seinen Gegner, indem er ihm die Arme auf dem Rücken zusammenband. Dann erhob sich der Sieger, zog die Vorhänge auf und blickte durch das von ihm geöffnete Fenster hinaus auf die Straße, die noch menschenleer, doch schon hell war. Tief atmend zog er die Morgenluft ein und sah nach der Uhr. Es war um die vierte Stunde. Das Fenster schloß er wieder, warf einen finsteren Blick auf den am Boden Liegenden und nahm ein reines Tuch aus dem Schrank, das er sich fest um die linke Hand wickelte zur Stillung des noch immer hervorquellenden Blutes. Er stieß mit dem Fuß zufällig an das auf dem Teppich liegende, offene Rasiermesser, das er aufhob und zusammengeklappt in den dazugehörigen Kasten legte. Letzteren hatte er am Vormittag vergessen in seinen Schreibtisch einzuschließen und auf einem kleinen Tisch neben dem Diwan, auf welchem Pawel Pawlowitsch schlief, stehen lassen. Er öffnete jetzt den Schreibtisch und legte den Rasierkasten hinein. Dann näherte er sich seinem Widersacher, der sich inzwischen mit Mühe erhoben und auf einen Stuhl gesetzt hatte, und betrachtete ihn. Pawel Pawlowitsch hatte nur die Unterkleider an und war ohne Stiefel. Das Hemd wies mehrere Blutflecke auf, die nicht von einer etwaigen Verwundung Trusozkijs, sondern von Weltschaninows verletzter Hand herrührten. Doch wie hatte sich das Gesicht des Elenden verändert! War das wirklich Pawel Pawlowitsch, der in steifer, gezwungener Haltung dort saß? hätte man fragen mögen. Sein Gesicht war verzerrt und hatte eine grünliche

Farbe angenommen. Es war unverwandt auf Weltschaninow gerichtet. Plötzlich lächelte er trübe, deutete, da er seine Arme nicht frei hatte, mit dem Kopf auf die Wasserflasche, die auf dem Tisch stand, und murmelte: »Wasser!«

Weltschaninow füllte ein Glas und hielt es Trusozkij an den Mund. Gierig trank es der Besiegte zur Hälfte leer, dann blickte er den vor ihm Stehenden, ohne ein Wort zu sagen, starr an und trank den Rest. Hierauf stöhnte er tief auf. Weltschaninow nahm sein Kopfkissen und seine Kleider. Dann ging er in das anstoßende Zimmer und schloß Pawel Pawlowitsch der größeren Sicherheit halber im Zimmer ein.

Die Schmerzen, die von der Leber herrührten, waren verschwunden, doch bemächtigte sich Weltschaninows nach der furchtbaren Kraftanstrengung, die er sich selber nicht zugetraut hätte, eine ungewöhnliche Schwäche, wozu noch ein wenig Wundfieber trat, das die Verletzung an der Hand hervorrief. Er fühlte sich nicht dazu imstande, Ordnung in seine Gedanken zu bringen: die Aufregung war zu gewaltig gewesen. Eine Zeitlang saß er im Halbschlummer da, darauf zuckte er nervös zusammen, erwachte vollständig und suchte über das Geschehene nachzudenken. Es kann nicht zweifelhaft sein, sagte er sich, daß Pawel Pawlowitsch mich töten wollte, sich aber erst in letzter Minute dazu entschloß. Vielleicht hat er auch den Rasierkasten gestern abend auf dem Tischchen bemerkt, und der Mordplan reifte ganz allmählich in ihm. Für gewöhnlich blieb der Rasierapparat verschlossen im Schreibtisch, am Morgen des vergangenen Tages hatte aber Weltschaninow einige Haare daraus entfernt, wie schon öfter sonst.

Wenn er sich etwa länger mit dem Gedanken getragen hätte, mich umzubringen, so konnte er es ja mit einem Dolch oder einer Pistole bewerkstelligen und brauchte nicht auf das gestern zum erstenmal bemerkte Rasiermesser zu rechnen, dachte er wieder.

Als es sechs Uhr war, raffte sich Weltschaninow energisch zusammen, zog sich an und ging hinüber zu Pawel Pawlowitsch. Während er die Tür aufsperrte, sagte er sich, daß es doch eigentlich zwecklos gewesen sei, Trusozkij gefangenzuhalten. Ich brauchte ihn doch nur hinauszulassen. Erstaunt bemerkte Weltschaninow, daß Pawel Pawlowitsch sich von den Fesseln befreit und völlig angezogen hatte. Bei Weltschaninows Eintritt stand er auf. Er drehte den Hut in der Hand hin und her und warf einen scheuen Blick auf den Sieger, so, als wollte er sagen: Stell nur keine Frage an mich! Es wäre überflüssig, da wir uns nichts mehr zu sagen haben.

»Hier«, sagte Weltschaninow, »nehmen Sie Ihr Etui, und nun gehen Sie fort!«

Schon an der Tür, drehte sich Pawel Pawlowitsch noch einmal um und zauderte ein wenig. Dann steckte er das Etui in die Tasche und begab sich zur Treppe. Hier trafen sich ihre Blicke noch einmal ... einige bange Sekunden vergingen, dann gab ihm Weltschaninow mit der Hand ein Zeichen und sagte erklärend: »Gehen Sie nun!« ... Er schloß die Tür hinter Pawel Pawlowitsch zu.

16

Die Analyse

Weltschaninow empfand eine ungewöhnlich starke Freude, denn er hatte das Gefühl, daß irgend etwas Entsetzliches für ihn vorüber, daß er von einer schweren Last endgültig befreit sei. Zum mindesten hielt er diese Empfindung für echt, hatte doch dieser fürchterliche Zustand fünf Wochen gedauert! Er sah aufmerksam auf seine Hand und auf das darumgewundene Tuch, durch das Blut gesickert war. »Jetzt ist alles zu Ende, völlig zu Ende!« sagte er leise. Und zum erstenmal seit den letzten drei Wochen geschah es, daß er nicht in seinen Gedanken bei Lisa war, so sehr schien das Blut der verwundeten Finger auch diesen Gram zu beseitigen.

Wahrlich, dachte er, da bin ich der größten Gefahr entronnen, denn diese Sorte von Menschen weiß noch kurz vorher nicht, ob sie töten soll oder nicht. Fühlen *sie* aber erst die Mordwaffe in der zitternden Hand und spüren einige Tropfen warmen Menschenblutes, dann ... ja dann kennen sie sich selber nicht mehr und schneiden einem gleich den Kopf ab. Die Strafgefangenen haben dafür den Ausdruck »nichts halb abtun«. So ist's!

Es wurde ihm zu eng in der Wohnung. Er ging hinunter auf die Straße, denn ich muß doch irgend etwas tun, dachte er, oder es ereignet sich etwas, was für mich von Wichtigkeit ist. Unten angelangt, wartete er zunächst; er hoffte einen Bekannten zu treffen, ihn ins Gespräch zu ziehen (er hätte in Ermangelung eines Bekannten wohl auch mit einem Fremden vorlieb genommen), und kam endlich auf den ziemlich naheliegenden Gedanken, sich vom Arzt einen regelrechten Verband machen zu lassen. Der Doktor, einer seiner Freunde von früher her, fragte: »Wie haben Sie sich denn eigentlich diese Verletzung zugezogen?«

»Oh, nichts weiter, ich habe einen Mißgriff getan«, erwiderte Weltschaninow und lachte über seinen Versuch zu scherzen. Viel fehlte nicht, daß er dem Doktor die ganze Begebenheit erzählt hätte, doch gewann er es am Ende noch über sich zu schweigen. Als der Doktor dem Patienten den Puls gefühlt und von dem Beklemmungsanfall gehört hatte, meinte er: »Nehmen Sie gleich dieses Beruhigungsmittel ein!« und reichte dem Kranken eine entsprechende Arznei. »Die Verletzung an der Hand«, fügte der Arzt hinzu, »sieht schlimmer aus, als sie ist, sie wird bestimmt keine dauernden Folgen hinterlassen.« Weltschaninow mußte lachen und sagte: »Die Folgen sind durchaus angenehmer Natur.« Noch mehrere Male an diesem Tag fühlte er das unabweisbare Bedürfnis, sich mit jemandem auszusprechen, unter anderem ließ er sich in einem Kaffeehaus mit einem unbekannten Mann in eine Unterhaltung ein. Es war sonst nie seine Art, mit Leuten Gespräche zu führen, die ihm fremd waren.

In einem Geschäft kaufte er sich eine Tageszeitung; auch ging er zu einem Schneider, bei dem er einen neuen Anzug bestellte. Mit dem Gedanken, Pogorelzew aufzusuchen, vermochte er sich nicht zu befreunden; außerdem wartete er noch immer auf irgend etwas in der Stadt, so daß er nicht zu dieser Familie hinausfahren konnte. Er aß mit Appetit zu Mittag, trank Wein dazu und unterhielt sich angelegentlich mit dem ihn bedienenden Kellner und mit einem Tischgenossen. Daß der Anfall von gestern wiederkommen würde, glaubte er nicht, hoffte vielmehr, die Krankheit völlig überwunden zu haben, und zwar von dem Moment an, in dem er seinen Gegner mit aller Kraft niedergeworfen hatte. Doch bekam er gegen Abend einen leichten Schwindelanfall, auch stellte sich ein leichtes Fieber ein, dem gestrigen Schlafzustand ganz ähnlich. Schon war es finster, als er seine Wohnung wieder betrat. Er ging mehrmals im Zimmer hin und her und suchte die Küche auf, was sonst sehr selten vorkam. Hier sind gestern die Teller angewärmt worden, dachte er. Nachdem er die Tür verschlossen hatte, zündete er – früher als sonst – Licht an. Auch fiel ihm ein, daß er vor etwa einer halben

Stunde, als er an der Stube des Hausmeisters vorüberging, Mawra hatte herausrufen lassen, um sie zu fragen, ob Pawel Pawlowitsch während seiner Abwesenheit dagewesen sei, obwohl dies nach dem Vorgefallenen gar nicht hätte geschehen können.

Er öffnete jetzt den Schreibtisch und ergriff den Rasierkasten. Das Messer, das ihm gestern fast zum Verhängnis geworden war, nahm er heraus und bemerkte noch auf dem weißen Beingriff einige Blutflecke. Er legte es wieder in den Kasten und diesen in den Schreibtisch, den er zuschloß. Er empfand ein unabweisbares Schlafbedürfnis, dem er nachzugeben beschloß, um am nächsten Tag wieder munter zu sein.

»Der nächste Tag«, murmelte er vor sich hin, »kann entscheidend und verhängnisvoll für mich werden.« Dies dachte er, ohne sich irgendwie über die Ursache dieser Mutmaßung klarzuwerden. Schon auf der Straße waren während des ganzen Tages die verschiedensten Gedanken unausgesetzt durch seinen angestrengten Kopf geschwirrt und wollten ihn auch jetzt nicht verlassen; er mußte immerfort grübeln und denken, so daß er lange Zeit nicht einschlafen konnte.

Er hat mich nicht nach einem vorher überlegten Plan töten wollen, dies erscheint mir nicht zweifelhaft. Flüchtig jedoch mag er wohl schon früher daran gedacht haben – im Zorn –, mich umzubringen.

Pawel Pawlowitsch, fuhr er in Gedanken fort, hat mich töten wollen, das heißt instinktiv, sozusagen ohne daß er es selbst wußte. Paradox genug klingt dies, doch es wird schon so gewesen sein. Er kam nicht hierher, um nach einer Stelle Ausschau zu halten oder etwa Bagautows wegen, wenn er sich auch in Wirklichkeit nach einem Posten umgesehen, Bagautow besucht hat und ärgerlich war, als er starb. Dieser war in seinen Augen ein völlig unbedeutender Mensch. Nein, nicht dieses Mannes wegen, sondern um meinetwillen erschien er und brachte Lisa mit.

Und ich selber ... nahm ich denn an, daß Trusozkij mich ermorden würde? ... Daß er Schlimmes gegen mich plante, habe ich gefühlt, seit ich ihn beim Begräbnis Bagautows im Wagen sah, aber daß er geradezu ein Verbrechen begehen würde, das ... nein, gewiß, das habe ich nicht gedacht. Dann hob er den Kopf und machte die Augen auf. Und was er gestern von seiner Liebe zu mir sagte, war das wirklich Wahrheit? So ein verrückter Mensch! Wie ihm das Kinn bebte, und wie er sich mit der Hand an die Brust schlug!

»Ja, es war die Wahrheit«, rief er nach einigem Grübeln aus. Dieser Sonderling aus T. ist tatsächlich großherzig und einfältig genug, daß er Zuneigung faßt zum Liebhaber seiner Frau, die er in zwanzig Ehejahren für unbedingt treu gehalten hat. Neun Jahre lang brachte er mir seine Zuneigung und Achtung entgegen und schrieb sich gewissenhaft meine »Aussprüche« hinter die Ohren, und ich – es ist kaum glaublich! – hatte von alledem keine Ahnung. Er hat gestern gewiß nicht gelogen. Und als er mir gestern seine Zuneigung aussprach, als er die Redewendung gebrauchte, er müsse erst noch mit mir quitt werden, auch da hat er mich geliebt, und zwar mit einer Stärke, wie sie nur die Bosheit erzeugen kann.

Wir haben es hier mit einem Phantasten zu tun, und bei denen kann es geschehen, daß ein anderer großen Einfluß auf sie hat, und so erging es mir mit ihm in T. Durch die Brille der Vergrößerung erschien ich ihm, dem wunderlichen Kauz, hundertmal gewaltiger, als ich bin. Wenn ich nur wenigstens wüßte, womit ich ihm so riesig imponierte! Sollten es meine neuen Handschuhe gewesen sein oder der Umstand, daß ich sie geschickt anzuziehen verstand? Solche dummen Idealisten sind auf alles Ästhetische versessen! Es ist schon so: für lebenslängliche Ehemänner genügen manchmal ein Paar Handschuhe, um sie in hellodernde Begeisterung zu versetzen! Die anderen schönen Sachen denken sich solche Herren dazu, und wenn irgendein Frechdachs wagen sollte, den Abgott ihrer Seele zu begeifern, so sind sie imstande, diesen mit der Waffe in der Hand zu verteidigen. So hoch also schätzte er meine Vorzüge ein! So sehr imponierten sie ihm! Und dann sein damaliger Ausruf: »Wem soll man denn noch Vertrauen schenken, wenn man auch *diesem* nicht glauben darf!« Ist einer aber erst einmal so weit, daß er einen solchen Ausruf tut, so wird er bald zum wilden Tier!

Wie sagte er doch gleich? Eine unwürdige Ausdrucksweise war es: mich zu umarmen, sich an meinem Herzen auszuweinen, sei er hergekommen, das heißt, er erschien, um mich umzubringen. Freilich glaubte er wirklich das, was er sagte! ... Lisa brachte er mit. Wie nun, wenn ich wirklich mit ihm geweint hätte; ob er mir dann vergeben hätte, denn verzeihen wollte er ja. Und dies alles verwandelte sich bei ihm zur Schauspielerei, zur Komödie, als wir zum erstenmal zusammentrafen. Machte er doch mit den Fingern eine Gebärde, als hätte er Hörner am Kopf! Deshalb kam er wohl auch betrunken zu mir. Nüchtern wäre ihm vielleicht die Aufführung seiner Komödie mißlungen. Daß er so gern schauspielerte! Und seinen Triumph zu beobachten, als er mich so weit gebracht hatte, daß ich ihn küßte! Nur eines wußte er wohl damals noch nicht: Sollte die Vorstellung mit einem Mord endigen oder mit einer rührenden Umarmung? So mag er sich denn entschlossen haben, sowohl zu umarmen als auch umzubringen! Das war ja die natürlichste Lösung von der Welt. Wie ist es denn in der Natur? Sie läßt Mißgeburten durch natürliche Lösungen untergehen. Und die abscheulichste aller Mißgeburten, mein Herr Pawel Pawlowitsch, ist gewißlich die mit edlen Gefühlen. Das hat mir die Erfahrung gezeigt. Bringt die Natur einmal eine Mißgeburt zur Welt, so wird sie an ihr zur Stiefmutter, richtet sie mitleidlos zugrunde. Verzeihung gewährt man heute – unter Tränen und Umarmungen – nicht einmal den rechtschaffenen Leuten, um wieviel weniger Menschen, wie wir beide es sind, mein Herr Pawel Pawlowitsch.

Mein Gott! Und diese Dummheit, mich mitzunehmen zu seiner Braut! Nur so ein närrischer Kauz konnte auf den Gedanken kommen, er werde mit Hilfe des unschuldigen Fräuleins Sachlebinin »zu einem neuen Leben auferstehen«. Doch da Sie eben eine Mißgeburt sind, Pawel Pawlowitsch, können auch Ihre Entwürfe nicht gelingen, ist es undenkbar, daß aus Ihrer Phantasie etwas Gestaltungskräftiges hervorgeht. Und obschon Sie eine Mißgeburt sind, zweifelten Sie doch daran, ob Sie Ihre Träumerei in die Erscheinung würden treten lassen können, und da sollte Ihnen der so hochverehrte Weltschaninow seinen Segen geben. Sein Beifall war Ihnen vonnöten. Weltschaninow sollte und mußte Ihnen bestätigen, daß es sich nicht um eine Phantasterei handelte, sondern daß verwirklicht werden könnte, was Sie ersannen. Es ist klar: aus Verehrung für mich führte er mich hin, überzeugt von meinem Edelmut – vielleicht glaubte der dumme Idealist, es käme dort an irgendeiner verschwiegenen Stelle dazu, daß ich ihn umarmen, mit ihm weinen würde. Einmal, früher oder später, mußte er Vergeltung üben, dieser lebenslängliche Ehemann, und da war ihm jenes Rasiermesser eben recht – zufällig fand er es vor und griff danach. »Gestochen hat er mit dem Dolche nach ihm, in Gegenwart des Gouverneurs tat er es schließlich doch!« Und als er mir damals seine Geschichte auftischte von dem Zeugen bei der Hochzeit, hat er da wohl etwas gegen mich geplant? Wie war es in jener Nacht, als er sich erhob und mitten im Zimmer stand? Ich denke mir, daß er nichts Böses plante. Er wollte nur sein Bedürfnis befriedigen, doch war es ihm angenehm, daß ich mich vor ihm fürchtete. Deshalb ließ er mich längere Zeit ohne Antwort. Aber in jener Nacht mag der Mordgedanke wohl das erstemal in ihm aufgetaucht sein.

Hätte ich gestern mein Rasiermesser nicht auf dem Tisch liegenlassen, wäre das Furchtbare vielleicht nicht geschehen. Er ist absichtlich zwei Wochen lang nicht mit mir zusammengekommen, ging mir aus dem Weg – wie es scheint, aus Mitgefühl für mich. Anfangs hatte er es auf Bagautow abgesehen und nicht auf mich. Wie war er hilfsbereit, als ich krank dalag, wärmte Teller um Teller! Wollte er damit seinen Gedanken ein anderes Ziel geben? Vom Mordmesser zur Barmherzigkeit übergehen, uns beiden zum Heil – mit seinen gewärmten Tellern?

Lange noch setzte der kranke »Weltmann« seine Grübeleien fort, so unfruchtbar sie auch waren, bis er endlich zur Ruhe kam. Als er am nächsten Morgen erwachte, war sein Kopf noch ebenso krank wie zuvor, doch quälte ihn ein völlig neuer und unvermuteter Schrecken. Dieser entstand daraus, daß er ernstlich vermeinte, er, der Weltmann, müsse unbedingt noch heute Pawel Pawlowitsch aufsuchen, um mit ihm endgültig fertigzuwerden. Über das Warum kam er nicht mit sich ins reine, trotz seinem Widerwillen aber blieb er dabei, daß er den unangenehmen Weg wohl zu beschreiten habe.

So verrückt dieser Gedanke auch sein mochte, er machte eine weitere Entwicklung durch, bis er schließlich ein verhältnismäßig vernünftiges Ansehen annahm, das seinen Grund im folgenden hatte. Bereits am Vortag hatte Weltschaninow, wenn auch unklar, vorgeschwebt, Pawel Pawlowitsch sei nach Hause gegangen, um – sich dort gleich jenem Kassenverwalter, über dessen tragisches Ende sich Marja Sysojewna verbreitet hatte, zu erhängen. So phantastisch die Idee war, wurde Weltschaninow doch allmählich davon überzeugt, es verberge sich eine traurige Wahrheit dahinter, und die Einwendung, es hätte gar keinen Zweck für Pawel Pawlowitsch, auf diese Weise freiwillig aus dem Leben zu scheiden, half ihm nichts. Dann aber fiel Weltschaninow wieder ein, was Lisa ihm damals mitgeteilt hatte, und der Gedanke kam ihm: Vielleicht würde ich mich selbst aufhängen, wenn ich an Trusozkijs Stelle wäre.

So ging er denn, anstatt zum Mittagessen, zu Pawel Pawlowitsch, das heißt, vorerst wollte er sich im Vorbeigehen bei Marja Sysojewna nach ihm erkundigen. Kaum aber stand er vor seiner Haustür, als er, rot vor Scham, sich sagte: Wie, ich könnte es über mich bringen, einen solchen Menschen aufzusuchen, ihn zu umarmen, mit ihm zu weinen? Einer solchen sinnlos gemeinen Handlung bin ich nun doch wohl nicht fähig.

Und siehe da! Wie er noch unschlüssig dastand, kam ihm Alexander Lobow entgegen, der in Eile und sehr aufgeregt war.

»Ah«, rief der Jüngling, »sind Sie es? Eben wollte ich Sie aufsuchen. Sie wissen doch schon, unser Freund Pawel Pawlowitsch ...«

»Hat sich aufgehängt«, unterbrach ihn Weltschaninow erbleichend.

»Aufgehängt? ... Weshalb?« schrie Lobow und riß den Mund auf.

»Keineswegs ... niemand hat sich aufgehängt. Ich sagte es nur so. Sprechen Sie nur weiter!«

»Teufel auch! Wie können Sie mir solchen Schreck einjagen! Aufgehängt! Warum sollte er das? Nein, er ist fortgefahren. Ich brachte ihn soeben auf den Bahnhof und half ihm beim Einsteigen. Aber hören Sie, der Mensch kann saufen! Drei Flaschen haben wir getrunken – Predposilow war auch dabei. Saufen kann der Kerl, saufen! Sie machen sich keinen Begriff davon! Als er im Wagen saß, begann er zu singen und auch von Ihnen zu reden. Er warf uns Kußhände zu und läßt Sie vielmals grüßen. Aber ein Halunke ist er, glauben Sie das nicht auch?«

Man merkte dem Jüngling an, daß er betrunken war; seine funkelnden Augen, seine lallende Sprache und sein rotes Gesicht bewiesen es. Weltschaninow mußte lachen und rief: »Lief es am Ende zwischen Ihnen und Pawel Pawlowitsch auf die Duzbrüderschaft hinaus? Zur Umarmung und zum Klagegesang ist es gekommen, ihr weltentrückten Phantasten?«

»Bitte, nicht höhnen! Sie sollen es wissen: Er hat auf alle seine Ansprüche verzichtet. Er war gestern und heute dort.

Nadeschda hat man – infolge seiner Angeberei – wieder eingeschlossen. Sie hat geweint, geschrien, auch die Mutter; aber – wir blieben standhaft. Saufen kann dieser Trusozkij, saufen! Und einen mauvais ton hat er, oder wie soll man es nennen? Er redete unaufhörlich, und stets von Ihnen, obwohl er doch keinen Vergleich mit Ihnen aushalten kann, denn Sie sind ein anständiger Mann und haben wohl nur gezwungen den höheren Kreisen den Rücken kehren müssen – wahrscheinlich Ihrer Armut wegen. Das hat er wenigstens angedeutet, doch habe ich das meiste nicht verstanden.«

»So sprach er von mir?«

»Ja, aber Sie brauchen sich deshalb nicht zu ärgern, denn es ist besser, als freier Bürger der Menschheit zu dienen, denn als Aristokrat der höheren Gesellschaft anzugehören. Wir Russen von heute wissen ja kaum, wen wir achten sollen! Und es ist ein ernstes Leiden der Zeit, nicht zu wissen, wem man Achtung schenken darf!«

»Gewiß! – Was sagte er sonst noch von mir?«

»Wer? – Ach so ... Er meinte: der fünfzig Jahre alte, aber durch Verschwendungssucht verarmte Weltschaninow. Weshalb *aber* durch Verschwendungssucht arm geworden, und nicht, *und* durch seine Verschwendungssucht arm geworden? Merkwürdig, daß er den betreffenden Ausdruck unter Lachen immer wiederholte. Nachdem er eingestiegen war, sang er und weinte, alles durcheinander, es war geradezu scheußlich, man konnte ihn – so betrunken wie er war – fast bemitleiden. Einfaltspinsel sind mir stets unsympathisch. Den Bettlern warf er Geldstücke zu und sagte, sie möchten doch für Lisas Seelenruhe beten. Wer ist diese Lisa, seine Frau oder seine Tochter?«

»Die Tochter.«

»Was haben Sie denn mit Ihrer Hand gemacht?«

»Geschnitten.«

»So? Nun, das wird wieder besser. – Teufel auch! Es ist mir lieb, daß er fortgefahren ist, aber ... meinen Sie nicht auch, daß er dort gleich wieder freien wird?«

»Nun – und Sie, wollten Sie nicht auch heiraten?«

»Ich? Freilich, aber das ist doch etwas ganz anderes. Seltsam! Da Sie selbst fünfzig Jahre alt sind, wird er sicherlich sechzig zählen, also – immer folgerichtig urteilen, verehrter Herr! Vielleicht interessiert es Sie zu erfahren, daß ich früher überzeugter Slawophile war, doch jetzt:

Vom Westen kommt die Morgenröte
Der neuen Zeit. Erwartet sie!

Erst wollte ich zu Ihnen hinaufsteigen, da traf ich Sie zum Glück hier. Ich habe keine Zeit, mit hinaufzukommen in Ihre Wohnung. Leben Sie wohl!«

Er schickte sich an fortzugehen, kehrte aber auf einmal wieder um und meinte: »Bald hätte ich vergessen, Ihnen den Brief zu übergeben, den er für sie bestimmte! Bitte, hier! ... Weshalb sind Sie denn nicht mit ihm auf den Bahnhof gegangen? ...«

Weltschaninow ging hierauf nach Hause und öffnete den Brief, der an ihn gerichtet war, doch – merkwürdig genug! – im Briefumschlag fand sich kein einziges Wort von Pawel Pawlowitsch, wohl aber ein zweiter Brief, dessen Handschrift Weltschaninow wohlbekannt war. Der Brief war schon alt, der Bogen im Innern vergilbt und die Tinte verblaßt. Vor neun Jahren hatte der Verfasser des Briefes ihn an Weltschaninow nach Petersburg senden wollen, zwei Monate nach dessen Abreise. Senden *wollen* – denn der Brief war nicht abgeschickt worden, und Weltschaninow hatte damals einen anderen empfangen, wie der Inhalt des vorliegenden Schreibens ergab. Es hieß darin, daß Natalja Wasiljewna ihm für immer Lebewohl sage (das stand auch in dem Brief, in dessen Besitz Weltschaninow damals gelangte), sie habe einem anderen ihre Zuneigung geschenkt, sie sehe ihrer Niederkunft entgegen und werde bemüht sein, ihm das Kind zu übergeben. Andere Pflichten seien es, die jetzt ihrer warteten, doch würde ihre Freundschaft zu ihm nie erkalten. Klar durchdacht war der Inhalt eben nicht, doch das Verlangen, Weltschaninow möge sie mit seiner Liebe verschonen, wurde deutlich ausgesprochen. »Nach Verlauf eines Jahres können Sie ja in T. erscheinen, um das Kindlein zu sehen.«

Warum, fragte sich Weltschaninow, sandte sie mir einen anderen Brief statt dieses Schreibens hier?

Als Weltschaninow den Brief gelesen hatte, war er ganz blaß und sah im Geist Pawel Pawlowitsch vor sich, wie er diesen Brief in der alten Ebenholzkassette entdeckte. Weltschaninow blickte zufällig in den Spiegel und sagte zu sich selber: Auch er mußte bleich werden, als er das fand und las.. Er wird gehofft haben, daß der Brief kraft einer Zauberei sich in ein unbeschriebenes Blatt Papier verwandle, und zu diesem Zwecke mehrmals hintereinander die Augen geschlossen und wieder geöffnet haben.

17

Der lebenslängliche Ehemann

Zwei Jahre fast sind seit den hier beschriebenen Vorgängen verstrichen. Wir begegnen Weltschaninow an einem schönen Sommertag im Wagen einer neueröffneten russischen Eisenbahnstrecke wieder. Er will nach Odessa fahren, um sich dort zu erholen und einen Freund aufzusuchen, der ihm, wie er zuversichtlich hofft, die Einführung bei einer interessanten Dame ermöglichen soll, deren Bekanntschaft Weltschaninow sehnlichst zu machen wünscht. Weltschaninow hat sich in den letzten zwei Jahren sehr, doch zu seinem Vorteil verändert, und der ehemalige Hypochonder ist nicht wiederzuerkennen. Auch die Neuralgien und Beklemmungen sind nicht wieder aufgetreten, und die peinlichen Erinnerungen, die sich als Folgen jener Krankheit einstellten und ihn bei dem unangenehmen Petersburger Rechtshandel vor zwei Jahren so sehr belästigten, kehrten nicht zurück. Nur schämt er sich mitunter seiner damaligen Mutlosigkeit. Nie mehr, sagte er zu sich, wird sich derartiges wiederholen, und nie darf eine Menschenseele etwas davon erfahren. In diesem Gedanken fand er eine Entschädigung für das Erlittene. Es ist richtig: von der höheren Gesellschaftsklasse hatte er sich damals zurückgezogen und die Leute gemieden, wo er konnte, sich auch schlecht gekleidet, was allgemein auffallen mußte. Da er sich aber jetzt wieder mit frischer Zuversicht in den ehemaligen Bekanntenkreisen zeigte, hängte man den Mantel christlicher Nächstenliebe über sein früheres Verhalten, und selbst diejenigen, denen er den Gruß verweigert hatte, gaben ihm bei der ersten Wiederbegegnung die Hand und waren taktvoll genug, sich so zu verhalten, als wären Privatangelegenheiten, die jeder mit sich selber auszufechten hat, oder Reisen die Ursache seines Fernbleibens von der Gesellschaft gewesen. Daß der gewonnene Prozeß den Hauptanteil an der Wendung zum Besseren trug, bedarf kaum noch einer Erwähnung. Obwohl sechzigtausend Rubel noch keine große

Summe darstellten, so waren sie für Weltschaninow doch nicht zu unterschätzen, denn erstens bildeten sie immerhin eine feste Grundlage, und dann würde er ja mit diesem Vermögenszuwachs sparsamer umgehen als einst mit den beiden Vermögen, die er wie ein Einfaltspinsel sinnlos verschwendet hatte. Für mein ganzes Leben soll das neue Geld reichen und sichergestellt werden. Mag vorgehen in Rußland, was da wolle, mag das stattliche Gebäude sich auch von Grund aus verändern, mögen Gedanken und Menschen sich noch so beliebig umformen, mein gutes, schmackhaftes Mittagsmahl will ich mir nicht rauben lassen. Für alles, was kommt, bin ich gerüstet. Mehr und mehr gewannen so solide Ansichten die Oberhand in seinem Geist und übten einen wohltätigen Einfluß auf seine körperliche Verfassung aus. Der Weltschaninow, wie wir ihn heute erblicken, ist nicht mehr der schläfrige Geselle, den wir vor zwei Jahren kennenlernten, der in die unangenehmsten Händel verwickelt wurde, nein! frisch und selbstbewußt schaut er jetzt in die Welt und macht einen sehr günstigen Eindruck, zumal auch die häßlichen Runzeln auf der Stirn und um die Augen verschwunden sind und seine Gesichtsfarbe gesünder und rosiger geworden ist. Wir sehen Weltschaninow auf dem weichen Polstersitz eines Abteils erster Klasse, wie er eben den Plan faßt, auf der nächsten Haltestelle auf eine neuerrichtete Linie umzusteigen. Verlasse ich für einige Zeit die Hauptstrecke, biege ich rechts ab und steige ich auf der zweiten Station der neuen Zweigbahn aus, so kann ich eine mir bekannte Dame aufsuchen, die soeben nach Rußland zurückgekehrt ist. Sie wird sich in ihrem öden Landstädtchen sicherlich sehr langweilen. Suchen wir also diese Frau auf, damit die Zeit angenehm ausgefüllt werde! Für die Odessaer Dame findet sich dann immer noch Zeit. Doch war Weltschaninow noch nicht ganz mit sich einig und wartete auf irgendeinen von außen kommenden Anstoß. Da fuhr der Zug in die Station ein, und auch die erwartete äußere Veranlassung sollte sich ergeben. Der Zug hielt hier vierzig Minuten, und die Reisenden hatten Zeit, das Mittagessen einzunehmen. Die Fahrgäste drängten sich um den Wartesaal erster und zweiter Klasse mit der nervösen Hast, die man auch sonst auf Bahnhöfen gewahrt, und es kam zu einer einzelnen erregten Szene. Einem Abteil zweiter Klasse entstieg eine hübsche, doch etwas auffällig gekleidete Reisende, eifrig darauf bedacht, einen sehr jungen und hübschen Ulanenoffizier nicht enwischen zu lassen. Der junge Herr suchte sich von ihr zu befreien, und da er betrunken war, gab sich seine jugendliche Begleiterin die größte Mühe, ihn bei sich zu behalten, in der Befürchtung, er möchte sonst im Restaurationsraum wieder trinken. Jetzt stieß der Offizier im Gedränge mit einem jungen Kaufmann zusammen, der gleichfalls betrunken war und sich schon zwei Tage in Gesellschaft von »Freunden« zechend auf dem Bahnhof herumtrieb. Er warf mit dem Gelde um sich und kam nie mit seinem Zug fort. In dem entstehenden Streit schrie der Ulan, zankte der Kaufmann, und die entsetzte Dame war bemüht, den jungen Offizier vom »Kampfplatz« zu entfernen. »Mitinka, Mitinka!« rief sie in vorwurfsvollem Ton dem Begleiter zu. Der junge Kaufmann hielt die Situation für unwürdig und wollte (alle Anwesenden lachten) trotz seiner Betrunkenheit für den – wie er wähnte – verletzten Anstand eintreten. Er äffte die hohe Stimme der Dame nach und rief: »Mitinka, Mitinka! Solche wie diese hier schämen sich nicht einmal vor allen Leuten.« Mit diesen Worten wankte er auf die Dame zu, die sich mittlerweile gesetzt hatte. Mit unsäglicher Mühe war es ihr gelungen, den Ulanen auf einen Stuhl niederzudrücken, der neben ihr stand. Der Kaufmann musterte beide mit geringschätziger Miene und sagte in singendem Tone: »Dreckiges Frauenzimmer, Schlampe du, Schlampe!« Die Dame schrie auf und blickte sich scheu nach irgend jemandem um, der ihr zu Hilfe käme. Sie schämte sich und empfand wohl auch große Furcht. Jetzt sprang der Ulanenoffizier auf und wollte den Kaufmann angreifen. Dabei stolperte er jedoch und fiel wieder auf seinen Stuhl. Jedermann ringsum lachte, doch niemand war ritterlich genug, der Dame beizustehen. Da – mischte sich Weltschaninow ein, packte den betrunkenen Kaufmann, drehte ihn um und versetzte ihm einen so gewaltigen Stoß, daß er fünf Schritte in den Wartesaal taumelte. Der Skandal war zu Ende; der Angegriffene, durch den unerwarteten Stoß und die kräftige Gestalt Weltschaninows verblüfft, ließ sich ohne Widerstand von dem Schauplatz entfernen! Auch die Lacher verstummten, so achtunggebietend wirkte Weltschaninow mit seiner eleganten Erscheinung auf sie. Die Dame erschöpfte sich in Dankesversicherungen gegen ihn, und der Ulanenoffizier lallte: »Danke vielmals!« Dabei beabsichtigte er, Weltschaninow die Hand zu geben, aber plötzlich fiel es dem Betrunkenen ein, sich mit den Füßen auf den freistehenden Stühlen lang auszustrecken. Entsetzt schlug die Dame die Hände zusammen und rief entrüstet: »Mitinka!«

Weltschaninow belustigte sich über den ganzen Vorgang. Die Dame hielt er, ihrer reichen, aber geschmacklosen Kleidung und ihrem lächerlich wirkenden Gebaren nach, für eine bemittelte Kleinstädterin aus der Provinz. Offenbar besaß sie alle Eigenschaften, die sie einem Gecken aus der Großstadt in jeder Hinsicht für seine Absichten geeignet erscheinen lassen mußten. In der sich nunmehr entwickelnden Unterhaltung machte die Dame kein Hehl daraus, daß sie Ursache habe, mit ihrem Gatten unzufrieden zu sein. »Er ist nie da, wenn man ihn braucht, und verschwand plötzlich aus dem Wagen...«

»Um einmal auszutreten«, unterbrach sie der betrunkene Offizier, und wieder schlug die Dame mit dem vorwurfsvollen Rufe: »Aber Mitinka!« entsetzt die Hände zusammen.

Nun, dachte Weltschaninow, der arme Gatte möchte ich nicht sein! Laut aber sagte er: »Wie heißt denn Ihr Herr Gemahl? Ich will ihn suchen...«

»Pal... Palbowitsch«, murmelte der Offizier.

»Pawel Pawlowitsch ist der Name Ihres Mannes?« fragte Weltschaninow voller Neugierde, da – erschien plötzlich zwischen der Dame und ihm ein kahler, ihm nur zu bekannter Kopf. Unwillkürlich versetzte sich Weltschaninow in den Garten der Familie Sachlebinin. Er sah wieder die harmlosen Spiele und denselben haarlosen Schädel, der sich auch damals zwischen Nadeschda und ihn schob.

In sehr gereiztem Tone rief die Dame: »Kommst du endlich?«

Doch Pawel Pawlowitsch (er war es wirklich) sah zunächst Weltschaninow voller Bestürzung an: nicht anders, als hätte er ein Gespenst vor sich. So groß war seine Verwirrung, daß er die zornigen, schnellen Auseinandersetzungen seiner »besseren Hälfte« zunächst ganz überhörte. Allmählich jedoch mochte ihm der ganze Ernst seiner Lage zum Bewußtsein kommen. Er sah ein, daß er sich die Schuld an dem Vorfall beimessen mußte. Wäre er nicht so lange weggeblieben, hätte der Streit zwischen Mitinka und dem Kaufmann nicht so unangenehm für seine Frau werden können und der »monsieur«, wie die Dame Weltschaninow bezeichnete, keine Rolle als »Beschützer, Engel, Retter« spielen müssen. »Ich sage es ja, wenn man dich braucht, bist du nicht da.«

Weltschaninow mußte laut auflachen. Dann legte er seine

Hand kameradschaftlich auf die Schulter Trusozkijs, der gezwungen lächelte, und sagte zu der erstaunten Dame: »Wir sind alte Bekannte, Jugendfreunde. Hat Ihnen Ihr Mann nie von Weltschaninow erzählt?«

Etwas verlegen entgegnete die Dame: »Nein, niemals!«

»Aber lieber Freund, wollen Sie mich endlich Ihrer Gemahlin vorstellen?«

»Liebe Lipotschka, sieh hier den Herrn Weltschaninow«, versetzte Pawel Pawlowitsch, fand aber keine weiteren Worte. Die »bessere Hälfte« warf ihm mit zorngerötetem Gesicht einen geradezu niederschmetternden Blick zu, wohl deshalb, weil er sie mit Lipotschka vorgestellt hatte.

»Und Pawel Pawlowitsch hat mir nicht einmal die Mitteilung von seiner Hochzeit zugehen lassen, er hätte mich doch einladen können; doch Sie, Olympiada . . .«

»Semjonowna«, fügte Pawel Pawlowitsch hinzu, und auch der Ulanenoffizier lallte im Einschlafen: »Semjonowna«.

»Dürfte ich Sie bitten, ihm um dieses freudigen Wiedersehens willen Generalpardon zu gewähren? Er ist gewiß ein guter Ehemann.« Dabei klopfte Weltschaninow Trusozkij vertraulich auf die Schulter.

»Meine Teure, ich hatte dich nur einen Augenblick verlassen«, brachte Pawel Pawlowitsch als Entschuldigung vor, aber Lipotschka meinte ärgerlich: »Und währenddessen mußte deine Gattin eine so abscheuliche Behandlung erdulden. Du fehlst, wo du gebraucht wirst, und bist zur Stelle, wo du fehlen könntest.«

»Fehlen könntest«, lallte der betrunkene Offizier.

Lipotschka war sehr aufgeregt, obwohl sie wußte, daß dies in Weltschaninows Anwesenheit unschicklich war. Sie errötete vor Scham, vermochte aber nicht, Gewalt über sich zu gewinnen. »Wo es überflüssig ist, bist du vorsichtig«, entschlüpfte es ihr.

Wieder mischte sich Mitinka ein. »Nach Liebhabern sucht er unter dem Bett . . . wo es überflüssig ist . . . sucht er.«

Mit diesem Mitinka war nichts mehr anzufangen. Es kam zu einem befriedigenden Abschluß; man lernte sich gegenseitig ganz gut kennen. Pawel Pawlowitsch erhielt den Auftrag, Fleischbrühe und Kaffee zu holen. Nun fing Olympiada Semjonowna an, Weltschaninow über alles mögliche zu unterrichten. »Wir kommen jetzt aus O.«, sagte sie, »wo mein Mann Beamter ist, und reisen auf unser Landgut, das von hier höchstens vierzig Werst entfernt ist. Dort wollen wir uns einige Monate aufhalten. Wir besitzen dort ein nettes Haus mit Garten und haben oft Gäste, auch viele angenehme Nachbarn. Hoffentlich sind Sie so liebenswürdig, uns recht bald mit Ihrem Besuch zu beehren. Ich werde Sie als meinen Schutzengel aufnehmen, denn mit Entsetzen denke ich daran, was wohl geschehen wäre, wenn Sie, der Schutzengel, der Retter, mir nicht beigestanden hätten.«

»Schutzengel, Retter«, echote der Ulanenoffizier.

»Ich danke Ihnen vielmals für Ihre liebenswürdige Einladung«, erwiderte Weltschaninow höflich, »ich werde ihr gern Folge leisten, da ich frei über meine Zeit verfügen kann.« Im Anschluß an diese Äußerung eröffnete er eine flotte Unterhaltung, in die er einige artige Bemerkungen über Olympiada Semjonowna einzuflechten wußte, durch die sich die Dame nicht wenig geschmeichelt fühlte. Sie errötete vor Vergnügen. Als Pawel Pawlowitsch zurückkehrte, sagte sie erfreut zu ihm: »Ich habe Alexej Iwanowitsch eingeladen, uns auf dem Land zu besuchen, und freue mich sehr, daß er mir versprochen hat zu kommen.« Ein verlegenes Lächeln war Pawel Pawlowitschs ganze Antwort. Olympiada Semjonowna konnte über dieses sonderbare Benehmen nur bedenklich den Kopf schütteln. Endlich ging es ans Abschiednehmen. Noch einmal war die Rede vom »Schutzengel« und von der Dankbarkeit, noch einmal wies man den jungen Offizier mit einem vorwurfsvollen »Mitinka« in die gehörigen Schranken, dann ging Pawel Pawlowitsch mit seiner Gattin und dem Ulanen in den Waggon zurück. Weltschaninow schritt, die Zigarre im Munde, in der Bahnhofshalle auf und ab und dachte: Sicherlich wird Pawel Pawlowitsch noch einmal herkommen, um bis zum Abfahrtssignal mit mir zu sprechen. So geschah es denn auch. Pawel Pawlowitsch erschien noch einmal und blickte Weltschaninow ängstlich an, der ihn gutmütig lachend beim Arm nahm und zur nächsten Bank zog. »Nehmen Sie Platz!« sagte er. Trusozkij gehorchte, und Weltschaninow wartete darauf, daß der andere ihn anreden werde.

»Sie besuchen uns also?« sagte jetzt Trusozkij ohne Umschweife.

»Dachte ich es doch, daß er sich geändert hat!« rief Weltschaninow lachend aus. Dann schlug er Trusozkij auf die Schulter und fuhr fort: »Konnten Sie wirklich glauben, daß ich Sie besuchen würde?« Und nochmals klopfte er dem andern auf die Schulter. Da erzitterte Pawel Pawlowitsch und sagte lebhaft: »Sie werden also nicht kommen?« Man merkte ihm die Freude deutlich an. »Nein, ich werde ganz bestimmt nicht kommen«, erwiderte Weltschaninow lachend. Hätte man ihm die Frage vorgelegt, was er daran so spaßig finde, hätte er keine Antwort darauf geben können. »So ist es wirklich Ihr Ernst?« rief Pawel Pawlowitsch und sprang mit einem erwartungsvollen Blick von der Bank auf.

»Nun, ich habe es Ihnen schon gesagt: ich komme nicht. Beruhigen Sie sich nur, Sie närrischer Kauz!«

»Doch ... was sage ich denn Olympia Semjonowna, wenn sie vergeblich warten sollte?«

»Das kann nicht so schwer sein. Sie sagen ihr, daß ich ein Bein gebrochen hätte, oder dergleichen mehr.«

Pawel Pawlowitsch machte eine klägliche Miene und sagte: »Sie wird es mir nicht glauben.«

»Und man wird Ihnen gehörig einheizen?« meinte Weltschaninow und lachte. »Es ist bemerkenswert, welch eine Angst Sie vor Ihrer schönen Gattin haben, armer Freund!«

Pawel Pawlowitsch wollte lächeln, doch es mißlang ihm. Schön, dachte er, daß Weltschaninow nicht zu uns kommen will, aber deshalb brauchte er doch meine Frau nicht so vertraulich anzureden. Trusozkij fühlte sich gekränkt, und Weltschaninow blieb es nicht verborgen. Das zweite Abfahrtssignal wurde gegeben, und aus einem entfernten Wagen ertönte der ängstliche Ruf: »Pawel Pawlowitsch!« Doch dieser zauderte noch immer und beachtete die Stimme nicht. War es ihm um eine nochmalige Versicherung Weltschaninows zu tun, daß er nicht kommen werde?

Weltschaninow bemerkte die Aufregung des anderen sehr wohl, tat aber absichtlich nicht desgleichen und fragte: »Wie ist der Mädchenname Ihrer Frau Gemahlin?«

»Meine Gattin ist die Tochter unseres Geistlichen«, entgegnete Pawel Pawlowitsch und blickte ängstlich nach dem Zug.

»Ich begreife, Sie haben sie ihrer Schönheit wegen geheiratet.«

Wiederum fühlte Pawel Pawlowitsch sich unangenehm berührt.

»Und der junge Offizier, dieser Mitinka?«

»Ein weitläufiger Verwandter von mir, der Sohn meiner verstorbenen Base, sein Name ist Golubtschikow. Er führte ein liederliches Leben und wurde degradiert. Jetzt hat man ihn wiederum befördert. Wir haben für ihn die Equipierung bezahlt. Ein unglücklicher junger Mensch!«

Gut, dachte Weltschaninow, alles in Ordnung, alles aufs schönste eingerichtet im Haushalt.

Zum zweitenmal erscholl, noch gereizter als vorher, die Stimme aus dem Wagen: »Pawel Pawlowitsch!« dem als heiseres Echo! »Pal Palbowitsch!« folgte.

Pawel Pawlowitsch drehte sich unruhig hin und her, da nahm ihn Weltschaninow beim Ellenbogen und sagte, jedes Wort betonend: »Und was würden Sie dazu sagen, wenn ich jetzt Ihrer Gattin mitteilte, daß Sie mich umbringen wollten?«

Zu Tode erschrocken, fuhr Trusozkij zurück. »Was sagen Sie da? Gott bewahre!«

Und wieder erschollen die Worte: »Pawel Pawlowitsch!« Da ließ Weltschaninow den Arm des anderen los und meinte gutherzig lachend: »Nun gehen Sie! Seien Sie unbesorgt.«

Doch noch einmal faltete Pawel Pawlowitsch wie verzweifelt die Hände und flüsterte: »Und Sie kommen gewiß nicht?«

»Ich schwöre es Ihnen! Machen Sie, daß Sie zum Zug kommen, ehe er abfährt!«

Und er hielt dem andern zum Abschied die Hand hin, stutzte aber peinlich berührt, denn Pawel Pawlowitsch hatte die Hand nicht genommen, sondern sogar die seinige wieder zurückgezogen.

Eben ertönte das dritte Signal.

Was ging in den beiden Männern vor? Sie standen wie angewurzelt. Weltschaninow, der eben noch herzlich gelacht hatte, packte voller Zorn Pawel Pawlowitsch an der Schulter und flüsterte ihm erblassend zu: »Sehen Sie diese Narbe hier an meiner Hand. Sie rührt von jenem Schnitt her. Sie könnten doch wohl die Hand nehmen, wenn ich sie Ihnen hinhalte!«

Doch auch Pawel Pawlowitsch war totenblaß, und es zuckte krampfhaft in seinem Gesicht. »Und Lisa?« kam es leise und schnell über seine Lippen, während sich Kinn, Nase und Wangen nervös bewegten. Einige Tränen quollen aus seinen Augen. Wie versteinert stand Weltschaninow da.

Jetzt aber schrie man aus dem Abteil: »Pawel Pawlowitsch!« als würde jemand dort ermordet. Zugleich pfiff die Maschine des Zuges.

Da endlich raffte sich Pawel Pawlowitsch auf, schlug die Hände zusammen und rannte davon. Der Zug setzte sich langsam in Bewegung, Pawel Pawlowitsch vermochte noch aufzuspringen und in seinen Wagen zu gelangen. Weltschaninow blieb auf dem Bahnhof zurück, reiste mit dem Abendzug weiter, und zwar in derselben Richtung wie bisher. Seinen Plan, die ihm bekannte Dame in dem Landstädtchen aufzusuchen, gab er seiner Verstimmung wegen auf. Und er bereute dies später sehr.

Bobok

Diesmal komme ich mit den »Aufzeichnungen einer gewissen Person« an. Ich bin es nicht; das ist eine ganz andere Person. Ich glaube nicht, daß noch ein anderes Vorwort nötig ist.

Aufzeichnungen einer gewissen Person

Semjon Ardaljonowitsch fuhr mich vorgestern plötzlich an: »Sag mir gefälligst, Iwan Iwanowitsch, wirst du überhaupt noch einmal nüchtern werden oder nicht?«

Eine sonderbare Forderung. Ich fühle mich aber nicht gekränkt, ich bin ein schüchterner Mensch, aber dennoch wurde ich unlängst für verrückt erklärt. Ein Maler hat mich ganz zufällig porträtiert. »Bist doch«, sagt er, »immerhin ein Literat!« Ich saß ihm also, und er stellte mich aus. Darauf lese ich: »Beeilt euch, dieses kranke, dem Wahnsinn nahe Gesicht anzusehen!«

Meinetwegen, aber warum denn damit gleich in die Zeitung? In der Zeitung soll doch nur Edles stehen. Ideale braucht man, aber so etwas ...

Sag es doch wenigstens verhüllt, dazu gibt es doch den Stil! Nein, verhüllt will er es nicht mehr sagen. Heutzutage verschwinden Humor und guter Stil, und Geschimpf wird für Scharfsinn gehalten. Ich bin deshalb nicht gekränkt, bin nicht weiß Gott was für ein Literat, um den Verstand zu verlieren. Ich habe eine Novelle geschrieben – sie wurde nicht gedruckt. Ich habe ein Feuilleton geschrieben – es wurde abgelehnt. Solcher Feuilletons habe ich viele in verschiedene Redaktionen geschleppt, überall wurden sie abgelehnt.

»Sie haben«, heißt es, »kein Salz.«

»Was für ein Salz willst du denn«, fragte ich spöttisch, »etwa attisches?«

Sie begriffen es nicht einmal. Ich übersetze größtenteils für Verleger aus dem Französischen. Ich schreibe auch Annoncen für Kaufleute: »Seltenheit! Schöner roter Tee von eigenen Plantagen ...« Ich zapfte auch einmal Seiner Hochwohlgeboren, dem seligen Pjotr Matwejitsch, ein stattliches Sümmchen für einen Panegyrikus ab. Die Abhandlung »Die Kunst gefällt dem schönen Geschlecht«, schrieb ich auf Bestellung des Verlegers. Solcher Büchlein habe ich an die sechs Stück in meinem Leben verfaßt. Ich bin dabei, Voltaires Bonmots zu sammeln, fürchte aber, daß sie den Unsrigen fade erscheinen werden. Wer versteht denn noch Voltaire? Heute braucht's einen Eichenknüppel, aber nicht Voltaire! Die letzten Zähne würden sie einander am liebsten einschlagen! Nun, das ist meine ganze literarische Tätigkeit. Nur daß ich noch uneigennützige Briefe an die Redaktionen schicke, mit meiner vollen Unterschrift. Immer ermahne ich und gebe Ratschläge, kritisiere und weise ihnen den richtigen Weg. An eine Redaktion habe ich in der vorigen Woche den vierzigsten Brief im Laufe von zwei Jahren geschickt; vier Rubel habe ich dabei allein für Briefmarken ausgegeben. Ich habe einen schlechten Charakter, das ist's.

Ich glaube, daß mich der Maler nicht wegen der Literatur, sondern wegen meiner zwei symmetrischen Warzen auf der Stirn gemalt hat; ein Phänomen, sagt man. Da sie keine Ideen mehr haben, versuchen sie es jetzt mit Phänomenen. Nun, dafür sind ihm auch meine Warzen auf dem Bild trefflich gelungen – wie lebend! Das nenen sie jetzt Realismus.

Was aber die Geistesgestörtheit betrifft, so hat man ja bei uns im vorigen Jahr viele für verrückt erklärt. Und in was für einem Stil! »Solch ein selbständiges Talent ... doch zu guter Letzt erwies sich ... übrigens war es schon längst vorauszusehen ...« Das ist ja noch ziemlich schlau; man könnte es vom Gesichtspunkt der reinen Kunst aus sogar noch loben. Warum auch nicht? Sie selber aber sind dann plötzlich ungemein klug. Nun, die Leute verrückt machen, das kann man bei uns schon, aber klüger hat man noch keinen gemacht.

Am klügsten von allen ist meiner Meinung nach der, welcher sich wenigstens einmal im Monat selber einen Narren heißt – eine heutzutage unerhörte Fähigkeit! Früher wußte jeder Narr wenigstens einmal jährlich, daß er ein Narr ist, aber jetzt – nie und nimmer. Es ist alles so durcheinandergeraten, daß man einen Narren von einem Klugen nicht unterscheiden kann. Das haben sie absichtlich getan.

Da fällt mir die spanische Anekdote ein, als die Franzosen vor zweieinhalb Jahrhunderten das erste Irrenhaus gebaut hatten. »Sie haben alle ihre Narren in ein besonderes Haus eingesperrt«, hieß es, »um glauben zu machen, daß sie selber gescheite Leute seien.« Es stimmt auch: dadurch, daß man den anderen ins Irrenhaus sperrt, beweist man seinen eigenen Verstand. X. ist verrückt geworden, heißt, daß wir jetzt gescheit sind. Nein, das heißt es noch nicht.

Im übrigen, zum Teufel ... wozu mache ich mich mit meinem Verstand so breit? Ich schwatze und schwatze. Sogar der Dienstmagd bin ich langweilig geworden. Gestern kam ein Freund zu mir. »Dein Stil«, sagt er, »verändert sich: ist wie gehackt. Du hackst und hackst – und das soll die Einleitung sein. Und dann kommt zu dieser Einleitung noch eine Einleitung, dann rückst du in Klammern noch etwas ein, und dann geht das Hacken von neuem los.«

Der Freund hat recht. Es geht wirklich etwas Sonderbares mit mir vor. Der Charakter ändert sich, und der Kopf tut mir weh. Ich fange an, merkwürdige Sachen zu hören und zu sehen. Nicht, daß es Stimmen wären, nein! aber so etwas wie: Bobok, bobok, bobok!

Was für bobok? Ich muß mich zerstreuen.

Ich ging also mich zerstreuen und geriet auf eine Beerdigung. Ein entfernter Verwandter. Aber immerhin Kollegienrat. Eine Witwe, fünf Töchter, alle ledig. Wenn man nur an die Schuhe denkt, kommt schon ein ordentliches Sümmchen heraus! Der Selige hat ordentlich verdient, aber jetzt – ein Pensiönchen. Sie werden die Schwänzchen einziehen. Mich haben sie immer ungern empfangen. Ich wäre auch jetzt nicht hingegangen, wenn es nicht ein solcher Ausnahmefall gewesen wäre. Ich begleitete ihn zusammen mit den anderen bis zum Friedhof; sie wandten sich ab von mir und taten stolz. Meine Paradeuniform ist wirklich schon etwas schadhaft. Seit fünfundzwanzig Jahren war ich nicht mehr auf dem Friedhof. Das wäre so ein Plätzchen!

Erstens der Geruch. Etwa fünfzehn Tote waren angekommen. Särge in allen Preislagen; sogar zwei Katafalke gab es: der eine für einen General und der andere für irgendeine Dame. Viel traurige Gesichter, auch viel geheuchelte Trauer, aber viel unverhohlene Fröhlichkeit. Die Geistlichkeit kann sich nicht beklagen: gute Einkünfte. Aber der Geruch, der Geruch! Ich möchte hier nicht Geistlicher sein.

Den Toten blickte ich nur vorsichtig ins Gesicht, ich traute meinem empfindsamen Gemüt nicht. Es gibt sanfte Totengesichter, aber auch unangenehme. Überhaupt lächeln sie nicht schön, und manche sogar sehr unschön. Ich mag sie nicht, träume von ihnen.

Während der Mittagsmesse ging ich aus der Kirche an die Luft; der Tag war ein wenig trüb, aber trocken. Außerdem kalt; nun, wir haben ja schon Oktober. Ich ging durch die Reihen der Gräber. Verschiedene Klassen. Die dritte Klasse zu dreißig Rubel: auch noch anständig und nicht zu teuer. Die ersten zwei sind in der Kirche; nun, das geht natürlich auf den Geldbeutel. Dritter Klasse wurden diesmal sechs beerdigt, darunter auch der General und die Dame.

Ich warf einen Blick in die Gräber – scheußlich: Wasser, und was für ein Wasser! Ganz grün und – was noch mehr! Der Totengräber schöpfte es fortwährend mit einer Kelle heraus. Solange die Messe gesungen wurde, ging ich ein wenig auf die Straße hinaus, um einen kleinen Spaziergang zu machen. Dort ist gleich das Armenhaus und etwas weiter ein Restaurant. Und durchaus kein übles Restaurant: Imbiß und alles vorhanden. Es war voll von Leidtragenden. Ich bemerkte viel Heiterkeit und aufrichtige Lebenslust. Ich aß etwas und trank ein Gläschen.

Darauf beteiligte ich mich eigenhändig als Sargträger von der Kirche zum Grab. Warum werden die Toten im Sarg immer so schwer? Man sagt, infolge der Trägheit, weil der Körper sich nicht mehr selbst trage ... oder einen ähnlichen Blödsinn; das widerspricht der Mechanik und dem gesunden Menschenverstand. Ich kann's nicht leiden, wenn man mit einem bißchen Allgemeinbildung über Spezialfragen urteilen will, aber bei uns ist das so üblich. Zivilbeamte urteilen mit Vorliebe über Militär- und sogar Generalstabsfragen, während Leute mit technischer Bildung mehr über Philosophie und Nationalökonomie urteilen.

Zum Totenschmaus fuhr ich nicht. Ich bin stolz, und wenn man mich nur im äußersten Notfall empfängt, wozu soll ich mich zu ihren Tafeleien drängen, wenn auch nur zu einem Totenschmaus? Ich begreife nur nicht, warum ich auf dem Friedhof blieb; setzte mich auf einen Grabstein und verfiel in entsprechende Gedanken.

Begann mit der Moskauer Ausstellung und endete beim Staunen als Thema im allgemeinsten Sinn. Über das Staunen kam ich zu folgendem Ergebnis.

Über alles staunen ist natürlich dumm, über nichts staunen

ist viel hübscher und aus irgendeinem Grund sogar guter Ton. Doch in Wirklichkeit ist das wohl kaum richtig. Meiner Meinung nach ist über nichts zu staunen viel dümmer als über alles zu staunen. Und außerdem: Über nichts zu staunen ist fast dasselbe wie nichts zu achten. Und ein dummer Mensch kann nichts achten. »Ja, und vor allem will ich achten! Ich *lechze* danach, achten zu können«, sagte mir vor ein paar Tagen einer meiner Bekannten.

Lechzt danach, achten zu können! Herrgott, dachte ich, was würde aus dir werden, wenn du jetzt wagtest, das drucken zu lassen!

Darüber verlor ich mich in Gedanken. Ich liebe es nicht, Grabinschriften zu lesen; ewig dasselbe. Auf der Marmortafel neben mir lag eine angebissene Buttersemmel; dumm und nicht am Platz. Ich warf sie auf die Erde, denn es war ja kein Brot, sondern eine Buttersemmel. Übrigens scheint's auch nicht sündhaft zu sein, Brot auf die Erde werfen; nur wenn man es auf den Fußboden wirft, ist es sündhaft. Ich muß in Suworins Kalender nachschlagen.

Es ist anzunehmen, daß ich lange so dasaß, wahrscheinlich zu lange; daß heißt, ich hatte mich auf einem langen Stein in Form eines Marmorsarges ausgestreckt. Aber wie kam es eigentlich, daß ich plötzlich verschiedene Dinge hörte? Ich schenkte ihnen anfänglich keine Beachtung und betrug mich überheblich. Doch das Gespräch wurde fortgesetzt. Ich hörte dumpfe Laute, als ob die Lippen mit Kissen bedeckt wären; aber dennoch war alles deutlich und sehr nahe. Ich kam zu mir, setzte mich hin und hörte aufmerksam zu.

»Euer Hochwohlgeboren, das geht einfach nicht! Sie sagen Herz an, ich gehe Whist, und plötzlich haben Sie die Karo sieben! Wegen der Karos hätte man sich doch vorher verständigen müssen!«

»Das heißt also auswendig spielen? Wo bleibt da die Gemütlichkeit?«

»Das geht nicht, Euer Hochwohlgeboren, ohne Garantien geht's wirklich nicht! Sie müssen unbedingt beim Strohmann anfangen und Pik oder Kreuz schmieren ...«

»Nun, einen Strohmann treibt man hier wohl kaum auf.«

Was für hochmütige Worte! Wie sonderbar und wie unerwartet! Die eine Stimme so selbstbewußt, solide, die andere süßlich schmeichelnd. Ich hätte es nicht geglaubt, wenn ich es nicht mit eigenen Ohren gehört hätte. Ich war doch nicht zum Leichenschmaus gegangen? Hier Preference zu spielen! Und was ist das für ein General? Daß die Stimmen aus den Gräbern kamen, daran war nicht zu zweifeln. Ich bückte mich und las die Inschrift auf dem Marmor.

»Hier ruhen die sterblichen Überreste des Generalmajors Perwojedow ... Ritter dieser und dieser Orden ...« Hm. »Gestorben im August des Jahres so und so ... im siebenundfünfzigsten Lebensjahr ... Ruhe, geliebter Staub, bis zum freudigen Erwachen.«

Hm, zum Teufel, tatsächlich ein General! Auf dem anderen Grab, aus dem die schmeichlerische Stimme kam, war noch kein Grabmal, nur eine Seinplatte; also ein Neuling. Der Stimme nach ein Hofrat.

»Och – ohohoho!« ertönte plötzlich eine neue Stimme, ungefähr fünf Ellen vom Generalsgrab entfernt unter einem noch ganz frischen Hügel; die Stimme eines Mannes aus dem einfachen Volk, aber ein wenig schwach und andächtig gerührt. »Och – ohohoho!«

»Ach, er stöhnt schon wieder!« erklang plötzlich die launische und anmaßende Stimme einer gereizten Dame, scheint's aus der höheren Gesellschaft. »Die reinste Strafe, neben diesem Krämer liegen zu müssen!«

»Ich habe gar nicht gestöhnt, auch habe ich schon lange nichts mehr gegessen, es ist einzig meine natürliche Angewohnheit. – Und noch immer können Sie, Gnädige, von Ihren Launen nicht lassen und sich endlich beruhigen.«

»Warum haben Sie sich denn hierher gelegt?«

»Ich habe mich nicht selber hierher gelegt, hergelegt haben mich meine Frau und meine kleinen Kinderchen, ich selber habe mich nicht hergelegt. Geheimnis des Todes! Ich hätte mich um nichts auf der Welt neben Sie gelegt, nicht um noch soviel Geld, sondern ich liege kraft meines eigenen Kapitals hier, nach dem Preis zu urteilen. Denn das können wir immer noch, daß wir uns eine Grube dritter Klasse leisten.«

»Na ja, Geld gescheffelt und die Leute übers Ohr gehauen.«

»Wie hätte man Sie übers Ohr hauen können, da seit dem Januar keine Zahlungen mehr von Ihnen eingegangen sind. Es steht noch eine hübsche Rechnung im Laden offen.«

»Nun, das ist doch dumm! Hier noch Schulden einkassieren zu wollen ist meiner Ansicht nach dumm! Gehen Sie hinauf. Fragen Sie meine Nichte; die ist die Erbin.«

»Wo soll ich jetzt noch fragen und wohin gehen! Beide

haben wir unser Teil und sind vor Gottes Richterstuhl die gleichen Sünder.«

»Die gleichen Sünder!« spottete die Tote verächtlich. »Unterstehen Sie sich nicht, mit mir zu sprechen!«

»Och – ohohoho!«

»Aber der Krämer gehorcht der Dame dennoch, Euer Hochwohlgeboren.«

»Warum sollte er auch nicht gehorchen?«

»Nun ja, Euer Hochwohlgeboren, aber hier gilt eine neue Ordnung.«

»Was für eine neue Ordnung?«

»Aber wir sind doch sozusagen gestorben, Euer Hochwohlgeboren.«

»Ach ja! Nun, aber immerhin gibt es noch eine Ordnung ...«

Nun, die Herrschaften haben mich zerstreut; nichts dagegen zu sagen, sie haben mich getröstet! Wenn es schon hier so weit gekommen ist, was steht da noch in der oberen Etage zu erwarten? Aber dennoch, was für Späßchen! Nichtsdestoweniger hörte ich aufmerksam zu, wenn auch mit heftigem Unwillen.

»Nein, ich möchte leben! Nein ... ich, wissen Sie ... ich möchte leben!« ließ sich plötzlich eine neue Stimme vernehmen, irgendwo in der Mitte zwischen dem General und der reizbaren Dame.

»Hören Sie, Euer Hochwohlgeboren, unser Alter fängt wieder an. Schweigt, schweigt drei Tage lang, und mit einemmal: ‚Ich möchte leben, nein, ich möchte leben!' Und mit solch einem, wissen Sie, Appetit sagte er das, hihi!«

»Und Leichtsinn.«

»Es geht ihm nahe, Euer Hochwohlgeboren, und wissen Sie, er ist schon am Einschlafen, ist ja seit dem April hier – und plötzlich: ‚Ich möchte leben!'«

»Ziemlich langweilig«, bemerkte Seine Hochwohlgeboren.

»Langweilig, Euer Hochwohlgeboren? Sollte man dann nicht wieder Awdotja Ignatjewna ein wenig necken, hihi?«

»Nein, da muß ich Sie doch bitten. Ich kann diese nörgelnde Ratte nicht ausstehen.«

»Ich aber kann euch beide nicht ausstehen!« schrie sofort die Ratte erbost zurück. »Alle beide seid ihr sterbenslangweilig und könnt nichts Ideales erzählen. Ich dagegen könnte von

Ihnen, Euer Hochwohlgeboren – seien Sie nicht so hochnäsig, bitte –, ein Geschichtchen erzählen, wie ein Lakai Sie frühmorgens mit dem Besen unter einem Ehebett hervorgekehrt hat.«

»Ekliges Frauenzimmer!« knurrte der General durch die Zähne.

»Mütterchen, Awdotja Ignatjewna«, rief plötzlich wieder der Krämer dazwischen, »sag mir doch, meine Herrin, ohne dabei etwas Böses zu denken: bin ich hier im Fegefeuer, oder was geschieht eigentlich?«

»Ach, er fängt schon wieder an damit, ahnte ich's doch! Also von ihm rührt dieser Geruch her, so verwest er jetzt schon!«

»Ich verwese noch lange nicht, Mütterchen, und es geht auch kein besonderer Geruch von mir aus, weil sich unser ganzer Leib noch so erhalten hat, wie er war, aber Sie, Frauchen, gehen schon in einem anderen Zustand über – denn der Geruch ist tatsächlich unerträglich, sogar an meinem Platz hier. Ich schweige nur aus Höflichkeit.«

»Ach, Sie schändlicher Lügner! Er riecht selber und schiebt es auf mich.«

»Och – ohohoho! Wenn doch bald mein vierzigster Tag käme: ich hörte ihre tränenerstickten Stimmen über mir, der Gattin Schluchzen und der Kinder stilles Weinen! ...«

»Also darüber weint er! Die werden sich voll Reis fressen und wieder fortgehen. Ach, wenn doch wenigstens jemand erwachte!«

»Awdotja Ignatjewna«, rief der schmeichlerische Beamte, »warten Sie nur einen Augenblick, bald werden Neue zu plaudern anfangen.«

»Gibt es auch Junge unter ihnen?«

»Auch Junge, Awdotja Ignatjewna, sogar Jünglinge!«

»Ach, das wäre herrlich!«

»Wie, sind sie denn noch nicht erwacht?« erkundigte sich Seine Hochwohlgeboren.

»Sogar die Vorgestrigen sind noch nicht erwacht; Euer Hochwohlgeboren geruhen doch selber zu wissen, daß manche eine Woche lang schweigen. Nur gut, daß man ihrer gestern, vorgestern und heute plötzlich eine ganze Menge angefahren hat. Sonst haben wir doch auf zehn Ellen im Umkreis lauter Vorjährige um uns.«

»Hm! interessant.«

»Heute, Euer Hochwohlgeboren, hat man den Wirklichen Geheimrat Tarassewitsch beerdigt. Ich habe es an den Stimmen erkannt. Sein Neffe ist mit mir bekannt, er half vorhin den Sarg versenken.«

»Hm, wo liegt er denn?«

»Etwa fünf Schritt von Ihnen, Euer Hochwohlgeboren, links. Fast zu Ihren Füßen ... Wie wär's, Euer Hochwohlgeboren, wenn Sie sich mit ihm bekannt machten?«

»Hm, nein – ich kann doch nicht als erster ...«

»Er wird schon selber anfangen, Euer Hochwohlgeboren. Er wird sich sogar sehr geschmeichelt fühlen, überlassen Sie es nur mir, Euer Hochwohlgeboren, ich werde es schon machen ...«

»Ach, ach ... ach, was ist nur los mit mir?« keuchte plötzlich ein neues Stimmchen.

»Ein Neuer, Euer Hochwohlgeboren, ein Neuer, Gott sei Dank, und wie schnell erwacht! Manchmal schweigen sie eine ganze Woche.«

»Ach, ich glaube, ein junger Mann!« kreischte Awdotja Ignatjewna.

»Ich ... ich ... ich ... bin an einem Rückfall ... und ganz plötzlich!« stammelte wieder der junge Mann. »Noch am Abend vorher sagte mir Schulz: ,Sie haben einen Rückfall', und am Morgen starb ich plötzlich. Ach! Ach!«

»Nun, nichts zu machen, junger Mann«, bemerkte der General gnädig, augenscheinlich erfreut über den Neuling, »man muß sich trösten können! Willkommen in unserem Tale Josaphat, sozusagen. Wir sind gute Menschen, Sie werden uns kennen und schätzen lernen. Generalmajor Wasilij Wasiljewitsch Perwojedow, zu Ihren Diensten.«

»Ach, nein! Nein, nein, das kann ich auf keinen Fall! Ich bin bei Doktor Schulz gewesen; bei mir hat sich, wissen Sie, ein Rückfall eingestellt, zuerst war's nur die Brust und der Husten, dann aber erkältete ich mich, bekam Lungenentzündung und Grippe ... und dann plötzlich, ganz unerwartet ... die Hauptsache kam ganz unerwartet.«

»Sie sagen, zuerst war es nur die Brust?« mischte sich mit freundlicher Stimme der Beamte ein, ganz, als ob er den jungen Mann ermuntern wollte.

»Ja, die Brust und Auswurf, aber dann hörte der Auswurf plötzlich auf, und – ich konnte nicht mehr atmen ... und wissen Sie ...«

»Ich weiß, ich weiß. Aber wenn's die Brust war, so hätten Sie lieber zu Eck gehen sollen und nicht zu Schulz.«

»Ich aber, wissen Sie, wollte immer zu Botkin gehen ... und plötzlich ...«

»Nun, Botkin schneidet«, bemerkte der General.

»Ach nein, er schneidet überhaupt nicht. Ich habe gehört, er sei so aufmerksam und sage alles voraus.«

»Seine Hochwohlgeboren meinte es nur hinsichtlich des Preises«, verbesserte der Beamte.

»Ach, keine Spur, nur drei Silberrubel, und er untersucht so gründlich, und das Rezept ... und ich wollte unbedingt, weil man es mir gesagt hatte ... Nun, meine Herren, zu wem soll ich jetzt: zu Eck oder zu Botkin?«

»Was? Wohin?« Die Leiche des Generals wurde von einem fröhlichen Lachen geschüttelt. Der Beamte sekundierte ihm in den höchsten Fisteltönen.

»Lieber Junge, lieber fröhlicher Junge, wie ich dich liebe!« kreischte Awdotja Ignatjewna bezaubert. »Den hätte man neben mich betten sollen!«

Nein, das konnte ich nicht mehr zugeben. Und das soll ein zeitgenössischer Toter sein! Aber man muß weiter zuhören und darf nicht voreilig urteilen. Dieser Tölpel von Neuling – ich erinnere mich, wie er vorhin im Sarg aussah – der Ausdruck eines erschrockenen Hühnchens, der widerlichste auf der ganzen Welt! Aber was weiter?

Doch jetzt begann ein solcher Wirrwarr, daß ich nicht alles im Gedächtnis behalten konnte, denn es erwachten sehr viele zu gleicher Zeit; es erwachte ein höherer Beamter, einer von den Staatsräten, der mit dem General unverzüglich ein Gespräch über das Projekt einer Unterkommission im Ministerium für besondere Angelegenheiten und die mutmaßliche, im Zusammenhang mit der Unterkommission zu erwartende Versetzung der Amtspersonen anknüpfte, wofür sich der General ungemein, ganz ungemein interessierte. Ich muß gestehen, daß ich bei der Gelegenheit selber viel Neues erfuhr, so daß ich mich über die sonderbaren Wege wunderte, auf denen man in dieser Hauptstadt administrative Neuigkeiten erfahren kann. Darauf erwachte auch halb und halb ein Ingenieur, aber er schwätzte lange Zeit vollständigen Blödsinn, so daß die anderen ihn gar nicht belästigten, sondern ihn erst sich ausliegen ließen. Schließlich bekundete auch die am

Morgen im Katafalk beerdigte vornehme Dame einige Anzeichen der Wiederbelebung im Sarg. Lebesjatnikow, denn der schmeichlerische, mir verhaßte Hofrat, der sich neben dem General Perwojedow angesiedelt hatte, hieß Lebesjatknikow, war sehr in Anspruch genommen und verwundert, daß diesmal alle so bald erwachten. Ich muß gestehen, auch ich wunderte mich; übrigens waren einige der Erwachenden bereits vorgestern beerdigt worden, so zum Beispiel ein ganz junges Mädchen von etwa sechzehn Jahren, das jedoch nur kicherte ... widerlich und wollüstig.

»Euer Hochwohlgeboren, Geheimrat Tarassewitsch ist soeben erwacht«, meldete plötzlich Lebesjatnikow mit ungewöhnlicher Eilfertigkeit.

»Ja? Was?« fragte da auch schon – noch ein wenig wie im Halbschlaf – der erwachende Geheimrat. In seiner Stimme lag etwas eigensinnig Befehlendes. Ich horchte interessiert auf, denn in den letzten Tagen hatte ich von diesem Tarassewitsch reden hören – lauter höchst verfängliche und aufregende Dinge.

»Das bin ich, Euer Hochwohlgeboren, vorläufig nur ich.«

»Worum bitten Sie, und was wollen Sie?«

»Einzig mich nach dem Befinden Eurer Hochwohlgeboren erkundigen; aus Ungewohntheit fühlt sich hier fast jeder anfänglich ein wenig beengt. Entschuldigen Sie ... General Perwojedow würde es sich zur Ehre anrechnen, die Bekanntschaft Eurer Hochwohlgeboren zu machen, und hofft ...«

»Kenne ich nicht.«

»Ich bitte Sie, Euer Hochwohlgeboren, General Perwojedow! Wasilij Wasiljewitsch ...«

»Sie sind General Perwojedow?«

»Nein, Euer Hochwohlgeboren, ich bin nur der Hofrat Lebesjatnikow, gehorsamster Diener, aber General Perwojedow ...«

»Blödsinn! Ich bitte Sie, mich in Ruhe zu lassen.«

»Lassen Sie ihn!« Würdevoll gebot General Perwojedow schließlich selber der schmählichen Eilfertigkeit seines Grabagenten Einhalt.

»Er ist noch nicht ganz erwacht, Euer Hochwohlgeboren, das muß man in Betracht ziehen; es ist nur die Ungewohntheit; wenn er ganz erwacht, wird er es natürlich anders aufnehmen ...«

»Wasilij Wasiljewitsch! Heda, Euer Hochwohlgeboren!« rief plötzlich laut und verwegen dicht neben Awdotja Ignatjewna eine ganz neue Stimme – eine dreiste, herrische Stimme mit jener müden Aussprache und frechen Dehnung einzelner Silben, wie es jetzt in der Gesellschaft Mode ist. »Ich beobachte Sie alle schon geschlagene zwei Stunden; ich liege doch schon drei Tage hier; erinnern Sie sich noch meiner, Wasilij Wasiljewitsch? Klinewitsch ist mein Name ... Wir haben uns bei den Wolokonskijs getroffen, wo man Sie, ich weiß nicht warum, ebenfalls vorließ.«

»Wie, Graf Pjotr Petrowitsch ... sollten Sie denn wirklich schon ... und in so jungen Jahren ... wie ich's bedauere!«

»Ja, ich bedauere es auch selber, nur ist es mir jetzt ziemlich egal, und zudem will ich auch von hier aus noch alles mögliche einfädeln. Und – ich bin nicht Graf, sondern Baron, alles in allem nur Baron. Wir sind solche räudigen Barönchen aus dem Lakaienstand, ja, und ich weiß auch wahrhaftig nicht warum; pfeifen wir darauf. Ich bin nur ein Taugenichts, ein Windbeutel der pseudo-höheren Welt, und man hält mich für einen ‚lieben Polissen'. Mein Vater war irgendein Generalchen, meine Mutter wurde gelegentlich des Nachts allerhöchsten Orts empfangen. Ich habe mit dem Juden Siefel im vorigen Jahr fünfzigtausend falsche Banknoten hergestellt und ihn dann angezeigt, doch mit dem Geld ist mir Julchen Charpentier de Lusignan nach Bordeaux durchgegangen. Und stellen Sie sich vor, ich war schon so gut wie verlobt – mit der kleinen Stschewalewskaja, drei Monate fehlten ihr noch zu sechzehn Jahren, sie ist noch im Institut, erbt neunhunderttausend. Awdotja Ignatjewna, erinnern Sie sich noch, wie Sie mich vor fünfzehn Jahren, als ich noch ein vierzehnjähriger Page war, verführt haben?«

»Ach, das bist du, Nichtsnutz, nun, dich hat wohl Gott gesandt, sonst wäre es hier ...«

»Sie haben umsonst Ihren Nachbarn, den Krämer, der Verbreitung üblen Geruchs verdächtigt ... Ich schwieg nur und lachte. Der kommt doch von mir; mich hat man ja schon im geschlossenen Sarg begraben.«

»Ach, wie abscheulich er ist! Aber dennoch freue ich mich; Sie werden es nicht glauben, Klinewitsch, Sie werden es nicht glauben, welch ein Mangel an Lebensart und Esprit hier herrscht!«

»Nun ja, nun ja, ich beabsichtige doch, hier etwas Originelles einzuführen, Euer Hochwohlgeboren! – ich meine nicht Sie, Perwojedow – Euer Hochwohlgeboren! – der andere, Herr Tarassewitsch, he, Geheimrat! Lassen Sie sich doch vernehmen! Klinewitsch, der Sie in der Fastenzeit zu Demoiselle Fury brachte, ist da, hören Sie mich?«

»Ich höre Sie, Klinewitsch, und freue mich sehr, und glauben Sie mir ...«

»Nicht ein Wort glaube ich Ihnen und pfeife darauf. Ich möchte Sie, lieber Alter, einfach abküssen, aber, Gott sei Dank, ich kann es nicht. Wissen Sie, meine Herrschaften, was dieser grand-père gemacht hat? Er ist vor drei oder vier Tagen gestorben und – können Sie sich das vorstellen? – hat ein Kassendefizit von runden Vierhunderttausend hinterlassen! Das Geld der Witwen und Waisen! hat aus irgendeinem Grund ganz allein gewirtschaftet, so daß man ihn acht Jahre lang nicht mehr revidiert hat. Ich kann mir denken, was die dort oben jetzt für lange Gesichter machen und wie sie seiner gedenken werden! N'est-ce pas, ein wonniger Gedanke! Ich habe mich das ganze letzte Jahr gewundert, woher dieser siebzigjährige Tattergreis, Podagrist und Chiragriker die Kräfte zu einem so ausschweifenden Leben hernimmt – und da haben wir die Erklärung! Es waren die Witwen und Waisen – allein schon der Gedanke an sie mußte ihn doch erglühen lassen! ... Ich war der einzige, der es wußte, die Charpentier hatte mir alles erzählt, und kaum hatte ich es erfahren, ging ich zu ihm, am heiligen Sonntag, und setzte ihm freundschaftlich zu: ‚Gib mir fünfundzwanzigtausend, wenn nicht, kommt man morgen revidieren.' Aber, stellen Sie sich vor, er konnte damals nicht mehr als dreizehntausend zusammenbringen, so daß er jetzt scheint's sehr zur rechten Zeit gestorben ist. Grand-père, grand-père, hören Sie?«

»Cher Klinewitsch, ich bin mit Ihnen durchaus einverstanden, und Sie gehen ganz überflüssig ... auf solche Details ein. Es gibt im Leben so viel Leid und Qual und so wenig Lohn dafür ... ich hatte den Wunsch, mich endlich zu beruhigen, aber soweit ich sehe, wird sich auch von hier aus noch vieles herausschlagen lassen ...«

»Ich könnte wetten, daß er schon Katja Berestowa gewittert hat!«

»Wen? ... Was für eine Katja?« fragte der Alte mit wollüstig bebender Stimme.

»A–ah? Also was für eine Katja? Da, hier, links, etwa fünf Schritte von mir, von Ihnen zehn. Sie ist schon den fünften Tag hier, und wenn Sie wüßten, grand-père, was das für ein Teufelsmädel ist ... aus gutem Haus, wohlerzogen und – ein Monster, ein Monster im höchsten Grad! Ich habe sie dort an niemanden verraten, ich allein wußte es ... Katja, laß dich hören!«

»Hihihi!« ließ sich das kichernde Lachen einer feinen, hohen Mädchenstimme hören, doch schwang in ihr etwas wie ein Nadelstich mit. »Hihihi!«

»Und ... ist ... sie ... blond?« stieß lispelnd und kurzatmig der grand-père in vier Lauten hervor.

»Hihihi!«

»Mir ... mir gefiel schon lange ...« fuhr der Alte atemlos lispelnd fort, »der Gedanke an ein Blondköpfchen ... an ... ein fünfzehnjähriges ... und gerade jetzt unter solchen Umständen ...«

»Ach, du Ungeheuer!« rief Awdotja Ignatjewna aus.

»Genug!« entschied Klinewitsch. »Ich sehe, das Material ist vortrefflich. Wir werden uns hier famos einrichten. Die Hauptsache ist, die noch verbleibende Zeit lustig zu verbringen; doch was für eine Zeit? Heda, Sie, Beamter, Lebesjatnikow, nicht? Ich hörte, daß Sie so heißen.«

»Gewiß, gewiß, Lebesjatnikow, Hofrat, Semjon Jewsejitsch, gehorsamster Diener, ich bin sehr, sehr, sehr froh.«

»Ich pfeife darauf, ob Sie froh sind oder nicht, nur scheinen Sie hier alles zu wissen. Sagen Sie erstens, auf welche Weise sprechen wir hier denn eigentlich? Wir sind doch gestorben, und dennoch sprechen wir; es ist, als bewegten wir uns, aber in Wirklichkeit sprechen wir nicht und bewegen wir uns nicht! Was ist das für eine Zauberei?«

»Das, wenn Sie wünschen, Baron, könnte Ihnen Platon Nikolajewitsch besser erklären als ich.«

»Was für ein Platon Nikolajewitsch? Quatschen Sie nicht, zur Sache.«

»Platon Nikolajewitsch, unser einheimischer, hiesiger Philosoph, Naturforscher und Professor. Er hat mehrere philosophische Bücher verfaßt, aber jetzt schickt er sich schon drei Monate an, ganz einzuschlafen, so daß man ihn nicht mehr wachrütteln kann. Einmal wöchentlich brummt er noch ein paar zusammenhanglose Worte, die nicht zur Sache gehören ...«

»Zur Sache, zur Sache!«

»Er erklärt dies alles mit der einfachen Tatsache, daß wir oben, als wir noch lebten, den dortigen Tod ganz irrtümlich für den Tod hielten. Der Körper belebt sich hier gewissermaßen noch einmal, die Reste des Lebens konzentrieren sich, aber nur im Bewußtsein. Das – ich kann es nicht so recht ausdrücken –, das Leben soll sich hier gewissermaßen durch die Trägheit fortsetzen. Alles konzentriert sich seiner Meinung nach irgendwo im Bewußtsein und lebt noch zwei oder drei Monate lang fort, manchmal sogar ein ganzes halbes Jahr ... Es gibt hier zum Beispiel einen, der sich fast schon ganz aufgelöst hat, aber alle sechs Wochen murmelt er plötzlich doch wieder ein Wort, natürlich ein sinnloses ... von irgendeinem bobok: ‚Bobok Bobok ...', also glüht in ihm noch ein unmerkliches Lebensfünkchen ...«

»Ziemlich dumm. Doch wie kommt es, daß ich, ohne einen Geruchssinn zu haben, diesen Gestank hier rieche?«

»Das ... hehe ... Nun, da drückte sich unser Philosoph etwas schleierhaft aus. Über den Geruchssinn bemerkte er vor allem, daß man hier nur den moralischen Gestank rieche – hehe! Den Gestank der Seele, um sich in diesen zwei, drei Monaten noch besinnen zu können ... und dies wäre sozusagen noch die letzte Gnadenfrist ... Nur glaube ich, Baron, das ist alles schon mystische Phantasterei, durchaus entschuldbar in seiner Verfassung ...«

»Genug, ich bin überzeugt, daß alles Unsinn ist. Die Hauptsache also, noch zwei oder drei Monate Leben und dann – Schluß. Ich schlage allen vor, diese zwei Monate möglichst angenehm zu verbringen und zu dem Zweck neue Grundsätze zu wählen. Meine Herrschaften! Ich schlage vor, sich nicht mehr zu schämen!«

»Ach ja, ach ja! wir wollen uns nicht mehr schämen!« ließen sich sofort viele Stimmen vernehmen, und sonderbar, es ließen sich sogar viele neue Stimmen vernehmen, was bedeutete, daß inzwischen noch andere erwacht waren. Mit besonderer Bereitwilligkeit dröhnte der Baß des bereits völlig erwachten Ingenieurs. Katja kicherte erfreut.

»Ach, wie gerne ich mich nicht schämen möchte!« rief begeistert Awdotja Ignatjewna aus.

»Hört, wenn sich schon Awdotja Ignatjewna nicht mehr schämen will ...«

»Nein, nein, nein, Klinewitsch, ich habe mich geschämt, ich

habe mich oben geschämt, aber hier will ich mich furchtbar, furchtbar gerne nicht mehr schämen!«

»Ich verstehe, Klinewitsch«, rief mit dröhnendem Baß der Ingenieur, »Sie schlagen vor, das hiesige, sagen wir, Leben auf neuen und endlich vernünftigen Grundsätzen aufzubauen ...«

»Nun, darauf pfeife ich! Damit wollen wir lieber auf Kudejarow warten, sie haben ihn gestern gebracht. Wenn er erwacht, wird er Ihnen alles erklären. Das ist ein großartiger Kerl. Morgen, denke ich, wird man noch so einen Naturwissenschaftler herbeischleppen, wahrscheinlich auch einen Leutnant und, wenn ich nicht irre, nach drei, vier Tagen noch einen Feuilletonisten – vielleicht mitsamt dem Redakteur. Übrigens, hol sie der Teufel, aber es wird sich hier ein geschlossener Kreis bilden, und dann wird sich bei uns alles von selbst ergeben. Doch ich verlange, daß man nicht lügt. Nur dieses eine verlange ich, weil es die Hauptsache ist. Auf der Erde zu leben und nicht zu lügen ist unmöglich, denn Leben und Lüge sind synonyme Begriffe; hier aber wollen wir, um ordentlich lachen zu können, nicht lügen. Hol's der Teufel, aber es heißt schon etwas, im Grab zu liegen! Wir werden alle laut unsere Lebensgeschichte erzählen und uns keiner Sache schämen. Vor allen anderen werde ich erzählen. Ich, wissen Sie, gehöre zu den Wollüstigen. Dort oben war alles mit faulen Stricken zusammengebunden. Fort mit den Stricken, und lassen Sie uns diese zwei Monate in der schamlosesten Wahrheit verleben! Entblößen wir uns und zeigen wir uns nackt!«

»Entblößen wir uns, entblößen wir uns!« schrien alle Stimmen.

»Ich möchte mich furchtbar, furchtbar gern entblößen!« kreischte Awdotja Ignatjewna.

»Ach ... ach ... ach, ich sehe schon, es wird hier lustig werden, ich will nicht mehr zu Doktor Eck!«

»Nein, ich möchte leben, nein, wissen Sie, ich möchte leben!«

»Hihihi!« kicherte Katja.

»Die Hauptsache ist, daß uns niemand etwas verbieten kann, und wenn sich auch Perwojedow, wie ich sehe, ärgert, so kann er mich doch nicht erwischen. Grand-père, sind Sie einverstanden?«

»Ich bin durchaus, durchaus einverstanden und mit dem größten Vergnügen, aber nur unter der Bedingung, daß Katja als erste ihre Biographie zum besten gibt.«

»Ich protestiere! Ich protestiere mit allem Nachdruck!« erklärte plötzlich mit fester Stimme General Perwojedow.

»Euer Hochwohlgeboren!« flehte sofort in ängstlicher Erregung und mit gesenkter Stimme der Nichtsnutz Lebesjatnikow. »Euer Hochwohlgeboren, es ist doch für uns sogar vorteilhafter, wenn wir zustimmen. Hier ist, wissen Sie, dieses Mädchen ... und schließlich, alle diese kleinen Späßchen ...«

»Angenommen, ein Mädchen, aber ...«

»Es ist vorteilhafter, Euer Hochwohlgeboren, bei Gott, es ist vorteilhafter! Sagen wir zum Beispiel, nur so zur Probe ...«

»Nicht einmal im Grab läßt man einen zur Ruhe kommen!«

»Erstens, General«, unterbrach ihn Klinewitsch gemessen, »spielen Sie selbst im Grab Preference, und zweitens pfeifen wir auf Sie!«

»Geehrter Herr, ich bitte Sie, sich nicht zu vergessen.«

»Was? Sie können mich doch nicht erreichen, und ich kann Sie von hier aus reizen wie Julchens Mops. Und überhaupt, meine Herrschaften, ist er denn hier noch ein General? Oben war er General, hier aber ist er Spucke!«

»Nein, nicht Spucke ... ich bin auch hier ...«

»Hier verfaulen Sie im Sarg, und was von Ihnen übrigbleibt, sind sechs Messingknöpfe.«

»Bravo, Klinewitsch, haha!« grölten die Stimmen.

»Ich habe meinem Kaiser gedient ... ich habe einen Degen!«

»Mit Ihrem Degen können Sie die Mäuse aufspießen, und zudem haben Sie ihn noch kein einziges Mal gezogen.«

»Das ist egal; ich bildete einen Teil des Ganzen!«

»Als ob es so wenig Teile dieses Ganzen gäbe!«

»Bravo, Klinewitsch, bravo, hahaha!«

»Ich begreife nicht, was so ein Degen überhaupt bedeuten soll«, ließ sich der Ingenieur vernehmen.

»Vor den Preußen laufen wir davon wie die Mäuse, sie zerklopfen uns zu Staub!« schrie eine entfernte und mir unbekannte Stimme, die aber buchstäblich vor Begeisterung überschnappte.

»Der Degen, mein Herr, ist die Ehre!« schrie wohl noch der General, aber ich konnte ihn kaum noch hören. Es erhob sich ein langes und wütendes Geschrei, das nur von dem ungeduldigen und hysterischen Kreischen Awdotja Ignatjewnas übertönt wurde.

»Ach, schneller, schneller doch! Ach, wann werden wir endlich anfangen, uns nicht mehr zu schämen!«

»Och – ohohoho! Wahrlich, meine Seele schreitet durch das Fegefeuer!« vernahm ich noch die Stimme des Krämers, und ...

Und da nieste ich plötzlich. Es kam ganz unerwartet und unbeabsichtigt, doch die Wirkung war verblüffend: alles verstummte, war wie auf einem Friedhof, verging wie ein Traum. Es trat wahre Grabesstille ein. Ich glaube nicht, daß sie sich vor mir schämten: sie hatten doch beschlossen, sich überhaupt nicht mehr zu schämen! Ich wartete noch fünf Minuten – kein Wort, kein Laut. Es ist doch nicht anzunehmen, daß sie eine Anzeige bei der Polizei fürchteten, denn was könnte die Polizei hier tun? Ich schließe daraus, daß sie dennoch ein Geheimnis haben müssen, das uns Sterblichen unbekannt ist und das sie sorgfältig vor jedem Sterblichen bewahren.

Nun, meine Lieben, dachte ich, ich werde euch öfter besuchen, und damit verließ ich den Friedhof.

Nein, das kann ich nicht zulassen; nein, wahrhaftig nicht! Dieses Bobok stört nicht – hat sich auch als Bobok erwiesen ...

Verderbnis an solch einem solchen Ort, Verderbnis der letzten Hoffnungen, Verderbnis zerfallender und verwesender Leichen – und das ohne Rücksicht auf die letzten Augenblicke des Bewußtseins! Man hat ihnen diese Augenblicke gegeben, geschenkt, aber ... Doch die Hauptsache, die Hauptsache – an solch einem Ort! Nein, das kann ich nicht zulassen ...

Werde bei den anderen Klassen herumsitzen, werde überall lauschen. Das ist's ja, daß man überall lauschen muß, aber nicht nur irgendwo am Rand, um sich eine Vorstellung zu machen. Vielleicht werde ich auf etwas Tröstliches stoßen.

Doch zu denen werde ich unbedingt zurückkehren. Versprachen doch ihre Biographien und verschiedene Anekdoten ... Pfui! Aber ich werde kommen, unbedingt kommen! Gewissenssache!

Will es in die Redaktion des »Bürger« bringen; dort hat man auch das Bild eines Redakteurs ausgestellt. Vielleicht drucken sie es.

Der Knabe bei Christus

Ich träume von einem Knaben, einem noch sehr kleinen Knaben, sechs Jahre alt oder noch jünger. Dieser Knabe erwachte an einem Morgen im feuchten und kalten Keller. Er war mit einem Kittel bekleidet und zitterte. Sein Atem entfloh als weißer Dampf, und er saß auf einer Kiste in der Ecke und blies vor Langweile den Dampf absichtlich aus dem Mund und unterhielt sich damit, daß er zuschaute, wie er entfloh. Aber er hätte gerne etwas gegessen. Er war schon einige Male im Laufe des Morgens zu der Pritsche gegangen, wo, auf einer pfannkuchendünnen Unterlage und mit einem Bündel statt eines Kissens unter dem Kopf, seine kranke Mutter lag. Wie war sie hierhergeraten? Wahrscheinlich war sie mit ihrem kleinen Knaben aus einer fremden Stadt gekommen und plötzlich erkrankt. Die Vermieterin der Schlafstelle war schon vor zwei Tagen von der Polizei geholt worden, die Mieter hatten sich zerstreut, da gerade Feiertag war, und der einzige Zurückgebliebene, ein Trödler, lag völlig betrunken in seiner Ecke, ohne erst noch die Feiertage abgewartet zu haben. In der anderen Ecke des Zimmers stöhnte, gequält vom Rheumatismus, eine achtzigjährige Greisin, die einmal irgendwo Kinderfrau gewesen war und nun einsam sterben mußte; sie ächzte und brummte und schalt den Knaben, so daß er sich fürchtete, sich ihrer Ecke zu nähern. Zu trinken hatte er im Flur etwas bekommen, aber ein Endchen Brot war nirgends zu finden, und wohl schon zum zehnten Male versuchte er, seine Mutter zu wecken. Ihm wurde schließlich ganz bang im Dunkeln, denn es war schon lange Abend, aber noch immer wurde kein Licht angezündet. Er befühlte das Gesicht der Mutter und wunderte sich, daß sie sich gar nicht rührte und so kalt war wie die Wand. Es ist sehr kalt hier, dachte er, stand eine Weile da, unbewußt seine Hand auf der Schulter der Entschlafenen lassend, hauchte dann auf seine Finger, um sie zu erwärmen, und ging plötzlich, nachdem er seine Mütze von der Pritsche genommen hatte, leise und tastend aus dem Keller hinaus. Er wäre schon früher gegangen, aber er fürchtete sich vor dem großen Hund, der oben auf der Treppe den ganzen Tag vor den Türen der Nachbarn heulte. Jetzt jedoch war der Hund nicht mehr da, und der Knabe ging gleich auf die Straße hinaus.

Herr, war das eine Stadt! Nie zuvor hatte er etwas Ähnliches gesehen. Dort, woher er gekommen, war es nachts so finster; eine einzige Laterne beleuchtet die ganze Straße. Die Fenster der niedrigen Holzhäuschen werden mit Läden verschlossen; auf den Straßen war, wenn es kaum dämmerte, kein Mensch mehr zu sehen, alle schlossen sich in ihren Häusern ein, nur ganze Rudel von Hunden, Hunderte, Tausende von Hunden heulten und bellten die ganze Nacht hindurch. Aber dafür war es dort warm, und er hatte zu essen gehabt, aber hier . . . Gott, wenn es doch etwas zu essen gäbe! Und was für ein Dröhnen und Lärmen war hier, wieviel Licht und Menschen, Pferde und Wagen, und die Kälte, die Kälte! Eisig strömt den gejagten Pferden der Dampf aus den heiß atmenden Mäulern; durch den lockeren Schnee schlagen die Hufeisen auf die Pflastersteine, und alle stoßen ihn, und, o Gott, er möchte so gerne essen, nur ein kleines Stückchen, und so weh tun ihm auf einmal die Fingerchen! Ein Hüter der Ordnung ging vorbei und wandte sich ab, um den Knaben nicht zu sehen.

Wieder eine Straße – ach, wie breit! Hier wird man sicher überfahren; wie sie alle schreien, laufen und fahren, und das Licht, das Licht! Und was ist das? Oh, ein großes Fenster, und hinter dem Glas ist ein Zimmer und im Zimmer ein Baum, bis zur Decke. Das ist ein Christbaum, und auf dem Christbaum so viele Lichter, so viele goldene Papierchen und Äpfelchen, und um den Baum Puppen und kleine Pferde; und im Zimmer laufen Kinder umher, schön gekleidet, sauber, und lachen und spielen, essen und trinken. Da tanzt ein kleines Mädchen mit einem Knaben. So ein hübsches Mädchen! Jetzt hört er die Musik durch das Fenster. Der Knabe schaut, wundert sich, lacht jetzt, aber es tun ihm die Zehen weh, und die Finger an den Händen sind ganz rot geworden, lassen sich nicht mehr biegen, und es tut weh, wenn er sie bewegt. Und plötzlich merkte der Knabe, wie sehr ihn die Finger schmerzten, er weinte und lief weiter. Und da sieht er durch ein anderes Fenster ein Zimmer, in dem auch solche Bäume stehen, aber auf den Tischen stehen allerlei Kuchen – rote, gelbe Mandelkuchen, und es sitzen vier reich gekleidete Damen da, und wenn jemand hereinkommt, bekommt er Kuchen, und die Tür geht jeden Augenblick auf, und es kommen viele Herrschaften von der Straße herein. Der Knabe schlich heran, öffnete plötzlich die Tür und trat ein. Ach, wie sie ihn anschrien, mit den

Armen fuchtelten! Eine Dame trat hastig auf ihn zu, steckte ihm eine Kopeke in die Hand und öffnete ihm selber die Tür. Wie er da erschrak! Die Kopeke entfiel ihm und klirrte über die Stufen hinab; er konnte seine roten Fingerchen nicht mehr biegen und sie festhalten. Der Knabe lief hinaus, ging schneller und immer schneller und wußte selbst nicht wohin. Er hätte gerne wieder geweint, aber er fürchtete sich; er lief, lief und hauchte in seine Händchen. Und es ward ihm so weh ums Herz, denn er fühlte sich auf einmal so verlassen, aber plötzlich, o Gott! was ist denn das wieder? Eine ganze Schar von Menschen steht da und staunt in ein Fenster, hinter der Glasscheibe stehen drei kleine Puppen in schönen roten und grünen Kleidern und sehen ganz wie lebendig aus! Ein alter Mann sitzt dabei und scheint auf einer großen Geige zu spielen; zwei andere stehen neben ihm und spielen auf kleinen Geigen und wackeln mit den Köpfen im Takt und blicken einander an und bewegen die Lippen. Sie sprechen, sie sprechen wirklich, nur kann man sie durch die Fensterscheibe nicht hören. Anfangs meinte der Knabe, sie seien lebendig, als er aber erriet, daß es Puppen waren, fing er plötzlich zu lachen an. Nie hatte er solche Püppchen gesehen und auch nicht gewußt, daß es solche gibt. Er möchte weinen, aber die Püppchen sind so spaßig! Plötzlich fühlte er, daß ihn jemand von hinten am Röckchen packte; ein großer, böser Knabe stand neben ihm, haute ihn auf den Kopf, riß ihm die Mütze herunter und stellte ihm ein Bein. Der Knabe fiel zu Boden, er hörte Schreien, erstarrte vor Schrecken, sprang auf und lief davon und, ohne selber zu wissen wie, vor ein geschlossenes Tor, kroch unten durch in einen fremden Hof und versteckte sich hinter dem aufgestapelten Holz. Hier finden sie mich nicht; es ist auch dunkel. Er kauerte sich zusammen und konnte vor Schreck lange nicht zu Atem kommen. Und plötzlich ward ihm so wohl: Hände und Füße schmerzten nicht mehr, und ihm wurde so warm, so warm, wie auf einem Ofen. Da fuhr er zusammen: Ach, bald wäre ich eingeschlafen! Wie schön wäre es, hier einzuschlafen! Ich bleibe eine Weile sitzen, dann gehe ich wieder die Püppchen ansehen, dachte der Knabe und lächelte in Gedanken an sie. Ganz wie lebendig. Und plötzlich hörte er seine Mutter über seinem Haupt ein Lied singen. »Mutter, ich schlafe, ach, wie schön ist es, hier zu schlafen!«

»Komm mit mir, mein Knabe, zum Christbaum«, flüsterte plötzlich eine leise Stimme über ihm.

Anfangs glaubte er, es wäre wieder seine Mutter, aber nein, sie ist es nicht! Wer ihn gerufen hat, sieht er nicht, aber jemand bückt sich über ihn und umarmt ihn im Dunkeln. Und er streckt die Hand entgegen und . . . und plötzlich – oh, wieviel Licht! Oh, was für ein Christbaum! Das ist kein Tannenbaum, solche Bäume hat er noch nie gesehen! Wo befindet er sich nur? Alles glänzt, alles leuchtet – und ringsherum lauter Püppchen! Aber nein, es sind lauter kleine Knaben und Mädchen, alle leuchtend; sie drehen sich um ihn, schweben umher, küssen ihn, umfassen ihn, tragen ihn mit sich, jetzt schwebt er selbst und sieht – seine Mutter schaut ihn an und lächelt freudig. »Mutter, Mutter! Ach, wie schön ist es hier, Mutter!« rief der Knabe und küßte wieder die Kinder und möchte ihnen schnell von den Püppchen im Fenster erzählen. »Wer seid ihr, Knaben? Wer seid ihr, Mädchen?« fragte er sie lachend und von Liebe zu ihnen erfüllt.

»Das ist der Weihnachtsabend bei Christus«, antworteten sie ihm. »An diesem Tag hat der Heiland immer einen Christbaum für kleine Kinder, die dort keinen eigenen Baum haben.« Und er vernahm, daß diese Knaben und Mädchen genau solche Kinder waren wie er, doch einige von ihnen waren schon in ihren Körben erfroren, als man sie vor den Türen der Petersburger Beamten auf der Treppe liegen ließ, während andere bei den finnischen Weibern erstickten, denen das Findelhaus sie zur Pflege gegeben hatte, und wieder andere an den ausgezehrten Brüsten ihrer Mütter (während der Hungersnot in Samara) starben oder im Gestank der Eisenbahnwagen dritter Klasse umkamen. Sie alle sind jetzt da, sie alle sind jetzt Engel, alle bei Christus, und Er selbst ist mitten unter ihnen, streckt seine Arme nach ihnen aus und segnet sie und ihre sündigen Mütter. Und die Mütter dieser Kinder stehen auch alle da, etwas abseits, und weinen. Jede erkennt ihren Knaben oder ihr Mädchen, und die Kinder schweben auf sie zu und küssen sie, wischen ihnen die Tränen mit ihren Händchen ab und bitten sie, nicht zu weinen, weil es ihnen hier so gut ginge . . .

Am nächsten Morgen fanden die Hausknechte hinter dem Holz die kleine Leiche eines hergelaufenen, erfrorenen Knaben; man machte auch seine Mutter ausfindig . . . Die war noch vor ihm gestorben; beide sahen sich beim Herrgott im Himmel wieder.

Der Bauer Marej

Es war am zweiten Osterfeiertag. Die Luft war warm, der Himmel blau, die Sonne hoch und »warm« und grell, aber in meiner Seele war es düster. Ich schlenderte hinter den Kasernen umher, schaute, zählte sie auf dem gerodeten Fleck vor dem starken Palisadenzaun des Zuchthauses, aber nicht einmal zählen wollte ich sie, und sei es nur aus Gewohnheit. Den zweiten Tag schon wurde im Zuchthaus »gefeiert«; die Zuchthäusler wurden nicht zur Arbeit geführt, es gab eine Menge Betrunkene, und jeden Augenblick begannen in allen Winkeln Schimpfereien und Streitigkeiten. Unzüchtige, häßliche Lieder, geheime Spielbanken unter den Pritschen, einige wegen besonderer Wildheit durch das eigene Gericht der Kameraden schon halbtot geschlagene Zuchthäusler auf den Pritschen, mit Schafpelzen zugedeckt, bis sie erwachten und wieder zu sich kamen; einige schon mehrmals gezückte Messer – dies alles, an zwei Feiertagen hintereinander, marterte mich schier krankhaft. Ich konnte nie ohne Ekel die Ausgelassenheit eines trunkenen Haufens ertragen, und an diesem Ort zweimal nicht. An diesen Tagen warfen nicht einmal die Vorgesetzten einen Blick in das Zuchthaus, unterließen alle Kontrollen und suchten auch nicht nach Schnaps, da sie begriffen, daß man einmal im Jahr sogar diese Verworfenen bummeln lassen mußte, weil es sonst noch schlimmer wäre. Schließlich entbrannte in meinem Herzen der Zorn. Es begegnete mir der Pole M–cki, ein Politischer; er schaute mich düster an, seine Augen funkelten, mit zitternden Lippen flüsterte er mir zu: »Je hais ces brigands!« und ging weiter. Ich kehrte in die Kaserne zurück, ungeachtet der Tatsache, daß ich vor einer Viertelstunde wie ein Verrückter hinausgelaufen war, als sich sechs kräftige Männer gleichzeitig auf den betrunkenen Tataren Gasin stürzten, um ihn zu beruhigen, das heißt zu schlagen. Und sie schlugen nicht schlecht zu – ein Kamel hätte man durch ihre Schläge töten können, aber sie wußten, daß man diesen Herkules kaum erschlagen konnte, und deshalb schlugen sie ohne Hemmung zu. Jetzt, als ich zurückkehrte, bemerkte ich am Ende der Kaserne, auf einer Pritsche in der Ecke, den bewußtlosen Gasin fast ohne Lebenszeichen; er lag da, mit einem Schafpelz zugedeckt, und alle gingen schweigend an ihm vorbei; und obgleich sie fest hofften, daß er morgen in der Frühe zu sich kommen würde, hieß es doch: »Von solchen Schlägen allerdings kann ein Mensch, ehe noch eine Stunde vergeht, auch sterben.« Ich begab mich an meinen Platz gegenüber dem Fenster mit dem Eisengitter, legte mich auf den Rücken, verschränkte die Arme unter dem Kopf und schloß die Augen. Ich lag gern so da; einem Schlafenden werden sie nicht zusetzen, doch indes konnte man träumen und denken. Doch ich brauchte nicht zu träumen; mein Herz schlug unruhig, und in meinen Ohren klangen M–ckis Worte wieder: »Je hais ces brigands.« Übrigens, wozu diese Eindrücke schildern; ich träume auch jetzt noch mitunter von dieser Zeit, und ich kenne keine quälenderen Träume. Vielleicht setzen sie mir auch deshalb zu, weil ich bis auf den heutigen Tag fast nie über mein Leben im Zuchthaus schriftlich gesprochen habe. Die »Aufzeichnungen aus einem toten Haus« habe ich vor fünfzehn Jahren im Namen einer erdachten Person, eines Verbrechers, der angeblich seine Frau umgebracht hatte, geschrieben. Ich füge hier als Detail hinzu, daß seitdem viele von mir denken und sogar noch jetzt behaupten, daß ich wegen der Ermordung meiner Frau verschickt worden sei.

Da habe ich mich nun doch allmählich vergessen und bin unmerklich in Erinnerungen versunken. In meinen ganzen vier Zuchthausjahren habe ich mich ununterbrochen meiner ganzen Vergangenheit erinnert und in den Erinnerungen mein ganzes früheres Leben noch einmal erlebt. Diese Erinnerungen standen von selbst auf, ich brauchte sie nur selten willentlich hervorrufen. Sie begannen immer von irgendeinem Punkt, irgendeinem manchmal unbedeutendem Zug und wuchsen sich allmählich zu einem einheitlichen Bild und zu einem starken und einheitlichen Eindruck aus. Ich analysierte diese Eindrücke, fügte dem längst Erlebten neue Züge hinzu und – was die Hauptsache ist – verbesserte es, verbesserte es unaufhörlich, darin bestand meine ganze Unterhaltung. Diesmal erinnerte ich mich plötzlich eines unbedeutenden Augenblicks meiner frühen Kindheit, als ich nicht mehr als neun Jahre alt war – eines Augenblicks, den ich scheinbar längst vergessen hatte, aber ich liebte damals Erinnerungen aus meiner frühesten Kindheit. Ich erinnerte mich des Augusts in unserem Dorf; ein trockener und klarer Tag, doch ein wenig kühl und windig, Spätsommer; und bald mußten wir wieder nach Moskau zurückfahren und den ganzen Winter über französischen Lektionen hocken, und es tat mir leid, das Dorf verlassen zu müssen. Ich ging hinter die Scheune, stieg die Schlucht hinab und begab mich ins *Gestrüpp* – so hieß bei uns ein dichtes Buschwerk auf der anderen Seite der Schlucht vor dem eigentlichen Wald. Und ich drang immer tiefer in die Büsche ein und bemerkte, wie gar nicht weit von mir entfernt, höchstens dreißig Schritte, auf dem Feld ein einsamer Bauer ackerte. Ich wußte, daß er steil den Hang hinaufackerte und das Pferd schwer zu ziehen hatte, und es drangen manchmal seine Zurufe: »Na-na!« zu mir herüber. Ich kannte fast alle unsere Bauern, wußte aber nicht, welcher jetzt ackerte, und es war mir auch völlig gleichgültig, da ich ganz in meine Beschäftigung versunken war und selber zu tun hatte. Ich versuchte eine Haselrute abzureißen, um mit ihr auf die Frösche einzuschlagen. Haselruten waren so schön und so elastisch – kein Vergleich mit Birkenruten. Es interessierten mich auch allerhand Käfer, ich sammelte sie, es gab sehr stattliche; ich liebte auch die kleinen, flinken, rotgelben Eidechsen mit schwarzen Flecken, aber die Schlangen fürchtete ich. Übrigens tauchten Schlangen viel seltener als Eidechsen auf. Pilze gab es hier nur wenige; um Pilze mußte man ins Birkengestrüpp gehen, und ich machte mich dorthin auf den Weg. Und nichts in meinem Leben liebte ich so wie den Wald mit seinen Pilzen und wilden Erdbeeren, mit seinen Käfern und Vögeln, Igeln und Eichhörnchen, mit seinem von mir so geliebten feuchten Duft des vorjährigen Laubes. Und sogar jetzt, während ich dies schreibe, spüre ich den Duft unseres dörflichen Birkenwaldes; diese Eindrücke werden mir für das ganze Leben verbleiben. Plötzlich vernahm ich inmitten der tiefen Stille klar und deutlich den Ruf: »Ein Wolf kommt!« Ich schrie auf und lief, außer mir vor Angst und lauthals schreiend, auf das Feld hinaus, geradewegs auf den ackernden Bauern zu.

Es war unser Bauer Marej – ein Bauer von etwa fünfzig Jahren, stämmig, ziemlich groß, mit starken grauen Strähnen im dunkelblonden Vollbart. Ich kannte ihn, hatte aber bisher nie Gelegenheit gehabt, mit ihm zu sprechen. Er hielt sogar das Pferdchen an, als er mein Geschrei vernahm, und als ich mich keuchend mit einer Hand an den Pflug und mit der anderen an seinen Ärmel klammerte, merkte er auch meine Angst.

»Ein Wolf kommt!« rief ich, nach Luft ringend.

Er hob den Kopf und hielt unwillkürlich Umschau, wobei er mir einen Augenblick lang nicht zu glauben schien.

»Wo ist ein Wolf?«

»Gerufen ... Jemand hat soeben gerufen: ‚Ein Wolf kommt ...‘« stotterte ich.

»Was denn, was denn, was für ein Wolf denn, das ist dir nur so vorgekommen, siehst du! Was für ein Wolf sollte hier sein!« murmelte er, indem er mich beruhigte. Aber ich zitterte am ganzen Leib und klammerte mich noch fester an seine Schöße und muß auch sehr blaß gewesen sein. Er betrachtete mich mit einem unruhigen Lächeln und fürchtete sich offenbar und geriet durch mich ebenfalls in Aufregung.

»Siehst du, wie du erschrocken bist, ai, ai!« sagte er kopfschüttelnd. »Nun, genug, mein Lieber. Ach, wie klein du noch bist, ai!«

Er streckte seine Hand aus und streichelte mir plötzlich die Wange.

»Nun, genug jetzt, nun, Christus sei mit dir, schlag ein Kreuz.« Doch ich bekreuzigte mich nicht; meine Mundwinkel zitterten, und das schien ihn besonders zu beeindrucken. Er streckte leise seinen dicken, mit Erde verschmierten Finger in die Erde und berührte leicht meine zitternden Mundwinkel.

»Siehst du, so«, sagte er und lächelte mir mütterlich und breit zu. »Ach, du mein Gott, was soll das nur, siehst du, ai, ai!«

Ich begriff endlich, daß ein Wolf nicht da war und daß mir der Ruf: »Ein Wolf kommt!« nur so vorgekommen war. Der Ruf war übrigens klar und deutlich, aber solche Rufe (nicht nur Wölfe betreffend) waren mir schon ein- oder zweimal früher vorgekommen, und ich wußte es. Dann vergingen mit der Kindheit auch diese Halluzinationen.

»Nun, dann gehe ich«, sagte ich mit einem fragenden und schüchternen Blick auf ihn.

»Nun, geh nur, ich werde dir nachschauen. Ich lasse dich dem Wolf nicht«, fügte er hinzu, immer noch so mütterlich lächelnd. »Nun, Christus sei mit dir, nun, geh schon«, und er bekreuzigte mich mit der Hand und bekreuzigte sich auch selber. Ich ging zurück und schaute mich dabei fast nach jedem zehnten Schritt um. Marej stand mit seinem Pferdchen, solange ich ging, regungslos da und schaute mir nach und nickte mir jedesmal mit dem Kopf zu, wenn ich mich umschaute. Ich schämte mich, ehrlich gesagt, ein wenig vor ihm, daß ich so erschrocken war, ging aber immer noch in großer Angst vor dem Wolf dahin, bis ich auf den Steilhang der Schlucht und zum ersten Gatter gelangte. Dort schwand die Angst vollends, und plötzlich stürzte mir, weiß der Himmel woher, unser Hofhündchen Woltschok entgegen. Mit Woltschok zur Seite wurde ich geradezu kühn und wandte mich zum letztenmal nach Marej um; sein Gesicht konnte ich nicht mehr deutlich ausnehmen, spürte aber, daß er immer noch so freundlich lächelte und mit dem Kopf nickte. Ich winkte ihm mit der Hand zu, er winkte mir ebenfalls zu und setzte dann sein Pferdchen in Bewegung.

»Nu, nu!« hörte ich wieder seine Zurufe aus der Ferne, und das Pferdchen zog wieder seinen Pflug.

Dies alles war mir plötzlich, ich weiß nicht warum, mit erstaunlicher Genauigkeit in allen Einzelheiten eingefallen. Ich kam plötzlich zu mir und richtete mich auf der Pritsche auf und traf noch auf meinem Gesicht, wie ich mich erinnere, das leise Lächeln der Erinnerung an. Noch eine ganze Minute lang währte diese Erinnerung.

Als ich damals nach Hause kam, erzählte ich niemandem etwas von meinem »Erlebnis«. Und was für ein Erlebnis war es auch? Und auch Marej habe ich damals sehr schnell vergessen. Bei den paar Begegnungen, die ich hernach noch mit ihm hatte, kam es nie mehr zu einer Unterhaltung, weder über den Wolf noch über sonst etwas – und jetzt plötzlich, nach zwanzig Jahren in Sibirien erinnerte ich mich dieser Begegnung mit solcher Deutlichkeit bis in die letzte Einzelheit. Also hatte sie unbemerkt durch sich selbst und ohne meinen Willen in meiner Seele gelegen und sich plötzlich dann erhoben, als es nötig war; es brachte sich jenes zarte, mütterliche Lächeln des armen leibeigenen Bauern in Erinnerung, seine Kreuzzeichen, sein Kopfschütteln: »Sieh an, wie erschrocken er ist, der Kleine!« Und besonders sein dicker, verschmierter Finger in der Erde, mit dem er leise und schüchtern meine zitternden Mundwinkel berührte. Natürlich hätte jedermann ein ängstliches Kind beruhigt, doch bei dieser einsamen Begegnung schien etwas völlig anderes geschehen zu sein, und wenn ich sein eigener Sohn gewesen wäre, hätte er mich nicht mit einem leuchtenderen und liebevolleren Blick betrachten können, und wer hatte ihn dazu veranlaßt? Es war unser leibeigener Bauer, und ich war immerhin sein junger Herr; niemand hätte erfahren, wie er mich gestreichelt hatte, und ihn dafür belohnt. Mochte er vielleicht kleine Kinder überhaupt sehr gern? Es gibt solche Leute. Die Begegnung war einsam, auf dem freien Feld, und nur Gott hat vielleicht von oben gesehen, mit was für einem tiefen und erhabenen menschlichen Gefühl und mit was für einer feinen, fast weiblichen Zärtlichkeit das Herz so manches groben, tierisch unfreundlichen, leibeigenen russischen Bauern erfüllt sein kann, der damals seine Freiheit noch nicht erwartete oder ahnte.

Sagt, war es nicht das, was Konstantin Aksakow verstand, als er von der hohen Bildung unseres Volkes sprach?

Und als ich von der Pritsche hinabstieg und rings um mich schaute, da fühlte ich plötzlich, daß ich diese Unglücklichen ganz anders betrachten konnte und daß plötzlich wie durch ein Wunder der ganze Haß und Zorn in meinem Herzen verschwunden waren. Ich ging dahin und blickte den Entgegenkommenden ins Gesicht. Dieser geschorene und schurkische Bauer mit den Brandmalen im Gesicht, der betrunken ein schlüpfriges Lied grölt, kann vielleicht derselbe Marej sein; ich kann ihm doch nicht in sein Herz schauen. Ich traf an diesem Abend noch einmal mit M-cki zusammen. Der Unglückliche! Er konnte keinerlei Erinnerungen an irgendwelche Marejs und keine andere Meinung über diese Leute haben als: »Je hais ces brigands!« Nein, diese Polen hatten damals mehr zu ertragen als unsereins.

Die Sanfte

Eine phantastische Erzählung

Vom Autor

Ich habe diese Erzählung ein »phantastische« genannt, obwohl ich selbst sie im höchsten Maße realistisch finde. Es ist aber tatsächlich etwas Phantastisches dabei, und zwar in der Form der Erzählung, was ich auch von vornherein klarzustellen für notwendig erachte.

Es handelt sich darum, daß wir es hier weder mit einer Erzählung noch mit Aufzeichnungen zu tun haben. Man stelle sich einen Ehemann vor, dessen Frau tot auf dem Tisch liegt, eine Selbstmörderin, die sich vor ein paar Stunden aus dem Fenster gestürzt hat. Er ist ganz verwirrt und hat seine Gedanken noch nicht sammeln können. Er geht in seinem Zimmer umher und bemüht sich, das Vorgefallene zu überdenken, »seine Gedanken in einen Punkt zusammenzufassen«. Zudem ist er ein eingefleischter Hypochonder, einer von denen, die mit sich selbst reden. Da spricht er nun mit sich selber, erzählt sich die ganze Geschichte, *macht sie sich klar*. Trotz der scheinbaren Folgerichtigkeit seiner Rede widerspricht er sich mehrfach, sowohl in der Beweisführung als in den Gefühlen. Er verteidigt sich, beschuldigt sie, läßt sich in nebensächliche Erläuterungen ein; bald stoßen wir auf Roheit des Denkens und des Herzens, daneben aber auch auf tiefes Gefühl. Nach und nach gelingt es ihm wirklich, einen klaren Sinn in die Sache zu legen und »die Gedanken in einen Punkt zusammenzufassen«. Er ruft in sich eine Reihe von Erinnerungen hervor, die ihn schließlich unabwendbar zur *Wahrheit* führen; und die Wahrheit erhöht seinen Geist und sein Herz. Zum Schluß ändert sich sogar der Ton der Erzählung im Vergleich zu ihrem verworrenen Anfang. Die Wahrheit offenbart sich dem Unglücklichen ziemlich klar und deutlich, wenigstens für ihn selber.

Das ist das Thema. Natürlich dauert der Prozeß der Erzählung mehrere Stunden, mit verschiedenen Unterbrechungen und in der verworrenen Form; bald spricht er mit sich selbst, bald scheint er sich an einen unsichtbaren Zuhörer zu wenden, der sein Richter sein soll. So ist es ja auch in Wirklichkeit immer. Wenn ihn ein Stenograph hätte belauschen und alles nachschreiben können, wäre vielleicht alles etwas holpriger geworden, weniger ausgearbeitet, als es bei mir ist, aber mir scheint, daß die psychologische Entwicklung vielleicht dieselbe geblieben wäre. Eben diese Vorstellung des nachschreibenden Stenographen (dessen Niederschrift ich dann überarbeitet hätte) ist das, was ich in dieser Erzählung das Phantastische nenne. Aber Ähnliches ist schon öfter in der Kunst vorgekommen: so hat zum Beispiel Viktor Hugo in seinem Meisterwerke »Der letzte Tag eines zum Tode Verurteilten« ein ähnliches Verfahren angewandt. Er läßt zwar keinen Stenographen auftreten, läßt aber eine noch größere Unwahrscheinlichkeit zu, indem er voraussetzt, daß der Verurteilte seine Aufzeichnungen nicht nur an seinem letzten Tag niederschreiben kann (und Zeit dazu findet), sondern sogar in seiner letzten Stunde und, buchstäblich, im letzten Augenblick. Aber wenn er diese Phantasie nicht zugelassen hätte, wäre das ganze Werk nicht vorhanden, das realistischste und wahrheitsgetreueste Werk von allen, die er geschrieben hat.

Erster Teil

1. Wer sie war, und wer ich war

... Solange sie noch hier ist, ist alles noch gut: ich trete jeden Augenblick zu ihr hin und sehe sie an; morgen aber wird man sie forttragen und – wie soll ich dann allein bleiben? Sie liegt jetzt im Saal auf dem Tisch, man hat zwei Kartentische aneinandergerückt, und morgen kommt der Sarg, ein weißer, mit weißem Gros de Naples ausgeschlagen, aber ich wollte gar nicht davon ... Ich gehe die ganze Zeit herum und will mir das klarmachen. Jetzt währt es schon sechs Stunden, daß ich einen klaren Sinn hineinbringen will, und ich vermag meine Gedanken nicht in einen Punkt zusammenzufassen. Die Sache ist die, daß ich immer gehe, gehe, gehe ... Das war so. Ich werde einfach hübsch der Reihe nach erzählen. (Ordentlich!) Meine Herrschaften, ich bin durchaus kein Literat, und Sie sehen dies – nun meinetwegen, ich will so erzählen, wie ich es selber verstehe. Das ist ja das Entsetzliche, daß ich alles verstehe!

Es war, wenn Sie es wissen wollen, das heißt, wenn ich ganz von Anfang an beginnen soll, es war ganz einfach so, daß sie damals zu mir kam, um verschiedene Sachen zu versetzen, weil sie eine Anzeige in den »Nachrichten« bezahlen mußte, in der stand, daß eine Erzieherin eine Stellung, auch nach auswärts, suche oder Unterricht im Hause erteilen wolle, und dergleichen mehr. Das war ganz im Anfang, und natürlich machte ich keinen Unterschied zwischen ihr und den anderen: sie kam wie alle anderen auch ... Aber dann fing ich doch an, einen Unterschied zu finden. Sie war so feingliedrig, blond, von mittlerem Wuchs, mir gegenüber immer unbeholfen, als ob sie verlegen wäre. Ich glaube, daß sie gegen alle ihr fremden Menschen so war, und ich war ihr, selbstverständlich, ebenso gleichgültig wie jeder andere auch, das heißt, wenn sie mich als Pfandgeber und nicht als Menschen betrachtete. Sobald sie das Geld hatte, pflegte sie kehrtzumachen und zu gehen. Und immer schweigend. Andere streiten, bitten, feilschen, um mehr zu bekommen; diese nahm, was man ihr gab ... Mir scheint, ich bin ganz verwirrt ... Ja! mich setzten vor allen Dingen ihre Sachen in Erstaunen: silberne, vergoldete kleine Ohrringe, ein elendes kleines Medaillon – alles Dinge, die kaum einen Zwanziger wert waren. Sie wußte es auch selbst, daß sie nur einen Zehner kosteten, aber ich merkte es an ihrem Gesicht, daß es für sie Kostbarkeiten waren – und tatsächlich war das alles, was ihr Vater und Mutter hinterlassen hatten; das erfuhr ich später. Nur einmal erlaubte ich mir, über ihre Sachen zu spötteln. Das heißt, sehen Sie, ich gestatte mir so etwas nie, ich verkehre mit dem Publikum immer wie ein Gentleman: wenig Worte, höflich und streng. »Streng, streng und streng.« Aber sie erlaubte sich plötzlich, die Überreste (buchstäblich!) einer alten, mit Hasenfell gefütterten Jacke zu bringen – und da konnte ich mich nicht beherrschen und machte plötzlich etwas wie einen Witz. Mein Gott, wie sie auffuhr! Sie hatte große, blaue, nachdenkliche Augen, aber wie sie aufflammten! Sie verlor jedoch kein Wort, nahm ihre »Überreste« und ging hinaus. Hier erregte sie zum erstenmal meine *besondere* Aufmerksamkeit, und mir kamen gewisse, das heißt ganz besondere Gedanken. Ja, ich erinnere mich auch noch eines Eindrucks, das heißt, wenn Sie wollen, war das der Haupteindruck, die Synthese des Ganzen: daß sie sehr jung war, so jung, als ob sie nicht mehr als vierzehn Jahre zählte. Aber sie war damals schon sechzehn Jahre weniger drei Monate alt. Übrigens wollte ich gar nicht das sagen, das war gar nicht die Synthese. Am nächsten Tag kam sie wieder. Ich erfuhr später, daß sie mit dieser Jacke bei Dobronrawow und bei Moser gewesen war, doch die nehmen außer Gold nichts an und ließen sich nicht einmal in ein Gespräch mit ihr ein. Ich aber hatte einmal eine Kamee von ihr angenommen (sie war nicht viel wert), und als ich dann nachdachte, staunte ich darüber! Ich nehme ebenfalls außer Gold und Silber nichts an, und von ihr hatte ich eine Kamee angenommen. Das war das zweite Mal, daß ich an sie dachte, das weiß ich noch sehr gut.

Dieses Mal, sie kam von Moser, brachte sie eine Zigarrenspitze aus Bernstein, ein Liebhaberstück, das für uns wiederum keinen Wert hat, weil wir nur Gold nehmen. Da sie nach dem gestrigen Streit kam, empfing ich sie mit strenger Miene. Streng heißt bei mir soviel wie Kälte. Ich gab ihr zwei Rubel und konnte mich nicht enthalten, ihr mit einer gewissen Gereiztheit zu sagen: »Das tue ich nur für Sie, denn einen solchen Gegenstand würde Moser Ihnen nicht abnehmen.« Ich unterstrich besonders die Worte *für Sie,* eben in einem *gewissen Sinn.* Ich war böse. Sie fuhr bei diesem *für Sie* wieder auf, schwieg aber, warf mir das Geld nicht hin, sondern nahm es an – was doch die Armut bedeutet! Aber wie sie auffuhr! Ich begriff, daß ich sie verletzt hatte. Nachdem sie gegangen war, fragte ich mich plötzlich: Ist denn dieser Triumpf über sie wirklich zwei Rubel wert? Hehehe! Ich entsinne mich, daß ich mir gerade diese Frage stelle: Ist er das wert? – und antwortete lachend mit Ja. Ich war damals sehr lustig geworden. Aber das war kein häßliches Gefühl; ich hatte es mit Vorbedacht, mit Absicht getan; ich wollte sie prüfen, weil in mir plötzlich Gedanken umgingen, die sie betrafen. Das war das dritte Mal, daß ich *besonders* an sie dachte.

... Ja, da fing es nun an. Natürlich versuchte ich sofort, alle Einzelheiten hintenherum zu erfahren, und wartete mit besonderer Ungeduld auf ihr Kommen. Ich ahnte ja, daß sie bald kommen würde. Als sie kam, begann ich mit außerordentlicher Höflichkeit ein liebenswürdiges Gespräch. Ich bin ja nicht schlecht erzogen und habe Manieren. Hm! Hier begriff ich, daß sie gut und sanft war. Gute und sanfte Menschen widerstehen nicht lange, und obwohl sie nicht sehr mitteilsam sind, verstehen sie doch nicht, sich einem Gespräch zu entziehen; sie geben knappe Antworten, antworten aber doch, und je länger, desto mehr; man darf nicht müde werden, wenn es einem drauf ankommt. Selbstverständlich hat sie mir damals selbst nichts gestanden. Das von den »Nachrichten« und alles andere erfuhr ich später. Sie gab damals ihre letzten Mittel hin für die Anzeigen. Anfangs lauteten sie natürlich hochmütig: »Eine Erzieherin, geht auch nach auswärts, erbittet die Bedingungen in geschlossenem Brief«, dann aber: »ist zu allem bereit: zu unterrichten, als Gesellschafterin, beaufsichtigt den Haushalt, übernimmt die Pflege von Kranken, ist im Nähen geschickt«, und so weiter, und so weiter, man kennt das ja! Natürlich wurde dies alles nur nach und nach den Anzeigen hinzugefügt, und zum Schluß, als sie schon ganz verzweifelt war, hieß es sogar: »Ohne Gehalt, gegen Beköstigung.« Nein, sie fand keine Stelle! Ich beschloß, sie damals zum letztenmal auf die Probe zu stellen; ich nahm plötzlich die letzte Nummer der »Nachrichten« in die Hand und zeigte ihr eine Anzeige: »Junge Dame, Vollwaise, sucht Stelle als Erzieherin bei kleinen Kindern, vorzugsweise im Haus eines älteren Witwers. Kann auch den Haushalt beaufsichtigen.«

»Sehen Sie, diese hat sich heute früh angeboten und hat sicherlich bis zum Abend schon eine Stelle gefunden. So muß man eine Anzeige abfassen!«

Sie wurde wieder feuerrot, die Augen blitzten wieder, sie wandte mir den Rücken und ging sogleich fort. Das gefiel mir ungemein. Übrigens war ich damals schon ganz sicher und fürchtete nichts: die Zigarrenspitzen würde ihr ja keiner abnehmen. Und ihr Vorrat an Zigarrenspitzen war auch schon erschöpft. Sie kam richtig nach drei Tagen, ganz blaß und erregt – ich begriff, daß bei ihr zu Haus etwas geschehen war, und es war wirklich etwas geschehen. Ich will gleich erklären, was sich ereignet hatte, jetzt aber möchte ich nur erwähnen, wie ich ihr zu imponieren suchte und plötzlich in ihren Augen wuchs. Mir kam nämlich ein ganz neuer Einfall. Sie hatte mir dieses Heiligenbild gebracht (endlich hatte sie sich dazu entschlossen!) ... Ach, hören Sie! hören Sie! Jetzt fängt es erst richtig an, bisher habe ich alles durcheinandergebracht ... Die Sache liegt so, daß ich mir dies jetzt alles ins Gedächtnis zurückrufen will, jede Kleinigkeit, jedes Strichlein. Ich will alle meine Gedanken in einen Punkt zusammenfassen und – kann es nicht, und da sind nun diese kleinen Züge, diese Einzelheiten ...

Es war ein Muttergottesbild. Die Mutter Gottes mit dem Kind, ein altertümliches Familienstück, die Einfassung aus Silber, vergoldet, im Wert ... nun, sechs Rubel war es wert. Ich sehe, daß ihr das Bild teuer ist, sie versetzte es ganz, ohne die Einfassung abzunehmen. Ich sagte ihr: »Es ist besser, Sie nehmen die Einfassung ab, dann können Sie das Bild behalten. Denn das Bild – das ist doch immer so eine Sache ...«

»Ist Ihnen das etwa verboten?«

»Nein, nicht gerade verboten, aber vielleicht ist es Ihnen selber ...«

»Nun, so nehmen Sie das Bild heraus.«

»Wissen Sie was, ich lasse das Bild drin, aber ich stelle es dort in den Heiligenschrein«, sagte ich nach einigem Nachdenken, »zu den übrigen Heiligenbildern, unter das Öllämpchen« – bei mir brannte das Lämpchen stets, sobald ich die Kasse geöffnet hatte –, »und gebe Ihnen ganz einfach zehn Rubel dafür.«

»Ich brauche keine zehn Rubel, geben Sie mir fünf, ich werde es bestimmt auslösen.«

»So wollen Sie nicht zehn? Das Bild ist es wert«, fügte ich hinzu, als ich bemerkte, daß ihre Augen wieder aufblitzten.

Sie antwortete nicht. Ich brachte ihr fünf Rubel.

»Verachten Sie niemanden, ich war selber schon in einer solchen Klemme, und noch schlimmer, und wenn Sie mich jetzt bei einer solchen Beschäftigung sehen ... nach allem, was ich durchgemacht habe ...«

»Sie rächen sich an der Gesellschaft? Ja?« unterbrach sie mich plötzlich mit ätzendem Spott, in dem übrigens viel Unschuld lag (das heißt im allgemeinen, da sie mich damals ganz gewiß nicht von den andern unterschied, so daß sie es nicht als Beleidigung gemeint haben konnte).

Aha! dachte ich, so eine bist du, der Charakter zeigt sich, die neue Richtung.

»Sehen Sie«, bemerkte ich sofort, halb scherzend, halb geheimnisvoll. »Ich – ich bin ein Teil von jener Kraft, die stets das Böse will und stets das Gute schafft ...«

Sie sah mich rasch und mit großer Neugierde an, in der übrigens viel Kindliches lag.

2. *Der Heiratsantrag*

Die »Geheimnisse«, die ich über sie erfuhr, will ich mit einem Wort wiedergeben: Vater und Mutter waren gestorben, schon lange, vor drei Jahren, und sie war bei zwei widerwärtigen Tanten geblieben. Doch es ist viel zuwenig, wenn man sie widerwärtig nennt. Die eine Tante war Witwe, hatte eine große Familie, sechs Kinder, eins immer kleiner als das andere; die andere war eine ekelhafte alte Jungfer. Beide waren widerlich. Ihr Vater war Beamter gewesen, aber nur Schreiber, und besaß durch sein Amt nur persönliche Adelsrechte – mit einem Wort: alles kam mir wie gerufen. Ich erschien wie aus einer höheren Welt! Ich war immerhin Oberleutnant a. D. eines glänzenden Regiments, stammte aus einem alten Adelsgeschlecht, war unabhängig und so weiter. Was aber die Pfandleihe betrifft, so konnten die Tanten die nur mit Achtung betrachten. Sie war seit drei Jahren in der Sklaverei der Tanten, hatte aber doch irgendwo ein Examen bestanden, – hatte Zeit gefunden, sich die Zeit gestohlen, um es zu bestehen, mitten in der täglichen harten Arbeitsfron – und das war doch wirklich ein Beweis für ihr Streben nach Höherem und Edlerem! Warum wollte ich denn heiraten? Aber, was liegt an mir, davon später ... Und handelte es sich denn darum? Sie unterrichtete die Kinder der Tante, nähte Wäsche und nähte schließlich nicht nur Wäsche, sondern scheuerte noch die Fußböden – bei ihrer schmalen Brust! Die Tanten aber schlugen sie sogar ohne viel Bedenken und geizten mit jedem Stückchen Brot. Schließlich kam es so weit, daß die beiden sie verkaufen wollten. Pfui! Ich übergehe den Schmutz dieser Einzelheiten. Sie hat mir später alles ausführlich erzählt. Der dicke Ladenbesitzer im Nachbarhaus hatte alles ein ganzes Jahr lang beobachtet, er war kein gewöhnlicher Krämer, er besaß zwei Delikatessengeschäfte. Er hatte bereits zwei Frauen begraben und suchte eine dritte, da entdeckte er sie: »Sie ist ein sanftes Wesen, in Armut aufgewachsen, ich will sie um meiner mutterlosen Kinder willen heiraten.« Er hatte wirklich verwaiste Kinder. Er ging ans Freien, verhandelte mit den Tanten, er war fünfzig Jahre alt; sie war entsetzt. Zu jener Zeit kam sie so häufig zu mir wegen der Anzeigen in den »Nachrichten«. Endlich bat sie die Tanten, sie möchten ihr wenigstens ein Augenblickchen Zeit lassen zum Überlegen. Man gönnte ihr dieses Augenblickchen, aber nur eins, ein zweites gaben sie ihr nicht und fielen über sie her: »Wir wissen auch ohne dein überflüssiges Maul nicht, was wir fressen sollen.« Ich wußte dies alles schon und hatte mich an jenem Tag nach dem am Morgen Vorgefallenen entschlossen. An jenem Abend war der Kaufmann zu ihnen gekommen und hatte aus seinem Laden ein Pfund Konfekt für einen Fünfziger mitgebracht. Sie saß bei ihm, ich aber rief Lukerja aus der Küche heraus und befahl ihr, hinzugehen und ihr zuzuflüstern, daß ich vor dem Tor stünde und ihr etwas Unaufschiebbares zu sagen hätte. Ich war mit mir zufrieden. Überhaupt war ich an jenem Tag sehr zufrieden.

Und hier im Torweg erklärte ich ihr, die schon darüber bestürzt war, daß ich sie hatte rufen lassen, in Lukerjas Beisein, daß ich es als Glück und Ehre ansehen würde ... Zweitens: sie möge sich nicht wundern über meine Art und daß es im Torweg geschehe; »ich bin ein gerader Mensch und habe mich über alle Verhältnisse unterrichtet.« Und ich log nicht, als ich sagte, ich sei ein gerader Mensch. Aber was liegt daran! Ich sprach nicht nur anständig, das heißt als ein Mann von Bildung, sondern auch originell, und das ist die Hauptsache. Ist es etwa unrecht, das zu bekennen? Ich will über mich Gericht halten und tue es. Ich muß pro und contra reden und tue es. Ich habe auch späterhin mit Genuß an jene Stunde gedacht, obwohl es dumm ist; ich erklärte damals geradeheraus, ohne jegliche Verlegenheit, daß ich erstens nicht sonderlich talentiert sei, auch nicht besonders klug, vielleicht nicht einmal besonders gut, ein ziemlich wohlfeiler Egoist (ich entsinne mich dieses Ausdrucks noch genau, ich hatte ihn unterwegs erdacht, und er gefiel mir), und daß ich höchstwahrscheinlich auch in manch anderer Hinsicht viel Unangenehmes an mir hätte. Das wurde alles mit einer gewissen Art Stolz vorgebracht – man weiß ja, wie dergleichen gesagt wird. Natürlich besaß ich Geschmack genug, um mich nicht über meine Vorzüge zu verbreiten, nachdem ich meine Mängel in vornehmer Weise dargelegt hatte: »Dafür besitze ich aber dieses und jenes.« Ich sah, daß sie vorläufig noch schreckliche Angst hatte, aber ich milderte nichts. Und nicht genug damit: als ich ihre Angst sah, trug ich absichtlich auf. Ich sagte ihr offen, daß sie immer satt sein würde, daß es aber weder Putz noch Theater oder Bälle – nichts dergleichen geben würde, es sei denn in der Zukunft, falls ich mein Ziel erreichte. Dieser strenge Ton riß mich entschieden fort. Ich fügte auch möglichst beiläufig hinzu, daß ich durch meine Tätigkeit, das heißt das Pfandleihen, immerhin nur ein Ziel verfolge, daß da ein Umstand mitspiele ... Aber ich hatte ja ein Recht, so zu sprechen: ich hatte wirklich ein gewisses Ziel vor Augen, und es spielten gewisse Umstände mit. Sehen Sie, meine Herrschaften, ich war mein ganzes Leben lang der erste, der dieses Leihgeschäft haßte, aber – wenn es auch lächerlich ist, sich selber geheimnisvolle Phrasen vorzureden – ich »rächte« mich tatsächlich an der Gesellschaft, wirklich und wahrhaftig! Also war heute früh ihr Spott darüber, daß ich mich »räche«, ungerechtfertigt. Das heißt, sehen Sie wohl, hätte ich ihr geradeheraus gesagt: »Ja, ich räche mich an der Gesellschaft«, so hätte sie mir ins Gesicht gelacht wie heute früh, und es wäre auch tatsächlich komisch gewesen. Durch eine Anspielung jedoch, durch ein paar geheimnisvolle Worte ließ sich die Einbildungskraft immerhin bestechen. Zudem fürchtete ich damals nichts mehr: ich wußte ja, daß der dicke Krämer ihr in jedem Fall widerwärtiger war als ich und daß ich, wie ich da im Tor stand, als Befreier erschien. Das begriff ich. Oh, der Mensch begreift die Gemeinheit besonders gut! Aber war das eine Gemeinheit? Wie soll man den Menschen beurteilen? Liebte ich sie denn damals nicht schon?

Warten Sie, natürlich ließ ich damals kein Wort wie Wohltat verlauten; im Gegenteil, ganz im Gegenteil: »Ich bin es, der eine Wohltat empfängt, aber nicht *Sie*.« Und das faßte ich sogar in Worte, ich konnte mich nicht beherrschen, und das klang vielleicht albern, denn ich bemerkte ein flüchtiges Fältchen auf ihrer Stirn. Im großen und ganzen aber hatte ich entschieden gewonnen. Halt! Wenn ich diesen ganzen Schmutz schon erwähne, will ich auch die letzte Schweinerei anführen. Ich stand da, und in meinem Kopf regte sich der Gedanke: du bist groß, schlank, gut erzogen und endlich auch, ohne Prahlerei, von nicht üblem Äußeren. Das ging mir im Kopf herum. Natürlich sagte sie mir gleich hier im Torweg ja. Aber ... aber ich muß hinzufügen: sie überlegte doch erst lange, ehe sie *ja* sagte. Sie dachte so lange nach, daß ich schon fragte: »Nun, was denn?«

»Warten Sie, ich muß überlegen.«

Und sie hatte so ein ernstes Gesichtchen ... Ich hätte schon damals alles darin lesen können! Und ich war auch noch gekränkt. Ist es möglich, dachte ich, daß sie zwischen mir und dem Kaufmann wählt? Oh, damals verstand ich noch nichts! Nichts, gar nichts verstand ich damals! Bis heute habe ich es nicht verstanden! Ich erinnere mich, wie Lukerja mir nachgelaufen kam, als ich bereits wegging, mich anhielt und mir atemlos sagte: »Gott wird es Ihnen lohnen, Herr, daß Sie unser liebes Fräulein nehmen, aber sagen Sie ihr das nicht, sie ist stolz.«

Also stolz! Ich liebe die Stolzen selber. Die Stolzen sind besonders nett, wenn ... nun, wenn man an seiner Macht über sie nicht mehr zweifelt, wie? Oh, du niedriger ungeschickter Mensch! Oh, wie zufrieden ich war! Wissen Sie, als sie damals im Torweg stand und überlegte, ob sie mir ihr Ja geben sollte, und ich mich wunderte, daß ihr überhaupt solch ein Gedanke kommen konnte: Wenn es schon, hier wie dort, ein Unglück ist, wäre es da am Ende nicht besser, gleich das Schlimmste zu wählen, das heißt, den dicken Krämer? Der schlägt dich in der Trunkenheit eher tot! Nun? Glauben Sie, daß ihr ein solcher Gedanke kommen konnte?

Ich verstehe auch jetzt nichts, ich verstehe gar nichts! Ich sagte soeben, daß sie diesen Gedanken haben konnte: von zwei Übeln das schlimmere zu wählen, das heißt den Krämer? Aber wer war damals der Schlimmere für sie? Ich oder der Krämer? Der Krämer oder der Pfandleiher, der Goethe zitierte? Das ist die Frage! Wieso Frage? Auch das verstehst du nicht: die Antwort liegt auf dem Totenbett, du aber sagst, es sei eine Frage! Und was liegt an mir! Es handelt sich ja gar nicht um mich ... Und doch – wie habe ich mich jetzt dazu zu stellen? Handelt es sich um mich oder nicht um mich? Das kann ich nun schon gar nicht entscheiden. Ich sollte auch lieber schlafen gehen. Der Kopf tut mir weh ...

3. Der edelste der Menschen, aber ich glaube es selbst nicht

Ich bin nicht eingeschlafen. Wie sollte ich auch? Irgendein Puls hämmert in meinem Kopf. Ich möchte mir alles klarmachen, allen diesen Schmutz. Oh, der Schmutz! Oh, aus welch einem Schmutz habe ich sie damals herausgezogen! Das hätte sie doch verstehen und meine Tat würdigen müssen! Da waren noch allerhand Gedanken, die mir gefielen, zum

Beispiel, daß ich einundvierzig Jahre alt war und sie erst sechzehn! Das bezauberte mich, dieses Bewußtsein der Ungleichheit! Es war sehr süß, sehr süß.

Ich wollte, zum Beispiel, eine Hochzeit à l'anglaise veranstalten, das heißt nur zu zweit, höchstens mit zwei Zeugen, von denen Lukerja der eine sein sollte, und dann gleich in den Eisenbahnwagen; meinetwegen nach Moskau (dort hatte ich übrigens gerade ein Geschäft), in ein Hotel, für etwa vierzehn Tage. Sie widersetzte sich, sie erlaubte es nicht, und ich war gezwungen, zu den Tanten zu fahren, um ihnen als den Verwandten, aus deren Hand ich sie empfing, meine Ehrerbietung zu bezeigen. Ich gab nach, und die Tanten erhielten, was ihnen zukam. Ich schenkte diesen Geschöpfen sogar je hundert Rubel und versprach noch mehr, sagte ihr aber natürlich nichts davon, um sie durch die Niedrigkeit der Umgebung nicht zu kränken. Die Tanten wurden sofort seidenweich. Es gab auch einen Streit wegen der Aussteuer. Sie besaß nichts, buchstäblich nichts, wollte aber auch nichts haben. Es gelang mir, ihr zu beweisen, daß es nicht angängig sei, mit ganz leeren Händen in die Ehe zu kommen, und beschaffte ihr die Aussteuer, denn wer hätte ihr sonst etwas gegeben? Doch was liegt an mir? Ich brachte es doch fertig, ihr verschiedene meiner Ideen darzulegen, damit sie sie wenigstens wußte. Vielleicht war ich dabei sogar allzu eilfertig. Vor allem aber kam sie mir von Anfang an, sosehr sie sich auch zusammennahm, mit aufrichtiger Liebe entgegen, empfing mich, wenn ich abends heimkam, mit Entzücken, erzählte mir stammelnd (dieses berükkende Stammeln der Unschuld!) ihre ganze Kindheit und Jugend, von ihrem Elternhaus, von Vater und Mutter. Aber sie übergoß sofort diesen ganzen Taumel mit kaltem Wasser. Das war ja gerade meine Idee. Ihr Entzücken beantwortete ich mit Schweigen, mit wohlwollendem Schweigen natürlich ... Doch immerhin wurde sie es schnell gewahr, daß wir verschieden waren und ich ein Rätsel! Und ich legte es hauptsächlich auf das Rätsel an! Um ihr ein Rätsel aufzugeben, habe ich vielleicht diese ganze Dummheit begangen! Vor allen Dingen galt es streng zu sein, und Strenge war das Losungswort, als ich sie in mein Haus führte. Mit einem Wort, ich erfand damals, obwohl ich eigentlich zufrieden war, ein ganzes System. Oh, es fügte sich ohne jegliche Anstrengung von selbst zusammen. Es war ja auch nicht anders möglich, ich mußte dieses System aus bestimmten Gründen schaffen – warum verleumde ich mich denn selber! Es war ein ganz klares System. Nein, hören Sie, wenn man einen Menschen schon richten will, muß man die Verhältnisse kennen. Hören Sie!

Wie fange ich nun am besten an? Es ist sehr schwer. Wenn man anfängt, sich zu rechtfertigen, kommt man immer in Schwierigkeiten. Sehen Sie: die Jugend verachtet zum Beispiel das Geld – ich betonte sofort die Bedeutung des Geldes, ich legte das größte Gewicht auf das Geld. Und betonte das so kräftig, daß sie mehr und mehr verstummte. Sie machte große Augen, horchte, blickte mich an und verstummte. Sehen Sie: die Jugend ist großherzig, das heißt, die echte, gute Jugend, sie ist großherzig und hitzig, sie besitzt aber wenig Duldsamkeit; ist etwas nicht nach ihrem Sinn, kommt sie gleich mit ihrer Verachtung. Ich aber wollte Großzügigkeit, ich wollte ihrem Herzen die Großzügigkeit unmittelbar einimpfen, sie ihren seelischen Anschauungen einimpfen, nicht wahr? Ich führe ein abgeschmacktes Beispiel an. Wie hätte ich zum Beispiel einem solchen Charakter meine Pfandleihe erklären können? Selbstverständlich fing ich nicht geradeswegs davon zu reden an, denn es hätte sonst scheinen können, daß ich wegen der Pfandleihe um Verzeihung bitte, aber ich wirkte sozusagen durch Stolz, ich redete beinahe schweigend. Denn ich bin ein Meister im schweigenden Reden, ich habe mein ganzes Leben lang schweigend geredet, mit mir selber ganze Tragödien schweigend durchlebt. Oh, auch ich war ja unglücklich! Ich war von allen ausgestoßen, verlassen und vergessen, und niemand, niemand wußte darum! Und plötzlich schnappte diese Sechzehnjährige Einzelheiten über mich auf, von gemeinen Menschen, und meinte alles zu wissen, aber das Verborgene blieb dennoch in der Brust dieses Menschen! Ich schwieg immer und schwieg besonders ihr gegenüber, bis zum gestrigen Tag – warum schwieg ich? Eben als stolzer Mensch! Ich wollte, daß sie selber, ohne mein Zutun, doch auch nicht aus den Erzählungen gemeiner Menschen, alles erfahren sollte und daß sie diesen Menschen *selbst erraten* und erfassen sollte! Als ich sie in mein Haus nahm, erwartete ich unbedingte Achtung. Ich wollte, daß sie um meiner Leiden willen anbetend vor mir stehen sollte – und ich war dies wert. Oh, ich war immer stolz, ich wollte immer entweder alles oder nichts! Und eben deshalb, weil ich kein halbes Glück wollte, sondern alles – eben deshalb war ich genötigt, damals so zu handeln: Komm selbst dahinter und schätze es! Denn, Sie werden das zugeben, wenn ich selber angefangen hätte, es ihr zu erklären und einzuflüstern, vor ihr zu scharwenzeln und um Achtung zu bitten – wäre das einem Betteln um Almosen gleichgekommen ... Und dann ... Aber warum rede ich nur von alledem!

Albern, albern, albern und albern! Ich erklärte ihr damals geradeheraus und erbarmungslos (ich betone, daß es erbarmungslos war) mit zwei Worten, daß die Großherzigkeit der Jugend entzückend, aber keinen Groschen wert sei. Weshalb nicht? Weil sie billig dazu gekommen ist, sie erhalten hat, ohne gelebt zu haben. Das sind sozusagen die »ersten Eindrücke des Daseins«, aber wir wollen doch sehen, wie ihr euch im Schaffen bewährt! Eine billige Großherzigkeit ist immer leicht, und selbst das Leben opfern – auch das ist billig, weil da nur das Blut siedet und die Kraft überschäumt und man so sehr nach Schönheit lechzt! Nein, nehmen wir einmal eine schwere, stille, unbemerkte großherzige Tat, die viele Opfer verlangt und kein Tröpfchen Ruhm einbringt, wo du, ein leuchtender Mensch, vor aller Welt als Schuft hingestellt wirst, obgleich du ehrenhafter bist als alle Menschen auf Erden – versuche doch einmal eine solche Tat zu begehen, nein, da wirst du zurücktreten! Ich aber habe mein Lebtag nichts anderes getan als die Last solcher Großtaten geschleppt. Zuerst widersprach sie, oh und wie, dann wurde sie nach und nach still, sogar völlig still, riß nur die Augen auf beim Zuhören, ihre großen aufmerksamen Augen. Und ... und daneben erblickte ich plötzlich ein Lächeln, ein mißtrauisches, schweigsames, ungutes Lächeln. Und mit diesem Lächeln führte ich sie in mein Haus. Es ist aber auch wahr, daß sie keinen anderen Ort hatte, wo sie hätte hingehen können.

4. Pläne und wieder Pläne

Wer hat damals bei uns zuerst angefangen?

Niemand. Es fing von selbst an beim ersten Schritt. Ich habe gesagt, daß ich sie mit Strenge in mein Haus führte, ich milderte diese aber schon beim ersten Schritt. Ich hatte ihr bereits als Braut erklärt, daß sie sich mit dem Empfang der versetzten Sachen und der Auszahlung des Geldes werde befassen müssen, und sie sagte damals nichts (beachten Sie das!). Mehr noch, sie machte sich mit Eifer ans Werk. Die Wohnung, die Möbel – alles war natürlich unverändert geblieben. Die Wohnung hatte zwei Zimmer; das eine war ein großer Saal, von dem der Geschäftsraum abgeteilt war, das andere, ebenfalls groß, war unser gemeinsamer Wohnraum und zugleich Schlafzimmer. Meine Einrichtung ist ärmlich, sogar die der Tanten war besser. Mein Heiligenschrein mit dem Öllämpchen war im Saal, wo sich die Kasse befand; in meinem Zimmer stand ein Schrank, darin ein paar Bücher und was ich an Hausrat besaß; die Schlüssel hatte ich; dann war da natürlich ein Bett, Tische, Stühle. Ich hatte ihr schon als Braut erklärt, daß für unsern Unterhalt, das heißt, für die Kost für mich, sie und Lukerja, die ich von den Tanten weggelockt hatte, ein Rubel täglich ausgesetzt sei und nicht mehr. »Ich muß in drei Jahren dreißigtausend Rubel haben, und auf andere Weise kann man nicht zu Geld kommen.« Sie widersprach nicht, aber ich erhöhte das Kostgeld selber um dreißig Kopeken. So war es auch mit dem Theater. Ich hatte meiner Braut gesagt, es werde für sie kein Theater geben, setzte aber einen Theaterbesuch im Monat fest, und zwar anständig, im Parkett. Wir gingen zusammen hin, waren dreimal dort, sahen »Die Jagd nach dem Glück« und (glaube ich) »Die Singvögelchen«. Oh, was liegt daran, was liegt daran! Wir gingen schweigend hin, kehrten schweigend heim. Warum, warum schwiegen wir von Anbeginn an? Anfangs gab es ja keine Streitigkeiten, und dennoch herrschte Schweigen. Sie sah mich damals, ich entsinne mich dessen, immer verstohlen an; als ich das bemerkte, verstärkte ich das Schweigen. Es ist wahr, daß *ich* auf dem Schweigen beharrte, nicht sie. Von ihrer Seite kam es ein- oder zweimal zu Ausbrüchen, sie umarmte mich stürmisch; da es aber krankhafte, hysterische Ausbrüche waren, ich jedoch ein sicheres Glück verlangte, das auf Achtung begründet sein sollte, nahm ich sie kühl auf. Und ich hatte recht: nach den Ausbrüchen gab es am nächsten Tag allemal Streit.

Das heißt, es gab keinen eigentlichen Streit, sondern wiederum nur Schweigen, und – und immer häufiger trug sie eine herausfordernde Miene zur Schau. »Aufruhr und Unabhängigkeit«, das war es, aber sie verstand es nicht zum Ausdruck zu bringen. Ja, dieses sanfte Gesicht wurde immer dreister. Können Sie es glauben, ich wurde ihr widerwärtig, ich habe es beobachtet. Daß sie aber hin und wieder außer sich geriet, stand außer allem Zweifel. Wie hätte sie sonst zum Beispiel, nachdem sie einem solchen Schmutz und Bettelelend, dem Fußbodenscheuern entronnen war, plötzlich anfangen können, über unsere Armut die Nase zu rümpfen! Sehen Sie: bei uns gab es ja keine Armut, sondern nur Sparsamkeit, und wo es nötig war, gab es sogar Luxus, in der Wäsche zum Beispiel, in der Reinhaltung der Wohnung. Ich hatte auch früher immer davon geträumt, daß die Reinlichkeit am Mann die Frau berückt. Übrigens ging es nicht über die Armut, sondern über meinen vermeintlichen schmutzigen Geiz beim Sparen her. »Er hat Ziele, zeigt einen festen Charakter!« Den Theaterbesuch lehnt sie plötzlich selbst ab. Und die spöttische Falte prägt sich immer mehr aus ... Ich aber verstärkte das Schweigen, ich aber intensivierte das Schweigen.

Sollte ich mich etwa rechtfertigen? Die Hauptsache war die Pfandleihe. Erlauben Sie! ich wußte, daß ein Weib, und noch dazu ein sechzehnjähriges, nicht anders kann, als sich dem Mann vollkommen unterordnen. Die Frauen besitzen keine Originalität, das ist – das ist ein Axiom, sogar jetzt noch, sogar jetzt noch ein Axiom für mich! Was ist denn das, was dort im Saal liegt? Wahrheit bleibt Wahrheit, da kann selbst Mill nichts machen! Ein liebendes Weib aber, oh, ein liebendes Weib wird sogar die Laster, sogar die Verbrechen des geliebten Wesens vergöttern. Der Mann selber wird für seine Übeltaten keine solchen Rechtfertigungen finden, wie sie solche für ihn findet. Das ist großmütig, aber nicht originell. Einzig und allein der Mangel an Originalität hat die Frauen zugrunde gerichtet. Und was denn, wiederhole ich, was zeigen Sie mir dort auf dem Tisch? Ist das etwa originell, das dort auf dem Tisch? O – oh!

Hören Sie! Ich war damals von ihrer Liebe überzeugt. Sie warf sich mir damals doch sogar an den Hals. Sie liebte mich, richtiger gesagt: sie hatte den Wunsch, mich zu lieben. Ja, so war es auch! sie wünschte zu lieben, suchte zu lieben. Vor allem aber gab es hier keine Übeltaten, für die sie hätte eine Rechtfertigung suchen müssen. Sie sagen: Ein Pfandleiher, und alle sagen das. Ja, was ist denn dabei, daß ich Pfandleiher bin? Es sind also Ursachen vorhanden, wenn der großmütigste der Menschen Pfandleiher geworden ist! Sehen Sie, meine Herrschaften, es gibt Ideen ... das heißt, sehen Sie, wenn man bestimmte Ideen ausspricht, in Worte faßt, klingt es furchtbar dumm. Man schämt sich vor sich selber. Und warum? Wegen nichts. Weil wir alle Lumpen sind und die Wahrheit nicht vertragen, oder ich weiß nicht warum. Ich sagte eben: Der großmütigste der Menschen. Das ist lächerlich, und doch war es so. Das ist doch eine Wahrheit, das heißt, die aller-allerwahrste Wahrheit! Ja, ich *hatte ein Recht* dazu, mich damals sicherzustellen und eine Pfandleihe zu eröffnen. Ihr habt mich verstoßen, ihr Menschen, ihr habt mich mit verächtlichem Schweigen von euch gewiesen. Auf meinen leidenschaftlichen Drang zu euch habt ihr mir mit einer Kränkung für mein ganzes Leben geantwortet. Jetzt habe ich also das Recht, mich mit einer Mauer vor euch zu schützen, diese dreißigtausend Rubel zusammenzuraffen und mein Leben irgendwo in der Krim zu beschließen, auf dem südlichen Ufer in den Bergen und Weingärten, auf meinem Gut, das ich für diese dreißigtausend kaufen will; vor allem aber fern von euch allen, doch ohne Zorn auf euch, mit einem Ideal in der Seele, einem geliebten Weib am Herzen, einer Familie, falls Gott mir eine beschert, und als Wohltäter der benachbarten Landleute. Es ist natürlich gut, daß ich mir das jetzt selber sage, denn was hätte dümmer sein können, als wenn ich dies alles laut verkündet hätte? Deshalb auch das stolze Schweigen, deshalb saßen wir schweigend beisammen. Denn was hätte sie verstanden? Sechzehn Jahre war sie alt, in der ersten Jugendblüte – was hätte sie da von meiner Rechtfertigung, meinen Leiden verstehen können? Hier waren Gradlinigkeit, Unkenntnis des Lebens, wohlfeile jugendliche Überzeugungen, die Nachtblindheit »schöner Seelen« – und dort war die Pfandleihe, und damit basta! Aber war ich denn als Pfandleiher ein Wüterich, sah sie denn nicht, wie ich handelte, und nahm ich denn mehr, als mir zukam? Oh, wie furchtbar ist die Wahrheit auf Erden! Diese Herrliche, diese Sanfte, dieses himmlische Wesen – sie war ein Tyrann, ein unerträglicher Tyrann meiner Seele und mein Peiniger! Ich würde mich ja selber verleumden, wenn ich das nicht sagte! Sie denken, ich liebte sie nicht? Wer kann sagen, daß ich sie nicht liebte? Sehen Sie, hierin liegt Ironie, eine böse Ironie des Schicksals und der Natur! Wir sind verflucht, das Leben der Menschen überhaupt ist verflucht! (Meines im besonderen!) Ich begreife es jetzt, daß ich mich hier in irgendeinem Punkte irrte! Hier ging etwas nicht nach Wunsch. Alles war klar, mein Plan war klar wie der Himmel: Er ist streng, stolz, benötigt von niemandem einen sittlichen Trost, er leidet schweigend. So war es auch, ich log nicht, ich log nicht! Sie wird dann selber sehen, daß es Großmut war, sie konnte es nur nicht gleich erfassen; wenn sie es aber einmal erkennen wird, wird sie es zehnfach zu schätzen wissen, wird in den

Staub niederfallen und die Hände im Gebet falten. Das war der Plan. Aber ich hatte dabei etwas vergessen. Ich hatte nicht verstanden, es richtig zu machen. Doch genug, genug. Wen soll ich jetzt um Verzeihung bitten? Ist es einmal zu Ende, so ist es eben zu Ende. Sei tapfer, Mensch, und sei stolz! Nicht du bist schuld! . . .

Sei's drum, ich will die Wahrheit sagen, ich fürchte mich nicht, der Wahrheit ins Gesicht zu sehen: *sie* ist schuld, *sie* ist schuld! . . .

5. Die Sanfte rebelliert

Die Streitigkeiten begannen damit, daß sie sich plötzlich anmaßte, das Geld nach ihrem Gutdünken zu verleihen, die Sachen höher einzuschätzen, als sie wert waren; sie erlaubte sich sogar zweimal, sich deswegen mit mir in einen Streit einzulassen. Ich stimmte ihr nicht bei. Doch dann kam diese Hauptmannsfrau hinzu.

Die alte Hauptmannsfrau erschien mit einem Medaillon; es war ein Geschenk ihres verstorbenen Gatten, also natürlich ein teures Andenken. Ich gab ihr dreißig Rubel. Sie begann kläglich zu heulen und zu bitten, die Sache aufzubewahren – natürlich waren wir bereit, sie aufzubewahren. Nach fünf Tagen kam sie plötzlich wieder und wollte das Medaillon gegen ein Armband umtauschen, das keine acht Rubel wert war; ich schlug es ihr natürlich ab. Wahrscheinlich hatte sie damals in den Augen meiner Frau etwas gelesen, denn sie kam in meiner Abwesenheit noch einmal, und meine Frau gab ihr das Medaillon zurück.

Ich erfuhr es am nämlichen Tag und begann sanft, aber fest und vernünftig mit ihr zu reden. Sie saß auf dem Bett, blickte zu Boden und wippte mit der rechten Fußspitze auf dem Teppich (ihre Lieblingsgebärde); ein böses Lächeln spielte um ihre Lippen. Ich setzte ihr ruhig, ohne die Stimme im geringsten zu erheben, auseinander, daß das Geld *mein* sei, daß ich das Recht hätte, das Leben mit *meinen* Augen zu betrachten, und daß ich ihr, als ich sie in *mein* Haus genommen, nichts verborgen hätte.

Sie sprang plötzlich auf, begann am ganzen Leib zu zittern und – was glauben Sie – vor mir mit den Füßen zu stampfen; das war ein wildes Tier, das war ein Anfall, der Anfall eines wilden Tieres. Ich war starr vor Staunen; einen solchen Ausbruch hätte ich nie erwartet. Aber ich verlor die Fassung nicht, machte nicht einmal eine Bewegung und erklärte ihr in dem früheren ruhigen Ton ganz offen, daß ich ihr von jetzt ab die Teilnahme an meinen Geschäften entziehe. Sie lachte mir ins Gesicht und verließ die Wohnung.

Die Sache lag nämlich so, daß sie kein Recht hatte, die Wohnung zu verlassen. Ohne mich durfte sie nirgends hin, das war eine Abmachung noch aus der Brautzeit. Gegen Abend kam sie heim. Ich sagte kein Wort.

Am nächsten Tag ging sie wieder fort, schon am Morgen, den übernächsten Tag wieder. Ich schloß mein Geschäft und begab mich zu den Tanten. Mit diesen hatte ich seit der Hochzeit den Verkehr abgebrochen; ich lud sie nicht zu uns ein, wir gingen nicht zu ihnen. Jetzt stellte sich heraus, daß sie nicht bei ihnen gewesen war. Sie hörten mich voller Neugierde an und lachten mich aus. »Es geschieht Ihnen ganz recht«, sagten sie. Aber ich hatte diesen Spott erwartet. Ich bestach die jüngere Tante, die ledige, mit hundert Rubeln und gab ihr fünfundzwanzig Rubel im voraus. Nach zwei Tagen kam sie zu mir. »In diese Sache«, sagte sie, »ist ein Offizier, ein Leutnant Jefimowitsch, Ihr ehemaliger Regimentskamerad, verwickelt.« Ich war aufs höchste betroffen. Dieser Jefimowitsch hatte mir im Regiment viel Böses zugefügt. Vor ungefähr einem Monat war er, da er keine Scham besaß, ein- oder zweimal, unter dem Vorwand, etwas zu versetzen, in die Pfandleihe gekommen und hatte sich erlaubt, ich entsinne mich dessen sehr wohl, mit meiner Frau zu scherzen. Ich war gleich hinzugetreten und hatte ihm gesagt, daß er angesichts unserer früheren Beziehungen nicht wagen solle, zu mir zu kommen; aber ich dachte nicht im entferntesten an derartiges, ich dachte nur einfach, daß er ein Frechling sei. Jetzt aber teilte mir die Tante plötzlich mit, daß sie bereits ein Stelldichein mit ihm verabredet habe und daß Julja Samsonowna, eine frühere Bekannte der Tanten und noch dazu Witwe eines Obersten, die ganze Sache leite. »Zu ihr geht Ihre Gattin jetzt auch.«

Ich will diese Schilderung abkürzen. Diese Angelegenheit kostete mich gegen dreihundert Rubel, aber in zwei Tagen waren Anstalten getroffen, daß ich im Nebenzimmer, hinter der geschlossenen Tür, stehen durfte, um das erste unter vier Augen stattfindende Stelldichein meiner Frau mit Jefimowitsch zu belauschen. In Erwartung dieses Stelldicheins ereignete sich jedoch am Vorabend zwischen uns eine kurze, für mich bedeutungsvolle Szene.

Sie kam gegen Abend nach Hause, setzte sich auf das Bett, sah mich spöttisch an und trommelte mit dem Füßchen auf dem Teppich. Bei ihrem Anblick schoß mir plötzlich der Gedanke durch den Kopf, daß sie diesen ganzen Monat oder, besser gesagt, die letzten vierzehn Tage nicht ihren gewohnten Charakter, man kann sogar sagen: einen dem ihren ganz entgegengesetzten Charakter gezeigt hatte. Da war ein ungestümes, angriffslustiges, ich kann nicht sagen schamloses, aber verworrenes und selbst Verwirrung suchendes Wesen zutage getreten. Verwirrung schaffen war das Ziel. Aber ihre natürliche Sanftmut hinderte sie daran. Wenn so eine rebellisch wird, anfängt Händel zu suchen, so mag sie wohl das Maß überschreiten, aber man sieht immer, daß sie sich überwinden muß, sich aufstachelt und daß es ihr unmöglich ist, mit ihrer Keuschheit und ihrer Scham fertig zu werden. Deswegen hauen solche mitunter allzusehr über die Schnur, so daß man dem eigenen beobachtenden Verstand nicht glauben möchte. Eine dem Laster ergebene Seele wird jedoch im Gegenteil alles mildern, wird gemeiner handeln, aber stets unter dem Deckmantel von Ordnung und Anstand – und noch den Anspruch erheben, ihre Überlegenheit anerkannt zu sehen.

»Ist es wirklich wahr, daß man Sie aus dem Regiment gejagt hat, weil Sie zu feige waren, eine Forderung anzunehmen?« fragte sie plötzlich, den Streit vom Zaun brechend, und ihre Augen funkelten.

»Es ist wahr; man hat mich dem Schiedsspruch der Offiziere zufolge gebeten, das Regiment zu verlassen, obgleich ich schon vorher meinen Abschied eingereicht hatte.«

»Man hat Sie fortgejagt wie einen Feigling?«

»Ja, sie haben mich als Feigling verurteilt. Ich hatte das Duell aber nicht aus Feigheit abgelehnt, sondern weil ich mich ihrem tyrannischen Spruch nicht beugen und nicht da zum Zweikampf fordern wollte, wo ich selber keine Beleidigung sah. Sie müssen wissen« – ich konnte nicht länger an mich halten –, »daß viel mehr Mut dazu gehörte, sich gegen eine solche Tyrannei aufzulehnen und alle Folgen hinzunehmen, als zu irgendeinem beliebigen Duell.«

Ich konnte mich nicht mehr beherrschen, ich suchte mich durch diese Worte gewissermaßen zu rechtfertigen; aber das wollte sie ja haben, diese meine neue Erniedrigung. Sie brach in ein zorniges Lachen aus.

»Und ist es wahr, daß Sie dann drei Jahre lang wie ein Strolch durch die Straßen Petersburgs geirrt sind, um Almosen gebeten und unter Billardtischen übernachtet haben?«

»Ich habe in der Sennaja und im Wjasemskij-Asyl übernachtet. Ja, das ist wahr; in meinem Leben war nachher, nach dem Regiment, viel Schmach und Verkommenheit, aber keine moralische Verkommenheit, weil ich ja der erste war, der mein Tun haßte. Es war lediglich ein Zusammenbruch meines Willens und meines Geistes und war einzig und allein durch meine verzweifelte Lage hervorgerufen. Doch das ist vorüber . . .«

»Oh, jetzt sind Sie eine Persönlichkeit – ein Finanzmann!«

Das war eine Anspielung auf die Pfandleihe. Ich hatte meine Selbstbeherrschung aber bereits wiedererlangt. Ich sah, daß sie nach Erklärungen dürstete, die mich erniedrigen sollten, und gab ihr keine. Zudem läutete gerade ein Kunde, und ich ging zu ihm in den Saal. Erst eine Stunde später, nachdem sie sich plötzlich zum Ausgehen angekleidet hatte, blieb sie vor mir stehen und sagte: »Davon haben Sie mir aber vor der Hochzeit nichts gesagt!«

Ich antwortete nicht, und sie ging fort.

Am folgenden Tag stand ich also in jenem Zimmer hinter der Tür und hörte zu, wie mein Schicksal sich entschied, in meiner Tasche aber steckte der Revolver. Sie hatte sich schön gemacht, saß am Tisch, während Jefimowitsch vor ihr wichtig tat. Und was dann? Es kam so (ich sage dies zu meiner Ehre), es kam ganz genauso, wie ich geahnt und vorausgesetzt hatte, obwohl ich mir nicht bewußt war, dies geahnt und vorausgesetzt zu haben. Ich weiß nicht, ob ich mich verständlich ausdrücke.

Also es kam so. Ich horchte eine ganze Stunde und war eine ganze Stunde lang Zeuge des Zweikampfs einer edlen und hochstehenden Frau mit einer oberflächlichen, lasterhaften, stumpfsinnigen Kreatur und kriecherischen Seele. Und woher, dachte ich betroffen, woher weiß diese Naive, diese Sanfte, diese Wortkarge dies alles? Der geistreiche Verfasser einer Gesellschaftskomödie hätte diese Szene der Spötteleien, des naivsten Lachens und der heiligen Verachtung der Tugend dem Laster gegenüber nicht schreiben können. Und wieviel Glanz lag in ihren Worten, ihren kurzen, hingeworfenen

Bemerkungen, wieviel Witz in den raschen Antworten, wieviel Wahrheit in ihren Urteilen. Und gleichzeitig wieviel fast mädchenhafte Treuherzigkeit. Sie lachte ihm ins Gesicht auf seine Liebeserklärungen, seine Gesten, seine Anträge. Da er gekommen war, um im plumpen Angriff auf sein Ziel loszusteuern, und keinen Widerstand erwartet hatte, war er überaus verblüfft. Anfangs hätte ich denken können, daß dies einfach Koketterie ihrerseits war, die Koketterie eines zwar verderbten, aber geistreichen Geschöpfes, das seinen Wert dadurch erhöhen wollte. Aber nein, die Wahrheit leuchtete wie die Sonne, es war kein Zweifel möglich. Nur aus Haß gegen mich, aus künstlich gezüchtetem, vorübergehendem Haß, hatte sie, die Unerfahrene, sich entschließen können, diese Zusammenkunft ins Werk zu setzen; sobald es aber zum Kern der Sache kam, gingen ihr sofort die Augen auf. Da war einfach ein Wesen, das sich drehte und wendete, um mich um jeden Preis zu kränken, das dem Schmutz, in den es tauchen wollte, aber nicht gewachsen war. Und war es denn Jefimowitsch oder einer beliebigen anderen dieser Gesellschaftskreaturen möglich, sie, die Sündenlose und Reine, die ein Ideal besaß, zu verführen? Im Gegenteil, er machte sich nur lächerlich. Die Wahrheit erhob sich in ihrer Seele, und der Unwille erzeugte Sarkasmus in ihrem Herzen. Ich wiederhole: Dieser Narr war schließlich ganz verdutzt und saß mit finsterer Stirn da, kaum noch antwortend, so daß ich schon fürchtete, er könnte sie aus niedriger Rachsucht kränken. Und ich wiederhole noch einmal: Zu meiner Ehre sei's gesagt, ich belauschte diese Szene fast ohne Staunen. Ich stieß gleichsam nur auf Bekanntes. Ich war gleichsam nur hingegangen, um darauf zu stoßen. Ich war hingegangen, ohne der Anschuldigung irgend jemandes Glauben zu schenken, obwohl ich den Revolver in die Tasche gesteckt hatte – das ist wahr! Konnte ich sie mir denn anders vorstellen? Wofür liebte ich sie denn, wofür schätzte ich sie denn, wofür hatte ich sie denn geheiratet? Oh, natürlich, ich konnte mich nur zu sehr davon überzeugen, wie sehr sie mich damals haßte, aber ich hatte mich auch davon überzeugt, wie makellos sie war. Ich machte der Szene plötzlich ein Ende, indem ich die Tür öffnete. Jefimowitsch sprang auf, ich nahm sie bei der Hand und forderte sie auf, mit mir fortzugehen.

Jefimowitsch faßte sich und begann plötzlich laut und schamlos zu lachen: »Oh, gegen die geheiligten ehelichen

Rechte erhebe ich keinen Einspruch, führen Sie sie fort, führen Sie sie fort! Und wissen Sie«, schrie er uns nach, »obwohl ein anständiger Mensch sich mit Ihnen nicht schlagen kann, so stehe ich aus Achtung für Ihre Dame dennoch zu Ihrer Verfügung ... Wenn Sie übrigens selbst wagen ...«

»Hören Sie!« Ich hielt sie für eine Sekunde auf der Schwelle an.

Dann sprachen wir den ganzen Weg bis zum Haus kein Wort. Ich führte sie am Arm, sie widersetzte sich nicht. Im Gegenteil, sie war furchtbar betroffen, nicht nur unterwegs. Zu Hause angelangt, setzte sie sich auf einen Stuhl und heftete den Blick unverwandt auf mich. Sie war ungemein blaß; auf ihre Lippen trat zwar gleich wieder das spöttische Lächeln, aber sie sah mich jetzt mit einer feierlichen und ernsten Herausforderung an und schien in den ersten Minuten ernstlich überzeugt zu sein, daß ich sie erschießen würde. Aber ich zog den Revolver schweigend aus der Tasche und legte ihn auf den Tisch. Sie blickte auf mich und auf den Revolver. Beachten Sie: dieser Revolver war ihr bereits bekannt. Ich hatte ihn angeschafft und geladen, als ich die Pfandleihe eröffnete. Damals beschloß ich, weder riesige Hunde zu halten noch einen kräftigen Diener, wie ihn zum Beispiel Moser hatte. Bei mir öffnete die Köchin den Kunden die Tür. Aber Leute, die mein Geschäft betreiben, dürfen für alle Fälle nicht des Selbstschutzes entbehren, und so schaffte ich den geladenen Revolver an. In den ersten Tagen, nachdem sie in mein Haus gekommen war, interessierte sie sich sehr für diesen Revolver, fragte mich aus, und ich erklärte ihr sogar die Konstruktion und das System, überredete sie außerdem, einmal auf ein Ziel zu schießen. Beachten Sie dies alles! Ohne ihren erschrockenen Blick zu beachten, legte ich mich halb ausgekleidet aufs Bett. Ich war sehr abgespannt; es war schon gegen elf Uhr. Sie blieb ungefähr noch eine Stunde lang regungslos auf demselben Fleck sitzen, dann löschte sie das Licht und legte sich, ebenfalls angekleidet, auf den Diwan an der Wand. Es war das erstemal, daß sie sich nicht zu mir legte – beachten Sie auch das ...

6. Eine furchtbare Erinnerung

Jetzt kommt diese furchtbare Erinnerung ...

Ich erwachte am Morgen gegen acht Uhr, glaube ich; im

Zimmer war es schon fast ganz hell. Ich erwachte mit vollem Bewußtsein und machte plötzlich die Augen auf. Sie stand am Tisch und hielt den Revolver in den Händen. Sie bemerkte nicht, daß ich erwacht war und ihr zuschaute. Und plötzlich sah ich, wie sie mir mit dem Revolver in der Hand näher kam. Ich schloß schnell die Augen und stellte mich fest schlafend.

Sie kam bis zum Bett und blieb über mich gebeugt stehen. Ich hörte alles; obwohl Totenstille eingetreten war, hörte ich doch diese Stille. Da erfolgte eine krampfhafte Bewegung, und ich öffnete plötzlich, unaufhaltsam, gegen meinen Willen, die Augen. Sie sah mich gerade an, sah mir in die Augen, und der Revolver war schon an meiner Schläfe. Unsere Blicke begegneten sich. Aber wir sahen einander nicht länger an als einen Augenblick. Ich machte die Augen gewaltsam wieder zu und beschloß im selben Augenblick mit allen Kräften meiner Seele, mich nicht mehr zu rühren und die Augen nicht zu öffnen, was mich auch erwarten möge.

Es kommt in der Tat vor, daß ein fest schlafender Mensch plötzlich die Augen öffnet, sogar für eine Sekunde den Kopf hebt und im Zimmer umherschaut und dann nach einem Augenblick den Kopf wieder ohne Bewußtsein aufs Kissen legt und einschläft, ohne sich an etwas zu erinnern. Als ich, nachdem mein Blick den ihren getroffen und ich den Revolver an meiner Schläfe gefühlt hatte, die Augen plötzlich wieder schloß und mich nicht rührte, wie ein fest Schlafender – da konnte sie entschieden annehmen, daß ich tatsächlich schlief und nichts gesehen hatte, um so mehr, da es ganz unwahrscheinlich war, die Augen in einem *solchen* Augenblick wieder zu schließen, wenn man das erblickt, was ich gesehen hatte.

Ja, es war unwahrscheinlich. Aber sie konnte immerhin auch die Wahrheit erraten – das blitzte plötzlich im selben Augenblick in meinem Hirn auf. Oh, welch ein Wirbelsturm von Gedanken und Empfindungen durchkreuzte mein Hirn in weniger als einem Augenblick, und es lebe die Elektrizität des menschlichen Denkens! In diesem Fall fühlte ich, wenn sie die Wahrheit erraten hatte und wußte, daß ich nicht schlief, so hatte ich sie schon durch meine Bereitwilligkeit, den Tod zu empfangen, zermalmt, und ihre Hand mußte jetzt zittern. Die anfängliche Entschlossenheit kann an einem neuen, außergewöhnlichen Eindruck zerschellen. Man sagt, daß diejenigen, die auf einer Höhe stehen, gleichsam von selbst in die Tiefe, in den Abgrund streben. Ich glaube, daß viele Selbstmorde und Morde nur deshalb begangen werden, weil der Revolver schon in die Hand genommen war. Da ist auch ein Abgrund, da ist eine abschüssige Fläche von fünfundvierzig Grad, auf der man unbedingt ausgleiten muß, und ein Etwas zwingt einen unwiderstehlich, den Hahn loszudrücken. Aber das Bewußtsein, daß ich alles gesehen hatte, alles wußte und schweigend den Tod von ihr erwartete, konnte sie auf der abschüssigen Fläche aufhalten.

Die Stille dauerte an, und plötzlich fühlte ich an der Schläfe, an meinen Haaren die kalte Berührung des Eisens. Sie fragen: Hoffte ich fest darauf, gerettet zu werden? Ich antworte Ihnen, wie vor Gottes Angesicht: Ich hatte keinerlei Hoffnung, es sei denn eine Chance gegen hundert. Warum sollte ich den Tod hinnehmen? Ich aber frage Sie: Was sollte ich noch mit dem Leben, nachdem das von mir vergötterte Wesen den Revolver gegen mich erhoben hatte? Zudem wußte ich mit allen Fasern meines Seins, daß zwischen uns in diesem Augenblick ein Kampf ausgefochten wurde, ein furchtbarer Zweikampf auf Leben und Tod, ein Zweikampf des Feiglings von gestern, der von den Kameraden um seiner Feigheit willen ausgestoßen war. Ich wußte es, und sie wußte es, wenn sie die Wahrheit erriet – daß ich nicht schlief.

Mag sein, daß dies alles nicht so war, daß ich das damals nicht dachte, aber es muß doch wohl so gewesen sein, wenn auch unbewußt, weil ich späterhin in jeder Stunde meines Lebens nichts anderes tat, als daran zu denken.

Aber Sie stellen mir wieder eine Frage: Warum rettete ich sie damals nicht vor dem Verbrechen? Oh, ich habe mir diese Frage später tausendmal vorgelegt – jedesmal, wenn ich mich mit einem Kälteschauer im Rücken an jene Sekunde erinnerte. Aber meine Seele war damals von düsterer Verzweiflung umfangen: ich ging zugrunde, ich ging selber zugrunde, wen hätte ich da zu retten vermocht? Und woher wissen Sie, ob ich es damals noch wünschte, jemanden zu retten? Wie kann man wissen, was ich damals empfinden konnte?

Das Bewußtsein aber kochte; die Sekunden gingen dahin, es herrschte Totenstille. Sie stand immer noch über mich gebeugt da – und plötzlich erbebte ich vor Hoffnung! Ich öffnete rasch die Augen. Sie war nicht mehr im Zimmer. Ich erhob mich vom Bett, ich hatte gesiegt – und sie war in alle Ewigkeit die Besiegte!

Ich trat an den Teetisch. Der Samowar wurde uns immer ins vordere Zimmer gebracht, und sie goß stets den Tee ein. Ich setzte mich schweigend an den Tisch und nahm ein Glas Tee von ihr entgegen. Nach fünf Minuten warf ich einen Blick auf sie. Sie war furchtbar bleich, noch bleicher als gestern, und sah mich an. Und plötzlich, als sie sah, daß ich auf sie blickte, trat ein schwaches Lächeln auf ihre blassen Lippen, und in ihren Augen stand eine zaghafte Frage. Also zweifelt sie noch immer und fragt sich: Weiß er es oder weiß er es nicht, hat er es gesehen oder hat er es nicht gesehen? Ich wandte die Augen gleichgültig ab. Nach dem Tee verschloß ich die Kasse, ging auf den Markt und kaufte ein eisernes Bett und einen Wandschirm. Nach meiner Rückkehr befahl ich, das Bett im Saal aufzuschlagen und den Wandschirm davorzustellen. Das Bett war für sie bestimmt, aber ich sagte ihr kein Wort. Sie verstand auch ohne Worte durch dieses Bett, daß ich alles gesehen hatte und alles wußte und daß kein Zweifel mehr möglich war. Zur Nacht ließ ich den Revolver wie immer auf dem Tisch liegen. Sie legte sich nachts schweigend in ihr neues Bett: das eheliche Band war zerrissen, sie war besiegt, aber verziehen war ihr nicht. In der Nacht begann sie zu phantasieren, am Morgen stellte sich hitziges Fieber ein. Sie war sechs Wochen lang bettlägerig.

Zweiter Teil

1. Ein Traum des Stolzes

Lukerja hat mir soeben erklärt, daß sie nicht bei mir bleiben und gleich nach dem Begräbnis der gnädigen Frau fortgehen werde. Ich habe fünf Minuten lang auf den Knien gebetet und wollte doch eine Stunde lang beten, aber ich denke immer, ich denke, und es sind lauter kranke Gedanken, und der Kopf ist krank – was soll ich da beten! Das ist ja sündhaft! Es ist auch seltsam, daß ich gar nicht schlafen will; bei einem großen, allzu großen Leid möchte man nach den ersten Ausbrüchen immer schlafen. Man sagt, daß zum Tode Verurteilte in der letzten Nacht außerordentlich gut schlafen. Und so muß es auch sein, das ist naturgemäß, sonst könnten die Kräfte dafür nicht ausreichen . . . Ich legte mich auf den Diwan, schlief aber nicht ein . . .

Während der sechs Wochen ihrer Krankheit pflegten wir sie Tag und Nacht – ich, Lukerja und eine gelernte Pflegerin aus dem Krankenhaus, die ich zu uns genommen hatte. Ich sparte keine Kosten und hegte sogar den Wunsch, Geld für sie auszugeben. Als Arzt ließ ich Doktor Schröder kommen und zahlte ihm zehn Rubel für jeden Besuch. Als sie das Bewußtsein zurückerlangte, zeigte ich mich seltener bei ihr. Doch wozu beschreibe ich das? Nachdem sie endgültig aufgestanden war, setzte sie sich still und schweigsam in meinem Zimmer an einen besonderen Tisch, den ich ebenfalls in dieser Zeit für sie gekauft hatte ... Ja, es ist wahr, wir schwiegen vollständig, das heißt, wir sprachen später wohl auch miteinander, aber nur über das Notwendigste. Ich verbreitete mich natürlich mit Absicht nicht, aber ich bemerkte sehr gut, daß auch sie geradezu froh darüber war, kein Wort zuviel verlieren zu müssen. Mir kam das bei ihr ganz natürlich vor. Sie ist zu sehr erschüttert und zu sehr besiegt, dachte ich, und ich muß ihr natürlich Zeit lassen, zu vergessen und sich zu gewöhnen. Auf diese Weise schwiegen wir denn, aber ich bereitete mich innerlich jeden Augenblick auf die Zukunft vor. Ich glaubte, daß sie dasselbe tat, und es war für mich furchtbar interessant zu erraten, was sie jetzt wohl selber über sich dachte.

Ich sage noch eins: Natürlich weiß niemand, was ich ertragen habe, als ich während ihrer Krankheit an ihrem Bett seufzte. Aber ich seufzte für mich und hielt mein Stöhnen sogar in Lukerjas Beisein in meiner Brust zurück. Ich konnte mir nicht vorstellen, konnte nicht einmal annehmen, daß sie sterben werde, ohne alles erfahren zu haben. Als sie außer Gefahr war und die Gesundheit wiederzukehren begann, beruhigte ich mich – ich entsinne mich dessen – sehr schnell. Und nicht genug damit: ich beschloß, unsere Zukunft auf eine möglichst ferne Zeit hinauszuschieben und vorläufig alles im gegenwärtigen Zustand zu lassen. Ja, damals widerfuhr mir etwas Seltsames und Besonderes, ich kann es nicht anders nennen. Ich hatte den Sieg davongetragen, und dieses Bewußtsein genügte mir völlig. So verging auch der ganze Winter. Oh, ich war auch diesen ganzen Winter so zufrieden, wie ich es nie gewesen war.

Sehen Sie, in meinem Leben war ein furchtbarer äußerer Umstand, der mich bis dahin, das heißt, bis zu der Katastrophe mit meiner Frau, täglich und stündlich bedrückt hatte, und zwar – der Verlust meines guten Rufs und jener Austritt aus dem Regiment. In zwei Worten: es war die tyrannische Ungerechtigkeit mir gegenüber. Es ist wahr, die Kameraden liebten mich nicht wegen meines schwerfälligen Wesens, vielleicht auch wegen meines lächerlichen Wesens, obwohl es ja oft vorkommt, daß das, was dem einen erhaben dünkt, was von ihm geschätzt und geachtet wird, der Schar seiner Kameraden aus irgendeinem Grunde lächerlich erscheint. Oh, ich war sogar schon in der Schule unbeliebt. Man hat mich nie und nirgends geliebt. Auch Lukerja konnte mich nicht lieben. Der Vorfall im Regiment jedoch war zwar die Folge meiner Unbeliebtheit, trug aber ohne Zweifel einen zufälligen Charakter. Ich erwähne das deshalb, weil es nichts Kränkenderes und Unerträglicheres gibt, als durch einen Zufall zugrunde zu gehen, der eintreten oder auch nicht eintreten kann, durch eine unglückliche Verkettung von Umständen, die wie eine Wolke hätten vorübergehen können. Für ein intelligentes Wesen ist das erniedrigend. Der Vorfall war folgender.

Ich ging im Theater während der Pause in den Erfrischungsraum. Plötzlich trat der Husar A–w ein und begann in Gegenwart aller dort anwesenden Offiziere und des Publikums mit zweien seiner Kameraden laut darüber zu reden, daß der Hauptmann unseres Regiments, Besumzew, im Korridor soeben einen Skandal provoziert habe und »anscheinend betrunken« sei. Das Gespräch spann sich nicht weiter, auch beruhte es auf einem Irrtum, denn Hauptmann Besumzew war nicht betrunken, und der Skandal war eigentlich gar kein Skandal. Die Husaren fingen an, von etwas anderem zu reden, und damit endete die Sache, aber am nächsten Tag wurde der Vorfall in unserem Regiment bekannt, und man begann sofort darüber zu reden, daß ich mich als einziger von unserem Regiment im Erfrischungsraum befunden und dem Husaren A–w nicht durch eine Bemerkung Einhalt geboten hätte, als dieser sich in unverschämter Weise über den Hauptmann Besumzew geäußert habe. Aber warum hätte ich das tun sollen? Wenn er etwas gegen Besumzew hatte, war das seine persönliche Angelegenheit, was hatte ich mich da einzumischen? Aber die Offiziere fanden, daß dies keine persönliche Angelegenheit sei, sondern das Regiment angehe, und da ich als einziger von den Offizieren unseres Regiments zugegen gewesen sei, so hätte ich damit allen in dem Erfrischungsraum anwesenden Offizieren und dem übrigen

Publikum bewiesen, daß es in unserem Regiment Offiziere gebe, die in bezug auf ihre eigene Ehre und die Ehre des Regiments nicht allzu heikel wären. Ich vermochte mich mit dieser Anschauung nicht einverstanden zu erklären. Man gab mir zu verstehen, daß ich alles einrenken könnte, wenn ich jetzt noch, wenn auch reichlich spät, bereit sei, mich formell mit A–w auseinanderzusetzen. Das wollte ich nicht, und da ich gereizt war, so lehnte ich hochmütig ab. Darauf reichte ich sofort meinen Abschied ein. Das ist die ganze Geschichte. Ich ging stolz, aber vernichteten Geistes daraus hervor. Mein Wille und mein Geist waren gebrochen. Dazu kam noch, daß der Mann meiner Schwester in Moskau unser kleines Vermögen durchgebracht hatte und damit auch meinen Anteil. Es war ein winziger Betrag, aber infolge dieses Verlustes blieb ich ohne einen Groschen auf der Straße. Ich hätte irgendwo im Zivildienst Anstellung finden können, tat es aber nicht; nachdem ich die glänzende Uniform getragen, vermochte ich nicht irgendwo in einer Eisenbahnverwaltung tätig zu sein. Also wenn schon, denn schon! Schande, Schmach, Fall bis zum äußersten; je schlimmer, desto besser – das war's, was ich erwählte. Nun folgten drei Jahre voll düsterer Erinnerungen und sogar das Wjasemkijsche Haus. Vor anderthalb Jahren starb in Moskau eine reiche Greisin, meine Taufpatin, und hinterließ mir unerwartet als einem ihrer vielen Erben dreitausend Rubel. Ich überlegte und besiegelte damals mein Schicksal. Ich entschloß mich zur Pfandleihe, ohne mich um die Menschen und ihre Meinung zu kümmern. Geld, ein Winkel und ein neues Leben, fern von den früheren Erinnerungen, das war mein Plan. Dennoch quälten mich die düstere Vergangenheit und der auf ewig verlorene gute Ruf jede Stunde, jede Minute. Dann heiratete ich. Ob zufällig oder nicht – das weiß ich nicht. Aber als ich sie in mein Haus führte, meinte ich eine Freundin heimzuführen, ich hatte eine Freundin so dringend nötig. Aber ich sah deutlich, daß ich die Freundin erst erziehen, entwickeln und sogar besiegen mußte. Und konnte ich dieser Sechzehnjährigen und Voreingenommenen so mit einemmal alles erklären? Wie hätte ich sie zum Beispiel, wenn mir nicht durch Zufall die furchtbare Katastrophe mit dem Revolver geholfen hätte, davon überzeugen können, daß ich kein Feigling war und daß man mich im Regiment fälschlich der Feigheit beschuldigt hatte? Die Katastrophe aber kam gerade zur rechten Zeit. Nachdem ich dem Revolver standgehalten hatte, war meine ganze düstere Vergangenheit gesühnt. Und wenn es auch niemand erfuhr, so hatte doch *sie* es erfahren, und das bedeutete alles für mich, weil sie selbst mein alles war, die ganze Hoffnung meiner Zukunft in meinen Träumen! Sie war der einzige Mensch, den ich mir heranzog, einen anderen brauchte ich gar nicht – und nun hatte sie alles erfahren; sie hatte wenigstens erfahren, daß sie sich ungerechterweise beeilt hatte, sich meinen Feinden anzuschließen. Dieser Gedanke versetzte mich in Entzücken. In ihren Augen konnte ich kein Lump mehr sein, höchstens ein Sonderling, und auch dieser Gedanke war mir jetzt nach all dem Vorgefallenen nicht mehr so unangenehm: Absonderlichkeit ist kein Laster, sie zieht im Gegenteil den weiblichen Charakter mitunter an. Mit einem Wort, ich schob die Lösung absichtlich hinaus; das, was geschehen war, genügte meiner Ruhe vorläufig vollauf und barg überreichlich Bilder und Stoff für meine Träumereien in sich. Das ist ja das Abscheuliche, daß ich ein Träumer bin: ich hatte genügend Stoff, und von ihr dachte ich, sie könnte warten.

So verging der ganze Winter in einer Art Erwartung von irgend etwas. Ich liebte es, sie verstohlen anzusehen, wenn sie an ihrem Tischchen saß. Sie beschäftigte sich mit dem Nähen von Wäsche, und des Abends las sie bisweilen Bücher, die sie meinem Schrank entnahm. Die Auswahl der Bücher in meinem Schrank mußte auch zu meinen Gunsten sprechen. Sie ging fast niemals aus. Nach dem Mittagessen, vor Einbruch der Dämmerung, führte ich sie jeden Tag spazieren, wir machten uns Bewegung, aber unter völligem Schweigen – wie ehedem. Ich gab mir Mühe, so zu tun, als ob wir nicht schwiegen und uns einträchtig unterhielten, aber, wie ich schon sagte, wir machten es selber so, daß wir uns nicht in lange Auseinandersetzungen einließen. Ich tat es absichtlich, und ihr, meinte ich, müsse man Zeit lassen. Es ist natürlich sonderbar, daß es mir bis zum Ende des Winters nicht ein einziges Mal in den Sinn kam, daß ich während dieser ganzen Zeit keinen einzigen auf mich gerichteten Blick von ihr auffing, wo ich es doch liebte, sie verstohlen zu betrachten. Ich dachte, das sei ihre Schüchternheit. Zudem hatte sie nach der Krankheit ein so schüchternes, sanftes und krankhaftes Aussehen. Nein, warte es lieber ab, und – und sie wird plötzlich selber zu dir kommen . . .

Dieser Gedanke fesselte mich unwiderstehlich. Ich setze

noch eins hinzu: mitunter stachelte ich mich selber absichtlich auf und brachte meinen Geist und Verstand tatsächlich dahin, daß ich ihr scheinbar gram wurde. Und das hielt manchmal längere Zeit an. Aber mein Haß konnte nie ausreifen und sich in meinem Herzen festsetzen. Und ich fühlte auch selber, daß dies gleichsam nur ein Spiel sei. Ja, auch damals habe ich niemals, niemals eine Verbrecherin in ihr sehen können, obwohl ich das eheliche Band zerrissen hatte, als ich das Bett und den Wandschirm kaufte. Und nicht etwa, weil ich ihr Verbrechen leichtsinnig beurteilte, sondern weil ich im Sinn hatte, ihr vollständig zu verzeihen, vom allerersten Tag an, sogar schon, ehe ich das Bett kaufte. Mit einem Wort, es ist eine seltsame Laune von mir, denn ich bin sittenstreng. Sie war im Gegenteil in meinen Augen so völlig besiegt, erniedrigt und zermalmt, daß ich mitunter ein quälendes Mitleid mit ihr empfand, obgleich mir bei alledem der Gedanke an ihre Demütigung entschieden gefiel. Die Idee dieser Ungleichheit zwischen uns gefiel mir ...

Ich hatte in diesem Winter Gelegenheit, mehrere gute Handlungen zu begehen. Ich erließ zwei Schuldnern die Schuld, ich zahlte einer armen Frau Geld aus, ohne ein Pfand von ihr anzunehmen. Ich sagte meiner Frau nichts davon und tat es auch nicht, damit sie es erführe; aber jene Frau kam, um selber ihren Dank auszusprechen, und tat das beinahe auf den Knien. Auf diese Weise wurde es bekannt; es schien mir, daß sie meine Tat an dieser Frau mit wirklicher Freude zur Kenntnis nahm.

Doch der Frühling rückte heran, es war schon Mitte April, die Doppelfenster wurden ausgehängt, und die Sonne warf grelle Strahlenbündel in unsere schweigsamen Zimmer. Allein die Hülle hing immer noch vor meinen Augen und blendete meinen Verstand. Eine verhängnisvolle, furchtbare Hülle! Wie ist es nur geschehen, daß sie plötzlich von meinen Augen fiel und ich sehend wurde und alles begriff? War es ein Zufall, oder war die Schicksalsstunde gekommen, oder hatte ein Sonnenstrahl einen Gedanken und eine Vermutung in meinem stumpf gewordenen Verstand entzündet? Nein – hier war kein Gedanke und keine Vermutung, hier begann plötzlich eine Ader zu spielen, eine schon abgestorbene Ader, sie erzitterte und bekam Leben und beleuchtete meine ganze abgestumpfte Seele und meinen teuflischen Stolz. Es war, als wäre ich plötzlich von meinem Sitz aufgesprungen. Es kam auch wirklich mit einemmal und unerwartet. Es geschah gegen Abend, gegen fünf Uhr, nach dem Mittagessen ...

2. *Die Hülle ist plötzlich gefallen*

Vorher noch zwei Worte. Schon seit ungefähr einem Monat bemerkte ich an ihr eine seltsame Nachdenklichkeit, nicht etwa Schweigsamkeit, sondern Nachdenklichkeit. Das bemerkte ich auch plötzlich. Sie saß damals mit einer Arbeit da, hielt den Kopf über die Näherei gebeugt und gewahrte nicht, daß ich sie ansah. Und da fiel mir mit einemmal auf, daß sie so zart, so mager geworden war, das Gesicht so blaß, die Lippen so weiß – dies alles samt der Nachdenklichkeit verblüffte mich einfach. Ich hatte auch schon früher einen leichten trockenen Husten gehört, besonders in der Nacht. Ich stand sofort auf und machte mich auf den Weg, um Schröder zu mir zu bitten, ohne ihr etwas davon zu sagen.

Schröder kam am nächsten Tag. Sie war erstaunt und sah bald Schröder, bald mich an.

»Ich bin doch ganz gesund«, sagte sie und lächelte verlegen.

Schröder untersuchte sie nicht sehr gründlich (diese Mediziner sind zuweilen sehr von oben herab und nachlässig); er sagte mir nur im Nebenzimmer, daß dies von der Krankheit zurückgeblieben sei und daß es ganz gut wäre, im Frühling irgendwohin an die See zu reisen oder, wenn das nicht möglich sei, einfach aufs Land zu ziehen. Mit einem Wort, er sagte gar nichts, außer, daß eine Schwäche oder etwas Ähnliches vorhanden sei. Nachdem Schröder gegangen war, sagte sie plötzlich wieder mit einem furchtbar ernsten Blick: »Ich bin ganz, ganz gesund.«

Doch als sie es gesagt hatte, errötete sie plötzlich, anscheinend vor Scham. Es war ganz sicher Scham. Oh, jetzt verstehe ich sie: sie schämte sich, weil ich noch *ihr Mann* war, mich um sie sorgte, als ob ich immer noch ihr richtiger Mann sei. Aber damals begriff ich es nicht und hielt ihr Erröten für Demut (die Hülle!).

So saß ich also einen Monat nachher – im April – gegen fünf Uhr nachmittags an einem hellen, sonnigen Tag an der Kasse und machte meinen Abschluß. Plötzlich hörte ich, daß sie in unserem Zimmer an ihrem Tisch bei der Arbeit leise,

leise ... sang. Diese Neuheit machte einen erschütternden Eindruck auf mich, ja, ich begreife es bis heute noch nicht. Ich hatte sie bis dahin fast noch nie singen gehört, vielleicht nur in den allerersten Tagen, als ich sie in mein Haus geführt hatte und wir uns noch mit Revolverschießen nach dem Ziel belustigten. Damals war ihre Stimme noch ziemlich stark und klangvoll; sie sang zwar nicht ganz richtig, aber die Stimme war sehr angenehm und kräftig. Heute jedoch klang das Liedchen so matt – oh, es war durchaus nicht traurig (es war irgendein Liebeslied), aber in der Stimme war gleichsam etwas zersprungen, zerbrochen, als ob sie damit nicht recht fertig werden könnte, als ob das Liedchen selber krank wäre. Sie sang halblaut, und die Stimme riß plötzlich ab, als sie sich in die Höhe schwingen wollte – so ein armes Stimmchen, es riß so erbärmlich; sie räusperte sich und begann wieder leise, leise, kaum vernehmlich zu singen ...

Man wird über meine Erregung lachen, aber es wird nie jemand begreifen, weshalb ich mich aufregte! Nein, sie tat mir noch nicht leid, es war noch etwas ganz anderes. Anfangs wenigstens, in den ersten Minuten tauchten plötzlich Zweifel auf und ein furchtbares Erstaunen, ein schreckliches und sonderbares, krankhaftes und beinahe racheerfülltes Staunen: Sie singt, und in meiner Gegenwart! *Hat sie mich etwa vergessen?*

Ich blieb ganz erschüttert auf meinem Platz sitzen, dann stand ich plötzlich auf, nahm meinen Hut und ging fort, ohne zu überlegen. Wenigstens wußte ich nicht, warum und wohin ich ging. Lukerja reichte mir den Überzieher.

»Sie singt?« fragte ich Lukerja unwillkürlich. Sie begriff nicht und schaute mich verständnislos an; übrigens war meine Frage wirklich unverständlich.

»Singt sie zum erstenmal?«

»Nein, sie singt zuweilen in Ihrer Abwesenheit«, antwortete Lukerja.

Ich erinnere mich noch an alles. Ich ging die Treppe hinab, betrat die Straße und ging aufs Geratewohl ins Blaue hinein. Ich ging bis an die Ecke und sah in die Ferne. Man ging an mir vorbei, man stieß mich an, ich merkte es nicht. Ich rief nach einer Droschke und ließ mich, ich weiß nicht weshalb, zur Polizeibrücke fahren. Aber plötzlich ließ ich den Kutscher halten und gab ihm zwanzig Kopeken.

»Das ist, weil ich dich bemüht habe«, sagte ich, ihn sinnlos anlachend, aber in meinem Herzen stieg plötzlich ein Gefühl des Entzückens auf.

Ich schlug beschleunigten Schrittes den Weg nach Hause ein. Der zersprungene, armselige, abgerissene Ton erklang plötzlich wieder in meiner Seele. Mein Atem stockte. Die Hülle fiel, fiel von meinen Augen! Da sie in meiner Gegenwart begonnen hat zu singen, hat sie mich vergessen – das war so klar und so schrecklich! Das Herz spürte es. Aber das Entzücken brannte in meiner Seele und überwand die Furcht.

O Ironie des Schicksals! Den ganzen Winter war nichts anderes und konnte nichts anderes in meiner Seele sein als dieses Entzücken, aber wo war ich selber den ganzen Winter hindurch gewesen? War ich mir meiner Seele bewußt gewesen? Ich lief eilends die Treppe hinauf; ich weiß nicht, ob ich zaghaft eintrat. Ich entsinne mich nur, daß der ganze Boden unter mir schwankte und ich wie in einem Fluß schwamm. Ich trat in das Zimmer, sie saß auf demselben Platz, den Kopf gesenkt, und nähte, sang aber nicht mehr. Sie sah mich flüchtig und ohne Neugierde an, aber das war kein Blick, sondern nur eine gewöhnliche und gleichgültige Geste, die man macht, wenn jemand in das Zimmer tritt.

Ich trat geradewegs auf sie zu und setzte mich neben sie auf einen Stuhl, ganz nahe, wie ein Verrückter. Sie sah mich rasch, erschrocken an; ich nahm ihre Hand, und ich weiß nicht, was ich ihr sagte, das heißt sagen wollte, weil ich nicht einmal imstande war, ordentlich zu sprechen. Meine Stimme stockte und gehorchte mir nicht. Ich wußte auch nicht, was ich sagen sollte, und rang nur nach Atem.

»Wir müssen uns aussprechen ... weißt du ... sag etwas!« stammelte ich plötzlich etwas sehr Dummes – oh, handelte es sich denn hier überhaupt um Geist? Sie zuckte wieder zusammen, fuhr in heftigem Schreck zurück und starrte mich an. Dann aber sprach aus ihren Augen ein *strenges Staunen.* Ja, ein *Staunen,* und zwar ein *strenges.* Sie sah mich mit großen Augen an. Diese Strenge, dieses strenge Staunen zermalmten mich mit einem Schlag. So willst du noch Liebe? Liebe? schien dieses Staunen zu fragen, obwohl sie schwieg. Aber ich begriff alles, alles. Ich war vollständig erschüttert. Und ich stürzte ihr zu Füßen. Ja, ich stürzte ihr zu Füßen. Sie sprang rasch auf, aber ich hielt sie mit ungewöhnlicher Kraft an beiden Händen fest.

Und ich begriff meine Verzweiflung völlig, oh! ich begriff

sie! Aber – können Sie es mir glauben? – das Entzücken loderte so gewaltig in meinem Herzen, daß ich zu sterben glaubte. Ich küßte ihre Füße voller Trunkenheit und Glück. Ja, in einem grenzenlosen und unendlichen Glück, und das tat ich mit vollem Verständnis für meine hoffnungslose Verzweiflung! Ich weinte, stammelte etwas, aber ich konnte nicht sprechen. Schreck und Staunen wurden bei ihr plötzlich durch sorgenvolles Sinnen, banges Fragen abgelöst, und sie sah mich seltsam, sogar wild an, sie wollte rasch etwas begreifen und lächelte. Sie schämte sich furchtbar, weil ich ihre Füße küßte, sie wollte sich mir entziehen, aber da küßte ich die Stelle auf dem Boden, wo ihr Fuß gestanden hatte. Sie sah es und fing vor Scham plötzlich an zu lachen (Sie wissen, wie es ist, wenn man vor Scham lacht). Ich sah, daß ein Weinkrampf nahe war, ihre Hände zitterten, aber ich kümmerte mich nicht darum und flüsterte nur immer, daß ich sie liebte, daß ich nicht aufstehen würde. »Laß mich dein Kleid küssen ... mein ganzes Leben lang will ich dich anbeten ...« Ich weiß nicht, wie es dann kam, ich kann mich auf die Einzelheiten nicht besinnen – plötzlich fing sie an zu schluchzen und zu zittern; ein furchtbarer Anfall trat ein. Ich hatte sie erschreckt.

Ich trug sie auf das Bett. Nachdem der Anfall vorbei war, setzte sie sich im Bett auf, ergriff mit einer furchtbar niedergeschlagenen Miene meine Hände und bat mich, mich zu beruhigen: »Lassen Sie es gut sein, quälen Sie sich nicht, beruhigen Sie sich!« und begann wieder zu weinen. Den ganzen Abend wich ich nicht von ihrer Seite. Ich redete ihr die ganze Zeit vor, daß ich sie nach Boulogne bringen würde, damit sie im Meer baden könne, jetzt, gleich, in vierzehn Tagen, daß sie ein so zersprungenes Stimmchen habe, ich hätte es heute gehört, daß ich mein Leihamt schließen, an Dobronrawow verkaufen, ein anderes Leben beginnen würde, vor allem aber: nach Boulogne, nach Boulogne! Sie hörte mir zu und schauderte. Sie schauderte immer mehr. Aber für mich war nicht das die Hauptsache, sondern mein immer heftiger werdender Wunsch, wieder zu ihren Füßen zu liegen und sie wieder zu küssen und den Boden zu küssen, wo ihre Füße standen, sie anzubeten und – »ich werde dich um nichts, um nichts anderes bitten«, wiederholte ich unausgesetzt, »antworte mir nicht, bemerke mich gar nicht, und laß mich nur aus einem Winkel heraus dich ansehen, verwandle mich in ein Ding, in ein Hündchen ...« Sie weinte.

»Und ich hatte gedacht, daß Sie mich so lassen würden«, entschlüpfte es ihr plötzlich unwillkürlich – so unwillkürlich, daß sie vielleicht gar nicht bemerkte, daß sie es sagte, und doch war das ihr bedeutsamstes, ihr verhängnisvollstes Wort und das für mich verständlichste an jenem Abend, und es drang wie ein Messer in mein Herz! Es erklärte mir alles, alles, aber solange sie neben mir war, vor meinen Augen, hoffte ich unbeirrt und war unsagbar glücklich. Oh, ich habe sie an jenem Abend entsetzlich ermüdet, und ich begriff das, allein ich dachte unausgesetzt, daß sich sofort alles ändern würde. Zur Nacht wurde sie schließlich ganz kraftlos, ich überredete sie zu schlafen, und sie schlief sofort ganz fest ein. Ich hatte Fieberphantasien erwartet, sie stellten sich auch ein, sie waren aber nur ganz leicht. Ich stand fast jede Minute auf, schlich mich leise in Pantoffeln heran, um nach ihr zu sehen. Ich rang die Hände bei dem Anblick dieses kranken Wesens auf diesem armseligen Lager, dem eisernen Bettchen, das ich damals für drei Rubel gekauft hatte. Ich kniete vor ihr nieder, wagte aber nicht die Füße der Schlafenden zu küssen (gegen ihren Willen!). Ich kniete hin, um zu Gott zu beten, und sprang wieder auf. Lukerja beobachtete mich und kam fortwährend aus der Küche herüber. Ich ging zu ihr hinaus und sagte ihr, sie solle sich schlafen legen, und morgen werde etwas *ganz anderes* beginnen.

Und daran glaubte ich blind, sinnlos. Oh, dieses Entzücken, dieses Entzücken, das mich durchrieselte! Ich wartete nur auf den morgigen Tag. Vor allem glaubte ich an kein Unheil, trotz den Symptomen. Das volle Verständnis war noch nicht zurückgekehrt, trotz der gesunkenen Hülle, und kam noch lange nicht wieder – oh, bis heute, bis heute!! Und wie, wie hätte es auch damals kommen sollen; damals lebte sie ja noch, sie war ja noch hier vor mir und ich vor ihr. Sie wird morgen erwachen, und ich werde ihr alles sagen, und sie wird alles verstehen. Das waren meine damaligen Erwägungen, klar und einfach, daher auch das Entzücken! Mit das Wichtigste war diese Reise nach Boulogne. Ich bildete mir ein, Boulogne sei alles, Boulogne bedeute eine endgültige Lösung. »Nach Boulogne, nach Boulogne!« Ich erwartete den Morgen und war ganz von Sinnen.

Und das alles war doch erst vor ein paar Tagen, vor fünf Tagen, vor fünf Tagen erst, am vergangenen Dienstag! Nein, nein, es hätte nur noch einer kurzen Spanne Zeit bedurft, sie hätte nur noch ein winziges Weilchen warten sollen – und ich hätte den Nebel zerstreut! Hatte sie sich denn nicht beruhigt? Sie hörte mir doch schon am nächsten Tag mit einem Lächeln zu, trotz ihrer Verlegenheit ... Vor allem war sie diese ganze Zeit über, all diese fünf Tage über verlegen und verschämt. Auch fürchtete sie sich, sie fürchtete sich sehr. Ich streite nicht, ich will nicht widersprechen wie ein Unsinniger! Es war Furcht vorhanden, und wie hätte sie auch keine Furcht haben sollen? Wir waren uns ja seit so langer Zeit fremd geworden, hatten uns so sehr auseinandergewöhnt, und nun plötzlich dies alles ... Aber ich beachtete ihre Furcht nicht, ein neues Licht war mir aufgegangen! ... Es ist allerdings wahr, daß ich einen Fehler machte. Vielleicht sogar viele Fehler. Gleich am nächsten Morgen, als wir erwachten, in aller Frühe (es war ein Mittwoch) machte ich sofort einen Fehler: ich weihte sie auf einmal in mein ganzes Leben ein. Das war übereilt, nur zu sehr übereilt, aber diese Beichte war notwendig, unerläßlich ... Nicht doch, es war weit mehr als eine Beichte! Ich verhehlte ihr nicht einmal das, was ich mir selber mein Leben lang verborgen hatte. Ich sagte ihr geradeheraus, daß ich den ganzen Winter nichts anderes getan hätte, als an ihre Liebe zu glauben. Ich setzte ihr auseinander, daß die Übernahme der Pfandleihe nur ein Zusammenbruch meines Willens und meines Geistes war, eine rein persönliche Selbstgeißelung und Selbstüberhebung. Ich erklärte ihr, daß ich damals im Theater wirklich feige gewesen sei, daß mein Charakter, meine Zweifelsucht daran schuld gewesen seien; die Umgebung hätte mich verblüfft, ich hätte mich gefragt: Kann ich denn so plötzlich vortreten, wird das nicht albern aussehen? Nicht vor dem Duell wäre ich feige zurückgewichen, sondern davor, daß mein Auftreten hätte albern wirken können ... Dann aber hätte ich es mir nicht eingestehen wollen und hätte alle und auch sie deswegen gequält; ja, ich hätte sie nur geheiratet, um sie damit zu quälen. Überhaupt sprach ich fast die ganze Zeit wie im Fieber. Sie faßte selber meine Hände und bat mich aufzuhören: »Sie übertreiben ... Sie martern sich«, und wieder flossen ihre Tränen, wieder kam es beinahe zu Krämpfen! Sie bat mich immerzu, ich möchte nichts von alledem sagen, mich an nichts erinnern.

Ich beachtete diese Bitten nicht oder beachtete sie zuwenig: der Frühling, Boulogne! Dort war die Sonne, dort schien unsere neue Sonne; ich sprach nur noch davon! Ich schloß die Kasse, übergab Dobronrawow die Geschäfte. Ich schlug ihr plötzlich vor, alles unter die Armen zu verteilen, mit Ausnahme des Grundkapitals von dreitausend Rubel, die ich von meiner Patin geerbt hatte; diese wollten wir für die Reise nach Boulogne verwenden, dann würden wir zurückkehren und ein neues, tätiges Leben beginnen. So wurde auch beschlossen, weil sie nichts dawider sagte ... sie lächelte nur. Und sie lächelte offenbar nur aus Feinfühligkeit, um mich nicht zu kränken. Ich sah ja, daß ich ihr lästig war; denken Sie nicht, daß ich so dumm und so egoistisch war, das nicht zu sehen. Ich sah alles, alles bis auf den kleinsten Zug, sah und wußte es besser als alle anderen; meine ganze Verzweiflung lag klar zutage!

Ich erzählte ihr alles über mich und über sie. Auch über Lukerja. Ich sagte ihr, daß ich geweint hätte ... Oh, ich wechselte auch den Gesprächsstoff, ich gab mir auch Mühe, manche Dinge unerwähnt zu lassen. Und sie wurde auch lebhaft, ein- oder zweimal, ich weiß es, ich weiß es doch. Warum sagen Sie, ich hätte geschaut und nichts gesehen? Und wenn nur *das* nicht geschehen wäre, so wäre alles gut geworden! Sie erzählte mir ja erst vorgestern, als die Rede darauf kam, was sie diesen Winter gelesen hatte – sie erzählte mir doch davon und lachte in der Erinnerung an jene Szene zwischen Gil Blas und dem Erzbischof von Granada. Und welch ein kindliches, liebes Lachen war es, genau wie früher in der Brautzeit (ein Augenblick! ein Augenblick!) – wie froh war ich! Diese Geschichte vom Erzbischof verblüffte mich übrigens; sie hatte also doch so viel Seelenruhe und Glück gefunden, um über dies Meisterwerk lachen zu können, als sie im Winter über den Büchern saß. Sie begann sich also schon zu beruhigen, glaubte schon daran, daß ich sie *so* lassen würde. »Ich dachte, Sie würden mich *so* lassen?« – das hatte sie doch damals am Dienstag gesagt! Oh, der Gedanke eines zehnjährigen Mädchens! Und sie glaubte, glaubte doch, daß in Wirklichkeit alles *so* bleiben würde: sie an ihrem Tisch, ich an dem meinen, und so alle beide bis zum sechzigsten Jahr. Und plötzlich –

komme ich zu ihr, als ihr Gatte, und der Gatte braucht Liebe! Oh, welch ein Mißverständnis, welche Blindheit meinerseits!

Es war auch ein Fehler, daß ich sie voller Entzücken betrachtete; ich mußte an mich halten, denn das Entzücken erschreckte sie. Und ich nahm mich doch auch zusammen, ich küßte ihre Füße nicht mehr. Ich ließ sie nicht ein einziges Mal merken, daß ... nun, daß ich der Gatte war – oh, das hatte ich gar nicht im Sinn, ich betete nur! Aber ich konnte doch nicht völlig schweigen, ich konnte doch nicht – gar nicht sprechen! Ich gestand ihr plötzlich, daß ihre Unterhaltung mir Genuß bereite und daß ich sie für unvergleichlich, unvergleichlich gebildeter und entwickelter halte als mich. Sie wurde sehr rot und entgegnete verlegen, daß ich übertriebe. Da erzählte ich ihr in meiner Dummheit, ohne mich zurückzuhalten, wie entzückt ich gewesen sei, als ich damals hinter der Tür ihren Zweikampf belauscht hätte, den Zweikampf zwischen ihrer Unschuld und jener Kreatur, welch ein Genuß mir ihr Verstand, ihr leuchtender Scharfsinn bei aller kindlichen Treuherzigkeit gewährt hätte. Sie erbebte am ganzen Körper, stammelte wieder, daß ich übertriebe, aber plötzlich verdüsterte sich ihr Gesicht, sie verbarg es in den Händen und begann zu schluchzen ... Da vermochte ich nicht länger an mich zu halten: ich sank wieder vor ihr nieder, ich küßte ihre Füße wieder, und es endete wieder mit einem Anfall, genauso wie am Dienstag. Das war gestern abend, und am nächsten Morgen ...

Am nächsten Morgen?! Du Tor, dieser Morgen war ja heute, erst heute!

Hören Sie und denken Sie sich hinein! Als wir uns heute morgen am Teetisch trafen (nach dem gestrigen Anfall), überraschte sie mich durch ihre Ruhe, so war es, ja! Ich aber hatte die ganze Nacht aus Furcht wegen des Gestrigen gezittert. Plötzlich trat sie auf mich zu, blieb vor mir stehen, faltete die Hände (heute, heute!) und sagte mir, daß sie eine Verbrecherin sei, daß sie das wisse, daß ihr Verbrechen sie den ganzen Winter gequält habe und auch jetzt quäle ... daß sie meine Großmut außerordentlich schätze ... »Ich werde Ihnen eine treue Frau sein, ich werde Sie achten ...« Da sprang ich auf und umarmte sie wie ein Sinnloser! Ich küßte sie, küßte ihr Gesicht, ihre Lippen – als Gatte! zum erstenmal nach langer Trennung. Und warum bin ich heute nur fortgegangen, nur für zwei Stunden ... wegen unserer Auslandspässe ... O Gott! Wäre ich nur fünf Minuten, fünf Minuten früher heimgekehrt! ... Und nun diese Menschenmenge in unserm Torweg, diese auf mich gerichteten Blicke ... o Gott!

Lukerja sagt (oh, ich werde Lukerja in keinem Fall fortlassen, sie weiß alles, sie war den ganzen Winter da, sie wird mir immerfort erzählen), sie sagt, sie sei in meiner Abwesenheit, keine zwanzig Minuten vor meiner Heimkehr, plötzlich zu der gnädigen Frau in unser Zimmer gegangen, um nach etwas zu fragen; da habe sie gesehen, daß sie ihr Heiligenbild (jenes Muttergottesbild) heruntergenommen hatte; es stand vor ihr auf dem Tisch, und die Herrin schien eben erst davor gebetet zu haben. »Was ist Ihnen, gnädige Frau?« – »Nichts, Lukerja, geh nur ... Warte, Lukerja!« Sie trat zu ihr und küßte sie. »Sind Sie glücklich, gnädige Frau?« – »Ja, Lukerja.« – »Der Herr hätte längst zu Ihnen kommen müssen, Sie um Verzeihung zu bitten, gnädige Frau ... Gott sei Dank, daß Sie sich ausgesöhnt haben.« – »Es ist gut, Lukerja«, sagte sie, »geh jetzt, Lukerja«, und sie lächelte, aber so seltsam. So seltsam, daß Lukerja plötzlich nach zehn Minuten wieder ins Zimmer ging, um nach ihr zu sehen. »Da steht sie an der Wand, dicht neben dem Fenster, hat den Arm gegen die Wand gestützt und den Kopf auf den Arm gedrückt, steht da und sinnt. Und war so tief in Gedanken versunken, daß sie nicht einmal merkte, wie ich dastand und sie vom Nebenzimmer aus beobachtete. Ich sah, wie sie lächelte; sie stand da, sann und lächelte. Ich sah sie an, drehte mich leise um, ging hinaus und sann vor mich hin – da hörte ich plötzlich, daß das Fenster geöffnet wird. Ich ging sogleich hin, um zu sagen: ‚Es ist kühl, gnädige Frau, daß Sie sich nur nicht erkälten', und sehe plötzlich, sie ist auf das Fensterbrett gestiegen und steht nun in ihrer ganzen Größe in dem offenen Fenster, hat mir den Rücken zugewandt und hält das Heiligenbild in den Händen. Das Herz stockt mir, ich schreie: ‚Gnädige Frau, gnädige Frau!' Sie hört es, macht eine Bewegung, als wollte sie sich nach mir umdrehen, wendet sich aber nicht um, sondern macht einen Schritt vorwärts, drückt das Heiligenbild an die Brust und – stürzt sich aus dem Fenster!«

Ich weiß nur, daß sie noch warm war, als ich in das Tor trat. Und die Hauptsache, alle schauten mich an. Erst hatten sie geschrien, nun aber verstummten sie und machten mir Platz ... und da lag sie mit dem Heiligenbild in der Hand.

Ich sehe noch wie durch einen Nebel, daß ich schweigend herzutrat und sie lange anblickte. Und alle drängten sich um mich und redeten auf mich ein. Auch Lukerja war da, aber ich sah sie nicht. Sie sagt, sie habe mit mir gesprochen. Ich erinnere mich nur jenes Kleinbürgers: der schrie mir immer zu, daß nur eine kleine Handvoll Blut ihr aus dem Mund geflossen sei, eine Handvoll, eine Handvoll! und zeigte mir das Blut auf dem Stein. Ich glaube, ich habe das Blut mit dem Finger berührt, habe den Finger beschmutzt, meinen Finger angesehen (das weiß ich noch), er aber schrie immer: »Eine Handvoll, eine Handvoll!«

»Was ist denn eine Handvoll?« brüllte ich aus voller Kraft los, wie man sagt, hob die Arme und stürzte mich auf ihn ...

Oh, wie grausam, wie grausam! Ein Mißverständnis! Eine Unwahrscheinlichkeit! Eine Unmöglichkeit!

4. Nur fünf Minuten zu spät

Etwa nicht? Ist das etwa nicht unwahrscheinlich? Kann man etwa sagen, daß so etwas möglich sei? Warum, wozu ist diese Frau gestorben?

Oh, glauben Sie mir, ich verstehe es wohl; aber warum sie gestorben ist, bleibt trotzdem eine offene Frage. Sie ist vor meiner Liebe erschrocken, sie hat sich ernstlich gefragt: Soll ich sie annehmen oder nicht? Und sie hat diese Frage nicht lösen können und ist lieber gestorben. Ich weiß, ich weiß, ich brauche mir den Kopf nicht zu zerbrechen: sie hat zuviel versprochen, hat Angst bekommen, daß sie es nicht halten könnte – das ist klar. Hier spielen ein paar ganz entsetzliche Einzelheiten mit.

Denn – warum ist sie gestorben? Die Frage bleibt doch bestehen. Die Frage hämmert, hämmert in meinem Hirn. Ich hätte sie ja *so* gelassen, wenn sie gewünscht hätte, daß es *so* bleiben solle. Daran hat sie nicht geglaubt, das ist es. Nein, nein, ich lüge, es ist gar nicht das. Einfach deshalb, weil man mir gegenüber ehrlich sein mußte. Wenn sie mich lieben sollte, hätte sie mich ganz und gar lieben müssen, nicht so, wie sie den Krämer geliebt hätte. Und weil sie allzu keusch, allzu rein war, um in eine Liebe einzuwilligen, wie sie der Krämer brauchte, wollte sie auch mich nicht betrügen, wollte mich nicht täuschen durch eine halbe Liebe, eine Scheinliebe oder eine Viertelliebe. Wir sind eben sehr ehrlich, das ist's! Ich wollte ihr damals Seelengröße einimpfen, erinnern Sie sich? Ein seltsamer Gedanke.

Eines wüßte ich furchtbar gern: Hat sie mich geachtet? Ich weiß nicht, ob sie mich verachtet hat oder nicht. Ich glaube nicht, daß sie mich verachtete. Es ist doch schrecklich merkwürdig. Warum ist es mir den ganzen Winter hindurch nicht ein einziges Mal in den Sinn gekommen, daß sie mich verachte? Ich war im höchsten Maße vom Gegenteil überzeugt, bis zu dem Augenblick, als sie mich damals mit *strengem Staunen* ansah. Ja, gerade mit *strengem*. Da begriff ich auf der Stelle, daß sie mich verachtete. Begriff es unabänderlich für alle Ewigkeit! Ach, möchte sie, möchte sie mich doch verachtet haben, meinetwegen das ganze Leben lang, aber – wenn sie nur lebte, nur lebte! Vorhin ist sie noch umhergegangen, hat gesprochen. Ich kann gar nicht verstehen, wie sie sich aus dem Fenster gestürzt hat! Und wie hätte ich das nur fünf Minuten vorher voraussahnen können? Ich habe Lukerja gerufen. Ich lasse Lukerja jetzt in keinem Fall fort, in keinem Fall!

Oh, wir hätten uns noch verständigen können. Wir hatten uns nur sehr entwöhnt einander in diesem Winter, aber hätten wir uns denn nicht wieder aneinander gewöhnen können? Warum, warum hätten wir uns nicht zusammenfinden und wieder ein neues Leben beginnen können? Ich bin großmütig, sie auch – da war der einigende, gemeinsame Punkt! Nur noch ein paar Worte, zwei Tage – nicht mehr, und sie hätte alles verstanden.

Das Kränkendste liegt ja darin, daß dies alles ein Zufall ist – ein einfacher, barbarischer, elender Zufall. Das ist das Kränkende! Ich bin fünf Minuten zu spät gekommen, nur fünf Minuten! Wäre ich fünf Minuten früher gekommen – und der Augenblick wäre wie eine Wolke vorübergegangen, und später wäre ihr das niemals wieder in den Sinn gekommen. Und es hätte damit geendet, daß sie alles verstanden hätte. Jetzt aber sind die Zimmer wieder leer, ich bin wieder allein. Da schlägt der Perpendikel, ihn geht dies alles nichts an, er kennt kein Bedauern. Niemand ist da – das ist das Unglück!

Ich gehe umher, ich gehe immerfort umher. Ich weiß, ich weiß, reden Sie mir nichts vor! Sie finden es lächerlich, daß ich den Zufall anklage und die fünf Minuten? Aber das ist ja augenscheinlich. Ziehen Sie das eine in Betracht: sie hat nicht einmal einen Zettel hinterlassen, »gebt niemandem die Schuld an meinem Tod«, wie alle es tun. Vermochte sie wirklich nicht zu überlegen, daß man sogar Lukerja belästigen konnte: »Du bist mit ihr allein gewesen, du hast sie hinuntergestoßen.« Sie wäre zum mindesten schuldlos verhaftet worden, wenn nicht zufällig vier Personen aus den Fenstern des Seitengebäudes und vom Hof aus gesehen hätten, wie sie mit dem Heiligenbild in den Händen dastand und sich selber hinunterstürzte. Aber auch das war ein Zufall, daß die Leute dastanden und es sahen. Nein, das Ganze ist ein Augenblick, ein einziger, unfaßbarer Augenblick. Plötzlichkeit und Phantasie! Was will es besagen, daß sie vor dem Heiligenbild betete? Das bedeutet nicht, daß es ein Sterbegebet war. Der ganze Augenblick dauerte vielleicht nur zehn Minuten, der ganze Entschluß kam ihr, als sie an der Wand stand, den Kopf auf den Arm lehnte und lächelte. Der Gedanke schoß ihr in den Sinn, ihr schwindelte, und – und sie vermochte ihm nicht zu widerstehen.

Hier waltete ein sichtliches Mißverständnis, sagen Sie, was Sie wollen. Es ließ sich noch mit mir leben. Wie aber, wenn die Blutarmut es verschuldet hat? Einfach die Blutarmut, die Erschöpfung der Lebensenergie? Sie war müde geworden, im Winter, das ist's . . .

Ich bin zu spät gekommen!!!

Wie schmal sie im Sarg aussieht, wie spitz ihr Näschen geworden ist! Die Wimpern liegen wie Pfeile auf den Wangen. Und wie sie gestürzt ist – nichts war zerschmettert, nichts gebrochen. Nur diese einzige »Handvoll Blut«. Das heißt, ein Eßlöffel voll. Innere Verletzungen. Ein seltsamer Gedanke! Wenn es möglich wäre, sie nicht zu begraben? Denn wenn man sie forttragen wird, dann . . . o nein, es ist fast undenkbar, daß man sie forträgt! Oh, ich weiß ja, daß man sie forttragen muß, ich bin nicht wahnsinnig und rede durchaus nicht im Fieber, im Gegenteil – mein Geist war noch nie so erleuchtet, aber wie soll es denn werden, wenn wieder niemand im Haus ist, wieder die zwei Zimmer und ich wieder allein mit den Pfandsachen? Wahn, Wahn, hier steckt der Wahn! Ich habe sie zu Tode gequält, das ist's!

Was bedeuten mir jetzt eure Gesetze? Was sollen mir eure Sitten, eure Gebräuche, euer Leben, euer Staat, euer Glaube? Mag euer Richter mich richten, mag man mich vor Gericht führen, vor euer öffentliches Gericht, ich sage, daß ich nichts anerkenne. Der Richter wird schreien: »Schweigen Sie, Offizier!« Ich aber werde ihm zurufen: »Wo hast du die Macht, die mich zum Gehorsam zwingen kann? Warum hat finstere Trägheit zertrümmert, was am kostbarsten war? Was sollen mir jetzt eure Gesetze? Ich sage mich los von ihnen!« Oh, mir ist alles gleichgültig!

Du Blinde, du Blinde! Du Tote, du hörst nicht! Du weißt nicht, mit was für einem Paradies ich dich umgeben hätte. Ich trug das Paradies in meiner Seele, ich hätte es rings um dich gepflanzt! Gut denn, du hättest mich nicht geliebt – mochte es sein, was lag daran? Alles wäre so, alles wäre *so* geblieben. Wenn du mir nur wie einem Freund alles erzählt hättest – wir hätten uns gefreut und gelacht und einander fröhlich in die Augen geschaut. So hätten wir gelebt. Und hättest du auch einen andern liebgewonnen – nun, gut denn, gut denn. Du wärst mit ihm gegangen, lachend – und ich hätte von der anderen Seite der Straße aus zugesehen ... Oh, mochte das alles geschehen, wenn sie nur ein einziges Mal die Augen öffnete! Mich ansähe wie heute früh, als sie vor mir stand und mir schwor, eine treue Gattin zu sein! Oh, sie hätte mit einem Blick alles verstanden!

O Trägheit! O Natur! Die Menschen sind auf Erden allein, das ist das Unglück! »Ist im Feld ein lebender Mensch?« schreit der russische Recke. Auch ich schreie es, der ich kein Recke bin, und niemand antwortet. Man sagt, daß die Sonne das Weltall belebt. Die Sonne wird aufgehen und – seht sie an, ist sie denn nicht tot? Alles ist tot, und Tote sind überall. Einsame Menschen und ringsum Schweigen – das ist die Erde! »Ihr Menschen, liebet einander!« Wer hat das gesagt? wessen Gebot ist das? Der Perpendikel schlägt gefühllos, widerwärtig. Es ist zwei Uhr nachts. Kleine Schuhe stehen vor dem Bettchen, als warteten sie auf sie ... Nein, im Ernst, was werde ich tun, wenn man sie morgen fortträgt?

Traum eines lächerlichen Menschen

Eine phantastische Erzählung

1

Ich bin ein lächerlicher Mensch. Jetzt nennen sie mich sogar verrückt. Das wäre eine Rangerhöhung, wenn ich in ihren Augen nicht ebenso lächerlich bliebe wie vorher. Aber jetzt ärgere ich mich nicht mehr darüber, jetzt habe ich sie alle lieb, selbst wenn sie über mich lachen! In diesem Fall habe ich sie sogar, ich weiß nicht weshalb, ganz besonders lieb. Ich würde gerne selbst mit ihnen lachen – nicht über mich, aber ihnen zuliebe, wenn mir bei ihrem Anblick nicht so traurig zumute würde. Traurig, weil sie die Wahrheit nicht kennen, die ich kenne. Oh, wie schwer ist es, ganz allein die Wahrheit zu wissen! Aber das können sie nicht verstehen. Nein, sie verstehen es nicht!

Früher tat es mir sehr weh, daß ich lächerlich schien. Nicht nur schien, sondern auch war. Ich war immer lächerlich, ich weiß es, vielleicht schon von Geburt an. Vielleicht wußte ich schon mit sieben Jahren, daß ich lächerlich war. Dann lernte ich in der Schule, dann an der Universität, und je mehr ich lernte, desto deutlicher sah ich, daß ich lächerlich war. So schienen meine ganzen Universitätsstudien, je mehr ich mich in sie vertiefte, schließlich keinen andern Zweck zu haben, als mir zu beweisen und zu erklären, daß ich ein lächerlicher Mensch sei. Wie mit der Wissenschaft, erging es mir auch im Leben. Mit jedem Jahr wuchs und festigte sich in mir das Bewußtsein meiner Lächerlichkeit in jeder Beziehung. Immer und überall lachte man über mich. Doch keiner wußte und keiner ahnte, daß, wenn es einen Menschen auf Erden gab, der am besten wußte, wie lächerlich ich sei – ich selbst dieser Mensch war; und daß sie dies nicht wußten, kränkte mich am tiefsten. Aber daran war ich selber schuld; ich war immer so stolz, daß ich es niemals und um nichts auf der Welt jemandem gestehen wollte. Dieser Stolz wuchs bei mir mit den Jahren, und wäre es wirklich einmal geschehen, daß ich jemandem, wer es auch sei, gestanden hätte, daß ich lächerlich sei – ich glaube, ich hätte mir noch am selben Abend mit einem Revolverschuß den Schädel zerschmettert. Oh, wie litt ich in meiner Knabenzeit unter der Angst, daß ich es nicht aushalten und mich irgendwie vor meinen Kameraden verraten würde. Als ich aber ein junger Mann geworden war, überzeugte ich mich zwar mit jedem Jahr immer mehr von meiner schrecklichen Eigenschaft, aber ich wurde aus irgendeinem Grund ruhiger. Aus irgendeinem Grund, sage ich; ihn bestimmen kann ich bis auf den heutigen Tag nicht. Vielleicht war der Grund der, daß in meiner Seele ein furchtbarer, zehrender Schmerz wuchs wegen eines Umstandes, der unendlich wichtiger war als meine eigene Person: das war meine Überzeugung, daß in der Welt alles gleichgültig sei. Ich hatte dies schon lange geahnt, aber zur vollen Überzeugung wurde es erst ganz plötzlich im letzten Jahr. Ich fühlte plötzlich, daß es mir gleichgültig war, ob die Welt existiere oder ob überhaupt nichts vorhanden sei. Ich begann mit meinem ganzen Wesen zu hören und zu fühlen, daß nichts um mich sei. Außerdem schien es mir immer noch, daß früher vieles vorhanden gewesen sei, aber später kam ich darauf, daß es auch früher nichts gegeben habe, daß es mir nur aus irgendeinem Grund so vorgekommen sei. Nach und nach überzeugte ich mich, daß es auch niemals etwas geben werde. Da ärgerten mich plötzlich die Menschen nicht mehr; ich bemerkte sie kaum. Wahrhaftig, sogar in jeder Kleinigkeit trat das zutage! Ich ging zum Beispiel auf der Straße und rannte gegen die Leute – und nicht etwa, weil ich in Gedanken versunken gewesen wäre. Woran hätte ich denn denken sollen? Ich hatte damals ganz aufgehört zu denken, mir war alles gleichgültig. Und hätte ich damals wenigstens irgendein Problem gelöst! Aber ich habe kein einziges gelöst, und wie viele waren ihrer! Doch mir war alles gleichgültig geworden, und alle Fragen waren mir in weite Ferne gerückt.

Doch bald nachher erkannte ich die Wahrheit. Ich erkannte die Wahrheit im vorigen November, genau am dritten November, und von da an ist mir jeder Augenblick meines Lebens gegenwärtig. Es war an einem trüben Abend, dem allertrübsten, den es nur geben kann. Ich kam abends gegen elf Uhr nach Hause und erinnere mich noch deutlich, daß ich dachte, eine traurigere Zeit könne es gar nicht geben, auch in physischer Beziehung nicht. Es hatte den ganzen Tag gegossen, und es war ein furchtbar kalter und trüber, sogar grimmiger Regen, der eine richtige Wut auf die Menschen zu haben schien – ich erinnere mich noch genau; und plötzlich, gegen elf Uhr, hörte der Regen auf. Dafür aber war die Luft jetzt von einer entsetzlichen Feuchtigkeit erfüllt; es war feuchter und kälter als im Regen selbst; von allen Dingen stieg ein Nebel auf, von jedem Stein auf der Straße, aus jeder Gasse, wenn man von weitem, von der Hauptstraße aus, in sie hineinblickte. Und plötzlich kam mir die Vorstellung, daß mir, wenn die Gasflammen überall erlöschten, leichter ums Herz wäre, denn das Gaslicht macht nur traurig, weil es alles beleuchtet. Ich hatte an diesem Tag fast nichts zu Mittag gegessen und den ganzen Abend bei einem Ingenieur verbracht, bei dem noch zwei Freunde zu Besuch waren. Ich hatte die ganze Zeit geschwiegen und war ihnen anscheinend langweilig geworden. Sie sprachen über eine brennende Tagesfrage und gerieten plötzlich sogar in Eifer. Aber im Grunde genommen war es ihnen ganz gleichgültig, das merkte ich wohl, und sie erhitzten sich nur zum Schein. Das sagte ich ihnen auch: »Meine Herren, die Sache ist Ihnen doch völlig gleichgültig.« Sie waren nicht beleidigt darüber, sondern lachten über mich, weil ich es ohne jeden Vorwurf gesagt hatte, einfach weil es mir selber ebenso gleichgültig war. Das begriffen sie, und das stimmte sie heiter.

Als ich auf der Straße über das Gaslicht nachdachte, blickte ich zum Himmel empor. Der Himmel war furchtbar dunkel, man konnte aber doch zerrissene Wolken unterscheiden und zwischen ihnen abgrundtiefe schwarze Flecke. Plötzlich bemerkte ich in einem dieser Flecke einen kleinen Stern, und nun richtete ich den Blick scharf auf diesen Stern. Denn dieser kleine Stern hatte mir einen Gedanken eingegeben. Ich beschloß, mich in dieser Nacht zu töten. Ich war schon vor zwei Monaten fest dazu entschlossen gewesen, und wie arm ich auch war, hatte ich mir doch einen sehr schönen Revolver gekauft und ihn noch am selben Tag geladen. Doch nun waren schon zwei Monate vergangen, und der Revolver lag noch immer in der Tischlade. Es war mir alles so gleichgültig, daß ich einen Augenblick abwarten wollte, an dem mir nicht alles so gleichgültig wäre; warum das so sein sollte, weiß ich nicht. So hatte ich in diesen zwei Monaten jede Nacht auf dem Heimweg daran gedacht, daß ich mich erschießen werde. Ich wartete nur immer auf den geeigneten Augenblick. Und jetzt gab mir der kleine Stern den Gedanken ein, und ich beschloß, daß es diese Nacht ganz bestimmt geschehen werde.

Warum aber der Stern mir diesen Gedanken eingab, weiß ich nicht.

Als ich nun so zum Himmel emporschaute, faßte mich plötzlich dieses kleine Mädchen beim Ellenbogen. Die Straße war fast menschenleer. Nur in der Ferne schlief ein Droschkenkutscher auf seinem Bock. Das Mädchen war etwa acht Jahre alt, es hatte ein Tuch auf dem Kopf und keinen Mantel an. Es war ganz naß; mir fielen besonders die nassen zerrissenen Schuhe auf, ich sehe es auch jetzt noch vor mir. Das Kind zerrte mich plötzlich beim Ellenbogen und rief mich. Es weinte nicht, sondern stieß einzelne Worte hervor, die es nicht deutlich aussprechen konnte, weil es am ganzen Leibe zitterte wie im Schüttelfrost. Es war über etwas entsetzt und schrie verzweifelt: »Mütterchen! Mütterchen!« Ich hatte mich flüchtig nach ihm umgesehen, sagte aber kein Wort und ging weiter; allein es lief mir nach, zog mich am Ärmel, und in seiner Stimme klang jener Ton, der bei sehr erschrockenen Kindern Verzweiflung bedeutet. Ich kenne diesen Ton. Wenn es auch nicht zusammenhängend sprechen konnte, so verstand ich doch, daß seine Mutter irgendwo im Sterben lag oder daß irgend etwas bei ihnen geschehen war und daß es hinausgelaufen war, um jemanden zu rufen oder etwas zu finden, um der Mutter zu helfen. Ich ging aber nicht mit ihm; im Gegenteil, plötzlich kam mir der Gedanke, es davonzujagen. Zuerst sagte ich ihm, es solle einen Schutzmann suchen. Aber es faltete plötzlich die Händchen und lief schluchzend, atemlos neben mir her und ließ mich nicht los. Da stampfte ich mit dem Fuß auf und schrie es an. Es rief nur: »Gnädiger Herr, gnädiger Herr!« ließ mich aber plötzlich los und rannte schnell über die Straße; dort kam auch jemand, und es lief nun von mir zu ihm.

Ich stieg in meinen fünften Stock hinauf. Ich wohne als Untermieter bei Leuten, die davon leben, daß sie möblierte Zimmer abgeben. Mein Zimmer ist ärmlich und klein und hat nur ein halbrundes Dachfenster. Ich habe einen mit Wachstuch überzogenen Diwan, einen Tisch, auf dem meine Bücher liegen, zwei Stühle und einen uralten Lehnsessel, einen sogenannten Großvaterstuhl. Ich setzte mich, zündete eine Kerze an und begann zu überlegen. Im Nebenzimmer hinter der Bretterwand wurde weitergelärmt. Seit drei Tagen ging es da hoch her. Dort wohnte ein Hauptmann a. D., er hatte Besuch – ungefähr sechs Taugenichtse. Sie tranken Branntwein und spielten Stoß mit alten Karten. In der vergangenen Nacht hatte es eine Prügelei gegeben, und ich weiß, daß zwei von ihnen einander an den Haaren durch das Zimmer gezerrt hatten. Die Wirtin wollte sich beschweren, aber sie hatte eine furchtbare Angst vor dem Hauptmann. Sonst wohnt bei uns nur noch eine kleine, magere Dame aus Offizierskreisen, eine Zugereiste, mit drei kleinen Kindern, die bei uns erkrankten. Sie und die Kinder fürchten den Hauptmann bis zur Bewußtlosigkeit, zittern die ganze Nacht und bekreuzigen sich, und das Kleinste hatte vor Furcht sogar einmal Krämpfe. Dieser Hauptmann, ich weiß es genau, hält manchmal die Spaziergänger auf dem Newskijprospekt an, um sie anzubetteln. Eine Anstellung findet er nirgends, aber seltsam! – darum rede ich ja von ihm –, seit er bei uns wohnt, habe ich mich nicht ein einziges Mal über ihn geärgert. Gegen einen näheren Verkehr verhielt ich mich natürlich von vornherein ablehnend, und er selber empfand schon beim ersten Zusammensein mit mir tödliche Langweile. Aber sie mögen noch so laut hinter ihrer Bretterwand schreien, und es mögen ihrer noch so viele sein, es ist mir immer höchst gleichgültig. Ich sitze die ganze Nacht da und höre sie nicht einmal, so völlig vergesse ich sie. Ich bleibe ja jede Nacht bis zum Morgengrauen wach, schon ein ganzes Jahr lang. Ich sitze die ganze Nacht vor dem Tisch im Lehnstuhl und tue gar nichts. Bücher lese ich nur bei Tag. Ich sitze und denke nicht einmal, nur allerlei Gedanken gehen in meinem Kopf um, und ich lasse ihnen freien Lauf. Die Kerze brennt in der Nacht ganz herunter.

Ich setzte mich leise an den Tisch, nahm den Revolver heraus und legte ihn vor mich hin. Ich weiß noch, daß ich mich dabei fragte: Soll es sein? Und ich antwortete ganz fest: Es soll! Das heißt: Ich werde mich erschießen. Ich wußte, daß ich mich diese Nacht bestimmt erschießen würde; wie lange ich aber noch am Tisch sitzen würde, das wußte ich nicht. Und ich hätte mich sicher erschossen, wenn nicht jenes kleine Mädchen . . .

2

Sehen Sie! wenn mir auch alles gleichgültig war, so fühlte ich doch, zum Beispiel Schmerz. Hätte mich jemand geschlagen, hätte ich einen Schmerz gefühlt. Und genauso war es auch in moralischer Beziehung. Wäre etwas sehr Trauriges geschehen, hätte ich auch Mitleid empfunden, genauso wie zu der Zeit, da mir noch nicht alles gleichgültig war. Ich hatte auch vorhin Mitleid empfunden; einem Kind hätte ich ganz gewiß geholfen. Warum ließ ich also die Kleine im Stich? Nur wegen einer Idee, die mir in dem Augenblick gekommen war. Gerade wie das Kind mich zupfte und rief, erhob sich vor mir eine Frage, und ich konnte diese Frage nicht lösen. Es war eine müßige Frage, aber ich ärgerte mich. Ich ärgerte mich, weil ich zu dem Schluß gekommen war: Wenn ich schon entschieden habe, mich heute nacht zu erschießen, so heißt das doch, daß mir jetzt alles auf der Welt ganz gleichgültig sein muß, mehr als je. Warum fühlte ich denn plötzlich, daß mir nicht alles gleichgültig war, warum dauerte mich das kleine Mädchen? Ich erinnerte mich, daß es mir sehr leid tat; ich fühlte sogar einen sonderbaren Schmerz, der in meiner Lage ganz unwahrscheinlich war. Ich kann meine damalige flüchtige Empfindung wirklich nicht besser wiedergeben, aber sie verfolgte mich noch zu Hause, als ich schon am Tisch saß, und ich war so gereizt wie seit langem nicht. Eine Überlegung folgte der anderen. Es war mir ganz klar: Wenn ich ein Mensch bin und noch keine Null, und solange ich noch keine Null geworden bin, lebe ich; also kann ich auch leiden, mich ärgern und mich meiner Handlungen schämen. Aber wenn ich mich zum Beispiel nach zwei Stunden erschieße, was geht mich dann das Mädchen an und was die Scham und überhaupt alles auf der Welt? Ich werde eine Null, eine absolute Null. Und konnte das Bewußtsein, daß ich gleich ganz aufhören würde zu existieren und also überhaupt nichts mehr sein würde, wirklich keinen Einfluß haben, weder auf mein Mitleid mit dem Mädchen noch auf das Schamgefühl wegen der begangenen Gemeinheit? Ich habe ja gerade deswegen mit den Füßen gestampft und das unglückliche Kind wild angeschrien, um zu zeigen, daß ich nicht nur kein Mitleid empfände, sondern jetzt auch eine unmenschliche Gemeinheit begehen dürfe, weil in zwei Stunden alles erlöschen mußte. Glauben Sie mir, daß ich deswegen geschrien habe? Ich bin jetzt fest davon überzeugt. Es war mir klar, daß das Leben und die Welt jetzt gleichsam von mir abhingen. Ich könnte sogar sagen, daß die Welt jetzt für mich allein erschaffen sei, denn wenn ich mich erschieße, so ist die Welt nicht mehr da, wenigstens nicht für mich. Davon gar nicht zu reden, daß vielleicht nach mir wirklich niemand und nichts mehr da sein wird; die ganze Welt wird, sobald mein Bewußtsein erlischt, wie eine Vision verschwinden, wie ein Attribut nur meines Bewußtseins, denn vielleicht ist diese Welt mit allen diesen Menschen nichts anderes als nur ich, ich selber, ich ganz allein. Ich erinnere mich, daß ich, wie ich so dasaß und grübelte, alle diese neuen Fragen, die sich eine nach der anderen herandrängten, völlig in ihr Gegenteil verkehrte und ganz neue Verbindungen ausdachte. Mir kam zum Beispiel der seltsame Gedanke: Wenn ich früher auf dem Mond oder auf dem Mars gelebt und dort die schändlichste und ehrloseste Handlung begangen hätte, die man sich nur vorstellen kann, und dort dafür geschmäht und geschändet worden wäre, wie man es höchstens einmal im Traum unter einem Alpdruck empfinden und sich vorstellen kann, und wenn ich dann, auf die Erde gelangt, das Bewußtsein der auf dem anderen Planeten begangenen Handlung zurückbehielte und außerdem wüßte, daß ich nie und nimmermehr dorthin zurückkehren würde – wäre es mir dann ganz gleichgültig oder nicht, wenn ich von der Erde auf den Mond sähe? Würde ich mich jener Handlung schämen oder nicht? Diese Fragen waren müßig und überflüssig, da der Revolver schon vor mir lag und ich mit meinem ganzen Wesen wußte, daß »es« bestimmt geschehen werde, aber sie regten mich auf, und ich wütete. Ich konnte jetzt nicht mehr sterben, bevor ich nicht gewisse, mir noch selbst unklare Fragen gelöst hatte. Mit einem Wort, dieses Mädchen hat mich gerettet, weil ich um dieser Frage willen den Selbstmord verschob. Nebenan beim Hauptmann wurde es allmählich auch still. Sie spielten nicht mehr Karten, sondern machten sich zum Schlafengehen bereit, brummten vorderhand noch und schimpften leise und träge. Und da eben schlief ich plötzlich ein, am Tisch, im Lehnstuhl, was sonst nie vorgekommen war. Ich schlief ein, ohne es selber zu merken. Nun sind ja Träume bekanntlich eine ganz merkwürdige Sache; einiges erscheint mit erschreckender Deutlichkeit, mit den kleinsten Einzelheiten, wie ziseliert, anderes aber wird übersprungen, ohne daß man es merkt, so zum Beispiel Raum und Zeit. Die Träume werden, wie mir scheint, nicht vom Verstand, sondern vom Wunsch geleitet, nicht vom Kopf, sondern vom Herzen – und dennoch: was für schwierige Leistungen vollbrachte schon mein Verstand im Traum! Es geschehen mit ihm im Traum ganz unfaßbare Dinge. Mein Bruder zum Beispiel ist vor fünf Jahren gestorben. Ich sehe ihn manchmal im Traum; er nimmt Anteil an meinen

Angelegenheiten, wir sind sehr interessiert, und doch weiß ich während des ganzen Traumes sehr genau, daß mein Bruder gestorben und begraben ist. Warum wundere ich mich dann nicht, daß er, obwohl tot, dennoch da ist, neben mir steht und sich mit mir beschäftigt? Warum läßt der Verstand das ohne Widerspruch zu? Doch genug davon. Ich wende mich jetzt meinem Traum zu. Ja, ich hatte damals diesen Traum, meinen Traum vom dritten November! Sie necken mich jetzt, es sei doch nur ein Traum gewesen. Aber ist es denn nicht gleich, ob es ein Traum war oder nicht, wenn dieser Traum nur die Wahrheit verkündet hat? Wenn man einmal die Wahrheit erkannt und gesehen hat, dann weiß man auch, daß es die Wahrheit ist, daß es keine andere gibt und geben kann, gleichviel ob man schläft oder wacht. Mag es nur ein Traum sein, mag es nur, aber dieses Leben, das ihr so hoch preist, wollte ich durch Selbstmord auslöschen, und mein Traum, mein Traum – oh, er hat mir ein neues, großes, umgewandeltes, starkes Leben verkündigt!

Hört mich an!

3

Ich sagte schon, daß ich unmerklich einschlief, sogar scheinbar dieselben Gedanken weiterspinnend. Plötzlich träumte ich, daß ich den Revolver in die Hand nehme und ihn sitzend gerade auf mein Herz richte und nicht auf den Kopf. Ich hatte aber vorher beschlossen, bestimmt in den Kopf zu schießen, und zwar in die rechte Schläfe. Ich setze also den Revolver auf die Brust und warte eine oder zwei Sekunden. Da fangen plötzlich die Kerze, der Tisch und die Wand vor mir an zu schwanken und sich zu bewegen. Ich drücke schnell ab.

Im Traum fällt man manchmal von einer Höhe hinab, wird gestochen oder geschlagen, aber man fühlt nie einen Schmerz, wenn man sich nicht wirklich im Bett stößt. Dann empfindet man Schmerz und erwacht fast immer. So war es auch in meinem Traum. Ich fühlte keinen Schmerz, aber es war mir, als ob der Schuß alles in mir erschüttert hätte, als ob alles ringsum erlösche und eine tiefe Finsternis mich einhülle. Mir war, als wäre ich blind und stumm geworden, als läge ich auf etwas Hartem, auf dem Rücken ausgestreckt, sähe nichts und könnte mich nicht rühren. Um mich herum wird gegangen und geschrien, ich höre den tiefen Baß des Hauptmanns, die kreischende Stimme der Wirtin – dann tritt wieder Stille ein, und schon werde ich in einem geschlossenen Sarge hinausgetragen. Ich fühle, wie der Sarg schaukelt, und mache mir Gedanken darüber, und da überrascht mich zum erstenmal die Idee, daß ich doch gestorben bin, mausetot bin. Ich weiß es, ich zweifle nicht daran, ich sehe nichts, ich bewege mich nicht, und doch fühle und denke ich. Aber ich söhne mich bald damit aus, wie das gewöhnlich im Traum geschieht; ich beuge mich widerspruchslos vor der Wirklichkeit.

Nun werde ich begraben. Alle gehen fort, ich bin allein, mutterseelenallein. Ich rühre mich nicht. Früher, wenn ich mir im Wachen vorstellte, wie man mich begraben würde, verband ich mit der Vorstellung des Grabes immer nur ein Gefühl von Feuchtigkeit und Kälte. So fühlte ich auch jetzt, daß mir kalt war, besonders fror ich in den Zehenspitzen; aber weiter fühlte ich nichts.

Ich lag, und seltsam! Ich erwartete nichts, ich nahm ohne Widerrede hin, daß ein Toter nichts zu erwarten habe. Aber es war feucht. Ich weiß nicht, wieviel Zeit verging – eine Stunde oder mehrere Stunden oder gar einige Tage. Genug – plötzlich fiel auf mein linkes geschlossenes Auge ein durch den Sargdeckel gesickerter Wassertropfen, ihm folgte nach einer Minute ein zweiter, wieder nach einer Minute ein dritter und so weiter, immer in Abständen von einer Minute. Eine tiefe Entrüstung flammte plötzlich in meinem Herzen auf, und mit einemmal fühlte ich in der Brust einen Schmerz. Es ist meine Wunde, dachte ich, dort steckt der Schuß, die Kugel ... Das Wasser aber tropfte nach wie vor jede Minute auf mein geschlossenes Auge. Und plötzlich rief ich, nicht mit der Stimme, denn ich war starr und unbeweglich, aber mit meinem ganzen Wesen, zu dem, der Macht hatte über alles, was mit mir geschah: »Wer du auch seist – wenn du bist, wenn es etwas gibt, das vernünftiger ist als das, was hier geschieht, so laß es auch hier geschehen! Wenn du dich aber an mir für meinen unvernünftigen Selbstmord rächen willst durch die Häßlichkeit und Sinnlosigkeit dieser Fortsetzung meines Daseins, so wisse: keine Qual, die ich erleiden sollte, kann sich mit der Verachtung vergleichen, die ich schweigend empfinden werde, sei es auch durch Jahrmillionen der Marter!«

So rief ich und verstummte! Fast eine ganze Minute lang herrschte tiefes Schweigen, es fiel sogar noch ein Tropfen, aber ich wußte, ich wußte und glaubte es in grenzenlosem, unerschütterlichem Vertrauen, daß sich ganz gewiß sofort alles ändern würde. Und nun tat sich plötzlich mein Grab auf. Ich weiß nicht, ob es aufgegraben und geöffnet wurde, aber ich wurde von einem mir unbekannten, dunklen Wesen erfaßt, und wir befanden uns im Weltenraum. Und da wurde ich plötzlich wieder sehend. Es war tiefe Nacht – und noch niemals, nie war eine solche Finsternis um mich gewesen. Wir schwebten im Weltenraum, schon weit entfernt von der Erde. Ich stellte an meinen Führer keine Fragen, ich wartete und war stolz. Ich redete mir ein, daß ich mich nicht fürchtete, und erstarrte vor Entzücken bei dem Gedanken, daß ich mich nicht fürchtete. Ich weiß nicht, wie lange wir dahinschwebten, und konnte es mir auch nicht vorstellen. Es ging alles so zu, wie es stets im Traum zugeht, wenn man sich über Raum und Zeit und die Gesetze des Seins und der Vernunft hinwegsetzt und nur an den Punkten verweilt, nach denen das Herz verlangt. Ich weiß nur, daß ich in der Finsternis plötzlich einen kleinen Stern erblickte. »Ist das der Sirius?« fragte ich plötzlich ohne Selbstbeherrschung; denn ursprünglich hatte ich gar nichts fragen wollen. »Nein, es ist derselbe Stern, den du auf dem Heimweg zwischen den Wolken erblicktest«, antwortete mir das Wesen, das mich trug. Ich wußte, daß dieses Wesen ein menschenähnliches Antlitz hatte. Und seltsam, ich liebte dieses Wesen nicht, ich empfand sogar einen tiefen Abscheu vor ihm. Ich war auf ein vollkommenes Nichtsein gefaßt gewesen und hatte mich in Gedanken daran ins Herz geschossen. Und nun befand ich mich in den Armen eines Wesens, das natürlich kein menschliches Wesen war, das aber doch war und das existierte. Also gibt es auch ein Leben nach dem Tod! dachte ich mit dem sonderbaren Leichtsinn des Traumes, aber das eigentliche Wesen meines Herzens wurde durch diese Erkenntnis nicht verändert. Und wenn ich von neuem sein und nach irgend jemandes unüberwindlichem Willen leben muß, so will ich nicht besiegt und erniedrigt werden. »Du weißt, daß ich dich fürchte, und deswegen verachtest du mich«, sagte ich plötzlich zu meinem Begleiter. Ich konnte die demütigende Frage nicht unterdrücken, in welcher das Eingeständnis meiner Furcht lag, und ich empfand die Demütigung im Herzen wie einen Nadelstich. Er antwortete nicht, aber ich fühlte mit einemmal, daß ich weder verachtet noch verhöhnt, nicht einmal bedauert wurde und daß unser Weg ein unbekanntes und geheimnisvolles Ziel hatte, ein Ziel, das nur mich anging. Die Furcht wuchs in meinem Herzen. Etwas Stummes, Qualvolles ging von meinem schweigsamen Begleiter auf mich über und schien mich zu durchdringen. Wir schwebten in dunklen und unbekannten Räumen. Ich sah schon lange keines der mir bekannten Gestirne mehr. Ich wußte, daß es Sterne gibt, deren Strahlen die Erde erst nach Tausenden und Millionen von Jahren erreichen. Vielleicht flogen wir schon durch diese Regionen. Ich erwartete etwas, und mein Herz war erfüllt von quälender Sehnsucht. Und plötzlich wurde ich von einem vertrauten und übergewaltig lockenden Gefühl erschüttert. Ich erblickte plötzlich unsere Sonne! Ich wußte, daß es nicht unsere Sonne sein konnte, die unsere Erde erzeugt hatte, und daß wir von unserer Sonne unendlich weit entfernt waren, aber mit meinem ganzen Wesen erkannte ich, daß es genau eine solche Sonne war wie die unsere, ihre Wiederholung, ihr Doppelgänger. Ein süßes, lockendes Gefühl erfüllte meine Seele mit Entzücken; die vertraute Macht des Lichtes, desselben Lichtes, das mich erzeugt hatte, klang in meinem Herzen wieder und erweckte es zu neuem Leben. Ich fühlte das Leben, das frühere Leben, zum erstenmal nach meinem Begräbnis.

»Aber wenn das eine Sonne ist, genauso eine Sonne wie die unsere«, rief ich, »wo ist dann die Erde?« Mein Gefährte zeigte auf einen kleinen Stern, der in der Finsternis wie ein Smaragd erglänzte. Wir schwebten gerade auf ihn zu.

»Sind denn solche Wiederholungen im Weltall möglich, ist das wirklich Naturgesetz? Und wenn das dort eine Erde sein soll, ist sie denn wirklich wie unsere Erde ... ebenso unglücklich und arm, aber uns allen so teuer und ewig lieb, und erweckt sie dieselbe qualvolle Liebe auch bei den undankbarsten ihrer Kinder wie unsere Erde?« so schrie ich auf, zitternd vor unbezwingbarer, begeisterter Liebe zu der früheren, geliebten Erde, die ich verlassen hatte. Und das Bild des armen Mädchens, das ich gekränkt hatte, tauchte flüchtig vor mir auf.

»Du wirst alles sehen«, antwortete mein Gefährte, und aus seiner Stimme klang etwas wie Trauer. Wir näherten uns rasch dem Planeten. Er wuchs vor meinen Augen, ich unterschied schon den Ozean, die Umrisse Europas, und plötzlich entbrannte in meinem Herzen das sonderbare Gefühl einer großen heiligen Eifersucht. »Wie ist eine solche Wiederholung möglich, und was soll sie? Ich liebe und kann nur die Erde lieben, die ich verlassen habe, die mit meinem Blut besprengt wurde, als ich Undankbarer durch einen Schuß in mein Herz mein Leben auslöschte. Aber niemals, nie habe ich aufgehört, jene Erde zu lieben, und selbst in jener Nacht, da ich mich von ihr trennte, liebte ich sie, vielleicht qualvoller als je. Gibt es auch auf dieser neuen Erde Schmerzen? Auf unserer Erde können wir nur mit Schmerzen und nur durch den Schmerz lieben! Wir verstehen nicht anders zu lieben und kennen keine andere Liebe. Ich verlange nach Schmerzen, um lieben zu können. Ich wünsche, ich lechze danach, gleich in diesem Augenblick die Erde, die ich verlassen habe, zu küssen, unter heißen Tränen zu küssen! Nur jene Erde dort! Ich will kein Leben, verneine jegliches Leben auf einer anderen Erde!«

Doch mein Begleiter hatte mich schon verlassen. Ohne daß ich recht gemerkt hatte, wie es gekommen war, stand ich plötzlich auf dieser anderen Erde im grellen Licht eines sonnigen, paradiesisch schönen Tages. Ich stand, glaube ich, auf einer der Inseln, die auf unserer Erde den griechischen Archipel bilden, oder irgendwo an der Küste des Festlandes, das an diesen Archipel grenzt. Oh, es war alles wie bei uns, aber alles glänzte feiertäglich wie in einem großen, heiligen, endlich erreichten Triumph. Das smaragdgrüne Meer schlug zärtlich, leise plätschernd an die Ufer und küßte sie mit Liebe, offenkundiger, sichtbarer, fast bewußter Liebe. Hohe, schöne Bäume standen in der ganzen Pracht ihrer Blüten, und ihre zahllosen Blättchen grüßten mich, ich bin fest davon überzeugt, mit ihrem leisen freundlichen Rauschen und schienen Worte der Liebe zu sprechen. Die Matten leuchteten von bunten duftenden Blumen. Vögel zogen in Scharen durch die Luft, setzten sich ohne Furcht auf meine Schultern und Hände und streiften mich mit ihren lieben, bebenden Flügelchen. Und endlich sah ich auch die Menschen dieser glücklichen Erde und lernte sie kennen. Sie kamen von selber zu mir, umringten und küßten mich. Kinder der Sonne, Kinder ihrer Sonne, oh, wie waren sie schön! Nie hatte ich auf unserer Erde Menschen von solcher Schönheit gesehen! Allenfalls noch bei unseren Kindern, in ihren ersten Lebensjahren, könnte man einen entfernten, wenn auch schwachen Abglanz dieser Schönheit wiederfinden. Die Augen dieser glücklichen Menschen leuchteten in hellem Glanz. Aus ihren Gesichtern strahlte Vernunft und eine bis zur vollkommenen Ruhe gereifte Erkenntnis, aber diese Gesichter waren heiter; in der Sprache und in der Stimme dieser Menschen klang kindliche Freude.

Oh, gleich beim ersten Anblick ihrer Gesichter begriff ich alles, alles! Es war eine Erde, die durch den Sündenfall nicht befleckt war, hier lebten Menschen, die keine Sünde kannten. Sie lebten in einem Paradies gleich jenem, in dem nach den Überlieferungen der ganzen Menschheit unsere sündigen Urväter gelebt haben, nur mit dem Unterschied, daß hier die ganze Erde überall das gleiche Paradies war. Diese Menschen drängten sich fröhlich lachend heran und liebkosten mich; sie führten mich in ihre Behausungen, ein jeder von ihnen suchte mich zu trösten. Oh, sie fragten mich nicht aus, aber sie schienen alles zu wissen und wollten, so schnell es ging, das Leiden aus meinem Gesicht verscheuchen.

4

Sehen Sie, ich sage es immer wieder: Mag es nur ein Traum gewesen sein! Aber die Empfindung der Liebe dieser unschuldigen, schönen Menschen blieb mir auf ewig lebendig, und ich fühle, daß ihre Liebe auch jetzt noch von drüben her sich auf mich ergießt. Ich sah sie mit eigenen Augen, ich lernte sie kennen, ließ mich von ihnen belehren, ich liebte sie und litt später für sie. Oh, ich begriff sofort, schon damals, daß ich sie in vielem gar nicht verstehen würde. Mir, als modernem, russischem Fortschrittsmenschen, als gemeinem Petersburger, war es zum Beispiel unfaßbar, daß sie zwar so viel wußten, aber noch nicht unsere Wissenschaft besaßen. Doch bald erkannte ich, daß ihr Wissen durch andere Erkenntnisse vermehrt und genährt wurde als auf unserer Erde und daß auch ihre Bestrebungen ganz andere waren. Sie hatten keine Wünsche und waren ruhig, sie strebten nicht nach Erkenntnis des Lebens wie wir, denn ihr Leben war ausgefüllt. Aber ihr Wissen war tiefer und höher als unseres; denn unsere Wissenschaft sucht zu erklären, was das Leben ist, sucht das Leben zu erkennen, um andere zu lehren, wie man leben soll; sie aber wußten auch ohne Wissenschaft, wie sie leben sollten. Das begriff ich, allein ihr Wissen blieb mir unfaßbar. Sie zeigten auf ihre Bäume, und ich konnte das Übermaß der Liebe nicht begreifen, mit der sie auf ihre Bäume blickten; es war, als sprächen sie mit Wesen, die ihnen gleich waren. Und wissen Sie, vielleicht irre ich mich wirklich nicht, wenn ich sage, daß sie mit den Bäumen sprachen. Ja, sie hatten die

Sprache der Bäume gelernt, und ich bin überzeugt, daß diese sie verstanden. Und so betrachteten sie die ganze Natur – auch die Tiere, die mit ihnen in Frieden lebten und sie nicht angriffen, sonden liebten, weil sie von der Liebe besiegt waren. Sie zeigten mir die Sterne und sagten etwas über sie, das ich nicht verstehen konnte, aber ich bin überzeugt, daß sie mit den Gestirnen irgendwie in Verbindung standen, nicht nur in Gedanken, sondern auf irgendeinem lebendigen Wege. Oh, diese Menschen bemühten sich gar nicht darum, daß ich sie verstünde, sie liebten mich auch ohnedies, aber dafür wußte ich auch, daß sie mich nie verstehen würden, und sprach daher fast nie mit ihnen von unserer Erde. Ich küßte nur vor ihren Augen die Erde, auf der sie wohnten, und verehrte sie selber ohne Worte, und sie sahen es und ließen sich anbeten, ohne sich zu schämen, daß ich sie anbetete, weil sie so viel Liebe hatten. Sie litten nicht für mich, wenn ich mitunter in Tränen zerfließend ihre Füße küßte, denn in ihren Herzen lebte das freudige Bewußtsein, wie stark ihre Gegenliebe zu mir war. Zuweilen fragte ich mich verwundert: Wie war es ihnen möglich, ein Wesen meiner Art kein einziges Mal zu kränken und in einem solchen Wesen nie das Gefühl des Neides und der Eifersucht zu erwecken? Viele Male fragte ich mich, wie es möglich war, daß ich, der Prahler und Lügner, ihnen nicht von meinen Kenntnissen erzählt, von denen sie natürlich keine Ahnung hatten, daß ich nie den Wunsch hatte, sie damit zu verblüffen, oder auch nur aus Liebe zu ihnen dazu bewogen wurde? Sie waren lebhaft und fröhlich wie Kinder. Sie streiften durch ihre herrlichen Haine und Wälder, sie sangen ihre schönen Lieder, sie nährten sich von leichter Speise, den Früchten ihrer Bäume, dem Honig ihrer Wälder, der Milch der sie liebenden Tiere. Für ihre Nahrung und Kleidung arbeiteten sie nur wenig und leicht. Sie kannten die Liebe, und es wurden Kinder geboren, doch niemals beobachtete ich bei ihnen Ausbrüche jener grausamen Wollust, die fast jeden auf unserer Erde ergreift, alle und jeden, und welche die einzige Quelle fast aller Sünden unserer Menschheit ist. Sie freuten sich der neugeborenen Kinder als neuer Teilhaber an ihrer Seligkeit. Sie kannten weder Streit noch Eifersucht und wußten nicht einmal, was das bedeutet. Ihre Kinder waren die Kinder aller, denn sie bildeten alle eine einzige große Familie. Sie kannten fast keine Krankheiten, obgleich es auch bei ihnen den Tod gab. Doch ihre Greise starben still, als wenn sie einschliefen, umringt von Leuten, die von ihnen Abschied nahmen; sie segneten sie, lächelten ihnen zu und wurden selber von ihrem heiteren Lächeln begleitet. Trauer und Tränen sah ich dabei nie; es war nur eine bis zur Ekstase gesteigerte Liebe, aber eine ruhige, tiefe, beschauliche Ekstase. Man hätte glauben können, daß sie mit ihren Toten auch nach dem Tod in Verbindung bleiben und daß die irdische Gemeinschaft mit ihnen nicht unterbrochen würde. Sie verstanden mich kaum, als ich sie über das ewige Leben befragte, sie schienen aber so völlig davon überzeugt zu sein, daß es für sie keine Frage war. Sie hatten keine Tempel, aber es bestand zwischen ihnen und dem Ganzen des Weltalls eine lebendige, lückenlose Einheit; sie hatten keinen Glauben, dafür aber das feste Wissen, daß, sobald ihre irdische Freude die Grenzen der irdischen Natur erreicht haben würde, für sie, für die Lebenden wie für die Toten, eine noch innigere Verbindung mit dem All eintreten würde. Sie erwarteten diesen Augenblick mit Freude, aber ohne Hast und qualvolle Sehnsucht, als hätten sie ihn schon in den Ahnungen ihres Herzens, die sie einander anvertrauten. Abends vor dem Schlafengehen liebten sie in harmonischen Chören zu singen. In diesen Gesängen sprachen sie alle Empfindungen aus, die ihnen der vergangene Tag geschenkt hatte; sie priesen ihn und nahmen von ihm Abschied. Sie priesen die Natur, die Erde, das Meer, die Wälder. Sie liebten es, einander zu besingen, und lobten einander wie Kinder; es waren ganz schlichte Lieder, aber sie kamen von Herzen und drangen zu Herzen. Und nicht nur in diesen Liedern – es war, als täten sie ihr ganzes Leben nichts als sich aneinander zu freuen. Es war eine Art Verliebtheit, von der alle ergriffen waren, die alle umfaßte. Manche von ihren Liedern, die feierlich und begeistert klangen, konnte ich freilich kaum verstehen. Ich verstand zwar die Worte, aber nie konnte ich ihren ganzen Sinn erfassen. Er blieb meinem Verstand unerreichbar, aber mein Herz wurde davon ganz unmerklich immer mehr durchdrungen. Ich sagte ihnen oft, ich hätte dies alles schon lange zuvor geahnt, diese ganze Freude und Herrlichkeit hätte sich schon auf unserer Erde in einer lockenden Sehnsucht bemerkbar gemacht, die sich zuweilen zu einem unstillbaren Gram steigerte, ich hätte sie alle und ihre Seligkeit in den Träumen meines Herzens und den Phantasien meines Verstandes vorausgeahnt, ich hätte oft die untergehende Sonne auf unserer Erde nicht ohne Tränen anschauen können ... Zum Haß gegen die Menschen unserer Erde hätte sich immer der Gram gesellt; warum kann ich sie nicht hassen, ohne sie zugleich auch zu lieben, warum muß ich ihnen verzeihen? Und in meine Liebe zu ihnen hätte sich immer das Leid gemischt; warum kann ich sie nicht lieben, ohne sie zugleich zu hassen? Sie hörten mir zu, und ich sah: sie konnten sich das, was ich ihnen sagte, nicht vorstellen; ich bereute aber nicht, es ihnen gesagt zu haben; ich wußte, daß sie die ganze Qual meiner Sehnsucht nach denen, die ich dort verlassen hatte, verstanden. Ja, wenn sie mich mit ihren holden, liebeerfüllten Blicken ansahen, wenn ich fühlte, daß in ihrer Gegenwart auch mein Herz so unschuldig und treu wurde wie ihre Herzen, bedauerte ich nicht, daß ich sie nicht verstand. Das Gefühl dieser Lebensfülle ließ den Atem stocken, und ich betete sie schweigend an.

Oh, jetzt lachen mir alle ins Gesicht und sagen, daß man auch im Traum nicht solche Einzelheiten sehen kann, wie ich sie erzähle, daß ich in meinem Traum nur eine einzige Empfindung hatte, die von meinem Herzen im Fieber erzeugt wurde, und die Einzelheiten erst nach dem Erwachen erfunden habe. Und als ich ihnen gestand, daß es vielleicht in der Tat so gewesen sei – Gott, wie lachten sie mir da ins Gesicht, was für eine Heiterkeit habe ich entfesselt! O ja, gewiß war ich nur von der Grundstimmung meines Traumes beherrscht, und nur sie allein blieb in meinem blutenden Herzen lebendig! Aber die wirklichen Gestalten und Bilder meines Traumes, das heißt die, welche ich wirklich im Traum sah, waren von so vollendeter Harmonie, so berückend und schön und so wahr, daß ich sie nach dem Erwachen natürlich nicht in unseren schwachen Worten schildern konnte und sie sich in meinem Geiste gleichsam verwischen mußten. Daher war ich vielleicht wirklich unbewußt gezwungen, manche Einzelheiten später zu erfinden, die das Gesamtbild natürlich entstellten, besonders bei meinem leidenschaftlichen Wunsch, es möglichst rasch und wenigstens annähernd wiederzugeben. Aber wie sollte ich nicht glauben, es sei alles wirklich gewesen? Es war vielleicht tausendmal schöner, freudiger, leuchtender, als ich es erzähle. Mag es nur ein Traum gewesen sein, aber ich habe dies alles wirklich gesehen. Wißt ihr, ich will euch ein Geheimnis anvertrauen: Vielleicht war das Ganze gar kein Traum! Denn dabei geschah etwas so grauenhaft Wahres, wie man es gar nicht träumen konnte. Mag mein Herz diesen

Traum geschaffen haben – konnte denn mein Herz allein jene schreckliche Wahrheit erzeugen, die ich später erlebte? Wie hätte ich sie allein ausdenken, oder wie hätte mein Herz sie träumen können? Wie hätte mein kleinliches Herz und mein launenhafter, geringer Verstand sich zu einer solchen Offenbarung der Wahrheit emporschwingen können? Oh, urteilt selber! Ich verschwieg es bis jetzt, doch nun will ich die ganze Wahrheit sagen. Die Sache ist die, daß ich sie alle ... verdarb!

5

Ja, ja, das Ende war, daß ich sie alle verdarb! Wie es geschehen konnte, weiß ich nicht, aber ich erinnere mich dessen genau. Der Traum durchflog Jahrtausende und hinterließ in mir nur die Empfindung eines einheitlichen Ganzen. Ich weiß nur, daß ich die Ursache des Sündenfalles war. Wie eine ekelhafte Trichine, wie ein Atom der Pest, das ganze Länder vergiftet, so habe ich diese glückliche, bis dahin sündenlose Erde vergiftet. Sie lernten lügen, gewannen die Lüge lieb und erkannten die Schönheit der Lüge. Oh, es fing vielleicht ganz unschuldig an, mit einem Scherz, einer Koketterie, einem Liebesspiel, vielleicht wirklich nur mit einem Atom, aber dieses Atom der Lüge drang in ihre Herzen und gefiel ihnen. Dann erwachte bald die Wollust, die Wollust gebar die Eifersucht, die Eifersucht die Grausamkeit ... Oh, ich weiß nicht mehr, ich kann mich dessen nicht mehr entsinnen, aber bald, sehr bald floß das erste Blut. Sie staunten, sie entsetzten sich und begannen einander zu meiden. Es entstanden neue Verbände, die sich aber jetzt einer gegen den anderen wendeten. Klagen und Vorwürfe wurden laut. Sie erkannten die Scham und erhoben sie zur Tugend. Es entstand der Ehrbegriff, und jeder Verband hatte seine eigene Fahne. Sie begannen die Tiere zu quälen, und die Tiere flohen vor ihnen in die Wälder und wurden ihre Feinde. Es begann ein Kampf um die Trennung, um die Absonderung, um die Persönlichkeit, um das Mein und Dein. Sie redeten in verschiedenen Sprachen. Sie lernten das Leid kennen und gewannen es lieb, sie sehnten sich nach der Qual und sagten, die Wahrheit könne nur durch Leiden erreicht werden. Da kam auch die Wissenschaft bei ihnen auf. Als sie böse geworden waren, fingen sie an, von Brüderlichkeit und Menschlichkeit zu sprechen, und verstanden diese

Ideen. Als sie Verbrecher geworden waren, erfanden sie die Gerechtigkeit, verfaßten Gesetzbücher, um sie zu erhalten, und bauten zum Schutz der Gesetze die Guillotine. Sie erinnerten sich kaum an das, was sie verloren hatten, ja wollten nicht einmal glauben, daß sie einst glücklich gewesen waren. Sie lachten über die Möglichkeit dieses ihres früheren Glücks und nannten es einen Traum. Sie konnten es sich nicht einmal im Bild und Symbol vorstellen, aber seltsam: nachdem sie jeden Glauben an ihr vergangenes Glück verloren, nachdem sie es für ein Märchen erklärt hatten, erfaßte sie eine solche Sehnsucht, wieder unschuldig und glücklich zu werden, daß sie vor den Wünschen ihres Herzens wie Kinder niederfielen, ihre Sehnsucht zur Gottheit erhoben, ihr Tempel bauten und ihre eigene Idee, ihren »Wunsch« anbeteten. Dabei waren sie völlig von der Unmöglichkeit der Verwirklichung dieses Wunsches überzeugt – und dennoch verehrten sie ihn und beteten ihn weinend an. Und trotz alledem, wenn es ihnen möglich gewesen wäre, in jenen unschuldigen und glücklichen Zustand, den sie verloren hatten, zurückzukehren, und wenn ihnen jemand plötzlich dieses Paradies wieder gezeigt und sie gefragt hätte, ob sie zurück wollten – sie hätten es sicher abgelehnt. Sie sagten zu mir: »Mögen wir lügenhaft, böse und ungerecht sein, wir wissen es und weinen darüber; wir quälen uns deswegen, wir martern und züchtigen uns vielleicht härter, als der barmherzige Richter, der uns richten wird und dessen Namen wir nicht kennen, uns einst strafen wird. Aber wir sind im Besitz der Wissenschaft, und durch die Wissenschaft werden wir die Wahrheit wiederfinden, wir werden sie dann bewußt empfangen. Das Wissen steht höher als das Gefühl, das Bewußtsein des Lebens höher als das Leben. Die Wissenschaft gibt uns die Weisheit, die Weisheit offenbart uns die Gesetze, und die Erkenntnis der Gesetze des Glückes ist mehr als das Glück.« So sprachen sie, und nach solchen Reden liebte jeder sich selber am meisten, und anders konnte es ja auch nicht sein. Jeder wurde so eifersüchtig auf die eigene Persönlichkeit, daß er sich aus aller Kraft bemühte, bei anderen die Persönlichkeit zu erniedrigen und zu verkleinern; darin erblickte er den Zweck seines Lebens. Es entstand die Sklaverei, sogar eine freiwillige Sklaverei; die Schwachen unterwarfen sich gern den Stärkeren, nur damit ihnen diese helfen sollten, die noch Schwächeren zu unterdrücken. Es traten Gerechte auf, die zu den Menschen mit Tränen von ihrem Stolz redeten, von dem Verlust der Harmonie und des Maßes, dem Verlust der Scham. Sie wurden verspottet und gesteinigt. Ihr heiliges Blut floß über die Schwelle des Tempels. Und andere Menschen traten auf, die grübelten darüber, wie alle sich wieder vereinigen könnten, ohne daß der Einzelne aufzuhören brauchte, sich selber am meisten zu lieben, und wie alle, ohne sich gleichzeitig zu stören, zusammenleben könnten in einer einigen Gemeinschaft. Man führte ganze Kriege für diese Idee. Alle Kriegführenden hatten den festen Glauben, daß die Wissenschaft, die Weisheit und der Selbsterhaltungstrieb die Menschen endlich zwingen würden, sich zu einer friedlichen, vernünftigen Gemeinschaft zusammenzuschließen, und aus diesem Grund beeilten sich vorläufig die »Weisen«, die »Nichtweisen« und solche, die ihre Idee nicht verstanden, schnell zu vernichten, damit sie ihrem Triumph nicht im Wege stünden. Aber der Selbsterhaltungstrieb schwächte sich schnell ab, es kamen hochmütige Wollüstlinge, die die Forderung aufstellten: »Alles oder nichts.« Um alles zu gewinnen, griff man zu Freveltaten, und wenn sie nicht gelangen, zum Selbstmord. Es entstanden Religionen mit dem Kultus des Nichtseins und der Selbstvernichtung um der ewigen Ruhe willen im Nichts. Endlich wurden diese Menschen der sinnlosen Arbeit müde, aus ihren Gesichtern sprach das Leid, und sie verkündeten, daß das Leid schön sei, da nur im Leid ein Gedanke liege. Sie besangen das Leid in ihren Liedern. Ich ging unter ihnen, rang die Hände und weinte über sie, aber ich liebte sie vielleicht noch mehr als früher, als aus ihren Gesichtern noch kein Leiden sprach und als sie so unschuldig und so schön waren. Ich liebte jetzt ihre von ihnen selber entweihte Erde noch mehr, als da sie ein Paradies war, nur, weil auch auf ihr das Leid erschienen war. Ach, ich liebte immer den Kummer und das Leid, aber nur für mich, nur für mich, sie jedoch dauerten mich, und ich weinte über sie. Ich streckte meine Hände nach ihnen aus, und verzweifelt beschuldigte, verfluchte und verachtete ich mich. Ich sagte ihnen, ich, ich allein hätte es verschuldet, ich sei es gewesen, der ihnen Unzucht, Gift und Lüge gebracht hätte! Ich flehte sie an, sie möchten mich kreuzigen, ich lehrte sie, wie man ein Kreuz macht. Ich war nicht imstande, ich hatte nicht die Kraft, mich selber zu töten, aber ich wollte von ihnen die Marter empfangen, ich lechzte nach Qualen, ich sehnte mich danach, daß in diesen Qualen mein Blut vergossen werde bis auf den letzten Tropfen.

Doch sie lachten mich nur aus und hielten mich schließlich für einen schwachsinnigen Narren. Einige verteidigten mich sogar und sagten, sie hätten nur das bekommen, was sie selber gewünscht hätten, und alles, was jetzt da sei, habe kommen müssen. Endlich erklärten sie mir, ich würde ihnen gefährlich und sie müßten mich, wenn ich nicht schweigen wollte, in ein Irrenhaus stecken. Da ergriff das Leid meine Seele mit solcher Gewalt, daß sich mein Herz zusammenkrampfte und ich fühlte, daß ich starb, und da ... nun, da erwachte ich ...

Es war schon Morgen, das heißt, es war noch nicht hell, aber die Uhr zeigte schon fast sechs. Ich erwachte in demselben Lehnstuhl, meine Kerze war ganz heruntergebrannt, beim Hauptmann schlief man, und in unserer ganzen Wohnung herrschte eine ungewohnte Stille. Zuerst sprang ich höchst verwundert auf. Nie zuvor war mir etwas Ähnliches widerfahren; das erstreckte sich sogar auf alle Kleinigkeiten und Einzelheiten. Noch nie war ich zum Beispiel so in meinem Lehnstuhl eingeschlafen. Da plötzlich, als ich so dastand und langsam zu mir kam, erblickte ich meinen geladenen bereitliegenden Revolver, aber sofort stieß ich ihn weg von mir! Oh, jetzt hieß es leben, nur leben! Ich erhob meine Hände und rief die ewige Wahrheit an; ich rief nicht, ich weinte! Begeisterung, unermeßliche Begeisterung erfaßte mein ganzes Wesen. Ja, leben und predigen! Den Entschluß, zu predigen, hatte ich im selben Augenblick gefaßt, und zwar für mein ganzes Leben. Ich gehe predigen, ich will predigen – ja, was denn? Die Wahrheit, denn ich habe sie gesehen, habe sie mit eigenen Augen gesehen, in ihrer ganzen Herrlichkeit!

Und von der Zeit an predige ich! Und außerdem liebe ich alle, und die, welche über mich lachen, am meisten. Woher das kommt, weiß ich nicht und kann es nicht erklären, aber es mag so bleiben. Sie sagen, daß ich auch jetzt schon oft irrerede, und wenn das schon jetzt der Fall ist, was soll dann weiter werden? Ja, es ist wahr: ich rede irre, und vielleicht wird es später noch schlimmer werden. Gewiß werde ich noch manches Mal irren, ehe ich ergründet habe, wie man predigen soll, mit welchen Worten und mit welchen Taten; denn die Erfüllung ist sehr schwer. Ich sehe es auch jetzt sonnenklar, aber sagt mir doch: Wer irrt denn nicht? Und doch pilgern alle nach demselben Ziel, wenigstens streben sie danach, vom Weisen bis zum ärmsten Schächer, nur versuchen sie es auf verschiedenen Wegen. Das ist eine alte Wahrheit, aber eines ist dabei neu; ich kann mich gar nicht so sehr verirren. Denn ich habe die Wahrheit gesehen, ich weiß, daß die Menschen schön und glücklich sein können, ohne die Fähigkeit, auf Erden zu leben, verlieren zu müssen. Ich will und kann es nicht glauben, daß das Böse der natürliche Zustand der Menschen sein soll. Aber sie lachen mich alle gerade wegen dieses Glaubens aus! Doch wie sollte ich das nicht glauben? Ich habe die Wahrheit gesehen, nicht mein Verstand hat sie erfunden, sondern ich habe sie gesehen, gesehen, und ihr lebendiges Bild erfüllt meine Seele für immer. Ich sah sie in einer solchen Fülle und Einheit, daß ich nicht glauben kann, die Menschen könnten sie nicht besitzen. Und wie könnte ich dann irren? Gewiß werde ich noch vom Weg abkommen, sogar manches Mal, und vielleicht werde ich sogar fremde Worte reden, aber es wird nicht lange dauern! Das lebendige Bild dessen, was ich gesehen habe, wird immer mit mir sein und mich zurechtweisen und leiten. Oh, ich bin mutig, ich bin frisch, ich wandere, wandere, und wenn es tausend Jahre währen sollte. Wißt ihr, anfangs wollte ich es sogar verheimlichen, daß ich sie alle verdorben hatte, aber es wäre ein Fehler gewesen – der erste Fehler! Doch die Wahrheit flüsterte mir zu, daß ich löge, sie schützte mich und brachte mich auf den rechten Weg. Doch wie das Paradies geschaffen werden soll, das weiß ich nicht, weil ich es mit Worten nicht ausdrücken kann. Nach meinem Traum gingen mir die Worte verloren. Wenigstens die wichtigsten, die unentbehrlichsten. Aber sei's drum; ich will pilgern und unermüdlich predigen, denn ich habe es doch mit eigenen Augen gesehen, wenn ich auch nicht wiedergeben kann, was ich gesehen habe. Das eben wollen die Spötter nicht begreifen. »Du hast geträumt, es war ein Fieberwahn, eine Halluzination!« Ach! ist das so schwer zu begreifen? Und sie sind so stolz darauf! Ein Traum? Was ist ein Traum? Ist unser Leben nicht auch ein Traum? Ich sage noch mehr! Mag sich das nie verwirklichen und das Paradies nie kommen (das verstehe ich doch wohl sehr gut!), ich werde dennoch immer weiterpredigen. Und dabei ist es so einfach: in einem Tag, in einer einzigen Stunde könnte alles geschaffen sein! Die Hauptsache: Liebe deinen Nächsten wie dich selbst, das ist das Wichtigste, das ist alles, mehr braucht man nicht. Dann weißt du sofort, wie du dein Leben einrichten sollst. Und dabei ist es doch eine ganz alte Wahrheit, die man billionenmal gelesen und wiederholt hat, und sie hat doch nicht Wurzel gefaßt!

»Das Bewußtsein des Lebens steht höher als das Leben, die Kenntnis der Gesetze des Glückes höher als das Glück.« Dagegen gilt es zu kämpfen! Und ich werde kämpfen! Wenn nur alle wollen, läßt sich sofort alles einrichten.

Und jenes kleine Mädchen habe ich wiedergefunden . . . Und ich will wandern! Ich will wandern!

ANMERKUNGEN

Armäck: langer, weiter Bauernrock aus Kamelhaar armenischer Herkunft.
Arschin: altes russisches Längenmaß, 71 cm.

Barin: (russisch) Gutsherr, dann übertragen als Anrede für jede sozial höher stehende Person.

Chalat: sehr weites, schlafrockähnliches Seidengewand persischer Herkunft.

Datscha: (russisch) Sommerfrische, Landhaus.

Gostinyj dwor: (russisch) Kaufhof.

Ilja Muromez: Reckengestalt des russischen Heldenliedes und Volksmärchens.

Kapot: Frauenmantel oder -umhang sehr verschiedener Form.

Mestschanskaja: eine der Hauptstraßen Petersburgs.

Nankingstoff: fester Baumwollstoff heller Farbnuancen.

Peski: Stadtteil von Petersburg.
Petersburger Seite: Stadtteil von Petersburg.
Petruschka: der Kasperle des russischen Puppentheaters.
Pirogge: eine Art Pastete mit verschiedenen Füllungen.
Pokrowkirche: Kirche zu Ehren Mariä Schutz und Fürbitte.

Raskolniki: auch »Altgläubige« genannt, streng formalistische Sekte, die sich im 17. Jahrhundert von der orthodoxen Staatskirche trennte und bis 1905 unter schweren Verfolgungen zu leiden hatte.

Sadowaja: eine der Hauptstraßen Petersburgs.
Saloppe: Umschlage- oder Umhangtuch.
Sennaja: siehe Sadowaja.
Stenka Rasin: Führer aufständischer Bauern, 1671 in Moskau gevierteilt, Held zahlreicher Volkslieder.

Terem: altrussisches Frauengemach.
Tschibuk: hier Stummelpfeife.

ZUR AUSGABE

Die Erzählungen Dostojewskijs sind – wenigstens in Deutschland – viel weniger bekannt als seine Romane und haben nie deren Popularität erreicht. Dennoch kann man sie ohne Übertreibung als die beste Einführung in die Gedankenwelt und Darstellungskunst des großen Russen bezeichnen. Mit einer dichten Folge von Erzählungen hat Dostojewskij seine literarische Laufbahn 1846 (*Herr Prochartschin*) begonnen, sie etwas sporadischer nach einer zehnjährigen unfreiwilligen Pause neben den kleineren Romanen fortgesetzt und sie erst während der letzten großen, den Romankolossen gewidmeten Schaffensperiode 1877 (*Der Traum eines lächerlichen Menschen*) allmählich auslaufen lassen. Sie erstrecken sich also über einen Zeitraum von mehr als dreißig Jahren und spiegeln – das ist das Wichtigste – die ganze Entwicklung des Dichters Dostojewskij wider.

Es ist also nicht so, wie gelegentlich behauptet wurde, daß die Erzählungen sozusagen Abfallprodukte von untergeordneter Bedeutung darstellen. Das Gegenteil trifft zu: aus der Kleinform der Erzählung, nach der Bewältigung der dort gestellten, entwickelten und durchgeführten psychologischen Vorwürfe und dramatischen Fabeln konnten erst die großen Romane in Angriff genommen und vollendet werden. Die Erzählungen bilden die unerläßliche Voraussetzung für sie; und sie zeigen von Anfang an den ganzen Dostojewskij mit seinem ganzen psychologischen Realismus – mitunter sogar viel prägnanter und sozusagen kompakter als die Romane, vor allem für jene Leser, die Dostojewskij noch nicht kennen oder ihn nach der Lektüre der Romane genauer kennenlernen wollen oder ein systematisches Studium dieses in der ganzen Weltliteratur einmaligen Phänomens vorhaben.

Liest man die Erzählungen in der chronologischen Reihenfolge, wie der vorliegende Band sie enthält, so »stutzt man immer wieder, wenn man in ihnen schon alle Elemente seiner späteren monumentalen Werke – Motive, Intrigen, Figuren, Sprache – vorfindet. »Der künftige Dostojewskij war in dem frühen Dostojewskij bereits latent vorhanden«, schreibt A. Stender-Petersen in seiner russischen Literaturgeschichte.

Vor allem drängt geradezu die Revue der exzentrischen, hysterischen, pathologischen, dämonischen Gestalten aus den Erzählungen zu Vergleichen mit jenen der großen Romane. In qualitativer Hinsicht wird kaum ein Unterschied festzustellen sein. Auch die ganze Spannweite der handlungsentwickelnden und ausgangsbestimmenden Gefühle – Haß, Eifersucht, Leidenschaft, Rache, Bosheit, Frevel – als Frontalangriff auf »alles Normale und Natürliche« zeigt sich bereits in der ganzen Fülle, nur daß sie natürlich in den Romanen quantitativ noch reichlicher erscheint. Auch was Dostojewskijs Stil betrifft (ob man ihn nun als barock oder als nervös bezeichnet), lassen sich kaum Unterschiede feststellen. Dagegen wird man in den Erzählungen den völligen Mangel religiöser Motive und Themen feststellen. Desgleichen fehlt das orthodoxe Pathos und – wenn man vom *Bauern Marej* absieht – die messianistische Verherrlichung des russischen Volkes. Dies alles sind Erscheinungen in den späten Romanen, als Dostojewskij kaum mehr Erzählungen schrieb; auch wurden diese durchweg in Zeitschriften veröffentlicht und sprechen einen ganz anderen russischen Leserkreis an als die Romane.

Stärker als in letzteren kommt in den Erzählungen auch das humoristische und komische Moment zur Geltung. Man muß es überhaupt – obgleich oft übersehen – als Merkmal des jungen Dostojewskij bezeichnen. Die skurrile Geschichte von dem Mann im Bauch des Krokodils und den zwei Männern unter dem Bett der fremden Frau sind Musterbeispiele dafür. Nicht viel anders verhält es sich bei dem irren Schriftsteller auf dem Friedhof und selbst noch im *Ewigen Gatten.* Es wäre verfehlt, in diesen (und anderen) Beispielen Maßstäbe anzulegen, die von Dostojewskij selber gar nicht beabsichtigt waren. Daß sich unter den Erzählungen reizende Kindergeschichten finden und auch schon Dostojewskijs Aversion gegen alles Deutsche zu spüren ist, sei nur am Rande vermerkt.

Die vorliegende Ausgabe der Erzählungen Dostojewskijs ist vollständig und enthält auch die erzählenden Beiträge aus dem *Tagebuch eines Schriftstellers* aus den siebziger Jahren. Der Text wurde an Hand der russischen Ausgabe der Werke Dostojewskijs (Moskau 1956–1958) revidiert und – soweit es sich um die älteren Übersetzungen des Bandes handelt – an zahlreichen Stellen verbessert oder geändert. Gleichzeitig konnte dadurch auch eine gewisse Gleichartigkeit der typischen Ausdrücke Dostojewskijs erreicht werden.

Herr Prochartschin (1846). Erste Erzählung Dostojewskijs, geschrieben, um Schulden zu bezahlen. Von der Zensur arg verstümmelt, zum Teil auch deshalb, weil sie von den Beamten kaum verstanden wurde. Übersetzt von Arthur Luther.

Roman in neun Briefen (1847). Die Erzählung – der Titel ist irreführend – hatte eine sehr schlechte Kritik und wurde erst nach Dostojewskijs Tod zum zweitenmal veröffentlicht (1882). Übersetzt von Arthur Luther.

Die Hauswirtin (1847). Die Erzählung weist unverkennbar Parallelen zu Gogols *Furchtbarer Rache* auf. Übersetzt von Arthur Luther.

Polsunkow (1848). Der Almanach, in welchem die Erzählung erscheinen sollte, durfte infolge der Pariser Februarrevolution nicht ausgeliefert werden; erste Buchausgabe 1882. Der Held der Erzählung erinnert an Goljadkin im *Doppelgänger*. Übersetzt von Arthur Luther.

Das schwache Herz (1848). Übersetzt von Arthur Luther.

Der Christbaum und die Hochzeit (1848). Auch unter dem Titel *Weihnacht und Hochzeit* bekannt. Übersetzt von Arthur Luther.

Netotschka Neswanowna (1849). Ursprünglich als Roman gedacht und nicht vollendet. Die Anfänge der Erzählung reichen bis in das Jahr 1847 zurück und entstanden gleichzeitig mit der *Hauswirtin*; 1860 neue Textrevision mit einigen Änderungen, doch wurde die Fortsetzung infolge anderer vordringlicher Arbeiten abermals verhindert. Übersetzt von Erwin Walter.

Der kleine Held (1857). Der Plan zu der Erzählung wurde von Dostojewskij schon im *Totenhaus* in Sibirien entwickelt. Übersetzt von Arthur Luther.

Die fremde Frau und der Mann unter dem Bett (1860). Erstmalig 1848 unter dem Titel *Die fremde Frau (Eine Straßenszene)* veröffentlicht, doch später völlig umgearbeitet und nur in dieser Fassung in die Werke aufgenommen. Übersetzt von Arthur Luther.

Eine garstige Anekdote (1862). Auch unter dem Titel *Eine dumme Geschichte* bekannt. Übersetzt von Arthur Luther.

Aufzeichnungen aus einem Kellerloch (1864). Mehrere Episoden und Gestalten dieser Groteske tauchen in den späteren Romanen wieder auf. Übersetzt von Arthur Luther.

Das Krokodil (1864/1865). Übersetzt von Arthur Luther.

Der ehrliche Dieb (1865). Erstmalig 1848 unter dem Titel

Die Erzählungen eines erfahrenen Menschen. Aus den Aufzeichnungen eines Unbekannten veröffentlicht, dann völlig umgearbeitet und in dieser Fassung in die Werke eingegangen. Die Gestalt Jemeljan Iljitschs taucht schon in den *Armen Leuten* im Brief Makar Dewuschkins vom 28. Juli auf. Übersetzt von Arthur Luther.

Der ewige Gatte (1870). Auch schon 1848 erschienen und wie die vorhergehende Erzählung neu bearbeitet. Übersetzt von Fritz Bennewitz.

Bobok (1873). Das Wort »Bobok« läßt sich etwa durch »Geschwätz, Unsinn« wiedergeben und bezieht sich teils auf das Thema der Erzählung, teils auf den Erzähler. Übersetzt vor Josef Hahn.

Der Knabe bei Christus (1876). Übersetzt von Arthur Luther.

Der Bauer Marej (1876). Übersetzt von Josef Hahn.

Die Sanfte (1876). Übersetzt von Arthur Luther.

Traum eines lächerlichen Menschen (1877). Übersetzt von Arthur Luther.

Josef Hahn

INHALT

BIGZ, Beograd